イスラーム世界研究マニュアル

Yasushi Kosugi
小杉　泰
Kayoko Hayashi
林佳世子 ──── 編
Yasushi Tonaga
東長　靖

名古屋大学出版会

まえがき

　20世紀後半から21世紀にかけて，国際化やグローバル化が進み，世界の諸地域の間の交流が次第に緊密なものとなった．同じ時期に，いわゆるイスラーム復興が起きて，イスラーム世界の存在がクローズアップされるようになった．21世紀に入ると，マスメディアでも「イスラーム」が注目され，イスラームの歴史と現在について，いよいよ関心が高まってきた．

　国際社会を見ると，イスラーム世界は人口で5分の1強，国の数で3分の1近く（国連加盟国の中のイスラーム諸国会議機構加盟国の数）を占めている．21世紀半ばには世界人口の4分の1を超えると予想されている．現代の人類社会を理解する上で，イスラーム世界が重要であることは論を待たないであろう．

　日本の大学や大学院の教育を見ると，過去30年の間に，イスラーム，イスラーム世界，あるいは中東や東南アジアなどイスラームと関連の深い地域やその言語を扱う講座や授業が急速に増えてきた．また，生涯教育の時代を迎えて，いままであまり知られていなかった諸地域への知的関心は，世代を問わず，非常に強いものとなっており，中でもイスラーム世界への関心が高まっている．

　本書は，そのような時代にふさわしい「知の見取り図」「学びのマニュアル」を提供することをめざして制作された．このような企画の先輩として，かつて「講座イスラーム世界」の別巻として刊行された『イスラーム研究ハンドブック』（三浦徹/東長靖/黒木英充編，1995年）がある．本書の編者の一人は両方の編集に関わり，また三浦氏・黒木氏からも新マニュアル制作への激励を受けた．その意味では，本書は人気の高かったハンドブックとは，継承・発展の関係にある．

　本書の新しい側面としては，10年余の間の研究の飛躍的発展を受けて情報量が格段に増大したほかに，題名に現れている二つの点があげられる．一つは，対象の概念をイスラームからイスラーム世界へと拡大したことである．歴史の中でも，現代においても，イスラーム教徒の生きる世界は，イスラームを軸としつつ，多様な要素，多様な現実からなりたっている．その総体をとらえようとするならば，現在では，「イスラーム世界」という言葉を用いるのがふ

さわしいように思われる。

　もう一つは「マニュアル」というコンセプトである。本書は，通読してイスラーム世界をめぐる知の状況を把握する，という使い方だけではなく，「マニュアルとして」引いたり，必要箇所だけを参照する，という使い勝手がよいように，編者として知恵を絞ったつもりである。実用性，速解性と言ってもよい。

　最近は「マニュアル」に頼ることを，特に若い世代がそうであることを，批判する論調に出会うこともあるが，マニュアルを活用することは決して悪いことではない。高度情報化時代を迎えて，「匠」的な技の継承だけに依拠したり，「学問」を特定の空間に閉じこめておくことはできなくなった。イスラーム世界研究においても，その事情は全く同じである。もちろん，研究の神髄は一人一人の知的営為の深化と「知の発見」であり，その達成には時間がかかる。しかし，誰でも同じようにスタートできるようにすること，進む道筋をわかりやすく，すっきりと示すこと，情報基盤を皆で共有できるようにすることが大事である。イスラーム世界のさまざまな面を学ぶことを，誰にでも手が届くものとしたいというのが，本書が「マニュアル」である最大の理由となっている。

　1970年代から急速に深化してきた情報化時代は，インターネット時代を迎えて，いよいよ百花繚乱の様相を呈している。しかし，インターネットに象徴される情報化・国際化は，情報の爆発的増大とともに，精度の低下，玉石混淆の混沌ともつながっていることがはっきりしてきた。高度情報化すればするほど，本書のような，しっかりとしたマニュアルの役割も増大するであろう。

　過去10年余りの間に，日本におけるイスラーム世界に関する研究は格段に深化してきた。それを象徴するのが，1997年から5年にわたって実施された大型研究プロジェクト「現代イスラーム世界の動態的研究」（佐藤次高代表）であった。このプロジェクトは「新プロ（新プログラム方式による研究，の意）」「イスラーム地域研究」など略称されたが，百数十名の研究者が参加し，多くの成果を生み出した。特に，歴史的な研究と現代を対象とする地域研究を結合しようとした点で，イスラーム世界の理解に対して画期的な意味を持った。本書の編者たちも，その中でさまざまな活動をおこなった。かつての「ハンドブック」が80年代に実施された最初の大型イスラーム研究プロジェクト「イスラームの都市性」を継承するものだったとすれば，本書は「イスラーム地域研究」プロジェクトの成果を取り入れたものであると言うことができる。

さらに，2006 年から，人間文化研究機構と 4 大学・1 図書館（早稲田大学，東京大学，上智大学，京都大学，東洋文庫）をネットワーク化して，新しい「イスラーム地域研究」（佐藤次高代表）が始められた。前回の「イスラーム地域研究」が 5 年間だけの研究プロジェクトであったのに対して，今次のプロジェクトは長期的に「研究拠点形成」を推進するものとなっている。また「中東イスラーム研究教育プロジェクト」（東京外国語大学）も大型プロジェクトとして進行している。これらのプロジェクトは，研究を全般的に強化するのみならず，特に新世代の研究者を支援する役割を担っている。そのようなプロジェクトが新たに推進されている最中に本書を上梓できることを，編者の喜びとするとともに，本マニュアルがイスラームとイスラーム世界に関心を持つすべての皆さまの役に立つよう，願ってやまない。

　本書の制作にあたって，執筆いただいた皆さま，制作に協力いただいた若い皆さま，そして，熱情あふれる編集をしていただいた名古屋大学出版会の橘宗吾氏に，大変お世話になった。厚く御礼申し上げたい。

2008 年春

　　　　　　　　　　　　　　　　　　　　　　　　　　　　　編者一同

今からすぐに本マニュアルを役立てるために（本書の使い方）

すぐに何かを調べたい方に

　仕事や研究で，イスラームやイスラーム世界に関する情報がすぐに必要な方は，「主題・地域・項目インデクス」(xii-xxxi 頁) をご覧ください。本マニュアルの記述は，大きな項目を立てた上で，その中で焦点を絞って小項目を立て，節としてまとめてあります。この索引は，単語の索引ではなく，大項目および小項目/節を 50 音順に配列してありますので，そこから探しているテーマを見つけてください。

　さらに，すぐに使えるリソースや調べ物のツールを探す場合は，I「研究案内」の 1「道具類」(2-61 頁) をご覧ください。便利な辞書や文献，インターネットや電子媒体などの情報リソースが，きわめて豊富にあげてあります。

　どこかの国について調べる必要がある場合は，まず，IV「イスラーム世界と諸国の概要」(485-520 頁) で当該国を見てください。国際的な要覧は他にもいろいろありますが，イスラームに焦点を当てて独自の情報を記述している点は，類書にない特徴です。

　あるテーマでレポートを作成しよう，というような場合には，そのテーマを，「主題・地域・項目インデクス」(xii-xxxi 頁) で探してください。特に，I「研究案内」(1- 424 頁) の中にある主題や地域の中から関心の対象を選んで，その内容と末尾の文献リストを手がかりにしてください。テーマが決まっていない場合には，少し間口を広くとって，本書から拾い読みしてみましょう。歴史に興味があれば I-3A「歴史」(124-189 頁) I-3B「文明と文化」(190-218 頁)，現代に興味があれば I-3C「地域」(218-304 頁) I- 4「政治，経済，社会」(305-374 頁) I-5「民族と宗教」(375-424 頁) のところから，よさそうな項目を選んで読み始めることをお勧めします。

これから勉強を始める方に

　イスラームやイスラーム世界に興味を持って，これから勉強してみたいという方は，「目次」(viii-xi 頁) で本マニュアルの全体像を見て，それぞれの主題に進むか，「主題・地域・項目インデクス」(xii-xxxi 頁) でもっとも関心の深いところを見つけて，読み始めてください。

　次いで，関連する項目を読み進めて，より立体的な知識を得ることをお勧めします。

　時間があれば，III「イスラーム・知の年表」(449-484 頁) を通読してください。「読むための年表」として編んでありますので，イスラームの文明・科学・思想・学知などの眺望と，欧米・日本におけるイスラーム世界研究の歴史的な流れを理解することができます。

今からすぐに本マニュアルを役立てるために　v

▨ 研究者をめざす方に

　これから学部の専門課程や大学院に進んで，イスラームやイスラーム世界に関する研究をしていこうと考えている方には，ご自分が一番関心を抱いている主題に関する項目を熟読し，そこにあげられた文献に直接あたっていく手順をお勧めします。

　物事はどのような主題であれ，他との関連や相対的な関係を把握することで，深い理解に達することができます。もし時間があれば，次第に周辺領域を拡大して，多くの項目を読んでみてください。

　II「研究キーワード100」（425-448頁）は，単なる用語集ではなく，これまでの研究史をふまえて，研究者が知っているべき用語の基礎知識を問い直したものです。是非ご覧ください。

▨ ゆっくり，じっくり勉強しようという方には

　とことん，じっくり学ぼうとお考えの方にお勧めしたい，道を究める本マニュアルの使い方は，これを最初から終わりまで読む，ということです。

　なぜかと言えば，本マニュアルには，諸分野の専門的知識・常識が驚くべき濃度で集積されているからです。

　たとえば，何かを研究する場合，これまでにイスラーム世界の内部，欧米，日本でどのような学知が蓄積され，研究がなされてきたかを知ることが非常に大事です。この作業は「研究史・学説史のサーベイ」と呼ばれ，研究の最初にまずおこなうべきことですが，実は非常に手間のかかることです。本書では，その作業の補助となるよう，各分野の第一線で活躍している専門家に，研究史の概要と，そのツボをわかりやすく書いていただきました。

　いわば，イスラーム世界研究に関する知の達人たちの知見が，ここには凝縮されているのです。しかも，これまで蓄積された研究がどのようなものであるかだけではなく，今後探究すべき分野，主題が何であるかにも踏み込んで言及されています。

　本マニュアルを読み通せば，大きな知の眺望が得られるに違いありません。

▨ マニュアルの各パーツの使い方 ▨

主題・地域・項目インデクス

　I「研究案内」の大項目およびその中の節のテーマが，索引として収録されています。言語名も，語学教材の案内がある言語はすべて拾ってあります。また，II「研究キーワード100」の100のキーワード，IV「イスラーム世界と諸国の概要」の国・地域名，V「海外文献調査ガイド」の対象地が含まれていますので，本マニュアルで扱っているすべての主題・地域が網羅されていると言えます。

I　研究案内

　イスラームおよびイスラーム世界をめぐる知の蓄積が現在どのようになっているか，これまで研究されてきた主題やその歴史的な展開，あるいはこれから研究すべき領域などが，専門家によって概括されています。それぞれの項目の末尾には，主要な文献のリストが掲げられ，本文では，適宜それらについて解説が付されています。

　内容的には，五つに分けられています。
1. 道具類：調査や研究の基本的な「道具類」として，辞書や情報リソース，語学教材などが集められ，便利な解説が付されています。
2. イスラーム学，イスラーム研究：イスラームそのものに関する研究を対象としています。聖典クルアーンやハディース（預言者言行録）に始まり，法学，アラビア文法学，哲学・神学，スーフィズム，シーア派や諸分派などが扱われています。
3. イスラームの時空間（歴史，文明，地域）は，実際に存在してきたイスラーム世界を対象として，さらに，A「歴史」，B「文明と文化」，C「地域」に3分されています。

　　「歴史」は主要な王朝名でまとめ，周辺的な諸王朝については「ムラービト朝＋」というように「＋（プラス）」マークで示してあります（『ムラービト朝と関連の諸王朝』の意です）。「文明・文化」には，比較文明圏論，科学史，文学史，美術史，建築史と，分野別の歴史的眺望が含まれています。「地域」は，主として現代の諸地域を意味しています。地域の区分は，時代によって変遷する面もありますが，それぞれ，現在「〜地域研究」として用いられている地域名をあげました。非イスラーム圏としては，日本，ヨーロッパ，南北アメリカが含まれ，地域間関係もここに入っています。
4. 政治，経済，社会：主として，現代における諸問題を扱いますが，必要に応じて，歴史的な背景も言及されています。戦争と平和，イスラーム復興，NGO，テロ問題，軍事問題などの大きな主題のほか，現在のイスラーム世界の焦点となっているパレスチナ問題，イスラーム革命，イスラーム経済などが取り上げられ，またディシプリン的な視点から，エネルギーと経済開発，都市と社会問題，部族と遊牧民，人権，ジェンダー，民主化，難民問題が扱われています。
5. 民族と宗教：イスラーム世界はもともと宗教が重きをなしていましたが，近現代ではナショナリズムが勃興し，現在でも，民族と宗教をめぐる諸問題はきわめて重要かつ複雑なものとなっています。ここでは，理論的な面も含めて，ナショナリズム論，マイノリティ問題，宗教復興などを扱い，次いで民族と宗教が焦点となってきた領域として，バルカン問題，クルド問題，中央アジア・ロシア，アフリカを取り上げ，さらに他の宗教としてユダヤ教，東方キリスト教，ヒンドゥー教，最後に世俗主義の問題を概観しています。

II 研究キーワード100

単に用語を解説するのではなく，それらの用語の使用法が研究上，どのように変遷してきたのか，誤用にどういった問題が含まれているのか，用語をめぐって何が論争されたのか，などが簡潔にまとめられています。重要性と論争性の二つの観点から100語が選ばれています。いわば，研究者がもつべき「専門用語の基礎知識」を問い直したものです。

III イスラーム・知の年表

この年表は「主題年表」です。いわゆるイスラーム史の年表ではありません。王朝や歴史的事件も含まれていますが，むしろ，イスラーム世界の中での思想，学術・科学，芸術，文化などが7世紀から21世紀までどのように展開してきたのか，欧米や日本，その他の国々でイスラーム研究がどのようになされてきたのか，といった点に焦点を当てて，大きな眺望を得ることを目的としています。

IV イスラーム世界と諸国の概要

いわゆるイスラーム諸国と，イスラームが重要な意味を持っている非イスラーム圏の国々について，イスラームを軸として情報を集約しました。世界の諸国の半数を超える94の国・地域が収録されています。いずれの国についても，そこでのイスラームの歴史と現状を記述している点で，単なる諸国情報ではありません。特に，イスラーム経済およびイスラーム関係の世界遺産については，最新の情報を盛り込みました。

V 海外文献調査ガイド

イスラーム諸地域を対象として研究を始める方や，これから現地に調査や留学にでかける方が，海外で文献調査をおこなう際の「プラクティカル・ガイド」です。情報化時代にふさわしい，具体的で使いやすい案内として，お使いください。

目　次

まえがき　i
今からすぐに本マニュアルを役立てるために（本書の使い方）　iv
知りたい項目がすぐにわかる　主題・地域・項目インデクス　xii

I　研究案内 …… 1

1　道具類 …… 2

1-1　文献　2
1-2　ウェブサイト，電子媒体　19
1-3　歴史史料　27
1-4　語学　32
イスラーム基礎用語比較一覧表　60

2　イスラーム学，イスラーム研究 …… 62

2-1　クルアーン　62
2-2　ハディース　71
2-3　法学　77
2-4　アラビア文法学・言語学　86
2-5　神学と哲学　93
2-6　スーフィズムとタリーカ　102
2-7　シーア派＋　110
2-8　イスラーム法と政治　117

3　イスラームの時空間──歴史，文明，地域 …… 124

A　歴史 …… 124

3A-1　初期イスラーム　124
3A-2　ウマイヤ朝　129
3A-3　アッバース朝　133
3A-4　セルジューク朝　138
3A-5　ムラービト朝＋　146

3A-6　マムルーク朝＋　153
　　　3A-7　イルハーン朝とティムール朝　160
　　　3A-8　オスマン朝　168
　　　3A-9　サファヴィー朝＋　177
　　　3A-10　ムガル帝国＋　183
　　B　文明と文化……………………………………………………………190
　　　3B-1　比較文明論　190
　　　3B-2　イスラーム科学史　194
　　　3B-3　文学史　199
　　　3B-4　美術史　207
　　　3B-5　建築史　212
　　C　地域……………………………………………………………………218
　　　3C-1　マシュリク　218
　　　3C-2　マグリブ　225
　　　3C-3　湾岸アラビア地域とイエメン　232
　　　3C-4　イラク　237
　　　3C-5　イラン　244
　　　3C-6　トルコ　248
　　　3C-7　東アフリカ　254
　　　3C-8　西アフリカ　257
　　　3C-9　中央アジア　261
　　　3C-10　東トルキスタン　267
　　　3C-11　南アジア　271
　　　3C-12　東南アジア　277
　　　3C-13　東アジア　284
　　　3C-14　日本　290
　　　3C-15　ヨーロッパ，南北アメリカ　295
　　　3C-16　地域間関係　300

4　政治，経済，社会……………………………………………………………305
　　4-1　イスラーム・戦争と平和　305
　　4-2　イスラーム復興とNGO　310
　　4-3　イスラーム急進派　315
　　4-4　国家の安全保障と軍事問題　323
　　4-5　パレスチナ問題　326

4-6 シーア派とイスラーム革命 332
4-7 イスラーム経済 336
4-8 エネルギーと経済開発 340
4-9 都市と社会問題 346
4-10 部族と遊牧民 353
4-11 人権 358
4-12 ジェンダー 362
4-13 中東の民主化 367
4-14 難民問題 370

5 民族と宗教 ……………………………………………………… 375

5-1 ナショナリズム論 375
5-2 バルカン問題 379
5-3 クルド人問題 383
5-4 ムスリム・マイノリティ問題 388
5-5 宗教復興 392
5-6 中央アジア・ロシアのイスラーム 398
5-7 現代アフリカのイスラーム 402
5-8 ユダヤ教 405
5-9 東方キリスト教 411
5-10 キリスト教と中東和平 414
5-11 ヒンドゥー教とイスラーム 417
5-12 イスラームと世俗主義 421

II 研究キーワード100 …………………………………………… 425

III イスラーム・知の年表 ………………………………………… 449

IV イスラーム世界と諸国の概要 ………………………………… 485

1 イスラーム諸国（イスラーム諸国会議機構・正式メンバー） 486
2 OICオブザーバー国 513
3 ムスリムが人口の過半であるが，OICに加盟していない国 515
4 その他，ムスリム・マイノリティの存在が大きな意味を持っている国 515

V　海外文献調査ガイド ……… 521

はじめに 522 / 1 マレーシア 523 / 2 インドネシア 524 / 3 フィリピン 525 / 4 中国 526 / 5 中国・新疆ウイグル自治区（東トルキスタン） 527 / 6 中央アジア 528 / 7 バングラデシュ 531 / 8 インド 532 / 9 パキスタン 533 / 10 イラン 535 / 11 トルコ 537 / 12 ボスニア・ヘルツェゴビナ 539 / 13 シリア 540 / 14 イスラエル 541 / 15 イエメン 542 / 16 オマーン 543 / 17 アラブ首長国連邦（UAE） 544 / 18 サウディアラビア，クウェート，バハレーン，カタル 544 / 19 エジプト 546 / 20 チュニジア 548 / 21 アルジェリア 548 / 22 モロッコ 549 / 23 東アフリカ 551 / 24 西アフリカ 552 / 25 スペイン 553 / 26 イタリア 554 / 27 フランス 556 / 28 ドイツ，オーストリア 556 / 29 イギリス 558 / 30 オランダ 559 / 31 アメリカ合衆国 560 / 32 ロシア 562

執筆者一覧 565

知りたい項目がすぐにわかる 主題・地域・項目インデクス

ア行

アイユーブ朝　→　マムルーク朝＋　153-154
アキーダ　→　神学と哲学　95-96
アゼルバイジャン　→　諸国の概要（中東）　492
アゼルバイジャン語　→　語学　55
アダット　→　研究キーワード 100　426
アッバース朝　→　133-138
　　—研究の基礎　→　133-134
　　—の行政と経済　→　134-136
アッラー　→　イスラーム基礎用語比較一覧表　60-61；研究キーワード 100　426
アフガニスタン　→　諸国の概要（アジア）　486
　　—・イラクの難民問題　→　難民問題　371-372
アフリカ　→　東アフリカ　254-257；西アフリカ　257-260；現代アフリカのイスラーム　402-405
　　—におけるイスラーム主義の台頭　→　403-404
　　—におけるシャリーア問題　→　404
　　—におけるスーフィー教団の展開と反スーフィズム運動　→　403
　　—のイスラームと近代化　→　402
アフワール　→　研究キーワード 100　426
アメリカ　→　ヨーロッパ，南北アメリカ　295-299
アメリカ合衆国　→　諸国の概要（アメリカ，非イスラーム国）　520；海外文献調査ガイド　560-562
アラウィー/アレヴィー　→　研究キーワード 100　426-427
アラビア語　→　語学　32-41
　　—学習（教育機関）　→　37-38
　　—検定　→　37
　　—辞典（ア・ア）　→　37
　　—辞典（ア・英，英・ア）　→　36-37
　　—辞典（ア・日，日・ア）　→　35-36
　　—辞典・単語集　→　35-37
　　—文献目録　→　文献　9-10
　　—文法書（英語，アラビア語）　→　34-35
　　—文法入門書（日本語）　→　33-34
アラビア文法学・言語学　→　86-93
アラビア文字圏としてのイスラーム世界　→　比較文明論　192
アラビア文字練習帳　→　語学　32-33

主題・地域・項目インデクス　xiii

アラブ首長国連邦　→　諸国の概要（中東）　492-493；海外文献調査ガイド　544
アラブの文法家　→　アラビア文法学・言語学　87-88
アル（定冠詞）　→　研究キーワード100　427
アルジェリア　→　諸国の概要（中東）　493；海外文献調査ガイド　548-549
アルバニア　→　諸国の概要（ヨーロッパ）　512
アルバニア語　→　語学　55-56
アレヴィー（アラウィー/）　→　研究キーワード100　426-427
安全保障　→　国家の安全保障と軍事問題　323-326
　　　　―体制の変化　→　324
　　　　湾岸―体制とパレスチナ―体制　→　323
アンダルス　→　ムラービト朝＋　146-153
　　　　マグリブ・―史への入門書　→　146-147
　　　　マグリブ・―とヨーロッパ　→　149-150
　　　　マグリブ・―の国家　→　147-148
　　　　マグリブ・―の社会と宗教　→　148-149
イエメン　→　湾岸アラビア地域とイエメン　232-237；諸国の概要（中東）　493-494；海外文献調査ガイド　542-543
イギリス　→　諸国の概要（ヨーロッパ，非イスラーム国）　518；海外文献調査ガイド　558-559
イクター制　→　研究キーワード100　427
イジュティハード　→　研究キーワード100　427
　　　　―とタクリード　→　法学　80-81
イスマーイール派とその研究状況　→　シーア派＋　112-113
イスラーム　→　イスラーム基礎用語比較一覧表　60-61；研究キーワード100　428
イスラーム革命　→　シーア派とイスラーム革命　332-336
　　　　12イマーム・シーア派の歴史的発展とイラン・―　→　332-333
イスラーム概説　→　文献　17
イスラーム科学史　→　194-199
　　　　―とは何か　→　194-195
　　　　―の最新研究　→　197-198
イスラーム学　→　イスラーム学，イスラーム研究　62-123
イスラーム基礎用語　→　イスラーム基礎用語比較一覧表　60-61
イスラーム急進派　→　315-322
　　　　―に関する概論　→　315
イスラーム銀行　→　イスラーム経済　336-340
　　　　―の運用と課題　→　338
　　　　―の地域的拡大　→　336-338
イスラーム金融　→　イスラーム経済　336-340
イスラーム経済　→　336-340；研究キーワード100　428
　　　　―とは　→　336
　　　　フロンティアとしての―研究　→　338-339
イスラーム研究　→　イスラーム学，イスラーム研究　62-123

イスラーム建築　→　建築史　212-218
　　―研究（正統派の）　→　213
　　―研究の方法　→　214-215
　　―における素材の選び方　→　213-214
　　―の概要　→　212
　　形から読み解く―　→　215-216
　　文字から読み解く―　→　215
イスラーム国家（論）　→　イスラーム法と政治　117-118；研究キーワード100　428
　　「―」から「世俗化無き市民社会」の模索へ　→　イスラームと世俗主義　422-423
イスラーム史　→　研究キーワード100　428
　　―概説　→　文献　17
　　―におけるマムルーク朝　→　マムルーク朝＋　153-154
イスラーム事典　→　文献　2-5
イスラーム社会とインターネット　→　ウェブサイト，電子媒体　25
イスラーム主義
　　アフリカにおける―の台頭　→　現代アフリカのイスラーム　403-404
　　政治的運動としての―　→　宗教復興　394-395
　　マグリブにおける―運動と民主化　→　マグリブ　228-229
イスラーム諸国会議機構　→　地域間関係　300-301
　　―・正式メンバー　→　イスラーム世界と諸国の概要　486-513
イスラーム諸国
　　―の概要　→　イスラーム世界と諸国の概要　485-520
　　―の経済発展　→　エネルギーと経済開発　342-343
　　エネルギー問題と―　→　エネルギーと経済開発　340-341
イスラーム政治　→　研究キーワード100　428-429
　　―思想の系譜　→　イスラーム法と政治　118
　　―の実証的な研究　→　イスラーム法と政治　121
イスラーム世界　→　研究キーワード100　429
　　―各地におけるスーフィズム等の複合現象　→　スーフィズムとタリーカ　106
　　―と諸国の概要　→　イスラーム世界と諸国の概要　485-520
　　―と日本　→　日本　290-291
　　―における世俗主義の問題構成　→　イスラームと世俗主義　421-422
　　―のサブ単位と近似比較の必要性　→　比較文明論　193
　　―の諸言語　→　語学　49-59
　　―の難民問題　→　難民問題　370-371
　　―の文学の歴史・書誌・事典類　→　文学史　200-201
　　―への人権理念の流入と定着　→　人権　358-359
　　「―」をめぐる論争　→　地域間関係　301-302
　　アラビア文字圏としての―　→比較文明論　192
イスラーム地域研究　→　地域間関係　302
イスラーム・知の年表　→　449-484
イスラーム帝国　→　研究キーワード100　429

主題・地域・項目インデクス　xv

イスラーム的な NGO　→　イスラーム復興と NGO　310-312
　　――への歴史的視点　→　312-313
イスラーム哲学　→　神学と哲学　98
イスラーム都市　→　研究キーワード 100　429
イスラームとフェミニズム　→　ジェンダー　362
イスラームの時空間　→　イスラームの時空間――歴史，文明，地域　124-304
イスラームのネットワークと東南アジア　→　東南アジア　278
イスラーム美術　→　美術史　207-212
　　――とは　→　207-208
　　――を見る　→　210
　　――を読む　→　209-210
　　学問としての――史　→　208
イスラーム復興　→　イスラーム復興と NGO　310-314
　　――の拠点――南アジアから世界へ　→　南アジア　272-273
　　生活の中の――現象　→　宗教復興　395-396
イスラーム復興運動　→　研究キーワード 100　429
イスラーム文学研究における時代・言語の横断――複数文化への視野　→　文学史　201-202
イスラーム文明
　　――と他文明・文化との比較　→　比較文明論　192-193
　　――の空間的拡がり　→　比較文明論　191-192
　　――の中国文明への影響　→　東アジア　286-287
イスラーム法　→　法学　77-86；イスラーム法と政治　117-123；研究キーワード 100　429-430
　　――研究の重要論点　→　80-81
　　――とハディース　→　80
　　――の概説・基本文献　→　78-79
　　――の戦時国際法　→　イスラーム・戦争と平和　305-306
イスラエル　→　諸国の概要（中東，非イスラーム国）　517；海外文献調査ガイド　541-542
イタリア　→　海外文献調査ガイド　554-555
異端　→　研究キーワード 100　430
一般言語学（と伝統文法）　→　アラビア文法学・言語学　90
イフターと裁判　→　法学　81
イマーム派/12 イマーム派の研究状況　→　シーア派＋　111-112
イラク　→　237-244；諸国の概要（中東）　494
　　――・シーア派とイスラーム運動　→　240-241
　　――の領土紛争と戦争　→　240
　　――，レバノンにおけるシーア派復興主義運動　→　シーア派とイスラーム革命　333-334
　　アフガニスタン・――の難民問題　→　難民問題　371-372
　　現代――国家形成と社会変容　→　237-239
　　バアス党政権下の――　→　239-240
イラン　→　244-248；諸国の概要（中東）　494-495；海外文献調査ガイド　535-537
　　――・イスラーム革命　→　シーア派とイスラーム革命　332-333

革命後—の国際関係・経済　→　246
　　　現代—研究の最先端　→　244-245
　　　パフラヴィー・シャーと近代—国民国家の建設　→　245-246
イルハーン朝　→　イルハーン朝とティムール朝　160-168
　　　—・ティムール朝時代の社会と文化　→　162-164
　　　—・ティムール朝時代の政治・制度史　→　161-162
インターネット　→　ウェブサイト，電子媒体　19-27
　　　—とイスラーム社会　→　25
　　　—によるデータ収集　→　イスラーム急進派　318-319
インド　→　南アジア　271-277；諸国の概要（アジア，非イスラーム国）515-516；海外文献調査ガイド　532-533
　　　—史におけるムガル帝国の位置付け　→　ムガル帝国＋　183
　　　—のイスラーム文化　→　ムガル帝国＋　185-187
インドネシア　→　東南アジア　277-284；諸国の概要（アジア）486-487；海外文献調査ガイド　524-525
インドネシア語　→　語学　50
ウェブサイト　→　ウェブサイト，電子媒体　19-27
ウォロフ語　→　語学　59
ウガンダ　→　諸国の概要（アフリカ）505
ウスールとフルーウ　→　法学　79-80
ウズベキスタン　→　諸国の概要（アジア）487
ウズベク語　→　語学　54-55
ウスマーン版テクストと章の区分　→　クルアーン　64
ウマイヤ朝　→　129-133
　　　—史の外国語基本文献　→　130
　　　—史の個別研究　→　130-131
　　　—史の邦語基本文献　→　129-130
ウラマー　→　イスラーム基礎用語比較一覧表　60-61；研究キーワード100　430
ウルドゥー語　→　語学　51-52
エジプト　→　マシュリク　219-220；諸国の概要（中東）495-496；海外文献調査ガイド　546-547
　　　—におけるジハード主義　→　イスラーム急進派　315-316
エスニック紛争，国民統合問題　→　ムスリム・マイノリティ問題　389
エチオピア　→　諸国の概要（アフリカ，非イスラーム国）517
NGO　→　イスラーム復興とNGO　310-314
　　　イスラーム的な—　→　310-312
　　　イスラーム的な—への歴史的視点　→　312-313
エネルギー　→　エネルギーと経済開発　340-345
　　　—問題とイスラーム諸国　→　340-341
エリトリア　→　諸国の概要（アフリカ，OIC非加盟国）515
エルサレム　→　キリスト教と中東和平　414-415
欧米　→　ヨーロッパ，南北アメリカ　295-299

主題・地域・項目インデクス　xvii

　　　──のイスラーム文学研究史と「オリエンタリズム」批判　→　文学史　202-203
　　　──のキリスト教徒と中東和平　→　キリスト教と中東和平　414-415
　　　ハディース集およびその──・日本での紹介　→　ハディース　72-73
オーストラリア　→　諸国の概要（オセアニア，非イスラーム国）　520
オーストリア（ドイツ，オーストリア）　→　海外文献調査ガイド　556-558
オスマン史料論　→　オスマン朝　173-174
オスマン人　→　研究キーワード100　430
オスマン朝　→　168-177
　　　──経済史，とくにヨーロッパとの関係を中心に　→　171
　　　──史学史，または──初期史　→　172-173
　　　──史研究の現在　→　168-169
　　　──史の概説書・レファレンス　→　169-170
　　　──社会史　→　172
　　　──の地方と中央──16世紀末〜18世紀　→　170-171
オスマン帝国論（19世紀末期の）　→　オスマン朝　170
オスマン・トルコ　→　研究キーワード100　430-431
オスマン文書　→　研究キーワード100　431
OPEC設立と石油ショック　→　エネルギーと経済開発　341
オマーン　→　諸国の概要（中東）　496；海外文献調査ガイド　543
オランダ　→　諸国の概要（ヨーロッパ，非イスラーム国）　518；海外文献調査ガイド　559-560
オリエンタリズム
　　　欧米のイスラーム文学研究史と「──」批判　→　文学史　202-203
　　　ハディースをめぐる──の真偽論争　→　ハディース　74-75
オンライン辞書　→　ウェブサイト，電子媒体　21

カ行

ガーナ　→　諸国の概要（アフリカ，非イスラーム国）　517
カージャール朝　→　サファヴィー朝＋　180-181
ガイアナ　→　諸国の概要（アメリカ）　512-513
海外文献調査ガイド　→　521-563
回教　→　研究キーワード100　431
概説（イスラーム）　→　文献　17
概説（イスラーム史）　→　文献　17
「回族」の定義とエスニシティ　→　東アジア　285
華僑　→　東アジア　287
学術データベース　→　ウェブサイト，電子媒体　21-23
核戦争　→　国家の安全保障と軍事問題　324-325
学派（マズハブ）　→　研究キーワード100　431
革命後イランの国際関係・経済　→　イラン　246
学問としてのイスラーム美術史　→　美術史　208

過激派　→　イスラーム急進派　315-322
カザフスタン　→　諸国の概要（アジア）　487-488
家族・キンシップ・セクシュアリティ　→　ジェンダー　363-364
形から読み解くイスラーム建築　→　建築史　215-216
カタル　→　諸国の概要（中東）　496-497；海外文献調査ガイド　544-545
カダル　→　研究キーワード 100　431
割礼／女性割礼　→　研究キーワード 100　431-432
カナダ　→　諸国の概要（アメリカ，非イスラーム国）　520
ガボン　→　諸国の概要（アフリカ）　505
神　→　研究キーワード 100　432
カラーム　→　神学と哲学　93
カランダリー　→　研究キーワード 100　432
カリフ／ハリーファ　→　研究キーワード 100　432
カリフ権と軍事力　→　アッバース朝　134
カメルーン　→　諸国の概要（アフリカ）　505
灌漑農業・天水農業　→　研究キーワード 100　432-433
ガンビア　→　諸国の概要（アフリカ）　505-506
カンボジア　→　諸国の概要（アジア，非イスラーム国）　516
帰依　→　研究キーワード 100　433
喜捨　→　研究キーワード 100　433
北キプロス・トルコ共和国　→　諸国の概要（ヨーロッパ，OIC オブザーバー）　515
ギニア　→　諸国の概要（アフリカ）　506
ギニアビサウ　→　諸国の概要（アフリカ）　506
キャラバン交易　→　研究キーワード 100　433
9.11 と国際テロ　→　イスラーム急進派　316-318
教団　→　研究キーワード 100　433
キリスト教　→　東方キリスト教　411-414；キリスト教と中東和平　414-417
　　欧米の―徒と中東和平　→　414-415
　　中東の―徒と中東和平　→　415-416
　　東方―概観　→　411
　　東方―文献案内　→　412
ギルド　→　研究キーワード 100　433-434
近現代中央アジア研究の参考文献　→　中央アジア　262-263
近現代中央アジアの諸問題　→　中央アジア　263-264
近現代のイスラーム政治思想　→　イスラーム法と政治　118-120
近現代の東方キリスト教　→　東方キリスト教　412
近代化　→　現代アフリカのイスラーム　402
近代マシュリク地域の全体像を把握する　→　マシュリク　218-219
近代ユダヤ教　→　ユダヤ教　408-409
クウェート　→　諸国の概要（中東）　497；海外文献調査ガイド　544-545
偶像崇拝　→　研究キーワード 100　434
クトゥブ　→　研究キーワード 100　434

主題・地域・項目インデクス　xix

クルアーン　→　イスラーム基礎用語比較一覧表　60-61；クルアーン　62-71；研究キーワード 100　434
　　―学　→　66-67
　　―研究の活性化　→　62-63
　　―の形態と正典化　→　63
　　―の翻訳　→　67-68
　　写本・刊本としての―　→　64-65
クルグズスタン　→　諸国の概要（アジア）　488
グルジア　→　諸国の概要（ヨーロッパ，非イスラーム国）　518-519
クルド（人）　→　クルド人問題　383-388
　　―研究のための工具類　→　386
　　―問題とクルド・ナショナリズム　→　384-386
　　前近代―社会の歴史的研究　→　384
クルド語　→　語学　56-57
クルマーンジー方言（クルド語）　→　語学　57
グローバル化の中のムスリム・マイノリティ　→　ムスリム・マイノリティ問題　390
軍事　→　国家の安全保障と軍事問題　323-326
　　―革命と低強度紛争・核戦争　→　324-325
　　カリフ権と―力　→　アッバース朝　134
経済開発　→　エネルギーと経済開発　340-345
啓典　→　研究キーワード 100　434-435
　　―解釈学（タフスィール学）　→　クルアーン　67
ケニア　→　諸国の概要（アフリカ，非イスラーム国）　517
研究案内　→　1-424
研究キーワード　→　研究キーワード 100　425-448
研究機関案内　→　文献　16
研究目録　→　文献　11-13
現代イスラーム政治思想とムスリム・マイノリティ　→　ムスリム・マイノリティ問題　390
現代イラクの国家形成と社会変容　→　イラク　237-239
現代イラン研究の最先端　→　イラン　244-245
現代シーア派研究のフロンティア　→　シーア派とイスラーム革命　334
現代新疆におけるムスリム社会の様相　→　東トルキスタン　269
現代における戦争とイスラーム　→　イスラーム・戦争と平和　306-307
現代におけるハディース　→　ハディース　75-76
現代の部族と遊牧民　→　部族と遊牧民　356
建築史　→　212-218
原理主義　→　研究キーワード 100　435
　　「―」という言説の問題　→　宗教復興　393-394
　　―をめぐる論争　→　イスラーム法と政治　120
公正のための人権――社会志向的人権概念　→　人権　359
コートジボアール　→　諸国の概要（アフリカ）　506-507
語学　→　語学　32-59

五行　→　イスラーム基礎用語比較一覧表　60-61
国際関係の中のイスラーム　→　地域間関係　300
国際テロ時代の戦争と平和　→　イスラーム・戦争と平和　307-308
国民国家論の潮流　→　トルコ　251
古代ユダヤ教　→　ユダヤ教　405-407
国家　→　研究キーワード100　435
コモロ　→　諸国の概要（アフリカ）　507
暦　→　研究キーワード100　435
コンコーダンス　→　文献　14

サ行

サイイド　→　研究キーワード100　435
　　スーフィズム・聖者信仰・タリーカ・―／シャリーフ複合現象　→　スーフィズムとタリーカ　102
裁判（とイフター）　→　法学　81
ザウク　→　研究キーワード100　435-436
サウディアラビア　→　諸国の概要（中東）　497-498；海外文献調査ガイド　544-545
雑誌　→　文献　15-16
サハラ以南アフリカの諸語　→　語学　58-59
サファヴィー朝　→　サファヴィー朝＋　177-183
　　―期以降に関する概説書・工具書　→　177-178
　　―期の社会・経済に関する研究　→　179-180
　　―国家に関する研究　→　178-179
サマーウ　→　研究キーワード100　436
シーア派　→　シーア派＋　110-116；シーア派とイスラーム革命　332-336
　　―研究史概略（～20世紀後半）　→　110-111
　　―，特に12イマーム神学の神智学化　→　神学と哲学　99
　　イラク・―とイスラーム運動　→　イラク　240-241
　　イラク，レバノンにおける―復興主義運動　→　333-334
　　現代―研究のフロンティア　→　334
　　スンナ派と―　→　研究キーワード100　439
シエラレオネ　→　諸国の概要（アフリカ）　507
ジェンダー　→　362-366
　　「女性」から「―」へ　→　363
　　マグリブにおける社会開発と―　→　マグリブ　228
資源に依存した開発・発展の可能性　→　エネルギーと経済開発　343-344
辞書　→　ウェブサイト，電子媒体　21；語学　32-59
事典　→　文献　2-9
ジハード主義　→　イスラーム急進派　315-319
　　エジプトにおける―　→　315-316
自爆テロと殉教作戦　→　イスラーム急進派　316

主題・地域・項目インデクス　xxi

ジブチ　→　諸国の概要（アフリカ）　507-508
市民社会
　　「イスラーム国家」から「世俗化無き—」の模索へ　→　イスラームと世俗主義　422-423
　　東南アジア・イスラームの民主化と—　→　東南アジア　279-280
ジャーヒリーヤ　→　研究キーワード100　436
　　—時代　→　初期イスラーム　124-125
社会問題　→　都市と社会問題　346-353
写本・刊本としてのクルアーン　→　クルアーン　64-65
写本の利用　→　歴史史料　27-29
シャリーア　→　研究キーワード100　436
　　アフリカにおける—問題　→　現代アフリカのイスラーム　404
ジャワ語　→　語学　51
宗教　→　研究キーワード100　436-437
宗教復興　→　392-398
十字軍　→　研究キーワード100　437
12イマーム・シーア派
　　—神学の神智学化　→　神学と哲学　99
　　—の歴史的発展とイラン・イスラーム革命　→　シーア派とイスラーム革命　332-333
　　イマーム派/12イマーム派の研究状況　→　シーア派＋　111-112
主題研究と影響・翻訳研究（文学の）　→　文学史　201-202
殉教作戦　→　イスラーム急進派　316
巡礼　→　イスラーム基礎用語比較一覧表　60-61；研究キーワード100　437
昭和（戦前・戦中期）における日本とイスラーム世界　→　日本　292-293
昭和（戦後）・平成期における日本とイスラーム世界　→　日本　293
初期イスラーム　→　124-129
植民地下・西アフリカのイスラーム　→　西アフリカ　259
「女性」から「ジェンダー」へ　→　ジェンダー　363
女性の社会経済生活とエンパワメント　→　ジェンダー　364-365
諸分派をめぐる研究状況　→　シーア派＋　113-114
シリア　→　マシュリク　221；諸国の概要（中東）　498-499；海外文献調査ガイド　540-541
新ウイグル語　→　語学　54
神学　→　神学と哲学　93-101；研究キーワード100　437
新疆ウイグル自治区　→　東トルキスタン　269；海外文献調査ガイド　527-528
人権　→　358-361
　　イスラーム世界への—理念の流入と定着　→　358-359
　　公正のための——社会志向的—概念　→　359
　　西洋的—概念との関係による分類　→　360
信仰告白　→　研究キーワード100　437-438
人口変動と社会経済発展　→　都市と社会問題　346-347
信仰論　→　神学と哲学　93-95
真実在　→　研究キーワード100　438
シンガポール　→　諸国の概要（アジア，非イスラーム国）　516

神秘主義　→　研究キーワード100　438
人名事典　→　文献　6
人名録（研究者）　→　文献　16
人類学と宗教復興現象　→　宗教復興　392-393
スィーバワイヒ
　　　―の『アル=キターブ』　→　アラビア文法学・言語学　89-90
　　　―をはじめとするアラブの文法家　→　アラビア文法学・言語学　87-88
スイス　→　諸国の概要（ヨーロッパ，非イスラーム国）　519
スィンド語　→　語学　53
ズィンマ　→　研究キーワード100　438
スーダン　→　マシュリク　219-220；諸国の概要（アフリカ）　508
スーフィズム　→　スーフィズムとタリーカ　102-110；イスラーム基礎用語比較一覧表
　　60-61；研究キーワード100　438-439
　　　―・聖者信仰・タリーカ・サイイド／シャリーフ複合現象　→　102
　　　―の思想と周辺領域　→　103-104
　　アフリカにおけるスーフィー教団の展開と反―運動　→　現代アフリカのイスラーム
　　403
　　イスラーム世界各地における―等の複合現象　→　106
　　マグリブにおける―と聖者崇拝　→　マグリブ　227-228
スカーフ問題　→　研究キーワード100　438
ズフド　→　研究キーワード100　439
スペイン　→　海外文献調査ガイド　553-554
スリナム　→　諸国の概要（アメリカ）　513
スリランカ　→　諸国の概要（アジア，非イスラーム国）　516
スルタン・カリフ　→　研究キーワード100　439
スワヒリ語　→　語学　58
スワヒリ世界の展開　→　東アフリカ　254-255
スンナ派神学の哲学化　→　神学と哲学　99
スンナ派とシーア派　→　研究キーワード100　439
聖（と俗）　→　研究キーワード100　439-440
生活
　　　―の中のイスラーム復興現象　→　宗教復興　395-396
　　求められる東アフリカ・ムスリムの日常―の紹介　→　東アフリカ　255-256
政教一元論　→　研究キーワード100　440
政教分離　→　研究キーワード100　440
政治，経済，社会　→　305-374
政治的運動としてのイスラーム主義　→　宗教復興　394-395
聖者信仰の近年の展開　→　スーフィズムとタリーカ　105-106
聖者崇拝　→　マグリブ　227-228
聖者・聖者崇敬　→　研究キーワード100　440
聖職者　→　研究キーワード100　440-441
聖地　→　研究キーワード100　441

主題・地域・項目インデクス　xxiii

　　　　　─をめぐる争い　→　キリスト教と中東和平　414
正統　→　研究キーワード 100　441
正統カリフ　→　研究キーワード 100　441
　　　　　─時代　→　初期イスラーム　126-127
正統派のイスラーム建築史研究　→　建築史　213
精密科学　→　イスラーム科学史　195-197
西洋的人権概念との関係による分類　→　人権　360
世界最大のムスリム人口を抱える南アジア　→　南アジア　271-272
世界史的比較の視座の下で　→　比較文明論　191
石油ショック　→　エネルギーと経済開発　341
世俗主義　→　イスラームと世俗主義　421-424
　　　　イスラーム世界における─の問題構成　→　421-422
　　　　─とイスラーム　→　トルコ　250
セネガル　→　諸国の概要（アフリカ）　508-509
セルジューク朝　→　138-146
　　　　─研究への視角　→　138-139
　　　　─時代の文化と，同朝関係史料　→　143-144
　　　　イスラーム史の流れの中での─　→　139-141
　　　　イラン史の流れの中で考える─　→　144-145
　　　　トルコ民族史の文脈の中での─　→　141-143
セルビア／モンテネグロ　→　諸国の概要（ヨーロッパ，非イスラーム国）　519
前近代クルド社会の歴史的研究　→　クルド人問題　384
戦時国際法　→　イスラーム・戦争と平和　305-306
戦争とイスラーム（現代における）　→　イスラーム・戦争と平和　306-307
戦争と平和　→　イスラーム・戦争と平和　305-309
叢書（イスラームおよびイスラーム世界）　→　文献　16
ソーラーニー方言（クルド語）　→　語学　56-57
ソマリア　→　諸国の概要（アフリカ）　509
ソ連体制下のイスラーム　→　中央アジア・ロシアのイスラーム　399-400

夕行

ダール・アル=イスラーム　→　研究キーワード 100　442
タイ　→　諸国の概要（アジア，OIC オブザーバー）　513
台湾，韓国・朝鮮，東南アジアの華僑　→　東アジア　287
タクリード（とイジュティハード）　→　法学　80-81
タジキスタン　→　諸国の概要（アジア）　488
多神教　→　研究キーワード 100　441-442
タフスィール学（啓典解釈学）　→　クルアーン　67
タリーカ　→　スーフィズムとタリーカ　102-110；研究キーワード 100　442
　　　　─個別研究と─論　→　104-105
　　　　スーフィズム・聖者信仰・─・サイイド／シャリーフ複合現象　→　102

タンザニア（タンザニア連合共和国）　→　諸国の概要（アフリカ，非イスラーム国）
　　517-518
地域　→　218-304
地域間関係　→　300-304
地図　→　文献　17-18
地名事典　→　文献　6-7
チャガタイ語　→　語学　53-54
チャド　→　諸国の概要（アフリカ）　509
中央アジア　→　261-267；中央アジア・ロシアのイスラーム　398-402；海外文献調査ガイド
　　528-531
　　　─研究の新展開　→　261-262
　　　─の言語　→　語学　53-55
　　　近現代─研究の参考文献　→　262-263
　　　近現代─の諸問題　→　263-264
中央アフリカ　→　諸国の概要（アフリカ，OIC オブザーバー）　514
中国　→　諸国の概要（アジア，非イスラーム国）　516；海外文献調査ガイド　526-527
中国・新疆ウイグル自治区（東トルキスタン）　→　東トルキスタン　269；海外文献調査ガイ
　　ド　527-528
中国文明　→　東アジア　286-287
中世ユダヤ教　→　ユダヤ教　407-408
中東・北アフリカの諸語　→　語学　56-57
中東のキリスト教徒と中東和平　→　キリスト教と中東和平　415-416
中東の事典・ハンドブック類　→　文献　5-6
中東法　→　法学　81-82
中東民主化研究の視点と課題　→　中東の民主化　367-369
中東民主化の概況──「遅れ」と「外圧」　→　中東の民主化　367
中東和平　→　キリスト教と中東和平　414-417
　　　─交渉の問い直し　→　パレスチナ問題　328-329
チュニジア　→　諸国の概要（中東）　499；海外文献調査ガイド　548
低強度紛争　→　国家の安全保障と軍事問題　324-325
ティムール朝　→　イルハーン朝とティムール朝　160-168
　　　イルハーン朝・─時代の社会と文化　→　162-164
　　　イルハーン朝・─時代の政治・制度史　→　161-162
ディレクトリー　→　文献　16
データベース（学術）　→　ウェブサイト，電子媒体　21-23
データベース（報道系）　→　ウェブサイト，電子媒体　23-24
デジタル・クルアーン，デジタル・ハディース　→　ウェブサイト，電子媒体　20
哲学（と神学）　→　神学と哲学　93-101
デリー・スルターン朝　→　ムガル帝国＋　184
テロ
　　　9.11と国際─　→　イスラーム急進派　316-318
　　　国際─時代の戦争と平和　→　イスラーム・戦争と平和　307-308

自爆――と殉教作戦　→　イスラーム急進派　316
電子辞書　→　ウェブサイト，電子媒体　21
電子媒体　→　ウェブサイト，電子媒体　19-27
伝統文法と一般言語学　→　アラビア文法学・言語学　90
ドイツ　→　諸国の概要（ヨーロッパ，非イスラーム国）　519
ドイツ，オーストリア　→　海外文献調査ガイド　556-558
ドゥアー　→　研究キーワード100　442
道具類　→　2-61
東南アジア　→　277-284
　　　―・イスラームと法制度　→　278-279
　　　―・イスラームの民主化と市民社会　→　279-280
　　　―における「土着的なもの」と「イスラーム的なもの」　→　280
　　　―の諸語　→　語学　50-51
　　　イスラームのネットワークと―　→　278
東方キリスト教　→　411-414
　　　―概観　→　411
　　　―・概説書　→　412
　　　―・検索用文献　→　412
　　　―とイスラーム　→　412
　　　―の生成　→　412
　　　―の多様化　→　412
　　　―文献案内　→　412
トーゴ　→　諸国の概要（アフリカ）　509-510
都市　→　都市と社会問題　346-353
　　　―化と―の変容　→　347-348
　　　―社会と全体社会の変動　→　348-349
　　　―問題と―研究の課題　→　349-350
土地所有　→　研究キーワード100　442-443
トリニダード・トバゴ　→　諸国の概要（アメリカ，非イスラーム国）　520
トルクメニスタン　→　諸国の概要（アジア）　488-489
トルコ　→　248-254；諸国の概要（中東）　499-500；海外文献調査ガイド　537-538
　　　―革命史研究および―近現代通史　248-249
　　　日本における現代―研究の現状と課題　251
トルコ語　→　語学　46-49
　　　―学習（教育機関）　→　47-48
　　　―辞典・語彙集　→　46-47
　　　―文法書　→　46
　　　―目録　→　文献　10-11
奴隷　→　研究キーワード100　443

ナ行

ナイジェリア　→　諸国の概要（アフリカ）　510
「内地」におけるイスラームの教派　→　東アジア　286
中庭式住宅　→　研究キーワード100　443
ナショナリズム　→　ナショナリズム論　375-379
　　　―研究と時代区分　→　376-377
　　　―の形態と機能，そして宗教との関係　→　377-378
　　　マグリブにおける―形成と独立運動　→　マグリブ　226-227
南米のイスラーム　→　ヨーロッパ，南北アメリカ　298
難民　→　難民問題　370-374
　　　イスラーム世界の―問題　→　370-371
　　　アフガニスタン・イラクの―問題　→　371-372
　　　パレスチナの―問題　→　372-373
西アフリカ　→　257-260；海外文献調査ガイド　552-553
　　　―・イスラームにおける改革主義の伝統　→　258-259
　　　―におけるイスラーム化のプロセス　→　257-258
　　　―の長距離交易とイスラーム　→　258
　　　植民地下・―のイスラーム　→　259
ニジェール　→　諸国の概要（アフリカ）　510-511
日本　→　290-295
　　　―とイスラーム世界　→　290-291
　　　―における現代トルコ研究の現状と課題　→　トルコ　251
　　　明治・大正期における―とイスラーム世界　→　291-292
　　　昭和（戦前・戦中期）における―とイスラーム世界　→　292-293
　　　昭和（戦後）・平成期における―とイスラーム世界　→　293
　　　ハディース集およびその欧米・―での紹介　→　ハディース　72-73
ネイション/ナショナリズム研究における議論の方向性　→　ナショナリズム論　375-376
年代換算表　→　文献　14-15
年表　→　イスラーム・知の年表　449-484
年表　→　文献　19

ハ行

バアス党政権下のイラク　→　イラク　239-240
ハウサ語　→　語学　58-59
墓　→　研究キーワード100　443
バカー　→　研究キーワード100　443
パキスタン　→　南アジア　271-277；諸国の概要（アジア）　489-490；海外文献調査ガイド　533-535
バグダード――都市と社会　→　アッバース朝　136

バスマラ　→　研究キーワード100　443-444
ハディース　→　イスラーム基礎用語比較一覧表　60-61；ハディース　71-77
　　　　―学の構成とその論理　→　73-74
　　　　―集およびその欧米・日本での紹介　→　72-73
　　　　―の歴史的形成　→　71-72
　　　　―をめぐるオリエンタリズムの真偽論争　→　74-75
　　　　イスラーム法と―　→　法学　80
　　　　現代における―　→　75-76
ハドラ（尊称）　→　研究キーワード100　444
バハレーン　→　諸国の概要（中東）　500-501；海外文献調査ガイド　544-545
パフラヴィー・シャーと近代イラン国民国家の建設　→　イラン　245-246
バラカ　→　研究キーワード100　444
バルカン　→　バルカン問題　379-383
　　　　―諸国のムスリム・コミュニティ　→　380-382
　　　　―のアイデンティティ　→　379-380
バルカンの言語　→　語学　55-56
パレスチナ　→　マシュリク　221-222；パレスチナ問題　326-332；諸国の概要（中東）
　　　501-502
　　　　―近現代史研究　→　327-328
　　　　―研究を取りまく状況　→　326-327
　　　　―の難民問題　→　難民問題　372-373
　　　　―問題へのその他の視点　→　329-330
　　　　湾岸安全保障体制と―安全保障体制　→　国家の安全保障と軍事問題　323-324
バングラデシュ　→　諸国の概要（アジア）　490；海外文献調査ガイド　531
パンジャーブ語　→　語学　53
ハンドブック　→　文献　2-9
比較文明論　→　190-194
東アジア　→　284-290
東アフリカ　→　254-257；海外文献調査ガイド　551-552
　　　　求められる―・ムスリムの日常生活の紹介　→　255-256
東トルキスタン　→　267-271；海外文献調査ガイド　527-528
　　　　―・イスラーム研究の基本工具書　→　268
　　　　―・イスラーム研究の今後の課題　→　270
　　　　―におけるイスラームの歴史　→　268-269
ヒジャーブ　→　研究キーワード100　444
美術史　→　207-212
非精密科学　→　イスラーム科学史　197
ビドア　→　研究キーワード100　444
ヒンディー語　→　語学　52
ヒンドゥー教　→　ヒンドゥー教とイスラーム　417-421
ヒンドゥー・ムスリム間のコミュナリズム　→　ヒンドゥー教とイスラーム　418-419
ファトワー　→　法学　81

フィクフ → 研究キーワード100　444-445
フィリピン → 諸国の概要（アジア，非イスラーム国）　516；海外文献調査ガイド　525-526
フェミニズム → ジェンダー　362
部族 → 部族と遊牧民　353-358
　　―と国家 → 355-356
　　「―」とは何か → 353-354
　　現代の―と遊牧民 → 356
　　遊牧における―の役割 → 354-355
フランス → 諸国の概要（ヨーロッパ，非イスラーム国）　519；海外文献調査ガイド　556
フルーウ（とウスール） → 法学　79-80
ブルガリア → 諸国の概要（ヨーロッパ，非イスラーム国）　519
ブルキナファソ → 諸国の概要（アフリカ）　511
ブルネイ → 諸国の概要（アジア）　490-491
フロンティアとしてのイスラーム経済研究 → イスラーム経済　338-339
文学史 → 199-207
文化交渉と異文化表象 → 文学史　202
文献 → 2-19
文献目録 → 文献　9-11
分派 → 研究キーワード100　445
文法学とイスラーム諸学 → アラビア文法学・言語学　88-89
文法書 → 語学　32-59
文明としてのイスラーム → 比較文明論　190-191
文明と文化 → 190-218；比較文明論　190
平和 → イスラーム・戦争と平和　305-309
ベナン → 諸国の概要（アフリカ）　511
ヘブライ語 → 語学　56
ペルシア語 → 語学　41-45
　　―学習（教育機関） → 43-44
　　―辞典・語彙集 → 43
　　―文献目録 → 文献　10
　　―文法書・自習書（欧米語） → 42-43
　　―文法書・自習書（日本語） → 41-42
ベルベル語 → 語学　57-58
法学 → 77-86
　　―派 → 80
　　―文献案内 → 82-83
法学者の統治 → 研究キーワード100　445
報道系データベース → ウェブサイト，電子媒体　23-24
北米のイスラーム → ヨーロッパ，南北アメリカ　297-298
ポスト・サファヴィー朝期に関する研究 → サファヴィー朝＋　180-181
ボスニア・ヘルツェゴヴィナ → 諸国の概要（ヨーロッパ，OICオブザーバー）　514；海

外文献調査ガイド　539-540

マ行

マイノリティ　→　ムスリム・マイノリティ問題　388-392
マグリブ　→　225-231
　　―植民地史研究と方法論的問題　→　225-226
　　―におけるイスラーム主義運動と民主化　→　228-229
　　―における社会開発とジェンダー　→　228
　　―におけるスーフィズムと聖者崇拝　→　227-228
　　―におけるナショナリズム形成と独立運動　→　226-227
マグリブ・アンダルス　→　ムラービト朝＋　146-153
　　―史への入門書　→　146-147
　　―とヨーロッパ　→　149-150
　　―の国家　→　147-148
　　―の社会と宗教　→　148-149
マケドニア　→　諸国の概要（ヨーロッパ，非イスラーム国）　519-520
マシュリク　→　218-225
　　近代―地域の全体像を把握する　→　218-219
マッカとマディーナ　→　研究キーワード100　445
マドラサ　→　研究キーワード100　445-446
マムルーク　→　研究キーワード100　446
マムルーク朝　→　マムルーク朝＋　153-160
　　―研究の展望　→　157
　　―の社会と経済　→　155-156
　　―の政治と軍事　→　154-155
　　―の民衆文化　→　156-157
　　イスラーム史における―　→　153-154
マラヤーラム語　→　語学　53
マリ　→　諸国の概要（アフリカ）　511-512
マレーシア　→　諸国の概要（アジア）　491-492；海外文献調査ガイド　523-524
マレーシア語　→　語学　50-51
ミッレト　→　研究キーワード100　446
南アジア　→　271-277；ヒンドゥー教とイスラーム　417-421
　　「―独自の」イスラーム　→　417
　　―における世俗化とイスラーム化の相克　→　273-274
　　―のイスラーム化とイスラームの「現地化」　→　417-418
　　世界最大のムスリム人口を抱える―　→　271-272
南アジアの言語　→　語学　51-53
南アフリカ　→　諸国の概要（アフリカ，非イスラーム国）　518
都　→　研究キーワード100　446
ミャンマー（ビルマ）　→　諸国の概要（アジア，非イスラーム国）　516-517

民主化 → 中東の民主化　367-370
　　　中東――研究の視点と課題 → 367-369
　　　中東――の概況――「遅れ」と「外圧」 → 367
　　　東南アジア・イスラームの――と市民社会 → 東南アジア　279-280
　　　マグリブにおけるイスラーム主義運動と―― → マグリブ　228-229
民族と宗教 → 375-424
ムウタズィラ神学 → 神学と哲学　96-98
ムガル帝国 → ムガル帝国＋　183-189
　　　――研究の工具・概説書 → 184
　　　――時代の社会と経済 → 185
　　　――の政治と制度 → 184-185
　　　インド史における――の位置付け → 183
ムスハフ → 研究キーワード100　446
ムスリム → イスラーム基礎用語比較一覧表　60-61
ムスリム・マイノリティ → ムスリム・マイノリティ問題　388-392
　　　現代イスラーム政治思想と―― → 390
ムスリム・ムスリマ → 研究キーワード100　447
ムハンマド → 研究キーワード100　447
ムラービト朝 → ムラービト朝＋　146-153
明治・大正期における日本とイスラーム世界 → 日本　291-292
メーリングリスト → ウェブサイト，電子媒体　24-25
メディア・リテラシー → ウェブサイト，電子媒体　19
モーリシャス → 諸国の概要（アフリカ，非イスラーム国）　518
モーリタニア → 諸国の概要（中東）　502
モザンビーク → 諸国の概要（アフリカ）　512
文字から読み解くイスラーム建築 → 建築史　215
モスク → イスラーム基礎用語比較一覧表　60-61；研究キーワード100　447
モルディブ → 諸国の概要（アジア）　492
モロッコ → 諸国の概要（中東）　502-503；海外文献調査ガイド　549-551
モロ民族解放戦線 → 諸国の概要（アジア，OICオブザーバー）　513-514
文書史料 → 歴史史料　29-30

ヤ行

UAE → 諸国の概要（中東）　492-493；海外文献調査ガイド　544
遊牧における部族の役割 → 部族と遊牧民　354-355
遊牧民 → 部族と遊牧民　353-358
　　　現代の部族と―― → 356
ユダヤ教 → 405-410
用語事典 → 文献　7
用語集 → 文献　2-9
ヨーロッパ

—のイスラーム　→　ヨーロッパ，南北アメリカ　295-297
　　　マグリブ・アンダルスと—　→　ムラービト朝＋　149-150
預言者　→　イスラーム基礎用語比較一覧表　60-61；研究キーワード100　447
預言者ムハンマドの時代　→　初期イスラーム　125-126
ヨルダン　→　マシュリク　221-222；諸国の概要（中東）　503

ラ行

リビア　→　諸国の概要（中東）　503-504
リベリア　→　諸国の概要（アフリカ，非イスラーム国）　518
両替・両替商　→　研究キーワード100　447-448
ルクセンブルク　→　諸国の概要（ヨーロッパ，非イスラーム国）　520
礼拝　→　イスラーム基礎用語比較一覧表　60-61；研究キーワード100　448
歴史　→　124-189
歴史史料　→　27-32
レバノン　→　マシュリク　221；諸国の概要（中東）　504
レバノン・シーア派　→　シーア派とイスラーム革命　333-334
六信　→　イスラーム基礎用語比較一覧表　60-61
ロシア　→　中央アジア・ロシアのイスラーム　398-402；諸国の概要（ヨーロッパ，OICオブザーバー）　514-515；海外文献調査ガイド　562-563
　　　—帝国　→　中央アジア・ロシアのイスラーム　398-399
　　　中央アジア・—におけるイスラーム化と—帝国　→　398-399
　　　中央アジア・—におけるイスラーム復興と「過激派」　→　400

ワ行

ワクフ　→　研究キーワード100　448
ワフダ　→　研究キーワード100　448
ワリー　→　研究キーワード100　448
湾岸アラビア地域とイエメン　→　232-237
　　　—研究をめぐる状況　→　232
　　　—の政治・経済・社会　→　235
　　　—の歴史　→　232-234
湾岸安全保障体制とパレスチナ安全保障体制　→　国家の安全保障と軍事問題　323-324

I　研究案内

1　道具類

1-1　文献　　　　　　　　　　　　　　　　　　　　東長　靖

　本節の作成にあたっては，かつて筆者自身が取りまとめを行った「道具類（研究案内）」（三浦徹／東長靖／黒木英充編『イスラーム研究ハンドブック』栄光教育文化研究所，1995年所収）の情報を元としつつ，その後の出版物を補って拡充につとめた。利用者の便宜を考えて，構成もそれと同一にしてある。ただし，語学に関しては，本書では別の節（1-4）を立ててより詳しく論じることにした。

■ 事典・用語集・ハンドブック
1）イスラーム事典・ハンドブック類

大塚和夫／小杉泰／小松久男／東長靖／羽田正／山内昌之編『岩波イスラーム辞典』岩波書店，2002年。［日本語のイスラーム辞典としてはもっとも包括的な（4000項目以上）小項目主義辞典。現代・思想・非アラブ圏にはとくに強い］

日本イスラム協会編『新イスラム事典』平凡社，2002年。［当時の日本のイスラーム研究の到達点を示す小項目主義事典であった1982年版の改訂版。根本改訂ではないが，相当細部までチェックは及んでいる。付録や索引も充実している］

片倉もとこ編集『イスラーム世界事典』明石書店，2002年。［1987年にエッソ石油広報部から出版された『現代イスラム小事典』の改訂・拡充版。写真を多用しており，一般の人には読みやすい］

黒田寿郎編『イスラーム辞典』東京堂出版，1983年。［五十音順ではなく，大項目主義の読む辞典。とくに思想に関する記述が充実している］

塩尻和子／池田美佐子『イスラームの生活を知る事典』東京堂出版，2004年。［五十

音順ではなく，大項目主義の読む事典。イスラームの基本や日常生活についてのトピックを掲げ，説明したもの]

三浦徹/東長靖/黒木英充編『イスラーム研究ハンドブック』(講座イスラーム世界別巻) 栄光教育文化研究所, 1995年。[学部3〜4年から修士課程の学生をターゲットに作られたもの。数多くのテーマを扱った研究案内・グロッサリー・年表・付録からなる]

Krämer, G. et al. (eds.), *The Encyclopaedia of Islam*, 3rd ed., Leiden/Boston, 2007-. [*The Encyclopaedia of Islam* の初版, 新版がアルファベット順であったのと異なり, 主題別の構成。年4冊刊行で, 全60冊の予定]

Gibb, H. A. R. et al. (eds.), *The Encyclopaedia of Islam*, new ed., 11 vols., Leiden, 1960(1954)-2008. [現在最も信頼するに足るイスラーム事典。イスラームを研究する人がまず参照すべきもの。英語版以外にフランス語版 (*Encyclopédie de l'Islam, nouvelle édition*) もあるが, 内容は基本的に同一である。CD-ROM版, オンライン版もある]

Houtsma, M. Th. et al. (eds.), *The Encyclopaedia of Islam : A Dictionary of the Geography, Ethnography and Biography of the Muhammadan Peoples*, 4+1 vols., Leiden/London, 1913-38 ; repr. ed. *E. J. Brill's First Encyclopaedia of Islam 1913-1936*, 9 vols., Leiden, 1987. [*The Encyclopaedia of Islam* の初版で, さすがに情報は古いが, 中には新版より格式高いと思われる項目もある。9巻本のリプリントで入手可能。なおこの旧版にもフランス語版 *Encyclopédie de l'Islam* とドイツ語版 *Enzyklopadie des Islam* がある]

Gibb, H. A. R./J. H. Kramers (eds.), *Shorter Encyclopaedia of Islam*, Leiden, 1953. [上記初版のうち宗教・法学関連のみを手頃な一冊本にしたもの。ドイツ語版 *Handwörterbuch des Islam* もある]

Donzel, V., *Islamic Desk References, Compiled from the Encyclopaedia of Islam*, Leiden/New York, 1994. [*Encyclopaedia of Islam* の記述を大幅に縮め, 若干の改訂を施した用語集。刊行当時, 新版がカバーしていた範囲は新版, それ以降は旧版を元にしている]

Hughes, Th. P., *Dictionary of Islam*, London, 1885 ; repr. ed. New Delhi, 1977. [古い事典だが, 習俗・儀礼などに比較的くわしく, 今でも有用]

Esposito, J. L. (ed.), *Oxford Encyclopedia of the Modern Islamic World*, 4 vols., Oxford, 1995. [比較的近現代が強いが, 前近代も基本はおさえる。英語の概念から引けるところも特徴]

Esposito, J. L. et al. (eds.), *The Islamic World : Past and Present*, 3 vols., New York/Tokyo, 2004. [上記事典を元とし, より一般的な読者向けに編集し直したもの]

Martin, R. C. (ed.), *Encyclopedia of Islam & the Muslim World*, 2 vols., New York, 2004. [原語から引く項目もあるが, むしろ Islam and other religions, feminism,

minorities など英語の概念から引ける項目が多いのが特徴]
Glasse, C., *The Concise Encyclopedia of Islam*, New York, 1989；rev. ed. 2001.［一冊本の事典。やや詳しいグロッサリーといった風情］
Netton, I. R., *A Popular Dictionary of Islam*, London, 1992.［事典というよりはごく簡潔な用語集］
Aḥmad al-Shintināwī et al. (tr.), *Dā'ira al-ma'ārif al-Islāmīya*, Vols. 1-16, Cairo, 1969-.［上記 The Encyclopaedia of Islam（初版）のアラビア語版。いくつかの項目についてアラブ人研究者による書き足しがなされている］
Kāẓem Mūsavī Bojnūrdī (ed.), *Dā'erat al-Ma'āref-e Bozorg-e Eslāmī*, Tehran, 1989-.［イランで独自に編集しているイスラーム百科。2008年初頭時点で第14巻，Tまで］
Gholām-'Alī Ḥaddād 'Ādel et al., *Dāneshnāme-ye Jahān-e Eslām*, Tehran, 1996-.［イスラーム世界事典。2008年時点で第10巻まで。全40巻の予定］
İslâm Ansiklopedisi : İslâm Âlemi Tarih, Coğrafya, Etnografya ve Biyografya Lugati, 13 vols. in 15, İstanbul, 1940-88.［上記 The Encyclopaedia of Islam（初版）のトルコ語版だが，トルコに関する部分は全面的に書き換えられている。ただし，下記の新しい事典刊行により，重要度は下がった］
Türkiye Diyanet Vakfı İslâm Ansiklopedisi, İstanbul, 1988-.［トルコで新しく編纂されているイスラーム事典。2008年4月時点で33巻，Oまで刊行済み。2004年時点での情報によれば，全40巻，1万8000項目の予定］
University of Panjab, *Urdū dāira-e ma'ārif-e islāmīya*, 24 vols., repr. ed., Lahore, 1980-89.［*The Encyclopaedia of Islam*（初版）のウルドゥー語版。インド・イスラーム関連項目が大幅に増補されている］
Dewan Redaksi Ensiklopedi Islam, *Ensiklopedi Islam*, 5+2 vols., Jakarta, 1994.［インドネシアで出版された東南アジアのイスラームに関する最も権威ある百科事典］
Iain Syarif Hidayatullah (ed.), *Ensiklopedi Islam Indonesia*, 3 vols., Jakarta, 2002.［インドネシア出版のより新しい事典］
Federspiel (ed.), *A Dictionary of Indonesian Islam*, Ohio, 1995.［インドネシアのイスラームに関する，英語で読める小事典］
『中国伊斯蘭百科全書』成都：四川辞書出版社，1996年。［イスラーム全般について項目を立てるが，特に現代中国ムスリムの記述が有用］
McAuliffe, Jane Dammen (ed.), *Encyclopaedia of the Qur'an*, 5+1 vols., Leiden/Boston, 2001-06.［クルアーンに関する事典］
Leaman, Oliver (ed.), *The Qur'an : An Encyclopedia*, London/New York, 2006.［クルアーンに関する事典。主に英語の概念から引く］
Rahman, A., *Muhammad Encyclopaedia of Seerah*, 6 vols., London, 1981-88.［預言者ムハンマドの生涯に関する事典］

Ḥasan Amīn, *Dā'ira al-Ma'ārif al-Islāmīya al-Shī'īya*, 5 vols., Beirut, 1989-90.［アラビア語によるシーア派に関する事典。第4巻までは比較的充実しているが、第5巻は rā' から yā' までを駆け足に扱っており、杜撰］

Javādī, Aḥmad Ṣadr Ḥajj Sayyid et al., *Dāyere al-Ma'āref-e Tashayyo'*, Tehran, 1988-2004.［ペルシア語によるシーア派に関する事典］

Abu-Rabi', Ibrahim M. (ed.), *The Blackwell Companion to Contemporary Islamic Thought*, Malden (MA)/Oxford, 2006.［地域的・主題的に幅広く現代イスラーム思想の諸相を概観できる。グローバリズム、世俗性、近代性、ジハード、正義、国際関係、女性などのテーマが論じられている］

Singh, N. K./A. M. Khan (eds.), *Encyclopaedia of the World Muslims: Tribes, Castes, and Communities*, 4 vols., Delhi, 2001.［世界中のムスリム諸民族についての概説。タイなどマイノリティーの場合も取り上げている］

2) 中東の事典・ハンドブック類

Mattar, Ph. et al. (eds.), *Encyclopedia of the Modern Middle East and North Africa*, 2nd ed., 4 vols., Farmington Hills (MI), 2004.［1996年に出版された現代中東・北アフリカ百科事典を大幅に改訂したもの］

永井道雄監修、板垣雄三編『新・中東ハンドブック』講談社、1992年。［中東概論、諸国解説、テーマ別解説を含む］

Ovendale, R., *The Longman Companion to the Middle East since 1914*, London/New York, 1992.［今世紀中東の政治・歴史を知るためのハンドブック。クロノロジー、人名録、国別歴代主要閣僚名簿、主要文献目録などからなる］

Bacharach, J. L., *A Near East Studies Handbook*, 3rd rev. ed., Seattle, 1984.［中東研究に必要な地図、系図、年表などを収録したハンドブック］

Mostyn, T./A. Hourani (ed.), *The Cambridge Encyclopedia of the Middle East and North Africa*, Cambridge, 1988.［中近東・北アフリカに関する事典。アルファベット順でなく、分野別配列の読む事典］

Sela, Avraham (ed.), *The Continuum Political Encyclopedia of the Middle East*, rev. ed., New York/London, 2002.［中項目500程度の現代中東の政治に関する事典］

『中東年鑑 95/96』中東調査会、1996年。［『中東・北アフリカ年鑑』が名称変更し、充実したもの。各国現況、クロノロジー、閣僚名簿、主要な国際問題の解説、統計、用語解説、主要な協定などからなる。これ以降休刊状態にあるが、復刊予定がある］

『アジア動向年報』アジア経済研究所/日本貿易振興機構アジア経済研究所、1970年-。［イスラーム圏としては、東南アジア、南アジア、中央アジアがカバーされている。ホームページ http://www.ide.go.jp/Japanese/ から、創刊以来

の全データが検索できる]

3) 人名事典

al-Ziriklī, Khayr al-Dīn, *al-A'lām : Qāmūs Tarājim li-ashhar al-Rijāl wa al-Nisā' min al-'Arab wa al-Musta'ribīn wa al-Mustashriqīn*, 7 vols., Beirut, 1986.

Kaḥḥāla, 'Umar Riḍā, *Mu'jam al-Mu'allifīn : Tarājim Muṣannifī al-Kutub al-'Arabī*, 15 vols., Beirut, n.d. [以上2点はアラブ人の人名を調べるのに便利なもの。アラビア語。いずれも本人の名（イスム）と父の名が分かっていれば簡単に引ける。イスムが分からない場合は索引から当たれる。カッハーラのものは著述家のみ]

Muḥammad b. al-Zubayr (ed.), *Mu'jam Asmā' al-'Arab*, 2 vols., Beirut, 1991. [アラブ人の名前の読みや原義を調べるのに用いる。4巻の続巻 *Sijill Asmā' al-'Arab*, 2 vols., Beirut, 1991 も刊行されている]

Mahdī Bāmdād, *Sharḥ-e Ḥāl-e Rejāl-e Īrān dar Qarn-e 12 va 13 va 14 Hejrī*, 6 vols., Tehran, 1984/85. [ヒジュラ暦12〜14世紀のイランの人名事典。ペルシア語]

Muḥammad Bāqir Khwānsārī, *Rawḍa al-Jannāt fī Aḥwāl al-'Ulamā wa al-Sādāt*, Tehran/Qom, 1970-72. [アラビア語で書かれたシーア派のウラマー伝]

Bursalı Mehmed Tâhir, *Osmanlı müellifleri*, 3 vols., İstanbul, 1971(?)-75. [オスマン朝著作者名鑑。歴史・文学・天文学など各分野別の主要著作者の著作目録。オスマン語版がオリジナル]

Mehmed Süreyya, *Sicill-i 'Osmānī : Osmanlı Ünlüleri*, 6 vols., İstanbul, 1996. [オスマン朝の主だった政府関係者，宗教指導者の who's who。現代トルコ語訳版。オリジナルはオスマン語]

Alderson, A. D., *The Structure of the Ottoman Dynasty*, Oxford, 1956 ; rev. ed. Westport, 1982. [オスマン朝各スルタンの王子，妃ら一族の係累を網羅した who's who。1982年版でいっそう充実した]

Anonym, *Who's Who in the Arab World*, 18th ed. (2007-2008), Beirut, 2007. [現代アラブ世界の who's who。隔年刊行]

Moini, F. (ed.), *Who's Who in Iran*, 2nd ed., Bonn, 1998. [現代イランの who's who。2007年時点で第2版が最新]

Kâmil Şükûn (ed.), *Günümüz Türkiyesinde Kim Kimdir (Who's Who in Turkey) 2002*, 8th ed., İstanbul(?), 2002. [現代トルコの who's who]

4) 地名事典

Yāqūt, Shihāb al-Dīn Abū 'Abd Allāh al-Rūmī, *Mu'jam al-Buldān*, 6 vols., Leipzig, 1866-73 ; 5 vols., Beirut, 1955-57. [アラビア語で書かれた古典的な地名事典。より新しい版もある]

Adamec, L. W. (ed.), *Historical Gazzetter of Iran*, 4 vols., Graz, 1976-89.

Entesharāt-e Dāyere-ye Joghrāfiyā-ye Setād-e Artesh, *Farhang-e Joghrāfiyā-ye Īrān*, 10 vols., Tehran, 1953/54. ［以上 2 点はイランの地名事典］
Adamec, L. W. (ed.), *Historical and Political Gazzetter of Afghanistan*, 6 vols., Graz, 1972-85. ［アフガニスタンの地名事典］
Yurt Ansiklopedisi, 11+1 vols., Ankara, 1981-84. ［トルコの県別地理事典。11 巻に別巻として地図がつく］
Akbayar, Nuri, *Osmanlı Yer Adları Sözlüğü*, İstanbul, 2001. ［オスマン語による地名標記をアルファベットに対応させた地名事典］

5）用語事典

al-Tahānawī, Muḥammad ʿAlī b. ʿAlī, *Kitāb Kashshāf Iṣṭilāḥāt al-Funūn*, 2+1 vols., Calcutta, 1862 ; 2 vols., Lebanon, 1996.
al-Jurjānī, *Kitāb al-Taʿrīfāt*, G. Flügel (ed.), Lipsiae, 1845 ; repr. ed. Beirut, 1985.
Sajjādī, S. J., *Farhang-e maʿāref-e Eslāmī*, 3 vols., Tehran, 1366 A.H.S. ［以上 3 点は古典的なイスラーム用語集］
Sertioğlu, Midhat, *Osmanlı Tarihi Lügatı*, 1958 ; rev. ed. İstanbul, 1986. ［簡便・実用的なオスマン歴史用語事典］
Pakalın, Mehmet Zeki, *Osmanlı Tarih Deyimleri ve Terimleri Sözlüğü*, 3rd ed., İstanbul, 1983. ［オスマン史用語事典。Sertioğlu のものより詳細］
Yule, H./A. C. Burnell (eds.), *Hobson-Jobson : A Glossary of Colloquial Anglo-Indian Words and Phrases, and of Kindred Terms, Etymological, Historical, Geographical and Discursive*, London, 1903 ; 4th ed. New Delhi, 1984. ［イギリスがインド統治のために作成した用語集。政治・経済・宗教をはじめ社会の全分野にわたるヒンドゥスターニー語の用語を網羅・解説したもの］
Dozy, R., *Dictionnaire détaillé des noms des vêtements chez les Arabes*, Beirut, 1843. ［衣服用語事典］
al-Baqrī, Muḥammad Qandīl, *al-Taʿrīf bi-Muṣṭalaḥāt Ṣubḥ al-Aʿshā*, Cairo, 1983. ［15 世紀のカルカシャンディーの百科事典 Ṣubḥ al-Aʿshā に出てくる主として行政用語を簡潔に解説したもの］
Groom, N., *A Dictionary of Arabic Topography and Placenames*, Beirut/London, 1983. ［場所や建物に関する用語事典］
ʿAbd al-Raḥīm Ghālib, *Mawsūʿa al-ʿImāra al-Islāmīya*, Beirut, 1988. ［建築用語事典］
Wang, Jianping, *Glossary of Chinese Islamic Terms*, Richmond, 2001. ［中国語ができなくても引ける事典として便利］
Muhammad Akram Khan, *Islamic Economics and Finance : A Glossary*, 2nd ed., London/New York, 2003. ［現代のイスラーム経済・金融用語集］

6) その他

板垣雄三/後藤明編『事典　イスラームの都市性』亜紀書房，1992年。[都市に関連する事項を，イスラーム世界の内外を比較しながら論じた読む事典。項目ごとに参考文献が付されている]

Dumper, M. R. T./B. E. Stanley (eds.), *Cities of the Middle East and North Africa : A Historical Encyclopedia*, Santa Barbara, 2007. [中東・北アフリカ都市史事典]

Yarshater, E. (ed.), *Encyclopaedia Iranica*, London, 1985-. [イランに関してまず参照すべき事典。2007年現在14巻，Iまで]

Skolnik, Fred et al. (eds.), *Encyclopaedia Judaica*, 2nd ed., 22 vols., Detroit, 2007. [最新のユダヤ教事典。1972年に出て定評のあった16巻本の初版の全面改訂版]

El-Shamy, Hasan M., *Folk Traditions of the Arab World : A Guide to Motif Classification*, 2 vols., Bloomington, 1995. [アラブ―イスラーム世界に伝わる民間伝承を網羅的に集め，モティーフ別に分類したもの。ただし民間伝承の内容については記述がない。第1巻は(1)分類と(2)ビブリオグラフィー，第2巻はアルファベット順の語句索引である。第2巻で民間伝承がどの分類にあたるのかを調べ，第1巻の(1)に戻り，その後(2)で出典を調べるという手順が必要]

El-Shamy, Hasan M., *Types of the Folktale in the Arab World : A Demographically Oriented Tale-Type Index*, Bloomington, 2004. [上記辞典のモティーフ項目を統計学的に処理できるよう，民間伝承の語り手の性別・受けた教育・属する地域などの情報が加えられている]

Yunis, A. H., *A Dictionary of Folklore*, Beirut, 1983. [フォークロアに関する用語事典]

Lane-Poole, S., *The Mohammedan Dynasties : Chronological and Genealogical Tables with Historical Introductions*, London, 1893.

Zambaur, E. de, *Manuel de généalogie et de chronologie pour l'histoire de l'Islam*, 2 vols., Hanover, 1927.

Bosworth, C. L., *The New Islamic Dynasties : A Chronological and Genealogical Manual*, Edinburgh, 1996. [以上3点は，中東とインドの諸王朝の概要，君主名，在位年，系図を表にしたもの。ボズワースのものは1967年版の改訂版だが，旧版同様，系図は付されていない]

Choueiri, Youssef M. (ed.), *A Companion to the History of the Middle East*, Malden (MA)/Oxford, 2005. [イスラーム誕生から現代までカリフ制，ウラマー，社会，国家などさまざまなテーマが概説されている]

Hurewitz, J. C., *Diplomacy in the Near East and Middle East*, 2 vols., Princeton, 1956. [16世紀から今世紀半ばまでの中近東における条約をカバーした標準的な条約集。すべて英訳されている]

Noradounghian, G., *Recueil d'actes internationaux de l'empire ottoman : Traités, conventions, arrangements, déclarations, protocoles, procès-verbaux, firmans, bérats, lettres patentes, et autres documents relatifs au droit public extérieur de la Turquie*, Paris, 1897-1903.［19世紀までのオスマン朝の条約をカバーしている。Hurewitzよりもはるかに詳細］

Hinz, W., *Islamische Masse und Gewichte*, Leiden, 1955.［歴史的な度量衡の解説・換算を示したもの］

Historical Dictionaries, Lanham : Scarecrow Press.［各国別・宗教別の歴史辞典のシリーズ。各々のタイトルは *Historical Dictionary of Iran* 等となる。一部は，Arab and Islamic Organizations や Islamic Fundamentalist Movements in the Arab World, Iran, and Turkey のように特定の主題を扱っている］

辞書・文法書

本章 1-4「語学」を参照。

文献目録

1) アラビア語文献

Brockelmann, C., *Geschichte der arabischen Litteratur*, 5 vols., Leiden, 1937-49.［古典的なアラビア語文献を網羅した基本文献。本巻2巻と補遺3巻に分かれる。索引を含む補遺を完成したあと本巻を改訂したため，補遺で言及される本巻の旧ページ数を欄外に記してある。本巻と補遺をともに用いなければならないが，相反するデータが記載されている場合はより新しい本巻のデータを重んじる方がよい］

Sezgin, F., *Geschichte des arabischen Schrifttums*, Leiden, 1967-.［ブロッケルマンの仕事を引き継いでより精緻にした労作。ただし，9巻で刊行が止まってしまっており，ヒジュラ暦430年までを専攻する研究者しか裨益しない］

Fischer W./H. Gätje (eds.), *Grundriss der arabischen Philologie*, 3 vols., Wiesbaden, 1982-92.［アラビア語文献学に関する総合的な事典。文献目録が充実している。第1巻はアラビア語そのものと（パピルス・インク・製本まで含めた）アラビア語テキスト，第2巻は詩・クルアーン・言語学・法学・神学，さらには哲学・自然科学等の個別学を対象とし，各項目の末尾に文献目録がある。補遺である第3巻の240頁以降に第1巻・第2巻刊行後を補う文献目録がある］

Graf, G., *Geschichte der christlichen arabischen Literatur*, 5 vols., Vatican, 1944-53.［中東キリスト教文献に関する基本的な目録］

Āqā Buzurg al-Tihrānī, *al-Dharīʻa ilā Taṣānīf al-Shīʻa*, 26 vols., Tehran, 1936/37-78 ; 3rd ed. Beirut, 1983.［シーア派の著作に関する網羅的な文献目録。アラビア語。書名がアルファベット順に配列されている。人名から引くには次の人名索引を用いる］

al-Qāʼīnī al-Najafī, ʻAlī al-Fāḍil, *Muʻjam Muʼallifī al-Shīʻa*, Tehran, 1985.

東洋文庫中央アジア・イスラム研究委員会編『東洋文庫所蔵アラビア語文献目録（増補・改訂版）』財団法人東洋文庫，1985年。

東洋文庫中央アジア・イスラム研究委員会編『東洋文庫所蔵アラビア語文献目録補遺』財団法人東洋文庫，1995年。［日本で有数のアラビア語蔵書数を誇る東洋文庫の蔵書目録］

2) ペルシア語文献

Storey, C. A., *Persian Literature : A Bio-bibliographical Survey*, Vols. 1-3, 5, London, 1927-.

Брегель, Ю.Е., *Персидская литература*, Москва, 1972. ［網羅的ではないもののペルシア語の基本的文献目録。ストーリー亡き後も仕事は継続されている。ブレーゲリのロシア語版は英語版の第1巻第1部（コーラン学，歴史）の増補露訳で，イラン・中央アジア研究には必須文献。インドの部分は翻訳されていない］

Elwel-Sutton, L. P. (ed.), *Bibliographical Guide to Iran*, Sussex/New Jersey, 1983. ［やや古くなったが，多分野にわたる欧文・ペルシア語のイラン研究文献目録］

東洋文庫編『日本國ペルシア語文献所在目録』全2巻，紀伊國屋書店，1983-85年。［日本国内に収蔵されているペルシア語文献を網羅的に調査し，その所在を明らかにしたもの］

東洋文庫中央アジア・イスラム研究委員会編『東洋文庫所蔵ペルシア語文献目録』財団法人東洋文庫，1991年。［日本で有数のペルシア語蔵書数を誇る東洋文庫の1991年3月までの蔵書目録］

3) トルコ語

Özege, S. M., *Eski Harflerle Basılmış Türkçe Eserler Kataloğu*, 5 vols., İstanbul, 1971-82. ［オスマン語で書かれたほとんどすべての文献の目録。現代トルコ語で書かれている］

Babinger, F. C. H., *Die Geschichtsschreiber der Osmanen und ihre Werke*, Leipzig, 1927. ［オスマン朝関係の文学・歴史などの著者，写本・刊本の有無の情報。アラビア語のブロッケルマン，ペルシア語のストーリーと並ぶもの］

Hofman, H. F., *Turkish Literature : A Bio-bibliographical Survey, Section 3, Moslem Central Asian Turkish Literature*, Part 1, Authors, Vols. 1-6, Utrecht, 1969. ［中央アジアのトルコ語の基本的文献目録。アラビア語のブロッケルマン，ペルシア語のストーリーに対応する］

東洋文庫中央アジア・イスラム研究委員会編『東洋文庫所蔵トルコ語・オスマン語文献目録（増補・改訂版）』財団法人東洋文庫，1985年。

東洋文庫中央アジア・イスラム研究委員会編『東洋文庫所蔵トルコ諸語文献目録（補遺）』財団法人東洋文庫，1995年。［日本で有数のトルコ語蔵書数を誇る東洋文

庫の蔵書目録。補遺では中国・旧ソ連で出版されたテュルク系諸語の文献も収められている］

4）その他

Kātip Çelebi, Mustafa, *Kashf al-ẓunūn ʿan asāmī al-kutub wa al-funūn*, Beirut, 1992. ［17世紀に作成されたアラブ・ペルシア・トルコ語文献に関する最も浩瀚な書誌目録。アラビア語で書かれている］

Bağdatlı İsmail Paşa, *Īḍāḥ al-Maknūn fī al-Dhayl ʿalā Kashf al-Ẓunūn ʿan Asāmī al-Kutub wa al-Funūn*, Ş. Yaltakaya/K. R. Bilge (eds.), İstanbul, 1947–72.

Bağdatlı İsmail Paşa, *Hadīya al-ʿĀrifīn : Asmāʾ al-Muʾallifīn wa Āthār al-Muṣannifīn*, K. R. Bilge et al. (eds.), İstanbul, 1951–55. ［上記カシュフ・アッ＝ズヌーンにつけられた補遺と補遺の補遺。いずれもアラビア語］

Elliot. H. M./J. Dowson, *The History of India as Told by Its Own Historians, the Muhammadan Period*, 8 vols., London, 1867–77; repr. ed. New York, 1966, Allahabad, 1969–70. ［アラビア語地理書からムガル時代の歴史書までイスラーム時代のインドに関する史料について解説・抄訳したもの］

Ferrand, G., *Relations de voyages et texts géographiques arabes, persans et turks relatifs à l'Extrême-Orient du VIIIe au XVIIIe siècles, traduits, revues et annotés*, 2 vols., Paris, 1913–14. ［東南アジアに関するアラビア語，ペルシア語，トルコ語の旅行記・地理書の翻訳と注］

Tibbetts, G. R., *A Study of the Arabic Texts containing Material on South-East Asia*, Leiden/London, 1979. ［東南アジアに関する9〜16世紀のアラビア語史料の翻訳と注］

研究目録

Pearson, J. D. (comp.), *Index Islamicus 1906–1955 : A Catalogue of Articles on Islamic Subjects in Periodicals and Other Collective Publications*, Cambridge, 1958. ［イスラーム関連の総合的な研究文献目録。主としてヨーロッパ諸語の研究を網羅する。本巻以降も継続して毎年出版され，現在はロンドン大学SOAS図書室が編纂している。なお，CD-ROM版，On-Line版も出ている。冊子体の最新版の情報は以下のとおり。C. H. Bleaney (comp.), *Index Islamicus : New Books, Articles and Reviews on Islam and the Muslim World*, Leiden, 2007］

Behn, W. H. (ed.), *Index Islamicus, 1665–1905 : A Bibliography of Articles on Islamic Subjects in Periodicals and Other Collective Publications*, Millersville, 1989. ［上記 *Index Islamicus* 本巻以前の 1665–1905 年における文献の網羅的目録］

Geddes, C. L., *Guide to Reference Books for Islamic Studies*, Denver, 1985. ［分野別に，文献目録や事典などの道具類を紹介した文献目録］

『アジア歴史研究入門4　内陸アジア・西アジア』同朋舎出版，1984年。

『アジア歴史研究入門5　南アジア・東南アジア』同朋舎出版，1984年。［歴史学の研究案内。本書の研究案内とあわせ用いるとよい］

ユネスコ東アジア文化研究センター編『日本における中東・イスラーム研究文献目録1868年-1988年』2巻，ユネスコ東アジア文化研究センター，1992年。［日本の中東・イスラーム研究の蓄積を知ることができる。索引も充実している。その後の中東関係の研究については，http://www.soc.nii.ac.jp/james/で調べられる］

『史学雑誌』回顧と展望［毎年5号が前年の研究をサーヴェイする特別号。歴史が中心だが，思想や文学などにも言及している］

史学会編『日本歴史学会の回顧と展望19　西アジア・北アフリカ　1949-85』山川出版社，1988年。［上記の回顧と展望の1985年までの分を収録したもの］

『東方学関係著書論文目録』1954年度-。［東方学会が毎年編集している文献目録で，中国，東南アジア，インド，西アジア，アフリカなどの地域別編成をとる］

Sauvaget, J., *Introduction to the History of the Muslim East: A Bibliographical Guide,* Westport, 1965.［イスラーム史に関する史資料，工具書，研究文献の案内。ソヴァジェが著した仏語版（1943年），仏語改訂版（1961年）をもとに，カーエンらが増補・改訂した英語版］

Behn, W. H. (comp.), *Islamic Book Review Index,* Berlin, 1982-.［主としてヨーロッパ語で書かれた書評の目録。年1回刊行していたが，Vol. 11までで休刊中］

World Bibliographical Series, Oxford: Clio Press.［各国別の文献サーヴェイ。編者，出版年は巻によって異なる。イスラーム世界諸国についての情報も豊富。ただし1995年以降，新刊は出ていない］

Schlachter, G. A./P. R. Byrne (eds.), *The Middle East in Conflict: A Historical Bibliography,* Clio Bibliography Series No. 19, Santa Barbara (CA), 1985.［中東国際政治にかかわる雑誌論文で，1973年から10年の間に刊行されたものから選ばれた3258点について簡明な解説を付したもの］

長場紘『現代中東情報探索ガイド改訂版』慶應義塾大学出版会，2006年。［巻末の「中東関係主要レファレンス・ブック」が役立つ］

東アラブにおける社会変容の諸側面研究会編『文献解題　東アラブ近現代史研究』アジア経済研究所，1989年。［標記の研究のために重要な欧語・アラビア語の書籍約1300点を，国ごと分野ごとに整理し，解説を付したもの］

長場紘編『中東・北アフリカ関係雑誌記事索引』（中東総合研究資料11）アジア経済研究所，1978年。

日本アラブ関係国際共同研究国内委員会編『日本におけるアラブ研究文献目録1875-1979』アジア経済研究所，1981年。［上記2点はいずれもアジア経済研究所による研究目録］

Mardam-Bey, F./R. Locmaria (eds.), *Mille et un livres sur le monde arabe: Cata-*

logue d'ouvrages de recherche et de documentation édités en France, 2nd ed., Paris, 1989. ［フランスで出版されたアラブ関係研究書のうち1987年時点で購入可能な2200点余り, 雑誌111点のカタログ。発行はアラブ世界研究所］

Abstracta Iranica, 1978–. ［*Studia Iranica* の別冊で, 各年のイラン研究の文献講評。ペルシア語文献にも比較的強い］

Türkologischer Anzeiger, 1975–. ［トルコはもちろん, 欧米, ロシア, アラブ圏, イラン圏, 日本も含め, 全世界のトルコ学の網羅的・系統的ビブリオグラフィー。元来 *Wiener Zeitschrift für die Kunde des Morgenlandes*, Vol. 67 (1975)–の付録だったが, 第3号より独立して別誌となった］

Bregel, Y. (comp.), *Bibliography of Islamic Central Asia*, 3 vols., Bloomington, 1995. ［中央アジアに関する最も新しい研究目録。旧ソ連・中華人民共和国の支配下に入る以前を扱う］

ユネスコ東アジア文化研究センター編『日本における中央アジア関係研究文献目録』ユネスコ東アジア文化研究センター, 1988年。［日本の中央アジア研究の蓄積を知ることができる。索引も充実している］

Dudoignon, S. A./H. Komatsu, *Research Trends in Modern Central Eurasian Studies (18th–20th Centuries): A Selective and Critical Bibliography of Works Published between 1985 and 2000*, Part 1, Tokyo, 2003. ［*Abstracta Iranica* に掲載された新刊紹介を元にして編まれた中央アジアに関する研究目録］

日本パキスタン協会編『パキスタン入門』日本パキスタン協会, 1995年。［パキスタンの政治・経済・歴史・文学をはじめあらゆる分野を網羅した文献目録。日本語・欧米語・ウルドゥー語の書籍・論文が分野別に整理されている］

Tregonning, K. G., *Southeast Asia: A Critical Bibliography*, Tucson, 1969. ［1945年から1960年代後半までの東南アジア研究文献目録］

Hay, S. N., *A Guide to Books on Southeast Asian History*, Santa Barbara (CA), 1969. ［1961–66年の東南アジア各地域の歴史研究書の紹介］

Saito, Sh. et al., *Southeast Asian Research Tools*, 9 vols., South East Asia Paper No. 16, Parts 1–9, Honolulu, 1979. ［各国別に文献目録, 定期刊行物, 辞典から統計資料までを網羅した簡便な東南アジア便覧］

京都大学霊長類研究所編『アフリカ関係文献目録』千里文化財団, 1984年。［アフリカに関する日本人の研究・著作の総合的目録。自然科学中心。約5000点の文献を含む。1981年に編集されたものの復刻版］

アジア経済研究所図書館編『発展途上地域日本語文献目録 アジア, アフリカ, ラテンアメリカ, オセアニア』アジア経済研究所, 1983–93, 2001年–。［1994–99年は休刊。書籍の形でまとめたものに, アジア経済研究所編『発展途上地域日本語文献目録 2004年版』アジア経済研究所, 1981年–がある］

■ コンコーダンス

Muḥammad Fu'ād 'Abd al-Bāqī, *al-Mu'jam al-Mufahras li-Alfāẓ al-Qur'ān al-Karīm*, Cairo, 1987(?). ［クルアーンのコンコーダンス。前置詞，疑問詞，接続詞などを除いた主要なことばについて，ごく例外的な遺漏を除けば網羅的に登場箇所を調べることができる。イスラーム思想を原典で学ぶ人には必携］

'Amāriya, Ismā'īl Aḥmad/'Abd al-Ḥamīd Muṣṭafā al-Sayyid, *Mu'jam al-Adawāt wa al-Ḍamā'ir fī al-Qur'ān al-Karīm : Takmila al-Mu'jam al-Mufahras li-Alfāẓ al-Qur'ān al-Karīm*, Beirut, 1986. ［上記のコンコーダンスで扱われていない前置詞などの網羅的なコンコーダンス］

Ḥusayn Muḥammad Fahmī al-Shāfi'ī, *Al-Dalīl al-Mufahras li-Alfāẓ al-Qur'ān al-Karīm*, Cairo, 1998. ［クルアーンのコンコーダンス。語根順ではなく，アルファベット順配列］

Wensinck, A. J. et al. (ed.), *Concordance et indices de la tradition musulmane : Les six livres, le Musnad d'al-Darimi, le Muwatta' de Malik, le Musnad de Ahmad ibn Hanbal*, 2nd ed., 8 vols. in 4, Leiden, 1992. ［スンナ派ハディースのコンコーダンス。クルアーンのものと異なり網羅的ではなく，多くの遺漏があるが，類書がないため今でも有用。第8巻は索引］

Muḥammad Ḥasan Abū al-Futūḥ, *Mu'jam Alfāẓ al-Ḥadīth al-Nabawī al-Sharīf fī Ṣaḥīḥ al-Bukhārī*, Beirut, 1993-. ［スンナ派の代表的なハディース集成，ブハーリーの『サヒーフ』の網羅的なコンコーダンス。ただし，第1巻が93年に刊行されたあと，刊行されていない］

Ijtihādī, Manīzha et al. (eds.), *al-Mu'jam al-Mufahras li-Alfāẓ al-Aḥādīth 'an al-Kutub al-Arba'a (al-Istibṣār, al-Kāfī, al-Tahdhīb, Man lā Yaḥḍur-hu al-Faqīh)*, 10 vols., Tehran, 1994. ［シーア派ハディースのコンコーダンス］

■ 年代換算表

陳垣『中西回史日暦』再版，台北，1972年。［西暦2000年までのヒジュラ暦が西暦および中国暦の何年何月何日に相当するかを一覧表の形で示したもの］

Unat, F. R., *Hicrî Tarihleri Milâdî Tarihe Çevirme Kılavuzu*, 1940; repr. ed. Ankara, 1988. ［ヒジュラ暦と西暦，財務暦の対照表。1日ごとでなく1週間単位で対照させてある。同じく西暦2000年まで。説明はトルコ語だが，読めなくても対照表の部分に関してはとくに不便はない］

Dağlı Yücel/Cumhure Üçer, *Tarih Çevirme Kılavuzu*, 5 vols., Ankara, 1997. ［ヒジュラ暦元年ムハッラム月1日から1日ごとに西暦，財務暦を対照させた表］

Birashk, A., *A Comparative Calender of the Iranian, Muslim Lunar, and Christian Eras for Three Thousand Years*, Costa Mesa, 1993. ［イラン暦・ヒジュラ暦・西暦の対照表］

Spuler (ed.), *Wüstenfeld-Mahler'sche Vergleichungs-Tabellen zur muslimischen und iranischen Zeitrechnung mit Tafeln zur Umrechnung orient-christricher Ären*, Wiesbaden, 1961.［ヒジュラ暦のほか，オスマン朝の財務暦，イラン暦，コプト暦などの対照表］

Gahlot, P., *Ready Reckoner for Indian Eras*, Jodhpur, 1979.［西暦元年以降のヴェクラマ暦，シャカ暦，ヒジュラ暦，西暦を対照させた暦年表。換算に関する解説付き］

Parise, F. (ed.), *The Book of Calendars*, 2nd ed., New York, 2002.［世界の暦の概説と対照表］

Ibish, Y. H. et al. (eds.), *Conversion Tables Hijri-Anno Domini and Perpetual Calendars*, Kyoto, 2002.［COE 科学研究費の成果刊行物なので入手しにくいが，様々な工夫の施されたヒジュラ暦・西暦対応表。アラビア語版もある］

▓ 雑誌

　日本のイスラーム関係学術雑誌としては，『イスラム世界』(1963-)，『オリエント』(1955-)，*Orient* (1960-)，『日本中東学会年報』(1986-)，『西南アジア研究』(1957-)があげられる。中東関係雑誌には，『中東通報』(1958-84)，『中東研究』(1984-)，『中東経済』(1974-)，『現代の中東』(1986-) がある。

　海外の雑誌は枚挙にいとまがないが，ごく代表的なものだけを紹介する。

　Bulletin d'Études Orientales (1931-), *Journal of the American Oriental Society* (1843-), *Journal of the Royal Asiatic Society of Great Britain and Ireland* (1834-), *Journal Asiatique* (1923-), *Mélanges/Institut Dominicain d'Études Orientales du Cairo* (*MIDEO*) (1954-), *Zeitschrift der deutschen Morgenländischen Gesellschaft* (1847-) などはイスラームのみならずアジア全般を扱う伝統ある雑誌。

　Studia Islamica (1953-), *The Muslim World* (1911-), *Revue des Études Islamiques* (1927-), *Der Islam* (1910-), *Die Welt des Islams* (1951-) などはイスラーム関連諸学を扱う。

　Journal of Islamic Studies (1990-), *Arabic Sciences and Philosophy* (1991-), *Islamic Law and Society* (1994-) はイスラーム思想の専門誌。

　Middle East Journal (1947-), *Middle Eastern Studies* (1964-), *International Journal of Middle East Studies* (1970-), *Middle East Studies Association Bulletin* (1967-) は中東研究の専門誌。

　Journal of the Economic and Social History of the Orient (1957-) は社会経済史を扱う。

　Arabica (1954-), *Arabian Studies* (1974-), *Journal of Arabic Literature* (1970-) はアラブ研究の代表的雑誌。

　Iranian Studies (1968-), *Studia Iranica* (1972-), *Iran* (1963-) はイラン研究の

代表的雑誌。

Turcica (1969-), *Belleten* (1937-), *International Journal of Turkish Studies* (1979/80-) はトルコ研究の代表的雑誌。

Central Asian Survey (1982-), *BOCTOK/Oriens* (1991-), *Общественные науки в Узбекистане* (1956-) は中央アジア研究の代表的雑誌。

■ ディレクトリー
1) 研究者人名録
The Centre for East Asian Cultural Studies for Unesco, The Toyo Bunko (ed.), *Directory of Asian Historical Studies in Japan*, Tokyo, 1992. [日本のアジア研究者のディレクトリー。歴史のほか，思想，人類学研究者も含む]

Behn, W. (ed.), *Concise Biographical Companion to Index Islamicus : An International Who's Who in Islamic Studies from Its Beginnings down to the Twentieth Century : Bio-bibliographical Supplement to Index Islamicus, 1665-1980*, 3 vols., Leiden, 2004-06. [*Index Islamicus* に収録された書籍・論文の著者についての人名辞典]

2) 研究機関案内
Tanlak, A./A. Lajimi (eds.), *International Directory of Islamic Cultural Institutions*, 1984 ; new ed. Istanbul, 1989. [全世界のイスラーム研究機関の住所録]

World Survey of Islamic Manuscripts, 4 vols., London, 1992-94. [世界中の写本所蔵館を簡単なコメントを付して紹介したもの]

Başbakanlık Osmanlı Arşivi Rehberi, Ankara, 1992. [膨大な所蔵史料を誇るイスタンブル総理府オスマン文書館の最新の案内]

İhsanoğlu E., *Bibliography on Manuscript Libraries in Turkey and the Publications on the Manuscripts Located in These Libraries*, Istanbul, 1995. [トルコの写本館についてのくわしい情報を収める。説明はトルコ語]

■ 概説・叢書
1) イスラームおよびイスラーム世界に関する叢書
『イスラム世界の人びと』全5巻，東洋経済新報社，1984年。
『講座イスラム』全4巻，筑摩書房，1985-86年。
『講座イスラム世界』全5巻＋別巻，栄光教育文化研究所，1994-95年（別巻は『イスラーム研究ハンドブック』）。
『イスラーム地域研究叢書』全8巻，東京大学出版会，2003-05年。
New Horizons in Islamic Studies Series, London : Routledge, 2003-. [上記2点は1997-2001年度のイスラーム地域研究プロジェクト（第1期）の成果]

2) イスラームに関する概説

中村廣治郎他『イスラーム思想1, 2（岩波講座東洋思想3, 4）』岩波書店，1988-89年。
中村廣治郎『イスラム――思想と歴史』東京大学出版会，1977年。
ギブ，H. A. R.『イスラム――誕生から現代まで』東京新聞出版局，1980年（原著初版1949年，改訂新版1969年）。
山内昌之/大塚和夫編『イスラームを学ぶ人のために』世界思想社，1993年。
ゴードン，M. S.『イスラム教（シリーズ世界の宗教）』奥西峻介訳，青土社，1994年。
小杉泰『イスラームとは何か――その宗教・社会・文化』講談社現代新書，1994年。

3) イスラーム史に関する概説

板垣雄三/佐藤次高編『概説イスラーム史』有斐閣，1986年。
佐藤次高/鈴木董/坂本勉編『新書イスラームの世界史』全3巻，講談社現代新書，1993年。
佐藤次高/屋形禎亮『西アジア（上）（地域からの世界史7）』朝日新聞社，1993年。
永田雄三/加藤博『西アジア（下）（地域からの世界史8）』朝日新聞社，1993年。
間野英二/小松久男『内陸アジア（地域からの世界史6）』朝日新聞社，1992年。
佐藤次高編『西アジア史1　アラブ（新編世界各国史8）』山川出版社，2002年。
永田雄三編『西アジア史2　イラン・トルコ（新編世界各国史9）』山川出版社，2002年。
小松久男編『中央ユーラシア史（新編世界各国史4）』山川出版社，2000年。
辛島昇編『南アジア史（新編世界各国史7）』山川出版社，2004年。
柴宜弘編『バルカン史（新編世界各国史18）』山川出版社，1998年。
佐藤次高編『イスラーム1（宗教の世界史11）』山川出版社，2008年（予定）。
小杉泰編『イスラーム2（宗教の世界史12）』山川出版社，2008年（予定）。
Holt, P. M. et al., *The Cambridge History of Islam*, 2 vols. in 4, 1970 ; repr. ed. Cambridge, 1980-84.
Holt, P. M. (ed.), A History of the Near East (Series), London/New York, 7 vols., 1986-2001.

■ 地図

Freeman, G. S. P./S. Ch. Muro-Hay (eds.), *Historical Atlas of Islam*, New York, 2002.
　［イスラームの伝播・拡大の流れを，各種の地図や写真・絵画資料を示しながら概説したもの。アフリカ・スペインから東南アジア・中国までのイスラーム世界全域，前イスラーム時代から現代までを視野に入れ，様々なテーマに関する地図

を豊富に掲載する]
Kennedy, H. (ed.), *An Historical Atlas of Islam = Atlas historique de l'Islam*, 2nd ed., Leiden, 2002. [1981年刊行の定評のあったイスラーム歴史地図帳の改訂版。CD-ROM付き]
Ḥusayn Mūnis, *Aṭlas Taʼrīkh al-Islām*, Cairo, 1987. [時代別, 地域別, テーマ別に各種のカラー刷地図が収録される]
ロビンソン, F. 『図説世界文化地理大百科　イスラム世界』板垣雄三監訳, 朝倉書店, 1988年。Robinson, F., *Atlas of the Islamic World since 1500*, Oxford, 1982. [イスラーム世界の歴史・文化・社会の理解のために, 豊富な地図と絵画, 写真などを使って詳細な解説を施している]
Tübinger Atlas des vorderen Orients, Tübingen, 1977-94. [Universität Tübingen の研究施設 TAVO が編集した中東の地理・歴史に関する地図シリーズ。全295枚, 別巻索引もある]
Boustani, R./P. Fargues, *Atlas du monde arabe : Géopolitique et société*, Paris, 1990. [現代アラブ諸国について, 国際関係から経済発展にいたるまで, 統計資料を折り込みながら図解したもの。牟田口義郎/水口章による日本語訳あり]
Sellier, J./A. Sellier, *Atlas des peuples d'Orient : Moyen-Orient, Caucase, Asie centrale*, Paris, 1993. [中東・イスラーム世界の歴史と現代の民族・宗派問題について詳細な解説をつけた図説。中央アジアやコーカサスの情報も豊富]
Dağtekin, H., *Genel Tarih Atlası*, 7th ed., İstanbul, 1994. [トルコの歴史地図。中学・高校生向きだが実用的。トルコ系民族全般を扱ったもの。地名索引がよい]
Карта Туркестанского генерал-губернатоствa и Семиреченскои Области, 1:2100000, Санкт Петербург, без латы.
Togan, A. Z. V., *Türkili Haritası ve ona ait İzahlar*, İstanbul, 1943. [以上2点はトルキスタンの地図。上はロシア語, 下はアラビア文字表記]
Schwartzberg, J. E., *A Historical Atlas of South Asia*, 1978 ; 2nd ed., Oxford, 1992. [紀元前160年から1960年代までの南アジアをカバーした14章立ての詳細な大型歴史地図。イスラームの情報も大量に含む]
Schmidt, K. J., *An Atlas and Survey of South Asian History*, London, 1995. [紀元前1000年頃から1994年までの南アジアが69項目に整理され, 地図と解説が見開きで対応している。Schwartzberg の地図よりもコンパクトで使いやすい]
Ulack, R./G. Pauer, *Atlas of Southeast Asia*, New York/London, 1989. [南アジアの自然環境, 歴史, 経済, 文化, 民族を概観する]
Fage, J. D. (devisal)/M. Verity (drawing maps), *An Atlas of African History*, 2nd ed., London, 1978. [アフリカ全域をカバーする歴史地図帳。アフリカのイスラーム化に関する図表が充実している]

■ **年表**（各地域を代表する主だった年表を掲げる）
Mansour, M., *Political and Diplomatic History of the Arab World 1900-1967 : A Chronological Study*, 16 vols., Colorado, 1972-77.
Danişmend, İ. H., *İzahlı Osmanlı Tarihi Kronolojisi*, İstanbul, 1947.
Sharma, J. S., *India since the Advent of the British : A Descriptive Chronology from 1600 to Oct. 2, 1969*, New Delhi, 1986.
Freeman-Grenville, G. S. P., *Chronology of African History*, 2nd ed., London, 1973.

1-2　ウェブサイト，電子媒体　　　　　　　保坂修司

■ **メディア・リテラシーの問題**

　メディア・リテラシーの問題が研究を行ううえできわめて重要であるという認識は日本においてもようやく一般化してきた。しかし，ことイスラーム，あるいは中東研究に関していえば，メディアやインターネットの利用のしかたについて体系的な教育方法が確立しているわけではない。たしかに一般論としてのメディア・リテラシーの授業は多くの高等教育機関で用意されているが，イスラーム研究に特化してインターネットを，あるいはメディアを，あるいはデータベースをどのように利用したらいいかについて「専門的」な訓練を行っているところはかならずしも多いとはいえない。むろん，従来の古典的なイスラーム研究の方法を確実に押さえておく必要はある。だが，1990年代以降の技術的な進化は単にイスラーム研究に方法論的な変化をもたらしたのみならず，イスラーム社会そのものも大きく変貌させることになった。したがって旧来の伝統的な枠組を古典的な研究方法によって把握することから，現在のイスラーム研究ではそれを一歩踏み越えて方法的にも対象としてもまったく新しい取り組みが必要になってきている。

　ただ本節で紹介する研究法は発展途上であり，今この時点で最先端だった方法がわずか数年のあいだに陳腐化してしまうこともありうる。本筋としてのイスラーム研究の動向を押さえるのはもちろんのこと，コンピュータのハードウェア・ソフトウェア両面でのフォローアップも必要となってくるのである。たとえばワープロひとつとっても，アラビア語等中東諸言語を含む多言語対応や，シカゴ方式，APA，MLAなど英文論文の書式への対応など，その進化は文字どおり日進月歩といえる。

▓ デジタル・クルアーン，デジタル・ハディース

　1990年代以降の研究シーンが革命的に変容してしまったのは，コンピュータおよびインターネットの登場によるところが大きい。すでに1980年代からクルアーンやハディースなどイスラームの基礎的な文献がデジタル化されはじめ，これらは1990年代に入ってからオンライン化され，さらに利便性が高まることになった。この傾向は現在も拡大・継続している。デジタル化・オンライン化は単に脳に記憶されたもの，あるいは紙に印刷されたものの代替物であるだけでなく，強力な検索機能などにより，これまで一部の専門家によって独占されていたイスラームに関する宗教的・法学的な知識を一般に開放することになった。

　クルアーンやハディースなど主要文献からの断片的な引用を遡及するには，もはやハーフィズである必要も，また重くて引きにくいクルアーンやハディースのインデックス，コンコーダンスに頼る必要もない。コンピュータとインターネットさえあれば「いつでもどこでも」引用された箇所を正確に探し当てることが可能なのである。

　一方，商用出版でもイスラーム関連書籍のCD-ROM化，DVD化が進んでいる。とくにアラビア語の古典でいうと，Sakhr社から一連の質の高い作品が出版されはじめており，これらは単に紙をCD-ROMにかえただけでなく，さまざまなギミックを加えたものも多く，新しい研究方法を予感させるものになっている。

　また写本のデジタル化も新しい分野として注目される。アレキサンドリア図書館や大英図書館などは所蔵する写本の一部をCD-ROM化して発売しはじめている。しかし，これらは現在のところ美術品の複製や土産物として販売されることも多く，研究として利用するにはもうしばらく時間がかかるかもしれない。なお，写本ではないが，京都大学からはレバノンの雑誌，マナールがCD-ROMで復刊されている。

　テキストや写本のデジタル化以外でも，現在古典的な研究書のデジタル化（PDF化）が進んでいる。主として英語圏の，著作権の切れた単行本が中心だが，自宅にいながらにして，古典的名著を自由にダウンロードして読めるようになったことは特筆されてしかるべきだろう。

　　http://www.sakhr.com/
　　http://www.harf.com/
　　http://quran.al-islam.com/
　　http://hadith.al-islam.com/Bayan/
　　http://stream.islamonline.net/sharawi/
　　http://www.muhaddith.org/cgi-bin/a_Optns.exe
　　http://www.usc.edu/dept/MSA/reference/searchhadith.html
　　http://www.archive.org/
　　http://books.google.co.jp

電子辞書，オンライン辞書

　現在，古典（とくに宗教書・法学書）を中心にデジタル化・オンライン化が進んでいるが，文字コードという制約があるため，かならずしも完全なかたちで印刷物の代替物にはなりきれていない。またここ数年で飛躍的な進歩を示してきた電子辞書・オンライン辞書の類も，ことアラビア語に関していえば，紙に完全にとってかわるまでには至っていない。学術的な使用に耐える電子辞書，オンライン辞書は今のところまったくないといってもいいだろう。とはいえ，つい数年前までは電子玩具の域を出なかったこうした辞書類も現在では日常的な使用にかぎっていえばすでに紙の辞書を凌駕している部分も少なくない。今後はこの分野でも急速にデジタル化・オンライン化が進むものと思われる。

　この分野でもっとも重要なのは *The Encyclopaedia of Islam* 第2版の動きであろう。これまで紙の *The Encyclopaedia of Islam* はあまりに高額だったため，個人で所有するのが困難であったが，比較的安価な CD-ROM 版が出たことで非常に身近な存在になった。しかも，検索機能があるため，従来にない使いかたも可能になり，研究の領域は大きく広がったといえる。また，オンライン版を契約する研究機関も増えてきている。現在第3版の刊行がはじまっているところだが，オンライン化が同時並行的に進んでいる。

　語学学習用の CD-ROM やウェブサイトも，日本語によるものも含め，さまざまな言語のものが登場している。また機械翻訳も急速に進化しつつあり，前述の Sakhr 社の機械翻訳サイト（アラビア語→英語，英語→アラビア語）は単純な新聞記事程度であれば，ある程度までは実用的な域に達しているといえるだろう。

　検索サイト Google のアラビア語機械翻訳サービスは，同種の有料サービスに勝るとも劣らない精度をもっており，オンラインであること，無料であることなどの点でより大きな可能性を秘めている。2008年現在，学術的な使用には耐えられないものの，アラビア語↔英語のみならず，アラビア語↔日本語の翻訳も可能となっている。

　　http://homepage1.nifty.com/A-JDIC/
　　http://www.arabiago.com/
　　http://dictionary.ajeeb.com/
　　http://www.tarjim.com/
　　http://www.google.co.jp/language_tools?hl = ja

学術データベース

　商業ベースを含む，いわゆる学術データベースの分野では米国が圧倒的に進んでおり，したがって現在世界的に利用されている学術データベースの大半が米国製となっている。イスラーム系諸言語でデジタル化がもっとも遅れている分野はここかもしれない。中東・イスラーム関係でいえば，日本には日本中東学会の運営する「日本における中東研究文献データベース」があり，日本語および日本人による著作を検索する

ことができる。また欧米語に関しては Index Islamicus が CD-ROM 化され，その後これは同内容でオンライン化され，20世紀以降の欧米語によるイスラーム関係文献を素早く網羅的に検索することが可能になっている。ただし，Index Islamicus を含む商業ベースの学術データベースは基本的には大学などの機関で一括して契約するものであり，誰でも自由に無料で利用できるものではない。

一方，中東諸国の，あるいは中東諸国に関するオンライン・ユニオン・カタログのプロジェクトが米国のイェール大学図書館で行われている（OACIS for the Middle East）。

アラビア語では，かならずしも包括的ではないが，Index Arabicus というアラビア語雑誌記事のオンライン検索サイトがオープンしている。ここではマナールなど42のアラビア語定期刊行物に掲載された記事が対象になっているが，1870年から1969年のあいだに発行されたものにかぎられている。

そのほか欧米系の総合的学術オンライン・データベースのなかでイスラーム研究を含むものとしては ProQuest や EBSCOhost といったアグリゲーター系サービスを忘れてはならない。これらのサービスでは，契約内容によっても異なってくるが，人文・社会科学から自然科学に至るまでの広範な分野をカバーし，たとえば ProQuest では8000誌以上の雑誌と新聞が分野別に分かれ検索・閲覧ができるようになっている。また ProQuest には米国を中心とする学位論文サービスも存在し，これらを合わせると，総合的なオンライン学術データベースとしてはもっとも巨大なサービスのひとつといえるだろう。

一方，電子ジャーナルあるいはオンライン・ジャーナルとしては，学術論文の検索・閲覧システムを取り上げなければならない。この種のものとしては，やはり米国のデータベースだが，JSTOR が有名である。このなかには *British Journal of Middle Eastern Studies* や *International Journal of Middle East Studies* など欧米の主要な中東研究専門誌が含まれており，全文検索のうえ，フルテキストを PDF などでダウンロードすることができる。

またほぼ同様の機能をもつものに，若干規模は小さいが，Project MUSE というデータベースがある。さらに国際関係論だけのデータベースとしては米コロンビア大学の CIAO：Columbia International Affairs Online というものがある。後者は，公開されることが少ないワーキングペーパーや議事録なども含まれており，現代中東を研究するには必須のデータベースのひとつであろう。

また近年の傾向としては，こうした総合的なデータベースとはべつに，出版社や企業，研究機関などがそれぞれの雑誌，機関誌，ニューズレターをオンライン化することも多く，どのような雑誌がオンラインで利用できるかについては個別に調べなければならない。たとえば中東の経済・エネルギーの専門ニューズレターである Middle East Economic Survey（MEES）や世界各国別の情勢に関する最新の情報を提供する Economic Intelligence Unit（EIU）といった基礎的な資料の多くはほとんどオンライ

ン化されており，この傾向は今後も進むであろう．
   http://wwwsoc.nii.ac.jp/james/database/database.html
   http://www.library.yale.edu/oacis/
   http://www.multidataonline.com/index_arabicus/search1.asp
   http://proquest.sunmedia.co.jp/proquest.html
   http://www.ebsco.co.jp/
   http://www.mees.com
   http://db.eiu.com/

報道系データベース

　古典研究ではそれほど重要ではないが，現代イスラームの研究においては新聞や雑誌による情報収集は必須であり，インターネットはまさにその点でもっとも有益な道具となっている．イスラーム系諸言語で書かれた新聞や雑誌のほとんどが現在，インターネット上で公開されるようになっており，一部の特殊な言語を例外として世界中どこにいてもインターネットを利用できる環境下であれば，リアルタイムで簡単に現地の報道を読むことができるようになっている．また一部の新聞は複数年にわたってオンライン上で検索することも可能であり，ロンドンで発行されているアラビア語日刊紙，ハヤートのように毎年1年分の記事を収録したCD-ROMを販売してくれるところもある．

　報道系データベースではLexisNexisとFactivaがもっともよく知られているだろう．両者とも，英語を中心とする新聞，雑誌，通信社の報道，ニューズレター，テレビやラジオのトランスクリプトなどを全文検索できる．前者には英語以外にオランダ語，フランス語，ドイツ語，スペイン語，ポルトガル語などの報道も含まれており，欧米での報道は完全とはいえないまでも，かなり網羅的に調べることができる．また後者には日本語の報道も含まれている．

　ただ，他の有料データベースでも同様のことがいえるのだが，両者とも契約形態によって提供されるサービスに違いが出てくる．自分がどのような機能を利用できるかは所属する機関の担当部門に問いあわせる必要がある．なおLexisNexisの場合，大学等教育機関はLexisNexis Academicというサービスを利用することが多い．

　現代の中東やイスラーム諸国を調べるためには，インターネットであれ何であれ現地の報道をフォローすることはもちろん必須である．しかし，たとえば汎アラブ的な事件を調べるとき，アラブ諸国だけで20カ国以上あり，そのそれぞれに複数の報道機関があるとすると，現実問題としてそれらすべてに目を通すことは不可能だろう．こうした煩瑣な作業を補完してくれるものに，世界の主な報道を英訳してくれるサービスがあり，これも現在はオンラインでの利用が一般化している．ひとつは米国政府によるWorld News Connection（WNC）である．これはもともとForeign Broadcast Information Service（FBIS）といっていたサービスで，1994年以降のデータはフル

テキストでオンライン化され，ウェブ上で検索閲覧できる。英訳および要約のかたちで収録されているのは新聞だけでなく，雑誌やテレビ，ラジオの報道，論説が含まれており，翻訳を通じてではあるが現地報道に直接接することができる点はとりわけ初学者には大きな意味をもつだろう。WNC に収録されているイスラーム諸国の主な新聞のなかには，アフバールルヤウム（エジプト），ジョムフーリーイェ・エスラーミー（イラン），バグダード（イラク），ドゥストゥール（ヨルダン），ワタン（クウェート），サフィール（レバノン），シャルクルアウサト（英），ヒュッリイェト（トルコ）などがある。ただし，WNC は現在，大手データベース・サービスの Dialog と統合されており，使い勝手はかならずしもよくない。同様のサービスは英国にもあり，こちらは BBC が行っている（BBC Monitoring）。現在のところ後者は LexisNexis や Factiva にも組み込まれており，他の報道といっしょに検索することができる。この点で WNC より BBC のほうが使いやすいといえる。

http://www.lexisnexis.jp/
http://jp.factiva.com/
http://www.daralhayat.com/
http://wnc.fedworld.gov/
http://www.monitor.bbc.co.uk/index.shtml

なお上に紹介したデータベースを利用するには各サービスにログインしなければならない。大学等では内部 LAN から図書館のウェブサイト経由で接続するのが一般的であり，外部からのアクセスは制限されることが多い。

メーリングリスト等

最新の研究動向をフォローしたり，研究者間で情報交換を行うにはメーリングリストが利用される。かつてはインターネットそのものの利用者が少なかったため，「イスラーム」とか「イスラーム史」といった非常に大きな枠組のメーリングリストが活発であったが，現在では専門分野ごとにメーリングリストもかなり細分化してきている。また学会内，学会間の情報提供・交換でもメーリングリストが使われており，研究情報を特定多数のあいだで共有するシステムはもはや当たり前の状況になっている。先行研究については各種データベースやオンライン文献目録で掌握し，最新動向は学会や専門分野別のメーリングリストでフォローするというのが現在の一般的な研究の流れといえるのではないだろうか。いずれにせよ，たとえ古典研究であってもインターネットなしではもはや情報収集もままならない状況になっていることはたしかである。

また学術的なウェブページ以外でも，学術研究に欠かせないサイトは少なくない。たとえばオンライン書店はその代表であろう。日本語や欧米語の書籍を個人で購入するときに Amazon（あるいは各国別の Amazon）を利用することは完全に一般的になっており，古書についても，代理店や取次店を通さず直接，オンラインで注文する

こ␣とも珍しくなくなった。とりわけ Abebooks は世界最大のオンライン古書店（実際には古書店の集合体）といわれ，絶版になっている古い学術書の購入を検討しているのであれば，ぜひ試してみたいサイトのひとつである（ドイツ，フランス，英国のサイトもある）。また最近はイスラーム諸国の諸言語による書籍もオンラインで購入することが簡単になってきている。たとえばアラビア語に関しては Neelwafurat.com などが有名である。こうしたオンライン書店では書籍のみならず，CD，CD-ROM，DVD や，当然ビデオやカセットテープも容易に購入することができる。イスラーム諸国の多くでは検閲制度があるため，かならずしも必要な書籍が自由に購入できるわけではない。場合によっては現地では絶対に購入できない書籍や DVD が日本にいてオンライン書店で購入できるということも充分ありうるのである。

http://www.amazon.com/
http://www.abebooks.com/
http://www.neelwafurat.com/

インターネットとイスラーム社会

インターネットとイスラーム諸国とのかかわりでいえば，1990 年代半ばまではどこにどういうデータがあり，どのように利用するかなど文字どおりハウトゥーものが主流であったが，現在はこうした入門編はさまざまなかたちのポータルサイトのなかに吸収されており，ほとんど意味をなさなくなっている。

デジタル化の進展と国際情勢の推移にともないイスラーム社会は劇的に変容しつつあり，とくに 1990 年代後半以降はこの側面に光を当てた新しいイスラーム研究の領域が発展してきている。この分野では米ジョージタウン大学が 1995 年に開催したシンポジウム，The Information Revolution in the Arab World が嚆矢であるが，これはその後，Arab Information Project へと拡大発展していく。また早稲田大学では 2001 年以降，「イスラームと IT」のタイトルで連続シンポジウムを開催している。

とくに 9 月 11 日事件やイラク戦争のあとでは，衛星放送やインターネットに代表される技術的な進歩がイスラーム諸国の政治や社会にどのような影響を与えるかについて，民主化やテロの問題と絡めながら，一種のメディア論として論じられるケースが増加している。

http://www.georgetown.edu/research/arabtech/
http://ss.acoust.rise.waseda.ac.jp/

【文献】
青柳かおる［2001］「コンピューターとアラビア語」『史潮』49
赤堀雅幸／小杉泰／林佳世子／保坂修司［2000］「イスラーム地域研究――デジタル情報化時代の研究作法」『地域研究スペクトラム』4
新井和広［2002］「コンピュータでジャウィを書く」『上智アジア学』20

永田雄三 [1990]「オスマン朝法制史料のコンピュータ分析のための予備的考察」日本オリエント学会編『日本オリエント学会創立35周年記念オリエント学論集』
林佳世子 [1999]「コンピューターでアラビア文字を使う」『東洋文化』79
保坂修司 [1995a]「コンピュータで中東を読む（その1）」『中東研究』399
保坂修司 [1995b]「コンピュータで中東を読む（その2）インターネット篇」『中東研究』401
保坂修司 [1995c]「コンピュータ・ネットワークとイスラーム研究」『イスラーム研究ハンドブック』栄光教育文化研究所
保坂修司 [1997]「湾岸研究とインターネット」『現代の中東』（アジア経済研究所）22
保坂修司 [1998]「デジタル版コーランと海賊版 CD-ROM」『本とコンピュータ』1998年秋号
保坂修司 [1999a]「アラブ研究と電子情報」『イスラム世界』53
保坂修司 [1999b]「インターネットでアラブ世界を読む」『季刊アラブ』89
保坂修司 [2000]「デジタル・ジハードの可能性」『21世紀の国際社会とイスラーム世界』日本国際問題研究所
保坂修司 [2002a]「アラブ・メディアからイスラームを読む」『中央公論』2002年1月号
保坂修司 [2002b]「アラブメディアが報じた9月11日事件――多様な言論の萌芽もパレスチナ情勢悪化で危機に」『新聞研究』610
保坂修司 [2005]「デジタル・ジハードの現在」『イスラム科学研究』1
宮岡孝尚 [2000]「トルコ共和国におけるコンピュータ・メディア案内」『イスラム世界』54
森本一夫 [1999]「イランの研究 CD-ROM 事情」『イスラム世界』52
Alterman, J. B. [1998] *New Media New Politics? From Satellite Television to the Internet in the Arab World*, Washington, D.C.
Anderson, J. W. [1998] *Arabizing the Internet*, Abu Dhabi
Anderson, J. W./D. F. Eickelman 編 [1999] *New Media in the Muslim World : The Emerging Public Sphere*, Bloomington
AUC [2001] *Information Technology in Egypt : Challenges & Impact*, Cairo
Bunt, G. R. [2000] *Virtually Islamic : Computer-Mediated Communication and Cyber Islamic Environments*, Cardiff
Bunt, G. R. [2003] *Islam in the Digital Age : E-Jihad, Online Fatwas and Cyber Islamic Environments*, London
ECSSR [1998] *The Information Revolution and the Arab World : Its Impact on State and Society*, Abu Dhabi
Eickelman, D. F. [1998] *Mass Education, the New Media and Their Implications for Political and Religious Authority*, Abu Dhabi
Franda, M. [2002] *Launching into Cyberspace : Internet Development and Politics in Five World Regions*, Boulder, Colorado
Hafez, K. 編 [2001] *Mass Media, Politics & Society in the Middle East*, New Jersey
Hosaka, S. [1997] "The Internet and Middle East Studies," *JIME Review*, 10 : 36
Hosaka, S. [1999] "Digital Publishers and Digital Pirates," in Muro Kenji/Nakamata Akio/Jim Vaccaro 編, *Metamorphosis of the Book : Selections from the Book & the Computer*, Tokyo
Kalandhil, S./T. C. Boas [2003] *Open Networks Closed Regimes : The Impact of the Internet on Authoritarian Rule*, Washington, D.C.
Kiasatpour, S. M. [1999] "The Internet and Film : Teaching Middle East Politics Interactively," *PS : Political Science and Politics*, 32 : 1
Mostyn, Trevor [2002] *Censorship in Islamic Societies*, London

Nawawy, M. E./A. Iskandar [2002] *Al-Jazeera : How the Free Arab News Network Scooped the World and Changed the Middle East*, Westview

Sakr, N. [2001] *Satellite Realms : Transnational Television, Globalization and the Middle East*, London

Tamari, S./R. Hammami [1998] "Virtual Returns to Jaffa," *Journal of Palestine Studies*, 27 : 4

Weimann, G. [2006] *Terror on the Internet : The New Arena, the New Challenges*, Washington, D. C.

Wheeler, D.E. [2006] *The Internet in the Middle East : Global Expectations and Local Imaginations in Kuwait*, Albany (NY)

1-3　歴史史料　　　　　　　　　　　　　　　　　　　　　　　　　　林佳世子

写本の利用

　写本を所蔵する図書館についての情報の入手は，ここ10年ほどの間に大幅に改善された。インターネットの普及が情報収集を画期的に変えたことは言うまでもないが，ここでは，まず参考文献の出版を確認しよう。写本の所蔵情況については，アラビア語，ペルシア語，トルコ語写本を擁する欧米の図書館についてのPearson [1971] に続いて，Roper [1992-94] が出版された。後者は，所蔵数の多寡にかかわらず，世界の国々をひとつひとつとりあげ，その国におけるユニオン・カタログ等の書誌情報を掲げ，さらに都市ごとに各種の公共図書館や個人蔵のコレクションの情報（アクセス方法，所蔵写本数，代表作品，関連研究文献など）を列挙する。実際にどのようなタイトルの写本を所蔵するかの例示はごくわずかにすぎず，全ての所蔵館を網羅しているとはいえないようであるが，その有用性は高い。ちなみに「日本」については，東洋文庫と京都外国語大学図書館が紹介されている。

　同書の出版元であるフルカーン・イスラーム文化遺産財団（ロンドン）は，その豊富な資金力をいかし，同書におさめられた諸コレクションの蔵書カタログを続々と出版している。たとえば，サラエボのGazi Husrev Bey 図書館（全13巻）やナイジェリアの諸機関のものなど。同財団のホームページから情報が得られる（al-Furkanで検索のこと）。

　同財団と同様に，ムスリムの立場からイスラーム文化の振興と文化財の保護を掲げる組織としてイスタンブルのイスラーム歴史・芸術・文化財団（IRCICA）がある。トルコに所在する写本図書館のより詳細なリスト（İhsanoğlu [1995]）の出版などが果たされている。

トルコに所在する写本のユニオンカタログ作成の試みとしては，トルコの文化省のユニオンカタログ計画 Türkiye Yazmaları Toplu Kataloğu が，1979 年から続いてきた。出版そのものは減速しているが，ここにきて CD の出版とならび，オンラインでの公開がはじまったようである（ホームページによれば収録写本数は 7 万冊を超える）。収録写本のページ単位の購入も可能といい（トルコ人約 320 円，外国人約 650 円）で，利用価値は高そうである（https://www.yazmalar.gov.tr/）。しかしながら，上記のカタログがそうであったように，現状においてはトルコの全図書館の全カタログが網羅されているわけではない。たとえば，トプカプ図書館所蔵本は未収録であるし，文化観光省の管轄外の写本は含まれないことから，利用には注意が必要である。

以上は，所蔵館情報から写本を探す方法であったが，それに対し，著者名から作品を探すには，アラビア語の作品の場合，依然として Brockelmann [1937-49] やその続編 Sezgin [1967-] が最も信頼されている。Sezgin は今も刊行中である。使いこなすには熟練を要する Brockelmann/Sezgin の使い方については，Humphreys [1991] を参照いただきたい。それにしても IT 技術の進む現在，これらの書籍を使いやすい形に再構成するプロジェクトはないものだろうか。ペルシャ語の著作についての Storey [1927-] が再版され入手が可能となったほか，詩などの韻文の目録が François de Blois によって補われた（1992-94，2005 に増補版）。トルコ語の著作類についての特記すべき研究案内としてはオスマン朝に関する Afyoncu [2007] をあげておこう。表面的な情報に終始するものの Babinger [1927] 以来のオスマン朝に特化した研究文献案内である。

トルコに限らず，写本を擁する図書館のカタログのオンライン化は，欧米の図書館であればむしろ一般的になりつつある（http://lists.webjunction.org/libweb/）。とはいえ，情報過多のなかで目指すものを探しあてることはむしろ困難にもなっている。テーマに関連する史料をさがすためには，それぞれの分野・テーマについての個別の研究案内や，当該テーマでのモノグラフを参照するしかない。そして，とりあえずは *The Encyclopaedia of Islam* 新版 [1960-2008] の関連項目を熟読する，というのは，間違いのない方法である。加えて，イラン研究については，*Encyclopaedia Iranica* [1982-] が，2008 年現在「J」の項目まで達した。オスマン朝史研究については，トルコの教育省によるトルコ語版イスラーム百科（*İslam Ansiklopedisi*）が 1988 年に完了したほか，トルコ宗教財団編のイスラーム百科が，2008 年現在「O」まで達している。各項の末尾等にあげられた文献リストを検討することは最初の一歩となる。

物理的な「本」を扱う「写本学」については，近年，Gecak [2001] が出版され，研究上の助けとなっている。写本関連の用語集であるが，写本の紙・文字・バインディング・日付・数字などのテーマでの研究文献目録を収めている。

関連する雑誌の刊行も続いている。イランの *Nameh-ye Baharestan*（*An Iranian International Journal for Islamic Manuscripts Research*）や，*Manuscripts of Middle East*（Leiden : Brill）などがあげられる。

写本研究の成果は，最終的には，校訂やその翻訳の出版に結びつけられることが望まれる。それらの出版の紹介はこの「研究案内」の各節にゆずるが，近年の日本人研究者による優れた例をいくつかあげておこう。まず校訂としては間野英二の『バーブル・ナーマ（第 1 巻）』[1995]，今澤浩二によるイブン・ケマルの年代記第 4 巻の校訂 [2000] がある。また，アラビア語著作の日本語訳の近年の刊行としては，家島彦一によるイブン・バットゥータの『大旅行記』翻訳 [1996-2002]，谷口淳一/清水和裕監訳による『カリフ宮廷のしきたり』[2003] 等がある。

文書史料

　歴史史料をめぐる近年の動向のなかで最もめざましいのは，現地で作成され，保存されてきた「古文書」がイスラーム期の西アジア研究に必須のものとして定着し，その利用が広範にひろまったことだろう。
　中東の主要な文書所蔵館としては，次のような機関があげられる。

トルコ	総理府オスマン文書館
	総理府共和国文書館
	国民図書館
	トプカプ宮殿博物館付属文書館
	地券地籍簿総局
	宗務庁イスタンブル・ムフティー局付属文書館
イラン	ワクフ庁文書局
	レザー廟図書館文書館
	国民文書館
エジプト	エジプト国立文書館
	ワクフ局文書館
	シャリーヤ法廷文書館
シリア	ダマスカス歴史文書館
イスラエル	国立公文書館

　中東地域の文書館については，現在の行政機関と未分化のケースもあり（現行の省庁の一角を占めているなど），公開の程度や利用者への便宜の点では問題がないとはいえないケースが多い。所蔵文書のカタログ化，その出版，さらにはオンライン化までは遠い感がある。しかし，ダマスカス歴史文書館のように，日本の国際協力事業団の援助の結果，文書館の整備が進んだケースもある。その成果物であるイスラーム法廷文書のカタログは Marino/Okawara [1999] として出版され，また同事業団は引き続き商事裁判所台帳の整理を行なった（五十嵐大介 [2002a]）。また，中央アジアの国立イチャン・カラ博物館等に所蔵された中央アジアの法廷文書のカタログは，堀川徹・磯貝健一両氏の努力で出版された [2001]。
　文書館による近年のカタログ出版としては，ソフィア国立図書館に関する Radu-

shev/Ivanova/Kovachev［2003］がある。ソフィアにあるオスマン文書のコレクションの大半は20世紀初頭のオスマン文書館の混乱の結果，イスタンブルからブルガリアへ流出したものである。オスマン文書館は中東地域に限らず，その規模と貴重さで世界有数の文書館の一つに数えられるが，近代化の改革が本格的に始動したのは1980年代からであった。19世紀後半から始まるその歴史は，Stojanow［1983］，高松洋一［2004］に詳しい。1980年代からの再整備の結果として，オスマン文書館は多くの職員をかかえる機関に変貌し，古文書の保存・分類・公開に拍車がかけられたことは朗報であった。現在は，古文書のマイクロ化，デジタル化もすすんでおり，研究者にデジタルデータが供されることも多くなった。カタログについては，BOA［1995］［2000］。多様なオスマン文書群のうち紙葉文書類の史料論的研究ではKütükoğlu［1994］が重要である。

　中東諸国に現存する古文書のひとつのジャンルは，オスマン朝期のように政府に関連した行政文書，もうひとつは，イスラーム法廷やウラマーを経由して行なわれた法的手続きの結果として残された法廷台帳や契約証書・証文の類である。このため，これらの史料の理解には，前者については文書を残した官僚機構の，後者については法的文書の背後にある法制度の解明が不可欠である。文書の形態・機能研究と官僚・法制度研究は，文書理解のための車の両輪に喩えられよう。両者をリンクさせた研究としては，高松洋一［1999］，五十嵐大介［2002b］，近藤信彰［2004］をあげることができるが，全般的には文書作成の背景はひとまず保留して，文書の利用が先行していることは否めない。たとえば，16～19世紀のオスマン朝期の法廷文書をつかったアナトリアやバルカン，アラブ地域の地方社会に関する研究の刊行は数多い（Cohen［2001］，Ergene［2003］，Peirce［2003］など）が，法廷文書の紹介・刊行は遅れている。しかし，もちろんこれらの研究を通じて，人々の社会関係の調整システムが明らかにされていくことは，やがて，法制度，法文書についての研究を進展させるものとなるだろう。

　最後に文書研究における共同研究の意義を強調しておきたい。書かれた文書の内容をはなれ，形態や機能に着目し，様式とその変化を看破するには，比較の視点が不可欠だからである。これまでもわが国では，中央アジア法廷文書についての共同研究（堀川徹・磯貝健一主宰）やペルシア語文書研究の共同研究（近藤信彰主宰）など，地道な活動が行なわれてきた（共同研究の成果の例としては，Kondo編［2003］，Hayashi/Aydın編［2004］，林佳世子/枡屋友子編［2005］，Nagata/Miura/Shimizu［2006］などがある）。様々な視点の交錯する共同研究の実施により，残された文書の利用の促進と，情報が残されなかった世界（たとえば，人々の感情の襞に分け入るような私的な領域）への「想像」の足場が築かれることを期待したい。

【文献】
　五十嵐大介［2002a］「資料紹介　オスマン朝期ダマスクスの商事裁判所——ダマスクス歴史文書館所

蔵「ダマスクス商事裁判所台帳 (sijillat mahkama tijariya Dimashq)」の紹介」『日本中東学会年報』17:1
五十嵐大介 [2002b]「オスマン朝期シリアのイスラーム法廷証書——史料学的考察」『東洋学報』84:2
近藤信彰 [2004]「「二重のワクフ」訴訟——19世紀イランのシャリーア法廷」『日本中東学会年報』19:2
髙松洋一 [1999]「梗概 (ḫulāṣa) 考——18世紀後半のオスマン朝の文書行政」『東洋学報』81:2
髙松洋一 [2004]「オスマン朝における文書・帳簿の作成と保存——18世紀から19世紀初頭を中心に」『史資料ハブ——地域文化研究』4
谷口淳一/清水和裕監訳 [2003] ヒラール・サービー『カリフ宮廷のしきたり』松香堂
林佳世子/枡屋友子編 [2005]『記憶と表象——史料が語るイスラーム世界（イスラーム地域研究叢書8)』東京大学出版会
間野英二 [1995]『バーブル・ナーマの研究』第1巻, 松香堂
家島彦一訳注 [1996-2002] イブン・バットゥータ著, イブン・ジュザイイ編『大旅行記』8巻, 平凡社
Afyoncu [2007] *Tanzimat Öncesi Osmanlı Tarihi Araştırma Rehberi*, Istanbul
Babinger, F. C. H. [1927] *Die Geschichtsschreiber der Osmanen und ihre Werke*, Leipzig
Blois, François de [2004] *Persian Literature : A Bio-Bibliographical Survey*, Vol. 5, London
BOA [1995] Başbakanlık Devlet Arşivi Genel Müdürlüğü, *Başbakanlık Osmanlı Arşivi Katalogları Rehberi*, Ankara
BOA [2000] Başbakanlık Devlet Arşivi Genel Müdürlüğü, *Başbakanlık Osmanlı Arşivi Rehberi*, Ankara
Brockelmann, C. [1937-49] *Geschichte der arabischen Litteratur*, 5 vols., Leiden
Cohen, Amnon [2001] *The Guilds of Ottoman Jerusalem*, Leiden/Boston/Koln
Encyclopaedia Iranica [1982-] Vol. 1-
The Encyclopaedia of Islam [1960-2008] H. A. R. Gibb 他編, new ed., 11 vols., Leiden
Ergene, Boğaç [2003] *Local Court, Provincial Society and Justice in the Ottoman Empire : Legal Practice and Dispute Resolution in Çankırı and Kastamonu (1652-1744)*, Leiden/Boston
Gecak, Adam [2001] *The Arabic Manuscript Tradition : A Glossary of Technical Terms and Bibliography*, Leiden
Hayashi, Kayoko/Mahir Aydın [2004] *The Ottoman State and Societies in Change : A Study of the Nineteenth Century Temettuat Registers*, London
Humphreys, R. Stephen [1991] *Islamic History : A Framework for Inquiry*, revised ed., Princeton
İhsanoğlu, Ekmeleddin 編 [1995] *Bibliography on Manuscript Libraries in Turkey and the Publicaitons on the Manuscripts Located in these Libraries*, Istanbul
Imazawa, Koji 編 [2000] Kemal, *Tevarih-i Al-i Osman, IV. Defter*, Ankara
Kondo, Nobuaki 編 [2003] *Persian Documents : Social History of Iran and Turan in the Fifteenth-Nineteenth Centuries*, London/New York
Kütükoğlu, Mübahat [1994] *Osmanlı Belgelerin Dili (Diplomatik)*, İstanbul
Marino, Brigitte/Okawara Tomoki [1999] *Catalogue des registres des tribunaux ottomans : Conserves au centre des archives de Damas*, Institut français d'Eudes arabes de Damas
Nagata, Yuzo/Toru Miura/Yasuhisa Shimizu [2006] *Tax Farm Register of Damascus Province in the Seventeenth Century : Archival and Historical Studies*, Tokyo
Pearson, J. D. [1971] *Oriental Manuscripts in Europe and North America*, Zug, Switzerland

Peirce, Leslie [2003] *Morality Tales : Law and Gender in the Ottoman Court of Aintab*, Berkeley/London
Radushev, Evgeni/Evetlana Ivanova/Rumen Kovachev [2003] *Inventory of Ottoman Turkish Documents about Waqf Preserved in the Oriental Department at the St St Cyril and Methodius National Library*, Sofia
Roper, Geoffrey [1992-94] *World Survey of Islamic Manuscripts*, 4 vols., London
Sezgin, F. [1967-] *Geschichte des arabischen Schriftums*, Leiden
Stojanow, Valery [1983] *Die Entstehung und Entwicklung der osmanisch-türkischen Palaographie und Diplomatic mit einer Bibliographie*, Berlin
Storey, Charles Ambrose [1927] *Persian Literature : A Bio-Bibliographical Survey*, London
Türkiye Diyanet Vakfı İslam Ansiklopedisi [1988-] Vol. 1-
Урунбаев, А./Т. Хорцкава/Т. Файзиев/Г. Джураева/К. Исогай 編 [2001] *Каталог Хивинских Казйских Локументов, XIX-начала XX вв.*, Ташкент/Киото

1-4 語学　　榮谷温子，吉枝聡子，菅原　睦ほか

アラビア語（榮谷温子）

　アラビア語は，アフロアジア語族（以前はセム・ハム語族と呼ばれた）のセム語派に属する。正確には北アラビア語。しばしば，ギリシア語とともに「ダイグロシア（二言語併用）」の典型例として紹介される言語でもある。これに関しては議論も多いが，アラビア語は，正則アラビア語と口語アラビア語（各地の方言）の二つの側面を持つといえる。ここでは，特に正則アラビア語に絞って，その学習に有用な参考文献を紹介することとする。以下，「アラビア語」とは「正則アラビア語」を指す。

アラビア文字練習帳

　森伸生/山形洋一 [1992]，本田孝一/師岡カリーマ・エルサムニー [1999]，師岡 [2002] などがある。本田/師岡 [1999] はアラビア書道にも言及。しかしいずれも，活字のアラビア文字をお手本としている。手書き文字と活字は少々形が違うので，やや問題が残る。例外的に，飯森嘉助 [1978] は，手書きの文字を示している文字入門だったが，残念ながら出版元が既に廃業している。図書館などで探していただきたい。
　その点，Wightwick/Gaafar [2005] は，代表的な手書き書体であるルクア体に特化した文字入門書である。適宜，活字体と比較しながら，ルクア体を学んでいく。ま

たアルモーメン［2006］は，活字をお手本とした練習帳ではあるが，手書き文字に比較的近そうなフォントを選ぶ努力をしている。

Brustad 他［2004a］は，文字だけでなく，音声面もカバーしている。また変り種としては，Gaafar/Wightwick［1999］がある。文字に慣れ親しみながら，簡単な単語を覚えようというコンセプトである。

日本語で書かれたアラビア語文法入門書

黒柳恒男/飯森嘉助［1999］は，基本文法を網羅的に解説している。ただし，派生形における不規則動詞の活用の説明がやや不足気味の感がある。その点，奴田原睦明［2002］の巻末には，100ページ以上にわたる詳細な動詞活用表が付されていて参考になる。

佐々木淑子［2003］は，週1〜2回の授業用テキストとして編纂された。巻末には動詞活用表のほか，アラビア語—日本語と日本語—アラビア語のワードリストが付されている。

内記良一［1983］は，巻末に解答集もある自習書である。この続編として，内記［1989］がある。

池田修［1976］は既に絶版ではあるが，現代アラビア語のみならず古典にまで目配りした内容の濃い入門書である。アラビア文法学の要素も織り交ぜて文法説明がなされているのは特徴的である。四戸潤弥［1996］は，完全にアラビア文法学の発想で纏められている。

宮本雅行［2003］は，アラビア語文法がきっちりマスターできるという本ではないが，柔らかい文体で，アラビア語の全体像を説明する好著。

本田孝一［1998a］［1998b］は，動詞の活用等で双数形を提示していないなど，文法事項をいくらか削っているが，楽しくアラビア語を学ぶことに主眼を置いた入門書といえる。鷲見朗子［2006］は，放送大学の教科書であるが，初歩部分の独習も可能なように工夫されている。

会話主体の入門書としては，奴田原睦明/岡真理［1989］や奴田原/榮谷温子［2003］があるが，会話主体のため，文法説明が手薄な感は否めない。書籍ではないが，NHKテレビ『アラビア語会話』もスキットを中心とした入門講座である。

なお，入門をひととおり終えた学習者向けとして，内記良一［1986］や本田孝一［2003］は，やさしいアラビア語文に文法解説等を施してある。

書籍ではないが，『アラビア語の法則』（http://homepage2.nifty.com/arabiya/）では，初歩の文法解説とともに，練習問題も付されている。「ニュース解読」のコーナーでは，実際に報道された新聞記事の文法・単語説明，日本語訳をしている。アラブ イスラーム学院の『アラビア語カフェ』（http://www.aii-t.org/j/maqha/）では，アラビア文字やアラビア語初級文法，簡単なアラビア語会話のほか，文化紹介なども行なわれている。

また、かつての『あらびあご　どっとこむ』(http://www.arabiago.com) のアラビア語学習関連のコンテンツが、以下の URL で閲覧できる。http://www.tufs.ac.jp/common/fs/asw/ara/2/index.htm

英語，アラビア語で書かれたアラビア語文法書

英語で書かれた入門書には大部なものが多い。Abboud/McCarus [1983] は通称オレンジ・ブック。全2巻で、その続編が Abboud [1971] の全3巻である。

Brustad 他 [2004b] は、文字と音声を扱った Brustad 他 [2004a] の続編。これが改訂版 Part One で、エジプト人の家族をめぐる物語のビデオ（テキストの内容に準拠した DVD あり）が中心となっている。その Part Two の Brustad 他 [2006] および Part Three の Brustad 他 [2007] も、それ以前のものの改訂版（ただし、Part Three には Second Edition の表示はない）で、エジプト方言版も含まれた DVD (Part 3 は DVD と CD) が作られている。

ドイツ語から翻訳された Schulz 他 [2000] には、その上級編として、Dickins/Watson [1999] がある。量は多く、本文は様々な分野のアラビア語文から成っている。

コンパクトなものとしては、Smart [1986]、Haywood/Nahmad [第2版 1965(初版 1962)]（Haywood/Nahmad [1964] はその解答集）、また例文重視の Ziadeh/Winder [1957] は巻末の活用表も充実している。もっとも、動詞の活用に特化した Scheindlin [1978] や El-Dahdah [1996]、Scheindlin [2007] がある。El-Dahdah はこれ以外にも、El-Dahdah Encyclopedia of Arabic Grammar として一連のアラビア語文法関連書を著している。

リファレンス・グラマーとしては、ドイツ語の Reckendorf [1977]、ドイツ語から英訳された Fischer [2002]、やはりドイツ語から訳されたが、大幅に加筆修正された英訳の方が有名な Wright [1967]（邦訳：1987 年）、大量の現代文の実例を踏まえた Badawi 他 [2004] などがある。Ryding [2005] は、これまでの記述文法研究を網羅することを目指しており、巻末の文献一覧は有用である。なお、Bateson [2003] は、アラビア語学習書ではないが、アラビア語とはどのような言語か概観するための簡潔なハンドブックである。

また、文法書ではないが、カイロ・アメリカン大学から、Arabic Language Learning Software という学習 CD のシリーズが発売されており、正則アラビア語教材としては、Modern Standard Arabic: Verb clinic および Modern Standard Arabic: Vocab clinic がある。Windows 98 以降 XP まで対応。

他方、アラビア語による外国人向けの入門書として代表的なのは、Badawi/Yūnus [1988]、Badawi 他 [1987]、Badawi 他 [1993] の3巻本である。

アラビア語古典文法について言えば、初期の文法書には、現在定着している用語や枠組みと食い違う点もあるので、古典文法の学習用には、12～13 世紀以降の文法書

を選ぶ必要がある。アラブ人学生がアラビア語文法を学ぶ教科書の，al-Jārim/'Amīn [2004, 2005] は手頃である。初等編と高等編とがあり，いずれも3巻セット（頻繁に改訂されている）。また，Ḥasan [1960] は全4巻の包括的な文法書である。

なお，アラビア語の文法用語の辞典としては，Cachia [1973] および 'Asbar/Junaidī [1981] がある。

また，現在，前古典アラビア語から古典アラビア語，現代アラビア語，諸方言等，さまざまな面からアラビア語の姿を解明する大規模な辞典，Versteegh 他 [2006, 2007] が出版されつつある。言語学だけではなく，アラブ文学，イスラーム研究などの関連諸分野の研究者にも有用な，充実した辞典となることが期待されている。

アラビア語辞典・単語集

アラビア語の辞典・単語集で問題になるのは，アラビア語の単語の配列方法である。語根別に配列する場合と，アルファベット順に配列する場合があるが，どちらも一長一短がある。単語から語根を抽出できるだけのレベルに達していない学習者には，アルファベット順配列の方がもちろん楽であるが，不規則複数形を探すときなどは，語根別配列でなければ難しい。また，動名詞とともに，もとになっている動詞を調べたい場合などにも，語根別配列の方が便利である。

〈単語集〉 Parnwell [1978] は，テーマ毎に詳しい絵とともに，英語とアラビア語の単語が掲げられている。ただし，アラビア語に母音記号が付されていないのが難。

森高久美子/坂上裕規 [1995] は，2000語をテーマ毎に纏めてあり，練習問題も付いている。

佐川年秀 [2004] は日本語5300語を五十音順に配し，アラビア語の訳語を示したものだが，母音記号が付けられていないのが残念。内記良一 [1984] は，逆にアラビア語の単語6000語を語根順に配列したもので，母音も明記されている。

宮本雅行 [1991] は，外交官である編者が通訳の便のために編んだ単語集で，専門用語が分野別にまとめられている。

〈アラビア語—日本語辞典，日本語—アラビア語辞典〉 本田孝一/石黒忠昭 [1997] は，収録語数は4200語と少ないながら，例文や解説が豊富である。単語を語根順ではなくアルファベット順に配列しているのが特徴である。完全な初心者向けの辞典であるが，ある程度以上のレベルの学習者が単語暗記用の単語帳として使うという使用法もある。

その他，アラビア語—日本語辞典には，内記良一 [1980]（1万2000語）や池田修/竹田新 [1981]（2万4000語）があるが，いずれも語根順の配列である。例文は挙げられていない。田村秀治 [1980] は，Dar Al-Mashreq 社の *Al-Faraid Al-Durriyat* 辞典（Hava [2001]）の翻刻で，古典を読む際に重宝する。

他方，日本語—アラビア語辞典では，目下，本田孝一/イベード [2004] が語数1万3000語で最大である。コンピュータ関係等新しい語彙も収録され，例文も示され

ている。これに次ぐ語数を持つのが内記良一［2004］（8000語），さらに田中博一［1998］（6000語）である。

内記［1990］は，語数も4700と少なく例文も添えられていないが，巻末に基本構文や基本会話が纏められている。宇山誓子/ザルイ［2003］は，約360の動詞を集めた例文集であるが，本文は日本語の五十音順，索引はアラビア語のアルファベット順になっており，動詞の単語帳として使えよう。

なお，El.Sherbiny［2000］（推定収録語数約5500語）およびElSherbiny［2007］（収録語数約1万語）は，日本語を学ぶアラビア語話者のための日本語―アラビア語辞典である。前者はアラビア語話者の初級日本語学習者向けであるのに対し，後者についてはElSherbiny［2007］は，アラビア語を学ぶ日本人が使うことも編纂の目的としていることを述べている。実際のところは，アラビア語訳に母音記号が振られていないなど，日本人アラビア語学習者にとってはあまり使い勝手はよくないが，アラビア語で説明された語義を読むのも面白いだろう。

ウェブ上の辞典としては，日本語―アラビア語辞典の『アラびき君』(http://arab-dep.tripod.com/) がi-mode表示に対応している。データの丸ごとダウンロードもできる。辞典のほか，会話，文法，人名，アラブ諸国データ，クルアーンといったコンテンツも構築中である。また，『アラビア語―日本語電子辞書データ』(http://homepage1.nifty.com/A-JDIC/index.htm) は，2007年11月現在，収録語数約2万9000語という規模である。ダウンロードして使えるが，『Onlineアラビア語辞書』(http://www.arab.jp/) のサイトでは，そのデータをオンラインで利用できる。

〈アラビア語―英語辞典，英語―アラビア語辞典〉　最も一般的なアラビア語―英語辞典が，Wehr［1994］である。これは，アラビア語―ドイツ語辞典 *Arabiches Wöterbuch für die Schriftsprache der Gegenwart* の英訳（ドイツ語版は既に第5版が出ている）。ただし，語根別配列の辞典であること，また各語の訳語は，基本的な意味が必ずしも最初の方に載っているわけではないなど，初学者には使いづらい側面もある。

その点，Baalbaki/Baalbaki［2003］は，単語がアルファベット順配列で，意味毎に行替えされ，アラビア語の類義語も示されていて見やすい。またこれには，コンパクトな電子辞書版もあり，日本からでもamazon.comなどから簡単に購入することができる。

古典に適した辞書としては，Steingass［1978］やLane［1984］が挙げられるが，Laneのqāf以降は，著者の没後に編まれたもので，質が落ちる。なお，Dozy［1881］には他の辞典に載っていない単語や意味が収められており，Laneと補完的に使うとよいようだ。

また，クルアーンのアラビア語について，非常に詳細なアラビア語―英語辞典，Badawi/Abdel Haleem［2008］が出版された。

英語―アラビア語辞典には，Doniach［1972］やBaalbaki/Baalbaki［2003］があ

るが，Doniach［1982］や Elias［1991］などがコンパクトで使い勝手がよい。ただしいずれにせよ，アラビア語話者の英語学習用の辞典であり，アラビア語学習者がアラビア語を調べるのに 100％適しているとは言えない。

〈アラビア語―アラビア語辞典〉 初等向けのアラビア語―アラビア語辞典としては，Majma'u al-Lugha al-'Arabiyya［1980］，中等向けには，Majma'u al-Lugha al-'Arabiyya［1985］がある。この二つの辞書は，Majma'u al-Lugha al-'Arabiyya (Academy of the Arabic Language) のサイト（http://arabicacademy.org.eg/FrontEnd/DictionarySearch.aspx）からその初版の PDF ファイルをダウンロードできる。また，*Al-Munjid fī al-lugha wa al-a'lām*（編者記載なし［2000］）は，後半が小百科事典となっており，固有名詞の確認などに便利である。以上 3 点は，単語が語根別の配列となっているが，al-Jurr［1973］（収録語数 5 万 3500 語）は，アルファベット順配列のアラビア語―アラビア語辞典である。

また，古いものでは，al-Khalīl の *Kitāb al-'Ain*（史上初のアラビア語辞典）や Ibn Manẓūr の *Lisān al-'Arab* などが有名である。特に後者は古典文学作品を読むときに頼りになる。

アラビア語検定

2007 年 3 月，NPO 法人日本アラビア語検定協会（本部：福岡県）が発足し，同年 10 月に第 1 回目の 4〜6 級の検定試験を実施，およそ 150 名が受験した。1 級から 6 級までの各級のレベル等については，協会ウェブサイト（http://www.arabic-exam.org/index.html）に明記されている。試験前には，4〜6 級の予想問題とその解答・解説（リスニングを含む）が掲載され，試験後には，試験問題と解答・解説（ただしリスニング問題の音声は無し）がアップされた。第 1 回の試験会場は東京と大阪のみであったが，今後，会場を増やしていけるよう努力するとのことである。試験も，春と秋の年 2 回の実施を目指している。また，協会のサイトで，スカイプを利用した，ネイティブ講師によるオンラインレッスンを受けることができる。

どこでアラビア語を学べるか

現在，アラビア語の専攻課程を持っている大学は，東京外国語大学と大阪大学外国語学部（旧大阪外国語大学）である。四天王寺大学（旧四天王寺仏教大学）には，人文社会学部にアラビア語アラビア文化専攻があるが，残念ながら 2008 年 4 月から学生の募集を停止している。

東京，大阪，名古屋といった大都市周辺の大学では，アラビア語の講座の開設されていることが多いようである。放送大学にも「初歩のアラビア語」の授業がある。アジア・アフリカ語学院，DILA 大学書林国際語学アカデミー，慶應義塾外国語学校，アラビア語『塾』など各種語学学校や，いくつかのカルチャー・センターにもアラビア語講座がある。また，アラブ イスラーム学院，日本ムスリム協会等のイスラーム

関係機関でもアラビア語講座が開かれている。さらに，慶應志木高等学校，立教新座高等学校ほか，アラビア語の授業が受けられる高校も，数は少ないながら存在する。

NHKではアラビア語講座が放送されている。ラジオは，2002年冬に短期集中講座として開始され，2003年秋にレギュラー番組となったが，2006-07年は，夏期集中再放送のみとなっている。テレビでは，2003年夏に短期集中講座としてお目見えし，2004年の秋からレギュラー化した。

アラブ諸国へ留学する場合，主な留学先はエジプトやシリアである。また，エジプト，クウェート，チュニジアの各国には，政府奨学金制度があり，それぞれ，バドル・スクール（エジプト），クウェート大学語学センター（クウェート），ブルギバ現代語学院（チュニジア，夏期講座のみ）といった国立の語学学校で授業を受けることができる。カイロやダマスカスには語学学校も多く，「カイロ（エジプト）の学校や研究機関，留学情報」(http://blog.goo.ne.jp/cairo-study/) に，カイロの留学情報が集められている。ダマスカスでは，ダマスカス大学のほか，やはり国立の「非アラビア語話者のためのアラビア語教育インスティチュート（通称ATIF「アティフ」）」があり，日本人もよく通っている。

【文献】
〈文字練習帳〉
アルモーメン・アブドーラ［2006］『読める書ける——アラビア文字練習プリント』小学館
飯森嘉助［1978］『アラビア文字の書き方・綴り方』泰流社
本田孝一/師岡カリーマ・エルサムニー［1999］『アラビア文字を書いてみよう読んでみよう——アラビア文字への招待』白水社
森伸生/山形洋一［1992］『アラビア文字の第一歩——読み方と書き方』国際語学社
師岡カリーマ・エルサムニー［2002］『アラビア語のかたち』白水社
Brustad, K/M. Al-Batal/A. Al-Tonsi [2004a] *Alif Baa with DVDs: Introduction to Arabic Letters and Sounds*, 2nd ed., Washington: Georgetown University Press
Gaafar, M./J. Wightwick, [1999] *Your First 100 Words in Arabic: Beginner's Quick & Easy Guide to Demystifying Arabic Script*, Chicago: Passport Books
Wightwick, J./M. Gaafar [2005] *Mastering Arabic Script*, New York: Palgrave Macmillan

〈日本語で書かれた文法入門書〉
池田修［1976］『アラビア語入門』岩波書店
井筒俊彦［1950］『アラビア語入門』慶應出版社（『井筒俊彦著作集2 イスラーム文化』中央公論社，1993年にも収録）
黒柳恒男/飯森嘉助［1999］『現代アラビア語入門』大学書林（初版『アラビア語入門』泰流社，1976年）
佐々木淑子［2005］『アラビア語入門』新版，翔文社（初版青山社，1997年；改訂版2000年）
四戸潤弥［1996］『現代アラビア語入門講座』上・下，東洋書店
鷲見朗子［2006］『初歩のアラビア語（'06）——アラブ・イスラーム文化への招待』財団法人放送大学教育振興会
内記良一［1983］『基礎アラビヤ語』大学書林

内記良一 [1986]『やさしいアラビヤ語読本』大学書林
内記良一 [1989]『くわしいアラビヤ語』大学書林
奴田原睦明 [2002]『基本アラビア語入門』大学書林
奴田原睦明/岡真理 [1989]『エクスプレス　アラビア語』白水社
奴田原睦明/榮谷温子 [2003]『こうすれば話せる　CDアラビア語』朝日出版社
本田孝一 [1998a]『アラビア語の入門　改訂版』白水社
本田孝一 [1998b]『ステップアップ　アラビア語』白水社
本田孝一 [2003]『アラビア語対訳　千夜一夜物語』大学書林
宮本雅行 [2003]『はじめてのアラビア語』講談社

〈英語，アラビア語で書かれた文法書〉

Abboud, P. [1971] *Modern Standard Arabic : Intermediate Level*, Ann Arbor (MI) : Center for Near Eastern and North African Studies

Abboud, P. F./E. N. McCarus [1983] *Elementary Modern Standard Arabic*, Cambridge : Cambridge University Press (1st ed., Department of Near Eastern Studies, University of Michigan, 1968)

'Asbar, M. S./B. Junaidī [1981] *Al-Shāmil : Mu'jam fī 'ulūm al-lughati al-'arabiyyati wa-muṣṭalaḥātihā,* Beirut : Dār al-'Auda

Badawi, E./M. C. Carter/A. Gully [2004] *Modern Written Arabic : A Comprehensive Grammar*, London : Routledge

Badawi, E. M./F. 'A. Yūnus [1988] *Al-kitāb al-'asāsī fī ta'līm al-lugha al-'Arabiyya li-ghair an-nāṭiqīn bi-hā,* Vol. 1, Tunis : Al-munaẓẓama al-'Arabiyya li-l-tarbiyya wa-l-thaqāfa wa-l-'ulūm

Badawi, E. M./M. H. Al-Laṭīf/M. Al-Baṭl [1987] *Al-kitāb al-'asāsī fī ta'līm al-lugha al-'Arabiyya li-ghair an-nāṭiqīn bi-hā,* Vol. 2, Tunis : Al-munaẓẓama al-'Arabiyya li-l-tarbiyya wa-l-thaqāfa wa-l-'ulūm

Badawi, E. M./M. H. Al-Laṭīf/M. Al-Rabī'ī [1993] *Al-kitāb al-'asāsī fī ta'līm al-lugha al-'Arabiyya li-ghair an-nāṭiqīn bi-hā,* Vol. 3, Tunis : Al-munaẓẓama al-'Arabiyya li-l-tarbiyya wa-l-thaqāfa wa-l-'ulūm

Bateson, M. C. [2003] *Arabic Language Handbook*, Washington, D.C. : Georgetown University Press (1st ed., 1967)

Brustad, K./M. Al-Batal/A. Al-Tonsi [2004b] *Al-Kitaab fii Ta'allum al-'Arabiyya with DVDs : A Textbook for Beginning Arabic : Part One*, 2nd ed., Washington, D.C. : Georgetown University Press

Brustad, K./M. Al-Batal/A. Al-Tonsi [2006] *Al-Kitaab fii Ta'allum al-'Arabiyya with DVDs: A Textbook for Arabic: Part Two*, 2nd ed., Washington, D.C. : Georgetown University Press

Brustad, K./M. Al-Batal/A. Al-Tonsi [2007] *Al-Kitaab fii Ta'allum al-'Arabiyya with DVD and MP3 CD : A Textbook for Learning Arabic : Part Three,* Washington, D.C. : Georgetown University Press

Cachia, P. [1973] *The Monitor : A Dictionary of Arabic Grammatical Terms : Arabic-English English-Arabic,* Beirut : Librairie du Liban

Dickins, J./J. C. E. Watson [1999] *Standard Arabic : An Advanced Course*, Cambridge : Cambridge University Press

El-Dahdah, A. [1996] *An Intermediate Dictionary of Verb Conjugation* (El-Dahdah Encyclopedia of Arabic Grammar), Beirut : Librairie du Liban

Fischer, W. [2002] *A Grammar of Classical Arabic*, New Haven/London : Yale University Press

Ḥasan, 'A. [1960] *Al-Naḥw al-wāfī*, Cairo : Dār al-Ma'ārif

Haywood, J. A./H. M. Nahmad [1965] *A New Arabic Grammar of the Written Language*, 2nd ed., London: Lund Humphries (1st ed., 1962)
Haywood, J. A./H. M. Nahmad [1964] *Key to a New Arabic Grammar of the Written Language*, London: Lund Humphries
al-Jārim, 'A./M. 'Amīn [2004] *Al-Naḥw al-wāḍiḥ fī qawā'id al-lugha al-'Arabiyya li-l-marḥala al-ibtidā'īya*, Cairo: Dār al-Ma'ārif
al-Jārim, 'A./M. 'Amīn [2005] *Al-Naḥw al-wāḍiḥ fī qawā'id al-lugha al-'Arabiyya li-l-marḥala al-thānawiyya*, Cairo: Dār al-Ma'ārif
Reckendorf, H. [1977] *Arabische Syntax*, Heidelberg: Carl Winter Universitätsverlag (1st ed., 1921)
Ryding, K. C. [2005] *A Reference Grammar of Modern Standard Arabic*, Cambridge: Cambridge University Press
Scheindlin, R. [1978] *201 Arabic Verbs*, New York: Barron's Educational Series, Inc.
Scheindlin, R. P. [2007] *501 Arabic Verbs: Fully Conjugated in All the Forms*, New York: Barron's Educational Series, Inc.
Schulz, E./G. Krahl/W. Reuschel [2000] *Standard Arabic: An Elementary-intermediate Course*, Cambridge: Cambridge University Press
Smart, J. R. [1986] *Teach Yourself Arabic*, London: Hodder and Stoughton Ltd.
Wright, W. [1967] *A Grammar of the Arabic Language*, 3rd ed., Cambridge: Cambridge University Press (邦訳:『アラビア語文典』後藤三男編訳, ごとう書房, 1987 年)
Versteegh, K. 他編 [2006-] *Encyclopedia of Arabic Language and Linguistics*, Leiden: Brill
Ziadeh F. J./R. B. Winder [1957] *An Introduction to Modern Arabic*, Princeton: Princeton University Press

〈辞典・単語集〉
池田修/竹田新 [1981]『現代アラビア語小辞典』第三書館
宇山誓子/ザルイ・マブルーカ [2003]『アラビア語動詞用例集』福岡市:株式会社 伸和
佐川年秀 [2004]『日本語―アラビア語単語集』国際語学社
田中博一 [1998]『日本語アラビア語基本辞典』鳥影社
田村秀治 [1980]『詳解 アラビア語―日本語辞典』中東調査会
内記良一 [1980]『アラビヤ語小辞典』大学書林
内記良一 [1984]『アラビヤ語常用 6000 語』大学書林
内記良一 [1990]『日本語―アラブ語辞典』石波社 (初版 1976 年)
内記良一 [2004]『ポケット版 日本語アラビヤ語辞典』大学書林 (『日本語アラビヤ語辞典』1999 年のポケット版)
本田孝一/石黒忠昭 [1997]『パスポート初級アラビア語辞典』白水社
本田孝一/イハーブ・アハマド・イベード [2004]『パスポート日本語アラビア語辞典』白水社
宮本雅行 [1991]『分野別アラビア語単語帖』財団法人中東調査会
森高久美子/坂上裕規 [1995]『聴いて話すための アラビア語基本単語 2000』語研
Baalbaki, M./R. Baalbaki [2003] *Al-Mawrid Dictionary: English-Arabic: Arabic-English*, Beirut: Dar El-Ilm Lilmalayin
Badawi, E. M./M. Abdel Haleem [2008] *Arabic-English Dictionary of Qur'anic Usage*, Leiden: Brill
Doniach, N. S. [1972] *The Oxford English-Arabic Dictionary of Current Usage*, Oxford: Oxford University Press
Doniach, N. S. [1982] *The Concise Oxford English-Arabic Dictionary of Current Usage*, Oxford:

Oxford University Press
Dozy, R. [1881] *Supplément aux dictionnaires arabes*, Leiden : E. J. Brill
Elias, E. E. [1991] *Elias Collegiate Dictionary English Arabic*, Cairo : Elias' Modern Publishing House Co.
El.Sherbiny, M. [2000]『アルアッワル　日本語アラビア語辞典』Cairo : Merit
ElSherbiny, M.（マーヒル・エルシリビーニー）[2007]『アルマーヒル　日本語アラビア語辞典』Cairo : Al-hai'at al-miṣriyyah al-'āmmah li-l-kitāb
Hava, J. G. [2001] *Arabic English Dictionary : Al-faraid al-durriyyah*, New Delhi : Goodwood Books（復刻版）
Ibn Manẓūr [n.d.] *Lisān al-'Arab*
al-Jurr, Kh. [1973] *Al-Mu'jam al-'Arabī al-ḥadīth : Lārūs*, Paris : Larousse
al-Khalīl [n.d.] *Kitāb al-'Ain*
Lane, E. W. [1984] *Arabic-English Lexicon*, repr. ed., Cambridge : The Islamic Texts Society Trust (1st ed., 1863-1893)
Majma'u al-Lugha al-'Arabiyya [1980] *Al-Mu'jam al-Wajīz*, Cairo : Majma'u al-Lugha al-'Arabiyya
Majma'u al-Lugha al-'Arabiyya [1985] *Al-Mu'jam al-Wasīṭ*, 3rd ed., Cairo : Majma'u al-Lugha al-'Arabiyya (1st ed., 1960)
Parnwell, E. C. [1978] *Oxford English-Arabic Picture Dictionary*, Oxford : Oxford University Press
Steingass, F. [1978] *Arabic-English Dictionary : Companion Volume to the Author's English-Arabic Dictionary*, repr. ed., New Delhi : Cosmo (1st ed., 1884)
Wehr, H. [1994] *A Dictionary of Modern Written Arabic*, 4th ed., D. Cowan 編, Ithaca : Spoken Languages Services, Inc.
編者記載なし [2000] *Al-Munjid fī al-lugha wa al-a'lām*, 38th ed., Beirut : Dār al-Mashriq

ペルシア語（吉枝聡子）

　ペルシア語は，印欧語族の一大支派であるインド・イラン語派に属し，イラン語派を構成する西イラン語の中心的言語である。その響きの美しさから「中東のフランス語」とも呼ばれ，今日のイラン・アフガニスタンから中央アジアに至る広大な地域のリンガ・フランカとして，「ペルシア語文化圏」を形成してきた。

■ 日本語で書かれたペルシア語文法書・自習書

　ここでは，現在も入手できるものを中心に，ペルシア語の文法書および辞書を紹介する。ひとくちにペルシア語を学ぶといっても，歴史文書や古典文学などの講読あるいは会話力の養成，ネイティブ確保の有無など，学習の目的や環境はさまざまである。蒲生礼一 [1983]，黒柳恒男 [1982] らによる文法書以降，日本国内で出版されているペルシア語文法書で，そういった多様なニーズに幅広く対応できるものは，残念ながら見あたらない。ペルシア語の学習に際しては，各人の目的に近い文法書を選定し，欧米の定著や上級文法を参照するなど，複数の文法書を併用して学習していく

ことが望ましい。

　日本で出版された文法書のうち，入門者向けとしては，藤元優子［1999］，岡崎正孝［1991］の2書があげられる。どちらも内容は最も基本的な文法事項のみに限定されているが，前者は日常的な会話表現を用いたダイアログが中心の構成である。発音や文法の一部の説明にはやや不正確な箇所もあるが，例えばペルシア語の発音が日本語のそれと比較して説明されるなど，日本語話者向けの配慮がみられる。現在出版されている中では最も大部なペルシア語文法書，黒柳恒男［1982］は，古典文法やダリー語など，必ずしも初学段階に必要でない記述が本文中に大量に組み込まれており，索引も付属していないなど，使いづらい点は否めない。ただし，収録されている文法情報は，上記の2書より格段に多く，後から文法事項の見直しや確認の際にも用いることができる。なお，東京外国語大学では，レベル別語学カリキュラム向けに，文法書・会話練習テキスト・講読テキスト等の教材を作成していることを付記しておく（［2004a］［2004b］［2006］）。

▣ 欧米諸語で書かれたペルシア語文法書・自習書

　欧米では，イラン世界の文化・教養語としてのペルシア語の重要性が早くから認識され，印欧比較言語学の草分け W. Jones によるペルシア語文法の記述以来，文法書の出版や辞書編纂が行われてきた。

　欧米で出版された，初期の本格的なペルシア語文法書の代表としては，Phillott の手になるものがあげられる（［1919］）。これは，インドで使用されたペルシア語が対象であり，体系的記述も全くなされてはいないものの，著者の半ば蒐集家的興味により，当時観察された言語現象が網羅的に盛り込まれている。出版より100年近くを経てもなお，参照に値する。これよりかなり時期が下るが，文末の主要文法書リストで，ペルシア語学習用として定本として知られているのは，Thackston［改訂第3版1993（初版1944）］や Lambton［1953］，Alavi/Manfred［第3版1993（初版1967）］などである。Lambton［1953］は，音声記述に関する箇所に信頼性が高く，Alavi/Manfred［第3版1993（初版1967）］は，各文法事項に対する例文の選定が的確である。Thackston［1993］は，上級文法とはいかないが，文法の基本事項を過不足なく収録した，八方美人的文法書である。より上級の文法書を求めるならば，Lazard［1992（1957）］（前者は仏語版オリジナルに改訂を加えた英訳版）は，用例に現代文学や散文を引用し，特に入門書ではカバーしていないシンタックスに関する章を設けるなど，他の文法書と一線を画している。活用表等が整備されていないため初学者には不向きだが，基本文法修得後の参照文献として，一読の価値がある。また，Рубинчик［1970］の辞書巻末に付属の文法記述（英訳版1970年）は，独自の視点による文法分析が随所に見受けられ，ペルシア語の文法像を把握し直すために通読するには好適である。なお，ペルシア語・イラン語に関する言語学史・研究書については紙幅の関係上割愛するが，従来のペルシア語研究史に関する文献として，Windfuhr

[1980] をあげておく。

　また近年，欧米では，イラン・イスラーム革命後の海外移住組によるイラン人コミュニティの拡大に伴い，より実用的なペルシア語力の養成に重点を置いた，入門書・自習書類の出版・改訂が盛んになってきた。これらの自学書には CD など音声付きのものも多い。この種の入門書の代表としては，比較的近刊の Rafiee [2001] と Farzad [2004] の2書を紹介しておこう。前者は，著者自身が言語行動を専門分野とする研究者でもあり，英語を母語とする初学者に配慮したコメントが適切な好著である。後者は，子音の発音に言及がされていないなど，不親切な点も見られるが，シリーズのブランド力もあって，類書の中では最も利用頻度が高い。

　最後に，イランで出版されている文法書の代表，*Persian Language Teaching : Elementary Course*（通称 *AZFA*）は，後述の語学学校「ロガトナーメ」で使用されている5巻本のテキストで，口語中心のダイアログに沿って文法を学ぶ形式をとっている。口語発音をそのままペルシア文字で表記する方式であるため，自習書として用いるには最初とまどうこともあるが，会話表現を補うサブテキストとして上記の文法書と併用するには最適といえる。

ペルシア語辞典・語彙集

　ペルシア語—日本語の辞書が，最終的な参照辞書のレベルに達するには，残念ながらまだ少し待たなければならないが，黒柳恒男による一連の辞書（[1999] 他）は，定期的に改訂がなされてきており，日本のペルシア語学習者にとっては不可欠な道具となっている。ペルシア語—欧米言語による辞書で主要なものは，アラビア語表記に依っているため実際の発音を確認するには難があるが，古典を読むには欠かせない Steingass [1892]，Ha'im による一連の辞書（[1968] 他），Āryānpur [1970] 他，Рубинчик [1970]，Junker/Alavi [1965 他]，口語発音表記を優先した Lazard [1990] などが，定番としてあげられる。また，北京大学によるペルシア語辞書も参照に値する。ペルシア語—ペルシア語辞書では，参照辞書としてここで説明するまでもない，*Loghatnāme*，Mo'in 以外では，Anvari [2002] [2004] によるものが，近年発刊が相次ぐ辞書の中では際だってレベルが高い。

どこでペルシア語を学べるか

　日本国内では，独立した専攻課程をもつ東京外国語大学（授業の一部を科目等履修生等の学外者に開放），大阪大学外国語学部の2校に加え，東京大学，上智大学，中央大学，東海大学，大東文化大学など，国際関係や東洋史研究を行っている大学では，ペルシア語講座が開設されている。また，大学書林語学アカデミー（DILA）やアジア・アフリカ語学院等の語学学校でもペルシア語コースを設けている。

　イランでは，大学留学等のケースを除き，一般的な語学学校としてペルシア語学習者の間で広く知られているのが，Loghatnāme-ye Dehkhodā（通称ロガトナーメ）で

ある。本来はテヘラン大学の一部であったが，外国人向けの語学学校として独立，短期・長期のレベル別語学授業を行っている。また，イスファハンの Shahid Ashrafi 大学など，3週間程度の夏期講習を実施している大学もある。

【文献】
〈文法書・自習書〉
岡崎正孝 [1991]『基礎ペルシア語』大学書林
蒲生礼一 [1983]『ペルシア語文法入門』大学書林
黒柳恒男 [1982]『ペルシア語四週間』大学書林
黒柳恒男 [1991]『ペルシア語入門』泰流社（黒柳 [1982] より簡略だが，印刷文字が初学者には見づらく，入手も困難）
東京外国語大学ペルシア語研究室 [2004a]『ペルシア語文法』（改訂版 2006, 2008）
東京外国語大学ペルシア語研究室 [2004b]『ペルシア語基礎講座』（改訂版 2005）2 vols.
東京外国語大学ペルシア語研究室 [2006]『ペルシア語文法』
藤元優子 [1999]『エクスプレスペルシア語』白水社（CD 付版『CD エクスプレスペルシア語』2003 年）
Alavi, Bozorg/Manfred Lorenz [1993] *Lehrbuch der persischen Sprache*, 3rd ed., Berlin : Langenscheidt (1st ed., 1967)
Elwell-Sutton, L. P. [1963] *Elementary Persian Grammar*, Cambridge : Cambridge University Press
Farzad, Narguess [2004] *Modern Persian* (Teach Yourself), Contemporary Books (CD pack)
Lambton, A. K. S. [1953] *Persian Grammar*, Cambridge, Cambridge University Press
Lazard, G. [1957] *Grammaire du persan contemporain*, Paris（英訳：*A Grammar of Contemporary Persian*, Shirley A. Lyon 訳，New York : Mazda Publishers, 1992）
Mace, John [2003] *Perisan Grammar*, New York : Routledge
Phillott [1919] *Higher Persian Grammar*, Calcutta
Rafiee, Abdi [2001] *Colloquial Persian : The Complete Course for Beginners*, London/New York : Routledge
Rubinchik, Yu. A. [1971] *The Modern Persian Language*, English ed., Moscow : Nauka Publishing House, Central Department of Oriental Literature（邦訳：『増補ペルシア語文法』佐藤昭子訳，2004 年）
Samareh, Yadollah [1993] *Persian Language Teaching : Elementary Course* (*AZFA*), 5 vols., Tehran : ALHODA Publisher and Distributors
Thackston, W. M. [1993] *An Introduction to Persian*, revised 3rd ed., Bethesda : Iranbooks (1st ed., 1944)
Windfuhr, G. L. [1980] *Persian Grammar* (Trends in Linguistics State-of-the-Art Reports, 12), The Hague : Mouton
Stilo, D. L. 他 [2004] *Modern Persian : Spoken and Written*, 2 vols., Yale University Press

〈その他（会話練習帳・語彙集など）〉
岡崎正孝 [1987]『ペルシア語常用 6000 語』大学書林
岡田恵美子/I・パールシーネジャード [1987]『コンパクト・ペルシア語会話』大学書林
岡田恵美子/ファルザーネ・ファルシチー [1993]『ペルシャ語基本単語 2000』（カセット別売）語研
勝藤猛/ハーシェム・ラジャブザーデ [1994]『ペルシア語ことわざ用法辞典』大学書林
黒柳恒男 [1980]『ペルシア語会話練習帳』大学書林

藤元優子/ハーシェム・ラジャブザーデ [2001]『ペルシア語手紙の書き方』大学書林
Lambton, A. K. S. [1954] *Persian Vocabular*, Cambridge : Cambridge University Press
〈辞書〉
黒柳恒男 [1988]『ペルシア語辞典』『現代ペルシア語辞典』改訂版，大学書林
黒柳恒男 [1990]『日本語ペルシア語大辞典』大学書林
黒柳恒男 [1999]『ペ日・日ペ現代ペルシア語辞典（合本）』大学書林
黒柳恒男 [2002]『新ペルシア語大辞典』大学書林
北京大学東方語言文学系波斯語教研室編 [1997]『波斯語汉語辞典』北京：商務印書館
北京大学伊朗文化研究所/徳黒蘭大学徳胡達大辞典編纂所合編 [1997]『汉語波斯語辞典』北京：商務印書館
Anvari, H. [1381/2002] *Farhang-e Bozorg-e Sokhan*, 8 vols., Tehran : Ketabkhāne-ye Melli-ye Irān
Anvari, H. [1383/2004] *Farhang-e Ruz-e Sokhan*, Tehran : Ketabkhāne-ye Melli-ye Irān
Āryānpur Kāshāni [1970] *The Concise Persian English Dictionary*, Tehran : Amir Kabir
Āryānpur Kāshāni [1986, 2006] *The Combined New Persian-English & English-Persian Dictionary*, Lexington (KY) : Mazda Publishers
Āryānpur Kāshāni with the collaboration of B. Delgoshā'i, M. [1388/1999] *The Ariyanpur Progressive English-Persian Dictionary*, 6 vols., Tehran : Nashr-e Elektroniki va Ettelā'resāni-ye Jahān-e Rāyāne
Dehkhodā, A. [1879-1955, 1998] *Loghatnāme-ye Dehkhodā*, 16 vols., Tehran : Tehran University Publications
Ha'im, S. [1968] *New Persian-English Dictionary*, 2 vols., Tehran
Ha'im, S. [1967] *One Volume English Persian Dictionary*, Tehran
Ha'im, S. [1973] *One Volume Persian-English Dictionary*, Tehran
Ha'im, S. [1997] *Larger English-Persian Dictionary*, new ed., Tehran (1st ed., 1968)
Junker, H./B. Alavi [1965 他] *Persische-Deutsches Wörterbuch*, Leipzig : Verlag Enzyklopädie Erscheinungsdatum
Lazard, G. [1990] *Dictionnaire persan-français*, Leiden
Mo'in, M. [1342-52/1963-73] *Farhang-e Fārsi*, 6 vols., Tehran : Amir Kabir （Vol. 5, 6 は人名・地名）
Mo'in, M. [1380/2001] *Farhang-e Fārsi*, (1 vol.), Tehran : Enteshārāt-e Sorāyesh
Sadri-Afshar, Gh./N. Hakami/N. Hakami [1377/1998] *Farhang-e Fārsi-ye Emruz*, Mo'assese-ye Nashr-e Kalame
Steingass, F. [1892] *A Comprehensive Persian-English Dictionary*, London : Kegan Paul (Several Rep.)
Рубинчик, Ю. А. [1970] *Персидско-Русский Словарь*, Москва : Академия Наук СССР
〈口語関連辞書〉
Anzābinezhād, R./M. Sarvat [1366/1987] *Farhang-e Mo'āser*, Tehran : Amir Kabir
Jamalāzāde, Seyyed Mohammad-'Ali [1341/1962] *Farhang-e Loghāt-e 'Āmiyāne*, Tehran : Enteshārāt-e Farhang-e Irān Zamin
Najafi, A. [1378/1999] *Farhang-e Fārsi-ye 'Āmiyāne*, 2 vols., Tehran : Enteshārāt-e Nilufar
Shāmlu, A. [1377/1998-] *Ketāb-e Kuche*, Tehran : Enteshārāt-e Maāzeyār Publications

トルコ語（菅原　睦）

　トルコ語は，中東の諸言語には珍しくラテン文字アルファベットで表記される。言うまでもなくこれは，1928年のいわゆる「文字改革」により，それまで用いられていたアラビア文字に代えて導入されたものである。一方，ラテン文字の導入に続いて行われた「言語改革」と呼ばれる純化運動の結果，かつては多く見られたアラビア語やペルシア語からの借用語が大幅に減少した。そのためトルコ語は過去数十年間に語彙面でかなりの変化を経ている。言い換えれば，20世紀前半に書かれたものと近年のものとの間で，用いられている語彙に——後置詞のような機能語も含めて——著しい違いが見られるので注意が必要である。

トルコ語文法書

　日本語で書かれた最初のトルコ語文法書は，昭和13年つまり上記の文字改革からわずか10年後の1938年に東京の三才社から刊行された，米沢隆輔／ゼキ・バヤット共編『土耳其語會話』であると思われる。分類語彙，会話集，簡単な文法などからなる充実した内容の本である。今日入手可能な文法書としては勝田茂［1986］が代表的なものである。近年になってさまざまな外国語への関心が高まった結果，トルコ語の入門書や会話集の数も大きく増加した。その多くは実用会話に重点をおいた，どちらかと言えば旅行者向けのものであるが，野田納嘉子［2006］，野中恵子／大曲祐子［2002］などには文法事項の体系的な説明も含まれている。ある程度学習が進んだ中級者用には，講読中心の松谷浩尚［1991］，会話表現を多く収める林徹／ヤマンラール［1994］，さらに読解と作文用の勝田［2007］などがある。

　英語による詳しい文法書ではLewis［初版1967］がもっともよく知られたものである。2000年にはその改訂版が出版された。近年のトルコ語言語学の成果を反映した記述文法にKornfilt［1997］およびGöksel/Kerslake［2005］がある。どちらも500ページを超える大部なものであるが，前者は章立てが煩雑で極めて使いにくく一般学習者向きではない。近年刊行された後者は充実した内容の優れた文法書であり，言語学的な記述スタイルが苦にならない向きには最適であろう。ドイツ語によるErsen-Rasch［2001］も，比較的コンパクトな体裁ながら興味深い指摘を多く含み注目される。フランス語によるGolstein［1997］は記述にやや誤りが見られる。またКононов［1956］はロシア語による浩瀚な参照用文法書としてよく知られたものである。会話を主体とした入門書ではPollard/Pollard［2003］がよくまとまっており使いやすい。

トルコ語辞典・語彙集

　トルコ語—日本語辞典としては，竹内和夫［ポケット版1989（初版1987）］があげられる。1996年の改訂増補版では古語や固有名詞などが追加されているが，これら

は必ずしも多くの利用者にとって必須の項目とは言えず，特に初学者にはポケット版の内容で充分であろう。トルコ語―英語辞典も何種類か出版されている。1968年の初版以来「レッドハウスの辞典」として多くの学習者・研究者に親しまれて来た *Redhouse Yeni Türkçe-İngilizce Sözlük* (*New Redhouse Turkish-English Dictionary*)は現在でも版を重ねているが，上述した語彙面での変化を考えるならばもはや時代遅れであり，こんにちのトルコ語の辞書としては利用できない。幸い同じ出版社から，現代語に対応した新しい大型のトルコ語―英語辞典 *Türkçe-İngilizce Redhouse Sözlüğü* (*The Redhouse Turkish-English Dictionary*, 1999) が刊行されており，今後のスタンダードとしてはこちらを薦めたい。なおレッドハウスの辞書シリーズでは CD-ROM 版の英語―トルコ語/トルコ語―英語辞典も発売されている (詳細は http://www.redhouse.com.tr/ を参照)。レッドハウスと並ぶ代表的な辞典に，オックスフォード大学出版局のトルコ語―英語辞典［第3版1984(初版1947)］があったが，現在カタログに見当たらず絶版と思われる。トルコ国内ではこの他にも何種類かの辞書が出版されている。変わったところでは，Vietze/Zenker/Warnke [1975] は綴りの最後の文字で配列した逆引辞典である。

語彙集には松谷浩尚 [1998]，福盛貴弘 [2007] がある。前者はジャンル別の分類語彙集で，政治や経済などのかなり専門的な用語も収録されている。巻末には日本語索引もあって便利である。後者は五十音順の日本語―トルコ語単語集とアルファベット順のトルコ語―日本語単語集からなり，コンピュータ関連などの新しい語彙も積極的に収めている。トルコ語単語の発音はカナで表記されている。

1928年以前のアラビア文字で表記されたトルコ語 (いわゆる「オスマン語」) を読むための文法書としては勝田茂 [2002]，Bugday [1999] などがある。同じく辞書では前述の Redhouse や，さらに古い *A Turkish and English Lexicon* ［初版1890］が定評あるものである。また古典的な文法書の名著として Deny ［初版1921］がある。

どこでトルコ語を学べるか

日本では東京外国語大学と大阪大学外国語学部にトルコ語専攻コースがあり，教育・研究を行っている。その他の大学や民間の機関でも，トルコ語講座を開いているところがいくつかあると聞く。またトルコ国内ではアンカラ大学語学センター TÖMER (http://www.tomer.ankara.edu.tr/english/index.html) や，ボアズィチ大学 (イスタンブル) の夏期講習 (http://www.summer.boun.edu.tr/) などで外国人を対象にしたトルコ語教育が提供されている。

トルコ語は文法面で日本語に似た点も多いうえに，語形変化の例外も少なく，さらにラテン文字アルファベットを用いるということもあって日本人には比較的学びやすい言語である。とはいえ，あくまで外国語である以上，その言語固有の発想や表現方法に習熟しないでは正しい理解は望めない。トルコ語から日本語であれ，日本語からトルコ語であれ，単に単語を置き換えた「直訳」だけで事足りるかのような安易な取

り組みは避けたいものである。

【文献】
〈主な文法書（会話集を含む）〉
大川博［2006］『NHK テレビアジア語楽紀行/旅するトルコ語』日本放送出版協会
勝田茂［1986］『トルコ語文法読本』大学書林
勝田茂［2007］『中級トルコ語　読解と応用作文』大学書林
小松華子［2005］『まずはこれだけトルコ語』国際語学社
竹内和夫［1970］『トルコ語文法入門』大学書林
テュレリ，オルハン［1978］『トルコ語文法・会話』丸善
野田納嘉子［2006］『ゼロから話せるトルコ語』三修社（本体初版は 1998 年『語学王　トルコ語』三修社）
野中恵子/大曲祐子［2002］『今すぐ話せるトルコ語——聞いて話して覚える　入門編』（東進ブックス）ナガセ
林徹/アイデン・ヤマンラール［1994］『トルコ語会話の知識——トルコ語の発想と表現』大学書林
松谷浩尚［1991］『中級トルコ語詳解』大学書林
Göksel, Aslı / Celia Kerslake [2005] *Turkish : A Comprehensive Grammar* (Routledge Comprehensive Grammars), London : Routledge
Golstein, Bernard [1997] *Grammaire du turc, Ouvrage pratique à l'usage des francophones*, Paris : L'Harmattan
Kornfilt, Jaklin [1997] *Turkish* (Descriptive Grammars), London : Routledge
Lewis, Geoffrey [2000] *Turkish Grammar*, 2nd ed., Oxford University Press
Ersen-Rasch, Margarete I. [2001] *Türkische Grammatik für Anfänger und Fortsgeschrittene*, Ismaning : Max Hueber Verlag
Pollard, David/Asuman Çelen Pollard [2003] *Turkish* (Teach Yourself), London : Hodder Arnold
　　（同じく *Turkish*, Teach Yourself Books として 1996 年に出版されたものとほぼ同一の内容である。なお 96 年版の著者は Asuman Çelen Pollard and David Pollard と表記されている）
Кононов, Андрей Николаевич [1956] *Грамматика Современного Турецкого Литературного Языка*, Мосива/Ленинград : Издательство Академии Наук СССР
〈主な辞書・語彙集〉
竹内和夫［1989］『トルコ語辞典　ポケット版』大学書林
竹内和夫［1996］『トルコ語辞典　改訂増補版』大学書林
竹内和夫［2000］『日本語トルコ語辞典』大学書林
福盛貴弘［2007］『日本語—トルコ語　トルコ—日本語単語集』国際語学社
松谷浩尚［1998］『トルコ語分類単語集』大学書林
松谷浩尚［1998］『トルコ語分類単語集』大学書林
İngilizce-Türkçe Redhouse Sözlüğü (*Redhouse Turkish-English Dictionary*), İstanbul : Redhouse Yayınevi, 1974（現在は İstanbul : SEV Matbaacılık ve Yayıncılık Eğitim Ticaret A. Ş. から刊行されている）
The Oxford English-Turkish Dictionary, 2nd ed., Oxford University Press, 1978
The Oxford Turkish-English Dictionary, 3rd ed., Oxford University Press, 1984
Redhouse Yeni Türkçe-İngilizce Sözlük (*New Redhouse Turkish-English Dictionary*), İstanbul : Redhouse Yayınevi, 1968（現在は *Türkçe/Osmanlıca-İngilizce Redhouse Sözlüğü* (*The Redhouse*

Turkish/Ottoman-English Dictionary) のタイトルで İstanbul : SEV Matbaacılık ve Yayıncılık Eğitim Ticaret A. Ş. から刊行されている)

Türkçe-İngilizce Redhouse Sözlüğü (The Redhouse Turkish-English Dictionary), İstanbul : SEV Matbaacılık ve Yayıncılık Eğitim Ticaret A. Ş., 1999

Vietze, Hans-Peter/Ludwig Zenker/Ingrid Warnke [1975] *Rückläufiges Wörterbuch der türkischen Sprache*, Leipzig

〈オスマン語〉

勝田茂 [2002]『オスマン語文法読本』大学書林

Bugday, Korkut [1999] *Osmanisch : Einfürung in die Grundlagen der Literatursprache*, Wiesbaden : Harrassowitz Verlag

Deny, Jean [1921] *Grammaire de la langue turque* (*dialecte osmanli*), Paris (1986年にリヒテンシュタインの Sändig Reprint Verlag からリプリント版が刊行されている)

Redhouse, Sir James W. [1890] *A Turkish and English Lexicon*, Constantinople (ベイルートとイスタンブルでリプリント版が刊行されている)

イスラーム世界のその他の言語

　アラビア語・ペルシア語・トルコ語以外にも，イスラーム世界各地で用いられる言語は数多い。ここでは，下記の三つの基準によって主要言語を選び出し，それぞれについて代表的な語学書（文法書・辞書・音声教材）を挙げる。
　1．基本的に広い地域で用いられる言語を対象とし，話者の比較的少ない土語は取り上げない。
　2．学術語・文芸語を第一の候補とするが，必ずしも学術・文学作品を生みだしてこなくても，人々の間で広く用いられているような言語については，これをも対象とする。
　3．時代的には現代を中心とするが，必要に応じて過去にのみ用いられた言語にも言及する。
　各言語について，
　1）入門書
　2）中上級レベルの文法書
　3）辞書
　4）現地で役立つ音声教材
の4ジャンルに分けて記載したが，1) 2) で音声教材を伴うものについては，当該箇所で注記するにとどめ，4) で改めて再掲することはしなかった。また，とくに強く推奨するものがない場合には，空欄とした。

▓ 東南アジアの諸語 （岡本正明）

1．インドネシア語
1）入門書
舟田京子［2004］『やさしい初歩のインドネシア語』南雲堂
ドミニクス・バタオネ/近藤由美［1989］『バタオネのインドネシア語講座・初級』めこん
2）中上級レベルの文法書
ドミニクス・バタオネ/近藤由美［1990］『バタオネのインドネシア語講座・中級口語編』めこん
3）辞書
Stevens, Alan M./A. Ed. Schmidgall-Tellings［1981］*Contemporary Indonesian-English Dictionary,* Chicago: Ohio University Press（インドネシアでは Bandung: Mizan, 2004［廉価版］が入手可）
Echols, John M./Hassan Shadily［1989］*Kamus Indonesia Inggris,* 3rd ed., Jakarta: Gramedia（初版 Ithaca (NY): Cornel University Press, 1961）
Echols, John M./Hassan Shadily［1990］*Kamus Inggris Indonesia,* Jakarta: Gramedia（初版 Ithaca (NY): Cornel University Press, 1975）
佐々木重次［2005］『最新インドネシア語小辞典』（アジア文庫または著者HP http://homepage3.nifty.com/sanggar/newpage1.htm にて購入可）
末永晃［1994］『現代インドネシア語辞典』大学書林
SEAsite-Indonesia Homepage: Interactive Indonesian-English（http://www.seasite.niu.edu/Indonesian/TataBahasa/dictionary/Default.htm）（無料のネット辞書）
アルファリンク社の電子辞書（英語↔インドネシア語）（http://www.alfalink.co.id/）（かなりのバラエティあり）
4）音声教材
ロゼッタ・ワールド社［2007］インドネシア語　レベル1（オンライン版あり）
東京外国語大学言語モジュール（インドネシア語）（http://www.coelang.tufs.ac.jp/modules/index.html）

2．マレーシア語
1）入門書
アリ・オスマン/新井卓治［2002］『今すぐ話せるマレーシア語　入門編』（原著 Ali Osman）東進ブックス
シャイク・オマー・モハメッド/山崎あずさ［1997］『オマー・アズーのマレー語講座』めこん（別売CD2枚組あり）
小野沢純［1996］『基礎マレーシア語』大学書林

3）辞書

小野沢純/本田智津絵編［2007］『マレーシア語辞典』大学書林

Dewan Bahasa dan Pustaka［1992］*Kamus Inggeris-Melayu Dewan: An English-Malay Dictionary,* Kuala Lumpur: Dewan Bahasa dan Pustaka, Kementerian Pendidikan Malaysia

Baharum, Daud［1996］*Intelek Malay-English: With Illustrations and Cross References in English,* Kuala Lumpur: Arus Intelek

Hawkins, Joyce M.［1992］*Kamus Dwibahasa Oxford Fajar Inggeris-Melayu/Melayu-Inggeris,* Kuala Lumpur: Penerbit Fajar Bakti

3．ジャワ語
1）入門書

石井和子［1984］『ジャワ語の基礎』大学書林

3）辞書

Robson, Stuart/Singgih Wibisono［2002］*Javanese-English Dictionary,* Hong Kong: Periplus Editions

南アジアの諸語 （萬宮健策）

1．ウルドゥー語
1）入門書

Narang Gopichand［2000］*Let's Learn Urdu: Beginner's Manual for Urdu Script,* New Delhi: National Council for Promotion of Urdu Language

鈴木斌［1981］『基礎ウルドゥー語』大学書林

鈴木斌［1996］『ウルドゥー語文法の要点』大学書林

2）中上級レベルの文法書

Barker, Muhammad Abd-al-Rahman 他［1975］*Spoken Urdu: A Course in Urdu,* 3vols., New York: Spoken Language Services, Inc.

Matthews, David/Mohamed Kasim Dalvi［1999］*Teach Yourself Urdu,* London: Hodder & Stoughton Ltd.

3）辞書

加賀谷寛［2005］『ウルドゥー語辞典』大学書林

Qureshi, Bashir Ahmad 編［1994］*Standard Twentieth Century Dictionary Urdu into English,* 3rd ed., revised and enlarged by Abdul Haq, Delhi: Educational Publishing House（初版 Lahore: Kitabistan Publishing Co., 1959）

Qureshi, Bashir Ahmad 編［1994］*Advanced Twentieth Century Dictionary English into English and Urdu,* 3rd ed., revised and enlarged by Abdul Haq, Delhi: Educational Publishing House（初版 Lahore: Kitabistan Publishing Co., 1959）

Platts, J.T. [2003] *A Dictionary of Urdū, Classical Hindī and English*, 2nd Pakistan ed., Lahore: Sang-e-Meel Publications (初版 *A Dictionary, Hindūstānī and English*, Oxford: Oxford University Press, 1884. 2nd Indian ed. New Delhi: Munshiram Manoharlal Publishers, 1988)
4）現地で役立つ音声教材
Bhardwaj, Mangat/Gordon Wells. [1990] *Hindi Urdu Bolchaal*, London: BBC Books (初版 London: BBC Books, 1989)

2．ベンガル語
1）入門書
町田和彦, 丹羽京子 [2004]『CD エクスプレス　ベンガル語』白水社（音声教材としても）
2）中上級レベルの文法書
Bhattacharya, Krishna [1994] *An Intensive Course in Bengali*, Mysore: Central Institute of Indian Languages
Radice, William [2003] *Teach Yourself Bengali*, London: Hodder & Stoughton Ltd.
3）辞書
Adhikary, Debasis [2002] *English-Bengali and Bengali-English Combined Dictionary*, Delhi: Star Publications
Corbeil, Jean-Claude [2001] *Milet Bilingual Visual Dictionary : English-Bengali*, London: Milet Publishing

3．ヒンディー語
1）入門書
田中敏雄/町田和彦『CD エクスプレス　ヒンディー語』白水社，2003（音声教材としても）
古賀勝郎『基礎ヒンディー語』大学書林，1986 年
2）中上級レベルの文法書
Snell, Rupert/Simon Weightman [2003] *Teach Yourself Hindi*, London: Hodder & Stoughton Ltd.（音声教材としても）
3）辞書
古賀勝郎/高橋明『ヒンディー語・日本語辞典』大修館書店，2005
McGregor, R. S. [1997] *The Oxford Hindi-English Dictionary*, Oxford/Tokyo: Oxford University Press

4．パンジャーブ語
1）入門書
萩田博『基礎パンジャービー語』大学書林，1996
3）辞書
Singh, Bhai Maya 編 [1983] *The Vanguard Punjabi English Dictionary,* Littlehampton : Apex Books Concern（初版 Lahore : Vanguard Books, 1895）

5．スィンド語
1）入門書および2）中上級レベルの文法書
Lekhwani, Kanhaiyalal [1987] *An Intensive Course in Sindhi,* Mysore : Central Institute of Indian Languages
3）辞書
Anonym [n.d.] *GEM Student's Dictionary Sindhi to English,* Lahore : Azhar Publishers
Lakhiyari, Sayyad Qalandar Shah 編 [2006] *The Oxford Elementary Learner's English Sindhi Dictionary,* Karachi : Oxford University Press

6．マラヤーラム語
2）中上級レベルの文法書
Asher, R. E. [1997] *Malayalam : Descriptive Grammars,* London/New York : Routledge
3）辞書
Gundert, H. [2004] *A Malayalam-English Dictionary,* New Delhi : Asian Educational Services

7．カンナダ語
2）中上級レベルの文法書
Halemane, Lingadevaru [1996] *An Intensive Course in Kannada,* Mysore : Central Instutitute of Indian Languages
3）辞書
Reeve, W. C. 他 [1993] *Kannada-English Dictionary,* New Delhi : Asian Educational Services

中央アジアの諸語
1．チャガタイ語（菅原睦）
2）中上級レベルの文法書
Eckmann, János [1997] *Chagatay Manual,* Richmond : Curzon (Uralic and Altaic

Series, 60, 初版 Bloomington/The Hague: Indiana University, 1966)

Щербак, А. М. [1962] *Грамматика староузбекского языка,* Москва/Ленинград: Издательство Академии Наук СССР

3) 辞書

Muhammad Mahdī Xān [1960] *Sanglax: A Persian Guide to the Turkish Language,* Facsimile Text with an introduction and indices by Sir Gerard Clauson, London: Luzac (18世紀の辞書のファクシミリ版)

Pavet de Courteille, A. J. B. [1972] *Dictionnaire turc-oriental,* Amsterdam: Philo Press (初版 Paris: L'Imprimerie impériale, 1870)

2. 新ウイグル語（菅原純）

1) 入門書

竹内和夫 [1991]『現代ウイグル語四週間』大学書林

2) 中上級レベルの文法書

De Jong, Frederick [2007] *A Grammar of Modern Uyghur,* Utrecht: Houtsma

Tömür, Hämit [2003] *Modern Uyghur Grammar (Morphology),* Anne Lee 訳, İstanbul: Yıldız

3) 辞書

Schwarz, Henry G. [1992] *An Uyghur-English Dictionary,* Bellingham: Western Washington

新疆維吾爾自治区語言文字工作委員会編 [2006]『維漢大詞典』北京：民族出版社

4) 現地で役立つ音声教材

De Jong, Frederick 他 [2005] *Uyghur: A Manual for Conversation,* Utrecht: Houtsma

3. ウズベク語（河原弥生）

1) 入門書

Ismatulla, Khayrulla [1995] *Modern Literary Uzbek,* 1, Bloomington: Indiana University, Research Institute for Inner Asian Studies

2) 中上級レベルの文法書

Кононов, А. Н. [1960] *Грамматика современного узбекского литературного языка,* Москва/Ленинград: Издательство Академии Наук СССР

Sjoberg, A. F. [1963] *Uzbek Structural Grammar,* Bloomington/The Hague: Indiana University

3) 辞書

Боровков, А. К. 主編 [1959] *Узбекско-Русский словарь, свыше 40,000 слов,* под редакцией С. Ф. Акабирова, З. М. Магруфова, А. Т. Ходжаханова, Москва: Государственное

издательство иностранных и национальных словарей
Natalie Waterson 編 [1980] *Uzbek-English Dictionary,* New York : Oxford University Press

4．アゼルバイジャン語（徳増克己）
1）入門書
松長昭 [1999]『アゼルバイジャン語文法入門』大学書林
Öztopçu, Kurtluş [2000(2003)] *Elementary Azerbaijani,* Santa Monica/İstanbul : n.p.
Householder Jr., Fred W./Mansour Lofti [1997] *Basic Course in Azerbaijani,* Richmond : Curzon（初版 Bloomington : Indiana University, 1965）
2）中上級レベルの文法書
Rahmati, Nemat/Korkut Buğday [1998] *Aserbaidschanisch Lehrbuch : Unter berücksichtigung des Nord- und Südaserbaidschanischen,* Wiesbaden : Otto Harrassowitz
Ширалиев, М. Ш./Э. В. Севортян [1971] *Грамматика азербайджанского языка (Фонетика, морфология и синтаксис),* Баку : Элм
3）辞書
Оручов, Ә. Ә. [1964-87] *Азәрбајчан дилинин изаһлы лүғәти,* 4 vols., Бакы : Азәрбајчан ССР Елмләр Академијасы Нәшријјаты
Musayev, O. İ. [1998] *Azərbaycanca-İngiliscə lüğət : təxminən 45000 söz və ifadə, təxminən 10000 cümlə,* Bakı : Azərbaycan Dövlət Dillər İnstitutu
Altaylı, Seyfettin [1994] *Azerbaycan Türkçesi Sözlüğü,* 2 vols., İstanbul : Millî Eğitim Basımevi
Behzādī, Behzād [1369A.H.S.= 1990-91] *Farhang-e Āẕarbāyjānī-Fārsī,* Tehrān : Enteshārāt-e Donyā

■ バルカンの言語
1．アルバニア語（髙松洋一）
1）入門書
直野敦 [1989]『アルバニア語入門』大学書林
2）中上級レベルの文法書
Buchholz, Oda/Wilfried Fiedler [1987] *Albanische Grammatik,* Leipzig : Verlag Enzyklopädie
Martin, Camaj [1984] *Albanian Grammar,* Wiesbaden : Otto Harrassowitz（Camaj Martin, *Lehrbuch der albanischen Sprache,* Wiesbaden : Otto Harrassowitz, 1969 の英訳）

3）辞書
Buchholz, Oda 他 [2000] *Langenscheidt Handwörterbuch Albanisch,* München: Langenscheidt
Kostallari, Androkli [1980] *Fjalor i gjuhës së sotme shqipe,* Tiranë: Akademia e Shkencave e RPS të Shqipërisë, Instituti i Gjuhësisë dhe i Letërsisë
4）現地で役立つ音声教材
Zymberi, Isa [2004] *Colloquial Albanian : The Complete Course for Beginners* (*Book & Audio*), London/New York: Routledge

中東・北アフリカの諸語
1．ヘブライ語（上村静）
1）入門書
キリスト聖書塾編 [2004]『ヘブライ語入門』キリスト聖書塾（初版キリスト聖書塾，1985）
2）中上級レベルの文法書
Coffin, Edna Amir/Bolozky, Shmuel [2005] *A Reference Grammar of Modern Hebrew,* Cambridge: Cambridge University Press
Glinert, Lewis [2004] *The Grammar of Modern Hebrew,* Cambridge: Cambridge University Press（初版 Cambridge: Cambridge University Press, 1989）
3）辞書
キリスト聖書塾編 [2006]『現代ヘブライ語辞典』キリスト聖書塾（初版キリスト聖書塾，1984）
Levy, Ya'acov [1999] *Oxford English-Hebrew/Hebrew-English Dictionary,* n.p.: Kernerman Publishing（初版 n.p.: Kernerman Publishing, 1995）
4）現地で役立つ音声教材
山田恵子 [2007]『ＣＤエクスプレス　現代ヘブライ語』白水社（初版白水社，2005）
http://www.ts-cyberia.net/webb.html（テレビとラジオのインターネット放送）

2．クルド語（山口昭彦）
　クルド語と総称される言語は，実際には複数の方言から構成される。代表的なものとして，クルマーンジー，ソーラーニー，ザーザーなどがあるが，これらの間には相当の違いがあり，通常，意思の疎通は困難である。ここでは，比較的使用範囲の広い，最初の2方言のみを取り上げた。
〈ソーラーニー方言〉
1）入門書および2）中上級レベルの文法書
縄田鉄男 [2002]『クルド語入門』大学書林

Blau, J. [2000] *Manuel de kurde, sorani,* Paris : C. Klincksieck
3）辞書
縄田鉄男 [1995]『クルド語語彙集』大学書林
Hakim, H. [1996] *Dictionnaire kurde-français, dialecte sorani,* Paris : Langues & Mondes – L'Asiathèque
〈クルマーンジー方言〉
1）入門書および2）中上級レベルの文法書
Blau, J./V. Barak [1999] *Manuel de kurde, kurmanji,* Paris : L'Harmattan
Rizgar, B. [1996] *Learn Kurdish, dersên kurdî, a Multi-level Course in Kurmanji,* London : M. F. Onen
3）辞書
Chyet, M. L. [2003] *Kurdish-English Dictionary,* New Haven/London : Yale University Press
Rizgar, B. [1993] *Kurdish-English Dictionary,* London : M. F. Onen

3．ベルベル語（堀内里香）
　ベルベル語という名称は，北アフリカに広く散在する言語の総称として用いられるが，言語学的には相互に親縁性があるとみなされるものの，ベルベル語の標準語にあたるものは存在しない（[中野 1992] 参照）。本項ではこのうち，話者人口の最も多いモロッコのタシュルヒート語の教材を挙げた。しかし最近，「アマジグ語」という名称で標準ベルベル語を創出しようという動きがモロッコやアルジェリアなどで起こっている（中野暁雄 1992 「ベルベル語派」『言語学大辞典』第3巻世界言語編，三省堂）。
1）入門書
堀内里香 [2000]『タシュルヒート語彙集』東京外国語大学アジア・アフリカ言語文化研究所
2）中上級レベルの文法書
Nakano, Aki'o [1976] *Dialogues in Moroccan Shilha (Dialects of Anti-Atlas and Ait-Warain),* Tokyo : Institute for the Study of Languages and Cultures of Asia and Africa
Institut Royal de la Culture Amazighe 編 [2004] *Initiation à la langue amazighe,* Rabat : El Maârif Al Jadida
3）辞書
Camps, Gabriel 主編 [1984-] *Encyclopédie Berbère,* Aix-en-Provence : Edisud
Destaing, E. [1938] *Vocabulaire Français-Berbère,* Paris : Editions Ernest Leroux
4）音声教材
El Mountassir, Abdallah [1999] *Initiation au Tachelhit : Langue berbère du sud du*

Maroc（*RA NSAWAL TACHELHIT*), Paris: Langues & Mondes – L'Asiathèque（カセット）

▨ サハラ以南アフリカの諸語
1．スワヒリ語（竹村景子）
1) 入門書
アブディ・ファラジ・レハニ［2003］『CD エクスプレス　スワヒリ語』白水社
Hinnebusch, Thomas J./Sarah M. Mirza［1998］ *Kiswahili : Msingi wa Kusema, Kusoma na Kuandika,* 2nd ed., Lanham, Md.: University Press of America（初版 Lanham, Md.: University Press of America, 1979）
Russell, Joan［2003］ *Teach Yourself Swahili,* London: Teach Yourself
2) 中上級レベルの文法書
中島久［2000］『スワヒリ語文法』大学書林
Ashton, E. O.［1965］ *Swahili Grammar,* London: Longman
3) 辞書
Taasisi ya Uchunguzi wa Kiswahili, Chuo Kikuu cha Dar es Salaam 編［2001］ *Tuki Kamusi ya Kiswahili-Kiingereza/Swahili-English Dictionary,* Dar es Salaam: TUKI
Institute of Kiswahili Research, University of Dar es Salaam 編［1996］ *English-Swahili Dictionary/Kamusi ya Kiingereza-Kiswahili,* Dar es Salaam: TUKI
Johnson, F.［1939］ *A Standard Swahili-English Dictionary,* Oxford: Oxford University Press
守野庸雄/中島久編［1992］『スワヒリ語常用 6000 語』大学書林
4) 現地で役立つ音声教材
竹村景子［2007］『スワヒリ語のしくみ』白水社

2．ハウサ語（塩田勝彦）
1) 入門書
Kraft, Charles H./A. H. M. Kirk-Greene［1994］ *Teach Yourself Hausa,* new ed., London: Teach Yourself Books（初版 *Hausa*（Teach Yourself), London: Hodder and Stoughton, 1973）
2) 中上級レベルの文法書
Newman, Paul［2000］ *The Hausa Language : An Encyclopedic Reference Grammar,* New Haven: Yale University Press
3) 辞書
Awde, Nicholas［1996］ *Hausa-English English-Hausa Dictionary,* New York: Hippocrene Books

Newman, Paul [2007] *A Hausa-English Dictionary,* New Haven : Yale University Press

Newman, Roxana Ma [1990] *An English-Hausa Dictionary,* New Haven : Yale University Press

4) 現地で役立つ音声教材

Cowan, J. R./Russel G. Schuh [1976] *Spoken Hausa,* Ithaca : Spoken Language Services（カセット）

3．ウォロフ語（砂野幸稔）

1) 入門書

Diouf, Jean-Léopold/Marina Yaguello [1997] *J'apprends le wolof (coffret de 4 cassettes),* Paris : Karthala（音声教材としても）

Malherbe, Michel/Sheikh Sall [1989] *Parlons wolof,* langue et culture, Paris : L'Harmattan（2005年刊行のCD版は音声教材としても）

2) 中上級レベルの文法書

Diouf, Jean-Léopold [2001] *Grammaire du wolof contemporain,* Tokyo : ILCAA-TUFS（東京外大AA研の出版物，非売品）

Diagne, Pathé [1971] *Grammaire de Wolof moderne,* Paris : Présence africaine

3) 辞書

Diouf, Jean-Léopold [2003] *Dictionnaire wolof-français et français-wolof,* Paris : Karthala

Cissé, Mamadou [2004] *Dictionnaire français-wolof,* Paris : Langues & Mondes - L'Asiathèque

Fal, Aram 他 [1990] *Dictionnaire wolof-français, suivi d'un index français-wolof,* Paris : Karthala

イスラーム基礎

イスラーム世界各地で広く用いられる言語，および英語どのように呼ばれるかを示したのがこの表である。基本

用語＼言語	アラビア語 [注1]	ペルシア語	トルコ語	ウルドゥー語	マレー語 [注2]
アッラー	Allāh الله	Allāh, الله Khodā خدا	Allah, tanrı	Allāh الله	Allah, Tuhan
イスラーム	Islām اسلام	Eslām اسلام	İslam, Müslümanlık, İslamiyet	Islām اسلام	Islam, agama Islam
預言者	nabī نبي	peyghambar پیغمبر	peygamber, nebi	nabī, نبی، paighambar پیغمبر	nabi
クルアーン	Qur'ān قرآن	Qor'ān قرآن	Kuran	Qur'ān قرآن	Al-Qur'an, Qur'an, Koran
ハディース	ḥadīth حديث	ḥadīs̱ حديث	hadis	ḥadīth حديث	hadis
礼拝	ṣalāt صلاة	namāz نماز	namaz	namāz نماز	salat, solat, sholat
巡礼	ḥajj حج	ḥajj حج	hac	ḥajj حج	haj
ムスリム	muslim مسلم	mosalmān, مسلمان، moslem مسلم	Müslim, Müslüman	musalmān, مسلمان، muslim مسلم	Muslim, umat Islam
モスク	masjid, مسجد، jāmi' جامع	masjed مسجد	cami, mescit	masjid مسجد	masjid, mesjid
ウラマー	'ulamā' علماء	'olamā' علماء	ulema	'ulamā' علماء	ulama
六信	'aqā'id عقائد	φ [注4]	imanın (altı) şartı	'aqīdat, عقیدت، 'aqā'id, عقائد، 'aqīdatain عقیدتین	φ [注5]
五行	arkān khams اركان خمس	φ [注6]	İslam'ın (beş) şartı	pānc arkān پانچ ارکان	rukun Islam
スーフィズム	taṣawwuf تصوف	taṣavvof تصوف	tasavvuf	taṣawwuf تصوف	tasawuf, tasauf, Sufisme

注1）Allāh 以外は，しばしば定冠詞 al-を冒頭に付して表記される。　2）インドネシア語を中心に記載した。リムを音訳した形が用いられる。　4），5），6）通常用いられることはない。

用語比較一覧表

と東アジアの言語を取り上げ，イスラームの基本用語が
的に，現代において広く用いられる呼称を挙げている。

スワヒリ語	ハウサ語	中国語	韓国・朝鮮語	英語
Allah, Mungu, Mola	alla	真主 [Zhēnzhǔ], 安拉 [Ānlā], 胡達 [Húdá]	알라 [alla], 하느님 [haneunim], 하나님 [hananim]	Allah
Uislamu	musulunci	伊斯蘭教 [Yīsīlánjiào]	이슬람 [iseullam], 이슬람교 (敎) [iseullamgyo]	Islam
nabii	annabi	先知 [xiānzhī], 聖人 [shèngrén]	예언자 (豫言者) [ye-eonja], 선지자 (先知者) [seonjija]	prophet
Kurani, Quran, Qurani	kuR'ani, alkuR'an, alkuR'ani	古蘭経 [Gǔlánjīng]	코란 [koran], 꾸란 [kkuran]	Koran, Qur'an
hadithi	hadisi, hadishi	聖訓 [shèngxùn]	하디스 (hadiseu), 언행록 (言行錄) [eonhaengnok]	tradition, prophetic tradition
sala, swala	salla	礼拝 [lǐbài], 乃麻孜 [nǎimāzī]	쌀라 [ssalla], 살라트 [sallateu], 예배 (禮拜) [yebae]	prayer
hija	haji, hajji	朝覲 [cháojìn], 哈吉 [hājí]	순례 (巡禮) [sullye], 하지 [haji], 하즈 [hajeu]	pilgrimage
mwislamu, msilimu, msalimina	musulmi	穆斯林 [mùsīlín]	무슬림 [museullim]	Muslim, Moslem
msikiti	masallaci	清真寺 [qīngzhēnsì]	모스크 [moseukeu], 이슬람 사원 (寺院) [iseullam sawon]	mosque
ulama	malami	阿林 [ālín] 注3)	울라마 [ullama], 이슬람 율법학자 (律法學者) [iseullam yulbeophakja]	ulama, ulema
nguzo sita za imani	imani, shikashikan imani	六大信仰 [liùdàxìnyǎng]	육신 (六信) [yuksin]	six beliefs
nguzo tano za Uislamu	shikashikai biyar na musulunci, shikashikan musulunci	五功 [wǔgōng]	오주 (五柱) [oju]	five pillars of Islam
usufii, usufi, tasaufi	tasaufi, tasaufu, usufii	蘇非主義 [Sūfēizhǔyì]	수피즘 [supijeum], 이슬람 신비주의 (神秘主義) [iseullam sinbiju-ui], 타사우프 [tasaupeu]	Sufism

3) 複数形のウラマーを音訳した烏来馬 (wūláimǎ)，欧莱瑪儀 (ōuláimǎyí) も用いられるが，通常は単数形のアー

(東長 靖編)

2 イスラーム学, イスラーム研究

2-1 クルアーン　　　　　　　　　　　　　　　小杉　泰

クルアーン研究の活性化

　クルアーンはイスラームにおける単一の聖典であり, 7世紀のアラビア半島でムハンマドに啓示された「神の言葉」を集めたものとみなされている。聖典として, 個々の信徒の人生に対して宗教的な導きや指針を与えるのみならず, イスラーム法の第1の法源として, イスラームの社会や政治・経済にも大きな影響を与えてきた。19～20世紀には, イスラーム世界の各地で広範な近代化・西洋化, それに伴う脱イスラーム化が見られたが, 20世紀後半になってイスラーム復興が顕在化し, 再イスラーム化の諸現象が様々な形で生まれるに従い, クルアーンの影響力も再び強まった。

　聖典としての位置づけは不変であったとしても, その社会的・思想的役割は, 時代や状況によって変化してきた。現代におけるイスラーム復興は原典回帰の傾向を強く持ち, さらに教育の普及・識字率の向上によって, 一般信徒もクルアーンの意味・内容について直接的に学習する機会が増大した。その結果, 啓蒙的なクルアーン解説書などが増加し, またイスラーム知識人による学術的なクルアーン研究も1980年代以降に活発化し, これまでにない観点からの研究や考察も見られるようになった。

　イスラーム復興は, 非イスラーム世界においてもイスラームに対する関心を高めた。イスラームの中核にあると考えられる聖典に対しても注目が集まり, 欧米でも, 近年クルアーンに関する出版物が急増し, クルアーン百科事典や総合的な入門書 (McAuliffe編 [2001-06] [2006], Leaman編 [2006], Rippin編 [2006]) も刊行されている。ロンドン大学東洋アフリカ学院から, 1999年に専門誌として *Journal of Qur'anic Studies* も創刊された。総じて, 20世紀末から21世紀にかけて, クルアー

ン研究が世界的に活性化してきたと言える。

クルアーンの形態と正典化

　クルアーンとは「読まれるもの」または「誦まれるもの」を意味する。ムハンマドに最初の啓示として下された言葉は「読め！　創造なされた汝の主の御名によって」であったとされ、「読め！」という命令の内容が聖典となったことになる。啓示を伝えたのは大天使ジブリールとされているが、天使が発した「読め（イクラウ）！」という言葉を、ムハンマドが当初は文字を読む意味に理解したことは、ムハンマドが「私は読む者（識字者）ではありません」と返答したという伝承からもわかる。大天使はこの回答に納得せず、結局ムハンマドは天使の言葉をそのまま復唱することを強いられた。すなわち、「読め！」とは、文字を読むことではなく、朗誦することであった。

　ムハンマドが約23年間にわたって預言者活動をおこなっていた間にも、クルアーンは一部書き留められていた。さらに、第3代正統カリフ・ウスマーンの代に、クルアーンは書物の形で正典化されたから、「読まれるもの」は文字を目で追って読むことと暗記して朗誦することと両方を意味する聖典名となった。そのことは、「クルアーンはスドゥール（胸＝心）とストゥール（書かれた行）の中に保持されてきた」というような表現によく示されている。

　しかし、両者を比較すると、書かれたクルアーン（これをムスハフという）ではなく、専門家が暗誦しているものが本体とされる。つまり、書かれたものはそのコピーないしは朗誦の補助手段と考えられている。聖書やお経と比較すれば、この点にクルアーンの特徴があることは明らかであろう。一般には（そして研究者の一部でも）、書物としての正典が決められて以降は、文字として書かれたものがクルアーンの本体となったとの誤解があるが、これは事実ではない。実際、現在でも、クルアーンの印刷を監督し、一字一句の文言に間違いがないことを確認する機構や委員会（多くのイスラーム国で、政府がそのような組織を設立して、クルアーンの出版を検閲している）では、クルアーン学者たちが自ら暗誦しているクルアーンを元に校閲している。底本となる刊本・写本が存在するわけではない。

　結果論として言えば、このことが、クルアーンに異本や外典がない状態を生み出したことがわかる。キリスト教の聖書研究においては、数万という規模で存在する写本からいかに聖書のテクストを確定するかが最大の難関であり、聖書研究者は写本研究者であらねばならない状態を生み出している。クルアーン研究の場合は、歴史的な写本と現在流布している刊本の間に、文字テクスト上の違いはないことを前提として研究することが可能である。Jeffery編［1937］は、異本・外典の発見に精力を傾注した結果であるが、その営為は成功に至らなかった。

ウスマーン版テクストと章の区分

クルアーンは114章に分けられている。各章のテクストがムハンマドの生前に確定されていたことはほぼ間違いないが、それらの章を第1章＝開扉章から第114章＝人々章に至る配列としたのがいつか、という点では、イスラーム側の史料もムハンマド時代説と書物としての正典の確定時という説に分かれている。確証できるのは後者であり、クルアーン研究では、第3代正統カリフ・ウスマーン（在位644-656）が任命したザイド・イブン・サービトほかの「委員会」が配列を最終的に決めたということを通説としている。これに対して、クルアーンのテクスト自体が成立したのはヒジュラ暦3世紀である、という大胆な仮説を提起したのは、イギリスのWansbrough [1977] であるが、欧米でも受容されるには至らなかった。

正典化の必要が生じたのは、イスラームがアラビア半島から拡大し、各地での改宗も始まる中、朗誦されるクルアーンの章句に異同が生じ始めたからであった。その報告に、ウスマーンを始め当時のマディーナの指導者たちが危機感を抱き、正典の確定がおこなわれた。すでにムハンマドの直弟子でクルアーンを暗唱していた者たちの多くが戦乱で命を失っており、版図の拡大と合わせて、暗唱だけでクルアーンを伝えることが困難になり始めていたのである。獣皮紙を用いた正典は大人が両手で抱えるほどの大きさがあったと思われる。マディーナの原本から写本が作られ、主要都市に送られた。

ウスマーンは、これらの写本と異なるものをすべて焼却するよう命じた。クーファにいたイブン・マスウードなどは、自分で書き留めたクルアーンを維持しようとこの命令に抵抗した。イブン・マスウード版のテクストは残っていないが、章の配列は伝えられている。最終的に焼却の命令が実行されたことは、ウスマーン版と異なる写本が残されていないことから判然とする（なお、使わなくなったり誤りがあって廃棄された写本などを「埋葬」する習慣があり、異なる版が新たに発掘される可能性はゼロではない）。

写本・刊本としてのクルアーン

ウスマーン版の原本は現存しない。ウスマーンの代に作られた写本、あるいはウスマーンが殺害された時点で読誦していたマディーナの原本と称されるものが、イスタンブル、タシュケントなどに存在する。イスラーム世界では、それらを原本とみなして尊重する傾向が強い。しかし、書体などの考証から、それらはもう少し後代の写本と考えられている。それ以降20世紀初めまで、数多くのクルアーン写本が作られた。特に、アッバース朝時代になって、中国から伝わった製紙が産業として成立すると、紙を用いた写本が流布するようになった。写本はすべてウスマーン版の様式（ラサム・ウスマーニー）によっている。日本語ではこの様式を「ウスマーン版」と訳する。

ウスマーン版の時代には、母音記号が用いられていなかったのみならず、一部は子

音の上下につく点も欠いていた。母音記号が確立され，朗誦される通りにテクストが書かれるようになったのは，8世紀末である（このことは，暗記・朗誦が本体で，写本は補助手段であったことの傍証である）。また，書道も発展し，さまざまな書体が用いられるようになった。アラビア語の書道の特徴の一つは，新しい書体の開発によって古い書体が廃れることなく，必要に応じて異なる書体が併用され続けてきたことにある。書道は，クルアーン写本の装飾と共に大きく発展した（イスラム歴史・芸術・文化研究センター編・監修［1996］参照）。日本語でも，クルアーン写本の紹介書が刊行されている（大川玲子［2005］）。欧米圏での専門書としては，Lings［1976］［2005］などがあげられる。日本でも国際的な評価を受けているアラビア書道家がおり，本田孝一［2006］を刊行している。

　20世紀前半までの西欧では，いわゆるフリューゲル版（ドイツの東洋学者グスタフ・フリューゲルが1834年に初版を刊行）がクルアーンの定本として用いられてきた。19世紀から20世紀前半の東洋学では，クルアーンをムハンマド時代の史料として用いる研究が主流で，クルアーンの内容を時系列的に再構成することに大きな関心が寄せられてきた。史料として見ればフリューゲルの校訂は正当であるが，実際のイスラーム社会における聖典を対象とするならば，西洋で再構成されたクルアーンを使用することはできない。

　現在では，東洋学も含めて，クルアーンの引用・参照は「カイロ標準版」とされることが多い。イスラーム世界で活版印刷の導入が遅めであったこと，導入が世俗的出版物からなされたことは周知の通りである。その一因として，写本としてのクルアーン制作が正確・精緻を極めていたこと，それらの写本制作家たちがクルアーン専門家の立場から，初期の不精確な刊本を嫌ったこともあげられる。しかし，信徒が朗誦のために用いることのできる刊本の社会的必要性が高まり，1923年にエジプトでフアード国王の命によりクルアーン学者たちが監修した刊本のクルアーンが刊行された。これは，フアード版と呼ばれ，伝統的なクルアーン写本の基準を満たした最初の刊本であった。その後，1952年に，微細な修正を施したファルーク版が出された。その後のエジプトでのクルアーン出版はいずれもこの両者を継承しており，それが「カイロ標準版」である。エジプトで出版され，現在入手可能な刊本のクルアーンは，いずれもカイロ標準版を踏襲している。

　1982年に，サウディアラビアのマディーナでファハド国王クルアーン印刷所が設立された。この印刷所は，年間1千万冊（最大その3倍）の生産力を誇り，世界最大のクルアーン印刷所となっている。そこから，ソ連崩壊後の中央アジアをはじめ，世界各地に大量のクルアーンが供給されており，イスラーム復興を推進する1つの要因となっている。同印刷所のクルアーンは，通常「マディーナ版」と呼ばれている。マディーナ版とカイロ標準版は，内容的には全く同じである。

クルアーン学

　イスラーム世界で発達したクルアーンをめぐる学問体系は，内容の解釈にかかわる啓典解釈学（次項）と，クルアーンの成立や章句の区分など，聖典の様態をめぐるクルアーン学（アラビア語では複数形で「クルアーン諸学」）に分かれる。古典では，al-Suyūṭī [1980], al-Zarkashī [1985] がもっとも重要な著作であり，現代では，al-Zarqānī [n.d.] が参照されることが多い。イスラーム世界では，近年はクルアーンへの関心の再燃と共に，クルアーン学に関連する書物も増加している。欧米では，クルアーン学そのものを研究したり分析することは少ない。日本では，クルアーン学の古典的な著作を分析のための素材とした大川玲子 [2004] などが登場している。

　なお，欧米でもクルアーン成立をめぐる研究がなされ，章句の時系列的配列に意を砕いたネルデケ（1836-1930）をはじめとして，20世紀中葉まで歴史的なムハンマド時代の考究と関連しながら，クルアーン研究がなされた。その一つの達成点を示すのが，ベル [2003] である（なお，この邦訳は，有用な索引も付され，丁寧に練られた訳文と注によって，原本よりも優れた書に仕上がっている）。これに対して，日本では，井筒俊彦が Izutsu [1959] [1964] などによって，クルアーンをその内在的な論理から見るという，画期的な立場を確立し，世界的な評価を得た。欧米での研究は，前近代からの宗教論争の歴史から自由になりきれない側面を持っており，井筒の現象学的・意味論的研究は，大きなブレークスルーをもたらした。その後，聖典としてのクルアーンの理解については，小田淑子が宗教学の立場から貢献を続けている（小田 [1985a] ほか）。

　次いで，クルアーン学に連なる領域として，読誦学がある。クルアーンの読誦には，正確に朗誦する技術が必要とされる。イスラーム世界の伝統として，師弟相伝で読誦法を職業的に保ってきた人びとは「カーリウ（読誦者）」と呼ばれる。モスクなどで朗誦をおこなうのは，彼らである。また，伝統的な教育システムでは，クルアーンの暗唱を重視してきたため，一般信徒でもクルアーンをすべて暗唱している者が少なくなく，彼らは「ハーフィズ（原義は「保持する者」）」として社会的な敬意を受けている。

　読誦法を学問として維持してきたのは「ムクリウ（読誦学者，原義は「読ましめる者」）で，その分野はクルアーン学の中でも特に「読誦学」として，別に扱われる。「ウスマーン版」に適合しなければならない，という原則は，母音記号のレベルでは多少の異同を認めることを意味している。たとえば，カイロ標準版が依拠している「ハフス伝承」，マグリブ諸国で流通している「ワルシュ伝承」では，微細な違いがある（開扉章4節の「マーリク（所有主）」と「マリク（王権者）」のような）。諸伝承の差異や朗誦法の詳細を対象とするのが読誦学である。欧米の研究では，エジプトの読誦学者たちを対象とした Nelson [2001(1985)]，インドネシアの朗誦学習を扱った Gade [2004] などが出されている。日本では，朗誦学そのものを扱った先駆的な労作，堀内勝 [1971] があり，また，最近では小杉麻李亜 [2005] [2006] が人類学の

観点から朗誦の実態をとりあげている。

啓典解釈学（タフスィール学）

　クルアーンが7世紀に成立したテクストを保ったまま，14世紀にわたって社会的・思想的な効力を維持し続けてきたのは，時代や状況に応じた解釈の営為があったからである。長い歴史の中で蓄積された啓典解釈学は，きわめて多岐にわたる主題と内容を包摂してきた。今日でも愛読されている解釈書は，時の審判に堪えて生き延びてきた名作群である。

　クルアーンを研究するためには，7世紀の成立期の「歴史的クルアーン」だけではなく，さまざまな解釈を通じて生き続ける「同時代的クルアーン」をも対象にする必要がある。欧米の学界でも，1980年代から次第にクルアーン研究の焦点が，啓典解釈学へと移り始めた。Gätje［1976］などが，早い時期の研究としてあげられる。その後，研究者が増加し，Rippin編［1988］［1999］などが刊行されている。Ayoub［1984，1992］は，主要な啓典解釈学の著作を網羅しながら，クルアーン解釈というものを総合的に浮かび上がらせる試みであった。歴史家としても名高いタバリー（923年没）は最初の網羅的な解釈書を著したが，それを英訳する野心的な al-Ṭabarī［1987］は，訳者の早世によって1巻だけで未完のままに終わった。欧米のイスラーム研究ではもともとスーフィズムに対する関心が高いが，啓典解釈学についても，スーフィー的な解釈書が，Böwering［1980］などによって紹介されている。

　日本では，加賀谷寛［1964］のような先駆的な業績があるものの，啓典解釈学にはそれほど大きな注目が集まらなかった。網羅的な見取り図を描いた小杉泰［1994］が，研究の必要性を訴えている。翻訳では，古典を訳したジャラーライン［2002-06］，特定の節についての解釈を集めた中田考［2002］などがある。Kosugi［2006：16-21］は，20世紀初頭の『マナール啓典解釈』が現代における啓典解釈の道を拓いたことを論じている。近年も新しい解釈書が続々と刊行されている（たとえばṬanṭāwī［1992］，al-Zuḥaylī［1991］）。一般に解釈書は，前近代を見ても近現代を見ても，数巻から最大では30巻にも及ぶ大部のものが多い。この分野は文献の量が膨大であり，未踏の大地が広がっている。

クルアーンの翻訳

　クルアーンは，さまざまな言語に翻訳されている。聖典としてのクルアーンはアラビア語でなければならないという教義があるため，イスラームの立場からは外国語への翻訳は「解釈の一種」とみなされている。しかし，ムスリムの大半はアラブ人ではなく，アラビア語を教養語・知的共通語とする知識人は別として，一般信徒は聖典を理解するために自分の母語による翻訳，解説を必要とする。そのため，古くからペルシア語，トルコ語，ウルドゥー語，マレー語など，イスラーム圏の諸語への翻訳がなされてきた。上述のファハド国王クルアーン印刷所は，よりマイナーな言語への翻訳

を推進している。

　西欧語への訳は、1143年のラテン語訳に始まる。宗教論争から離れた客観的な訳が出されるようになったのは、19世紀中葉以降である。英訳は、かつて定番は、インド人ムスリム、ユースフ・アリーによるAli訳・注［1938(1934)］、改宗した英国人作家による流麗な文体のPickthall訳・注［1976(1930)］、東洋学者のArberry訳［1955］であった。オーストリア人改宗者ムハンマド・アサドのAsad訳・注解［1980］は、解釈が理性主義的な傾向を持っている点に特徴がある。最近でも、Abdel Haleem［2004］など多くの新訳の試みがある。

　日本では、戦前にいくつか試行されたあと、戦後になって本格的な訳がおこなわれるようになった。その最初は、井筒俊彦訳［1964］である。井筒訳は、クルアーンのアラビア語が7世紀のマッカで語られていたことから、現代日本語の口語を用いたが、最初の版はあまりに口語調すぎるとの批判でただちに改版し、2番目の訳が今日まで流布する訳となっている。これに対して、関西圏の研究者が合同で作成したのが藤本勝次/伴康哉/池田修訳［2002(1970)］で、こちらは文語での訳となっている。言うまでもなく、7世紀のアラビア半島の社会に口語と文語の別があったわけではなく、どちらに訳する方が正しいという問題ではない。

　イスラームの内部からの翻訳として登場したのは、三田了一訳・注解［1972］である。この版は、解釈の多くをユースフ・アリーの英訳によっている。三田は、翻訳にあたってマッカに滞在し、クルアーン学者の講義を受けたが、本人はアラビア語の専門家ではなく、彼の死後、アラビア語専門家たちを中心とする委員会が校訂を重ね続けている。一般に「ムスリム協会版」と言われるこの版は、アラビア語原典と日本語訳が対照されているため、利便性が高い。東洋学的な観点から井筒版が権威であり続ける一方、原典を参照しやすいムスリム協会版も学術的な目的で広く用いられている。

　かつて「コーラン」と訛って伝えられていた聖典の名称が、学術論文ではほぼすべて、一般メディアでもかなり「クルアーン」と記述されるようになったことは、研究の進展と社会的認知の深まりを示している。しかし、領域や主題が膨大で未踏の分野が多いことを考えると、新世代の研究者が今後、数多く輩出することが望まれる。

【文献】

イスラム歴史・芸術・文化研究センター編・監修［1996］『イスラム書道芸術大鑑』本田孝一訳・解説，平凡社
井筒俊彦訳［1964］『コーラン』岩波書店
井筒俊彦［1983］『コーランを読む』岩波書店
大川玲子［1997］「イスティアーザの祈禱句に見られるクルアーンの受容に関して」『オリエント』40：1
大川（黒宮）玲子［2002］「クルアーンの啓示（インザール）理論の形成」『イスラム世界』59

大川玲子 [2004]『聖典「クルアーン」の思想——イスラームの世界観』講談社
大川玲子 [2005]『図説　コーランの世界——写本の歴史と美のすべて』河出書房新社
小田淑子 [1985a]「クルアーンにおける Taqwa の概念」『オリエント』27：2
小田淑子 [1985b]「コーランの思想」中村廣治郎編『思想の営み』(講座イスラム 1) 筑摩書房
小田淑子 [1985c]「聖典への宗教学的アプローチ」『宗教研究』265
小田淑子 [1992]「コーランとムハンマド」『イスラム世界』37/38
小田淑子 [1993]「イスラームにおける啓示と知識と理解」『宗教研究』295
小田淑子 [1993]「イスラームのあゆみ——時代的展開　預言者とコーラン」山内昌之/大塚和夫編『イスラームを学ぶ人のために』世界思想社
小田淑子 [1999]「宗教学と聖典研究」『関西大学哲学』19
加賀谷寛 [1964]「近代イスラムのコーラン解釈」『オリエント』7：3/4
クック，マイケル [2005]『コーラン』大川玲子訳，岩波書店
小杉麻李亜 [2005]「クルアーン研究における文化装置論的アプローチ——プラチックとしての聖典」『コア・エシックス』1
小杉麻李亜 [2006]「読誦の技」「聖典とアラビア語」小杉泰/江川ひかり編『ワードマップ　イスラーム——社会生活・思想・歴史』新曜社
小杉泰 [1994]「イスラームにおける啓典解釈学の分類区分——タフスィール研究序説」『東洋学報』76：1/2
ジャラーライン [2002-06]『タフスィール・アル=ジャラーライン（ジャラーラインのクルアーン注釈）』中田考監訳，中田香織訳，日本サウディアラビア協会
中田考 [2002]「具体例にみるタフスィール——『タフスィール・アル=ジャラーライン』別冊」日本サウディアラビア協会
藤井守男 [2005]「イランにおけるペルシア語タフスィール Kashf al-asrar（『神秘の開示』）研究の現在」『オリエント』47：2
藤井守男 [2007]「ペルシア語タフスィール『神秘の開示』に見る神秘主義的表象世界」『東洋文化』87
藤本勝次/伴康哉/池田修訳 [2002(1970)]『コーラン』中央公論新社
ベル，リチャード [2003]『コーラン入門』医王秀行訳，筑摩書房
ベルク，ジャック [2005]『コーランの新しい読み方』内藤陽介/内藤あいさ訳，晶文社
堀内勝 [1971]「Qirā'a（コーランの読誦）に関するノート」『アジア・アフリカ言語文化研究』4
堀内勝 [1976]「『コーラン』の口誦的性格」『アラビア研究論叢』日本サウディアラビア協会/日本クウェイト協会
堀内勝 [1979]「現在する二種の『コーラン』の相違について」『オリエント学論集——日本オリエント学会創立 25 周年記念』日本オリエント学会
堀内勝 [2002]「預言者時代のコーラン読み達——第一層 Qurra'（コーラン読誦者）を中心に」『国際関係学部紀要』(中部大学) 28
本田孝一 [2006]『アラビア書道の宇宙——本田孝一作品集』白水社
牧野信也 [1972]『創造と終末——コーラン的世界観の構造』新泉社
三田了一訳・注解 [1972]『日亜対訳注解聖クラーン』日本ムスリム協会日訳クラーン刊行会
Abdel Haleem, Muhammad A. [1999] *Understanding the Qur'an : Themes and Style*, London/New York
Abdel Haleem, M. A. S. [2004] *The Qur'an : A New Translation*, Oxford
Abdul-Raof, Hussein [2001] *Qur'an Translation : Discourse, Texture and Exegesis*, Richmond
Al-Hilālī, Muhammad Taqi-ud-Din/Muhammad Muhsin Khān [1996] *Interpretation of the Mean-*

ings of the Noble Qur'ān in the English Language : A Summarized Version of At-Tabarī, Al-Qurtubī, and Ibn Kathīr with Comments from Sahīh Al-Bukhārī, Riyadh
Ali, A. Yusuf 訳・注 [1938(1934)] The Holy Qur'ān : Text, Translation and Commentary, 3rd ed., Damascus/Beirut（版多数あり）
Arberry, Arthur J. 訳 [1955] The Koran Interpreted, London
Asad, Muhammad 訳・注解 [1980] The Message of the Qur'ān, Gibraltar
Ayoub, Mahmud [1984, 1992] The Qur'an and its Interpreters, Vol. 1, 2, Albany
Ayoub Mahmoud M./Cornell, Vincent J./Denny, Fredrick Mathewson [1995] "Qur'ān," in John L. Esposito 編, The Oxford Encyclopedia of the Modern Islamic World, Vol. 3, New York
Baljon, J. M. S. [1961] Modern Muslim Koran Interpretation (1880-1960), Leiden
Böwering, Gerhard [1980] The Mystical Vision of Existence in Classical Islam : The Qur'ānic Hermeneutics of the Ṣūfī Sahl At-Tustarī, Berlin/New York
Burton, John [1977] The Collection of the Qur'ān, Cambridge
Cilardo, Agostino [2005] The Qur'ānic Term Kalāla : Studies in Arabic Language and Poetry, Ḥadīṯ, Tafsīr, and Fiqh : Notes on the Origins of Islamic Law, Edinburgh
Cragg, Kenneth [1971] The Event of the Qur'ān : Islam in Its Scripture, London
al-Dhahabī, Muḥammad Ḥusayn [1976] Al-Tafsīr wa al-Mufassirūn, 2nd ed., Cairo
Doorn-Harder, Pieternella van [2006] Women Shaping Islam : Indonesian Women Reading the Qur'an, Urbana
Draz, M. A. [2000] Introduction to the Qur'an, London
El-Awa, Salwa M. S. [2006] Textual Relations in Qur'ān : Relevance, Coherence and Structure, London
Esack, Farid [2005] The Qur'an : A User's Guide, Oxford
Gade, Anna M. [2004] Perfection Makes Practice : Learning, Emotion, and the Recited Qur'ān in Indonesia, Honolulu
Gätje, Helmut [1976] The Qur'ān and Its Exegesis : Selected Texts with Classical and Modern Muslim Interpretations, Alford T. Welch 編訳, Berkeley
Ībish, Yūsuf [1997] Kashshāf Tafāsīr Āyāt al-Qur'ān al-Karīm, Beirut
Izutsu, Toshihiko [1959] The Structure of the Ethical Terms in the Koran : A Study in Semantics, Tokyo（井筒俊彦 [1972]『意味の構造――コーランにおける宗教道徳概念の分析』牧野信也訳・解説, 新泉社）
Izutsu, Toshihiko [1964] God and Man in the Koran : Semantics of the Koranic Weltanschauung, Tokyo
Jansen, J. J. G. [1974] The Interpretation of the Koran in Modern Egypt, Leiden
Jeffery, Arthur 編 [1937] Materials for the History of the Text of the Qur'ān : The Old Codices, Leiden
Jeffery, Arthur [1938] The Foreign Vocabulary in the Qur'an, Baroda
Jomier, Jacques [1997] The Great Themes of the Qur'an, London
Kosugi, Yasushi [2006] "Al-Manār Revisited : The 'Lighthouse' of the Islamic Revival," in Stéphane A. Dudoignon/Komatsu Hisao/Kosugi Yasushi 編, Intellectuals in the Modern Islamic World : Transmission, Transformation, Communication, London
Lawrence, Bruce [2006] Qur'an : A Biography, London
Leaman, Oliver 編 [2006] The Qur'an : An Encyclopedia, London/New York
Lings, Martin [1976] The Quranic Art of Calligraphy and Illumination, London

Lings, Martin [2005] *Splendors of Qur'an Calligraphy & Illumination*, London
McAuliffe, Jane Dammen 編 [2001-06] *Encyclopaedia of the Qur'ān*, 6 vols., Leiden
McAuliffe, Jane Dammen 編 [2006] *The Cambridge Companion to the Qur'ān*, Cambridge
McAuliffe, Jane Dammen/Barry D. Walfish/Joseph W. Goering 編 [2003] *With Reverence for the Word : Medieval Scriptural Exegesis in Judaism, Christianity, and Islam*, Oxford/New York
Nelson, Kristina [2001(1985)] *The Art of Reciting the Qur'an*, Cairo
Pickthall, Muhammad Marmaduke 訳・注 [1976(1930)] *The Glorious Koran*, London (版多数あり)
Reeves, John C. 編 [2003] *Bible and Qur'ān : Essays in Scriptural Intertextuality*, Atlanta
Rippin, Andrew [1984] *Al-Zuhrī, Naskh al-Qur'ān and the Problem of Early Tafsīr Texts*, Hertford
Rippin, Andrew 編 [1988] *Approaches to the History of the Interpretation of the Qur'ān*, Oxford/New York
Rippin, Andrew 編 [1999] *The Qur'an : Formative Interpretation*, Aldershot
Rippin, Andrew 編 [2001] *The Qur'an : Style and Contents*, Brookfield
Rippin, Andrew 編 [2006] *The Blackwell Companion to the Qur'ān*, Oxford
Robinson, Neal [2003] *Discovering the Qur'an : A Contemporary Approach to a Veiled Text*, 2nd ed., Washington, D.C.
Saeed Abdullah 編 [2005] *Approaches to the Qur'an in Contemporary Indonesia*, Oxford
al-Suyūṭī, Jalāl al-Dīn [1980] *Al-Itqān fī 'Ulūm al-Qur'ān*, Cairo
Syamsuddin, Sahiron [1999] *An Examination of Bint al-Shāṭi''s Method of Interpreting the Qur'ān*, Montreal
al-Ṭabarī, Abū Ja'far Muḥammad b. Jarīr [1987] *The Commentary on the Qur'ān*, J. Cooper 訳・注解, London/New York
Taji-Farouki, Suha 編 [2004] *Modern Muslim Intellectuals and the Qur'an*, Oxford
Ṭanṭāwī, Muḥammad Sayyid [1992] *al-Tafsīr al-Wasīṭ lil-Qur'ān al-Karīm*, Cairo
Ṭanṭāwī, Muḥammad Sayyid [1998] *Mabāḥith fī 'Ulūm al-Qur'ān*, Cairo/Beirut
Wansbrough, John [1977] *Quranic Studies : Sources and Methods of Scriptural Interpretation*, Oxford
al-Zarkashī, Badr al-Dīn Muḥammad [1985] *Al-Burhān fī 'Ulūm al-Qur'ān*, Cairo
al-Zarqānī, Muḥammad 'Abd al-'Aẓīm [n.d.] *Manāhil al-'Irfān fī 'Ulūm al-Qur'ān*, Cairo
al-Zuḥaylī, Wahba [1991] *Al-Tafsīr al-Munīr fī al-'Aqīda wa al-Sharī'a wa al-Minhaj*, Damascus/Beirut

2-2　ハディース　　　　　　　　　　　　　　　　小杉　泰

ハディースの歴史的形成

　ハディースとはアラビア語で「語り」を意味し、もともとは一般語であるが、「預

言者ハディース」と呼ばれるムハンマドの語りを指す専門語として広く使われている。ムハンマドは預言者と名乗った後，啓示としてのクルアーンを広める努力をする一方，それと自己の語りが混交しないよう注意を払った。そのため，初期には，弟子たちが彼の語りを伝達しないよう戒めていた形跡も残されている。しかし，実際には，宗教や政治について指示を与えるなど，ムハンマドは弟子たちに常に語りかけ，弟子たちもその語りを他の者たちに伝達していた。

　生前は，伝達された内容に関する疑義は本人にただせば済んだが，没後はその手だてがなくなった。しかも，正統カリフ時代の後半からウマイヤ朝時代にかけて大征服によって広大な版図が広がり，さらに政治的・宗教的な対立が生じて，分派も生まれた。そのような過程で，「ムハンマドの語り」の持つ重みのゆえに，さまざまな目的でハディースの伝承が頻繁におこなわれるようになった。その結果，記憶違いや無意識の誤伝も生じたし，意図的な捏造も増加した。ウマイヤ朝支配を擁護するための捏造，分派の主張を正当化するための偽造，さらに職業的な物語師による創作もおこなわれた。

　このためイスラーム暦2世紀（西暦8〜9世紀）には，真性のハディースと捏造された語りを分別するための知的な運動がおこなわれるようになった。彼らは後に「ハディース学者（ムハッディス）」となるウラマーの先駆であった。ハディース探求の努力は，ハディースを収集する旅を伴った。彼らは真偽とりまぜて収集したハディースを弁別するために，伝承者や内容を点検する手法を編み出し，その基準に従って識別に努めた。ハディース学者相互の研鑽もおこなわれ，9〜11世紀には信憑性が高いと判断されたハディースを集めたハディース集も編纂されるようになった。

　そのようなハディース集に収録される「ハディース」は，ムハンマドの語った言葉，おこなった行為や習慣，弟子たちに対する指示や黙認，彼の性格や生活についての弟子たちの証言などが収録された「本文（マトン）」と，それを代々伝えた「イスナード（伝承者の鎖）」から成るものとなった。ハディースの最終的な成立と共に，9世紀には「スンナ（預言者慣行）」もハディースによる裏付けが必要とされるようになった。

ハディース集およびその欧米・日本での紹介

　ハディース集のうち，スンナ派では，ブハーリー（870年没）およびムスリム・イブン・ハッジャージュ（875年没）が編纂した二つの『真正集』にもっとも権威があり，つづいてアブー・ダーウード（889年没），ティルミズィー（892年没），ナサーイー（915年没），イブン・マージャ（887年没）の四つの『スンナ集』に権威が認められるようになった。合わせて「6書」と呼ばれる。このうち，イブン・マージャがやや権威が低く，代わりにマーリク（795年没）の『ムワッター』を入れる場合もある（正確な校訂が施された最新の刊本の一つとして，6書と『ムワッター』を収録した al-Ghummārī 監修［2000］がある。それぞれの書に多くの版が存在する）。さら

に，イブン・ハンバル（855年没）の『ムスナド』も加えて，以上に名が上がった8書が高く評価されている。『ムスナド』が伝承者別にハディースを配列している（それがムスナド形式）のを除けば，他の書はすべて主題別の配列である。

シーア派のハディース集はやや遅れて，クライニー（941年没）編纂の『カーフィーの書』，イブン・バーバワイヒ（991年没）の『法学者不在のとき』，トゥースィー（1067年没）の『律法規定の修正』および『異論伝承に関する考察』の4書が権威あるものとして成立した。スンナ派とシーア派の違いは，ムハンマドの後継者選びに端を発するが，この頃には，ハディースの伝承者と内容の何を信頼するかについて両派ははっきり分かれていた。ハディースが違えば，信条や法規定の内容が異なってくるため，ハディース集の並立をもって両者の違いが確定したと見ることもできる。両派のハディースについては，鎌田繁［1993］を参照。なお，シーア派では，歴代イマームの語りもハディースに含まれる。西欧語でそのことを最初に明らかにしたのは，Chittick［1988］であった。

後代のハディース学者は，先行するハディース集に含まれていないハディースの収集，ハディースの真偽鑑定のいっそうの精密化，先行するハディース集の中から精選したハディース集の編纂などをおこなった。精選集の中では，ナワウィー（1277年没）の『義人の庭』が現代でも好まれている。また，ハディースは膨大であるため，個々の信徒は40を覚えればよいとされ，40ハディースの精選集も作られた。数ある『40ハディース選集』の中でナワウィーが精選したものがもっとも広く流布している（英訳はAn-Nawawi［1976］，それを参照した邦訳が黒田壽郎訳［1980］）。シーア派では，マジュリスィー（1699年没）編纂の『光の大洋』が，後代のハディース集の中でも重視されている。刊本でも110巻に達するこの巨大な伝承集は，シーア派教学の百科事典と言える。

邦訳では，ムスリム『真正集』（磯崎定基/飯森嘉助/小笠原良治訳［1987-89］），ブハーリー『真正集』（牧野信也訳［1993-94］）が刊行されている。いずれも注解が少なく，初心者には難しい。他の主要なハディース集はいまだ訳出されていない。英語では，6書，『ムワッター』が訳されているが，『ムスナド』は配列が一般読者の使用に適さないためもあって，未訳である。

ハディース学の構成とその論理

ハディース学者たちはハディースの収集・分別をするだけではなく，知の体系としてハディース学を構築した。欧米では，彼らの著作を史料として自分の研究に用いることはなされたが，ハディース学がいかなる内容で，どのような知の世界を形成しているのかについては，ほとんど研究も紹介もされていない。今後の大きな課題の一つであろう。

アラビア語では，ハディース学の古典が容易に入手できるほか，現代の学者たちによって書かれた概説書も多く，Hāshim［1986］，ロングセラーのal-Ṣāliḥ［2002

(1959)］などが簡便である。英語でも，Ṣiddīqī［1993(1961)］，Azmi［1977］などがあり，初学者が概要を把握するには便利であろう。

ハディース学は，「ハディース専門用語の学」とも称されるが，分類区分や信憑性の評価方法などをめぐって，おびただしい数の特殊な用語が作られた。用語解説としては，小辞典である al-Jamal/al-Ḥarash［1996］が簡便である。ハディース学者によって用語法は当然違っているため，それらについてもきちんとした文献学的な考証が今後おこなわれることが期待される。

欧米でも，ハディース学についての研究が緒につき始めた。Dickinson［2001］は主要なハディース集が成立する以前の段階のハディース学の役割について，優れた研究をおこなっている。日本におけるハディース学研究も，森山央朗［2004a］［2004b］［2006］などが登場しており，今後の発展が待たれる。

ハディースをめぐるオリエンタリズムの真偽論争

西欧の東洋学におけるハディース研究は，長年，ハディース偽造説にこだわってきた。それは，ハディース学者たちが真正と信じたものも含めてハディースは基本的にすべて偽造されたものであり，史料としてはヒジュラ暦3世紀以前にはさかのぼりえない，という仮説である。言いかえると，ハディースは3世紀の作品で，ムハンマドの語りではない，ということになる。この説はゴルトツィーハー（1850-1921）に始まり，ジョゼフ・シャハト（1902-1969）などに継承された。Schacht［1950］の刊行以降その説は一般に「シャハト学説」と呼ばれてきた。

それに対して，東洋学の中でも，ハディースは原初期の史料として信用しうる，との立場もある。パピルス史料を用いた Abbott［1957］［1967］などが，先駆者としては代表的である。この論争は長年続けられ，多くの論客を生んだ。懐疑派は，Juynboll［1996］に至って，伝承経路の研究においてきわめて精緻なものとなった。

シャハト学説に対して，法学に関する限定的な事例研究をハディース全体に拡大解釈することを問題視する考え方は，当初からあった。英国のイスラーム法研究の先達であるクールソンは，すべてが偽造とすれば，ムハンマド時代から3世紀まで巨大な空白が生じるが，法実践がとぎれていたと考えることはできないことを指摘している（Coulson［1964］）。実のところ，シャハトは，『ムワッター』の編纂者マーリクのようなハディース学者にすら捏造の嫌疑をかけており，バランスを欠いている（小杉泰［1985：114-5］）。

長年の論争を振り返ってみれば，次のような結論に至る――「懐疑的に見れば懐疑的結論，肯定的に見れば肯定的結論」，要は前提が結論を規定する循環構造なのである（Berg［2000：48-50］）。この総括をしたベルグは，全体として「どちらとも言えない」ことだけが確かだと，懐疑派を擁護している。しかし，懐疑派の最大の問題は，ハディースが信用できないという論点以外，何も研究できないことであろう。仮にその考察が正しくても，どこへも発展しようのない袋小路となっている。

もう一つの問題は、これらの研究はハディースの形成期＝最初の3世紀間しか研究できないことである。ハディース集が編纂され、イスラーム世界がそれらに包含されるハディースをおおむね真正と認めた時に、規範としてのハディースが成立したのであり、それに立脚したイスラーム信条と実践が展開されるようになった。そのようなハディースについて、いいかえればハディースの社会的・法学的な意味について研究する必要があることは論を待たない。

さらに、少なくともイスラーム暦1世紀後半にハディースがさかのぼりうることを論究したMotzki[2004]などによって、シャハト学説は歴史的使命を終えつつある。この点では、歴史研究者のケネディが初期イスラームの史料について次のように述べているのは合理的であろう——「筆者の心には、初期のムスリムの史料がおおむね実際におこったことを——限界を持ちつつも——正確に反映していることについて、いかなる疑いもない。……イスラーム暦2世紀/西暦8世紀の誰かが、膨大かつ多様な状況証拠を系統的に捏造ないしは偽造しえたという考えは、全く信じがたい」(Kennedy[1986: 355])。日本にハディース懐疑説が必要以上に輸入されなかったことは、幸いと言うべきかもしれない。欧米の東洋学者がなぜハディース偽造説にこだわったかは思想史的に興味深いトピックであるが、ハディース研究に関する限り、より適用性の大きな実証的な研究にエネルギーが割かれることが望ましい。

現代におけるハディース

20世紀にイスラーム復興が進んだことは、ハディース学の再活性化を生み出した。前近代のイスラーム世界は法学の伝統を護持し、いちいち典拠を問うことをしなかったが、イスラームを再構築しようとする運動の中で、本源的なイスラーム、つまり聖典クルアーンとムハンマドの言葉から考え直そうとする動きが強まったからである(Brown[1996]参照)。

そのことは、二つのことを生んだ。一つは、ハディースの強弱論争の登場（およびそれに伴うハディース学の再活性化）である。原典への回帰がハディース全体の規制力を高めたため、個々のハディースの典拠性が問われるようになった。ハディースが成立したのは古い時代であるから、その内容は現代の感覚にしばしば合わない。その時、典拠としての信憑性が弱ければ、ハディースを採用しなくてもよいことになる。これはかつての真偽論争と似ているが、「真偽」のみならず、たとえ信憑性があっても弱ければ採用しないという意味で「強弱」が問われている。特に、20世紀後半にムハンマド・ナースィルッディーン・アルバーニー（1914-1999）がハディース強弱論をしきりとおこなったため、彼の反対派と擁護派の間で論争が続いてきた。

二つめは、ハディースの大衆化である。かつてはハディース学はイスラーム学の中で最難関とされ、数も少なかった。しかし、近代教育の普及、識字率の向上によって、一般信徒の中でもハディースを学び、論じる者が生まれた。さらに、1990年代以降はデジタル化によって、かつては専門家以外にはアクセスできなかったハディー

ス集が，アラビア語さえできれば，誰にでも簡単に参照できるようになった。ハディースが今日ほどイスラーム社会の中で流布することは，前近代には決してなかったことである。その実態の究明も含めて，社会的に影響力を持つ典拠としてのハディースが，今後の研究課題となろう。

【文献】

磯崎定基/飯森嘉助/小笠原良治訳［1987-89］『日訳サヒーフ　ムスリム』日本サウディアラビア協会
大木博文［2005］「ハディースの実践的解釈へ向けての一試論」『シャリーア研究』2
鎌田繁［1993］「ハディース」（イスラーム講座2）『イスラム世界』39/40
鎌田繁/飯森嘉助/小杉泰/後藤明［1993］「座談会『ハディースをめぐって』」『イスラム世界』39/40
黒田壽郎訳［1980］『40のハディース』イスラミックセンター　ジャパン
小杉泰［1985］「イスラーム法──研究領域と原典資料」（イスラム講座）『イスラム世界』23/24
小杉泰［2002a］「アブー・ダーウード」「イブン・マージャ」「ティルミズィー」「ナサーイー」「ハディース」「ブハーリー」「ムスリム・イブン・ハッジャージュ」大塚和夫ほか編『岩波イスラーム辞典』岩波書店
小杉泰［2002b］「心の中に刻まれた書物──クルアーンとハディース」『季刊・本とコンピュータ』（第2期）3
後藤明［1992］「ムハンマド伝の史料に関する覚書──伝承（ハディース）について」『東洋文化研究所紀要』118
牧野信也訳［1993-94］『ハディース──イスラーム伝承集成』中央公論社
牧野信也［1996］『イスラームの原点──〈コーラン〉と〈ハディース〉』中央公論社
森山央朗［2004a］「イスラーム的知識の定着とその流通の変遷──10-12世紀のニーシャープールを中心に」『史学雑誌』113：8
森山央朗［2004b］「シリアにおけるアリー誹謗とその否認──『ダマスクス史』の伝承の分析から」『オリエント』47：1
森山央朗［2006］「ハディース学関連知識の受容と利用」『歴史学研究』820
吉田京子［2000］「ガイバ論における伝承の変遷──イブン・バーブーヤとトゥースィーの伝承観の比較」『オリエント』43：1
Abbott, Nabia [1957] *Studies in Arabic Literary Papyri*, I : *Historical Texts*, Chicago
Abbott, Nabia [1967] *Studies in Arabic Literary Papyri*, II : *Quranic Commentary and Tradition*, Chicago
Abbott, Nabia [1983] "Hadith Literature : Collection and Transmission of Hadith," in A. F. L. Beeston 他編, *Arabic Literature to the End of the Umayyad Period*, Cambridge
Al-Azami, M. Mustafa [1985] *On Schacht's Origins of Muhammadan Jurisprudence*, Chichester
Anees, Munawar Ahmad/Alia N. Athar [1986] *Guide to Sira and Hadith Literature in Western Languages*, London/New York
An-Nawawī [1976] *An-Nawawī's Forty Hadith*, Ezzeddin Ibrahim/Denys Johnson-Davies 訳, Damascus
Azmi, Muhammad Mustafa [1977] *Studies in Hadīth Methodology and Literature*, Indianapolis
Azmi, Mohammad Mustafa [1978] *Studies in Early Ḥadīth Literature : With a Critical Edition of Some Early Texts*, Indianapolis
Berg, Herbert [2000] *The Development of Exegesis in Early Islam : The Authenticity of Muslim Literature from the Formative Period*, Richmond

Brown, Daniel W. [1996] *Rethinking Tradition in Modern Islamic Thought*, Cambridge
Chittick, William C. [1988] "Introduction," in Imam Zayn al-'Ābidīn 'Alī ibn al-Ḥusayn, *The Psalms of Islam : al-Ṣaḥīfat al-Kāmilat al-Sajjādiyya*, London/New York
Coulson, N. J. [1964] *A History of Islamic Law*, Edinburgh
Dickinson, Eerik [2001] *The Development of Early Sunnite Ḥadīth Criticism : The Taqdima of Ibn Abī Ḥātim al-Rāzī (240/854-327/938)*, Leiden
Dutton, Yasin [1999] *The Origins of Islamic Law : The Qur'an, the Muwaṭṭa' and Madinan 'Amal*, Richmond
al-Ghummārī 監修 [2000] *Jawāmi' al-Aḥādīth wa al-Asānīd*, Cairo
Hāshim, al-Ḥusaynī 'Abd al-Majīd [1986] *Uṣūl al-Ḥadīth al-Nabawī : 'Ulūmuhu wa Maqāyīsuhu*, 2nd ed., Cairo
al-Jamal, Ḥusayn Ismā'īl/Salaymān Musallam al-Ḥarash [1996] *Mu'jam Muṣṭalaḥāt al-Ḥadīth*, Riyadh
Juynboll, G. H. A. [1983] *Muslim Tradition : Studies in Chronology, Provenance, and Authorship of Early Ḥadīth*, Cambridge
Juynboll, G. H. A. [1996] *Studies on the Origins and Uses of Islamic Ḥadīth*, Aldershot
Juynboll, G. H. A. [2007] *Encyclopedia of Canonical Ḥadīth*, Leiden
Kennedy, Hugh [1986] *The Prophet and the Age of the Caliphates : The Islamic Near East from the Sixth to the Eleventh Century*, London/New York
al-Khusht, Muḥammad 'Uthmān [1988] *Mafātīḥ 'Ulūm al-Ḥadīth wa Ṭuruq Takhrījihi*, Cairo
Lucas, Scott C. [2004] *Constructive Critics, Ḥadīth Literature, and the Articulation of Sunnī Islam : The Legacy of the Generation of Ibn Sa'd, Ibn Ma'īn, and Ibn Ḥanbal*, Leiden/Boston
Motzki, Harald [2004] "The Muṣannaf of 'Abd al-Razzāq al-Ṣan'ānī as a Source of Authentic Aḥādīth of the First Century A. H.," in Harald Motzki 編, *Ḥadīth : Origins and Developments*, Aldershot
Newman, Andrew J. [2000] *The Formative Period of Twelver Shī'ism : Ḥadīth as Discourse between Qum and Baghdad*, Richmond
al-Ṣāliḥ, Ṣubḥī [2002(1959)] *'Ulūm al-Ḥadīth wa Muṣṭalaḥuhu*, 25th ed., Beirut
Schacht, Joseph [1950] *The Origins of Muhammadan Jurisprudence*, Oxford
Ṣiddīqī, Muḥammad Zubayr [1993(1961)] *Ḥadīth Literature : Its Origin, Development and Special Features*, Cambridge

2-3 法学 両角吉晃

ここでは，イスラーム法研究の概要を示しながら，関連する文献を紹介する。なお，紙数の都合上，重要な文献であっても，ここに掲げた文献から容易にその存在・重要性をうかがい知ることができる場合には，列挙しなかったものがある。また，複

数の項目に関連する文献であっても，便宜上，言及は一つの項目の中でのみ行っている。

■ イスラーム法の概説・基本文献

最初に，イスラーム法の概説書として，Schacht［1964］および Coulson［1964］（邦訳：クルソン［1998］）の二つを挙げる。これは，これらの著作に含まれる記述が正しいと考えられているということを意味しない。これらの著作に記された見解は，以後のイスラーム法研究により批判・訂正されており，現在もその動きは進行中である。ただ，現在の研究における議論の構図を把握するためには，これらの著作の内容を理解していることが不可欠であるため，あえて最初に言及した（また，これらに代わるまとまった概説書が未だに出ていない，という事情もある）。

最近公刊された文献のうち，入門書的な性質を持つものとして，イスラーム法の本質的な特徴について論じた Weiss［1998］，初期の歴史をまとめた Hallaq［2005］，法源論に重点を置いた文献であるが，近年の研究の動向を示すものとして，Hallaq［1994b］，ハッラーク［2003］を挙げておく。多岐にわたる問題を論じた諸論考を収録する Johansen［1999］も参考になる。

日本語では，具体的な法規定に言及しながらイスラーム法の歴史を概説した堀井聡江［2004］が出た。また，ムスリムの立場からのイスラーム法理解を示す中田考［2003］（ハンバリー派法学入門を含む）や，比較的早い段階で現れたイスラーム法に関する邦語文献の改訂版である眞田芳憲［2000(1985)］が出ている。短いが，主に法律家を読者として想定し，イスラーム法の特徴を紹介したものとして，両角吉晃［2004］がある。

非アラビア語圏におけるイスラーム法研究が引用・参照する二次文献のうち，アラビア語で書かれた文献が占める割合は——少なからぬ文献が存在するにもかかわらず——決して高くない。ここでは，ムスリムの学者によるイスラーム法の概説として，Zaydān［1990］を挙げておく。また，この著作における歴史に関する記述の元になったと思われるのが，al-Khuḍrī［1992］（著者の没年は 1927 年）である。ムハンマド存命の時期から現代にいたるまでのイスラーム法の歴史を六つの段階に分けて説明しており，このスタイルは，ムスリム学者によるイスラーム法史記述のほとんどにおいて踏襲されている。

個別の論点に関する文献は以下の項目において扱うが，より一般的な性質を持つ基本文献として，Melchert［1997］，Calder［1993］，Powers［2002］，Gerber［1999］，Jackson［1996a］を挙げておく。

なお，イスラーム法に関する文献のリストが，柳橋博之［1995］［2003］に収録されているので，併せて参照されたい。

また，インターネット上でも，WWW Virtual Library: Islamic and Middle Eastern Law (http://www.soas.ac.uk/Centres/IslamicLaw/Home.html. ロンドン大学 SOAS

に設置されたイスラーム法・中東法センター（CIMEL）のホームページ）などで情報を入手できる。イスラーム法関連のコンピュータ・プログラムについては http://www.harf.com/, http://www.fikr.com/, http://www.elariss.com/などのホームページを参照されたい。

■ ウスールとフルーウ

　イスラーム法学には，具体的な法規定――ここでは具体的な法的ルールを指すものとしてこの用語を用いる――を扱うイルム・フルーウ・アル・フィクフと並んで，イルム・ウスール・アル・フィクフという分野がある。字義通りに訳せば，法源論（法源学）であるが，法源の問題だけでなく，文言の解釈方法など，法規定を導き出す際の解釈の方法全般について論じるものである。法源論は，様々な問題に関する具体的な法規定がアッラーの意志に従ったものであることを確保するためのものであり，重要な意味を持つ。

　この法源論のテーマやその内容を具体的に示す文献として，アラビア語から日本語に翻訳されたハッラーフ［1984］がある（ただし，ハッラーフの見解は伝統的な法源論に対する修正を含むものとされる。Hallaq［1997］の第6章を参照）。また，シーア派における法源論を紹介したものとしては，イブン・ザイヌッディーン［1985］がある。英語の文献では，Kamali［2003］がしばしば引用される。

　法源論についての研究としては，Hallaq［1997］の他に，Weiss編［2002］や，12・13世紀に活動したシャーフィイー派法学者アーミディーの法源論を詳細に紹介したWeiss［1992］が有用である。

　イスラーム法の具体的な法規定について知るためには，法学者の著した著作――いわゆる法学書――を参照する必要がある。アラビア語のテクストを分析する際に参考になるものとして，*The Encyclopaedia of Islam* や法用語辞典（たとえば，Qal'ajī/Qunaybī［1988］, Sa'dī［1988］）などの事典・辞典類の他，法学書の翻訳がある。重要なものとしては，法解釈方法論の基礎を築いた（とこれまで考えられてきた）シャーフィイーの著作の翻訳（Al-Shāfi'ī［1987］），スィヤル（「イスラーム国際法」）に関するシャイバーニーの著作の翻訳（Al-Shaybānī［2002］），統治に関する法学者の議論の日本語訳（アル゠マーワルディー［2006］）および英訳（Al-Māwardī［1996］）がある。なお，後に挙げる Wiederhold［1996］の末尾にもアラビア語テクストとその英訳が掲載されている。

　個別の問題に関する各学派の見解を概観する場合には，様々な法学書に記された見解を学派ごとにまとめた al-Juzayrī［1990］のような著作が便利である。

　主要な法学書のリストとして，たとえば Schacht［1964: 261-9］や Hallaq［1997: 263-75］を参照。

　具体的な法規定についての研究として，Udovitch［1970］, Johansen［1988］, および日本語で書かれた柳橋博之［1998］［2001］，両角吉晃［1997-98］を挙げてお

く。

▣ イスラーム法研究の重要論点

以下，イスラーム法研究におけるいくつかの重要な論点について言及する。

〈イスラーム法とハディース〉 法源論においてクルアーンに次ぐ法源とされるスンナは，ハディースの中に現れているとされる。かつてシャハトは，法に関連する内容を持つハディースは，そのほとんどが偽造であるという説を提示し (Schacht [1950])，激しい批判を浴びた。法源としてのハディースは，その内容・形式の両面においてイスラーム法の成立にとり重要な意味を持つ。詳細は本書のⅠ-2-2「ハディース」の節を参照されたい。

なお，ハディースと法学に関する近年の論考として，*Islamic Law and Society* の「ハディースとフィクフ」特集号に掲載された論考 (Melchert [2001] など) を参照。

〈法学派〉 現存するスンニー派の法学派はそれぞれの学派の始祖とされる学者の名を冠しており，優れた法学者個人の権威に依拠した学派とされるが，それが成立する以前は，地域的な繋がりに基づく学派が存在していたという見解が一般的であった。これに対しては，法学派を地理的な繋がりに基づくものとしてとらえることはできず，また，学派の始祖とされる学者の見解が，その学派において排他的に優越した地位を有するわけでもない，という異論が唱えられている (Hallaq [2001a]，関連する文献として Hallaq [2001b])。イスラーム法の具体的な法規定および解釈方法に関する学説が，通常の場合は，法学派という枠組を基本的な単位として捉えられているという事情ゆえに，法学派の問題はイスラーム法全体に関わる極めて重要な論点である。

法学派に関しては，*Islamic Law and Society* の「法学派」特集号の論考 (Rapoport [2003] など) を参照。

〈イジュティハードとタクリード〉 20年ほど前までは，イスラーム法の歴史において「イジュティハードの門の閉鎖」という現象が生じたという見解が通説となっていた。すなわち，「イジュティハードの門」は，西暦第9世紀の終わり頃（あるいは西暦第10世紀）に，ムスリムの学者たち自身の合意によって閉じたのであり，以後の法学者はタクリードに依拠した，という見解である。この通説に対して Hallaq [1984]（ハッラーク [2003] の中に翻訳がある）が実証的な反論を加えて以来，近年にいたるまで，盛んな議論が展開されている。最近の動向については，*Islamic Law and Society* の「イジュティハードとタクリード」特集に掲載されている諸論考 (Calder [1996], Jackson [1996b], Wiederhold [1996]) を参照されたい。なお，この特集号に付されたハッラークの序文 (Hallaq [1996]) では，イジュティハードおよびタクリードといった基本的な術語の用法が研究者の間で統一されておらず，それが議論の混乱を招いている，という点が指摘されている。今後の議論の過程でこの

混乱を解消し，実質的な問題についての検討を進展させることが期待される。

〈イフターと裁判〉「イジュティハードの門の閉鎖」が通説として通用していた段階においてすでに，「閉鎖」以後もイスラーム法がその創造性を失わなかった証拠として，イフター（ファトワーを発すること）への言及がなされていた（Schacht [1964]）。イフターは，社会において現に生じる問題にイスラーム法が目に見える形で接する場として理解されてきたと言える。近年，イジュティハードに関する議論とも関連する形で，イフターに関する研究が進展している（その成果の代表として，Masud/Messick/Powers 編 [1996]）。また，ファトワーに示された見解が一般的に支持されるようになると，それがフルーウに関する法学書の中に学説としてとりこまれた，という指摘もなされている（Hallaq [1994a]）。

イスラームにおける裁判制度については，Masud/Peters/Powers 編 [2006] の他，古いが今も参照される文献として，Tyan [1960] がある。最近では，裁判所に残された記録を史料として用い，裁判そのものについて分析する研究も現れ始めている（Ergene [2003], Müller [2000] など。日本における成果については，三浦徹 [2004]，大河原知樹 [2005]，近藤信彰 [2005] を参照）。

なお，被告の出廷確保および被告に対する要求内容の私的実現という，近代以前の法制度に共通の重要な問題に関連するイスラーム法上のルールについて論じたものとして，Ziadeh [1996] [2000] がある。

中東法

現代の中東諸国の法制度においては，国によって程度の差はあるものの，イスラーム法の具体的な法規定が取り入れられている。1970年代以降のイスラーム復興運動の興隆に伴い，イスラーム法の施行あるいは法のイスラーム化が主張されるようになってきている。法のイスラーム化の問題，およびイスラーム法に基づく立法を義務付ける憲法上の規定（いわゆるイスラーム法条項）につき小杉泰 [1994]，特に第13章，第14章を参照。特にエジプトについて，Gabr [1996] および Lombardi [2006] を参照。

中東法に関する情報・論考については，年鑑 *Yearbook of Islamic and Middle Eastern Law* や，雑誌 *Arab Law Quarterly* に掲載された論文，各国の立法・判例紹介から有用な情報を得られる。

各国の法制度について概観した文献は多くないが，エジプトについて Bernard-Maugiron/Dupret 編 [2002] がある。エジプト近代法史については，Ziadeh [1968] や Brown [1997] が有用である。現行のエジプト民法典（1949年施行）は，他のアラブ諸国の法にも大きな影響を与えた。エジプト民法典とその起草に際して中心的な役割を果たした法学者サンフーリーについては，Hill [1988] および Shalakany [2001] を参照。

建国の過程で全面的に西欧法を継受し，イスラーム法の適用をほぼ完全に排除した

トルコ共和国につき，Ansay/Wallace 編［1987］がある。

　現在の世界で最もイスラーム法に忠実な法制度を持つとされるのはサウジアラビアである。Vogel［2000］は，サウジアラビアの法制度を分析すると同時に，それを通してイスラーム法の適用の問題を考察している。法学者・法実務家とのインタビューなど，実地での見聞を元にした分析がなされており，中東，特に湾岸諸国の法実務について情報が不足している現状においては，その意味でも貴重な研究である。

　財産取引に関する法については，Rayner［1991］，Ziadeh［1979］，Ballantyne［1986］などを参照。翻訳として，クールソン［1987（原著1984）］がある。

　家族・相続に関する法については，財産取引に関する法と比較して，イスラーム法の具体的な法規定が取り入れられている度合いが格段に高いという事情もあり，より多くの文献がある。例として，Nasir［2001］，Pearl［1987］を挙げる。日本語の文献としては，柳橋博之編著［2005］，堀陽子［1999a］［1999b］，眞田芳憲/松村明編著［2000］がある。

■ 付：法学文献案内

　イスラーム法研究においては，しばしば近代法との比較がなされ，あるいはイスラーム法についての説明が現代の法律用語を用いてなされたりする。これらの比較や説明が有用性を発揮するためには，比較の対象および説明の基準となる近代法についての精確な理解が必要である。特に，法学の専門用語には，日常語として理解される場合とは異なる意味が付与されていることがしばしばあり，注意が必要である。さらに，そもそも異なる社会・文化の中で生成・発達した法を説明するのに，同じ言葉を使う———一方で使われている概念を他方にも適用する———ことに伴う本質的な問題がある。実はこのことは「法」という概念自体に当てはまるのであるが，近代法とイスラーム法の双方を念頭に置いた法概念論についての議論が十分なされているとは言い難い。

　さしあたりここでは，あくまでも手がかりを提供することだけを念頭に置き，最低限の文献案内を行うことにしたい。

　法律用語を解説した辞典類としては，法令用語研究会編［2006］や伊藤正己/園部逸夫他編［2000］など，多くが存在する（外国語文献を読む際に使える辞典として，田中英夫他編［1991］，山口俊夫編［2002］，山田晟［1993］がある）。もっとも，辞典に示された定義・説明には，前提となっている根本的な事情が（当然の事柄として）現れていないことがあるので，辞典から得られる情報には自ずと限界がある，という点に注意されたい。

　現代日本の実定法について解説した文献のうち，初学者にとって参考になるものについては，弥永真生［2007］（第2章）に掲載されている情報を参照されたい。ここでは，現代日本における法律の枠組を初学者向けにわかりやすく説明したものとして，松井茂記/松宮孝明/曽野裕夫［2006］を挙げるに留めておく。

また，イスラーム法研究において扱われる題材の多くは，現代法では民法の分野に属するものである。「日本社会の構成原理」を示すものでありながら，「知識人」にとっても「敬遠されたり，関心を持たれないでいる領域」となっている民法についての一般向け著作である星野英一［1998］の一読を勧める（イスラーム法研究との関連を措くとしても，である）。

判決を具体例として民法の解釈方法の諸類型について論じた文献として広中俊雄［1997］を，法の概念・解釈および法思想史について碧海純一［2000］を，西洋法制史について，権利保護という観点からの概観であるネル［1999］を挙げておく。

【文献】

碧海純一［2000］『新版法哲学概論』全訂第二版補正版，弘文堂
アル=マーワルディー［2006］『統治の諸規則』湯川武訳，慶應義塾大学出版会
伊藤正己／園部逸夫他編［2000］『現代法律百科大辞典』ぎょうせい
イブン・ザイヌッディーン［1985］『イスラーム法理論序説（イスラーム古典叢書）』村田幸子訳，岩波書店
大河原知樹［2005］「イスラーム法廷と法廷史料（国家・宗教的権威・文書）」林佳世子／桝屋友子編『記録と表象――史料が語るイスラーム世界（イスラーム地域研究叢書 8）』東京大学出版会
クールソン，ノエル・J［1987］『イスラムの契約法――その歴史と現在』志水厳訳，有斐閣（原著：Commercial Law in the Gulf States : The Islamic Legal Tradition, 1984）
クルソン［1998］『イスラム法史』塙浩訳，（塙浩著作集 12）信山社
小杉泰［1994］『現代中東とイスラーム政治』昭和堂
近藤信彰［2005］「ウラマーとファトワー――近世イランを中心に」林佳世子／桝屋友子編『記録と表象――史料が語るイスラーム世界（イスラーム地域研究叢書 8）』東京大学出版会
眞田芳憲［2000(1985)］『イスラーム法の精神』改訂増補版，中央大学出版部
眞田芳憲／松村明編著［2000］『イスラーム身分関係法（日本比較法研究所研究叢書 50）』日本比較法研究所
田中英夫他編［1991］『英米法辞典』東京大学出版会
中田考［2003］『イスラーム法の存立構造――ハンバリー派フィクフ神事編』ナカニシヤ出版
ネル，クヌート・W［1999］『ヨーロッパ法史入門――権利保護の歴史』村上淳一訳，東京大学出版会
ハッラーク，ワーイル［2003］『イジュティハードの門は閉じたのか――イスラーム法の歴史と理論』奥田敦訳，慶應義塾大学出版会
ハッラーフ，アブドル=ワッハーブ［1984］『イスラムの法――法源と理論』中村廣治郎訳，東京大学出版会
塙陽子［1999a］『イスラム家族法 研究と資料 1――マグレブ諸国およびセネガル』（SBC 学術文庫 30）信山社
塙陽子［1999b］『イスラム家族法 研究と資料 2――エジプト・レバノン・トルコ・付イスラエル』（SBC 学術文庫 31）信山社
広中俊雄［1997］『民法解釈方法に関する十二講』有斐閣
法令用語研究会編［2006］『有斐閣法律用語辞典』第 3 版，有斐閣
星野英一［1998］『民法のすすめ』岩波新書
堀井聡江［2004］『イスラーム法通史』山川出版社

松井茂記/松宮孝明/曽野裕夫［2006］『はじめての法律学』第2版，有斐閣
三浦徹［2004］「当事者の世界と法廷の世界——イスラーム世界における契約」三浦徹/岸本美緒/関本照夫編『比較史のアジア——所有・契約・市場・公正（イスラーム地域研究叢書4）』東京大学出版会
両角吉晃［1997-98］「イスラームにおけるいわゆる利息の禁止について——西暦第12世紀のハナフィー派法学書に現れたリバー概念の分析」『法学協会雑誌』114-115
両角吉晃［2004］「イスラーム法」北村一郎編『アクセスガイド外国法』東京大学出版会
弥永真生［2007］『法律学習マニュアル』第2版補訂版，有斐閣
柳橋博之［1995］「法学」三浦徹/東長靖/黒木英充編『イスラーム研究ハンドブック（講座イスラーム世界別巻）』栄光教育文化研究所
柳橋博之［1998］『イスラーム財産法の成立と変容』創文社
柳橋博之［2001］『イスラーム家族法』創文社
柳橋博之［2003］「これからのイスラーム法研究——法文解釈を中心として」佐藤次高編『イスラーム地域研究の可能性（イスラーム地域研究叢書1）』東京大学出版会
柳橋博之編著［2005］『現代ムスリム家族法』日本加除出版
山口俊夫編［2002］『フランス法辞典』東京大学出版会
山田晟［1993］『ドイツ法律用語辞典』改訂増補版，大学書林
Al-Māwardī [1996] *The Ordinance of Government : Al-Aḥkām al-Sulṭāniyya w'al-Wilāyāt al-Dīniyya*, Wafaa H. Wahba 訳, Reading
Al-Shāfi'ī [1987] *al-Shāfi'ī's Risāla : Treatise on the Foundations of Islamic Jurisprudence*, Majid Khadduri 訳, Cambridge
Al-Shaybānī [2002] *The Islamic Law of Nations : Shaybānī's Siyar*, Majid Khadduri 訳, Baltimore
Ansay, Tuğrul/Don Wallace, Jr. 編 [1987] *Introduction to Turkish Law*, 3rd ed., London
Ballantyne, W. M. [1986] *Commercial Law in the Arab Middle East : The Gulf States*, London
Bernard-Maugiron, Nathalie/Baudouin Dupret 編 [2002] *Egypt and Its Laws*, The Hague
Brown, Nathan J. [1997] *The Rule of Law in the Arab World : Courts in Egypt and the Gulf*, Cambridge
Calder, Norman [1993] *Studies in Early Muslim Jurisprudence*, New York
Calder, Norman [1996] "Al-Nawawī's Typology of *Muftīs* and its Significance for a General Theory of Islamic Law," *Islamic Law and Society*, 3 : 2
Coulson, Noel J. [1964] *A History of Islamic Law*, Edinburgh
Ergene, Boğaç A. [2003] *Local Court, Provincial Society and Justice in the Ottoman Empire : Legal Practice and Dispute Resolution in Çankırı and Kastamonu (1652-1744)*, Leiden
Gabr, Hatem Aly Labib [1996] "The Interpretation of Article Two of the Egyptian Constitution by the Supreme Constitutional Court," in Kevin Boyle/Adel Omar Sherif 編, *Human Rights and Democracy : The Role of the Supreme Constitutional Court of Egypt*, Cambridge (MA)
Gerber, Haim [1999] *Islamic Law and Culture, 1600-1840*, Leiden
Hallaq, Wael B. [1984] "Was the Gate of Ijtihad Closed?" *International Journal of Middle East Studies*, 16 : 1
Hallaq, Wael B. [1994a] "From *Fatwā*s to *Furū'* : Growth and Change in Islamic Substantive Law," *Islamic Law and Society*, 1 : 1
Hallaq, Wael B. [1994b] *Law and Legal Theory in Classical and Medieval Islam*, Cambridge
Hallaq, Wael B. [1996] "Introduction : Issues and Problems," *Islamic Law and Society*, 3 : 2
Hallaq, Wael B. [1997] *A History of Islamic Legal Theories : An Introduction to Sunnī uṣūl al-fiqh*,

Cambridge
Hallaq, Wael B. [2001a] "From Regional to Personal School of Law ? A Reevaluation," *Islamic Law and Society*, 8 : 1
Hallaq, Wael B. [2001b] *Authority, Continuity and Change in Islamic Law*, Cambridge
Hallaq, Wael B. [2005] *The Origins and Evolution of Islamic Law*, Cambridge
Hill, Enid [1988] "al-Sanhuri and Islamic Law," *Arab Law Quarterly*, 3
Jackson, Sherman A. [1996a] *Islamic Law and the State : The Constitutional Jurisprudence of Shihab al-Dīn al-Qarāfī*, Leiden
Jackson, Sherman A. [1996b] "*Taqlīd*, Legal Scaffolding and the Scope of Legal Injunctions in Post-Formative Theory : *Muṭlaq* and *'Āmm* in the Jurisprudence of Shihāb al-Dīn al-Qarāfī," *Islamic Law and Society*, 3 : 2
Johansen, Baber [1988] *The Islamic Law on Land Tax and Rent*, London
Johansen, Baber [1999] *Contingency in a Sacred Law : Legal and Ethical Norms in the Muslim Fiqh*, Leiden
al-Juzayrī, 'Abd al-Raḥmān [1990] *Kitāb al-Fiqh al-Islāmī 'alā al-Madhāhib al-Arba'ah*, 5 vols., Bayrūt
Kamali, Mohammad Hashim [2003] *Principles of Islamic Jurisprudence*, 3rd ed., Cambridge
al-Khuḍrī, Muḥammad [1992] *Tārīkh al-Tashrī' al-Islāmī*, Bayrūt
Lombardi, Clark B. [2006] *State Law as Islamic Law in Modern Egypt : The Incorporation of the Sharī'a into Egyptian Constitutional Law*, Leiden
Masud, Muhammad Khalid/Brinkley Messick/David S. Powers 編 [1996] *Islamic Legal Interpretation : Muftis and Their Fatwas*, Cambridge (MA)
Masud, Muhammad Khalid/Rudolph Peters/David S. Powers 編 [2006] *Dispensing Justice in Islam : Qadis and Their Judgments*, Leiden
Melchert, Christopher [1997] *The Formation of the Sunni Schools of Law, 9th-10th Centuries C. E.*, Leiden
Melchert, Christopher [2001] "Traditionist-Jurisprudents and the Framing of Islamic Law," *Islamic Law and Society*, 8 : 3
Müller, Christian [2000] "Judging with God's Law on Earth : Judicial Powers of the *Qāḍī al-jamā'a* of Cordoba in the Fifth/Eleventh Century," *Islamic Law and Society*, 7 : 2
Nasir, Jamal J. [2001] *The Islamic Law of Personal Status*, 3rd ed., The Hague
Pearl, David [1987] *A Textbook on Muslim Personal Law*, 2nd ed., London
Powers, David S. [2002] *Law, Society, and Culture in the Maghrib, 1300-1500*, Cambridge
Qal'ajī, Muhammad Rawwās/Ḥāmid Ṣādiq Qunaybī [1988] *Mu'jam Lughat al-Fuqahā'*, Bayrūt
Rapoport, Yossef [2003] "Legal Diversity in the Age of *Taqlīd* : The Four Chief *Qāḍī*s under the Mamluks," *Islamic Law and Society*, 10 : 2
Rayner, Susan [1991] *The Theory of Contracts in Islamic Law : A Comparative Analysis with Particular Reference to Modern Legislation in Kuwait, Bahrain and the United Arab Emirates*, London
Sa'dī, Abū Jayb [1988] *al-Qāmūs al-Fiqhī*, Dimashq
Schacht, Joseph [1950] *The Origins of Muhammadan Jurisprudence*, Oxford
Schacht, Joseph [1964] *An Introduction to Islamic Law*, Oxford
Shalakany, Amr [2001] "Sanhuri and the Historical Origins of Comparative Law in the Arab World (or How Sometimes Losing Your *Asalah* Can Be Good for You)," in Annelise Riles 編,

Rethinking the Masters of Comparative Law, Portland
Tyan, Emile [1960] *Histoire de l'organisation judiciaire en pays d'Islam*, 2nd ed., Leiden
Udovitch, Abraham L. [1970] *Partnership and Profit in Medieval Islam*, Peinceton
Vogel, Frank E. [2000] *Islamic Law and Legal System : Studies of Saudi Arabia*, Leiden
Weiss, Bernard G. [1992] *The Search for God's Law : Islamic Jurisprudence in the Writings of Sayf al-Dīn al-Āmidī*, Salt Lake City
Weiss, Bernard G. [1998] *The Spirit of Islamic Law*, Athens
Weiss, Bernard G. 編 [2002] *Studies in Islamic Legal Theory*, Leiden
Wiederhold, Lutz [1996] "Legal Doctrines in Conflict : The Relevance of *madhhab* Boundaries to Legal Reasoning in the Light of an Unpublished Treatise on *taqlīd* and *ijtihād*," *Islamic Law and Society*, 3 : 2
Zaydān, 'Abd al-Karīm [1990] *al-Madkhal li-Dirāsat al-Sharī'ah al-Islāmīyah*, 11th ed., Amman
Ziadeh, Farhat J. [1968] *Lawyers, the Rule of Law and Liberalism in Modern Egypt*, Stanford
Ziadeh, Farhat J. [1979] *Property Law in the Arab World : Real Rights in Egypt, Iraq, Jordan, Lebanon, Libya, Syria, Saudi Arabia and the Gulf States*, London
Ziadeh, Farhat J. [1996] "Compelling Defendant's Appearance at Court in Islamic Law," *Islamic Law and Society*, 3 : 3
Ziadeh, Farhat J. [2000] "Mulazama or Harassment of Recalcitrant Debtors in Islamic Law," *Islamic Law and Society*, 7 : 3

2-4 アラビア文法学・言語学

中江加津彦

アラブ伝統文法学（Arab Linguistic Tradition または Arab Grammatical Tradition）は，イスラーム諸学（Islamic Sciences）の中で重要な位置を占めているにもかかわらず，20世紀の末になるまで本格的な研究がなされることはなかった。その主な理由は次の五つに絞ることができる。(1) 膨大な量の古典アラビア語の文献を解読しなければならず，しかもその文献のいずれもが極めて難解である。(2) 隣接するイスラーム諸学（例えばクルアーン学，ハディース学，イスラーム法学）それぞれの学問原理（academic discipline）をある程度知らなければ，文献の持つ価値はもちろんのこと，文献を読み進めるのが困難となる。(3) 文献に頻繁に用いられているジャーヒリーヤ時代の韻文が，その信頼性（authenticity）の問題を含めて，解釈が難しく，それゆえ文献解読が進まない場合が多い。(4) 文法学の学問原理を考える上で，イスラーム期最初期の考え方を知る必要があるが，それを知る文献がほとんど残されていない。(5) アラブ伝統文法学研究と一般言語学との関わりについては，一般言語学者は伝統文法学の研究を避けて，近代言語学的な手法に頼るばかりで，蓄積されてきた伝統文

法学の文献に手をつけようとしなかった。以上アラブ伝統文法学の研究における主な問題点を五つあげた。この問題点を知ることによって，逆にこの学問分野でとりくまなければならない課題が自ずと見えてくる。

■ スィーバワイヒをはじめとするアラブの文法家

　アラブ伝統文法学の文献は膨大な量にのぼり，人が一生かけて読み続けても終わることがないほどである。それゆえ研究の建設的な蓄積というものがなされる必要があるが，つい最近に至るまでなされてこなかったというのが現実である。まず基本となる文献はスィーバワイヒ（796年頃没）という文法家が著した『アル=キターブ』であり（一次文献），これ以降の文献はほぼすべてがこの『アル=キターブ』の解釈・解説または単なる要約である（二次文献）と考えてよい。ただ若干の文法家が，スィーバワイヒの影響を受けているとは言え，オリジナリティを発揮している。例えばイブン・サッラージュ（928年没）やイブン・ジンニー（1002年没），イブン・マダー（1195年没），アスタラバーディー（1287年没）をあげることができるが，いずれも基本はスィーバワイヒにあることを忘れてはならない。二次文献の中には，13世紀以降盛んになる，文法研究が目的ではなく，教育目的で書かれた，いわば教科書に当たる文献も含まれる。例えばイブン・マーリク（1273年没）の著した『アルフィーヤ』が有名な例としてあげられる。

　研究対象となる文献は，まずはスィーバワイヒの『アル=キターブ』とそれについての注釈書（シャラハ）となる。現存する有効な注釈書としてはスィーラーフィー（979年没），アブー・アリー・ファーリスィー（1004年没）が著した文献があげられる。それ以外に，『アル=キターブ』の注釈書というタイトルは取っていないが，ムバッラド（898年没）の『ムクタダブ』が『アル=キターブ』の解釈の助けになることもある。以上研究の一次資料（primary source）となる古典文献を紹介した。

　この古典文献についての研究書，つまり二次資料（secondary source）については，アラブ人による研究書もあるが，非アラブ人の研究が主導的で，建設的な成果をあげている。まず『アル=キターブ』の訳本としてGustav Jahnによるドイツ語訳がある。訳自体にはいろいろと問題はあるが，書かれた時代（19世紀末）からすれば偉大な業績である。この訳本の巻末に『アル=キターブ』に関してスィーラーフィーが著した注釈が付いていて，それが解釈の参考になる。『アル=キターブ』などの一次文献の研究として地道に建設的な研究業績を残してきているのはAryeh Levin, Ramzi Baalbaki, Yishai Peled, Rafael Talmon, Kees Versteegh, Michael Carter, Jonathan Owensなどである。特に最初の二人の業績は最近それぞれ1冊の本にまとめられた（Levin [1998], Baalbaki [2004]）。

　なおスィーバワイヒの『アル=キターブ』に関しては，ブーラーク版，カイロ版，デーレンブルク版の三つのエディションがあり，内容に若干の相違があることに注意する必要がある。

文法学の文献で韻文の引用のないものはなく、各ページに少なくとも2〜3行の詩が引用されていると言って過言ではない。韻文は文法説明上の例示として引用されるので、説明を正確に理解できるかどうかは、その韻文の解釈にかかっていることが多い。従来の研究ではこの韻文の解釈にまともに向き合うことなく、文法説明の解釈がなされていることが多かった。それはアラブ人の研究においてさえも言える。最近はその韻文の解釈をまともに行おうとする傾向が見られるようになった。しかし参考にする文献が圧倒的に少ないのが現状である。各詩人の詩集は注釈・解説がほとんどなく、解釈には役に立たないが、文法書に引用された韻文が正しいかどうかを判定する時の参考にはなる。スィーバワイヒの『アル=キターブ』に関しては、先に挙げた注釈書の中にも韻文に関する解説が付けられている場合もあり、またアブー・アリー・ファーリスィー、シャンタマリー（1083年没）、スィーラーフィーやナッハース（949年没）はスィーバワイヒが用いた韻文のほとんどについて言及している重要な参考文献である。この韻文の研究は文法学研究を行う上で欠かせないものであるにもかかわらず、文法学の立場からなされた研究書がほとんどないのが現状である。この点での研究が今後待たれるところである。

文法学とイスラーム諸学

アラブ伝統文法学史において文法家と呼ぶ場合、文法研究にのみ専念していたのは、後の時代になってからのことで、文法学として基本的学問原理や方法論が確立する時期に活躍した文法家は、イスラーム諸学の他の分野のウラマーであった。特にイスラーム法学、クルアーン学、ハディース学に携わっていた人たちが、文法研究に重点を移していった。それゆえそれぞれの分野からの用語の転用というものが見られる。文法学における基本文献となる『アル=キターブ』を著したスィーバワイヒは当初イスラーム法学を中心に研究していたウラマーであった。『アル=キターブ』の中には多くの法学用語が用いられており、その真意を解明するためには、イスラーム法学をはじめとする隣接学問分野の知識が必要になる。文法学で用いられている専門用語を検討する作業はこれからの研究の待たれるところである。

文法学は最初は聖典クルアーンの文法を明らかにし、解釈を一貫したものにすることを目的として現れてきた。その要請に応じて登場した文法家はしだいに独自の学問原理を作り上げ、聖典クルアーンを元にした「正統的な」アラビア語の文法構造を体系的に整理し、明確にする作業を行うようになった。その研究過程はジャーヒリーヤ時代の詩や非定住民であるベドウィンからの聞き取り情報も参考にされ、極めて記述的に、帰納的に文法体系に対する考察を積み上げていった。Versteegh [1993], Levin [1995] などがこの問題を扱っている。

文法学の初期の時代には聖典クルアーンの解釈が大きな比重を占めており、その解釈をめぐっていろいろな考え方があらわれた。中には対立することもあり、その対立に政治が関与することがあった。その対立の断片のみをとりあげ、ワイドショー化す

るということが歴史記録上生じることがあった。その代表が「バスラ学派とクーファ学派の対立」である。アンバーリー（1181 年没），Weil［1913］がこの点に関して参考になる。その歴史的事件は，主流化していたスィーバワイヒ以外の文法家の考え方を知るきっかけを与えたという点で，初期の文法学研究にとっては意義のあるところである。主流以外の文法家の代表となるのは，クーファを中心に活躍していたファッラー（822 年没）である。ファッラーは『クルアーンの意味』という文献を残している。これはタイトルが表す通り，文法の研究書ではなく，聖典クルアーンの研究書である（ファッラーに関しては Kinberg［1996］による詳細な研究がある）。このファッラーの研究は，歴史として記述されていたほどの「学閥対立」というものが実際にあったのかどうか，どの文法家がどちらの学派に所属していたのかを確定することは果たして可能なのかどうかを考えるきっかけを与えてくれたこと，そして基本文献である『アル＝キターブ』を正確に理解する上で大きなヒントを与えてくれたことなど貢献度は高い。しかしクーファを中心に活躍していたウラマーの残した文献に対する研究はほとんど進んでいないと言える。これからの研究が待たれるところである。

スィーバワイヒの『アル＝キターブ』

スィーバワイヒの『アル＝キターブ』は現存する最古の文法書とは言え，極めて包括的で，相互参照（cross-reference）も行き届いおり，理論面でも水準は高く，全体として完成度が高いものとなっている。文法史上最大の問題はこの完成度が高い『アル・キターブ』が，イスラームが始まってまもない 8 世紀という時代に，一体どのようにして誕生したのかということである。これにはいくつかの考え方が出されているが，大きく分けると次の三つとなる。(1)『アル＝キターブ』の中で「文法家たち」という表現が何度も登場する。それは同時代または先行する時代の文法家を指して言っている場合とスィーバワイヒの師とされる文法家（その代表としてはハリールのように具体的に固有名詞で示されている場合もある）を指して言っている場合の 2 種類がある。そういった文法家が生み出した考えを受け継いだという考えがある。しかしハリールを除いて信頼に値するまともな文献は残っておらず，ハリールにしても現存する『キターブ・アル＝アイン』を参照するだけでは，受け継がれた部分はあるにしても，大半がスィーバワイヒのオリジナルと判断せざるを得ないというのが研究の現状である。この議論に関しては Talmon［1982］［1985］［1997］［2003］などが参考になる。(2) ギリシア文法の影響を，直接ないしはシリア語への翻訳を通して受けていたのではないかという考え方もある。しかし明確な証拠文献がないので，これも仮説にとどまっている。この議論については Versteegh［1977］［1993］に詳しい。これはイスラーム文明とギリシア文明の相互影響を初期のイスラームの時代に考える大きな鍵となりうるゆえに，今後の研究の待たれるところである。(3) 上記の外的要因に対して，内的要因，つまりイスラーム諸学の中に文法学の発達の源を求める考えがあ

る。イスラーム諸学は初期の時代にはそれほど専門分化していたのではなく，いくつかの学問分野の研究を兼ねていた可能性が高い。文法学はイスラーム法学との兼ね合いが強かったのではないかと言われる。それゆえイスラーム法学の考え方から多くの考え方・方法論を引き継ぎ，またそれを元に独自の発展を遂げたことによって，『アル=キターブ』のような文法書を完成させたのではないかという考えがある。しかしこれもそれを裏付ける決定的な文献がない。この考えを推し進めるためにクーファや後のバグダードを中心に活躍した法学者や文法家の考え方とのつながりをうまく説明する必要がある。この問題については Carter [1983], Versteegh [1993] が参考になる。

伝統文法と一般言語学

アラブ伝統文法学は7世紀にして，19世紀に始まった西欧近代言語学に匹敵する，場合によってはそれを超える完成度の高い理論や方法論を生み出していたにもかかわらず，言語学者の多くはそれを省みず，近代言語学の理論の実証にアラビア語を用いることにとどまる，つまり演繹的な研究姿勢をとり続けてきた。それはアラブ人の言語学者においてさえも当てはまる。つまりこのような研究にはアラビア語の言語構造の本質を知ろうとする努力というものが見られない。アラビア語という言語の本質を見るためには，文法学の研究を抜きにしてはならず，また一般言語学研究にとっても，近代西欧言語学をもとにして作られた言語学の手法以外の見方・考え方を知ることで，今までにない新しい言語研究の道も開ける可能性がある。そのためにも伝統文法学の研究者はアラビア語を専門としない言語学の研究者にも分かりやすい文献を残すように心がけるべきであろう。

さらにイスラーム初期から近代に至るまでの文法学史をしっかりとまとめる必要がある。大まかなところは何度か試みられてきた (Bohas 他 [1990], Goldziher [1994], Owens [1998], Suleiman [1994], Versteegh [1997]) が，膨大な文献を選別し，こなす必要があるため，なかなか完成度の高いものは出てこない。今後の研究の待たれるところである。

【文献】

〈一次資料〉

al-Astarābādī, Raḍī al-Dīn Muḥammad bn Ḥasan [1982] *Sharḥ Shāfiya Ibn al-Ḥājib*, Muḥammad Nūr al-Ḥasan/Muḥammad al-Zaqrāf/Muḥammad Muḥyī al-Dīn 'Abd al-Ḥamīd 編, 4 vols., Beirut

al-Fārisī, Abū 'Alī [1990–96] *al-Ta'līqa 'alā Kitāb Sībawayhi*, 'Iwaḍ Bin Ḥamad al-Qūzī 編, 6 vols., Cairo

al-Farrā', 'Abū Zakariya [1983] *Ma'ānī al-Qur'ān*, M. 'Alī al-Najjār/'A. Yūsuf Najātī 編, Beirut

Ibn al-Anbārī, Abū al-Barakāt Kamāl al-Dīn 'Abd al-Raḥmān [1987] *al-Inṣāf fī Masā'il al-Khilāf bayn al-Naḥwiyyīn*, Muḥammad Muḥyī al-Dīn 'Abd al-Ḥamīd 編, Beirut

Ibn Jinnī, Abū al-Fatḥ 'Uthmān [1976] *Kitāb al-Luma' fī al-Naḥw* (*Manuel de grammaire arabe*),

Hadi M. Kechrida 編・注 (Acta Universitatis Upsaliensis, Studia Semitica Upsaliensia, 3), Uppsala
Ibn Jinnī, Abū al-Fatḥ 'Uthmān [1985] *al-Lumaʻ fī al-ʻArabiyyah*, Ḥāmid al-Mu'min 編, Beirut
Ibn Jinnī, Abū al-Fatḥ 'Uthmān [1987] *al-Khaṣā'iṣ*, Muḥammad 'Alī al-Najjār 編, 3 vols., Cairo
al-Khalīl ibn Aḥmad al-Farāhīdī, Abū 'Abd al-Raḥmān [1988] *Kitāb al-ʻAyn*, Mahdī al-Maḫzūmī/ Ibrāhīm al-Sāmarrā'ī 編, 8 vols., Beirut
Ibn Maḍā' al-Qurṭubī [1982] *Kitāb al-Radd ʻalā al-Nuḥā*, Shawqī Ḍayf 編, Cairo
Ibn Mālik, Jamāl al-Dīn Muḥammad bn 'Abd Allāh [1995] *La Alfiyyah D'Ibnu-Malik*, アラビア語本文とA. Goguyerによる仏訳, Beirut
Ibn al-Sarrāj, Abū Bakr bn al-Sarī [1985] *Kitāb al-Uṣūl fī al-Naḥw*, 'Abd al-Ḥusayn al-Fatlī 編, 3 vols., Beirut
Ibn Ya'īsh, Abū al-Baqā' [n.d.] *Sharḥ al-Mufaṣṣal*, 10 vols., Cairo
Ibn Ya'īsh [1882-86] *Ibn Ja'īš Commentar zu Zamachšarī's Mufaṣṣal*, 2 vols., Leipzig
al-Mubarrad, Abū al-ʻAbbās Muḥammad bn Yazīd [n.d.] *al-Muqtaḍab*, Muḥammad 'Abd al-Khāliq 'Uḍayma 編, 4 vols., Beirut
al-Naḥḥās, Abū Ja'far [1985] *Sharḥ Abyāt Sībawayhi*, Wahba Mutawallī 'Umar Sālima 編, Cairo
al-Rummānī, Abū al-Ḥasan 'Alī bn 'Īsā [1988] *Sharḥ Kitāb Sībawayhi*, Ramaḍān Aḥmad al-Damīrī 編, 2 vols., Cairo
al-Shantamarī, Abū al-Ḥajjāj Yūsuf b. Sulaymān [1994] *Taḥṣīl ʻAyn al-Dhahab min Maʻdin Jawhar al-Adab fī ʻIlm Majāzāt al-ʻArab*, Zuhayr 'Abd al-Muḥsin Sulṭān 編, Beirut
Sībawayhi, Abū Bishr 'Amribn 'Uthmān [1970] *Le livre de Sībawaihi, Traité de grammaire arabe*, Hartwig Derenbourg 編, 2 vols., Hildesheim/New York
Sībawayhi, Abū Bishr 'Amribn 'Uthmān [1316-17A.H.] *al-Kitāb*, 2 vols., Būlāq
Sībawayhi, Abū Bishr 'Amribn 'Uthmān [1991] *al-Kitāb*, Muḥammad 'Abd al-Salām Hārūn 編, 5 vols., Beirut
al-Sīrāfī, Abū Muḥammad Yūsuf bn Abī Sa'īd [1976] *Sharḥ Abyāt Sībawayhi*, Muḥammad 'Alī Sulṭānī 編, 2 vols., Damascus
al-Sīrāfī, Abū Muḥammad Yūsuf bn Abī Sa'īd [1988-2004] *Sharḥ Kitāb Sībawayhi*, Ramaḍān 'Abd al-Tawwāb 他編, 6 vols., Cairo
al-Zamakhsharī, Abū al-Qāsim Maḥmūd ibn 'Umar [1879] *al-Mufaṣṣal*, Jens Peter Broch 編, 2nd ed., Christiana

〈二次資料〉

池田修 [1968] 「9世紀以前のアラビア語の研究」『オリエント』VI: 3/4
池田修 [1969] 「10世紀以降のアラビア語研究の歴史」『大阪外国語大学学報』22
中江加津彦 [2002] 「アラブ伝統文法学史構築の試み」『言語文化学会論文集』19
Auroux, Sylvain 他編 [2000] *History of the Language Sciences/Geschichte der Sprachwissenschaften/Histoire des sciences du langage : An International Handbook on the Evolution of the Study of Language from the Beginnings to the Present/Ein internationales Handbuch zur Entwicklung der Sprachforschung von den Anfängen bis zur Gegenwart*, Berlin/New York
Baalbaki, Ramzi [2004] *Grammarians and Grammatical Theory in the Medieval Arabic Tradition*, Cornwall
Baalbaki, Ramzi 編 [2007] *The Early Islamic Grammatical Tradition* (The Formation of the Classical Islamic World), Aldershot
Bernards, Monique [1997] *Changing Traditions : Al-Mubarrad's Refutation of Sībawayhi and the*

Subsequent Reception of the Kitāb, Leiden
Bohas, G./J. P. Guillaume/D. E Kouloughli [1990] *The Arabic Linguistic Tradition*, London/New York
Carter, Michael G. [1972] "Twenty Dirhams in the Kitāb of Sībawayhi," *Bulletin of the School of Oriental and African Studies*, 35
Carter, Michael G. [1973] "An Arab Grammarian of the Eighth Century AD : A Contribution to the History of Linguistics," *Journal of the American Oriental Society*, 93
Carter, Michael G. [1983] "Language Control as People Control in Medieval Islam : The Aims of the Grammarians in Their Cultural Context," in Ramzi Baalbaki 編, *Arab Language and Culture*, Beirut
Dutz, Klaus D. [1987] *Speculum Historiographiae Linguisticae*, Münster
Edzard, L./M. Nekroumi 編 [1999] *Tradition and Innovation : Norm and Deviation in Arabic and Semitic Linguistics*, Wiesbaden
Goldenberg, Gideon [1988] "Subject and Predicate in Arab Grammatical Tradition," *Zeitschrift der deutschen morgenländischen Gesellschaft*, 138
Goldziher, Ignaz [1994] *On the History of Grammar among the Arabs : An Essay in Literary History*, Kinga Dévényi/Tamás Iványi 訳・編, Amsterdam/Philadelphia
Jahn, Gustav [1895-1900] *Sībawayhi's Buch über die Grammatik übersetzt und erklärt*, 2 vols., Berlin (repr. ed., Hildesheim, 1969)
Kinberg, Naphtali [1996] *A Lexicon of al-Farrā's Terminology in His Qur'ānic Commentary*, Leiden
Kinberg, Naphtali [2001] *Studies in the Linguistic Structure of Classical Arabic*, Leah Kinberg/Kees Versteegh 編, Leiden
Levin, Aryeh [1981] "The Grammatical Terms *Al-Musnad*, *Al-Musnad 'Alayhi*," *Journal of the American Oriental Society*, 101 : 1
Levin, Aryeh [1995] "The Fundamental Principles of the Arab Grammarians' Theory of 'Amal," *Jerusalem Studies in Arabic and Islam*, 19
Levin, Aryeh [1998] *Arabic Linguistic Thought and Dialectology : Collected Studies in Arabic and Islam 1* (The Max Schloessinger Memorial Series), Institute of Asian and African Studies, The Hebrew University, Jerusalem
Owens, Jonathan [1988] *The Foundations of Grammar : An Introduction to Medieval Arabic Grammatical Theory*, Amsterdam
Owens, Jonathan [1990] *Early Arabic Grammatical Theory : Heterogeneity and Standardization* (Studies in the History of the Language Sciences, 53), Amsterdam/Philadelphia
Owens, Jonathan [1998] "The Arabic Grammatical Tradition," in Robert Hetzron 編, *The Semitic Languages*, New York/London
Peled, Yishai [1994] "Aspects of Case Assignment in Medieval Arabic Grammatical Theory," *Wiener Zeitschrift für die kunde des Morgenlandes*, 84
Sezgin, Fuat [1984] *Geschichte des arabischen Schriftums*, IX, Leiden
Suleiman, Yasir [1994] "Arabic Linguistic Tradition," in R. E. Asher 編, *The Encyclopedia of Language and Linguistics*, Oxford/New York/Seoul/Tokyo
Suleiman, Yasir [1999a] *The Arabic Grammatical Tradition : A Study in ta'līl*, Edinburgh
Suleiman, Yasir 編 [1999b] *Arabic Grammar and Linguistics*, Cornwall
Talmon, Rafael [1982] "*Naḥwiyyūn* in Sībawayhi's Kitāb," *Zeitschrift für arabische Linguistik*, 8
Talmon, Rafael [1985] "Who Was the First Arab Grammarian : A New Approach to an Old

Problem," in Hartmut Bobzin/Kees Versteegh 編, *Studies in the History of Arabic Grammar*, I (Zeitschrift für arabische Linguistik, 15), Wiesbaden

Talmon, Rafael [1997] *Arabic Grammar in Its Formative Age : Kitāb al-'Ayn and Its Attribution to Ḫalīl b. 'Aḥmad*, Leiden

Talmon, Rafael [2003] *Eighth-Century Iraqi Grammar : A Critical Exploration of Pre-Ḫalīlian Arabic Linguistics* (Harvard Semitic Studies, 53), Indiana

Versteegh, Kees [1977] *Greek Elements in Arabic Linguistic Thinking*, Leiden

Versteegh, Kees [1993] *Arabic Grammar and Qur'ānic Exegesis in Early Islam*, Leiden/New York/Köln

Versteegh, Kees [1995] *The Explanation of Linguistic Causes, az-Zaǧǧāǧī's Theory of Grammar*, Amsterdam/Philadelphia

Versteegh, Kees [1997] *The Arabic Linguistic Tradition, Landmarks in Linguistic Thought III*, London/New York

Versteegh, Kees 他編 [2006-] *Encyclopedia of Arabic Language and Linguistics*, 4 vols., Leiden

Weil, Gotthold [1913] *Die grammatischen Fragen der Basrer und Kufer*, Leiden

2-5 神学と哲学　　　　松本耿郎

カラーム

「イスラーム神学」Islamic Theology と呼ばれているムスリム（イスラーム教徒）の知的活動の成果をイスラーム世界では「カラーム」Kalām という。カラームはアラビア語で「言葉」，「論説」などを意味する語である。初期イスラーム時代には，なんらかの議論の主題について「カラーム」，すなわち論説を提起する人を「論客」Mutakallim（複数形：Mutakallimūn），あるいは「カラームの徒」Ahl al-kalām と呼んだ。この言葉は「ハディースの徒」Ahl al-ḥadīth と対比して使用されることもある。「ハディースの徒」とは議論の主題について自説を提起するよりも，問題解決を預言者の「ハディース」（言行録）に求めようとする人々の意味である。イスラーム史の初期にはいろいろな学的主題に「論説」を提起する「カラームの徒」が現れた。しかし，時と共に「カラーム」の語はアッラーの本質，属性，ムスリムの信条，イスラームの宗教的実践などについての議論の総体を指すようになり，「カラームの学」'ilm al-Kalām という学問分野が成立した（Watt [1973]）。

信仰論

イスラーム教徒の初期の神学的問題は「信仰とは何か」もしくは「不信仰とは何

か」という問題だった。これは「イスラーム共同体」の構成メンバーであるイスラーム信者とは何者か，という法学的論争と深い関係を持つ議論であった。この議論は初期ムスリムたちの間で闘わされた「イスラーム共同体」理念論争と関係を持っていた。そして，初期のムスリムたちの「イスラーム共同体」理念に関する対立から，原シーア派が形成された。原シーア派の「イスラーム共同体」理念に賛同しない人々が後のスンナ派の母体を形成した。原シーア派はその後分派して，やがて今日も存在するザイド派，イスマーイール派，12 イマーム・シーア派などのシーア諸派が生まれた。スンナ派もシーア派とは分派の形式が異なるが，ハナフィー派，マーリキー派，シャーフィイー派，ハンバリー派などのイスラーム法学諸派として分派した。

　原シーア派は預言者ムハンマドに率いられた「イスラーム共同体」を理想化し，その指導者も預言者と同等，もしくは預言者に限りなく近い人物に指導される「イスラーム共同体」の実現を求めた。このように原シーア派は「イスラーム共同体」と，その指導者を極度に理想化したために，この両者の理解をめぐってさらに分裂した。この原シーア派からはハーリジー（ハワーリジュ）派という一種の清教徒主義者たちが分離独立し「不信者を排除した共同体」の建設を標榜した。このことが「信・不信」をめぐる論争をムスリムの間に発達させた。ハーリジー派は不信者とは排除されるべきであり，「イスラーム共同体」の指導者となることができないと主張した。この主張は初期「イスラーム共同体」の支配者，すなわちウマイヤ朝ハリーファ（カリフ）など当時の支配層にたいする批判の意味を含んでいる。このようなハーリジー派の主張にたいし支配者を擁護する論者たちが現れた。この論者たちは「信・不信」の判断は最後の審判まで延期すべきあり，たとえ罪を犯してもイスラームの宗教規定を実行していればとりあえず信者とみなすべきであると主張した。このような主張をした人々がムルジア派と呼ばれた。ムルジア派とは「延期を主張する人々」という意味である。ムルジア派は主としてウマイヤ朝ハリーファの立場を擁護する役割を果たした（Izutsu [1965]）。

　他方，ウマイヤ朝は自らの支配の正当性擁護のために，ウマイヤ朝のハリーファが支配することはアッラーが世界創造の時点で既に予定していたという説を唱えた。このような説が発端となってムスリムの間で予定説がおこなわれるようになった。それは人間の行為や自然現象などを含め，この世界におけるあらゆる出来事はアッラーの定めによって生じると説明し，人間は行為の責任主体とならないというものであった。このような予定説論者の一群をジャブル派という。

　これにたいして，反予定説論者は人間の行為は自由意志に基づいて造られるのだから，人間は行為の創造者として行為の結果に責任をもつと主張し，罪を犯した者はその罪の責任を負わねばならぬと主張した。人間に自由意志を認めることで支配者の不正の責任追究が可能になるわけである。この自由意志論者の一群をカダル派という。

　これらの学派間の論争は「イスラーム共同体」の指揮権をめぐる権力闘争を背景に激化していく。このような熾烈な論争を前にして，「イスラーム共同体」の亀裂が修

復不能になることを憂えた人々がいた。このような人々の代表者がハサン・アル=バスリー（728年没）である。ハサン・アル=バスリーは「イスラーム共同体」の分裂を回避するために「偽善者」という概念を提起した。彼によればムスリムは誰もが信仰と実践の不一致に悩む「偽善者」であることになる。自らが「偽善者」であるときに他者を「不信者」と断定するのは問題であるから，すべからくムスリムは自らの偽善者性を克服し，一人一人が良きムスリムとなるよう修行すべきであると彼は説いた。他方，ハサン・アル=バスリーに賛同する人々のサークルの中から，できる限り多くの人々に受け入れられて，しかも「イスラーム共同体」の統一の核となるような教義を創ろうとする人々が現れた。これらの人々は「イウティザールの徒」Ahl al-i'tizāl と呼ばれた。「イウティザール」とは「身を引く」という意味である。すなわち，ムルジア派の主張からもハーリジー派の主張からも「身を引く」ということを意味している。彼らは信仰の内容を明確にし，イスラームの信条を明文化し，大多数の人々が承認するイスラームの教義確立を目指した。この「イウティザールの徒」の中心人物がワースィル・ブン・アター（748年没）である。この人々は支配の正統性に乏しいウマイヤ朝を打倒し，より良い「イスラーム共同体」を作ろうとするアッバース家運動と協力する。アッバース家運動がウマイヤ朝打倒に成功すると，彼らは新たな支配者であるアッバース朝のために「イスラーム共同体」の統合の核をなす理念体系をつくる作業に協力する。アッバース朝の成立当初「イスラーム共同体」の統一回復の試みとして複数のイスラーム信条書が書かれた。それらの信条書のあるものはアッバース家運動と関係の深い知識人によって書かれている（Madelung [1985]）。

■ アキーダ

イスラームの信条を明文化したものを「アキーダ 'aqīda（複数形アカーイド 'aqā'id）」という。イスラームの教義史上最初の「アキーダ」とみなされるのはハナフィー派法学の創始者アブー・ハニーファ（767年没）の作という。彼もアッバース家運動と関係の深い知識人の一人である。彼は法運用においては推論と個人的意見を重視した。アブー・ハニーファ作とされる信条書は「フィクフ・アクバル」Fiqh Akbar と呼ばれている。ただし，実際にはこの「フィクフ・アクバル」は9世紀の半ばに彼の後継者の誰かにより書かれたものと考えられている。9世紀には他にも，幾人かの知識人によって「アキーダ」が書かれている。

「アキーダ」は複数の条項から成り立っている。最初のうちは各々の条項相互の論理的関係は明確にされていなかった。やがて，「アキーダ」の各条項を総合し論理的に関連させて説明し，体系化させる作業が進んだ。この過程でイスラーム教徒の宗教的義務（イバーダート）と倫理的義務（ムアーマラート）が確立する。そして，宗教的義務（イバーダート）の内容が六信五行として固定してくる。

このようにしてムスリムがアッバース朝初期にイスラームの信条を明確化し始めた頃，イスラームの信条をより体系的かつ論理的に説明しようとする機運が高まってき

た。それはアッバース朝の首都が東方ヘレニズム文化の中心地イラクに置かれたことと関係がある。当時のイラクはヘレニズム文化とペルシャ文化が融合した所であった。そこには高度の知識を身につけたキリスト教徒，ユダヤ教徒，ゾロアスター教徒などが大勢住んでいた。ムスリム知識人はこれらの非ムスリム知識人との出会いにより知的刺激を受けた。ムスリム知識人はこれらの人々にイスラームの信条，教義を説明する神学を必要としたのである。しかもアッバース朝は多様な異文化をその領地内に包含するイスラーム国家であったために，その神学はイスラーム共同体の統一を維持しながら，他の既成宗教の教義体系にたいしても理論的優位性を保ち得る神学を必要とした。このような「イスラーム神学」を創るためにムスリム知識人は「アッラーの唯一性（タウヒード）」tawḥīd と「正義」‘adl という概念を基本にした神学創設運動を始めた。この運動に関わった人々は，その鍵概念に因み自分たちを「タウヒードと正義の徒」Ahl al-tawḥīd wa al-‘adl と呼んだ。この人々は後世に「ムウタズィラ神学派」Mu‘tazila とも呼ばれるようになる。この名称の起源については諸説あるが，おそらくこの「ムウタズィラ神学」運動に前記の「イウティザールの徒」に縁のある知識人が多く参加したことが関係しているのであろう。「ムウタズィラ」と「イウティザール」は同じ語根の言葉である（Watt [1994]）。

ムウタズィラ神学

　「ムウタズィラ神学」創設運動には当時のさまざまな文化的背景を持った知識人が参加した。この運動はイスラーム征服地域に存続していた諸科学を新たな支配言語であるアラビア語によって復活させるという一種の文芸復興運動と密接に連繋していた。そして，初期アッバース朝のハリーファたちは積極的にこの学問的運動を支援した。その結果，多量のイスラーム以前の知的遺産（とりわけギリシャ語の書物）がアラビア語に翻訳，紹介された。ムスリムの知識人たちはアラビア語により再生した古代の文化遺産をイスラーム文化創造に利用したのである。「ムウタズィラ神学」創造運動に参加したムスリム知識人たちもアラビア語に翻訳された古代文化の知的遺産を利用した。とりわけ，アリストテレスの哲学作品は「ムウタズィラ神学」の知識人たちに大きな刺激を与えた。彼らは前記の「アッラーの唯一性」と「正義」の2項目のうえに，「天国の約束と地獄の脅迫」，「（信者と不信者の）中間の立場」，「善を勧め，悪を禁止する」という3項目を加えた五つの原理を信条の柱とした神学の創造を試みた。「ムウタズィラ神学」運動に参加した論客たちは，これら五つの項目のそれぞれについて議論を徹底させ，アリストテレス論理学の手法により命題の内容を分析し，演繹による結論を重視した。彼らは人間の理性は真理すなわちアッラーからの最高の賜物とみなし，理性を理性の法則である論理学に基づき活用し，真理探究のために用いることこそアッラーへの最高の奉仕と考えていた。彼らは神学的命題を構成する概念の一つ一つを分析し，その結果として得られた命題を真とし，そこから新たな結論を演繹していった。その結果，「ムウタズィラ神学」の神学者たちはさまざまの新た

な神学的命題を作り出していった。それらの命題の中にはアッラーの全能性の教義に背馳するものや，ムスリムの一般常識に反するものも含まれていた。「ムウタズィラ神学」の思想家たちは，論理的推理の結論を重視し，ムスリム大衆が信じる復活の日におけるアッラーの直視説や「クルアーン」の永遠説を拒否した。人間の自由意志による行為の責任主体論を重視し，人間は行為の結果の完全な創造者であると主張したため，アッラーの全能性の観念と衝突した。こうして，「ムウタズィラ神学」運動はムスリム大衆の常識とかけ離れた方向へと進み始めていた。それにもかかわらず，西暦 827 年には，「ムウタズィラ神学」運動に理解を示した第 7 代カリフ・マアムーンが「ムウタズィラ神学」をアッバース朝の公認神学とすることを発表した。「ムウタズィラ神学」の公認はアッバース朝内部の権力闘争と深くかかわった事件であった。公認されて権力を掌握した「ムウタズィラ神学」派の官僚，法学者たちは自らに敵対するものを「ムウタズィラ神学」の「クルアーンの被造物説」を利用して弾圧した。彼らは自分たちの「クルアーン」の被造物説に異議があるかないかを調べる異端審問所を設け，人々に自説への同意を迫り，同意しない者を弾圧した。このような強権的手法は大衆の反感をかう結果となる。結局，「ムウタズィラ神学」は理性よりも「クルアーン」の言葉や預言者の言行事跡に信仰の根拠を求める「ハディースの徒」の反撃によりアッバース朝公認神学の地位を失う。

「ムウタズィラ神学」が公認神学の地位から追われると，この運動に参加した知識人たちの中から「ハディースの徒」との妥協を目指す人々が出てきた。その結果，アシュアリー神学やマートゥリーディー神学およびシーア諸派の神学が誕生した。アシュアリー神学は「ムウタズィラ神学」派から「ハディースの徒」派に転向したアブー・ル・ハサン=アル・アシュアリー（935 年没）が基礎を置いたスンナ派のカラームの一派である。マートゥリーディー神学はアブー・マンスール・ムハンマド・マートゥリーディー（944 年没）が基礎を置いたスンナ派の神学派である。シーア派の神学は「ムウタズィラ神学」派の知識人の協力を得て成立した。したがって，シーア派神学には「ムウタズィラ神学」の強い影響を認めることができる。

アシュアリー神学は人間の自由意志を極度に制限した。この学派は「ハディースの徒」の主張を「ムウタズィラ神学」の方法を用いて説明しようとした。人間は自分の行為を自分で創造することはなく，アッラーが創った行為を人間が「獲得」していると主張した。アッラーの全能性を重視したので，ムスリムが「私は本当に信者である」と主張することは自由意志を認めることに通じるので許されないと主張した。この主張をするのであれば，この主張に続いて必ず「もしアッラーが望めば」という条件の副詞節を加えなければならないと主張した。ハナフィー派法学と関係が深いマートゥリーディー神学は自由意志をある程度認めるので，そのような副詞節をつける必要はないとした。

こうして 10 世紀ころに「カラーム」，すなわち「イスラーム神学」の大枠が固まったのである。それ以後，「イスラーム神学」の思想内容の充実と理論の精密化が進ん

でいく。その結果,「カラーム」は「イスラーム神学」の名称にふさわしい学問体系となる。

イブン・ハルドゥーン（『歴史序説』の著者，1406年没）は「カラームの学」を定義して「カラームの学とは信仰箇条を論証し，原初のイスラームの教義と預言者の慣行からの逸脱を批判する学である。信仰箇条の核心となるのはアッラーの唯一性である」と言う。イージー（1355年没）は「カラーム」の役割を「創造主の存在証明とその唯一性を保証することである」と言う（Wolfson [1976]）。

イスラーム哲学

「ムウタズィラ神学」運動と並行して，イスラーム以前の知的遺産のアラビア語翻訳に触発された人々がいた。彼らはアリストテレス哲学やプロティーノスの思想を基礎にしてアッラー，世界，人間の関係をより実証的かつ論理的に把握し，人間の能力を可能な限り発展させて真理を把握しようとした。これらの人々は自分たちの哲学的思索の結果をクルアーンや預言者の言葉よりも重視した。彼らが，イスラーム哲学者と後に呼ばれる人たちである。彼らは「ムウタズィラ神学」運動とも緊密な関係を持っていた。イスラーム思想史上最初の哲学者と呼ばれるキンディー（866年頃没）も「ムウタズィラ神学」運動と深く関係していた。

イスラーム世界に移植された哲学をさらに発展させたのがファーラービー（950年没）やイブン・スィーナー（ラテン名アヴィケンナ1038年没）である。しかしながら，イスラーム哲学者の知的営為が到達した結論はしばしば「ハディースの徒」などが尊重するイスラームの伝統的信条と衝突することがあった。このために初期イスラーム哲学者たちは宗教との緊張した関係を持つことを強いられた。とりわけ，アシュアリー派神学者アブー・ハーミド・ガザーリー（1111年没）によるイスラーム哲学批判はよく知られている。これに対して，イブン・ルシュド（ラテン名アヴェロエス1198年没）はマーリク派法学者でありながらも知性の完成を求める哲学研究を宗教的義務ととらえ，哲学と宗教との調和を実現しようとした。イブン・ルシュドは真理は一つであるが，哲学的に把握されると同時に啓示によっても知られると主張し，哲学と宗教の調和の実現を試みた。イブン・ルシュドの哲学と宗教の両立的調和の思想はイスラーム世界に良き後継者を得なかった。むしろ，イブン・ルシュドの哲学と宗教の並行的調和の思想は中世ヨーロッパに継承され，ラテン・アヴェロイストの二重真理説を生むことになった。

他方，イスラーム哲学は新プラトン派の流出哲学の世界観を大幅に採用しているために，根本的にはアッラーと人間を対立的に捉えていない。このためにイスラーム哲学とイスラーム神学は対立の時期を過ぎると，イスラーム神学はイスラーム哲学の方法を大幅に採用するようになり融合していくことになる。アシュアリー派神学やマートゥリーディー神学およびシーア派の中の知性主義の人々はイスラーム哲学者の学的成果をそれぞれの神学の中に取り込んでいった（Fakhry [1970]）。

スンナ派神学の哲学化

　スンナ派神学者イージー（1355年没）はイブン・スィーナーの存在認識論を自らの神学に取り入れている。彼の「カラームの諸段階」 *Sharḥ al-Mawāqif fī al-Kalām* (Miṣr, 1325) というアシュアリー神学の作品は次のような構成になっている。

(1) カラームと知の前提，知（認識）一般。知の分類。知の存在論と必然的知。推論，推論の諸形式。
(2) 一般原理，存在と非存在。本質。必然者と偶有者。一と多。原因と結果。
(3) 偶有，類。量。質。関係，空間的関係，運動。関係概念。
(4) 実体，物体。物体の性質。離存霊魂。知性体。
(5) 哲学的神学（ilāhīyāt），神的本質。神的超越。アッラーの唯一性。アッラーの肯定的属性。アッラーの可能的属性，アッラーの可視性，アッラーの可知性。アッラーの行為（人間の行為を含む）。アッラーの美名。
(6) （天国と地獄等の）伝統的主題，預言者性，終末論，宗教法と罪名，カリフ制。

シーア派，特に12イマーム神学の神智学化

　シーア派の世界でも信仰箇条の解説に哲学的手法や概念を導入することが盛んになる。とりわけ，ナスィールッディーン・トゥースィー（1274年没）やアッラーマ・ヒッリー（1325年没）などの努力によりシーア派（特に12イマーム・シーア派）の神学に哲学的体系が与えられた。12イマーム・シーア派はファーラービーやイブン・スィーナーの哲学思想が含んでいた神智学的傾向を神学思想の中で発展させ，さらに照明学派哲学者スフラワルディー（1191年没）の光の形而上学とイブン・アラビー（1240年没）の神秘哲学もその体系の中に取り込んでいく。このような12イマーム・シーア派神学の発展の過程でミール・ダーマード（1631年没）はスフラワルディーの照明学派哲学に触発されて，本質直観を基礎とした世界観を構想した。ミール・ダーマードの弟子モッラー・サドラー（1640年没）は彼自身の時代までに現れた哲学および神学の諸説を総合し，その総合的世界観の中で人間とアッラーの関係を考察し，人間完成の学としての神智学を確立した。モッラー・サドラーの神智学とその方法は今日まで12イマーム・シーア派の世界では継承され，つぎつぎ神智学者を生み出している（コルバン［1974］）。

【文献】

〈イスラーム神学〉
井筒俊彦［1991］『イスラーム思想史』中央公論社
岩波講座東洋思想3［1991］『イスラーム思想I』岩波書店
塩尻和子［2001］『イスラームの倫理——アブドルジャッバール研究』未来社
嶋田襄平［1978］『イスラーム教史』山川出版社
上智大学中世思想研究所［2000］『イスラーム哲学（中世思想原典集成11）』平凡社
中村廣治郎［1977］『イスラム　思想と歴史』東京大学出版会

中村廣治郎［2002］『イスラムの宗教思想——ガザーリーとその周辺』岩波書店
Abrahamov, B. [1998] *Islamic Theology*, Edinburgh
Abū 'Udhbah [1904] *al-Rawḍa al-Bahīya fī-mā bayna al-Ashā'ira wa al-Māturīdīya*, Ḥaydarābād
Allard, M. [1965] *Le problème des attributs divins dans la doctrine d'Ašʿari*, Beirut
Amīn, A. [1963] *Ḍuḥā al-Islām*, Cairo
Āmulī, A. J. [1361] *Ḥudūth o Qidam*, Tehrān
Antes, P. [1971] *Zur Theologie der Schi'a*, Freiburg
Badawī, A. [1971] *Madhāhib al-Islamīyīn*, Beirūt
Fakhry, M. [1958] *Islamic Occasionalism*, London
Gardet/Anawati [1970] *Introduction à la théologie musulmane*, Paris
Hourani, G. F. [1971] *Islamic Rationalism, The Ethics of ʿAbd al-Jabbar*, Oxford
Izutsu, T. [1965] *The Concept of Belief in Islamic Theology : A Semantic Analysis of Îmân and Islâm*, Tokyo
Macdonald, D. B. [1903] *Development of Muslim Theology, Jurisprudence and Constitutional Theory*, New York
Madelung, W. [1985] *Religious Schools and Sects in Medieval Islam*, London
Mughniyah, J. M. [1364(イラン暦)] *Khuṭūṭ-i Barjasteh-i az Flsafeh o Kalām-i Islāmī*, Mashhad
Muṭahharī, M. [n.d.] *Kullīyāt-i 'Ulūm-i Islāmī*, Tehrān
Nāder, A. [1951] *Falsafa al-Muʿtazila*, Beirut
Ormsby, E. L. [1984] *Theodicy in Islamic Thought*, Princeton
Schmidtke, S. [1991] *The Theology of al-ʿAllamah al-Hilli*, Berlin
Shaltūt, M. [1972] *al-Islam 'Aqīda wa Sharī'a*, Cairo
Shaykh al-Islāmī, A. [1363(イラン暦)] *Taḥqīqī dar Masā'il-i Kalāmī*, Tehrān
Sweetman, J. W. [1942-47] *Islam and Christian Theology*, London
Tritton, A. S. [1981] *Muslim Theology*, Westport
Watt, W. M. [1973] *The Formative Period of Islamic Thought*, Edinburgh
Watt, W. M. [1984] *Islamic Philosophy and Theology*, Edinburgh
Watt, W. M. [1994] *Islamic Creeds*, Edinburgh
Wensinck, A. J. [1965] *The Muslim Creed : Its Genesis and Historical Development*, New York
Wolfson, H. A. [1976] *The Philosophy of the Kalam*, Cambridge (MA)

〈イスラーム哲学〉

井筒俊彦［1980］『イスラーム哲学の原像』岩波書店
井筒俊彦［1991］『イスラーム思想史』中央公論社
井筒俊彦［2001］『意識と本質』岩波書店
岩波講座東洋思想3［1991］『イスラーム思想II』岩波書店
コルバン, H［1974］『イスラーム哲学史』黒田壽郎/柏木英彦訳, 岩波書店
上智大学中世思想研究所［2000］『イスラーム哲学（中世思想原典集成11）』平凡社
ナスル, S・H［1975］『イスラームの哲学者たち』黒田壽郎/柏木英彦訳, 岩波書店
松本耿郎［1993］『イスラーム政治神学』未来社
リーマン, O［2002］『イスラム哲学への扉』中村廣治郎訳, 筑摩書房
ʿAbdu-hu al-Shimālī, [1965] *Dirāsāt fī Tārīkh al-Falsafat al-Islamīya wa Āthār Rijāl-hā*, Beirūt
Abū Rayyān, M. ʿA. [1974] *Tārīkh al-Fikr al-Falsafī fī al-Islām*, Alexandria
Abū Rayyān, M. ʿA. [1987] *Uṣūl al-Falsafat al-Ishrāqīya*, Alexiandria
Afnan, S. [1958] *Avicenna, His Life and Works*, London

Āhanī, Gh. [1362(イラン暦)] *Kulliyāt-i Falsafeh-i Islāmī*, Tehrān
Arnaldes, R. [1998] *Averroès, un rationaliste en Islam*, Paris
Āshtiyānī, S. J. [n.d.] *Hastī az naẓar-i Falsafeh o 'Erfān*, Tehrān
Āshtiyānī, S. J. [n.d.] *Sharḥ-i Ḥal o 'Ārā'-i Falsafī-i Mollā Ṣadrā*, Tehrān
Āyatī, I. [1343(イラン暦)] *Maqūlāt*, Tehrān
Corbin, H. [1964] *Histoire de la philosophie islamique*, Paris
Corbin, H. [1972] *En Isalm Iranien*, 4 vols., Paris
Elāhī Qomshehī, M. [1345(イラン暦)] *Ḥekmat-i Elāhī*, 2 vols., Tehrān
Fadlullah, M. [1994] *Bidāyat al-Tafalsuf al-Insānī*, Beirut
Fakhry, M. [1970] *A History of Islamic Philosophy*, New York
Fakhry, M. [1991] *Ethical Theories in Islam*, Leiden
Goichon, A.-M. [1937] *La distinction de l'essence et de l'existence d'après Ibn Sina*, Paris
Goodman, L. E. [1992] *Avicenna*, London
Gutas, D. [1988] *Avicenna and the Aristotelian Tradition*, Leiden
Ḥasanzādeh-i Āmulī, H. [1404(ヒジュラ暦)] *Ettiḥād-i 'Āqel be Ma'qūl*, Qum
Ḥasanzādeh-i Āmulī, H. [1380(イラン暦)] *Waḥdat az Dīdgāh-i 'Āref o Hakīm*, Qum
Ibrahimi-i Dīnānī, Gh. [1978-82] *Qawā'id-i Kulli-i Falsafī-i dar Falsafeh-i Islāmī*, Tehrān
Izutsu, T. [1971] *The Concept and Reality of Existence*, Tokyo
Leaman, O. [1999] *A Brief Introduction to Islamic Philosophy*, Cambridge
Madkūr, I. [1983] *Fi al-Falsafat al-Islāmīya, Minhaj wa Taṭbīq-hu*, Cairo
Marshān, S. [1992] *al-Jānib al-Ilāhīya 'inda Ibn Sīnā*, Beirūt
Mohaghegh, M./T. Izutsu [1983] *The Metaphysics of Sabzawari*, Tehran
Musleh, J. [1335(イラン暦)] *Falsafeh-i 'Ālī*, Tehrān
Nasr, S. H./O. Leaman [1996] *History of Islamic Philosophy,* Part I, II, New York
Netton, I. R. [1982] *Muslim Neoplatonists*, London
Netton, I. R. [1992] *al-Farabi and His School*, London
Ni'mah, 'A. [1987] *Falāsifat al-Shī'ah*, Beirūt
Rahman, F. [1975] *The Philosophy of Mulla Sadra*, New York
Salībā, J. [1370(ヒジュラ暦)] *Min Aflāṭūn ila Ibn Sīnā, Muḥāḍarāt al-Flsafat al-'Arabīya*, Damascus
Sharif, M. M. [1962] *History of Muslim Philosophy*, Wiesbaden
al-Tabātabā'ī, M. H. [1405(ヒジュラ暦)] *Nihāyat al-Ḥikma*, Vol. 1, Tehrān
al-Tabātabā'ī, M. H. [1409(ヒジュラ暦)] *Nihāyat al-Ḥikma*, Vol. 2, Tehrān
Tūnī, F. [1330(イラン暦)] *Ḥekmat-i Qadīm*, Tehrān
Urvoy, D. [1991] *Ibn Rushd (Averroes)*, London
al-Yasin, J. [1983] *Failasūfāni Rā'idāni : al-Kindī wa al-Fārābī*, Beirūt
Yazdī, M. [1363(イラン暦)] *Durūs-i Falsafeh*, Tehrān

2-6　スーフィズムとタリーカ　　　　　　　　　　東長　靖

スーフィズム・聖者信仰・タリーカ・サイイド/シャリーフ複合現象

　スーフィズム・聖者信仰・タリーカは従来から，相互に深い関係をもつ現象と考えられてきたが，研究そのものは個別に行われるのがふつうであった。「イスラーム神秘主義」と訳されることの多いスーフィズムは思想研究，聖者信仰は人類学，「スーフィー教団」と通常訳されるタリーカは歴史学（近代まで）と人類学（近現代）が主たる担い手であり，それぞれがある種の棲み分けを行いつつ，研究を進めてきた。また，広いイスラーム世界には上記のいずれの現象も幅広く観察することができるが，それらを比較検討することも，十分には行われてこなかった。

　こういったあり方にいわば風穴をあける役割を果たしたのが，フランスの国立社会科学センター（CNRS）を拠点とした共同研究であった。その成果がPopovic/Veinstein編[1996]である。これは，タリーカ研究を中心主題としつつも，神秘主義の理論から政治・経済まで幅広い視点をも含み，しかもイスラーム世界各地をできるだけカバーしようとしている。数多い執筆者が参加している論集なので，節によっては完成度の低い論稿も散見されるが，これだけ射程が広くバランスのよい一書を編んだことは驚きである。

　日本では，1997年からイスラーム地域研究プロジェクトが主だった研究者を数多く巻き込んでスタートしたが，この中で赤堀雅幸と筆者が当初主導した共同研究会を始めた際，モデルにしたのが，上述のフランスの共同研究であった。私たちの研究会は過去10年にわたって活動を続けてきたが，その特徴は，サイイドもしくはシャリーフ（あるいはアフル・アル=バイト）と呼ばれる預言者ムハンマドの子孫に関する研究をも関連トピックとして取り込み，4本の柱を立てて研究を進めていることと，これら四つのトピックの間の微妙な関係そのものを解き明かそうとする努力を長年にわたって続けていることであろう。これらのトピックもしくは現象は，重なり合う部分が大きいが，ずれる部分も多分に存在する。どこが重なり合い，どこが重ならないかを緻密に検討したうえで，それぞれの現象を脱構築し，再構築しようというのが目指すところであるが，現状はとうていそこまで到達していない。これらの要素が絡み合いながら存在する現象（これを「複合現象」と最初に名付けたのは赤堀である）について，現時点の見通しを述べたのが，赤堀/東長靖/堀川徹編[2005]であり，まずはこれをご参照いただきたい。

　サイイド/シャリーフ論については，森本一夫が近年精力的に取り組んでおり，森本（赤堀雅幸/東長靖/堀川徹編[2005]所収）がその論点を要領よくまとめている。以下，スーフィズム，タリーカ，聖者信仰の各々について近年の動向を中心に述べた後，イスラーム世界各地に関する研究にも言及する。

■ スーフィズムの思想と周辺領域

　スーフィズムの研究史や研究動向については，鎌田繁［1985］，東長靖［1995］などで概略をつかむことができる。東長（赤堀雅幸/東長/堀川徹編［2005］所収）は本節と相通ずる内容であり，併読していただければ幸いである。

　スーフィズムの概説書は，理論を中心にまとめたものと，通史的に述べたものとの2種類が存在する。前者のうち，まず読むべきはニコルソン［1996（原著1914）］であろう。スーフィズムの基礎理論はこれでほとんど手に入る。Ernst［1997］は著者の鋭い問題意識が全編にあふれた好著で，我々が自明としてきたスーフィズム像の解体にも迫る。Jong/Radtke編［1999］は，スーフィズムの批判を通じて，スーフィズムの何たるかを浮き彫りにしようとする論文集。ある対象を理解しようとする時，それ自体（の主張）のみを見るのでなく，それと敵対する側（の見解）に着目することは，しばしば有効な戦略である。概論と思想的概括に続いて，各地の論争が取り上げられる。

　後者のうち，日本語で読めるものとしては，12世紀頃までの古典期の部分だけだがよくまとまった通史であるシンメル［1988］と，起源から現代までを扱う通史としては，今のところ日本語で読める唯一の東長靖［1993］がある。現在最も信頼できる通史は，Schimmel［1975］である。分厚いが，オーソドックスな通史であり，引用文献が豊富に注記されているのもよい。ただし，近現代に関してはほとんど記述がなく，現代までを通した通史ということならば，Baldick［1989］を見るしかない。同書は，初めて起源から現代までを扱った意欲的な通史であるが，大胆な仮説も十分な論証を経ないまま述べられており，鵜呑みにしない方がよい。したがって，他の概説書を読んで基礎的知識を身につけてから読むべき「2冊目の本」といえる。

　思想研究としては，個別のスーフィーの思想を取り上げるのが最もオーソドックスな方法であり，枚挙に暇がないので，ここでは日本人の近年における研究を中心に紹介する。長年にわたる著者のガザーリー研究の集大成ともいうべき中村廣治郎［2002］は，スーフィーとしての側面のみならず，様々な思想的側面をも含めて，幅広く論じる。青柳かおる［2005］は，神学・哲学との関係に注目しながら，ガザーリーとファフルッディーン・ラーズィーについて論じたもの。鎌田繁［2000］はサファヴィー朝期のモッラー・サドラーを論じたもので，鎌田には他にも，シーア派とスーフィズムの関係を扱った論文が多数ある。松本耿郎もイランにおけるシーア派とスーフィズムの混交・融合した思想を論じており，松本［1993］はその成果であるが，近年は松本［2006］に見られるように，中国のスーフィーたちに焦点を合わせて新境地を開拓しつつある。この中国のスーフィーたちについては，いわゆる回儒研究会という名の共同研究も進んでおり，その成果は中国伊斯蘭思想研究会編［2005］［2006］などの形で公表されている。哲学的なアプローチを中心としたものに，竹下政孝［2007］などの一連のイブン・アラビー（およびその学派）研究や，スフラワルディー学派に関する小林春夫［2007］などがある。これらいずれも，周辺イスラーム

諸学との関連に十分注意が払われている。

思想研究以外の学問ジャンルにおけるスーフィズム研究としては，たとえば芸術や文学の立場によるものがある。音楽についての During［1989］や Hammerlund/Olsson/Özdalga 編［2001］，舞踏についての Zarcone/Buehler/Işın 編［2004］，ペルシア文学についての Lewisohn 編［1992］［1993］，Lewisohn/Morgan 編［1999］，藤井守男［2001］［2002］，アラブ現代文学についての八木久美子［2006］などがその例である。

スーフィズムに関して，座右に置いて役に立つ簡便な事典として Renard［2005］がある。年表や用語集，参考文献などをも含む。用語集としてはほかに，Al-Qāshānī［1991］（古典アラビア語からの翻訳）が形而上学的な用語に強く，Schimmel［1975］巻末の索引も参考になる。アンソロジーには，Ernst 編訳［1999］などがある。専門誌としては，*Journal of the History of Sufism*（Paris），*Journal of the Muhyiddin Ibn 'Arabi Society*（Oxford）などが挙げられる。前者はスーフィズムに留まらず，タリーカについての論文も多く載る。後者は主としてイブン・アラビー関連の論文を載せる。

■ タリーカ個別研究とタリーカ論

近年のタリーカ研究については，堀川徹（赤堀雅幸/東長靖/堀川編［2005］所収）および Geoffroy 他［2000］をまず見るのがよい。通史的なタリーカ研究としては，古典的著作ともいえる Trimingham［1998(1971)］に加えて，Abun-Nasr［2007］が近年刊行された。

タリーカ研究において検討すべき問題点として，間野英二［1980］は，史料と研究史，系統・系譜，教義・儀式あるいは規定，メンバーの社会的・政治的活動，経済的基盤，教団組織の 6 点を指摘している。この指摘は今でも有効であろう。

個別のタリーカおよび地域ごとの修道場の実態などについて，数多くの研究の蓄積があるが，ここでは，タリーカ別の論集を中心に紹介したい。1990 年代以降，前述のフランスの共同研究グループが相次いで発表している論集に，ナクシュバンディー教団に関する Gaborieau/Popovic/Zarcone 編［1990］，ベクターシー教団に関する Popovic/Veinstein 編［1995］，メラーミー（マラーミー）・バイラミー教団に関する Clayer/Popovic/Zarcone 編［1998］，カーディリー教団に関する Zarcone/Işın/Buehler 編［2000］，シャーズィリー教団に関する Geoffroy 編［2005］がある。いずれも，短期間のラウンドテーブルを元とした論文集なので，必ずしも統一的な問題意識に貫かれているわけではないが，イスラーム世界全域を対象として当該教団を論じるところに特徴があり，相当の情報が得られる。

また，O'Fahey を中心とするベルゲン大学の研究者たちがアフリカのタリーカについて精力的に成果を公表している。スーダンのタリーカについての Karrar［1992］，サヌースィー教団についての Vikør［1995］，ラシーディー・アフマディー教団につ

いての Sedgwick［2005］などであるが，これはフランスの共同研究とは異なり，特定の地域の特定の教団に焦点を合わせた個別研究を蓄積することで，タリーカの全体像を構築しようとする試みと見ることができよう。

ほかに，サヌースィー教団については Triaud［1995］，ティジャーニー教団については Samb［1996］，Benabdellah［1999］，Triaud/Robinson 編［2000］などが，個別タリーカの研究として挙げられる。なお，現代エジプトのタリーカについては Chih［2000］がまず参照されるべき文献である。

こういった近年の研究と1960年代以前の研究を比較することは，タリーカおよびタリーカ研究の変遷を知るうえで意味のあることだろう。たとえば，ベクターシー教団に関する Birge［1994(1937)］，サヌースィー教団に関する Evans-Pritchard［1949］，Ziadeh［1958］，ティジャーニー教団に関する Abun-Nasr［1965］などが古典的研究といえる。

最後に日本における近年のタリーカ研究にふれておこう。前近代に関しては，ナクシュバンディー教団を扱う河原弥生［2005］や川本正知の一連の論文のほか，クブラウィー教団に関する矢島洋一（赤堀雅幸/東長靖/堀川徹編［2005］所収），チシュティー教団についての二宮文子［2003］などがある。また近現代に関しては，ネオ・スーフィズムの問題を中央アジアの文脈から問い直した小松久男［2003］，近代エジプトにおけるタリーカの制度化を扱った高橋圭［2006］，現代エジプトの新しいタイプのタリーカを取り上げた私市正年［2004］，新井一寛［2004］などを挙げることができる。

聖者信仰の近年の展開

聖者信仰研究については，大稔哲也［1995］がその問題点と当時までの研究状況を的確に整理しているので，まずそれを参照することが望ましい。ここでは，それ以降の研究について，とくに日本の研究に焦点を合わせて紹介したい。

「聖者」が分析概念であり，様々な原語で表現される様々な実態を含んでいることはすでに自明であるが，この概念を定義づけ，有効な分析概念たらしめる段階にはまだ至っていないように見える。一方では，スーフィズムその他に基づく聖者論研究があり，他方には各地における聖者信仰の実態に関するケーススタディーが蓄積されている。これらのあいだには相変わらず大きな溝があり，それを架橋するのはこれからの課題であろう。

現時点での問題意識を明らかにするためには，民衆信仰の一環としてイスラームの聖者信仰を様々な角度から総合的に分析した赤堀雅幸［2004］にまずつくとよい。イスラーム史上の聖者論および聖者信仰をめぐる論争は，ショドキェヴィッシュ［2002］にくわしい。スーフィズムの聖者論については，竹下政孝［1995］が要領よく整理してくれる。聖者信仰とシーア派のイマーム信仰のあいだにはパラレルな関係があるが，これについて示唆を与えてくれるのが，吉田京子［2004］，鎌田繁（赤堀/

東長靖/堀川徹編［2005］所収）である。

　歴史研究においては，歴史文献を読み解いて，北アフリカを中心にイスラーム世界における聖者像を描いた私市正年［1996］，エジプト中世を主たる対象に，聖者信仰や参詣行為にまつわる現象を幅広く取り上げて論じた大稔哲也［1999］，イスラーム初期の聖者イブラーヒームに関する叙述がどのように変遷し，拡充していくかを丹念に跡づけた佐藤次高［2001］，シーア派聖地参詣の問題を扱った守川知子［2007］などの成果が見られる。また，地道な作業として忘れてならないものに，聖者伝の校訂および翻訳があるが，川本正知校訂［2004］，川本訳注［2005］，濱田正美［2006］，菅原睦［2007］が相次いで出版されたことは特記すべきであろう。また，文学の分野でも，スーフィーにして文学者のアッタールがペルシア語で遺した聖者列伝の原典からの抄訳が，藤井守男訳［1998］として読めるようになった。

　人類学的研究においては，チュニジアの聖者信仰の事例を人類学的に調査し，丹念に分析した鷹木恵子［2000］，南アジアにおけるイスラームとヒンドゥーとの対立と融和を描いた外川昌彦（赤堀雅幸/東長靖/堀川徹編［2005］所収），三尾稔［2002］，インドにおける聖遺物の問題を取り上げた小牧幸代［2002］などを挙げることができる。

　なお，聖者および聖者信仰研究においては，様々な論集が編まれている。Smith編［1993］，Aigle編［1995］，Chambert-Loir/Guillot編［1995］，Amir-Moezzi編［1996］，Chih/Gril編［2000］，Mayeur-Jaouen編［2002］，Stauth編［2004］などがそれである。

イスラーム世界各地におけるスーフィズム等の複合現象

　以上，中東・西アジアを中心に複合現象について略述してきたが，この現象はイスラーム世界のほぼ全域にわたって見られる。これらを比較検討し，より統合的な理解を目指すことが必要であり，イスラーム世界各地の研究において，スーフィズムや聖者信仰などにより十分な注意が払われることが望ましい。以下には，そのための導きとなる書目をいくらか掲げる。

　サハラ以南アフリカ一般についてはMartin［1976］，東アフリカについては，Nimtz［1980］，Bang［2003］がある。西アフリカについてはLy-Tall［1991］，Villalón［1995］，坂井信三（赤堀雅幸/東長靖/堀川徹編［2005］所収）などがある他，Seesemann［1993］，小川了［1998］などセネガルのムーリッド（ムリーディー）教団は研究の蓄積が豊富である。トルキスタンについてはBaldick［1993］，Papas［2005］，バルカンについてはPopovic［1994］，中国の門宦については馬通［1986］，東南アジアについてはAl-Attas［1963］，Johns［1995］，Bruinessen［1998］，Howell［2001］などを挙げることができる。

【文献】

青柳かおる［2005］『イスラームの世界観——ガザーリーとラーズィー』明石書店
赤堀雅幸［2004］「イスラームの聖者と聖者のイスラーム——民衆信仰論の一環として」『宗教研究』（日本宗教学会）341
赤堀雅幸/東長靖/堀川徹編［2005］『イスラームの神秘主義と聖者信仰（イスラーム地域研究叢書7）』東京大学出版会
新井一寛［2004］「タリーカにおける組織的革新性と宗教的感情の発露——現代エジプトにおけるジャーズーリーヤ・シャーズィリーヤ教団の事例を通じて」『日本中東学会年報』20：1
大稔哲也［1995］「「聖者」と「聖者崇拝」」三浦徹/東長靖/黒木英充編『イスラーム研究ハンドブック（講座イスラーム世界別巻）』栄光教育文化研究所
大稔哲也［1999］「中世エジプト・イスラム社会の参詣・聖墓・聖遺物」歴史学研究会編『巡礼と民衆信仰（地中海世界史4）』青木書店
小川了［1998］『可能性としての国家誌——現代アフリカ国家の人と宗教』世界思想社
鎌田繁［1985］「イスラーム神秘主義研究」『東京大学宗教学年報』3
鎌田繁［2000］「注釈の革新——モッラー・サドラーのクルアーン注解」『文学』1：4（2000年7/8月号），岩波書店
河原弥生［2005］「コーカンド・ハーン国におけるマルギランのトラたち——ナクシュバンディー教団系の聖者一族に関する一考察」『日本中東学会年報』20：2
川本正知校訂［2004］マウラーナー・シャイフとして知られる弟子編著『15世紀中央アジアの聖者伝——マカーマーテ・ホージャ・アフラール』東京外国語大学アジア・アフリカ言語文化研究所
川本正知訳注［2005］マウラーナー・シャイフとして知られる弟子編著『15世紀中央アジアの聖者伝——マカーマーテ・ホージャ・アフラール』東京外国語大学アジア・アフリカ言語文化研究所
私市正年［1996］『イスラーム聖者——奇跡・予言・癒しの世界』講談社現代新書
私市正年［2004］「ブルハーミー教団と現代エジプトのイスラーム復興」『イスラーム地域の民衆運動と民主化（イスラーム地域研究叢書3）』東京大学出版会
小林春夫［2007］「シャハラズーリーによるスフラワルディー著『開示の書』註釈——理知的魂に関する序論のテクスト校訂・翻訳・訳註」『東洋文化』87（特集：イスラーム思想の諸相）
小牧幸代［2002］「インド・イスラーム世界の聖遺物信仰——「遺されたもの」信仰の人類学的研究に向けて」『人文学報』87
小松久男［2003］「地域間比較の試み——中央アジアと中東」佐藤次高編『イスラーム地域研究の可能性（イスラーム地域研究叢書1）』東京大学出版会
佐藤次高［2001］『聖者イブラーヒーム伝説』角川書店
ショドキェヴィッシュ，ミシェル［2002（原著1995）］「イスラームにおける聖性と聖者」今松泰訳，『思想』941（2002年9月号），岩波書店
シンメル，アンネマリー［1988］「古典的スーフィズム」小田淑子訳，『イスラーム思想2（岩波講座東洋思想4）』岩波書店
菅原睦［2007］『ウイグル文字本『聖者伝』の研究Ⅰ　序論と転写テキスト』神戸市看護大学コミュニケーション学講座
鷹木恵子［2000］『北アフリカのイスラーム聖者信仰——チュニジア・セダダ村の歴史民族誌』刀水書房
高橋圭［2006］「タリーカの制度化とスーフィー教団組織の成立——18世紀後半から20世紀前半エジプトにおけるタリーカの変容」『オリエント』49：2
竹下政孝［1995］「預言者と聖者——イスラームにおける聖なる人びと」竹下政孝編『イスラームの思考回路（講座イスラーム世界4）』栄光教育文化研究所

竹下政孝［2007］「イブン・アラビー『叡智の宝石』注釈書の系譜――ザカリヤ章を中心にして」『東洋文化』87（特集：イスラーム思想の諸相）
中国伊斯蘭思想研究会編［2005］『中国伊斯蘭思想研究』1，中国伊斯蘭思想研究会
中国伊斯蘭思想研究会編［2006］『中国伊斯蘭思想研究』2，中国伊斯蘭思想研究会
東長靖［1993］「スーフィーと教団」山内昌之/大塚和夫編『イスラームを学ぶ人のために』世界思想社
東長靖［1995］「スーフィズム（研究案内）」三浦徹/東長靖/黒木英充編『イスラーム研究ハンドブック（講座イスラーム世界別巻）』栄光教育文化研究所
中村廣治郎［2002］『イスラムの宗教思想――ガザーリーとその周辺』岩波書店
ニコルソン，R・A［1996(原著1914)］『イスラムの神秘主義――スーフィズム入門』中村廣治郎訳，新版，平凡社ライブラリー
二宮文子［2003］「デリー・サルタナト期のスーフィー・シャイフ――ニザームッディーンの事例を中心として」『西南アジア研究』59
濱田正美［2006］『東トルキスタン・チャガタイ語聖者伝の研究』京都大学大学院文学研究科
藤井守男訳［1998］ファリード・ウッディーン・ムハンマド・アッタール著『イスラーム神秘主義聖者列伝』国書刊行会
藤井守男［2001］「アイヌル・クザート・ハマダーニー 'Ayn al-Quḍāt Hamadānī (d. 1131) とペルシア文学研究との接点に関する覚書」『オリエント』44：1
藤井守男［2002］「『聖霊の安らぎ』Rawḥ al-arwāḥに見る「神秘主義」taṣawwufの諸相」『オリエント』45：2
松本耿郎［1993］『イスラーム政治神学――ワラーヤとウィラーヤ』未来社
松本耿郎［2006］「馬徳新とイスラーム思想の儒教的展開――非暴力・平和の思想」『サピエンチア英知大学論叢』40
間野英二［1980］「ナクシュバンディー教団に関する覚書(1)」『中東の社会変化とイスラムに関する総合的研究――報告と討論の記録』国立民族学博物館
三尾稔［2002］「聖者廟空間におけるアイデンティティー・ポリティクスの生成とその回避――インド・ラージャスターン州メーワール地方のスーフィー的聖者廟の事例」『国立民族学博物館研究報告』26：4
守川知子［2007］『シーア派聖地参詣の研究』京都大学学術出版会
八木久美子［2006］『マフフーズ・文学・イスラム――エジプト知性の閃き』第三書館
吉田京子［2004］「12イマーム・シーア派参詣の理論的側面」『宗教研究』341
馬通［1986］『中国伊斯蘭教派門宦遡源』銀川
Abun-Nasr, J. M. [1965] *The Tijaniyya: A Sufi Order in the Modern World*, London/New York/Toronto
Abun-Nasr, J. M. [2007] *Muslim Communities of Grace: The Sufi Brotherhoods in Islamic Religious Life*, New York
Aigle, D. 編 [1995] *Saints orientaux*, Paris
Al-Qāshānī, 'Abd al-Razzāq [1991] N. Safwat 訳, D. Pendlebury 編, *A Glossary of Sufi Technical Terms*, London
Al-Attas, S. N. [1963] *Some Aspects of Ṣūfism as Understood and Practised among the Malays*, Singapore
Amir-Moezzi, M. A. 編 [1996] *Lieux d'islam: Cultes et cultures de l'Afrique à Java*, Paris
Baldick, J. [1989] *Mystical Islam: An Introduction to Sufism*, London/New York
Baldick, J. [1993] *Imaginary Muslims: The Uwaysi Sufis of Central Asia*, London/New York

Bang A. K. [2003] *Sufis and Scholars of the Sea : Family Networks in East Africa, 1860-1925*, London/New York
Benabdellah, A. [1999] *La Tijânia : Une voie spirituelle et sociale*, Marrakech
Birge, J. K. [1994(1937)] *The Bektashi Order of Dervishes*, London
Bruinessen, M. van [1998] "Studies of Sufism and the Sufi Orders in Indonesia," *Die Welt des Islams*, 38 : 2
Chambert-Loir, H./C. Guillot 編 [1995] *Le culte des saints dans le monde musulman*, Paris
Chih, R. [2000] *Le soufisme au quotidien : Confréries d'Egypte au xxe siècle*, Arles
Chih, R./D. Gril 編 [2000] *Le saint et son milieu ou comment lire les sources hagiographiques*, Le Caire
Clayer, N./A. Popovic/Th. Zarcone 編 [1998] *Melâmis-Bayrâmis : Études sur trois mouvements mystiques musulmans*, Istanbul
During, J. [1989] *Musique et mystique dans les traditions de l'Iran*, Paris/Téhéran
Ernst, C. W. [1997] *The Shambhala Guide to Sufism*, Boston/London
Ernst, C. W. 編訳 [1999] *Teachings of Sufism*, Boston/London
Evans-Pritchard, E. E. [1949] *The Sanusi of Cyrenaica*, Oxford
Gaborieau, M./A. Popovic/Th. Zarcone 編 [1990] *Naqshbandis : Cheminements et situation actuelle d'un ordre mystique musulman, Actes de la table ronde de Sèvres 2-4 mai 1985*, Istanbul
Geoffroy, E. 編 [2005] *Une voie soufie dans le monde : La Shâdhiliyya*, Paris
Geoffroy, E. 他 [2000] s. v. "ṭarīḳa", *The Encyclopaedia of Islam*, new ed., 10, Leiden.
Hammerlund, A./T. Olsson/E. Özdalga 編 [2001] *Sufism, Music and Society in Turkey and the Middle East*, Istanbul
Howell, J. D. [2001] "Sufism and the Indonesian Islamic Revival," *The Journal of Asian Studies*, 60 : 3
Johns, A. H. [1995] "Sufism in Southeast Asia : Reflections and Reconsiderations," *Journal of Southeast Asian Studies*, 26 : 1
Jong, F. de/B. Radtke 編 [1999] *Islamic Mysticism Contested : Thirteen Centuries of Controversies and Polemics*, Leiden/Boston/Köln
Karrar, A. S. [1992] *The Sufi Brotherhoods in the Sudan*, Evanston, Illinois
Lewisohn, L. 編 [1992] *The Legacy of Mediaeval Persian Sufism*, London/New York
Lewisohn, L. 編 [1993] *Classical Persian Sufism : From its Origins to Rumi*, London/New York
Lewisohn, L./D. Morgan 編 [1999] *Late Classical Persianate Sufism (1501-1750) : The Safavid & Mughal Period*, Oxford/Boston
Ly-Tall, M. [1991] *Un Islam militant en Afrique de l'ouest au xixe siècle : La Tijaniyya de Saïku Umar Futiyu contre les pouvoirs traditionnels et la puissance coloniale*, Paris
Martin, B. G. [1976] *Muslim Brotherhoods in Nineteenth-Century Africa*, Cambridge
Mayeur-Jaouen, C. 編 [2002] *Saints et héros du Moyen-Orient contemporain*, Paris
Nimtz, A. H. [1980] *Islam and Politics in East Africa : The Sufi Order in Tanzania*, Minneapolis
Papas, A. [2005] *Soufisme et politique entre Chine, Tibet et Turkestan : Etude sur les Khwajas Naqshbandis du Turkestan oriental*, Paris
Popovic, A. [1994] *Les derviches Balkaniques hier et aujourd'hui*, Istanbul
Popovic, A./G. Veinstein 編 [1995] *Bektachiyya : Études sur l'ordre mystique des Bektachis et les groupes relevant de Hadji Bektach*, Istanbul
Popovic, A./G. Veinstein 編 [1996] *Les voies d'Allah : Les ordres mystiques dans l'islam des origines*

à aujourd'hui, Paris
Renard, J. [2005] *Historical Dictionary of Sufism*, Lanham, Maryland/Toronto/Oxford
Samb, A. M. [1996] *Introduction à la Tariqah Tidjaniyya ou voie spirituelle de Cheikh Ahmad Tidjani*, Paris
Schimmel, A. [1975] *Mystical Dimensions of Islam*, Chapel Hill
Sedgwick, M. [2005] *Saints and Sons : The Making and Remaking of the Rashīdi Aḥmadi Sufi Order, 1799-2000*, Leiden/Boston
Seesemann, R. [1993] *Aḥmadu Bamba und die Entstehung der Murīdīya : Analyse religiöser und historischer Hintergründe-Untersuchung seines Lebens und seiner Lehre anhand des biographischen Werkes von Muḥammad al-Muṣṭafā Ān*, Berlin
Smith, G. M. 編 [1993] *Manifestations of Sainthood in Islam*, Istanbul
Stauth, G. 編 [2004] *On Archaeology of Sainthood and Local Spirituality in Islam : Past and Present Crossroads of Events and Ideas*, Bielefeld
Triaud, J.-L. [1995] *La légende noire de la Sanûsiyya : Une confrérie musulmane Saharienne sous le regard français (1840-1930)*, 2 vols., Paris
Triaud, J.-L./D. Robinson 編 [2000] *La Tijâniyya : Une confrérie musulmane à la conquête de l'Afrique*, Paris
Trimingham, J. S. [1998(1971)] *The Sufi Orders in Islam*, Oxford/New York
Vikør, K. S. [1995] *Sufi and Scholar on the Desert Edge : Muḥammad b. 'Alī al-Sanūsī and his Brotherhood*, London
Villalón, L. A. [1995] *Islamic Society and State Power in Senegal : Disciples and Citizens in Fatick*, Cambridge
Zarcone, Th./A. Buehler/E. Işın 編 [2004] *Journal of the History of Sufism*, 4 (*Special Issue : Sufi Dance*), Paris.
Zarcone, Th./E. Işın/A. Buehler 編 [2000] *Journal of the History of Sufism*, 1/2 (*Special Issue : The Qâdiriyya Order*), Istanbul
Ziadeh N. A. [1958] *Sanūsīyah : A Study of a Revivalist Movement in Islam*, Leiden

2-7 シーア派＋

菊地達也

シーア派研究史概略（～20世紀後半）

　全ムスリム中で非スンナ派は約1割を占める。そのほとんどはシーア派系諸派諸教であるが，ハワーリジュ派，アフマディーヤなど非シーア派系も少数ながら存在する。シーア派系諸派としては12イマーム派，イスマーイール派，ザイド派が有力な分派として知られているが，すでに消滅してしまった分派も多い。
　12イマーム派法学を理論的支柱としたイラン・イスラーム革命が1979年に発生す

るまで，欧米の研究者の関心がシーア派に向くことは少なかった。*Index Islamicus* を見る限り，非スンナ派系諸派諸教に関する著作・論文は，革命以降は5年で100点以上というペースで執筆されているのに対して，1665-1905年に書かれた著作・論文数は300弱にすぎない。20世紀以前に書かれた非スンナ派系集団に関する数少ない記述も多くの場合偏見や誤謬をぬぐい去れなかった。その主な理由は，(1) 西欧諸国が非スンナ派系集団と利害関係を持つことが希であったこと，(2) 非スンナ派系集団の多くが秘密主義をとり外部への教義書の漏洩を避けてきたこと，(3) その結果として偏見や誤謬の多いスンナ派による記述を通じて諸派諸教を語らざるを得なかったこと，に求められるだろう。

　非スンナ派系諸派諸教に関する記述や学問的分析が増加するのは，西欧列強による中東支配が始まった帝国主義時代以降である。18世紀から20世紀前半まではドゥルーズ派，アラウィー派，ヤズィード教に関する著作・論文の数が比較的多かった。3派に関する記述・研究が信徒人口に比して多かったことは，彼らの主な居住地域が英仏の勢力圏であった大シリア，イラクであることと無縁ではないだろう。また，3派は〈異端〉的教説で知られており，十字軍以降，イスマーイール派「暗殺教団」Assassinsに向けられた多大な関心からも分かるように，オリエントの〈異端〉宗派に対する東洋趣味(オリエンタリズム)がその背後にあったことも否めない（Daftary［1994］を参照）。

　20世紀中盤以降秘蔵されていた写本が公開されテクストとして刊行されることが多くなり，シーア派思想研究は大きく飛躍する。タバータバーイー［2007］に見られるようにシーア派出身の学者の側でも西洋の学術研究を意識した積極的な発言をおこない始める。この時期の研究史に巨大な足跡を残したのがH・コルバン（1903-1978）である。彼はコルバン［1974］において〈異端〉として周縁に追いやられていた同派思想に内的一貫性を与え，Corbin［1971-72］などにおいてそれをイラン思想史に位置づけ，多くのテクストの校訂に尽力した。しかし，彼はシーア派の内面性と秘教性を強調しすぎるきらいがあり，その外面性や政治性に無頓着であった。1979年の革命以降は，コルバンが着目しなかった12イマーム派の外面的，顕教的性格に関する研究が増大した。その結果，同派研究はバランスがとれたものになってきているが，その他の諸派諸教に関する研究の中には帝国主義時代から遅々として進展していないものも多い。

　シーア派諸分派をバランスよく包括的に扱った概説書としてはHalm［1991］がある。諸分派に関する良質の論文集としてはKohlberg編［2003］，グラート（極端派）に特化したものとしてはMoosa［1987］がある。

■ イマーム派/12イマーム派の研究状況

　12イマーム派の思想と歴史に関する概説書としてはMomen［1985］が最適であろう。各地の12イマーム派の現状を分析する桜井啓子［2006］はイラン以外にも目配りの利いた良質の概説書である。同派研究の水準はスンナ派研究の水準に追いつきつ

つあり，Kohlberg［1992］，Modarressi［2003-］のような書誌学的研究の進展ぶりも目覚しい。

9世紀における第12代イマームのガイバ（幽隠）以後，12イマーム派思想の骨格が形成されるが，同派の母体となったイマーム派との連続性において初期の宗教思想，法学，ハディース学を分析したものとしてはKohlberg［1991］がある。最初期の秘教的イマーム観とタフスィールについてはそれぞれAmir-Moezzi［1994］とBar-Asher［1999］，9〜11世紀における終末論の形成についてはSachedina［1981］，Modarressi［1993］，吉田（山尾）京子［1993］［2000］，スーフィズムからの影響についてはKamada［2005］などが参考になるだろう。

コルバンが先鞭をつけた12イマーム派神学・神智学研究については，彼のような直感的手法ではなくテクスト分析に基づいた実証的研究が充実しつつある。その結果，シャイフ・ムフィード（10〜11世紀）に関するMcDermott［1978］，アッラーマ・ヒッリー（13〜14世紀）に関するSchmidtke［1991］，鎌田繁［1992］，ムッラー・サドラー（16〜17世紀）に関するRahman［1975］，Nasr［1978］，鎌田［1984］［1986］，Kamada［1995］など思想家個人の個別研究が進んできている。

イラン革命以後には，革命を主導し革命後にはイランの支配階層となった12イマーム派法学者と彼らの理論に関する関心が急速に高まり，革命の指導者たるホメイニーの著作も邦訳された（ホメイニー［2003］）。Arjomand［1984］，Sachedina［1988］を嚆矢として，ガイバ以降の12イマーム派法学理論が法学者を権威づけていく過程，同派法学者の権威がイランにおいて歴史的に確立される過程を分析する研究が厚みを増している。松永泰行［1999］［2001］にみられるように，ホメイニーらの法理論がイラン・イスラーム共和国が直面する政治的状況下でどのように調整されているのかを分析する研究も増加している。従来遅れていた古典期の法学やハディースの研究については，Gleave［2000］，Newman［2000］など参照すべき研究が現れている。

近現代の12イマーム派研究は全体として飛躍的な進歩を遂げているが，イラン革命以降は同地を中心に語られることが多く，他地域（主にアラブ圏と南アジア）の同派の特殊性が十分に考慮されてきたとは必ずしも言えない。イラン以外，特にイラクの同派研究の充実化は今後の課題であろう。

イスマーイール派とその研究状況

8世紀のイマーム派から分派したイスマーイール派は，19世紀以前から研究対象や文学のモティーフになることが多かったが，本格的な研究が進むのは同派指導者が資料の公開に踏み切った1930年代以降である。同派の枝派ニザール派には現在でもイマームが君臨しており，その豊富な資金力によってイスマーイール派研究を援助している。イマーム，アーガー・ハーン4世が1977年に建設したロンドンのイスマーイール派研究所を中心に活発な研究・出版活動がおこなわれており，研究点数では

12イマーム派に次ぐ存在となっている。Poonawala［1977］，Daftary［2004］など，この時期の同派文献に関する書誌学的研究も進んできており，同派思想書を活用したHalm［1996］以降の初期ファーティマ朝史研究は思想研究の上でも有益である。同派研究史において画期となったのはDaftary［1990］であろう。本書は最新の研究成果を反映し7世紀から近現代に至るイスマーイール派の思想と歴史を概観した著作であり，各国語に翻訳され同派信徒の思想・歴史観にも大きな影響を与えている。

20世紀後半以降，研究の中心となったのは10〜11世紀のグノーシス的教義，哲学的教義であった。1990年代以降は思想家の個別研究の段階に入っており，アブー・ハーティム・ラーズィーについては野元晋［1996-97, 2000-01］，Nomoto［1998］［1999］，スィジスターニーについてはWalker［1993］，キルマーニーについてはDe Smet［1995］，菊地達也［2005］などが著され，抄訳集であるNasr他編［2001］など翻訳も進んでいる。

アラブ・ペルシア語圏において哲学的教義が隆盛を誇った時代に関する研究は活況を呈しているが，このような状況には宗派指導部の意向も作用している。現在のイスマーイール派はアラブ・ペルシア圏だけではなく南アジアや中央アジアなどにも居住しているが，アラムート陥落（1256年）以降の同派は，イマームの中央集権的支配が崩れ地域的特色を強めていった。近年の動向としては，ポスト・アラムート期の研究が進みつつあり，アラムート陥落後のスーフィズム化したイラン的イスマーイール派についてはJamal［2002］，南アジアにおいてインド化した同派についてはAsani［2002］などがある。現代パキスタンにおける同派の動向については子島進［2002］が有益な情報を提供してくれるが，南アジアの同派自身による非アラブ的伝統の再評価とその発信には今後注目する必要があるだろう。このように活発化している研究潮流もある一方で，法学など顕教的側面については研究があまり進んでいないのがイスマーイール派研究の現状である。

その他諸分派をめぐる研究状況

前記2派以外の諸派諸教は，積極的に情報を発信している派と資料上の制限に直面する閉鎖的な派に分かれる。前者の代表格が12イマーム派から生まれたバハーイー教である。同教については近年でも研究点数が多く，インターネットによる発信も活発であり，彼らの聖典は日本語で読むことさえできる。Smith［1987］，MacEoin［1992］など有益な研究もあるが，護教的な作品も多いので注意が必要である。アフマディーヤなどにも同じような傾向がある。

外部に対して閉鎖的な諸派諸教の中ではアフレ・ハックやヤズィード教などの研究は遅々として進んでおらず，帝国主義時代の文献を参照しなければならない状況である。近年でも一定数の研究がなされている閉鎖的宗派としてはアラウィー派（ヌサイリー派）とドゥルーズ派がある。前者についてはBar-Asher/Kofsky［2002］をまずは参照すべきであろう。後者については帝国主義時代に聖典が欧米の図書館に所蔵さ

れたものの，その後研究は停滞傾向にあったが，最近ではイスラエルの研究者を中心に再び活発化する兆しがある。Bryer［1975-76］，菊地達也［2007］などの聖典研究が著される一方で，同派出身者による研究も現れており，その中では Abu-Izzeddin［1984］が概説書として良質であろう。同派の場合，閲覧可能な聖典が存在し今なおそれが拘束力を持っているために思想研究が比較的しやすいが，アラウィー派などのように絶対的な聖典が無く派内での分派が進んでいる秘密主義宗派については研究上の困難が伴う。また，この2派などは外部向けのアラビア語著作も出版しており，このような著作にも目を向ける必要があるだろう。

ザイド派やハワーリジュ派（イバード派）については，思想・歴史上の重要性の割に20世紀後半以降の研究点数は多くないが，前者についてはマデルングを中心にイエメンの写本の校訂・出版が進んでおり（同地ザイド派の思想については Madelung［1965］を参照），後者については近年でも比較的古い時代の思想研究が断続的に発表されている。

【文献】

イブン・ザイヌッディーン［1985］『イスラーム法理論序説』村田幸子訳・解説，岩波書店
宇野正樹［1996］『イスラーム・ドルーズ派——イスラーム少数派からみた中東社会』第三書館
鎌田繁［1984］『モッラー・サドラーの霊魂論——《真知をもつ者たちの霊薬》校訂・訳注並びに序説』イスラム思想研究会
鎌田繁［1986］「モッラー・サドラーの『万有帰神論』訳注」『東洋文化研究所紀要』100
鎌田繁［1992］「アッラーマ・ヒッリーのイマーム論——『意図の解明・教義学綱要注釈』第五章訳注」『東洋文化研究所紀要』118
鎌田繁［1995］「シーア派等諸派」三浦徹/東長靖/黒木英充編『イスラーム研究ハンドブック』栄光教育文化研究所
菊地達也［2002］「シーア派思想研究とその問題点——イスマーイール派研究の視点から」『思想』941
菊地達也［2005］『イスマーイール派の神話と哲学——イスラーム少数派の思想史的研究』岩波書店
菊地達也［2007］「ハムザ書簡群に見るドルーズ派終末論の形成過程」『東洋文化』87
キルマーニー［2000］「知性の安息」菊地達也訳，上智大学中世思想研究所/竹下政孝編訳・監修『イスラーム哲学（中世思想原典集成11）』平凡社
黒田壽郎［1991］『イスラームの反体制——ハワーリジュ派の世界観』未来社
コルバン，H［1974］『イスラーム哲学史』黒田壽郎/柏木英彦訳，岩波書店
桜井啓子［2006］『シーア派——台頭するイスラーム少数派』中公新書
嶋本隆光［2007］『シーア派イスラーム——神話と歴史』京都大学学術出版会
タバータバーイー，M・H［2007］『シーア派の自画像——歴史・思想・教義』森本一夫訳，慶應義塾大学出版会
富田健次［1993］『アーヤトッラーたちのイラン——イスラーム統治体制の矛盾と展開』第三書館
子島進［2002］『イスラームと開発——カラーコラムにおけるイスマーイール派の変容』ナカニシヤ出版
野元晋［1996-97, 2000-01］「初期イスマーイール派思想史におけるアブー・ハーティム・アッ=ラーズィーの『訂正の書』Kitāb al-Iṣlāḥ」(1)-(4)『慶應義塾大学言語文化研究所紀要』28, 29, 32,

33

バーキルッ=サドル，M/M・H・ファドルッラー［1992］『イスラームの革命と国家——現代アラブ・シーア派の政治思想』小杉泰編訳，国際大学中東研究所
ホメイニー，R・M［2003］『イスラーム統治論・大ジハード論』富田健次編訳，平凡社
松永泰行［1999］「ホメイニー師以後のヴェラーヤテ・ファギーフ論の発展とそれを巡る論争」『オリエント』42：2
松永泰行［2001］「イスラーム政体における「統治の正統性」の問題に関する現代イラン的展開」『オリエント』44：2
松本耿郎［1993］『イスラーム政治神学——ワラーヤとウィラーヤ』未来社
モッラー・サドラー［1978］『存在認識の道——存在と本質について』井筒俊彦訳，岩波書店
山尾（吉田）京子［1993］「ヌーマーニーのガイバ論」『オリエント』36：2
吉田京子［2000］「シャイフ・ターイファ・トゥースィーのガイバ論」『東洋文化研究所紀要』139
吉田京子［2004］「12イマーム・シーア廟参詣の理論的側面」『宗教研究』341
Abu-Izzeddin, N. M.［1984］*The Druzes : A New Study of their History, Faith and Society*, Leiden
Amir-Moezzi, M. A.［1994］*The Divine Guide in Early Shi'ism : The Sources of Esotericism in Islam*, D. Streight 訳, Albany
Arjomand, S. A.［1984］*The Shadow of God and the Hidden Imam*, Chicago/London
Asani, A. S.［2002］*Ecstasy and Enlightment : The Ismaili Devotional Literature of South Asia*, London
Bar-Asher, M. M.［1999］*Scripture and Exegesis in Early Imāmī Shiism*, Leiden
Bar-Asher, M. M./A. Kofsky［2002］*The Nuṣayrī-'Alawī Religion : An Enquiry into Its Theology and Liturgy*, Leiden
Bryer, D.［1975-76］"The Origins of the Druze Religion," *Der Islam*, 52-53
Corbin, H.［1971-72］*En islam iranien*, 4 vols., Paris
Custers, M. H.［2006］*Al-Ibāḍiyya : A Bibliography*, 3 vols., Maastricht
Daftary, F.［1990］*The Ismāʿīlīs : Their History and Doctrines*, Cambridge (2nd ed., 2007)
Daftary, F.［1994］*The Assassin Legends : Myths of the Isma'ilis*, London
Daftary, F.［2004］*Ismaili Literature : A Bibliography of Sources and Studies*, London
De Smet, D.［1995］*La Quiétude de l'intellect : Néoplatonisme et ismaélienne dans l'œuvre de Ḥamîd ad-Dîn al-Kirmânî (X^e/XIe s.)*, Leuven
Fahd, T.［1970］*Le shî'isme imâmite*, Paris
Gleave, R.［2000］*Inevitable Doubt : Two Theories of Shīʿī Jurisprudence*, Leiden
Halm, H.［1978］*Kosmologie und Heilslehre der frühen Ismāʿīlīya : Eine Studie zur islamischen Gnosis*, Wiesbaden
Halm, H.［1991］*Shiism*, J. Watson 訳, Edinburgh
Halm, H.［1996］*The Empire of the Mahdi*, M. Bonner 訳, Leiden
Hussain, J. M.［1982］*The Occultation of the Twelfth Imam*, London
Jamal, N. E.［2002］*Surviving the Mongols : Nizārī Quhistānī and the Continuity of Ismaili Tradition in Persia*, London
Kamada, Shigeru［1995］"Metempsychosis (*tanāsukh*) in Mullā Ṣadrā's Thought," *Orient*, 30/31
Kamada, Shigeru［2005］"Fayḍ al-Kāshānī's *Walāya* : The Confluence of Shi'i Imamology and Mysticism," in T. Lawson 編, *Reason and Inspiration in Islam : Theology, Philosophy and Mysticism in Muslim Thought*, London
Kohlberg, E.［1991］*Belief and Law in Imāmī Shīʿism*, Aldershot

Kohlberg, E. [1992] *A Medieval Muslim Scholar at Work : Ibn Ṭāwūs and His Library*, Leiden
Kohlberg, E. 編 [2003] *Shī'ism*, Aldershot
Luft, P./C. Turner 編 [2008] *Shi'ism : Critical Concepts in Islamic Studies*, 4 vols., Abingdon
McDermott, M. J. [1978] *The Theology of Al-Shaikh Al-Mufīd* (*d. 413/1022*), Beirut
MacEoin, D. [1992] *The Sources for Early Bābī Doctrines and History : A Survey*, Leiden
Madelung, W. [1961] "Das Imamat in der frühen ismailitischen Lehre," *Der Islam*, 37
Madelung, W. [1965] *Der Imam al-Qāsim ibn Ibrāhīm und die Glaubenslehre der Zaiditen*, Berlin
McDermott, M. J. [1978] *The Theology of al-Shaikh al-Mufīd* (*d. 413/1022*), Beirut
Modarressi, H. [1993] *Crisis and Consolidation in the Formative Period of Shi'ite Islam : Abū Ja'far ibn Qiba al-Rāzī and His Contribution to Imāmite Shī'ite Thought*, Princeton
Modarressi, H. [2003-] *Tradition and Survival : A Bibliographical Survey Early Shi'ite Literature*, Vol. 1-, Oxford
Momen, M. [1985] *An Introduction to Shi'i Islam : The History of Twelver Shi'ism*, New Haven
Moosa, M. [1987] *Extremist Shiites : The Ghulat Sects*, Syracuse
Nasr, S. H. [1978] *Ṣadr al-Dīn Shīrāzī and His Transcendent Theosophy*, Tehran
Nasr, S. H. 他編 [2001] *An Anthology of Philosophy in Persia*, Vol. 2, Oxford
Newman, A. J. [2000] *The Formative Period of Twelver Shī'ism : Ḥadīth as Discourse between Qum and Baghdad*, Richmond
Nomoto, Shin [1998] "An Introduction to Abū Ḥātim al-Rāzī's *Kitāb al-Iṣlāḥ*," in Abū Ḥātim al-Rāzī, *Kitāb al-Iṣlāḥ*, Ḥ. Mīnūchihr/M. Mohaghegh 編, Tehran
Nomoto, Shin [1999] *Early Ismā'īlī Thought on Prophecy According to Kitāb al-Iṣlāḥ by Abū Ḥātim al-Rāzī (d. ca.322/934-5)*, Ph.D. dissertation, McGill University, Montreal
Poonawala, I. K. [1977] *Biobibliography of Ismā'īlī Literature*, Malibu
Rahman, F. [1975] *The Philosophy of Mullā Ṣadrā*, Albany
Sachedina, A. A. [1981] *Islamic Messianism : The Idea of Mahdi in Twelver Shi'ism*, Albany
Sachedina, A. A. [1988] *The Just Ruler (al-Sulṭān al-'Ādil) in Shī'ite Islam : The Comprehensive Authority of the Jurist in Imamite Jurisprudence*, New York/Oxford
Schmidke, S. [1991] *The Theology of al-'Allāma al-Ḥillī* (*d. 726/1325*), Berlin
Smith, P. [1987] *The Babi and Baha'i Religions : From Messianic Shi'ism to a World Religion*, Cambridge
Stern, S. M. [1983] *Studies in Early Ismā'īlism*, Jerusalem/Leiden
Tabātabā'i, H. M. [1984] *An Introduction to Shī'ī Law : A Bibliographical Study*, London
Walker, P. E. [1993] *Early Philosophical Shiism : The Ismaili Neoplatonism of Abū Ya'qūb al-Sijistānī*, Cambridge
Wilkinson, J. C. [1990] "Ibāḍī Theological Literature," in M. J. L. Young 他編, *Religion, Learning and Science in the 'Abbasid Period*, Cambridge

2-8　イスラーム法と政治　　　　　　　　　　　小杉　泰

イスラーム国家論

　イスラーム法は，632年にマディーナに成立したイスラーム共同体を律する法として始まった。この時代には，共同体の指導権も統治行為も預言者としてのムハンマドの手に握られていた。その没後に成立した正統カリフ制（632-61年）のもとでは，預言者機能を除くすべての機能を一体的に継承したため，宗教と国家が必ずしも明確に区分されない政治の様態が生まれた。両者を統合的に規制するものが，社会生活のすべての領域を包括するものとしてのイスラーム法（シャリーア）であった。そのため，イスラーム法学（フィクフ）が発展すると，その諸規定の一部に統治行為が含まれ，やがて「統治の諸規則（アフカーム・スルターニーヤ）」と呼ばれるようになった。

　イスラーム政治史においても，イスラームのこの「政教一致」的な特徴が，しばしば争点となってきた。欧米での研究は，イスラームにおいてさえ，初期の政教一致的な性格は例外的であり，やがて聖俗の分離が起きたとの見解を取ることが多かった。それは，宗教権を握るカリフと俗権を握る統治者が分離することによって生じたとされる。しかし，カリフの統治権の衰退は，カリフが宗教的な権威となったことを意味するわけではなく，このようなとらえ方は西洋的な概念でイスラーム国家を分析する限界をともなっていた。

　とはいえ，実証的な歴史研究では政治学的な分析枠組を持ち込んだ議論は少なく，このことは長らく歴史的な解釈の問題にとどまっていた。しかし，1979年のイラン・イスラーム革命を契機に，イスラーム国家の問題は再び現実性を帯びるものとなり，政教一致や神権政をめぐる議論が生まれた。

　日本では，共同体と国家が不即不離に形成されたために生まれたイスラーム的な国家像を，日本中東学会年報・創刊号の巻頭論文（小杉泰［1986］）が「政教一元論」という概念でとらえることを提唱した。そこで着目されたのは，文化によって社会のとらえ方（諸領域の分節化）が異なるという点である。「垂直分化」「水平分化」という比較によって，西洋を政教二元論，それに基づく政教一致または政教分離ととらえ，イスラーム的な政治認識を「政教一元論」という異なるパラダイムとして概括した。

　19世紀を境に「イスラーム史」と「中東現代史」とを区分し，前者をイスラーム王朝（イスラーム国家）の時代，後者を近代的な国民国家の時代ととらえる視点では，もはや十分ではない。イスラームの政治史と思想史を7世紀から現代まで通時的に動態的にとらえる必要が生じている。イスラーム史については，後藤明［2001］が現代までを見通す通史を活写している。欧米でも，Black［2001］は政治学者がイス

ラーム国家の発展に取り組んだ著作としてそれなりに評価できる（イスラーム史について二次資料しか参照できていないゆえの限界は明らかであるが）。現代をも含む政治史と思想史の統合は，今後の大きな課題であろう。

■ イスラーム政治思想の系譜

古典的な時期の政治思想については，かつて主要な参考文献であったローゼンタール［1971（原著1958）］が訳されているが，今では古びた感が否めない。特に，かつては近代以前と近現代を切断したまま論じることが可能と考えられていた。そのような理解では足りないことは，たとえば，松本耿郎［1993］を見れば判然とする。豊かな知的伝統の蓄積と現代イスラーム政治を分離して考えることはできない。その意味でも，原典に基づきつつ，全体像を眺望するようなイスラーム政治とその思想の系譜が構築される必要がある。

とりあえず，対象を原典に即して把握するには，古今の著作者から60ほどを精選したĪbish/Kosugi編［2005］が便利である。ここには，大法官アブー・ユースフ（798年没）の『地租の書』から，20世紀の動乱期に至るまでの思想家たちが，彼らの著作から精選した文章とともに紹介されている。

同書の編者には，前近代の実権制の思想を編纂したĪbish/Kosugi編［1994］，前近代の政治思想を編纂したĪbish/Kosugi編［2000］もある。なお，編者の一人ユースフ・イービシュは非常に守備範囲の広い碩学で，古典的な政治思想を編纂したĪbish編［1990a］［1990b］から，19世紀のアラブ復興の重要な著述家スィドヤークの作品集，20世紀初頭を代表するイスラーム思想家ラシード・リダーの政治思想選集，レバノンの政治家アーディル・アルスラーンの回顧録なども編集している。ナポレオン遠征から20世紀中葉までの社会・政治変容を扱った資料集が未刊のまま亡くなったことは惜しまれる。

なお，邦訳されている古典的な著作として，アル＝マーワルディー［2006］，イブン・タイミーヤ［1991］が重要である。

■ 近現代のイスラーム政治思想

イスラーム世界における「近代」の始まりを「西洋との邂逅」に見るか，それ以前からの内在的な発展を重視するか議論が分かれるが，政治に関する限り，フランス革命および，それが直接的に帰結したボナパルト（ナポレオン）のエジプト遠征が大きな衝撃をもたらした。フランス革命の思想的影響を検証したKhūrī［1943］，その英訳Khuri［1983］は，参照されることが比較的少ないものの，非常に重要な著作である。近現代のイスラーム思想の研究書として，英国の研究者ホラニーが著したHourani［1962］は，もはや古典的な金字塔とも言える。

イスラーム改革の思想を丁寧に検証したのが，Kerr［1966］であった。これは，アブドゥフ，リダーの政治・法思想に関する優れた実証的な研究であった。しかし，脱

イスラーム化と西洋法の導入がイスラーム世界の「法の近代化」であるという状況（Anderson［1976］参照）は，当時もはや覆しがたいと思われ，著者のカー自身が自分の研究は歴史に属すると考えていた。しかし，1980年代には，イラン革命によってホメイニーの「法学者の監督」論（富田健次［1993］，ホメイニー［2003］参照）が広く知られるようになると，リダーの唱えたカリフ制の再生（リダー［1987］）が「法学者の統治」として一括される現代的なイスラーム国家論の嚆矢であったことが判明した。Enayat［1984］や小杉泰［1985］［1994］は，新しい文脈の中でそれらのイスラーム政治思想を再評価し，その現代性を提示する試みであった。

　ちなみに，古い文献ではあるが，Gibb編［1973(1932)］，Adams［1933］などは，大戦間期のイスラーム復興を同時代的に研究したものとして，今日から見ても参照に値する。20世紀中葉になってからの方が，ナショナリズムや近代化の優勢によってイスラームを過小評価し，結果として，イスラーム思想の的確な評価に失敗しているケースが多い。この点から言えば，日本でも1950〜60年代の加賀谷寛の一連の研究（加賀谷［1952］［1958］［1966］など）が先見性を持つものとして，高く評価されるであろう。また加賀谷は，近代イスラームを考える上で欠くことのできない18世紀の思想的巨人であるワリーウッラー（ワリーウッラー［1971］）を紹介した功績も大きい。ちなみに，スミス［1974(1957)］は近現代イスラームを鳥瞰する傑作であるが，加賀谷やスミスが南アジアをきちんと視野に入れた現代イスラーム論を展開していることは重要である。近世において重要であった南アジアが「周縁化」され（小杉泰［2002］），中東中心にイスラーム政治が論じられるようになったことはバランスを欠いている。

　イスラーム復興の展開に伴い，伝統的なイスラームに対して，近代主義とイスラーム復興の流れが新しい2大潮流として19世紀以降に勃興した。両者は，現代社会に対応しようとする点では共通するが，理想とするイスラーム政治のあり方については，しばしば対立する。この二つの潮流について，近年優れた著作が多く登場している（詳しい文献リストは，小杉泰［2006］の巻末を参照のこと）。

　基本的な原典のアンソロジーであるKurzman編［2002］は必携であろう。また，米国で融和的なイスラーム理解を主張しているエスポズィトが編集した百科事典（Esposito編［1995］）は，全4巻の中に両者を勘案したよい項目が多く，現代イスラームの研究を志す者が通読するだけの価値がある。二つの潮流との関わりの中で，イスラームと民主化の関係も近年大きな注目を集めている（エスポズィト／ボル［2000］，私市正年／栗田禎子編［2004］など参照）。Tamimi編［1993］はイスラームと政治参加の問題に迫り，またTamimi［2001］は，現代イスラームと民主主義の結合をめざす活動家であり思想家であるガンヌーシーの思想に対して，深みのある分析をおこなっている。タミーミーは，ロンドンでイスラーム政治思想研究所を運営しており，西欧思想や世俗主義についても貴重な貢献をおこなっている（Esposite／Tamimi編［2000］）。

日本に目を転じれば、近代主義に関してもっとも優れた紹介は、中村廣治郎［1997］であろう。ここには、イスラーム近代主義者が取り組んできた主要な問題が明晰に述べられ、イスラームと近代性の相克が明示されている。近代主義とも関連が深い政教分離やシャリーア施行をめぐる問題は、飯塚正人［1991］［1992］［1993］が優れた考察をおこなっている。他方、急進派の思想やイスラーム主義の世界観を精力的に紹介しているのは、中田考の一連の研究である。中田［1991］［1997］［1998］などは、接近が容易ではない対象に対して、組織の内的な論理の分析に成功している。

原理主義をめぐる論争

　イスラーム復興の顕在化は、1979年のイラン・イスラーム革命によって劇的にその姿を現した。その瞬間にはイランの特殊な事件と思われたが、次第に中東各地でイスラーム復興に起因する政治的な変動が起こり、広範な共振現象であるという認識が研究者やメディアの間でも広まった。それをいかに名付けるかは、大きな問題であった。日本でも「イスラム・パワー」（中東調査会編［1984］）と呼ぶなど、模索がなされた。Ayubi［1991］のように「政治的イスラーム」という語も使われた。イラン革命の衝撃は政治面でのイスラーム復興であったから、この語法にはそれなりの合理性がある。実際、この語は現在まで使われている。

　しかし、マスメディアを中心に広く用いられるようになったのは、「イスラーム原理主義（ファンダメンタリズム）」であった。これは、欧米で脅威と認識されるイスラーム的な政治組織や運動を指すものとして、無限定で安易に用いられるようになった。「原理主義」の語を用いながら、新たに勃興したイスラーム復興の現象を広く論じたのは山内昌之［1983］であったが、専門用語として「原理主義」がふさわしくないことを批判し、最初に代替案「イスラーム復興運動」を提示したのは小杉泰［1984］であった。そこでは、政治に限定せず、社会の広い裾野を視野に入れることが提唱された。さらに、山内編［1996］では、研究グループの共同の成果として「イスラーム主義」の用法を提起した。その一方、原理主義を宗教比較の観点から有用とした大型研究がシカゴ大学で行われ、大部の成果を刊行している（Marty/Appleby編［1994］ほか）。これらの問題については、大塚和夫も人類学の立場から、近代をどのようにとらえるべきかという根底的な問題提起と共に、積極的に発言し続けている（井上順孝/大塚編［1994］、大塚［2000a］［2000b］など）。

　その後の原理主義論としては、臼杵陽［1999］が出色である。また、これらの議論の経緯と論点は、小杉泰［2001］に簡潔にまとめられている。21世紀に入ると、9月11日事件以降、「テロ」「テロリズム」が新たな用語として流通するようになった。その一方、原理主義は「市場原理主義」「環境原理主義」など一般語化して、イスラームとの関係性は次第に薄れつつある。

■ イスラーム政治の実証的な研究

イスラーム政治の語を「イスラーム国家の統治や政策，あるいは，現代の政治的アリーナにおいてイスラーム的な概念・装置やシンボルを用いておこなわれる政治」を指すものとして用い，「そこでは独自の固有性を持つイスラーム法が大きな役割を果たしている」とすることができる。それは，1970年代以降に顕著になったイスラーム復興とともに，イスラーム世界の各地で再生し，さらに90年代以降は，国際政治の一部にまで拡大した。

上述のように，小杉［1985］はイスラーム政治の特質を「政教一元論」などの概念で提起したが，そのような総論だけではなく，個別の実証研究が求められるようになってきた。坂梨祥［2004］は，そのような試みとして評価される。革命後のイラン政治については，先行研究としての富田健次［1993］があるほか，近年，吉村慎太郎［2005］という労作が刊行されている。革命国家の政治と思想をめぐっては，松永泰行［2000］［2002a］［2002b］などの一連の研究が重要であろう（現在の各地域，各国におけるイスラーム政治については，本書のⅠ-3Cを参照のこと）。

法と政治の問題を，広くイスラーム世界の諸地域の中で位置づけうるような編著として，小松久男/小杉泰編［2003］所収の諸論文をあげたい。中東のみならず，南アジア，中央アジア，東南アジアなどを扱った論考は日本における研究の広がりを示しており，また巻末の「現代イスラーム思想家群像」は便利である。英語でも，次々と新しい論考が生まれている。Taji-Farouki/Nafi編［2004］は，思想とその社会・政治的な背景との連関をきちんととらえて秀逸である。最後に，国際研究協力の成果として，20世紀のイスラーム世界の政治的・社会的変容を知的指導者を軸に論じたDudoignon/Komatsu/Kosugi編［2006］をあげておきたい。

【文献】

アル=マーワルディー［2006］『統治の諸規則』湯川武訳，慶應義塾大学出版会
飯塚正人［1992］「アリー・アブドゥッラーズィクの『政教分離』思想」『イスラム世界』37/38
飯塚正人［1993］「現代エジプトにおける2つの『イスラーム国家』論──危機の焦点『シャリーアの実施』問題を巡って」伊能武次編『中東諸国における政治経済変動の諸相』アジア経済研究所
飯塚正人/板垣雄三［1991］「イスラーム国家論の展開」板垣雄三編『国家と革命』岩波書店
井上順孝/大塚和夫編［1994］『ファンダメンタリズムとは何か──世俗主義への挑戦』新曜社
イブン・タイミーヤ［1991］『イスラーム政治論』湯川武/中田考訳，日本サウディアラビア協会
臼杵陽［1999］『原理主義』岩波書店
エスポズィト，ジョン/ジョン・ボル［2000］『イスラームと民主主義』宮原辰夫/大和隆介訳，成文堂
大塚和夫［2000a］『近代・イスラームの人類学』東京大学出版会
大塚和夫［2000b］『イスラーム的──世界化時代の中で』日本放送出版協会
大塚和夫［2004］『イスラーム主義とは何か』岩波書店
加賀谷寛［1952］「近代におけるイスラームについて」『宗教研究』171
加賀谷寛［1958］「近代におけるイスラーム思想の展開とその現状」『理想』9

加賀谷寛［1965］「近代イスラムの一評価」『東洋文化』38
加賀谷寛［1966］「現代イスラムの主体変革の基本動向」『東洋研究』14
私市正年/栗田禎子編［2004］『イスラーム地域の民衆運動と民主化（イスラーム地域研究叢書3）』東京大学出版会
小杉泰［1984］「イスラームの復興——構造と概念」『国際問題』293
小杉泰［1985］「『アル＝マナール』派のイスラーム国家論」『国際大学大学院国際関係学研究科紀要』3
小杉泰［1986］「現代イスラーム思想における主権と国家——スンニー派・シーア派の政治概念をめぐって」『日本中東学会年報』1
小杉泰［1994］『現代中東とイスラーム政治』昭和堂
小杉泰［2001］「原理主義」『越境と難民の世紀』岩波書店
小杉泰［2002］「イスラーム研究と南アジア」長崎暢子編『現代南アジア1——地域研究への招待』東京大学出版会
小杉泰［2006］『現代イスラーム世界論』名古屋大学出版会
後藤明［2001］『イスラーム歴史物語』講談社
小松久男/小杉泰編［2003］『現代イスラーム思想と政治運動（イスラーム地域研究叢書2）』東京大学出版会
坂梨祥［2004］「イランの『イスラーム新思考』——『政教一元論』への新たな視角」『現代の中東』37
スミス，ウィルフレッド・キャントウェル［1974(1957)］『現代におけるイスラム』中村廣治郎訳，紀伊国屋書店
中東調査会編［1984］『イスラム・パワー』第三書館
富田健次［1993］『アーヤトッラーたちのイラン——イスラーム統治体制の矛盾と展開』第三書館
中田考［1991］「イスラーム法学に於けるカリフ論の展開」『オリエント』33：2
中田考［1997］「イスラム解放党のカリフ革命論」『イスラム世界』49
中田考［1998］「新生『タクフィール・ワ・ヒジュラ』の思想と行動」『地域研究論集』1：2
中村廣治郎［1997］『イスラームと近代』岩波書店
ホメイニー，R・M［2003］『イスラーム統治論・大ジハード論』富田健次訳，平凡社
松永泰行［2000］「ホメイニ師以後のヴェラーヤテ・ファギーフ論の発展とそれを巡る論争」『オリエント』42：2
松永泰行［2002a］「イスラーム政体における『統治の正当性』の問題に関する現代イラン的展開」『オリエント』44：2
松永泰行［2002b］「イスラーム体制下における宗教と政党——イラン・イスラーム共和国の場合」日本比較政治学会編『現代の宗教と政党——比較のなかのイスラーム』早稲田大学出版部
松本耿郎［1993］『イスラーム政治神学——ワラーヤとウィラーヤ』未來社
山内昌之［1983］『現代のイスラム——宗教と権力』朝日新聞社
山内昌之編［1996］『「イスラム原理主義」とは何か』岩波書店
湯川武編［1995］『イスラーム国家の理念と現実』栄光教育文化研究所
吉村慎太郎［2005］『イラン・イスラーム体制とは何か——革命・戦争・改革の歴史から』書肆心水
リダー，ムハンマド・ラシード［1987］『現代イスラーム国家論——「アル＝マナール」派における政府と立法』小杉泰訳，国際大学国際関係学研究科
ローゼンタール［1971（原著1958）］『中世イスラムの政治思想』福島保夫訳，みすず書房
ワリーウッラー［1971］「フッジャトゥッラーフ・ル・バーリガ」加賀谷寛前文・訳・解説『大阪外国語大学学報』25

Adams, Charles C. [1933] *Islam and Modernism in Egypt : A Study of the Modern Reform Movement Inaugurated by Muḥammad 'Abduh*, London
Anderson, Norman [1976] *Law Reform in the Muslim World*, London
Ayubi, Nazih N. [1991] *Political Islam : Religion and Politics in the Arab World*, London/New York
Black, Anthony [2001] *The History of Islamic Political Thought : From the Prophet to the Present*, Edingburgh
Dudoignon, Stéphane A./Hisao Komatsu/Yasushi Kosugi 編 [2006] *Intellectuals in the Modern Islamic World : Transmission, Transformation, Communication*, London/New York
Eickelman, Dale F./James Piscatori [1996] *Muslim Politics*, Princeton
Enayat, Hamid [1982] *Modern Islamic Political Thought : The Response of the Shi'i and Sunni Muslims to the Twentieth Century*, Basingstoke/London
Esposite, John L./Azzam Tamimi 編 [2000] *Islam and Secularism in the Middle East*, London
Esposito, John L. 編 [1995] *The Oxford Encyclopedia of the Modern Islamic World*, 4 vols., New York
Esposito, John L. 編 [1997] *Political Islam : Revolution, Radicalism, or Reform?*, Boulder/London
Gibb, H. A. R. 編 [1973(1932)] *Whither Islam? : A Survey of Modern Movements in the Moslem World*, New York
Hourani, Albert [1962] *Arabic Thought in the Liberal Age 1798-1939*, Cambridge
Ībish, Yūsuf 編 [1990a] *Al-Khilāfa wa Shurūṭ al-Za'āma 'inda Ahl al-Sunna wa al-Jamā'a*, Beirut
Ībish, Yūsuf 編 [1990b] *Al-Imām wa al-Imāma 'inda al-Shī'a*, Beirut
Ībish, Yūsuf/Yasushi Kosusi 編 [1994] *Al-Salṭana fī al-Fikr al-Siyāsī al-Islāmī*, Beirut
Ībish, Yūsuf/Yasushi Kosugi 編 [2000] *Qirā'a fī al-Fikr al-Islāmī al-Siyāsī*, Beirut
Ībish, Yūsuf/Yasushi Kosugi 編 [2005] *Turāth al-Fikr al-Siyāsī al-Islāmī*, Kyoto/Beirut
Itagaki, Yuzo [2001] "Middle Eastern Dynamics of Identity Complex : A Teaching Scheme with Illustrational Materials"『日本中東学会年報』16
Kerr, Malcolm H. [1966] *Islamic Reform : The Political and Legal Theories of Muḥammad 'Abduh and Rashīd Riḍā*, Berkeley
Khūrī, Ra'īf [1943] *Al-Fikr al-'Arabī al-Ḥadīth : Athar al-Thawra al-Faransīya fī Tawjīhihi al-Siyāsī wa al-Ijtimā'ī*, Beirut
Khuri, Ra'if [1983] *Modern Arab Tought : Channels of the French Revolution to the Arab East*, Ihsan 'Abbas 訳, Charles Issawi 編, Princeton
Kurzman, Charles 編 [2002] *Modernist Islam 1840-1940*, Oxford
Marty, Martin E./R. Scott Appleby 編 [1994] *Accounting for Fundamentalisms*, Chicago/London
Riḍā, Rashīd [1994] *Maqālāt al-Shaykh Rashīd Riḍā al-Siyāsīya*, 6 vols, Yūsuf Ībish/Yūsuf Qozmā al-Khūrī 編, Beirut
Taji-Farouki, Suha/Basheer M. Nafi 編 [2004] *Islamic Thought in the Twentieth Century*, London/New York
Tamimi, Azzam 編 [1993] *Power-Sharing Islam?*, London
Tamimi, Azzam [2001] *Rachid Ghannouchi : A Democrat within Islamism*, Oxford
Zaman, Muhammad Qasim [2002] *The Ulama in Contemporary Islam : Custodians of Change*, Princeton/Oxford

3　イスラームの時空間
―歴史, 文明, 地域

A　歴　史

3A-1　初期イスラーム
医王秀行

ジャーヒリーヤ時代

　イスラームが勃興した背景を知る上でジャーヒリーヤ時代の研究は重要である。邦語文献としてはヒッティ［1982］から当時のベドウィン社会，古代王国について多くを知ることができる。後藤三男［1999］はこの時代の逸話を豊富に紹介するだけでなく，アラブ部族の系譜を詳しく解説しており，是非一読したい。小笠原良治［1983］からは詩人の活動を通じ当時の文化的側面をうかがい知ることができる。フサイン［1993］はアラブ・イスラーム研究史上，大きな位置を占める著作であり，ジャーヒリーヤ詩の信憑性に疑問を呈する。

　偶像崇拝に代表される，イスラーム化以前のアラブの信仰については数多くの研究がある。Wellhausen［1897］は古典的名著であり，今でも引用されることが多い。史料には8～9世紀の学者イブン・アル・カルビーの『偶像の書』があり，これを訳した池田修［1974］は貴重な参照文献である。Fahd［1968］は半島各地の偶像，聖域を網羅的に記しており，この時代の宗教的中心地がメッカ以外にも数多く存在したことを知る。近年の成果にはHawting［1999］があり，クルアーンに見られる多神崇拝など思想的側面に目を向ける。南アラビアの信仰については蔀勇造［1982］に詳しい。イスラーム化以前のキリスト教の浸透についてはベル［1983］があるが，詳しく調べたい向きにはTrimingham［1990］が研究史を踏まえた堅実な内容である。

メッカ商人がインド洋から地中海にまたがる中継貿易に大きく関わり，メッカの経済的な繁栄がイスラーム勃興につながったとする史観は Lammens [1924] に代表され，今に至るも大きな影響力を持っている。これを批判した Crone [1987] は，輸出品に欠けるメッカ貿易は実際には小規模で，ローカルな需要を満たす程度のものと論じたが，論理に飛躍があり扱いにくい面もある。家島彦一 [1991] はイスラーム世界の商業的発展をジャーヒリーヤ時代から論ずる。

ジャーヒリーヤ史研究の世界的権威はイスラエルのキスターであり，比較的後世の史料も含めて，網羅的に伝承を蒐集するのが特徴である。「メッカとタミーム族」「ヒーラ」といった初期の代表的論文は論文集 Kister [1980] を，その他の業績については Kister [1990] [1997] にあたられたい。キスター以降，イスラエルの研究者の業績は無視できないものがある。代表的な論考としてここでは神聖月干犯戦争を扱った Tasseron [1986]，古来からのカアバの儀礼を新たに解明せんとした Rubin [1986]，スライム族について詳細に分析した Lecker [1989] を挙げておくにとどめる。

この時代の研究にはアラブ部族についての知識が欠かせないが，部族の複雑な系譜について調べるには，Caskel [1966] の系図，インデックスを利用するとよい。アラブの系譜は後世になってから人為的に作られた部分が大きく，その際いかなる操作が加えられたのかという問題については高野太輔 [2001] [2006] を参照されたい。メッカの部族社会のあり方は，血縁以外の者に対しても開放的な面が多かったと思われ，その実態については後藤明 [1991] に詳しく語られる。その他，碑文史料を用いた南アラブの研究に蔀勇造 [1998] がある。ヒジュラ暦以前の暦について，古代イエメンの暦は蔀 [1987] を参照。この時代からイスラーム期にかけて，メッカ周辺の暦は太陰太陽暦であったが，これについては医王秀行 [2001] にあたられたい。

預言者ムハンマドの時代

ムハンマドの生涯を知るにはクルアーンが一次史料となる。一つ一つの啓示がどういった場面で下されたのかが重要となってくるが，解釈にはばらつきがあるのが普通である。クルアーン解釈書にある伝承や，ブハーリー，ムスリムなど後世のスンナ派ハディース学者が収集，編纂したムハンマドの言行録は史実との見きわめが難しく史料として扱うには慎重を要する。よって8〜9世紀の歴史学者が残したアラビア語史料が頼りとなるが，一つ一つの伝承の信憑性は常に問題となる。この時代の研究は史料的制約をいかに克服するかが問われていると言えよう。

入門としてムハンマドの自伝を扱った，藤本勝次 [1971]，嶋田襄平 [1975]，後藤明 [1980] あたりから入るのがよかろう。基本史料はイブン・イスハーク『マガーズィーの書』から Ibn Hishām が抜粋，編纂した『預言者伝』であり，F. Wüstenfeld 版 [1858-60] とカイロ版 [1955] がある。これには A. Guillaume による英訳があるので初学者はこちらを活用されたい。近年仏訳も出たが，英訳と大差はない。近い将

来，邦訳も出る予定であり，預言者ムハンマドの研究に大いに寄与するであろう。Ibn Kathīr［1998-2000］は14世紀のアラビア語歴史書から預言者ムハンマドに関わる部分を英訳したもの。イブン・イスハークはもちろんのこと，ワーキディー，バイハキー，ブハーリーなど様々な典拠から引用されている。預言者の生涯を扱った研究としては，Watt［1953］［1956］が古典的な評価を確立している。これを要約したものがワット［1970］である。内容も無難にまとまっているので初学者は参照した方がよいだろう。基本史料を利用してムハンマドの生涯を扱ったBuhl［1955］は堅実な内容であり，専門家の間で評価が高い。

　Rubin［1998］は預言者ムハンマドに関する，著名な研究者の論文15本を集めたもの。どれも利用価値が高くムハンマドを研究するなら一通り目を通しておくべきであろう。Ibn Warraq［2000］にも論文16本が集められており併せて利用するとよい。Motzki［2000］も同様の論文集であるが，従来利用されて来なかった史料を発掘し，多様な伝承に目を向けることを意図しており，ムハンマド研究の一つの新たな方向性を示している。

　ユダヤ教徒から占領した土地をムハンマドはいかに処理したのかについて，後世の法学者の学説と史実を見分けるのは難しい。後のカリフ・ウマルの政策も含めて，とりあえず嶋田襄平［1996］に収められた一連の論文，ならびに医王秀行［1993］を読まれたい。

　Lecker［1995］はムハンマドのメディナ時代に関する新研究。扱う史料が多く，内容も難解ではあるが，最先端の研究のあり方を知ろう。Rubin［1995］はクルアーン解釈書，ハディース文献中にある膨大な伝承を利用しつつムハンマドの生涯を論じている。研究の成否はともかくこれも新たな研究のあり方を探っており興味深い。

　この時代を扱う上では，クルアーンの研究にも常に留意せねばならない。クルアーンには膨大な研究文献があるが，本書II-2-1「クルアーン」に譲りここでは省略する。

■ 正統カリフ時代

　ムハンマド時代の研究とは扱う史料がかなり異なってくる。基本史料は9〜10世紀の歴史家Tabarīの年代記［1879-1901］である。預言者時代の記述はかなりの部分がイブン・イスハークからの引用であり，利用価値は低くなるが，正統カリフ時代については情報の量と質で他の史料を凌駕する。研究者はこの史料を徹底的に読みこまねばならない。幸い全編が英訳されたおかげで，格段に利用しやすくなった。正統カリフ時代にあたるのは第10巻から第17巻まで。歴史研究者による翻訳のため，全体的に直訳調が多く，代名詞をやたらと繰り返すなど読みづらい個所が多いが，翻訳者による注や巻末のビブリオグラフィーは，預言者時代の巻も含め，研究する上で大いに参考になるものである。前嶋信次［1941］は，アブー・バクル，ウマルの時代の歴史をタバリーに即して丁寧に叙述する貴重な文献。活字が古く読みづらい面もあるが大

いに活用すべきである。森伸生/柏原良英［1994, 96］は日本語で読めるカリフ伝として貴重であるが，入手しにくいやもしれぬ。

　この時代に関する研究書としては，まず Madelung［1997］が比較的新しく，内容的に非常に充実している。この時代を専門とする Hinds には，［1972］などの論文がある。ムハンマド死後のカリフの称号は，後世の学者が主張したような「神の使徒のカリフ（後継者）」などではなく，実際は「神のカリフ（代理）」であったとするのが Crone/Hinds［1986］である。定説には至っていないが，イスラーム史料の性格，扱い方にも関連する重要な論点である。Noth［1994］はこの時期を対象にするも，歴史研究というよりは，イスラーム史料の性格を多方面から解剖したものとなっている。

　アブー・バクル時代のリッダ（背教）については Shoufany［1972］が要領よくまとめている。カリフ・ウマルの時代から始まった初期大征服については，ガブリエリ［1971］が便利。ムハンマド以前のメッカ社会から説き起こし，中東全域の征服事業を概観している。やや古くなった感もあるが，参考文献にはそれまでの代表的研究が列挙されており利用価値あり。より専門的なものとして Donner［1981］が内容的に手堅く，参考資料や注も充実している。征服に関わる伝承には地域色，部族色の強いものもあり扱いには熟練を要する。相反する種々の伝承からいかに史実を探るかについて，森本公誠［1975］や花田宇秋［1973］を参照されたい。また，後世の法学者が主張する国家的土地所有の理念とは異なり，早くもこの時代から大規模な私的土地所有が進んでいたことは森本公誠［1996］に実証されている。

　Brill 社が刊行する *The Encyclopaedia of Islam* は第 1 版・第 2 版とも内容にすぐれ，主要な用語は網羅してある。参考文献も詳しいので，論文を執筆する際には必ず何箇所かこれにあたる必要がある。その他のアラビア語史料，海外の研究文献については，*Index Islamicus*，あるいは上記文献のビブリオグラフィーなどを参照されたい。最新の邦語文献については『史学雑誌』文献目録（東洋史）で確認されたい。

【文献】

医王秀行［1993］「ファダクの土地と預言者の遺産」『オリエント』36：1
医王秀行［2001］「ユダヤ暦との関わりから見たジャーヒリーヤ時代の暦法」『オリエント』43：2
池田修［1974］「イブン・アルカルビー『偶像の書』（訳）」『西アジア史研究』東京大学出版会
小笠原良治［1983］『ジャーヒリーヤ詩の世界』至文堂
ガブリエリ，F［1971］『マホメットとアラブの大征服』矢島文夫訳，平凡社
高野太輔［2001］「カビーラの階層構造——アラブ系譜集団の分岐法について」『東洋学報』83：2
高野太輔［2006］「アラブ系譜学の誕生と発展」『大東文化大学紀要』44
後藤明［1980］『ムハンマドとアラブ』東京新聞出版局
後藤明［1991］『メッカ』中公新書
後藤三男［1999］『説話で綴るイスラム黎明期』ごとう書房
蔀勇造［1982］「幸福なアラビア」『渦巻く諸宗教（オリエント史講座 3）』学生社

蔀勇造 [1987]「再びナジュラーンの迫害について――関係資料の再検討」『東洋学報』68：3/4
蔀勇造 [1998]「碑文史料から見た古代南アラビア諸王国とアラブ・ベドウィンの関係」『東洋史研究』56：4
嶋田襄平 [1975]『マホメット――預言者の国づくり』清水書院
嶋田襄平 [1996]『初期イスラーム国家の研究』中央大学出版部
花田宇秋 [1973]「ウマル I 世によるムアーウィヤのシリアのアミール任命について」『イスラム世界』9
ヒッティ, P・K [1982]『アラブの歴史』上, 岩永博訳, 講談社
フサイン, T [1993]『イスラム黎明期の詩について』高井清仁訳, ごとう書房
藤本勝次 [1971]『マホメット――ユダヤ人との抗争』中公新書
ベル, R [1983]『イスラムの起源』熊田亨訳, 筑摩叢書
前嶋信次 [1941]『アラビア民族史』丸岡出版社
森伸生/柏原良英 [1994, 96]『正統カリフ伝』上・下, 日本サウジアラビア協会
森本公誠 [1975]『初期イスラム時代 エジプト税制史の研究』岩波書店
森本公誠 [1996]「アラブ征服地における私的土地所有の起源をめぐって」『東洋史研究』54：4
家島彦一 [1991]『イスラム世界の成立と国際商業』岩波書店
ワット, W・M [1970]『ムハンマド』みすず書房
Buhl, F. [1955] *Das Leben Muhammeds*, Heidelberg
Caskel, W. [1966] *Ğamharat an-nasab, Das genealogische Werk des Hīšām ibn Muḥammad al-Kalbī*, 2 vols., Leiden
Crone, P. [1987] *Meccan Trade and the Rise of Islam*, UK
Crone, P./M. Hinds [1986] *God's Caliph*, Cambridge
Donner, F. M. [1981] *The Early Islamic Conquests*, Princeton
Fahd, T. [1968] *Le Panthéon de l'Arabie centrale à la veille de l'Hégire*, Paris
Hawting, G. R. [1999] *The Idea of Idolatry and the Emergence of Islam*, Cambridge
Hinds, M. [1972] "The Ṣiffīn Arbitration Agreement," *Journal of Semitic Studies*, 17
Ibn Hishām [1858-60] *Das Leben Muhammad*, Göttingen
Ibn Hishām [1955] *al-Sīra al-nabawīya*, 4 vols., Cairo（英訳：*The Life of Muhammad*, A. Guillaume 訳, Oxford, 1955；仏訳：*La vie du prophète Muḥammad, L'envoyé d'Allāh*, 'A. Badawī 訳, 2 vols., Beyrouth, 2001）
Ibn Kathīr [1998-2000] *The Life of the Prophet Muḥammad*, UK
Ibn Warraq [2000] *The Quest for the Historical Muhammad*, New York
Kister, M. J. [1980] *Studies in Jāhiliyya and Early Islam*, Variorum
Kister, M. J. [1990] *Society and Religion from Jāhiliyya to Islam*, Variorum
Kister, M. J. [1997] *Concepts and Ideas at the Dawn of Islam*, Variorum
Lammens, P. H. [1924] "La Mecque à la veille de l'hégire," *Mélanges de l'Université St.-Joseph de Beyrouth*, 9：3
Lecker, M. [1989] *The Banū Sulaym*, Jerusalem
Lecker, M. [1995] *Muslims, Jews and Pagans*, Leiden
Madelung, W. [1997] *The Succession to Muḥammad*, Cambridge
Motzki, H. [2000] *The Biography of Muḥammad：The Issue of the Sources*, Leiden
Noth, A. [1994] *The Early Arabic Historical Tradition*, M. Bonner 訳, Princeton
Rubin, U. [1986] "The Ka'ba：Aspects of Its Ritual Function and Position in Pre-Islamic and Early Islamic Times," *Jerusalem Studies in Arabic and Islam*, 8

Rubin, U. [1995] *The Eye of the Beholder : The Life of Muhammad as Viewed by the Early Muslims*, Princeton
Rubin, U. [1998] *The Life of Muḥammad* (The Formation of the Classical Islamic World, 4), U. Rubin 編, Variorum
Shoufany, E. [1972] *al-Riddah and the Muslim Conquest of Arabia*, University of Toronto Press
Ṭabarī [1879-1901] *Ta'rīkh al-rusul wa'l-mulūk*, 15 vols., Leiden（英訳［創世から正統カリフ時代まで］：*The History of al-Ṭabarī*, Vol. I : *General Introduction and From the Creation to the Flood*, State University of New York Press, 1989～Vol. XVII : *The First Civil War*, 1996)
Tasseron, E. L. [1986] "The Sinful Wars," *Jerusalem Studies in Arabic and Islam*, 8
Trimingham, J. S. [1990] *Christianity among the Arabs in Pre-Islamic Times*, Beirut
Watt, W. M. [1953] *Muhammad at Mecca*, Oxford
Watt, W. M. [1956] *Muhammad at Medina*, Oxford
Wellhausen, J. [1897] *Reste Arabischen Heidentums*, Berlin

3A-2　ウマイヤ朝　　　　　　　　　　　　　　　　　医王秀行

ウマイヤ朝史の邦語基本文献

　ウマイヤ朝においてアラブの征服活動が華々しく拡大するにともない，ディーワーン（官庁），租税制度，貨幣制度など様々な政治・経済的仕組みが整えられていった。クルアーン学，文法学，イスラーム法学，歴史学などイスラーム諸学の萌芽期でもある。預言者ムハンマド時代とアッバース朝黄金期の間にあって地味な印象もあるが，イスラーム文明の揺籃期にあたる同王朝の存在はもっと注目されてもよかろう。
　ウマイヤ朝を専門に扱った単行本はなく，よって初学者はまず大手出版社から出された世界各国史，講座の類から始めるのがよかろう。主要な出来事がバランスよく記述されているはずであり，アラブ・イスラーム史におけるウマイヤ朝の位置づけも知れよう。その中でも前嶋信次［1977］は豊富な逸話に富み，佐藤次高［1997］は比較的新しいもので読みやすい。
　ヒッティ［1982］は相当数のページをウマイヤ朝にあてており，邦語の概説書としてはもっとも詳しいものであろう。原典史料に直接あたって書かれており，学問，芸術についても詳しい。少し専門的なものを望む向きは嶋田襄平［1977］の第2章「アラブ帝国」を読まれたい。13～14世紀の学者イブン・アッティクタカー［2004］は逸話の宝庫であり，貴重な原典史料を平易な日本語で読むことができる。第2章の王朝各論で60ページほどがウマイヤ朝にあてられている。その他，『岩波イスラーム辞典』『イスラム事典』（平凡社）は歴史に詳しく，常に手元に置いて参照すべきであ

る。

■ ウマイヤ朝史の外国語基本文献

　研究を深めるには当然ながら海外の文献にあたらねばならない。初学者にはまずHodgson［1974］あたりを勧める。豊富な図表は利用価値が高い。「ケンブリッジ・イスラーム史」にある Vaglieri［1970］もバランスよくまとまっている。研究論文を書く者は，まず *The Encyclopaedia of Islam* 第2版を用いねばならない。G. R. Hawting の手になる「Umayyads」の項を精読した上，関連する用語のいくつかをこの辞典であたらねばならない。一次史料や研究文献も詳しく載っている。近年のウマイヤ朝通史としては同じ著者の手になる Hawting［1986］を勧めたい。Dixon［1971］はウマイヤ朝中期を扱う。Shaban［1971］はムハンマドの時代からウマイヤ朝までの通史。奇抜な論考が目立つが，研究する上で様々に刺激があり一読を勧める。少数のアラブが大多数の異教徒の上に君臨したウマイヤ朝をアラブ帝国，ペルシア人勢力の支援を受けて建国され，改宗者が増えて，イスラームの理念，制度が社会に浸透したアッバース朝をイスラーム帝国と形容したのは Wellhausen［1902］である。アラブの征服王朝たるウマイヤ朝の性格を的確に論じたものとして現在でも研究者必読の書である。

　ウマイヤ朝の歴史について最も豊富な情報を提供するアラブ史料はタバリー（923年没）の「預言者と諸王の歴史」である。39巻に及ぶ英訳 *The History of al-Ṭabarī* が出ており，ウマイヤ朝部分は第18巻「内戦のはざま。ムアーウィヤのカリフ時代」から第27巻「アッバース家革命」までの10巻。10人の専門家が分担している。各巻にインデックスが完備しており，研究は飛躍的にやりやすくなったと言ってよかろう。ただし本格的な研究論文を書く場合には原典史料にあたる必要があるのは言うまでもない。アラビア語版ではライデン版 Tabarī［1879-1901］の信頼度が最も高く，英訳本の各ページ欄外には，参照しやすいようライデン版のページ数が付されている。

■ ウマイヤ朝史の個別研究

　同朝は，正統カリフ時代に始まった大征服事業の遺産を受け継ぎ，広大な領土をアラブ遊牧民の軍事力により維持した。よって同朝の征服活動，軍事制度を扱う研究は数多い。一次史料バラーズリーの『諸国征服史』には花田宇秋の邦訳［1987-2001］がある。クタイバなどによる中央アジア遠征については Gibb［1923］の古典的研究がある。対ビザンツ関係では Kaplony［1996］，Kaegi［1992］，太田敬子［1992］，アラブのイフリーキヤ進出は余部福三［1997］を参照。ウマイヤ朝アンダルスについてはワット［1976］が詳しい。佐藤健太郎［1996］はアンダルスへの初期移住者を扱う。イラクについては Morony［1984］を参照するとよかろう。バスラについてはアリー［1979］の研究が優れている。クーファについて知るには Djait［1986］があ

る。エジプト総督については横内吾郎［2005］を参照。

　土地制度，税制に関する嶋田襄平の論文には「ウマル2世の租税政策とその遺産」「初期イスラム時代のカティーアとダイア」などがあるが，イスラーム法理論，ディーワーン制度に関する諸論文ともども，すべて嶋田［1996］に再録されている。これには索引が完備しており，表記の統一もある程度なされているので，研究者はこれを用いたい。森本公誠［1975］の第一部第二章「ウマイヤ朝期における税制」，第二部第一章「土地所有形態とその展開」は，ウマイヤ朝エジプトの税制，土地制度を，主にパピルス文書を利用して解明したもの。高度な専門書であるが初学者にも参考になろう。一次史料 Abū 'Ubayd『財の書』が英訳され［2002］，この分野の研究はやり易くなった。貨幣研究については亀谷学［2006］に詳しい。

　シリア軍を中核としたウマイヤ朝の軍事制度は高野太輔［1996］に詳しく，非アラブ軍事要員について論じたものに 'Athamina［1998］, Zakeri［1995］がある。治安維持部隊たるシュルタ（警察）の活動については花田宇秋［1983］の研究成果がある。アラブの部族間抗争，中でもカイス系とヤマン系部族のそれについては，余部福三［1990］, Crone［1994］を参照されたい。ウマイヤ朝の崩壊過程を扱ったものには黒田壽郎［1967］, Blankinship［1994］がある。花田［1999］は反体制派とのカリフ位の正統性をめぐる闘争について述べる。新改宗者マワーリーの社会進出，武装化の問題については嶋田襄平［1996］所収の諸論文，後藤明［1988］, Crone［1980］などを参照。マワーリーを動員したムフタールの乱に関する専論に花田［1979］がある。

　同朝期の思想，学問やシーア派，ハワーリジュ派の活動については，まず嶋田襄平［1978］を読むのがよかろう。シーア派については，Jafri［1979］がオーソドックスな内容で，基本史料も押さえられており便利。学問・思想については Beeston［1983］が専門家の論集である。

　以上，挙げた文献はほんの一部であり，その他のアラビア語史料，海外の研究文献については *Index Islamicus*，英訳タバリーの各巻末にあるビブリオグラフィーなどを参照されたい。最新の邦語文献については『史学雑誌』文献目録（東洋史）で確認されたい。

【文献】

余部福三［1990］「ウマイヤ朝期のシリアにおけるカイスとヤマンの闘争について」『東京経済大学人文自然科学論集』85

余部福三［1997］「イフリーキーヤにおけるアラブの定着とベルベルの抵抗運動」『東京経済大学人文自然科学論集』104

アリー，S・A［1979］「ヒジュラ1世紀におけるバスラの社会制度」佐々木淑子訳，『イスラム世界』15

イブン・アッティクタカー［2004］『アルファフリー1　イスラームの君主論と諸王朝史』池田修/岡

本久美子訳,(東洋文庫)平凡社
太田敬子 [1992]「アラブ勢力の拡大と北シリア山岳住民――ウマイヤ朝時代の Jarājima の活動」『東洋学報』73:1/2
亀谷学 [2006]「七世紀中葉におけるアラブ・サーサーン銀貨の発行」『史学雑誌』115:9
黒田壽郎 [1967]「ウマイヤ朝後期における政治的変遷の特殊性について」『史林』40:2/3
高野太輔 [1996]「ウマイヤ朝期イラク地方における軍事体制の形成と変容」『私学雑誌』105:3
後藤明 [1988]「ウマイヤ朝カリフ・マルワーンとマワーリー」『榎博士頌寿記念東洋史論叢』汲古書院
佐藤健太郎 [1996]「8世紀アンダルスとイフリーキヤにおけるアラブ初期移住者――フィフル家を中心に」『東洋学報』77:3/4
佐藤次高 [1997]『イスラーム世界の興隆(世界の歴史8)』中央公論社
嶋田襄平 [1977]『イスラムの国家と社会』岩波書店
嶋田襄平 [1978]『イスラム教史(世界宗教史叢書5)』山川出版社
嶋田襄平 [1996]『初期イスラーム国家の研究』中央大学出版部
花田宇秋 [1979]「ムフタールの反乱(2)」『中央大学アジア史研究』3
花田宇秋 [1983]「初期イスラム時代のシュルタ」『内陸アジア・西アジアの社会と文化』山川出版社
花田宇秋 [1987-2001]「バラーズリー著『諸国征服史』」『明治学院論叢総合科学研究』26-66
花田宇秋 [1999]「イスラームの少数派とジャマーアの成立」『イスラーム世界の発展 7-16世紀(岩波講座世界歴史10)』岩波書店
ヒッティ, P・K [1982]『アラブの歴史』上, 岩永博訳, 講談社
前嶋信次 [1977]『イスラムの時代(世界の歴史10)』講談社
森本公誠 [1975]『初期イスラム時代エジプト税制史の研究』岩波書店
横内吾郎 [2005]「ウマイヤ朝におけるエジプト総督人事とカリフへの集権」『史林』88:4
ワット, W・M [1976]『イスラーム・スペイン史』岩波書店
Abū 'Ubayd [2002] *The Book of Revenue : Kitāb al-Amwāl*, Reading
'Athamina, Kh. [1998] "Non-Arab Regiments and Private Militias during the Umayyād Period," *Arabica*, 45:4
Beeston, A. F. L. 編 [1983] *Arabic Literature to the End of the Umayyad Period*, Cambridge
Blankinship, K. Y. [1994] *The End of the Jihād State : The Reign of Hishām Ibn 'Abd al-Malik and the Collapse of the Umayyads*, Albany
Crone, P. [1980] *Slaves on Horses : The Evolution of the Islamic Polity*, Cambridge
Crone, P. [1994] Were the Qays and Yemen of the Umayyad Period Political Parties?, *Der Islam*, 71:1
Dixon, A. A. [1971] *The Umayyad Caliphate. 55-88/684-705, A Political Studies*, London
Djait, H. [1986] *al-Kūfa, Naissance de la ville islamique*, Paris
Gibb, H. A. R. [1923] *The Arab Conquests in Central Asia*, London
Hawting, G. R. [1986] *The First Dynasty of Islam : The Umayyad Caliphate A.D. 661-750*, London/Sydney
Hodgson. M. G. S. [1974] *The Venture of Islam*, Vol. 1 : *The Classical Age of Islam*, Chicago/London
Jafri, S. H. M. [1979] *Origins and Early Development of Shi'a Islam*, London/New York
Kaegi, W. E. [1992] *Byzantium and the Early Islamic Conquests*, Cambridge
Kaplony, A. [1996] *Konstantinopel und Damaskus*, Berlin
Morony, M. G. [1984] *Iraq after the Muslim Conquest*, Princeton

Shaban, M. A. [1971] *Islamic History: A New Interpretation*, I (*A.D. 600-750*), Cambridge
Ṭabarī [1879-1901] *Ta'rīkh al-rusul wa'l-mulūk*, 15 vols., Leiden（英訳［ウマイヤ朝部分］: *The History of al-Ṭabarī*, Vol. XVIII: *Between Civil Wars: The Caliphate of Muʿāwiyah*, State University of New York Press, 1987～Vol. XXVII: *The ʿAbbāsid Revolution*, 1985）
Vaglieri, L. V. [1970] "The Patriarchal and Umayyad Caliphates," in *The Cambridge History of Islam*, Vol. I, Cambridge
Wellhausen, J. [1902] *Das arabische Reich und sein Sturz*, Berlin（英訳: *The Arab Kingdom and its Fall*, Calcutta, 1927）
Zakeri, M. [1995] *Sāsānid Soldiers in early Muslim Society*, Wiesbaden

3A-3 アッバース朝　　　　清水和裕

アッバース朝研究の基礎

　アッバース朝研究の意義は，その政治体制下において，イスラーム社会がひとつの完成期を迎えたことにある。この時代に，現在に至る古典法学理論がまとめられ，政治理論が生み出された。また様々な行政制度・社会制度・軍事制度・経済制度が施行され，後世の諸制度の原型となったのも，この時代である。逆にいえば，関連するテーマがあまりに広範であるために，問題を絞り込むことが困難となっている点が，アッバース朝研究の課題である。事実，近年アッバース朝そのものに焦点をあてた研究は必ずしも隆盛にあると言うことはできない。アッバース朝革命論をのぞき，この王朝をめぐる求心的な問いを立てることが難しくなっているのである。現在の研究現場においては，こうした新たな主題を見いだすこと自体が求められていると言えよう。

　アッバース朝史の基礎的な流れを知るにはKennedy [1986] が最適である。この著作は大学生向けのテキストとして執筆されたものであるが，ムハンマドの啓示からアッバース朝の解体までの歴史が，政治史を中心とした観点から明解に叙述される。また随所で代表的な歴史学的課題に触れながら独自の展望を述べるなど，この時代に興味を持つ初学者にとっては必読書と言えるだろう。日本語では嶋田襄平 [1977] が同様のものである。若干内容的に古くなっていることは否めないが，その論点の多くは未だに有益である。

　個別の時代に注目すると，アッバース朝革命に関する研究については，Humphreys [1991] や『イスラーム研究ハンドブック』（1995年）の清水和裕担当項目を参照されたい。最近10年ではこのテーマについて大きな進展はないが，Saleh Said Agha

［2003］のように，新たな研究は常に提出されている。革命以降の初期史としては Omar［1969］，Lassner［1980］，Kennedy［1980］があり，ラシード（いわゆるハールーン・アッラシード）の時代については Abbot［1946］が古典であり，El-Hibri［1999］はこの時代の史料叙述をめぐる問題提起の書。10世紀以降については Mez［1922］，al-Dūrī［1945］が代表的な研究となろう。日本では Amabe［1995］が初期から中期にかけての王朝史研究であり，各章はもとは日本語論文として発表されたもの。一方，余部福三がその影響を受けたことを明言している M. A. Shaban の Shaban［1976］は非常に挑戦的な著作であり，Humphreys［1991］はその議論の有効性に疑問を投げかけている。同感である。

　史料や研究を読む際には，各都市の地理的位置を把握することが不可欠である。広大なアッバース朝の版図については，この作業には困難がつきまとうが，イラク以東については，Le Strange［1930］が詳細な地図と索引を完備しており，極めて有益である。

■ カリフ権と軍事力

　カリフ権と軍事力の関係は，アッバース朝政治史の主要なテーマである。権力を支える軍事力とその変容は，主に第8代カリフ＝ムータスィム以降の新軍団形成とその強大化，さらに大アミール制成立に至る問題として論じられる。これらについては『イスラーム研究ハンドブック』でも触れたが，その後 Gordon［2001］，de la Vaissière［2007］が公刊された。マワーリー軍団に関する嶋田襄平の研究は嶋田［1996］の第5部にまとめられ，清水和裕［2005］第一章は研究史も含めたこの問題に対する総括と，新たな展開を探ったものである。アッバース朝以前からの初期史における軍隊について通観した Kennedy［2001］も必見であろう。このような軍事力は対外戦争以上に，反体制運動や叛乱の鎮圧に用いられた。このような反体制運動に関する研究は数多いが，日本の研究として医王秀行［1989］，中野さやか［2003］を挙げておく。またマワーリーについては論集 Bernards/Nawas 編［2005］も参照されたい。

　強大化した各地の軍事勢力はやがて，カリフの権力を揺るがすまでになるが，これについては，主にブワイフ朝権力とカリフ権の関係で論じられており，Busse［1969］はその代表的なもの。ブワイフ朝史である Kabir［1964］，Donohue［2003］もこれを論じ，近年では Hanne［2007］もこの問題を扱う。日本では若手の研究として橋爪烈［2003］［2006］があり，佐藤次高［2004］はこれをマムルーク朝時代までの視野をもって論じたもの。この問題の核心であるカリフの精神的な権威としての側面について，アッバース朝盛期を通じての実証的な研究は，いわゆる神権カリフ論の正否を含めてほとんどなされていない。今後，より研究の深化が期待される分野である。

■ アッバース朝の行政と経済

　アッバース朝権力の基盤のひとつは，安定した徴税システムにあった。初期イス

ラーム時代の税制についてもっとも包括的に論じているのは Løkkegaard［1950］であり，これによってその制度的な詳細を知ることができる。税制の基盤となるのは土地税ハラージュであり，これを支えるイラク地方などの豊かな農業生産が，初期アッバース朝の繁栄を支えていた。もともと免税特権を享受していたアラブ・ムスリムから，このハラージュをいかに徴収するかという命題は，ウマイヤ朝から引き継いだアッバース朝の大きな課題であったが，これを克服するために導入されたのが，国家的土地所有理論である。これを検討した日本の代表的な研究として嶋田襄平［1977］や嶋田［1996］第4部がある。この理論は，近代に至るイスラーム世界の税制を支える根幹であったと考えられている。しかし佐藤次高［2004］は近年これに疑念を呈している。極めて重要な問いかけであるが，実証的な検討はこれからであり，森本公誠［1975］における初期エジプトの事例などを勘案しながら，今後の議論の進み方を見守りたい。

　政府有力者や軍人による私的領地を含め，この時代の土地所有のあり方と農業の実際については多くの議論があるが，ここでは後のイクター制成立を見通してこの問題を論じた Sato［1997］の前半部をあげておきたい。初学者は日本語による原著から入ることもできよう。El-Samarraie［1972］はこの時代の農業を主題とした数少ない著作のひとつ。農業だけでなく経済問題全般に関わっては佐藤圭四郎［1981］が商業や物価にも目配りしており，al-Dūrī［1986］はアラビア語であるが，この分野における代表作である。

　税制を支えるのは，書記・官僚層の携わる徴税業務であり，アッバース朝は高度な官僚制度を築いたことでも知られる。官僚たちの頂点に立ってカリフの行政を補佐したのがワズィール（宰相）であり，Sourdel［1959］は，歴代のワズィールに関する網羅的な研究である。一方，Bowen［1975］は10世紀初頭の代表的なふたりのワズィールに焦点をあて，両者の対立を通して，ワズィールと政治の関わり方を活写した。ワズィールが携わった財政の実際の姿については，国家予算表の分析を行った von Kremer［1888］や，官僚の予算作成や穀物行政を検討した森本公誠［1975］附論に詳しい。太田敬子［1999］は，徴税を受ける異教徒の視点から徴税業務のあり方を検討したもの。

　官僚の業務に関する研究や史料を読み解く際に，もっとも障害となるのは，特殊な行政用語であるが，Bosworth［1969］は著名な書記用百科『知識の鍵』の翻訳に詳細な注を付けて，これらの用語を解説した必携論文である。このような書記用百科は，書記が現実の業務において必要とする書記技術や法学知識，地理知識などを集成したものである。Heck［2002］は，クダーマ・ブン・ジャーファルの著した『租税と書記術の書』を分析して，ウラマーとは異なったアッバース朝知識人の知のあり方を明らかにした。

　財政とともに書記の業務の大きな柱であるのが文書の作成である。残念ながらアッバース朝時代については，文書の現物がほとんど残存しておらず，文書研究は，限ら

れた写本に頼って行うしかないのが現状である。そのような中で，書記用百科や書記文例集には多くの文書の写しが残されている。Brügel [1965] は，このような文例を史料として用いた研究であり，Hachmeier [2002] はブワイフ朝期の代表的な書記アブー・イスハーク・サービーの文例集そのものを研究したものである。書記文例集にはまだ十分に検討されていないものも多く，今後の研究が期待される分野と言えよう。

バグダード——都市と社会

アッバース朝の盛衰を語るときに忘れることができないのが，平安の都と呼ばれたバグダードの繁栄である。マンスールによって建設されたこの首都は，東西のいわゆるシルクロードと，地中海からインド洋や紅海に至る南北の河川通商路の交差する地点に造営された，極めて戦略的な都市であった。このような国際商業におけるバグダードの歴史的役割については家島彦一 [1991] に拠るべきである。東西両岸にわたるバグダードの街区や通り，建築物の位置については，Le Strange [1900] が役に立つが，ハティーブ・バグダーディーの『バグダード史』冒頭部を翻訳した Lassner [1970] の研究によって補われなければならない。特に円城都市については，いまだに Le Strange に依拠した復元を目にすることがあるが，Lassner [1970] や Lassner [1980] を採用すべきである。深見奈緒子 [2004] は一般書のコラムであるが，円城都市について日本語で書かれた中では，もっともまとまっている。一方，バグダードに代わって一時期首都となったサーマッラーに関しては，近年 Northedge [2007] が出版された。

バグダードの民衆運動については，アラブ世界で研究が進んでいる。ここでは al-Ulūsī [1987] を挙げておこう。佐藤次高他 [1987] はバグダードやイラン都市のヤクザを扱ったものであり，フトゥーワ（任侠）集団問題の入り口として最適である。このフトゥーワ組織の問題は非常に大きな問題であるが，ここではその存在の指摘にとどめたい。民衆の宗派対立や党派対立とこれらの組織については Sabari [1981] でも論じられている。一方，日々の民衆生活については文学史料や逸話史料に拠った研究が必要となる。前嶋信次 [1975] がその好例である。また Ahsan [1979] は当時の食事，衣服，遊技などを百科事典的に取り扱ったものであり，事項検索にも便利である。マームーン時代の翻訳文化については，若干翻訳に難があるがグタス [2002] が良書である。

最後に，巨大帝国であるアッバース朝の諸問題は，バグダードのような中央だけからではなく，地方からの視点によって相対化されねばならない。シリアを扱った Cobb [2001] やニーシャープールからのウラマーの流れを扱った森山央朗 [2004] はそのような問題意識を展開する手助けとなるであろう。

【文献】

医王秀行 [1989]「カリフ・マームーン時代のシーア派蜂起について」『日本中東学会年報』4:2
太田敬子 [1999]「アッバース朝初期の地方行政と徴税制度——ズクニーン修道院年代記を中心として」『オリエント』41:2
グタス,D [2002]『ギリシア思想とアラビア文化——初期アッバース朝の翻訳運動』山本啓二訳,勁草書房
佐藤圭四郎 [1981]『イスラーム商業史の研究』同朋社
佐藤次高 [2004]『イスラームの国家と王権』岩波書店
佐藤次高/清水宏祐/八尾師誠/三浦徹 [1984]『イスラム社会のヤクザ』第三書館
嶋田襄平 [1977]『イスラムの国家と社会』岩波書店
嶋田襄平 [1996]『初期イスラム国家の研究』中央大学出版部
清水和裕 [2005]『軍事奴隷・官僚・民衆——アッバース朝解体期のイラク社会』山川出版社
中野さやか [2003]「アリー・ブン・ムハンマドの反乱」『オリエント』46:1
橋爪烈 [2003]「初期ブワイフ朝君主の主導権争いとアッバース朝カリフ」『史学雑誌』112:2
橋爪烈 [2006]「ブワイフ朝ジバール政権の対外政策——サーマーン朝との関わりから」『西南アジア研究』65
深見奈緒子 [2004]「円城都市バグダッドの再現」『イスラムと十字軍(NHKスペシャル文明の道4)』日本放送出版協会
前嶋信次 [1975]『イスラームの蔭に(生活の世界歴史7)』河出書房新社
森本公誠 [1975]『初期イスラム時代エジプト税制史の研究』岩波書店
森山央朗 [2004]「イスラーム的知識の定着とその流通の変遷」『史学雑誌』113:8
家島彦一 [1991]『イスラム世界の成立と国際商業』岩波書店
Abbott, N. [1946] *Two Queens of Baghdad*, Chicago
Ahsan, M. M. [1979] *Social Life under the Abbasids*, London
Amabe, F. [1995] *The Emergence of the 'Abbāsid Autocracy*, Kyoto
Bernards, M./J. Nawas 編 [2005] *Patronate and Patronage in Early and Classical Islam*, Leiden
Bosworth, C. E. [1969] "Abū 'Abd Allāh al-Khuwārazmī on the Technical Terms of the Secretary's Art", *JESHO*, 12
Bowen, H. [1975] *The Life and Times of 'Alī ibn 'Īsā: The Good Vizir*, New York
Busse, H. [1969] *Chalif und Grosskönig*, Beirut
Brügel, Ch. [1965] *Die Hofkorrespondenz 'Aḍud al-Daulas*, Wiesbaden
Cobb, P. M. [2001] *White Banners: Contention in 'Abbasid Syria, 750-880*, Albany
Donohue, J. [2003] *The Buwayhid Dynasty in Iraq 334H./945 to 403H./1012: Shaping Institutions for the Future*, Leiden
al-Dūrī, A. A. [1945] *Dirāsāt fī al-'Uṣūr al-'Abbāsīya al-Muta'akhkhira*, Baghdād
al-Dūrī, A. A. [1986] *Ta'rīkh al-'Irāq al-Iqtiṣādī*, Bayrūt
El-Hibri, T. [1999] *Reinterpreting Islamic Historiography: Hārūn al-Rashīd and the Narrative of the 'Abbasid Caliphate*, Cambridge
El-Samarraie, H. Q. [1972] *Agriculture in Iraq during the 3rd Century, A.H.*, Beirut
Gordon, M. S. [2001] *The Breaking of Thousand Swords: A History of the Turkish Community of Sammarra [218-264 A.H./833-877 C.E.]*, Albany
Hachmeier, K. U. [2002] *Die Briefe Abū Isḥāq Ibrāhīm āl-Ṣābi's (st. 384/994 A.H./A.D.)*, Hildesheim
Hanne, E. J. [2007] *Putting the Caliph in His Place: Power, Authority, and the Late Abbasid

Caliphate, Madison
Heck, P. L. [2002] *The Construction of Knowledge in Islamic Civilization : Qudāma b. Ja'far & his Kitāb al-kharāj wa-ṣinā'at al-kitāba*, Leiden
Humphreys, R. S. [1991] *Islamic History : A Framework for Inquiry*, rev. ed., Princeton
Kabir, M. [1964] *The Buwayhid Dynasty of Baghdad*, Culcutta
Kennedy, H. [1980] *The Early Abbasid Caliphate : A Political History*, London
Kennedy, H. [1986] *The Prophet and the Age of the Caliphates : The Islamic Near East from the Sixth to the Eleventh Century*, London/New York
Kennedy, H. [2001] *The Army of the Caliphs : Military and Society in the Early Islamic State*, London
von Kremer [1888] "Ueber das Einnahmebudget des Abbasiden-Reiches vom Jahre 306H. [918-919]," Denkschriften der Kaiserlichen Akademie der Wissenschaften, Philosophisch-Historische Klasse
Lassner, J. [1970] *The Topography of Baghdad in the Early Middle Ages*, Detroit
Lassner, J. [1980] *The Shaping of the 'Abbāsid Rule*, Princeton
Le Strange [1900] *Baghdad during the Abbasid Caliphate*, Oxford
Le Strange [1930] *The Land of the Eastern Caliphate*, Cambridge
Løkkegaard, F. [1950] *Islamic Taxation in the Classic Period*, Copenhagen
Mez, A. [1922] *Die Renaissance des Islams*, Heidelberg
Northedge, A. [2005] *The Historical Topography of Samarra : Samarra Studies I*, London
Omar, F. [1969] *The Abbasid Caliphate 132/750-170/786*, Baghdad
Sabari, S. [1981] *Mouvement populaires à Baghdad à l'époque 'abbaside IX-XI siècles*, Paris
Saleh Said Agha [2003] *The Revolution which Toppled the Umayyads neither Arab nor 'Abbāsid*, Leiden
Sato, T. [1997] *State & Rulal Society in Medieval Islam*, Leiden
Shaban, M. A. [1976] *Islamic History : A New Interpretation*, Vol. 2, Cambridge
Sourdel D. [1959] *La vizirat 'abbāside*, 2 vols., Damas
al-Ulūsī, 'Ādil Muḥyī al-Dīn [1987] *al-Ra'y al-'Āmma fī al-Qarn al-Thārith al-Hijrī 198-295/813-907*, Baghdad
de la Vaissière, É. [2007] *Samarcande et Samarra : Élites d'Asie centrale dans l'empire abbasside*, Paris

3A-4　セルジューク朝　　清水宏祐

セルジューク朝研究への視角

　セルジューク朝の成立時期は、さまざまな面でイスラーム社会が大きな転換をとげた時代に照応する。また、この王朝は、史上初めて集団としてイスラーム世界に入っ

て覇権を握ったという点で、アナトリアのトルコ化、さらにはオスマン朝の成立にもつながる、トルコ民族史の展開における要の時代に位置している。研究を志すものは、当時のイスラーム世界の状況を、よく念頭に置くことが肝要であろう。

本節では、まずイスラーム史の上から見たセルジューク朝について考えることからはじめ、これからとりかかる人のために、さまざまな研究の可能性を提示していくことにする。各自で入手できる工具類や概説書についての情報は、ここでは扱わない。こういう研究もできるのか、ここから入ればこういうことが見えてくるのか、という指針としてお読みいただければと思う。

■ イスラーム史の流れの中でのセルジューク朝

10世紀以降の西アジア史を概観すれば、アッバース朝の衰退、地方王朝の分立、イクター制の施行と、その後の歴史の流れを左右するような、重大な歴史的事件が起こっている。

ブワイフ朝シーア派政権の成立によって、政治の実権を奪われたアッバース朝カリフは、かろうじて宗教的権威の源として存続を許された。このような状況は、スンナ派を標榜するセルジューク朝の登場によってどのように変化したか。

この問題を論じるために、セルジューク朝がイスラーム世界に入る経緯、その後のカリフとの交渉、各地方政権との関係について考えることからはじめよう。

セルジューク朝が、「カリフのしもべ」「カリフの擁護者」との立場を明らかにしながら、政治的な立場を固めていったことは、ブワイフ朝からの解放者、ガズナ朝にかわる治安維持能力をもつものとしての、外交政策上のアピールであった。この姿勢が、政権確立後に、どのように変化したか。

カリフの復権については、カリフの財政基盤、バグダードにおけるカリフとウラマーのおりなす世界、カリフ宮廷の日常、セルジューク朝側からのカリフに対する態度など、考えるべき課題が多い。

11世紀中葉、セルジューク朝は、「カリフよりスルターンの称号を贈られ、イスラーム世界の世俗的支配者としての地位を確立した」と言われている。しかし、称号授与の実態、意味、カリフとの関係の推移と変化についてもさらに考察すべきであろう。

諸史料が、スルターンとしてのセルジューク朝君主をどう描いているかについても、ほかの王朝の君主との比較を交えつつ、詳細に検討する余地がある。

カリフとセルジューク朝君主との関係については、さらに、以下のような切り口からの考察が可能である。

カリフによる支配権の公認は、どのようになされたか。一般には、支配権の公認は、フトゥバにおける名前の読み上げによって公示される。各都市の会衆モスクでは、どのような名が読まれたか。これについては、旅行記の記述から復元できる場合がある。年代記、地方史の中にも記録がある。

また，貨幣に，どのような文言が刻まれたか，どこで作られたものかについてのデータを集積することによって，どの時点で，どのように「称号」が変化したかの過程を追跡することもできよう。貨幣打刻所（ダール・アルダルブ，ダルブハーネ）の場所と分布は，王朝の支配領域，経済圏と関係がある。

　わが国には，現物の貨幣が少なく，貨幣学が未発達である。この現状を打破するためには，各国の博物館所蔵の貨幣カタログを照合し，その出土地，製作地と製作年代，表と裏に打刻された文言，模様等のデータベースを構築することからはじめるべきだろう。個人の能力には限界があるので，ネット上で，各国の研究者と情報を交換して，この仕事を立ち上げてみてはどうか。

　先に述べた交渉の問題に密接に関連するが，カリフとスルターンの間での，書簡の変化にも注目したい。その中での相手への呼びかけ方，内容について考えてみることによって，両者の関係，立場の変化を窺うことができる。

　書簡の場合，書かれた内容ばかりでなく，受け渡しの形式も重要である。使節は，書簡を持参して拝謁，読み上げることを通例とした。無言で渡すことは，外交上，非礼にわたったが，カリフへの圧力行使のため，あえて慣例を無視した実例もある。

　カリフとスルターンとの間に立つ人物，官職についての考察も必要である。バグダードに駐在した，セルジューク朝の専門職，アラビア語でシフナ，ペルシア語でシャフネと呼ばれる官職が，これである。ほかの地方でのシフナの主たる任務は，治安の維持にあった。

　バグダードのシフナは，これに加えて，カリフに対する目付役，スルターンの意を体した交渉役も勤めていた。そのほか，さまざまなシフナの任務，日常の行動，街区騒乱時の任務等を見ることによって，スルターンが常駐することのなかったバグダードが，どのようにセルジューク朝にコントロールされていたかを読み取ることができる。

　内部から見たバグダードの生活記録からも，カリフの位置づけが推測できる。イブン・アルバンナーというウラマーの残した日記がある。これを見ると，知識人の日常の行動範囲，カリフ宮廷の役割，カリフとウラマーの関係，諸法学派間の抗争と協調，ウラマーから見たスルターンなど，さまざまな相が浮かび上がってくる。

　ニザーミーヤ学院の創設に代表されるように，この時代には，官僚の養成機関が整備され，ウラマーの教育も盛んになった。官僚のためのインシャー文学と呼ばれる「公文書作成マニュアル」も書かれ，どのような相手には，どのような対応をするかという儀礼，様式がフォーマット化された。このような書の中から，官僚の立場，官僚とカリフ，スルターンの関係を考えることも可能である。

　官僚機構については，上述のインシャー文学，官僚が君主に聞かせるために表した鑑文学（君主としての心得を説く教訓書），一連の『宰相史』から，うかがい知ることができる。ここでは，実態としての機構と，理想，理念の上でのあるべき姿とを，厳密に分けて考える配慮が必要となる。

軍隊制度については，年代記，王朝史中の，豊富な記述を利用しつつ，その構成については，個々の戦闘における事例と，査閲等の記録とを参照することによって，全容が明らかになる。キョイメンは，官僚制，軍制をはじめ，さまざまな制度について研究を行っているが（Köymen [1966] [1967]），これは批判的に利用すべきものであろう。

軍隊の要であるアミールについては，後述するように，出身，身分に大きな違いがある。個々のアミールのライフヒストリーを再現していくことは，軍隊組織について，この王朝の支配の特異性について，問題を一つ一つ明らかにする契機となろう。

セルジューク朝のもとで行われたイクターについては，一地方の行政をまかせる，規模の極めて大きなものから，軍事用の馬の糧秣集積のためのものまで，その種類は多様であり，これらを一つに論じることはできない。

地域差も大きく，東部と西部地域とでは，呼び名が異なることがある。史料によっては，それらすべてをイクターの名で一括しているものがあり，注意が必要である。

トルコ民族史の文脈の中でのセルジューク朝

セルジューク朝の創設の意義の一つは，はじめて，集団として，トルコ人がイスラーム世界に入って，政権を樹立したところにある。

すでに，サーマーン朝，アッバース朝，ブワイフ朝時代には，奴隷として購入され，軍事訓練を受け，グラームやマムルークとして軍隊の中核となり，支配者の親衛隊として重用されたトルコ人が存在していた。11世紀のはじめころから西アジアへ入ってきたトルコ人たちは，集団を保持したまま，独自の意思決定を行ない，固有の行動原理を保持していた点が，それ以前の時代とは異なるところである。

こういった過程を考えれば，セルジューク朝の建国について，トルコ共和国の研究者が，とくに民族的な意義を強調するのは当然であろう。また，これら研究者たちがセルジューク朝の支配に，遊牧封建制や，分封制の要素を強く認めるところも，注目すべき特徴といえよう。

一方，シル河下流域の町，ジャンドにおけるセルジューク勢力の旗揚と，その後に加わったものたちが集団を構成したことを考えると，過度に遊牧的要素を強調することには問題があるかもしれない。

分封制についても，ブワイフ朝時代，支配者一族による分割統治が行われたことと，どのような違いがあるのかについて，明らかにするべきであろう。広大な地域を一族で支配する場合，これを分割して管理することは，ある意味では，自然なやりかたともいえる。要は，そこに固有の支配原理とみなせるようなものが働いていたかということである。

セルジューク朝の支配体制を考える場合には，王朝の中核軍，ときに応じて参加した集団，王朝とは無関係に行動した遊牧集団とを分けて考えることも必要である。

そもそも，史料がグッズ，あるいはトゥルクマーンと記すトルコ系の人々が，アム

河を渡って，イスラーム世界に入ってきたとき，何人もの異なる長によって率いられた集団が存在していた。イスラーム化しないものもあれば，在地の住民たちと軋轢を引きおこすものたちもいた。

地方王朝やアッバース朝カリフがセルジューク家に期待したものは，これら無統制の集団にたいする治安維持の能力であり，都市によっては，むしろ積極的に門戸を開いたところもあった。すでに詳しく研究された分野ではあるが，都市や地方を選べば，まだ解明の余地はある。

当時の遊牧系トルコ集団の動向，どのようなものたちが，どの局面で，どう行動したかについても，さらに究明すべきである。

全体の構図を俯瞰してみよう。セルジューク朝の中心部には，君主の親衛軍があって，中核の集団をなしていた。これらは，トルコ人といっても，奴隷出身で，本来所属する部族，家族からは切り離され，教育によって君主への忠誠心を植えつけられたものたちであった。親衛隊の外側には，機に応じて参加する遊牧，あるいは非遊牧のトルコ系の集団があり，さらに，統制には従わない，遊牧集団もあった。彼らは，放牧地を求めて移動し，あるいは羊の過放牧によって牧草地を荒廃させることもあった。セルジュークトルコという言いかたは，これらの複雑な構造を無視して，一枚岩のトルコ人集団という誤解を与えかねない表現である。

軍隊の長となったのは，上記のアミールたちであった。アミールは，本来，軍隊の指揮官，司令官を意味し，これが総督や，地方王朝の君主の称号にも転じた。ブワイフ朝やガズナ朝の君主はアミールと呼ばれたが，セルジューク朝においては，君主がスルターン，王族はマリク，軍隊の長がアミールと呼ばれていた。

アミールには，出身から見て，いくつかのものがある。一つは，購入された，あるいはほかの王朝から贈られた奴隷出身の軍人が，昇進してこの地位についたもの。あるいは，支配領域内の集団，地方王朝から人質として集められ，軍隊を構成したもの。もちろん，セルジューク家に古くからのゆかりのある指揮官が，こう呼ばれたこともある。さらには，遊牧集団の長が，その立場を認められてアミールとされたこともある。これらのアミールは，出自，セルジューク家との遠近，家産集団に属するか否かの，大きな差があって，同一には論じられないところがある。

トルコの研究者は，史料に出てくるアミールを，機械的にトルコ語の「ベク」と置き換えることがあるので，論文や研究書を読む時には，注意が必要である。セルジューク朝時代にベクが存在したというわけではない。

志茂碩敏［1995］は，イルハン朝史研究を通じて，ペルシア語史料に見える用語が，イスラーム史伝統のそれではなく，モンゴル支配体制固有の言葉が，それに置き換えられて記録されたと主張する。史料の奥にあるものを読む，まことに卓見であるが，セルジューク朝関係史料において，同様のことが言えるかどうかは，なんとも言えない状況である。現段階では，セルジューク朝の場合，モンゴルのような部族組織が温存され，支配体制と密接に関係したことは，なかなか論証できないし，大元ウル

スのような，同じ原理に基づく地方支配の貫徹という体制も見られない。

　セルジューク朝の体制は，地方王朝，地方支配者の地位を，フトゥバにおけるスルターンの名の公示，貢納との引き換えで認めるという，ゆるやかなものであった。地方王朝の側に立った，セルジューク朝との外交関係についても，これから研究する余地がある。

　セルジューク朝と，トゥルクマーン集団の関係も，同様にゆるやかなものであり，牧地を指定して，移動を制限したり，強力な統制を行うこともできなかった。しかし，トゥルクマーンたちには，王朝創設時に貢献したという意識もあり，王族の一部と結んで，しばしばスルターンの継承に介入し，騒乱の種になった。セルジューク家とトゥルクマーン集団との関係を，時代をくだりながらフォローする研究も必要である。

　ビザンツとの関係についても触れておこう。スルターンは，アナトリアへ進出する積極的な意図はなく，短期の遠征の後には，帰還することが通例であった。ビザンツとの歴史的な戦いである，マラーズギルトの合戦も，東部アナトリア征服の目的から出たものではなかった。ただし，結果としては，権力の空洞化に乗じて，セルジューク朝の統制に服さないトゥルクマーンやグッズが，この地へ進出することとなった。ビザンツの衰退は，逃亡した一族が，ルーム・セルジューク朝を建てる原因ともなったのである。

セルジューク朝時代の文化と，同朝関係史料

　まず注目すべきは，文語としてのペルシア語の発達である。トルコ系の支配者のもとで，ペルシア語の文献は，歴史書，鑑文学などの散文をはじめ，ホラーサーン様式，イラク様式の韻文も盛んに書かれた。その一方で，アラビア語による『セルジューク朝史（セルジューク朝の諸情報）』（Ḥusaynī [1933]），ペルシア語による『セルジュークの書』（Ẓahīr al-Dīn Naysābūrī [1953]）の双方が書かれたことは，この時代の文化の複雑さを物語っている。文化という観点から，引き続き，史料について論じてみよう。

　セルジューク朝時代には，文章語としてのトルコ語は未発達であったため，史料の多くは，アラビア語とペルシア語で書かれた。アラビア語は，当時の中心をなす文字言語であり，年代記，イスラーム世界史，地方史，王朝史の大部分が，これで書かれている。一方，セルジューク朝の宮廷公用語はペルシア語であった。当時，ようやく文語としての記述能力が備わってきた言語で，宰相ニザーム・アルムルクも，ペルシア語で『統治の書』を書き残している（Niẓām al-Mulk [1962]）。これは，支配の，「かくあるべき姿」を論じたものであるので，慎重な読み方が必要である。君主は，トルコ語のほか，ペルシア語も解し，カリフとの面会の時には，宰相がアラビア語とペルシア語の間の通訳を勤めていた。君主に聞かせるため，ペルシア語の王朝史の中には，アラビア語の詩やハディース，格言を記した後，これをペルシア語に訳して，

併記したものもあった。

　研究に取り組もうとする者は，まずアラビア語の習得からはじめるのが適当である。アラビア語が，すべての中東イスラーム世界研究の基礎となることは，言うまでもない。特にペルシア語を学習しようとするものは，必ずアラビア語からはじめるべきである。その逆の場合には，アラビア語を理解することは，極めて困難とも言える。

　セルジューク朝関係のトルコ語史料はほとんどないが，現代トルコ語で書かれた研究書は多い。トルコ語は，アラビア語やペルシア語学習の後に学ぶのが理想的である。トルコ語の中に豊富にあるアラビア語，ペルシア語起源の単語の意味，ニュアンス，発音が，よく理解できる。

　ここでは，一次史料について網羅的に検討することはできないので，比較的新しく出版されたものに限って述べておく。

　アラビア語の基本史料の一つであるイブン・アルアシールの『完史』は，セルジューク朝関係の部分が英訳されている（Richards [2002]）。『完史』の新しい完本も刊行され，比較検討ができるようになった（Ibn al-Athīr [1998]）。

　比較的新しく刊行された史料としては，イブン・アルジャウズィーの『諸王，諸民族の歴史における秩序』がある。バグダードでの事件，カリフ周辺の出来事について詳しい記述がある。セルジューク朝統治下で，バグダードでは何が変わったか，変わらないものはどのようなものだったかを考える絶好の材料となる（Ibn al-Jawzī [1992] [1996]）。

　ペルシア語史料では，イラク・セルジューク朝時代の宰相列伝『宰相たちの歴史』が出版されている（Qummī [1985]）が，校訂ミスがあり，使用には注意を要する。これについては，清水が別の機会に論じる予定である。

　文化では，イスファハーンの会衆モスクをはじめとする，建築も重要である。セルジューク朝時代の建築は，簡素にして豪放なデザインと，青いタイルに特徴がある。建築の担い手たちは，広く移動して，各地で仕事を続けた。アナトリアの公共建築物，例えばマドラサなどの銘文の分析から，イランからの職工の移動を追跡したセンメズの研究（Sönmez [1995]）は，新しい動向として注目される。

■ イラン史の流れの中でセルジューク朝を考える

　イスラーム史，トルコ民族史とは別の観点として，歴史的イラン世界（現在のイランと区別して，仮にこう呼んでおこう）の歴史の中で，セルジューク朝は，どのように位置づけられるか。イランの研究者は，史料や文学作品の校訂には熱心であるが，セルジューク朝の歴史研究そのものについては，一部の例外を除いて，さほど熱心ではないように見える。

　スウェーデンのクリステンセンは，サーサーン朝から近代まで，長い歴史のスパンの中で，イランの穀物生産力，環境の変化を追及した（Christensen [1993]）。それ

によれば，穀物生産力は，サーサーン朝期がピークで，その後は衰退の道をたどったという。その主たる原因は，灌漑によって引き起こされた塩害による，耕地の荒廃であったという。大規模な灌漑を行ったところほど，早く衰退し，天水農業によるところでは，「細く長く」生き延びることができたとする。クリステンセン説によれば，遊牧集団が入ってきたために耕地が荒廃したのではなく，荒廃した土地でも食料生産活動が行える，遊牧経済に基盤を置く人々が入ってきたのであるという。これは，逆転の発想である。彼らが軍事力の中心となったのは，経済の衰退によって，軍隊の維持が難しくなり，「安上がりな」遊牧民を，臨時に兵力として使うことを選択したのであるとする。

しかしこの説には，多くの点で疑問がある。たとえば，グラームやマムルークによる軍隊の編成をどうとらえるか。10～11世紀の変動の時代に，都市が繁栄したことをどう考えるか。限られた史料から大胆な結論を導き出す手法にも問題がある。

ただし，視線を遠くに置き，長い歴史の流れを見渡そうとする態度には，共感をおぼえるところもある。

これから研究の道に進まれる方々も，大きな視野を持ち，細かな実証を積み上げる姿勢で臨まれれば，必ず，面白い問題を掘り起こすことができると信じている。

【文献】

大塚修［2006］「ザヒール・アッディーン・ニーシャープーリー著（A. H. モートン校訂）『セルジューク朝史』」『東洋学報』87：4

大塚修［2007］「キニク族とアフラースィヤーブ——ペルシア語普遍史叙述の展開とセルジューク朝の起源」『オリエント』50：1

佐藤明美［2003］「スルタン・サンジャルとグッズ——サンジャル拉致に関する一考察」『イスラーム世界』60

清水宏祐［1975］「イブラーヒーム・イナールとイナーリヤーン——セルジューク朝初期のTurkman集団」『イスラーム世界』10

清水宏祐［1983］「ペルシア語写本『宰相たちの歴史』について」『内陸アジア・西アジアの社会と文化』山川出版社

清水宏祐［1986a］「貨幣史料によるセルジューク朝研究序説」『イスラーム世界』25/26

清水宏祐［1986b］「トゥグリル・ベクとカリフ・アルカーイムの外交交渉——文献史料と貨幣史料より見た称号問題」『東洋史研究』45

清水宏祐［1993］「大変動の時代」「トルコ人の登場」『都市の文明イスラーム』講談社

清水宏祐［1994］「ゴウハル・アーイーンの生涯」『東洋学報』76：1/2

清水宏祐［2002］「イラン社会の変容」『西アジア史II』山川出版社

志茂碩敏［1995］『モンゴル帝国史研究序説——イル汗国の中核部族』東京大学出版会

橋爪烈［2006］「『時代の鏡』写本研究序説」『オリエント』49：1

Bosworth, C. E. [1968] "The Political and Dynastic History of the Iranian World," *The Cambridge History of Iran*, V, Cambridge

Christensen, P. [1993] *The Decline of Iranshahr*, Copenhagen

Ḥusaynī [1933] *Akhbār al-Dawla al-Saljūqīya*, M. Iqbāl 編, Lāhūr

Ibn al-Athīr [1998] *Al-Kāmil fī al-Ta'rīkh*, Abū al-Fiḍā' 'Abd al-Qādī 編, 11 vols., Bayrūt
Ibn al-Jawzī [1992] *Al-Muntaẓam fī Ta'rīkh al-Mulūk wa al-Umam*, Muḥammad wa Muṣṭafā 'Abd al-Qādir 'Aṭā 編, 16 vols., Bayrūt
Ibn al-Jawzī [1996] *Al-Muntaẓam fī Ta'rīkh al-Mulūk wa al-Umam*, Suhayl Zakkar 編, 12 vols., Bayrūt
Köymen, M. A. [1966] "Alp Arslan Zamanı Selçuklu Saray Teşkiratı ve Hayatı," *Tarih Araştırmaları Dergisi*, IV : 6/7
Köymen, M. A. [1967] "Alp Arslan Zamanı Selçuklu Askeri Teşkiratı," *Tarih Araştırmaları Dergisi*, V : 8/9
Lambton, A. K. S. [1968] "The Internal Structure of the Saljuq Empire," *The Cambridge History of Iran*, V, Cambridge
Najm al-Dīn Abū al-Rijā' Qummī [1985] *Ta'rīkh al-Wuzarā'*, M. T. Dānishpazhūh 編, Tehrān
Niẓām al-Mulk [1962] *Siyāsat-nāma*, H. Darke 編, Tehrān
Rawandī [1921] *Rāḥat al-Ṣudūr wa Āyat al-Surūr*, M. Iqbāl 編, London
Richards, D. S. [2002] *The Annals of the Saljuq Turks Selections from al-Kāmil fil-Ta'rīkh of 'Izz al-Dīn Ibn al-Athīr*, Oxford
Sevim, A./E. Merçil [1995] *Selçuklu Devletleri Tarihi*, Ankara
Sönmez, Z. [1995] *Anadolu Türk-Islam Mimarisinde Sanatçılar*, Ankara
Ẓahīr al-Dīn Nīshāpūrī [1953] *Saljūq-nāma*, Tehrān
Ẓahīr al-Dīn Nīshāpūrī [2004] *The Saljūqnāma of Ẓahīr al-Dīn Nīshāpūrī: A Critical Text Making Use of the Unique Manuscript in the Library of the Royal Asiatic Society*, A. H. Morton 編, E. J. W. Gibb Memorial Trust

3A-5　ムラービト朝＋　　　　　　　　　　　　　　　　　　佐藤健太郎

マグリブ・アンダルス史への入門書

　本節では，ムラービト朝を含む前近代マグリブ・アンダルス史研究への手引きを記す。この種の研究案内としてはすでに私市正年 [1995] があるので，ここでは (1) 最近の動向をおさえること，(2) 今まで紹介されることの少なかったスペインの研究動向をおさえることの2点を特に心がけた。もちろん，ごく基本的な文献や特に重要な文献に関しては重複をいとわずに収録してあることは言うまでもない。
　マグリブ・アンダルス全体をとらえるような視点から書かれた概説書は意外に少ない。その点で最近出版された Terrasse [2001] は意欲的な入門書である。研究初心者にとってのツールとなるよう図版や史料抜粋などももりこんでいるが，著者の専門領域を反映して文献目録が建築・考古学に偏っているのは残念。マグリブ史の概説とし

ては，19世紀の植民地支配開始までを扱う Julien [1951] が古典的な通史である。英語で読めるものには Abun-Nasr [1987] があり，若干記述が平板なきらいはあるものの現代までを幅広くカヴァーしている。一方，Laroui [1970] は植民地支配からの独立をうけて，新たなマグリブのアイデンティティを模索しようとした通史で，独特の「熱さ」を感じさせる。マグリブ諸都市を対象に19世紀以来の都市研究をふりかえり問題点をあぶりだした私市正年 [1991] は，それ自体ひとつの研究成果であるが文献目録としてもきわめて有用である。

1990年代のアンダルス史研究の進展ぶり，とりわけスペインにおけるそれにはめざましいものがある。その現時点での到達点として参照すべきなのが，Viguera Molíns 編 [1994-2000] である。これは数十年にわたって刊行が続けられている大規模なスペイン通史シリーズの第8部にあたるものだが，一巻本として構想されたものが四巻本にまで膨れ上がってしまったことからも，研究の進展ぶりがうかがえる。ただ残念ながら扱われている時代は11世紀以降に限られる。10世紀以前を対象とする同シリーズの第4・5部は半世紀前に刊行されているが，実は Lévi-Provençal [1950-53] のスペイン語訳に若干の加筆をしたものに過ぎない。古典的研究として長く利用されてきたレヴィ＝プロヴァンサルの大著も，今ではさすがに古さを否めない。全時代をカヴァーする概説でより新しいものには，Arié [1982] や Guichard [2001] がある。ギシャールは後述するように20世紀末のアンダルス史の転換を語るうえで欠かせない研究者であり，彼の概説には良くも悪くもその主張がコンパクトにまとめられている。日本語で読めるものとしては，余部福三 [1992] やワット [1976] がある。

アラビア語史料の解題としては，モロッコの碩学の手になる al-Manūnī [1983] が役に立つ。基本的にはモロッコ史研究のための史料解題だが，他地域を研究する際にも参考になる。Lirola Delgado 編 [2003] と Lirola Delgado 編 [2004-06] はアンダルスゆかりの著述家に関する最新の大規模な事典で，人名辞典としても史料解題としても非常に有用。若干，出版体制が混乱しているのが懸念されるが，順調に刊行が続くことが望まれる。同様にチュニジアの著述家の事典として，Maḥfūẓ [1982-86] を挙げておく。

マグリブ・アンダルスの国家

まずは王朝ごとに著された詳細な政治史研究を挙げておこう。この種の研究は各時代の基礎的な情報を得るうえで欠かせない。マグリブについては，アグラブ朝を扱う Talbi [1966]，ファーティマ朝を扱う Halm [1991]，ズィーリー朝を扱う Idris [1962]，ムラービト朝を扱う Lagardère [1989] [1998]，ムワッヒド朝を扱う Le Tourneau [1969]，マリーン朝を扱う Khaneboubi [1987]，ハフス朝を扱う Brunschvig [1940-47] などがある。アンダルスでは，後ウマイヤ朝については前述の Lévi-Provençal [1950-53] の他に Manzano Moreno [2006]，11世紀のターイファ諸

王国時代については Wasserstein［1985］，ナスル朝については Arié［1990］や Harvey［1990］（こちらはキリスト教徒支配下のムスリム＝ムデーハルについても詳しいのが特徴）などが詳しい。

　これらによって十分に明らかにされたかに見える政治史上の事実関係も，新史料の発掘があればまだ開拓の余地は残されている。Ṭāha［1989］は，執筆時点での未公刊史料を大量に駆使して最初期のマグリブ・アンダルスにおけるアラブ・ベルベル集団の分布とその役割を明らかにした労作。Meouak［1999］は，プロソポグラフィーの手法を用いて後ウマイヤ朝政権の内部構造を明らかにしたもの。近年の初期ファーティマ朝史研究は，イスマーイール派関連史料の校訂が進み，活発化している。前述の Halm［1991］の他に，ファーティマ朝の勃興を当時の地中海世界のパワーバランスの中で捉えようとした Brett［2001］などがある。日本でも菟原卓［1988］がある。

　一方，諸王朝の支配の理念を探る研究としては，Kably［1986］が代表的なものだろう。先行王朝と異なり明確なイデオロギーを持たずに出発したマリーン朝が，その時々の状況に応じて様々な主張を展開していく様を描く。また，Martinez-Gros［1997］は，後ウマイヤ朝カリフ国家のイデオロギーが，アンダルスの歴史叙述の伝統にいかに大きな影響を与えたかを論じる。Safran［2001］は，同じく後ウマイヤ朝を対象に儀礼や建築事業を通してその支配の理念を明らかにする。また諸王朝の中でもとりわけユニークなイデオロギーを持つムワッヒド朝については，Cressier 他編［2005］の中に興味深い論考が数多くある。

▦ マグリブ・アンダルスの社会と宗教

　近年活況を呈しているイスラーム法研究は，マグリブ・アンダルス史にも影響を与えている。残念ながら法廷文書を用いた研究はあまりないが，法学関連書を史料として利用した先駆的な研究としてはヒスバの書を用いた Chalmeta［1973］が挙げられよう。しかし，多分に理論書的な色彩が強いヒスバの書に比べて，おそらくより多くの情報をもたらしてくれるのはファトワー集である。15世紀末の法学者ワンシャリースィーが編纂した膨大なファトワー集が1980年代に再刊されたことで，これを史料として用いた研究が増えている。Lagardère［1995］はこのファトワー集の要約と索引であり，ムフティーの同定などに若干の問題があるものの，便利なツールであるには違いない。マグリブで編まれたファトワー集は他にも刊行されてきており，史料へのアクセス状況は格段に改善されている。Cressier 他編［2000］は，このような状況下でファトワーなどの法学史料を都市研究に利用しようと試みた論文集。日本では，村田靖子［1997］（村田にはヒスバの書を用いた研究もある）や飯山陽［2001］，Sato［2007］などの研究がファトワー集を用いている。

　社会生活の具体的事例を提供してくれる情報源としてファトワーを用いることはもちろん可能だが，イスラーム法と社会との接点としてファトワーを捉え，法学者たち

3 イスラームの時空間　149

がどのようにイスラーム法を現実の社会に適用しようとしてきたのかを探る方向も有望な研究分野であろう。このような研究の代表として，マリーン朝期の法と社会を扱った Powers［2002］がある。なお，マグリブ・アンダルスにかかわる（この両地域のみを対象としているわけではないが）法学研究の文献目録として Fierro 他編［1999］がある。

　また，聖者崇敬の問題もマグリブ史を語る上で欠かせない。主に文化人類学者たちによって手がけられてきたこのテーマも，近年では聖者伝を史料として活用することで歴史学でも扱われるようになってきた。例えば私市正年［1996］は聖者たちの活動を通して歴史の中の民衆の姿を明らかにしようと試みる。Cornell［1998］は，16世紀までのスーフィー・聖者・タリーカの展開や思想を精緻に追い，これらがいかにモロッコ社会をイスラーム的に制度化していったかを明らかにする。また，Touati［1994］は，17世紀のアルジェリアを対象に人と神との仲介役を果たす存在としてのウラマーや聖者たちの社会的役割を論じる。これらの研究にも見て取れるように，聖者（あるいはスーフィー）対ウラマー，民衆対エリート，農村対都市といった単純な二項対立の図式はほぼ乗り越えられている。マグリブ・アンダルスに限ったことではないが，聖者とウラマーとの重なり方や漠然と我々が聖者と呼ぶカテゴリー内部の微妙な差異を，特定の時代・地域の社会的文脈に沿って明らかにすることが求められるだろう。なお，聖者崇敬と切り離して論じることのできないシャリーフ崇敬の高まりについては，Beck［1989］も参照されたい。

■ マグリブ・アンダルスとヨーロッパ

　マグリブ・アンダルス史，とりわけアンダルス史においては，その地理的位置や歴史的経緯ゆえに，西欧との関係や内に抱える非イスラーム的な要素がしばしば関心の的となってきた。モサラベ（アンダルスのキリスト教徒先住民）については，日本語でもデュフルク［1997］や安達かおり［1997］などから豊富な情報を得ることができる。ムワッラド（イスラームに改宗した先住民）については Acién Almansa［1997(1994)］と Fierro［1995］の論争をきっかけに近年研究が活性化しており，その射程は後ウマイヤ朝のカリフ体制にまで及んでいる。マグリブ・アンダルスのユダヤ教徒については，Zafrani［1996］を挙げておく。

　アンダルスとキリスト教圏との関係については長いレコンキスタ研究の伝統があるが，単なる対立の事件史にとどまらないものとして，Guichard［1990-91］がキリスト教徒がムスリム征服後に残した文書史料を用いてムスリムの農村社会を再構成し，さらにレコンキスタにともなう社会変化を論じる。一方，Sénac［2000］は考古学の成果も援用しつつムスリム・キリスト教徒双方の集落や生活のあり方を分析している。考古学と文献史学との連携はかなり進んでいるが，Glick［1995］は現地での発掘成果に直接アクセスし難い英語圏の文献学者向けに現況をサーヴェイしたうえで，レコンキスタに伴う社会変化について大きな見通しを与えてくれる。もちろん英語圏

の研究者に限らず我々にとっても資するところが大きい。シチリアについては，Johns [2002] がノルマン王国期のアラビア語行政文書を扱っており，新たな研究の可能性を感じさせる。

　モリスコ（レコンキスタ後の隠れムスリム）研究は，近年，スペイン史の領域にとどまらず，彼らの移住先であるマグリブ史の領域へも広がっている。17世紀のスペイン追放までについては Harvey [2005] や愛場百合子 [2004] を手がかりにされたいが，マグリブ移住後のマイノリティとしてのモリスコについては，Razūq [1989] の他に，チュニジアのタミーミー（al-Tamīmī/Temimi）が主宰する雑誌 *Revue d'Histoire Maghrebine* に掲載の諸論考が参考になる。なお，タミーミーはチュニジア史におけるオスマン朝文書利用のパイオニアでもあり，この方面でも同誌は注目に値する。

　西地中海交易については，Constable [1994] が叙述史料を広範に渉猟して最初期から15世紀までをまんべんなく扱っており，現時点ではまず参照すべきだろう。もちろんこのテーマはヨーロッパ側の文書史料の利用も欠かせない分野であり，以前から Dufourcq [1966] のような研究があるが，ムスリム側の史料とのつきあわせにより交易の全体像を構築するには，まだまだ課題が多いように思われる。

　アンダルス史は，佐藤健太郎 [2004] が整理したように，実はその研究史自体が大きな問題をはらんだ存在である。20世紀スペインのアラブ学者の間では，アンダルスの住民は本質的には「スペイン人」であり国民国家スペインの歴史の一部であるとする見方が一般的であった。それゆえ，アンダルスの言語・文学・社会・思想のうち「スペイン的」と思われる要素が特に強調され研究されてきたのである。このような見方を激しく批判し，部族を基本構造とする「東洋化」された社会としてアンダルスを捉えなおしたのが Guichard [1995(1976)] である。もちろんギシャールの立論には，「東洋」と「西洋」の二項対立を前提にしている点で旧来の「アンダルス＝スペイン」論の裏返しに過ぎないという批判も成り立つであろう。しかし，フランスから発せられたギシャールの議論がアンダルスを「スペイン」の呪縛から解き放つきっかけとなったこともまた否めない。1990年代以降のスペインの研究者の基本的なスタンスは，Marín [1992] が提唱したようにまずは「アンダルス社会をそれ自体の中で」捉えるところから出発することであるように見受けられる。そしてそのような変化は，フランコ独裁政権崩壊後，地方分権の進んだスペインの現状とも決して無縁とはいえない。現在 Fanjul [2004] は，「三宗教の共存のユートピア」論も含めた安直なアンダルスの神話化に警鐘を鳴らすが，アンダルスをめぐる言説はそれ自体が研究対象たり得るといえるだろう。

【文献】

愛場百合子 [2004]『モリスコ史資料研究文献目録——アルハミアを中心に』東京外国語大学
安達かおり [1997]『イスラム・スペインとモサラベ』彩流社

余部福三 [1992]『アラブとしてのスペイン』第三書館
飯山陽 [2001]「中世マグリブ社会の反ユダヤ暴動とファトワーに関する一考察——トゥワートの事例より」『イスラム世界』56
菟原卓 [1988]「『ジャウザルの伝記』にみる初期ファーティマ朝宮廷の内情」『オリエント』31：2
私市正年 [1991]「アラブ(1) マグリブ」羽田正/三浦徹編『イスラム都市研究——歴史と展望』東京大学出版会
私市正年 [1995]「マグリブ・アンダルス（前近代）」三浦徹/東長靖/黒木英充編『イスラーム研究ハンドブック』栄光教育文化研究所
私市正年 [1996]『イスラム聖者——奇跡・預言・癒しの世界』講談社
佐藤健太郎 [2004]「近現代スペインのアラブ学——「アンダルス」あるいは「ムスリム・スペイン」へのまなざし」『現文研（専修大学現代文化研究会）』80
デュフルク, Ch [1997]『イスラーム治下のヨーロッパ——衝突と共存の歴史』芝修身/芝紘子訳, 藤原書店
村田靖子 [1997]「アンダルスにおける製粉水車——10〜13世紀を中心に」『オリエント』40：1
ワット, M [1976]『イスラーム・スペイン史』黒田壽郎/柏木英彦訳, 岩波書店
Abun-Nasr, J. [1987] *A History of the Maghrib in the Islamic Period*, Cambridge
Acién Almansa, M. [1997(1994)] *Entre el feudalismo y el Islam: 'Umar ibn Ḥafṣūn en los historiadores, en las fuentes y en la historia*, 2nd ed., Jaén
Arié, R. [1982] *España musulmana (siglo VIII-XV)*, Barcelona
Arié, R. [1990] *L'Espagne musulmane au temps des Nasrides (1232-1492)*, 2nd ed., Paris
Beck, H. [1989] *L'image d'Idrīs II : Ses descendants de Fās et la politique sharīfienne des sultans marīnides (656-869/1258-1465)*, Leiden
Brett, M. [2001] *The Rise of the Fatimids : The World of the Mediterranean and the Middle East in the Fourth Century of the Hijra, Tenth Century CE*, Leiden
Brunschvig, R. [1940-47] *La Berbérie orientale sous les Hafsides des origines à la fin du XVe siècle*, 2 vols., Paris
Chalmeta, P. [1973] *El señor del zoco en España, edades media y moderna : Contribución al estudio de la historia del mercado*, Madrid
Constable, O. [1994] *Trade and Traders in Muslim Spain : The Commercial Realignment of the Iberian Peninsula 900-1500*, Cambridge
Cornell, V. [1998] *Realm of the Saint : Power and Authority in Moroccan Sufism*, Austin
Cressier, P. 他編 [2000] *L'urbanisme dans l'Occident musulman au Moyen Âge : Aspects juridiques*, Madrid
Cressier, P. 他編 [2005] *Los Almohades : problemas y perspectivas*, 2 vols., Madrid
Dufourcq, Ch. [1966] *L'Espagne catalane et le Maghrib aux XIII et XIV siècles*, Paris
Fanjul, S. [2004] *La Quimera de al-Andalus*, Madrid
Fierro, M. [1995] "Cuatro preguntas en torno a Ibn Ḥafṣūn," *Al-Qanṭara*, 16
Fierro, M. 他編 [1999] *Repertorio bibliográfico de derecho islámico*, Murcia
Glick, Th. [1995] *From Muslim Fortress to Christian Castle : Social and Cultural Change in Medieval Spain*, Manchester
Guichard, P. [1990-91] *Les Musulmans de Valence et la Reconqête (XIe-XIIIe siècles)*, 2 vols., Damascus
Guichard, P. [1995(1976)] *Al-Andalus : Estructura antropológica de una sociedad islámica en Occidente*, Granada

Guichard, P. [2001] *Al-Andalus 711-1492*, Paris
Halm, H. [1991] *Das Reich des Mahdi : Der Aufsteig der Fatimiden*, Leiden
Harvey, L. [1990] *Islamic Spain, 1250 to 1500*, Chicago
Harvey, L. [2005] *Muslims in Spain, 1500 to 1614*, Chicago
Idris, H. [1962] *La Berbérie orientale sous les Zīrīdes 10-12ᵉ siècles*, 2 vols., Paris
Johns, J. [2002] *Arabic Administration in Norman Sicily : The Royal Dīwān*, Cambridge
Julien, Ch.-A. [1951] *Histoire de l'Afrique du Nord : Des origines à 1830*, 2nd ed., Paris
Kably, M. [1986] *Société, pouvoir et religion au Maroc à la fin du Moyen-Âge (XIVᵉ-XVᵉ siècle)*, Paris
Khaneboubi, A. [1987] *Les premiers sultans mérinides (1269-1331) : Histoire politique et sociale*, Paris
Lagardère, V. [1989] *Les Almoravides : Jusqu'au règne de Yūsuf b. Tāšfīn (1039-1106)*, Paris
Lagardère, V. [1995] *Histoire et société en Occident musulman au Moyen âge : Analyse du Mi'yār d'al-Wanšarīsī*, Madrid
Lagardère, V. [1998] *Les Almoravides : Le Djihâd andalou (1106-1143)*, Paris
Laroui, A. [1970] *L'histoire du Maghreb : Un essai de synthèse*, Paris
Le Tourneau, R. [1969] *The Almohad Movement in North Africa in the Twelfth and Thirteenth Centuries*, Princeton
Lévi-Provençal, É. [1950-53] *Histoire de l'Espagne musulmane*, 3 tomes, Paris
Lirola Delgado, J. 編 [2003] *Enciclopedia de al-Andalus : Diccionario de autores y obras andalusíes, tomo 1 (A-Ibn B)*, Granada
Lirola Delgado, J. 編 [2004-06] *Biblioteca de al-Andalus*, tomo 3, 4, Almería
Maḥfūẓ, M. [1982-86] *Tarājim al-Mu'allifīn al-Tūnisīyīn*, 5 vols., Beirut
al-Manūnī, M. [1983] *Al-Maṣādir al-'Arabīya li-Ta'rīkh al-Maghrib : Min al-Fatḥ al-Islāmī ilā Nihāyat al-'Aṣr al-Ḥadīth*, Rabat
Manzano Moreno, E. [2006] *Conquistadores, emires y califas : Los Omeyas y la formación de al-Andalus*, Barcelona
Marín, M. [1992] "Arabistas en España : Un Asunto de familia," *Al-Qanṭara*, 13
Martinez-Gros, G. [1997] *Identité andalouse*, Paris
Meouak, M. [1999] *Pouvoir souverain, administration centrale et élites politiques dans l'Espagne umayyade (IIᵉ-IVᵉ/VIIIᵉ-Xᵉ siècles)*, Helsinki
Powers, D. [2002] *Law, Society, and Culture in the Maghrib, 1300-1500*, Cambridge
Razūq, M. [1989] *Al-Andalusīyūn wa Hijrāt-hum ilā al-Maghrib khilāla al-Qarnayn 16-17*, Casablanca
Safran, J. [2001] *The Second Umayyad Caliphate : The Articulation of Caliphal Legitimacy in Al-Andalus*, Cambridge (MA)
Sato, K. [2007] "Sufi Celebrations of Muḥammad's Birthday (al-Mawlid al-Nabawī) and the Ulama's View on It in al-Andalus and al-Maghrib, 1300-1400," *The Jorunal of Sophia Asian Studies* (『上智アジア学』), 24
Sénac, Ph. [2000] *La Frontière et les hommes (VIIIᵉ-XIIᵉ siècle) : Le Peuplement musulman au nord de l'Ebre et les débuts de la reconquête aragonaise*, Paris
Ṭāha, A. [1989] *The Muslim Conquest and Settlement of North Africa and Spain*, London
Talbi, M. [1966] *L'Emirat aghlabide (184-296/800-909) : Histoire politique*, Paris
Terrasse, M. [2001] *Islam et Occident Méditerranéen : De la conquête aux Ottomans*, Paris

Touati, H. [1994] *Entre Dieu et les hommes : Lettrés, saints et sorciers au Maghreb* (*17ᵉ siècle*), Paris

Viguera Molíns, M. 編 [1994-2000] *Historia de España/fundada por Ramón Menéndez Pidal*, tomo VIII, Madrid

Wasserstein, D. [1985] *The Rise and Fall of the Party-kings : Politics and Society in Islamic Spain, 1002-1086*, Princeton

Zafrani, H. [1996] *Juifs d'Andalousie et du Maghreb*, Paris

3A-6　マムルーク朝＋

三浦　徹

イスラーム史におけるマムルーク朝

　マムルーク朝（1250-1517）は，アイユーブ朝（1169-1250）スルタンのサーリフの死後，彼のマムルーク（奴隷身分出身の軍人）軍団がクーデタを起こして樹立した政権で，エジプト，シリア，ヒジャーズを250年以上にわたって統治した。バグダードがモンゴル軍によって陥落（1258年）したのち，アッバース家の末裔をカイロに招致してカリフとして擁立し，メッカとメディナの二聖都の守護者として，イスラーム世界全体に対する政治的権威を保った。その支配領域は地中海とインド洋を結ぶ交易路にあたり，カイロやダマスクスにはマドラサ（大学）やスーフィーの修道場が建設され，経済・文化のうえでも中心となった。しかし，15世紀後半以降，財政の悪化とマムルークの抗争や反乱が顕著となり，1517年にオスマン朝によって征服された。

　マムルーク朝の支配階層は，トルコ系ないしはチェルケス系のマムルークであり，異民族・異教徒出身のマムルークがなぜ長期政権を維持しえたのかという問いがマムルーク朝研究全体のテーマとなる。その理由として，アヤロンは外来者をイスラーム世界にリクルートするマムルーク制度を，アシュトールは東西交易という経済背景を，ラピダスはマムルークの社会的ネットワークを，佐藤次高は農村と都市を連結するイクター制度を取り上げた。年代記や地誌や伝記集といった史料を博捜して具体的な政治社会の様相とともに提示された四つの視角が，現在の研究の枠組みをつくっている。第二は，アイユーブ朝やオスマン朝との連続・非連続をめぐる問題である。アイユーブ朝は，クルド系のアイユーブ家の諸王国の連衡国家であったが（Humphreys [1977]），軍人の多くはマムルークであった。マムルーク朝が，アイユーブ朝の諸制度を発展させ，集権化をなしとげたとすれば，なぜ，15世紀以降に衰退や混乱を迎えるのか。

マムルーク朝研究は，叙述史料が豊富に残され，新しい史料・視点からの研究が年々発表されている。シカゴ大学の中東文献センター（MEDOC）では，マムルークおよびマムルーク朝（アイユーブ朝も含む）に関する文献を広く収集した目録データベースを1995年から公開し，現在ではインターネットサイトでオンライン検索ができる（http://www.lib.uchicago.edu/e/su/mideast/mamluk/about.html）。また，同センターは1997年から *Mamlūk Studies Review* を編集刊行し，2006年には日本人研究者7名の執筆による特集号が刊行され，編者の佐藤次高は日本のマムルーク研究を回顧している。本節では，イスラーム史からみたマムルーク朝という観点から焦点となる研究テーマを論じることとしたい。

マムルーク朝の政治と軍事

マムルーク朝の支配体制は，マムルーク軍人とイクター制を骨格としていた。イクター制は，10世紀から16世紀のイスラーム世界（アラブ，トルコ，イラン）に広がり，イクターを授与された軍人は，スルタン（君主）への軍事奉仕を義務づけられるとともに，農民や都市の住民に対する徴税権限を与えられた。この点で，イクター制は，国家と社会の結び目となるシステムである。この分野では，アヤロン（Ayalon［1977］［1979］［1988］［1994］）やアラブ人研究者（Rabie［1972］）などの研究業績が多々あるが，この両制度の歴史的発展について，実証的で明確な見取り図を与えてくれるのが，佐藤次高［1986］［1991］の二著である。前者は，10世紀中頃のイラクから15世紀のエジプトまで，イクター制の成立と展開を，君主，軍人（ムクター），農民の三者の社会関係として描きだす。イクター制の到達点が，14世紀にスルターン・ナースィルによって行われた検地であり，これによって，マムルーク軍人の優位が確立するとともに，スルターン―マムルーク―農村・都市という一元的な支配関係が成立した。同書を増補改訂した英語版（Sato［1997］）では，新たな史料を増補して，検地をめぐる利害関係を明瞭に描くとともに，15世紀以降のイクター制の変化について展望が示される。後者は，9世紀のアッバース朝カリフによるマムルーク（奴隷軍人）の購入から19世紀のマムルーク制度の廃止まで，マムルークの通史である。そこでは，マムルークが軍事のみならず農村や都市の政治経済を担い，ウラマーを保護し学芸を振興する役割を果たし，ムスリムの側に奴隷出身者を積極的に受け入れる土壌があったことを示す。佐藤［1996］はアイユーブ朝の創設者であるサラディンの事蹟をイスラーム史上に位置づける。奴隷や外来者がエリートとなるという現象がなぜ中東やアフリカに顕著にみられるのか，そのメカニズムについては，Miura/Philips［2000］で多角的に議論されている。

これに対し，Levanoni［1995］は，ナースィル期を頂点とみる歴史観に修正を迫る。ナースィル治世は，同時代の史料からみれば，中央集権をめざしたスルタンの意図とはうらはらに，マムルークやアミールの支持（忠誠）を金銭やイクターや官職によって買い，アミール層の派閥政治の台頭の端緒となったという。五十嵐大介は，マ

ムルーク朝後期（ブルジー・マムルーク朝時代）のイクター制の弛緩にともなう国家変容について，私有地やワクフ地がマムルーク・アミール層の基盤として組み入れられていく過程に着目する（五十嵐［2004］［2005］［2007］）。

外交関係では，モンゴルとの関係史に道を開いた Amitai Preiss［1995］や中町信孝［1996］［2000］，マムクール朝とイタリアなど地中海諸都市との通商協定から互恵関係を明らかにした堀井優［1999］，Horii［2003］が注目される。

▣ マムルーク朝の社会と経済

マムルーク朝研究は，社会史の色彩を強くもってきた。1960年代のエジプト人研究者によるマムルーク朝史（Salīm［1962-65］，'Āshūr［1962］）は，政治史を中心としながらも，社会・文化に目を向けている。これは，史料であるアラブの年代記や伝記集自体が，政治と社会と文化が不可分な人の動きとして時世を語っているからである。ラピダスは「マムルークは，行政によってではなく，人々の生死に関わる社会的な絆を手中にすることによって支配した」と問題提起し（Lapidus［1967］），以後，マムルークの社会的ネットワーク，とりわけウラマーと民衆との関係がつねに着目されるようになった。

ウラマーについては，まずその経歴や法行政や教育における役職が研究され（Petry［1981］，Escovitz［1984］，伊藤隆郎［1996］），ムフタスィブのキャリア・パターンについては菊池忠純［1983］が，財務・文書官僚については Martel-Thoumian［1992］がある。行政の実態を知るには文書資料を用いる必要があり，エルサレムのハラム文書による Lutfi［1985］やセント・カトリーヌ修道院の文書群による松田俊道［1995］［2000］を挙げることができる。ウラマーの職務や地位を支えた知という資源については，Berkey［1992］が，公的な制度よりも師弟のパーソナルな関係によって知が伝達され，それはウラマーに限定されず，マムルークや一般民衆を包含することによって，社会的統合に寄与したとする。Chamberlain［1994］は，ダマスクスのウラマーの知の実践に焦点をあて，ウラマーの公職がマンサブ（地位，利権）として争われたこと，知はそれを獲得する文化資本であったと主張する。

ワクフの社会・経済的効用についての研究が進んでいる。エジプトのワクフ文書を用いた Amin［1980］はその先駆けとなる研究で，Petry［2000］はワクフによるスルタンの蓄財と経済的効果を論じ，Denois［1999］はカイロの中心にあるハーン・ハリーリー地区についての総合的研究である。シリアではマムルーク朝時代のワクフ文書が残されていないが，三浦徹［1995b］は，ダマスクスのマドラサとワクフについて，経営体としての姿を描写した。

経済については，Ashtor［1976］［1983］の一連の研究がまず基盤となる。アブー・ルゴド［2001］は，8～14世紀の中東をめぐる経済圏の変動をマクロな視点から説明する。貨幣は，政治と経済の基盤であるが，Schultz［1995］の出版が待たれる。

都市研究では，まず羽田正/三浦徹編［1991］を参照されたい。Garcin［2000］は地中海圏都市についての研究案内となっている。長谷部史彦の都市社会研究の出発点は，カイロの食糧騒動にあり，社会経済的データを押さえつつ，民衆やスルタンの行動には，経済では測りえない「モラル」があることを暗示した（長谷部［1988］［1990］）。長谷部は，さらに心性に立ち入ってこの問題を検討し，「神の価格」というキーワードにたどり着く（長谷部［1999］［2004a］）。為政者と民衆の心性を分離せず，両者の共通項を探し求めるという姿勢が，王の儀礼や聖者崇拝まで貫かれている（長谷部［1993］［2004b］）。これに対し，ダマスクスを舞台とする三浦徹の研究は，マムルークとウラマーや民衆やヤクザ（ズール）との双方向的な社会的関係に注目し，マムルーク朝末期をジャマーア（党派）による社会の再編過程とみる（三浦［1989a］［1989b］，Miura［1995a］）。Goitein［1967-93］は，カイロ（フスタート）のシナゴーグに残されたゲニザ文書をもとに11〜13世紀のユダヤ教徒の地中海・インド洋に広がるネットワークを描いた労作で，その後継者であるCohen［2005］は慈善を主題とする。Rapoport［2005］は，女性の結婚・離婚・相続のあり方を史料から探り，家父長制という通念を批判するジェンダー史に踏みこんだ研究といえる。

マムルーク朝の民衆文化

マムルーク朝時代の都市や農村の民衆はどのような意識で生活をしていたのか。もっぱら都市の民衆に焦点をあてた研究が輩出している。Shoshan［1993］は，スーフィー教団や聖者信仰が，民衆の心性を代弁し，政治支配に影響力をもったことを具体的な史料から提示し，結論としては，上流―下層といった文化の二分法を批判し，民衆とエリートの間に共通の文化や心性が共有されていたと述べる。Sabra［2000］もまた，カイロにおける事例から，イスラーム社会における救貧の概念や政策を議論し，ヨーロッパが市当局や教区による制度的・政策的な対応を行い，明清中国では地方エリートや善堂が救貧を担ったのに対し，カイロにおける救貧政策は，インフォーマルであり，全体としては都市の軍人支配層に依存していたと結論する。両者の研究は，長谷部と同様に食糧暴動を出発点とし，年代記や聖者伝といった叙述史料を丹念に読み解き，ヨーロッパや中国の社会史の方法を取り入れつつも，イスラームの社会的文化的特性として，非制度的・個人的側面を抽出している。

大稔哲也は，カイロのカラーファ地区での墓参詣（ズィヤーラ）という流行現象を起点に（大稔［1993］［1994］），エジプト民衆の心性や文化規範を追跡している。そこでは，参詣の手引書を文化人類学などの手法を取り入れてより大きなコンテクストで解釈し，また，コプト（キリスト教徒）の参詣とも比較することで，ムスリム―コプトに共通するエジプト的心性を取り出している（大稔［1999a］［2001］）。また墓参詣は，マムルーク朝エジプトに限定されるものではなく，時代や地域をこえた研究の展望を示している（大稔［1999b］）。東長靖［2004］は，マムルーク朝時代のスーフィー伝を前代と比較し，系譜の地方化が生じていたことを思想史研究から提起す

る。

　このほか，マムルーク朝の建築・美術については，建築資料と歴史史料の双方を網羅した Meinecke [1992] や，カイロを中心とした Behrens-Abouseif [1989] などが手がかりとなるだろう。文化研究では，思想書や法学書や聖者伝などを用いることによって研究テーマの拡大と深化が見られ，女性や同性愛などのテーマも学会で議論されるようになってきた。さらに文学（とりわけ詩）と歴史を架橋する研究が現れることを期待する。

■ マムルーク朝研究の展望

　マムルーク朝の政治史研究について，ハンフリーズは，研究がなされていないところにこそ研究上の問題が潜んでいると述べ，四つの不在（マムルーク朝の欧文での通史，現代エジプト人の視点，各スルタンの治世のモノグラフ，国家・軍制・財務を統合する研究）を指摘し，よりミクロなアミールやマムルークのイエ（家政）の研究や，よりマクロな時代設定による地域横断的研究の双方の必要を提起し，同時に歴史研究者は，出来合いの理論にそって史料を解釈するのではなく，未踏の領域にこそ踏み込むアナキストであれと説く（Humphreys [2005]）。1990 年代以降のマムルーク朝研究は，豊富な史料群を新しい研究概念（とりわけ社会史，文化史の）を援用して解読した研究が，とくに日米で目立っている。中東研究が，アラビア語という言語やイスラームという宗教を防波堤にして，他の歴史研究から孤立した世界を築いていた一時代まえとは流れが変わってきている。しかし，エジプトやシリアなど現地の研究者は分析よりも事実の記述に重きをおいた歴史研究を続けており，独仏の研究者も叙述史料，文書資料，現地調査をつきあわせた着実な研究スタイルを保っている。日本の研究者はどのような方向に舵をとり，これらの研究に架橋をすることができるのだろうか。

【文献】

アブー＝ルゴド，ジャネット・L [2001]『ヨーロッパ覇権以前——もうひとつの世界システム』佐藤次高/斯波義信/高山博/三浦徹訳，岩波書店

五十嵐大介 [2004]「後期マムルーク朝におけるムフラド庁の設立と展開——制度的変化から見るマムルーク体制の変容」『史学雑誌』113：11

五十嵐大介 [2005]「後期マムルーク朝スルターンの私財とワクフ——バルクークの事例」『オリエント』47：2

五十嵐大介 [2007]「「国有地ワクフ」をめぐるイスラーム法上の議論——12〜16 世紀」『東洋学報』88：4

伊藤隆郎 [1996]「14 世紀末—16 世紀初頭エジプトの大カーディーとその有力家系」『史林』79：3

大稔哲也 [1993]「エジプト死者の街における聖墓参詣——12-15 世紀の参詣慣行と参詣者の意識」『史学雑誌』102：10

大稔哲也 [1994]「12-15 世紀エジプトにおける死者の街——その消長と機能の諸相」『東洋学報』75：3/4

大稔哲也［1999a］「中世エジプト・イスラム社会の参詣・聖墓・聖遺物」『巡礼と民衆信仰（地中海世界史4）』青木書店
大稔哲也［1999b］「イスラーム世界の参詣——聖者とスーフィズムを視野に入れつつ」『イスラーム世界の発展　7-16世紀（岩波講座世界歴史10）』岩波書店
大稔哲也［2001］「イスラーム期エジプトにおけるコプト・キリスト教徒の参詣・巡礼」『歴史学研究』755
菊池忠純［1983］「マムルーク朝時代カイロのムフタシブ——出身階層と経歴を中心に」『東洋学報』64：1/2
佐藤次高［1986］『中世イスラム国家とアラブ社会——イクター制の研究』山川出版社
佐藤次高［1991］『マムルーク——異教の世界からきたイスラムの支配者たち』東京大学出版会
佐藤次高［1996］『イスラームの「英雄」サラディン——十字軍と戦った男』講談社選書メチエ
東長靖［2004］「宗教の中の歴史と歴史の中の宗教」『宗教史の可能性（岩波講座宗教3）』岩波書店
中町信孝［1996］「スルタン・バイバルスの外交政策——フランクおよびアルメニアとの和議を中心に」『イスラム世界』47
中町信孝［2000］「イル・ハン国からマムルーク朝に流入した亡命軍事集団——渡来の背景と渡来後の経歴を中心に」『史学雑誌』109：4
長谷部史彦［1988］「14世紀末—15世紀初頭カイロの食糧暴動」『史学雑誌』97：10
長谷部史彦［1990］「イスラーム都市の食糧騒動——マムルーク朝時代カイロの場合」『歴史学研究』612
長谷部史彦［1993］「ムアイヤド王と状況儀礼」『慶応義塾大学言語文化研究所紀要』25
長谷部史彦［1999］「王権とイスラーム都市——カイロのマムルーク朝スルタンたち」『イスラーム世界の発展　7-16世紀（岩波講座世界歴史10）』岩波書店
長谷部史彦［2004a］「アドルと「神の価格」——スークのなかのマムルーク朝政権」三浦徹他編『比較史のアジア——所有・契約・市場・公正（イスラーム地域研究叢書4）』東京大学出版会
長谷部史彦［2004b］「中世エジプト都市の救貧——マムルーク朝スルターンのマドラサを中心に」長谷部史彦編著『中世環地中海圏都市の救貧』慶應義塾大学出版会
羽田正/三浦徹編［1991］『イスラム都市研究——歴史と展望』東京大学出版会（同増補改訂英語版：M. Haneda/T. Miura 編, *Islamic Urban Studies : Historical Review and Perspectives*, London, 1994）
堀井優［1999］「マムルーク朝末期の対フランク関係とアレキサンドリア総督職」『オリエント』41：2
松田俊道［1995］「マムルーク朝政権とキリスト教徒」堀川徹編『世界に広がるイスラーム（講座イスラーム世界3）』栄光教育文化研究所
松田俊道［2000］「マムルーク朝における遺産相続」『アジア史における法と国家』中央大学出版部
三浦徹［1989a］「マムルーク朝末期の都市社会——ダマスクスを中心として」『史学雑誌』89：1（同改訂英語版："Urban Society in Damascus as the Mamluk Era was Ending," *Mamlūk Studies Review*, 10：1, 2006）
三浦徹［1989b］「街区と民衆反乱——15-16世紀のダマスクス」『社会的結合（世界史への問い4）』岩波書店
三浦徹［1995b］「ダマスクスのマドラサとワクフ」『上智アジア学』13
Amīn, Muḥammad Muḥammad [1980] *al-Awqāf wal-ḥayāt al-ijtimāʿīya fī Miṣr 648-923 A.H./1250-1517*, Cairo
Amitai-Preiss, R. [1995] *Mongols and Mamluks : The Mamluk-Ilkhanid War, 1260-1281*, Cambridge

Ashtor, E. [1976] *A Social and Economic History of the Near East in the Middle Ages*, Berkeley/Los Angels
Ashtor, E. [1983] *Levant Trade in the Later Middle Ages*, Princeton
'Āshūr, Sa'īd 'Abd al-Fattāḥ [1962] *al-Mujtama' al-miṣrī fī 'aṣr salāṭīn al-mamālīk*, Cairo
Ayalon, D. [1977] *Studies on the Mamluks of Egypt (1250-1517)*, Variorum repr. ed., London
Ayalon, D. [1979] *The Mamluk Military Society*, Variorum repr. ed., London
Ayalon, D. [1988] *Outsiders in the Lands of Islam : Mamluks, Mongols and Eunuchs*, Variorum repr. ed., London
Ayalon, D. [1994] *Islam and the Abode of War : Military Slaves and Islamic Adversaries*, Variorum repr. ed., London
Behrens-Abouseif, D. [1989] *Islamic Architecture in Cairo : An Introduction*, Leiden
Berkey, J. [1992] *The Transmission of Knowledge in Medieval Cairo : A Social History of Islamic Education*, Princeton
Chamberlain, M. [1994] *Knowledge and Social Practice in Medieval Damascus, 1190-1350*, Cambridge
Cohen, M. R. [2005] *Poverty and Charity in the Jewish Community of Medieval Egypt*, Princeton
Denois, S. 他編 [1999] *Le Khan al-Khalili : Un centre commercial et artisanal au Caire du XIIIe au XXe siècle*, Cairo
Escovitz, J. H. [1984] *The Office of Qāḍī al-quḍāt in Cairo under the Baḥrī Mamlūks*, Berlin
Garcin, J.-C. 編 [2000] *Grandes villes méditerranéennes du mondes musulman médiéval*, Paris
Goitein, S. D. [1967-93] *A Mediterranean Society : The Jewish Communities of the Arab World as Portrayed in the Documents of the Cairo Geniza*, Berkeley
Horii Yutaka [2003] "The Mamluk Sultan Qansuh al-Ghawri (1501-16) and the Venetians in Alexandria," *Orient*, 38
Humphreys, R. S. [1977] *From Saladin to the Mongols : The Ayyubids of Damascus 1193-1260*, Albany (NY)
Humphreys, R. S. [2005] "The Politics of the Mamluk Sultanate : A Review Essay," *Mamlūk Studies Review*, 9 : 1
Lapidus, I. M. [1967] *Muslim Cities in the Later Middle Ages*, Cambridge (MA)
Levanoni, A. [1995] *A Turning Point in Mamluk History : The Third Reign of al-Nāṣir Muḥammad Ibn Qalāwūn 1310-1341*, Leiden
Lutfi, H. [1985] *al-Quds al-Mamlūkiyya : A History of Mamlūk Jerusalem Based on the Ḥaram Documents*, Berlin
Marttel-Thoumian, B. [1992] *Les civils et l'administration dans l'état militaire Mamlūk (IXe/XVe siècle)*, Damas.
Meinecke, M. [1992] *Die mamlukische Architektur in Ägypten und Syrien*, 2 vols., Glückstadt
Miura, T. [1995a] "The Ṣāliḥiyya Quarter in the Suburbs of Damascus : Its Formation, Structure, and Transformation in the Ayyūbid and Mamlūk Periods," *Bulltin d'Études Orientales*, 47
Miura T./J. E. Philips 編 [2000] *Slave Elites in the Middle East and Africa* (Islamic Area Studies, 1), London
Petry, C. F. [1981] *The Civilian Elite of Cairo in the Later Middle* Ages, Princeton
Petry [2000] "Waqf as an Instrument of Investment in the Mamluk Sultanate : Security v. Profit?" Miura T./J. E. Philiips 編, *Slave Elites in the Middle East and Africa*, London
Rabie, H. [1972] *The Financial System of Egypt A.H. 564-741/A.D. 1169-1341*, London

Rapoport, Y. [2005] *Marriage, Money and Divorce in Medieval Islamic Society*, Cambridge
Sabra, A. [2000] *Poverty and Charity in Medieval Islam : Mamluk Egypt, 1250-1517*, Cambridge
Sato T. [1997] *State & Rural Society in Medieval Islam : Sultans, Muqta's & Fallahun*, Leiden.
Salīm, Maḥmūd Rizq [1962-65] *'Aṣr Salāṭīn al-Mamālīk wa nitājuhu al-'ilmī al-adabī*, 8 vols., Cairo
Schultz, W C. [1995] Mamluk Money from Baybars to Barquq : A Study Based on the Textual Sources and the Numismatic Evidence, Ph.D. dissertation, The University of Chicago
Shoshan, B. [1993] *Popular Culture in Medieval Cairo*, Cambridge

3A-7　イルハーン朝とティムール朝　　渡部良子

　13〜15世紀のイルハーン朝・ティムール朝時代は，モンゴルの支配という歴史的事件を通し，後のイラン史の展開にも大きな影響を及ぼす新たな政治的・社会的・文化的枠組みをもたらした時代である。名目的とはいえ持続していたアッバース朝カリフ政権に終止符が打たれたことは，イラン高原のみならず西アジア・イスラーム圏全域における国家の正統性のあり方を変えた。イランに成立したモンゴル帝国分家イルハーン朝（フレグ・ウルス）の約80年間の支配は，モンゴル的な軍・国家制度・経済制度の諸要素をイランのイスラーム的諸制度に浸透させ，後代のトルコ系遊牧王朝の諸制度にも継承されていく。モンゴル帝国解体後，中央アジアでチャガタイ・ウルスの勢力を再統合したティムール朝でも，トルコ・モンゴル的要素とイラン・イスラーム的要素の結合した諸制度が発達し，16世紀以降のイラン・中央アジア・インドの国家に多大な影響を与えた。イルハーン朝時代からティムール朝時代にかけてはペルシア語文化がトルコ的要素を取り入れて豊かに開花した時代であり，特にティムール朝の首都ヘラートで成熟したペルシア語・トルコ語文化は，後のペルシア語文化圏の文学・歴史叙述などを決定づけていく。

　イルハーン朝・ティムール朝時代の研究には，背景となるモンゴル帝国の歴史・諸制度の理解が欠かせない。モンゴル語・漢文史料にペルシア語・アラビア語史料を併用したモンゴル帝国研究は杉山正明［2004］など近年日本で活発に行われており，その成果を十分に吸収する必要がある。この時代をカバーした研究文献案内には，すでに本田実信［1984］，羽田正［1995］（イラン），久保一之［1995］（中央アジア）がある。本節は基本文献や工具を含めこれら先行文献案内に紹介されていることは基本的に触れず，おもに1995年以降の研究動向を補完的に紹介していくことにする。よって読者は必ず上記の文献案内を参照されたい。

イルハーン朝・ティムール朝時代の政治・制度史

　イルハーン朝支配期を中心とした 13〜14 世紀モンゴル時代イラン史研究は，かつてはモンゴル支配による政治・社会的混乱などの否定的評価を伴いがちであった。しかし 1990 年代以降，史料の充実と問題関心の深化・多様化に伴い，この時代における異文化混交の諸相やイラン・イスラーム史の展開における重要性を多面的に評価していく動きが急速に進んでいる（このような学界動向は Jackson [2000] に詳しい）。Morgan [1986]（邦訳は杉山正明／大島淳子訳 [1993]）はこの流れに属する基本的概説であり，また論文集 Aigle 編 [1997]，Morgan/Amitai-Preiss 編 [1999]，Komaroff ed 編 [2006] に収録された諸論文からは，新しいモンゴル時代史研究の成果と方法論を学ぶことができる。

　イルハーン朝の政治・制度史は，モンゴル帝国一分家でありトルコ・モンゴル遊牧部族連合国家としての側面，およびイラン・イスラーム国家としての側面の両方から考察する必要がある。Allsen [1987] [1991a] [1991b]，Biran [2000]，四日市康博 [2002] はモンゴル帝国史研究の立場からの政治・制度研究であるが，イルハーン朝研究にも必読。志茂碩敏 [1995] [2001] はイルハーン朝支配層を構成したモンゴル諸部族の動向と，部族連合国家としてのイルハーン朝の構造の変転を明らかにした研究であり，モンゴル国家イルハーン朝の基本研究である。イランに配置されたモンゴル軍（タマ軍）については北川誠一 [1996] もある。

　イラン・イスラーム史の観点からのイルハーン朝研究は，1990 年代以降続々と現れている。初期史については Lane [2003]，岩武昭男 [2001] がモンゴル征服からイルハーン朝成立に到る過程を再検討している。イルハーン朝の権力中枢については，従来はモンゴル支配層の暴政とイラン系官僚の行政伝統の弱体化がステレオタイプ的に強調されていたが，Aubin [1995] はガザン・ハーン期までの政治史の再分析により，イルハーン朝支配エリート層のより複雑な権力構造を明らかにした。ガザン・ハーン以降のイルハーン朝後半期については，新しい研究動向を牽引してきた Melville の研究をまず参照せねばならない。Melville [1990a] [1990b] [1996] [1999] は，後半期の政治・社会史の理解を方向づけるとともに，イルハーン朝史再構築のための多くの問題提起を行っている。このほか，貨幣史料を用いたイルハーン朝史研究として Kolbas [1992] [2006] がある。

　ティムール朝政治史の展開は，おもに中央アジア史に属する問題でありここでは詳しく触れないが，ティムールの征服活動および帝国成立過程に関する加藤和秀 [1999] を挙げておく。

　モンゴル支配下において進んだイラン・イスラーム的諸制度へのトルコ・モンゴル的要素の導入，それに伴う独自の行政・経済システムの発達に関する研究は，日本では本田実信 [1991] が嚆矢であったが，それ以降の研究としては Morgan [1996]，Amitai-Preiss [2001a]，岩武昭男 [1999]，川本正知 [2000] などがある。ティムール朝において発達したトルコ・イスラーム的統治体制については久保一之 [1997] が

簡潔にまとめている。Bāburnāma の校訂・研究である間野英二［1995-2001］は，ティムール朝末期の貴重な史料であるとともに，同朝のトルコ・イスラーム的諸制度を伝える文献としてイラン史にも利用価値が高い。モンゴルとイスラームの相克を端的に示すものとしてチンギス・ハーンのヤサの問題があるが，新しい研究としてはAigle［2004a］がある。トルコ・モンゴル的諸要素の浸透がもっとも顕著に表れたのが，国制・支配の正統性と密接に関わる文書行政と公文書様式である。ペルシア語文書様式へのモンゴル的要素の影響は，ペルシア語文書行政技術史を考察する上で重要な問題である。イルハーン朝期文書研究は F. W. Cleaves などにより行われてきたが，Herrmann のアルダビール文書群の長年の研究が Herrmann［2004］として結実した（それ以前のモンゴル時代文書研究はその詳細な文献目録を参照）。今後は松川節［1995］，堤一昭［2003］，宮紀子［2006］など大元ウルスの文書行政研究との比較が必要であろう。モンゴル命令文書式のイスラーム圏への広がりを論じた研究には小野浩［1997］がある。ティムール朝期の文書研究には Woods［1984］など個別研究が多数ある。イルハーン朝・ティムール朝期を含むペルシア語文書形式の変遷については，Fragner［1992］も参考になる。

　地方史研究では，渡部良子［1997］，Aigle［2005］のモンゴル支配下ファールス研究，Koprulu［1992］および井谷鋼造［1994］など一連のルーム・セルジューク朝研究，Potter［1992］のカルト朝研究が，イルハーン朝期，ポスト・イルハーン朝期の地方の政治・社会研究として挙げられる。Jackson［1999］のデリー・サルタナト史，北川誠一［1998］ほかのモンゴル・グルジア関係史も重要である。

　対外関係史では，Amitai-Preiss［1991］［1992-94］［1994］［1995］，Halperin［2000］，中町信孝［2000］，Pfeiffer［2006a］のイルハーン・マムルーク朝関係史研究，Kauz［2005］のティムール朝と明朝の外交研究が新しい研究として挙げられる。

イルハーン朝・ティムール朝時代の社会と文化

　イルハーン朝・ティムール朝時代は，社会・文化史上きわめて実り豊かな時代であった。この時代の社会・文化に関する比較的新しい総論的文献としては，モンゴル帝国期に開花した東西文化交流に関する Allsen［1997］［2001］，イルハーン朝時代の文化・芸術・社会についてのカタログ Soudavar［1992］，Raby/Fitzherbert 編［1997］が挙げられる。Szuppe 編［1997］は，ティムール朝の後代への文化的影響に関する論集である。

　以下，社会・文化史に関する近年の重要テーマをいくつか取り上げ，関連研究を紹介していきたい。

　イルハーン朝・ティムール朝期は，トルコ・モンゴル支配層のスーフィズムへの傾倒と彼らの庇護下におけるスーフィー教団の勢力伸長が顕著に見られた時代である。矢島洋一［2000］はイルハーン朝期のスーフィー教団とモンゴル君主の関係について

の研究。ティムール朝期におけるナクシュバンディー教団の政治的・社会的影響力については多数研究があるが（久保一之［1995］参照），ここではウルンバエフ(Urunbaev)［1997］, Berding 編［2002］を挙げておく。

　この時代の文化史上の大きな問題は，モンゴルのイスラーム受容である。モンゴルのイスラーム化はその支配の正統性の変容に関わるとともに，モンゴルとチンギス家をイスラーム教徒の歴史の中に位置づけてペルシア語歴史叙述を再編成し，トルコ・イスラーム的歴史観を構築する動きにもつながっていくからである。モンゴルのイスラーム化の諸相に関する研究には北川誠一［1997］［1999］, 岩武昭男［2000］, Aigle［2004b］, Pfeiffer［2006b］, マムルーク朝から見た研究に Amitai-Preiss［1996］［1999］［2001b］と，きわめて多くの成果が上げられている。オルジェイトゥ期のシーア派公式改宗については Pfeiffer［1999］, イルハーン朝のサイイド崇敬については矢島洋一［1999］がある。

　モンゴルのイスラーム化の一つの結果が，イルハーン朝・ティムール朝期のペルシア語歴史叙述の発展と変化であった。イルハーン朝期の歴史叙述研究は，まずラシードゥッディーン『集史』 *Jāmi'al-Tawārīkh* の成立過程を写本に基づく緻密な分析により検証する試みが日本できわめて発達しており，近年の研究には赤坂恒明［1998］, 白岩一彦［2000］, 宇野伸浩［2002］［2003］［2006］が挙げられる。Blair［1995］は『集史』写本の美術的研究である。しかし，ペルシア語歴史叙述史においてこの時代注目されるべき歴史書は『集史』のみではない。Melville［1998］［2001］, Pfeiffer［2007］は韻文史料や写本を用い『集史』一辺倒だったイルハーン朝歴史叙述研究の広い可能性を切り開いている。チンギス家との連続性を支配の正統性の根拠としたティムール朝は，イルハーン朝で成立したトルコ・モンゴル的イスラーム史叙述をさらに発展させ，後代のペルシア語歴史叙述の新たな出発点を作った。ティムール朝期歴史叙述と支配の正統性に関する研究としては，Woods［1987］, Dobrovits［1992］, Aigle［1992］［2000］, Ando［1995］, Manz［2001］などが挙げられる。

　都市の建造物・経済・生活については羽田正/三浦徹編［1991］に挙げられた研究を参照することが必要である。経済制度としてのワクフについては，先行研究案内でも紹介されている岩武昭男の一連の研究のほか，ラシード区ワクフ文書の集大成的研究である Hoffmann［2000］が重要である。農業経済に目を転じると，ティムール朝期の農業・造園技術の発達に関する Subtelny［1997］［2003］［2006］がある。都市文化の繁栄の一方でティムール朝支配層は天幕に暮らす遊牧民的伝統を維持していたが，Andrew［1999］はその天幕についての研究である。

　社会・文化史研究の多様化を促しているのは，文学史料の積極的な利用である。久保一之［2001a］［2001b］［2001c］は所謂ティムール朝ルネサンスと呼ばれるティムール朝期のペルシア語・トルコ語文学の成熟とその背景を，文学作品を通して考察する。文書・書簡術の用例・手引集であり，ペルシア語文学と文書行政史料の両方の性格をあわせ持つインシャー文学も，近年利用が進んでいる史料の一つである。Paul

[1995][1999]，渡部良子[2002][2004]はイルハーン朝のインシャー文学の分析によりペルシア語書簡術の伝統とモンゴル文書行政の相関を論じたもの。Mitchell[2003]は、ティムール朝期の代表的インシャー文学を通しイラン・イスラーム的文学伝統を論じる。ペルシア語文化圏の歴史においてイルハーン朝・ティムール朝時代が政治的・社会的・文化的に持った重要性は，興味深い研究・分析が続出しているとはいえまだ全体像がつかめているとは言えず，これからもさらなる研究の深化を必要としている。

【文献】

赤坂恒明［1998］「『五族譜』モンゴル分支と『集史』諸写本」『アジア・アフリカ言語文化研究』55
井谷鋼造［1994］「「大セルジュク朝」と「ルーム・セルジュク朝」」『西南アジア研究』41
岩武昭男［1999］「イルハン朝期のイドラール（idrār）——モンゴルのイラン支配の一齣」『オリエント』41：2
岩武昭男［2000］「モンゴルのイスラーム化の諸相——イフティハールッディーン・カズヴィーニー・改宗状況・サーヒブ・キラーン審問・アルパ招聘」『関西学院史学』27
岩武昭男［2001］『西のモンゴル帝国——イルハン朝』関西学院大学出版会
宇野伸浩［2002］「『集史』の校正における「オグズ・カガン説話」の意味」『東洋史研究』61：1
宇野伸浩［2003］「ラシード・ウッディーン『集史』の増補加筆のプロセス」『人間環境学研究』1：1/2
宇野伸浩［2006］「ラシードッディーン『集史』第 1 巻「モンゴル史」の諸写本に見られる脱落」『人間環境研究』5：1
ウルンバエフ，A［1997］「15 世紀マーワランナフルとホラーサーンの社会・政治状況におけるナクシュバンディズムの位置——『ナヴァーイー・アルバム』所収書簡に基づいて」久保一之訳，『西南アジア研究』46
小野浩［1997］「とこしえなる天の力のもとに」『中央ユーラシアの統合 9-16 世紀（岩波講座世界歴史 11）』岩波書店
加藤和秀［1999］『ティームール朝成立史の研究』北海道大学図書刊行会
川本正知［2000］「中央アジアのティメンなる地域区分について」『西南アジア研究』53
北川誠一［1996］「チョルマガン・タマチ軍の対外活動」『西南アジア研究』45
北川誠一［1997］「モンゴルとイスラーム」杉山正明/北川誠一『大モンゴルの時代（世界の歴史 9）』中央公論社
北川誠一［1998］「モンゴル帝国のグルジア征服」『オリエント』40：2
北川誠一［1999］「イスラームとモンゴル（境域と局所）」樺山紘一他編『イスラーム世界の発展 7-16 世紀（岩波講座世界歴史 10）』岩波書店
久保一之［1995］「中央アジア（前近代）」三浦徹/東長靖/黒木英充編『イスラーム研究ハンドブック（講座イスラーム世界別巻）』栄光教育文化研究所
久保一之［1997］「ティムール朝とその後——ティムール朝の政府・宮廷と中央アジアの輝き」樺山紘一他編『中央ユーラシアの統合 9-16 世紀（岩波講座世界歴史 11）』岩波書店
久保一之［2001a］「いわゆるティムール朝ルネサンス時代におけるペルシア語・チャガタイ語文献の研究」『『古典学の再構築』第Ⅰ期研究成果報告』（平成 10-14 年度文部科学省科学研究費補助金特定領域研究「古典学の再構築」研究成果報告書）
久保一之［2001b］「いわゆるティムール朝ルネサンス期のペルシア語文化圏における都市と韻文学

――15世紀末ヘラートのシャフル・アーシューブを中心に」『西南アジア研究』54
久保一之［2001c］「ティムール朝末期ヘラートのシャフル・アーシューブ――サイフィー・ブハーリー作『驚くべき者たちの技芸』抄訳」平成10-14年度文部科学省科学研究費補助金特定領域研究「古典学の再構築」総括班編『「古典学の再構築」第I期公募研究論文集』
志茂碩敏［1995］『モンゴル帝国史研究序説――イル汗国の中核部族』東京大学出版会
志茂碩敏［2001］「ガザン・カンが詳述するモンゴル帝国遊牧部族連合――モンゴル帝国各ウルスの中核部族」『東洋史研究』60：2
白岩一彦［2000］「ラシード・ウッディーン『歴史集成』現存写本目録」『参考書誌研究/国立国会図書館参考書誌部』53
杉山正明［2004］『モンゴル帝国と大元ウルス』京都大学学術出版会
堤一昭［2003］「大元ウルス高官任命命令文研究序説」『大阪外国語大学論集』29
中町信孝［2000］「イル・ハン国からマムルーク朝に流入した亡命軍事集団――渡来の背景と渡来後の経歴を中心に」『史学雑誌』109：4
羽田正［1995］「イラン（前近代）」三浦徹/東長靖/黒木英充編『イスラーム研究ハンドブック（講座イスラーム世界別巻）』栄光教育文化研究所
羽田正/三浦徹編［1991］『イスラム都市研究――歴史と展望』東京大学出版会
本田実信［1984］「イラン」『アジア歴史研究入門4 内陸アジア・西アジア』同朋舎出版
本田実信［1991］『モンゴル時代史研究』東京大学出版会
松川節［1995］「大元ウルス命令文の書式」『待兼山論叢（史学篇）』29
間野英二［1995-2001］『バーブル・ナーマの研究』全4冊，松香堂
宮紀子［2006］『モンゴル時代の出版文化』名古屋大学出版会
矢島洋一［1999］「イルハン時代の ahl al-bayt 崇敬に関する一史料」『オリエント』42：2
矢島洋一［2000］「モンゴルのイスラーム改宗と Kubrawiyya」『西南アジア研究』53
四日市康博［2002］「ジャルグチとビチクチに関する一考察――モンゴル帝国時代の行政官」『史観』147
渡部良子［1997］「イルハン朝の地方統治――ファールス地方行政を事例として」『日本中東学会年報』12
渡部良子［2002］「『書記典範』の成立背景――14世紀におけるペルシア語インシャー手引書編纂とモンゴル文書行政」『史学雑誌』111：7
渡部良子［2004］「モンゴル時代におけるペルシア語インシャー術指南書」『オリエント』46：2
Aigle, D. [1992] "Les tableaux dynastiques du Muntakhab al-tawārīkh-i Mu'īnī : Une originalité dans la tradition historiographique persane," *Studia Iranica*, 21：1
Aigle, D. 編 [1997] *L'Iran face a la domination mongole*, Téhéran
Aigle, D. [2000] "Les transformations d'un mythe d'origine : L'exemple de Gengis Khan et de Tamerlan," *Revue du Monde Musulman et de la Méditerranée*, 89/90
Aigle, D. [2004a] "Le grand Jasaq de Gengis-khan, l'empire, la culture mongole et la sharī'a," *JESHO*, 47：1
Aigle, D. [2004b] "L'affrontement entre loi mongole et loi islamique, mythe et réalités," *Annales Histoire, Sciences sociales*, 5：6
Aigle, D. [2005] *Le Fārs sous la dimination mongole : Politique et fisicalité* (XIIIe–XIVe s.), Paris
Allsen, T. [1987] *Mongol Imperialism : The Policies of the Grand Qan Mongke, 1251-1259*, Los Angeles
Allsen, T. [1991a] "Changing Forms of Legitimation in Mongol Iran," in G. Seamans/D. Marks 編, *Rulers From the Steppe : State Formation on the Euroasian Periphery*, Los Angeles

Allsen, T. [1991b] "Note on Chinese Titles on Mongol Iran," *Mongolian Studies*, 14
Allsen, T. [1997] *Commodity and Exchange in the Mongol Empire : A Cultural History Islamic Textiles*, Cambridge
Allsen, T. [2001] *Cultural and Conquest in Mongol Eurasia*, Cambridge
Amitai-Preiss, R. [1991] "Northern Syria between the Mongols and Mamluks," in D. Power/N. Standen 編, *Frontiers in Question : Eurasian Borderlands, 700-1700*, London
Amitai-Preiss, R. [1992-94] "The Mongols and Karak in Trans-Jordan," *Archivum Eurasiae Medii Aevi*, 8
Amitai-Preiss, R. [1994] "An Exchange of Letters in Arabic between Abaqa Ilkhan and Sultan Baybars (667/1268-9)," *Cental Asiatic Journal*, 38
Amitai-Preiss, R. [1995] *Mongols and Mamluks : The Mamluk-Ilkhanid War 1260-1281*, Cambridge
Amitai-Preiss, R. [1996] "Ghazan, Islam, and Mongol Tradition : A View from the Mamlūk Sultanate," *Bulletin of the School of Oriental and African Studies*, 59
Amitai-Preiss, R. [1999] "Sufis and Shamans : Some Remarks on the Islamisation of the Mongols in the Il-Khanate," *Journal of Economic and Social History of the Orient*, 17 : 1
Amitai-Preiss, R. [2001a] "Turco-Mongolian Nomads and the Iqṭāʿ System in the Islamic Middle East (ca. 1000-1400 AD)," in A. Khazanov/A. Wink 編, *Nomads in the Sedentary World*, Richmond
Amitai-Preiss, R. [2001b] "The Conversion of Tegüder Ilkhan to Islam," *Jerusalem Studies in Arabic and Islam*, 25
Ando, S. [1995] "Die Timuridisiche Historiographie II. Sharaf al-Dīn ʿAlī Yazdī," *Studia Iranica*, 24 : 2
Andrew, P. A. [1999] *Felt Tent and Pavilions : The Nomadic Tradition and Its Interaction with Princely Tentage*, 2 vols., London
Aubin, J. [1995] *Emirs mongols et Vizirs persans dans les remous de l'acculturation* (Studia Iranica, Cahier 15), Paris
Berding, K. 編 [2002] *The Letters of Khwaja 'Ubayd Allah Ahrar and His Associates*, Leiden
Biran, M. [2000] *A Fight between the Mongols : The Battle of Herat (1270)*, Institute of Advanced Studies, Hebrew University of Jerusalem
Blair, S. [1995] *A Compendium of Chronicles : Rashid al-Din's Illustrated History of the World (The Nasser D. Khalili Collection of Islamic Art ; v. 27)*, London
Dobrovits, M. [1992] "The Turco-Mongol Tradition of Common Origin and the Historiography in Fifteenth Century Central Asia," *Acta Orientalia Academiae Scientiarum Hungaricae*, 47 : 1/2
Fragner, B. G. [1992] "Tradition, Legitimität und Abgrenzung : Formale Symbolaussagen persischsprachiger Herrscherurkunden," in W. Slaje/C. Zinko 編, *Akten des Melzer-Symposiums, 1991*, Graz
Halperin, C. J. [2000] "The Kipchak Connection : The Ilkhans, the Mamluks and Ayn Jalut," *Harvard Journal of Asiatic Studies*, 63 : 2
Herrmann, G. [2004] *Persische Urkunden der Mongolenzeit*, Wiesbaden
Hoffmann, B. [2000] *Waqf im mongolischen Iran : Rasīduddīns Sorge um Nachruhm und Seelenheil*, Atuttgart
Jackson, P. [1999] *The Dehli Sultanate*, Cambridge
Jackson, P. [2000] "The State of Research : The Mongol Empire, 1986-1999," *Journal of Mediaeval History*, 26 : 2

Kauz, R. [2005] *Politik und Hamdel zwischen Ming und Timuriden : China, Iran und Zentralasien im Spätmittelalter*, Wiesbaden
Kolbas, J. G. [1992] "Mongol Money : The Role of Tabriz from Chingiz Khan to Uljaytu," Ph.D. dissertation, New York University
Kolbas, J. G. [2006] *The Mongols in Iran : Chingiz Khan to Uljaytu 1220-1309*, London/New York
Komaroffed, L. 編 [2006] *Beyond the Legacy of Genghis Khan*, Leiden
Koprulu, M. F. [1992] *The Seljuks of Anatolia : Their History and Culture According to Local Muslim Sources*, Salt Lake City
Lambton, A. K. S. [1986-87] "Mongol Fiscal Administration in Persia," *Studia Islamica*, 64 : 5
Lane, G. [2003] *Early Mongol Rule in Thirteenth-Century Iran : A Persian Renaissance*, London/ New York
Manz, B. [2001] "Family and Ruler in Timurid Historiography," in De Weese 編, *Studies on Central Asian History in Honor of Yuri Bregel*, Indiana
Melville, C. [1999a] "Pādeshāh-i Islam : The Conversion of Sultan Ghazan Khan," *Pembroke Papers*, 1, Cambridge
Melville, C. [1990b] "The Itineraries of Sultan Oljeitu, 1304-16," *Journal of the British Institute of Persian Studies*, 28, Iran
Melville, C. [1996] ""Sometimes by Sword, Sometimes by the Dagger" : The Role of the Ismāʿīlīs in Mamluk-Mongol Relations in the 8th/14th Century," in F. Daftery 編, *Mediaeval Ismāʿīlī History and Thought*, Cambridge
Melville, C. [1998] "Ḥamd Allāh Mustawfī's Zafarnamah and the Historiography of the Late Ilkhanid Period," *Iran and Iranian Studies : Essays in Honour of Iraj Afshar*, Princeton (NJ)
Melville, C. [1999] *The Fall of Emīr Chupan and the Decline of the Ilkhanate, 1327-37 : A Decade of Discord in Mongol Iran*, Indiana University Research Institute for Inner Asian Studies, Bloomington (IN)
Melville, C. [2001] "From Adam to Abaqa," *Studia Iranica*, 30
Mitchell, C. [2003] "To Preserve and Protect : Husain Vaiz Kashifi and Perso-Islamic Chancellery Culture," *Iranian Studies*, 36 : 4
Morgan, D. O. [1986] *The Mongols*, Oxford（デイヴィド・モーガン [1993]『モンゴル帝国の歴史』杉山正明／大島淳子訳，角川選書）
Morgan, D. O. [1994] "Persian Perceptions of Mongols and Europeans," in S. B. Schwarts 編, *Implicit Understandings, Observing Reporting, and Reflecting on the Encounters between the Europeans and Other Peoples in the Early Modern Era*, Cambridge
Morgan, D. O. [1996] "Mongol or Persian : The Government of Il-Khan Iran," *Harvard Middle Eastern and Islamic Review*, 3 : 1/2
Morgan, D./R. Amitai-Preiss 編 [1999] *The Mongol Empire and Its Legacy*, Leiden
Paul, J. [1995] "Inshā' Collection as a Source on Iranian History," in B. G. Fragner 他編, *Proceedings of the Second European Conference of Iranian Studies : Held in Bamberg, 30th September to 4th October 1991*, Roma
Paul, J. [1999] "Some Mongol Inshā' Collections : The Juvayneī Letters," in Ch. Melville 編, *Proceedings of the Third European Conference of Iranian Studies : Held in Cambridge, 11th to 15th September 1995*, Part 2 : *Medieval and Modern Persian Studies*, Wiesbaden
Pfeiffer, J. [1999] "Conversion Versions : Sultan Öljeytü's Conversion to Shiʻism (709-1309)," *Mongolian Studies*, 22

Pfeiffer, J. [2006a] "Aḥmad Tegüder's Second Letter to Qalāwūn (682/1283)," in J. Pfeiffer/Sh. A. Quinn編, *History and Historiography of Post-Mongol Central Asia and the Middle East*, Wiesbaden

Pfeiffer, J. [2006b] "Reflections on a 'Double Rapprochement': Conversion to Islam among the Mongol Elite during the Early Ilkhanate," in L. Komaroff編, *Beyond the Legacy of Genghis Khan*, Leiden

Pfeiffer, J. [2007] "'A Turgid History of the Mongol Empire in Persia': Epistemological Reflections Concerning an Edition of Vaṣṣāf's Tajziyat al-amsār va tazjiyat al-aʻsār," in J. Pfeiffer/M. Kropp 編, *Theoretical Approaches to the Transmission and Edition of Oriental Manuscripts*, Würzburg

Potter, L. G. [1992] "The Kart Dynasty of Herat: Religion and Politics in Medieval Iran," Ph.D. dissertation, Columbia University

Raby, J./T. Fitzherbert 編 [1997] *The Court of the Il-Khans 1290-1340: The Barakat Trust Conference on Islamic Art and History, St. John's College, Oxford, Saturday, 28 May 1994* (Oxford Studies in Islamic Art), Oxford

Soudavar, A. [1992] *Art of the Persian Court*, New York

Subtelny, M. E. [1997] "Agriculture and the Timurid Chahārbāgh: The Evidence from a Medieval Persian Agricultural Manual," in A. Petruccioli 編, *Gardens in the Time of the Great Muslim Empire: Theory and Design*, Leiden/New York/Köln

Subtelny, M. E. [2003] *Le monde est un jardin: Aspects de l'histoire culturelle de l'Iran médiéval* (Cahiers de Studia Iranica, 28), Paris

Subtelny, M. E. [2006] *Timurids in Transition: Agricultural Development, Pious Endowment, and Shrine Management in the Reign of Sultan-Husain*, Leiden

Szuppe, M. 編 [1997] *L'heritage timouride Iran-Asie centrale-Inde XVe-XVIIIe siecles* (Cahiers d'Asie centrale, 3-4), Tashkent

Woods, J. [1984] "Turco-Iranica II: Note on a Timurid Decree of 1396/798," *JNES*, 43: 4

Woods, J. [1987] "The Rise of Timurid Historiography," *Journal of Near Eastern Studies*, 46

3A-8　オスマン朝　　　　　　　　　　　林佳世子

オスマン朝史研究の現在

　近年のこの分野の研究では，オスマン朝を不動のスルタン政権として扱う傾向が薄れ，その複合性，多様性に注目しつつ，変化のダイナミズムの解明に力点をおく傾向が顕著である。多くの研究で問われているのは，歴史的にオスマン朝を構成してきた諸「人間」集団である。初期史においては，オスマン朝創始に関わった人々の，16～18世紀に関しては，オスマン官人層や都市の生産者層の，そして19～20世紀に関しては，スルタン自身や政府内の支配エリート，地方有力者，非イスラーム教徒集団

などの，それぞれのアイデンティティの所在とその変遷，また固有の集団的利害に基づく政治的，経済的な行動様式に着目した研究が目につく。政治や制度の背後で揺れ動く「人間」に目をむけたこれらの研究が，オスマン朝＝完成した（そしてそのまま硬直した）イスラーム的専制国家というイメージを過去のものにしつつあるといえるだろう。

ところで，単に研究の深化というだけではくくり切れないこの傾向の背景に，今日的な問題関心が横たわっているとみなすことはそれほど的はずれではないだろう。複雑な多民族・多宗教国家であったオスマン朝の秩序構造への関心は，20世紀後半から絶え間なくつづく中東の諸問題，あるいは1990年代以後のバルカン紛争の遠因の考察の過程でより一般的なものとなった。さらに，昨今の特異な状況，すなわち，欧米諸国とイスラーム諸国の溝の深まり，（欧米の立場からする）イスラーム教徒との共存という課題，トルコ共和国のEU加盟問題などは，否応無しに過去のオスマン朝の体験への関心を喚起している。過去にイスラーム教徒が作り出したオスマン朝はいかに世界（すなわちヨーロッパ世界）の一員だったのか（あるいはなかったのか），両者の過去は精算可能なものなのか。今日の問いへの答えを歴史のなかに求める「危うさ」は指摘するまでもないが，こうした傾向を背景にした関心の高まりや研究のアウトプットの活況は歓迎すべきものである。

とはいえ，長い命脈を保ち広大な領土をもったオスマン朝史研究の現状は，多様で膨大である。ここでは代表的な研究を紹介するが，漏れも多い。それを補うには，近年出版間隔が開く傾向があるものの，依然として *Turkologischer Anzeiger* が有用である。Web化を含め，より利用しやすい形で同書の刊行が継続されていくことを期待したい。

なお近年のオスマン史研究の活況を実証面で支えているのは，総理府オスマン文書館（以下BOA）をはじめとするトルコ共和国内の史料保存機関の史料公開の進展である。とくにBOAの状況は，ここ20年の間に著しく改善された。欧米の文書館の利便性には依然として及ばないものの，情報化の時代のなかで研究者に便宜をはかる方向での歩みがさらに進んでいくことを期待したい。

■ オスマン朝史の概説書・レファレンス

教科書的な概説書がここ数年，相次いで刊行されたのは，教育現場でのオスマン朝重視と関係していよう。Faroqhi [1999], Quartaert [2000], Kraiser [2001], Imber [2002] は，いずれもオスマン史の大家によるもので，コンパクトながら研究の方向性を示す，目配りのきいた内容をもつ。読み物の体裁をもつGoffman [2002], Finkel [2005] も上質の入門書と呼べよう。最新の編書にはFaroqhi編 [2006] があり，Kasaba編 [2008] が続く予定である。邦文ではまず，鈴木董 [2000]，新井政美 [2001]，永田雄三編 [2002] が最初に読まれるべき概説書としてあげられる。

参考図書としてはオスマン語での地名の読みを助けるAkbayar [2001] は研究者

の助けになるが，相変わらず歴史地図の不備は補われていない。百科事典については *Türkiye Diyanet Vakfı İslam Ansiklopedisi* [1988-] の刊行が続いている。トルコにおけるオスマン朝建国 700 年を記念する様々な出版は一段落したが，重量感のある美しい図版集的書物の刊行は続いており，歴史研究に有用なものも少なくない（ミニアチュールの And [1998], Atıl [1999] など）。

19 世紀末期のオスマン帝国論

　ここからはテーマ別にみていこう。BOA によって新たに公開された史料の多くは 19 世紀に集中している。史料的な裏付けが 19 世紀研究の活況を生んでいるが，その根底には，ヨーロッパ中心史観から脱却し，現在の中東・バルカン世界秩序の源泉をオスマン朝中央・在地社会・ヨーロッパ諸国の多角的な影響関係の帰結として説明しようとする問題関心があることはいうまでもない。

　その動向については，秋葉淳 [2005] に詳しい。秋葉によれば，1990 年代以後のオスマン近代史研究は，「近代化論」の影響を脱し，オスマン帝国を同時代の諸国家と同様の環境のなかに置き，ロシアや明治日本と同様，近代国家運営に腐心した一国家として理解する方向をもつ。Deringil [1991] [1997], Akarlı [1993] 等の研究がその先鞭をつけた。上記 Akarlı を含め，オスマン朝「内政」の検証がアラブ地域に向けられているのは，この時代を扱った研究の近年の特徴である。

　そもそもオスマン帝国は帝国主義の餌食となり解体に向かったとされてきたが，それは一方的に受け身のプロセスではなかった。オスマン帝国自身が帝国主義国家の一員として，アラブ地域に対する「抑圧」構造の一翼をになっていたのである（Makdisi [2002a] [2002b], Deringil [2003]）。同時に，それに対するアラブ地域の能動的な反応の結果として，20 世紀の当該地域の態勢が生み出されていった過程の解明も，近年の研究の重要な成果といえよう（Makdisi [2000], Rogan [2002], Kayalı [1997] など）。また，Blumi [2003] はアルバニアとイエメンを視座に入れたユニークな辺境研究。この分野での日本人研究者の活躍も，今後大いに期待される（秋葉淳 [1998], Akiba [2004], 石丸由美 [2002], 藤波伸嘉 [2004], 田口晶 [2004] など）。

オスマン朝の地方と中央――16 世紀末〜18 世紀

　19 世紀後半に一気に動き出したオスマン朝の動勢を用意したのは，17，18 世紀と進行した地方における在地勢力の台頭であった。Salzmann [2003] など近年の研究により，その動きが，オスマン朝官職授受を契機とし，政府の地方掌握手法と表裏一体の関係にあったことが明らかにされている。具体例は 18 世紀のイラクに関する Khoury [1997]，非正規化・門閥化するエジプトの軍閥に関する Hathaway [1997] などに示される。また，一アーヤンの事例から大きな時代の変化の見取り図を描く研究には，Nagata [1997], 永田雄三 [2005] がある。

以上の研究は，17世紀以後のオスマン朝の根底を規定したのが徴税請負制であったことを明らかにしているが（Darling [1996]），そこで注目されるのは，徴税請負にかかわった社会集団である。徴税請負制度が導入された16世紀末以来，官職にあるオスマン官人は，おおむね徴税請負制に関与している。カーディーなど行政職ウラマーに関する松尾有里子 [1999]，財務官僚やカーディーに関する清水保尚 [1999] [2003] などは，その内実を明らかにする。徴税請負に関する貴重な史料が日本で公刊されたこともここに特記したい（Nagata/Miura/Shimizu [2006]）。

中央政府のエリートたちを支えた統治理念をめぐっては Karateke/Reinkowski 編 [2005] が刊行された。歴史叙述とオスマン朝の人々の自己認識のありようは論文集の焦点のひとつである。

■ オスマン朝経済史，特にヨーロッパとの関係を中心に

16世紀～19世紀前半の研究では，オスマン朝とヨーロッパとの間の経済関係，およびその担い手に焦点をあてた研究も目につく。オスマン市場の変化がヨーロッパからの影響だけで説明できるものではないことを示す研究が現れる一方で，ヨーロッパ諸国やヨーロッパ商人とオスマン朝の人々は深い交渉関係を持ち，場合によってはひとつの世界を形づくっていたことが示されている。

後者は Faroqhi [2004] によって総括されている。戦争による交流・通商や巡礼を通じた人的交流のシーンをつなぎ合わせていくことで，オスマン朝の他者認識と実際の交流の多彩さを描く。18世紀のフランス商人のオスマン朝内部での活動を辿る Eldem [1999]，交渉の接点となった港湾都市イズミルを対象とする Frangakis-Syrett [1992] [1999]，アレッポ・イズミル・イスタンブルの3都市の多様さを描く Eldem/Goffman/Masters [1999]，アレッポの諸「ミッレト」に目を向けた黒木英充 [1999]，文化接触の場となったクレタ島についての Greene [2000]，さらに，堀井優 [1997] や Fleete [1999] はオスマン朝におけるイタリア人商人の活動を扱う。戦争の遂行に集約されるオスマン朝のシステムと対ヨーロッパ関係については，Murphey [1999] や Aksan [2007] がある。

双方向的な関係が壊れるのは19世紀である。ヨーロッパの世界戦略のなかで築かれていった新しい従属的な通商関係については，Matsui [2003]，武田元有 [2001] などがある。海運もまた，オスマン朝の西欧化政策における失策が顕著な分野であった。海軍とあわせ同問題については小松香織の一連の優れた研究 [2002 など] がある。

ここで，オスマン朝の経済史の近年の重要な成果もあげておこう。Pamuk [2000] はオスマン朝の通貨通史。オスマン朝の財務官僚が内外からの複雑な経済圧力のなかで，組織的な対応を果たし巧みな舵取りを行っていた事実が示される。19世紀の紙幣の導入については Akyıldız [1995]，「協業」と呼ばれる投資方式については Çızakça [1996] がある。

オスマン朝社会史

　社会史の分野では，1990年代以来，都市，女性，法と社会などをテーマに，社会史研究が引き続き活発に行われている。多くの研究の史料となったのはイスラーム法廷文書である。そこから得られる具体的な事実の積み重ねのなかから，背後にある社会の特質とその変化が問われている。

　ここで最初にあげるべきは，Jennings [1999] であろう。遺稿となった本書では，カイセリ，キプロス，トラブゾンの法廷文書の分析からズィンミーとの共存関係など，地方社会の人間動態が明らかにされる。

　法廷の役割についても我々の知見もひろがった。Peirce [2003] は，ある村の女性の妊娠をめぐる裁判記録などから法廷を利用する社会的弱者の戦略を読み取る。Ergene [2003] や三浦徹 [2004] は，法廷を係争解決諸策のひとつと位置づけ，法廷を利用することのもつ意味を検証する。また，五十嵐大介 [2002] や大河原知樹 [2005] は，法廷台帳や証書の歴史史料としての性格とその背後にある仕組みに目を配る。法と社会をめぐる研究は，Gerber [1999] が強調するように，社会の変化に対するイスラーム法の柔軟性を示す方向に向かっている（林佳世子 [2000] など）。

　法廷文書の内容を分析した研究では，ギルド研究が目につく。Cohen [2001] は，エルサレムのギルドの自立的な傾向を強調し，市民社会の先駆者とする。Yi [2004] は，イスタンブルのギルドの内部構造を扱う。藤木健二 [2005] はギルドごとの差違を強調する。この他，三浦徹 [1998-99] は，ダマスカスの一地方法廷の記録を整理し重要な基礎データを提供する。

　同じ都市社会を扱いつつも19世紀に関する研究では，政府の統計なども利用可能になる。Duban/Behar [1991] は，イスタンブルの人口動態をみる。一方，Behar [2003] はひとつの街区についてのミクロな研究から，住民の視点での都市像を描く。

オスマン朝史学史，またはオスマン朝初期史

　本節では，概ね時代をさかのぼってまとめてきたが，もっとも古い時期を扱う研究では「オスマン朝はどこから生まれたのか」という根本問題が問われている。一連の論争の出発点となったのは Kafadar [1995] である。題名 (Between the Two World) にある二つの世界とは，いうまでもなく，イスラーム世界とキリスト教世界である。二項対立的ではなかった，と結論づけるその設定そのものが，二項対立構造を前提にしているというパラドックスはあるものの，史料的にもはや解明不能と思われていたオスマン朝初期史に関し新境地を開いた意義は大きい。

　そもそも，オスマン朝の起源をめぐる問題は，(1) 実際にオスマン朝はどうやって生まれたのか，という歴史的事実だけでなく，(2) 後代のオスマン朝の為政者が自分たちの起源をいかに示そうとしてきたか，という史学史的問題と，さらに (3) オスマン朝を否定して生まれたトルコ共和国の知識人たちが，オスマン朝のイメージをどの

ように民族主義的歴史観形成（とくに教育において）に利用したか，という3つのテーマを内在させる。初期史の研究に関しては，Heywood [2002]，Lowry [2003] などの貢献も大きい。オスマン朝の起源を，トルコ的伝統とビザンツ的伝統の混合のなかに見いだす見方は，研究者により若干のニュアンスの違いはあるものの，ひろく認められたといってよいだろう。

ただし，旧オスマン領に含まれる現在の「国民」諸国家の教育の現場において，それが十分に伝えられているかというと，今なお問題は多い。各地での国民意識高揚に，オスマン朝の過去は，プラス・マイナスの両面で利用されてきたからである。この点については，バルカン諸国の話題を含む Adanır/Faroqhi 編 [2002]，永田雄三 [2004] などが有用である。

■ オスマン史料論

まず文書学。オスマン朝における行政文書の研究は，歴史学の補助的学問を超えた意味をもつ。文書が広大な「オスマン世界」の秩序を形づくる道具であり，またその結果だったからである。長い間待望された入門書が Kütükoğlu によって刊行された [1994] が，その後，高松洋一 [1999] [2005] をえて，官僚機構理解のための文書研究のよき手本が示された。18世紀以後の官僚たちが日々生み出した業務記録こそが BOA の今を形づくっていることがよくわかる。

史料の刊行は，トルコ共和国を中心に枚挙にいとまがないが，Sahillioğlu [2004] のような史料の画像ファイル添付の校訂出版という完璧な出版例も得られた。今後とも期待したい。枢機勅令簿については，澤井一彰 [2003] が検討する。

タンズィマート期に帝国全土で調査が行われたままお蔵入りしていた「収入台帳」については，高松洋一による作成経緯の研究とともに，五都市に関するサンプル研究が出版された（Hayashi/Aydın 編 [2004]）。この史料群を用いた研究には，すでに江川ひかり [1997]，Egawa/Şahin [2007] などがある。

文書史料に注目が集まりがちなオスマン史研究であるが，著作類についての意欲的な研究も本邦で行われた。今澤浩二 [2002] はアナトリア史の重要史料『八天国』を，新谷英治 [1997] などは『海洋の書』を，小笠原弘幸 [2004] は公式修史官の記述の特徴をそれぞれ丹念に点検する。ディヤルバクル征服を扱う斉藤久美子 [2000] や「ヤルリグ」に関する小野浩 [2000] も，西に向きがちなオスマン研究の目を東方に向かわせる貴重な研究といえよう。

希代の著作家にして謎の人物エブリヤ・チェレビに関しては，ブリル社の研究シリーズの刊行が続いている（Evliya Çelebi's Book of Travels Series）。Dankoff [2004] は，謎に包まれたエブリヤ・チェレビの内面を，記述から再現する。Imber [1997] は題名からエブースードの伝記を期待すると裏切られるが，ファトワー史料をもとにむしろその学説を整理する。

最後に İnalcık [2003] をあげておこう。オスマン朝史研究は，これまで政治史・

制度史・経済史中心の「堅い」歴史叙述から，次第に社会史，文化史へとその比重を移してきた。オスマン朝の独自性のみを強調するのではなく，それを世界史のなかで検証する方向も定着した。しかし依然として，歴史のなかの一人一人の人間の息吹を感じ取れるレベルの「柔らかい」叙述からは遠い（数少ない例外として，Aksan [1995] をあげておこう）。 半世紀にわたって，堅実にオスマン史研究を先導してきたイナルジュクが今語るのは，史料の欠落を嘆くのではなく，詩や文学の世界までをも歴史家の目でみていこう，という主張である。冒頭に記した近年の「人とその集団」への問題関心はオスマン朝を諸要素の複合体として描きがちであるが，それを大きくくるんでいた「世界観」を知る手がかりは，ここに潜んでいるのかもしれない。

【文献】
秋葉淳［1998］「アブデュルハミト二世期オスマン帝国における二つの学校制度」『イスラム世界』50
秋葉淳［2005］「近代帝国としてのオスマン帝国」『歴史学研究』798
新井政美［2001］『トルコ近現代史』みすず書房
五十嵐大介［2002］「オスマン朝期シリアのイスラーム法廷証書」『東洋学報』84：2
石丸由美［2002］「オスマンルルックとアルバニア人」『史学』71：2/3
今澤浩二［2002］「オスマン朝年代記『八天国』の二系統の写本について」『桃山学院大学国際文化論集』26
江川ひかり［1997］「タンズィマート改革と地方社会」『東洋学報』79：2
大河原知樹［2005］「イスラーム法廷と法廷史料」林佳世子/桝屋友子編『記録と表象——史料が語るイスラーム世界（イスラーム地域研究叢書8）』東京大学出版会
小笠原弘幸［2004］「オスマン朝修史官の叙述」『日本中東学会年報』20：1
小野浩［2000］「メフメトⅡ世の「ヤルリグ」」『京都橘女子大学紀要』
黒木英充［1999］「ナポレオンのエジプト遠征期のアレッポ」『アジア・アフリカ言語文化研究』58
小松香織［2002］『オスマン帝国の海運と海軍』山川出版社
斉藤久美子［2000］「16世紀初頭のオスマン朝によるディヤルバクル征服」『史学雑誌』109：8
澤井一彰［2003］「トルコ共和国総理府オスマン文書館における「枢機勅令簿 Mühimme Defteri」の記述内容についての諸問題」『オリエント』49：1
清水保尚［1999］「16世紀末オスマン朝におけるムカーターの管理・運営に関する一考察」『アジア・アフリカ言語文化研究』58
清水保尚［2003］「十六世紀末オスマン朝の地方財務組織について」『東洋学報』85：1
新谷英治［1997］「『キターブ・バフリエ』ヒジュラ暦932年序文」『関西大学紀要』30
鈴木董［2000］『オスマン帝国の解体』ちくま新書
髙松洋一［1999］「梗概（ḫulāṣa）考」『東洋学報』81：2
髙松洋一［2005］「オスマン朝の文書・帳簿と官僚機構」林佳世子/桝屋友子編『記録と表象——史料が語るイスラーム世界（イスラーム地域研究叢書8）』東京大学出版会
田口晶［2004］「オスマン帝国末期アラブ人の政治参加」『イスラム世界』62
武田元有［2001］「19世紀末トルコにおける仏独金融協商の形成と負債償還体制の展開」『社会経済史学』66：5
永田雄三編［2002］『西アジア史2 イラン・トルコ（新版世界各国史）』山川出版社
永田雄三［2004］「トルコにおける「公定歴史学」の成立」寺内威太郎他編『植民地主義と歴史学』刀水書房

永田雄三 [2005]「18世紀トルコの地方名士ハジ・ムスタファ・アガに関する新史料」『明治大学人文科学研究所紀要』56
林佳世子 [2000]「イスラーム法の刷新」『岩波講座世界歴史14』岩波書店
藤木健二 [2005]「18世紀イスタンブルの同職組合」『日本中東学会年報』20：2
藤波伸嘉 [2004]「ギリシア・ブルガリア教会問題と「オスマン国民」理念」『スラヴ研究』51
堀井優 [1997]「オスマン朝のエジプト占領とヴェネツィア人領事・居留民」『東洋学報』78：4
松尾有里子 [1999]「一六世紀後半のオスマン朝におけるカザーの形成とカーディー職」『史学雑誌』108：7
三浦徹 [1998-99]「一九世紀ダマスカスのイスラム法廷文書 (1)(2)」『東京大学東洋文化研究所紀要』135, 137
三浦徹 [2004]「当事者の世界と法廷の世界」三浦/岸本美緒/関本照夫編『比較史のアジア——所有・契約・市場・公正（イスラーム地域研究叢書4）』東京大学出版会
Adanır, Fikret/Suraiya Faroqhi 編 [2002] *The Ottomans and the Balkans : A Discussion of Historiography*, Leiden
Akarlı, E. D. [1993] *The Long Peace : Ottoman Lebanon, 1861-1920*, Berkeley
Akbayar [2001] *Osmanlı Yer Adları Sözlüğü*, Istanbul
Akiba, Jun [2004] "A New School for Qadis," *Turcica*, 35
Aksan, Virginia H. [1995] *An Ottoman Statesman in War and Peace : Ahmed Resmi Efendi 1700-1783*, Leiden, New York/Köln
Aksan, Virginia [2007] *Ottoman Wars 1700-1870 : An Empire Besieged*, Harlow/London
Akyıldız, Ali [1995] *Osmanlı Finans Sisteminte Dönüm Noktası : Kağıt Para ve Sosyo-Ekonomik Etkileri*, İstanbul
And, Metin [1998] *Miniatürlerle Osmanlı-Islam Mitologyası*, Istanbul
Atıl, Esin [1999] *Levni and the Surname : The Story of an Eigheenth-Century Ottoman Festival*, Istanbul
Behar, Cem [2003] *A Neighborhood in Ottoman Istanbul : Fruit Vendors and Civil Servants in the Kasap İlyas Mahalle*, New York
Blumi, Isa [2003] *Rethinking the Late Ottoman Empire : A Comparative Social and Political History of Albania and Yemen 1878-1918*, Istanbul
Çızakça, Murat [1996] *A Comparative Evolution of Business Partnerships, the Islamic World and Europa with Specific Reference to the Ottoman Archives*, Leiden
Cohen, Amnon [2001] *The Guilds of Ottoman Jerusalem*, Leiden/Boston/Köln
Dankoff, Robert [2004] *An Ottoman Mentality : The World of Evliya Çelebi*, Leiden/Boston
Darling, Linda T. [1996] *Revenue-Raising and Legitimacy : Tax Collection and Finance Administration in the Ottoman Empire, 1550-1660*, Leiden
Deringil, Selim [1991] "Legitimacy Structure in the Ottoman State : The Reign of Abdülhamid II (1876-1909)," *IJMES*, 23：3
Deringil, Selim [1997] *The Well-Protected Domains : Ideology and Legitimation of Power in the Ottoman Empire, 1876-1909*, London
Deringil, Selim [2003] ""They Live in a Sate of Nomadism and Savagery" : The Late Ottoman Empire and the Post-Colonial Debate," *CSSH*, 45：2
Duban, A./Cem Behar [1991] *Istanbul Households : Marriage, Family and Fertility 1880-1940*, Cambridge
Egawa, Hikari/İlhan Şahin [2007] *Yağcı Bedir Yörükleri : Bir Yörük Grubu ve Hayat Tarzı*,

Istanbul
Eldem, Edhem [1999] *French Trade in Istanbul in the Eighteenth Century*, Leiden/Boston/Köln
Eldem, Edhem/Daniel Goffman/Bruce Masters [1999] *The Ottoman City between East and West : Aleppo, Izmir, and Istanbul*, Cambridge
Ergene, Boğaç, A. [2003] *Local Court, Provincial Society and Justice in the Ottoman Empire : Legal Practice and Dispute Resolution in Çankırı and Kastamonu (1652-1744)*, Leiden/Boston
Faroqhi, Suraiya [1999] *Approaching Ottoman History : An Introduction to the Sources*, Cambridge
Faroqhi, Suraiya [2004] *The Ottoman Empire and the World around It*, London/New York
Faroqhi, Suraiya N. 編 [2006] *The Later Ottoman Empire, 1603-1839* (The Cambridge History of Turkey, Vol. 3), Cambridge
Finkel, Caroline [2005] *Osman's Dream : The Story of the Ottoman Empire*, London
Fleet, Kate, [1999] *European and Islamic Trade in the Early Ottoman State : The Merchants of Genoa and Turkey*, Cambridge
Frangakis-Syrett, Elena [1992] *The Commerce of Smyrna in the Eighteenth Century, 1700-1820*, Athens
Frangakis-Syrett, Elena [1999] "The Economic Activities of the Greek Community of Izmir in the Second Half of the Nineteenth and Early Twentieth Centuries," in Dimitri Gondicas/Charles Issawi, *Ottoman Greeks in the Age of Nationalism*, Princeton
Gerber, Haim [1999] *Islamic Law and Culture 1600-1840*, Leiden/Boston/Köln
Goffman, Daniel [2002] *The Ottoman Empire and Early Modern Europe*, Cambridge
Greene, Molly [2000] *A Shared World : Christians and Muslims in the Early Modern Mediterranean*, Princeton
Hathaway, Jane [1997] *The Politics of Households in Ottoman Egypt : The Rise of the Qazdağlis*, Cambridge
Hayashi, Kayoko/Mahir Aydın, *The Ottoman Stete and Societies in Change*, London
Heywood, Colin [2002] *Writing Ottoman History : Documents and Interpretations*, Aldershot
Imber, Colin [1997] *Ebu's-su'ud : The Islamic Legal Tradition*, Edinburgh
Imber, Colin [2002] *The Ottoman Empire, 1300-1650*, New York
İnalcık, Halil [2003] *Şair ve Patron : Patrimonyal Devlet ve Sanat üzerinde Sosyolojik bir İnceleme*, Ankara
Jennings, Ronald C. [1999] *Studies on Ottoman Social History in the Sixteenth and Seventeenth Centuries : Women, Zimmis and Sharia Courts in Kayseri, Cyprus, and Trabzon*, Istanbul
Kafadar, Cemal [1995] *Between Two Worlds : The Construction of the Ottoman State*, Berkeley
Karateke, Hakan/M. Reinkowski 編 [2005] *Legitimizing the Order : The Ottoman Rhetoric of State Power*, Leiden/Boston
Kasaba, Reşat 編 [2008] *Turkey in the Modern World* (The Cambridge History of Turkey, Vol. 4), Cambridge
Kayalı, Hasan [1997] *Arabs and Young Turks : Ottomanism, Arabism, and Islamism in the Ottoman Empire, 1908-1918*, Berkeley
Khoury, Dina Rizk [1997] *State and Provincial Society in the Ottoman Empire : Mosul, 1540-1834*, Cambridge
Kraiser, Klaus [2001] *Der Osmanische Staat 1300-1922*, München
Kütükoğlu, Mubahat [1994] *Osmanlı Belgelerin Dili : Diplomatik*, Istanbul
Lowry, Heath W. [2003] *The Nature of the Early Ottoman State*, New York

Makdisi, Usama [2000] *The Culture of Sectarianism: Community, History, and Violence in Nineteenth-Century Ottoman Lebanon*, Berkeley

Makdisi, Usama [2002a] "Ottoman Orientalism," *The American Historical Review*, 107 : 3

Makdisi, Usama [2002b] "After1860 : Debating Religion, Reform, and Nationalism in the Ottoman Empire," *IJMES*, 34 : 4

Matsui, Masako [2003] "A Customs Tariffs Register of the Ottomn Empire in the Early Nineteenth Century"『中東学会年報』18：1

Murphey, Rhoads [1999] *Ottoman Warfare, 1500-1700*, New Brunswick

Nagata, Yuzo [1997] *Tarihte Ayanlar : Karaosmanoğulları üzerinde bir İnceleme*, Ankara

Nagata, Yuzo/Toru Miura/Yasuhisa Shimizu [2006] *Tax Farm Register of Damascus Province in the Seventeenth Century*, Tokyo

Pamuk, Şevket [2000] *A Monetary History of the Ottoman Empire*, Cambridge

Peirce, Leslie [2003] *Morality Tales : Law and Gender in the Ottoman Court of Aintab*, Berkeley, Los Angeles/London

Quartaert, Donald [2000] *The Ottoman Empire, 1700-1922*, Cambridge

Rogan, Eugene L. [2002] *Frontiers of State in the Late Ottoman Empire : Transjordan, 1850-1921*, Cambridge

Sahillioğlu, Halil [2004] *Koca Sinan Paşa'nın Telhisleri*, Istanbul

Salzmann, Ariel [2003] *Tocqueville in the Ottoman Empire : Rival Paths to the Modern State*, Leiden

Türkiye Diyanet Vakfı İslam Ansiklopedisi [1988-] Vol. 1-

Yi, Eunjeong [2004] *Guild Dynamics in Seventeenth-Century Istanbul : Fluidity and Leverage*, Leiden/Boston

3A-9 サファヴィー朝＋ 近藤信彰

サファヴィー朝期以降に関する概説書・工具書

　邦文の概説書としてはまず永田雄三編 [2002] の該当部があげられよう。一般向けではあるが，永田雄三/羽田正 [1998] もサファヴィー朝期の社会の様子を生き生きと描いている。羽田正 [2000] はオスマン朝とムガル朝の対比でサファヴィー朝の特質を示す。英語のものではケンブリッジ・イラン史の該当部分がさまざまな分野を扱っており，研究の水準を示している (Jackson/Lockhart 編 [1986]，Avery/Hambly/Melville 編 [1991])。サファヴィー朝に関しては Newman [2006]，カージャール朝に関しては Lambton [1987] も必見である。このほか *Encyclopaedia of Islam*，*Encyclopaedia Iranica* などの関連項目も，特に最近執筆されたものは必見である。

欧文，露文を中心としたカージャール朝期の研究書目として岡崎正孝/江浦公治編［1985］が有用であるが若干古くなってしまった。また，最新の研究動向を知るためには，*Abstracta Iranica*［1980-2005］が欧文およびペルシア語を中心とした研究文献の紹介で，インターネットで閲覧でき便利である。サファヴィー朝に関しては近年，国際会議が盛んに行われ，その論文集が刊行されており（Mazzouni編［2003］，Newman編［2003］），研究の世界的な動向を知るうえで重要である。また，サファヴィー朝に関するイランにおける研究動向，出版動向を知るためには雑誌 *Ketāb-e Māh* のサファヴィー朝特集号［1379, 82］がよく，インターネットでも閲覧できて便利である。

ペルシア語史料解題としては本田實信の研究入門［1984］のほか，サファヴィー朝タフマースプ期を扱う平野豊［2006］，カージャール朝期のそれとして岡崎正孝［1982］があり，同時期のペルシア語旅行記史料については守川知子［2001］がある。刊行・未刊行のペルシア語文献の解説書目としては Monzavī［1374-82］が最新のものであり，諸目録の集成という性格を持つ。文書史料に関しては公刊された勅令の目録として Fragner［1980］，Schimkoreit［1982］，書簡集などに含まれる外交書簡に関して Riyazul Islam［1979-82］がある。近年は，イランに存在する文書館も閲覧可能であるが，基本的には文書館で機械検索をする必要がある。刊行されている目録としては，外務省（Daftar-e Moṭāle'āt-e Siyāsī編［1371-75］，Kavūsī 'Erāqī 他［1379-85］）やワクフ庁（Reżā'ī［1382］）のものがある。この時期に関しては，旅行記や東インド会社文書，各国の外交文書等の欧文史料も重要であるが，包括的な史料解題や研究案内は存在せず，それぞれ関係する研究書にあたるしかない。

工具書はあまり整っていないが，カージャール朝期の人名事典として Bāmdād［1371］があり，研究に不可欠である。

■ サファヴィー朝国家に関する研究

サファヴィー朝の前半に関する基本史料は依然としてペルシア語王朝年代記である。Quinn［2000］はこうした年代記を比較検討して，イデオロギー的背景などを明らかにした研究であり，羽田亨一［1989］は韻文の比較による史料批判の方法を提示する。

サファヴィー朝の国制史に関する本格的な研究は Minorsky 編［1943］に始まる。これは王朝滅亡後に作成された行政便覧史料の英訳注であるが，今日でもその価値を失っていない。なお，これ以降の研究を踏まえた別の行政便覧史料の英訳注として Marcinkowski編［2002］および Floor/Faghfoory編［2007］が，後者の姉妹編として Floor［2001］がある。

ミノルスキーは同書のなかで，19世紀以来「イラン国民国家」と位置づけられていたサファヴィー朝をトルコマン諸部族による黒羊朝，白羊朝の直接の後継国家と位置づけた。これを史料に基づいて論証し，サファヴィー朝に見られるトルコ・モンゴ

ル的遊牧部族要素の変遷を明らかにしたのが羽田正［1978］に始まる一連の研究である。

　一方で，サファヴィー朝の大きな特徴として，サファヴィー教団という神秘主義教団が直接の母体である点，12 イマーム・シーア派を国教化したという点がある。これを説明するのは Arjomand［1984］であり，建国に貢献した遊牧部族連合キジルバシュの奉じていた終末論的な過激なシーア信仰が建国後抑圧され，スンナ派ではあったが預言者一族崇敬を持っていた定住民に受け入れられやすい正統的な 12 イマーム派の布教を進めたとする。キジルバシュに関する最新の研究は Babayan［2002］であり，その世界観やイデオロギー的側面を明らかにしようと試みている。また，宗教制度に関するペルシア語による研究として Şefatgol［1381］，聖地マシュハドに 12 イマーム派の定着の過程をおった研究として守川知子［1997］がある。また，12 イマーム派の定着に重要な役割を果たしたレバノン出身のウラマーに関する専論が Abisaab［2004］である。

　アッバースの改革以降，サファヴィー朝は中央集権的な体制を取る。Röhrborn［1966］は地方統治制度の変遷を検討し，王室直轄州の拡大の様相を明らかにする。前田弘毅［1999］は中央集権化のために新たに導入されたゴラーム軍人のうち，グルジア系の出自のそれの出身家系や経歴を示す。Babaie 他［2004］もさまざまな角度からゴラーム軍人を分析する。しかし，全体としてみるならば，後期サファヴィー朝国家の研究は乏しく，今後の課題となっている。とりわけ，サファヴィー朝の滅亡の要因に関してもミノルスキーの議論から大きく進んではいない。彼の挙げる諸要因は，初期の国制から変化したことに力点がおかれている。しかし，初期の体制では存続が困難であったために，アッバースの改革が行われたのであり，議論としての限界は明らかである。

■ サファヴィー朝期の社会・経済に関する研究

　近年，サファヴィー朝下の社会，経済に関する研究が欧米で次々と刊行されている。Floor［2000］は経済関係の情報を整理した百科事典的著作で便利ではあるが，個別の論点については掘り下げる必要がある。同じ著者のカージャール朝期を含めた財政史に関する著作はワクフとソウルガルを同じものとするなど，誤りが多く，参照に注意を要する（Floor［1998］）。

　貿易に関しては，サファヴィー朝の絹貿易を扱った Matthee［1999］の研究が興味深い。もっとも重要な輸出品であった絹の貿易をイギリス，オランダの東インド会社が押さえることができなかったこと，海路の貿易が盛んになったのちも，トルコ経由やロシア経由の陸路で輸出されていたことは，貿易革命に関する通説を覆す重要な指摘である。また，McCabe［1999］は絹貿易を仲介していた新ジョルファのアルメニア人の貿易活動に関する研究であるが，用いている史料にも限界があり，批判も多い。羽田正［1996］はフランス人旅行者シャルダンのイスファハーン誌の訳注であ

り，当時の都市社会について多くの情報を提供している。Matthee［2005］はカージャール朝期までの嗜好品の消費に関する興味深い研究である。

　この分野の研究は基本的に東インド会社の文書や旅行記など欧文史料に依拠している。これに対して，Jaʻfariyān の一連の研究はアラビア語文献を含めた宗教文献の利用により，異彩をはなっている。その関心の中心は宗教にあるが，社会史的論考も多い。彼のサファヴィー朝に関する一連の研究をまとめたのが Jaʻfariyān［1379］である。また，山口昭彦［2000］はサファヴィー朝滅亡後にイラン西部を占領したオスマン朝が作成した検地帳を利用して得られた詳細なデータを分析した研究である。ペルシア語文書史料を含めて，非欧文史料の利用がこの分野の大きな課題である。

■ ポスト・サファヴィー朝期に関する研究

　この時期は，官僚制の衰退と部族の復活の時代，そして部族的背景を持った短命な王朝の興亡の時代と考えられてきた。したがって，そのなかで顕著な活躍をした英主の伝記的研究が先行した。アフシャール朝ナーデル・シャーに関する Lockhart［1938］，ザンド朝キャリーム・ハーンに関する Perry［1979］は，両者とも幾分古くなったが基本的な研究である。最新の研究としてナーデルの正統性を扱った Tucker［2006］がある。

　最近のものでは Ebrahimnejad［1999］が，カージャール部内の権力の継承過程を分析し，元来少数の政治的・軍事的エリートにすぎなかったものが，王朝建設の過程で新たに部族を編成していくという大胆な説を提出する。近藤信彰［1996］はオルーミーエのアフシャール部族を例に，元来部族であったものが，地方社会との関係を深め，地方エリートに変質していく過程を明らかにする。

　実のところ，18 世紀から 19 世紀前半に関するもう一つのキーワードは「地方」である。小牧昌平［1997］は 19 世紀初期のホラーサーンを取り上げ，アフガニスタンとも密接に関係した当時の政治状況を明らかにする。Bournoutian［1992］はカージャール朝下のエレヴァーン地方に関する研究。ロシア併合後の統計資料を利用している点が特徴である。Werner［2000］も 18 世紀後半から 19 世紀前半のタブリーズという地方の都市社会を扱う。しかし，政治史の流れをおさえながら，一方でワクフ文書や売買契約文書など，さまざまなペルシア語文書史料を駆使することによって，従来にない鮮明な都市社会像を描いている。

　カージャール朝中央に関しては近代的改革が主要なテーマである。アミール・キャビールに関しては Ādamiyat［1348］，セパフサーラールに関しては Nashat［1982］があり，Pistor-Hatam［1992］はオスマン朝の改革の影響を論じ，Ringer［2001］は近代教育の導入をめぐる諸問題を検討する。またこれらの改革を経験したナーセロッ・ディーン・シャーの伝記的研究として Amanat［1997］が刊行された。ウラマーに関する包括的な研究としては依然 Algar［1969］以上のものはなく，多くの点で修正の必要がある。最近の研究動向を示す論文集として Gleave 編［2005］があ

る。

　社会史, 経済史の研究としては邦文でも, ケシ栽培の進展と飢饉の関係を検討した岡崎正孝 [1989], 絹貿易の変遷を扱った坂本勉 [1993] のような優れた研究がある。Floor [2003] は農業に関する浩瀚な研究。ここでもペルシア語文書史料の利用が課題であり, Mahdavi [1999] は19世紀後半に活躍した大商人アミーノッ・ザルブの姿を子孫に残された私文書に基づいて描いた研究である。Ettehādiyye [1377] はテヘラン都市社会史に関する論文集であり, 彼女自身が校訂・出版したテヘランの建造物調査を始め, さまざまなペルシア語文書史料を駆使している。先の Werner のものや, さまざまなペルシア語文書史料を比較検討した近藤信彰 [2001] もあわせて, 今後の研究の方向性の一つを示している。最近の社会史的研究として, 被支配者層を扱った Martin [2005], 君主への嘆願状を分析した Schneider [2006], アタバート参詣を扱った守川知子 [2007] も注目される。

【文献】

岡崎正孝 [1982]「カージャール朝期ペルシア語史料解題」『オリエント』25 : 2
岡崎正孝 [1989]「カージャール朝下におけるケシ栽培と1870-71年大飢饉」『西南アジア研究』31
岡崎正孝／江浦公治編 [1985]『カージャール朝史文献目録』大阪外国語大学
小牧昌平 [1997]「18世紀中期のホラーサーン」『東洋史研究』56 : 2
近藤信彰 [1996]「キジルバシュのその後」『東洋文化研究所紀要』129
近藤信彰 [2001]「マヌーチェフル・ハーンの資産とワクフ」『東洋史研究』60 : 1
坂本勉 [1993]「近代イランにおける絹貿易の変遷」『東洋史研究』51 : 4
永田雄三編 [2002]『西アジア史2　イラン・トルコ』山川出版社
永田雄三／羽田正 [1998]『成熟のイスラーム社会』中央公論社
羽田亨一 [1989]「"Ross Anonymous" の名で知られるシャー・イスマアイルI世の伝記の制作時期について」『東洋史研究』48 : 3
羽田正 [1978]「サファヴィー朝の成立」『東洋史研究』37 : 2
羽田正 [1996]『シャルダン「イスファハーン誌」研究』東京大学東洋文化研究所
羽田正 [2000]「三つの「イスラーム国家」」『岩波講座世界歴史14』岩波書店
平野豊 [2006]「シャータフマースプI世時代のイラン史研究のための基本史料」『駿台史学』129
本田實信 [1984]「イラン」『アジア歴史研究入門4』同朋舎
前田弘毅 [1999]「サファヴィー朝の「ゴラーム」」『東洋学報』81 : 3
守川知子 [1997]「サファヴィー朝支配下の聖地マシュハド」『史林』80 : 2
守川知子 [2001]「ガージャール朝期旅行記史料研究序説」『西南アジア研究』55
守川知子 [2007]『シーア派聖地参詣の研究』京都大学学術出版会
山口昭彦 [2000]「オスマン検地帳に見る18世紀初頭イランの地方社会 (1)」『東洋文化研究所紀要』140
Abisaab, R. J. [2004] *Converting Persia*, London
Abstracta Iranica [1980-2005] Paris/Tehran
Ādamiyat, F. [1348] *Amīr Kabīr va Īrān*, Tehran
Algar, H. [1969] *Religion and State in Iran, 1785-1906*, Berkley/Los Angeles
Amanat, A. [1997] *The Pivot of the Universe*, London

Arjomand, S. A. [1984] *The Shadow of God and the Hidden Imam*, Chicago
Avery, P./G. Hambly/Ch. Melville 編 [1991] *The Cambridge History of Iran*, Vol. 7, Cambridge
Babaie, S. 他 [2004] *The Slave of the Shah*, London
Babayan, K. [2002] *Mystics, Monarchs, and Messias*, Cambridge (MA)
Bāmdād, M. [1371] *Sharḥ-e ḥāl-e rejāl-e Īrān dar qarn-e 12 va 13 va 14 hejrī*, Tehran
Bournoutian, G. A. [1992] *The Khannate of Erevan under Qajar Rule, 1795-1828*, Costa Mesa
Daftar-e Moṭāleʿāt-e Siyāsī 編 [1371-75] *Fehrest-e Asnād-e Vezārat-e Omūr-e Khāreje, Dowrān-e Qajariyye*, 4 vols., Tehran
Ebrahimnejad, H. [1999] *Pouvoir et succession en Iran*, Paris
Etteḥādiyye, M. [1377] *Īnjā Ṭehrān ast*, Tehran
Fragner, B. G. [1980] *Repertoruium persischer Herrscherurkunden*, Freiburg
Floor, W. [1998] *A Fiscal History of Iran in the Safavid and Qajar Periods, 1500-1925*, New York
Floor, W. [2000] *The Economy of Safavid Perisa*, Wiesbaden
Floor, W. [2001] *Safavid Governmental Institutions*, Costa Mesa
Floor, W. [2003] *Agriculture in Qajar Iran*, Washington, D.C.
Floor, W./M. H. Faghfoory 編 [2007] *Dastūr al-Moluk*, Costa Mesa
Gleave, R. 編 [2005] *Religion and Society in Qajar Iran*, London
Jackson, P./L. Lockhart 編 [1986] *The Cambridge History of Iran*, Vol. 6, Cambridge
Jaʿfariyān, R. [1379] *Ṣafaviye dar ʿArṣe-e Dīn, Farhang va Siyāsat*, Qom
Kavūsī ʿErāqī, M. H. 他 [1379-85] *Fehrest-e Asnād-e Mokammel-e Qājāriyye*, 17 vols., Tehran
Ketāb-e Māh [1379, 82] *Ketāb-e Māh : Tārīkh va Joghrāfiyā, Vīzhe-moṭāleʿāt-e ṣafavī*, 37/38, 68/69, 70/71
Lambton, A. K. S. [1987] *Qajar Iran*, London
Lockhart, L. [1938] *Nadir Shah*, London
Mahdavi, S. [1999] *The God, Mammon and Country*, Boulder
Marcinkowski, M. I. 編 [2002] *Mīrzā Rafīʿā's Dastūr al-Mulūk*, Kuala Lumpur
Martin, V. [2005] *The Qajar Pact*, London
Matthee, R. P. [1999] *The Politics of Trade in Safavid Iran*, Cambridge
Matthee, R. P. [2005] *The Pursuit of Pleasure*, Princeton
Mazzooui, M. 編 [2003] *Safavid Iran and Her Neighbors*, Salt Lake City
McCabe, I. B. [1999] *The Shah's Silk for Europe's Silver*, Atlanta
Minorsky, V. 編 [1943] *Tadhkirat al-Mulūk : A Manual of Ṣafavid Administration*, Cambridge
Monzavī, A. [1374-82] *Fehrestvāre-'e Ketābhā-ye Fārsī*, 9 vols., Tehrān
Nashat, G. [1982] *The Origins of Modern Reform in Iran, 1870-80*, Urbana
Newman, A. J. 編 [2003] *Society and Culture in the Early Modern Middle East*, Leiden
Newman, A. J. [2006] *Safavid Iran : Rebirth of a Persian Empire*, London
Perry, J. R. [1979] *Karim Khan Zand*, Chicago
Pistor-Hatam, A. [1992] *Iran und die Reformbewegung in Osmanischen Reich*, Berlin
Quinn, S. A. [2000] *Historical Writings during the Reign of Shah ʿAbbas*, Salt Lake City
Reżāʾī, O. [1382] *Fehrest-e Asnād-e Mowqūfāt-e Īrān*, 2 vols., Tehran
Ringer, M. M. [2001] *Education, Religion, and the Discourse of Cultural Reform in Qajar Iran*, Costa Mesa
Riyazul Islam [1979-82] *A Calendar of Documents on Indo-Persian Relation*, Karachi
Röhrborn, K. [1966] *Provinzen und Zentralgewalt Persiens im 16. und 17. Jahrhundert*, Berlin

Schimkoreit, R. [1982] *Regesten publizierter safawidischer Herrscherurkunden*, Berlin
Schneider, I. [2006] *The Petitioning System in Iran*, Weiesbaden
Şefatgol, M. [1381] *Sākhtār-e Nehād va Andīshe-e Dīnī dar Īrān-e ʿAṣr-e Ṣafavī*, Tehran
Tucker, E. S. [2006] *Nadir Shah's Quest for Legitimacy in Post-Safavid Iran*, Gainesville
Werner, Ch. [2000] *An Iranian Town in Transition*, Wiesbaden

3A-10　ムガル帝国＋　　　　　　　　　　　　　　真下裕之

インド史におけるムガル帝国の位置付け

　地方政権の勃興とムガル帝国の解体との関係は，最近の主要な論点の一つである。この問題は，ムガル帝国プロパーの研究者ではなく，18世紀以降に出現したマラータ同盟をはじめとする地方政権の研究者たちが投げかけたものであった。

　従来の研究においてムガル帝国は，マンサブ制度とジャーギール制度に根ざして農村社会に苛烈な収奪を及ぼした集権的な支配体制として理解されてきた。したがって帝国の解体はおもに，地租制度の機能不全，厳しい収奪を受ける農民の反乱，在地有力者層の台頭などの事柄から説明されることになる。

　これに対して地方政権の研究者たちが示した理解は概ね，インドの地方社会の継続性を重視し，従来説が主張してきた帝国支配の強い集権性に疑義を差しはさむ傾向が強い。その理解に立てば，18世紀以降のムガル帝国の解体とは，インド史の一時期を画する断絶ではなく，むしろそうした継続性の証であることになる。また経済史の分野でも，18世紀には帝国支配の弛緩とインド国内経済の停滞とがパラレルに進行していたという従来の理解に対して，帝国における経済停滞の実体は，経済センターの移転や交易ルートの変遷に他ならないという新たな図式が示されたことも，この議論の進展に対応するものである。

　かくしてこの種の議論は主に，ムガル帝国の解体とそれが位置する18世紀の評価に焦点をあてて行われてきた。複雑かつ多岐にわたるこれらの議論の経緯は，Hintze [1997]のごとく一書を費やすに値する大きな問題である。Subrahmanyam [1992]はそうした学説史の要点を簡明におさえているばかりでなく，ムガル帝国史研究の的確なレビューとして今なお一読の価値がある。また従来説の立場を取るムガル帝国の専門家からの論駁としては Athar Ali [1986/87] [1993] がある。以上を参照することによって，ムガル帝国史の研究に踏み込むための足がかりが得られるはずである。

ムガル帝国研究の工具・概説書

　イスラーム期インドの研究文献に関して，1980年代前半までについては近藤治［1983-84］によるかなり包括的なレビューがすでにあるので，詳しくはそちらを参照されたい。地図，辞典類などの工具書については近藤［2003］付編第2章に解説があるほか，インド史全般についての案内である山崎利男（島田虔次他編［1984］所収）や近現代史を対象とする藤井毅［2002］にも役立つ部分がある。

　ムガル帝国時代に特化した一次史料の解題にはMarshall［1967-96］がある。邦文では近藤［2003］付編第2章があり，これはムスリム文献ばかりでなく，欧語文献をもカバーする点で利用価値が高い。またムガル帝国に先立つデリー・スルターン朝に関する史料解題はまず近藤（島田虔次他編［1984］所収）に当たるべきである。写本資料の目録は上記の書目からおおむね遡及できるが，Khalidi［2002/03］はインドの写本図書館についての案内としてとくに参考になる。

　イスラーム期インドの通史としては四点。チャンドラ［1999（原著1978）］はインド共和国の高等学校の教科書であり，これによって同国の学界における標準的な理解を得ることができる。Schimmel［1980］はスーフィズム研究の大家によるものであるため，文化史についての記述が分厚いところに特徴がある。Wink［1991-2004］は5巻計画の通史。既刊3巻の記述はおおむね二次文献に拠っているが，インド史理解の枠組みにかかわる様々な問題提起は傾聴に値する。また各巻末の文献一覧も有用である。なお小谷汪之編［2007］にはデリー・スルターン朝，ムガル帝国時代を扱う部分がある。

　またデリー・スルターン朝の通史としては，Jackson［1999］がトゥグルク朝までの記述で終わってはいるものの，関係史料を博捜して信頼できる政治・外交史を再構成している。ムガル帝国の通史としてはRichards［1993］が標準的著作であり，巻末の文献解題も参考になる。Schimmel［2000］は文化史の記述に重点をおいた通史である。

ムガル帝国の政治と制度

　ムガル帝国の創設者バーブルはティムール朝の王子でもあった。ムガル帝国がときにインド・ティムール朝と呼ばれるのはまさにこのためである。したがってバーブルの事績は，インドにおける帝王の一代記としてばかりではなく，ティムール朝史ひいては中央アジア史との関連においても理解される必要がある。その意味で，中央アジア史の専門家による間野英二［2001］や，各国における従来の研究成果を存分に踏まえたDale［2004］は必読の文献である。

　ムガル帝国の国制全体をカバーする研究はいまだにIbn Hasan［1936］，Qureshi［1966］を挙げるほかない。マンサブ制度とジャーギール制度については数多くの研究があるが，まずAthar Ali［1997(1966)］を完全に消化することから出発すべきである。また政治史のメカニズムを解明する手がかりとして，貴族層についての研究が

近年あらためて取り組まれている。旧版当時以来の基本文献である Athar Ali ［1997(1966)］の他，Husain ［1999］，Anwar ［2001］など。Athar Ali ［1985］は官職への任命やマンサブの授与を網羅した便利な書物だが，史料批判の不徹底など問題もあるので利用の際には注意が必要である。

またムガル帝国関係の古文書は数多く伝存しており，文書群の刊行やカタログ化も進んでいる。しかし古文書学的なアプローチは未熟であり，今後徹底的に取り組まれるべき課題である。また冒頭に示したごとく，帝国の支配と地方社会の継続性との関係は最近の議論の焦点である。関連する研究としては Alam ［1986］，Singh ［1991］，Hasan ［2004］などがあり，さらなる研究の深化が望まれる。

ムガル帝国時代の社会と経済

経済史上の諸問題についてはまず Raychaudhuri/Habib 編 ［1982］の各論から出発すべきである。同書末尾の文献一覧も，いささか古くなったがなお利用価値がある。農業生産，土地税制については Habib ［1999(1963)］が旧版以来，基本文献としての揺るぎない評価を得ており，Moosvi ［1987］はアクバル時代の経済史研究の一つの到達点である。商工業および陸上交通についてはそれぞれ近藤治 ［2003］第4章，第6章が導入に適したすぐれた概観である。商人にかかわる研究は数多いが，ここでは，18世紀における港市スーラトの商人社会を取り扱った名著 Das Gupta ［1979］の他，国内経済における商人集団についての Habib ［1990］を挙げるにとどめる。ムガル帝国時代の通貨の動態に関しては，新大陸産・日本産銀のインド経済に対するインパクトの評価，インドにおける「価格革命」の問題など，難問が数多い。Subrahmanyam ［1994］は錯綜した研究史の的確なレビューとして入門に好適である。個別の研究にはここから遡及するとよい。

インドと隣接する諸地域との経済関係については，中央アジアとの関係で Dale ［1994］と Levi ［2002］がある。いずれもインド出身の商人の活動に焦点を当てているところに従来の研究にない特徴がある。このことは人材移動に着目した文化史の諸研究（後述）に対応する点でもあり，両書はともに最近の新しい研究動向の一角をなしているといえよう。なおインド出身の商人の在外活動については，長島弘（岩波講座 ［2000］所収）が各地の事例を網羅しており大いに参考になる。またインド洋海域の商業活動については，Pearson ［2003］によって諸々の前提を把握し，Das Gupta/Pearson 編 ［1987］によって各論に入るとよい。

インドのイスラーム文化

インド・イスラームの文化史については Ahmad ［1964］がすぐれた概説である。また Delvoye 編 ［1994］，Alam 他編 ［2000］，Gilmartin/Lawrence 編 ［2000］など，論集の相次ぐ刊行はこの分野での研究の活況を物語っている。ムガル帝国史に関しても，従来の政治史や社会経済史に比べ，最近では文化史的な観点からの研究が数多い

ことが注目される。帝国宮廷の文化や制度に多くを割く Mukhia［2004］，この時代の史家・史書に関しての Conermann［2002］の他，賜衣（ヒルア）の授与に焦点を当てた Gordon 編［2003］も面白い。

　なかでもスーフィズムは盛んな研究テーマの一つであり，最近のものとしては Green［2006］，Aquil［2007］を挙げうる。概説として便利な情報源は Rizvi［1978-83］であり，Lewisohn/Morgan 編［1999］には関連研究が多数載る。チシュティーヤについては Ernst/Lawrence［2002］が示唆に富む概説であり，インドのスーフィズム全般をカバーする巻末の文献一覧も有益である。またインドにおけるシーア派については Rizvi［1986］が概説であり，デカンのシーア派については Khalidi［1990］が便利な案内である。イスマーイール派については数多くの研究の蓄積があり，Tajdin［1985］は研究文献の目録として有用である。数多い最近の研究からはさしあたり Asani［2002］，Khan［2004］を挙げる。関係する一次史料の目録としては Poonawala［1979］があり，最近では写本資料のカタログ化の成果も相次いで現れているのでその動向には要注意である。なおスーフィー諸派やイスマーイール派などがインドに現出させた特有の宗教現象は，インド各地の地域社会におけるイスラーム文化の展開とも重なり合う重要な研究課題であるが，この種の研究ではペルシア語・アラビア語文献とともに近代インド諸語資料をも扱う能力が要求される。その意味で，スィンド地方のスーフィズムに関する Schimmel［1974］は先駆的な仕事であった。関連する研究としては Dallapiccola/Lallemant 編［1993］所収の各論やベンガル地方についての Eaton［1993］，カシュミール地方についての Khan［2002］などがある。その他イスラーム文化とインドの在来文化との交渉については Sarma［2002］が幅広く事例を提示しており参考になる。

　隣接地域との文化交流とりわけ人材の移動に着目した研究は最近の新しい傾向である。そこに収斂している研究の方向性は，イスラーム期インドにおけるペルシア文語文化の展開に対する関心，東方イスラーム世界に共通の文化圏を設定しようとする関心，ムガル帝国の歴史的な位置をイスラーム世界の他地域との交流という視点から捉え直そうとする関心などであろう（後二者の視点はそれぞれ異なるが，一国史から地域史へという志向は共通している）。とくにイラン出身の人々がムガル帝国で果たした政治的・文化的な役割については，羽田正［1995］，近藤信彰（岩波講座［2000］所収）など，注目に値する成果が現れている。中央アジアとの関係では *Cahier d' Asie Centrale*, 1/2（1996）所収の論文の他に Foltz［1998］があり，アラビア半島との関係ではインドからのメッカ巡礼を扱った Pearson［1996］や，ハドラマウト出身者についての Freitag/Clarence-Smith 編［1997］，栗山保之［2004］がある。

　美術史の分野も近年著しい活況を呈している。絵画史の概説は Beach［1992］，建築史は Koch［1991］，Asher［1992］，南インドについては Michell/Zebrowski［1999］，Shokoohy［2003］。ムガル帝国時代の建築については，Nath による巨大な通史が刊行中である（Nath［1982-2005］）。また建築史の立場からインドと隣接地域

との文化交流に迫る Lambourn［2003］［2007］が興味深い仕事である．絵画史研究のなかでは，写本学さらには広く文化史全般への射程を備えた成果として Seyller［1997］［1999］の仕事が注目に値する．

【文献】

岩波講座［2000］『イスラーム・環インド洋世界　16-18 世紀（岩波講座世界歴史 14）』岩波書店
栗山保之［2004］「16～17 世紀におけるハドラマウトの人々の移動・移住活動」『西南アジア研究』61
小谷汪之編［2007］『世界歴史大系　南アジア史 2——中世・近世』山川出版社
近藤治［1983-84］「インド中世史研究の現状——研究史的回顧」『追手門学院大学文学部紀要』17, 18
近藤治［2003］『ムガル朝インド史の研究』京都大学学術出版会
島田虔次他編［1984］『アジア歴史研究入門 5　南アジア・東南アジア・世界史とアジア』同朋舎
チャンドラ，S［1999（原著 1978）］『中世インドの歴史』小名康之/長島弘訳，山川出版社
羽田正［1995］「西アジア・インドのムスリム国家体系」歴史学研究会編『近代国家への道（講座世界史 2）』東京大学出版会
藤井毅［2002］「南アジア研究ガイド」長崎暢子編『地域研究への招待（現代南アジア 1）』東京大学出版会
間野英二［2001］『バーブルとその時代——バーブル・ナーマの研究 4　研究篇』松香堂
Ahmad, A.［1964］*Studies in Islamic Cultures in the Indian Environment*, Oxford
Alam, M.［1986］*The Crisis of Empire in Mughal North India: Awadh and the Punjab*, Delhi
Alam, M.［2004］*The Languages of Political Islam: India 1200-1800*, Delhi
Alam, M./S. Subrahmanyam［2005］*Voyagers' Verities, Travellers' Tales: The World of the Indo-Persian Travel Account, 1400-1800*, Cambridge
Alam, M. 他編［2000］*The Making of Indo-Persian Culture: Indian and French Studies*, New Delhi
Anwar, F.［2001］*Nobility under the Mughals, 1628-1658*, New Delhi
Aquil, R.［2007］*Sufism, Culture and Politics: Afghans and Islam in Medieval North India*, New Delhi
Asani, A. S.［2002］*Ecstasy and Enlightenment: The Ismaili Devotional Literature of South Asia*, London
Asher, C. B.［1992］*Architecture of Mughal India*（The New Cambridge History of India, Vol. I: 4), Cambridge
Athar Ali, M.［1985］*The Apparatus of Empire: Awards of Ranks, Offices and Titles to the Mughal Nobility (1574-1658)*, Delhi
Athar Ali, M.［1986/87］"Recent Theories of the Indian Eighteenth Century," *Indian Historical Review*, 13
Athar Ali, M.［1993］"The Mughal Polity: A Critique of Revisionist Approaches," *Modern Asian Studies*, 27: 4
Athar Ali, M.［1997(1966)］*The Mughal Nobility under Aurangzeb*, new rev. ed., Delhi
Beach, C. M.［1992］*Mughal and Rajput Painting*（The New Cambridge History of India, Vol. I: 3), Cambridge
Conermann, S.［2002］*Historiographie als Sinnstiftung: Indo-persische Geschichtsschreibung wäh-*

rend der Mogulzeit (932-1118/1516-1707), Wiesbaden
Dale, S. F. [1994] *Indian Merchants and Eurasian Trade, 1600-1750*, Cambridge
Dale, S. F. [2004] *The Garden of the Eight Paradises : Bābur and the Culture of Empire in Central Asia, Afghanistan and India (1483-1530)*, Leiden
Dallapiccola, A. L./S. Z.-A. Lallemant 編 [1993] *Islam and Indian Regions*, 2 vols., Stuttgart
Das Gupta, A. [1979] *Indian Merchants and the Decline of Surat c.1700-1750*, Wiesbaden
Das Gupta, A./M. N. Pearson 編 [1987] *India and the Indian Ocean 1500-1800*, Calcutta
Delvoye, F. N. 編 [1994] *Confluence of Cultures : French Contributions to Indo-Persian Studies*, New Delhi
Eaton, R. M. [1993] *The Rise of Islam and the Bengal Frontier, 1204-1760*, Berkeley
Ernst, C. W./B. B. Lawrence [2002] *Sufi Martyrs of Love : The Chishti Sufi Order in South Asia and Beyond*, New York
Foltz, R. [1998] *Mughal India and Central Asia*, Karachi
Freitag, U./W. G. Clarence-Smith 編 [1997] *Hadhrami Traders, Scholars and Statesmen in the Indian Ocean, 1750s-1960s*, Leiden/New York/Köln
Gilmartin D./B. B. Lawrence 編 [2000] *Beyond Turk and Hindu : Rethinking Religious Identities in Islamicate South Asia*, Gainesville
Gordon, S. 編 [2003] *Robes of Honour : Khil'at in Pre-colonial and Colonial India*, New Delhi
Green, N. [2006] *Indian Sufism since the Seventeenth Century : Saints, Books and Empires in the Muslim Deccan*, London/New York
Habib, I. [1990] "Merchant Communities in Precolonial India," in J. D. Tracy 編, *The Rise of Merchant Empires : Long Distance Trade in the Early Modern World, 1350-1750*, Cambridge
Habib, I. [1999(1963)] *The Agrarian System of Mughal India 1556-1707*, 2nd rev. ed., New Delhi
Hasan, F. [2004] *State and Locality in Mughal India : Power Relations in Western India, c.1572-1730*, Cambridge
Hintze, A. [1997] *The Mughal Empire and its Decline : An Interpretation of the Sources of Social Power*, Aldershot
Husain, A. [1999] *The Nobility under Akbar and Jahāngīr : A Study of Family Groups*, New Delhi
Ibn Hasan [1936] *The Central Structure of the Mughal Empire*, Oxford
Jackson, P. [1999] *The Delhi Sultanate : A Political and Military History*, Cambridge
Khalidi, O. [2002/03] "A Guide to Arabic, Persian, Turkish, and Urdu Manuscript Libraries in India," *MELA notes*, 75/76
Khalidi, U. [1990] "The Shi'ites of the Deccan : An Introduction," *Rivista degli Studi Orientali*, 64 : 1/2
Khan, D.-S. [2004] *Crossing the Threshold : Understanding Religious Identities in South Asia*, London/New York
Khan, M. I. [2002] *Kashmir's Transition to Islam : The Role of Muslim Rishis, Fifteenth to Eighteenth Century*, 3rd ed., New Delhi
Koch, E. [1991] *Mughal Architecture : An Outline of Its History and Development (1526-1858)*, Munich
Lambourn, E. [2003] "Of Jewels and Horses : The Career and Patronage of an Iranian Merchant under Shah Jahan," *Iranian Studies*, 36 : 2
Lambourn, E. [2007] "Carving and Communities : Marble Carving for Muslim Patrons at Khambāyat and around the Indian Ocean Rim, Late Thirteenth-mid-fifteenth Centuries," *Ars Orientalis*, 34

Levi, S. C. [2002] *The Indian Diaspora in Central Asia and its Trade, 1550-1900*, Leiden
Lewisohn, L./D. Morgan 編 [1999] *Late Classical Persianate Sufism : The Safavid and Mughal Period* (The Heritage of Sufism, Vol. III), London
Losensky, P. E. [1998] *Welcoming Fighānī : Imitation and Poetic Individuality in the Safavid-Mughal Ghazal*, Costa Mesa
Marshall, D. N. [1967-96] *Mughals in India : A Bibliographical Survey of Manuscripts*, London ; *do.*, Supplementary part 1, New Delhi
Michell, G./M. Zebrowski [1999] *Architecture and Art of the Deccan Sultanates* (The New Cambridge History of India, Vol. I : 7), Cambridge
Moosvi, S. [1987] *The Economy of the Mughal Empire c.1595 : A Statistical Study*, Delhi
Mukhia, H. [2004] *The Mughals of India : A Framework for Understanding*, Oxford
Nath, R. [1982-2005] *History of Mughal Architecture*, 4 vols., New Delhi
Pearson, M. N. [1996] *Pilgrimage to Mecca : The Indian Experience, 1500-1800*, Princeton
Pearson, M. [N.] [2003] *The Indian Ocean*, London
Poonawala, I. K. [1979] *Biobibliography of Ismā'īlī Literature*, Malibu
Qureshi, I. H. [1966] *The Administration of the Mughul Empire*, Karachi
Raychaudhuri, T./I. Habib 編 [1982] *The Cambridge Economic History of India. Vol. I : c.1200-c.1750*, Cambridge
Richards, J. F. [1993] *The Mughal Empire* (The New Cambridge History of India, Vol. I : 5), Cambridge
Rizvi, S. A. A. [1978-83] *A History of Sufism in India*, 2 vols., New Delhi
Rizvi, S. A. A. [1986] *A Socio-intellectual History of the Isnā 'Asharī Shī'īs in India*, 2 vols., New Delhi
Sarma, S. R. [2002] "From Yāvanī to Saṃskṛtam : On Sanskrit Writings Inspired by Persian Works"『インド思想史研究』14
Schimmel, A. [1974] "Šāh 'Abdul Laṭīfs Beschreibung des Wahren Sufi," R. Gramlich 編, *Islamwissenschaftliche Abhandlungen : Fritz Meier zum sechzigsten Geburtstag*, Wiesbaden
Schimmel, A. [1980] *Islam in the Indian Subcontinent*, Leiden
Schimmel, A. [2000] *Im Reich der Grossmoguln : Geschichte, Kunst, Kultur*, München
Seyller, J. [1997] "The Inspection and Valuation of Manuscripts in the Imperial Mughal Library," *Artibus Asiae*, 57 : 3/4
Seyller, J. [1999] *Workshop and Patron in Mughal India : The Freer Ramayadna and Other Illustrated Manuscripts of 'Abd al-Raḥīm*, Zürich
Shokoohy, M. [2003] *Muslim Architecture of South India : The Sultanate of Ma'bar and the Traditions of Maritime Settlers on the Malabar and Coromandel Coasts (Tamil Nadu, Kerala and Goa)*, London
Singh, C. [1991] *Region and Empire : Panjab in the Seventeenth Century*, Delhi
Subrahmanyam, S. [1992] "The Mughal State —— Structure or Process? : Reflections on Recent Western Historiography," *Indian Economic and Social History Review*, 29 : 3
Subrahmanyam, S. [1994] "Introduction," S. Subrahmanyam 編, *Money and the Market in India, 1100-1700*, Delhi
Tajdin, N. [1985] *A Bibliography of Ismailism*, Delmar
Wink, A. [1991-2004] *Al-Hind : The Making of the Indo-Islamic World*, 3 vols., Leiden

B　文明と文化

3B-1　比較文明論　　　　　鈴木　董

文明と文化

　本節の課題は，イスラームを「比較文明論」の枠組でとらえるための手がかりを提示することであろう。ただ，文明の語と共によく用いられる言葉に文化という語があり，この二つの言葉につき少し筆者の考えを述べておきたい。そもそも，文明の語はフランス語の civilisation，文化の語はドイツ語の Kultur に由来するが，共に 18 世紀にこの意味で用いられ始めた新しい言葉である（Kroeber/Kluckhohn [1952]）。そして，フランスでは，専ら文明の語が用いられ，文化の語の内容もこれに吸収されてしまったかにみえる（クゥルツィウス [1977]）。これに対し，ドイツでは，文明と文化は別のものだという考え方が優勢となり，文明は物質的，文化は精神的であり，文化を文明より価値高きものであるとする意見が強かった。このドイツ流の文明・文化二元説には問題があるが，筆者は別の観点から，文明と文化の両概念を各々，別のものとして扱った方が便利であるように思う。すなわち，文明については，内的及び外的世界に対する制御と開発とそこから生ずる諸結果に対するフィードバックの能力の総体とその諸所産ととらえておきたい。こう考えれば，科学や技術は文明に属する。これに対し，文化については，集団の成員として後天的に修得され共有されるものの考え方，感じ方，行動の仕方のくせの総体とその所産ととらえておきたい。とすれば，文明は普遍的だが，文化は特殊的だということとなるが，ここで，イスラーム文明ということになると，普遍的な人類の文明のうち，ムスリムの人々によって担われその文化の刻印をうけた形ということになろう。

文明としてのイスラーム

　まず，上記のような意味での文明としてのイスラームについてであるが，外的世界にかかわる部分の核心をなす科学と技術については，少し古いが，科学史という学問分野の生みの親の一人，ジョージ・サートンの大著 [1951-66] のイスラーム関係の部分が，詳しくかつ広い視野にたって書かれており，今も価値を失わない。個々の技術については，アルハサン/ヒルの労作 [1999] が邦訳されている。内的世界の部分については，西欧についてのノルベルト・エリアス [1977-78] のような体系的専論を欠く。

　イスラームの文化についていえば，その誕生と発展について，邦人の手になるオリ

ジナルな著作として，井筒俊彦［1991(1981)］があり，宗教と思想の側面を中心としながら鮮やかなイスラーム文化像を提示している。また，イスラーム文化の背骨をなす宗教としてのイスラームとその背景にあるアラブの精神構造については，同じく井筒［1983］が示唆に富む。また，イスラームとそれを核とする文化の全体的特徴とその発展過程の素描的通観としては，英国出身でハーヴァード大学を拠点に米国の中東・イスラーム研究の基礎構築者の一人となったハミルトン・A・ギブの邦訳［2002(1967)］があり，少し古いが，なおその価値を失っていない。

社会・経済・政治の側から，イスラーム文明を体系的にとらえようとしたユニークな試みとしては，加藤博［1995］が一つの手がかりを提供する。

世界史的比較の視座の下で

比較の視座の下で，イスラーム文化の特性を明らかとしようとした試みとしては，ドイツ出身で，渡米しシカゴ大学ついでカルフォルニア大学ロサンジェルス校で中東研究のセンターを築き，ギブと並ぶ米国の本格的な中東・イスラーム研究の構築者となったグスターフ・フォン・グルーネバウムの Grunebaum［1946］がある。イスラーム文明というより総体としてのイスラーム文化を，西欧とビザンツとの比較の下に点描したこの書は，イスラーム文化を考えるうえで今日でも示唆に富む。グルーネバウム門下のホジソンは，さらに拡げて世界史の中でのイスラーム世界の形成発展を体系的に描くべく Hodgson［1974］全3巻を著わしたが，イスラーム文化の内実への洞察において師のグルーネバウムを超え得ていない。

イスラーム文明の空間的拡がり

イスラームの文明と文化について論じてきたが，その際に当然，その空間的拡がりが問題となる。まず，宗教としてのイスラームの普及拡大の過程については，前述のギブのロンドン大学時代の師でもあったトマス・アーノルドの Arnold［1896］があり，広い視野からの体系的概観として，これを超えるものは今日まで現われていない。

イスラームの文明と文化の定着した空間は，通例はイスラーム世界と呼ばれてきた。この「イスラーム世界」という術語については，近年，羽田正［2005］が公刊され，少なくとも近現代における「イスラーム世界」の概念の形成と伝播の過程について，前近代にまで遡り詳細に用例を調べて検討し，「イスラーム世界」という用語の使用につき慎重にとり扱うべきことを論じており，重要な問題提起を行っている。

確かに，近代における「イスラーム世界」という語の誕生の背景とこの語の用法については，羽田の指摘するような問題点をはらんでいるかもしれない。しかし，ひるがえって，グローバルな地球社会の歴史を巨視的展望をもって全体的にみるとき，宗教としてのイスラームをコアとする文化の拡がりは厳然として存在し，その拡がりをイスラーム文化圏・イスラーム文明圏という形でとらえることもまた必要かと思われ

る。そして，このような空間的拡がりを，この空間の中核的担い手の内在的用語法を考慮して「イスラーム世界」と呼ぶこともあながち無理ではなかろう。

▓ アラビア文字圏としてのイスラーム世界

ここで，イスラーム圏・イスラーム世界といっても，そこで生起する諸事象が，宗教としてのイスラームに由来するものでも，イスラームによって説明しうるものでもないし，文化的にイスラーム一色であるわけでも，人的構成においてムスリム一色であるわけでもない。ただ，支配的な文化の基調が，イスラーム文化であることを意味するにすぎない。

このように定義したうえで，イスラーム文化圏・イスラーム文明圏・イスラーム世界の空間的拡がりを考えるとき，とりあえず参考となるのは，イスラーム世界・イスラーム圏を対象とする各種地図帳類である。

大文化圏すなわち文化世界のひろがりについては様々な指標があろうが，もっとも基本的かつ可視的な指標は文字である。試みに旧世界のイスラーム誕生以降における大文化圏・文化世界の配置について見れば，五つの文字圏に整理しうる。すなわち，西端から言えば，ラテン文字圏，ギリシア・キリル文字圏，梵字圏，漢字圏と，この四つの文字圏をつなぐ位置を占めるアラビア文字圏である。それは，西欧キリスト教世界，ビザンツ世界のちの東欧正教世界，南アジア・東南アジア仏教・ヒンドゥー世界，東アジア中華世界，そしてイスラーム世界にほぼ対応する。

このように，イスラーム文化が支配的な位置を占めている空間については，これを客観的かつ可視的にとらえる指標としてアラビア文字をあげうる。すなわち，ムスリムにとり，聖典『クルアーン』がアラビア語で記されていることから，アラビア語が，全ムスリム間の共通の文化語・文明語となり，母語を異にするムスリム諸集団の圧倒的に多くも，自言語を表記する文字としてアラビア文字を採用したからである。しかも，共通の文化語・文明語がアラビア語であったことから，アラビア語を母語としないムスリムの諸集団は，文字のみならずアラビア語の単語を多数受容することとなった。そのことは，単なる理屈をこえた，一定の共通性を有する大文化圏としてのイスラーム世界の実在性の根拠たりうるであろう。ただ，この問題については，筆者もここ十数年来関心をもち検討している段階で，優越的な共通語としてのアラビア語，優越的な文字としてのアラビア文字，そしてアラビア語の単語の受容と浸透の過程とその意味についての体系的研究は，まだ存在していない。

▓ 他文明・文化との比較

一つの独自の文化としてのイスラーム文化，その刻印を帯びた文明としてのイスラーム文明を，比較の視点からみる試みとして体系的比較を規定するとき，比較のあり方は，他の諸文明・文化との比較としての遠近比較と，イスラーム文明・文化内のサブ単位間の比較としての近似比較がありえよう。遠近比較の例としては，既にグ

ルーネバウムの例をあげたが，先端的研究例として，神秘主義に焦点をあてつつ多文明・多文化間比較を試みた記念碑的業績である，Izutsu [1983] をはじめとする井筒俊彦の一連の業績をあげえよう。また政治・社会体制を中心にイスラーム世界と西欧世界・ビザンツ世界の中世を体系的に比較した Geanakoplos [1979] もあり，社会経済史の分野でのより限定された形の比較の一例としてはクロード・カーエンの著作 [1988] がある。このような遠近比較の試みは，イスラームとイスラーム文化・イスラーム文明の特性をより鮮明にとらえるためにも，今後も多様な形での発展が期待される。

■ イスラーム世界のサブ単位と近似比較の必要性

　イスラーム文化・イスラーム文明の空間的拡がりとしてのイスラーム世界は，広大で多様な諸地域にまたがっており，決して一様で同質的な空間ではない。このことから，一方では，統一的まとまりをもつものとしてとらえ，これを地域別に解体していこうという主張もありうる。しかし他方で，広範な拡がりをもつ文化圏・文明圏としてとらえつつも，その中にサブ単位を設定していくいき方もありえよう。この方向での試みとしては，主に言語により，アラブ圏，イラン圏，トルコ圏等々としていくやり方と，地理的特徴によってサブ単位を設定していくやり方がありえよう。さらに，その他様々の方法によるサブ区分もありえよう。しかし，この点についても，現在のところまだ真に体系的で詳細なサブ区分についての研究が存在しているとはいいがたい。この問題も，むしろ将来にむけての重要研究課題であろう。

　その際，一つの提案として，言語に基くサブ区分を考えると，共通の文明語・文化語としてアラビア語のみが用いられている地域に加えて，いわば第二文明語・文化語としてペルシア語が併用されている地域があり，このアラビア語・ペルシア語併用圏は，イランを中心に，北の中央アジア，東のインド亜大陸，西の旧オスマン領地域を中心としているという事実がある。これをふまえ，イスラーム世界の中核部分をアラビア語・ペルシア語併用の北イスラーム世界と，アラビア語のみを共通語とする南イスラーム世界に分かって，その意味を考えることも必要かと思われれるが，これも今後の研究の課題である。

【文献】

アルハサン，アフマド・Y／ドナルド・R・ヒル [1999]『イスラム技術の歴史』大東文化大学国際関係学部現代アジア研究所監修，多田博一／原隆一／斎藤美津子訳，平凡社
井筒俊彦 [1983]『コーランを読む（岩波セミナーブックス1）』岩波書店
井筒俊彦 [1991(1981)]『イスラーム文化』岩波文庫
エリアス，ノルベルト [1977-78]『文明化の過程』上・下，赤井慧爾／中村元保／吉田正勝訳，法政大学出版局
カーエン，クロード [1988]『比較社会経済史──イスラム・ビザンツ・西ヨーロッパ』（創文社歴史学叢書）渡辺金一編訳，加藤博共訳，創文社

加藤博［1995］『文明としてのイスラム――多元的社会叙述の試み（中東イスラム世界 6）』東京大学出版会
ギブ，ハミルトン・A・R［2002］『イスラム入門』加賀谷寛訳，講談社学術文庫（初版『イスラム文明――その歴史的形成』紀伊國屋書店，1967 年）
クゥルツィウス，エルンスト・ローベルト［1977］『フランス文化論』大野俊一訳，みすず書房
サートン，ジョージ［1951-66］『古代中世科学文化史』平田寛訳，全 5 巻，岩波書店
羽田正［2005］『イスラーム世界の創造』（東洋叢書 13）東京大学出版会
Arnold, Thomas Walker, Sir [1896] *The Preaching of Islam : A History of the Propagation of the Muslim Faith*, Westminster
Geanakoplos, Deno J. [1979] *Medieval Western Civilization and the Byzantine and Islamic Worlds*, Lexington (MA)/Toronto
Grunebaum, Gustave E. von [1946] *Medieval Islam : A Study in Cultural Orientation*, Chicago
Hodgson, Marshall G. S. [1974] *The Venture of Islam : Conscience and History in a World Civilization*, 3 vols., Chicago
Izutsu, Toshihiko [1983] *Sufism and Taoism : A Comparative Study of Key Philosophical Concepts*, Tokyo
Kroeber, A. L./Clyde Kluckhohn [1952] *Culture : A Critical Review of Concepts and Definitions*, Cambridge (MA)

3B-2　イスラーム科学史

山本啓二

イスラーム科学史とは何か

　イスラーム科学史とは，一般に 8 世紀から 15 世紀にかけてイスラーム圏で行なわれた科学的営みの歴史を研究する学問である。イスラーム科学は主として，ギリシア語科学文献のアラビア語への翻訳を契機に始まったと言うことができる（翻訳運動については，グタス［2002］参照）。現存する文献の大部分はアラビア語で書かれているが，ペルシア語やトルコ語も含まれる。特に異文化間の伝承に眼を向ければ，ギリシア語，シリア語，ヘブライ語，ラテン語，サンスクリット，中国語などの文献も対象となってくる（矢野道雄［2004］参照）。科学とイスラームとの関係を特に重視し，イスラーム独自の「イスラーム的科学」を考える研究者もいるが，本節ではこれを扱わない。
　世界中の図書館に写本の状態で所蔵されている科学文献は膨大な数にのぼるのに対して，研究者の数はきわめて限られている。したがって，さまざまな分野で未だに重要な著作の校訂版がない状態が続いている。純粋に数理科学のみで解決する分野はひ

とつもなく，思想・生活に深く関わっている場合が少なくない。このような意味において，「科学史」は歴史学の一部をなすのである。歴史学に関わる者が，さまざまな観点から「科学史」を捉え直すことになれば，歴史研究においてさらに大きな可能性がひらかれるだろう。

イスラーム科学全般を扱った邦語の概説としては，ターナー [2001] とジャカール [2006] があり，両者ともに豊富な図版が有益である。島田英資/國分信英 [1978] と國分 [1980-84] も同じく参考になる。外国語文献では，Gätje/Fischer 編 [1987-92], Gillispie 編 [1970-90], Rashed 編 [1996] が，また，11 世紀半ばまでの文献については，Sezgin [1970-79] が参考になる。また，7 世紀から 19 世紀までの科学を扱った Rosenfeld/Ihsanoğlu [2003] と，その補遺にあたる Rosenfeld [2004] [2006] が便利である。これらには，活動年代がわかっている 1423 名の数学者，天文学者，その他の学者（年代順），活動年代がわかっていない 288 名の数学者，天文学者，その他の学者（アルファベット順），そして過去の学者と現代の研究者を年代に関係なくアルファベット順にならべたリストが含まれている。

各分野のアラビア語の専門用語を知るための文献としては，主に，10 世紀のサーマーン朝で活躍した書記フワーリズミーによる al-Khwārizmī [1968] と，占星術の入門書のアラビア語写本とともに英語訳が載っている al-Bīrūnī [1998] がある。前者は，医学，数論，幾何学，天文学・占星術，音楽，技術，錬金術を，また後者は，幾何学，数論，天文学，年代学，アストロラーブ（天文器具），占星術を扱っている。

イスラーム科学史に関する，50 年以上を経た著作・論文については，それらのリプリントを刊行しているヨハン・ヴォルフガング・ゲーテ大学アラビア・イスラーム学史研究所の出版物に注意しておく必要がある。いわゆるイスラーム諸国では，科学史という学問が本格的に制度化されているとは言い難く，多くのムスリム研究者は，欧米の大学に活躍の場を移している。したがって，一般に研究者の使用言語は英・仏・独・西語が中心となっている。

▣ 精密科学

数学史全体については，コールマン/ユシュケーヴィッチ [1971] とアリー・A・アル=ダッファ [1980] が邦語文献として参考になる。また，アラビア語の記数法と計算法（al-ḥisāb）については，三浦伸夫 [1987b] と，al-Bīrūnī [1998] 96-119 章が，また代数については，ラーシェド [2004] がある。幾何学（al-handasa）と数論（'ilm al-'adad, al-arithmāṭīqā）の用語については，やはり al-Bīrūnī [1998] 1-95 章と al-Khwārizmī [1968] 第 2 部第 4，5 章（Wiedemann [1970]）がある。ギリシア数学書の中で最も広く流布したユークリッド『原論』のイスラーム世界での伝承については，三浦伸夫 [1987a] に詳しい。ハッジャージ版（al-Ḥajjāj 訳）とイスハーク=サービト版（Isḥāq b. Ḥunayn 訳，Thābit b. Qurra 改訂）とがあり，前者と後者の一

部（第5巻から第9巻）が校訂されている。また，アルキメデス（Arshimīdis）のアラビア語テキストの伝承については，佐藤徹［1987］がある。本来計算法に属するいわゆる代数学（'ilm al-jabr）は，鈴木孝典［1987a］に，また，アラビア天文学から生まれた三角法は，鈴木［1987b］に詳しい説明がある。

　アラビア語の 'ilm al-nujūm は天文学と占星術の総称であり，特に天文学を指す場合には 'ilm al-hay'a（構造の学）と 'ilm al-falak（天球の学）が用いられる。さらにギリシア語の kanōn に対応するペルシア語起源の zīj は，天体の運行に関する表を集めたものを意味し，多くの天文学書の表題に使われている。8世紀末からイスラームに関わる実用天文学（King［1995］）に発展が見られたが，それとは別に，9世紀から11世紀までは，プトレマイオスの天文学が研究対象とされた。しかし，11世紀にイブン・アル=ハイサムが『プトレマイオスへの疑念』を著わしてから，様相は一変した。プトレマイオス天文学の不備を正すために，東西のイスラーム世界は別々の道を歩んだのである。アンダルシアでは，自然学的観点から，アリストテレスの同心天球説が復活し（Samsó［1994］），東方では，数学的観点から，プトレマイオスとは異なる地球中心の幾何学的モデルが採用された（Ragep［1993］, Saliba［1994］, Kennedy［1998］）。天文学の概略をつかむには，ギンガリッチ［1986］が，また中世天文学史における位置づけについては，高橋憲一［1993］が参考になる。用語については，al-Bīrūnī［1998］120-346章と，al-Khwārizmī［1968］第2部第6章（Wiedemann［1970］）がある。星の名称については Kunitzsch［1989］，そしてヘブライ語文献のイスラーム天文学は Goldstein［1985］がそれぞれトップレヴェルにある。なお，多くのイスラーム天文学者を載せた天文学者伝記事典として Hockey［2007］がある。

　光学（'ilm al-manāẓir）とは，物が見えること，光の伝播，反射，屈折，大気内の光現象（薄明，かさ，虹）などの本質を，主に幾何学的に説明しようとする学問である。ユークリッドとプトレマイオスによる光学書はともにアラビア語に翻訳されたが，前者によるものしか現存しない。その校訂版と翻訳が出版されている（Kheirandish［1999］）。ギリシア以来の伝統を踏まえ，光学を大きく変革し，その後の西欧世界にも多大な影響を及ぼしたイブン・アル=ハイサムは，主著『光学の書』（Sabra［1983］，英語訳［1989］）の中で，眼の生理学と知覚の心理学に関わる「視覚の理論」と，幾何学・物理学的光学につながる「光の理論」を初めて明確に区別した。唯一日本語で読むことのできる，光に関する小論がある（イブン・アル=ハイサム［1994］）。

　音楽（al-mūsīqī）は，ファーマー［1986］に簡単な歴史があり，用語については al-Khwārizmī［1968］（Wiedemann［1970］, Farmer［1957-58］）が参考になる。イスラーム世界ではピュタゴラス（Fīthāghūras）が「音楽の父」として尊敬されていたが，アラビア語訳は存在していない。他に，アリストクセノス（前4世紀），ユークリッド，プトレマイオスが翻訳されていた。アラビア語原典については，17世紀ま

での著者を扱っている Farmer［1965］が詳しいが，最近の研究については Neubauer［1998］を参照しなければならない。この分野で多大な貢献をしたファーラービーは，音楽をまず「実践の学」と「理論の学」に分け，後者の内容として，音程，旋法，音色，リズム，旋律の構成などを挙げている。医学と結びついた音楽療法も研究され，ナスィール・アッ=ディーン・アッ=トゥースィーは音程と拍動の数比が同じことを論じている。

非精密科学

まず医学（ṣināʻat al-ṭibb）の分野では，Ullmann［1978］，Pormann/Savage-Smith［2007］によって歴史が概観できる。al-Khwārizmī［1968］第2部第3章には，解剖学，病気，滋養物，薬草，複合薬物，そして医者が用いる単位などが述べられている（Wiedemann［1970］，Seidel［1915］）。ギリシア医学を代表するヒッポクラテス，ディオスコリデス，ガレノスはともにアラビア語に翻訳されていた。ディオスコリデス『薬物誌』には校訂版があるが，ヒッポクラテスとガレノスについては一部が校訂されているだけである。イブン・スィーナーの『医学典範』の部分訳（イブン・スィーナー［1981］）と，『医学の歌』（イブン・スィーナー［1998］）の全訳が日本語で読むことができる。ギリシアとの関係は Ullmann［1978］，そして中世西欧との関係は Jacquart/Micheau［1996］が参考になる。「ユーナーニー医学」という表現が用いられることがあるが，これは，インド土着の「アーユルヴェーダ」に基づく医学に対して，ギリシア起源の医学を指すものとしてインド文化圏でのみ用いられる表現である。

アラビア錬金術（al-kīmiyāʼ）に関しては，きわめて有益な三浦伸夫［1997］がある。これには参考文献も十分に挙げられているので，ここでは専門用語に関する al-Khwārizmī［1968］第2部第9章（Wiedemann［1970］，Ryding［1994］）を挙げるに留める。

占星術（ṣināʻat aḥkām al-nujūm）は，一方では数理天文学に基づき，他方では人々の切実な欲求に関わっている。歴史についてはテスター［1997］が，また専門用語については al-Bīrūnī［1998］347-530章と山本啓二［2001］が利用できる。入門書としては，アラビア語・ラテン語の語彙集が充実している Burnett他［2004］がある。ギリシア最大の占星術書である，プトレマイオス『テトラビブロス』のアラビア語版には二つの系統があり，ともに校訂版の出版が予定されている。またドロテオス（1世紀）のアラビア語版が英語訳とともに出版されている（Pingree［1976］）。

イスラーム科学史の最新研究

国際科学史・科学哲学連合のイスラーム文明科学史・技術史委員会が主催するウェブサイト（http://islamsci.mcgill.ca/）があり，ここにある「ニューズレター」から，全世界の最新研究や学会動向などを知ることができる。また，現在イスラーム科学史

専門の雑誌には，上述のアラビア・イスラーム学史研究所発刊の *Zeitschrift für Geschichte der Arabisch-Islamischen Wissenschaften* (1984-) とバルセロナ大学アラビア学科発刊の *Suhayl* (2000-) がある．さらに古代中世の精密科学を対象とした *SCIAMVS* (矢野道雄責任編集，2000-) もある．

【文献】

アリー・A・アル＝ダッファ [1980]『アラビアの数学』武隈良一訳，サイエンス社
イブン・アル＝ハイサム [1994]「光についての論述」甲子雅代訳，『科学史研究』191
イブン・スィーナー [1981]『医学典範』五十嵐一訳，朝日出版社
イブン・スィーナー [1998]『医学の歌』志田信夫訳，草風館
ギンガリッチ，O [1986]「中世イスラムの天文学」石田五郎訳，『サイエンス』4月号
グタス，D [2002]『ギリシア思想とアラビア文化』山本啓二訳，勁草書房
國分信英 [1980-84]「アラビアの科学 III-X」『電気通信大学学報』30-35
コールマン/ユシュケーヴィッチ [1971]『数学史2』山内一次/井関清志訳，東京書籍
佐藤徹 [1987]「中世におけるアルキメデス」伊東俊太郎編『中世の数学』共立出版
島田英資/國分信英 [1978]「アラビアの科学 I——錬金術と化学」『電気通信大学学報』28
ジャカール，D [2006]『アラビア科学の歴史』吉村作治監修，遠藤ゆかり訳，創元社
鈴木孝典 [1987a]「アラビアの代数学」伊東俊太郎編『中世の数学』共立出版
鈴木孝典 [1987b]「アラビアの三角法」伊東俊太郎編『中世の数学』共立出版
高橋憲一 [1993]『コペルニクス・天球回転論』みすず書房
ターナー，H・R [2001]『科学で読むイスラム文化』久保儀明訳，青土社
テスター，S・J [1997]『西洋占星術の歴史』山本啓二訳，恒星社厚生閣
ファーマー，H・G [1986]『人間と音楽の歴史・イスラム』音楽之友社
三浦伸夫 [1987a]「中世におけるユークリッド——『原論』の伝承」伊東俊太郎編『中世の数学』共立出版
三浦伸夫 [1987b]「アラビアの計算法」伊東俊太郎編『中世の数学』共立出版
三浦伸夫 [1997]「アラビア錬金術史の研究動向」『化学史研究』24
矢野道雄 [2004]『星占いの文化交流史』勁草書房
山本啓二 [2001]「初期アッバース朝と占星術」『オリエント』43
ラーシェド，R [2004]『アラビア数学の展開』三村太郎訳，東京大学出版会
al-Bīrūnī [1998] *The Book of Instruction in the Elements of the Art of Astrology*, R. R. Wright 訳, Frankfurt am Main
Burnett, C. 他 [2004] *Al-Qabīṣī (Alcabitius): The Introduction to Astrology*, London
Farmer, H. G. [1957-58] "The Science of Music in the Mafātīḥ al-'Ulūm," *Transaction Glasgow University Oriental Society*, 17
Farmer, H. G. [1965] *The Sources of Arabian Music*, Leiden
Gätje, H./W. Fischer 編 [1987-92] *Grundriß der Arabischen Philologie*, Bde. II, III, Wiesbaden
Goldstein, B. R. [1985] *Theory and Observation in Ancient and Medieval Astronomy*, London
Guillispie, C. C. 編 [1970-90] *Dictionary of Scientific Biography*, 17 vols., New York
Hockey, T. 編 [2007] *The Biographical Encyclopedia of Astronomers*, New York
Jacquart, D./F. Micheau [1996] *La médecine arabe et l'Occident médiéval*, Paris
Kennedy, E. S. [1998] *Astronomy and Astrology in the Medieval Islamic World*, Aldershot
Kheirandish, E. [1999] *The Arabic Versions of Euclid's Optics*, 2 vols., New York

al-Khwārizmī [1968] *Liber Mafātīh al-Olūm*, G. van Vloten 編, Leiden
King, D. [1995] *Islamic Astronomical Instruments*, Aldershot
Kunitzsch, P. [1989] *The Arabs and the Stars : Texts and Traditions on the Fixed Stars, and Their Influence in Medieval Europe*, Northampton
Neubauer, E. [1998] *Arabische Musiktheorie von den Anfängen bis zum 6./12. Jahrhundert*, Frankfurt am Main
Pingree, D. [1976] *Dorothei Sidonii Carmen Astrologicvm*, Leipzig
Pormann, P. E./E. Savage-Smith [2007] *Medieval Islamic Medicine*, Edingurgh
Ragep, F. J. [1993] *Naṣīr al-Dīn al-Ṭūsī's* Memoir on Astronomy, 2 vols., New York
Rashed, R. 編 [1996] *Encyclopedia of the History of Arabic Science*, 3 vols., London/New York
Rosenfeld, B. [2004] "A Supplement to *Mathematicians, Astronomers, and Other Scholars of Islamic Civilisation and Their Works (7th-19th c.),*" *Suhayl*, 4
Rosenfeld, B. [2006] "A Second Supplement to *Mathematicians, Astronomers, and Other Scholars of Islamic Civilization and Their Works,*" *Suhayl*, 6
Rosenfeld, B. A./E. Ihsanoğlu [2003] *Mathematicians, Astronomers, and Other Scholars of Islamic Civilisation and Their Works (7th-19th c.)*, Istanbul
Ryding, K. C. [1994] "Islamic Alchemy according to al-Khwarizmi," *Ambix*, 41
Sabra, A. I. [1983] *Ibn al-Haytham : al-Manāẓir*, Kuwait
Sabra, A. I. [1989] *The Optics of Ibn al-Haytham*, 2 vols., London
Saliba, G. [1994] *A History of Arabic Astronomy*, New York
Samsó, J. [1994] *Islamic Astronomy and Medieval Spain*, Aldershot
Seidel, E. [1915] "Die Medizin in Kitāb Mafātīḥ al-'Ulūm," *Sitzungsberichte der physikalischmedizinichen Societät in Erlangen*, 47
Sezgin, F. [1970-79] *Geschichte des arabischen Schrifttums*, Bde. III-VII, Leiden
Ullmann, M. [1978] *Islamic Medicine*, Edinburgh
Wiedemann, E. [1970] *Aufsätze zur arabischen Wissenschafts-Geschichte*, 2 vols., Hildesheim

3B-3 文学史

杉田英明

　イスラーム世界の主要言語による文学に関しては，それぞれの研究史の概要が『イスラーム研究ハンドブック』(1995年) の「アラブ文学」「ペルシア文学」「トルコ文学」「ウルドゥー文学」等の項目下に収められている。ここでは，それらの記述を踏まえながらもなるべく重複を避け，(1)まず基本的な言語別の文学史や事典類を紹介したのち，(2)個別の作家・作品論よりもむしろ，時代や分野・言語・範疇を横断し，イスラーム世界をより広い視野から捉えた研究を中心に概観しよう。(3)続いて，20世紀の欧米のイスラーム文学研究の基盤となった研究者や制度，さらにはいわゆる「オ

リエンタリズム」の問題に関わる文献や研究にも触れておきたい。なお，日本におけるアラビア・ペルシア・トルコ諸語の語学・文学研究の歴史と現状については，日本オリエント学会の機関誌 *Orient*, 37 (2002年) の特輯 "Near Eastern Studies in Japan: Islamic Period" に収録された諸論考も併せて参照されたい。

イスラーム世界の文学の歴史・書誌・事典類

欧米ではかつては，アラブ文学における Nicholson [1930(1907)] やギブ [1991(初刊本 1982，原著 1926)]，ペルシア文学の Browne [1928] や Arberry [1958]，トルコ文学の Gibb [1900-09] や Bombaci [1968] のように，一人の研究者が統一的視点から長い歴史を概観した文学史が多く書かれてきた。だが，研究の蓄積と細分化によって，今や複数の研究者が各自の専門領域を分担執筆する形の著作が主流になりつつある。Rypka編 [1968] や Morrison編 [1981]，Yarshater編 [1988] のペルシア文学史，〈The Cambridge History of Arabic Literature〉の諸冊 (Beeston他編 [1983]，Ashtiany他編 [1990]，Young他編 [1990]，Badawi編 [1992]，Menocal他編 [2000]) はその典型である。個人での著述の場合は，代表的な作家・詩人，あるいは特定の時代 (主に近現代) や範疇に叙述を絞るという方法の方が特色を発揮しやすい。アラブ文学の Allen [1998] は詩・散文・演劇・批評等の範疇別に，古典から現代までの展開を辿った洞察に満ちた意欲作，同じく Allen [1995(1982)] は小説のみを対象とした歴史概観と，精選された 12 の作品を対象とした評論とからなる。ウルドゥー文学でも，古典から現代までの代表作を選んだ通史として Russell [1992]，現代文学の撰集として Russell [1999(1995)] がある。Schimmel [1973][1975a] は個人の手になる簡便な通史だが，〈A History of Indian Literature〉という壮大な体系の一翼を担っており，それぞれが一種の分担執筆とも言いうる。

これに対し，アラブ世界内部では，エジプトのシャウキー・ダイフによる『アラブ文学史』全 10 巻 (Ḍayf [1961-95]) という偉業が存在する。中心的アラブ地域のみならず，イランからシチリア，スーダン，モーリタニアまでの広大な空間と時間を視野に収め，豊かな引用に彩られているので利用価値は高いが，索引がないので使い勝手はよくない。イラン世界でこれに対応するのは，Ṣafā [1953-85] の文学史であろう。また，Ṣafā [1960-61] は近代までの詩人 140 名余を時代順に排列した詞華集で，その仏語抄訳として Safā [1964] がある。日本語では，黒柳恒男 [1977] が参照に便利なペルシア文学の通史，黒柳 [1980] は 10 大古典詩人を選んで論じた概説として価値が高い。ウルドゥー詩の分野では，ガザルの歴史を具体的作品に即して通観した鈴木斌 [1973-94] も挙げておきたい。

書誌の領域では，「1810 年から 1885 年までにヨーロッパで刊行されたアラビア語・アラブ関係の著作」を網羅したという Chauvin [1892-1922] の 12 巻の古典があり，前半は『アラビアン・ナイト』をはじめとする説話・民話，後半はイスラーム関係の文献を扱っている。近年では，アラブ小説の網羅的な書誌と解題である Sakkut

[2000(1998)]が出た。事典には，アラブの古典から現代までを視野に入れたMeisami/Starkey編[1998]の簡便な2冊本の他，人名辞典としてアラブ現代作家を扱ったCampbell[1996]，オスマン・トルコ文学および現代トルコ文学のMitler[1988a][1988b]，インド・ペルシア文学のHadi[1995]などが挙げられる。最初の2冊本は，生歿年等のデータが厳密ではない場合も見られるので，利用のさい吟味が必要であろう。Marzolph/Leeuwen[2004]は『アラビアン・ナイト』に特化した事典。総説の他，各説話や人名・事項によって立項され，最新の研究成果に触れることができる。なお，アラブの民話・物語の話型分類やモチーフ索引として，El-Shamy[1995][2004][2006]がある。

■ イスラーム文学研究における時代・言語の横断 —— 複数文化への視野

　文学研究の分野では，一人の研究者が一言語に習熟し，その枠内で研究を行なうというのが標準的である。言語の敷居を跨いで視野を広げるのは，実際にはなかなか難しい。かつては，ペルシア語やギリシア語の知識を生かしたGrunebaum[1981]の古典アラブ文学に関する諸論考があったが，その後，アラビア語・ペルシア語・トルコ語・ウルドゥー語等の文献を駆使してイスラーム世界の文学全体を広く眺望できたのは，先年物故したアンネマリー・シンメル（Schimmel）ぐらいであったろう。彼女の神秘主義の概説・通史[1975b]をはじめ，ルーミーのイメージ[1978]，神秘主義詩[1982]，預言者讃歌の伝統[1985]，ペルシア詩のイメージ[1992]等に関する研究は，いずれも中東諸語の文学作品を自在に引用し，広大な視野を拓いてくれる。

　〈主題研究と影響・翻訳研究〉　主題研究の領域では，いわゆる「理性ある狂人」という類型的人物の一人ブフルールに関する伝承の起源と展開を，アラブ・ペルシア両資料に基づいて辿ったMarzolph[1983]，「恋の取り持ち役」という人物類型に着目し，ギリシア・ローマの古典文学とヨーロッパ中世文学，そしてアラブ・ペルシアの恋愛譚や恋愛詩に底流する伝統を剔出したRouhi[1999]などが典型例として挙げられる。Goldman[1995]は，『聖書』の「ヨセフとポティファルの妻」の物語の，古代オリエント・ユダヤ・イスラームの三文学に亘る変奏を，また山中由里子[2003]はギリシア起源のアレクサンドロス伝承のアラブ・ペルシア両文学における受容を扱っている。動物寓話に関しては，サンスクリットの『パンチャタントラ』からアラビア語の『カリーラとディムナ』への動物説話の翻訳を詳細に論じたIwase[1999a][1999b][1999c]の論考がある。ユーラシア全般に亘る説話の伝播を論じた松村恒[1992]など一連の論考も，インド学の専門家の手になるものの，中東を視野に収めているので参考になろう。『アラビアン・ナイト』の他文化圏への紹介・翻訳の研究は数多く，例えばAli[1981]やCaracciolo編[1988]は英文学への影響，孟昭毅[2002]や樽本照雄[2006]，葛鉄鷹[2007]は中国における受容，杉田英明の[2000]から[2007]に至る一連の論考は日本における受容をそれぞれ辿る。西尾哲夫[2004]は，ヨーロッパの画家による挿絵を豊かに鏤め，同[2007]は最新の研究成果を一般向け

に平易に解説している。

　特定の文学範疇に即した議論では，Hämeen-Anttila [2002] が「マカーマ」のアラブ文学内部での展開とヘブライ文学への影響を，また Katsumata [2002] が同じくアラビア・ヘブライ・ペルシア・シリア四言語における展開を論じている。アラブ・ペルシア詩の有機的構造やイメージ，修辞技巧を縦横に論じた Meisami [2003] も，複数言語を活用した優れた研究である。Marzolph [1992] はアラブ古典期の逸話・笑話文学の波紋をスワヒリ文学や中世ヨーロッパ文学にまで追跡，杉田英明 [2003] はアラビア語の預言者讃歌のペルシア語および漢詩への移植・翻訳を紹介する。より一般的議論としては，Choubey [1985] がインド哲学のペルシア古典詩への影響を，Schimmel と Doerfer (Hovannisian/Sabagh 編 [1998] 所収) が，それぞれペルシア詩の東西伝播およびトルコ文学への影響を扱っている。アラブ・ペルシア両文学の相関については，短いながらも黒柳恒男 [1970] があり，杉田英明 [1993] は美術品描写をめぐる両文学の対照性に注目する。Alcalay [1993] は，ヘブライ語・アラビア語双方の文学伝統に依拠しつつ，両文化が出会い，共存しながら発展してきた壮大な交流の場としての地中海世界を描き出した。

　中東世界内部，あるいは中東とヨーロッパとの比較文学については，アラビア語批評誌『フスール』Fuṣūl 第 3 号 (1983 年) の「比較文学」特輯が参考になろう。Serrano [2002] は，ブフトゥリー (アラブ)，王維 (中国)，マラルメ (フランス) など言語や時代をまったく異にする詩人の作品を原典に即して分析し，「詩的借用」「オリエンタリズム」といった視点を取り入れつつ，斬新な解釈を施した研究である。

　〈文化交渉と異文化表象〉　文学作品のなかに他者表象を探る研究にも，豊かな伝統がある。日本語では，短編ではあるが池田修 [1992] および藤井守男 [1992] の論考が出発点となろう。Ghanoonparvar [1993] と Saad [1996] はそれぞれ，現代ペルシア文学のなかの西洋人像およびアラブ像を，また Wielandt [1980] は近現代アラブ文学のヨーロッパ人像を論ずる。イスラエル文学に映ったアラブ像については，イスラエル側から Ramras-Rauch [1989]，アラブ・パレスチナ側から児童文学を素材にした El-Asmar [1986] の研究が出されている。

欧米のイスラーム文学研究史と「オリエンタリズム」批判

　文学研究を含め，欧米のイスラーム研究の伝統それ自体を問題にする場合には，個々の研究者の人物像に迫ることも必要になる。Arberry [1960] は，パーマー，ブラウン，ニコルソンといったイギリスの東洋学者の個人的回想と素描を含んで，読み物として興味深い。Bosworth 編 [2001] は，ビーストン，ブラウン，ギブらに対する回想録を収め，Tibawi [1964] はより批判的な見地からの論考。東洋学者の人名辞典としては al-'Afīfī [1980(1938)] のアラビア語3冊本が便利である。また，フュック [2002 (原著 1955)] の古典も文学研究に関する記述を含む。研究・教育機関に関する情報では，Avez [1993] がダマスクスのフランス研究所，Craig [1998] がベイルートの中東

アラブ研究センター (メカス)，Murphy [1987] がカイロ・アメリカ大学をそれぞれ扱っている。

　文学に限らず，広く「オリエンタリズム論争」を回顧するには，論争に関わる主要文献を要領よく纏めた Macfie 編 [2000] や，論争史の整理・概観を含む Turner 編 [2000] が便利であろう。後者は〈Orientalism: Early Sources〉と題する復刻版叢書全12巻の第1巻をなしている。同様に論争史を整理しながら，文学・絵画・音楽・建築といった諸分野の「東洋趣味」を再検討し，サイードの所説を批判したマッケンジー [2001 (原著 1995)] も示唆に富む。一方，Irwin [2006] は，やはりサイードに批判的な立場から書かれた狭義のオリエンタリズム (東洋研究) の歴史である。文学や美術は叙述の対象から除外する一方，ドイツをはじめとするヨーロッパ諸国やイスラエル，中東までも視野に収め，イスラーム研究にまつわる制度や人材とその研究成果とを概観し，オリエンタリズムの功罪を論じている。

　イスラーム文学研究とオリエンタリズム批判とを結びつけて考える場合，とくにアラブ・ペルシアのカスィーダ (長詩) に対する旧来の東洋学者の偏見を打破し，まったく新しい視点からの再評価を行なおうとする「シカゴ学派」の一連の研究は注目に値する。彼らは特定の方法論を共有するのではないが，イスラーム文学が西洋文学と同等の資格でそれ自体の藝術的価値を持つという (ごく当たり前の) 前提から出発する。文学作品は言語学や社会学・人類学の補助資料としてのみ利用されるべきでも，西洋文学の分析・批評の方法によってのみ裁断されるべきでもなく，それを生み出した固有の伝統のなかに位置づけて評価されるべきだというのである。その中心と目される Stetkevych [1993] は，伝統的カスィーダの三部構造を，儀礼における分離・周縁・再統合という過程との平行関係のなかで捉え，作品の深層に横たわる神話的元型を鮮やかに析出してみせた。彼女を中心とする研究者たちのアラブ・ペルシア詩の分析は，例えば Stetkevych 編 [1994] に纏められている。これらの刺戟を受けた日本の研究者による論考として，描写詩の伝統を辿った鷲見朗子 [2002] や Sumi [2004]，ジャーヒリーヤ詩の宿営地跡のモチーフ，あるいはサアーリーク (盗賊) 詩人の作品を分析した山本薫 [1997] [2001] が特筆に値する。

【文献】

池田修 [1992]「アラブ人とイラン人の関係 —— 両者のイメージ」岡﨑正孝編『中東世界 —— 国際関係と民族問題』(世界思想ゼミナール) 世界思想社

ギブ，ハミルトン・A・R [1991 (初刊本 1982, 原著 1926)]『アラビア人文学』井筒豊子訳，講談社学術文庫

黒柳恒男 [1970]「アラブとペルシアの文化交流」『イスラム化に関する共同報告』(東京外国語大学アジア・アフリカ言語文化研究所) 3

黒柳恒男 [1977]『ペルシア文芸思潮』(世界史研究双書 23) 近藤出版社

黒柳恒男 [1980]『ペルシアの詩人たち』(オリエント叢書 2) 東京新聞出版局

杉田英明 [1993]『事物の声　絵画の詩 —— アラブ・ペルシア文学とイスラム美術』平凡社

杉田英明［2000］「『アラビアン・ナイト』翻訳事始——明治前期日本への移入とその影響」『外国語研究紀要』（東京大学大学院総合文化研究科・教養学部）4
杉田英明［2003］「二つの預言者讃歌——改宗譚・奇蹟譚とイスラム詩の伝統」『超越性の文学（岩波講座文学 8）』岩波書店
杉田英明［2007］「語学教材としての『アラビアン・ナイト』——明治～昭和初期を中心に」『Odysseus』（東京大学大学院総合文化研究科地域文化研究専攻）11
鈴木斌［1973-94］「ウルドゥー・ガザルの発展と傾向 (1)-(11)」『東京外国語大学論集』23, 25-32, 35, 49
鷲見朗子［2002］「象徴的表現としてのワスフ——エクフラシスに照らし合わせた理論的考察」『関西アラブ・イスラム研究』2
樽本照雄［2006］『漢訳アラビアン・ナイト論集』清末小説研究会
西尾哲夫［2004］『図説　アラビアンナイト』（ふくろうの本）河出書房新社
西尾哲夫［2007］『アラビアンナイト——文明のはざまに生まれた物語』岩波書店
藤井守男［1992］「イラン人のアラブ観」岡﨑正孝編『中東世界——国際関係と民族問題』（世界思想ゼミナール）世界思想社
フュック、ヨーハン［2002（原著 1955）］『アラブ・イスラム研究誌——20 世紀初頭までのヨーロッパにおける』井村行子訳, 法政大学出版局
マッケンジー、ジョン・M［2001（原著 1995）］『大英帝国のオリエンタリズム——歴史・理論・諸芸術』平田雅博訳 (MINERVA 西洋史ライブラリー51) ミネルヴァ書房
松村恒［1992］「Analecta Indica——XI.「カメの空中飛行」書誌」『神戸親和女子大学研究論叢』25
山中由里子［2003］「アラブ・ペルシア文学におけるアレクサンドロス大王の神聖化」『国立民族学博物館研究報告』27：3
山本薫［1997］「ジャーヒリーヤ詩の再解釈——アトラール（宿営地跡）モチーフを中心に」『日本中東学会年報』12
山本薫［2001］「ジャーヒリーヤの盗賊詩人サアーリークの類型化試論——実像と虚像の間で」『日本中東学会年報』16
葛鉄鷹［2007］『天方書話——縱設阿拉伯文学在中国』首都師範大学出版社
孟昭毅［2002］『絲路驛花——阿拉伯波斯作家與中国文化』寧夏人民出版社
al-'Afīfī, N. [1980(1938)] *al-Mustashriqūn*, 3 vols., Cairo
Alcalay, A. [1993] *After Jews and Arabs: Remaking Levantine Culture*, Minneapolis/London
Ali, M. J. [1981] *Scheherazade in England: A Study of Nineteenth-Century English Criticism of the Arabian Nights*, Washington, D.C.
Allen, R. [1995(1982)] *The Arabic Novel: An Historical and Critical Introduction*, 2nd ed., Syracuse
Allen, R. [1998] *The Arabic Literary Heritage: The Development of Its Genres and Criticism*, Cambridge
Arberry, A. J. [1958] *Classical Persian Literature*, London
Arberry, A. J. [1960] *Oriental Essays: Portraits of Seven Scholars*, London
Ashtiany, J. 他編 [1990] *'Abbasid Belles-Lettres*, Cambridge
Avez, R. [1993] *L'Institut français de Damas au palais Azem (1922-1946) à travers les archives*, Damas
Badawi, M. M. 編 [1992] *Modern Arabic Literature*, Cambridge
Beeston, A. F. L. 他編 [1983] *Arabic Literature to the End of the Umayyad Period*, Cambridge
Bombaci, A. [1968] *Histoire de la littérature turque*, Paris
Bosworth, C. E. 編 [2001] *A Century of British Orientalists 1902-2001*, Oxford

Browne, E. G. [1928] *A Literary History of Persia*, 4 vols., Cambridge
Campbell, R. B. [1996] *Contemporary Arab Writers: Biographies and Autobiograpies* (A'lām al-Adab al-'Arabī al-Mu'āṣir: Siyar wa Siyar Dhātīya), 2 vols., Beirut
Caracciolo, P. 編 [1988] *The Arabian Nights in English Literature: Studies in the Reception of the Thousand and One Nights into British Culture*, Houndsmills/London
Chauvin, V. [1892-1922] *Bibliographie des ouvrages arabes ou relatifs aux arabes publiés dans l'Europe chrétienne de 1810 à 1885*, 12 vols., Liège/Leipzig
Choubey, O. B. S. [1985] *Traces of Indian Philosophy in Persian Poetry*, Delhi
Craig, J. [1998] *Shemlan: A History of the Middle East Centre for Arab Studies*, Houndmills/London
Ḍayf, Sh. [1961-95] *Tārīkh al-Adab al-'Arabī*, 10 vols., Cairo (Vol. 1: al-'Aṣr al-Jāhilī; Vol. 2: al-'Aṣr al-Islāmī; Vol. 3: al-'Aṣr al-'Abbāsī al-Awwal; Vol. 4: al-'Aṣr al-'Abbāsī al-Thānī; Vols. 5-10: 'Aṣr al-Duwal wa al-Imārāt)
El-Asmar, F. [1986] *Through the Hebrew Looking-Glass: Arab Stereotypes in Children's Literature*, Vermont/London
El-Shamy, H. M. [1995] *Folk Traditions of the Arab World: A Guide to Motif Classification*, 2 vols., Bloomington/Indianapolis
El-Shamy, H. M. [2004] *Types of the Folktale in the Arab World: A Demographically Oriented Tale-Type Index*, Bloomington/Indianapolis
El-Shamy, H. M. [2006] *A Motif Index of The Thousand and One Nights*, Bloomington/Indianapolis
Ghanoonparvar, M. R. [1993] *In a Persian Mirror: Images of the West and Westerners in Iranian Fiction*, Austin
Gibb, E. J. W. [1900-09] *A History of Ottoman Poetry*, 6 vols., London
Goldman, Sh. [1995] *The Wiles of Women/The Wiles of Men: Joseph and Potiphar's Wife in Ancient Near Eastern, Jewish, and Islamic Folklore*, Albany
Grunebaum, G. von [1981] *Themes in Medieval Arabic Literature*, London
Hadi, N. [1995] *Dictionary of Indo-Persian Literature*, New Delhi
Hämeen-Anttila, J. [2002] *Maqama: A History of a Genre*, Wiesbaden
Hovannisian, R. G./G. Sabagh 編 [1998] *The Persian Presence in the Islamic World*, Cambridge
Irwin, R. [2006] *Dangerous Knowledge: Orientalism and Its Discontents*, Woodstock/New York
Iwase, Y. [1999a] "The Development of Selected Stories from the *Pañcatantra*: 'Crows and Crab' and 'Heron, Serpent and Mongoose (Weasel)'" 『日本中東学会年報』14
Iwase, Y. [1999b] "The Development of the Story of Lion and Hare," *Journal of Asian and African Studies*, 57
Iwase, Y. [1999c] *Development of Selected Stories from the* Pañcatantra/Kalīlah wa Dimnah: *Genealogical Problems Reconsidered on the Basis of Sanskrit and Semitic Texts* (博士論文シリーズ), 大阪外國語大學言語社會學會
Katsumata, N. [2002] "The Style of the *Maqāma*: Arabic, Persian, Hebrew, Syriac," *Arabic and Middle Eastern Literatures*, 5: 2
Macfie, A. L. 編 [2000] *Orientalism: A Reader*, Edinburgh
Marzolph, U. [1983] *Der weise Narr Buhlūl*, Wiesbaden
Marzolph, U. [1992] *Arabia Ridens: Die humoristische Kurzprosa der frühen adab-Literatur im internationalen Traditionsgeflecht*, 2 vols., Frankfurt am Main

Marzolph, U./R. van Leeuwen [2004] *The Arabian Nights Encyclopedia*, 2 vols., Santa Barbara/Denver/Oxford
Meisami, J. S. [2003] *Structure and Meaning in Medieval Arabic and Persian Poetry: Orient Pearls*, London/New York
Meisami, J. S./P. Starkey 編 [1998] *Encyclopedia of Arabic Literature*, 2 vols., London/New York
Menocal, M. R. 他編 [2000] *The Literature of Al-Andalus*, Cambridge
Mitler, L. [1988a] *Ottoman Turkish Writers: A Bibliographical Dictionary of Significant Figures in Pre-Republican Turkish Literature*, New York
Mitler, L. [1988b] *Contemporary Turkish Writers: A Critical Bio-Bibliography of Leading Writers in the Turkish Republican Period up to 1980*, Bloomington
Morrison, G. 編 [1981] *History of Persian Literature from the Beginning of the Islamic Period to the Present Day*, Leiden
Murphy, L. R. [1987] *The American University in Cairo: 1919-1987*, Cairo
Nicholson, R. A. [1930(1907)] *A Literary History of the Arabs*, 2nd ed., Cambridge
Ramras-Rauch, G. [1989] *The Arab in Israeli Literature*, Bloomington/London
Rouhi, L. [1999] *Mediation and Love: A Study of the Medieval Go-Between in Key Romance and Near-Eastern Texts*, Leiden/Boston/Köln
Russell, R. [1992] *The Pursuit of Urdu Literature: A Select History*, London
Russell, R. [1999(1995)] *An Anthology of Urdu Literature*, Manchester
Rypka, J. 編 [1968] *History of Iranian Literature*, Dordrecht
Saad, J. B. [1996] *The Image of Arabs in Modern Persian Literature*, Lanham/New York/London
Ṣafā, Dh. [1953-85] *Tārīkh-e Adabīyāt dar Īrān*, 5 vols., Tehran
Ṣafā, Dh. [1960-61] *Ganj-e Sokhan*, 3 vols., Tehran
Ṣafā, Z. [1964] *Anthologie de la poésie persane (XIe-XXe siècle)*, G. Lazard/R. Lescot/H. Massé 訳, Paris
Sakkut, H. [2000(1998)] *The Arabic Novel: Bibliography and Critical Introduction 1865-1995*, 6 vols., Cairo/New York
Schimmel, A. [1973] *Islamic Literature of India*, Wiesbaden
Schimmel, A. [1975a] *Classical Urdu Literature from the Beginning to Iqbāl*, Wiesbaden
Schimmel, A. [1975b] *Mystical Dimensions of Islam*, Chapel Hill
Schimmel, A. [1978] *The Triumphal Sun: A Study of the Works of Jalāloddin Rumi*, Albany
Schimmel, A. [1982] *As Through a Veil: Mystical Poetry in Islam*, New York
Schimmel, A. [1985] *And Muhammad Is His Messenger: The Veneration of the Prophet in Islamic Piety*, Chapel Hill
Schimmel, A. [1992] *A Two-Colored Brocade: The Imagery of Persian Poetry*, Chapel Hill/London
Serrano, R. [2002] *Neither a Borrower: Forging Traditions in French, Chinese and Arabic Poetry*, Oxford
Stetkevych, S. P. [1993] *The Mute Immortals Speak: Pre-Islamic Poetry and the Poetics of Ritual*, Ithaca
Stetkevych, S. P. 編 [1994] *Reorientations/Arabic and Persian Poetry*, Bloomington/Indianapolis
Sumi, A. M. [2004] *Description in Classical Arabic Poetry: Waṣf, Ekphrasis, and Interarts Theory*, Leiden/Boston
Tibawi, A. l. [1964] *English-Speaking Orientalists: A Critique of Their Approach to Islam and the Arabs*, London

Turner, B. S. 編 [2000] *Readings in Orientalism*, London/New York
Wielandt, R. [1980] *Das Bild der Europäer in der modernen arabischen Erzähl- und Theaterliteratur*, Beirut/Wiesbaden
Yarshater, E. 編 [1988] *Persian Literature*, Albany
Young, M. J. L. 他編 [1990] *Religion, Learning and Science in the 'Abbasid Period*, Cambridge

3B-4 美術史　　　　　　　　　　　　　　　　　　　　桝屋友子

イスラーム美術とは

　「イスラーム美術」とは，イスラームを主要な宗教とする地域で生み出された美術作品，ムスリムが作り出した美術品，あるいはムスリムのために作られた美術作品を包括的に指し示す名称である。したがって，「キリスト教美術」や「仏教美術」のようにそれぞれの宗教と直接関連する美術のみが含まれるのではなく，宗教とは無関係な世俗の美術品も含まれる。扱う時代としてはイスラームが生まれた7世紀から現代に至る。欧米のいわゆる「美術史学」では，研究の主な対象として建築・絵画・彫刻・工芸があるが，日本では建築史は工学建築学系の学問の一分野として確立しており，本書でも独立して述べられる。また，純粋な意味での丸彫り彫刻は，イスラーム美術には現代を除いてほぼ存在しないといえる（建築装飾としての浮き彫り人物像や噴水口の装飾としての金属製・石製の動物像は存在するが，主に工芸品として扱われる）。さらに特筆すべき特徴は，イスラーム美術においては，神の言葉を伝える媒体として書が重要な位置を占めることである。

　クルアーンに規定された偶像崇拝禁止はイスラームの宗教美術に大きな影響を与えている。宗教建築やその調度品，備品，クルアーン写本など，宗教的な使用に供する美術品の装飾には人物・動物の表現が避けられ，いささかの偶像崇拝の可能性も差し挟まないよう配慮されている。これらの装飾には植物文装飾（いわゆるアラベスク文様），幾何学文装飾，アラビア文字装飾が用いられ，地域や時代による意匠の変化はあるものの，イスラーム地域全域の美術において高度に発達を遂げている。このように，時間や空間の違いにもかかわらず，イスラームという共通する宗教が美術を特色づけている点において，イスラーム美術がイスラーム美術と称される所以となる。

　しかし，イスラーム美術に人物・動物が全く描かれないということではない。世俗の美術においてはよく描かれ，しかも今なお独特の魅力を生み出している。また，偶像は決して崇拝してはならないが，しばしば誤解されるように，それが絵画を禁止す

るということを意味するわけではない。クルアーンそのものには絵画禁止という言及はなく，絵画禁止は時代や地域における解釈の問題であって，先行する時代の芸術の傾向や当時の美術の享受者の好みと大きく関わっている。例えば，ペルシア語を公用語とする王朝では物語や叙事詩の挿絵入り写本が数多く制作されているが，アラビア語を公用語とする王朝では激減する。しかし，アラビア語を公用語とする王朝の中でも，挿絵入り写本の秀作がとびぬけて多く制作される時代があったこともまた事実である。

　イスラーム美術史は以下に述べるように，まだ学問として歴史が浅い。しかも扱う地域も年代も研究対象の幅も非常に大きい。そのため，基本的な事象がいまだ不明であったり，新たな発見により今までの定説が大きく覆されたりする。それだけに，まだまだ開拓の余地があり，やりがいのある研究分野である。そして，イスラーム美術品そのものが本当に美しいということが，最大の魅力なのである。

■ 学問としてのイスラーム美術史

　学問として「イスラーム美術史」が美術史学の一分野として確立したのは，20世紀初頭のヨーロッパであった。19世紀後半からヨーロッパで陶器を中心とするイスラーム地域の工芸品が好事家の収集の対象となり始め，各国の主要な大美術館にイスラーム美術品のコレクションが形成されたことを受けての，しかしながら東アジア美術史や古代エジプト・メソポタミア考古学・美術史よりも遅れての成立であった。むろん，ヨーロッパにおいてイスラーム諸国は常に隣国であって，イスラーム時代のスペインの建築や美術品，イスラーム地域から請来されてキリスト教聖人の聖遺物を覆っていた絹織物，十字軍の際にヨーロッパに持ち帰られた様々なタイプの工芸品など数多くのイスラーム美術伝世品が存在しており，特にその意匠の精緻さ，繊細さは知られてはいた。しかし，体系的な研究がなされるほどの作品数は認知されてはいなかったのである。

　ヨーロッパのコレクションの増加に伴い，ペルシアなどある一定の地域の美術品だけ，あるいは，陶器や絨毯など限られたタイプの美術品だけを扱った，あまり学問的ではないイスラーム美術書や意匠集が出版されるようになったが，1907年になってミジョンが『イスラーム美術必携第2巻　造形および工芸美術』を著わし，歴史と地理を踏まえた上でイスラーム美術品を網羅的に紹介する最初の試みを行った（Migeon [1907]）。イスラーム美術の収集・展示・研究史については，Vernoit 編 [2000] および Komaroff 編 [2000] が詳しいので，参照されたい。

　ヨーロッパで確立された美術史学という学問の枠の中で生まれたイスラーム美術史学ではあるが，現在ではイスラーム諸国出身の研究者も多く活躍するようになっており，新たな段階を迎えている。日本人研究者も増え，特に考古学，絵画史，陶器史，ガラス史において，世界的に研究を発表している。

3　イスラームの時空間　209

■ イスラーム美術を読む

　基本となる概説書は，イスラーム美術および建築を1250年で前後に区分して詳説したペリカン美術史叢書の2冊（Ettinghausen他［2001］およびBlair/Bloom［1994］），コンパクトな1冊にまとめられ，カラー図版も多いHillenbrand［1999］，ブルーム／ブレア［2001］がある。日本語では杉村棟編［1999］，小林一枝［2004］が充実している。イスラーム美術に関する研究論文が多く掲載される定期刊行物，ないしはそれに準ずる刊行物には，*Muqarnas*, *Oxford Studies in Islamic Art*, *Islamic Art*, *Ars Orientalis*（旧 *Ars Islamica*），*Arts & the Islamic World* などがある。

　絵画史はイスラーム美術史の中でも最も研究の進んでいる分野であり，新しい著書も多く出版されているが，Arnold［1965(1928)］，Ettinghausen［1977(1962)］，Gray［1977(1961)］といった古典的な概説書は，情報は古くなったとはいえ，一読の価値はある。ペルシア絵画史ではCanby［1993］，Grabar［2000(1999)］，Sims［2002］，トルコ絵画史ではAnd［1982(1974)］，インド絵画史ではBeach［1992］およびRogers［1993］を参照のこと。また，素材としての紙を論じたBloom［2001］，写本の装丁を扱ったHaldane［1983］も重要である。クルアーン写本と書，彩飾については，Lings［1987(1976)］，Safadi［1978］，大川玲子［2005］が読みやすい。

　陶器史については，古典的概説書Lane［1947］［1957］が現在でも基本であるが，最新情報はWatson［2004］を参照すべきである。特定のタイプの陶器に関する著書にはWatson［1985］，Golombek他［1996］，Carswell［1998］，高橋忠久／弓場紀知編［2000］，Crowe［2002］がある。タイル史では，岡野智彦／高橋忠久［1994］，Porter［1995］，飯島章仁編［2001］，金属器史ではWard［1993］が便利である。ガラス史は近年最も発展が著しく，Carboni/Whitehouse［2001］，真道洋子［2004］が最新の研究状況を伝える。絨毯史では，杉村棟［1994］が日本語でかつわかりやすい。

　地域別，王朝別に美術を紹介する著書も数多い。ペルシア（イラン）美術史についてはPope/Ackerman編［1977(1939)］が網羅的だが，情報が古く，誤りもある。1冊でハンディなのはFerrier［1989］である。トルコ人の生み出した美術についてはRoxburgh編［2005］，カイロを中心とするイスラーム美術史にはYeomans［2006］がある。イラン・アナトリアのセルジューク朝美術はHillenbrand編［1994］，イル・ハン朝美術はKomaroff/Carboni編［2002］，ティームール朝美術はLentz/Lowry編［1989］，サファヴィー朝美術はCanby［1999］を参照されたい。ムガル朝美術についてはWelch［1988］などがある。オスマン朝美術はAtıl［1987］がスレイマン大帝の治世に重点を置いているものの網羅的である。ファーティマ朝美術はInstitut du monde arabe［1998］，アイユーブ朝美術はInstitut du monde arabe［2001］，マムルーク朝美術はAtıl［1981］が参考になる。マグレブにも言及したイスラーム時代のスペイン美術については，Dodds編［1992］がある。

　さらにイスラーム美術の様々な側面に注目した著書がある。初期イスラーム美術の形成についてはGrabar［1987(1973)］，イスラーム地域の現代美術については，Ali

[1997] を参照。様々なイスラーム美術品に記された銘文について書かれた Combe 他編 [1931-64] および Blair [1998] や，イスラームの装飾文様を扱う Grabar [1992] と Baer [1998] もある。

イスラーム美術を見る

　日本でイスラーム美術を常設展示で見ることができる美術館は残念ながら非常に限られている。主な美術館としては，岡山市立オリエント美術館，天理参考館（奈良県天理市），中近東文化センター附属博物館（東京都三鷹市），MIHO MUSEUM（滋賀県甲賀郡），横浜ユーラシア文化館，丸亀美術館（香川県丸亀市），世界のタイル博物館（愛知県常滑市），大原美術館（岡山県倉敷市）などがあり，特に陶器の収集が多い。そのほかにも，常設展示はないが，愛知県陶磁資料館（愛知県瀬戸市），大阪市立東洋陶磁美術館，松岡美術館（東京都港区），石橋財団（東京都港区）などもイスラーム陶器のコレクションを有している。

　世界的には，ロンドンのヴィクトリア＆アルバート美術館と大英博物館，パリのルーヴル美術館，ベルリンのイスラーム美術館，サンクト・ペテルブルクのエルミタージュ美術館，カイロのイスラーム美術館，クウェートの国立博物館，テヘランのイラン国立博物館とレザー・アッバースィー美術館，ロサンゼルスのロサンゼルス郡立美術館，ワシントンのフリーア美術館とサックラー美術館，ニューヨークのメトロポリタン美術館とブルックリン美術館に代表的なイスラーム美術品のコレクションがある。また，最近ではサウディアラビア，カタル，マレーシアなどイスラーム諸国で，自国の美術品に限らないイスラーム美術館の建設が進められてきている。

【文献】

飯島章仁編 [2001]『砂漠にもえたつ色彩——中近東5000年のタイル・デザイン』岡山市立オリエント美術館

大川玲子 [2005]『コーランの世界——写本の歴史と美のすべて』河出書房新社

岡野智彦/髙橋忠久 [1994]『タイルの美Ⅱ　イスラーム編』TOTO出版

小林一枝 [2004]『「アラビアン・ナイト」の国の美術史』八坂書房

真道洋子 [2004]『イスラームの美術工芸』山川出版社

杉村棟 [1994]『絨毯——シルクロードの華』朝日新聞社

杉村棟編 [1999]『イスラーム（世界美術大全集東洋編17）』小学館

髙橋忠久/弓場紀知編 [2000]『トルコの陶器とタイル』中近東文化センター

ブルーム，J/S・ブレア [2001]『イスラーム美術（岩波世界の美術）』桝屋友子訳，岩波書店

Ali, W. [1997] *Modern Islamic Art: Development and Continuity*, Gainesville (FL)

And, M. [1982(1974)] *Turkish Miniature Painting: The Ottoman Period*, Istanbul

Arnold, Sir T. W. [1965(1928)] *Painting in Islam: A Study of the Place of Pictorial Art in Muslim Culture*, New York

Atıl, E. [1981] *Renaissance of Islam: Art of the Mamluks*, Washington

Atıl, E. [1987] *The Age of Sultan Süleyman the Magnificent*, Washington/New York

Baer, E. [1998] *Islamic Ornament*, Edinburgh
Beach, M. C. [1992] *Mughal and Rajput Painting* (The New Cambridge History of India, Vol. I : 3), Cambridge
Blair, S. S. [1998] *Islamic Inscriptions*, Edinburgh
Blair, S. S./J. M. Bloom [1994] *The Art and Architecture of Islam 1250-1800*, New Haven/London
Bloom, J. M. [2001] *Paper before Print : The History and Impact of Paper in the Islamic World*, New Haven/London
Canby, S. R. [1993] *Persian Painting*, London
Canby, S. R. [1999] *The Golden Age of Persian Art 1501-1722*, London
Carboni, S./D. Whitehouse [2001] *Glass of the Sultans*, New York
Carswell, J. [1998] *Iznik Pottery*, London
Combe, É. 他編 [1931-64] *Répertoire chronologique d'épigraphie arabe*, 16 tomes, Caire
Crowe, Y. [2002] *Persia and China : Safavid Blue and White Ceramics in the Victoria and Albert Museum 1501-1738*, London
Dodds, J. D. 編 [1992] *Al-Andalus : The Art of Islamic Spain*, New York
Ettinghausen, R. [1977(1962)] *Arab Painting*, New York
Ettinghausen, R. 他 [2001] *Islamic Art and Architecture 650-1250*, New Haven/London
Ferrier, R. W. [1989] *The Arts of Persia*, New Haven/London
Golombek, L. 他 [1996] *Tamerlane's Tableware*, Costa Mesa (CA)
Grabar, O. [1987(1973)] *The Formation of Islamic Art*, New Haven/London
Grabar, O. [1992] *The Mediation of Ornament*, Princeton
Grabar, O. [2000(1999)] *Mostly Miniatures : An Introduction to Persian Painting*, Princeton/Oxford
Gray, B. [1977(1961)] *Persian Painting*, New York
Haldane, D. [1983] *Islamic Bookbindings*, London
Hillenbrand, R. 編 [1994] *The Art of the Saljuqs in Iran and Anatolia*, Costa Mesa (CA)
Hillenbrand, R. [1999] *Islamic Art and Architecture*, London
Institut du monde arabe [1998] *Trésors fatimides du Caire*, Paris
Institut du monde arabe [2001] *L'Orient de Saladin : L'art des Ayyubides*, Paris
Komaroff, L. 編 [2000] *Ars Orientalis*, XXX : *Exhibiting the Middle East : Collections and Perceptions of Islamic Art*, Ann Arbor (MI)
Komaroff, L./S. Carboni 編 [2002] *The Legacy of Genghis Khan : Courtly Art and Culture in Western Asia, 1256-1353*, New York/New Haven/London
Lane, A. [1947] *Early Islamic Pottery*, London
Lane, A. [1957] *Later Islamic Pottery*, London
Lentz, T. W./G. Lowry 編 [1989] *Timur and the Princely Vision : Persian Art and Culture in the Fifteenth Century*, Los Angeles/Washington
Lings, M. [1987(1976)] *The Quranic Art of Calligraphy and Illumination*, New York
Migeon, G. [1907] *Manuel d'art musulman*, II : *Les arts plastiques et industriels*, Paris
Pope, A. U./P. Ackerman 編 [1977(1939)] *A Survey of Persian Art from Prehistoric Times to the Present*, 16 vols., Tokyo
Porter, V. [1995] *Islamic Tiles*, London
Rogers, J. M. [1993] *Mughal Miniatures*, London
Roxburgh, D. J. 編 [2005] *Turks : A Journey of a Thousand Years, 600-1600*, London
Safadi, Y. H. [1978] *Islamic Calligraphy*, London

Sims, E. [2002] *Peerless Images : Persian Painting and Its Sources*, New Haven/London
Vernoit, S. 編 [2000] *Discovering Islamic Art : Scholars, Collectors and Collections, 1850-1950*, London/New York
Ward, R. [1993] *Islamic Metalwork*, London
Watson, O. [1985] *Persian Lustre Ware*, London/Boston
Watson, O. [2004] *Ceramics from Islamic Lands*, London
Welch, S. C. [1988] *India : Art and Culture 1300-1900*, New York
Yeomans, R. [2006] *The Art and Architecture of Islamic Cairo*, Reading (UK)

3B-5　建築史　　　　深見奈緒子

イスラーム建築史の概要

　イスラームは，7世紀以来今日まで，地域的にはほぼ世界中に広がっているので，イスラーム教徒が関係した建築の歴史について概容を摑もうとするならば，世界の建築史を紐解くことになる。

　そもそも，日本では，明治時代以来，西洋建築史と日本建築史という二つの体系に基づいて研究分野がわけられ，多くの書物が出版されている。しかしながら，それ以外の部分は東洋建築史という辺境のブラック・ボックスに封じ込められてしまう傾向が強い（伊東忠太 [1982(1943)]，村田治郎 [1972]）。その反動からか，東洋建築史自体の再考，あるいはむしろアジアの建築から「世界建築史」を再考しようという動きがある（村松伸監修 [1999]，布野修司編 [2003]）。これは日本独自の傾向で，世界的に見ても今後も優れた研究が望まれる分野である。特に，広大な地域に普及したイスラームと建築との関係の解明は，研究者にとって大きな課題である。

　イスラーム建築史自体の体系を述べた先行研究は，数多く著されている（Hoag [1977]，石井昭編 [1983]，Ettinghausen/Grabar [1987]，Blair/Bloom [1994]）。けれども，中東を中心とした地域に限られ，王朝ごとの建築紹介の傾向が強い。イスラームの広がりという観点からアフリカ大陸，ロシア，東南アジア，中国といった地域をも包括した体系はいまだ少ない（Frishman/Khan編 [1994]，深見奈緒子 [2005]）。また，建築史自体は宗教建築を主たる素材としているが，イスラーム教という枠を超えて，同時代，同地域に起こった，異なる宗教建築の相互関係についての研究も少数である（Flood [2001]，Howard [2000]）。キリスト教，ユダヤ教，ゾロアスター教，ヒンドゥー教をはじめ，各地での先行する宗教建築との関わりは，今後の大きな研究課題のひとつである。

3 イスラームの時空間　213

▨ 正統派のイスラーム建築史研究

　20世紀には地域，あるいは時代を限定し，建築の様式を検討する研究が主流であった。20世紀前半に欧米の研究者によってまとめられたものが，古典的著作と認められ，今なお研究の基盤としての位置を占める。クレスウェルの初期イスラーム時代から1300年までのエジプトを中心とするアラブの研究（Creswell［1932-40］［1952-59］），マルセの北アフリカ（Marçais［1926］），ポープの中央アジアを含むペルシア（Pope/Ackerman編［1938-39］），ブラウンのインド（Brown［1942］）などがあげられる。

　20世紀前半には欧米の研究者がもっぱらその役割を担っていたが，トルコ，エジプト，イランを始めとし，各地で現地出身の研究者が自国の建築史を描き（Ayverdi［1966］，Behrens-Abouseif［1989］，路/張［2005］），さらには歴史的建造物を保存していくために研究を進めるようになってきた。従来は，古い時代が脚光を浴び，しかもその形態を評価する様式史的研究に偏っていたけれども，近年，扱う時代も近現代まで及び，手法も多岐にわたる。

　1980年までの研究に関しては，クレスウェルの一連の編著（Creswell［1961］［1973］［1985］）が，地域別に詳細な研究目録を準備している。その章構成を見れば，第1部が建築に充てられ，主たる部分は地域別に書かれている。東から辿れば，中国と東南アジア，インド，イラン（ペルシア）・アフガニスタン・中央アジア，メソポタミア（イラク），コーカサス，トルコ，シリア（シリア・レバノン・パレスティナ・ヨルダン），アラビア，エジプト，東・中央・南・西アフリカ，北アフリカ，スペイン・ポルトガルに分けられ，この項の下に都市名がインデックスとなる。ただし，ページ数から見れば，インド，広域のペルシア，トルコ，スペインが群を抜き，シリア，エジプト，北アフリカがそれに続き，その他の地域はごくわずかである。なお，一般史，ドーム構法，工人の印，都市計画，庭園，地図，西欧の影響などが別項として記載される。都市研究については，北アフリカ，アラブ，トルコ，イラン，中央アジアの都市に関しての研究状況と文献を辿った研究（羽田正/三浦徹編［1991］）の，建築関係の部分が参考となる。

　建築史に関する最新の論文は，地域研究や地域の考古学誌等に，歴史研究や考古学研究の一端として投稿される場合が多い。戦前に発刊された *Ars Islamica* の潮流を引き，1980年代から発刊された *Muqarnas* は，イスラームの美術史，建築史を中心とした雑誌で，様々な時代に対する各地の論考が掲載されている。なお，アガ・ハーン財団が推進するアーク・ネット http://archnet.org/library/documents/ からは，*Muqarnas* 他，最新の論考を検索，ダウン・ロードすることが可能である。

▨ イスラーム建築史研究における素材の選び方

　実際に建築史を研究する場合を考えてみたい。建築史の最も基本的な研究方法は，ある建物，あるいは対象とする複数の建物をくまなく調査し，新たなる発見を導くと

いうものである。未報告の歴史的建造物を探し当てた場合は，ファースト・ハンドの調査記録を作ることに意味がある（Revault［1968, 71］［1985］［1975-83］）。建築物に対する具体的な調査の方法については，イスラーム建築研究においても，図面の採取，写真撮影など近代建築学で構築された一般的な手法が役立つ（陣内秀信/中山繁信編［2001］）。

既に知られた素材を扱う場合には，ひとつの建造物を選定し，それを深く研究していく手法がオーソドックスな手法である。ただし，この場合には，傑作と呼ばれる建物，あるいは時代の画期となるようなユニークな建造物を取り上げ，文献や史料を丹念に調べ，新たなる観点から調査，あるいは新たなる論点を模索しなければならない（Flood［2001］，深見奈緒子［1996］，Koch［2006-07］）。

二つ，あるいはいくつかの建造物を選んで，比較することによって新境地を切り開いていく方法もある。また，地域，時代を限って網羅的に建造物を収集することによって，モニュメントだけからは見えてこなかった基盤となる部分に言及することもできる（山本達郎/荒松雄/月輪時房［1967］，Golombek/Wilber［1988］，Meinecke［1992］，Shokoohy［2003］，荒［2003］）。

イスラーム建築史研究の方法

それでは，既に研究の進んでいる歴史的建造物を論ずる場合，いわゆる様式史とは異なる，どのような新たな視点が近年の研究の中で見られるだろうか。

まず，地域と時代という枠を取り払って，新たな視点を定めることによって，地域性，時代性あるいは設定した視点自体を浮き彫りにする研究がある。建物にはそれぞれ機能が付随しているので，モスクや学院，あるいは商館のようにジャンルを規定する（Hillenbrand［1994］，Frishman/Khan編［1994］，山田幸正［1998］）。また，建造物を構成要素に分解して，要素の盛衰を記述するものとして，ミナレット（Bloom［1989］）やミフラーブ（Papadopoulu［1988］），ムカルナス（深見奈緒子［1998］）の研究がある。中東地域で発達した曲面架構（Besenval［1984］），幾何学についての論考（Critchlow［1976］，Necipoğlu［1995］）に優れたものが多い。建築とタイル，あるいは木彫のように，工芸史的な視点から建築を再考するものもある（Paccard［1980］，Öney［1987］）。また，考古学的史料から復元的な研究も行われている。特に大シリア圏における初期イスラーム時代の発掘成果は，従来のイスラーム建築史を大きく書きかえている（Ettinghausen/Grabar/Jenkins-Madina［2001］）。

昨今の傾向として，研究対象として従来軽視されがちであった近現代建築，住宅，都市や村落と建築とのかかわりなどに関する研究があげられる（Holod/Evin編［1984］，陣内秀信/新井勇治編［2002］）。さらに古写真，古図面，加えて美術品，著作，文書などが建築解釈のための新たな史料として扱われるようになった。より建築学的な方向性としては，幾何学，空間のモデル化などが解析手法としてもちいられるようになった。社会史との接点という面で，新たなテーマとして宗教教義や儀礼と建

築との関連，建築家やパトロンなど，歴史的人物や歴史的集団と建築との係わり合いなどが説かれる（羽田正［1994］，Tabbaa［2001］）。

建築は，空間を構築し，社会の器となり，全ての芸術を総合する場でもあった。現存する建造物を調べて過去からのメッセージを受け止めるためには，文字と形という二つのポイントがある。

文字から読み解くイスラーム建築

まず，人間が最も理解しやすい「文字」を読み解くことである。建築に関する文字情報は四つに分けられる。第一に建物に密着しているものとして，タイルや石彫などで建築自体に刻まれたインスクリプションがある。ここには，聖典クルアーンの抜粋が書かれることも多いが，造営の年，そのときの為政者，寄進者の名前などが書かれている場合もある。インスクリプションの解読，分析，考察は建築史の基盤となる（Blair［1992］）。

第二には，ヨーロッパ世界，中国世界，インド世界に比べると比較的少数ながら，建築書と呼ばれるものがある。これらを読み解き，当時の建築と比較考察することも重要な研究である（Crane［1984］）。

第三は，歴史的文献の中に含まれる，建物や建立者，建立地，付随する社会状況などの記述である。たとえば地理書等に表された記述を，実際の地図の上に落としていくことによって，文字と現在の地勢とを繋ぐことができる（Allen［1981］）。また，過去の姿を辿るためには，ヨーロッパの旅行記の即物的記述も有用である（深見奈緒子［2000］）。また，イスラームでは，宗教的建築にはワクフが指定されることが常であったので，ワクフ文書も重要な史料である（近藤信彰［2003］）。ワクフ文書と現存遺構を比較することによって，長い年月を経過し変化した過程を紐解くことができる（McChesney［1991］）。

第四には，当然のことながら対象とする建造物についての既往研究文献に当たらねばならない。丹念に文献を探れば，既にインスクリプションやワクフ関係の史料の読解が発表されているという幸運にめぐりあうこともあるだろう（Honarfar［1965-66］，Shokoohy［1988］）。また，既に発掘調査がなされている場合にはその報告書などから有用な情報を得ることができる。

形から読み解くイスラーム建築

もうひとつ，建築などのものを扱うときに重要なことは，文字だけでなく，実体が目の前に存在することを忘れてはいけない。第一に，建築は空間を創出しているので，まずはそれを読み解かねばならない。高さ，広さ，その形態などからはじめ，どのような装飾がなされているのかという点まで，丹念に見極めることが必要である（Ewert/Wisshak［1981］）。これによって，その建物がどのように計画されたのか，過去にどのように使われたのか，あるいはどのような人間の動線があったのかという点

をも推理することができる。

　第二には，建物に残された痕跡を読みとることが必要となる。現在の時点で見る建物には，実は，建立時から今までの様々な爪あとが残されている。例えば，装飾や間取りの変更も，壁に残る跡を繋いだり，柱や壁，あるいは天井の新旧を見分けることによって復元可能となる（Gardieri［1972-73, 84］）。

　第三には，その建造物がどのような場所に立っているかという立地条件を読み解くことも忘れてはならない。歴史的建造物は，社会から独立して，あたかも金庫にしまわれた形で，建立され存続してきたわけではない。周囲の社会や環境のために作られ，それらとともに現代まで変容しつつ存続してきたのである。したがって，どのような場所にその建物が建っているのか，そして周囲の建造物とどのような関係を持っていたのかという点を考えていくべきである（陣内秀信／新井勇治編［2002］）。

　第四に，形を伝えるヴィジュアルな史料として，古写真，古地図，古い絵画などの史料を利用することは，大きな成果をもたらす。

　今後の建築史研究では，新たな視点を定め，文字からの情報と実体からの情報の双方を結び付けていくアプローチが重要である。

【文献】

荒松雄［2003］『中世インドのイスラーム遺跡』岩波書店
石井昭編［1983］『イスラーム（世界の建築 3）』学習研究社
伊東忠太［1982］『東洋建築の研究』原書房（龍吟社，昭和 12 年刊の複製）
近藤信彰［2003］「テヘランの古集会モスクとワクフ」『アジア・アフリカ言語文化研究』66
陣内秀信／新井勇治編［2002］『イスラーム世界の都市空間』法政大学出版局
陣内秀信／中山繁信編［2001］『実測術――サーベイで都市を読む・建築を学ぶ』学芸出版社
羽田正［1994］『モスクが語るイスラム史』中公新書
羽田正／三浦徹編［1991］『イスラム都市研究――歴史と展望』東京大学出版会
深見奈緒子［1996］「イスファハーンのゴンバディ・ハーキにみられる装飾文様」『金沢大学考古学紀要』23
深見奈緒子［1998］『イスラーム建築におけるムカルナス・ヴォールティングに関する研究』学位請求論文（横浜国立大学）
深見奈緒子［2000］「イスファハーンのサファヴィー朝期の住宅に関する一考察」『東京大学東洋文化研究所紀要』139
深見奈緒子［2003］『イスラーム建築の見かた』東京堂出版
深見奈緒子［2005］『世界のイスラーム建築』講談社現代新書
布野修司編［2003］『アジア都市建築史』昭和堂
村田治郎［1972］『東洋建築史（建築学大系：改訂増補）』彰国社
村松伸監修［1999］『アジア建築研究（10＋1 別冊）』INAX 出版
山田幸正［1997］『フェズおよびカイロにおける都市型隊商施設の建築的実態と都市的特質に関する研究』学位請求論文（東京都立大学）
山本達郎／荒松雄／月輪時房［1967］『デリー』3，東京大学東洋文化研究所
路秉傑／張廣林［2005］『中国伊斯蘭教建築』三聯書店

3 イスラームの時空間　217

Allen, Terry [1981] *A Catalogue of Toponyms and Monuments of Timurid Heart*, Cambridge
Ayverdi, E. H. [1996] *Osmanlı Mi'marisinin İlk Devri*, Istanbul
Behrens-Abouseif, Doris [1989] *Islamic Architecture in Cairo, an Introduction*, Leiden
Besenval, Roland [1984] *Technologie de la voute dans l'orient ancien*, Paris
Blair, Sheila [1992] *The Monumental Inscriptions from Early Islamic Iran and Transoxiana*, Leiden
Blair, Sheila/Jonathan M. Bloom [1994] *The Art and Architecture of Islam, 1250-1800*, New Haven
Bloom, Jonathan [1989] *Minaret : Symbol of Islam*, Oxford
Brown, Percy [1942] *Indian Architecture (Islamic Period)*, Bombay
Crane, Howard [1984] *Risale-i Mi'mariyye : An Early Seventeenth-Century Ottoman Treatise on Architecture*, Leiden
Creswell, K. A. C. [1932-40] *Early Muslim Architecture : Umayyds, Early Abbsids, and Tulunids*, 2 vols., Oxford
Creswell, K. A. C. [1952-59] *Muslim Architecture of Egypt*, 2 vols., Oxford
Creswell, K. A. C. [1961] *Bibliography of the Architecture, Arts and Crafts of Islam to 1st Jan 1960*, Cairo
Creswell, K. A. C. [1973] *Bibliography of the Architecture, Arts and Crafts of Islam : Supplement, Jan. 1960 to Jan. 1972*, Cairo
Creswell, K. A. C. [1985] *Bibliography of the Architecture, Arts and Crafts of Islam : Supplement, Jan. 1972 to Dec. 1980*, Cairo
Critchlow, Keith [1976] *Islamic Patterns : An Analytical and Cosmological Approach*, New York
Ettinghausen, Richard/Oleg Grabar [1987] *The Art and Architecture of Islam, 650-1250*, New York
Ettinghausen, Richard/Oleg Grabar/Marilyn Jenkins-Madina [2001] *Islamic Art and Architecture, 650-1250*, 2nd ed., New Haven
Ewert, Christian/Jens-Peter Wisshak [1981] *Forschungen zur almohadischen Moschee*, 4 vols., Meinz am Rhein
Flood, Finbarr Barry [2001] *The Great Mosque of Damascus Studies on the Makings of an Umayyad Visual Culture*, Leiden
Frishman, Martin/Hasan-Uddin Khan 編 [1994] *The Mosque*, New York
Gardieri, E. [1972-73, 84] *Isfahan : Masgid-i guma*, 3 vols., Rome
Golombek, Lisa/D. Wilber [1988] *The Timurid Architecture of Iran & Turan*, 2 vols., Princeton
Grabar, Oleg [1978] *The Alhambra*, London/Cambridge
Herzfeld, E. [1954-55] *Inscriptions et monuments d'Alep*, 2 vols., Cairo
Hillenbrand, Robert [1994] *Islamic Architecture : Form, Function and Meaning*, Edinburgh
Hoag, John D. [1977] *Islamic Architecture*, New York
Holod, Renata/Ahmet Evin 編 [1984] *Modern Turkish Architecture*, Philadelphia
Honarfar, L. [1965-66] *Gangine-ye atar-e tarixi-ye Esfahan*, Esfahan
Howard, Deborah [2000] *Venice & the East : The Impact of the Islamic World on Venetian Architecture 1100-1500*, New Haven/London
Koch, Ebba [2006-07] *The Complete Taj Mahal*, New Delhi
Marçais, G. [1926] *Manuel d'art musalman : L'architecture, Tunisie, Algérie, Maroc, Espagne, Sicile*, 2 vols., Paris
McChesney, R. D. [1991] *Waqf in Central Asia : Four Hundred Years in the History of a Muslim Shrine, 1480-1889*, Princeton
Meinecke, Michael [1992] *Die mamlukische Architektur in Agypten und Syrien*, 2 vols., Gluckstadt

Necipoğlu, G. [1995] *The Topkapi Scroll : Geometry and Ornament in Islamic Architecture*, Santa Monica
Öney, Gönül [1987] *Ceramic Tiles in Islamic Architecture*, Istanbul
Paccard, A. [1980] *Traditional Islamic Craft in Moroccan Architecture*, Saint-Jorioz
Papadopoulu, A. [1988] *Le mihrab dans l'architecture et la religion musalmanes*, Leiden
Peterson, Andrew [1996] *Dictionary of Islamic Architecture*, London
Pope, Arthur Upham/Phyllis Ackerman 編 [1938-39] *A Survey of Persian Art*, 6 vols., London
Revault, J. [1968, 71] *Palais et demeures de Tunis*, 2 vols., Paris
Revault, J. [1975-83] *Palais et maisons de Caire du XIV au XVIII siècle*, 4 vols., Cairo
Revault, J. [1985] *Palais et demeures de Fes*, 2 vols., Paris
Shokoohy, Mehrdad [1988] *Bhadresvar : The Oldest Islamic Monuments in India*, Leiden
Shokoohy, Mehrdad [2003] *Muslim Architecture of South India : The Sultanate of Ma'bar and the Traditions of the Maritime Settelers on the Malabar and Coromandel Coasts*, London
Tabbaa, Yasser [2001] *The Transformation of Islamic Art during the Sunni Revival*, Seatle/London
Vogt-Goknil, Ulya [1975] *Mosquees*, Paris
Wilber, Donald [1955] *The Architecture of Islamic Iran : The Il Khanid Period*, Princeton

C 地域

3C-1 マシュリク　　　長沢栄治

近代マシュリク地域の全体像を把握する

マシュリク地域の研究を始める人にまず薦めたいのが，近年邦訳が出たホーラーニー [2003] である。イスラームの成立から現代にいたるアラブの歴史の全体像を描く本書であるが，やはり著者の専門であるマシュリクの近現代史について学ぶところは大きい。同書を読むに当たっては，著者が Hourani [1991] などで示した従来の研究枠組み（イスラーム社会論・近代化論）に対する方法論的批判を踏まえている点にも注意したい。彼が共編者となった Hourani 他編 [1993] は，マシュリクを中心にした中東近現代史の論集であるが，彼を水源として展開した欧米における研究史の流れと主要な研究課題群の概観にも役立つ。日本の研究者による通史的な入門書として佐藤次高編 [2002] が近年出版された。また，現地研究者の成果として一冊を挙げるならば，社会学者による Barakat [1984] が，現代アラブの社会科学研究の問題関心の拡がりを示しており，研究案内としても役立つであろう。

マシュリクの社会経済史の通史として，日本の研究で挙げるべきは中岡三益 [1991] である。同書は，戦後日本の歴史学の枠組みを踏まえており，その方法論に慣れない読者には難解な部分があるが，近代マシュリクの全体像を把握し，文献案内を含め研究状況を把握するのに有益である。同じくマシュリクを中心にした近代中東社会経済史の概説書として，最近のものに，世界システム論の適用など方法論的問題を意識しつつ，労働大衆の歴史を中心に据えた社会史的な叙述から地域の歴史の全体像を把握しようとした Beinin [2001] がある。

以下の項では，小地域別に通史的著作と主要な研究課題を中心にした文献の紹介を行なうが，詳しくは，東アラブにおける社会変容の諸側面研究会編 [1989] を薦めておきたい。同書は，各国別の研究課題を整理し，基本文献を示しているマシュリク近現代史の文献案内であり，依然として役に立つかと思う。したがって，ここでは比較的最近の文献と日本の代表的な研究を中心に取り上げることにしたい。

▣ エジプトとスーダン

近現代エジプトの通史としては，版を重ねている Vatikiotis [1991] を，また近年までの研究状況を把握するためには Daly 編 [1998] を薦めたい。また，日本で近年出された山口直彦 [2006] および長沢栄治 [2007] も近代エジプト史の概観を知るのに役立つだろう。

さて，エジプトの近現代には，多くの研究者の関心を集める，華となるべきいくつかの時代がある。19世紀エジプトの最初の華は，ムハンマド・アリーの改革であり，その最後の華はイギリス占領体制をもたらすオラービー運動であった。最近の研究の中で，Fahmy [1997] は，ムハンマド・アリー体制の歴史的評価をめぐって，たとえば民族主義史観に立つ Marsot [1984] などの従来の研究とは対極的な解釈を示していて興味深い。本書には，フーコーの権力論を援用した Mitchel [1988] の問題提起が十分に意識されていて，エジプト近代史の読み直しの論争という文脈で読むことができる。オラービー運動については，Cole [1993] や栗田禎子 [1999] の社会史的な分析が新しい研究の方向性を示している。社会史研究という点では，文書研究と現地調査を使った村落内の社会関係研究のユニークな作品である加藤博 [1997] に注目したい。近代エジプト農民反乱の通史的叙述を試みたバラカート [1991] は，近代エジプト社会史の入門書として文献案内もあり役立つ。19世紀エジプトの研究において，社会経済史は，華々しい政治史の影にありながらも，比較史的にも重要で興味深い分野であり，中でも土地制度史・地主制研究は，その中心的課題であった。Baer [1962] の開拓者的研究に対してなされた Barakat [1978] が代表するエジプト人研究者の実証分析は，1970年代以降のエジプト歴史学界の代表的な成果となった。日本では，加藤 [1993] がイスラーム法の重層的構造という枠組みを用いて同じく Baer [1962] の近代化論的研究を乗り越える研究成果を示している。ただしその後，この分野では，近代化の起点＝農村の資本主義的変容をめぐる Gran [1978] の挑戦的研

究とこれを批判する Cuno［1992］の実証研究がある他は目立った研究がない。イスラーム法学理論と近代との関係を追求した堀井聡江［2007］は，加藤［1993］の問題提起を継承した研究である。

　20世紀エジプトの華のある時代は，1919年革命と1952年の7月革命前後の時代である。前者の1919年革命およびその後の時代（両大戦間期）については，他の時期と比較して相対的に研究が遅れている。長沢栄治［1999］は，1919年革命に対するカイロ市井人の反応を描いたもの，Goldshmidt 他編［2005］は両大戦間期研究の水準を示した最近の成果であり，同書に所収の Ikeda（池田美佐子）［2005］は議会資料を使った同時期の社会問題に関する研究である。一方，後者は，文献も数多いが，エジプト人歴史家の成果として，Ramadan［1978］と al-Bishri［1983］の政治運動史研究は，今も言及されることが多い文献である。ただし，両者ともその政治的立場によって叙述内容を制約されている。Waterbury［1983］は，数多い欧米の政治学者による現代エジプト研究の総括として読むことができる。これらの欧米の研究から一つ選ぶなら，上記の社会史や地主制研究が扱ってきたエジプト近代史研究の中心的課題に対し理論的な問題提起をした Binder［1978］を挙げたい。鈴木恵美［2005］は Binder［1978］の仮説を徹底した実証研究によって批判した成果の一部である。日本の研究としては，現代エジプト政治研究として伊能武次［1993］があるが，まとまった研究成果としては他に，中東戦争との関係を扱った鹿島正裕［2003］と都市社会学の店田廣文［1999］，そしてイスラーム大衆運動に関する横田貴之［2006］を挙げておきたい。

　近現代スーダンの通史としては，定評ある教科書的な Holt［1979(1961)］と，がっしりした理論の骨組みをもつ栗田禎子［2001］の浩瀚な研究をまず挙げておきたい。両者ともフンジ・スルタン国から近代史を書き起こし，またマフディー運動期をスーダン史でもっとも輝かしい華のある時代として軸にすえて歴史の総体を叙述しようとしている。関連して，マフディズムに関する人類学的モノグラフである大塚和夫［1995］を挙げておきたい。さて，通史としては他に，Niblock［1987］と Warburg［2003］の政治史があるが，いずれも独立後の政治状況に対する問題意識から叙述されている。

　最近の研究としては，イギリス・エジプト共同統治という形態の植民地支配について，その重層的な特殊な性格を分析した Powell［2003］と植民地行政に関する包括的で手堅い研究の Daly［2002］を挙げておきたい。現代スーダンの最重要の課題は，南部問題とこれに起因する内戦や飢餓といった問題群である。Khalid［2003］は，南北二つの地域の関係を軸にしたスーダン現代史の叙述の試みであり，Keen［1994］は，飢餓問題について鋭い政治経済学的分析を示していて有益である。また，日本の研究では，栗本英世［1996］が人類学者の視点で内戦の構造を活写し示唆するところが大きい。

シリアとレバノン

　近現代シリアの政治史は，民族主義運動を中心に展開した名望家政治と，その枠組みが崩壊し大衆政治状況が生まれ，その中からバアス党支配体制が形成される一連の流れとして把握することができる。オスマン帝国支配に対応し，また民族主義思想の担い手となった名望家層の政治的役割とその社会経済的基盤については，Hourani [1981(1966)] を起点にして，Rafeq [1970] や Khoury [1983] など多くの優れた研究があり，これに対して日本では木村喜博 [1987] の実証研究がある。

　基本的な文献として最近のものに，現代シリアがアラブ国家として主権領域国家に成長する過程をイラクと比較した Tauber [1995] と Mufti [1996] がある。また，バアス党の権力掌握の過程については，Seale [1987] が標準的な研究とされているが，限定的な資料状況の中で，軍隊の農村化といった国家＝社会関係の変容に着目した Batatu [1999] や権威主義的ポピュリズムという枠組みで分析した Hinnenbusch [2001] などの政治学的研究も注目される。近年の日本のまとまった研究成果としては，ドゥルーズ派に関する宇野昌樹 [1996]，アサド体制についての夏目高男 [2003]，ムスリム同胞団に関する末近浩太 [2005] がある。

　次にレバノンの近現代史研究における最大の課題は，宗派主義的立場から自由である国民国家の正統な歴史を書くことははたして可能なのか，という設問に集約される。歴史叙述における宗派主義の克服を訴える Salibi [1988] と，同書をさらに批判する Firro [2003]，そして Beydoun [1984] の実証的考察を比較して読んでみるなら，レバノン史の奥行きとその中を走る断層の深さを知ることができる。

　最近の研究では，オスマン支配期の政治史を再構成しようとする試みの Akarli [1993] と Makdisi [2000]，同時期について実証的で手堅い通史を著した Farah [2000]，次の委任統治期については，宗派体制の原型を考察する Zamir [1997] と，シリアを含め植民地的支配による市民的社会的空間の形成という積極的側面を描く Thompson [2000] が挙げられる。現代レバノン最大の課題である内戦と宗派体制の問題については，内戦の通史であり共存の構造を描こうとする Hanf [1993]，アラブ域内政治と内戦との関係を考察する El Khazen [2000]，名誉概念から内戦の歴史を読み解こうとする Johnson [2001] がある。また，著者自身がその犠牲となった 'Amil [1979] のマルクス主義的方法論による内戦，宗派体制の研究にも言及しておきたい。

パレスチナとヨルダン

　パレスチナ問題については入門書を含めて数多いが，ここでは研究案内のために内容を絞りたい。注目される研究動向として，まずイスラエル人歴史学者の修正主義史観の登場に言及しなければならない。シオニスト中心主義の建国史の読み直しを行なった Morris [1989]，Pappe [1992] などがその代表であり，さらにはパレスチナ人研究者との共同執筆による歴史叙述の可能性を示す Logan/Shl 編 [2001] も出版さ

れた。しかし，こうした少数派の研究者を取り巻く政治的環境は，とくに第二次インティファーダ以降厳しく，その場合の彼らの対応を見るとパレスチナ問題が研究者の人格に厳しく倫理性を問う性格を持っていることをあらためて思い知らされる。

近年の研究の例を挙げると，オスマン期の帝国行政とパレスチナ・アラブ社会の対抗関係を描いた Divine［1994］，委任統治期ではイギリスの行政支配の特徴を分析した Shepherd［2000］や，ユダヤとアラブの経済関係を実証的に分析した Metzer［1998］がある。このテーマと関連して，ユダヤとアラブの労働者の連帯をめぐる問題が研究者の関心を集めており，その可能性を論じた Lockman［1996］や，さらに労働市場の構造的問題として分析した Bernstein［2000］がある。日本では同じくこの両者の連帯の可能性について考察した藤田進［1989］がある。これに関連して，アラブ大反乱の記憶を口承資料によって分析した Swedenburg［1995］もパレスチナ問題の将来を考える方法論的視角を示している。日本の研究では，すでに古典になった大岩川和正［1983］を引き継ぐ研究として，臼杵陽［1998］と森まり子［2002］を挙げておきたい。いずれも支配する側の集団が民族的な他者を排除＝隠蔽しようとする歴史を告発する視角で共通している。

次にヨルダンについて，最近の研究としては，イギリスからのこのハーシェム王国の独立過程を扱った Pundik［1994］と Abu Nowar［2001］があるが，これらは王朝史的叙述の一種であろう。この点で，人工国家という特徴をもつヨルダンの国民的アイデンティティー形成に関する Shryock［1997］は方法論的にも興味深い。日本ではこのテーマを掘り下げた北澤義之［1993］の研究がある。

【文献】

伊能武次［1993］『エジプトの現代政治』朔北社
臼杵陽［1998］『見えざるユダヤ人――イスラエルの「東洋」』平凡社
宇野昌樹［1996］『イスラーム・ドルーズ派――イスラーム少数派からみた中東社会』第三書館
大岩川和正［1983］『現代イスラエルの社会経済構造』東京大学出版会
大塚和夫［1995］『テクストのマフディズム』東京大学出版会
鹿島正裕［2003］『中東戦争と米国――米国・エジプト関係史の文脈』御茶の水書房
加藤博［1993］『私的土地所有権とエジプト社会』創文社
加藤博［1997］『アブー・スィネータ村の醜聞――裁判文書からみたエジプトの村社会』創文社
北澤義之［1993］「ヨルダンの「国民」形成――トランスヨルダン成立期を中心にして」酒井啓子編
　　『国家・部族・アイデンティティー――アラブ社会の国民形成』アジア経済研究所
木村喜博［1987］『東アラブ国家形成の研究』アジア経済研究所
栗田禎子［1999］「オラービー運動のソシアビリテ」歴史学研究会編『社会的結合と民衆運動（地中海世界史5）』青木書店
栗田禎子［2001］『近代スーダンにおける体制変動と民族形成』大月書店
栗本英世［1996］『民族紛争を生きる人びと――現代アフリカの国家とマイノリティ』世界思想社
佐藤次高編［2002］『西アジア史I　アラブ』山川書店
末近浩太［2005］『現代シリアの国家変容とイスラーム』ナカニシヤ書店

鈴木恵美［2005］「エジプトにおける議会家族の系譜」酒井啓子/青山弘之編『中東・中央アジア諸国における権力構造——したたかな国家・翻弄される社会』岩波書店
店田廣文［1999］『エジプトの都市社会』早稲田大学出版部
中岡三益［1991］『アラブ近現代史——社会と経済』岩波書店
長沢栄治［1999］「少年が見たエジプト1919年革命」栗本英世/井野瀬久美恵編『植民地体験——人類学と歴史学からのアプローチ』人文書院
長沢栄治［2007］「近代エジプトの国家と社会」池谷和信他編『アフリカⅠ　総説，イスラームアフリカ，エチオピア』朝倉書店
夏目高男［2003］『シリア大統領アサドの中東外交——1970-2000』明石書店
バラカート，アリー［1991］『近代エジプトにおける農民反乱——近代エジプト社会史研究入門』加藤博/長沢栄治訳・解題，(M. E. S. Series 30) アジア経済研究所
東アラブにおける社会変容の諸側面研究会編［1989］『文献解題　東アラブ近現代史研究』アジア経済研究所
藤田進［1989］『蘇るパレスチナ——語りはじめた難民たちの証言』東京大学出版会
ホーラーニー，アルバート［2003］『アラブの人々の歴史』湯川武監訳，阿久津正幸編訳，第三書館
堀井聡江［2007］「エジプトにおける先買権と土地所有権」『アジア経済』48：6
森まり子［2002］『社会主義シオニズムとアラブ問題——ベングリオンの軌跡 1905-1939』岩波書店
山口直彦［2006］『エジプト近現代史——ムハンマド・アリ朝成立から現在までの200年』明石書店
横田貴之［2006］『現代エジプトにおけるイスラームと大衆運動』ナカニシヤ書店
Abu Nowar, Maan [2001] *The Struggle for Independence 1939-1947 : A History of the Hashemite Kingdom of Jordan*, Reading/Ithaca
Akarli, Engin Deniz [1993] *The Long Peace : Ottoman Lebanon, 1861-1920*, London
'Āmil, Mahdī [1979] *Baḥth fī Asbāb al-Ḥadītharb al-Ahlīya fī Lubnān*, Beirut
Baer, Gabriel [1962] *A History of Land Ownership in Modern Egypt*, London
Barakāt, 'Alī [1978] *Tatawwur al-Milkīya al-Zirā'īya fī Miṣr wa Athr-hu 'alā al-Ḥaraka al-Siyāsīya 1813-1914*, Cairo
Barakāt, Ḥalīm [1984] *al-Mujtama' al-'Arabī al-Mu'āṣir : Baḥth Istitala'ī Ijtimā'ī*, Beirut
Batatu, Hanna [1999] *Syria's Peasantry, the Descendants of Its Lesser Rural Notables, and Their Politics*, Princeton
Beinin, Joel [2001] *Workers and Peasants in the Modern Middle East*, Cambridge
Bernstein, Deborah S. [2000] *Constructing Boundaries : Jewish and Arab Workers in mandatory Palestine*, Albany
Beydoun, Ahmad [1984] *Identité confessionelle et temps social chez les historiens Libanais contemporains*, Beirut
Binder, Leonard [1978] *In a Moment of Enthusiasm : Political Power and the Second Stratum in Egypt*, Chicago
al-Bishrī, Ṭāriq [1983] *al-Ḥaraka al-Siyāsīya fī Miṣr, 1945-1952*, 2nd ed., Cairo
Cole, Juan [1993] *Colonialism and Revolution in the Middle East : Social and Cultural Origins of Egypt's Urabi Movement*, Princeton
Cuno, Kenneth [1992] *The Pasha's Peasants : Land, Society, and Economy in Lower Egypt, 1740-1858*, Cambridge
Daly, M. W. 編 [1998] *Modern Egypt, from 1517 to the End of the Twentieth Century* (Cambridge History of Egypt, Vol. 2), Cambridge
Daly, M. W. [2002] *Imperial Sudan : the Anglo-Egyptian Condominium, 1934-1956*, Cambridge

Divine, Donna Robinson [1994] *Politics and Society in Ottoman Palestine : The Arab Struggle for Survival and Power*, Boulder
El Khazen, Farid [2000] *The Breakdown of the State in Lebanon, 1967-1976*, Cambridge (MA)/London
Fahmy, Khaled [1997] *All the Pasha's Men : Mehmed Ali, His Army and the Making of Modern Egypt*, Cambridge
Farah, Caesar E. [2000] *The Politics of Interventionism in Ottoman Lebanon, 1830-1861*, London
Firro, Kais M. [2003] *Inventing Lebanon : Nationalism and the State under the Mandate*, London
Goldschmidt, Arthur 他編 [2005] *Re-envisioning Egypt 1919-1952*, Cairo/New York
Gran, Peter [1978] *Islamic Roots of Capitalism : Egypt, 1760-1840*, Austin
Hanf, Theodor [1993] *Coexistence in Wartime Lebanon : Decline of a State and Rise of a Nation*, London
Hinnebusch, Raymond [2001] *Syria : Revolution from Above*, London
Holt, P. M. [1979(1961)] *A Modern History of the Sudan : From the Funj Sultanate to the Present Day*, New York
Hourani, Albert [1981(1966)] "Ottoman Reform and Politics of Notables," in Hourani, *The Emergence of the Modern Middle East*, London
Hourani, Albert [1991] "How Should We Write the History of the Middle East," *International Journal of Middle East Studies*, 23
Hourani, Albert/Philip S. Khoury/Mary C. Wilson 編 [1993] *The Modern Middle East : A Reader*, London
Ikeda, Misako [2005] "Towards the Democratization of Public Education : The Debate in Late Parliamentary Egypt, 1943-1952", in Goldschmidt 他編 [2005]
Johnson, Michael [2001] *All Honorable Men : the Social Origins of War in Lebanon*, London
Keen, David [1994] *The Benefits of Famine : A Political Economy of Famine and Relief in Southwestern Sudan, 1983-1989*, Princeton
Khalid, Mansour [2003] *War and Peace in Sudan : A Tale of Two Countries*, London
Khoury, Philip [1983] *Urban Notables and Arab Nationalism : the Politics of Damascus, 1860-1920*, Cambridge
Lockman, Zachary [1996] *Comrades and Enemies : Arab and Jewish Workers in Palestine, 1906-1948*, Berkeley
Logan, Eugene L./Avi Shl 編 [2001] *The War for Palestine : Rewriting the History of 1948*, Cambridge
Makdisi, Ussama [2000] *The Culture of Sectarianism : Community, History, and Violence in Nineteenth-century Ottoman Lebanon*, Berkeley
Marsot, Afaf Lutfi al-Sayyid [1984] *Egypt in the Reign of Muhammad Ali*, Cambridge
Metzer, Jacob [1998] *The Divided Economy of Mandatory Palestine*, New York
Mitchell, Timothy [1988] *Colonizing Egypt*, Cambridge
Morris, Benny [1989] *The Birth of the Palestinian Refugee Problem, 1947-1949*, Cambridge
Mufti, Malik [1996] *Sovereign Creations : Pan-Arabism and Political Order in Syria and Iraq*, Ithaca
Niblock, Tim [1987] *Class and Power in Sudan : the Dynamics of Sudanese Politics, 1898-1985*, Basingstoke
Pappe, Ilan [1992] *The Making of the Arab-Israeli Conflict, 1947-51*, London

Powell, Eve M. Troutt [2003] *A Different Shade of Colonialism : Egypt, Great Britain, and the Mastery of the Sudan*, Berkeley
Pundik, Ron [1994] *The Struggle for Sovereignty : Relations between Great Britain and Jordan, 1946-1951*, Oxford
Rafeq, Abdul-Karim [1970] *The Province of Damascus 1723-1783*, Beirut
Ramaḍān ʿAbd al-ʿAẓīm [1978] *Ṣirāʿ al-Ṭabaqāt fī Miṣr (1837-1952)*, Beirut
Salibi, Kamal [1988] *A House of Many Mansions : The History of Lebanon Reconsidered*, London
Seale, Patrick [1987] *The Struggle for Syria : A Study of Post-war Arab Politics, 1945-1958*, New Haven
Shepherd, Naomi [2000] *Ploughing Sand : British Rule in Palestine, 1917-1948*, New Brunswick
Shryock, Andrew [1997] *Nationalism and the Genealogical Imagination : Oral History and Textual Authority in Tribal Jordan*, Berkeley
Swedenburg, Ted [1995] *Memories of Revolt : The 1936-1939 Rebellion and the Palestinian National Past*, Minneapolis
Tauber, Eliezer [1995] *The Formation of Modern Syria and Iraq*, England
Thompson, Elizabeth [2000] *Colonial Citizens : Republican Rights, Paternal Privilege, and Gender in French Syria and Lebanon*, New York
Vatikiotis, P. J. [1991] *The History of Modern Egypt : From Muhammad Ali to Mubarak*, 4th ed., London
Warburg, Gabriel [2003] *Islam, Sectarianism, and Politics in Sudan since the Mahdiyya*, London
Waterbury, John [1983] *The Egypt of Nasser and Sadat : The Political Economy of Two Regimes*, Princeton
Zamir, Meir [1997] *Lebanon's Quest : The Road to Statehood, 1926-1939*, London

3C-2 マグリブ　　　　　　　　　　　　　　　　　　　　　私市正年

マグリブ植民地史研究と方法論的問題

　19世紀のマグリブ諸地域はフランスの植民地支配下に組み込まれたが，それとともに近代に入った。そして公文書，外交史料，調査記録などの豊富な史資料によって裏付けられた実証研究がたくさん生み出された。

　しかしこれらの研究はマグリブ社会を正確に描き出したとはいえないだろう。なぜなら史資料の大半は，フランス植民地統治に関する史資料であり，そこに住むマグリブ人（被征服者）のそれではないからであり，明らかにされた研究成果も統治に関わるテーマは詳細に分析されるが，マグリブ人社会内部の諸問題，農村の社会変容，イスラームの文化活動などは周辺的研究対象にされているからである。

このような欠陥を修正する試みは二つの方向からなされてきた。一つは従来の史資料をマグリブ人住民の視点から読み直す方法である。Nouschi［1961］はこうした研究成果の先駆といえるが，フランス植民地史観からの脱却を意図してアルジェリア史の再解釈を試みる Stora［2001］や Kaddache［2003］の方が学術的刺激は大きい。

もう一つの方向は現地住民側の姿を伝える史資料，たとえば歌や民話，地方の年代記，口承，法文書などを発掘・収集し，それらに基づく研究の試みである。このような研究成果としては Ibn Ashur［1956］や Charnay［1965］があるが，マグリブ人研究者たちの新しい研究に注目すべきだろう。たとえば Chachoua［2001］は，アルジェの大モスクのムフティーの書簡（アラビア語）を史料として，フランス植民地支配下のアルジェリアにおける宗教と国家の関係を分析した研究であり，Ben Achour［1989］は多数の文書史料を用いて，内側からチュニス社会を詳細に分析した研究である。

マグリブ史の総合化や普遍化という問題点については，Laroui［1977］を参照。宮治一雄［1989(1978)］は確かな歴史観に基づくマグリブ通史である。

アルジェリア植民地史研究については，Julien［1964］と Ageron［1979］は先ず参照されるべき研究書である。アージュロン［2002］はアルジェリア植民地期の概観を得るのに便利な書である。最近の研究で注目すべきは，植民地支配の「歴史的影」をひきずらないアメリカの研究である。たとえば McDougall［2006］には，アラビア語史料とフランス植民地史料を併用しつつ，アルジェリア・ナショナリズムを他のアジア・アフリカのそれと比較しようとする視点が提示されており，「フランス研究」からの脱却をめざす展望が感じられる。モロッコについては，Julien［1978］が記述の正確さと分析力で抜きん出ている。Brignon 他［1967］はモロッコ通史の基本書で植民地史についても基本的諸問題が手際よく記述されている。チュニジアの近現代史については，Ganiage［1969］と Kassab［1976］の二書を手がかりに研究を進めるのがよいが，全体的な見取り図を得るには後者が適している。

マグリブにおけるナショナリズム形成と独立運動

ナショナリズムの形成と独立運動のありようは独立後の国家と社会の特徴を理解する鍵になっている。

ではマグリブ諸国のナショナリズムの起源はいつまで遡れるのか。アブディルカーディルの叛乱は，植民地支配に対する抵抗運動という側面とともにアルジェリア・ナショナリズムの起源の問題にかかわる研究テーマでもあるが，この叛乱にはいまだアルジェリア・ナショナリズムの覚醒はみられないとするのが支配的な見解である。この問題については，Gallissot［1965］，Danziger［1977］，私市正年［1982-83］が参考になる。またラルイ［1988］は植民地支配に対する抵抗という視点からマグリブ人の歴史への主体性を論じたもので興味深い。チュニジアについては Ziyadeh［1962］と Perkins［2004］，アルジェリアについては Merad［1967］と McDougall［2006］，モ

ロッコについては Halstead［1967］などが先ず参照すべき研究であるが，何れもその起源を 19 世紀にまで遡っている。しかし問題は，何れの研究もワタン（祖国），フッリーヤ（自由），イスティクラール（独立）などのアラブ・ナショナリズムの重要な概念や組織的運動を詳細に分析していないことである。ここでもフランス植民地政府の史資料に拠っていては限界があり，マグリブ社会独自の史資料に基づく本格的な研究が待たれる。

ナショナリズム運動の具体的な動きについて，チュニジアに関しては Khairallah［1934-38］，アルジェリアに関しては Stora［1989］を参照。モロッコについては，Al-Fasi［1954］と，ナショナリズムの歴史的・文化的背景を鋭い視点で分析した Laroui［1980］が必読である。Brignon 他［1967］や El-Mansour［1996］は要領をえた概説書である。なおチュニジアのナショナリズムの起源と初期の展開については，近代ウラマーの社会構造や運動を詳細に分析した Green［1978］が参考になる。

日本語で読める著作は少ないが，ベルク［1988］は両大戦間期のマグリブのナショナリズムを論じたものとして質は高い。同じ両大戦間期のナショナリズムを論じた宮治一雄［1973］と比較して読むことを薦める。小山田紀子はアルジェリア植民地史研究を土地制度と市町村行政制度の分析から行なっているが，彼女はこれらの研究（場）を通じて植民地支配と民族解放闘争の実態を見据えようとしているので参考になる。とりあえず小山田［1992］［2001］などを参照。植民地史料を利用しながらも，アルジェリア社会内部の変化を考察しようとするのが渡邊祥子［2006］である。渡邊は，公認アラビア語教育の失敗の背後に，植民地支配の矛盾とアルジェリア社会内部の変化があったとする。

■ マグリブにおけるスーフィズムと聖者崇拝

マグリブ研究の一つの特徴は文化人類学者が大きな貢献をしていることであるが，Clancy-Smith［1997］は植民地期のアルジェリアのラフマーニー教団についての優れた研究である。現地調査に基づくモノグラフはすでに植民地時代から生み出されていたが，学術的な方法論をふまえた研究となると Geertz［1968］を先ずあげねばなるまい。モロッコとインドネシアを，歴史性と宗教性を比較しながら二つの社会の特質を論じた研究である。同時期にイギリスのゲルナーもモロッコの聖者の民族誌研究 Gellner［1969］によって注目すべき成果を発表した。しかし彼の研究が学問的にも地域的にもより普遍的な影響力をもつにいたったのは，イブン・ハルドゥーンの王朝交替史観やヒュームの宗教の振動理論を応用してイスラーム社会を「一神教的特質と多神教的特質」の間でのダイナミズムの中でとらえる「振り子理論」である。それはゲルナー［1991］にまとめられている。

この二人の偉大な研究者の後，もっとも重要な研究を行なっているのはアイケルマンである。彼は歴史性を重視しつつ，アラブ（マグリブ）・イスラーム社会における家族，聖者，部族，都市，政治などの諸問題を鋭い視点でもって論じた。それらにつ

いては Eickelman［1976］，アイケルマン［1988(原著 1981)］を参照。また Munson［1993］は歴史資料を活用しながら，歴史性に制約された宗教的権力の源泉を人類学的に読み解くことに成功した研究として注目される。

日本人による研究にも優れた成果が生み出されている。チュニジアのセダダ村の聖者信仰に焦点をあてて歴史民族誌をまとめた鷹木恵子［2000］，モロッコの聖者廟参詣や聖者祭の実態と意味を論じた堀内正樹［1989］［1999］や斉藤剛［2004］などである。

■ マグリブにおける社会開発とジェンダー

アラブ諸国の中ではマグリブ三国はフランスの学問的な影響を強く受けたせいもあり，欧米流の社会開発やジェンダー問題への関心が高い。研究は NGO の活動が始まる 1980 年以降に活発化し，研究分野は人権問題，女性運動，公衆衛生，女性・子供の教育，環境保護，地域開発などさまざまな分野に及んでいる。その概要は宮治一雄［2004］，El Aoufi 編［1992］などによって知ることができるが，詳細な調査と質の高い研究となるとこれからの課題といえよう。日本における研究では，チュニジア農村における家族計画の調査をした岩崎えり奈［1997］，出稼ぎによる家庭内のジェンダー関係の変化を分析した岩崎［2005］，マイクロクレジットの調査によってマグリブ諸国の農村女性の社会開発に新たな問題提起を行なった鷹木恵子［2005］［2008］などの研究が注目にあたいする。またベール論やフェミニズム論に関しては宮治美江子［1987］［1990］およびメルニーシー［2000］を参照。

■ マグリブにおけるイスラーム主義運動と民主化

マグリブ諸国をイスラーム地域の中に位置づけて考えたとき，現代的な課題としてもっとも重要なのは，失業・貧困・独裁・抑圧・差別といったさまざまな問題の考察・分析を強いるイスラーム主義運動と民主化という二つのテーマということになる。

1990 年代に軍・体制とイスラミスト集団との衝突による悲惨な内戦状況を体験したアルジェリアについては，イスラーム主義運動に関して数え切れないほどの研究が生み出されてきた。

Ruedy 編［1996］はマグリブ諸国おけるイスラームと国家の関係（19 世紀から現代イスラーム主義運動まで）をバランスよく論じている。Guazzone 編［1995］はアラブ世界の中でのアルジェリアとチュニジアのイスラーム主義運動の位置を知るのに便利である。Burgat［1995］はチュニジア，アルジェリア，リビア，モロッコのイスラーム主義運動の思想・組織などを分析したものであるが，本書の特徴は，研究の少ないチュニジアのイスラーム主義運動に詳細な考察が加えられている点である。Lamchichi［1989］はマグリブ三国のイスラーム主義運動の，とくに思想的分析にすぐれた視点が示されている。私市正年［2004］もマグリブ三国のイスラーム主義運動

を論じたものであるが，社会運動としてイスラーム主義運動をみたとき，それはテロリズムに陥るとともに挫折した，という考え方が提示されている。

　アルジェリアについては，Labat［1995］がFISの台頭と地方選挙，国政選挙を経てテロリズムにいたる過程を詳細に分析している。Kepel［2000］がイスラーム主義運動全体の中にアルジェリアの事例を位置づけようとする視点はきわめて示唆に富む。

　モロッコについては，Tozy［1999］が王制とイスラーム主義の関係という本質的な問題を鋭く分析している。2003年のカサブランカ・テロ事件までを扱ったChaarani［2004］はモロッコのイスラーム主義運動の実態を詳細に分析している。

　チュニジアについては，Camau/Geisser［2003］は，イスラーム主義運動を専論として扱った書ではないが，ブルギバ体制からベンアリー体制の今日までの権威主義体制を分析し，その中でイスラーム主義運動の関係を論じている。学ぶべきことの多い著書である。

　日本では，宮治一雄［1996］，渡辺伸［2002］，私市正年［2004］，福田邦夫［2006］などがアルジェリアのイスラーム主義運動を論じている。

　1990年代半ばにイスラーム主義運動がテロリズムに巻き込まれるとともに，民主化の挫折という大きな課題が21世紀に残された。国家権力もイスラーム主義勢力もどちらも独裁と権威主義の源でしかないと糾弾し，市民社会の重要性を説くメルニーシー［2000］の主張は重い。民主化問題については何れの研究にも一定の言及があるが，とくにZartman/Habeeb編［1993］，Entelis編［1997］，Volpi［2003］などが参考になる。イスラームと市民社会論の関係についてはGellner［1991］，Norton［1995-96］，Sater［2007］が役に立つ。

【文献】

アイケルマン，D・F［1988（原著1981）］『中東——人類学的考察』大塚和夫訳，岩波書店
アージュロン，Ch-R［2002］『アルジェリア近現代史』私市正年/中島節子訳，白水社
岩崎えり奈［1997］「避妊にみる女性の行動選択——チュニジア南部タタウィーン県の事例」『現代の中東』
岩崎えり奈［2005］「出稼ぎによるジェンダー関係の変化——北アフリカ・チュニジア南部の事例」加藤博編『イスラームの性と文化（イスラーム地域研究叢書6）』東京大学出版会
小山田紀子［1992］「植民地アルジェリアにおける行政町村の形成」『歴史学研究』633
小山田紀子［2001］「アルジェリアにおける1863年元老院令（土地法）の適用と農村社会の再編——植民地行政町村（コミューン）の形成をめぐって」『国際社会学研究所研究起用』9
私市正年［1982-83］「フランスのアルジェリア侵入とアブド＝アルカーディルの叛乱（I）-（II）」『マグレブ』99/100, 104
私市正年［2004］『北アフリカ・イスラーム主義運動の歴史』白水社
ゲルナー，E［1991］『イスラム社会』紀伊国屋書店
斉藤剛［2004］「非祝祭的祭——モロッコにおけるイスラーム神秘主義教団の聖者祭と宗教的実践」『社会人類学年報』30

鷹木恵子［2000］『北アフリカのイスラーム聖者信仰――チュニジア・セダダ村の歴史民族誌』刀水書房
鷹木恵子［2005］「マグリブ三国におけるマイクロクレジット普及の背景とその現状――〈開発とジェンダー〉の考察に向けて」加藤博編『イスラームの性と文化（イスラーム地域研究叢書6）』東京大学出版会
鷹木恵子［2008］『マイクロクレジットの文化人類学――中東・北アフリカにおける金融の民主化にむけて』世界思想社
福田邦夫［2006］『独立後第三世界の政治・経済過程の変容――アルジェリアの事例研究』西田書店
ベルク，J［1988］「マグレブとサハラ地方における政治とナショナリズム――1919年から1935年まで」宮治一雄訳，宮本正興編『ユネスコ・アフリカの歴史』第7巻・上，同朋舎
堀内正樹［1989］「聖者シャルキーの祝祭――中部モロッコのムーセム（聖者祭）について」『日本中東学会年報』4：1
堀内正樹［1999］「現代モロッコの廟参詣――「聖者」を「偉人」とする提案を添えて」歴史学研究会編『巡礼と民衆信仰』青木書店
宮治一雄［1973］「マグレブの民族運動とフランスの人民戦線」江口朴郎編『両大戦間の国際政治とアジア・アフリカ』アジア経済研究所
宮治一雄［1989］『アフリカ現代史V』山川出版社
宮治一雄［1996］「アルジェリアの国家体制とイスラーム」山内昌之編『イスラム原理主義とは何か』岩波書店
宮治一雄［2004］「イスラーム世界の民衆運動と民主化」私市正年/栗田禎子編『イスラーム地域の民衆運動と民主化（イスラーム地域研究叢書3）』東京大学出版会
宮治美江子［1987］「ヴェールの隠すものと顕すもの――集合表象としてのヴェール」片倉もとこ編『人々のイスラーム――その学際的研究』日本放送出版協会
宮治美江子［1990］「アラブ・イスラーム世界における『聖』の構造」――ハラームの概念をめぐって」阿部年晴他編『民族文化の世界（上）――儀礼と伝承の民族誌』小学館
メルニーシー，F［2000］『イスラームと民主主義』私市正年/ラトクリフ川政祥子訳，平凡社
ラルイ，A［1988］「北アフリカとサハラにおけるアフリカ人の主体性と抵抗」小山田紀子訳，宮本正興編『ユネスコ・アフリカの歴史』第7巻・上，同朋舎
渡邊祥子［2006］「植民地期アルジェリアのアラビア語教育政策――1930年代～50年代の威信問題」『日本中東学会年報』22：1
渡辺伸［2002］『アルジェリア危機の10年』文芸社
Ageron, Ch.-R. [1979] *Histoire de l'Algérie contemporaine*, Paris
Al-Fasi, A. [1954] *The Independence Movements in Arab North Africa*, Washington, D.C.
Ben Achour, M. El-A. [1989] *Catégories de la société tunisoise dans la deuxième moitié du xixème siècle*, Tunis
Brignon, J. 他 [1967] *Histoire du Maroc*, Paris
Burgat, F. [1995] *L'islamisme au Maghreb*, Paris
Camau, M./V. Geisser [2003] *Le syndrome autoritaire : Politique en Tunisie de Bourguiba à Ben Ali*, Paris
Chaarani, A. [2004] *La mouvance islamiste au Maroc*, Paris
Chachoua, K. [2001] *L'islam kabyle : Religion, état et société en Algérie*, Paris
Charnay, J. P. [1965] *La vie musulmane en Algérie d'après la jurisprudence de la première moitié du XXe siècle*, Paris
Clancy-Smith, J. A. [1997] *Rebel and Saint*, Los Angeles

Danziger, R. [1977] *Abd al-Qadir and the Algerians*, New York/London
Eickelman, D. F. [1976] *Moroccan Islam : The Tradition and Society in a Pilgrimage Center*, Austin
El Aoufi, N. 編 [1992] *La société civile au Maroc*, Rabat
El-Mansour, M. [1996] "Salafis and Modernist in the Moroccan Nationalist Movement," in J. Ruedy 編, *Islamism and Secularism in North Africa*, New York
Entelis, J. P. 編 [1997] *Islam, Democracy and the State in North Africa*, Bloomington/Indianapolis
Gallissot, R. [1965] "Abd el-Kader et la nationalité algérienne," *Revue histoire*, 23
Ganiage, J. [1969] *Les origines du protectorat français en Tunisie*, Tunis
Geertz, C. [1968] *Islam Observed : Religious Development in Morocco and Indonesia*, Chicago
Gellner, E. [1969] *Saints of the Atlas*, Chicago
Gellner, E. [1991] "Civil Society in Historical Context," *International Social Science Journal*, 129
Green, A. H. [1978] *The Tunisian Ulama 1873-1915*, Leiden
Guazzone, L. 編 [1995] *The Islamist Dilemma*, Berkshire
Halstead, J. P. [1967] *Rebirth of a Nation : Origins and Rise of Moroccan Nationalism 1912-1944*, Cambridge
Ibn Ashur, M. F. [1956] *Al-Haraka al-Adabiyya wa al-Fikriyya fi Tunis*, Cairo
Julien, Ch.-A. [1964] *Histoire de l'Algérie contemporaine*, Paris
Julien, Ch.-A. [1978] *Le Maroc face aux impérialismes 1415-1956*, Paris
Kaddache, M. [2003] *L'Algérie des Algériens de la préhistoire à 1954*, Paris/Alger
Kassab, A. [1976] *Histoire de la Tunisie : l'Epoque contemporaine*, Tunis
Kepel, G. [2000] *Jihad : Expansion et déclin de l'islamisme*, Paris
Khairallah, C. [1934-38] *Le mouvement évolutionniste tunisien*, Tunis
Labat, S. [1995] *Les islamistes algériens*, Paris
Lamchichi, A. [1989] *Islam et contestation au Maghreb*, Paris
Laroui, A. [1977] *The History of the Maghrib*, Princeton
Laroui, A. [1980] *Les origines sociales et culturelles du nationalisme marocain (1830-1912)*, Paris
McDougall, J. [2006] *History and the Culture of Nationalism in Algeria*, Cambridge
Merad, A. [1967] *Le réformisme musulman en Algérie de 1925 à 1940*, Paris
Munson, Jr., H. [1993] *Religion and Power in Morocco*, New Haven/London
Norton, A. R. [1995-96] *Civil Society in the Middle East*, Vols. 1, 2, Leiden/New York/Köln
Nouschi, A. [1961] *Enquête sur le niveau de vie des populations rurales constantinoises : De la conquête jusqu'en 1919*, Paris
Perkins, K. J. [2004] *A History of Modern Tunisia*, Cambridge
Ruedy, J. 編 [1996] *Islamism and Secularism in North Africa*, New York
Sater, J. [2007] *Civil Society and Political Change in Morocco*, London/New York
Stora, B. [1989] *Les sources du nationalisme algérien*, Paris
Stora, B. [2001] *Algeria 1830-2000*, Ithaca/London
Tozy, M. [1999] *Monarchie et Islam politique au Maroc*, Paris
Volpi, F. [2003] *Islam and Democracy : The Failure of Dialogue in Algeria*, London
Zartman, I. W./W. M. Habeeb 編 [1993] *Polity and Society in Contemporary North Africa*, Boulder, San Francisco/Oxford
Ziyadeh, N. A. [1962] *Origins of Nationalism in Tunisia*, Beirut

3C-3　湾岸アラビア地域とイエメン　　　福田安志

湾岸アラビア地域・イエメン研究をめぐる状況

　湾岸アラビア地域とイエメンについての研究は，1970年代半ばに大きな転機を迎えるまでは，中東の他の地域と比べて活発ではなく手薄な状態であった。その背景には，1970年代半ば以前は，現地での研究が育っていなかったことと，この地域に対する世界的な関心が現在ほど高くはなく欧米諸国などでの研究も活発ではなかったことがある。

　現地で研究が育たなかった第一の理由として，当時は大学などの高等教育・研究機関が少なく，国によっては大学すら存在しない状態で研究者の数も少なく研究体制が整っていなかったことがある。第二には，多くの国で現在でも政党の結成が禁止されているように，各国では政治的な規制が強く言論活動が大きく制約されていたため，政治や経済，さらには近現代史やイスラームに関する研究ですら大きな制約を受けてきたことがある。

　研究状況を変える転機になったのが1973年のオイルショックであった。オイルショックを経て湾岸アラビア諸国への世界の関心が飛躍的に高まり，また，現地でも，経済力がついてくるのにともない自国に関する研究への関心が高まり，大学などの高等教育・研究機関の整備も進み，それらのことが研究活動を促進することとなったからである。

　この時期に現地での研究をめぐる環境は大きく改善され，文献などの形で公表された研究成果の数は増加した。しかし，研究の歴史が新しく人材や研究面での蓄積が不十分であり，また，政治的な要因による研究への規制が続いていたため，研究の発展は制約されたものとなった。とくに政治的要因による影響は大きく，現在でも，自国の政治や民族問題に関する研究はきわめて困難であり，経済，社会，歴史についての研究や，さらにはイスラームに関する研究も制約を受けているのが実状である。

　一方で，欧米諸国などの域外諸国では以前から研究が行われていたが，オイルショックを経て研究が活発になり多くの成果が生み出された。研究者が比較的多く集まったのがイギリス，アメリカ，イスラエルで，大学の研究者を中心にして多様な研究が行われてきた。

湾岸アラビア地域とイエメンの歴史

　現地で最も研究が進んだのは，研究面での制約が比較的少なかった歴史分野であり，1970年代後半以降，とりわけ80年代に入るとサウディアラビア，クウェート，イエメン，オマーンなどで自国や周辺地域に関する歴史分野の文献がいくつも刊行されるようになった。

とくに、サウディアラビアでは大学の研究者を中心にして歴史研究が進み、18～19世紀を中心にして、通史や外交史に関する研究書などが数多く刊行された。その通史などについては福田安志［1995］の文献案内に記されている。同じ時期には、イスタンブールのオスマン文書などを利用した al-Wahbī［1989］のバヌー・ハーリド部族の研究、カイロのムハンマド・アリー朝時代の文書史料などを利用した Nakhla［1980］によるアハサー地方に関する研究、al-ʻUqailī［1989］によるジイザーン地方の地域勢力の興亡についての研究、アシール地方のアミールだったアール・イブラヒーム家について記した ʻAbd Allah b. Saʻīd［1995］など、主に地方史に焦点を当てた特色ある研究成果が数多く刊行され、それはサウディアラビアの歴史研究の特色となっている。また、地名辞典（Muḥammadīn［1992］）や部族に関する辞典（al-Jāsir［1980］）などの工具類もいくつか刊行されるなど、サウディアラビア人やアラブ人研究者の手でふくらみのある歴史研究が行われるようになった。

同じ時期には、クウェート、イエメン、オマーンでも歴史に関する文献がいくつか刊行されている。しかし、アラブ首長国連邦、バハレーン、カタルについては、現地での研究が遅れ、また、人口がわずかでアラビア語の出版文化もあまり発達せず、このため、英語による文献はいくつか刊行されているが、アラビア語での文献はきわめて少ない。

アラビア語で刊行された歴史文献は、既存の研究が少なかったため研究者にとって貴重な情報を提供してくれるものとなったが、量と質の面で、とりわけ研究方法や分析視角などの面で物足りなさを感じることがある。その背景には各国での歴史研究の蓄積が少ないことや、行政文書や土地関係文書など在地の文書史料がほとんど利用できないことがあり、さらに、イエメンを除く各国では前近代・近代に成立した王朝が現在も続いており、現地人研究者にとっては体制への批判につながる研究が困難であるなど、比較的制約が少ないとはいえ、アカデミックな立場からの研究に制約が存在することがある。

同じ時期に、いくつかの国では歴史史料の復刻版が刊行されている。とくに、サウディアラビアとオマーンでそれぞれ中心的宗派となっているワッハーブ派とイバード派に関する文献の復刻版が刊行され、歴史研究とイスラーム研究に大きく寄与した。代表的なものを挙げると、サウディアラビアのサウード朝とワッハーブ派の歴史研究に欠かせない文献である Ibn Bishr［復刻年不明］や Ibn Ghannām［1985］、オマーンのイバード派とその王朝の研究に必要な Ibn Ruzaiq［1977］や Sirḥān b. Saʻīd［1980］などが刊行されている。イエメンでもザイド派に関する宗教書がいくつか刊行されている。復刻されたそれらの歴史史料は、貴重な第一次史料として多くの研究者に利用されるようになった。

欧米諸国などにおける歴史研究では、アラビア半島沿岸地域の多くを支配していたイギリスで活発な研究が行われてきた。イギリスで歴史研究が盛んになったのは、イギリス東インド会社とインド政庁関係の史料や外交文書が数多く存在し、また、

British Library などに多数の旅行記やアラビア語文献が集められていたことがその背景にある。インド政庁関係史料などの歴史史料のなかには，近年復刻版が出されたものも多い。ロンドンの国立公文書館に収められている外交文書も国・地域ごとに文書の写しがまとめられ，イギリスの Archive Editions から何点か刊行されている。一般的に，イギリスの史料は閲覧が容易で利用し易く，それらの史料を利用したアメリカ人研究者や湾岸現地の研究者などによる研究も増えている。

　欧米諸国における研究では，初期の代表的なものとしては，湾岸の近代史を記した Kelly［1968］が挙げられよう。欧米諸国の研究ではイギリスの史料を利用した研究が多く，したがって，もともとは半島沿岸部を対象としたものが多く，テーマも外交や通商を扱ったものが多かった。そのことは，とりわけオマーン史研究についての特徴となっており，例えば，インド人との関係でオマーンの近代史を記した Allen［1978］や近代にかけてのオマーンの海洋活動を取り扱った Risso［1986］などの研究書にその傾向が見られる。日本でも，オマーンの海洋発展などについて述べた福田安志［2000］，アラビアとアフリカの関係について記した福田［1997］と富永千鶴子［1983］，オマーンの統治者の称号の変遷をイギリスとの関係で述べた松尾昌樹［2003］などの研究成果がある。

　域外諸国での研究では 1970 年代以降，しだいに関心が沿岸部から半島の内側の事象に向かい，それとともに内政や部族に軸足を置いた研究が増えてくる。サウディアラビアについては，エジプトの 'Abd al-Raḥmān［1981］がカイロの文書館の文書史料を用いムハンマド・アリー朝との関係でサウディアラビアの歴史を記したのをはじめ，アブドル・アジーズによる王国の建設過程を記したテルアビブ大学の Kostiner［1993］やヒジャーズ王国を取り扱ったテルアビブ大学の Teitelbaum［2001］，社会経済史の視点からサウディアラビアの近現代史を解き明かしたロシア科学アカデミーの Vassiliev［2000］などの文献が刊行されている。サウディアラビアの近現代史については，在外サウディアラビア人の目で現代のサウディ政治について鋭い分析を発表することの多い Al-Rasheed［2002］による文献も挙げておきたい。日本でも小串敏郎［1996］では政治史に焦点を当ててサウディアラビア近現代史が記されている。

　部族と関係した研究としては，サウディ国家の形成と部族との関係について述べた Kostiner［1991］や，イフワーン運動について記した中村覚［2000］などがある。他の国では，オマーンのイスラームと部族の問題を取り上げた Wilkinson［1987］による研究，イエメンでは部族の視点から近代に至る歴史を記した Dresch［1989］，また，ザイド派イマームと部族について記した栗山保之［1998］などがある。Fukuda［1998］ではアラビア半島における部族社会と国家形成が取り上げられている。

　以上，歴史関係の研究状況と文献について紹介してきた。これらの諸国の歴史についての文献案内としては福田安志［1989］［1995］がある。

湾岸アラビア地域とイエメンの政治・経済・社会

　アラビアの現地では自国の政治・経済についての研究は少なく，現地で刊行されている文献も，統計を除くと，研究書については見るべきものは少ない。政治に関しては，すでに述べたように現地の政治をめぐる状況との関係で突っ込んだ研究が困難である。経済に関しても，経済政策などに関する部分では水面下で制約が存在し，また，研究機関や研究者も少なく，それぞれの国における自国経済についての研究は低調である。

　このため，政治・経済についての研究では欧米諸国などの研究者が中心になっており，イギリス，アメリカ，イスラエルなどを中心にして研究が行われているが，刊行されている文献は多くない。情報が少ないなかで，基本的な情報を得るためにロンドンの EIU（Economist Intelligence Unit）から発行されている政治・経済に関する各国リポート（Country Profile, Country Report）が利用されることも多い。

　分野ごとに最近の代表的な研究を紹介すると，現代の政治に関してはサウディアラビアを対象としたものが多い。イスラーム反体制派についての文献としては，アメリカで活動しているエジプト人研究者 Fendy［1999］による文献や，テルアビブ大学の Teitelbaum［2000］によるものが挙げられる。Champion［2003］，保坂修司［2005］，福田安志［2006］など，政治の動きを社会変容との絡みで述べた文献もいくつかある。また，最近は司法制度についての研究書も刊行されるようになり，サウディアラビアの司法制度を研究した Vogel［2000］，アラブ首長国連邦の司法制度を研究した Richard/Tamimi［2005］，バハレーンの司法制度を研究した Radhī［2003］などが注目される。イエメンの政治については，地方行政を研究した松本弘［2001］など同氏による一連の研究がある。

　経済に関しては，1980年代にかけて欧米諸国で文献がいくつか刊行されたが，90年代以降は関心が薄れ最近刊行された文献は少ない。サウディアラビアの経済発展について記したイギリス・ダーラム大学の Wilson［2004］やサウディアラビア人研究者による Ramady［2005］，ドバイを中心にして中東諸国の経済開発戦略について記した細井長［2003］などが，最近の研究として挙げられよう。原油に関しては，サウディアラビアの原油埋蔵量が実際には少ないと主張して注目を集めた Simmons［2005］などがあるが，同書に対する評価は分かれている。

　社会に関しても，主に欧米諸国でいくつか研究書が出されているが，わが国では，アフリカ系オマーン人について取り上げた大川真由子［2004］やイエメンにおける紛争調停について記した大坪玲子［1995］などがある。イエメンについては，佐藤寛［1993］が格好の入門書となっている。

　その他に湾岸地域の領土紛争を取り扱った石田進［2003］がある。また中村覚編著［2007］は，サウディアラビアについての格好の入門書となっている。

【文献】

石田進［2003］『ペルシャ・アラビア湾諸国間の領土紛争の研究』三省堂
大川真由子［2004］「オマーン人の移動とネットワーク——社会人類学的視点から」『日本中東学会年報』19：2
大坪玲子［1995］「イエメンにおける調停者と保証人」『日本中東学会年報』10
小串敏郎［1996］『王国のサバイバル』日本国際問題研究所
栗山保之［1998］「中世イエメンのザイド派イマームと部族——イマーム・ハーディーのイエメン入城をめぐって」『日本中東学会年報』13
佐藤寛［1993］『イエメン——もうひとつのアラビア』アジア経済研究所
富永千鶴子［1983］「私金融とインド洋世界（19-20 世紀）」『アジア経済』29：3
中村覚［2000］「イフワーン運動の政治的背景（1912-1920）」『日本中東学会年報』15
中村覚編著［2007］『サウジアラビアを知るための 65 章』明石書店
福田安志［1989］「オマーン」東アラブにおける社会変容の諸側面研究会編『文献解題——東アラブ近現代史研究』アジア経済研究所
福田安志［1995］「マシュリク（近現代　アラビア半島）」三浦徹/東長靖/黒木英充編『イスラーム研究ハンドブック』栄光教育文化研究所
福田安志［1997］「インド洋交渉史」宮本正興/松田素二編『新書アフリカ史』講談社現代新書
福田安志［2000］「ペルシャ湾と紅海の間」『イスラーム・環インド洋世界　16-18 世紀（岩波講座世界歴史 14）』岩波書店
福田安志［2006］「サウジアラビア——テロと民主化」福田安志編『アメリカ・ブッシュ政権と揺れる中東』アジア経済研究所
保坂修司［2005］『サウジアラビア——変わり行く石油王国』岩波新書
細井長［2003］『中東の経済開発戦略』ミネルヴァ書房
松尾昌樹［2003］"A Study of Titles of Rulers of the Āl Bū Sa'id Dynasty"『日本中東学会年報』19：1
松本弘［2001］「イエメンの地方行政——行政区域と地方社会の間」伊能武次/松本弘編『現代中東の国家と地方』1，日本国際問題研究所

'Abd Allāh b. Sa'īd [1995] *'Abd al-'Azīz b. Ibrāhīm Āl Ibrāhīm*, Riyādh
'Abd al-Raḥmān, 'Abd al-Raḥīm [1981] *Muḥammad 'Alī wa Shibh al-Jazīra al-'Arabīya*, al-Qāhira
Allen, C. H. [1978] *Sayyids, Shets and Sulṭan: Politics and Trade in Mascaṭ under the Āl Bū Sa'īd, 1785-1914*, Ph.D. dissertation, University of Washington
Al-Rasheed, M. [2002] *A History of Saudi Arabia*, Cambridge
Champion, D. [2003] *The Paradoxical Kingdom*, London
Dresch, P. [1989] *Tribes, Government, and History in Yemen*, Oxford
Fendy, M. [1999] *Saudi Arabia and the Politics of Dissent*, London
Fukuda, S. [1998] "The Oil Economy and the Change of Political System in GCC Countries: A Case of Saudi Arabia," in S. Fukuda 編, *Economic Development and Changes in the Society and Politics of Arab Countries*, Tokyo
Ibn Bishr, 'U. ［復刻年不明］ *'Unwān al-Majd fī Ta'rīkh Najd*, Riyādh
Ibn Ghannām, H. [1985] *Ta'rīkh Najd*, Bairūt
Ibn Ruzaiq, M. [1977] *al-Futḥ al-Mubīn fī Sīrat al-Sāda āl-Bū Sa'īdīn*, Mascaṭ
al-Jāsir, Ḥamad [1980] *Mu'jam Qabā'il al-Mamlaka al-'Arabīya al-Su'ūdīya*, al-Qāhira
Kelly, J. B. [1968] *Britain and the Persian Gulf 1795-1880*, Oxford (repr. ed., 1991)
Kostiner J. [1991] "Transforming Dualities: Tribe and State Formation in Saudi Arabia", in P.

Khoury/J. Kostiner 編, *Tribes and State Formation in the Middle East*, London
Kostiner J. [1993] *The Making of Saudi Arabia 1916-1936*, Oxford
Muḥammadīn, Maḥmūd [1992] *Ismā' al-Amākin fī al-Mamlaka al-'Arabīya al-Su'ūdīya*, Riyāḍh
Nakhla, Muḥammad 'Arābī [1980] *Ta'rīkh al-Iḥsā' al-Siyāsī (1818-1913)*, Kuwait
Radhī, H. A. [2003] *Judiciary and Arbitration in Bahrain, A History and Analytical Study*, London
Ramady, M. A. [2005] *The Saudi Arabian Economy: Policies, Achievements and Challenges*, New York
Richard, P./E. Tamimi [2005] *United Arab Emirates Court of Cassation Judgments 1998-2003*, Leiden
Risso, P. [1986] *Oman & Muscat as Early Modern History*, London
Simmons, M. R. [2005] *Twilight in the Desert, The Coming Saudi Oil Shock and the World Economy*, New Jersey
Sirḥān b. Sa'īd [1980] *Ta'rīkh 'Umān al-Muqtabas min Kitāb Kashf al-Ghumma al-Jāmi' li-Akhbār al-Umma*, Masqaṭ
Teitelbaum J. [2000] *Holier than Thou, Saudi Arabia's Islamic Opposition*, Washington
Teitelbaum J. [2001] *The Rise and Fall of Hashimite Kingdom of Arabia*, London
al-'Uqailī, Muḥammad b. Aḥmad [1989] *Ta'rīkh al-Mikhlāf al-Sulaimānī*, al-Mamlaka al-'Arabīya al-Su'ūdīya
Vassiliev, A. [2000] *The History of Saudi Arabia*, London
Vogel, F. E. [2000] *Islamic Law and Legal System Studies of Saudi Arabia*, Leiden
al-Wahbī, 'Abd al-Karīm b. 'Abd Allāh [1989] *Banū Khālid wa 'Alāqathum bi-Najd 1669-1794*, Riyāḍh
Wilkinson, J. C. [1987] *The Imamate Tradition of Oman*, Cambridge
Wilson, W. [2004] *Economic Development in Saudi Arabia*, London

3C-4 イラク　　　　　　　　　　　　　　　　　　　　　山尾　大

現代イラクの国家形成と社会変容

　イラクの現代史研究は，王政期と1958年の共和国革命以降の歴史をまとめた教科書的存在である Khadduri [1960] [1969] を嚆矢とする。アラブ人スンナ派・シーア派，クルド人の分類を前提に，通史を手際よくまとめたのが Marr [2004(1985)] である。この分類にとらわれず，パトロン・クライエント関係の重要性に着目した通史トリップ [2004] に加え，Sluglett/Sluglett [2001(1990)] が必読文献となっており，それぞれ異なったスタンスで書かれている。英国委任統治下のイラク史については，Sluglett [2007(1976)] で全体像が把握できよう。なお，al-'Alaywī [2001], Shubbar

［1989］は，オスマン朝末期からの政党の史的展開をまとめており（ただし後者は1950年代まで），政治研究には不可欠となろう。

　イラク研究において，国家形成は主要な研究主題のひとつである。そこでは，イラクの歴史的一体性が希薄であることに起因する国家の人工性，国民意識の脆弱性などがしばしば論じられてきた。それにかんして，諸地域がオスマン朝の州に編成される過程を4世紀にわたって詳述したのが Longrigg［1925］であり，イラク国家形成の考察に不可欠な古典となっている。国家形成過程については，シリアから派生した誓約協会とユーフラテス川中部の独立防衛協会の史的展開を詳論した Tauber［1995］で全体像を把握し，それらの組織が国家形成の中で持つ積極的意味を酒井啓子［1993］で理解するとよい。酒井［1993］は，伝統的社会紐帯（部族・宗教）が，近代的ネットワーク（階級・政党・反植民地・独立運動）により再編・統合される過程を分析し，その結節点にイラクの国民統合の契機となる1920年暴動を位置づける。Zubaida［2002］，al-Wardī［2005(1969-79)］も国民国家としてのイラクが形成される中で1920年暴動の果たした役割を重視している。その後の国民統合をめぐっては，国内経済基盤の変化や発展という社会経済的観点から論じた Haj［1997］と，政治体制・軍・経済構造の継続性と変化を多角的に分析した論文集 Kelidar編［1979］が充実している。経済にかんしては，湾岸戦争後の経済制裁を分析した論文を含む，イラク経済史の論文集 Mahdi編［2002］が最もよくまとまっている。

　イラクは部族の影響力が大きい社会であることは，繰り返し指摘されてきた。イラク研究の金字塔である大著 Batatu［1978］は，イラクが近代的な社会へと変容する過程で，伝統的な社会紐帯（部族・社会階層）が基本的には構造を維持する中で，新たな社会勢力・階層が生まれたと指摘し，その顕著な例である共産党を詳細に分析している。イラクの社会構造を，エジプト・シリアと比較して浮き彫りにした Batatu［1984］も興味深い。また，国内の人口移動にかんする詳細なデータを基に，都市・地方の問題を検証した酒井啓子［1991a］は，イラク社会の近代化とその矛盾を理解する手引き書となっている。一方，部族の包括的なデータと系譜に関しては，4巻からなる al-'Azzāwī［2005(1956)］が有用である。大著 al-Wardī［2005］は，部族政治が有効に機能していたこと，部族とウラマーの同盟関係が存在したことなどを指摘し，政治・社会に対する部族の重要性を実証した。

　ナショナリズムについては，アラブ民族主義の起源・発展，そしてそれがイラクの教育課程の中でいかに制度化されたかを論じた Marr［1985］，多面的なアラブ民族主義を掲げる新たな政治エリートの台頭を詳細に検証した Wien［2006］，国民統合の中でイラク人意識が強化される過程を論じた Lukitz［1995］，Davis［2005］によって，イラクにおけるアラブ民族主義とイラク・ナショナリズムの相補的な関係を把握できる。また，Shalāsh［2004］は，1958年の共和国革命前後の政治変動において，アラブ民族主義者が各政党の中で影響力を拡大していったことを論証した。

　イラク・ナショナリズムの問題にかんしては，近年新たな論点がいくつか提示され

ている。第一に，酒井啓子［2005］が指摘しているように，バアス党・部族・ウラマーがそれぞれ1920年暴動の再評価を行い，自らの役割を強調する中でイラク・ナショナリズムが強化されるという古くて新しい問題である。第二に，これまでイラク国家の人工性ゆえに脆弱であるとされてきたイラク人意識の萌芽を，オスマン朝末期に見出す議論である。Fattah［2003］は，シーア派の拡大に危機感を抱いたスンナ派エリートが，対抗戦略として「オスマン・イラク意識」を醸成していったと論じ，比較的早い段階でイラク・ナショナリズムが形成されたという新たな見解を示唆する。1920年代前半のバスラに出現した分離主義運動の挫折が，いかにしてイラク・ナショナリズムに昇華したかという問題を論じるVisser［2005］もこの流れに位置付けられる。

バアス党政権下のイラク

現代イラク政治にかんする多くの研究は，バアス党政権とその長期にわたる安定的支配のメカニズムを解明することに力を注いできた。欧語・邦語の研究書の中でも，酒井啓子［2003］が最も優れており，同政権の構造を把握するのに最適である。バアス党政権を「恐怖の共和国」と呼んだMakiya［1998（初版は筆名で1989）］は，同政権が暴力装置によって人々に恐怖を植え付けると同時に，最も強く安定した政権を作り上げたという二つの側面を指摘した。同様の視点から，代表的なイラク人左派によって執筆されたCARDRI［1986］も参考になる。

同政権の研究は，主に二つの潮流に分類できる。第一に，政治エリートの出自から支配構造を分析する政治学的な研究である。情報入手が困難な権威主義体制において，権力中枢における登用パターンの分析は，貴重な情報源であり有益である。Baram［1989］は，1986年までのバアス党政権の三つの最高意志決定機関における政治エリートの出自を公開情報から分析し，世代交代，シーア派・地方出身者の増加という変化を実証的に証明した。同様の方法に基づいて，1980年代後半以降の支配構造を分析したのが，酒井啓子［2003］である。ここでは，宗派・出身地域よりも，大統領の個人的なパトロン関係が重視される中で，再び有力部族からの登用が増加し，逆にこの構造が肥大化すると，バアス党主導の制度的な支配に戻るという，極めて巧妙な支配構造が浮き彫りになる。部族政治が採用された要因については，Baram［1997］も参照したい。なお，政治エリートの出自分析を用いてバアス党以前の政権を分析した先駆的研究にMarr［1970］がある。

第二に，シンボルと記憶のポリティクスによる支配を分析する社会学的な議論である。Baram［1983］［1991］は，バアス党政権が，公定イデオロギーのアラブ民族主義の代替として，戦略的に民話やメソポタミア文化・歴史を強調することで，イラク・ナショナリズムを植え付けて国民統合を行ったと論じている。この観点を深化させたDavis［2005］は，バアス党政権期のみならず，イラク政治史において記憶がいかに国民統合に繋がったかという問題を明らかにした。とりわけフセイン政権におい

て,「国家の歴史」としての歴史修正が頻発したと指摘する。また,アル=ジャザーエリ [1998] は,フセイン大統領の肖像画や写真が国民を常に「監視」することで,心理的に巧妙な支配を行なったと示唆している。

■ イラクの領土紛争と戦争

現代イラクは様々な紛争・戦争を経験したが,主要なものはイラン・イラク戦争,湾岸戦争,イラク戦争である。イラン・イラク戦争については,軍事史家の研究,鳥井順 [1990] があり,戦争の経過を把握できる。Chubin/Tripp編 [1988] は,両国の国内政治・経済,外交関係,社会構造を充分に分析し,戦争との関係を明確にまとめている。

湾岸戦争については,Khadduri/Ghreeb [1997] がその領土問題の歴史的起源を掘り起こして戦争へと繋がる歴史を丁寧に読み解いており,酒井啓子 [1991b] がイラク側の言説をはじめとする充実した資料を用いてクウェイト侵攻の要因を分析している。Ismael/Ismael [1994] は国際社会・中東地域において同戦争が新たな世界秩序の形成に与えた影響を分析しているため,湾岸戦争を多角的に理解できる。また,板垣雄三編 [1990a] [1990b] [1991] は,我が国の地域研究の立場からの分析と提言を行なう。一方,al-Mājid [1991] は,戦後の3月蜂起の経緯を詳述した貴重な記録となっている。湾岸戦争後のイラクとフセイン政権については,論文集 Hazelton 編 [1994] が最も充実しており,イラクの政治・社会の問題を様々な視点と切り口から批判的に検証するとともに,海外における反体制派の動きを把握することができる。

イラク戦争に関しては,極めて膨大な出版物が見られるが,学術的な研究はまだ少ない。基礎的なデータと,周辺国の対応などをまとめた山内昌之/大野元裕編 [2004],同戦争を様々な問題点から批判的に分析した寺島実朗/小杉泰/藤原帰一編 [2003] が参考になる。また,ベイルートにおけるイラク占領をめぐる国際会議の成果 Markaz Dirāsāt al-Waḥda al-ʻArabīya 編 [2004] は,イラク/アラブ/中東域内/国際関係の各レベルにおける影響を分析した多角的な視座を提示する。戦後の政治・社会変容を把握するには,現地を再訪し,社会のイスラーム化と宗教界の政治化などの実状を指摘した酒井啓子 [2004],国内・地域・国際政治に着目し,戦後のイラク政権が分裂していくプロセスと要因を分析した Herring/Rangwala [2006] が有益である。

■ イラク・シーア派とイスラーム運動

現代イラク研究において重要であるにもかかわらず,研究蓄積が極めて少ないのがこの分野である。イラクには四つのシーア派聖地があり,シーア派ウラマーの最高権威を中心に宗教界を形成している。Litvak [1998] は19世紀のシーア派宗教界のあり方を,イランのそれと比較・分析している。さらに Nakash [1994] は,宗教界のみならずイラクのシーア派社会全体を議論の対象とし,イランの事例を前提に論じら

れてきたシーア派が，イラクにおいては異なった発展をみせたことを論証した画期的な研究である。そこでは，イラクでシーア派が多数派となったのは，南部の部族/部族連合がシーア派に改宗した19世紀後半以降であることが明らかにされた。聖地，とりわけナジャフについては，近年盛んに研究がなされているが，同地の歴史・人物にかんする包括的な辞典 al-Dujaylī [1993-2001] に加えて，多様な観点から宗教界を論じた論文集 al-Markaz al-Islāmī fī Injlitrā 編 [2000]，社会変容と政治史を詳論する中で1920年暴動における同地の役割を高く評価した Kamāl al-Dīn [2005] が充実している。

イスラーム運動研究は，資料的制約のために1990年代までほとんど存在しなかったが，ブレークスルーとなったのは Wiley [1992] である。イスラーム運動のほぼ全ての起源となる思想家のバーキル・サドルについては詳細な評伝 al-ʿĀmilī [2007] と Mallat [1993] が重要である。イラクのイスラームを広く社会・政治的観点から扱った論文集 Jabar 編 [2002]，党内部文書などの膨大な一次資料を用い，ウラマー・商人・中産階級知識人の役割を重視した Jabar [2003]，政党の制度化と宗派/非宗派性の関連を枠組みとしてイスラーム政党を分析した酒井啓子 [2001] などが参考になる。

イスラーム運動の実態把握にはアラビア語の研究書が不可欠となるが，中でもイスラーム・ダアワ党を中心に扱った al-Muʾmin [1993]，al-Khursān [1999] が情報量，分析において群を抜いており，党組織の構成，党内の派閥争いなどにも詳しい。政党活動と宗教界がいかなる関わりを持っているのかという問題は主要な論点のひとつであるが，Raʾūf [2000] [2002] は，豊富な情報を提供し，政治・社会状況によって変化する両者の動態的関係を解きほぐす手がかりとなる。初期のイスラーム政党と宗教界の連携関係を分析した山尾大 [2006]，イラク戦争後に台頭したサドル派の重要性と他の政治勢力，宗教界との複雑な関係を論じた Cole [2003] も示唆的である。この分野の研究は，今後の蓄積が待望される。

なお，Bleaney [1995] は少し古くなるが，イラク研究の文献案内として網羅的であり，参照されたい。最後に，2005年に現代イラク研究国際学会（IACIS）がロンドンで結成された。同学会発行のイラク専門学術雑誌 *International Journal of Contemporary Iraqi Studies* も，現代イラク研究のための知的フォーラムとして発展が期待される。

【文献】
アル=ジャザーエリ, Z [1998]「イラク――指導者とその肖像」酒井啓子訳，酒井啓子編『中東諸国の社会問題』アジア経済研究所
板垣雄三編 [1990a]『「クウェート危機」を読み解く――イラクの動向と日本の視点』第三書館
板垣雄三編 [1990b]『中東パースペクティブ』第三書館
板垣雄三編 [1991]『中東湾岸戦争と日本――中東研究者の提言』第三書館

酒井啓子［1991a］「イラクの都市・地方間格差問題」清水学編『現代中東の構造変動』アジア経済研究所
酒井啓子［1991b］「イラクのクウェイト侵攻――その原因とイラク側の状況理解に関する考察」『湾岸戦争と中東新構造』アジア経済研究所
酒井啓子［1993］「イラクにおける国家形成と政治組織（1908〜20年）」酒井啓子編『国家・部族・アイデンティティー――アラブ社会の国民形成』アジア経済研究所
酒井啓子［2001］「イラクにおけるイスラーム政党――制度化と運動実践の関連と乖離」『アジア・アフリカ地域研究』1
酒井啓子［2003］『フセイン・イラク政権の支配構造』岩波書店
酒井啓子［2004］『イラク戦争と占領』岩波新書
酒井啓子［2005］「イラクにおけるナショナリズムと国民形成」酒井啓子／臼杵陽編『イスラーム地域の国家とナショナリズム（イスラーム地域研究叢書 5）』東京大学出版会
寺島実朗／小杉泰／藤原帰一編［2003］『「イラク戦争」検証と展望』岩波書店
鳥井順［1990］『イラン・イラク戦争』第三書館
トリップ，C［2004］『イラクの歴史』大野元裕監訳，明石書店
山内昌之／大野元裕編［2004］『イラク戦争データブック』明石書店
山尾大［2006］「ダアワ党とシーア派宗教界の連携――現代イラクにおけるイスラーム革命運動の源流」『現代の中東』41
al-'Alawī, Ḥ. [2001] *al-Aḥzāb al-Siyāsīya fī al-'Irāq al-Sirrīya wa al-'Alanīya*, Beirut
al-'Āmilī, A. Z. [2007] *Muḥammad Bāqir al-Ṣadr : al-Sīra wa al-Masīra fī Ḥaqā'iq wa Wathā'iq*, 5 vols., Beirut
al-'Azzāwī, 'A. [2005(1956)] *Mawsū'a 'Ashā'ir al-'Irāq*, 4 vols., Beirut
Baram, A. [1983] "Mesopotamian Identity in Ba'thi Iraq", *Middle Eastern Studies*, 19 : 4
Baram, A. [1989] "The Ruling Political Elites in Ba'thi Iraq 1968-86: The Changing Features of a Collective Profile," *International Journal of Middle East Studies*, 21 : 4
Baram, A. [1991] *Culture, History and Ideology in the Formation of Ba'thist Iraq, 1968-89*, London
Baram, A. [1997] "Neo-tribalism in Iraq: Saddam Hussein's Tribal Policies 1991-96," *International Journal of Middle East Studies*, 29 : 1
Batatu, H. [1978] *The Old Social Classes and Revolutionary Movements in Iraq*, New Jersey
Batatu, H. [1984] *The Egyptian, Syrian, and Iraqi Revolutions*, Washington, D.C.
Bleaney, H. [1995] *Iraq* (World Bibliographical Series), 2nd ed., Oxford/Santa Barbara/Denver
CARDRI (Committee Against Repression and for Democratic Rights in Iraq) [1986] *Saddam's Iraq : Revolution or Reaction?*, London/New Jersey
Chubin, S./C. Tripp編［1988］*Iran and Iraq at War*, London
Cole, J. [2003] "The United States and Shi'te Religious Faction in Post-Ba'thist Iraq," *The Middle East Journal*, 57 : 4
Davis, E. [2005] *Memories of State : Politics, History, and Collective Identity in Modern Iraq*, Berkeley/Los Angeles/London
al-Dujaylī, J. [1993-2001] *Mawsū'a al-Najaf al-Ashraf*, 22 vols., Beirut
Fattah, H. [2003] "The Question of the 'Artificiality' of Iraq as a Nation-State," in S. Inati編, *Iraq : Its History, People, and Politics*, New York
Haj, S. [1997] *The Making of Iraq 1900-1963 : Capital, Power and Ideology*, New York
Hazelton, F.編 [1994] *Iraq since the Gulf War*, London/New Jersey
Herring, E./G. Rangwala [2006] *Iraq in Fragments : The Occupation and its Legacy*, Ithaca/New

York
Ismael, T./J. Ismael [1994] *The Gulf War and the New World Order : International Relations of the Middle East*, Gainesville
Jabar, F. A. 編 [2002] *Ayatollahs, Sufis and Ideologues : State, Religion and Social Movement in Iraq*, London
Jabar, F. A. [2003] *The Shi'ite Movement in Iraq*, London
Kamāl al-Dīn, M. [2005] *al-Najaf fī Rub' Qarn munz Sana 1908*, Beirut
Kelidar, A. 編 [1979] *The Integration of Modern Iraq*, London
Khadduri, M. [1960] *Independent Iraq, 1932-58*, London
Khadduri, M. [1969] *Republican Iraq : A Study in Iraqi Politics since the Revolution of 1958*, London
Khadduri, M./E. Ghreeb [1997] *War in the Gulf, 1990-91 : The Iraq-Kuwait Conflict and Its Implications*, New York/Oxford
al-Khursān, Ṣ. [1999] *Ḥizb al-Da'wa al-Islāmīya : Ḥaqā'iq wa Wathā'iq, Fuṣūl min Tajriba al-Ḥaraka al-Islāmīya fī al-'Irāq ḥilāl 40 'Ām*, Damascus
Litvak, M. [1998] *Shi'i Scholars of Nineteenth Century Iraq*, Cambridge
Longrigg, S. [1925] *Four Centuries of Modern Iraq*, Oxford
Lukitz, L. [1995] *Iraq : The Search for National Identity*, London
Mahdi, K. 編 [2002] *Iraq's Economic Predicament*, London
al-Mājid, M. [1991] *Intifāḍa al-Sha'b al-'Irāqī 1991*, Beirut
Makiya, K. [1998(1989)] *Republic of Fear : The Politics of Modern Iraq*, Berkeley
Mallat, C. [1993] *The Renewal of Islamic Law : Muhammad Baqer as-Sadr, Najaf and the Shi'i International*, Cambridge
al-Markaz al-Islāmī fī Injlitrā 編 [2000] *al-Najaf al-Ashraf : Ishāmāt fī al-Ḥaḍāra al-Insānīya*, 2 vols., London
Markaz Dirāsāt al-Waḥda al-'Arabīya 編 [2004] *Iḥtilāl al-'Irāq wa Tadā'īyātu-hu 'Arabīyan wa Iqlīmīyan wa Dawlīyan*, Beirut
Marr, P. [1970] "Iraq's Leadership Dilemma : A Study in Leadership Trends, 1948-1968," *The Middle East Journal*, 24 : 3
Marr, P. [1985] "The Development of a Nationalist Ideology in Iraq, 1920-1941," *The Muslim World*, 75 : 2
Marr, P. [2004(1985)] *Modern History of Iraq*, 2nd ed., New York/London
al-Mu'min, 'A. [1993] *Sanawāt al-Jamr : Masīra al-Ḥaraka al-Islāmīya fī al-'Irāq 1957-1986*, London
Nakash, Y. [1994] *The Shi'is of Iraq*, New Jersey
Ra'ūf, 'Ā. [2000] *al-'Amal al-Islāmī fī al-'Irāq bayna al-Marja'īya wa al-Ḥizbīya : Qirā'a Naqdīya li-Masīra Niṣf Qarn 1950-2000*, Damascus
Ra'ūf, 'Ā. [2002] *'Irāq bi-lā Qiyāda : Qirā'a fī Azma al-Qiyāda al-Islāmīya al-Shī'īya fī al-'Irāq al-Ḥadīth*, Damascus
Shalāsh, M. [2004] *Ḥaraka al-Qawmīyīn al-'Arab wa Dawru-hā fī al-Taṭawwurāt al-Siyāsīya fī al-'Irāq 1958-1966*, Beirut
Shubbar, Ḥ. [1989] *al-'Amal al-Ḥizbī fī al-'Irāq, 1908-1958* (Tārīkh al-'Irāq al-Mu'āṣir, Vol. 1), Beirut
Sluglett, P. [2007(1976)] *Britain in Iraq : Contriving King and Country 1914-1932*, London
Sluglett, P./M. Sluglett [2001(1990)] *Iraq since 1958 : From Revolution to Dictatorship*, London

Tauber, E. [1995] *The Formation of Modern Syria and Iraq*, Essex (OR)
Visser, R. [2005] *Basra, the Failed Gulf State : Separatism and Nationalism in Southern Iraq*, Münster
al-Wardī, 'A. [2005(1969-79)] *Lamaḥāt Ijtimā'īya min Tārīkh al-'Irāq al-Ḥadīth*, 6 vols., Baghdad
Wien, P. [2006] *Iraqi Arab Nationalism : Authoritarian, Totalitarian and Pro-fascist Inclination, 1932-1941*, London/New York
Wiley, J. [1992] *The Islamic Movement of Iraqi Shia*, Boulder
Zubaida, S. [2002] "The Fragments Imagine the Nation : The Case of Iraq," *International Journal of Middle East Studies*, 34 : 2

3C-5 イラン

松永泰行

　1979年のイラン・イスラーム革命成立から四半世紀を経て，総体として現代イランの研究は，出版される本や論文の数からも，それらが扱う主題の面からも，多様さを増す方向で蓄積が進んでいる。第一次資料と膨大な内外の研究成果の蓄積を踏まえながら，研究のアプローチや方法論における洗練度をさらに増すことが，今後の課題として挙げられる。

現代イラン研究の最先端

　イラン・イスラーム革命から20周年を期に編纂されたイランの政治や社会の現状についての優れたアンソロジーが，続けて出版された。Mack編［2000］およびEsposito/Ramazani編［2001］はアメリカにおける現代イラン研究の水準を，またHooglund編［2002］は英仏の現代イラン研究のパースペクティヴを代表するものとして，参照するに値する。いずれも，ハータミー政権成立後の公共圏議論の拡大と限界，「女性問題」の扱われ方などの現代的なイッシューを批判的に考察する論考を含んでいる。同様に，Nabavi編［2003］は20世紀イランの知識人に焦点を絞り，良質の論文を集めている（類書にJahanbegloo編［2004］もある）。Adelkhah［2000(1998)］もユニークな研究である。

　第1期ハータミー政権下の改革運動の評価については，Diamond/Plattner/Brumberg編［2003］，Matsunaga［2007］が，ハータミー大統領登場までのイラン内政についての近年の研究にはAnsari［2006(2000)］，Moslem［2002］がある。多数あるイラン国内の研究からは，Rezaie/Abdi編［1998］がまず挙げられる。ハータミー政権登場に寄与した革命後世代の若者の台頭についてはSemati［2002］，イスラーム体制

の諸問題については Kadivar [2000] を参照するとよい。

　今後とも研究が期待される分野に，イスラーム体制下の人権・市民権の問題，またそれらの背景にある各種のアイデンティティの問題が挙げられる（イスラーム革命以前のイラン人アイデンティティの問題については，八尾師誠 [1998] を参照のこと）。イスラーム共和国憲法制定など枠組みの成立とその評価をめぐっては Schirazi [1997] を参照。ジェンダーに関わる宗教/家父長制の問題についてはミール＝ホセイニー [2004(1999)]（邦文では桜井啓子 [2001]，中西久枝 [2002] にも取り扱いがある），宗教的マイノリティーについては Sanasarian [2000]，クルドについては Rahnema/Behdad 編 [1995] 所収の Mojab/Hassanpour [1995] および Koohi-Kamali [2003]，世俗化とムスリム・アイデンティティの問題については松永泰行 [2002]，総合的なものとしては Farhi [2005] などが手がかりになる。

パフラヴィー・シャーと近代イラン国民国家の建設

　1891-92 年のタバコ・ボイコット運動とその背景となった，19 世紀初め以降のカージャール朝イラン（ペルシア）の対外従属化とそれに対する国内の社会各層からの異議申し立て・改革への動きの背景については，1981 年の通史の増補版である Keddie [2003]，および Abrahamian の 1982 年の通史とそのペルシア語訳 [1998] などをまず手がかりに。タバコ・ボイコット運動については，Foran 編 [1994] 所収の Mansoor Moaddel の論考をまず参照するとよい。

　イラン立憲革命（1905-11 年）については，近年の研究から Afary [1996] および黒田卓による『イスラム世界』50 号におけるその書評をまず参照する必要がある。立憲革命の諸相についての邦文での個別研究からは，黒田 [1994] [1999]，八尾師誠 [1998] が挙げられる。

　パフラヴィー王朝期（1925-79 年）についての通史的概観については，引き続き Keddie および Abrahamian を参照。レザー・ハーンの台頭については，Foran 編 [1994] 所収の Michael Zirinsky の論考および吉村慎太郎 [2000] [2007] を参照。レザー・シャー期の政教関係については Keshavarzian [2003] が近年の優れた研究の一つ（それ以前の研究については，本書の I-4-6「シーア派とイスラーム革命」を参照）。

　レザー・シャー退位（1941 年）と第 2 次世界大戦中の英・ソ連によるイラン占領の間隙を縫って勃興した，アーゼルバイジャーンとコルデスターンの民族独立運動（1941-46 年）については，Foran 編 [1994] 所収の Amir Hassanpour の論考が手がかりになる。邦文では，山口昭彦 [1994] がある。モッサデグと石油国有化運動（1949-53 年）については，Foran 編 [1994] 所収の Sussan Siavoshi や貫井万里 [2003] など。1960 年代に入り権力掌握を進めたモハンマド・レザー・シャーが推進した，白色革命の背景とそのさまざまな社会階層に対するインパクトについては，Rahnema/Behdad 編 [1995] 所収の Ahmad Ashraf の論考が示唆に富む。

1979年の革命とそれへいたる社会的動員については，数ある既存の研究を批判的に概観した，Foran編［1994］所収の社会学者John Foranの論考をまず参照するとよい（イラン革命のイスラーム革命としての側面については，I-4-6「シーア派とイスラーム革命」を参照）。革命後イランで，イスラーム聖職者と並んで新たなエリート階層の一部として台頭してきた伝統的商工業階層については，Weiner/Banuazizi編［1994］所収のAshrafの論考を参照。

その他の邦文での研究からは，立憲革命期からイスラーム革命後にかけての近代国家建設と中央―地方関係・地方行政区分の展開についての鈴木均［1995］，八尾師誠［1998］，松永泰行［2003］，王制とイスラーム体制下の政党と軍隊の変容と連続性について論じた宮田律［1993］，革命の前後40年間に亘りイランの国定教科書改訂の経過を分析した桜井啓子［1999］，長年のフィールドワークに基づき農村の社会変化を研究した大野盛雄［1990］，さらにオアシス農村の社会経済関係を分析した後藤晃［2002］などが挙げられる。

■ 革命後イランの国際関係・経済

革命後イランのイスラーム体制のレトリックと実際の行動が，地域の国際関係へ与えたインパクトについては，Ramazani［1988(1986)］が最良の入門書となる。邦文では，高橋和夫［1995］および吉村慎太郎［1996］［2005］も参照のこと。米・イラン関係については，Bill［1988］をまず参照するとよい。

革命後イランの経済については，Rahnema/Behdad編［1995］およびWeiner/Banuazuzu編［1994］にイラン・イラク戦争後のラフサンジャーニー大統領の復興・建設期までの総論，および産業政策・石油部門・為替政策・社会福祉政策などの分析がある。より最近の取り扱いとしては，Alizadeh編［2000］が参照に値する。邦文では，原隆一／岩崎葉子編［2000］など。不労所得に匹敵する外貨収入の存在が，産油国の政治経済に構造的影響を与えるとの「レント依存国家」論の批判的検証については，Matsunaga［2000］を参照。

【文献】

大野盛雄［1990］『イラン農民25年のドラマ』（NHKブックス）日本放送協会
黒田卓［1994］「イラン立憲革命と地域社会――ギーラーン州アンジョマンを中心に」『東洋史研究』53：3
黒田卓［1999］「新聞のなかのイラン立憲革命」『アジアとヨーロッパ　1900年代―20年代（岩波講座世界歴史23）』岩波書店
後藤晃［2002］『中東の農業社会と国家――イラン近現代史の中の村』御茶の水書房
桜井啓子［1999］『革命イランの教科書メディア――イスラームとナショナリズムの相剋』岩波書店
桜井啓子［2001］『現代イラン――神の国の変貌』岩波新書
鈴木均［1995］「現代イランの中央―地方関係序論――イランの地方行政区分をめぐって」『イランの中央と地方――研究動向・資料紹介・文献目録』アジア経済研究所

高橋和夫 [1995]『燃え上がる海——湾岸現代史（中東イスラム世界 5）』東京大学出版会
富田建次 [1999]「現代イランにおける対外政策と宗教的使命」『国際政治』121
中西久枝 [2002]『イスラームとモダニティ——現代イランの諸相』風媒社
貫井万里 [2003]「モサッデク期におけるテヘランのバーザール勢力の役割」『日本中東学会年報』18/1
八尾師誠 [1998]『イラン近代の原像——英雄サッタール・ハーンの革命（中東イスラム世界 9）』東京大学出版会
原隆一/岩崎葉子編 [2000]『イラン国民経済のダイナミズム』日本貿易振興会アジア経済研究所
松永泰行 [2002]「イスラーム体制下における宗教と政党——イラン・イスラム共和国の場合」日本比較政治学会編『現代の宗教と政党——比較のなかのイスラーム（日本比較政治学会年報 4）』早稲田大学出版部
松永泰行 [2003]「イランの地方行政制度と新州設立をめぐる政治プロセスの動態」伊能武次/松本弘編『現代中東の国家と地方』II, 日本国際問題研究所
宮田律 [1993]「イランにおける政党と軍隊——国王政権と宗教体制の変容と連続性」小田英郎/富田広士編『中東・アフリカ現代政治——民主化・宗教・軍部・政党』勁草書房
ミール=ホセイニー, Z [2004(1999)]『イスラームとジェンダー——現代イランの宗教論争』山岸智子監訳, 明石書店
山口昭彦 [1994]「第 2 次大戦期イランにおけるクルド・ナショナリズム運動——クルディスターン復興委員会の活動とその限界」『日本中東学会年報』9
吉村慎太郎 [1996]「イラン革命と中東国際関係の変動」歴史学研究会編『岐路に立つ現代世界（講座世界史 11）』東京大学出版会
吉村慎太郎 [2000]「レザー・ハーン首相期（1923-25 年）のイラン政治——パフラヴィー独裁王政成立への胎動」『歴史学研究』738
吉村慎太郎 [2005]『イラン・イスラーム体制とは何か——革命・戦争・改革の歴史から』書肆心水
吉村慎太郎 [2007]『レザー・シャー独裁と国際関係——転換期イランの政治史的研究』広島大学出版会
Ābrāhāmiān, E. [1998(1982)] *Īrān Bayn-i Du Inqilāb*, Tehran（原著 *Iran between Two Revolutions*, Princeton）
Adelkhah, F. [2000(1998)] *Being Modern in Iran*, J. Derrick 訳, New York
Afary, J. [1996] *The Iranian Constitutional Revolution, 1906-1911 : Grassroots Democracy, Social Democracy and the Origins of Feminism*, New York
Alizadeh, P. 編 [2000] *The Economy of Iran : Dilemmas of an Islamic State*, London
Ansari, A. M. [2006(2000)] *Iran, Islam, and Democracy : The Politics of Managing Change*, Washington, D.C./London
Bill, J. [1988] *The Eagle and the Lion : The Tragedy of American-Iranian Relations*, New Haven
Diamond, L./M. F. Plattner/D. Brumberg 編 [2003] *Islam and Democracy in the Middle East*, Baltimore
Esposito, J. L./R. K. Ramazani 編 [2001] *Iran at the Crossroads*, New York
Farhi, F. [2005] "Crafting a National Identity amidst Contentious Politics in Contemporary Iran," *Iranian Studies*, 38 : 1
Foran, J. 編 [1994] *A Century of Revolution : Social Movements in Iran*, Minneapolis
Hooglund, E. 編 [2002] *Twenty Years of Islamic Revolution : Political and Social Transition in Iran since 1979*, Syracuse
Ja'fariyān, R. [1999] *Bast-nishīnī-yi Mashrūt-khāhān dar Sifārat-i Ingilīs*, Tehran

Jahanbegloo, R. 編 [2004] *Iran : Between Tradition and Modernity*, Lanham (MD)
Kadivar, M. [2000] *Daghdaghah-hā-yi Hukūmat-i Dīnī*, Tehran
Keddie, N. R. [2003(1981)] *Modern Iran : Roots and Results of Revolution*, New Haven
Keshavarzian, A. [2003] "Turban or Hat, Seminarian or Soldier : State Building and Clergy Building in Reza Shah's Iran," *Journal of Church & State*, 45 : 1
Koohi-Kamali, F. [2003] *The Political Development of the Kurds in Iran : Pastoral Nationalism*, New York
Mack, A. 編 [2000] *Iran : Since the Revolution*, Social Research, 67 : 2
Matsunaga, Y. [2000] "L'État rentier est-il réfractaire à la démocratie ?" *Critique internationale*, 8
Matsunaga, Y. [2007] *Struggles for Democratic Consolidation in the Islamic Republic of Iran, 1979-2004*, Ann Arbor
Moslem, M. [2002] *Factional Politics in Post-Khomeini Iran*, Syracuse
Nabavi, N. 編 [2003] *Intellectual Trends in Twentieth-Century Iran : A Critical Survey*, Gainesville
Rahnema, S./S. Behdad 編 [1996] *Iran after the Revolution : Crisis of an Islamic State*, London/New York
Ramazani, R. K. [1988(1986)] *Revolutionary Iran : Challenges and Response in the Middle East*, Baltimore
Rezaie, A./A. Abdi 編 [1998] *Intikhāb-i Naw : Tahlīl-hā-ī Jāmi'ah-shināsānah az Vāqi'ah-yi Duvvum-i Khurdād*, Tehran
Sanasarian, E. [2000] *Religious Minorities in Iran*, Cambridge (UK)
Schirazi, A. [1997] *The Constitution of Iran : Politics and the State in the Islamic Republic*, J. O'Kane 訳, London
Semati, M. H. [2002] "The Coming Generation in Iran : Challenges and Opportunities," in L. G. Potter/G. G. Sick 編, *Security in the Persian Gulf*, New York
Weiner, M./A. Banuazizi 編 [1994] *The Politics of Social Transformation in Afghanistan, Iran, and Pakistan*, Syracuse

3C-6 トルコ 粕谷 元

本節では，トルコ共和国に関する研究を扱う。

トルコ革命史研究およびトルコ近現代通史

1923年に共和国として誕生した現在のトルコは，その建国過程で一人の巨人を生み出した。初代大統領ケマル・アタテュルク (1881-1938) である。

オスマン帝国が第 1 次世界大戦に敗北した後，戦勝国による国土の占領・分割に対する国民の抵抗運動を糾合し，それを指揮して勝利に導いた，つまりオスマン帝国の

軍事的敗北を「独立戦争」の勝利に転化させた彼は，一方でアンカラに成立した革命政権を率いて，1922年にはオスマン帝国を滅亡させ，さらに翌23年にトルコ共和国の成立を宣言して自らその初代大統領に就任した。そして個人崇拝と一党独裁体制に支えられながら，改革的な諸政策を断行し，トルコ共和国の基礎を築いた。

建国後のトルコでは，独立戦争と共和国建国が西洋植民地主義と専制に対する国民の死闘の果ての勝利として神話化されると同時に，独立戦争，建国および建国後の諸改革（これらの一連の過程はその後「トルコ革命」と一括して称されるようになった）の革命性とそこでのアタテュルクの指導性が強調され，ここに国家の正統性と結びついた公定のトルコ革命史観が確立した。

それはおおよそ次のような特徴を持っている。すなわち，①アタテュルク伝とトルコ革命史とが同一視されるようなアタテュルク中心史観になっていること。そこでは，革命の過程で様々な理由からアタテュルクおよびアタテュルク派に対抗した者たちは，崇高な革命の理念を理解しない保守反動勢力として一括して描写される。②トルコ革命の文明史的意義が強調され，革命が無条件に賛美されること。③ ②と関連するが，トルコ革命の「革命性」が自明視され，オスマン帝国とトルコ共和国の歴史的非連続性が強調されることである。かくして，建国直後からこのような史観に基づいた革命史研究が過剰なまでに生み出され，また教育の現場では公定革命史が必修の科目とされてきた。

革命史叙述をめぐる傾向に変化が生じ，公定革命史の見直しの気運が本格的に高まり始めたのは1980年代以降のことである。まず，*Toplum ve Bilim*（1977年創刊），*Tarih ve Toplum*（1984年創刊）といった雑誌がこうした「見直し派」による研究の主な発表の場となった。すでにTunçay［1977］で公定革命史観を痛烈に批判していたトゥンチャイは，その問題提起に自ら答える形でTunçay［1981］を発表し，アタテュルク派の権力確立過程をそれまでの多くの研究に比べてはるかに客観的に叙述した。今日ではむしろ主流となった，公定革命史観を批判的に乗り越えようとするこうした方向性（Tanör 他編［1997］などを参照）をさらに決定づけたのが，オランダのツルヒャーである。彼はZürcher［1984］［1991］を発表した後，Zürcher［1993］を刊行したが，これは，Lewis［1968］やShaw/Shaw［1978］以来のトルコ近現代通史である一方で，帝国と共和国の政治的連続性に着眼し，1908年から1950年までを「青年トルコ時代」と一括する時代区分を提示した論争提起の書でもあった。このZürcher［1993］に続く，また日本語の文献としては永田雄三他［1982］以来の待望の近現代通史である新井政美［2001］も，こうした研究潮流の中に位置づけることができるだろう。同書においては，公定史の縛りから抜け出て80年代以降飛躍的な進展を遂げたトルコ近現代史研究の成果が大変バランスよく取り入れられている。

革命史の個別テーマについては，紙幅の都合で近年の日本人による研究と重要な欧文の研究のみを紹介する。独立戦争の宗教運動的側面に光を当てた粕谷元［1999］やKüçük［2002］は，かつてならタブーとされた研究である。

世俗主義とイスラーム

　言うまでもなくトルコは世俗主義（ラーイクリキ）を国是とする国家であるが，トルコにおいて世俗主義は，イスラーム主義的潮流との対抗関係の中できわめてアクチュアルでデリケートな問題になる。そしてまさにそのことが，百家争鳴の議論を生み出す一方で，実証的な研究の進展を妨げる理由となっている。トルコの世俗化と世俗主義を扱った研究は，例えばライシテという共通概念でフランスとトルコを比較した興味深い議論（*CEMOTI*, 19 [1995]）などもあるが，共和国初期の新聞・雑誌上の世俗主義をめぐる議論を分析した Mert [1994] などわずかな例外を除けば評論風のものが大半で，史料文献に基づいた世俗主義に関する思想史研究となると，古典となった Berkes [1964] が，信じがたいことだが今でも最良と思われる。鳴り物入りで刊行が開始された *Modern Türkiye'de Siyasî Düşünce* [2001-] においても，独立した巻としてはおろか，世俗主義を正面から扱った論考自体がほとんどない。しかしだからこそ，改めて研究の原点に立ち返る必要がある。各時代の議論を史料に基づいて精査するとともに，実際の宗教政策とその反応を丹念に検証しなければならない。そもそもラーイクリキという言葉がいつから，誰によって，どのような文脈で使われ始めたのかという最も基本的な事実さえ未だ明らかになっていない。粕谷元 [1994] などはこのテーマに関する取っ掛かりに過ぎないものであり，未開拓の課題はまだ多いのである。

　一方で，そもそも体系的な思想とは言い難い世俗主義の研究に比べると，大事業となっている *Türkiye Diyanet Vakfı İslâm Ansiklopedisi* [1988-] の刊行が示すように，かつては Tunaya [1962], Mardin [1969], Jäschke [1972] くらいしか見るべきものがなかった現代トルコのイスラームに関する研究の，ここ20年間の隆盛には目を見張るものがある（Kara [1986-94] [2003], Blaschke/van Bruinessen 編 [1989], Çakır [1990], Mardin [1991], Debus [1991], Tapper 編 [1991], White [2002], Yavuz [2003], Zarcone [2004], *İslâmcılık* [2004], 澤江史子 [2003], 間寧 [2004] など）。この活況は，もちろんトルコ社会のイスラーム化の進展と連動している。個別のイスラーム運動についてはヌルジュやフェトフッラージュに関する研究の近年の活況ぶりがとくに目を引く（Mardin [1989], Balci [2003], Yavuz/Esposito 編 [2003], 粕谷元 [2003], 大庭竜太 [2006] など）。さらに，イスラーム政治運動や「イスラーム政党」に関する研究では近年，待望の日本語の専門書を得た（澤江 [2005]）。

　世俗主義とイスラーム主義との対立構図の背後には，スンナ派・アレヴィー間の宗派対立が隠されていることがある。Olsson 他編 [1998] と White/Jongerden 編 [2003] は，後者の表題通り摑み所がないアレヴィーに関する論集であり，Kurt/Tüz 編 [1999] は主立ったアレヴィー・ベクタシー・ヌサイリー研究者たちが結集した国際会議の記録集である。これらはいずれも現在の研究動向や研究水準を知る上で有益である。

国民国家論の潮流

　国民国家の枠組が批判ないし克服の対象として俎上に上げられ，国民国家の相対化が議論されるようになって久しいが，このいわゆる「国民国家（批判）論」の隆盛は，トルコ研究の分野においても例外ではない。建国以来きわめて強権的に国民統合を推し進め，極端なトルコ民族主義を打ち出してきた歴史を持つトルコだけに，実際研究材料には事欠かないという事情もある。民主化の進展とも連動している脱公定史観の潮流が追い風となって，何かしらの意味で国民国家論に関わる研究が，1990年代以降のトルコ研究における主要テーマの一つになった。Akçam [1992] [2004]（トルコ人によるアルメニア問題研究としてはその客観性が異彩を放っている），Levi [1996], Poulton [1997], Kirişçi/Winrow [1997], Bali [1999], Yıldız [2001], Hirschon 編 [2003], Okutan [2004], Kieser 編 [2006], Çağaptay [2006], 粕谷元 [2001], Matsumoto [2003], 永田雄三 [2004], 山口昭彦 [2005], 柿崎正樹 [2006] などがそれである。

日本における現代トルコ研究の現状と課題

　すでに紹介した以外の日本人による現代トルコ研究としては，とりあえず1980年代以降のものに限った場合，松原正毅の遊牧社会論研究（松原 [1983] [1988] など），中山紀子の農村女性研究（中山 [1999] [2005] など），松谷浩尚の政治経済外交研究（松谷 [1987] [1989] など），山内昌之の革命史研究（山内 [1988] など），間寧の政治学研究（間 [2006], Hazama [2007] など），村上薫の女性労働研究（村上 [2002] [2005] など），内藤正典の移民およびイスラーム復興に関する研究（内藤 [1996] など）などがあり，その中にはきわめて学術的価値の高い単行本著作も含まれている。奇書ではあるが，小島剛一 [1991] も忘れがたい。さらに，近年では若手研究者の論文が学会誌に発表されるようになった（宮岡孝尚 [1998], 大島史 [2005], 岩坂将充 [2005], 若松大樹 [2005] など）。

　しかし，今日のトルコに対する時事的・文化的関心の高さから考えて，研究者の層は致命的に薄いと言わざるを得ない。依然として日本のトルコ研究の大半は歴史研究が占めており，しかもその多くはオスマン帝国史研究である。歴史的にも地理的にも圧倒的なスケールを持つオスマン帝国が，学問的論争の材料に事欠かない実に魅力的な研究対象であることにいささかの異論もないが，だからといって現代トルコ国家が付録というわけでは決してない。国策的な背景もあったとはいえ，戦前の日本におけるトルコ研究の主流はむしろ現代研究であった。今後のさらなる現代トルコ研究の蓄積は急務である。

【文献】

新井政美 [2001]『トルコ近現代史』みすず書房
岩坂将充 [2005]「トルコにおける政軍関係の再検討」『日本中東学会年報』20：2

大島史［2005］「トルコ『80年体制』における民族主義とイスラーム」『イスラム世界』64
大庭竜太［2006］「現代トルコにおけるクルド系ヌルジュ運動」『オリエント』49：1
柿崎正樹［2006］「『トルコ国民』概念とユダヤ教徒」『異文化コミュニケーション研究』18
粕谷元［1994］「トルコにおけるカリフ制論議とラーイクリッキ」『日本中東学会年報』9
粕谷元［1999］「トルコ独立戦争期における『ナショナリスト』のパン・イスラーム政策」『研究紀要（日本大学文理学部人文科学研究所）』58
粕谷元［2001］「トルコ共和国成立期の『国民』（millet）概念に関する一考察」酒井啓子編『民族主義とイスラーム』アジア経済研究所
粕谷元［2003］「トルコのイスラーム潮流」小松久男/小杉泰編『現代イスラーム思想と政治運動（イスラーム地域研究叢書2）』東京大学出版会
小島剛一［1991］『トルコのもう一つの顔』中公新書
澤江史子［2003］「イスラーム復興の企業家精神」小松久男/小杉泰編『現代イスラーム思想と政治運動（イスラーム地域研究叢書2）』東京大学出版会
澤江史子［2005］『現代トルコの民主政治とイスラーム』ナカニシヤ出版
内藤正典［1996］『アッラーのヨーロッパ――移民とイスラム復興』東京大学出版会
永田雄三［2004］「トルコにおける『公定歴史学』の成立」寺内威太郎他『植民地主義と歴史学』刀水書房
永田雄三/加賀谷寛/勝藤猛［1982］『中東現代史I』山川出版社
中山紀子［1999］『イスラームの性と俗――トルコ農村女性の民族誌』アカデミア出版会
中山紀子［2005］「夫婦関係を盛り上げる仕組み」加藤博編『イスラームの性と文化（イスラーム地域研究叢書6）』東京大学出版会
間寧［2004］「トルコの民主化・宗教自由化とイスラーム運動の発展」私市正年/栗田禎子編『イスラーム地域の民衆運動と民主化（イスラーム地域研究叢書3）』東京大学出版会
間寧［2006］「トルコ――『周辺』の多元化と政党制への反映」間寧編『西・中央アジアにおける亀裂構造と政治体制』アジア経済研究所
松谷浩尚［1987］『現代トルコの政治と外交』勁草書房
松谷浩尚［1989］『現代トルコの経済と産業――トルコ財閥の研究』中東調査会
松原正毅［1983］『遊牧の世界』上・下，中公新書
松原正毅［1988］『トルコの人びと』（NHKブックス）日本放送出版協会
宮岡孝尚［1998］「第二次大戦前後のトルコ共和国の対外政策」『日本中東学会年報』13
村上薫［2002］「開発計画期トルコにおける女性の労働力化と社会政策」村上薫編『後発工業国における女性労働と社会政策』アジア経済研究所
村上薫［2005］「トルコの女性労働とナームス（性的名誉）規範」加藤博編『イスラームの性と文化（イスラーム地域研究叢書6）』東京大学出版会
山内昌之［1988］『神軍 緑軍 赤軍』筑摩書房
山口昭彦［2005］「現代トルコの国民統合と市民権」酒井啓子/臼杵陽編『イスラーム地域の国家とナショナリズム（イスラーム地域研究叢書5）』東京大学出版会
若松大樹［2005］「現代トルコのアレヴィーリキ」『オリエント』48：2
Akçam, T. [1992] *Türk Ulusal Kimliği ve Ermeni Sorunu*, Istanbul
Akçam, T. [2004] *From Empire to Republic : Turkish Nationalism and the Armenian Genocide*, London
Balci, B. [2003] *Missionnaires de l'Islam en Asie centrale : Les écoles turques de Fethullah Gülen*, Paris/Istanbul
Bali, R. N. [1999] *Bir Türkleştirme Serüveni (1923-1945) : Cumhuriyet Yıllarında Türkiye Ya-*

hudileri, Istanbul
Berkes, N. [1964] *The Development of Secularism in Turkey*, Montreal
Blaschke, J./M. van Bruinessen 編 [1989] *Islam und Politik in der Türkei*, Berlin
Çağaptay, S. [2006] *Islam, Secularism, and Nationalism in Modern Turkey*, London
Çakır, R. [1990] *Ayet ve Slogan : Türkiye'de İslami Oluşumlar*, Istanbul
CEMOTI : *Cahiers d'études sur la Méditerranée orientale et le monde turco-iranien*, 19 [1995] (Laïcité(s) : en France et en Turquie と題した特集号)
Debus, E. [1991] *Sebilürresâd*, Frankfurt am Main
Hazama, Y. [2007] *Electoral Volatility in Turkey*, Tokyo
Hirschon, R. 編 [2003] *Crossing the Aegean : An Appraisal of the 1923 Compulsory Population Exchange between Greece and Turkey*, New York
İslâmcılık [2004] *Modern Türkiye'de Siyasî Düşünce*, Vol. 6, Istanbul
Jäschke, G. [1972] *Yeni Türkiye'de İslâmlık*, H. Örs 訳, Istanbul
Kara, İ. [1986-94] *Türkiye'de İslâmcılık Düşüncesi*, 3 vols., Istanbul
Kara, İ. [2003] *Din ile Modernleşme arasında*, Istanbul
Kieser, H.-L. 編 [2006] *Turkey beyond Nationalism*, London
Kirişçi, K./G. M. Winrow [1997] *The Kurdish Question and Turkey*, London
Küçük, H. [2002] *The Role of the Bektāshīs in Turkey's National Struggle*, Leiden
Kurt, İ./S. A. Tüz 編 [1999] *Tarihî ve Kültürel Boyutlarıyla Türkiye'de Alevîler Bektaşîler Nusayrîler*, Istanbul
Levi, A. [1996] *Türkiye Cumhuriyeti'nde Yahudiler*, Istanbul
Lewis, B. [1968] *The Emergence of Modern Turkey*, 2nd ed., London
Mardin, Ş. [1969] *Din ve İdeoloji*, Ankara
Mardin, Ş. [1989] *Religion and Social Change in Modern Turkey*, Albany
Mardin, Ş. [1991] *Türkiye'de Din ve Siyaset*, Istanbul
Matsumoto, N. [2003] "The Folk Dance Activities and Nationalism in Turkey" 『日本中東学会年報』 18 : 1
Mert, N. [1994] *Laiklik Tartışmasına Kavramsal bir Bakış*, Istanbul
Modern Türkiye'de Siyasî Düşünce [2001-] Vol. 1-, Istanbul (全9巻刊行予定，2008年2月時点で第8巻まで)
Okutan, M. Ç. [2004] *Tek Parti Döneminde Azınlık Politikaları*, Istanbul
Olsson, T. 他編 [1998] *Alevi Identity*, Istanbul
Poulton, H. [1997] *Top Hat, Grey Wolf and Crescent*, London
Shaw, S. J./E. K. Shaw [1978] *History of the Ottoman Empire and Modern Turkey*, Vol. 2 : *Reform, Revolution, and Republic*, 2nd ed., Cambridge
Tanör, B. 他編 [1997] *İnkılap Tarihi Dersleri Nasıl Okutulmalı*, Istanbul
Tapper, R. 編 [1991] *Islam in Modern Turkey*, London
Tunaya, T. Z. [1962] *İslâmcılık Cereyanı*, Istanbul
Tunçay, M. [1977] "Atatürk'e Nasıl Bakmak," *Toplum ve Bilim*, 4
Tunçay, M. [1981] *T. C.'nde Tek-Parti Yönetimi'nin Kurulması (1923-1931)*, Ankara
Türkiye Diyanet Vakfı İslâm Ansiklopedisi [1988-] Vol. 1-, Istanbul (2008年2月時点で第33巻 [Nesih-Osmanlılar] まで)
White, J. B. [2002] *Islamist Mobilization in Turkey*, Seattle
White, P. J./J. Jongerden 編 [2003] *Turkey's Alevi Enigma*, Leiden

Yavuz, M. H. [2003] *Islamic Political Identity in Turkey*, Oxford
Yavuz, M. H./J. L. Esposito 編 [2003] *Turkish Islam and the Secular State : The Gülen Movement*, Syracuse/New York
Yıldız, A. [2001] *Ne Mutlu Türküm Diyebilene*, Istanbul
Zarcone, T. [2004] *La Turquie moderne et l'islam*, (Paris)
Zürcher, E. J. [1984] *The Unionist Factor*, Leiden
Zürcher, E. J. [1991] *Political Opposition in the Early Turkish Republic*, Leiden
Zürcher, E. J. [1993] *Turkey : A Modern History*, London

3C-7 東アフリカ　　　　池野　旬

スワヒリ世界の展開

　タンザニア，ケニア，ウガンダの東アフリカ3国では，ムスリムが少数派にとどまっている。3国ともに公式統計で信教別人口を公表していないため，Safari [1994]の推計値によれば，ムスリム人口はタンザニア30％，ケニア7.3％，ウガンダ5％であり，キリスト教徒人口をかなり下回る。これがイスラームを中心的な課題とした文献の少なさの一因であるが，より大きな要因は東アフリカ沿岸部においてイスラームをも要素の一部に組み込んだスワヒリ文化が生成されたことである。家島彦一[2003]によれば，スワヒリ文化とは「単に言語の問題だけでなく，アフロ・アジア諸民族の混血による多民族共生社会，都市的文化，イスラーム教，交易活動などの共通の要素を包摂した文化複合体」である。もちろん，イスラームを標題に掲げたTrimingham [1964]のような文献も存在するが，イスラームに関連した研究の主流は，スワヒリ文化とその影響を受けた地域，すなわちスワヒリ世界の変遷・拡大を主題とした歴史研究である。

　木造帆船ダウによる環インド洋交易に組み込まれていた東アフリカ沿岸部には，イスラームを信奉するアラブ人・ペルシア人の入植地が，7世紀末にすでに形成されていた。沿岸部ならびに島嶼部に点在する交易拠点である入植地と周辺のバントゥー系のアフリカ人社会との接触の過程で，スワヒリ語という共通語まで生み出すような文化混淆が進行し，スワヒリという独自の地域世界が形成された。14世紀にイブン・バットゥータが訪問したのは，このような東アフリカ沿岸部諸都市である。15世紀末に大航海時代を迎え，環インド洋交易の覇権は一時期ポルトガルに握られるが，17世紀末にはアラブ人勢力が覇権を奪還し，19世紀末の英・独による植民地支配の開始まで覇権を維持した。『キルワ年代記』のような古文書，発掘作業，遺構に関する

研究によって，沿岸部諸都市の都市景観や交易商品について明らかにされつつあり，すでに菊池滋夫 [2001]，Chami/Pwiti 編 [2002]，Chittick [1974]，Freeman-Grenville [1962]，Ghaidan 編 [1976]，Martin [1973]，Sutton [1990] のような著作が公表されている。スワヒリへの帰属意識の醸成等の社会文化的な観点に着目した分析は，Allen [1993]，Jerman [1997]，Mazrui/Shariff [1994]，Pouwels [1987] でなされている。

しかしながら，長らくイスラームならびにスワヒリ世界は沿岸部に限られており，内陸部へ浸透していかなかった。画期は，19世紀に最盛期を迎えるアラブ人・スワヒリ人による長距離キャラバン交易の展開である。1830年代にオマーン王サイードはザンジバル島に遷都し，「ザンジバルで笛ふけば湖水の人びとが踊りだす」と謳われるほど，ザンジバルは象牙・奴隷ならびに香料交易の中心地としての地位を確固たるものにしていく (Sheriff [1987]，富永智津子 [2001])。同時期，それまで内陸部からの交易品搬出を担っていたアフリカ人諸民族集団に代わってティップ・チプ (Brode [2000]) のようなアラブ人・スワヒリ人による隊商が内陸部に進出し，集荷地としての入植地を形成していった。東アフリカで現在「アジア人」と総称されているインド亜大陸出身者の多く――イスマーイール派等のムスリムも含まれる――も，この時期から植民地初期にかけて渡来したとみられる (Lobo [2000])。このような交易の展開に伴い，イスラームあるいはそれを一要素に含んだスワヒリ文化が沿岸部から内陸部へと伝播していった。しかしながら，この時期には英・独・仏といったヨーロッパ列強の勢力が東アフリカにも及びつつあり，ザンジバルを頂点とするスワヒリ世界の繁栄は短期にとどまり，植民地支配に対する沿岸部スワヒリ社会の初期抵抗も武力で鎮圧されていった (Beachey [1996]，Glassman [1994])。その一方で，植民地期にもたらされたパクス・ブリタニカ（英国支配による平和）は，スワヒリ世界が内陸部の長距離交易拠点都市から農村部へと広がる契機ともなった。スワヒリ世界の拡大により「スワヒリ」の意味内容が多義的となっていったことは，日野舜也 [1980] に詳しい。ただし，スワヒリ世界の拡大に伴うイスラームの伸張にもかかわらず，内陸部では19世紀後半に遅れて参入してきたキリスト教の普及のほうが顕著である。

求められる東アフリカ・ムスリムの日常生活の紹介

上記のように植民地化以前の歴史研究に主眼が置かれていることは，植民地期の変容過程ならびに1960年代初期の独立以降の現状についての関心が相対的に希薄であるということを意味している。おそらくは，民族独立運動の勃興や開発に伴う地域間格差の拡大といった植民地期・独立後の大きな懸案事項の主要な対立軸が，ヨーロッパ人，アジア人，アフリカ人といった人種間や，アフリカ人内部の諸民族集団間にあり，宗教が前面に出てこなかったためであろう。たとえば，1963年12月の独立から1カ月を経ずして発生したザンジバル革命は，植民地利権に与り独立後もその権益を

維持しようとしていたアラブ人勢力に対してアフリカ人が主体となって起こしたものであるが，当事者はともにムスリムであった。また，1998年8月7日に発生した駐タンザニア米国大使館と駐ケニア米国大使館に対するイスラーム急進派による同時爆破事件を扱ったSubiri［1999］が主題とするのはケニア・米国関係であり，国際的なイスラーム急進派の連携ではない。さらに，タンザニア特産の宝石であるタンザナイトの国際取引がアルカイダの資金源となっているという理由で一時停止された折に，タンザニア政府は多数の穏健なムスリムに対して過敏な反応を示してはいない。宗教を対立軸とした国内問題ではないためである。

とはいえ，開放的に情報を提供しようとするキリスト教諸派と比べて，東アフリカのイスラームがどのような現状にあるのかについての研究はあまりにも少なく，とくに海岸部のイスラームあるいはスワヒリ社会が外部に対して総じて閉鎖的であるとの印象を与えかねないのも事実である。ザンジバル島の宗教実践に触れた富永智津子［2001］，同島の南方に位置するマフィア島のスワヒリ社会の日常を描いたCaplan［1975］［1997］，タンザニアの深奥部にある内陸都市ウジジを調査地としてスワヒリ社会の存在形態と変容を扱った日野舜也［1968］，Hino［1996］，北東部タンザニア農村のスワヒリ社会を紹介した和崎洋一［1977］のような研究の蓄積が望まれている。

【文献】

菊池滋夫［2001］「インド洋沿岸のスワヒリ都市」嶋田義仁他編『アフリカの都市的世界』世界思想社

富永智津子［2001］『ザンジバルの笛――東アフリカ・スワヒリ世界の歴史と文化』未來社

日野舜也［1968］「スワヒリ都市における階層化」今西錦司/梅棹忠夫編『アフリカ社会の研究』西村書店

日野舜也［1980］「東アフリカにおけるスワヒリ認識の地域的構造」富川盛道編『アフリカ社会の形成と展開――地域・都市・言語』東京外国語大学アジア・アフリカ言語文化研究所

家島彦一［2003］『イブン・バットゥータの世界大旅行――14世紀イスラームの時空を生きる』平凡社新書

和崎洋一［1977］『スワヒリの世界にて』日本放送出版会

Allen, J. de Vere [1993] *Swahili Origins : Swahili Culture & the Shungwaya Phenomenon*, London

Beachey, R. W. [1996] *A History of East Africa, 1592-1902*, London

Brode, Heinrich [2000] *Tippu Tip : The Story of His Career in Zanzibar & Central Africa*, Zanzibar (Tanzania)

Caplan, P. [1975] *Choice and Constraint in a Swahili Community*, London

Caplan, P. [1997] *African Voices, African Lives : Personal Narratives from a Swahili Village*, London

Chami, Felix/G. Pwiti 編 [2002] *Southern Africa and the Swahili World*, Dar es Salaam (Tanzania)

Chittick, N. [1974] *Kilwa : An Islamic Trading City on the East African Coast*, Nairobi (Kenya)

Freeman-Grenville [1962] *The Medieval History of the Coast of Tanganyika*, London

Ghaidan, U. 編 [1976] *Lamu : A Study in Conservation*, Nairobi

Glassman, J. [1994] *Feasts and Riot : Revelry, Rebellion, and Popular Consciousness on the Swahili*

Coast, 1856-1888, Portsmouth
Hino, S. [1996] "Social Change of the Swahili Urban Society in Tanzania : A Case Study of Ujiji 1964-1991," in S. Hino 編, *African Urban Studies,* IV, 東京外国語大学アジア・アフリカ言語文化研究所
Hiskett, M. [1994] *The Course of Islam in Africa*, Edinburgh
Horton, M. [1996] *Shanga : The Archaeology of a Muslim Trading Community on the Coast of East Africa*, London
Jerman, H. [1997] *Between Five Lines : The Development of Ethnicity in Tanzania with Special Reference to the Western Bagamoyo District*, Uppsala (Sweden)
Levtzion, N./R. L. Pouwels 編 [2000] *The History of Islam in Africa*, Athens (USA)
Lobo, L. [2000] *They Came to Africa : 200 Years of the Asian Presence in Tanzania*, Dar es Salaam
Martin, E. B. [1973] *The History of Malindi : A Geographical Analysis of an East African Coastal Town from the Portuguese Period to the Present*, Nairobi
Mazrui, A. M./I. N. Shariff [1994] *The Swahili : Idiom and Identity of an African People*, Trenton
Mbogoni, L. E. Y. [2004] *The Cross versus the Crescent : Religion and Politics in Tanzania from the 1880s to the 1990s*, Dar es Salaam
Pouwels, R. [1987] *Horn and Crescent : Cultural Change and Traditional Islam on the East African Coast, 800-1900*, Cambridge
Safari, J. F. [1993] *The Making of Islam in East Africa*, Peramiho (Tanzania)
Sheriff, A. [1987] *Slaves, Spices & Ivory in Zanzibar*, London
Subiri, O. [1999] *The Bombs that Shook Nairobi & Dar : A Story of Pain and Betrayal*, Nairobi
Sutton, J. [1990] *A Thousand Years of East Africa*, Nairobi
Trimingham, J. S. [1964] *Islam in East Africa*, London
Trimingham, J. S. [1980] *The Influence of Islam upon Africa*, London
Westerlund, D./E. E. Rosander 編 [1997] *African Islam and Islam in Africa : Encounters between Sufis and Islamists*, London

3C-8 西アフリカ

坂井信三

西アフリカにおけるイスラーム化のプロセス

　西アフリカのイスラーム研究の重要なテーマとして，イスラーム化のプロセスをめぐる問題がある。イスラーム世界の辺境に位置する西アフリカに，イスラームは10世紀頃から軍事的征服ではなく商業をとおして浸透していったが，やがて13世紀から16世紀の大帝国の時代になると宮廷に地歩を築き，18・19世紀にはムスリムによるイスラーム国家建設運動がおこってくる。こうした経過を通覧するには，

Trimingham［1962］のイスラーム化モデルが広く用いられてきている。それによるとイスラームははじめ交易に依存した国家によって表面的な「国家祭祀」として受け入れられたが，時代を経るにしたがって次第に内面的な受容が進行し，やがて社会・政治的次元でもイスラームの理念を実現しようとするジハードに結実してイスラーム国家建設にいたる。このモデルは Hiskett［1984］や Willis［1979］らのイスラーム史研究者に広く採用されてきた。

　これとは別に，つぎに述べるように長距離交易商人の宗教としてのイスラームに注目する見方もある。西アフリカのイスラーム化過程に関するこのような二つの見方はおそらく二者択一的なものではなく，西アフリカのイスラームが商業民の宗教と，政治的イスラームという二つの伝統をもっていることを反映しているのだろう。

西アフリカの長距離交易とイスラーム

　西アフリカにはいくつかの重要な金産地があり，10世紀前後からサバンナ側の黒人がもたらす金がベルベル人やアラブ人のもたらすサハラの岩塩と交換されていた。イスラームはこの金と塩の交易や奴隷の交易をとおして，サバンナ側で商業に従事する黒人たちのあいだに普及していった。

　こうした長距離交易を基礎に，西アフリカ内陸には10世紀頃からガーナ，マリ，ソンガイ，カネム＝ボルヌなどの広域国家が興亡した。これらの国家は上述のように当時の世界文明としてのイスラームを国家儀礼として受容した。この時代のイスラームについては Levtzion［1973］［1977］が総括的な記述を提供しているが，同時代のアラビア語資料集として Levtzion/Hopkins［1981］（英訳）や Cuoque［1985］（仏訳），Hunwick［1999］（英訳）にも目を通すべきだろう。私市正年［2004］は同時期のアラビア語資料を用いて，イスラーム世界における西アフリカの黒人文化の表象を検証している。

　Cohen［1971］，Lovejoy［1980］，カーティン［2002］らは，長距離交易商人の宗教としてのイスラームに注目した。各地に分散して交易に従事する商人たち（「交易ディアスポラ」）にとって，イスラームは地域や文化を超越する普遍的な商道徳・商慣習のコードを提供していたから，商人の共同体は国家に依存せずにイスラームの知識と信仰を再生産する体制を展開させていた。そのようなイスラームのあり方は，国家の興亡とは関わりなく西欧による植民地化の行われる20世紀初頭まで，千年近くにわたって西アフリカ全体にイスラームと商業のネットワークを広めていった。坂井信三［2003］は，そうした観点から西アフリカの代表的な商業民であるマンデ商人の活動をとおして，西アフリカ・イスラーム史全体を再考しようとする試みである。

西アフリカ・イスラームにおける改革主義の伝統

　西アフリカのイスラームにはこれとは違うもう一つの伝統がある。それがイスラーム法に基礎をおく政治体制を軍事的・政治的な手段によって実現していこうとする理

想主義的・改革主義的な伝統である。西アフリカでは 18・19 世紀にサバンナの牛牧畜民であるフルベ人・トゥクロール人を中心に各地でジハードが続発し，大西洋沿岸のセネガンビアからニジェール川中流域を経てチャド湖周辺にいたるサバンナ地帯に，多くのイスラーム国家が建設された（ソコト・カリフ国については Last［1967］，同じくマーシナとトゥクロール帝国についてはそれぞれ Bâ/Daget［1984(1962)］と Robinson［1985］など）。歴史をさかのぼれば，こうした改革主義的運動は 11 世紀に南西サハラに発したベルベル人のアルモラヴィッド（ムラービトゥーン）運動にひとつの源泉をもち，17 世紀のナーシルッディーンのジハードを経由して 18・19 世紀の運動に連なっていくと解釈されている。こうした運動の系譜を理解するには，Hiskett［1984］や Willis 編［1979］が有益である。他方嶋田義仁［1995］は，牧畜民の資本主義化という政治経済的な契機からフルベ人のジハード運動を理解しようとするユニークな業績である。また西アフリカの改革主義運動と同時代のイスラーム世界の運動との関連を知るには大塚和夫［1999］が参考になる。

植民地下・西アフリカのイスラーム

1990 年代初めまで，西アフリカのイスラーム研究は主として上のようなイスラーム化のプロセスをめぐっておこなわれてきた。だが最近は 20 世紀初頭から始まる植民地支配下でのイスラームのあり方に関する関心が高まっている。

19 世紀末になると英仏は次第にアフリカに対する領土的関心を深めていった。西アフリカのムスリムはこれに対してジハードの形で抵抗したが（Crowder 編［1978］），結局圧倒的な軍事力の前に 20 世紀初めまでには西アフリカ全域が植民地化された。その結果ムスリムは異教徒の支配下で生きていかざるをえなくなったが，逆説的にも植民地支配は社会の流動化やコミュニケーションの発達によってイスラーム化を推し進める契機になった。

植民地支配下における西アフリカのイスラームに際だってみられる特徴は，スーフィー教団の急激な成長である。植民地経済のもとでは，輸出用一次産品の生産に特化する農民や，下級官僚・小売商人のような新たな都市民が出現して来るが，スーフィー教団がこれら新たな社会層を組織する受け皿となったのである（坂井信三［2004］）。Cruise O'Brien［1971］はセネガルの新興教団（ムリード教団）に関する先駆的研究であるが，小川了［1998］は独立以後のセネガル社会に深く根づいた同教団のあり方を国家との関連で描いている。他方 Robinson/Triaud 編［1997］，Robinson［2000］などは，ムスリムが植民地政策とのインタラクションをとおして異教権力との「協調」という独自のパースペクティヴを生み出していく過程を追求した歴史学からの成果である。

【文献】

大塚和夫［1999］「イスラームのアフリカ」福井勝義/赤阪賢/大塚和夫編『アフリカの民族と社会

(世界の歴史 24)』中央公論社
小川了［1998］『可能性としての国家誌——現代アフリカ国家の人と宗教』世界思想社
カーティン，P［2002］『異文化間交易の世界史』田村愛理/中堂幸政/山影進訳，NTT 出版
私市正年［2004］『サハラが結ぶ南北交流』山川出版社
坂井信三［2003］『イスラームと商業の歴史人類学——西アフリカの交易と知識のネットワーク』世界思想社
坂井信三［2004］「西アフリカのタリーカと社会変動下の集団編成」赤堀雅幸/東長靖/堀川徹編『イスラームの神秘主義と聖者信仰（イスラーム地域研究叢書 7）』東京大学出版会
嶋田義仁［1995］『牧畜イスラーム国家の人類学——サヴァンナの富と権力と救済』世界思想社
Bâ, A. H./J. Daget［1984(1962)］ *L'empire peul du Maçina*, Paris
Cohen, A.［1971］"Cultural Strategies in the Organization of Trading Diasporas," in C. Meillassoux/D. Ford 編, *The Development of Indigenous Trade and Markets in West Africa*, Oxford
Crowder, M. 編［1978］ *West African Resistance : The Military Response to Colonial Occupation*, new ed., London
Cruise O'Brien, D. B.［1971］ *The Mourides of Senegal : The Political and Economic Organization of an Islamic Brotherhood*, Oxford
Cuoque, J. M.［1985］ *Recueil des sources arabes concernant l'Afrique occidentale du VIIIème au XVIème siècle*, Paris
Hiskett, M.［1984］ *The Development of Islam in West Africa*, London
Hunwick, J.［1999］ *Timbuktu and the Songhay Empire : Al-Sa'di's Ta'rikh al-Sudan down to 1613 and Other Contemporary Documents*, Leiden
Last, M.［1967］ *The Sokoto Caliphate*, London
Levtzion, N.［1973］ *Ancient Ghana and Mali*, London
Levtzion, N.［1977］"The Western Magrib and Sudan," in J. D. Ford/R. Oliver 編, *The Cambridge History of Africa*, Vol. 3 : *From c.1050 to c.1600*, Cambridge
Levtzion, N./J. F. P. Hopkins［1981］ *Corpus of Early Arabic Sources of West African History*, Cambridge
Lovejoy, P.［1980］ *Caravans of Kola*, Zaria, Nigeria
Robinson, D.［1985］ *Holy War of Umar Tal*, Oxford
Robinson, D.［2000］ *Paths of Accommodation : Muslim Societies and French Authorities in Senegal and Mauritania, 1880-1920*, Athens (OH)
Robinson, D./J.-L. Triaud 編［1997］ *Le Temps des marabouts : Itinéraires et stratégies islamiques en Afrique occidentale française v. 1880-1960*, Paris
Trimingham, J. S.［1962］ *A History of Islam in West Africa*, Oxford
Willis, J. R. 編［1979］ *Studies in West African Islamic History*, Vol. 1 : *The Cultivators of Islam*, London

3C-9　中央アジア

小松久男

中央アジア研究の新展開

　現在，中央アジアといえば，それは旧ソ連中央アジア地域，すなわちカザフスタン，クルグズスタン，ウズベキスタン，タジキスタン，そしてトルクメニスタンの5カ国をさすことが多い。本節もこの用法にならうが，近年は中央アジアとヴォルガ・ウラル地方やコーカサス（カフカース）など，帝政ロシアとソ連の時代に歴史的な経験を共有したムスリム地域を合わせて「ロシアと中央アジア（のムスリム地域）」あるいは「中央ユーラシア」と呼び，このより広い地域の観点からの問題設定や比較の試みが行われていることにも注意したい。こうした研究成果としては，Kemper/Kügelgen/Yermakov編［1996］，Kügelgen/Kemper/Frank編［1998］，Dudoignon/Komatsu編［2001］，Uyama編［2007］などがある。

　近現代の中央アジア研究について質量共に最大の蓄積をもつのはソ連邦だった。東洋学などの成果は今も貴重だが，近現代研究には政治的なイデオロギーが濃厚であった。欧米では史料の限界のために実証的な研究は少なかったが，1960年代には一連の先駆的な研究が現れた（Allworth［1964］, Becker［1968］, Bennigsen/Quelquejay［1960］, Carrère d'Encausse［1988（原著1966）］, Zenkovsky［1967］）。史料の少なさは日本も同様であり，加えて前近代を扱う東洋史研究と近現代を扱うロシア・ソ連史研究とは長く連携を欠いていた。最近の中央ユーラシア研究は，これを融合する試みともいえる。

　このような研究状況を一挙に変えたのは，ソ連におけるペレストロイカ，とりわけ情報公開（グラスノスチ）であった。政治的には保守的であった中央アジア諸国においても，1980年代末から歴史の見直しが始まり，それまでのロシア革命の勝利を起点としたソ連史学の近現代史記述に対する批判，革命前の民族運動やイスラームの再評価が急速に進んだ（ウズベキスタンの実例として，帯谷知可［1998］）。それと同時にそれまで未公開あるいは閲覧を禁じられていた文書や文献の公開が行われ，これらは海外の研究者にも利用が可能となった。ロシア語史料の公刊は，Арапов［2006］など続々と行われている。研究者間の交流や現地調査の可能性も大きく開かれた（島田志津夫［2003］）。日本でも民間所蔵文書の収集・分析やマザール研究の成果が現れている（河原弥生［2005］［2006］，菅原純/河原編［2006］，澤田稔他［2007］）。中央アジア研究の環境は，ペレストロイカからソ連解体，中央アジア諸国の独立（1991年）という大変動の中で劇的な変化をとげた。さらに，独立以来急速に変容する中央アジア自体がさまざまな分野の研究者の注目を集めるようになった。共和国ごとの違いも大きい。中央アジア研究の幅は，いまや歴史学にとどまることなく，政治学，経済学，社会学，国際関係学，文化人類学，環境学，そして地域研究へと大きく広がって

おり，刊行される研究成果も飛躍的に増大している。

■ 近現代中央アジア研究の参考文献

　近現代中央アジアの眺望を得るには中央アジアの通史や概説が役に立つ。近現代に十分なスペースをさいた通史としては，間野英二編［1999］，小松久男編［2000］，間野英二/堀川徹編［2004］など。護雅夫/岡田英弘編［1990］は，中央ユーラシアの民族と歴史の概説。宇山智彦［2000］は，現代の政治と社会を簡明に論じた概説として有益。英語では Soucek［2000］が，モンゴルや新疆も含んだ最新の通史。刊行は古いが，Бартольд［1963(1927)］は，18世紀末から帝政ロシア統治期のトルキスタンに関するすぐれた概説，Togan［1981(1949)］は，ロシア革命後の中央アジアで自ら民族運動を指導した人物による詳細な近現代の通史。中央アジア諸国でもソ連史学の評価を大きく書き換える近現代の通史が刊行されており，ウズベキスタンの例では Ўзбекистоннинг янги тарихи［2000］，Туркестан［2000］などがある。宇山編［2003］は，中央アジアに関する多彩なイメージを得るのに好適な概説書。

　研究を始めるには，まず近現代の中央アジアについてこれまでどのような研究が行われてきたのかを知る必要がある。文献目録としてもっとも完備しているのは，Bregel 編［1995］で，歴史，宗教，文化，旅行記，現地語史料，民族学，人類学，考古学，貨幣学，芸術，史学史，文献目録などのジャンル別に古今の文献を網羅的に整理している。近年の研究成果については Allworth［2002］があるが，英語文献に限定。これに対して，Dudoignon/Komatsu［2003-06］は，ロシア連邦，中央アジア，トルコ，日本，ヨーロッパ連合ならびに社会学と新疆研究における1985-2000年間の研究動向を整理。第2部は同時期に刊行された個々の著書・論文に関する解題付きの文献目録。日本における中央アジア研究の文献目録としては，ユネスコ東アジア文化研究センター［1988-89］が完備しており，これは http://www.toyo-bunko.or.jp でも検索可能。その他，『史学雑誌』『イスラム世界』『日本中央アジア学会報』などにも最新の文献リストが掲載されている。

　最新の研究動向は，専門学術雑誌に見える。最近の主要なイスラーム，アジアおよびスラブ研究誌には中央アジア関係の論考が少なからず掲載されるほか，専門誌としては，*Central Asian Survey*, Центральная Азия и Кавказ, *Cahiers du monde russe* など，日本では『スラブ研究』『内陸アジア史研究』などがある。

　事典としては，イスラーム関係の一般的な事典（たとえば，*Encyclopaedia Iranica* の Central Asia の項目は非常に充実している）の他，Прозоров［1998-］，『新版ロシアを知る事典』［2004］，『中央ユーラシアを知る事典』［2005］などが有益。中央ユーラシア諸国でもソ連時代の共和国ごとの百科事典に代わる新しい事典が刊行され始めている。地図はソ連時代は恵まれなかったが，現在は状況が大幅に改善された。歴史地図としては Bregel 編［2003］が便利，現代地図は中央アジア諸国でも国別，州別の地図が刊行されており，より詳細な地図としては，かつてソ連軍参謀本部が作成した

1：200,000 の地図も入手可能である。

　近現代の中央アジア研究には，ロシア語に加えて，中央アジア諸言語の習得が必須。ソ連時代の『ウズベク語・ロシア語辞典』などのロシア語で解説された大型辞典は今も有用だが，現在は英語によるハンディな辞書や文法書も刊行されている。研究のための語学教育は欧米の諸大学では充実しているが，日本ではロシア語やペルシア語を除くと，まだ専門の語学教育が立ち後れている。語学の習得には，現地留学がもっとも有効だろう。

近現代中央アジアの諸問題

　19 世紀の中央アジアを見ると，北部の草原地域ではロシアおよび清朝とカザフ遊牧集団との国際関係（野田仁［2006］）やロシア統治下におけるカザフ遊牧社会の変容とカザフ知識人の形成，南部オアシス地域ではブハラ・アミール国，コーカンド・ハン国，ヒヴァ・ハン国などウズベク系諸国の形成と国際的な通商の展開，19 世紀後半以降の植民地統治下での社会・経済的変容，ムスリムの政治・社会運動の展開などが主要な研究テーマ。Урунбаев 他編［2001］や Beisembiev 編訳［2003］が示すように，この時代の文書・写本史料の可能性は大きく，Kawahara/Haneda 編［2006］は 19 世紀の基本史料の校訂として重要。マンギト朝ブハラにおける支配の正当性を分析した Kügelgen［2002（ロシア語版 2004）］や中央アジアにおけるインド商人の活動を論じた Levi［2002］は，最新の研究成果として注目される。18 世紀末から中央アジアに進出したタタール商人の活動は，ロシアと中央アジアとの相互関係という観点からも解明が期待される（濱本真実［2006］）。

　植民地期に関して，日本ではロシア農民の入植や 1916 年の民衆反乱についての研究が多かったが，最近では秋山徹［2003］のようにロシアの統治制度に対応したクルグズ遊牧社会の変容を分析する試みも現れた。植民地統治は広くロシア帝国の観点からも考察する必要があり，Литвинов［1998］，Brower［2003］，Crews［2006］，宇山智彦［2006］などはその最新の成果。Brower/Lazzerini 編［1997］は，植民地期に関する良質の論文集。ムスリムの政治・社会運動では，1898 年のアンディジャン蜂起について新しい研究が進み（Бабаджанов［2003］［2004］，Komatsu［2003］），スーフィー教団を核としたこの運動については中東・北アフリカの事例との比較も可能（小松久男［2003］）。ムスリム知識人の改革運動・民族運動については現地をはじめとして多数の研究が出されており，日本では小松［1996］，宇山［1997］，長縄宣博［2003］など。ジャディード運動については，Khalid［1998］が基本的文献。この問題については Bennigsen/Lemercier-Quelquejay［1964］が注目したムスリムの新聞・雑誌史料が重要な史料。広く利用が可能となったこれらの史料を活用した研究の進捗が期待される（Shimada 編［2002］，Uyama［2003］）。一方，トルキスタン総督府が集積した膨大な中央アジア資料集「トルキスタン集成」は，現在京都大学で閲覧可能である（帯谷知可［2005］）。

革命期については，タタール人革命家スルタンガリエフにイスラーム史とロシア革命史の交錯を見いだした山内昌之［1986］と関係史料集（山内［1998］），中央アジア植民地における革命の独自性を追求した西山克典［2002］が基本的文献。中央アジアでは未公刊史料を活用したムスリム自治運動や反ソビエト抵抗運動（バスマチ運動），ブハラ革命などに関する新しい研究が進展しているが，そこには現代のナショナリズムが投影されることもある。現代中央アジア諸国の枠組みを作った1924年の民族・共和国境界画定は，民族的アイデンティティの形成，現代の民族問題や国境問題を考える上でもきわめて重要な研究テーマであり，Vaidyanath［1967］は古典的な研究。Масов［1991］［1995］は，未公刊史料を活用しているが，現代タジク・ナショナリズムの色彩は濃厚。その全体像の解明にはHaugen［2003］などの実証的な研究の積み重ねが必要。革命期からソビエト時代初期に活動したファイズッラ・ホジャエフやルスクロフら，1930年代末までに粛清されたムスリム・コムニスト，知識人の研究も期待される。

ソ連時代の中央アジアについて，日本での研究はまだ少ないが（木村英亮［1993］，東田範子［1999］，宇山智彦［1999］など），現代の動態を理解するためには，歴史としてのソ連時代を深く検討することが不可欠。Roy［2000］やMartin［2001］は，参考文献として有益。今ならば，現地での社会学的な聞き取り調査も可能だろう。最近では，Бабаджанов/Муминов/фон Кюгельген［2007］のように，ソ連時代のイスラームに関する本格的な研究も現れている。1991年の独立以後の中央アジアについては研究，情報ともにあふれているが，こうした中から研究テーマを発見するには，岩﨑一郎/宇山/小松久男編［2004］が有用。これはソ連時代からの連続性を視野に収めながら，現代の政治と経済をイスラーム復興や環境問題まで含めて論じている。吉田世津子［2004］は，現代中央アジアの社会人類学研究の可能性を提示。ティムール・ダダバエフ［2006］は，現地調査や世論調査の手法を用いて現代ウズベキスタン社会の実像に肉薄。変貌を続ける現代中央アジアは，人文・社会科学にとって研究の沃野と言っても過言ではない。

【文献】

秋山徹［2003］「ロシア帝国支配下のクルグズ人社会」『内陸アジア史研究』18
岩﨑一郎/宇山智彦/小松久男編［2004］『現代中央アジア論——変貌する政治・経済の深層』日本評論社
宇山智彦［1997］「20世紀初頭におけるカザフ知識人の世界観——M. ドゥラトフ『めざめよ，カザフ！』を中心に」『スラブ研究』44
宇山智彦［1999］「カザフ民族史再考——歴史記述の問題によせて」『地域研究論集』2：1
宇山智彦［2000］『中央アジアの歴史と現在』東洋書店
宇山智彦編［2003］『中央アジアを知るための60章』明石書店
宇山智彦［2006］「「個別主義の帝国」ロシアの中央アジア政策——正教化と兵役の問題を中心に」『スラブ研究』53

帯谷知可［1998］「ウズベキスタンにおけるバスマチ運動の見直しとその課題」『地域研究論集』1：2
帯谷知可［2005］「中央アジア地域研究希少資料デジタル化の試み」『地域研究論集』7：1
河原弥生［2005］「コーカンド・ハーン国におけるマルギランのトラたち——ナクシュバンディー教団系の聖者一族に関する一考察」『日本中東学会年報』20：2
河原弥生［2006］「『ホージャ・ハサン・サーヒブキラーン伝』——フェルガナ盆地における民間所蔵史料の研究」『アジア・アフリカ言語文化研究』71
木村英亮［1993］『スターリン民族政策の研究』有信堂高文社
小松久男［1996］『革命の中央アジア——あるジャディードの肖像』東京大学出版会
小松久男編［2000］『中央ユーラシア史』山川出版社
小松久男［2003］「地域間比較の試み——中央アジアと中東」佐藤次高編『イスラーム地域研究の可能性（イスラーム地域研究叢書1）』東京大学出版会
澤田稔他［2007］『中央アジアのイスラーム聖地——フェルガナ盆地とカシュガル地方』（シルクロード学研究 28）シルクロード学研究所
菅原純／河原弥生編［2006］『新疆およびフェルガナのマザール文書（影印）』東京外国語大学アジア・アフリカ言語文化研究所
島田志津夫［2003］「ウズベキスタンの公文書館事情」『イスラム世界』61
『新版ロシアを知る事典』［2004］平凡社
『中央ユーラシアを知る事典』［2005］平凡社
ティムール・ダダバエフ［2006］『マハッラの実像——中央アジア社会の伝統と変容』東京大学出版会
東田範子［1999］「フォークロアからソヴィエト民族文化へ——「カザフ民族音楽」の成立（1920-1942）」『スラブ研究』46
長縄宣博［2003］「ヴォルガ・ウラル地域の新しいタタール知識人」『スラブ研究』50
西山克典［2002］『ロシア革命と東方辺境地域——「帝国」秩序からの自立を求めて』北海道大学図書刊行会
野田仁［2006］「清朝によるカザフへの爵位授与——グバイドゥッラの汗爵辞退の事例（1824年）を中心に」『内陸アジア史研究』21
濱本真実［2006］「タタール商人の町カルガルの成立——18世紀前半ロシアの宗教政策と東方進出」『東洋史研究』65：3
間野英二編［1999］『中央アジアの歴史（アジアの歴史と文化8）』角川書店
間野英二／堀川徹編［2004］『中央アジアの歴史・社会・文化』放送大学教育振興会
護雅夫／岡田英弘編［1990］『中央ユーラシアの世界（民族の世界史4）』山川出版社
山内昌之［1986］『スルタンガリエフの夢——イスラム世界とロシア革命』東京大学出版会
山内昌之［1998］『史料　スルタンガリエフの夢と現実』東京大学出版会
ユネスコ東アジア文化研究センター編［1988-89］『日本における中央アジア関係研究文献目録——1879年—1987年3月』（付索引・正誤）ユネスコ東アジア文化研究センター
吉田世津子［2004］『中央アジア農村の親族ネットワーク——クルグズスタン・経済移行の人類学的研究』風響社
Allworth, E. [1964] *Uzbek Literary Politics*, The Hague
Allworth, E. [2002] Devolution of Central Asia, 1990-2000, *Nationalities Papers*, 30：1
Becker, S. [1968] *Russia's Protectorates in Central Asia : Bukhara and Khiva, 1865-1924*, Cambridge (MA)
Beisembiev, T. 編訳 [2003] *The Life of 'Alimqul : A Native Chronicle of Nineteenth Century Central Asia*, London/New York

Bennigsen, A./Ch. Quelquejay [1960] *Les mouvements national chez les musulmans de russie : Le ⟨sultangalievisme⟩ au Tatarstan*, Paris/La Haye

Bennigsen, A./Ch. Lemercier-Quelquejay [1964] *La presse et le mouvement national chez les musulmans de russie avant 1920*, Paris/La Haye

Bregel, Y. 編 [1995] *Bibliography of Islamic Central Asia*, Part 1-3, Bloomington

Bregel, Y. 編 [2003] *An Historical Atlas of Central Asia*, Leiden/Boston

Brower, D. R. [2003] *Turkestan and the Fate of of the Russian Empire*, London

Brower, D. R./E. J. Lazzerini 編 [1997] *Russia's Orient : Imperial Borderlands and Peoples, 1700-1917*, Bloomington/Indianapolis

Carrère d'Encausse, H. [1988(原著1966)] *Islam and the Russian Empire : Reform and Revolution in Central Asia*, Q. Hoare 訳, London

Crews, R. D. [2006] *For Prophet and Tsar : Islam and Empire in Russia and Central Asia*, Cambridge/London

Dudoignon, S. A./H. Komatsu 編 [2001] *Islam in Politics in Russia and Central Asia : Early 18th to Late 20th Centuries*, London/New York/Bahrain

Dudoignon, S. A./H. Komatsu 編 [2003-06] *Research Trends in Modern Central Eurasian Studies : Works Published between 1985 and 2000, A Selective and Critical Bibliography*, Part 1, 2, Tokyo

Haugen, A. [2003] *The Establishment of National Republics in Soviet Central Asia*, New York

Kawahara, Y./K. Haneda 編 [2006] *Muntakhab al-Tawārīkh, Selected History*, Vol. 2, Tokyo

Kemper, M./A. von Kügelgen/D. Yermakov 編 [1996] *Muslim Culture in Russia and Central Asia from the 18th to the Early 20th Centuries*, 1, Berlin

Khalid, A. [1998] *The Politics of Muslim Cultural Reform : Jadidism in Central Asia*, Berkley/Los Angeles/London

Komatsu, H. [2003] "The Andijan Uprising Reconsidered," in T. Sato 編, *Muslim Societies : Historical and Comparative Perspectives*, London

von Kügelgen, A. [2002] *Die Legitimierung der mittelasiatischen Mangitendynastie in den Werken ihler Historiker*, Istanbul (ロシア語版: фон Кюгельген, А. [2004] *Легитимация среднеазиатской династии мангитов в произведениях их историков (XVIII-XIXвв.)*, Алматы)

von Kügelgen, A./M. Kemper/A. J. Frank 編 [1998] *Muslim Culture in Russia and Central Asia from the 18th to the Early 20th Centuries*, 2, Berlin

Levi, S. [2002] *The Indian Diaspora in Central Asia and Its Trade 1500-1900*, Leiden/Boston/Köln

Martin, T. [2001] *The Affirmative Action Empire : Nations and Nationalism in the Soviet Union, 1923-1939*, Ithaca/London

Roy, O. [2000] *The New Central Asia : The Creation of Nations*, New York

Shimada, S. 編 [2002] *An Index of Āyina*, Tokyo

Soucek, S. [2000] *A History of Inner Asia*, Cambridge

Togan, A. Z. V. [1981(1949)] *Bügünkü Türkili (Türkistan) ve Yakın Tarihi*, Istanbul

Uyama, T. [2003] "A Strategic Alliance between Kazakh Intellectuals and Russian Administrators : Imagined Communities in *Dala Wilayatīnīng Gazetī* (1888-1902)," in T. Hayashi 編, *The Construction and Deconstruction of National Histories in Slavic Eurasia*, Sapporo

Uyama, T. 編 [2007] *Empire, Islam, and Politics in Central Eurasia*, Sapporo

Vaidyanath, R. [1967] *The Formation of the Soviet Central Asian Republics : A Study in Soviet Nationalities Policy 1917-1936*, New Delhi

Zenkovsky, S. A. [1967] *Pan-Turkism and Islam in Russia*, Cambridge (MA)
Арапов, Д. Ю. [2006] *Императорская Россия и мусульманский мир*, Москва
Бабаджанов, Б. М. [2003] "Дукчи Ишан и Андижанское восстание 1898г.," in С. Н. Абашин/В. О. Бобровников 編, *Подвижники ислама: Культ святых и суфизм в Средней Азии и на Кавказе*, Москва
Бабаджанов, Б. М. [2004] *Манāкиб-и Дӯкчӣ Ӣшāн (Аноним жития Дӯкчӣ Ӣшāна — предводителя Андижанского восстания 1898 года)*, Ташкент/Берн/Алматы
Бабаджанов, Б. М./А. К. Муминов/А. фон. Кюгельген [2007] *Диспуты мусульманских религиозных авторитетов в Центральной Азии в XX веке*, Алматы
Бартольд, В. В. [1963(1927)] История культурной жизни Туркестана, *Академик В. В. Бартольд сочинения*, том 2：1, Москва
Литовинов, П. П. [1998] *Государство и ислам в Русском Туркестане (1865-1917) (по архивным материалам)*, Елец
Масов, Рахим [1991] *История топорного разделения*, Душанбе
Масов, Рахим [1995] *Таджики: история с грифом "совершенно секретно,"* Душанбе
Прозоров, С. М. [1998-] *Ислам на территории бывшей Российской империи: Знциклопедический словарь*, вып. 1-4-, Москва（現在4号まで刊行，最初の3号分の項目は，改訂のうえ2006年に1巻にまとめられて刊行）
Туркестан [2000] *Туркестан в начале XX века: К истории истоков национальной независимости*, Ташкент
Урунбаев, А./Т. Хорикава/Т. Файзиев/Г. Джураева и К. Исогай 編 [2001] *Каталог хивинских казийских документов XIX-начала XX вв.*, Ташкент/Токио
Ўзбекистоннинг янги тарихи [2000] Китоб 1-3, Тошкент

3C-10　東トルキスタン　　　　新免　康

　東トルキスタン（現・中国新疆ウイグル自治区）は，ウイグルを中心とするテュルク系ムスリムの民族の居住地域であるとともに，18世紀半ばに清朝による征服・統治を受けて以来現在に至るまで，中国の領域に組み込まれてきた。東トルキスタンのイスラームは，西方イスラーム地域から継続的に大きな影響を受け続けると同時に，中国の統治下において一定の統制を受け，その中で相応の変容を被ってきた。他方，ウイグルが政治的活動を展開する際，イスラームはそれと密接に関わってきた。当地域のイスラームの特質を考える際，視点・方法・対象・資料の面でこのような地域的特性を踏まえた研究が求められる。
　1980年代以後，当地域が外界にある程度開かれ，実地調査が可能になったことな

どを背景として，新しい研究が次々と現れつつある。本節では，近年の成果を中心に，研究傾向と基本的な先行研究について紹介するとともに，今後の方向性についても言及する。

■ 東トルキスタン・イスラーム研究の基本工具書

当地域のイスラームにまつわる研究には，アラビア語・ペルシア語のほか，歴史的状況についてはチャガタイ語と漢文，現代の状況については現代ウイグル語と現代漢語の知識が要求される。現代ウイグル語の教科書は，日本語の竹内和夫［1991］があるが，漢語の熱扎克＝買提尼亜孜/米爾扎克里木＝伊納木夏［1991］が推奨される。ウイグル語—日本語辞典は，新疆大学中国語文系編［1982］が基本的で，その漢語部分を和訳した飯沼英二［1992］が便利である。チャガタイ語については，テュルク系言語の辞典とペルシア語辞典を併用する。

■ 東トルキスタンにおけるイスラームの歴史

当地域ではイスラームが政治的変動に深く関わってきた。従来の研究では，政治史の一環としてイスラームがもつ特徴的な側面について検討が加えられてきたと言える。

まず，東トルキスタンのイスラームの通史的な展開については，濱田正美［1994a］で概観が与えられている。中国新疆地区伊斯蘭教史編写組編著［2000］と Haji Nur Haji/Chen Goguang［1995］は新疆のイスラーム史に関する総体的叙述であり，詳細であるが，中国における公式見解を反映した偏向を免れない。

東トルキスタンのイスラーム史の上で重要な役割を果たしたイスラーム聖者とその聖者伝については，濱田正美［2006］が画期的な成果。16世紀以後にカシュガル方面で活動したイスラーム聖者の一族である，いわゆるカシュガル＝ホージャ家については，ペルシア語史料を利用した研究として，澤田稔の一連の論考（［1996］など）があり，劉正寅/魏良弢［1998］も関連する研究著作である。同家の活動とそのウイグル社会における位置づけについては，いまだ明らかでない部分を残しているが，最近の Papas［2005］はその点で注目に値する。

清朝統治時代の東トルキスタンについては，膨大な漢文史料を主要史料とし，欧文を付随的に利用して体系的な研究がなされてきた。イスラームの諸相については，佐口透［1963］［1995］で詳細に論じられているほか，同時代のカシュガル＝ホージャ家の活動について佐口［1963］や Fletcher［1978］，近年の Newby［2005］に詳細な言及が見られる。他方，濱田正美［1993］のように，異教徒統治下のムスリムの意識面の様態に迫る研究も現れている。19世紀後半のムスリム反乱においてはイスラームが重要な役割を果たしたが，その具体相については，反乱に関する体系的な考究である Kim［2004］が必読の書である。濱田［1994b］も，スーフィー指導者の宗教的権威が政治権力に転化するメカニズムを鮮明化する。

3 イスラームの時空間　269

　中華民国期，ウイグルの改革運動・民族運動が顕在化し，1930年代と40年代に独立運動の成果である「東トルキスタン共和国」が出現した。これらにもイスラームは深く関わっている。近年，Forbes［1986］など詳細な政治事件史の叙述が出されているが，イスラームとの関連では，Hamada［1990］，大石真一郎［1996］により，西方イスラーム世界からの改革運動の伝播・定着・発展の様相が明らかにされている。その後の民族独立運動とイスラームについては，1930年代に関する新免康［1994］，40年代についての王柯［1995］が参考になる。
　ウイグル社会は，清～民国の政治体制と政策による制約の下，イスラーム法の実効性にも制限が加えられていたと言われるが，不分明な点が少なくない。政府側文書資料とウイグル社会の在地文書を基にした，イスラーム社会の実態面へのアプローチが必要とされる。在地文書については，堀直［2001］などが現れている。

■ 現代新疆におけるムスリム社会の様相

　ウイグル社会は，中華人民共和国の体制下における世俗化によりイスラーム社会としての特質を喪失した。1980年代以後，信仰としてのイスラームは復興したものの，民族問題に対する対応から厳しい管理下に置かれている。このような条件下のイスラームに関して，データは十分ではない。近年，Rudelson［1998］など，実地調査に基づいたウイグル社会の体系的研究が出されつつあるが，イスラームに関する検討は限られている。民族誌的叙述の Abdukerim 他［1996］にも信仰に関する叙述があるが，慣習面に重点が置かれている。これに対し，長期の調査に基づきウイグル社会のイスラームの実相を，宗教知識人の活動を通して検討した Wang［2004］は重要な成果である。王建新［1999］も基礎データを提供して有用。また，宗教意識が反映された民間出版物の紹介・検討である菅原純［1998］も興味深い。
　ウイグルの信仰体系には，正統イスラーム信仰を中核としつつ，神秘主義や土着的な要素を含む複合的な側面がある。その中で例外的に研究が蓄積されてきた対象が，イスラーム聖者墓廟（マザール）参詣である。濱田正美［1991］など個々のマザールの歴史の再構成，実地調査の詳細な報告である新免康／真田安／王建新［2002］，澤田稔編［2007］，個々のマザールの名鑑とも言うべき Rahilä Dawut［2001］や，社会的機能も含めた体系的論述である熱依拉＝達吾提［2001］などが挙げられる。他方，スーフィズムは非合法とされ，実地調査の困難さなどから知見が乏しいが，その中でZarcone の一連の研究（［1996］など）は貴重な貢献である。
　民族問題やイスラーム過激派との関連など，近年注目を集めているウイグルのイスラームにまつわる政治的側面については，イスラームとエリート層の意識の関係に着目した王柯［1996］や，政策との関連に注目した Starr 編［2004］所収の論述が目につくが，全般的に学術的考察は豊富とは言い難く，今後の検討が待たれる。また，ジェンダーや生活文化とイスラームとの関わりについての研究も，いまだ初歩的な段階にある。

東トルキスタン・イスラーム研究の今後の課題

歴史的状況については，イスラーム法の理論と施行の実態，イスラーム教学の様相，知識人の精神世界など，いまだ本格的な検討が加えられていない領域が少なくない。当地域の宗教文献・法学文献などは新疆と世界各地の文書館等に散在しているが，いまだ殆ど手をつけられていない。法廷文書など在地文書についての考究も端緒についたばかりである。また，現状についての研究も，フィールドワークが容易でないという条件下に，限定された局面にとどまっている。今後，これら未開拓の部分に光が当てられることを期待したい。

【文献】

飯沼英二［1992］『ウイグル語辞典』穂高書店
王柯［1995］『東トルキスタン共和国研究』東京大学出版会
王柯［1996］「ウイグル・アイデンティティの再構築」山内昌之編『イスラム原理主義とは何か』岩波書店
王建新［1999］「ウイグル人のイスラム信仰」『アジア遊学』1
大石真一郎［1996］「カシュガルにおけるジャディード運動」『東洋学報』78：1
佐口透［1963］『十八─十九世紀東トルキスタン社会史研究』吉川弘文館
佐口透［1995］『新疆ムスリム研究』吉川弘文館
澤田稔［1996］「ホージャ家イスハーク派の形成」『西南アジア研究』45
澤田稔編［2007］『中央アジアのイスラーム聖地──フェルガナ盆地とカシュガル地方』（シルクロード学研究28）シルクロード学研究センター
新免康［1994］「東トルキスタン共和国に関する一考察」『アジア・アフリカ言語文化研究』46/47
新免康／真田安／王建新［2002］『新疆ウイグルのバザールとマザール』東京外国語大学アジア・アフリカ言語文化研究所
菅原純［1998］「新疆ウイグル人の職業別祈祷ハンドブック「リサラ」」『内陸アジア史研究』13
竹内和夫［1991］『現代ウイグル語四週間』大学書林
濱田正美［1991］「サトク・ボグラ・ハンの墓廟をめぐって」『西南アジア研究』34
濱田正美［1993］「「塩の義務」と「聖戦」との間で」『東洋史研究』52：2
濱田正美［1994a］「東トルキスタンにおけるイスラーム」『海外事情』42：3
濱田正美［1994b］「スーフィー教団──宗教権威から政治権力へ」『文明としてのイスラーム（講座イスラーム世界2）』栄光教育文化研究所
濱田正美［2006］『東トルキスタン・チャガタイ語聖者伝の研究』京都大学大学院文学研究科
堀直［2001］「回疆の社会経済文書について──チャガタイ文書の紹介を中心として」『西南アジア研究』54
劉正寅／魏良弢［1998］『西域和卓家族研究』中国社会科学研究出版社
熱依拉＝達吾提［2001］『維吾爾族麻扎文化研究』新疆大学出版社
熱扎克＝買提尼亜孜／米爾扎克里木＝伊納木夏［1991］『基礎維語』新疆教育出版社
新疆大学中国語文系編［1982］『維漢詞典』新疆人民出版社
中国新疆地区伊斯蘭教史編写組編著［2000］『中国新疆地区伊斯蘭教史』新疆人民出版社
Abdukerim Rakhman/Rawaydulla Hamdulla/Sherip Khushtar [1996] *Uyghur Örp-Adätliri*, Ürümchi
Fletcher, Joseph [1978] "Ch'ing Inner Asia c.1800," "The Heyday of the Ch'ing Order in Mongolia,

Sinkiang and Tibet," in *The Cambridge History of China*, Vol. 10: *Late Ch'ing, 1800-1911*, Part I, Cambridge/New York

Forbes A. D. W. [1986] *Warlords and Muslims in Chinese Central Asia: A Political History of Republican Sinkiang 1911-1949*, Cambridge/New York

Haji Nur Haji/Chen Goguang [1995] *Shinjiang Islam Tarikhi*, Beyjing

Hamada, Masami [1990] "La transmission du mouvement nationaliste au Turkestan oriental," *Central Asian Survey*, 9 : 1

Kim, Hodong [2004] *Holy War in China : The Muslim Rebellion and State in Chinese Central Asia, 1864-1877*, Stanford

Millward, James [2007] *Eurasian Crossroads : A History of Xinjiang*, New York

Newby, L. J. [2005] *The Empire and the Khanate : A Political History of Qing Relations with Khoqand c.1760-1860*, Leiden/Boston

Papas, Alexandre [2005] *Soufisme et politique entre Chine, Tibet et Turkestan*, Paris

Rahilä Dawut [2001] *Uyghur Mazarliri*, Ürümchi

Rudelson, Justin Jon [1997] *Oasis Identities : Uyghr Nationalism along China's Silk Road*, New York

Starr, S. Frederick 編 [2004] *Xinjiang : China's Muslim Borderland*, Armonk (NY)

Wang, Jianxin [2004] *Uyghur Education and Social Order : The Role of Islamic Leadership in the Turpan Basin*, Fuchu

Zarcone, Thierry [1996] "Une route de sainteté islamique entre l'Asie centrale et l'Inde," *Inde-Asie Centrale, Cahiers d'Asie Centrale*, 1/2, Tachkent/Aix-en-Provence

3C-11 南アジア　　　　　　　　　　　　　　　　　　　　　　　　　山根　聡

世界最大のムスリム人口を抱える南アジア

「イスラームがインドにもたらしたのは，ウルドゥー語と（詩人でシタール発明者の）アミール・ホスロー，そしてタージ・マハルだ」という言葉は，イスラームが「インド・イスラーム文化」を支える強大な支配権力とつながったことを示している。英領期までの数世紀，広大なインド世界を支配したのがムスリム王朝であったにもかかわらず，南アジアのムスリムは中央アジアや西アジアからの外来者，あるいはヒンドゥーからの改宗者といった，多数派ヒンドゥーに対する周縁的要素として評価されてきた。さらにインド・パキスタンの独立後は，パキスタン（バングラデシュ）がインドの周辺国となり，インド国内のムスリムへの関心も低下したため，南アジア研究でのイスラームは，常に「インド（ヒンドゥー）中心主義」の周縁に位置づけられてきた（小杉泰 [2002], Hamaguchi [1997]）。現在南アジアのムスリムはインドに1.4

億人，パキスタンに 1.4 億人，バングラデシュに 1.2 億人（2000 年）を数え，世界のムスリム総人口の 4 分の 1 以上を擁する。だが南アジアでは日本の総人口の 3 倍となるムスリムが少数派として認識されるのである。

南アジアにイスラームがもたらされたのは 711 年，ウマイヤ朝の将軍ムハンマド・イブン・カースィムがインダス川流域を征服した時期に遡る。その後イスラームはスーフィーらによって徐々に広まり，10 世紀末のガズナ朝成立以降，北インドでは奴隷王朝，ハルジー朝，トゥグルク朝，サイイド朝，ローディー朝，ムガル朝など，ムスリム政権が次々に誕生，南インドのデカン地方でもムスリム諸王朝が興亡した。すでに 9，10 世紀のアラブ人の地理書にはインド（ヒンド）の記述が関心を持って描かれていたが，14 世紀トゥグルク朝のインドに 8 年半滞在したイブン・バットゥータはインドに関する詳細な記録を残した（家島彦一訳注［1999］）。ムガル期の史料については，近藤治［2003］に詳しい。またムガル期のインドに関しては Talboys［2003］をはじめ多くの成果がある。東部ベンガル地方でのイスラームの紹介は 9 世紀，アッバース朝下のアラブ，ペルシア系商人が海路寄港したことに始まるが，地域のイスラーム化は 13 世紀のムスリム政権樹立以降だった。南アジアのイスラーム研究がヒンドゥー教などと対比され，現地化の過程を辿る一方，南アジアのムスリム自身はアラブやペルシア，中央アジアなどに学び，著作をアラビア語やペルシア語で著したり，ウルドゥー語による著作がアラビア語などに翻訳されるなど，地域的な枠組みに囚われていない。さらに現代にあっては，南アジア系のムスリムはイギリスやカナダなど世界各地に移民社会を築いており，そのネットワークを含む移民研究も進んでいる（古賀正則/内藤政雄/浜口恒夫編［2000］，大石高志［2003］）。また 19 世紀末にパンジャーブ地方で始まったアフマディーヤ教団の信者が北欧などに分布する現在，この研究もイスラームの諸相を知る手がかりとなる（磯崎定基［1973］）。パキスタン北部やムンバイなどで活躍するイスマーイーリー派に関しては，イスラームと開発の文脈で研究成果が出ている（子島進［2002］）。

■ イスラーム復興の拠点——南アジアから世界へ

南アジアのイスラームの重要性はムスリム人口の規模に拠るものではない。イスラーム世界が伝統の継承から改革へと移行期にあった 18 世紀に改革思想を唱えた代表的思想家シャー・ワリーウッラーをはじめ，19 世紀インド・ムスリムの啓蒙を図ったサイイド・アフマド・ハーン，20 世紀はじめにムスリムの行動主義を説いたイクバール（Iqbal［1996(1934)］，Matthews［1993］），イスラーム世界の危機を懸念しながらもヒンドゥーとの協調を唱えたアーザード，イスラーム復興の思想的指針を打ち出し，政治活動を展開したマウドゥーディーなどイスラーム思想や復興において重要な人物を輩出したことや，北インドのデーオバンド学院（Metcalf［1982］）やベンガルのファラーイズィー運動の他，ジャマーアテ・イスラーミー，ジャマーアテ・ウラマーエ・ヒンド，タブリーギー・ジャマーアトのような復興運動が世界規模で影

響力を与えた点で，この地域の重要性は高い。この時期のインド・ムスリムに関する研究には，Metcalf/Metcalf［2002］，Hasan［1997］，Noorani［2003］などが挙げられる。トルコのカリフ制擁護を唱えたヒラーファト運動の挫折を経験した英領インドで，全インド・ムスリム連盟の支持層拡大を企図したジンナーは1940年，民族自決のもとにムスリムがヒンドゥーとは異なる「民族」であるという「二民族論」を主張して1947年にムスリム国家パキスタン建国に導いたこともイスラーム史上重要である。ただしジンナーの方向性はイクバールと異なる，近代民主主義に立脚したムスリム国家建設であった（濱口恒夫［1999］）。他方，インド・ウラマー連合やマウドゥーディーは近代的民主主義や民族主義に基づくパキスタン樹立に疑義を唱え，ウンマの重要性を主張した（山根聡［2003］）。

南アジアにおける世俗化とイスラーム化の相克

パキスタンはイスラームを国家統合の理念として掲げたが，その道のりの紆余曲折を如実に示すのは法改正をめぐる動きである。マウドゥーディー率いるジャマーアテ・イスラーミーが中心となって，1949年には主権がアッラーに存するという憲法目標決議が採択され，1956年の憲法にも盛り込まれた。この憲法では法の制定はクルアーンとスンナを参照すると規定された。だが1958年のクーデタで成立したアユーブ・ハーン軍事政権の近代化政策では合理的・科学的用語でイスラームを解釈するイスラーム研究所が設立され，ファズルッ・ラフマーンがイスラーム・ネオモダニズムを唱えた（Rahman［1982］）。これにより1962年の改正憲法で国名はパキスタン・イスラーム共和国からパキスタン共和国に変更され，法の制定についてもイスラームに反した法は制定されない，と変更された。また1961年のムスリム家族法では一夫多妻制や離婚，婚資の支払方法等が制限された。これら「近代化」には，マウドゥーディーをはじめ多くのウラマーが反対した。国家とイスラームのあり方はパキスタンで常に問われつづけたが，1971年のバングラデシュ独立で，ムスリム・アイデンティティのみでの国家存続の困難さが浮き彫りとなった（黒崎卓/子島進/山根聡編［2004］）。その後1977年の軍事クーデタで大統領となったズィアーウル・ハクがイスラーム制度導入を掲げ，ハッド刑，シャリーア法廷，ザカート，ウシュルが導入された上，利子が廃止された。このイスラーム化政策は，1979年からのアフガニスタンでの対ソ連「ジハード」への西側諸国やアラブ諸国の支援を受けて推進された。

一方バングラデシュは，親パキスタン勢力のイスラーム団体が，イン・パ分離独立時に移民となったビハーリーを虐殺したこともあって，新憲法では社会主義と世俗主義を掲げたが，その後1982年のクーデタで大統領になったエルシャドは憲法から世俗主義の文言を削除し，1988年にイスラームを国教と規定した。だがバングラデシュでのこの動きは，イスラーム体制確立というよりも，イスラームの政治化と捉えられている（佐藤宏編［1988］）。バングラデシュはベンガル・ナショナリズムを基盤に建国されたことで，ムスリムとベンガーリー人のいずれのアイデンティティを優先

させるかが常に議論されている（高田峰夫［2006］）。なおパキスタンとバングラデシュに関する研究は近年パキスタンとバングラデシュを別個に扱う傾向がある。地域の専門性が高まることは歓迎できるが，イスラーム史における東西パキスタンの意味を再考する必要があろう。なお，独立以降のインド・パキスタンのムスリムに関しては，Metclaf［2004］，Sikkand［2004］，Engineer［2006］，Hasan/Metcalf/Ahmad［2007］に詳しい。インド・ムスリムに関する人類学的論考にはAhmad［1977］，Ahmad編［2003］，小牧幸代［2000］［2002］がある。またパキスタンと北インドにおけるムスリムの教育に関する分析にRahman［2002］がある。また近年，南アジアのムスリム女性に関する研究成果 Lateef［1990］，Weiss［1992］，Kumar編［2002］Hasan/Menon［2004］［2005］も見られるようになった。

　冷戦終結後，湾岸戦争を経たイスラーム世界では西欧，特に反米ジハードを唱える動きが出た。中央アジア諸国との交易を期待するパキスタンは，アフガニスタンで治安回復とイスラーム体制確立を唱えたターリバーンと接近したが，アメリカでの同時多発テロを境に，「対テロ戦争」ではアメリカに協調した。パキスタンは，1998年にインドと並んで核実験を行い，イスラーム世界で唯一の核保有国となったが，他国との核開発技術の共有について国際的な懸念事項となっている。

　近年南アジアのムスリムの世界的ネットワークに関する研究がなされ，社会経済史的な実証研究も試みられている（大石高志［2004］）が，1930年代に南アジアで出版されたクルアーンの英訳が東南アジアで広く読まれるなど，アラブを中心とすれば周縁である南アジアのムスリムが，イスラーム復興で中心的役割を果たしている状況を見るとき，南アジアにおけるイスラーム研究の更なる展開が期待される。

【文献】

荒松雄［1977］『インド史におけるイスラム聖廟──宗教権威と支配権力』東京大学出版会
磯崎定基［1973］「アフマディーヤ Ahmadiyya 運動について」『イスラム化に関する共同研究報告』6，東京外国語大学アジア・アフリカ言語文化研究所
大石高志［2003］「南アフリカのインド系移民──商人・移民のネットワークと植民地体制との交差と相補」秋田茂/水島司編『世界システムとネットワーク（現代南アジア6）』東京大学出版会
大石高志［2004］「ムスリム資本家とパキスタン──ネットワークの歴史的形成過程と地域・領域への対処」黒崎卓/子島進/山根聡編『現代パキスタン分析──民族・国民・国家』岩波書店
小田尚也/広瀬崇子/山根聡編［2003］『パキスタンを知るための60章』明石書店
加賀谷寛［1963］「インド・パキスタンにおけるムスリムの現代思想史(1)」『大阪外国語大学学報』31
加賀谷寛［1973］「パキスタンの政治と宗教──イスラム国家（Islamic State）の理念について」『現代パキスタンの研究 1947-71』アジア経済研究所
加賀谷寛［1981］「19世紀インド・イスラムの聖者崇拝批判」『オリエント』24：1
加賀谷寛/浜口恒夫［1977］『南アジア現代史Ⅱ　パキスタン・バングラデシュ』山川出版社
辛島昇編［2004］『新版世界各国史7　南アジア史』山川出版社
黒崎卓/子島進/山根聡編［2004］『現代パキスタン分析』岩波書店

黒柳恒男［1967］「インドの思想家たち」『イスラムの思想（岩波講座東洋思想 7）』岩波書店
古賀正則/内藤雅雄/浜口恒夫編［2000］『移民から市民へ――世界のインド系コミュニティ』東京大学出版会
小杉泰［2002］「イスラーム研究と南アジア」長崎暢子編『地域研究への招待（現代南アジア 1）』東京大学出版会
小谷汪之編［2007］『南アジア史 2 中世・近世（世界歴史体系）』山川出版社
小西正捷編［1987］『もっと知りたいパキスタン』弘文堂
小牧幸代［2000］「北インド・ムスリム社会のザート=ビラーダリー・システム――ムスリム諸集団の序列化と差異化に関する一考察」『人文学報』83
小牧幸代［2002］「インド・イスラーム世界の聖遺物信仰――「遺されたもの」信仰の人類学的研究に向けて」『人文学報』87
近藤治［1998］『現代南アジア史研究――インド・パキスタン関係の原型と展開』世界思想社
近藤治［2003］『ムガル朝インド史の研究』京都大学学術出版会
佐藤宏編［1988］『南アジア現代史と国民統合』アジア経済研究所
ジャラール，A［1999］『パキスタン独立』井上あえか訳，勁草書房
シンメル，アンネマリー［2001］『アンネマリー・シンメルのパキスタン・インド歴史紀行』大澤隆幸/平井旭訳，大学教育出版
鈴木斌［1973］「ニザームッディーン・オーリヤー廟での宗教密会について」『東京大学東洋文化研究所紀要』59
スミス，ウィルフレッド・キャントウェル［1974］『現代におけるイスラム』中村廣治郎訳，紀伊国屋書店
高田峰夫［2006］『バングラデシュ民衆社会のムスリム意識の変動』明石書店
長崎暢子［1996］「インド・パキスタンの成立――『インド・パキスタン・バングラデシュ統一連邦案』の崩壊」歴史学研究会編『解放の夢――大戦後の世界（講座世界歴史 9）』東京大学出版会
子島進［2002］『イスラームと開発――カラーコルムにおけるイスマーイール派の変容』ナカニシヤ出版
濱口恒夫［1985］「パキスタン――軍部・官僚支配の『イスラーム国家』」『国際問題』304
濱口恒夫［1999］「イスラムとパキスタンの国家統合――ジアー・ウル・ハック政権下のイスラム化とその後」『1990 年代における南アジアの構造変動』文部省科学研究費・特定領域研究 (A)「南アジア世界の構造変動とネットワーク」研究成果報告書 2
原忠彦［1985］「イスラーム社会のあり方――インド亜大陸のイスラーム」辛島昇編『インド世界の歴史像（民族の世界史 7）』山川出版社
宮原辰夫［1998］『イギリス支配とインド・ムスリム』成文堂
家島彦一訳注［1999］イブン・バットゥータ，イブン・ジュザイイ編『大旅行記 4』平凡社東洋文庫
山根聡［2003］「南アジア・イスラームの地平――イクバールとマウドゥーディー」小松久男/小杉泰編『現代イスラーム思想と政治運動』東京大学出版会
湯浅道男［1976］『パキスタン・イスラム婚姻法研究序説』愛知学院大学宗教法研究所
Ahmed, Akbar [1986] *Pakistan Society : Islam, Ethnicity, and Leadership in South Asia*, Karachi
Ahmad, Aziz [1999(1964)] *Studies in Islamic Culture in the India Environment*, Oxford
Ahmad, Imitiaz [1977] *Family, Kinship, and Marriage among Muslims in India*, South Asia Books, Lahore
Ahmad, Imitiaz 編 [2003] *Divorce and Remarriage among Muslims in India*, New Delhi
Ahmed, Ishtiaq [1987] *The Concept of an Islamic State : An Analysis of the Ideological Controversy in Pakistan*, London

Azad, Abul Kalam [1988] *India Wins Freedom : The Complete Version*, New Delhi
Azia, K. K. 編 [2006] *The All India Muslim Conference 1928-1935*
Baljon, J. B. S. [1986] *Religion and Thought of Shah Wali Allah Dihlavi*, Leiden
Currie, P. M. [1989] *The Shrine and Cult of Mu'in al-Din Chishti of Ajmer*, Delhi
Engineer, Asghar Ali [2006] *Muslims and India*, New Delhi
Hamaguchi, Tsuneo [1997] "Pakistan Studies in Japan : A Bibliographical Essay," *Asian Research Trends : A Humanities and Social Science Review*, 7
Hasan, Mushirul [1997] *Legacy of a Divided Nation : India's Muslims since Independence*, Delhi/Oxford
Hasan, Mushirul/Barbara Daly Metcalf/Rafiuddin Ahmad [2007] *India's Muslims : An Omnibus Comprising*, Delhi
Hasan, Zoya/Ritu Menon [2004] *Unequal Citizens : A Study of Muslim Women in India*, New Delhi
Hasan, Zoya/Ritu Menon [2005] *The Diversity of Muslim Women's Lives in India*, New Brunswick
Ikram, Shaykh Muhammad [1996] *Ab-e Kauthar, Mauj-e Kauthar, Rud-e Kauthar*, 3 vols., Lahore
Iqbal, Muhammad [1996(1934)] *The Reconstruction of Religious Thought in Islam*, Lahore
Jalal, Ayesha [2001] *Self and Sovereignty : Individual and Community in South Asian Islam since 1850*, Lahore
Kumar, Hajira 編 [2002] *Status of Muslim Women in India*, Delhi
Lateef, Shahida [1990] *Muslim Women in India : Political and Private Realities, 1890s-1980s*, London/Atlantic Highlands (NJ)
Matthews, D. J. [1993] *Iqbal A Selection of the Urdu Verse, Text and Translation*, London
Maududi, Abu al-A'la [1990(1940)] *Pardah*, Lahore
Metcalf, Barbara Daly [1982] *Islamic Revival in British India : Deoband 1860-1900*, Princeton
Metcalf, Barbara Daly [1990] *Perfecting Women : Maulana Ashraf 'Ali Thanawi's Bihishti Zewar*, Berkeley
Metcalf, Barbara, D. [2004] *Islamic Contestations : Essays on Muslims in India and Pakistan*, New Delhi
Metcalf, Barbara, D./Thomas R. Metcalf [2002] *A Concise History of INDIA*, Cambridge (河野肇訳『ケンブリッジ版世界各国史 インドの歴史』創土社)
Minault, Gail [1982] *The Khilafat Movement : Religious Symbolism and Political Mobilization in India*, New York
Nakanishi Hisae [1992] "Manipulating Images of Women in the Islamization of Pakistan"『光陵女子短期大学研究紀要 Cross Culture』8
Nasr, Seyyed Vali Reza [1994] *The Vanguard of the Islamic Revolution : The Jama'at-i Islami of Pakistan*, Berkeley
Noorani, A. G. [2003] *The Muslims of India : A Documentary Record*, Oxford University Press
Rahman, Fazlur [1982] *Islam & Modernity : Transformation of an Intellectual Tradition*, Chicago
Rahman, Tariq [2002] *Language, Ideology and Power : Language-Learning among the Muslims of Pakistan and North India*, Karachi
Rizvi, Saiyid Athar Abbas [1983] *A History of Sufism in India*, New Delhi
Sanyal, Usha [1996] *Devotional Islam and Politics in British India : Ahmad Riza Khan Barelvi and His Movement, 1870-1920*, Delhi/New York
Shaikh, Farzana [1989] *Community and Consensus in Islam : Muslim Representation in Colonial*

India, 1860–1947, Cambridge/New York
Sikkand, Yogindar [2004] *Muslims in India since 1947 : Islamic Perspectives on Inter-faith Relations*, New York
Talboys, Wheeler [2003] *India under the Muslim Rule*, Delhi
Troll, Christian W. 編 [1989] *Muslim Shrines in India : Their Character, History and Significance*, Delhi
Weiss, Anita M. 編 [1986] *Islamic Reassertion in Pakistan : The Application of Islamic Laws in a Modern State*, New York
Weiss, Anita M. [1992] *Walls within Walls : Life Histories of Working Women in the Old City of Lahore*, Boulder

3C-12　東南アジア　　　　　　　　　　　　　　　　　　　小林寧子

　東南アジアには世界のムスリム人口の約2割が居住する。世界最大のムスリム人口を擁するインドネシアをはじめとして，主に島嶼部にイスラームは広がったが，大陸部にも少数ながらムスリムは居住している。最近日本でも東南アジアのイスラームの動向に関心が向けられるようになったが，依然としてイスラーム世界の「周縁」「辺境」というイメージは根強い。しかし歴史を紐解いても，日本は地理的に近い東南アジアのムスリムと縁が深い（川島緑 [1996]，小林寧子 [1997]）。実際の交流を考えた場合には，この地域はより重視されるべきであろう。

　イスラーム世界を考える際の鍵概念は「イスラーム法」であり，ウンマ（イスラーム共同体，ムスリム社会），ウラマー（宗教学者），ウマラー（政府）が主要なアクターである。ムスリムの行動指針となるイスラーム法の解釈や扱いをめぐって，三つのアクターの動きは展開する。イスラーム法は聖典クルアーン，ハディースを典拠とするが，「問題解決型」の法（小杉泰 [1999]）であるだけに，現代ムスリム社会の政治・社会・経済的状況も考慮されなければならない。原初的，理念的なイスラームを体現した法が希求される一方，現代という時代や地域の事情に対応したイスラーム法を求める動きもまた強い。

　東南アジアに関しては，イスラームの発展を概観できる通史や入門書の類がまだない。しかし近年，日本における東南アジアのイスラームに関する研究は活力を帯びてきた。以下，この最新の研究成果を踏まえて，イスラーム法ならびに3つのアクターに注目して関心の集まった問題を整理するとともに，今後の課題についても触れたい。

イスラームのネットワークと東南アジア

　イスラーム世界を特徴づけるのはその「グローバル性」であろう。イスラームの到来から現在にいたるまで，東南アジアは広いイスラーム世界とつながり，連動している。昨今とかく「イスラームのネットワーク」というと過激派のそればかりがクローズアップされる傾向にある。しかし，十数世紀も昔からムスリムは商業，学問，巡礼のために移動し，それによって形成されたネットワークがイスラーム伝播の経路となった（家島彦一［2001］）。

　東南アジアの土着社会にイスラームへの改宗者が記録されるのは13世紀頃からであるが，16世紀末からは聖地で学ぶ東南アジアのムスリムが目撃されている。かれらによってイスラームの先進地からの学問が東南アジアに伝えられた。このウラマーたちによって記された書物もあらわれるが，それはマッカ，マディーナのウラマーの「知」の系譜につながっていた（Azyumardi［2004］）。最も初期の段階においては，外国人ムスリムがこの地に来て布教をしたにしても，それ以降のイスラーム化はこのネットワークを活用した東南アジアのムスリム自身の手で推進されたと見るべきであろう（Bruinessen［1994a］）。

　聖地とのつながりは，イスラーム改革の動きを促進し続け，19世紀末にオランダ人イスラーム研究者スヌック・フルフローニェはメッカを心臓に喩え，東インド（インドネシア）にいくつもの動脈がのびて新鮮な血液を送りこんでいると指摘した。20世紀初頭に始まる民族主義運動ではとかく西洋からの印刷文化の影響が重視されるが，中東とのメディア・ネットワークも東南アジアのムスリムに多くの刺激を与え，近代国家の形成に貢献した（Laffan［2003］）。現代でも中東への留学生は多く，サラフィー主義の活動家と中東のウラマーとの繋りは強い（Noorhaidi［2006］）。しかし，学問を希求するムスリムは欧米にも向かうようになり，ネットワークは大きく広がっている。また，いったん途切れたネットワークが再構築されることもある（床呂郁哉［1999］）。ネットワークは固定的なものではなく，動態的なものであることを忘れてはならない。

東南アジア・イスラームと法制度

　イスラーム化が進展するメカニズムはイスラーム法が制度化されて，宗教生活に便宜がはかられるところにある。土着国家のイスラーム化は，イスラーム法による統治（伊東猛［1985］）がどの程度なされているのかによってはかることもできる。植民地時代でも，法制度の整備によって，イスラーム化が進展する側面もあった（小林寧子［1993］，Peletz［2002］）。

　イスラーム法遵守は国家の制度によって保障されるのか，個人の意思に委ねられるのか，政府とウンマの間でこの問題がより顕在化するのは，やはり独立して国民国家が形成されてからである。東南アジアでは，イスラームを国教とするマレーシアから，少数派ムスリムにイスラーム法の執行を限定的に保障するフィリピン，タイ，シ

ンガポールまで，イスラーム法の位置づけは国によって異なる。マレーシアでは国家の制度が強力に「公的イスラーム」を普及させる力となっている（多和田裕司［2005］，長津一史［2004］）。イスラーム銀行が東南アジアで最初に創設された（桑原尚子［1998］）のも，このような政府の姿勢が背景となっている。同時に権力による強制は，本来は自覚に基づくべき宗教生活に国家の干渉が入り込み，摩擦も引き起こしている（信田敏宏［2004］）。

　法制度はその機能において対象が限定されるというイスラーム法の属人的性格が前面に現れ，制度が宗教で人を区別する傾向を生むことにもなりかねず，多宗教・多民族国家にとっては国民統合に深刻な問題をもたらす。それぞれの国の政府はイスラーム集団にある程度の裁量権を与えながらも，それが許容範囲を越えないように統制する（Porter［2002］）。そのためには時には物理的手段を行使することもあるが，教育を通して国家と宗教のバランスをとる価値観を植えつけたり（杉本均［2003］），政府のご意見番的ウラマーに公的ファトワーを発表させて，政府の側に宗教的正統性があることをウンマに確信させようと腐心する。

　他のムスリム諸国と同様，東南アジアでもイスラーム法は特に家族法の中に成文化された。近代法にならって条文化されたが，制定の段階で近代国家としての体裁を整えるべく男女の法的平等に配慮がなされた。国によって若干の違いはあるが，旧来のイスラーム法にあった複婚（多妻婚），夫の専横的離婚権等には条件が課せられた（柳橋博之［2005］）。この家族法はジェンダー公正を求める側から批判の標的となっているが，逆にイスラーム法の適用範囲をさらに広げようとする動きも活発化している。イスラーム法制度の問題は常に政治化しやすいが，現代社会の必要に対応した実体法を生み出す新しいイスラーム法学理論の構築を促す契機も提供している（Feener［2007］）。それぞれの国の宗教政策によって事情が異なってくるだけに，今後比較検討が面白くなる分野である。

東南アジア・イスラームの民主化と市民社会

　法制度においては政府が主要なアクターとなるが，それに対して公的権力を持たないウンマ側の，自発的自律的組織が活動する領域はどうであろうか。人権擁護，女性の地位向上，貧富の格差是正，環境保護問題においてはインフォーマル・リーダーとしてウラマー，知識人，NGO活動家などが活躍する。このようなアクターは，民主主義システムが有効に機能しない場合には，抑圧された「小さき民」の代弁者となることが期待されている。政府だけでは処理できない紛争解決に仲介的役割を果たし（川島緑［2003］），民衆の発意を重視したボトムアップ式の開発を試みるなど，民主化に貢献すると同時に，国際的な市民連帯の可能性も築きつつある。

　このような意味では，インドネシアで植民地期から発展を続けてきた大衆組織の存在は大きい。草の根レベルに人的つながりをもち，その指導者の発言は影響力があり，権威主義的政府を時には批判し，時には支持して，ムスリム大衆との橋渡しをす

る役割をはたしてきた（Bruinessen [1994b], Barton/Fealy [1996]）。民主主義，人権，ジェンダー公正をイスラームの視点から論じ，リベラルなイスラーム法解釈もこのような歴史のある団体に蓄積されたイスラーム学の伝統が底力となっており（小林寧子 [2003]），イスラーム革新のイニシアティヴを握っている。

　その一方，インドネシアでは新しいイスラーム主義政党が選挙で躍進し，注目を集めているが，そのような政党も突然台頭するのではなく，地道な社会活動の積み重ねがその背景にある。秩序崩壊の中で規律性と清新なイメージをアピールし，近代性との調和をウンマに確信させることにより支持を得た（見市建 [2004]）。宗教組織の動きは中央政治との関連もさることながら，地方レベルでの地道な観察（Nakamura [1983]，福島真人 [2002]）がもっと必要とされている。そのような積み重ねが長期の展望を可能にするであろう。

東南アジアにおける「土着的なもの」と「イスラーム的なもの」

　冒頭で東南アジアはイスラーム世界の辺境と位置づけられてきたと述べたが，東南アジア研究においても長年イスラームの重要性はあまり認識されなかったことも指摘しなければならない。従来東南アジア研究においては常に東南アジアに「固有とされるもの」が追求され，現地化したイスラームは「純粋なイスラーム」ではないゆえにイスラーム化が表層的である証拠と理解されがちであった。しかし，東南アジアに限らず，イスラームはどこでも多少とも地域的色彩を帯びて多様な展開を見せるし，逆にクルアーンにあるような理念的社会はいまだかつてどこにも存在したことがない。この関係で長年議論されたのはイスラーム法と慣習法の二元性の問題である。

　イスラーム法と慣習法は拮抗，並存すると理解されてきたが，そもそもこの二分法自体に問題があり，イスラーム法の規範と矛盾しない慣習法はイスラーム法に包摂されていると考えられる（中村緋紗子 [1987]）。また，成文化されたイスラーム法に東南アジアの慣習を取り込んだ独特の規定があるが，それはイスラーム法学上容認されているものである。逆に，イスラーム化に抵抗するマレー半島の先住民の慣習の中にも明らかにイスラーム法起源のものがある（信田敏宏 [2004]）。イスラーム法がそれと意識されなくなるほどに慣習化した結果であろう。綿密なフィールド観察は，かつての非イスラーム的慣行や儀礼がイスラームに受容される形態に変容していくこと，あるいはイスラーム的正統性を付与される形で再解釈されることも示している（Bowen [1993] [2003]，塩谷もも [2006]，長津一史 [2006]）。東南アジアの言語，伝統文化を保持しつつ，どのようにしてムスリムとしてのアイデンティティーは形成されるのか。さらなる実証研究が待たれている。

　本節で取りあげた四つの話題に共通するのはイスラームを動態的に理解することの必要性である。半世紀近く前，アメリカの人類学者ギアツはジャワ人の宗教を論じ，サントリ（敬虔なムスリム），アバンガン（アニミズム指向，名のみのムスリム），プ

リヤイ（ヒンドゥー指向のムスリム？）の3類型を描き出して脚光を浴びた。その研究は臨地研究の重要性を示すとともに、イスラームの知識なくしてムスリムを語ることの危険性も露わにした。その功罪が熱く語られたこともあったが、「イスラーム復興」「再イスラーム化」の進展でギアツの見た風景が遠くなるにつれ、それも聞かれなくなった。それどころか、プリヤイも正統派イスラームを自認したという従来のパラダイムを崩す研究（菅原由美[2003]）もあらわれた。東南アジア研究でイスラーム研究が市民権を得るには、このように「思い込み」を疑う作業から始めなければならないのかもしれない。

【文献】

青山亨［2004］「インドネシアにおけるリベラル派イスラームの新思潮――ウリル・アブダラのコンパス紙論説をめぐって」『東京外大　東南アジア学』9

新井和広［2000］「ハドラミー・ネットワーク」尾本惠市他編『海のアジア2　モンスーン文化圏』岩波書店

石井正子［2002］『女性が語るフィリピンのムスリム社会――紛争・開発・社会的変容』明石書店

伊東猛［1985］「17世紀のアチェ王国における法統治について――土着の法慣行とイスラム法の係わりを中心として」『東南アジア――歴史と文化』14

川島緑［1996］「『モロ族』統治とムスリム社会の亀裂――ラナオ州を中心に」池端雪浦編『日本占領下のフィリピン』岩波書店

川島緑［2003］「南部フィリピン紛争と市民社会の平和運動――2000年の民間人虐殺事件をめぐって」武内進一編『国家・暴力・政治――アジア・アフリカの紛争をめぐって』アジア経済研究所

川島緑［2004a］「南部フィリピン・ムスリム社会の山賊と民衆――「恐るべきラナオの王」の反乱」私市年/栗田禎子編『イスラーム地域の民衆運動と民主化（イスラーム地域研究叢書3）』東京大学出版会

川島緑［2004b］「1930年代フィリピン，ラナオ州におけるイスラーム改革運動――カーミラル・イスラーム協会設立をめぐって」根本敬編『東南アジアにとって20世紀とは何か――ナショナリズムをめぐる思想状況（AA研東南アジア研究6）』

國谷徹［2004］「19世紀末の蘭領東インドからのメッカ巡礼について――巡礼パスポート制度の展開過程を中心に」『日蘭学会会誌』29：1

倉沢愛子［2006］『インドネシア　イスラームの覚醒』洋泉社

桑原尚方［1998］「金融制度へのイスラム法の導入――バンク・イスラム・マレーシアを事例として」『アジア経済』39：5

小杉泰［1999］「東南アジアをどう捉えるか――イスラーム世界から」坪内良博編著『〈総合的地域研究〉を求めて――東南アジア像を手がかりに』京都大学学術出版会

小杉泰［2006］「イスラーム世界の東西――地域間比較のために」同『現代イスラーム世界論』名古屋大学出版会

小林寧子［1993］「ジャワにおけるイスラム法裁判所の発展――多元的司法制度の成立」『アジア経済』33：6

小林寧子［1997］「インドネシア・ムスリムの日本軍政への対応――ジャワにおけるキヤイ工作の展開と帰結」倉沢愛子編『東南アジア史のなかの日本占領』早稲田大学出版部

小林寧子［2003］「インドネシアのイスラム伝統派の思想革新――アブドゥルラフマン・ワヒドの思想形成の軌跡」小松久男/小杉泰編『現代イスラーム思想と政治運動（イスラーム地域研究叢

書 2)』東京大学出版会
サイフディン・ズフリ［1993］『プサントレンの人々──インドネシア・イスラーム界の群像』山本春樹/相馬幸雄訳, 勁草書房
佐々木拓雄［2004］「戸惑いの時代と「イヌル現象」──大衆文化の観点からみたインドネシア・ムスリム社会の動態」『東南アジア研究』42：2
塩谷もも［2006］「ジャワにおける儀礼の変化と女性」『イスラム世界』67
菅原由美［2003］「19世紀中葉オランダ植民地体制下のプリヤイのイスラーム論──ジャワ北海岸におけるアフマッド・リファイ運動をめぐる言説を分析して」『東南アジア──歴史と文化』32
杉本均［2003］「マレーシアにおける宗教教育とナショナリズム」江原武一編『世界の公教育と宗教』東新堂
タウフィック・アブドゥラ編［1985］『インドネシアのイスラム』白石さや/白石隆訳, めこん
多和田裕司［2005］『マレー・イスラームの人類学』ナカニシヤ出版
多和田裕司［2006］「マレーシアのイスラーム法制度における「自由」と「制約」──イスラーム教義と現代的価値との「整合」への試み」青山亨編『東南アジアにおけるイスラームの現在』（南太平洋海域調査研究報告43）鹿児島大学多島圏研究センター
床呂郁哉［1996］「アガマ（宗教）をめぐる『日常の政治学』──フィリピン南部スールー諸島におけるイスラームとシャーマニズム」『社会人類学年報』22
床呂郁哉［1999］『越境──スールー海域世界から』岩波書店
利光正文［1995］「植民地期アチェのムハマディヤ運動」『東南アジア──歴史と文化』24
富沢寿男［2003］『王権儀礼と国家』東京大学出版会
長津一史［2002］「周辺イスラームにおける知の枠組──マレーシア・サバ州, 海サマ人の事例（1950〜70年代）」『上智アジア学』20
長津一史［2004］「「正しい」宗教をめぐるポリティクス──マレーシア・サバ州, 海サマ人社会における公的イスラームの経験」『文化人類学』69：1
長津一史［2006］「イスラームの制度化と宗教変容──マレーシア・サバ州, 海サマ人の事例」青山亨編『東南アジアにおけるイスラームの現在』（南太平洋海域調査研究報告43）鹿児島大学多島圏研究センター
中村緋紗子［1987］「イスラーム法と慣習法──ジャワ・ムスリムの離婚を中心として」伊藤亜人他編『国家と文明への過程（現代の社会人類学3）』東京大学出版会
中村光男［2003］『インドネシアの宗教・民族・社会問題と国家再統合への展望』国際協力銀行開発金融研究所
中村光男他［1999a］『ASEAN諸国におけるイスラムの政治, 経済への影響──日本の対ASEAN理解の促進』日本国際フォーラム
中村光男他［1999b］『インドネシア・マレイシアにおけるムスリム・アイデンティティーと中東地域との人的・経済的関係に関する調査研究』産業研究所
西尾寛治［2004］「マレー世界における契約──商業的契約と政治的契約」三浦徹他編『比較史のアジア──所有・契約・市場・公正（イスラーム地域研究叢書4）』東京大学出版会
西野節男［1990］『インドネシアのイスラム教育』勁草書房
西野節男・服部美奈編［2007］『変貌するインドネシア・イスラーム教育』東洋大学アジア文化研究所・アジア地域研究センター
信田敏宏［2004］『周縁を生きる人びと──オラン・アスリの開発とイスラーム化』京都大学学術出版会
野村亨訳［2001］『パサイ王国物語──最古のマレー歴史文学』（東洋文庫）平凡社
服部美奈［2001］『インドネシアの近代女子教育──インドネシア改革運動のなかの女性』勁草書房

早瀬普三［2003］『海域イスラーム社会の歴史——ミンダナオ・エスノヒストリー』岩波書店
福島真人［2002］『ジャワの宗教と社会——スハルト体制下インドネシアの民族誌的メモワール』ひつじ書房
見市建［2004］『インドネシア——イスラーム主義のゆくえ』平凡社
見市建［2007］「インドネシアのイスラム化と政治家——1999, 2004年選出の地方議員プロフィールから」『東南アジア研究』45：1
ムハンマッド・ラジャブ［1983］『スマトラの村の思い出』加藤剛訳，めこん
森正美［1996］「フィリピン・マラナオ社会における慣習・国家・イスラーム——法制度と紛争処理を通して」綾部恒雄編『国家の中の民族——東南アジアのエスニシティ』明石書店
家島彦一［2001］「イスラーム・ネットワークの展開」石井米雄編『東南アジア近世の成立（東南アジア史3）』岩波書店
柳橋博之［2005］『現代ムスリム家族法』日本加除出版
山本博之［2006］『脱植民地化とナショナリズム——英領北ボルネオにおける民族形成』東京大学出版会
Azyumardi Azra [2004] *The Origins of Islamic Reformism in Southeast Asia: Networks of Malay-Indonesian and Middle Eastern 'Ulama' in the Seventeenth and Eighteenth Century*, Honolulu
Azyumardi Azra 他編 [2005] *Ensiklopedi Islam*, 8 vols., Jakarta
Barton, Greg/Greg Fealy [1996] *Nahdatul Ulama, Traditional Islam and Modernity in Indonesia*, Clayton
Bowen, John R. [1993] *Muslims through Discourse: Religion and Ritual in Gayo Society*, Princeton
Bowen, John R. [2003] *Islam, Law, and Equality in Indonesia: An Anthropology of Public Reasoning*, Cambridge
Bruinessen, Martin van [1994a] *Tarekat Naqsyabandiyah di Indonesia: Survei Histori, Geografis, dan Sosiologis*, Bandung
Bruinessen, Martin van [1994b] *NU Tradisi Relasi-relasi Kuasa Pencarian Wacana Baru*, Yogyakarta
Bruinesssen, Martin van [1994c] *Kitab Kuning, Pesantren dan Tarekat: Tradisi-tradisi Islam di Indonesia*, Bandung
Che Man, W. K. [1990] *Muslim Separatism the Moros of Southern Philippines and the Malays of Southern Thailand*, Singapore
Deliar Noer [1973] *The Modernist Muslim Movement in Indonesia 1900-1942*, Oxford
Farish A. Noor [2004] *Islam Embedded: The Historical Development of the Pan-Malaysian Islamic Party PAS (1951-2003)*, 2 vols., Kuala Lumpur
Fealy, Greg/Virginia Hooker 編 [2006] *Voices of Islam in Southeast Asia: A Contemporary Sourcebook*, Singapore
Feener, R. Michael [2007] *Muslim Legal Thought in Modern Indonesia*, Cambridge
Hefner, Robert W. [1985] *Hindu Javanese: Tengger Tradition and Islam*, Princeton
Hefner, Robert W./Patricia Horvatich 編 [1997] *Islam in an Era of Nation-States*, Honolulu
Hisyam, Mohamad [2001] *Caught between Three Fires: The Javanese Pangulu under the Dutch Colonial Administration 1882-1942*, Jakarta
Hussin Mutalib [1990] *Islam and Ethnicity in Malay Politics*, Singapore
Laffan, Michael Francis [2003] *Islamic Nationhood and Colonial Indonesia: The Umma below the Winds*, London

Nagata, Judith A. [1984] *The Reflowering of Malaysian Islam: Modern Religious Radicals and Their Roots*, Vancouver

Nakamura, Mitsuo [1983] *The Crescent Arises over the Banyan Tree: A Study of the Muhammadiyah Movement in a Central Javanese Town*, Yogyakarta

Nasrun Haroen 監修 [1996] *Ensiklopedi Hukum Islam*, 6, Jakarta

Noorhaidi Hasan [2006] *Laskar Jihad: Islam, Militancy, and the Quest for Identity in Post-New Order Indonesia*, Ithaca (NY)

Peacock, James L. [1978] *Purifying the Faith: The Muhammadijah Movement in Indonesian Islam*, Menlo Park

Peletz, Michael G. [2002] *Islamic Modern: Religious Courts and Cultural Politics in Malaysia*, Princeton

Porter, Donald J. [2002] *Managing Politics and Islam in Indonesia*, London

Ricklefs, M. C. [2007] *Polarizing Javanese Society*, Honolulu

Taufik Abdullah 他編 [2002] *Ensiklopedi Tematis Dunia Islam*, 7, Jakarta

3C-13　東アジア　　　　　　　　　　　松本光太郎

ここでは新疆以外（いわゆる「内地」）の中国，台湾，韓国・朝鮮などを扱う。

入門書・概説書・先駆的研究

日本語の入門書には張承志 [1993] があり，先駆的研究には岩村忍 [1949, 50]，中田吉信 [1971] などがある。しにか編集室 [1992] は，佐藤次高，佐口透，片岡一忠，新免康，張承志，梅村坦，堀直らが執筆しており，今永清二 [1992] もわかりやすい。桑原隲蔵 [1989 (1923)]，田坂興道 [1964] は現在でもアイデアの宝庫である。大塚和夫他編集 [2002] は，中国に関する項目が豊富な辞典である。

中国における研究動向は，馬啓成/哈正利 [2003] が詳しい。楊懐中/余振貴主編 [1995] は入門書としても広く読まれており，漢語文献解題の余振貴/楊懐中 [1993] もある。先駆的研究には，金吉堂 [1971 (1935)]，傅統先 [1969 (1940)] がある。白寿彞 [1992] には，他にも多数の著作がある。李興華/馮今源 [1985] は民国時代の主要論文集。辞典には，中国伊斯蘭百科全書編委会編 [1994]，金宜久主編 [1997]，楊恵雲主編 [1993]，情報が豊富な邱樹森主編 [1992] がある。アラビア語辞典には王培文主編 [2003]，経堂語辞典には何克倹/楊万宝編著 [2003] がある。

韓国については Lee Hee-Soo（李熙秀）[1997], Sohn Joo-Young（孫主永）[1997] がある。北京大学で馬堅に学んだことのある Jung Soo-il（鄭守一）には，著

名なイスラーム概説書の Jung Soo-il ［2002a］の他, Jung Soo-il ［2002b］がある。
　欧米では Broomhall ［1987(1910)］の先駆的研究, Fletcher ［1996］や Lipman ［1998］などがあり, 文化人類学者である Gladney ［1991］がよく知られている。

■「回族」の定義とエスニシティ

　中国では宗教別の人口統計が公表されておらず，通常はその多くがムスリムであると見なされている少数民族の人口の合計がおおよそのムスリム人口であるとされている。2000年の人口調査によると，回族，ウイグル族，カザフ族，東郷（トンシャン）族，キルギス（クルグズ）族，サラール族，タジク族，保安（ボウアン）族，ウズベク族，タタール族の10民族の合計は，約2032万人である。主に内地に分布するのは，回族（981.68万人），東郷族（51.38万人），撒拉（サラール）族（10.45万人），保安族（1.65万人）。漢族で入信する人もいれば，回族でも信仰しなくなった人もいる。全国的には新疆，甘粛，寧夏，河南，青海，雲南などに分布し，推定4万以上（2万以上は新疆）のモスク（清真寺）があり，更に増加している。
　唐宋代には，外国商人のことを「蕃商」，その居住地を「蕃坊」と呼んだ。「回回」という呼称は，北宋の時代に当時はムスリムではなかったウイグル（回紇，回鶻）に対して用いられ始め，南宋の時代には西方の外国，外国人一般に対する呼称となり，元代以降に主にムスリムに対する呼称となったと言われる。「清真」という呼称も，おそらく元代以降，とくに明代以後イスラームの同義語（清真教）やモスクの同義語（清真寺）として用いられたという。ムスリムは「回民」とも呼ばれ，新疆のムスリムのことを「纏回」（ターバンを巻いているムスリム），「内地」のムスリムのことを「漢回」（漢化したムスリム）などと呼んだ。民国政府は宗教集団として扱ったが，中国共産党は1941年の『回回民族問題』の中で「民族」として認定し，1949年以後，正式に「回族」として承認した。1956年には「回教」の使用を停止し，「伊斯蘭教」の使用を決定した。欧米や日本の研究者には宗教集団と見なす意見が多い（中田吉信 ［1971］, Gladney ［1991］［1998］, 張承志 ［1993］）。
　これに対して，松本ますみ ［2000］, Masumi Matsumoto ［2003］は，民国時代の中国イスラーム新文化運動の中で，中国の国民の一員であると同時にムスリムとしての確固たるアイデンティティを兼有させようとし，「回」としてのエスニシティが形成されていたと見なしている。中東のイスラーム復興運動の影響を受け，欧米の知識と漢語を習得し，漢族との共存を図り，中国における近代国家形成過程の中での地位向上を目指したという。アズハル大学への留学生派遣，王静斎や馬堅によるクルアーンの翻訳，成達師範学校の『月華』や雲南の『清真鐸報』等が創刊された（李振中 ［2000］, 高発元 ［2000］）。改革開放以後，マッカ巡礼や中東諸国への留学が急増し，中国のイスラーム復興とダアワ運動等との関係，「民族」と「ウンマ」の関係，「反テロ戦争」との関係等，様々な問題をはらんでいる。女子教育とジェンダーについての新保敦子，松本ますみらの研究が注目される。

■「内地」におけるイスラームの教派

内地におけるイスラームの教派は「三大教派」「四大門宦」に大別される（馬通 [1995] [2000]，Gladney [1991]，王柯 [2005]）。中国的伝統を伝えるカディーム（格底目），イスラーム改革運動の影響を受けたと言われるイフワーン（伊赫瓦尼），劉智の思想を拠り所として共同体的生活を目指した西道堂の三つの教派と，フフィーヤ（虎夫耶），カーディリーヤ（嘎底忍耶），ジャフリーヤ（哲合忍耶），クブリーヤ（庫布忍耶）の四つの「門宦」（スーフィー教団）であり，門宦はさらに数十の小派に分かれる。人数はカディームが最も多く，ジャフリーヤがこれに次ぎ，第三位のイフワーンが増加傾向にある（秦恵彬 [1995]）。イフワーンは，カディームや門宦と深刻な対立に陥ったことがあるが，民国時代の回民軍閥やイスラーム新文化運動の指導者によって支持され（張承志 [1993]），カディームにも影響を与えている。イフワーンからはサラフィーヤ（賽来菲耶）が分立し，影響力を拡大している。

スーフィズムの影響は，元代に広く中国に及んでいたが（沙宗平 [2004]），教団を形成するには至らなかった。ナクシュバンディー教団などからの影響により，17世紀後半から甘粛，寧夏，青海を中心に多くの「門宦」が形成された。数段階の修行により「天人合一」（神との合一）を達成できるとし，また門宦の創始者やその後継者（ムルシド，中国語で「教主」）の墓廟（聖者廟）である「拱北」（ゴンバイ）への墓参，諸儀礼を行う。カディームを「門宦」の一つと見なす見解もある。

中国のイスラームは，シーア派に属するタジク族を除いて，いずれもスンナ派のハナフィー学派に属するとされているが，実際にはシーア派的な要素が多く見られる（田坂興道 [1964]）。多くのムスリムが中国に移住した元代はシーア派が優勢だった時代であり，現在でも清真寺における教育（経堂教育）で用いられている独特の漢語である「経堂語」にも，アラビア語だけでなく，多くのペルシア語の語彙が含まれている。ファーティマの聖誕祭（姑太節）やアシューラーの行事も，シーア派との関わりを意識せずに継承して来たようであり，多くの伝説が複合している。

清代の「回民起義」については中田吉信 [1959]，中国史學會主編 [2000]，張中復 [2001]，黒岩高 [2004]，モンゴルの視点からの楊海英 [2007] などがある。

■ イスラーム文明の中国文明への影響

中国におけるイスラームは，唐宋代まではその影響が外国人居住地に限られており，中国の社会，文化に本格的に影響を与えるようになったのは元代以降というのが定説であるが，内藤湖南，陳子怡（李興華/馮今源 [1985]），宮崎市定，板垣雄三 [2003] らは，中国における近代（あるいは近世）はイスラーム文明の影響を受けて 11 世紀の宋代に始まったと指摘してきた。田坂興道 [1964] も唐宋代に注目し，桑原隲蔵 [1989(1923)] は国際的にも知られている。板垣雄三 [2003] は，宋代における理学の発展は中国の儒学がイスラームのタウヒード（真理の唯一性）にふれたためであると指摘し，明代の李卓吾（李贄）の思想の近代性に注目して来た。Kotaro

Matsumoto [2008] は，北宋の蒲宗孟というムスリム出身の政治家，学者に注目し，宋学（理学，道学）の開祖である周敦頤が蒲宗孟の妹と結婚し，タウヒードに共感していく中で，宋学という中国の新しい儒教が生まれたと指摘している。周敦頤の墓所に「清泉」という清真の類義語の地名が用いられていることも重要。

明末から清代には，儒教や仏教，道教の概念を利用しながら，アラビア語やペルシア語のスーフィズムの文献を漢語に翻訳，編集して出版するようになった。こうしたイスラーム学者の活動は「回儒」もしくは「以儒詮経」，「漢文訳著活動」と呼ばれる。南京や雲南を拠点に活動した王岱輿，劉智，馬注，馬徳新，馬聯元らが知られる。金宜久 [1999]，松本耿郎 [1999]，濱田正美 [2000]，Sachiko Murata [2000]，松本光太郎 [2002a]，沙宗平 [2004]，青木隆，黒岩高，佐藤実，中西竜也，仁子寿晴らによる「回儒の著作研究会」による劉智の『天方性理』の訳注，同じメンバーによる『中国伊斯蘭思想研究』（中国伊斯蘭思想研究会編輯）がある。馬寶光主編 [1997] 等，現代漢語訳も出されている。ただし，儒教とイスラームの接触を明清以降とするのは，もはや定説とは言えない。アラビア文字を使って漢語の発音を表記した「小児錦」についての研究も進んでいる（町田和彦他編 [2003][2004]）。

■ 台湾，韓国・朝鮮，東南アジアの華僑

台湾については王立志 [1998] の他，賈福康編著 [2002] が歴史，回教団体，人物などについて詳しい。邱樹森主編 [1992] の「台東漁民復回」には，台東県の漁村にも古いコミュニティが残っているとあるが，ほとんどは国民党が台湾に「撤退」した際に移住した。ミャンマーやタイ北部の国境地帯からの移住者も多く，イマームには雲南省出身者が多い。ミャンマーやタイ北部に関しては今永清二 [1992]，横山廣子 [1992]，Forbes/Henley [1997]，松本光太郎 [2002b]，やまもとくみこ [2004]，王柳蘭 [2004]，木村自 [2004] などがある。海南島，香港，マレーシアも興味深い。

広州の元代の墓碑には「高麗人の後裔」の記載があり（姜永興 [1989]），イスラーム・ネットワークが朝鮮半島を含んでいたことを示している。現在の韓国にも「回回国人」を祖先とする族譜（徳水張氏）がある。現在の韓国のムスリムは，朝鮮戦争後に残ったトルコ人とその宣教活動により入信した人々，中東地域で入信した出稼ぎ労働者，イスラーム研究のために留学したことが契機となって入信した人々など。研究組織としての韓国中東学会（KAMES），Korean Association of the Islamic Studies（KAIS），Korea Institute of Islamic Culture（KIIC），韓国ムスリムの団体である Korean Muslim Federation（KMF）がある。主なモスクは全国に6～7ヵ所あり，ソウル中央モスクはダアワ運動の中心である。金容善（Kim, Yong-Sun），崔永吉（Choi, Young-Kil）によるクルアーンの韓国語訳がある。

■ 雑誌，新聞，研究会など

上述の『月華』の他，日本では回教圏研究所刊行の『回教圏』が知られる。中国で

は1952年に中国伊斯蘭教協会が設立され，雑誌『中国穆斯林』を刊行，各地に伊斯蘭教経学院が設立され，改革開放以後は政府主導のマッカ巡礼を組織している。1998年には「中国回族学会」が設立され，『回族学刊』を刊行，2003年には『回族学論壇』を創刊。研究誌としては寧夏社会科学院の『回族研究』が有名。改革開放後に非常に多数のイスラーム関連の雑誌，新聞が創刊されているが，中国国外では定期購読できないものも多い。新聞では『穆斯林通訊』，雑誌では『開拓』（ともに蘭州で出版）などが知られる。清真寺付近の宗教用品店で販売されている出版物も重要。中国イスラーム関連のウェブサイトは変動が早い。台湾には中国回教協会があり，雑誌『中国回教』を刊行。韓国では，KAMES 発行の Korean Journal of the Middle East Studies の他，KIIC 発行の Korea Journal of Islamic Culture がある。日本では，日本中東学会（JAMES）の『日本中東学会年報』(AJAMES)，イスラミックセンター・ジャパンの『アッサラーム』，日本イスラム協会の『イスラム世界』などがある。中国ムスリム研究会の澤井充生，高橋健太郎，砂井紫里，木村自など，若手研究者の活躍が注目されている。

【文献】

板垣雄三［2003］『イスラーム誤認——衝突から対話へ』岩波書店
今永清二［1992］『東方のイスラム』風響社
岩村忍［1949, 50］『中国回教社会の構造（上・下）（社会構成史体系五・六）』日本評論社
王柯［2005］『多民族国家 中国』岩波新書
王柳蘭［2004］「国境を越える『雲南人』——北タイにおける移動と定着にみられる集団の生成過程」『アジア・アフリカ言語文化研究』67
大塚和夫/小杉泰/小松久男/東長靖/羽田正/山内昌之編集［2002］『岩波イスラーム辞典』岩波書店
木村自［2004］「モスクの危機と回民アイデンティティ——在台湾中国系ムスリムのエスニシティと宗教」『年報人間科学』25
黒岩高［2004］「学と教——回民蜂起に見る清代ムスリム社会の地域相」『東洋学報』86：3
桑原隲蔵［1989（1923）］『蒲寿庚の事績』平凡社東洋文庫
砂井紫里［2000］「中国東南沿海部・回族における〈食べ物〉としてのブタと宗教・民族アイデンティティ」『早稲田大学大学院文学研究科紀要』46：4
澤井充生［2002］「死者をムスリムとして土葬すること」『社会人類学年報』28
しにか編集室［1992］「特集・中国のイスラム教」『しにか』1992年7月号，大修館書店
高橋健太郎［2005］「中国・回族の聖者廟参詣と地域社会——寧夏回族自治区の事例」『地理学評論』78
田坂興道［1964］『中国における回教の傳来とその弘通』上・下，財団法人東洋文庫
張承志［1993］『回教から見た中国——民族・宗教・国家』中公新書
中田吉信［1959］「同治年間の陝西の回乱について」『近代中国研究 3』東京大学出版会
中田吉信［1971］『回回民族の諸問題』アジア経済研究所
濱田正美［2000］「『帰真総義』初探」『神戸大学文学部紀要』27（五十周年記念論集）
町田和彦/黒岩高/菅原純共編［2003］『中国におけるアラビア文字文化の諸相』東京外国語大学アジア・アフリカ言語文化研究所
町田和彦/黒岩高/菅原純共編［2004］『周縁アラビア文字文化の世界——規範と拡張』東京外国語大

学アジア・アフリカ言語文化研究所
松本耿郎［1999］「馬聯元著『天方性理阿文注解』の研究」『東洋史研究』58
松本光太郎［2002a］「回族の漢字的イスラームの世界」青木保他編『アジア新世紀3　アイデンティティ』岩波書店
松本光太郎［2002b］「雲南ムスリムとその移住」吉原和男/鈴木正崇編『拡大する中国世界と文化創造』弘文堂
松本ますみ［2000］「イスラーム新文化運動とナショナル・アイデンティティ」西村茂雄編『現代中国の構造変動3　ナショナリズム』東京大学出版会
やまもとくみこ［2004］『中国人ムスリムの末裔たち──雲南からミャンマーへ』小学館
楊海英（Yang Haiying）［2007］『モンゴルとイスラーム的中国』風響社
横山廣子［1992］「タイ国における中国系ムスリムの現状──国家と宗教と文化のはざまで」黒木三郎先生古稀記念論文集刊行委員会編『アジア社会の民族慣習と近代化政策』敬文堂
白寿彝［1992］『白寿彝民族宗教論集』北京師範大学出版社
傅統先［1969(1940)］『中国回教史』台湾商務印書館
高発元［2000］『穆聖後裔──中国一個回族穆斯林家庭実録』雲南大学出版社
何克俊/楊万宝編著［2003］『回族穆斯林常用語手冊』寧夏人民出版社
賈福康編著［2002］『台湾回教史』伊斯蘭文化服務社
姜永興［1989］『広東海南回族研究』広東人民出版社
金吉堂［1971(1935)］『中国回教史研究』珪庭出版社
金宜久主編［1997］『伊斯蘭教辞典』上海辞書出版社
金宜久［1999］『中国伊斯蘭探秘』東方出版社
李興華/馮今源［1985］『中国伊斯蘭教史参考資料選編（1911-1949）』上・下，寧夏人民出版社
李興華/秦恵彬/馮今源/沙秋真合著［1998］『中国伊斯蘭教史』中国社会科学出版社
李振中［2000］『学者的追求　馬堅伝』寧夏人民出版社
馬寶光主編［1997］『中国回族典籍叢書』中国回族典籍叢書組織委員会印
馬啓成/哈正利［2003］「与時俱進的百年回族研究──20世紀回族研究述略」『中国民族研究年鑑2002年巻』民族出版社
馬通［1995］『中国伊斯蘭教派与門宦制度史略』寧夏人民出版社
馬通［2000］『中国伊斯蘭教派門宦溯源（修訂本）』寧夏人民出版社
馬維良主編（雲南少数民族古籍整理出版規劃弁公室編）［1989］『回族史論集　第二次全国《回族簡史》座談会論文選編』雲南民族出版社
秦恵彬［1995］『中国伊斯蘭教与伝統文化』（伊斯蘭文化叢書）中国社会科学出版社
邱樹森主編［1992］『中国回族大詞典』江蘇古籍出版社
邱樹森主編［1996］『中国回族史』上・下，寧夏人民出版社
沙宗平［2004］『中国的天方学──劉智哲学研究』北京大学出版社
王立志［1998］『中國伊斯蘭的傳統以及将来』中國回教文化教育基金会
王培文主編［2003］『新阿拉伯語漢語大詞典』商務印書館
呉建偉主編［1995］『中国清真寺総覧』寧夏人民出版社
呉建偉主編［1998］『中国清真寺総覧続編』寧夏人民出版社
楊懐中/余振貴主編［1995］『伊斯蘭与中国文化』寧夏人民出版社
楊恵雲主編［1993］『中国回族大辞典』上海辞書出版社
余振貴/楊懐中［1993］『中国伊斯蘭文献著訳提要』寧夏人民出版社
張承志［1991］『心霊史』花城出版社
張中復［2001］『清代西北回民事変──社会文化適応與民族認同的省思』聯經出版事業公司

中国社会科学院民族研究所・中央民族学院民族研究所　回族史組編［1984］『回族史論集（1949-1979年）』寧夏人民出版社
中國史學會主編［2000］『回民起義（中國近代史資料叢刊）』（全四冊）世紀出版集團
中国伊斯蘭百科全書編委会編［1994］『中国伊斯蘭百科全書』四川辞書出版社
Ando, Junichiro [2003] "Japan's 'Hui-Muslim Campaigns' (回民工作) in China from the 1910's to 1945 : An Introductory Survey"『日本中東学会年報』18：2
Broomhall, Marshall [1987(1910)] *Islam in China : A Neglected Problem*, London
Fletcher, Joseph [1996] *Studies on Chinese and Islamic Inner Asia*, Beatrice Manz 編, London
Forbes, A./D. Henley [1997] *The Haw : Traders of the Golden Triangle*, Bangkok
Gillette, M. B. [2000] *Between Mecca and Beijing : Modernization and Consumption among Urban Chinese Muslims*, Stanford
Gladney, Dru C. [1991] *Muslim Chinese : Ethnic Nationalism in the People's Republic*, Cambridge (MA)/London
Gladney, Dru C. [1998] *Ethnic Identity in China : The Making of a Muslim Minority Nationality*, Orlando
Jung, Soo-il（鄭守一）［2002a］『이슬람문명（イスラーム文明）』Paju-si, Gyeonggi-do
Jung, Soo-il（鄭守一）［2002b］*A Study on the History of Civilizations' Exchange*, Seoul
Lee, Hee-Soo（李熙秀）［1997］"Islam in Korea," *Korea Journal of Islamic Culture*, 1：1
Lipman, Jonathan N. [1998] *Familiar Strangers : A History of Muslims in Northwest China*, Seattle
Matsumoto, Kotaro [2008] "The Impact of Islamic Civilization on the Development of Neo-Confucianism during the Song Dynasty"（近刊予定）
Matsumoto, Masumi [2003] "Sino-Muslims' Identity and Thoughts during the Anti-Japanese War : Impact of the Middle East on Islamic Revival and Reform in China"『日本中東学会年報』18：2
Murata, Sachiko [2000] *Chinese Gleams of Sufi Light*, New York
Sohn, Joo-Young（孫主永）［1997］"Introduction to Present Situation of the Islamic Studies in Korea," *Korea Journal of Islamic Culture*, 1：1

3C-14　日本　　三沢伸生

日本とイスラーム世界

　現在，日本のイスラーム研究において，最も研究が遅れている地域は他ならぬ日本である。日本人研究者はイスラーム世界を異文化研究の対象としてきたものの，自分たちの日本とイスラーム世界との関係を研究課題として取り上げることは長らく稀であった。一方，日本人ムスリムの間では自己の歴史として積極的に回顧録が著されてきた。小村不二男［1988］はそうした著作の集大成といった観を呈する。しかし，その記述は断片的で，誤記や誤解も散見され，さらに主観的な史実解釈も多く，決して

日本とイスラーム世界との関係の全貌を提供していない。それでも Lee [1989]，田澤拓也 [1998] のように，本書を無批判に受けて典拠とするものが多く，その影響力は甚大である。だが充分な資料批判を行ったうえで用いれば，著者が活躍した戦前・戦中期の極めて有益な同時代資料となりうるものである。また日本人ムスリムと関連する回顧録である若林半 [1937]，中谷武世 [1983]，田村秀治 [1984] などにも同様なことがいえる。さらに研究者も，蒲生礼一他 [1964]，野原四郎/蒲生礼一 [1965]，日本アラブ関係国際共同研究国内委員会事務局 [1980]，前嶋信次 [1982]，井筒俊彦/司馬遼太郎 [1993] といった回顧録を残す。こうしたなか，「日本・イスラーム関係のデータベース構築」・早稲田大学人間科学学術院アジア社会論研究室編 [2006] のように，資料の CD-ROM 化作業も始まっている。また，Farjenel [1907]，Gairdner [1911]，Kidwai [1918] のように，20 世紀の早い段階から海外の研究者やイスラーム教徒は日本に強い関心を寄せていた。こうした海外における同時代の記述や資料を発掘・分析することも今後の大きな課題である。

　この分野において諸資料を渉猟し厳密に精査して日本とイスラーム世界との関係の全体像を客観的に論ずる本格的研究の嚆矢となったのは，杉田英明 [1995] である。これに刺激を受けるように，臼杵陽 [2002] [2006a] [2006b]，店田廣文 [2002] と優れた研究が陸続と現れだした。また Esenbel/Inaba 編 [2003]，Worringer 編 [2007] の論集のように，海外において日本人研究者と外国人研究者との共同による新たなる研究の試みが現れだした。だが残念ながら両論集ともに個々の所収論文の優劣の差が激しく，交流をより深めて諸資料を駆使した研究のさらなる推進が望まれる。

明治・大正期における日本とイスラーム世界

　明治以前の日本とイスラーム世界との関係は，長らく小林元 [1975] のみであったが，現在では前述の杉田英明による杉田 [1999] [2002] などのように諸資料を渉猟した綿密なる様々な研究成果に恵まれている。

　明治期における最初の注目すべき関係は，中岡三益 [1985b]，岡崎正孝 [1985] などが研究する，1881-82 年のカージャール朝およびオスマン朝に対する外交使節団の派遣である。また日本は条約改正問題から，早い段階からエジプトの混合裁判所制度に強い関心を抱いていた（中岡 [1985a]）。こうしたなか 1890 年にはエルトゥールル号事件が勃発した。内藤智秀 [1937] はこの事件前後のオスマン朝との外交交渉をまとめる。従前まで Esenbel [1996]，長場紘 [1996] など事件に関連して山田寅次郎に関心が集中したが，三沢伸生 [2002a] は事件後の日本社会の対応を詳細に解明して山田の業績を修正した。なお，事件に至るまでは Komatsu [1990]，事件後については中央防災会議災害教訓の継承に関する専門調査委員会 [2005] が最も詳細な研究である。さらに三沢 [2004a]，Misawa/Akçadağ [2007] は，山田と混同されてきた公的資料で確認される初の日本人ムスリムである野田正太郎の業績を発掘した。加え

てこの事件を契機とした以後の日本とオスマン朝との関係については，稲葉千春 [1999]，Misawa [2007]，Şahin [2001] によって，埋没していた資料の発掘・研究が進められている。これらの研究が示すように明治時代前半まで日本ではイスラーム世界に関する知識は乏しく，また大アジア主義の思想も定着しておらずイスラーム世界を功利的に日本と結びつける視点も稀であった。

ところが日露戦争を経て日本の国力が増してくると，イスラーム世界に対する眼差しに変化が生じる。すなわち植民地経営の知識を得るため，あるいはヨーロッパ列強に対抗する大アジア主義の観点からイスラーム世界に関心を抱くようになる。また日露戦争の勝利を目の当たりにしたイスラーム世界からもパン・イスラーム主義的な観点から日本を称讃し，日本へ接近することが試みられた。Kreiser [1981] はこの状況に注目する。そして両世界を最初に結びつけたのがアブデュルレシト・イブラヒムである。Özbek [1994]，Türkoğlu [1997]，*Toplumsal Tarih* 誌の特集 (1995) など日本だけでなくトルコでも再評価の機運が高まっている。イブラヒム [1991] に記されるように，1909 年に来日した彼に触発されて大原武慶ら大アジア主義者たちが亜細亜義会を結成した。同会から日本人として初のメッカ巡礼を果たした山岡光太郎，特異な著作を残した波多野烏峰などが輩出する。彼らについて坂本勉 [1999]，レズラジィ [1997] といった先行研究があるが，三沢伸生 [2002b] が示すように，個人ばかりではなく同会の組織的活動を解明する必要がある。また四戸潤弥 [2004] や拓殖大学創立百周年史編纂室編 [2002-05] の再刊など，多くの大アジア主義者たちの活動も見直され始めている。またイブラヒム以外の在日ムスリム活動家であるインド人のバラカトゥラー，エジプト人のファドリーなどについては，鈴木登 [1996] が露呈するように研究が極めて不充分で課題として残されている。

昭和（戦前・戦中期）における日本とイスラーム世界

日本の大陸進出にともない，ロシア領内のタタール人活動家たちがロシアへ対抗するために日本への接近を試みた。日本側も大アジア主義に立脚した「回教政策」を展開する上で彼らを利用した。この問題は Georgeon [1991]，Dündar [2006]，デュンダル [2007] のように世界的な関心を集める。タタール人活動家のなかで特筆すべき人物は，クルバンガリーとアヤズ・イスハキーである。前者は西山克典 [1996] [2006]，後者は松長昭 [1999] が詳細である。また在日タタール人たちの動向については鴨澤巌 [1982-83]，ウサマノヴァ [2006] がある。

日本側が推進した「回教政策」の主たる対象は中国であった。この分野の研究は，片岡一忠 [1980] のような研究回顧に始まって，現在では新保敦子 [1998]，Ando [2002]，Matsumoto [2002] のように豊富な史料を駆使した実証的研究へと大いに進展している。インドネシアについては，小林寧子 [2006] があげられる。また満洲に関連する三沢伸生 [2004b] が指摘するように，喪失過程にある旧日本植民地の史料の発掘・分析・保存も急務である。

「回教政策」に関連する諸団体，研究機関，研究者については，田村愛理［1987］，川村光郎［1987］，大澤広嗣［2002］［2004］，重親知左子［2005］の研究などが重要である。また山内昌之［1994］を契機に大川周明に対する再評価の動きがあるが，三沢伸生［2003］のように従来とは異なる評価も現れてきている。

昭和（戦後）・平成期における日本とイスラーム世界

戦後，特に日本経済の高度成長にともない石油輸入を媒介にしてイスラーム世界との関係は深まる。この間の日章丸事件（1951年）・テルアビブ空港銃乱射事件（1972年）・オイルショック（1973年）など様々な事件，あるいは外交関係は数多くの時事的著作で語られている。1980年代後半のバブル経済の影響でイスラーム世界から出稼ぎ労働者が大挙して来日すると，日本国内おけるムスリム社会の存在が新たな問題として急浮上し，筑波大学社会学研究室編［1994］，岡田恵美子［1998］，桜井啓子［2003］，ペン［2000］といった研究が現れてきている。

【文献】

アブデュルレシト・イブラヒム［1991］『ジャポンヤ』小松久男/小松香織訳，第三書館
井岡瞭一［1983］「日本のイスラム学」『イスラム世界』21
井筒俊彦/司馬遼太郎［1993］「二十世紀の光と闇」『中央公論』108：1
稲葉千晴［1999］「日露戦争中のトルコ海峡問題」『都市情報学研究』4
臼杵陽［2002］「戦時下回教研究の遺産」『思想』941
臼杵陽［2006a］「日本における現代中東イスラーム研究の源流」『史艸』47
臼杵陽［2006b］「戦前日本の「回教徒問題」研究──回教圏研究所を中心として」岸本美緒他編『東洋学の磁場』岩波書店
ウスマノヴァ，ラリサ［2006］「戦前の東アジアにおけるテュルク・タタール移民の歴史的変遷に関する覚書」『北東アジア研究』10
大澤広嗣［2002］「鏡島寛之によるイスラーム研究の史的意義」『宗教研究』44
大澤広嗣［2004］「昭和前期におけるイスラーム研究──回教圏研究所と大久保幸次」『宗教研究』78
岡崎正孝［1985］「明治の日本とイラン」『大阪外国語大学学報』70：3
岡田恵美子［1998］『隣りのイラン人』平凡社
重親知左子［2003］「松坂屋回教圏展覧会の周辺」『大阪大学言語文化学』12
重親知左子［2005］「宗教団体法をめぐる回教公認問題の背景」『大阪大学言語文化学』14
片岡一忠［1980］「日本における中国イスラーム研究小史」『大阪教育大学紀要』29：1
蒲生礼一他［1964］「日本におけるイスラム学の歩み」『イスラム世界』2
鴨澤巖［1982-83］「在日タタール人の記録(1)(2)」『法政大学文学部紀要』28-29
川村光郎［1987］「戦前日本のイスラム・中東研究小史」『日本中東学会年報』2
小林元［1975］『日本と回教圏の文化交流史』中東調査会
小林寧子［2006］「イスラーム政策と占領地支配」倉沢愛子他編『岩波講座アジア太平洋戦争7　支配と暴力』岩波書店
小村不二男［1988］『日本イスラーム史』日本イスラーム友好連盟
坂本勉［1999］「山岡光太郎のメッカ巡礼とアブデュルレシト・イブラヒム」『近代日本とトルコ世界』池井優/坂本勉編，勁草書房

桜井啓子 [2003]『日本のムスリム社会』筑摩書房
四戸潤弥 [2004]「アフマド有賀文八郎（阿馬土）」『宗教研究』78
新保敦子 [1998]「日中戦争期における日本と中国イスラーム教徒」『アジア教育史研究』7
杉田英明 [1995]『日本人の中東発見』東京大学出版会
杉田英明 [1999]「日本語：『アラビアン・ナイト』翻訳事始」『外国語研究紀要』4
杉田英明 [2002]「日本人のイスラーム観」『月刊しにか』13：3
鈴木登 [1996]「アハマド・ファドリー伝」『季刊アラブ』65：75
拓殖大学創立百周年史編纂室編 [2002-05]『田中逸平』全5巻，拓殖大学
田澤拓也 [1998]『ムスリム・ニッポン』小学館
店田廣文 [2002]「戦中期日本におけるイスラーム研究」『早稲田大学人間研究』15：1
田村愛理 [1987]「回教研究所をめぐって」『学習院史学』25
田村秀治 [1984]『アラブ外交55年——友好ひとすじに』上・下，勁草書房
中央防災会議災害教訓の継承に関する専門調査委員会 [2005]『1890エルトゥールル号事件報告書』東京：中央防災会議災害教訓の継承に関する専門調査委員会
筑波大学社会学研究室編 [1994]『在日イラン人』筑波大学社会学研究室
デュンダル，メルトハン [2007]「1930年代における日本のイスラーム政策とオスマン皇族」『史学』75：2/3
内藤智秀 [1931]『日土交渉史』泉書院
中岡三益 [1985a]「福地源一郎のエジプト混合裁判所調査」『国際商科大学論叢（教養学部編）』32
中岡三益 [1985b]「外務省御用掛吉田正春波斯渡航一件」『三笠宮殿下古稀記念オリエント学論集』小学館
中谷武世 [1983]『アラブと日本——日本アラブ交流史』原書房
長場紘 [1996]「山田寅次郎の軌跡」『上智アジア学』14
西山克典 [1996]「クルバン・ガリー略伝」『ロシア革命史資料』3
西山克典 [2006]「クルバンガリー追尋(1)(2)」『国際関係・比較文化研究』4：2，5：1
日本アラブ関係国際共同研究国内委員会事務局 [1980]『日本とアラブ』1/2，日本アラブ関係国際共同研究国内委員会事務局
「日本・イスラーム関係のデータベース構築」・早稲田大学人間科学学術院アジア社会論研究室編 [2006]『CD-ROM大日本回教協会関係写真資料ver.1』（科研成果）
野原四郎/蒲生礼一 [1965]「回教圏研究所の思い出」『東洋文化』38
ペン，ミシェル [2000]「日本の漫画とイスラム教の表現」『昭和薬科大学紀要』34
前嶋信次 [1982]『シルクロードへの途』日本放送出版会
松長昭 [1999]「アヤズ・イスハキーと極東のタタール人コミュニティー」『近代日本とトルコ世界』池井優/坂本勉編，勁草書房
三沢伸生 [2002a]「1890年におけるオスマン朝への日本軍艦比叡・金剛の派遣」『東洋大学社会学部紀要』39：2
三沢伸生 [2002b]「亜細亜義会機関誌『大東』に所収される20世紀初頭の日本におけるイスラーム関係情報」『アジア・アフリカ文化研究所研究年報』36
三沢伸生 [2003]「大川周明と日本のイスラーム研究」『アジア・アフリカ文化研究所研究年報』37
三沢伸生 [2004a]「1890～1893年における『時事新報』に掲載されたるオスマン朝関連記事」『東洋大学社会学部紀要』41：2
三沢伸生 [2004b]「戦前・戦中期の満洲におけるイスラーム関係逐次刊行物」『アジア文化研究所研究年報』38
三沢伸生 [2006-]「戦間期のイスタンブルにおける日本の経済活動(1)-」『アジア文化研究所研究年

報』41-
山内昌之［1994］「イスラームの本質を衝く大川周明」『国際関係学がわかる』朝日新聞社
レズラジィ，エル・モスタファ［1997］「大亜細亜主義と日本イスラーム教」『日本中東学会年報』12
若林半［1937］『回教世界と日本』私家版
Ando, Junichiro [2002] "Japan's 'Hun-Muslim Campaigns' (回民工作) in Chaina from the 1910's to 1945" 『日本中東学会年報』18：2
Dündar, Merthan [2006] *Panislamizm'den Büyük Asyacılığa*, Istanbul
Esenbel, Selçuk [1996] "A *fin de siècle* Japanese romantic in Istanbul," *Bulletin of School of Oriental and African Studies*, LIX：2
Esenbel, Selçuk/Chiharu Inaba 編 [2003] *The Rising Sun and the Turkish Crescent*, Istanbul
Farjenel, F. [1907] "Le japon et l'islam," *Revue du Monde Musulman*, 1
Gairdner, W. H. T. [1911] "Notes on Present-day Movements in the Moslem World," *The Moslem World*, 1
Georgeon, François [1991] "Un voyageur tatar en extrême-orient au début du XXe siècle," *Cahiers du monde russe et soviétique*, XXXII：1
Kidwai, M. H. [1918] "Islam and Japan," *Islamic Review & Muslim India*, 10：11
Komatsu, Kaori [1990] "100'ücü Yıl Dönümü Münasebetiyle 〈Ertuğrul Fırkateyni〉 Faciası" 『日本中東学会年報』5
Kreiser, Klaus [1981] "Der Japanische sieg über russland (1905) und sein echo unter den muslimen," *Die Welt des Islams*, XXI：1-4
Lee, Hee Soo [1989] *Osmanlı-Japonya Münasebetleri ve Japonya'da İslamiyet*, Ankara
Matsumoto, Masumi [2002] "Sino-Muslims' Identity and Thoughts during the Anti-Japanese War" 『日本中東学会年報』18：2
Misawa, Nobuo [2007] "The Origin of the Commercial Relationship between Japan and the Ottoman Empire" 『東洋大学社会学部紀要』45：1
Misawa, Nobuo/Göknur Akçadağ [2007] "The First Japanese Muslim, *Shôtarô NODA* (1868-1904)" 『日本中東学会年報』22：1
Özbek, Nadir [1994] *Abdürreşid İbrahim (1857-1944)*, Istanbul (unpublished Ph.D. thesis)
Şahin, F. Şayan Ulusan [2001] *Türk-Japon İlişkileri (1876-1908)*, Ankara
Türkoğlu, İsmail [1997] *Sibiryalı Meşhur Seyyah Abdürreşid İbrahim*, Ankara
Worringer, Renée 編 [2007] *The Islamic Middle East and Japan*, Princeton

3C-15　ヨーロッパ，南北アメリカ　　　澤江史子

ヨーロッパのイスラーム

　現代ヨーロッパのイスラーム研究は，歴史的に重要な数のムスリム人口を抱えてきたバルカン半島諸国を除き，外国人労働者問題から始まり，彼らの家族呼び寄せ・定

住，第二世代の誕生へと展開するにつれて，移民の統合/同化，市民権，異文化共生へと問題の焦点が移ってきた。Vuddamalay (Leveau/Mohsen-Finan/Wihtol de Wenden 編 [2002] 所収) は移民とイスラームに関するこのような研究史を年代別と国別に概観している。初期の研究は，主としてホスト社会の視点と論理で研究されてきた。

Nielsen [1992] 以降，ムスリム意識の高揚に注目する国別事例研究が出始めた (Nonneman/Niblock/Szajkowski 編 [1997]，Vertovec/Peach 編 [1997]，いずれもバルカン諸国，東欧，北欧など多様な国の事例研究を含む)。内藤正典 [1996] [2003] [2004] は，西欧各国のムスリム移民に対する制度，対応の違いが同系列の復興団体とホスト国の関係に重要な差異を生んでいると指摘する。この研究は移民問題やイスラーム問題という枠組みから脱却し，西洋文明が他者をどれほど寛容し，共存できるのかという西洋文明自身の問題として論じた点でも異彩を放つ。同様の問題関心からより多くの国を取り上げて実証研究と理論家の試みを行ったものとして，Modood/Triandafyllidou/Zapata-Barrero 編 [2006] がある。ケペル [1992] と Kepel [1997] は，イスラーム復興が西洋世界にとって脅威だと論じる。Pedersen [1999] は，復興運動は社会経済的周縁化に対する移民ムスリムの抵抗の基盤となりつつも，市民として同等の権利を求める統合的志向を有していると指摘する。

第二世代以降のムスリムが関心の中心となるにつれて，「他者」としての扱いから，欧州内部の一要素へと視点を転換しようという試みも出てきた。そこでのキーワードは「ムスリム系ヨーロッパ人」(Vertovec/Rogers 編 [1996]) や「ユーロ・イスラーム」(AlSayyad/Castells 編 [2002]，Karić [2002]) である。ただし，議論はヨーロッパのイスラームは世俗化し同化する（すべき）という Tibi (AlSayyad/Castells 編 [2002] 所収) のような議論と，第一世代や出身国のイスラーム実践とは異なりヨーロッパの文脈で展開している面に着目する議論とで，論旨は大きく異なる。Hunter 編 [2002] 所収の Ramadan および Mandaville の論文は，後者の立場から新世代の役割を強調している。同書所収の Esposito は，これまでは移民出身国の移民への影響が強調されてきたが，いまや西洋社会で活動するムスリムの学者や活動家たちが西洋で生み出す思想や見解が留学生や出版物・メディアを通じて非西洋のイスラーム世界に重要な影響を及ぼしていると指摘する。Cesari/McLoughlin 編 [2005] は，ムスリム集団とホスト社会との相互的なコミュニケーションという観点から，各国の政教関係の諸制度においてそれに対応したイスラームの制度化が試みられていることを明らかにする。また，欧米社会の自由な環境の下で宗教的選択を個人の責任としてとらえる風潮が強まり，個人化された信仰の強化とその私事化という両義的な現象が起きていると指摘する。

EU の拡大と政治統合という近年の変動は移民と市民権について新しい問題を生み出しているが，Leveau/Mohsen-Finan/Wihtol de Wenden 編 [2002] はその点を論じている。

「9.11 テロ」は，その後のヨーロッパ各地でのテロ事件を待つことなく，ヨーロッパ各国の多文化主義的市民権制度や移民政策について批判的観点から見直しを迫る立場を活性化させた。Cesari（Cesari/McLoughlin 編［2005］所収）は，各国でのそうした展開を概観するとともに，「テロとの戦い」がヨーロッパのムスリムの基本権を抑圧する政策を後押しし，正当化する形で作用していることを明らかにする。

北米のイスラーム

アメリカといえば黒人改宗ムスリムと思いがちだが，実は民族・人種的に多様なムスリム共同体が存在している。アメリカのイスラームの状況を概観するには，大類久恵［2006］，ハッダード［2005］，山内昌之［1998］，Hanif［2003］，Gardell（Westerlund/Svanberg 編［1999］所収）が便利である（Gardell にはコロンブス以前に関する参考文献あり）。特に大類は，人口動態や「9.11 テロ」後の世論調査動向などの具体的数値を紹介し，「テロとの戦い」に関する在米ムスリムの認識の変化を指摘するなど，興味深い。

黒人ムスリム研究の注目を集めてきたブラック・ナショナリズム運動，「ネーション・オブ・イスラーム」についても大類［2006］の他，Gardell［1996］や Marsh［1996］が包括的に論じている。

Haddad/Smith 編［1994］は都市ごとのモノグラフやシーア派，タリーカ，世俗的ムスリム，女性といった異なる側面に光を当て，ヨーロッパと比べて下位コミュニティ間に問題構成の違いが横たわるアメリカのムスリム社会の特質を指摘している。Haddad/Esposito 編［1998］は，非イスラーム国アメリカでムスリムとして生きるための様々な取り組み（アメリカの現状に即した法学的判断の提示から民族・人種的相違を超えた連帯の模索まで）を明らかにしている。Saeed（Haddad/Smith 編［2002a］所収）は，第二世代が第一世代とアメリカ社会に対してそれぞれ"異文化通訳"と"橋渡し"の役割を果たし，イスラーム系アメリカ市民としての自覚を備え始めたと論じる。今後は，「9.11 テロ」がこのような流れに対し，また，アメリカのイスラーム社会およびそのアメリカ社会全体との関係に対していかなる影響を与えるのかが注目される。Geaves 他編［2004］所収の Haddad と Hermansen の各章は「9.11 テロ」に関するムスリムの認識や，ムスリムがその後，直面している困難を指摘している。

Smith［1999］はアメリカのムスリムの日常生活（女性に焦点を当てた章もあり）を描出している他，白人やヒスパニック系の改宗や，ニュー・エイジ運動の流れのなかで精神性を探求する人々がスーフィズムを通じて改宗する例にも言及している。このような改宗ムスリムが多様な民族的・歴史的背景を持つアメリカのムスリム社会において/対していかなる位置をとるのかという社会学的側面にも興味がもたれる。本書は先住民の文化とイスラームの近似性にも言及し，アメリカのイスラーム史の意外な可能性を示唆している。巻末にはアメリカのイスラーム関連年表，文献・資料紹介

等が掲載されており，役立つ。アメリカのスーフィズム研究は多くないが，Hermansen [2000] は全体を概観できる貴重な論文である。また，Malik/Hinnells 編 [2006] はアメリカとイギリスを中心に，西洋におけるスーフィズムの実態を組織化や儀礼など，様々な角度から明らかにしている。Haddad/Smith 編 [1994] 所収の Webb と Trix はそれぞれ宗教学的切り口とアルバニア系タリーカの活動に焦点を当てている。

カナダのイスラームはアメリカと有機的に結びついていることが多いためか，研究は少ないが，Hamadani [1999]，McDonough（Haddad/Smith 編 [1994] 所収），McDonough/Alvi（Haddad/Smith 編 [2002b] 所収）がある。

南米のイスラーム

南米については日本語はもちろん，英語でも研究の蓄積は少ない。Al-Ahari（Westerlund/Svanberg 編 [1999] 所収）は，中南米におけるムスリム移民の歴史から最近の人口データや民族的多様性（アフリカ系/アラブ系/中国系/インド系/インドネシア系/ヒスパニック系），南北アメリカ間や移民送り出し国からの人口移動や交流などにもわずかながら言及しており，単純でない中南米のイスラームについて全体を概観できる。南米ムスリム研究が少ない理由は，Voll（Haddad/Smith 編 [2002a] 所収）がカリブ海地域について指摘するように，南米ではイスラームの問題としてよりもエスニシティの問題として扱われていることや，現実に多様なエスニック・コミュニティを横断したムスリム意識が当事者たちの間で芽生えておらず，ムスリム一般の問題を語ることが困難だからであろう。アルゼンチンについては Haddad/Smith 編 [2002b] 所収の Brieger/Herszkowich および Jozami の論文を，ガイアナは Raymond [1999]，ブラジルは水谷周 [1998] を見られたい。

【文献】

大類久恵 [2006]『アメリカの中のイスラーム』子どもの未来社
ケペル，G [1992]『宗教の復讐』中島ひかる訳，晶文社
内藤正典 [1996]『アッラーのヨーロッパ』東京大学出版会
内藤正典 [2003]「異文化のなかのイスラーム」佐藤次高編『イスラーム地域研究の可能性（イスラーム地域研究叢書1）』東京大学出版会
内藤正典 [2004]『ヨーロッパとイスラーム――共生は可能か』岩波書店
ハッダード，Y・Y [2006]「イスラームのグローバル化――欧米に復活するイスラーム」J・L・エスポジト編『オクスフォード イスラームの歴史3 改革と再生の時代』坂井定雄監修，小田切勝子訳，共同通信社
水谷周 [1998]「中南米におけるイスラーム――ブラジルを中心に」『中東研究』7
山内昌之 [1998]『イスラームとアメリカ』中公文庫
AlSayyad, N./M. Castells 編 [2002] *Muslim Europe or Euro-Islam : Politics, Culture, and Citizenship in the Age of Globalization*, Lanham/Boulder/New York/Oxford
Brieger, P./E. Herszkowich [2002] "The Muslim Community in Argentina," *The Muslim World*, 92 :

Cesari, J./S. McLoughlin 編 [2005] *European Muslims and the Secular State*, Hampshire/Burlington
Gardell [1996] *In the Name of Elijah Muhammad : Louis Farrakhan and the Nation of Islam*, Durham
Geaves, R. 他編 [2004] *Islam and the West : Post 9/11*, Hants/Burlington
Haddad, Y. Y./J. I. Smith 編 [1994] *Muslim Communities in North America*, Albany
Haddad, Y. Y./J. I. Smith 編 [2002a] *Muslims Minorities in the West : Visible and Invisible*, Walnut Creek
Haddad, Y. Y./J. I. Smith 編 [2002b] *The Muslim World* (*Special Issue : Islam in the West*), 92 : 1/2
Haddad, Y. Y. /J. L. Esposito 編 [1998] *Muslim on the Americanization Path?*, New York
Hamadani, D. H. [1999] "Canadian Muslims on the Eve of the Twenty-first Century," *Journal of Muslim Minority Affairs*, 19 : 2
Hanif, G. M. [2003] "The Muslim Community in America : A Brief Profile," *Journal of Muslim Minority Affairs*, 23 : 2
Hermansen, M. [2000] "Hybrid Identity Formation in Muslim America : The Case of American Sufi Movements," *The Muslim World*, 90 : 1/2
Hunter, S. 編 [2002] *Islam, Europe's Second Religion : The New Social, Cultural, and Political Landscape*, Westport
Karić, E. [2002] "Is 'Euro-Islam' a Myth, Challenge or a Real Opportunity for Muslims and Europe?" *Journal of Muslim Minority Affairs*, 22 : 2
Kepel, G. [1997] *Allah in the West : Islamic Movements in America and Europe*, Susan Milner 訳, Cambridge
Leveau, R./K. Mohsen-Finan/C. W. Wihtol de Wenden 編 [2002] *New European Identity and Citizenship*, Hants/Burlington
Madood, T./A. Triandafyllidou/R. Zapata-Barrero 編 [2006] *Multiculturalism, Muslims and Citizenship : A European Approach*, London/New York
Malik, J./J. Hinnells 編 [2006] *Islam in the West*, London/New York
Marsh, C. E. [1996] *The Lost-Found Nation of Islam in America*, Lanham/Maryland/London
Nielsen, J. [1992] *Muslims in Western Europe*, Edinburgh
Nonneman, G./T. Niblock/B. Szajkowski 編 [1997] *Muslim Communities in the New Europe*, Berkshire
Pedersen, L. [1999] *Newer Islamic Movements in Western Europe*, Brookfield
Raymond, C. [1999] "Muslims in Guyana : History, Traditions, Conflict and Change," *Journal of Muslim Minority Affairs*, 19 : 2
Smith, J. I. [1999] *Islam in America*, New York
Sultana, A. [1999] "From Moors to Marronage : The Islamic Heritage of the Maroons in Jamaica," *Journal of Muslim Minority Affairs*, 19 : 2
Vertovec, S./A. Rogers 編 [1996] *Muslim European Youth*, Brookfield
Vertovec, S./C. Peach 編 [1997] *Islam in Europe : The Politics of Religion and Communitiy*, London/New York
Westerlund, D./I. Svanberg 編 [1999] *Islam outside the Arab World*, Surrey

3C-16　地域間関係　　　　　　　　　　　　　　　　　　小杉　泰

国際関係の中のイスラーム

　国際社会の中の諸地域の関係を研究する分野として，まず国際関係学があげられる。そこでは，近現代に発展した主権国家を単位とするシステムが前提とされており，現在のイスラーム諸国/ムスリム諸国も国民国家として扱われてきた。実際，イスラーム世界に属する諸地域はほとんどが西洋列強の植民地となり，第2次世界大戦後に独立を達成する過程では，いずれの国も国民国家としての体裁を整え，国際連合に加盟した。アラブ諸国は，国連と平行して「アラブ連盟」を結成したが，「アラブ諸国家連盟」という正式名称が示すように，既存の主権国家をメンバーとしている。アフリカ大陸にはおよそ25のイスラーム国があるが，アフリカ統一機構（1963年設立，2002年からはアフリカ連合）は植民地時代の国境を変更しないことを原則としてきた。

　イスラームが「ウンマ」という単一のイスラーム共同体を信奉するものであるならば，このような現状はその理念に著しく反していることになる。その矛盾を先駆的に描いたのが Piscatori［1986］である。最近では Al-Ahsan［1992］，Halliday［2000］［2003］も優れた考察を行っている。普遍的なイスラーム共同体から国民国家への流れを活写するものとして，鈴木董［1993］，新井政美［2001］も見逃せない。

　イスラーム共同体から国民国家へと，不可逆的に進行することを前提とした研究は，おおむね「イスラーム」という枠を外して，国際関係学あるいは個別の地域を扱う地域研究の立場から，中東，東南アジア，南アジアなどを研究し，その個別研究には，かなり大きな蓄積がなされてきた。再びイスラームの要素を入れなくてはならなくなったのは，1979年にイラン・イスラーム革命が起こり，80年代にアフガニスタンで反ソ・イスラーム闘争が広がり，イスラーム復興が国際関係に大きな影響を与えるようになってからであった。ソ連の崩壊によって，中央アジア諸国が新しい「イスラーム地域」として再登場したことの影響も大きい。いまや，イスラーム世界を構成する諸地域がどのような相互関係を持っているのか，実証的に研究すべき時代となった。地域間の関係を描いた von der Mehden［1993］，2地域の関係を検証した山内昌之編［1995］，地域間比較の方法論を論じた小杉泰［1999］，イスラーム的観点から国際関係がどのように理解しうるかを論じた AbūSulaymān［1993］などがある。また，社会・文化の面でも，Abaza［1993］，新井和広［2002］，東長靖［2002］など，歴史を踏まえた実証的な研究が増大しつつある。

イスラーム諸国会議機構

　イスラーム諸国会議機構（OIC）は，1969年にラバトで開催された第1回イス

ラーム首脳会議で設立が決定され，1972年に憲章が制定され，事務局がジェッダに置かれた。その背景には，1967年の第3次中東戦争でアラブ側が大敗し，急進的なアラブ民族主義が失墜したこと，イスラーム第三の聖地である東エルサレムがイスラエルの占領下に入って，イスラーム諸国において危機意識が高まったことがある。さらに，1969年に聖域内のアクサー・モスクの放火事件が起こると，サウディアラビアとモロッコの提唱で，首脳会議の開催にいたった。

OICは，国連に加盟する主権国家が構成員でありながら，イスラームという宗教を紐帯としている。ここには，いずれの加盟国も国民国家システムに立脚しているにもかかわらず，この国際機構が世界宗教としてのイスラームを代表するという矛盾した側面が現れている。いずれにしても，ユニークな形での地域統合・協力の一種ととらえることができる。確かに，国際的な影響力という点から見ればEU，ASEANなどとは比較にならないが，イスラーム復興の進展とともに次第に重みを増してきている。それにしても，OICはあまりに研究がなされていない。もっとも先駆的な研究は，Moinuddin［1987］である。1974年に設立された専門機関，イスラーム開発銀行についてはMeenai［1989］がある。近年の研究書としては，Khan［2001］があるが，分析という点ではSelim編［1994］も欠かせない。Bianchi［2004］は，巡礼管理をめぐってOICが新しい国際レジームを形成しつつあることを喝破した秀作である。日本語では，政治面を論じた森伸生［1998］，経済面を論じた畑中美樹［2000］などがある。

「イスラーム世界」をめぐる論争

イスラーム復興によって，いったんは国際関係の中から姿を消した「イスラーム世界」が再び，可視的なものとなった。その象徴が，国民国家の集合体が世界宗教の名を冠しているOICである。また，1980年代のアフガニスタンでの反ソ・イスラーム闘争への国際的な支援，1990年代に進行したパレスチナ問題のイスラーム化（Tamimi［2006］），さらに，2001年の9月11日事件以降は急進的なイスラーム運動の国際的ネットワーク（保坂修司［2001］）によって，「イスラーム世界」の存在が強く感じられるようになった。日本でも，1990年代から「イスラーム世界」を題名に含む書物が刊行されるようになった（1994-95年に刊行された「講座イスラーム世界」全6巻，板垣雄三編［2002］，片倉もとこ編［2002］，加藤博［2005］など）。ムスリムたちが持つ理念としてのウンマ，法学的な「イスラームの地」の概念などは，加藤［1997］に簡潔にまとめられている。小杉泰［1998］は，現代の国際関係におけるイスラーム世界の意味を広く論じた。

これに対して，羽田正［2005］は歴史研究の立場から，「イスラーム世界」とは理念的な構築物で「実在しなかった」，従ってこの語を使用すべきでないと問題提起し，一石を投じた。確かに，歴史認識の問題としては興味深い。しかし，現代の国際関係の理解から言えば，イスラーム世界・非イスラーム世界の識別は日々実践されている

のであり，すでに実在しているものを「歴史上はかつてあると思いこんだにすぎない」と論じても，現実の理解には貢献しえない（小杉泰［2006：693-705］参照）。

実際問題として，イスラーム世界をどうとらえ，それにどう対応するかを考えずに，今後の国際関係を築きえないことも明らかである。それと同時に，「イスラーム世界」を実体論および関係論的に精緻に分析していく必要も，これまでになく高まっている。

▨ イスラーム地域研究

1990年代の終わりから，日本では「イスラーム地域研究」という用語が用いられるようになった。その始まりは，1997年に始まった5年間の大型研究プロジェクト「現代イスラーム世界の動態的研究」が略称として「イスラーム地域研究（Islamic Area Studies）」を用いたことであった。その成果として，総論を集めた佐藤次高編［2003］，ナショナリズムや国家を論じた酒井啓子/臼杵陽編［2005］など和文の叢書8巻のほか，領土や領域の問題を論じた英文のYanagihashi編［2000］など，何冊もの英文叢書が刊行されている。

地域研究は，第2次世界大戦後の米国での隆盛を見ればわかるように，近代的な国際システムの下位に実在する諸地域を研究するもので，イスラームのような地域を超える要素とは必ずしも調和的ではない。「イスラーム地域」という概念も，上位の国際システムとも下位の地域とも矛盾をはらむものとして，同プロジェクトの間，さまざまな議論がなされた。

さらに2006年になると，このプロジェクトを後継するものとして，人間文化研究機構による「イスラーム地域研究」拠点形成事業が開始された。今度は略称にとどまらない正式の名称として用いられ，同プロジェクトを構成する五つの拠点にも，それぞれイスラーム地域研究を冠した部門が設置された。その公約数は，イスラーム世界の諸地域を地域研究の方法をもって研究するということであるにしても，「イスラーム諸地域」とは何か，それらの地域間の関係はどのようなものであるのか，実体的な研究の進展が望まれる。少なくとも「イスラーム地域研究」が日本発の概念である以上，国際発信の意味でも，「オリエンタリズム」の陥穽を乗り越える研究を発展させるためにも，その成果が期待される。

【文献】

新井和広［2002］「旅する系図──南アラビア，ハドラマウト出身サイイドの事例より」『系図が語る世界史』青木書店
新井政美［2001］『トルコ近現代史──イスラム国家から国民国家へ』みすず書房
板垣雄三［1992］『歴史の現在と地域学──現代中東への視角』岩波書店
板垣雄三編［2002］『「対テロ戦争」とイスラム世界』岩波書店
板垣雄三［2003］『イスラム誤認──衝突から対話へ』岩波書店
片倉もとこ編［2002］『イスラーム世界事典』明石書店

加藤博［1997］『イスラーム世界の危機と改革』山川出版社
加藤博［2005］『イスラム世界の経済史』NTT 出版
小杉泰［1998］『イスラーム世界』筑摩書房
小杉泰［1999］「イスラーム世界の東西——地域間比較のための試論」『東南アジア研究』37：2
小杉泰［2006］『現代イスラーム世界論』名古屋大学出版会
酒井啓子/臼杵陽編［2005］『イスラーム地域の国家とナショナリズム（イスラーム地域研究叢書 5）』東京大学出版会
佐藤次高編［2003］『イスラーム地域研究の可能性（イスラーム地域研究叢書 1）』東京大学出版会
鈴木董［1993］『イスラムの家からバベルの塔へ——オスマン帝国における諸民族の統合と共存』リブロポート
東長靖［2002］「アラビア文字による他言語表記とアラビア文字文化圏」『上智アジア学』20
畑中美樹［2000］「経済のグローバル化とイスラーム世界」小杉泰編『21 世紀の国際社会とイスラーム世界』日本国際問題研究所
羽田正［2005］『イスラーム世界の創造』東京大学出版会
保坂修司［2001］『正体——オサマ・ビンラディンの半生と聖戦』朝日新聞社
森伸生［1998］「イスラム世界における OIC の政治的役割」中東経済研究所編『イスラム世界の相互依存と対立・対抗に関する研究』総合研究開発機構
山内昌之編［1995］『中央アジアと湾岸諸国』朝日新聞社
Abaza, Mona [1993] *Changing Images of Three Generations of Azharites in Indonesia*, Singapore
AbūSulaymān, 'Abdul Ḥamīd [1993] *Towards an Islamic Theory of International Relations : New Directions for Methodology and Thought*, 2nd ed., Herndon
Akbarzadeh, Shahram/Connor, Kylie [2005] "The Organization of the Islamic Conference : Sharing an Illusion," *Middle East Policy*, 12 : 2
Al-Ahsan, Abdullah [1988] *The Organization of the Islamic Conference : An Introduction to an Islamic Political Institution*, Herndon
Al-Ahsan, Abdullah [1992] *Ummah or Nation? : Identity Crisis in Contemporary Muslim Society*, Leicester
Aliboni, Roberto [1995] "The Islamic Factor in International Economic Cooperation," in Laura Guazzone 編, *The Islamist Dilemma : The Political Role of Islamist Movements in the Contemporary Arab World*, Reading
Bianchi, Robert R. [2004] *Guests of God : Pilgrimage and Politics in the Islamic World*, Oxford
Decasa, George C. [1999] *The Quranic Concept of Umma and Its Function in Philippin Muslim Society*, Roma
Halliday, Fred [2000] *Nation and Religion in the Middle East*, Boulder
Halliday, Fred [2003] *Islam and the Myth of Confrontation : Religion and Politics in the Middle East*, new ed., London
Khan, Saad S. [2001] *Reasserting International Islam : A Focus on the Organization of the Islamic Conference and Other Islamic Institutions*, Oxford
Landau, Jacob M. [1990] *The Politics of Pan-Islam : Ideology and Organization*, Oxford
Meenai, S. A. [1989] *The Islamic Development Bank : A Case Study of Islamic Co-operation*, London
von der Mehden, Fred R. [1993] *Two Worlds of Islam : Interaction between Southeast Asia and the Middle East*, Gainesville
Moinuddin, Hasan [1987] *The Charter of the Islamic Conference and Legal Framework of*

Economic Co-operation among Its Member States : A Study of the Charter, the General Agreement for Economic, Technical and Commercial Co-operation and the Agreement for Promotion, Protection and Guarantee of Investments among Member States of the OIC, Oxford/New York

Piscatori, James P. [1986] *Islam in a World of Nation-states*, Cambridge

Selim, Mohammad El Sayed 編 [1994] *The Organization of the Islamic Conference in a Changing World*, Cairo

Tamimi, Azzam [2006] *Hamas : Unwritten Chapters*, London

Yanagihashi, Hiroyuki 編 [2000] *The Concept of Territory in Islamic Law and Thought*, London

4　政治, 経済, 社会

4-1　イスラーム・戦争と平和　　　　　　　　　　小杉　泰

イスラーム法の戦時国際法

　イスラーム国家は632年に，ヒジュラ（聖遷）によって樹立された。すなわち，イスラームの布教を進めるムハンマドがマディーナに移住し，新しい共同体と国家を樹立した時，イスラーム国家の原型が誕生した。ムハンマドは新生国家を指揮し，マッカとの戦いに勝ち抜き，アラビア半島を統一した。ヒジュラ以前は戦争と無縁であったが，マディーナ時代には多くの戦役があり，クルアーンの中にもそれと関連する規定が明示された。ムハンマド自身も，さまざまな指針を示した。このため最初期から，イスラーム法には戦争と平和に関する諸規定も含まれるとの原則が確立した。捕虜に関する取り扱いについても多くの事例が生じたが，和平についても，マッカ側と結んだ「フダイビーヤの和約」が重要な事例となった。
　その後の正統カリフ時代，ウマイヤ朝時代は「大征服」の時期であり，イスラームの基本的な版図がサーサーン朝ペルシアおよびビザンツ帝国領の征服によって成立した。征服地の扱いは，武力征服によるか，和平条約によるかによって異なり，支配地域の課税方式にも影響した。この時代の事例も，法学者たちが後に戦時国際法を整備する上で，大きな典拠となった。大征服を基盤に「イスラーム帝国」としてのアッバース朝が成立し，法体系も体系化された。このような初期イスラームの展開については，イスラーム史をめぐる多くの書で扱われている。イスラーム史の中の戦争をテーマとした牟田口義郎編［1985］，三つの次元のジハード（内面，社会，軍事）と結びつけてイスラーム帝国の成立を俯瞰し，さらに現代におけるジハードの問題を論じた小杉泰［2006］，預言者時代・正統カリフ時代の条約・協定などを編集した

Ḥamīdullāh［1987］などがある。

　イスラーム法における戦時国際法は「スィヤル」と呼ばれるが，この分野の大成者はシャイバーニー（805年没）である。イラク出身で米国で長らく教鞭をとったハッドゥーリーがその著作を英訳し，スィヤルの意義を先駆的に明らかにした（Shaybani［1966］, Khadduri［1955］）。また，前掲の条約・協定集の編者も，自身のスィヤル論をまとめている（Ḥamīdullāh［1968］）。

　国際社会には本来，国家を超える権威は存在しない。したがって，国際法も条約や協定という国家間の相互の合意を基盤に形成される。ところが，イスラーム法は「神の法」がイスラーム国家を規制するという前提で作られているため，その戦時国際法はたとえ相手国が法を守らなくても自律的に自らを規制するという特殊な性格を帯びている。そのため，国家間の合意に立脚する近代的な国際法よりも以前に，イスラーム世界は独自に「国際法」を有するものとなった。近代的な国際法の父であるグロチウスがそこから学んだと考えるべき状況的な証拠があるとも論じられている（Weeramantry［1988］）。歴史的なイスラーム国際法の実証的研究は，総体的に見て世界的にも未開拓な分野である。

▓ 現代における戦争とイスラーム

　近代にはいると，西洋に対して軍事的に劣勢に立ったイスラーム世界は，思想的にも「イスラームは好戦的」という批判攻勢を受けることになった。西洋側の認識はながらく，イスラームが「右手に剣，左手にコーラン」で広がったという誤解を引きずってきたため，その批判は非常に強いものであった。キリスト教を愛と平和の宗教と位置づけて，帝国主義的な侵略や植民地支配を正当化する図式は，今日から見れば「二重基準」にほかならないが，文明的な劣位を自覚したイスラーム世界の側では，後進性と好戦性をめぐる批判に非常に敏感になった。19世紀の代表的なイスラーム知識人と言えるムハンマド・アブドゥがフランスのアノトーとおこなった論戦（アブドゥ/アノトー［1987］）も，それをよく示している（アブドゥフ［1991］も参照）。

　19世紀の近代的な国際法は，国家に戦争の自由を認めていたが，20世紀にはいると相手国の債務を理由に戦争を仕掛けることが認められなくなり，さらに，すべての戦争が平和または防衛を目的とすることが求められるようになった。古典的なイスラーム法では，戦争を国家に必然的に付随するものとして肯定的にとらえていたが，20世紀の法学者たちは「ジハードはもともと防衛的である」との議論を発展させた。その代表例として，アブドゥの系譜を引く改革派であったマフムード・シャルトゥート（Peters編［1977］）があげられる。また，イスラーム復興運動の中で，変革のための社会行動としてジハードを位置づける立場も生まれた。ジハード論への重要な貢献として，ムスリム同胞団の創立者バンナー（横田貴之［2003］）や南アジアのイスラーム党創立者マウドゥーディー（Maudūdī［2001(1927)］，山根聡［2003］）などがいる。

その一方で，20世紀半ばにはイスラーム世界でも国民国家が主流となり，戦争と平和もナショナリズムと国益から論じられるようになった。このため，イスラームと結びついた戦争論・平和論はあまり見られなくなった。再び議論が盛んになったのは，1960年末以降のイスラーム復興によるものである。1973年の第4次中東戦争は，アラブ民族の大義とならんで，イスラームの正当な戦いとして鼓舞された。また，1979年にソ連軍がアフガニスタンに侵攻すると，イスラーム・ゲリラの抵抗運動が生まれた。これは，イスラームに立脚する戦争を復活させる働きを持ったが，担い手がイスラーム国家でないため，新しい問題を内包していた。研究上も，イスラーム復興への関心とともにこの問題についても焦点が当たり，西洋の正戦思想との比較などもなされるようになった（Kelsay/Johnson 編［1990］［1991］，Johnson［1997］，山内進編［2006］）。

▣ 国際テロ時代の戦争と平和

冷戦期の後半には，イラクが革命後のイランに介入・侵攻したため，イラン・イラク戦争（1980-88年）が起こった（Karsh 編［1989］）。これは，イスラーム復興以降に起きたイスラーム国同士の最大の戦争であった。イスラーム法はムスリム同士の党争を禁じているから，イスラーム世界にとって大きな危機であった。さらに，冷戦が終焉すると，今度はイラクによるクウェート侵攻（1990年）があり，それに伴って翌年湾岸戦争が起こった（Piscatori 編［1991］，Ismael/Ismael 編［1994］）。このときは，周辺のイスラーム諸国が親イラク・反イラクに分かれただけでなく，反イラク陣営は米国ほかと同盟した。特に「イスラームの盟主」たるサウディアラビアにとっては，これはイスラーム法上の原則と大きく矛盾するものとして，国内問題にもなった（Abdel Haleem 他編［1998］，特に第6章参照）。

この矛盾はやがて，2001年の米国における「同時多発テロ」事件へと発展した。かつて反ソ闘争で米国と同盟していたビン・ラーディンは，湾岸戦争を機に反米に転じ，米軍をアラビア半島の占領者として攻撃の対象とするのみならず，民間人，さらに米本土の非軍事的対象をも攻撃対象として，正当化するに至った（保坂修司［2001］）。イスラーム中道派や主流の法学者はこれを認めず，大きな論争が生まれた。その一方，欧米では，過激派の立場をイスラームと同一視するステレオタイプも広がった。「イスラーム＝テロ」論は，「右手に剣，左手にコーラン」の現代版とも言える（エスポズィート［2004］参照）。

また，イスラーム世界にとって，戦争状態にある主要な「敵」はイスラエルであり，占領下にあるパレスチナでのレジスタンスは，一貫して正当な防衛とみなされてきた。しかし，1980年代にレバノンで始まったいわゆる自爆攻撃（殉教作戦）が，1990年にパレスチナで導入されると，イスラーム法上の可否をめぐって大きな議論がなされた。その結末は，パレスチナでは通常の武器が手に入らず，弱者の闘争としてやむをえないとして正当化する立場が優勢となった（森伸生［2004］，タミーミー

[2004/05]）。

　その一方，2003 年のイラク戦争（寺島実郎他編［2003］）によって，さらに深刻な状況が生じている。戦後のイラクでは，反米武装闘争が拡大し，さらに国内での党争も激化する中で，単なる戦術として自爆攻撃が頻発するようになった。国家主権を無視する米国の介入政策が現代の国際社会を危うくする一方，過激派の行動がイスラーム法の立場を攪乱しているとも言えるであろう。

　戦争をめぐる現代のイスラーム法学者の著作としては，エジプトのムフティー（法学裁定長官）によるジハード論 Jum'a［2005］，シリアの代表的法学者による法学における戦争論 al-Zuḥaylī［1998(1963)］などがある。後者はさらに，'Aṭīya/al-Zuḥaylī［2000］において，「イスラームの地」/「戦争の地」という古典的な二分法からの離脱をも含めて，イスラーム国際法を現代的に再解釈，再構成する必要を論じている。ジハードをめぐるイスラーム思想上の論争については，Bonney［2004］が詳しい。なお，ジハードを国内闘争として再定義した現代の「革命のジハード論」は，中田考［1992］［1995］によって論究された。戦争と平和をめぐる諸問題は，新規の課題が続々と登場する重要な分野であり，新しい研究が待たれる。

【文献】

アブドゥ，ムハンマド/ガブリエル・アノトー［1987］「ヨーロッパとイスラム――ムハンマド・アブドゥ，ガブリエル・アナトー論争」加藤博訳・解説，桶谷秀昭編『近代日本文化の歴史と論理』東洋大学
アブドッフ，ムハンマド［1991］「科学と文明に対するイスラムとキリスト教のかかわり」松本弘訳，『上智アジア学』9
エスポズィート，ジョン・L［2004］『グローバル・テロリズムとイスラーム――穢れた聖戦』塩尻和子/杉山香織監訳，明石書店
ケペル，ジル［2005］『ジハードとフィトナ――イスラム精神の戦い』早良哲夫訳，NTT 出版
ケペル，ジル［2006］『ジハード――イスラム主義の発展と衰退』丸岡高弘訳，産業図書
小杉泰［2006］『イスラーム帝国のジハード』講談社
タミーミ，アッザーム［2004/05］「自爆攻撃をめぐるイスラーム世界での論議」『中東研究』485
寺島実郎他編［2003］『「イラク戦争」――検証と展望』岩波書店
中田考［1992］「ジハード（聖戦）論再考」『オリエント』35：1
中田考［1995］「「イスラーム世界」とジハード――ジハードの理念とその類型」湯川武編『イスラーム国家の理念と現実』栄光教育文化研究所
保坂修司［2001］『正体――オサマ・ビンラディンの半生と聖戦』朝日新聞社
マムダーニ，マフムード［2005］『アメリカン・ジハード――連鎖するテロのルーツ』越智道雄訳，岩波書店
牟田口義郎編［1985］『イスラムの戦争――アラブ帝国からコンスタンティノープルの陥落まで』講談社
森伸生［2004］「ジハードは自爆攻撃を容認するのか――自爆攻撃とイスラーム法」『海外事情』52：11
山内進編［2006］『「正しい戦争」という思想』勁草書房

山根聡［2003］「南アジア・イスラームの地平——イクバールとマウドゥーディー」小松久男/小杉泰編『現代イスラーム思想と政治運動』東京大学出版会
横田貴之［2003］「ハサン・バンナーのジハード論と大衆的イスラーム運動」『オリエント』46：1
Abdel Haleem, Harfiyah 他編［1998］*The Crescent and the Cross : Muslim and Christian Approaches to War and Peace*, Basingstoke
'Aṭīya, Jamāl/Wahba al-Zuḥaylī［2000］*Tajdīd al-Fiqh al-Islāmī*, Damascus
Bonney, Rachard［2004］*Jihād : From Qur'ān to bin Lāden*, Basingstoke/New York
Ḥamīdullāh, Muḥammad［1968］*Muslim Conduct of State*, 5th rev. ed., Lahore
Ḥamīdullāh, Muḥammad［1987］*Majmū'a al-Wathā'iq al-Siyāsīya li-l-'Ahd al-Nabawī wa al-Khilāfa al-Rāshida*, 6th rev. ed., Beirut
Ismael, Tareq Y./Jacqueline S. Ismael 編［1994］*The Gulf War and the New World Order : International Relations of the Middle East*, Gainesville
Johnson, James Turner［1997］*The Holy War Idea in Western and Islamic Traditions*, University Park
Jum'a, 'Alī［2005］*Al-Jihād fī al-Islām*, Cairo
Karsh, Efrain 編［1989］*The Iran Iraq War : Impact and Implications*, Basingstoke
Kelsay, John/James Turner Johnson 編［1990］*Cross, Crescent, and Sword : The Justification and Limitation of War in Western and Islamic Tradition*, New York
Kelsay, John/James Turner Johnson 編［1991］*Just War and Jihad : Historical and Theoretical Perspectives on War and Peace in Western and Islamic Traditions*, New York
Khadduri, Majid［1955］*War and Peace in the Law of Islam*, Baltimore
Maudūdī, Sayyid Abūla'lā［2001(1927)］*Al-Jihād fī al-Islām*, Lahore
Nafi, Basheer M.［2004］"Fatwā and War : On the Allegiance of the American Muslim Soldiers in the Aftermath of September 11," *Islamic Law and Society*, 11 : 1
Peters, Rudolph 編・訳・注解［1977］*Jihad in Mediaeval and Modern Islam : The Chapter on Jihad from Averroes' Legal Handbook 'Bidāyat al-Mudjtahid' and the Treatise 'Koran and Fighting' by the Late Shaykh-al-Azhar, Maḥmūd Shaltūt*, Leiden
Peters, Rudolph［1979］*Islam and Colonialism : The Doctrine of Jihad in Modern History*, Hague/New York
Piscatori, James 編［1991］*Islamic Fundamentalisms and the Gulf Crisis*, Chicago
Shaybani［1966］*The Islamic Law of Nations : Shaybānī's Siyar*, Majid Khadduri 訳・注解, Baltimore
Weeramantry, C. G.［1988］*Islamic Jurisprudence : An International Perspective*, Basingstoke
al-Zuḥaylī, Wahba［1998(1963)］*Āthār al-Ḥarb fī al-Fiqh al-Islāmī : Dirāsa Muqārana*, Damscus

4-2 イスラーム復興とNGO

子島 進

　この研究領域は，草の根レベルの社会文化的運動の観点から，イスラーム復興の広がりを究明していくものである。何百万という数のムスリム男女が参加しているNGO活動についてのケーススタディの積み重ねが，新たに生産的な議論を生み出すことは間違いなく，今後の研究の進展が期待されるところである。しかしながら，現状では質量ともに十分な蓄積がなされていない。研究者の間でも，方法論や調査対象についての合意形成は十分には進んでいないといえるだろう。それゆえここでは，筆者がこれまで研究を行ってきたパキスタンやインドからの事例紹介が中心となる。そのうえで，他の国々からの事例も加味しつつ，今後どのような形で調査研究を進めるべきかについて，論じることとする。

イスラーム的なNGO

　イスラーム復興とNGOという二つの概念の組み合わせから，ここで想定しているのは，「イスラーム的な教義や制度に根ざして活動を展開するNGO」の研究である。単に「イスラーム圏で活動しているNGO」ではないのは，その数がおそらく数百万にのぼり，かつ多くはイスラーム色を前面に押し出してはいないからである。上記のような限定を付することが，有効な調査と議論の前提となる。ムスリムの「同胞意識」と，NGOが提唱する「住民参加」が，「ボランティア精神」を介在して交わるところに展開する活動であり，Aga Khan Development Network [2000]，小杉泰 [1996] [1998]，中村光男 [2001]，Nakamura 他編 [2001]，Siddiqi [1991] 等が，議論の叩き台を提供するだろう。

　実際，これまでのパキスタンでの調査──人口で言えば，インドネシアに次いで世界第2位のイスラーム国であり，そこでは主としてムスリムがムスリムを対象にNGO活動を行っている──から判明したことは，多くのNGOが用いるキーワードが，「市民」であるということである。すなわち，日本のNGOがしばしば掲げる「市民による海外協力」と，基本的に同じ言説に依拠して，パキスタンのNGOも活動を展開している。もちろん，実際の活動のはしばしに，民族的あるいは宗教的な価値観が見え隠れすることはある（子島 [2004a]，子島/佐藤規子 [2001]）。しかし，ムスリムが関わるというだけの理由で，あらゆる種類のNGOを対象に取り込んでしまうならば，いたずらに研究領域を不分明なものとしてしまうだろう。

　「イスラーム的な教義や制度に根ざして活動を展開するNGO」の具体的事例として，まずはハムダルド財団とアーガー・ハーン財団を挙げておきたい。前者についての研究としてKozlowski [1998]，子島進 [2004b]，後者についてはKaiser [1996]，子島 [2002a] [2003] がある。

ハムダルド財団は，1906年デリーに開店した小さな薬局に，その起源をたどることができる。創業者のハキーム・アブドゥル・マジードは，ハキームという名の示すとおり，伝統的なイスラーム医学に依って薬を調合することを生業としていた。彼の夢は，イスラーム医学（ユーナーニー）の伝統に則った製薬産業を興すことだった。ハキーム・アブドゥル・マジードは志半ばにしてこの世を去るが，その遺志は2人の息子に受け継がれた。独立後のインドとパキスタンにおいて，ハムダルド製薬は企業として成長するとともに，その利益を社会福祉に還元すべくワクフとして宣言されたのだった。会社の収益をワクフ財源として，大学や病院等の建設運営に従事するのが，ハムダルド財団（インド）と，ハムダルド財団（パキスタン）である。後者は，*Hamdard Islamicus* や *Quarterly Hamdard Medicus* といった学術刊行物によって，研究者の間でも知られている。イスラーム医学とワクフの伝統を現代に再興したハムダルド財団は，イスラーム復興の文脈で論じるに適したNGOであろう。ちなみに，パキスタンで1983年に建設の始まった学園都市はMadinat al-Hikmah，その中心に位置する図書館は，Bait al-Hikmahと名付けられている。彼らの並々ならぬ意欲をうかがうことができる。なおインドに関しては，ワクフについての法規についての研究や，マスジドやマドラサのダイレクトリー類が刊行されている（Ishaq [1995], Rashid編 [2002], Siddiqui [1997]）。これらを手がかりにした，より詳細なモノグラフの刊行が望まれる。

　次にアーガー・ハーン財団は，イスマーイール派イマームによって創設されたNGOである。その活動は，世界中に散在するイスマーイール派の分布に従い，グローバルな様相を呈している。同派の人口の多いパキスタン北部やインドのグジャラート州，さらには東アフリカ等での活動が中心となっているが，近年では，タジキスタンやアフガニスタンにおける緊急援助活動でも存在感を示している。

　イスマーイール派は，シーア派の系統に属するが，イマームの系譜が絶えることなく続いていると信じるところに大きな特徴がある。現在のイマームは，アーガー・ハーン4世であり，アリーより数えて49代目に当たると信じられている。アーガー・ハーン4世が発揮するリーダーシップの特徴は，それまでの宗派内部の互助組織を1967年にアーガー・ハーン財団へと鍛えなおし，社会開発の分野で目覚ましい成果を挙げていることにある。このアーガー・ハーン財団の系列にはいくつものNGOが属しており，それぞれが農村開発，医療，初等教育，大学教育，文化，イスラーム建築等の分野で専門的な活動を繰り広げている。特にパキスタン北部の山岳地帯では，これらのNGOによる草の根レベルでの活動を集中的に目にすることができる。そして，この広範な社会文化的な活動に，イスマーイール派住民が積極的に関わっているのである。実際には，アーガー・ハーン財団傘下のNGO群は，「イマーム位」という「シーア派の教義と制度」に根ざしたものであり，宗派の復興に，大きく貢献していると言うことができる。しかしながら，イスマーイール派は少数派であり，政治的ターゲットにされる危険性もあるため，これまでのアーガー・ハーン財団

は、自らの活動をむしろ「市民」の文脈で語ってきた。近年、徐々にではあるがイスラームの文脈からも発信している点は注目に値する。

Sullivan [1994] は、現代エジプトのNGO活動を広く見渡したうえで、イスラーム的なNGOをも取り上げている。モスクに併設された病院の事例等についての知見を提供してくれる。Wiktorowicz他 [2000] は、ヨルダンのAl-Afaf（アラビア語で貞節を意味する）を紹介している。1993年に、ムスリム同胞団のメンバー等によって創設されたこのNGOは、増大する一方の婚礼費用のため結婚できない若者たちを、合同結婚式の挙行等によって支援している。この活動は、結婚による家庭形成の促進、ならびに婚外交渉の減少というきわめて基本的なイスラームの価値観に支えられている。NHKスペシャル「イスラム」プロジェクト [2000] は、「スンドゥーク・ザカート（ザカートの箱）」の活動を紹介している。未だ戦火の傷跡の残るベイルートにおいて、ザカート（喜捨）の再分配を専門的に行っているもので、対象者は、老人や孤児、生活困窮者である。イスラーム聖者のイメージを強く投影するエーディー氏が運営するパキスタンのエーディー財団も、ザカートやサダカを運営資金として活用している（子島進 [2002b]）。ただし、ザカートに関する議論の多くは、国家による社会福祉の文脈で行われている（福田安志 [2000]、山中一郎 [1982]、Dean他 [1997]、Kurin [1986]、Weiss [2002]）。細谷幸子 [2004] はキャフリーザ慈善財団が運営する障害者・高齢者介護施設に関する調査報告である。同財団は、テヘラン在住の女性たちによる障害者や高齢者の入浴介護によって広く知られているが、このボランティア活動には神と人とイマーム（12イマーム派）の互酬的関係性が投影されているとする。早い調査成果の公刊が待たれる。

■ イスラーム的なNGOへの歴史的視点

続いて、以上述べてきたような活動の歴史的背景について論じてみたい。まず近代におけるイスラーム復興の組織的な原点としては、ムスリム同胞団を挙げなくてはならない（小杉泰／横田貴之 [2003]）。1928年にエジプトのイスマーイーリーヤで創設された同胞団は、政治組織として知られているが、その活動は教育活動、農村改善運動、女性の組織化、医療保険活動、さらにはボーイスカウト等をも含む、きわめて広範な領域に及んでいた。創始者バンナーも、同胞団に「知識と学習を推進する知的・文化的団体」の側面があることを謳っている。ヨルダンのAl-Afafのところでも触れたように、現在にいたるまで大きな社会的影響力を、中東各国において保持している。インドネシアのナフダトゥル・ウラマー（1926年東ジャワにて結成）や、ムハンマディヤ（1912年ジョクジャカルタにて設立）も、現代市民社会論の文脈において、自らをNGOとして提示している。もちろん、同胞団やナフダトゥル・ウラマーの創設当時にはNGOという概念はなかったのだが、イスラーム的なNGOの拡大と発展を探るうえでは、これらの著名なイスラーム団体との思想的ならびに人的な系譜関係を考えてみることが有効だろう。

さらに，ハムダルド財団やスンドゥーク・ザカートの事例から明らかなように，ワクフあるいはザカートに関する歴史研究を視野に収めることが，今後の研究の発展には必須であると思われる。イスラーム復興との関わりにおいて，NGOについて検討するということは，伝統的なイスラーム社会において機能していた社会福祉や慈善制度を，現代の文脈においてとらえなおすという側面を多分にもっているからである。岩武昭男［1994］，林佳世子［1989］［1993］，深沢宏［1977］，Hoexter［2002］，Malik［1996］等が，宗教・社会的制度の継続と変容に関する示唆と，歴史の安易な理想化に対する戒めをもたらしてくれるだろう。

【文献】

岩武昭男［1994］「公益・福祉制度——ワクフ」後藤明編『文明としてのイスラーム（講座イスラーム世界2）』栄光教育文化研究所

NHKスペシャル「イスラム」プロジェクト［2000］『イスラム潮流』日本放送出版協会

小杉泰［1996］「イスラーム市民社会と現代国家」山内昌之編『「イスラム原理主義」とは何か』岩波書店

小杉泰［1998］「イスラームの共同体とイスラーム的近代化の論理と倫理」川田順造他編『開発と民族問題（岩波講座開発と文化4）』岩波書店

小杉泰／横田貴之［2003］「行動の思想，思想の実践——バンナーとクトゥブ」小松久男／小杉泰編『現代イスラーム思想と政治運動（イスラーム地域研究叢書2）』東京大学出版会

中村光男［2001］「最終講義『イスラームと市民社会——二十一世紀への展望／東南アジアからの視角』」『人文研究（千葉大学）』30

子島進［2002a］『イスラームと開発——カラーコラムにおけるイスマーイール派の変容』ナカニシヤ出版

子島進［2002b］「グローバル化とイスラーム——イスラーム的NGOの動態から」津田幸男／関根久雄編『グローバル・コミュニケーション論——対立から対話へ』ナカニシヤ出版

子島進［2003］「グローバル時代のマイノリティ——イスマーイール派開発NGO」小松久男／小杉泰編『現代イスラーム思想と政治運動（イスラーム地域研究叢書2）』東京大学出版会

子島進［2004a］「社会開発から探る民族の可能性」黒崎卓／子島進／山根聡編『現代パキスタン分析——民族・国民・国家』岩波書店

子島進［2004b］「パキスタンの嗜好品とイスラーム的慈善制度」高田公理／栗田靖之／CDI編『嗜好品の文化人類学』講談社

子島進［2005］「NGOを通して見るイスラーム復興——パキスタンの事例を中心に」『社会人類学年報』31

子島進／佐藤規子［2001］「パキスタン——分断社会における規制と可能性」重冨真一編『アジアの国家とNGO—15カ国の比較研究』明石書店

林佳世子［1989］「イスラム都市の慈善施設「イマーレット」の生活」『東洋文化』69

林佳世子［1993］「ワクフ制度——イスラム都市空間構成の原理」板垣雄三／後藤明編『イスラームの都市性』日本学術振興会

深沢宏［1977］「近代イランのワクフ（寄進財）——公共善と血縁集団」『一橋論叢』78：3

福田安志［2000］「サウジアラビアにおけるザカートの徴収——イスラームの税制と国家財政」『イスラム世界』55

細谷幸子［2004］「テヘラン・キャフリーザク介護福祉施設における入浴介助ボランティ活動」日本

中東学会第 20 回年次大会研究発表
山中一郎 [1982]「現代イスラーム経済論の一視点──無利子金融制度とザカート・ウシュルの徴収について」『アジア経済』23
Aga Khan Development Network [2000] *Philanthropy in Pakistan : A Report of the Initiative on Indigenous Philanthropy*, n.p.
Clark, J. A. [2003] *Islam, Charity, and Activism : Middle-Class Networks and Social Welfare in Egypt, Jordan, and Yemen*, Bloomington
Dean, H. 他 [1997] "Muslim Perspectives on Welfare," *Journal of Social Policy*, 26 : 2
Hoexter, M. [2002] "The Waqf and the Public Sphere," in Hoexter, M./S. N. Eisenstadt/N. Levtzion 編, *The Public Sphere in Muslim Societies*, Albany
Ishaq, M. Q. [1995] *Directory of Muslim Educational Religious & Welfare Organisations in India*, New Delhi
Kaiser, P. J. [1996] *Culture, Transnationalism, and Civil Society : Aga Khan Social Service Initiatives in Tanzania*, Westport
Kozlowski, G. C. [1985] *Muslim Endowments and Society in British India*, Cambridge/New York
Kozlowski, G. C. [1998] "Religious Authority, Reform, and Philanthropy in the Contemporary Muslim World," in W. F. Ilchman 他編, *Philanthropy in the World's Traditions*, Bloomington
Kurin, R. [1986] "Islamization : A View from the Countryside," in A. M. Weiss 編, *Islamic Reassertion in Pakistan : The Application of Islamic Laws in a Modern State*, Syracuse
Malik, J. [1996] *Colonialization of Islam : Dissolution of Traditional Institutions in Paksitan*, New Delhi
Nakamura, M./S. Siddique/O. F. Bajunid. 編 [2001] *Islam and Civil Society in Southeast Asia*, Singapore
Rashid, S. K. 編 [2002] *Awqaf Experiences in South Asia*, New Delhi
Sabra, A. A. [2001] *Poverty and Charity in Medieval Islam : Mamluk Egypt, 1250-1517*, Cambridge/New York
Siddiqi, M. N. [1991] "The Role of the Voluntary Sector in Islam : A Conceptual Framework," Ariff, M. 編, *The Islamic Voluntary Sector in Southeast Asia*, Singapore
Siddiqui, M. K. A. [1997] *Institutions and Associations of the Muslims in Culcutta*, New Delhi
Sullivan, D. J. [1994] *Private Voluntary Organizations in Egypt : Islamic Development, Private Initiative, and State Control*, Gainesville
Weiss, H. [2002] "Reorganising Social Welfare among Muslims : Islamic Voluntarism and Other Forms of Communal Support in Northern Ghana," *Journal of Religion in Africa*, 32 : 1
Wiktorowicz, Q. 他 [2000] "Islamic NGOs and Muslim Politics : A Case from Jordan," *Third World Quarterly*, 21 : 4

4-3 イスラーム急進派　　　　　　　　　保坂修司

イスラーム急進派に関する概論

　テロ組織を含むイスラーム急進派に関する研究は，その切迫性，重要性にもかかわらず，かならずしも学界において大きな地位を占めているわけではない。その正確な定義すらいまだ存在せず，彼らを指ししめす名称すら固まっていないことからみてもそれは明らかであろう。ここでいうイスラーム急進派とは，きわめて単純化すれば，彼らの考えるところのイスラームの名のもとにテロや暴力を正当化し，実行しようとする潮流あるいは集団ということができる。ただし，この定義ではヒズバッラーやハマースなど一部合法化されている組織も含むことになってしまう。したがって本節では上記定義中の非合法組織を主としてあつかうことにする。近年のアラビア語メディアでいうところのジハード主義者あるいはタクフィール主義者のことである。

　こうした組織，潮流に関する学術的な研究はむろんイスラーム復興運動の枠組みのなかで行われることが多いのだが，近年のテロ事件の頻発からテロ組織，暴力機構という視点での治安関係者，テロ専門家による著作も増えている。一般論としてテロ組織を含むジハード主義をあつかった著作としては山内昌之［1983］，山内編［1996］，小杉泰編［1996］，飯塚正人［2001b］，藤原和彦［2001］，大塚和夫［2004］のほか，ケペル［1992］［2005］［2006］，エスポズィート［1997］［2004］，Gerges［2005］などが重要である。また Moussalli［1999］は中東におけるイスラーム運動に関するコンパクトな事典であるが，人名・組織名を含め，非常に幅広い用語を拾っている。

エジプトにおけるジハード主義

　こうした組織に関する研究は2001年9月11日の米国における同時多発テロ（9.11）をきっかけに質量ともに大きく変貌している。それ以前では，各国・各地域ごとに個別のケースをとりあげて研究することが一般的であった。たとえば Ibrahim［1980］や山内昌之［1983］，Kepel［1984］はサーダート暗殺などエジプトにおけるジハード主義運動を詳細に分析した先駆的研究である。また，こうした組織の思想的背景・起源についてもさまざまな議論が行われている。たとえば，Sivan［1985］はムスリム同胞団系組織のパンフレットなど広範な資料を渉猟しながら，イブン・タイミーヤやサイイド・クトブの影響を分析した労作である。サイイド・クトブに関しては多くの著作が英訳されており，日本においてもすでにいくつかの研究が行われている（青山弘之［1997］，西野正巳［2002a］［2002b］）。なおクトブと同様，1980年代以降のテロに理論的根拠を与えたとされるアブドゥッサラーム・ファラグの有名な著作『隠された義務』はアラブ諸国においては入手が困難だが，オンラインでは簡単に入手できるし，Jansen［1986］にはその英訳が掲載されている。また1990年代以降

の動向については飯塚正人［1998］，中田考［2002］が詳しい。横田貴之［2006］はムスリム同胞団の総合的研究である。

▨ 自爆テロと殉教作戦

　1990年代以降のジハード主義を考えるうえでパレスチナ問題は忘れることができない。パレスチナやレバノンにおけるジハード系組織に関する研究は多数あるが，その大半がそれぞれの「研究者」らの寄って立つ政治的立場（国家，民族，宗教）——具体的にいえばイスラエルかパレスチナか，インドかパキスタンかなど——によって内容・評価に違いが出てくる可能性があり，読むときには細心の注意が必要である。たとえばパレスチナのハマースやイスラーム・ジハードをあつかったAbu-Amr［1994］やMishal/Sela［2000］はそうした政治的立場が「比較的」目立たないものであろう。

　またパレスチナのジハード運動のもっとも顕著な戦術である自爆テロ（殉教作戦）についてはHafez［2006］が，また一般論ではAndoni［1997］，Malka［2003］，Pape［2005］，Atran［2004］，Gambetta編［2005］などがあり，法学的見地からみたものとしてTakrūrī［1996］がある。日本語では保坂修司［2002］，中田考［2002］が詳しい。なおイスラームにおける自殺に関する議論では古典的な研究としてRosenthal［1946］があり，日本語では冨塚俊夫［1997］が参考になるだろう。

▨ 9.11と国際テロ

　9.11後，ジハード主義の流れは国際化し，各国内の反体制運動から世界的な広がりをもつ国際テロという性格を強めていった。9.11の主犯とされるオサーマ・ビン・ラーデンやアイマン・ザワーヒリーらの国際的ジハード組織，カーイダはまさにその典型であり，こうした組織の性格上の変化は必然的に研究の対象や方法の変化ももたらすことになった。

　まず特筆すべきは9.11後に膨大な数のオサーマ・ビン・ラーデン，およびカーイダ，さらに9.11事件に関する著作が出版されたことである。しかし，そのうち学術的な使用に耐えうるものは少数にすぎない。残念ながら大半は特定の目的をもって書かれた，あるいは特定の政治的立場で書かれたものか，粗製濫造的に書かれたものであり，きちんとした研究を見つけることのほうが難しい。オサーマについては保坂修司［1999］［2000］と中村覚［1999］が日本語による先駆的な研究であり，9.11そのものに関しても石野肇［2001］と保坂［2001］など実証的なアプローチによる研究がある。英語では9.11以前のものとしてはサウジアラビア反体制派という枠組から見たFandy［1999］の研究およびPBS［発行年不明］がもっとも参考になる。Randal［2004］はオサーマの評伝としては比較的信頼性が高い。オサーマのイデオロギーに関しては，これらのほか，Orbach［2001］，Hashim［2001］，Hassan［2002］，Wiktor-owicz/Kaltner［2003］，Ibrahim［2007］などが学術的な著作として挙げられる。また

いずれもジャーナリストの著作であるが，9.11実行犯に関して山本浩［2002］，朝日新聞アタ取材班［2002］，中日新聞・東京新聞取材班［2002］が綿密な追跡調査を行っている。Der Spiegel［2001］はテロ実行犯たちのドイツでの活動を詳細に明らかにしている。

　9.11事件に関する欧米語の著作は数え切れないほどあるが，前述のように読む際には細心の注意を必要とする。そのなかで，Bergen［2001］［2006］は浩瀚なルポルタージュ，Gunaratna［2002］とBurke［2003］はカーイダに関するもっとも簡潔にまとまった著作のひとつになっている。また資料的価値も含めるなら，Jacquard［2001］［2002］が挙げられる（前者には邦訳があるが，残念なことに巻末の資料の部分が割愛されており，研究としての価値を半減させている）。Rabasa［2006］はカーイダおよびカーイダ的組織のグローバルな活動やイデオロギーを詳細に分析する。

　一方，アラビア語の著作の多くは非学術的なもので，残念ながらあまり参考にはならない。たとえば，Asʿad［2001］はもっとも古いオサーマの伝記のひとつといえるが，事実誤認が多い。ʿAlī［2005］はその数少ない例外のひとつ。とはいえ，アラビア語の著作のなかには資料的価値の高いものもあり，たとえば，Dirāz［発行年不明］はオサーマの伝記としては一番古く，同時に1980年代のアフガニスタンにおけるアラブ人ムジャーヒド（聖戦士）たちの活動を知るうえで，貴重な資料となっている。同様にオサーマとともにアフガニスタンで戦った経験をもつアブドゥッラー・アナスの自伝（Anas［2002］）も，カーイダのイデオロギー形成に大きな影響を与えたとされるアブドゥッラー・アッザームおよびいわゆるアラブ・アフガンに関する重要な記述を含んでいる。なおアラブ・アフガンについては英語ではBruce［1995］，Sageman［2004］の研究が参考になる。一方，オサーマの右腕とされるアイマン・ザワーヒリーに関しては，自伝的著作といわれる『預言者の旗のもとの騎士たち』のほか，al-Zayyāt［2002］がある。前者のアラビア語原本はインターネットで入手できる。Mansfield［2006］にはその抄訳が含まれる。そのほか，資料的価値の高いアラビア語の著作としてはIsmāʿīl［2001］がある。さらにカタルの衛星放送，ジャジーラの映像がDVD，CD-ROMやビデオで出版されており，文字テキスト以上に貴重な分析材料となっている（al-Jazīra［発行年不明a］［発行年不明b］）。

　イラク戦争後のイラクにおけるジハード主義組織については，Hashim［2006］が包括的に取りあつかっている。とくにイラク・カーイダのリーダーだったザルカーウィーに関しては保坂修司［2005］，Napoleoni［2005］，Brizard［2005］が役に立つ。アラビア語ではḤusayn［2005］が出色である。イラクにおける自爆テロについてはHafez［2007］が重要。

　9.11関連の一次資料として利用できるものにはアラビア語以外ではAnonymous［2002-04］，Rubin/Rubin編［2002］などがあるが，2004年以降，米国の公的機関による捜査に関する報告書や証言などが出版されはじめている（Strasser［2004］，The 9/11 Commission［2004］）。またKepel［2005］，ローレンス［2006］等カーイダ指導

部の声明集も多数出版されているが，翻訳の精度，テキスト校訂のレベルなどでばらつきがあり，学術的な使用には注意が必要である。

一方，東南アジアにおけるカーイダの活動およびジハード系組織の実態については，Ressa ［2003］，見市建［2004］が役に立つ。北アフリカに関しては私市正年［2004］がくわしい。

インターネットによるデータ収集

ジハード系組織の定点観測はこれまではもっぱら新聞報道に頼らざるをえなかった。1990年代からはこれに衛星放送が加わる。しかし，たとえばエジプトのジハード系組織の動向（逮捕や治安部隊との衝突など）はかならずしもエジプトの新聞やテレビでは報道されない。こうした動向をきちんとフォローするには他の国の新聞（とくに英国で発行されている汎アラブ日刊紙）や衛星放送も並行してチェックする必要がある。またこうした報道は中東諸国においてはしばしば検閲されるため，むしろ西側諸国や日本でのほうが機微な情報を入手しやすいという逆転現象が現れた。とりわけロンドンなどアラブ人口の多い欧米の都市では中東では手に入れることの困難な書籍やパンフレット類を簡単に購入することができる。

ジハード系組織の大半は非合法であり，それゆえ綱領・声明などの入手は従来，非常に困難であった。しかし，1990年代後半からはさまざまな組織がインターネット上にプレゼンスを維持するようになり，とくに9.11以後はオンライン上でのプロパガンダ，声明の発表が一般化してきた。たとえば，カーイダはal-Nidā'の名で2001年末から宣伝活動を展開し，あちこちのフリーサーバ上にウェブページを寄生させて，事件があるたびに犯行声明をアップロードしたり，定期的に機関誌を掲載したりしていた。

またウェブページ以外ではアラビア語のジハード主義系掲示板サイトがジハード系組織の犯行声明や宣伝に利用されており，しばしばテロや殺人の現場を撮影した残虐なビデオもアップロードされている。ウェブページの場合は新しいサイトが立ち上がるたびに，ハッキングされたり，サーバ管理者によって閉鎖されるなど，頻繁にURLが変わるため，これらをきちんとフォローするのはきわめて困難な作業になっている。掲示板の場合も殺害ビデオのように内容が明らかに違法だったときには，発言やリンクが管理者によってすぐに削除されてしまう。またサイトそのものが閉鎖されるケースも少なくない。

こうしたオンライン上の情報は，たとえ削除されたとしても，ある程度まではインターネット・アーカイブで遡及することができる。しかし，それも完全ではない。結局のところ，そうした情報の集まりやすいサイトを地道にネットサーフィンしてデータを集めるか，何らかのソフトウェアを使って特定のキーワードで機械的に収集するしかないだろう。だが，こうして収集した情報が本当のものかどうか判定することは困難である（たとえば音声ファイルの場合であれば，科学的な検証も可能であるが，

文字データの場合はそう簡単にはいかない)。したがって，現時点で非合法のジハード系テロ組織のイデオロギーや動向に関する情報を個人レベルで網羅的に集めることはほとんど不可能に近いといわざるをえない。欧米のテロ関連の研究調査機関による有料・無料の情報サービスを利用するのも手であろう。

【文献】

青山弘之［1997］「原理主義革命教典『道標』——ムスリム同胞団の過激思想クトゥビズム」『アラブ』82

朝日新聞アタ取材班［2002］『テロリストの軌跡——モハメド・アタを追う』草思社

渥美堅持［2002］『イスラーム過激運動——その宗教的背景とテロリズム』東京堂出版

飯塚正人［1998］「1300の屍の果て。暴走したイスラーム集団——1997年11月，ルクソールでの虐殺事件によせて」『歴史学研究』709

飯塚正人［2001a］「アッラーは同時多発テロを命じたか——イスラムの鬼子は米国流「力の論理」から生まれた」『文藝春秋』79：12

飯塚正人［2001b］『よくわかるイスラム原理主義のしくみ——テロと新しい戦争の深みを読み解く』中経出版

飯塚正人［2002］「イスラーム主義勢力と中東和平——「ハマース憲章」再考」『イスラエル内政に関する多角的研究』日本国際問題研究所

池内恵［2007］「ジハードの思想史」『RATIO』3

石野肇［2001］『ウサーマ・ビン・ラーディン——その思想と半生』成甲書房

板垣雄三編［2002］『「対テロ戦争」とイスラム世界』岩波書店

エスポズィート，ジョン・L［1997］『イスラームの脅威——神話か現実か』明石書店

エスポズィート，ジョン・L［2004］『グローバル・テロリズムとイスラーム——穢れた聖戦』明石書店

大塚和夫［1998］「儀礼としての政治的暴力——イスラームのジハードの場合」田中雅一編著『暴力の文化人類学』京都大学学術出版会

大塚和夫［2004］『イスラーム主義とは何か』岩波書店

奥田敦［2003］「イスラーム，イルハーブ，テロリズム」『中東研究』481

加藤博［1994］「エジプトのテロ事情——歴史学的想像力」『創文』351

私市正年［2004］『北アフリカ・イスラーム主義運動の歴史』白水社

栗田禎子［2003］「「イスラーム主義」はイスラーム的か」公共哲学ネットワーク編『地球的平和の公共哲学——「反テロ」世界戦争に抗して』東京大学出版会

ケペル，ジル［1992］『宗教の復讐』晶文社

ケペル，ジル［2005］『ジハードとフィトナ——イスラム精神の戦い』NTT出版

ケペル，ジル［2006］『ジハード——イスラム主義の発展と衰退』産業図書

小杉泰［1991］「アラブ・シーア派におけるイスラーム革命の理念と運動——ヒズブッラー（レバノン）を中心として」『国際大学中東研究所紀要』5

小杉泰編［1996］『イスラームに何がおきているか——現代世界とイスラーム復興』平凡社

小林正樹［2002］「イスラームにおける暴力——宗教者間における認識のギャップ」『CANDANA（チャンダナ）』204

酒井啓子編［2002］『「テロ」と「戦争」のもたらしたもの——中東からアフガニスタン，東南アジアへ』アジア経済研究所

ショワー，マイケル［2005］『帝国の傲慢』日経BP社

中日新聞・東京新聞取材班［2002］『テロと家族』角川書店
冨塚俊夫［1997］「イスラム教と自殺——自殺を神の大罪とするイスラム世界では自殺は存在しないか」『中東研究』433
中田考［2002］『ビンラディンの論理』小学館
中村覚［1999］「反米のシンボルとしての「テロリスト」の行方——ウサーマ・ビン・ラーディンは「ジハードの英雄」か「テロリスト」か」『現代の中東』26
西野正巳［2002a］「サイイド・クトゥブの社会論」『日本中東学会年報』17：1
西野正巳［2002b］「サイイド・クトゥブの生涯——転機の問題を巡って」『イスラム世界』58
藤原和彦［2001］『イスラム過激原理主義——なぜテロに走るのか』中央公論新社
保坂修司［1999］「オサーマ・ビン・ラーデンの思想」世界秩序研究会編『世紀末の中東・イスラム世界——漠然たる不安』世界経済情報サービス
保坂修司［2000］「オサーマ・ビン・ラーデンの聖戦」世界秩序研究会編『中東・イスラム世界の新しい政治風景』世界経済情報サービス
保坂修司［2001］『正体——オサマ・ビンラディンの半生と聖戦』朝日新聞社
保坂修司［2002］「自爆テロとイスラーム」『大航海』44
保坂修司［2005］「乗り遅れた聖戦士——ザルカーウィー神話の解読」『世界』736
見市建［2004］『インドネシア——イスラーム主義のゆくえ』平凡社
森伸生［2003］「リヤード連続自爆テロ事件の本質と今後」『海外事情』51：7
山内昌之［1983］『現代のイスラム——宗教と権力』朝日新聞社
山内昌之編［1996］『「イスラム原理主義」とは何か』岩波書店
山本浩［2002］『憎しみの連鎖』NHK出版
横田貴之［2006］『現代エジプトにおけるイスラームと大衆運動』ナカニシヤ出版
ラシッド，アハメッド［2002］『聖戦』講談社
ローレンス，ブルース編［2006］『オサマ・ビン・ラディン発言』河出書房新社
Abbas, T. [2007] *Islamic Political Radicalism : A European Perspective*, Edinburgh
Abu-Amr, Z. [1994] *Islamic Fundamentalism in the West Bank and Gaza : Muslim Brotherhood and Islamic Jihad*, Bloomington
Abū ʿĀmūr, M. S. [1992] *Jamāʿat al-Islām al-Siyāsī wa al-ʿAnf fī al-Waṭan al-ʿArabī*, al-Qāhira
Abuza. Z. [2003] *Militant Islam in Southeast Asia*, Boulder
ʿAlī, ʿA. [2005] *Ḥilf al-Irhāb : Tanẓīm al-Qāʿida*, al-Qāhira
Anas, A. [2002] *Wilāda al-Afghān al-ʿArab : Sīra ʿAbd Allāh Anas bayn Masʿūd wa ʿAbd Allāh ʿAzzām*, Bayrūt
Andoni, L. [1997] "Searching for Answers : Gaza's Suicide Bombers," *Journal of Palestine Studies*, 26 : 4
Anonymous [2002-04] *The al-Qaeda Documents*, 2 vols., Alexandria (VA)
Anonymous [2002] *Through Our Enemies' Eyes : Osama bin Laden, Radical Islam, and the Future of America*, Washington, D.C.
Asʿad, Kh. Kh. [2001] *Muqātil min Makka : al-Qiṣṣa al-Kāmila li-Usāma b. Lādin*, London
Atran, S. [2004] "Mishandling Suicide Terrorism," *The Washington Quarterly*, 27 : 3
Atwan, A. [2006] *The Secret History of al-Qāʿida*, London
Barreveld. D. [2001] *Terrorism in the Philippines : The Bloody Trail of Abu Sayyaf, Bin Laden's East Asian Connection*, Writers Club Pr
Bergen, P. L. [2001] *Holy War Inc : Inside the Secret World of Osama bin Laden*, London
Bergen, P. L. [2006] *The Osama bin Laden I Know : An Oral History of al Qaeda's Leader*, New

York
Bodansky, Y. [1999] *Bin Laden : The Man Who Declared War on America*, Rocklin (CA)
Brizard, J. [2005] *Zarqawi : The New Face of al-Qaeda*, New York
Bruce, J. [1995] "Arab Veterans of the Afghan War," *Jane's Intelligence Review*, 7 : 4
Burke, J. [2003] *Al-Qaeda : Casting a Shadow of Terror*, London/New York
Coll, S. [2004] *Ghost Wars : The Secret History of the CIA, Afghanistan, and Bin Laden, from the Soviet Invasion to September 10, 2001*, New York
Cooley, J. K. [1999] *Unholy Wars : Afghanistan, America and International Terrorism*, London
Dirāz, 'I [発行年不明] *Ma'sada al-Anṣār al-'Arab bi-Afghānistān*, n.p.
Fandy, M. [1999] *Saudi Arabia and the Politics of Dissen*, New York
Fouda, Y./N. Fielding [2003] *Masterminds of Terror : The Truth behind the Most Devastating Terrorist Attack the World Has Ever Seen*, Edinburgh/London
Gambetta, D. 編 [2005] *Making Sence of Suicide Missions*, New York
Gerges, F. A. [2005] *The Far Enemy : Why Jihad Went Global*, New York
Gerges, F. A. [2006] *Journey of the Jihadist : Inside Muslim Militancy*, Orland (FL)
Guraratna, R. [2002] *Inside al Qaeda*, London
Hafez, M. M. [2006] *Manufacturing Human Bombs : The Making of Palestinian Suicide Bombers*, Washington, D.C.
Hafez, M. M. [2007] *Suicide Bombers in Iraq*, Washington, D.C.
Hashim, A. H. [2001] "The World according to Usama bin Laden," *Naval War College Review*, LIV : 4
Hashim, A. H. [2006] *Insurgency and Counter-Insurgency in Iraq*, London
Hassan, H. B. [2002] *The Ideology of Jihad for the Third Islamic Internationalism : The Realities' Index*, Tokyo
Hiro, D. [1988] *Islamic Fundamentalism*, London
Hroub, K. [2000] *Hamas*, Institute for Palestine Studies
Ḥusayn, F. [2005] *al-Zarqāwī : al-Jīl al-thānī lī-al-Qā'ida*, Bayrūt
Ibrahim, R. [2007] *The al Qaeda Reader*, New York
Ibrahim, S. [1980] "Anatomy of Egypt's Militant Islamic Groups," *IJMES*, 12
Ismā'īl, J. 'A. [2001] *Bin Lādin wa al-Jazīra wa... Anā*
Jacquard, R. [2001] *Au nom d'Oussama Ben Laden*, Paris
Jacquard, R. [2002] *Les archives secrètes d'Al Qaida*, Paris
Jansen, G. H. [1979] *Militant Islam*, New York
Jansen, J. J. G. [1986] *The Neglected Duty : The Creed of Sadat's Assassins and Islamic Resurgence in the Middle East*, New York
al-Jazīra [発行年不明 a] *al-Ṭarīq ilā 11 Sebtember : Sirrī li-l-Ghāya* (DVD およびビデオ)
al-Jazīra [発行年不明 b] *11 Sebtember* (CD-ROM)
Kepel, G. [1984] *Le Prophète et Pharaon*, Paris
Kepel, G. [2005] *al-Qaida dans le texte*, Paris
Malka, H. [2003] "Must Innocents Die ? The Islamic Debate over Suicide Attacks," *Middle East Quarterly*, Spring 2003
Mansfield, L. [2006] *His Own Words : A Translation of the Writings of Dr. Ayman al Zawahiri*
Mishal, S./A. Sela [2000] *The Palestinian Hamas : Vision, Violence, and Coexistence*, New York
Moussalli, A. S. [1999] *Historical Dictionary of Islamic Movements in the Arab World, Iran and*

Turkey, Lanham (MD)
Napoleoni, L. [2005] *Insurgent Iraq : al Zarqawi and the New Generation*, New York
Nasiri, O. [2006] *Inside the Jihad : My Life with al Qaeda*, New York
The National Commision on Terrorist Attacks upon the United States [2004] *The 9/11 Commision Report*, New York
Orbach, B. [2001] "Usama bin Ladin and al-Qa'ida : Origins and Doctrines," *Middle East Review of International Affairs*, 5 : 4
Pape, R. A. [2005] *Dying to Win : The Strategic Logic of Suicide Terrism*, New York
PBS [発行年不明] *Frontline : In Search of Bin Laden*
Rabasa, A. [2006] *Beyond al-Qaeda*, Santa Monica (CA)
Rana, M. A. [2006] *A to Z of Jehadi Organizations in Pakistan*, Lahore
Randal, J. [2004] *Osama : The Making of a Terrorist*, New York
Ressa, M. A. [2003] *Seeds of Terror : An Eyewitness Account of Al-Qaeda's Newest Center of Operations in Southeast Asia*, New York
Rosenthal, F. [1946] "On Suicide in Islam," *Journal of the American Oriental Society*, 66 : 3
Roy, O. [1996] "Rivalries and Power Plays in Afghanistan : The Taliban, the Sari'a and the Pipeline," *Middle East Report*, 202
Roy, O. [2001] "Qibla and the Government House : The Islamist Networks," *SAIS Review*, 21 : 2
Rubin, B./J. C. Rubin 編 [2002] *Anti-American Terrorism and the Middle East : A Documentary Reader : Understanding the Violence*, Oxford/Tokyo
Sageman, M. [2004] *Understanding Terror Networks*, Philadelphia
Sivan, E. [1985] *Radical Islam : Medieval Theology and Modern Politics*, New Haven
Der Spiegel [2001] *11. September Geschichte eines Terrorangriffs*
Steinberg, G. [2002] *Islamismus und islamistischer Terrorismus im Nahen und Mittleren Osten : Ursachen der Anschlage vom 11. September 2001*, Sankt Augustin
Steinberg, G. [2005] *Der nahe und der ferne Feind. Das Netzwerk des islamistischen Terrorismus*, München
Strasser, S. 編 [2004] *The 9/11 Investigations*, New York
Suechika, Kota [2000] "Rethinking Hizballah in Postwar Lebanon : Transformation of an Islamic Organisation" 『日本中東学会年報』15
Takrūrī, N. H. [1996] *al-'Amalīyāt al-Istishhādīya fī al-Mīzān al-Fiqhī*, Dimashq
Trofimov, Y. [2007] *The Siege of Mecca*, New York
Venzke, B./A. Ibrahim [2003] *The al-Qaeda Threat : An Analytical Guide to al-Qaeda's Tactics & Targets*, Alexandria (VA)
Weimann, G. [2006] *Terror on the Internet : The New Arena, the New Challenges*, Washintgton, D. C.
Wiktorowicz, Q./J. Kaltner [2003] "Killing in the Name of Islam : Al-Qaeda's Justification for September 11," *Middle East Policy*, 10 : 2
al-Zayyāt, M. [2002] *Ayman al-Zawāhirī Kamā 'Ariftuh*, al-Qāhira

4-4 国家の安全保障と軍事問題 加藤 朗

湾岸安全保障体制とパレスチナ安全保障体制

　第2次世界大戦以降，中東地域には二つの主要な国家安全保障体制が形成されてきた。湾岸安全保障体制（以下湾岸体制）とパレスチナ安全保障体制（以下パレスチナ体制）である。

　湾岸体制は主にイラン・イラク戦争，湾岸戦争，イラク戦争をめぐって形成されてきた（Cordesman［1997a］［1997b］)。湾岸体制の関係国は，ペルシャ湾を取り巻くイラク，イラン，湾岸協力会議（以下GCC）参加国（サウディアラビア，クウェート，オマーン，アラブ首長国連邦，バーレーン，カタル）の湾岸諸国を主とし，これら湾岸諸国を取り巻くアフガニスタン，トルコ，シリア，ヨルダンを従とする諸国家である。湾岸体制の紛争の原因は，オスマン・トルコ帝国，ペルシャ帝国などのイスラーム帝国が主権国民国家からなる近代西洋国際体系に編入されたことにある。この編入過程で，たとえばイラン，イラク間の国境線問題や国境線による民族分断を原因とするクルド族問題などが発生したり，あるいはイラン革命に見られるイラスームと西洋近代の政治体制の対立などが生まれた。

　一方パレスチナ体制は，アラブ・イスラエル紛争とパレスチナ紛争の二つの紛争をめぐって形成されてきた。前者の紛争は，イスラエルおよびイスラエルと国境を接するエジプト，シリア，ヨルダン，レバノンを中心に，それ以外のアラブ諸国を含む地域国家安全保障体制で，アラブ安全保障体制（以下アラブ体制）と呼ぶことにする。アラブ体制は1948年のイスラエルの建国によって生じた占領地問題が起点となった。イスラエルとアラブ諸国は占領地をめぐって4度のアラブ・イスラエル戦争を戦った（鳥井順［1993, 95, 98, 2000］)。その後イスラエルとエジプトはカーター米大統領の仲介で78年にキャンプ・デービッド合意そして79年には平和条約を締結した（Quandt［1986］)。また湾岸戦争後の94年にはヨルダンとも平和条約を締結した。残る占領地問題は，イスラエルが81年に併合したゴラン高原のシリアへの返還だけとなった。

　後者の紛争は，イスラエルと非国家主体のパレスチナ解放機構（以下PLO）を当事者とする地域安全保障体制で，準パレスチナ安全保障体制（以下準パレスチナ体制）と呼んでおく。準パレスチナ体制はPLOの自治やパレスチナ国家の独立問題をめぐって形成されてきた（Mattar/Dearborn編［2000］)。1993年にイスラエルとPLOはパレスチナ暫定自治に関するオスロ合意を締結した。しかし，2000年に再び両者の対立が激化し，いまだに暫定自治は完全実施に至っていない。イスラエルは04年にガザ地区の入植地の全面撤去を決定する一方，テロ防止のためにヨルダン川西岸地区を分離壁で囲い込み，パレスチナ国家樹立にはなお多くの困難が予想され

る。

　アラブ民族主義の立場からパレスチナ問題をアラブの大義に関わる問題として捉えた時，準パレスチナ体制はアラブ体制に包含される。しかし，湾岸戦争後PLOがイラクを支持し他のアラブ諸国の支持を失ったため，パレスチナ問題がアラブの大義の問題となることは稀である。むしろイスラームの宗教問題としてイスラーム全体の問題と受け止められることが多く，国家安全保障の枠組みを超えてイスラーム対非イスラームの新たな安全保障体制が中東地域外にも拡大しつつある。

安全保障体制の変化

　湾岸，パレスチナの両国家安全保障体制は，冷戦時代には米ソが形成する国際安全保障体制と密接に連動していた。湾岸体制では，米には石油という戦略的資源の宝庫，他方ソ連には「暖かい海」への出口という地政学的価値により，ペルシャ湾は両国にとって死活的に重要な地域であった。一方パレスチナ体制ではイスラエルが米国，PLOがソ連と友好関係にあり，戦略的資産となっていた。そのため米ソは湾岸，パレスチナの両地域ひいては中東全域の覇権をめぐって激しい影響力争いを展開してきた（ゴラン［2001］，レンツォスキー［2002］）。

　しかし，1989年の冷戦の終焉，91年の湾岸戦争，同年末のソ連の崩壊を経て2001年の9.11同時多発テロ後のアフガニスタン戦争，イラク戦争に至る過程で国際安全保障体制は米ソの双極体制から米国の一極体制へと変容した。それにともない湾岸体制およびパレスチナ体制も変化した。湾岸体制では，湾岸戦争（アレン［1991］，シューベルト［1998］，鳥井順［1994］，ハリオン［2000］），アフガニスタン戦争（Cordesman［2002］），イラク戦争（Cordesman［2003］）と米国が紛争の当事国となり湾岸に武力進攻した（Cordesman［2004］）。一方，米国がイスラームの地に足を踏み入れたことへの反発からアルカイダなどのイスラーム国際テロ組織やイラクの反米武装勢力などが米国に抵抗する新たな紛争当事者として登場してきた。またパレスチナ体制でもPLOの指導力の低下（モネム［1991］）にともないハマスやイスラーム聖戦機構など原理主義勢力の武力台頭が顕著になっている。

軍事革命と低強度紛争・核戦争

　中東では，国家間の対称的な正規戦よりもむしろテロ組織や武装勢力のような武装非国家主体が一方の当事者となる非対称な紛争いわゆる低強度紛争（以下LIC）（加藤朗［1993］）が多く見られる。たとえば湾岸体制ではイラク，アフガニスタンでの反米武装勢力対米国および親米勢力との戦闘，パレスチナ体制ではイスラエル対PLOおよびイスラーム原理主義勢力の対決がある。対照的にアラブ対イスラエル，イラン対イラクのような対称的な国家間戦争が生起する可能性は著しく低下した。このような状況が生まれた軍事的な理由は，軍事革命（以下RMA）にある。

　RMAとは（中村好寿［2001］），情報技術（IT）革命がもたらした兵器の著しい進

歩，それによる軍事組織の再編や戦術の変革など軍事の一大革命のことである。巡航ミサイルやGPS爆弾などの精密誘導兵器，ネットワークによる水平型の部隊編成，発見即攻撃の迅速決定戦術などのRMAで，戦争の形態が工業時代の第2次世界大戦型の総力戦から情報時代のイラク戦争型の少量破壊戦争へと変化しつつある（加藤朗 [2004]）。

精密誘導兵器を多用した米軍の攻撃にアフガニスタンのタリバン軍やアルカイダの貧弱な兵器では全く太刀打ちできなかった（Cordesman [2002]）。また旧ソ連の兵器で武装したイラク軍も米軍の敵ではなかった（富沢暉編著 [2004]，Cordesman [2003] [2004]）。米軍とイラクとの間だけではなく，RMAが進んでいるイスラエルと中東諸国との間にも軍備に著しい非対称が生まれている（Heller [2000]）。国家間の正規戦では，現在のところ米国やイスラエルに通常軍事力で対抗できる中東諸国はない。そのため中東で通常戦力による国家間の正規戦が起こる蓋然性は低い（Bar-Joseph [2001]）。

ただし，RMA型軍隊は二つの弱点を抱えている。それは，核戦争とLICである。通常戦争を志向するRMA型軍隊は大量破壊の核戦争に効果的に対応することが難しい。見方を変えれば中東諸国が正規戦で米国に対抗できる手段の一つは核兵器である（Feldman [1997]）。米国が中東諸国への核の拡散を恐れるのは，ミサイル防衛システムが実戦配備されていない現在，抑止戦略以外に核兵器を防ぐ効果的な手段がないからである。またLICへの対応も難しい。軍事的には自爆テロや小火器による接近戦のようなLICにはRMA型兵器も戦術も効果的ではなく，また一般市民を巻き込み易いLICでは国際法の制約を受ける正規軍は効果的な戦闘が難しいからである。

冷戦が終わりIT時代に入った21世紀には国家安全保障はその様相を大きく変えることになるだろう。国家よりもむしろテロ組織やゲリラ集団あるいは民間軍事会社（PMC）（シンガー [2004]）などの非国家主体が安全保障の主役となる新たな安全保障の時代を迎えている（加藤朗 [1999]）。イスラーム世界とりわけ中東地域では国家安全保障や軍事問題の主要テーマは国家間の戦争よりも核兵器の拡散そして非国家主体によるテロを中心としたLICへと変化するだろう。

【文献】

アレン，B他 [1991]『湾岸戦争』鈴木主悦訳，角川書店
加藤朗 [1993]『現代戦争論』中公新書
加藤朗 [1999]『二十一世紀の安全保障』南窓社
加藤朗 [2002]『テロ』中公新書
加藤朗 [2004]「RMAと国際安全保障」『戦争の本質と軍事力の諸相』石津朋之編，彩流社
加藤朗 [2008]『戦争の読みかた――グローバル・テロと帝国の時代に』春風社
ゴラン，G [2001]『冷戦下・ソ連の対中東戦略』木村申二/丸山功/花田朋子訳，第三書館
シンガー，P [2004]『戦争請負会社』山崎淳訳，NHK出版
シューベルト，N [1998]『湾岸戦争　砂漠の嵐作戦』滝川義人訳，東洋書林

富沢暉編著［2004］『シンポジウム　イラク戦争-軍事革命（RMA）の実態を見る』かや書房
鳥井順［1990］『イラン・イラク戦争』第三書館
鳥井順［1991］『アフガン戦争』第三書館
鳥井順［1993, 95, 98, 2000］『中東軍事紛争史』(1)-(4) 第三書館
鳥井順［1994］『軍事分析・湾岸戦争』第三書館
中村好寿［2001］『軍事革命（RMA）』中公新書
ハリオン, R［2000］『現代の航空戦　湾岸戦争』服部省吾訳, 東洋書林
モネム, A［1991］『PLOと湾岸戦争』関場理一訳, 第三書館
レンツォスキー, G［2002］『冷戦下・アメリカの対中東戦略』木村申二/北沢義之訳, 第三書館
Bar-Joseph, U. [2001] *Israel's National Security towards the 21st Century*, London
Cordesman, A. H. [1997a] *Baharain, Oman, Qatar and UAE: Challenges of Security* (Crisis Middle East Dynamic Net Assessment), Boulder
Cordesman, A. H. [1997b] *Kuwait: Recovery and Security after the Gulf War* (Crisis Middle East Dynamic Net Assessment), Boulder
Cordesman, A. H. [2002] *The Lessons of Afghanistan: War Fighting, Intelligence, and Force Transformation* (CSIS Significant Issues Series), Washington
Cordesman, A. H. [2003] *The Iraq War: Strategy, Tactics, and Military Lessons* (CSIS Significant Issues Series), Washington
Cordesman, A. H. [2004] *The War after the War: Strategic Lessons of Iraq and Afgahnistan* (CSIS Significant Issues Series), Washington
Feldman, S. [1997] *Nuclear Weapons and Arms Control in the Middle East* (CSIA Studies in Imternational Security), Cambridge (MA)
Heller, M. H. [2000] *Continuity and Change in Israeli Security Policy* (Adelphi Papers, 335), Oxford
Mattar, P./F. Dearborn 編 [2000] *Encyclopedia of the Palestinians*, Chicago/London
Quandt, W. B. [1986] *Camp David: Peacemaking and Politics*, Washington

4-5　パレスチナ問題　　　　　　　　　　　　　　　　臼杵　陽

パレスチナ研究を取りまく状況

　パレスチナ問題の研究は1993年9月13日を境に転機を迎えた。いうまでもなく，PLO（パレスチナ解放機構）とイスラエルとの間でオスロ合意（パレスチナ暫定自治に関する原則宣言）が締結され，その後パレスチナ暫定自治政府が成立したからである。オスロ合意以前と較べると，研究の中心がアラブ世界の離散パレスチナ社会から東エルサレムを含むヨルダン川西岸・ガザ（以下，西岸・ガザ）あるいは1948年第1次世界大戦の休戦ライン内のイスラエル国家に居住するイスラエル・アラブ（イスラエル・パレスチナ人）に移行したともいえる。とりわけ，ビールゼイト大学，

ナーブルス・ナジャーハ大学，ベツレヘム大学，アル・クドゥス大学，イスラーム大学などの東エルサレムを含むヨルダン川西岸・ガザの大学等に加えて，パレスチナ研究所によって設立されたエルサレム研究所，ムワーティン（パレスチナ民主主義研究所），パレスチナ国際問題学術協会（PASSIA）など数多くの民間の研究機関が設立された。しかし，2001年3月にアリエル・シャロン政権が成立して以来，和平交渉は停滞し，パレスチナを取り囲む研究状況も劣悪な状態と厳しい制約下に置かれている。

この間，ヨーロッパやアメリカの大学等で教鞭をとるパレスチナ人研究者の数も著しく増大して，北米中東学会での存在感も増している。在米パレスチナ人研究者の先駆けともいえるイブラーヒーム・アブー・ルゴド・ジョージタウン大学教授（1929-2001）やエドワード・サイード・コロンビア大学教授（1935-2003）といった巨星が逝去したとはいえ，若手研究者が大学・研究所等で活躍している事実を指摘しておく必要があろう。

以上の状況を念頭に置きつつ本節では主に1990年代以降，2000年9月の第2次インティファーダの勃発，そして翌年の9.11事件までを中心として，パレスチナ人研究者に焦点をあてて，その研究動向を概観していきたい。なお，パレスチナ研究に関する文献情報に関しては季刊の *Journal of Palestine Studies* を参照されたい。

パレスチナ近現代史研究

パレスチナ近現代史研究に関して最近の傾向として特筆できる点を指摘すれば，通史の叙述が試みられていることである。国家事業としてシオニズム研究およびイスラエル現代史研究が隆盛しているのに比べてパレスチナ近現代史研究は沈滞を余儀なくされてきた側面があることは否定できない。むしろ声なき声に耳を澄ます姿勢が少数ながらイスラエル人研究者のなかに生まれ，近現代の通史の概説書が刊行され始めていることに注目すべきであろう（Kimmerling/Migdal [2003], Pappe [2004]）。また，これまでアラビア語の著作を含めてどちらかといえば政党・政治組織や政治運動の記述を中心とした政治史に偏っていたパレスチナ研究に加えて，例えばシオニズムにおけるトランスファー（パレスチナ人のエレツ・イスラエルからの追放）の考え方を軸にパレスチナ通史を描きなおすという新たな試みがなされ（Masalha [1992] [1997]），さらに社会経済史的アプローチをとる概説書が刊行された（Farsoun/Zacharia [1998]）。

オスマン期パレスチナへの関心が増大したことも指摘できる。以前はイスラエルのオリエンタリストの手に独占されてきた研究領域であったが，パレスチナ人研究者による歴史研究も始まった。ナーブルス地域を中心にした近代社会経済史を再構成した研究（Doumani [1995]）はその典型である。他方でオスマン末期はパレスチナ・ナショナリズムの起源との関連で注目されるようになった。すなわち，パレスチナ人意識の起源はアラブ意識と同時期の19世紀終わりだという議論の登場によってである

(Khalidi［1998］, Muslih［1989］)。さらにオスマン期パレスチナ研究のもうひとつの特徴として1967年の第3次中東戦争以降イスラエルの占領下に入ったパレスチナ人との植民地主義的な従属の原型を19世紀終わりから20世紀初頭のオスマン期におけるユダヤ人新移民とパレスチナ・アラブ人労働者との雇用関係に見出す社会経済的観点からの歴史分析をあげることができるが、この動向はイスラエル人研究者の自省的姿勢を反映している (Shafir［1996］)。

第1次世界大戦からイスラエル建国までのイギリス委任統治期パレスチナ (1922-48年) に関する研究は、ユダヤ人国家を用意した時期だという意味で重要な研究対象であるが、シオニズムとパレスチナ・アラブ・ナショナリズムの二つのイデオロギーのはざまにあって必ずしも生産的な議論が展開されてきたわけではなかった。しかし、21世紀に移る変わり目にイギリス委任統治政府の政策を中心に読み直しがなされている。シオニズムとパレスチナ・アラブの二つのナショナリズムの相克を客観化して描写する研究が増えている (Segev［2001］)。とりわけ、パレスチナ統治を担った英国人植民地官僚の思想と行動への関心は新たな研究領域として立ち上がりつつある (Huneidi［2001］, Sherman［1997］)。またこれまでの研究はアラブ人とユダヤ人の政治的、民族的な対立という側面から個別的にしか歴史記述がなされない問題性をはらんでいたが、労働運動や女性運動の観点から切り込んで、自明とされた「民族」のもつ閉鎖的な境界を超えようとする新たな歴史記述の試みもなされている (Bernstein［1992］［2000］, Lockman［1996］)。

イスラエル建国に伴ってパレスチナ人難民がなぜ発生したのかに関する議論あるいは難民となったパレスチナ人たちの故地への帰還権の問題は、1990年代以降、とりわけ中東和平交渉の進展に棹差してイスラエルの「新しい歴史家たち」が登場することで活発化することになった。シオニストの公式的な語りを相対化する努力はイスラエル建国あるいはパレスチナ人のいう「ナクバ（破局）」の歴史をどのように書き直すかという課題に連動していた。パレスチナ難民の発生に対するイスラエルの政治責任を問うという営為でもあった。したがって、難民化の起源を問題にすることは必然的に中東和平交渉におけるパレスチナ人の帰還権をも問うことであり、そのような現実を踏まえた研究の方向性が研究内容にも映し出されている (Dumper編［2006］, Morris［2003］, Aruri編［2001］, Rogan/Shlaim［2001］, Sa'di/Abu-Lughod編［2007］)。

中東和平交渉の問い直し

しかし、シャロン政権登場以降、中東和平交渉が瀕死の状態に陥ることでパレスチナ問題を解決するはずだったオスロ合意とはいったい何だったのかという問いが改めて問われている。パレスチナ暫定自治が行われながらイスラエル占領が続くという現実があるからである。とりわけ、アラファートPLO（パレスチナ解放機構）議長が2004年11月に逝去し、パレスチナ解放運動を長年担ってきたにもかかわらず自治政

府の政治指導者として専制的政治手法をとったために彼の評価が大きく分かれ，その政治指導が改めて問われている。たとえば，パレスチナ人研究者からもアラファートおよび自治政府に対しては厳しい評価を下す研究もなされている（Ghanem［2001］，Aburish［1998］）。

　オスロ合意は米ソ冷戦の帰結ともいえる側面をもっている。冷戦終焉後はマドリード中東和平会議開催をはじめとして米国主導で中東和平交渉が行われてきたからである。イスラエルとPLOが相互の存在を承認して交渉相手として認めた歴史的意義は大きい。しかし，オスロ合意をめぐってはパレスチナ人の間でその評価が分かれた。とりわけ，オスロ合意をイスラエルとの敗北の和平だとして反対しアラファート批判に転じたのがエドワード・サイードらの在米パレスチナ人知識人だった。とりわけサイードの中東和平に関する議論は邦訳を含めて日本では広く知られているが（Said［2000］，Aruri［2003］，サイード［2002］［2005］），むしろサイードの主張の原型は『オリエンタリズム』とほぼ同時期の1979年に書かれた著作『パレスチナ問題』に見出すことができる（サイード［2004］）。また，19世紀の東方問題からオスロ合意にいたるパレスチナをめぐる中東域内政治を長期的視野の中で米国の中東政策を批判する文脈で概観した研究も刊行された（Shlaim［1995］）。

　中東和平交渉に対して徹頭徹尾反対してきたのがハマースなどのイスラーム主義運動であった。そもそも，パレスチナにおけるイスラーム復興運動史の研究は1989年12月に勃発したインティファーダとともに結成されたハマース（イスラーム抵抗運動）への注目として発展してきた。とりわけ，2006年3月にハマースを与党とするパレスチナ自治政府が成立してからは，草の根的なネットワークに基づく医療・教育・慈善事業などの福祉活動に注目が集まったが，2007年6月にアラファートを継いだマフムード・アッバースがハマースのイスマーイール・ハニーヤ首相を解任したために，パレスチナ自治政府はヨルダン川西岸とガザに二分裂することになった。ハマース研究はパレスチナ人自身がその思想と組織を内在的な観点から研究する場合と，イスラエル側からの戦略的観点による研究が並存している。またハマースの武装部門がイッズッディーン・アル＝カッサームを名乗ったことに象徴されるように，カッサームへの関心も高まった（Abu-Amr［1994］，Nusse［1998］，Milton-Edwards［1999］，Hroub［2000］，Mishal/Sela［2000］，Hatina［2001］，Tamimi［2007］）。

その他の視点

　エルサレム問題に関しては主にワクフ研究を中心にエルサレムとイスラームの問題に焦点を絞って紹介してみよう。イスラエルが東西統一エルサレムを永久の首都とする基本法を制定しているために東エルサレムのパレスチナ住民は西岸とも切り離されて特殊な状況の下に置かれている。東エルサレムのユダヤ化政策に対してパレスチナ人が抵抗の手段としてきたのが財産のワクフ設定による没収措置への対抗措置である。イスラームが生活を守る役割を果たしている典型的な例でもある（Dumper

［1996］［2002］，Reiter［1997］）。

　イスラエルのアラブ（パレスチナ）人の研究に関していえば，2000年9月28日に勃発したアル・アクサー・インティファーダがイスラエル内のパレスチナ系のイスラエル市民にも波及した。このような動きは研究レベルでも色濃く反映されている。と同時にユダヤ人国家における民族的マイノリティとしてのパレスチナ（アラブ）人の地位に関する優れたモノグラフは数多く出版されるようになった（Rouhana［1997］）。しかし，イスラエルのアラブ市民の状況は9.11事件以降，悪化している。

　パレスチナ研究の動向を考えるときに最後に強調しておきたいことは，何よりもパレスチナ人自身がどのような関心で研究を方向づけてきたかという点である。その文脈では，これまでパレスチナ研究を支えてきたビールゼイト大学の役割を抜きにはできない。とりわけ，パレスチナ研究の観点から社会史とオーラル・ヒストリーあるいは写真・映像等による記録の発掘・保存という新たな研究領域を開拓したことである。その中心的な役割を果たしたのがサリーム・タマーリ現エルサレム研究所長であった（広河隆一［2002］，Abu-Lughod Institute［2004］，Tamari［2005］）。

　日本におけるパレスチナ研究の現状については，板垣雄三の著作［1992］以来，啓蒙書を中心に数多くの書籍や翻訳書が出版されてきたが，新たな研究領域を拓くというよりも，ほとんどが中東和平あるいはイスラーム運動に関する現状分析あるいは時事解説を目的としたものなので，ここでは言及しない。ただし，2001年9月に勃発した第2次インティファーダを受けて編集された『現代思想』臨時増刊号（2002年6月）は日本におけるパレスチナ問題への関心のあり方をよく示している（臼杵陽［2004］，奈良本英佑［2005］，藤田進［1989］）。いずれにせよ，より多くの若手研究者による個別的なレベルのモノグラフを含む新たな研究が期待される。

【文献】
板垣雄三［1992］『石の叫びに耳を澄ます——中東和平の探索』平凡社
臼杵陽［2004］『世界化するパレスチナ/イスラエル紛争』岩波書店
『現代思想　臨時増刊号　思想としてのパレスチナ』2002年6月
サイード，エドワード・W［2002］『戦争とプロパガンダ』中野真紀子他訳，みすず書房
サイード，エドワード・W［2004］『パレスチナ問題』杉田英明訳，みすず書房
サイード，エドワード・W［2005］『パレスチナとは何か』島弘之訳，岩波現代文庫
奈良本英佑［2005］『パレスチナの歴史』明石書店
広河隆一［2002］『パレスチナ　写真記録』全2巻，日本図書センター
藤田進［1989］『蘇るパレスチナ——語り始めた難民たちの証言』東京大学出版会
Abu-Amr, Ziad［1994］*Islamic Fundamentalism in the West Bank and Gaza: Muslim Brotherhood and Islamic Jihad* (Indiana Series in Arab and Islamic Studies), Indianapolis
Abu-Lughod Institute［2004］*al-Tarikh al-Ijtima'i al-Filastiniya: Beyn Ghabat al-Arshif wa Ashjar al-Hikayat* (*A Multidisciplinary Approach to Palestinian Social History*), Birzeit
Aburish, Said K.［1998］*Arafat: From Defender to Dictator*, Bloomsbury
Aruri, Nasser編［2001］*Palestinian Refugees: The Right of Return*, London

Aruri, Nasser [2003] *Dishonest Broker : The Role of the United States in Palestine and Israel*, Cambridge (MA)
Bernstein, Debora [1992] *Pioneers and Homemakers : Jewish Women in Pre-State Israel* (SUNY Series in Israeli Studies), Albany
Bernstein, Debora [2000] *Constructing Boundaries : Jewish and Arab Workers in Mandatory Palestine* (SUNY Series in Israeli Studies), Albany
Doumani, Beshara [1995] *Rediscovering Palestine : Merchants and Peasants in Jabal Nablus, 1700-1900*, Berkely
Dumper, Michael [1996] *The Politics of Jerusalem since 1967*, New York
Dumper, Michael [2002] *The Politics of Sacred Space : The Old City of Jerusalem in the Middle East Conflict*, Boulder
Dumper, Michael 編 [2006] *Palestinian Refugee Repatriation : Global Perspectives*, London
Farsoun, Samih K./Christina E. Zacharia [1998] *Palestine and the Palestinians*, Cambridge (MA)
Ghanem, As'ad [2001] *The Palestinian Regime : A "Partial Democracy,"* Brighton
Hanita, Meir [2001] *Islam and Salvation in Palestine : The Islamic Jihad Movement* (Dayan Center Papers, 127), Tel Aviv
Hroub, Khaled [2000] *Hamas : Political Thought and Practice*, Washington, D.C.
Huneidi, Sarah [2001] *A Broken Trust : Sir Herbert Samuel, Zionism and the Palestinians*, London
Khalidi, Rashid [1998] *Palestinian Identity*, New York
Kimmerling, Baruch/Joel S. Migdal [2003] *The Palestinian People : A History*, Cambridge (MA)/ London
Lochman, Zacharia [1996] *Comrades and Enemies : Arab and Jewish Workers in Palestine, 1906-1948*, Berkeley
Masalha, Nur [1992] *Expulsion of the Palestinians : The Concept of "Transfer" in Zionist Political Thought, 1882-1948*, Washington, D.C.
Masalha, Nur [1997] *A Land without a People : Israel, Transfer, and the Palestinians 1949-1996*, London
Milton-Edwards, Beverly [1999] *Islamic Politics in Palestine* (Library of Modern Middle East Studies), London
Mishal, Shaul/Avraham Sela [2000] *The Palestinian Hamas*, New York
Morris, Benny [2003] *The Birth of the Palestinian Refugee Problem Revisited* (Cambridge Middle East Studies), 2nd ed., Cambridge
Muslih, Muhammad [1989] *The Origins of Palestinian Nationalism*, New York
Nusse, Andrea [1998] *Muslim Palestine : The Ideology of Hamas*, London
Pappe, Ilan [2004] *A History of Modern Palestine : One Land, Two Peoples*, Cambridge
Reiter, Yitzhak [1997] *Islamic Institutions in Jerusalem : Palestinian Muslim Organization under Jordanian and Israeli Rule* (Arab and Islamic Laws Series), Leiden
Rogan, Eugene L./Avi Shlaim [2001] *The War for Palestine : Rewriting the History of 1948* (Cambridge Middle East Studies), Cambridge
Rouhana, Nadim [1997] *Palestinian Citizens in an Ethnic Jewish State : Identities in Conflict*, New Haven
Sa'di, Ahmad H./Lila Abu-Lughod 編 [2007] *Nakba : Palestine, 1948, and the Claims of Memory*, New York

Said, Edward W. [2000] *The End of the Peace Process: Oslo and After*, New York
Segev, Tom [2001] *One Palestine, Complete: Jews and Arabs under the British Mandate*, New York
Shafir, Gershon [1996] *Land, Labor and the Origins of the Israeli-Palestinian Conflict, 1882-1914*, repr. ed., Berkley
Sherman, A. J. [1997] *Mandate Days: British Lives in Palestine, 1918-1948*, London
Shlaim, Avi [1995] *War and Peace in the Middle East: A Concise History*, London
Tamari, Salim [2005] *al-Jabal didda al-Bahr: Dirasat Ishkaliyat al-Hadatha al-Filastiniya* (*The Mountain against the Sea: Studies in Palestinian Urban Culture & Social Studies*), Ramallah
Tamimi, Azzam [2007] *Hamas: A History from Within*, Ithaca (NY)

4-6 シーア派とイスラーム革命　　松永泰行

　シーア派イスラーム主義に基づく運動や，より広い意味での宗教復興の営みが，広く耳目を集めるところとなってから四半世紀が経過した。その契機となったのは，1979年2月のイラン・イスラーム革命の成立，さらに1982年6月のイスラエルのレバノン侵攻後に台頭したレバノンのシーア派抵抗運動などであった。最近でも，2004年4月にナジャフ・カルバラーなどのシーア派聖廟都市が30年にわたるアラブ・バアス主義国家の弾圧から解放された直後に，Arbaʿīn（イマーム・フサイン殉教の40日忌）に服するために徒歩でカルバラーへ集結した百余万人の信者の映像は，信仰としてのシーア派イスラームの活力を見せつけるものであった。
　欧米でも日本でも，シーア派イスラーム主義運動・思想の研究は，イラン・イスラーム革命を受けて本格的に始められた（日本における初期の研究には，松本耿郎の'Ali Sharīʿatīの翻訳（1981年），「シーア派的殉教者意識」についての井筒俊彦の『世界』論考（1984年）などがあった）。その意味では，まだまだ研究史が浅い分野である（今日的な総括としては，小杉泰[2006]を参照するとよい）。本節では，以下の三つの領域に分けて，重要な研究課題を展望する。

12イマーム・シーア派の歴史的発展とイラン・イスラーム革命

　第12代イマームの幽隠（ghaybah）から，Rūhullah Mūsavī-Khumaynī（1902-1989）が「イスラーム法学者の統治」wilāyat-i faqīh論を根拠に国家権力の奪取を目指すに至るまでの，12イマーム・シーア派のイマーム論（指導者/統治者論）の展開については，研究の蓄積がある。入門書としては，英語ではMomen[1985]，Halm[1997(1994)]，ペルシア語ではKadīvar[1998]，アラビア語ではal-Kātib[1998]が

推奨される。邦文では，松本耿郎 [1993]，松永泰行 [2000]，富田健次（ホメイニー [2003]（原著 1971）] の巻末解説）がある。

イラン・イスラーム共和国において統治者の役割を果たすことになったシーア派「聖職者」rūhānīyūn としてのウラマー（'ulamā）の社会的・政治的役割についての，歴史学，あるいは政治学/社会学の立場からの研究も蓄積がある。代表的なものとしては，Keddie 編 [1983]，Walbridge 編 [2001] 所収の諸論考や，立憲革命からパフラヴィー期の近代国家建設過程における国家と聖職者界の関係に焦点を当てた Akhavi [1980]，Arjomand [1988]，Keshavarzian [2003] が挙げられる。

1960 年代後半から 70 年代の初めにかけて，ウラマーの説くイスラームとは異なる，「革命のイデオロギー」としてのシーア派イスラーム主義を説き，イスラーム復興の重要な担い手の一翼を担った当時の若者に強い影響を与えた 'Alī Sharī'atī (1933-1977) も，いまだに研究の対象となっている。近年のものには，Dabashi [1993]，櫻井秀子（シャリーアティー [1997]），Tavassulī [2000] などがある。

イラク，レバノンにおけるシーア派復興主義運動

イランとならんで研究の蓄積および近年の進展が目立つのは，イラクのシーア派復興主義運動についての研究である。1950 年代後半からナジャフのイスラーム復興主義運動の思想的な核となった Muhammad Bāqir al-Sadr (1936-1980)，さらに Sadr 自身もその創設に寄与した「イスラーム・ダアワ党」Hizb al-Da'wah al-Islāmīyah についての研究は，欧文，邦文，アラビア語，ペルシア語のそれぞれで発表されてきている。先駆的な研究としては，Batatu (Cole/Keddie 編 [1986] 所収)，Wiley [1992]，小杉泰 [1992]（他にアッ＝サドル/ファドルッラー [1992]，小杉 [1994] 第 12 章），Mallat [1993]，Aziz [1993] が特筆される。近年の研究成果は，酒井啓子 [2001]，サドル [2006]，山尾大 [2006][2007]，Sakai [2001]，Ma'mūrī [2001]，Walbridge 編 [2001]，Jaber 編 [2002]，Jaber [2003] に見られる。より広く，イラクのシーア派コミュニティーの社会的側面を扱ったものには，Nakash [2003(1994)] がある。

レバノンのシーア派についての研究は，思想や宗教の側面を本格的に扱う研究は今までのところ比較的少なく，「アマル」'Amal や「ヒズブッラー」Hizb Allāh など，シーア派イスラーム主義に基づく政治/軍事組織や，それらによる大衆動員の側面を取り扱った研究が目立つ。初期の既存研究としては，レバノンにおけるシーア派復興主義に基づく動員の端緒をつけた Mūsā a-Sadr を扱った Ajami [1986]，Khumaynī と同世代のレバノンのアーリム，Muhammad Jawād Maghnīyah に若干触れている Akhavi [1996]，Muhammad Husayn Fadlullāh (1935-) についての小杉泰の研究（アッ＝サドル/ファドルッラー [1992]）が挙げられる。1980 年代前半に台頭したヒズブッラーについてもさらなる研究が必要であるが，まず近年の研究から，末近浩太 [2002] と Saad-Ghorayeb [2003] を読み比べることから始めるとよい。現在の指導

者ナスルッラーの思想を読み解く試みには，末近［2007］がある。

現代シーア派研究のフロンティア

　湾岸アラブ諸国のシーア派コミュニティーは，今後の本格的な研究の進展が待たれるエリアである。既存のものでは，Fuller/Francke［1999］の取り扱いが詳しい。その他，やや古いが Cole/Keddie 編［1986］および Kramer 編［1987］，また Brunner/Ende 編［2001］に若干の取り扱いがある（後者には，CIS のアゼルバイジャン共和国におけるシーア派イスラームの現状についての珍しい論考が含まれている）。

　インド・パキスタン独立後の南アジアのシーア派についての研究も同様に少ない。欧米では，Kramer 編［1987］および Brunner/Ende 編［2001］に数点の論考があるのみであり，今後の研究が待望される。中でも，近年ますます暴力的な展開を見せているパキスタン国内の宗派対立のダイナミズムの文脈からの研究，さらに「パキスタン・ジャアファリーヤ運動」Tahrīk-i Jaʿfarīyah-yi Pākistān などのシーア派団体や，「モハンマド軍」Sipāh-i Muhammad などのシーア派イスラーム主義グループの思想や組織などについての本格的な研究が強く望まれる。

　現代シーア派研究のフロンティアの一つに，シーア派教学の最高権威としてのマルジャゥ（marjaʿīyah）と近代国家・現代社会との関わりのあり方をめぐる問題がある。マルジャゥ制度の歴史的発展については Kazemi Moussavi［1996］があるが，イラン・イスラーム共和国樹立から四半世紀を経た今日的な問題についての研究は，まだ始まったばかりである（Ansārī［1996］，Walbridge 編［2001］など）。

【文献】

アッ=サドル，M・B／M・H・ファドルッラー［1992］『イスラームの革命と国家——現代アラブ・シーア派の政治思想（中東学叢書6）』小杉泰編訳，国際大学中東研究所
井筒俊彦［1984］「シーア派イスラーム——シーア派的殉職者意識の由来とその演劇性」『世界』460
小杉泰［1992］「イラクにおけるイスラーム革命運動——政治理念と運動の展開（1957-1991）」『中東研究』363
小杉泰［1994］『現代中東とイスラーム政治』昭和堂
小杉泰［2006］『現代イスラーム世界論』名古屋大学出版会
酒井啓子［2001］「イラクにおけるイスラーム政党——制度化と運動実践の連関と乖離」『アジア・アフリカ地域研究』1
サドル，M・B［2006］『人間の代理権と諸預言者の証言』山尾大訳・注解，京都大学大学院アジア・アフリカ地域研究研究科
シャリーアティー，A［1981］『革命的自己形成』松本耿郎訳，アジア経済研究所
シャリーアティー，A［1997］『イスラーム再構築の思想——新たな社会へのまなざし』櫻井秀子訳・解説，大村書店
末近浩太［2002］「現代レバノンの宗派制度体制とイスラーム政党——ヒズブッラーの闘争と国会選挙」日本比較政治学会編『現代の宗教と政党——比較のなかのイスラーム』早稲田大学出版部
末近浩太［2007］「ヒズブッラーのレジスタンス思想——ハサン・ナスルッラー「勝利演説」」『イス

ラーム世界研究』1：1
ホメイニー，R・M［2003(原著 1971)］『イスラーム統治論・大ジハード論』富田健次編訳，平凡社
松永泰行［2000］「ホメイニー師以後のヴェラーヤテ・ファギーフ論の発展とそれを巡る論争」『オリエント』42：2
松本耿郎［1993］『イスラーム政治神学——ワラーヤとウィラーヤ』未来社
山尾大［2006］「ダアワ党とシーア派宗教界の連携——現代イラクにおけるイスラーム革命運動の源流」『現代の中東』41
山尾大［2007］「現代シーア派のイスラーム国家論——ムハンマド・バーキル・サドル「イスラーム国家における力の源泉」」『イスラーム世界研究』1：1
Ajami, F. [1986] *The Vanished Imam : Musa al-Sadr and the Shia of Lebanon*, Ithaca/London
Akhavi, S. [1980] *Religion and Politics in Contemporary Iran : Clergy-State Relations in the Pahlavi Period*, Albany
Akhavi, S. [1996] "Contending Discourses in Shi'i Law on the Doctrine of *Wilayat al-Faqih*," *Iranian Studies*, 29 : 3/4
Anṣārī, H. [1996] *Marja'īyat va Rahbarī : Tafkīk yā Vahdat?*, Tehran
Arjomand, S. A. [1988] *The Turban for the Crown : The Islamic Revolution in Iran*, New York
Aziz, T. [1993] "The Role of Muhammad Bagir al-Sadr in Shii Political Activism in Iraq from 1958 to 1980," *International Journal of Middle East Studies*, 25 : 2
Brunner, R./W. Ende 編 [2001] *The Twelver Shia in Modern Times : Religious Culture and Political History*, Leiden
Cole, J. R. I./N. R. Keddie 編 [1986] *Shi'ism and Social Protest*, New Haven
Dabashi, H. [1993] *Theology of Discontent : The Ideological Foundation of the Islamic Revolution of Iran*, New York
Fuller, G./R. R. Francke [1999] *The Arab Shi'a : The Forgotten Muslims*, New York
Halm, H. [1997(1994)] *Shi'a Islam : From Religion to Revolution*, Princeton
Jaber, F. A. 編 [2002] *Ayatollah, Sufis and Ideologues : State, Religion and Social Movements in Iraq*, London
Jabar, F. A. [2003] *The Shi'ite Movement in Iraq*, London
Kadīvar, M. [1998] *Nazarīyah-hā-yi Daulat dar Fiqh-i Shī'ah*, Tehran
al-Kātib, A. [1998] *Tatawwur al-Fikr al-Siyāsī al-Shī'ī : Min al-Shūrā ilā Wilāyat al-Faqīh*, Beirut
Kazemi Moussavi, A. [1996] *Religious Authority in Shi'ite Islam : From the Office of Mufti to the Institution of Marja'*, Kuala Lumpur
Keddie, N. R. 編 [1983] *Religion and Politics in Iran : Shi'ism from Quietism to Revolution*, New Haven
Keshavarzian, A. [2003] "Turban or Hat, Seminarian or Soldier : State Building and Clergy Building in Reza Shah's Iran," *Journal of Church & State*, 45 : 1
Kramer, M. 編 [1987] *Shi'ism, Resistance, and Revolution*, Boulder
Mallat, C. [1993] *The Renewal of Islamic Law : Muhammad Baqer as-Sadr, Najaf, and the Shi'i International*, Cambridge
Ma'mūri, A. [2001] *Nazarīyah-yi Siyāsī-yi Shahīd-i Sayyid-i Muhammad-i Bāqir-i Sadr*, Qom
Momen, M. [1985] *An Introduction to Shi'i Islam*, New Haven
Nakash, Y. [2003(1994)] *The Shi'is of Iraq, with a New Introduction*, Princeton
Saad-Ghorayeb, A. [2003] "Factors Conducive to the Politicization of the Lebanese Shī'a and the Emergence of Hizbu'llāh," *Journal of Islamic Studies*, 14 : 3

Sakai, K. [2001] "Modernity and Tradition in the Islamic Movements in Iraq: Continuity and Discontinuity in the Role of *Ulama*," *Arab Studies Quarterly*, 23: 1
Tavassulī, G. [2000] *Raushanfikrī va Andīshah-yi Dīnī: Rahyāftī-yi Jāmi'ah-shinākhtī bih Āthār va Andīshah-yi Duktur 'Alī Sharī'atī*, Tehran
Walbridge, L. 編 [2001] *The Most Learned of the Shi'a: The Institution of the Marja' Taqlid*, Oxford
Wiley, J. N. [1992] *The Islamic Movement of Iraqi Shi'as*, Boulder

4-7 イスラーム経済 鳥居 高

イスラーム経済とは

　イスラーム経済システムという体系立てられたものが存在するのではない。東南アジアの文脈でいえば，広義では経済開発におけるザカートの活用の模索，また貯蓄・投資機能に注目した「巡礼」資金の活用も含まれるであろう（Mohamed Ariff 編 [1991], Abdul Aziz bin Muhammad [1993]）。しかし，より重要な意味を持つのは，イスラーム銀行に象徴される，シャリーアを現代経済・金融システムへ適用する試みであろう。今日では，イスラーム銀行に始まり，保険，債券など適用される金融システム・商品も多様化している。特に「9月11日事件」以降のイスラーム社会を取り巻く国際環境の変化によって，様々な新しい動きが見られる。例えば，マレーシアのマハティール前首相が主導による，ディナールの「再」導入の試みにまで拡大しつつある。

イスラーム銀行の地域的拡大

　イスラーム銀行については，1950年代のパキスタンと60年代初めのエジプトにおけるミトル・ガス銀行の試みがその発祥とされる（イスラーム研究グループ [1986], 石田進 [1987]）。しかし，その実態は銀行というよりも農村志向の貯蓄・投資機関であり，またその試みは成功しなかった（Wilson [1983]）。近年では1971年にエジプトで設立されたナーシル社会銀行が最初の無利子銀行と位置づけられている（小杉泰 [1998], Lewis [2001]）。その後1973年の第1次石油危機に伴う産油国の経済力の高まりは，イスラーム諸国会議（OIC）の設立をはさみ，1975年のイスラーム開発銀行の設立へと結実した（Sudin Haron/Shanmugam [2001]）。さらに，石油収入を背景にしてイスラーム銀行はドバイ・イスラーム銀行（UAE 1975年），ファイサル・イスラーム銀行（エジプト 1977年）と拡大していく。いわばイスラーム銀行発展の

萌芽期である。この意味においてイスラーム銀行システムは既に30年あまりを経過したことになる (Iqbal/Molyneux [2005])。

1985年には全世界で24行にすぎなかったものの，2002年には3倍近い69行を数える (Iqbal/Molyneux [2005])。萌芽期から現在までの動きは大きく四つに整理することができよう。第一が，湾岸の産油国のみならず，他地域のイスラーム諸国においてもイスラーム銀行が設立されたことである。バングラディシュ，スーダン，トルコなどである。

第二が，湾岸の産油国がヨーロッパに投資・融資を目的として機関を設立したことである。代表例はジュネーヴにサウディアラビアの王室が中心となって設立したダール・アル＝マール・アル＝イスラーミーである (Molyneux/Iqbal [2005])。

第三は，東南アジア諸国への拡大である。湾岸諸国のイスラーム銀行に資産額では遙かに及ばないものの，1980年代以降増加している。なかでもマレーシアがこの地域での銀行設立を先導してきた (Mohamed Ariff [1988])。1983年にマハティール首相（当時）率いる政府主導でイスラーム銀行を新設したのに始まり，93年以降の商業銀行への無利子銀行制度の拡大が図られた (桑原尚子 [1998], 鳥居高 [2003], 中川利香 [2006])。その後，ブルネイに始まり，インドネシア（91年），フィリピン（90年）へと拡大を見ている (Nathan/Kamali [2005])。

第四の動きは，これらイスラーム銀行設立の動きはインドのようにムスリムが少数である地域でも進んでいることである (Nisar [2004])。アラブ諸国の動きが先行し，アラブ諸国のイスラーム銀行の動きが2回の「石油危機」による豊富な資金によって説明される (中東経済研究所 [1985]) のに対し，マレーシアのように国内政治要因などの重要性を読み取ることができる。フィリピン政府は1973年にフィリピン・アマナ銀行を設立したが，この背景にはミンダナオ島を中心とするムスリム社会対策があった。またパキスタンの動きも，国内のイスラーム政策の文脈において理解されるであろう (山中一郎 [1988])。このようにイスラーム銀行は経済システムではあるが，経済のみならず，政治社会の文脈においてイスラーム経済を読み解く作業がきわめて重要である。この意味において9月11日事件以降の動きを視野に入れる必要があることは言うまでもない (Henry/Rodney [2004])。さらには，シティバンクなど国際金融機関が新興金融市場と位置づけ積極的に関与している。こうした動きは，シンガポールや日本などにも波及し，急速に関心が高まっている (吉田悦章 [2007])。

なお，ビブリオグラフィとして Islamic Research and Training Institute, Islamic Development Bank [1984] が初期研究を，Khan [1995] が約1620件の既存文献を網羅しており，研究課題設定後，代表的な既存研究に迅速なアクセスが可能である。

また，イスラーム銀行に関する統計に関しては，ロンドンにある Institution of Islamic Banks and Insurance や International Association of Islamic Banks などの情報源からのデータが利用可能である。しかし，近年の急速な増加によって，全体像を把握することがかなり困難となっている。Iqbal/Molyneux [2005] は，170ページ弱の小

著ながら，イスラーム銀行制度の発展過程，歴史，現状などきわめて包括的に扱っており，全体像をまず把握する上で有用である。

■ イスラーム銀行の運用と課題

イスラーム銀行の事例研究は大きく二つの視点からなされているといえる。第一が，イスラーム法の適用という観点で，リバーを中心とする原理に関する問題，ムダーラバ，ムシャーラカ，ムラーバハなど運営に関する研究である。ここには，今日でも二つの異なる法解釈があるリバーに関する多くの研究が含まれる（Saad al-Harran [1995]，黒田壽郎編 [1988]）。なおパキスタンでは 1992, 99 年にリバーを巡り「違法判決」が出ている（Muhammad Ayub [2000]）。

第二は，「金融機関」としての効率性，資金運用などから分析するアプローチである。これらの研究を通じて，ムダーラバによる運用がきわめて少ないことや，ムラーバハ制度が実質的には「利子」取得に当たる姿が批判的に指摘されている（栗田禎子 [1989]）。

なお金融を専門としないイスラーム研究者は，当該機関が出す「実践的ガイド」（BIMB [1994]）によって，その仕組みを理解することができるであろう。

■ フロンティアとしてのイスラーム経済研究

現在，イスラーム銀行を含むイスラーム金融機関は 200 を超える。さらに，イスラーム保険やイスラーム債券の発行がなされるなど，「イスラーム」と冠された金融商品の多様化が進められている。

保険に関しては，クルアーンに直接的な言及がないことから，保険契約はそのメカニズムについて様々な意見を生み出すことにつながっている（Khorshid [2004]）。今日では，保険は不確定要素，賭博，利子という三つのハラームの要素を含むことから否定的な意見が多い（四戸潤弥 [1988]，武藤幸治 [2002]）。しかし，Takaful（相互扶助）という概念を生み出すことによって，1984 年にマレーシアではタカフル社が，86 年にはサウジアラビアで国家共同組合保険会社が操業を始めるなど，新しい展開が見られた。この結果 2002 年までに UAE，バハレーンを始め西アジアに 5 会社，ブルネイ，シンガポール，インドネシアなど東南アジア全体で 9 社を数えるまでになった（Mohd. Ma'sum Billah [2003]）。

このほかにも 2001 年 8 月にはマハティール前マレーシア首相が貿易決済に使用するディナールの「再」導入を提唱し，国内外で積極的な働きかけを行っている。この背景には 1997 年のアジア通貨・経済危機の経験があり，国際的な通貨投機と米ドルへの依存からの脱却をはかることに大きな動機があるとされる（Ahamede Kameel Mydin Meera [2002]）。さらに，「9 月 11 日事件」以降の強まるアメリカの影響力への懸念も背景にある。マレーシア国内では種々の関連国際会議などが行われている（IIUM [2002]）。

これら一連の動きはシャリーアの現代社会への適用・接合の試みとしてきわめて注目されるものであろう。イスラーム金融商品はそもそも，新しい動きであるがゆえに，研究領域としてはフロンティアである。換言すれば「金融システム」の進化とともに，研究対象が拡大することを意味する。

【文献】
石田進［1987］「イスラームの無利子金融の理論と実際」片倉もと子編『人々のイスラーム──その学際的研究』日本放送出版協会
石田進/田中民之/武藤幸治［1988］『現状イスラーム経済』日本貿易振興会
イスラーム研究グループ［1986］「イスラム経済」『日本経済新聞』基礎コース連載（13回）
栗田禎子［1989］「スーダン──「イスラム金融」の政治経済学」宮治一雄編『中東──国境を越える経済』アジア経済研究所
黒田壽郎編［1988］『イスラーム経済──理論と射程』三脩社
桑原尚子［1998］「金融制度へのイスラーム法の導入──バンク・イスラーム・マレーシアを事例として」『アジア経済』39：5
小杉泰［1998］『イスラーム世界』筑摩書房
四戸潤弥［1988］「イスラム法とイスラム保険会社」『中東研究』1988年10月号
中東経済研究所［1985］『アラブ・イスラム銀行の全貌──OECDレポートの全訳』
鳥居高［2003］「マレーシアにおけるイスラーム経済制度の展開──イスラーム銀行を中心にして」青木保ほか編集『市場（アジア新世紀5）』岩波書店
中川利香［2006］「開発戦略とイスラーム金融の融合の試み──イスラーム銀行を中心に」鳥居高編『マハティール政権下のマレーシア──「イスラーム先進国」をめざした22年』アジア経済研究所
武藤幸治［2002］「イスラムと保険」『ITI季報』47
山中一郎［1988］「イスラム金融制度の理念と実態」『アジア経済』29：11
吉田悦章［2007］『イスラーム金融入門』東洋経済新報社
Abdul Aziz bin Muhammad [1993] *Zakat and Rural Development in Malaysia*, Kuala Lumpur
Ahmed Kameel Mydin Meera [2002] *The Islamic Gold Dinar*, Selangor
BIMB (Bank Islam Malaysia Berhad) [1994] *Islamic Banking Practice*, Kuala Lumpur
Henry, Clement M./Wilson Rodney [2004] *The Politics of Islamic Finance*, Edinburgh
IIUM (International Islamic University Malaysia) [2002] *Viability of the Islamic Dinar : 2002 International Conference on Stable and Just Global Monetary System*, Kuala Lumpur
Iqbal, Munawar/Philip Molyneux [2005] *Thirty Years of Islamic Banking*, New York
Islamic Research and Training Institute, Islamic Development Bank [1984] *Islamic Economics : A Bibliography*, Jeddah
Khan, Javed Ahmad [1995] *Islamic Economics and Finance : A Bibliography*, London
Khorshid, Aly [2004] *Islamic Insurance : A Modern Approach to Islamic Banking*, London
Lewis, Mervyn K./Latifa M. Algaoud [2001] *Islamic Banking*, Cheltenham
Mohamed Ariff [1988] *Islamic Banking in Southeast Asia*, Singapore
Mohamed Ariff編 [1991] *The Islamic Voluntary Sector in Southeast Asia*, Singapore
Mohd. Ma'sum Billah [2003] *Islamic Insurance (Takaful)*, Selangor
Molyneux, Philip/Munawar Iqbal [2005] *Banking and Financial Systems in the Arab World*, New York

Muhammad Ayub [2000] "An Oveview of the Judgement of Supreme Court of Pakistan on Riba," *Journal of the Institute of Bankers Pakistan*, December 2000
Nathan, K. S./Mohammad Hashim Kamali [2005] *Islam in Southeast Asia*, Singapore
Nisar, Shariq [2004] "The State of Islamic Finance in India," *Muslim World*, 22 : 3
Rais 'Umar Ibrahim Vadilo [2004] *The Return of the Islamic Gold Dinar*, 2nd ed., Kuala Lumpur
Saad al-Harran [1995] *Leading Issues in Islamic Banking and Finance*, Selangor
Sudin Haron/Bala Shanmugam [2001] *Islamic Banking System : Concepts & Applications*, Selangor
Wilson, R. [1983] *Banking and Finance in the Arab Middle East*, London

4-8 エネルギーと経済開発　　　　　武石礼司

エネルギー問題とイスラーム諸国

　1900年代以降，中東地域に石油資源の開発を目指して欧米諸国の石油企業が参入し，鉱区が取得され，各国で石油が発見された。石油収入の獲得により，中東諸国の政治・経済・社会は大きく変わり，多くの諸国は，石油収入を手がかりとして財政力をつけ，近代化に取り組んだ。中東には，独立と石油収入の確保という経緯を経て人為的に形成された国が多くあり，従って，社会基盤を形成する決定的に重要な役割を果たしているイスラームについて理解するとともに，中東諸国の経済基盤を支える石油生産の歴史とその産業としての特徴を知ることが欠かせない。

　中東諸国以外でも，アジアの主要な石油生産国であるインドネシア，マレーシア等でイスラームは最も重要な宗教であり，その他北アフリカ，南アジア，中央アジア，中国西部地域等の石油を産出する多くの国・地域において，主要な宗教がイスラームである場合が多くみられ，石油とイスラームの関係を考察しておく必要が生じている。

　中東での石油生産と輸出が本格化するに至ったのは，第2次世界大戦後であり，特に1960年代にOPECが結成されて輸出量が増えるとともに，中東諸国の動向に世界の注目が集まった。70年代には2度わたる石油危機が発生し，OPEC各国は石油収入を急増させ，国内インフラ整備を行ない，国民の所得も急上昇した。

　石油と中東のイスラーム諸国の関係を考える際に重要なのは，そもそも現在のイラク，イラン，クウェイト，サウディアラビア，バハレーン，カタル，オマーン，イエメン，シリア，ヨルダン，イスラエル等の諸国の国境線が画定する過程は，欧米列強が石油資源の確保を目指して中東に進出し，オスマン帝国の領土を分割した動きと密接な関係があるという点である。ブノアメシャン[1962]（あるいはMelamid

[1991]，より簡略には武石礼司［1993］）が示すように，現在の中東諸国の独立に至る経緯には，イラク石油，イランコンソーシアム，アラムコ等の石油企業の活動区域ごとに国土が画定されていくという歴史が存在している。

中東諸国と欧米の石油企業との交渉史，中東諸国が独立を遂げていく過程に関して，多くの文献が出されてきている（代表的な書籍のうち，新しいものではOPEC事務局長を務めたParra［2004］があり，その他Yergin［1991］がある。また，多国籍企業の側からの歴史をたどった代表的な本にはSampson［1975］：邦訳『セブン・シスターズ』がある）。

▨ OPEC設立と石油ショック

OPECの石油生産量は1960年代以降急増し，OPECは価格支配力を強化して，国際石油資本がOPEC各国内で実施してきた石油開発・生産への参加，収益取り分の上昇，さらには事業の国有化を達成する。OPECの世界戦略はいったん成功を収め，石油価格の上昇を勝ち取るとともに，OPEC各国は石油収入を確保し，石油輸出で得られた豊富なオイルマネーを自国の開発，インフラの整備につぎ込むことになった。こうした産油国の中でも特に中東産油国は，世界の石油確認可採埋蔵量の約62％を占め（2006年），石油から得られる収入に全面的に依存した経済が出来上がっているために，レンティエ国家と呼んでその特徴に対する検討が行われた（Noreng［1997］等参照）。さらにレンティエ国家と分配国家（あるいは配分国家とも呼ぶ）との意味付けをいかに理解するかを巡って，様々な議論が行われた（伊能武次編［1994］等）。産油国でない中東諸国においても，産油収入の恩恵を出稼ぎ等を通じて得ており，石油埋蔵資源という「レント」を持たない国でも，その分配に与ることが可能であった。このように，産油国全体，中東全体が，分配国家としての歩みを1970年代に開始したと言えるほど，経済開発の足取りは力強く，オイルマネーの動向に，世界は一喜一憂する状況が生じた。つまり，中東全体の地政学的重要性が高まり，中東全体の地理的レントが発生したと言える。

欧米先進国は，1970年代に生じた第1次および第2次の石油ショックにより経済力を削がれ，他方，OPECをはじめとした産油国は，自らの発言力を圧倒的に高め，石油収入も増大させ，国としての体裁を整備し，経済政策にも積極的に取り組むところが増大した（福田安志編［1996］所収の各論文参照）。

その後，1980年代の半ばにオイルグラットと呼ばれる原油価格の暴落が生じ，1バレルが10ドルを下回るという急落が生じた。関根栄一編［1988］では，こうした栄光から転落へと至る中東産油国の経済発展の過程を分析している。このような変転極まりない産油国の経済発展史を学んでおくことが，各国の現状を理解し，将来を考えるためにも必要となる。

イスラーム諸国の経済発展

　イスラーム諸国の中において工業化に最初に踏み出した国として，エジプトとトルコをあげることができる。トルコは 1930 年代から「エタティズム」と呼ばれる国家主導の産業育成政策を導入して，日本で第 2 次世界大戦以降に実施された傾斜生産方式に先行する形で，大戦開始までの期間に一定の成果を上げている（関根栄一編 [1988]）。トルコは第 2 次大戦後の政治的混乱から，経済発展における阻害要因が多く存在し，戦後の経済発展は順調に進まなかったが，それでも中東諸国の中では抜きん出た経済力を有するに至っている。

　一方，エジプトは，1922 年の英国からの独立時点では綿花輸出に依存するモノカルチャーとなっており，輸出製品は 1970 年代初めにおいても綿花および繊維製品が 6 割を占めるという状態が続き，産業の多様化の点ではトルコに遅れをとってしまった。それでも中東域内では，トルコおよびエジプトの 2 カ国が現在，近代化の先導役を果たしていると言える。政治体制としても，王政を廃し，議会制を早くから取り入れ世俗化を果たしたエジプトとトルコは，議会制を導入しつつ立憲王政を維持しようとする湾岸諸国の一つの選択肢を示唆していることは間違いない。

　このようにトルコとエジプトが，産業の育成とその多様化の面で中東諸国内では先行しており，中東の近代化のモデルといえるものの，後発諸国の発展の方向性は，現在では異なった配慮が必要とされる。新しい議論として提示されているのは，経済発展の「質」を問うべきであるとする考え方である（トーマス他 [2002]，エリオット [2003] および Basu [2003] 等）。

　例えば，産油国における環境政策の実施状況を厳しく問う Wunder [2003] のアプローチは示唆に富む。中東各国の経済が，ミクロ的には個々人の合理的な選択に基づいて形成されているとしても，その全体的な発展の方向性として，環境への配慮を欠いたまま，先進国に追いつくために経済第一の政策を進めることは，中長期的に考えたときには経済合理性を欠くとの指摘である。Wunder は，経済政策の妥当性，財政支出の健全性が確保されているか，持続可能な政策となっているかにつき，産油国（インドネシア等）を対象に検討している。現在では，先進国および途上国がともに持続可能な発展を目指す必要があると考えられており，しかも，国連 UNDP (United Nations Development Program) が発表する人間開発指標（HDI）において，一人当たり GDP で示される順位より，中東産油国の順位が大幅に引き下げられて低い順位となってしまっている点，つまり発展の質が劣るとされることは国の政策に大きな課題があることを意味している（武石礼司 [2006] 参照）。貧困，環境，女性の地位，教育への取り組み等が重視される必要がある。

　質を問うとともに注目される研究手法が出現している。黒崎卓/山形辰史 [2003] が示すように，従来はインフォーマルと分類されてきた事象に着目し，人類学の手法に通じるミクロ・データ収集を行ない，それらデータに依拠して経済分析をすることで社会システムの考察をする野心的研究手法による取り組みである。社会発展の契機

となる，産業化への取り組みの可能性，金融システムの変化，商業から工業への移行可能性，パトロン・クライアント関係の存否とそのゲーム理論による理解，というように多様な現象を，ミクロの視点から分析していく試みが始まりつつある。

資源に依存した開発・発展の可能性

　産油国は，一次産品に過度に依存した経済をいかにして発展させることができるかが課題となっている。その一方，OPEC の発言力の増大に国際石油資本がいかに対抗し，経営戦略の変更を行ったかという，交渉の相手側の観点からの多国籍産業論としての分析も重要である。石油依存の経済構造を当初より組み込んだ中東諸国の経済は，その後も産業多様化に新たな方向性を見出せないまま，模索を続けていると言わざるをえない。各国財政は，石油価格が高騰したときのみ赤字が一時的に解消しており，問題の先送りの状態となっている。しかも，中東諸国では，政治動向の分析を抜きにしては経済問題を語ることが難しいほど，国対国の争いが生じてきている。特にパレスチナ問題に関しては，出口が見えない状況が続いている。伊藤治夫/清水学/野口勝明［2003］が検討しているように，政治経済学としての中東情勢の分析が必要となっている。

　石油生産コストを比べると，中東諸国は他の地域に比べて圧倒的に安く，従来，サウジアラビアおよびクウェイトでは，1 バレル当たり 2 ドルを下回ってきた。原油採掘コストが安く，しかも原油とともに生産される天然ガス（随伴性のもの）も安く入手できるために，石油化学基礎製品の輸出競争力は，欧米およびアジア諸国等に比べると圧倒的に強い。

　労働力を見ると，人口が希少であり，実労働は外国人に依存するという傾向が，中東産油国では顕著である。自国内の産業は，石油関連の原油開発・生産・輸出，および石油精製と製品輸出，さらに石油化学基礎製品の製造と輸出といった，一定のロットごとに輸出する製品が多く，産業としての雇用吸収力は小さい。したがって，自国民の雇用先としては政府機関等の公的部門が過半を占めるという国が，中東産油国では多い。

　産業の多様化，急増する若年層に対する就職口の確保は，各産油国とも緊急の課題である。だが，石油収入に依存する経済構造の下，個人所得税が存在せず，政府が石油収入の分配役を果たすことで「レンティア・メンタリティ」が形成されているために，自らリスクをとって産業を興す担い手を育てることは難しい。その一方，湾岸諸国の GCC をはじめとして，次第にアラブ地域においても経済圏を形成する動きが始まっており，域内関税を撤廃し，あるいは引き下げたために，域内での競争は激化している。

　今後，電力・造水，通信といった公共インフラ部門の民営化により，域内で勝ち抜いた企業が成長することが期待されるとともに，石油化学に加え，金融，IT，ショッピング，娯楽といったサービス分野での産業の成長が期待されている。中東産

油国における人口の急増という状況の中で，雇用を拡大して安定的な成長軌道に導くことが出来るかは最大の課題である．米英軍によるイラク侵攻によりサダム・フセイン政権が打倒された 2003 年以降に生じた原油価格の高騰は，産油国に多大の余剰資金をもたらしており，これら諸国が構造的にかかえる社会的な課題を覆い隠してしまうこととなった．ただし，産業多様化の可能性，政府の政策関与の是非等は，依然としてイスラームの産油国が持つ課題であり，今後も，様々な論点に対して経済分野からの研究は大きな貢献をすることが期待されている．

【文献】
伊藤治夫［1993］『中東産油国の工業開発』国際書院
伊藤治夫/清水学/野口勝明［2003］『中東政治経済論』国際書院
伊能武次編［1994］『中東における国家と権力構造』アジア経済研究所
梅野巨利［2002］『中東石油利権と政治リスク——イラン石油産業国有化紛争史研究』多賀出版
エリオット，ジェニファー［2003］『持続可能な開発』古今書院
大西圓［2000］『イラン経済を解剖する』ジェトロ（日本貿易振興会，現・日本貿易振興機構）
加藤博［2005］『イスラム世界の経済史』NTT 出版
黒崎卓［2001］『開発のミクロ経済学』岩波書店
黒崎卓/山形辰史［2003］『開発経済学』日本評論社
コンラッド，J・M［2002］『資源経済学』岩波書店
関根栄一編［1988］『中東諸国の経済政策の展開』アジア経済研究所
武石礼司［1993］「アラビア半島地域での国境紛争——石油生産の歴史との関連から」『国際エネルギー動向分析』1993 年 6 月号，日本エネルギー経済研究所
武石礼司［2006］『国際開発論——地域主義からの再構築』幸書房
トーマス，ビノッド他［2002］『経済成長の「質」』東洋経済新報社
福田安志編［1996］『GCC 諸国の石油と経済開発』アジア経済研究所
ブノアメシャン［1962］『砂漠の豹 イブン・サウド』筑摩書房
ブラウン，スティーブン［1993］『国際援助』東洋経済新報社
細井長［2005］『中東の経済開発戦略——新時代へ向かう湾岸諸国』ミネルヴァ書房
山田俊一編［2006］『中東・北アフリカの地域経済統合』調査研究報告書，アジア経済研究所
Abd Allah, Thana Fu'ad [2001] *al-Dawla wa-al-quwa al-ijtima'iya fī al-watan al-Arabi : alaqat al-tafa'ul wa-al-sira'* (*State and Social Forces in the Arab World : Reflections of Interaction and Struggle*), Beirut
al-Ahram [1958–] *al-Ahram al-iqtisadi* (*Al-Ahram Economic*), weekly, al-Qahira (Egypt)
Ali Abdel Gadir Ali [2003] "Economic Growth and Poverty in the Arab Countries : Does the Income of the Poor Grow by the Same Rate as Average Income?" *Majalla al-Tanmiya wa-al-Siyasat al-Iqtisadiya* (*Journal of Development and Economic Policies*), 6 : 1
Ali Tawfeeq Al-Sadiq/Ali Ahmed Al-Balbala/Mohammed Mustafa Umran [2004] "Arab Economy between Reality and Expectation," *al-Mustaqbal al-'Arabī*, 299
Arab Association for Economic Researches [1992–] *Buhuth iqtisadiya Arabiya* (*Arab Economic Researches*), al-Qahira (Egypt)
Arab Petroleum Research Center [each year] *Arab Oil & Gas Directory*, Paris
Barnes, Philip [1995] *Indonesia : The Political Economy of Energy*, Oxford Institute for Energy

Studies, Oxford
Basu, Kaushik [2003] *Analytical Development Economics*, Cambridge (MA)
Choudhury, Masudul Alam [1997] *Money in Islam : A Study in Islamic Political Economy*, London/New York
Cordesman, Anthony H. [2004] *Energy Developments in the Middle East*, Westport
El-Ghonemy, M. Riad [1998] *Affluence and Poverty in the Middle East*, London/New York
El-Naggar, Said [1993] *Economic Development of the Arab Countries*, Washington, D.C.
Fawzy, SAamiha [2002] *Globalization and Firm Competitiveness in the Middle East and North Africa Region*, Washington, D.C.
Galal, Ahmed/Bernard Hoekman [2003] *Arab Economic Integration : Between Hope and Reality*, Cairo
Guitián, Manuel/Saleh M. Nsouli [1996] *Currency Convertibility in the Middle East and North Africa*, Washington, D.C.
Hakimian, Hassan/Jeffrey B. Nugnet [2004] *Trade Policy and Economic Integration in the Middle East and North Africa : Economic Boundaries in Flux*, London
Hoekman, Bernard/Jamel Zarrouk [2000] *Catching Up with the Competition : Trade Opportunities and Challenges for Arab Countries*, Ann Arbor
Hoekman, Bernard/Patrick Messerlin [2002] *Harnessing Trade for Development and Growth in the Middle East*, New York
Iqbal, Zubair [2001] *Macroeconomic Issues and Policies in the Middle East and North Africa*, Washington, D.C.
Mababaya, Mamarinta P. [2002] *The Role of Multinational Companies in the Middle East : The Case of Saudi Arabia*, London
MEED : *Middle East Economic Digest*, weekly, London, www.meed.com
MEES : *Middle East Economic Survey*, weekly, Cyprus
Melamid, Alexander [1991] *Oil and the Economic Geography of the Middle East and North Africa*, Princeton (NJ)
Noreng, Oystein [1997] *Oil and Islam : Social and Economic Issues*, Chichester (UK)
Parra, Francisco [2004] *Oil Politics : A Modern History of Petroleum*, London
Qusaybi, Ghazi [1992] *al-Tanmiya al-as'ila al-kubra (Development, Big Questions)*, Beirut
Sampson, Anthony [1975] *The Seven Sisters : The Great Oil Companies and the World They Made*, London（大原進/青木栄一訳『セブン・シスターズ──不死身の国際石油資本』日本経済新聞社, 1976）
Shojai, Siamack [1995] *The New Global Oil Market : Understanding Energy Issues in the World Economy*, Westport
UN-Economic and Social Committee for West Asia : ESCWA [1999] *Taqyim baramij al-khaskhassah fi mintaqah al-iskuwa (Assessment Program of Privatization in ESCWA Region)*, New York
Wilson, Rodney [1995] *Economic Development in the Middle East*, London/New York
Wunder, Sven [2003] *Oil Wealth and the Fate of the Forest : Comparative Study of Eight Tropical Countries* (Routledge Explorations in Environmental Economics), London/New York
Yergin, Daniel [1991] *The Prize : The Epic Quest for Oil, Money & Power*, New York/Tokyo

4-9　都市と社会問題　　　　　　　　　　　　　　　店田廣文

人口変動と社会経済発展

　イスラーム教徒（ムスリム）の人口は，2000年現在，約13億人に達し世界人口の21％を占めている。将来人口の推計には幅があるが（店田廣文［2002］），2025年には世界人口の3分の1に達するとの見方もある。人口変動は社会変動の大きな要因であり，人口構造を視野におさめたイスラーム世界の社会分析が求められることをまず強調しておきたい（日本人口学会編［2002］）。人口の基本構造は出生・死亡と移動により変動するが，イスラーム世界において注目すべきことは次の2点である。第一に全体としてみると出生率が依然として高く人口増加は今後しばらく継続すると考えられることである。第二に人口移動による都市化と都市人口の増加である。

　中東・北アフリカ地域の人口構造全般に関しては，Baer［1964］がエジプト，シリア，イラク，ヨルダンなどの東アラブについて人口増加から家族，女性，宗教・民族，階層などの構造を，Clarke/Fisher編［1972］は各国別に人口の概況と特徴を報告した。Bonine編［1997］では，人口増加の惹起する都市化に伴う危機的様相を焦点として，貧困や生活の質，都市の保存修復，インフォーマルセクター，出生・中絶，ジェンダー，環境問題からイスラーム運動まで扱われており，各専門領域からのアプローチを確認できる。Sirageldin編［2002］は，同地域の21世紀における人口問題に関する人的資本，労働市場，都市化と人口移動などを課題とした経済学的分析による最新成果である。なお人口全般については，国連人口部（United Nations［2003］）や『アラブ人間開発報告』を刊行する国連開発計画などが提供するデータ利用に習熟しておきたい。またDemographic Health Surveyは各国別の出生力や家族に関するデータの宝庫であり各自の関心にそった2次的分析も可能である。現在，エジプト，ヨルダン，トルコ，イエメン，パキスタン，インドネシア，ナイジェリアなど20カ国以上のイスラーム世界各国のデータが提供されており，人口に関する調査研究において不可欠である（http://www.measuredhs.com/）。

　出生率が高いサウジアラビアやイエメンなどを含む，西アジア・イスラーム世界の地域人口は，現在の2億から4億（2050年）へ増加すると推計されている。このような人口増加は，年齢構造に大きな影響を与える。生産年齢人口が増加し年少人口や老年人口に対する比率である従属人口指数は低下して，社会経済発展にとって好機となる「人口ボーナスの時代」（扶養負担が小さい時代）を迎える。他方でイスラーム世界の15～24歳人口の比率をみると，2000年現在，イラン，バングラデシュ，イラク，トルコ，シリア，ヨルダンなどで20％を超えており，政治的・社会的運動が激化する可能性が指摘される水準に達している。とりわけ，このような若年人口は都市に集中することが多く，社会の不安定化要因として注目されている（店田廣文

[2003]，酒井啓子編 [1998] の「モロッコの若者」や「イラクにおける青年問題」，Ruble 他 [2003]）。イスラーム世界にとって人口増加は相反する効果をもたらす可能性があり，社会経済発展に関する研究課題として重要である。

都市化と都市の変容

2000年現在，世界の都市人口比率はおよそ50%であるが，西アジアや北アフリカではそれ以上の集積が進んでおり，今後も継続する人口増加は都市人口をますます増加させる。現在，人口1千万以上の巨大都市圏20のうち五つ（ジャカルタ，ダッカ，カラーチ，カイロ，ラゴス）はイスラーム世界にある（United Nations [2004]）。さらなる都市の肥大化とそれに対応する開発計画の実施は，農村地域の人口プッシュ要因と都市地域の人口プル要因を強めて人口のモビリティを上昇させ，都市化率（都市人口比率）はますます上昇する。なかでも西アジアは2030年には先進国レベルの72%に達すると推計されている（United Nations [2004]）。都市化がイスラーム世界にもたらす大きな変化を常に注視しておく必要があろう。

さてイスラーム世界の現代都市に関する研究においてまず繙いておきたいのは，1970年前後に刊行された三つのシンポジウム記録，Lapidus 編 [1969]，Hourani/Stern 編 [1970]，Brown 編 [1973] である。これらを踏まえた上で，以下に掲げる文献を参照したい。まず都市化については，中東地域全体を取り上げて社会空間や経済の変容を論じた Costello [1977] や Blake/Lawless 編 [1980] の "Contemporary Urban Growth"，アラブ地域を対象として都市化と開発戦略を論じた Ibrahim [1985] や Saqqaf 編 [1987] の "Population Movement and Urbanization"，アラブ世界やイスラーム世界全体を視野に入れグローバル化と都市を論じた Abu-Lughod [1996]，El-Shakhs/Shoshkes [1998] がある。1960年代までの都市化と人口移動の研究は国内移動に焦点があり，農村移動者の都市への適応や定着を論じ「都市の農村化」という視点を導入した Abu-Lughod [1961] は典型的な移動研究である。Ibrahim [1975] はアラブ地域を対象として都市化の進行と都市的生活様式をも意味するアーバニズムの齟齬について言及した。70年代から80年代の中東地域の都市化研究の焦点は，国内の都市と農村を巡る人口流動によって進行する都市化だけでなく石油危機以降の地域全体を巻き込んだ国境を超える人口移動によって惹起された都市化，「オイル・アーバニゼーション」にもあった。カイロを事例として移動構造と社会構造の変動を分析した店田廣文 [1999]，Blake/Lawless 編 [1980] の "Migration in Space" は人口移動と社会移動をリンクさせた研究である。湾岸諸国の都市化についてもこの時期を対象として頻繁に取り上げられた。近年ではグローバリゼーションと都市化が関心を呼んでおり，この視点からの本格的な都市研究は今後の課題である（例えば，Ghannam [2002]。また *International Journal of Urban and Regional Research* 掲載の諸論文も参照）。

林武 [1974] は，近代化以降におけるカイロの都市化を地付き住民の価値観の変化

から捉えて辿った興味深い論考である。これに関連する研究としてカイロの庶民地区の人びとの価値観や生活を参与観察とインテンシブなインタビューによって描き出した El-Messiri［1978］がある。エジプト農村と大都市アレキサンドリアの二つの社会空間を事例として都市化に伴う社会的連帯の変容を取り上げた長沢栄治［1991］も方法論は異なるが上記のアプローチに連なるものである。三木亘/山形孝夫編［1985］は，イスラーム世界各地の都市民の暮らしをフィールドワークによって読み解き，描写したものとして参照したい。

　都市化および人口移動は，既存の都市空間および都市社会に大きな影響を及ぼし，それら空間や社会の「改造」や「破壊」あるいは「創造」によって都市自体を揺り動かすことになる。その典型が不良住宅地区やスクオッター地区などのいわゆる「スラム」地区形成であり，都市政策の帰結としてのニュータウン建設である。エジプトの港湾都市アレキサンドリアのスラム地区レポートは貴重な報告である（Ghamiri［1980］，店田廣文［1984］）。最近では Fahmy［1990］や al-Kurdy［1999］をはじめとしてエジプトの国立社会犯罪研究センター所属の研究者チームによる総合的な社会調査が多数おこなわれているので，是非参照したい。「スラム」に関する和文文献としてはジャカルタやアンカラを対象とする社会調査報告として新津晃一編［1989］，およびケレシュ/加納弘勝［1990］がある。ただし，日本人研究者による同種の研究はほとんどないのが現状であり，今後の展開が期待される分野である。

都市社会と全体社会の変動

　都市全体を対象とする社会学的研究は最近ではきわめて少ない。エジプトのカイロに関する Clerget［1934］を嚆矢とし，その伝統は Abu-Lughod［1971］に引き継がれたが，その後同種のまとまった研究はほとんどない。後者の分析に用いられた社会地区分析によるその後の研究としてはアレキサンドリアやモロッコのラバトを事例とした研究がある。また 1986 年までのデータを使用してカイロの都市構造分析を試みた店田廣文［1999］の第 4 章がある。その他の分野からはアンカラの地理学的研究である寺坂昭信編［1994］，東南アジアのイスラーム世界については，生田真人/松澤俊雄編［2000］がクアラルンプル，宮本謙介/小長谷一之編［1999］がジャカルタを対象とする経済地理学的研究として存在する。建築学的分野からの最新の成果として陣内秀信/新井勇治編［2004］，先行する研究としてハーキム［1990］および Bianca［2000］があり，いずれも中東地域の諸都市を対象とする。

　都市における社会関係の実証的研究としては，カイロの都市化における社会関係の変容をインタビュー調査により研究した前述の El-Messiri［1978］，都市社会関係とインフォーマルな政治参加の諸相を丹念にフィールドワークで追跡した Singerman［1995］，街区の形成過程についてまとめた Blake/Lawless 編［1980］の第 6 章，都市の地域社会集団の変容を取り上げた加納弘勝［1987］がある。同郷者団体の構造と機能の分析から農村移動者の都市定着後の社会関係を取り上げたのが店田廣文［1999］

の第6～7章である。前述した「スラム地区」の調査研究などにもこの分野に関する研究は多い。しかし，日本人研究者による都市の地域社会を対象とするインテンシブな研究はほとんどないのが現状である。

　これまでの都市研究において研究の焦点は大都市にあったが，国内人口移動に加えて国際人口移動の増加による移動構造の変化と全体社会の変動，および国内開発政策および分権化政策の進行にともなって地方の中小都市の動向にも注目が集まるようになってきた。Blake/Lawless編［1980］の第10章や，店田廣文［1999］の第5章は，こうした関心を反映している。地方都市研究に必須の地方制度の検討には，中東地域については伊能武次/松本弘編［2001, 03］が各国ごとの制度を概観するのに便利である。ただし，現在においても大都市は一国の政治，経済，文化の中心的役割を果たしており，さらに経済や政治のグローバル化による直接的な影響を受けながら中間層の成長や超高層ビルに象徴されるような建造環境の目覚ましい躍進を遂げている。こうした光の陰で，不平等や経済格差が顕著に拡大しているのは大都市であり，研究対象としての重要性は不変である。開発政策と密接に関連する都市計画に関する研究については，アラブ諸国独立後の都市課題を論じている Berger編［1974(1963)］，Amirahmadi/El-Shakhs編［1993］や El-Sheshtawy編［2004］等が参考になろう。

都市問題と都市研究の課題

　都市に特徴的に見られる社会問題としての都市問題をあげるとすれば，ストリートチルドレンや児童労働，貧困問題，前掲のスラム問題，社会階層の分化や経済の二重構造，ゴミや大気汚染などの環境問題，非行や犯罪などの病理的問題，さらには都市経営問題などである。現代中東における都市問題を概観するには Bonine編［1997］が最適であろう。社会の歪みが集中的に現れる都市問題の研究では，社会調査を利用した実証的研究の持つ意義は大きい。例えば，カイロ大都市圏における薬物濫用を課題とした Soueif［1988］，Mustafa 他［1999］はエジプトのスエズ市を対象とした児童労働の調査研究であり，いずれも国立社会犯罪研究センターによる社会調査をベースとしている。和文文献として酒井啓子編［1998］に「エジプトの児童労働」がある。Oldham 他［1981］は，ゴミ収集人のコミュニティを対象とするフィールドワークによる研究であり，環境問題と都市の地域社会集団を視野に入れた研究といえよう。都市におけるイスラーム運動あるいはイスラーム主義の活動にも大きな関心が寄せられているが，ここでは都市を説明変数とする研究の一部を紹介しておく。インフォーマル・ネットワークを媒介とする抗議運動やイスラーム運動をエジプト，イラン，レバノンを舞台に検証する Denoeux［1993］，Bonine編［1997］の "Urbanization and Political Instability in the Middle East" では，都市化を説明変数として相対的剥奪を媒介変数とする政治的不安定の分析が試みられている。ムスリム同胞団の誕生と都市人口の変動を関連づけて分析したものに店田廣文［1989］がある。ほかに中東各地の都市問題を取り上げた加納弘勝［1989］がある。

イスラーム世界において，これからも都市化はグローバル化とならんで最大の社会変動要因であると言うことができる。最後に都市および都市化研究のこれからの課題をいくつか検討しよう。第一は，はじめに述べた人口の年齢構造に関連することである。短期的視点からは，若年人口の構造を重視した研究が重要であることは既述した。中長期的な視点から見るとイスラーム世界でも人口構造は成熟化，つまり高齢化へと向かっている。東南アジアでは2050年には高齢社会（65歳以上人口が14％超）に突入し，その後，中東・北アフリカにも高齢化の波は到達する。研究者の関心も高まりつつあり（Sirageldin編［2002］），都市における高齢者問題が課題となることは間違いない。第二の課題は，近代化以降における都市の社会変動を統計的史資料をも利用しながら分析し再構成することである（Alleaume/Fargues［1998］）。イスラーム世界の都市は，都市空間の再編成においても持続的な都市社会の構築においても大きな転換期にさしかかっていると言ってよい。都市の将来像を構想するためにも是非取り組みたい課題である。第三に，ローカルかつグローバルであり複雑極まりない現代都市の研究にとって，社会現象のデータ収集と分析は必須である。都市化研究では，人口統計データの活用とともに社会調査を利用して1次的データを収集し分析することがより効果的である（例えば，Amirahmadi/El-Shakhs［1993］の第8章）。そのためには現地研究者や研究機関との連携や共同研究が必要となるが，他方で調査研究手法の革新も課題であろう。Kato/Iwasaki/el-Shazly［2004］は，文理融合型の三つのマクロ・ミクロデータをリンクさせようとする新たな研究手法による人口移動と都市化の研究である。統計データの整備も進み利用環境も整ってきたことから，グラウンデッド・セオリーの主張するような質的なデータ収集と分析に加えて（Singerman/Amar［2003］，Ghannam［2002］），統計データを積極的に利用する研究も今後の課題であろう。先進国や発展途上国の他地域と比べ，イスラーム世界の都市社会を主題とする研究はやや停滞気味である（従来の都市研究の状況については，Bonine［1976］，Abu-Lughod［1991］）。しかし都市は世界社会と直結する社会変動の先行指標であり全体社会の縮図でもあり，イスラーム世界の都市研究の新たな展開が期待される。

　なお本節では，羽田正/三浦徹編［1991］，Haneda/Miura編［1994］によるイスラーム世界の都市研究レビューとは異なる視点，つまり人口学や社会学的視点にたって，半構造化されたインタビュー調査などの質的調査や質問紙を使用した社会調査および多様な統計データを利用する都市研究への案内を念頭において，現代都市研究を重点的に取り上げた。その他の歴史学的な研究などについては上記2冊のほか近年の研究業績も参照してほしい（三浦［1997］，Raymond［2002］，Sato編［1997］，Wheatley［2001］）。また本節では筆者の主な研究対象地域である中東・イスラーム世界に関する言及が多くなったが，イスラーム世界全体の都市研究文献等については8000近い文献がリストアップされているBonine他編［1994］や板垣雄三/後藤明編［1992］も参照されたい。

【文献】

生田真人/松澤俊雄編 [2000]『クアラルンプル/シンガポール（アジアの大都市 3）』日本評論社
板垣雄三/後藤明編 [1992]『事典イスラームの都市性』亜紀書房
伊能武次/松本弘編 [2001, 03]『現代中東の国家と地方』I, II, 日本国際問題研究所
加納弘勝 [1987]「都市の地域社会集団の持続と変容——中東」北川隆吉他編『現代世界の地域社会』有信堂
加納弘勝 [1989]『中東イスラム世界の社会学』有信堂
ケレシュ, R/加納弘勝 [1990]『トルコの都市と社会意識』アジア経済研究所
酒井啓子編 [1998]『中東諸国の社会問題』アジア経済研究所
陣内秀信/新井勇治編 [2004]『イスラーム世界の都市空間』法政大学出版局
店田廣文 [1984]「エジプトのスラムの実態」『アジア経済』25：4
店田廣文 [1989]「都市の変容と同胞団の発展」小杉泰編『ムスリム同胞団——研究の課題と展望』国際大学
店田廣文 [1999]『エジプトの都市社会』早稲田大学出版部
店田廣文 [2002]「イスラーム世界の将来人口」『統計』53：5
店田廣文 [2003]「大アジア圏の人口問題」『構想（アジア新世紀 8）』岩波書店
寺島昭信編 [1994]『イスラム都市の変容——アンカラの都市発達と地域構造』古今書院
長沢栄治 [1991]「都市化と社会的連帯」加納弘勝編『中東の民衆と社会意識』アジア経済研究所
新津晃一編 [1989]『現代アジアのスラム』明石書店
日本人口学会編 [2002]『人口大事典』培風館
ハーキム, B・S [1990]『イスラーム都市——アラブのまちづくりの原理』佐藤次高監訳, 第三書館
羽田正/三浦徹編 [1991]『イスラム都市研究』東京大学出版会
林武 [1974]「都市化と人間類型——カイロ市井人の理想像」林武『現代アラブの政治と社会』アジア経済研究所
三浦徹 [1997]『イスラームの都市世界』山川出版社
三木亘/山形孝夫編 [1985]『都市民（イスラム世界の人びと 5）』東洋経済新報社
宮本謙介/小長谷一之編 [1999]『ジャカルタ（アジアの大都市 2）』日本評論社
Abu-Lughod, J. [1961] "Migrant Adjustment to City Life : The Egyptian Case," *American Journal of Sociology*, 67
Abu-Lughod, J. [1971] *CAIRO : 1001 Years of the City Victorious*, Princeton
Abu-Lughod, J. [1991] "The State of the Art in Studies of Middle Eastern Urbanization," in E. L. Sullivan/J. S. Ismael 編, *The Contemporary Study of the Arab World*, Alberta
Abu-Lughod, J. [1996] "Urbanization in the Arab World and the International System," in J. Gugler 編, *The Urban Transformation of the Developing World*, Oxford
Alleaume, G./P. Fargues [1998] "La naissance d'une statistique d'État : Le recensement de 1848 en Egypte," *Histoire & Mesure*, 13 : 1/2
Amirahmadi, H./S. S. El-Shakhs 編 [1993] *Urban Development in the Muslim World*, New Brunswick（NJ）
Baer, G. [1964] *Population and Society in the Arab East*, London
Berger, M. 編 [1974(1963)] *The New Metropolis in the Arab World*, rep. ed., New York
Bianca, S. [2000] *Urban Form in the Arab World*, London
Blake, G. H./R. I. Lawless 編 [1980] *The Changing Middle Eastern City*, London
Bonine, M. E. [1976] "Urban Studies in the Middle East," *Middle East Studies Association Bulletin*, 10

Bonine, M. E. 編 [1997] *Population, Poverty, and Politics in Middle Eastern Cities*, Gainesville
Bonine, M. E. 他編 [1994] *The Middle Eastern City and Islamic Urbanism*, Bonn
Brown, L. C. 編 [1973] *From Madina to Metropolis*, Princeton
Clarke, J. I./W. B. Fisher 編 [1972] *Population of the Middle East and North Africa*, London
Clerget, M. [1934] *Le Caire : Etude de géographie urbanine et d'histoire économique*, Cairo
Costello, V. F. [1977] *Urbanization in the Middle East*, Cambridge
Denoeux, G. [1993] *Urban Unrest in the Middle East : A Comparative Study of Informal Networks in Egypt, Iran, and Lebanon*, Albany
Dumper, M. R. T./B. E. Stanley 編 [2007] *Cities of the Middle East and North Africa : A Historical Encyclopedia*, Santa Barbara
El-Messiri, S. [1978] *Ibn al-Balad : A Concept of Egyptian Identity*, Leiden
El-Shakhs, S./E. Shoshkes [1998] "Islamic Cities in the World System," in Fu-Chen Lo/Yue-Man Yeung 編, *Globalization and the World of Large Cities*, New York
El-Sheshtawy, Y. 編 [2004] *Planning Middle Eastern Cities*, London
Fahmy, N. [1990] *Al-Khasā'is al-Sukkāniya wa al-Zurūf al-'Umurāniya li-Madīna al-'Āshar min Ramadān (The Characteristics of the Population and the Physical Circumstances of the 10th of Ramadan City)*, Cairo
Ghamiri, M. H. [1980] *Thaqāfa al-Faqr (Culture of the Poverty)*, Alexandria
Ghannam, F. [2002] *Remaking the Modern : Space, Relocation, and the Politics of Identity in a Global Cairo*, Berkley/Los Angeles
Haneda, M./T. Miura 編 [1994] *Islamic Urban Studies : Historical Review and Perspectives*, London/New York
Hourani, A. H./S. M. Stern 編 [1970] *The Islamic City*, Oxford
Ibrahim, S. E. [1975] "Over-urbanization and Under-urbanism : The Case of the Arab World," *International Journal of Middle East Studies*, 6
Ibrahim, S. E. [1985] "Urbanization in the Arab World," in N. S. Hopkins/S. E. Ibrahim 編, *Arab Society in Transition*, Cairo
Kato, H./E. Iwasaki/A. el-Shazly [2004] "Internal Migration Patterns to Greater Cairo――Linking Three Kinds of Data : Census, Household Survey, and GIS," *Mediterranean World*, 17
Kato, H./E. Iwasaki/N. Yabe [2006] "Residential Patterns of Rural Migrants in Greater Cairo Suburban Areas"『日本中東学会年報』22 : 2
al-Kurdy, M. [1999] *Mash Ijtimā'ī li-Mintaqa 'Ashuwā'īya (Social Survey of Slum Area)*, Cairo
Lapidus, I. M. 編 [1969] *Middle Eastern Cities*, Berkeley/Los Angeles
Mustafa, 'A. 他 [1999] *Al-Atfāl al-'Āmalun fī al-Hadar (Child Labor in the City)*, Cairo
Nielsen, H. C. K./J. Skovgaard-Petersen 編 [2001] *Middle Eastern Cities 1900-1950 : Public Places and Public Spheres in Transformation*, Aarhus
Oldham, L. 他 [1981] *The People of the Gabbal : Life and Work among the Zabbaleen of Manshiet Nasser*, Cairo
Raymond, A. [2000] *Cairo*, Willard Wood 訳, Cambridge
Raymond, A. [2002] *Arab Cities in the Ottoman Period*, Hampshire
Ruble, B. A. 他 [2003] *Youth Explosion in Developing World Cities*, Washington, D.C.
Saqqaf, A. Y. 編 [1987] *The Middle East City : Ancient Traditions Confront a Modern World*, New York
Sato, T. 編 [1997] *Islamic Urbanism in Human History : Political Power and Social Networks*,

London/New York
Singerman, D. [1995] *Avenues of Participation*, Princeton
Singerman, D./P. Amar [2003] "Cairo Cosmopolitan : World Capital of Myths and Movements," *Observatoire Urbain du Caire Contemporain*, 5
Singerman, D./P. Amar 編 [2006] *Cairo Cosmopolitan : Politics, Culture, and Urban Space in the New Globalized Middle East*, Cairo
Sirageldin, I. 編 [2002] *Human Capital : Population Economics in the Middle East*, New York
Soueif, M. I. [1988] *Drug Abuse in Egypt : Extent and Patterns among Students in Greater Cairo*, Cairo
United Nations [2003] *World Population Prospects : The 2002 Revision*, New York
United Nations [2004] *World Urbanization Prospects : The 2003 Revision*, New York
United Nations [2006] *World Urbanization Prospects : The 2005 Revision*, New York
United Nations [2007] *World Population Prospects : The 2006 Revision*, New York
Wheatley, P. [2001] *The Places where Men Pray Together : Cities in Islamic Lands, Seventh through the Tenth Centuries*, Chicago

4-10　部族と遊牧民　　　　　　　　赤堀雅幸

「部族」とは何か

　「部族」tribe は，古代ローマの集団概念「トリブス」に由来する用語である。歴史学者や人類学者はこれを，国家が未成熟な地域にみられ，何らかの血統意識を共有する人間集団を指す概念として広範に用いてきた。

　しかし今日の人類学者はこの語の使用をおおむね控えている。それはひとつには，「部族」と呼ばれる集団が実際にはひどく多様で，ひとくくりにするのに無理があるためである。加えて，同類の用語である「民族」との区別があいまいなのに，「部族」の方はしばしば差別的な意味を込めて使われてきたという反省も，この用語の使用をためらわせる。

　にもかかわらず，中東研究では「部族」は充分に機能する概念として通用している。これは何よりも中東に暮らす人々，とくに遊牧民の間で「部族」に相当する概念が，今日まで生きているためである。アラビア語で「カビーラ」qabīla や「アシーラ」'ashīra と呼ばれる集団をまとめて「部族」と呼んでも，アラブやトルコといった「民族」との混同の問題は生じず，「部族」概念はわりあいとうまく学術的な使用にたえるものとなっている。

　ここでいう中東の「部族」とは，人類学の親族理論からすれば「領域的父系出自集

団」と呼ばれるものである。それはまず，人が自分の父方にだけ血統をたどる考え（＝父系出自）を基本とする。そこでさらに，血統を共有する者を仲間であると考えれば，祖先が誰であるかによって決まる人間の集合ができ，人類学ではしばしばこれを「氏族（クラン）」と称する。このような考え方は，人類をバヌー・アーダム（アダムの息子たち）と呼ぶ中東ではごく一般的であるが，血統を共にするだけでは部族というには充分ではない。それら氏族がひとつの地域にまとまって居住して（＝領域的）初めて部族ということができ，中東では，とくにアラブ系遊牧民（ベドウィン）がこの意味での部族民の典型をなす。

通常，子孫と始祖の間には，中間の参照点となる複数の祖先が介在するので，人は入れ子状になった複数の部族集団に帰属し，始祖へとさかのぼるほど子孫間の関係は薄く，空間的には遠くに住んでいることになる。つまり，中東の遊牧民における「部族」とは，死者（祖先）との関係を語ることで，生者（子孫どうし）や空間（土地）との関係を計ることができるような仕組みなのである。その首尾一貫した原則は古くから研究者の関心をかきたててきた（Murray［1935］）。

■ 遊牧における部族の役割

遊牧民が部族制を採用したのには，彼らの生業が大きく関わっている。遊牧は乾燥地帯で生きていくための生存戦略であり，農耕を他者にまかせ牧畜に特化することで，散在する水や牧草を有効に利用する（松井健［2001］）。ときに誤解されるが，遊牧は，人類史の最初期からの生業である狩猟と異なり，農耕牧畜革命の後に発明された新しい生業である（赤堀雅幸［2002a］）。

遊牧の生活を送る者にとって最大の関心事は，不足しがちな水と牧草をどう分配するかにある。遊牧に使用する広範囲の土地を自分たちだけで専有するのはきわめて困難であるから，中東の遊牧民は，先に述べたような部族への帰属を資源への接近の便法として利用してきた。自分たちが直接に管理する土地は狭小であっても，周辺の土地にもまた同族の者としていくばくかの権利を主張できるところから，交渉を通して広範囲の土地を利用できるというのが，彼らの考え出した精妙ともいえる資源分配の仕方である（コウル［1982］）。

ただし，因襲的な部族の掟に縛られた生活などという憶説を拭い去った目でみると，実際の遊牧生活が出自原理の強制力だけで説明できるほど単純でないことは明らかである。なかには，出自などは遊牧民の方便にすぎず，生存のための多種多様な努力が結果として部族を生み出したのだと結論づける研究者もいるが（Max［1967］），次第に参照系としての出自の有効性と現実とのすりあわせの柔軟さが併せて研究されるようになった（Behnke［1980］）。

とりわけ，出自の操作や例外的な集団の取り込みの過程は，生態学的な関心から部族と遊牧民の関係を扱う以上に，記憶や語りの操作の問題としても興味深く，さらには，系譜学的な史料の蓄積から，歴史学の取り組みも可能な分野として，今後の追求

が期待される。

なお，アラブ系と異なり，トルコ系などの遊牧民では，領域的父系出自集団を基本としつつも，特定の出自系統を優越したものとみなして，これに首長位を与えることがしばしばあり，それは部族組織にアラブ系とはかなり異なる特徴を与えている（Barth［1961］）。首長家による集団の統制や資源の統御が有効であるため，通常それらの遊牧民集団の出自的な統一性はゆるい。こうした違いが何に由来するかについて，諸説はあるがいまだ充分な探究はなされていない。

部族と国家

生業上での部族の役割と関連しつつ，それとは別に多くの研究者の関心を引いてきたのは，政治組織としての部族の問題だった。

古典的な研究は，政府をもたない社会（無頭社会）がいかに治安を維持するかという，1940年代のアフリカ研究の主題を引き継ぎ，強固な平等主義で知られるベドウィンが部族間の均衡によって紛争を処理する機構が検討に付された（Peters［1990］）。部族の組織原理である父系出自と政治の実際をめぐる議論も，生業に関するのと同様に検討され，とくにパシュトゥーンに関するバルトの民族誌にアフメドが加えた批判はよく知られている（Ahmed［1976］，Barth［1959］）。

当初，制度の問題として議論された「部族の平和」に関する研究はやがて，部族の顔役など，調停者として自己の才覚で指導的立場を手にしていく個人に注目する研究へと進んでいった（Ginat［1987］）。個人への注目を強めたのは人類学一般の傾向ではあったが，中東研究では，ゲルナー（Gellner［1969］）がモロッコの部族民の間に暮らす聖者の末裔に注目し，彼らが聖なる局外者であるがゆえに政治力を行使する様子を描いた民族誌を発表して以来，聖性と結合した仲裁者の権力が注目されてきた点に特色がある。遊牧民の信仰を論じるについては，エキゾティシズムや興味本位の推論に議論が彩られることがしばしばであったが，これに対して，異人としての聖者を核として政治的な求心力が発揮されるという事例の研究は，聖者信仰の研究としても，遊牧民の政治的結集の研究としても，多くの示唆に富むものであった。

この研究の流れの上では，Evans-Pritchard［1949］を嚆矢として，近現代にタリーカなどが部族組織と接合して政治的結集を示した事例を検討する研究が複数存在する。前近代についても，ムラービト朝の成立といった歴史上の出来事に対して，この視点が生かされる余地はおおいにある。

遊牧民内部の政治的結集の議論に加え，遊牧民と国家の関係に関する研究も重要である。これに関しては，個別の事例研究は多数に上り，歴史学と人類学にまたがるような研究もふえている（加藤博［1995］，ゲルナー［1995］）。それらの研究の多くでは，遊牧民の結集と王朝交代に関するイブン・ハルドゥーン［2001］の理論の先進性が，繰り返し指摘されている。

政治組織としての部族の研究が全体として示唆しているのは，中東において国家と

部族の関係が、常にダイナミックな展開を見せてきたという事実である。1950年代の新進化主義の一部には、採集狩猟民のバンド（群れ）と国家の中間の段階に部族（および首長制）を位置づける考え方があったが（サーリンズ［1972］）、中東では部族と国家は発展段階的なものではなく、ガバナンスの二つの様態であって、それらはときに拮抗し、ときに接合するととらえるのが妥当であろう（Khoury/Kostiner編［1990］）。この視点によって、中東の部族と国家の関係の研究は、前近代における国家のあり方に再考を迫るものともなる。

現代の部族と遊牧民

強固な領域制を有する近代国家の導入とともに、遊牧民とその部族にも大きな変化が訪れた。人類学では東南アジアを事例に、植民地主義の進展が現地勢力の間により強力な首長を作り出し、それがひいては（植民地支配者にとって）よりはっきりと目にみえる部族を作り出したと論じられた（フリード［1999］）が、同じような事情は中東の部族とその調停者的権力についても報告されている。

しかしそれよりも、遊牧民の生活に大きな影響を与えたのは、植民地支配を脱した新興の近代国家が、強力に定住化政策を推進したことであった。国家は国民統合を図るなかで、教育、徴税、兵役、いずれの観点から見ても不都合な遊牧という生業形態を好まず、遊牧民自身が学校教育や新たな職業機会を積極的に捉えていったのもあいまって、元来少数である遊牧民は、ますますその数を減らしてきた。同様に、近代国家は部族による独自の治安などというものを原則として認めないため、部族がその政治的機能を大幅に剥奪されていった地域も多い（酒井啓子編［1993］）。

こうした近代化の、さらには今日のグローバル化の流れのなかで、部族はその役割を終え、遊牧民はそのアイデンティティを喪失していくのかが、近年の研究のひとつの焦点である（Galaty/Salzman編［1981］、Meir［1997］、Mundy/Musallam編［2000］）。今のところ単に伝統が失われてゆくという観点からではなく、むしろ変容しつつ再生しているとみる研究者が多く、とくにエスノツーリズムなど観光人類学との関連で複数の研究がすでになされている（Cole/Altorki［1998］）。

この他、あいにくと取り上げるには充分な紙幅がないが、遊牧民の口承伝統や衣服などの意匠、広くいえば風俗習慣に関する研究もかなりの蓄積を有し（堀内勝［1979］、Kennett［1925］）、なかにはそれらの変容の妙を取り上げた今日的な研究も一定数存在する（赤堀雅幸［2002b］、Bailey［1991］）。地中海世界全般にみられる恥と名誉、それと深く関わるジェンダーの問題などについて、これをとくに部族や遊牧と結びつけて論じる研究があることにも留意すべきであろう（赤堀［2005］、Abu-Lughod［1986］）。加えて、中東に限らず、広く世界各地のムスリムに目を向ければ、母系出自に基づいて形成された部族や、海を遊動する人々（海漂民）など、「部族と遊牧民」という主題に連なるさらに多彩で探究の価値を有する題材が数多くあることも付言しておく。

【文献】

青柳清孝他［1979］『文化人類学——遊牧・農耕・都市』八千代出版
赤堀雅幸［2002a］「遊牧民と文明——古代メソポタミアの牧人たち」松井健他編『NHKスペシャル 四大文明 メソポタミア』日本放送出版協会
赤堀雅幸［2002b］「ベドウィン伝統歌謡の継承と変容」大塚和夫編『現代アラブ・ムスリム世界——地中海とサハラのはざまで』世界思想社
赤堀雅幸［2005］「父系，父権，遊牧，イスラーム」田中雅一/中谷文美編『ジェンダーで学ぶ文化人類学』世界思想社
アロタイビ，M［1989］『砂漠の遊牧民ベドウィン』河津千代訳，リブリオ出版
イブン・ハルドゥーン［2001］『歴史序説』森本公誠訳，岩波書店
片倉もとこ［1979］『アラビア・ノート——アラブの原像を求めて』日本放送出版協会
加藤博［1995］「遊牧民：Minority or Vagabond?——近代エジプトにおける国家と遊牧民」『上智アジア学』14
キング，J［1995］『ベドウィン』柏木里美訳，リブリオ出版
ゲルナー，E［1995］『イスラム社会』宮治美江子他訳，紀伊國屋書店
コウル，D・P［1982］『遊牧の民ベドウィン』片倉もとこ訳，社会思想社
酒井啓子編［1993］『国家・部族・アイデンティティー——アラブ社会の国民形成』アジア経済研究所
サーリンズ，M・D［1972］『部族民』青木保訳，鹿島研究所出版会
シーブルック，W・B［1979］『アラビア遊牧民』斎藤大助訳，大陸書房
永田雄三/松原正毅編［1984］『牧畜民』東洋経済新報社
フリード，M・H［1999］「部族および部族社会の概念」伊藤眞訳，松園万亀雄編『社会人類学リーディングス』アカデミア出版会
堀内勝［1979］『砂漠の文化——アラブ遊牧民の世界』教育社
本多勝一［1966］『アラビア遊牧民』朝日新聞社
松井健［2001］『遊牧という文化——移動の生活戦略』吉川弘文館
松原正毅［1983］『遊牧の世界——トルコ系遊牧民ユルックの民族誌から』中央公論社
松原正毅［1990］『遊牧民の肖像』角川書店
Abu-Lughod, L. [1986] *Veiled Sentiments : Honor and Poetry in a Bedouin Society*, Berkeley
Ahmed, A. S. [1976] *Millennium and Charisma among Pathans : A Critical Essay in Social Anthropology*, London
Bailey, C. [1991] *Bedouin Poetry from Sinai and the Negev : Mirror of a Culture*, Oxford
Barth, F. [1959] *Political Leadership among Swat Pathans*, London
Barth, F. [1961] *Nomads of South Persia : The Basseri Tribe of the Khamseh Confederacy*, New York
Beck, L. [1991] *Nomad : A Year in the Life of a Qashqa'i Tribesman in Iran*, Berkeley
Behnke, R. H. Jr. [1980] *The Herders of Cyrenaica : Ecology, Economy, and Kinship among the Bedouin of Eastern Libya*, Urbana
Cole, D./S. Altorki [1998] *Bedouin, Settlers, and Holiday-Makers : Egypt's Changing Northwest Coast*, Cairo
Dresch, P. [1989] *Tribes, Government, and History in Yemen*, Oxford
Evans-Pritchard, E. [1949] *The Sanusi of Cyrenaica*, Oxford
Galaty, G./P. C. Salzman 編 [1981] *Change and Development in Nomadic and Pastoral Societies*, Leiden

Gellner, E. [1969] *Saints of the Atlas*, London
Ginat, J. [1987] *Blood Disputes among Bedouin and Rural Arabs in Israel : Revenge, Mediation, Outcasting and Family Honor*, Pittsburgh
Hobbs, J. J. [1989] *Bedouin Life in the Egyptian Wilderness*, Texas
Ingham, B. [1986] *Bedouin of Northern Arabia : Traditions of the Al-Dhafir*, London
Kennett, A. [1925] *Bedouin Justice : Laws & Customs among the Egyptian Bedouin*, London
Khoury P. S./J. Kostiner 編 [1990] *Tribes and State Formation in the Middle East*, Berkeley
Lancaster, W. [1997] *The Rwala Bedouin Today*, 2nd ed., Cambridge
Max, E. [1967] *Bedouin of the Negev*, Manchester
Meir, A. [1997] *As Nomadism Ends : The Israeli Bedouin of the Negev*, Boulder
Mundy, M./B. Musallam 編 [2000] *The Transformation of Nomadic Society in the Arab East*, Cambridge
Murray, G. W. [1935] *Sons of Ishmael : A Study of the Egyptian Bedouin*, London
Nicolaisen, J./I. Nicolaisen [1997] *The Pastoral Tuareg : Ecology, Culture and Society*, 2 vols., London
Papoli-Yazdi, M. [1991] *Le nomadisme dans le nord du Khorassan, Iran*, Paris
Peters, E. L. [1990] *The Bedouin of Cyrenaica : Studies in Personal and Corporate Power*, Cambridge

4-11 人権　　　　　　　　　　　　　　　　　　　　　澤江史子

イスラーム世界への人権理念の流入と定着

　西洋近代の思想と運動の成果である人権概念は，宗派主義や身分制への反省の結果，信教や思想の自由，市民への参政権と財産権の保証を中核とし，その後，社会権をも包摂しつつ，性別・人種・文化の差異を問わず，普遍的に適用されるべきものとして発展してきた。イスラーム世界には19世紀に，西洋諸国がオスマン帝国内のキリスト教徒の保護を理由として行った内政干渉の一環として流入した。そのためにイスラーム世界では人権は西洋による内政干渉と植民地主義の道具として疎まれがちだった。

　他方で，第2次大戦後に人権擁護は戦後国際政治の主要関心事となった。国内的にも，イスラーム的か世俗的かを問わず，抑圧的体制が大多数を占めるイスラーム世界の国々で，自由や政治的権利を求める市民たちが人権を擁護し始めた。イスラームと人権はこうして盛んに論じられるようになった。1981年にはロンドンに拠点を置く市民組織「イスラーム評議会」Islamic Council が普遍的イスラーム人権宣言（IC

[1981]）を発表し，1990年にはイスラーム諸国会議機構（OIC）がカイロ人権宣言（OIC [1990]）を採択した。1990年代以降のイスラーム世界では民主化や諸自由を求める機運が高まり，学生運動，女性運動，政党活動，市民団体など多様な運動主体が活動し始めている。今後は具体的問題に即した権利や自由の獲得にしたがって人権概念も具体化していくと推測される。

イスラームと人権を体系的に論じた和書はほとんど無いが，奥田敦 [2005] ではイスラームの基本的な教義や人間観から，超越神の指定によって逆に人間の尊厳や人権という観点を導き出しうることまでが，聖典からの引用やイスラーム思想の渉猟の上に論じられている。

公正のための人権――社会志向的人権概念

イスラームが女性に財産権を与え，異教徒に対しても生命，財産，信教の自由（権利）を保証した点で，比較史的に見れば開明的だったことは今では常識である。しかし，西洋の人権概念が既存の権力や秩序からの自由の獲得として権利を不可侵かつ最優先の価値とするのに対し，イスラーム世界の主たる議論は，個人が社会的生物的属性に応じた責任主体として公正な社会を構成する中で，人々が互いの責務として保証しあうものとして関係論的に論じる点で論理が異なっている（Donnelly [1982], Kamali [1997]）。イスラームでは公正という中心的規範に照らして権利と責務のバランスをとることが最重視されており，権利のみを切り離して論じる伝統を有していないといえる。Lampe編 [1997] も公正の概念との関連でイスラーム的人権を論じている。IC [1981] と OIC [1990] のように，イスラーム的人権論がイスラーム法に適う限りという条件下で権利を想定している背景に，権利の正当性根拠を示し，義務や公正とのバランスを配慮する意図を見て取ることもできるかもしれない（それが権利制約的に見えるのは，西洋的論理との相違によることもあれば，現実に為政者の権利抑圧によることもあろう）。ちなみに，「イスラーム法に適う限り」という条件が具体的にどう解釈・運用されるのかが明示されていないのは，時代や社会の条件に応じる柔軟性を担保するものと見ることもできる。

権利と責務を関連付ける議論は，伝統的に性別や宗教による権利の違いは差別ではないとする論拠となってきた。たとえば，非ムスリムは，ムスリムに課せられる責任（兵役など）を免除される代わりに課税されるとか（真田芳憲 [1992], Haleem (Cotran/Sherif [1999] 所収)），男性は経済的に家族を支え，女性は育児や家事を担うという異なる責務を負っているために，異なる待遇の対象となるとの見解が出てくる（Qutb [1953], 真田 [2000]）。ただし，権利・義務相関論は現代の国民国家体制や女性の高学歴化・社会進出などの条件の変化や，具体的な問題に対する議論や運動の結果，異なる公正さの解釈を導きうる。実際，イスラーム国家を標榜するイランとサウディアラビアでは女性の権利は大きく異なる。LCHR [1997] では，近年の復興運動のリーダーたちの議論を知ることができる。

西洋的人権概念との関係による分類

　ここではイスラームと人権の関係について，便宜的に五つの立場に整理してみた。第一は護教論的なものであり，西洋化圧力に対抗しようとするイスラーム保守層や復興勢力の間で幅広く見られる。それは，イスラームは西洋が人権概念を定式化するより 10 世紀以上前にすでに人権を擁護していたと主張し，批判的議論なくして表面的な自己弁護に走りがちである。イシャク［1975］や Mawdudi［1980］に見られるように，この議論は総論では人権擁護だが，各論に下った場合に性別や宗教の違いによる権利の違いが肯定される。

　第二の立場は，イスラーム法の法源と運用の歴史を精査した上で，イスラームは人の権利を尊重するように柔軟に運用されており，現代的基準に適った人権擁護を可能とするものだと主張する Baderin［2003］のような議論である。

　第三は，西洋的人権概念の優越性を認め，イスラームがそれを保障し得ないとする「背反論」である（池田明史［1997］，小林宏晨［2003］）。Mayer［1999］は，イスラーム人権宣言の他，現代イスラーム思想家の著書やイラン等の法律を幅広く渉猟した労作において，イスラームの歴史的開明性を指摘する一方で，現代における世俗的人権概念の優越性を主張する。

　第四は，イスラームは本来は西洋的人権理念と矛盾しないが，その歴史的実践は現代の人権概念に照らせば不十分だと批判し，イスラームの内的正当化論理を発展させて現代の人権概念に接合することを説く「批判的イスラーム再解釈論」である。Arkoun［1994］は，歴史学などの手法を用いてイスラームの法源の歴史拘束性を明らかにした上でイスラームの恒久的理念を抽出し，現代的に解釈・制度化すべきだという。Khadduri［1984］は，預言者ムハンマドが漸進的改革を目指していたとして，現代においては性別や宗派によらない平等を実現すべきだと主張する。Monshipouri［1998］は，世俗的な理念と照らし合わすことでイスラーム的人権概念がより発展すると考える。男女の同権と平等をイスラームに依拠しながら主張する立場も登場している（中西久枝［2002］，Engineer［1992］）。Dalacoura［2003］は，西洋的人権論と相容れるイスラーム人権論を模索する思想家の議論を紹介している。この立場は，西洋的人権概念をクルアーンに読み込もうとするものから，公正論として女性や異教徒の権利を拡充しようとするものまで多様な方法論に立脚している。

　最後に，クルアーンを全体として法源とするなら西洋的人権と相容れる解釈は困難だとして，クルアーンの選択的適用を主張する「イスラーム修正論」がある（An-Na'im［1990］）。イスラーム修正論は，イスラームの法源自体の変更を不可避とする点で背反論に近いといえる。

【文献】

池田明史［1997］「イスラーム世界における人権概念の受容と変容──拒絶の論理と融和の兆候，パレスチナの事例」『比較法研究』59

イシャク，K・M［1975］「イスラム法における人権」東條伸一郎訳，『法と人権』8
奥田敦［2005］『イスラームの人権――法における神と人』慶應義塾大学出版会
小杉泰/内藤正典［2002］「人権」大塚和夫他編『岩波イスラーム辞典』岩波書店
小林宏晨［2003］「現代イスラムと人権」『日本法学』68：4
真田芳憲［1992］『イスラーム――法と国家とムスリムの責任』中央大学出版部
真田芳憲［2000］『イスラーム法の精神』改定増補版，中央大学出版部
スニ，I［1997］「イスラームにおける人権に関するカイロ宣言と世界人権宣言の比較」東裕訳，比較憲法学会編『人権の理想と現実――南北，とくにアジアの視点から』比較憲法学会
中西久枝［2002］『イスラームとモダニティ――現代イランの諸相』風媒社
An-Na'im, A. A. [1990] *Toward an Islamic Reformation : Civil Liberties, Human Rights and International Law*, Syracuse/New York
An-Na'im, A. A. 編 [1991] *Human Rights in Cross-Cultural Perspectives : A Quest for Consensus*, Philadelphia
Arkoun, M. [1994] *Rethinking Islam : Common Questions, Uncommon Answers*, R. D. Lee 訳, Boulder/San Francisco/Oxford
Baderin, M. A. [2003] *International Human Rights and Islamic Law*, Oxford
Bielefeldt, H. [1995] "Muslim Voices in the Human Rights Debate," *Human Rights Quarterly*, 17 : 4
Cotran, E./A. O. Sheri 編 [1999] *Democracy, the Rule of Law and Islam*, Hague
Dalacoura, K. [2003] *Islam, Liberalism and Human Rights : Implications for International Relations*, rev. ed., London
Donnelly, J. [1982] "Human Rights and Human Dignity : An Analytic Critique of Non-Western Conceptions of Human Rights," *The American Political Science Review*, 76 : 2
Engineer, A. A. [1992] *The Rigths of Women in Islam*, London
IC (Islamic Council) [1981] "Universal Islamic Declaration of Human Rights" (http://www.alhewar.com/ISLAMDECL.html)
Kamali, M. H. [1997] *Freedom of Expression in Islam*, rev. ed., Cambridge
Khadduri, M. [1984] *The Islamic Conception of Justice*, Baltimore/London
Lampe, G. E. 編 [1997] *Justice and Human Rights in Islamic Law*, Washington
LCHR (Lawyers Committee for Human Rights) [1997] *Islam and Justice : Debating the Future of Human Rights in the Middle East and North Africa*, New York/Washington
Mawdudi, A. A. [1980] *Human Rights in Islam*, 2nd ed., Leicester
Mayer, A. E. [1999] *Islam and Human Rights : Tradition and Politics*, 3rd ed., Colorado/London
Monshipouri, M. [1994] "Islamic Thinking and the Internationalization of Human Rights," *Muslim World*, 84 : 2/3
Monshipouri, M. [1998] *Islamism, Secularism, and Human Rights in the Middle East*, Boulder
OIC (Organization of Islamic Conference) [1990] "Cairo Declaration of Human Rights in Islam" (英訳版は Mayer [1999] 所収，スニ [1997] の本文中に全条項分の和訳あり)
Qutb, S. [1953] *Social Justice in Islam*, J. B. Hardie 訳, New York

4-12 ジェンダー　　　　　　　　　　　　　　　　　　　　村上　薫

　中東イスラーム社会の女性・ジェンダーに関する研究については，Kandiyoti (Kandiyoti編［1996］所収）や Nelson［1991］といったすぐれた解題論文があるほか，日本語の文献案内として宮治美江子［1995］（アラブ諸国），泉沢久美子［1993］（エジプト），中山紀子［2007］（トルコ）などがある。2003年からは，Brill社より Encyclopedia of Women & Islamic Cultures 全6巻が刊行を開始した。個別分野の研究を大項目主義の百科事典という形式でまとめたもので，研究入門ないし研究案内として有用である。以上をあわせて活用していただくこととし，紙幅の制約上，本節では中東イスラーム社会を対象とする1990年代以降の研究に絞って紹介する。また，現地語文献の紹介は，筆者の専門の関係でトルコ語に限った。Abu-Lughod［2001］は現地出身の論者が欧米語で言論活動を行うとき，オリエンタリズムを批判するがゆえに，ときとして現地語の言論活動ではありえないような自社会の土着性を強調する論調に傾くことを例に，論者の立場性（ポジショナリティ）を考慮することの大切さを指摘している。欧米の学界動向を中心とする以下の案内は，そうした意味でも限定的であることをご了承いただきたい。

イスラームとフェミニズム

　近代以降の中東イスラーム社会では，一方ではオリエンタリストの眼差しによって女性が遅れた東洋の象徴とされ，他方では植民地支配の経験からイスラームに文化的正統性が求められたことで，女性の解放とイスラームの両立の可能性がつねに政治的宗教的議論の中心におかれてきた。1970年代にイスラーム復興運動が高まり，都市部の上流・中流階層のあいだでヴェールを着用する女性があらわれると，サイードの『オリエンタリズム』（1978年）以降の「土着性」への関心の高まりや，欧米のフェミニズムの受容を背景として，そこにイスラームに女性解放の可能性を求める土着のフェミニズムの可能性が模索された。アハメド［2000(原著1992)］や Mernissi［1991］はそうした思想的営為のなかに位置づけられる。ミール＝ホセイニー［2004 (原著1999)］は，イスラーム革命後の社会変動が宗教者のあいだでも新たなジェンダー意識を芽生えさせていることを指摘し，イラン社会に固有のフェミニズムの形成への追い風と見なす。非宗教的な立場からもまた，女性のヴェール着用の現象をイスラームによる女性の抑圧ではなく，イスラームに女性解放の可能性を求めようとする女性の主体的な働きかけと捉える研究が登場している。トルコについて Göle［1996］, İlyasoğlu［1994］，イランについて中西久枝［1996］などのほか，大塚和夫［2000］も人類学の立場から同様の解釈を行っている。後藤絵美［2003］は，ヴェール着用の歴史的思想的背景に注目する。

■「女性」から「ジェンダー」へ

 1980年代のフェミニズムは，女性を同質的な集団として捉えるのではなく，女性というカテゴリー内部の差異に，さらには男女の社会関係として捉えられるジェンダーに注目するようになる。そこでは，女性の経験は，「女性問題」として他の社会関係から切り離されるのではなく，ジェンダーを媒介するさまざまな社会関係（家族，地域社会，国家，民族，階級など）の成員としての役割と行為を通じて構成されるものとして理解される。

 中東イスラーム地域では，こうした「女性」から「ジェンダー」への視点の転換は，オリエンタリズム批判ともあいまって，「ムスリムであること」では説明しきれない女性の置かれた状況の多様性に目を向けさせるとともに（Tucker編［1993］など），女性性の構築という考え方を導いた。とりわけ後者は女性の地位改革をめぐる本質主義的な議論に新風を吹き込んだ。その先駆けとなったKandiyoti編［1991］は，女性は文化的真正性の観念と結びつけられていること，ナショナリズム形成期の中東社会の女性の地位改善をめぐる議論は，国家や民族のあるべき姿に女性が重ね合わされた結果であり，女性は国家や民族（イスラーム帝国，トルコ民族など）といった集団を保全するための境界標識とされて統制や操作の対象とされたのであって，女性の解放そのものが目的ではなかったと論じた。エジプトとイランを中心に編まれたAbu-Lughod編［1998］やSirman［2002］は，当時の女性もまた，新しい女性像の生成に主体的に関わったことを示した。さまざまな社会関係・制度のジェンダー媒介的な性格を視野に入れたそのほかの研究として，Joseph編［2000］（シティズンシップ），Altinay［2005］（軍），Torab［2007］（宗教儀式），辻上奈美江［2007］，嶺崎寛子［2003］（ファトワー）などがある。

■家族・キンシップ・セクシュアリティ

 家族とキンシップも，ジェンダーを媒介する今ひとつの重要な制度である。中東イスラーム地域の家族とキンシップは，社会に占める重要性が自明視されながら，本格的な研究はまだ少なく，イスラームに由来する家父長制などでひとくくりに説明されることがしばしばである。しかし，ジェンダーが構築・再構築されるダイナミズムは，成員の関係を規定する制度的・イデオロギー的条件をアプリオリに想定しては見えてこない。こうした状況を打破するものとして，Tucker（Tucker編［1993］所収）は，法廷文書など史料を用いて女性の社会生活を描写することによって「アラブ家族」のステレオタイプの脱構築を試みている。また，Joseph編［1999］は，心理人類学的な手法を用いて，父母やきょうだいなど家族の成員との関係を通じた，ジェンダー化された自己の形成という問題を扱っている。日本では，家族社会学者がジェンダー論の分析を吸収することで，家族を自明のまとまりと捉えるのではなく，いったん個人に分解し，個人（とくに男女）の力学の結果として描いたが，こうした方法は中東イスラーム地域でも有効であろう。Doumani［2003］やDuben/Behar［1991］な

ど，ジェンダー役割の変化に目配りした家族史研究の成果も参考になる。

家族・キンシップは，その基底で性的な親密さのイデオロギーに支えられている。中東イスラーム社会では，そのようなイデオロギーは女性の貞操・純潔を家族や親族，とくにその男性成員の名誉に結びつける性的名誉の概念と結びついている。性的名誉については，人類学的な研究（トルコの Delaney［1991］，中山紀子［1999］，エジプトの赤堀雅幸［2005］など）のほか，名誉の殺人や処女検査，FGM（女性性器切除）などが人権問題の観点から論じられることが多い（Ilkkaracan 編［2000］など）。中東イスラーム社会における女性のセクシュアリティは，ハーレムについてのエキゾチックな描写に代表されるように，オリエンタリズムの主たる対象とされてきた。こうしたオリエンタリズムに対抗するためにこれらの実践を「正統な土着性」と見なすなら，新たなオリエンタリズムを裏口から呼び込みかねない。一方，岡真理［2000］が論ずるように，当事者ではない我々が高みから安易に人権問題として批判することにも慎重さが求められる。こうした表象のジレンマを回避するひとつの方法は，Peteet（Tucker 編［1993］所収）や長沢栄治［2000］のように規範の生成と変容の過程に注目することかもしれない。

セクシュアリティについての議論は性的名誉を中心としてきたが，同性愛や性愛など，この分野は豊かな広がりをもつ。月経の社会的構築に注目する Özarslan［2004］のようなユニークな研究もある。ジェンダー概念の登場は，「女性」だけでなく，「男性」もまた均質なカテゴリーではないこと，男性としてのありかた（男性性）は文化的な構築物であるという知見を導いた。まだ数少ないこの分野の蓄積のひとつに Ghoussoub/Sinclair-Webb 編［2000］がある。

■ 女性の社会経済生活とエンパワメント

女性が（男性と同じように）家庭の外に出たり収入を得ることで，彼女の地位が向上したり自律性が増したりする（エンパワメント）のか，という問いは，ジェンダー研究の主要な関心のひとつである。アジアやラテンアメリカでは，経済のグローバリゼーションに伴って拡大した輸出加工区などの低賃金女子労働が注目される一方，中東イスラーム地域ではこのタイプの女子労働は限られ，都市インフォーマル部門の零細工場や雑業的な労働が女子労働研究の主な対象とされてきた。そのなかには，Moghadam［1998］のように政治経済的な要因に注目するものもあるが，多くは母役割や性的名誉をめぐる規範の作用と当事者たちの交渉を通じた規範自体の変容に注目する（Ozyegen［2001］，White［1994］，村上薫（加藤博編［2005］所収）など）。一方，人類学的な見地からは，世帯内外の社会関係など，女性が活用可能な種々多様な資源の存在に注目することによって，雇用労働を含む「公的領域」での活動やそこで発生する諸権利から排除された女性もエンパワメントの議論の射程に入ることが示された。エジプト下層社会における結婚や労働を通じた女性の資源獲得をとりあげた Hoodfar［1997］や，パレスチナ女性が遺産相続など法的権利を放棄することで親族

による保護と地位の安定を確保していると指摘する Moors ［1995］は，いずれも独自の資源調達の戦略をもち影響力を行使する主体的存在として女性を捉える。国内外への出稼ぎが送り出し社会のジェンダー関係に与える影響を分析した岩崎えり奈（加藤博編［2005］所収）も，同様の関心に立つ。

　組織化も女性の自律の領域を拡げる梃子になりうる。Chatty/Rabo 編［1997］は，文化的正統性の象徴として国家の操作と統制を受けてきたことにたいするフォーマル/インフォーマルな組織化を通じた女性の抵抗を，Çağlayan［2007］はクルド人女性の政治動員を，鷹木恵子（加藤博編［2005］所収）はマイクロクレジットによる自助組織化をとりあげる。その他，メディア上での自己表現を通じた女性の発言権や自律性の高まりに注目する Sakr 編［2004］，イランの女子就学率向上の要因を分析した桜井啓子（加藤博編［2005］所収）などがある。

【文献】

赤堀雅幸［2005］「父系，父権，遊牧，イスラーム」田中雅一/中谷文美編『ジェンダーで学ぶ文化人類学』世界思想社

アハメド，L［2000(原著 1992)］『イスラームにおける女性とジェンダー——近代論争の歴史的根源』林正雄他訳，法政大学出版局

泉沢久美子［1993］『エジプト社会における女性——文献サーベイ』アジア経済研究所

大塚和夫［2000］『近代・イスラームの人類学』東京大学出版会

岡真理［2000］『彼女の「正しい」名前とは何か——第三世界フェミニズムの思想』青土社

加藤博編［2005］『イスラームの性と文化（イスラーム地域研究叢書 6）』東京大学出版会

後藤絵美［2003］「クルアーンとヴェール——啓示の背景とその解釈について」『日本中東学会年報』19：1

辻上奈美江［2007］「ジェンダー秩序はいかにして構築されるか——サウジアラビアのウラマーによるファトワーの考察」『日本中東学会年報』23：1

長沢栄治［2000］「アタバの娘事件を読む」『地域研究論集』3：2

中西久枝［1996］『イスラムとヴェール』晃洋書房

中山紀子［1999］『イスラームの性と俗』アカデミア出版会

中山紀子［2007］「世俗主義・イスラーム・女性・トルコ」宇田川妙子/中谷文美編『ジェンダー人類学を読む——地域別・テーマ別基本文献レビュー』世界思想社

嶺崎寛子［2003］「現代エジプトのファトワーにみるジェンダー意識と法文化——婚姻と姦通を中心に」『国立女性教育会館研究紀要』7

宮治美江子［1995］「女性」『イスラーム研究ハンドブック』栄光教育文化研究所

ミール=ホセイニー，ズィーバー［2004(原著 1999)］『イスラームとジェンダー——現代のイランの宗教論争』山岸智子監訳，明石書店

Abu-Lughod, L. 編［1998］ *Remaking Women: Feminism and Modernity in the Middle East*, Princeton

Abu-Lughod, L.［2001］ "Orientalism and Middle East Feminist Studies," *Feminist Studies*, 27 : 1

Altinay, A. G.［2005］ *The Myth of the Military-Nation: Militarism, Gender, and Education in Turkey*, New York

Çağlayan, H.［2007］ *Analar, Yoldaşlar, Tanrıçalar: Kürt Hareketinde Kadınlar ve Kadın Kimliğinin*

Oluşumu, İstanbul
Chatty, D./A. Rabo 編 [1997] *Organizing Women : Formal and Informal Women's Groups in the Middle East*, Oxford/New York
Delaney, C. [1991] *The Seed and the Soil : Gender Cosmology in Turkish Village Society*, Berkeley
Doumani, B. 編 [2003] *Family History in the Middle East : Household, Property, and Gender*, Albany
Duben/Behar [1991] *Istanbul Households : Marriage, Family and Fertility, 1880-1940*, Cambridge/New York
Ghoussoub, M./E. Sinclair-Webb 編 [2000] *Imagined Masculinities : Male Identity and Culture in the Modern Middle East*, London
Göle, N. [1996] *The Forbidden Modern : Civilization and Veiling*, Ann Arbor
Hoodfar, H. [1997] *Between Marriage and the Market : Intimate Politics and Survival in Cairo*, Berkeley/Los Angeles
Ilkkaracan, P. 編 [2000] *Women and Sexuality in Muslim Societies*, Istanbul
İlyasoğlu, A. [1994] *Örtülü Kimlik : İslamcı Kadın Kimliğinin Oluşum Öğeleri*, İstanbul
Joseph, S. 編 [1999] *Intimate Selving in Arab Families : Gender, Self, and Identity*, Syracuse
Joseph, S. 編 [2000] *Citizenship and Gender in the Middle East*, Syracuse
Kandiyoti, D. 編 [1991] *Women, Islam and the State*, Basingstoke
Kandiyoti, D. 編 [1996] *Gendering the Middle East*, London
Mernissi, F. [1991] *Women and Islam : An Historical and Theological Enquiry*, Oxford
Moghadam, V. [1998] *Women, Work, and Economic Reform in the Middle East and North Africa*, Boulder
Moors, A. [1995] *Women, Property and Islam : Palestinian Experiences 1920-1990*, Cambridge
Nelson, C. [1991] "Old Wine, New Bottles : Reflections and Projections Concerning Research on Women in Middle Eastern Studies," in E. C. Sullivan/J. S. Ismael 編, *The Contemporary Study of the Arab World*, Alberta
Özarslan, A. D. [2004] *Kırmızı Kar : Toplumsal ve Kültürel Açıdan Ayhali*, İstanbul
Ozyegin, G. [2001] *Untidy Gender : Domestic Service in Turkey*, Philadelphia
Sakr, N. 編 [2004] *Women and Media in the Middle East : Power through Self-Expression*, London/New York
Sirman, N. [2002] "Kadınların Milliyeti," *Modern Türkiye'de Siyasi Düşünce*, Vol. 4 : *Milliyetçilik*, İstanbul
Torab, A. [2007] *Performing Islam : Gender and Ritual in Iran*, Leiden/Boston
Tucker, J. 編 [1993] *Arab Women : Old Boundaries, New Frontiers*, Bloomington/Indianapolis
White, J. [1994] *Money Makes Us Relatives : Women's Labor in Urban Turkey*, Austin

4-13 中東の民主化　　　　　　　　　　　　　松本　弘

中東民主化の概況――「遅れ」と「外圧」

中東は，ハンチントン［1995(原著1991)］により提起された「民主化の第三の波」に立ち遅れたといわれる。1970年代のエジプトおよび80年代のトルコ，スーダンを先行事例として，冷戦崩壊前後の80年代末から90年代初めにチュニジア，アルジェリア，ヨルダン，イエメンで複数政党制の導入や普通選挙が実施され，同時期にレバノンとクウェートの総選挙復活やモロッコの憲法改正などが続いた。しかし，これらの政治的変化はそれぞれに問題を残し，「上からの民主化」による不十分なものと批判された。さらに，エジプトやチュニジアなどでの民主化の後退，スーダンの民政崩壊やアルジェリアでの軍部の介入による内戦状態という民主化の挫折が，地域への一般的な評価を厳しいものとしていった。

この中東全体に対する厳しい評価と，地域で生じた民主化傾向への後押しがあいまって，外部からの民主化圧力が生じた。1995年，EUは「バルセロナ・プロセス」と呼ばれる地中海沿岸諸国との自由貿易協定FTA締結の交渉を開始し，FTAの前段階と位置づけられる各国とのEU地中海協力協定には，政治的対話や民主主義・人権の尊重などの項目が含まれていた。また，UNDP［2002］の「アラブ人間開発報告書」は，アラブ諸国の政治参加，女性の社会参加，教育などに関わる制約や不備を指摘し，その解決のために「知識社会の構築」，「開かれた文化の実現」，「政治参加と自由，多元主義の促進」を求めた。

さらに，アメリカは2003年イラク戦争の目的のひとつとして「中東の民主化」を掲げ，戦争前の2002年末から経済・政治・教育・女性の4分野における改革を支援する「米・中東パートナーシップ・イニシアチブMEPI」を開始した。そして，2004年G8シーアイランド・サミットは，一般に「拡大中東・北アフリカ圏構想」と呼ばれた声明および改革支援計画を発表した。これはサミット前のアメリカ提案に対するアラブ諸国とEUの反発を経て，社会経済開発に種々の政治改革に対する支援をつなぎ合わせる内容となっている。

近年ではアルジェリアの民政移管や2002年バハレーンの憲政復活，2003年カタルの新憲法制定といった変化が見られるものの，民主化により政権交代の制度的可能性が確保されていると評価しうる国は未だ少ない。非民主的な状況を「テロの温床」と捉える議論とも重なり，民主化の問題は中東地域研究の大きな課題のひとつとなっている。

中東民主化研究の視点と課題

中東の民主化に関する評価には，それを途上国全般のなかで行なうか，中東各国の

事例において行なうかによって，大きな違いが出る。前者における Freedom House [2003] による評価は著しく低く，判断基準が単純すぎるとの批判を受ける。米メリーランド大学の Polity IV Project [2003] は細かな判断基準を用い，個々の対象国の状況をより反映しているが，そこでの評価も高くはない。一方，既に民主化を実施したいくつかの国々の事例研究では，対象国の過去の状況と比較して，その政治社会の変化を肯定的，積極的に捉える傾向が強い。また，イスラームと民主主義との関係に関わる議論や，中東/アラブ地域全体を対象とする議論も，各国の事例研究と重なり合うことが少ない。中東各国の政治制度・政治状況は極めて多様であり，地域全体への評価は困難を極める。このため，「中東の民主化」といったタイトルの文献でも，地域全体の傾向や特質を論じる研究はより少なく，各国の事例研究を集めた内容の方が多くなっている。これら二つのギャップの克服が，今後の研究の基本的な課題といえよう。

冷戦崩壊前後からの民主化事例を受けて，1990年代前半に Mirsky/Ahrens 編 [1993]，間寧/伊能武次/加納弘勝/ケレシュ [1995] のような紹介的な文献が主として研究所から発行され始め，また90年創刊の雑誌 *Journal of Democracy*（米ジョンズ・ホプキンズ大学発行）にも，たびたび中東の地域や各国に関する論文が掲載されるようになる（Diamond/Plattner/Brumber 編 [2003] は，その掲載論文集）。その後，各国の政治的変化の内容を網羅的に紹介し，それらへの総合的な評価を試みた Norton 編 [1996] や Brynen/Korany/Noble 編 [1998] が出版された。同時期の Deegan [1993]，Ayubi [1995]，Ghadbian [1997] は，コスメティック・デモクラシー（経済援助などを目的に途上国が先進国，特にアメリカにアピールするため行なう民主化措置）やストリート・ポリティックス（政治に民意が反映されないことから生じるデモや暴動）といった表現を用いた問題提起や批判的な評価を示した。

その一方で，イスラームの歴史や思想，社会と民主主義との関係を論じたエスポズィット/ボル [2000] の第1章および第2章，イブラヒム [1999]，メルニーシー [2000]，Potter/Goldblatt/Kiloh/Lewis 編 [1997] 所収の N. N. Ayubi 論文（同じ文献に中東をテーマとした S. Bromley 論文がある），Cotran [1997]，Al-Sulami [2003] などが出版された。それらの内容は様々で，決して理念のみを扱っているわけではないが，近年は政治的変化が停滞していることを一因として，イスラームは民主主義や人権，多元主義を受容しうるか否かといった概念や文化，社会的なシステムなどの問題に関心が移っている感がある。これとの関連で，Moussalli [2001]，Sadiki [2004] といった民主化に関わる言説研究もある。

このような「イスラームと民主主義」といった問題関心とは裏腹に，各国の政治制度や政党などを横断的に捉える研究は少ない。これらの問題は民主化の核心であるのだが，アラブ各国の議会を扱った Baaklini/Denoeux/Springborg [1999] やイスラーム政党を扱った日本比較政治学会編 [2002]，中東各国の憲法を扱った日本国際問題研究所 [2001]（同じ Website 上に「中東諸国の選挙制度と政党」などもある）が挙

げられるのみである。その理由は，多くの国々で憲法や選挙法の改変が頻繁に行なわれ，またイスラーム政党などの特定政党の排除や選挙区の作為的設定といった運用面の問題も存在するため，研究対象が流動的でありすぎることにあろう。さらに，選挙結果の分析も民主化への評価に重要な作業となるが，中東各国の選挙をすべてフォローすることも個人には難しい。それゆえ，制度や運用，政党，選挙結果に関する地域的，持続的な研究には組織的な体制が必要であり，イスラーム地域研究［2007］のような試みも始まっている。最後に，政治の自由化は経済の自由化と深く関わることから，その関係を論じる Henry/Springborg［2001］などの試みもなされているが，中東各国における両者の距離は未だ遠く，明解な評価にまでは至っていない。

【文献】

イスラーム地域研究［2007］「中東民主化データベース」http://www.l.u-tokyo.ac.jp/~dbmedm06/
イブラヒム，サード・エディン［1999］「宗教と民主主義——イスラムの場合，市民社会，および民主主義」猪口孝/エドワード・ニューマン/ジョン・キーン編『現代民主主義の変容——政治学のフロンティア』有斐閣
エスポズィト，J・L/J・O・ボル［2000］『イスラームと民主主義』宮原辰夫/大和隆介訳，成文堂
私市正年/栗田禎子編［2004］『イスラーム地域の民衆運動と民主化（イスラーム地域研究叢書 3）』東京大学出版会
日本国際問題研究所編［2001］『主要中東諸国の憲法』http://www.jiia.or.jp
日本国際問題研究所編［2005］『湾岸アラブと民主主義——イラク戦争後の眺望』日本評論社
日本比較政治学会編［2002］『現代の宗教と政党——比較のなかのイスラーム』早稲田大学出版部
間寧編［2006］『西・中央アジアにおける亀裂構造と政治体制』（研究双書 No. 555）アジア経済研究所
間寧/伊能武次/加納弘勝/ルーシェン・ケレシュ［1995］『中東における民主化』（M. E. S. Series 38）アジア経済研究所
ハンチントン，S・P［1995（原著 1991）］『第三の波——20 世紀後半の民主化』坪郷実/中道寿一/藪野祐三訳，三嶺書房
メルニーシー，F［2000］『イスラームと民主主義——近代性への怖れ』私市正年/ラトクリフ川政祥子，平凡社
Al-Sulami, M. F. [2003] *The West and Islam : Western Liberal Democracy versus the System of Shura*, London
Angrist, M. P. [2006] *Party Building in the Modern Middle East*, Seattle
Ayubi, N. N. [1995] *Over-stating the Arab State : Politics and Society in the Middle East*, London
Baaklini, A./G. Denoeux/R. Springborg [1999] *Legislative Politics in the Arab World : The Resurgence of Democratic Institutions*, Boulder
Brynen, R./B. Korany/P. Noble 編 [1998] *Political Liberalization and Democratization in the Arab World*, 2 vols., Boulder
Cotran, E. [1997] *Democracy, the Rule of Law and Islam*, Bristol
Deegan, H. [1993] *The Middle East and Problems of Democracy*, Buckingham
Diamond, L./M. F. Plattner/D. Brumberg 編 [2003] *Islam and Democracy in the Middle East*, Baltimore
Freedom House [2003] *Freedom in the World 2003 : The Annual Survey of Political Rights and*

Civil Liberties, http://www.freedomhouse.org/research/index.htm.
Ghadbian, N. [1997] *Democratization and the Islamist Challenge in the Arab World*, Boulder
Hefner, R. W. 編 [2005] *Remaking Muslim Politics : Pluralism, Contestation, Democratization*, Princeton
Henry, C. M./R. Springborg [2001] *Globalization and the Politics of Development in the Middle East*, Cambridge
Magnarella, P. J. 編 [1999] *Middle East and North Africa : Governance, Democratization, Human Lights*, Aldershot
Mirsky, Y./M. Ahrens 編 [1993] *Democracy in the Middle East : Defining the Challenge*, Washington, D.C.
Moussalli, A. S. [2001] *The Islamic Quest for Democracy, Pluralism, and Human Rights*, Gainesville
Norton, A. R. 編 [1996] *Civil Society in the Middle East*, 2 vols., Leiden
Polity IV Project [2003] *Polity IV Country Reports 2002*, University of Maryland, http://www.cidcm.umd.edu/inscr/polity/report.htm.
Potter D./D. Goldblatt/M. Kiloh/P. Lewis 編 [1997] *Democratization*, Cambridge
Sadiki, L. [2004] *The Search for Arab Democracy : Discourses and Counter-Discourses*, New York
Saikal, A./A. Schnabel [2003] *Democratization in the Middle East : Experiences, Struggles, Challenges*, Tokyo（国連大学）
Salamé, G. 編 [1994] *Democracy without Democrats? : The Renewal of Politics in the Muslim World*, London
Schlumberger, O. 編 [2007] *Debating Arab Authoritarianism : Dynamics and Durability in Nondemocratic Regimes*, Stanford
UNDP [2004] *Arab Human Development Report 2004 : Towards Freedom in the Arab World*, http://www.undp.org/rbas/ahdr

4-14 難民問題　　　　　　　　　　　　　　　錦田愛子

イスラーム世界の難民問題

「イスラーム世界の難民」というとき，定義は複数考えられる。イスラーム諸国から発生した難民か，イスラーム諸国に住む難民のことか，それとも難民自身がイスラーム教徒であることなのか。仮に第一の定義とし，イスラーム世界・諸国を「イスラーム諸国会議機構（OIC）」加盟国と限定すると，現状においては最大規模のアフガニスタン，イラク，パレスチナの他に，スーダン，ソマリアなどのアフリカ諸国からの難民を指すことになる（本節では「難民」を広義で捉え，その中に「国内避難民」をも含むこととする）。また第二の現住国を基準にする考え方だと，アフガニス

タンから大量に移動して，現在イランやパキスタンに住む難民などが加わる。第三の難民自身の属性を問題にすると，チェチェン人やクルド人，ミャンマーから迫害を逃れて移住したロヒンギャ難民らの存在を無視することはできない。

いずれにしても，これら広範囲の地域におよぶ難民発生の現状については，概観がこれまで試みられてこなかった。難民に対しては，当事者の宗教的属性とは関係なく人道的支援が必要とされるため，特にイスラームに注目する意義がこれまで見出されなかった。しかし「9.11」以降，「対テロ戦争」の名目の下に，攻撃対象がイスラーム世界から選ばれ続けるとすれば，そうした思考の枠組みも一定の意味を持つことになるだろう。よって本節では，2001年以降の戦争の結果生じたイスラーム世界の難民と，その根底にある問題について焦点を当てていきたい。

アフガニスタン・イラクの難民問題

難民問題を，その主たる原因である紛争や地政学的背景，和平交渉と切り離して考えることはできない。そのため研究書の多くは，各地域の歴史や政治情勢の解説・分析を伴うことになる。

アフガニスタン難民については川端清隆［2002］が，国連本部で1995年よりアフガニスタン問題を担当した経験に基づき，国連和平活動や外交史の中での難民支援の動向を描いている。新垣修［2004］もまた，紛争の各段階における実相と法，難民の関係を，平和構築事業の事例という形でアフガニスタンをとりあげ論じている。鈴木均編［2005］の論文集の第二部では，周辺国を含む複雑な民族構成について扱っており，難民を生む背景とも考えられる地域事情を理解する上で役立つ。これらは必ずしも難民について正面から扱った文献ではないが，アフガニスタン難民の背景についての総合的理解を促す。

「9.11」後の戦後復興については，大西圓［2002］のほか，雑誌 Third World Quartery ［2002］や雑誌 Iranian Studies ［2007］で特集が組まれている。また内海成治編著［2004］は復興支援の立場から難民問題を正面からとりあげ，それにまつわる保健，武装解除，ジェンダーなど幅広いテーマを扱っている。インターネットでは国連難民高等弁務官事務所（UNHCR）の国別サイトなどで，難民の帰還や支援活動の最新情報を確認することができる。2002年の帰還促進事業開始以来，500万人以上のアフガニスタン難民が帰国したが，不安定な治安情勢は続き，隣国パキスタンにはいまだ300万人以上が難民として滞在している。

もうひとつの「対テロ戦争」により生まれたイラク難民については，2007年時点で研究はいまだ端緒についたばかりである。日本では最近のまとまった研究として酒井紫帆［2008］が出た。また他には開戦に至るまでのアメリカの対外政策の推移についてはマン［2004］に詳しく，寺島実郎/小杉泰/藤原帰一編［2003］はイラク戦争の政治的背景を総合的に検証している。しかしここでは難民問題は特にとりあげられていない。彼らの動向と現状については，主として UNHCR や Human Rights Watch

などの人道支援機関の記録に頼ることになる。

　それらによるとイラク難民の動向の概要については以下の通りとなる。国連は当初1991年の湾岸戦争の例に基づき，開戦直後に隣国ヨルダンへ大量のイラク人難民が移動すると予想していた。だが実際には，主要戦闘が収束に向かう2003年5月までの間，イラク人の移動は親族を頼っての一時退避などにとどまった（北澤義之［2004］）。むしろ顕著なのは同時期から起きたイラク在住マイノリティの難民化と，その後の治安情勢の悪化を受けたイラク人避難の動きである。サッダーム・フセイン政権の崩壊後，イラク国内では約8万人のパレスチナ人と約2万人のイラン系クルド人らが迫害を受け始めた。また宗派対立を装い激化する抗争を逃れて，他のイラク人も国外に仮の停泊地を求めた。彼らはイラク国内各地やヨルダン，シリアとの国境地帯で公式・非公式の難民キャンプに収容されるか，近隣国に土地や家を買って新たな生活拠点を築き始めた。その数は2007年8月の時点で200万以上にのぼる。

　この他にイラク国内のクルド人およびパレスチナ人の来歴についてはShiblak［1996］や勝又郁子［2004］などから理解の手がかりをつかむことができるだろう。これらに基づき今後の一層の研究の進展が望まれる。

パレスチナの難民問題

　パレスチナ難民は，イスラエル建国に伴う1948年戦争から数次の戦争と人口増加を経て現在に至る，イスラーム世界で最も古くかつ新しい難民問題のひとつである。またイスラーム第三の聖地エルサレムの領有権が争点のひとつとなっているために，パレスチナは多くのイスラーム政治運動の中で大義として用いられてきた。「9.11」以降その傾向はさらに強まっている。

　難民をめぐる全体状況についてはZureik［1996］により概説をつかむことができる。アラビア語ではSaif［2002］が関連文献を網羅しており，邦語では錦田愛子［2002］で一応の概観を試みた。これらを踏まえた上で主要な論点についての代表作を，以下で紹介したい。

　まず，1948年戦争前後の難民化の経緯については，イスラエル国立公文書館の資料公開を受け，検証を試みた修正主義歴史学者モリスの著作が議論を呼んだ（Morris［1987］）。従来の俗説であった「アラブ指導部側の退去命令」の存在を否定したことで，彼の議論はイスラエル国内から反発を招き，また同時にユダヤ側からの追放作戦も認めなかったことで，パレスチナ側からの批判も呼んだ。Masalha［1992］は，当時のユダヤ人政治指導者の間で「トランスファー」（ユダヤ人国家建設のための意図的なパレスチナ人の追放）思想が定着していたことを指摘し，モリスを批判している。イスラエルの「新しい歴史家」を中心としたこの論争については，臼杵陽［2000］で概要が紹介されている。

　次に，難民の離散とアイデンティティについてだが，こちらについては近年比較的多くの著作が見られる。Schulz［2003］は世界各地のパレスチナ難民の生活環境を踏

まえながら，彼らの抱く帰還への思いやアイデンティティについて論じている。Hammer［2005］はアメリカ合衆国とパレスチナ自治区在住のパレスチナ人若年層を対象に，同様の内容について聞き取り調査をおこなっている。Brand［1988］は，エジプト，クウェート，ヨルダンの三国での，パレスチナ人社会の適応・組織形成の過程を描いた著作である。日本ではむしろ国際関係の中でパレスチナを論じる研究の方が多いが，そのなかでも藤田進［1989］は個別の離散の記憶について，レバノンのパレスチナ難民を対象に鮮明な記録をまとめている。

1990年代の中東和平交渉開始後は，パレスチナ難民の帰還権を巡る出版物が増えた。Aruri編［2001］はSalman Abu-SittaやSusan Akramのほかパレスチナ難民についての代表的論客による，帰還に関する多側面からの考察である。*Palestine-Israel Journal*［2002］は二国解決案を主張の基本とするイスラエル・パレスチナ左派知識人を主体とした雑誌だが，帰還権について特集号が組まれている。その中のBADIL, Friedによる論考は，それぞれ難民問題をめぐる法的側面，外交過程についての簡潔な導入である。BADILはベツレヘムに基盤を置くパレスチナ難民支援のNGOだが，そこが発行する年刊調査報告書BADIL［2003］は，充実した資料根拠に基づく，難民問題・帰還権についての包括的なレポートである。

和平交渉にあたり，難民問題はその中核ともいうべき重要な位置を占める。しかし，邦語ではいまだこのテーマに特化した研究が少なく，今後の進展が望まれる。

【文献】

新垣修［2004］『カンボジアとアフガニスタンにおける法の支配・難民関連事業——平和構築支援に係る事例研究』国際協力総合研究所
臼杵陽［2000］「現代イスラエル研究における「ポスト・シオニズム」的潮流」『中東研究』460
内海成治編著［2004］『アフガニスタン戦後復興支援——日本人の新しい国際協力』昭和堂
大西圓［2002］『アフガニスタン——国家の再建と復興に向けて』日本貿易振興会海外調査部
勝又郁子［2004］「クルドの道」山内昌之/大野元裕編『イラク戦争データブック——大量破壊兵器査察から主権委譲まで』明石書店
川端清隆［2002］『アフガニスタン——国際平和活動と地域紛争』みすず書房
北澤義之［2004］「イラク戦争後のヨルダン」山内昌之/大野元裕編『イラク戦争データブック——大量破壊兵器から主権委譲まで』明石書店
コルヴィル, R他編［1998］『難民Refugee 特集アフガニスタン——果てしなく続く危機』UNHCR日本・韓国地域事務所
酒井啓子［2004］『イラク 戦争と占領』岩波書店
酒井紫帆［2008］「イラク難民・国内避難民問題」『現代の中東』44
鈴木均編［2005］『アフガニスタン国家再建への展望——国家統合をめぐる諸問題』日本貿易振興機構アジア経済研究所
寺島実郎/小杉泰/藤原帰一編［2003］『「イラク戦争」検証と展望』岩波書店
錦田愛子［2002］「パレスチナ難民の現状」松原正毅/小杉泰/臼杵陽編『岐路に立つ世界を語る——9・11以後の危機と希望』平凡社
藤田進［1989］『蘇るパレスチナ——語りはじめた難民たちの証言』東京大学出版会

マン，ジェームズ［2004］『ウルカヌスの群像――ブッシュ政権とイラク戦争』渡辺昭夫監訳，共同通信社
Aruri, N. 編［2001］*Palestinian Refugees : The Right of Return*, London
BADIL Resource Center［2003］*Survey of Palestinian Refugees and Internally Displaced Persons 2002*, Bethlehem
Brand, L. A.［1988］*Palestinians in the Arab World : Institution Building and the Search for Sate*, New York
Hammer, Juliane［2005］*Palestinians Born in Exile : Diaspora and the Search for a Homeland*, Austin
Iranian Studies［2007］40 : 2
Masalha, N.［1992］*Expulsion of the Palestinians : The Concept of 'Transfer' in Zionist Political Tohught, 1882-1948*, Washington, D.C.
Morris, B.［1987］*The Birth of the Palestininan Refugee Problem, 1947-1949*, Cambridge
Palestine-Israel Journal of Politics, Economics and Culture［2002］9 : 2, "Right of Return," East Jerusalem
Saif, M. A.［2002］*Haqq al-Lajiin al-Falastiniin fi al-'Auda wa al-Ta'awid fi Dau' Ahkam al-Qanun al-Duwali al-'am*, Beirut
Schulz, Helena Lindholm［2003］*The Palestinian Diaspora : Formation of Identities and Politics of Homeland*, London
Shiblak, Abbas［1996］"Residency Status and Civil Rights of Palestinian Refugees in Arab Countries," *Journal of Palestine Studies*, 27 : 3, Spring.
Third World Quartery［2002］23, Issue 5, Oxford
Zureik, E.［1996］*Palestinian Refugees and the Peace Process*, Washington, D.C.

5 民族と宗教

5-1 ナショナリズム論

長沢栄治

ネイション/ナショナリズム研究における議論の方向性

イスラーム世界のナショナリズムに関しては，最近出版された酒井啓子/臼杵陽編［2005］所収の諸論文が現在の研究水準を示しているが，その中で研究案内としてまず酒井［2005］を参照されたい。これに対して本節は，筆者の専門領域の関係で東アラブを中心に議論を限定している点を最初にお断りしておきたい。

さて，ネイションおよびナショナリズムの研究において，中東は重要な事例を提供してきた地域であり，その理論的な問題をめぐって積極的な議論がなされてきた。欧米の例を見るなら，近年翻訳されたゲルナー［2000］とケドゥーリー［2000］は，いずれも中東を研究対象とする代表的な人類学者と歴史学者が行なった理論的考察であるが，ネイション/ナショナリズムの起源あるいは成立過程について対照的な結論を導きだしているところが興味深い。両者の議論は，この問題をめぐる基本的な研究関心の異なった二つの方向性を代表しているともいえる。すなわちネイションの由来を問い，その本源的な構成要素について考察するのか，あるいはナショナリズムが歴史の中で果たす機能や役割に関心を置くのか，という方向性の相違である。

これと同じ状況は日本においても見られる。とくに歴史学の分野で中東研究者は，ネイションをめぐる先端的な議論を展開してきたが，その代表的論者が板垣雄三と山内昌之の二人である。この板垣［1992］と山内［1991］を比較考察した加藤博［1992a］は，両者の研究の方法論上の相違点を次のように整理している。すなわち，二人とも中東社会において民族アイデンティティーの複合性，あるいは帰属意識の多元性という問題を取りあげている点では共通しているが，それぞれ板垣が関係論的

な，そして山内が存在論的なアプローチというまったく異なった立場を取っているという。この加藤による議論の整理は，初めに挙げたゲルナーとケドゥーリーの立論の相違と照応しているところがあるかもしれない。さらに，加藤は板垣と山内の議論に対して，彼独自の複合アイデンティティーのモデルを提示している。ただし注意しておきたいのは，こうした中東における民族の複合アイデンティティーを議論する場合，個人の多元的な帰属意識とは，決して本源的に固定されたものではなく，また集合アイデンティティーの複合性という歴史的に形成される，抗いがたい磁力をもつ場の中にあるということであろう。

さて，板垣 [1992] は「n 地域」論という地域の重層構造のモデルを示した点でもその後の研究者に影響を与えた。この議論をさらに発展させようとした試みとして栗田禎子 [1997] と小杉泰 [1995] がある。栗田 [1997] は，このモデルの要点である，ナショナリズムとは帝国主義が民族運動を成型化し，封じ込めるために成立したものに他ならないとする，板垣 [1992] に示された歴史認識がもつ今日的な意義を解説している。小杉 [1995] は，n 地域を「n 祖国」に読み替えてレバノンを事例にネイションの重層構造を分析しようとした。また，上記の論者たちが提示したネイション/ナショナリズムの複合性・重層性のモデルを，ナショナリズムの時代に遭遇したオスマン帝国を事例に取り，制度的・思想的危機をそれぞれ考察したのが，鈴木董 [1993] と新井政美 [2001] (および Arai [1992]) である。イスラーム国家から国民国家への移行過程を考察したこれら両者の研究は，日本のオスマン史・近代トルコ史の水準を示す成果である。

ナショナリズム研究と時代区分

ナショナリズム研究は，たえず時代状況の変化の強い影響を受けて展開してきた。アラブ地域を中心にしたナショナリズム研究の現況については，酒井啓子 [2001c] が的確にまとめている。また，同論文にも紹介されているが，時代状況を反映した研究史の整理については，ナショナリズムの「語り」の性格の変化に注目した Gershoni [1997] の時期区分が参考になる。さて，これらの研究は，対象とする時期によって以下の三つに区分されてきた。(1)アラブ・ナショナリズムの成立期，(2)アラブ民族革命の時代，(3)ポスト・アラブ・ナショナリズムの時代，である。

まず，第一の時期は，もっとも多くの研究者の関心を集め，数多くの研究の蓄積がある。とくにアラブ・ナショナリズムの発生史論については，キリスト教徒知識人の主導的な役割を強調した通説の見直しや，アラブ主義とオスマン主義との分岐と相関などの複雑な関係をめぐり，近年，実証的な文献研究が発表されている。それは後に見るようにアラブ・ナショナリズムの退潮という今日的な状況から見るなら，皮肉な現象に見えるかもしれないが，しかしそのような時代であるからこうした基礎的な研究が必要とされているのであろう。そうした研究状況の概観については，酒井啓子 [2001c] や Khalidi 他編 [1991] に譲りたい。ただし，この分野の長い研究史を構成

する多くのモノグラフの中から，いわば研究史の水源を示す文献として一冊を挙げるなら，やはり Hourani [1983(1962)] であるように思う。また，この分野で最近の日本でなされた研究では，研究史を踏まえた上で個人レベルでの思想の実践を考察しようとした田口晶 [2001] に注目しておきたい。

第二は，ナショナリズムが大衆化＝急進化し，超領域国家的な方向を示すとともに，権威主義的な国家体制の形成のために国民統合の道具として使われていった時代である。この時期に急成長したアラブの大衆政治の最終的な覇権を握ったのは，バアス主義やナセル主義に代表されるアラブ・ナショナリズムの潮流であった。この時代の考察において，階級分析の枠組みから政治運動の対抗関係を分析したイラクの Batatu [1978] や，中東のナショナリズムが超領域国家的な方向を示す歴史過程についてエジプトを事例に研究した Gershoni [1997] は，歴史研究としてナショナリズムを考察する場合の方法論的な問題に示唆を与える研究である。この時代が抱えた問題については，かつて日本でも広く研究関心を集めたことがあった。最近の研究としては，シリア・バアス党によるイデオローグの利用を考察した青山弘之 [2001] がある。

第三は，第3次中東戦争（1967年）のアラブの敗北に始まる，アラブ・ナショナリズムの斜陽の時代である。現在に続くこの時代が抱える思想状況とその研究状況については，長沢栄治 [1993] の紹介がある。そこで論じられているように，このナショナリズムの危機という状況を乗り越えるべく登場した二つの思想潮流（急進左派とイスラーム主義）は，結局のところアラブ世界に新たな現実的展望を示すことはできなかった。そのことは，多くの知識人に思想の危機という時代認識を与えてきたのであり，言いかえるならば，現在のアラブ世界，そして中東地域全体が，単純にポスト・ナショナリズムの時代にあると断言できない状況にある，ということをまた意味しているように思う。

ナショナリズムの形態と機能，そして宗教との関係

さて，前出の酒井 [2001c] は，加藤博 [1992b] によるナショナリズムの意識・思想・運動といった形態の区別をめぐる議論を取り上げ評価している。それは，前出の第一と第二の時期を通じて思想として成立し，さらに運動として展開したナショナリズムは，第三の時期においても社会意識のレベルでは機能しているとする議論である。すなわち，運動は挫折し，思想は破綻したが，意識としてのアラブは民衆感情の中に深く定着しているという観察にもとづいている。ただし，この議論において注意すべきは，民衆の社会意識を本源的にまた超歴史的に把えることの危険性である。

また，こうしたナショナリズムの形態からその歴史的変化を考える一方で，ナショナリズムをその機能の点から考察することもできるように思う。長沢栄治 [2000] は，アラブ主義が果たしてきた機能を，(1)国民国家の形成（国民統合），(2)経済開発（アラブ社会主義），(3)地域システム（アラブ連盟）に区別し，それぞれの限界を批

判的に評価した。まさにイラク戦争後の現在、イラク国家再建に向けて試されるべきは、これまでナショナリズムが果たすべきとされてきた、これらの機能がもつ現実の可能性であるように思う。

さて、中東のネイション/ナショナリズム研究において宗教（とくにイスラーム）との関係は、最大の関心が払われてきたテーマである。前出の酒井 [2001c] はこの問題について取り組んだ最近の労作であるが、酒井 [2001b] が示すようにその議論は西欧の規範的な事例との比較にもとづいている。そこで十分に意識されているように、宗教とナショナリズムは、単純に並列・対置して議論されるべきものではない。その点でナショナリズムと現代イスラームとはメビウスの輪の関係にあるという小杉泰 [1994] の指摘は、問題の構造を鋭く突いている。ナショナリズムの本質的な世俗性を強調し、それをイスラームと対置させる言説には限界があるからである。また、世俗的なナショナリズムと宗教的なナショナリズムなどに分類し、さらにはイスラーム主義と並置し、これらの相互関係がもつダイナミクスを検討する研究は多くなされてきたし、一定の意義がある。しかしそれと同様に、これらのナショナリズムとしてもつ機能を客観的に実証することもまた有効な研究方法ではなかろうか。ネイション/ナショナリズムとは、我々がその中に生きている近代という時代の一つの現実であり、また宗教もこの現実の外側にあるのではなく、したがってそれはまた近代と対置して議論するべき存在（イスラーム対近代という陳腐な図式で把握されるような）ではないからである。

【文献】

青山弘之 [2001]「『バアスの精神的父』ザキー・アル=アルスーズィー」酒井啓子 [2001a] 第6章

新井政美 [2001]『トルコ近現代史——イスラム国家から国民国家へ』みすず書房

板垣雄三 [1992]『歴史の現在と地域学——現代中東への視角』岩波書店

加藤博 [1992a]「エジプトにおける「民族」と「国民国家」」『歴史学研究』633

加藤博 [1992b]「アラブ・ナショナリズム」永井道雄監修，板垣雄三編『新・中東ハンドブック』講談社

栗田禎子 [1997]「板垣雄三氏の地域論をめぐって——「n 地域」論と「イスラームの都市性」」『歴史評論』570

ケドゥーリー，E [2000]『ナショナリズム』小林正之他訳，学文社

ゲルナー，アーネスト [2000]『民族とナショナリズム』加藤節監訳，岩波書店

小杉泰 [1994]『現代中東とイスラーム政治』昭和堂

小杉泰 [1995]「ナショナリズム・宗教共同体・エスニシティ——レバノンにおける「祖国 n」をめぐって」『中東の民族と民族主義——資料と分析視角』アジア経済研究所所内資料（地域研究部 6：3）

酒井啓子 [2001a]『民族主義とイスラーム——宗教とナショナリズムの相克と調和』アジア経済研究所

酒井啓子 [2001b]「宗教とナショナリズム概論」酒井啓子 [2001a] 第1章

酒井啓子 [2001c]「中東・アラブ世界における民族主義と宗教」酒井啓子 [2001a] 第2章

酒井啓子 [2005]「イスラーム世界におけるナショナリズム概観」酒井啓子/臼杵陽 [2005] 第1章

酒井啓子/臼杵陽［2005］『イスラーム地域の国家とナショナリズム（イスラーム地域研究叢書5）』東京大学出版会
鈴木董［1993］『イスラムの家からバベルの塔へ——オスマン帝国における諸国民の統合と共存』リブロポート
田口晶［2001］「オスマン=アラブ主義のディレンマ——〈盟約協会〉1913-1918年」『史学』71：1
長沢栄治［1993］「現代アラブ思想研究のための覚書——思想的危機と第2のナフダ」伊能武次編『中東諸国における政治経済変動の諸相』アジア経済研究所
長沢栄治［2000］「アラブ主義の現在」木村靖二/長沢栄治編『地域への展望（地域の世界史12）』山川出版社
山内昌之［1991］『ソ連・中東の民族問題——新しいナショナリズムの時代』日本経済新聞社
Arai, Masami [1992] *Turkish Nationalism in the Young Turk Era*, Leiden
Batatu, Hanna [1978] *The Old Social Classes and the Revolutionary Movements of Iraq: A Study of Iraq's Old Landed and Commercial Classes and of Its Communists, Bathists, and Free Officers*, Princeton
Gershoni, Israel [1997] "Rethinking of the Foundation of Arab Nationalism in the Middle East, 192-1945: Old and New Narratives," in James Jankowski/Israel Gershoni 編, *Rethinking Nationalism in the Arab Middle East*, New York
Khalidi, Rashid 他編［1991］*The Origin of Arab Nationalism*, New York
Hourani, Albert [1983(1962)] *Arabic Thought in the Liberal Age, 1798-1939*, Cambridge/New York

5-2　バルカン問題　　　　　　　　　　　　　　佐原徹哉

バルカンのアイデンティティ

　バルカンとは地理的な概念なのだろうか，それとも文化的な概念なのだろうか。このテーマはバルカン諸国がキリスト教的伝統をもったヨーロッパ国家なのか，それとも異質な文明圏なのかという政治的意味の濃い論争に重ね合わされて議論されてきた。近年，とりわけ帝国支配の遺産をめぐる議論をつうじて，この長年の論争にもようやく終止符が打たれつつあるようだ（Brown [1996]，Todorova [1997]）。つまり，現在のバルカン諸国はオスマン支配の遺産を色濃く残すという点で比較可能な共通項をもつのであり，比較的最近までイスラーム支配を経験したヨーロッパという見方が固まりつつある。このことは，イスラームの遺産がバルカンの本質的アイデンティティの一つとして正式に認知されようとしていることを意味している。こうした考え方が一般化した背景には，ユーゴスラヴィア継承戦争があったことは疑いない。1990年以降に英語圏で出版されたバルカン関係の書籍の点数は，1980年代のそれに数十倍するものであり，知識の絶対量の拡大がバルカンのイスラームという未知の領域に

光を当てたのである。しかし，一方でバルカンは「イスラーム地域」ではなく，あくまでキリスト教的伝統に根ざしたヨーロッパであることも事実である。バルカンのイスラームは，そこに積極的な役割を見いだそうとする関心よりは（例えば，Bougarel/Clayer 編 [2001]，Keilani/Todorova 編 [2002]），何らかの「問題」，つまり，不安定要因として理解されがちでもある。

■ バルカン諸国のムスリム・コミュニティ

ボスニアをめぐる議論の多くもこの例外ではない。ボスニアはヨーロッパ最大の土着のムスリム・コミュニティを抱える地域として，また，政治化したムスリム・ネイションの国家として注目され，主としてこうした側面から検討されている（Pinson 編 [1993]，Shatzmiller 編 [2002]）。とりわけ，かつて「ムスリム人」と呼ばれていた人々が戦争を契機にボスニア固有の歴史ある世俗の民族としてボスニア人を名乗るようになったため，彼らの存在を歴史的に正統化する目的から盛んに通史が書かれるようになっている（Malcolm [1994]，Donia/Fine [1994]，Imamović [1998]，Bojić [2001]）。通史的な叙述だけでなく，ボスニア人の言語問題（斉藤 [2001]），社会主義時代の「政治化」の過程（Filandra [1998]，長島大輔 [2002]，佐原徹哉 [2005]）に関しても研究が進められているが，これらの研究は世俗的なナショナリズムの発展過程に注目するものであり，その結果，ボスニアのイスラーム的伝統が軽視される傾向も見られる。実際，ボスニアのイスラーム自体の宗教的な性格やイスラーム文化の特色などに関する研究は停滞しており（Norris [1995]），人類学的なアプローチから宗教的側面に言及したものの方がよく知られている（Bringa [1995]，Halpern 編 [1997]）。一方，戦争に関連してイスラームへの偏見が暴力を生んだという議論が盛んに行われているが（Velikonja [2003]），科学的に価値ある議論とはいい難いものが多い（Mahmutćehajić [2000]）。戦時暴力はローカルな要因の複合的な産物であると考えるべきであろう（Bax [1995]）。なお，日本ではオスマン時代末期のボスニアの土地制度に関する研究蓄積もある（Nagata [1979]，江川ひかり [1998]）。

ボスニアばかりでなく，近年では他のバルカン諸国のイスラームやムスリム・コミュニティに関する研究成果も現れている。例えば，ゲル・ドゥイジングスがコソヴォのベクタシ教団の影響や隠れキリシタンについての興味深い人類学的調査を行っている（Duijzings [2000]）。こうしたシンクレティズムはバルカンの宗教の一般的特質であるが，従来はオスマン時代の強制改宗の残滓であると主張され，そう理解されてきた。しかしながら，バルカンのイスラーム化に関する既存の研究史の包括的再検討を行ったアントニーナ・ジェリャスコヴァは，こうした主張こそがキリスト教とナショナリズムに根ざした偏見の産物であると批判している（Zhelyazkova [2002]）。そして，近年では様々な角度から新たにシンクレティズムが見直されつつあり（Etnografski institute [2002]），その先駆者としてハスラックの研究が再評価されるよう

になっている (Hasluk [1973])。

　ブルガリアのムスリム・コミュニティに関する研究も近年目覚ましい進展を遂げている。ブルガリアには人口の3割強を占めるムスリムが暮らしており，その大部分はトルコ系であるといわれている。そのため，ムスリムは政治的な危険分子と見なされ，歴代のブルガリア政府の迫害を被ってきたが，特に社会主義体制のジフコフ政権時代には極端な民族政策が実施され，「民族再生プロセス」と呼ばれるムスリム集団全体に対する強制的ブルガリア化が行われた（Eminov [1997]）。しかし，社会主義後はこの反動として彼らへの関心が逆に高まっている。共産党文書の開示が進んで「民族再生プロセス」の全容が史料実証的に明らかにされつつあるし（Yalumov [2002]），ムスリムの移住や迫害についての研究も相次いで発表されている（Zhelazkova編 [2006]）。オメル・トゥランはブルガリアからのトルコへの移民の問題を扱っているし（Turan [1998]），アレクサンダル・トゥマルキーヌやジャスティン・マッカシーはさらに進んでバルカン全体のムスリム移民の問題を研究している（Toumarkine [1995], McCarthy [1995]）。こうした研究の基礎となったのは，ビラール・シムシルの編集したバルカンからのトルコ系ムスリムの移住に関する詳細な資料集であるが（Şimşir編 [1989]），シムシル自身の研究成果は多分に御用学者的な臭いがすることも事実である（Şimşir [1988]）。これとは別に，ムスリム諸集団との関係から見たブルガリア社会論も現れている（Neuburger [2004]）。ブルガリアにはボスニア人と相似形をなすポマクと呼ばれるスラブ系ムスリム集団も暮らしているが，彼らのアイデンティティに関する研究も行われている（松前もゆる [2001] [2003]）。

　バルカンのムスリム諸集団の有力な構成要素としてロマ（ジプシー）の存在も無視できない。バルカンのロマ研究は長らく停滞してきた観があったが，ポスト社会主義期にはこの分野でも大きな進展が見られる。デーヴィド・クローウ他編の概説書は（Crowe/Kolsti編 [1991]），便利で包括的な見取り図であるし，イザベル・フォンセーカの手になる社会主義後のロマの劣悪な状況について生々しい報告書も翻訳されている（フォンセーカ [1998]）。バルカン諸国の中でロマ研究が最も進んでいるのはおそらくブルガリアであろう。ここではロマ研究がある種のブームとなっている観すらあり，1990年代後半以降，ロマに関する社会学的研究が相次いで刊行されている（Tomova [1995], Marushiakova/Popov [1997], Slavov [2002], Mizov [2003], Tong編 [2003]）。その他の国でもロマへの関心は高まっており，セルビア（Mitrović [1998]），ギリシャ（Zegkini [1994]），ルーマニア（Achim [2004]），トルコ（Arayici [1999]）でも興味深い研究成果が報告されてきている。

　以上のように，近年のバルカンでは，イスラーム，とりわけムスリム諸集団に対する関心が高まり，欧米の研究者，現地の研究者，双方から研究成果が出され，その点数も年々増加している。とはいえ，今のところ研究者の関心はムスリム諸集団の孕む政治性や直面している社会的困難に集中し，彼らの文化や歴史的側面の解明は緒につ

いたばかりともいえる。シンクレティズムへの関心や人類学的調査の増加といった新たな展開も現れてはいるが，概してイスラームは未だに「問題」のレベルにとどまっているといえるだろう。

【文献】

江川ひかり［1998］「タンズィマート改革期のボスニア・ヘルツェゴヴィナ」『イスラーム世界とアフリカ　18世紀末—20世紀初（岩波講座世界歴史21）』岩波書店
斉藤厚［2001］「ボスニア語の形成」『スラブ研究』48
佐原徹哉［2005］「ボスニアのムスリム・コミュニストにとっての宗教とネイション」酒井啓子/臼杵陽編『イスラーム地域の国家とナショナリズム』東京大学出版会
長島大輔［2002］「ボスニアにおけるイスラーム復興運動，その動機と目的」『スラブ・ユーラシア世界における国家とエスニシティ』（JCAS Occasional Paper 14）
フォンセーカ，イザベル［1998］『立ったまま埋めてくれ——ジプシーの旅と暮らし』くぼたのぞみ訳，青土社
松前もゆる［2001］「民族をめぐる実践，ブルガリアのポマクの事例から」『東欧・中央ユーラシアの近代とネイションI』（スラブ研究センター研究報告シリーズ80）
松前もゆる［2003］「儀礼の変遷と集団意識——ブルガリア中北部のムスリムとキリスト教徒」佐々木史朗編『ポスト社会主義圏における民族・地域社会の構造変動に関する人類学的研究』（科学研究費補助金・基盤研究(C)(2)「ポスト社会主義圏における民族・地域社会の構造変動に関する人類学的研究」報告書）
Achim, Viorel [2004] *The Roma in Romanian History*, Budapest
Arayici, Ali [1999] *Çingeneler*, İstanbul
Bax, Mart [1995] *Medjugorie : Religion, Politics, and Violence in Rural Bosnia*, Amsterdam
Bojić, Mehmedalija [2001] *Historija Bosne i Bošnjaka, VII-XX vijek*, Sarajevo
Bougarel, Xavier/Nathalie Clayer 編 [2001] *Le nouvel islam balkanique : Les musulmans, acteurs du post-communisme 1990-2000*, Paris
Bringa, Tone [1995] *Being Muslim the Bosnian Way : Identity and Community in a Central Bosnian Village*, Princeton (NJ)
Brown, Carl 編 [1996] *Imperial Legacy : The Ottoman Imprint on the Balkans and the Middle East*, New York
Crowe, D./J. Kolsti 編 [1991] *The Gypsies of Eastern Europe*, New York
Donia, Robert/John Fine [1994] *Bosnia and Hercegovina : A Tradition Betrayed*, London（邦訳：『ボスニア・ヘルツェゴヴィナ史』恒文社）
Duijzings, Ger [2000] *Religion and the Politics of Identity in Kosovo*, London
Eminov, Ali [1997] *Turkish and Other Muslim Minorities in Bulgaria*, London
Etnografski institute [2002] *Kriptohristijanstvo i religiozen sinkretizum na Balkanite*, Sofia
Filandra, Šećir [1998] *Bošnjačka politika u XX stoljeću*, Sarajevo
Halpern, Joel 編 [1997] *Neighbors at War*, Pennsylvania
Hasluck, F. W. [1973] *Christianity and Islam under the Sultans*, New York (Reprint of the 1929)
Imamović, Mustafa [1998] *Historija Bošnjaka*, 2nd ed., Sarajevo
Keilani, Rama/Svetlana Todorova 編 [2002] *The International Symposium on Islamic Civilisation in the Balkans*, Istanbul
Mahmutćehajić, Rusmir [2000] *The Denial of Bosnia*, Pennsylvania

Malcolm, Noel [1994] *Bosnia : A Short History*, London
Marushiakova, Elena/Veselin Popov [1997] *Gypsies (Roma) in Bulgaria*, Frankfurt am Main/New York
McCarthy, Justin [1995] *Death and Exile : The Ethnic Cleansing of Ottoman Muslims, 1821-1922*, Princeton (NJ)
Mitrović, Aleksandra [1998] *Roma in Serbia*, Beograd
Mizov, Maksim [2003] *Romite v socialnoto prostranstvo*, Sofia
Nagata, Yuzo [1979] *Materials on the Bosnian Notables*, Tokyo
Neuburger, Mary [2004] *The Orient Within : Muslim Minorities and the Negotiation of Nationhood in Modern Bulgaria*, Ithaca
Norris, H. T. [1993] *Islam in the Balkans : Religion and Society between Europe and the Arab World*, London
Pinson, Mark 編 [1993] *The Muslims of Bosnia-Herzegovina : Their Historic Development from the Middle Ages to the Dissolution of Yugoslavia*, Cambridge
Shatzmiller, Maya 編 [2002] *Islam and Bosnia : Conflict Resolution and Foreign Policy in Multi-ethnic States*, Montreal
Şimşir, Bilal N. [1988] *The Turks of Bulgaria, 1878-1985*, London
Şimşir, Bilal N. 編 [1989] *Rumeli'den Türk Göçleri : Belgeler : Documents*, Ankara
Slavov, Atanas [2002] *Svetut na Ciganite : Kratka istorija*, Jambol
Todorova, Maria [1997] *Imagining the Balkans*, New York
Tomova, Ilona [1995] *The Gypsies in the Transition Period*, Sofia
Tong, Dajan 編 [2003] *Ciganite : Interdisciplinarna antologija*, Sofia
Toumarkine, Alexandre [1995] *Les migrations des populations musulmans balkaniques en Anatolie (1876-1913)*, Istanbul
Turan, Ömer [1998] *The Turkish Minority in Bulgaria, 1878-1908*, Ankara
Velikonja, Mitja [2003] *Religious Separation and Political Intolerance in Bosnia-Hercegovina*, Collage Station (TX)
Yalumov, Ibrahim [2002] *Istorija na turskata obshtnost v Bulgarija*, Sofia
Zegkini, Eustratos [1994] *Oi mousoulmanoi athigganoi tis Thrakis*, Thessaloniki
Zhelyazkova, Antonina [2002] "Islamization in the Balkans as an Historiographical Problem : The Southeast-european Perspective," in F. Adanir/S. Faroqhi 編, *The Ottomans and the Balkans : A Discussion of Historiography*, Leiden
Zhelyazkova, Antonina 編 [2006] *Forced Ethnic Migrations on the Balkans : Consequences and Rebuilding of Societies*, Sofia

5-3 クルド人問題

山口昭彦

湾岸戦争やイラク戦争などを機に，近年，クルド人問題への関心がにわかに高ま

り，それにともないクルド研究も着実に進展してきた。ここでは過去20年にあらわれた単著を中心に，クルド研究の最前線を紹介する。なお，クルド研究の足跡と現状を批判的に検証した論考として，Scalbert-Yücel/Le Ray［2007］もあわせて参照されたい。

▨ 前近代クルド社会の歴史的研究

前近代のクルド社会は，部族連合を率いるアミール（君侯）が各地に割拠し，国家から相対的に独立した形で自らの所領を治めていたとされるが，その内部構造や上位の国家権力との関係については，いまだ十分に解明されていない。Bruinessen［1992］は，これらの問題への理論的展望を示した画期的研究である。

むろん個々の論点については事例研究の積み重ねによる修正や精緻化が不可欠であり，齋藤久美子［2000］［2006a］［2006b］は，16世紀から17世紀にかけてアミールたちがオスマン朝の支配体制のなかに取り込まれていく過程をていねいに論じている。

イランのクルド地域については，おもにアルダラーン家に関心が向けられてきた。周辺諸王朝と臣従関係を結びつつ，イラン西部を中心とする地域を14世紀頃から実質的に支配してきたこの一族については，19世紀に多くの史書が著された。Васильева［1991］はこれらを用いてこの地方政権の政治構造や社会経済的環境を論じたものであり，Ardalan［2004］は政治史的観点からの詳細な通史である。山口昭彦［2000］は，サファヴィー朝崩壊後，イラン西部を占領したオスマン朝が作成した検地帳の分析を通じてこの地域の農村や遊牧民の特徴を指摘する。

▨ クルド人問題とクルド・ナショナリズム

国ごとに背景や性格の異なるクルド人問題を理解するにあたっては，まず全体像を把握するのが肝要だが，McDowall［2003］はそのための格好の入門書である。

19世紀半ば以降，中東地域へのナショナリズム思想の流入により，クルド人エリート層の間でも民族意識の覚醒が見られた。Göldaş［1991］，Malmîsanij［1999］［2000］，Alakom［1998a］［1998b］，Özoğlu［2004］は，初期のナショナリストたちの活動を丹念に掘り起こす。

第1次世界大戦後，オスマン朝にかわって誕生した諸国家では，特定の民族集団を中心とする国民統合が図られ，その結果，クルド人問題が生じることとなった。Behrendt［1993］はオスマン朝末期からトルコ共和国初期までのクルド・ナショナリズム運動の展開を通観したものであり，Olson［1989］は共和国成立直後にクルド人の独立を求めて発生したシャイフ・サイードの反乱を扱ったモノグラフ。Kirişci/Winrow［1997］は共和国成立期から現在に至るトルコにおけるクルド人問題の展開をたどった優れた研究だが，とくに第3章と第4章は共和国初期におけるこの問題の形成過程を的確に写し出す。Yıldız［2001］は，共和国初期にトルコ・ナショナリズムが定式

化されるなか，クルド人など非トルコ系集団が次第に存在を否定されていく過程を克明に描く。粕谷元［2001］は，議会議事録を読み解きながら共和国成立期におけるケマル政権の対クルド政策の変化と「国民」概念の変容が連動していたことを指摘し，山口昭彦［2005］は，同様の問題関心から，市民権に関わる憲法の規定をめぐる議論に焦点を当て，トルコのクルド人問題が当初から「トルコ人」とは何かをめぐる問題でもあったことを示す。

トルコにおけるクルド人問題をめぐる状況は，クルディスターン労働者党（PKK）の活動が本格化する1980年代半ば以降，一変する。トルコ政府の対クルド政策に対して国際的な批判が高まり，欧州連合への加盟を目指すトルコとしても問題解決への姿勢を示す必要に迫られたからである。この経緯についてはKirişci/Winrow［1997］のほか，Barkey/Fuller［1998］が優れた分析を示す。Natsume-Ono［1996］，夏目美詠子［1997］は，90年代半ばのクルド人問題の様相をクルド地域における投票行動に注目しながら考察する。Özcan［2006］は，PKKに関する最も包括的な研究のひとつであり，動員の手法など組織としてのPKKを多面的に分析する。

イラクのクルド人問題については，Stansfield［2003］が，湾岸戦争後，イラク北部に形成された自治政府をめぐる動きを描いている。Koohi-Kamali［2004］は，イランのクルド人問題を通時的に概観する。山口昭彦［1994］［1996］は，第2次世界大戦期にイランでおこった自治要求運動の性格を論じたもの。青山弘之［2005a］［2005b］［2006a］［2006b］［2006c］は，シリアにおけるクルド人問題の現状を伝えるとともに，クルド系政治組織に関する詳細なデータを提供する。

近年，ナショナリズムの可変的な性格に着目し，クルド・ナショナリズムを成り立たせる言説や象徴を扱う著作が相次いだ。Strohmeier［2003］は，オスマン朝末期からトルコ共和国初期のクルド・ナショナリストたちの言説を分析し，彼らがどのようなクルド人アイデンティティを創り出そうとしたかを明らかにする。O'shea［2004］は，「クルディスターン」を表す地図がナショナリズム形成に果たしてきた役割を強調する。Natali［2005］は，クルド・ナショナリズムの成形にクルド人を抱える各国家における国民統合が深く影を落としていることを指摘する。Romano［2006］は，クルド・ナショナリズム運動をそれが展開される政治環境，運動への動員手法，アイデンティティという三つの視点から複眼的に捉える試みである。

また，昨今のイスラーム主義運動の高まりを背景に，クルド人意識とムスリム意識との重層性に焦点を当てたものもあらわれた。Houston［2001］は，1990年代半ばのイスタンブルのクルド人街区での調査をふまえてイスラーム運動がクルド人とトルコ人を統合するための基盤となる可能性について検証する。Bruinessen編［1998］，Bruinessen［2000］は，クルド社会におけるイスラームのあり方を多様な視点から取り上げた論文集。大庭竜太［2006a］［2006b］は，ヌルジュ運動とクルド人意識との関わりに焦点をあてたもの。クルド社会の非ムスリムについては，粕谷元［2000］がアレヴィー派クルド人の複合的なアイデンティティのありようについて論じる。ま

た，Fuccaro［1999］は英委任統治下のイラクにおけるヤズィーディー教徒についての詳細なモノグラフである。

クルド人問題にはしばしば域外大国が関与してきたが，Meho 編［2004］と Destani 編［2006］は，それぞれクルド人問題に関わるアメリカとイギリスの公文書を編集した史料集である。

クルド研究のための工具類

書誌としては，*Index Islamicus* や *Abstracta Iranica* の「クルド人」の項が役に立つ。より包括的なものとして Meho 編［1997］とその続編 Meho/Maglaughlin 編［2001］がある。

前近代のクルド社会を研究するには，この時期の史料がアラビア語，ペルシア語，トルコ語で書かれているため，これら3言語の知識が不可欠である。近代以降については，さらにクルド語を習得することが望ましい。クルド語は北部方言のクルマーンジー，南部方言のソーラーニーなどから構成される。クルマーンジーの文法書には Rizgar［1996］や Blau/Barak［1999］など，辞典としては Rizgar［1993］，Chyet［2003］などがある。ソーラーニーの文法書としては Blau［2000］などのほか，邦語による縄田鉄男［2002］がある。辞典には Hakim［1996］などがある。なお，山口昭彦［2006］はクルド語がナショナリズムの発展と歩調を合わせながら書記言語として成熟してきた過程を粗描する。

【文献】

青山弘之［2005a］「シリアにおけるクルド民族主義政党・政治組織（1）」『現代の中東』39
青山弘之［2005b］「シリアにおけるクルド問題——差別・抑圧の"制度化"」『アジア経済』46：8
青山弘之［2006a］「シリアにおけるクルド民族主義政党・政治組織（2）」『現代の中東』40
青山弘之［2006b］「シリアにおけるクルド民族主義政党・政治組織（補足）——ハリーリー元首相暗殺に伴う政情変化のなかで（2005年）」『現代の中東』41
青山弘之［2006c］「シリア——権威主義体制に対するクルド民族主義勢力の挑戦」間寧編『西・中央アジアにおける亀裂構造と政治体制』アジア経済研究所
大庭竜太［2006a］「サイード・ヌルスィーにおけるクルド性とイスラーム」『イスラム世界』66
大庭竜太［2006b］「現代トルコにおけるクルド系ヌルジュ運動——メド・ゼフラの事例を中心に」『オリエント』49：1
粕谷元［2000］「分化する「クルド・アレヴィー」アイデンティティ」『現代の中東』28
粕谷元［2001］「トルコ共和国成立期の『国民』（millet）概念に関する一考察」酒井啓子編『民族主義とイスラーム——宗教とナショナリズムの相克と調和』アジア経済研究所
齋藤久美子［2000］「16世紀初頭のオスマン朝によるディヤルバクル征服」『史学雑誌』109：8
齋藤久美子［2006a］「16-17世紀オスマン朝下の東部アナトリアにおける「ユルトルク=オジャクルク」と「ヒュクーメト」の成立」『オリエント』48：2
齋藤久美子［2006b］「16-17世紀東部アナトリアにおけるオスマン支配——2つの地方行政組織を例に」『日本中東学会年報』22：1
夏目美詠子［1997］「2回の選挙の間に——トルコの政治とクルド問題の推移」『現代中東研究』17

縄田鉄男［2002］『クルド語入門』大学書林
山口昭彦［1994］「第二次大戦期イランにおけるクルド・ナショナリズム運動——クルディスターン復興委員会の活動とその限界」『日本中東学会年報』9
山口昭彦［1996］「1945年の世界——中東」歴史学研究会編『戦争と民衆——第二次世界大戦（講座世界史 8）』東京大学出版会
山口昭彦［2000］「オスマン検地帳に見る18世紀初頭イランの地方社会 (I)——イラン西部アルダラーン地方の農村と遊牧民社会」『東洋文化研究所紀要』140
山口昭彦［2005］「現代トルコの国民統合と市民権——抵抗運動期から共和国初期を中心に」酒井啓子/臼杵陽編『イスラーム地域の国家とナショナリズム（イスラーム地域研究叢書 5）』東京大学出版会
山口昭彦［2006］「クルド——クルド語とクルド人アイデンティティ」松井健/堀内正樹編『中東（講座世界の先住民族——ファースト・ピープルの現在 04）』明石書店
Alakom, R. [1998a] *Hoybûn Örgütü ve Ağrı Ayaklanması*, İstanbul
Alakom, R. [1998b] *Şerif Paşa, Bir Kürt Diplomatının Fırtınalı Yılları*, İstanbul
Ardalan, S. [2004] *Les Kurdes Ardalân entre la Perse et l'Empire ottoman*, Paris
Barkey, H. J./G. E. Fuller [1998] *Turkey's Kurdish Question*, Lanham
Behrendt, G. [1993] *Nationalismus in Kurdistan, Vorgeschichte, Entstehungsbedingungen und erste Manifestationen bis 1925*, Hamburg
Blau, J. [2000] *Manuel de kurde, sorani*, Paris
Blau, J./V. Barak [1999] *Manuel de kurde, kurmanji*, Paris
Bruinessen, M. V. [1992] *Agha, Shaikh and State: On the Social and Political Structures of Kurdistan*, London
Bruinessen, M. V. 編 [1998] *Islam des Kurdes* (Les Annales de l'Autre Islam, 5), Paris
Bruinessen, M. V. [2000] *Mullas, Sufis and Heretics: The Role of Religion in Kurdish Society*, İstanbul
Chyet, M. L. [2003] *Kurdish-English Dictionary*, New Haven/London
Destani, B. 編 [2006] *Minorities in the Middle East Kurdish Communities 1918-1974*, 4 vols., Slough
Fuccaro, N. [1999] *The Other Kurds: Yazidis in Colonial Iraq*, London
Göldaş, İ. [1991] *Kürdistan Teâli Cemiyeti*, İstanbul
Hakim, H. [1996] *Dictionnaire kurde-français, dialecte sorani*, Paris
Houston, C. [2001] *Islam, Kurds and the Turkish State*, Oxford/New York
Kirişçi, K./G. M. Winrow [1997] *The Kurdish Question and Turkey: An Example of a Trans-state Ethnic Conflict*, London
Koohi-Kamali, F. [2003] *The Political Development of the Kurds in Iran: Pastoral Nationalism*, New York
Malmîsanij [1999] *Kürt Teavün ve Terakki Cemiyeti ve Gazetesi*, İstanbul
Malmîsanij [2000] *Cızira Botanlı Bedirhaniler*, İstanbul
McDowall, D. [2003] *A Modern History of the Kurds*, London
Meho, L. I. 編 [1997] *The Kurds and Kurdistan: A Selective and Annotated Bibliography*, Westport/London
Meho, L. I. 編 [2004] *The Kurdish Question in U.S. Foreign Policy: A Documentary Sourcebook*, Westport
Meho, L. I./K. L. Maglaughlin 編 [2001] *Kurdish Culture and Society: An Annotated Bibliograhpy*, Westport/London

Natali, D. [2005] *The Kurds and the State : Evolving National Identity in Iraq, Turkey, and Iran*, Syracuse
Natsume-Ono, M. [1996] "The Exceptional Voting Behavior of Eastern Turkey," *Annals of Japan Association for Middle East Studies*, 11
O'shea, M. T. [2004] *Trapped between the Map and Reality : Geography and Perceptions of Kurdistan*, New York/London
Olson, R. [1989] *The Emergence of Kurdish Nationalism and the Sheikh Said Rebellion, 1880-1925*, Austin
Özcan, A. K. [2006] *Turkey's Kurds : A Theoretical Analysis of the PKK and Abdullah Öcalan*, London
Özoğlu, H. [2004] *Kurdish Notables and the Ottoman State : Evolving Identities, Competing Loyalties, and Shifting Boundaries*, Albany
Rizgar, B. [1993] *Kurdish-English Dictionary*, London
Rizgar, B. [1996] *Learn Kurdish, dersên kurdî : A Multi-level Course in Kurmanji*, London
Romano, D. [2006] *The Kurdish Nationalist Movement : Opportunity, Mobilization, and Identity*, Cambridge
Scalbert-Yücel, C./M. Le Ray [2007] "Knowledge, Ideology and Power : Deconstructing Kurdish Studies," *European Journal of Turkish Studies, Thematic Issue N°5, Power, Ideology, Knowledge ——Deconstructing Kurdish Studies* (http://www.ejts.org/document777.html)
Stansfield, G. R. V. [2003] *Iraqi Kurdistan : Political Development and Emergent Democracy*, London
Strohmeier, M. [2003] *Crucial Images in the Presentation of a Kurdish National Identity : Heroes and Patriots, Traitors and Foes*, Leiden
Yıldız, A. [2001] *Ne Mutlu Türküm Diyebilene : Türk Ulusal Kimliğinin Etno-seküler Sınırları (1919-1938)*, İstanbul
Васильева, Е. И. [1991] *Юго-Восточный Курдистан в XVII-Начале XIX в. Очерки истории эмиратов Арделан и Бабан*, Москва

5-4 ムスリム・マイノリティ問題　　川島 緑

　今日，世界のムスリムの内，約三分の一が，非ムスリム国（非ムスリムが人口の多数派を占める国）で生活しており，イスラーム世界にとってムスリム・マイノリティは重要な存在となっている。一口にムスリム・マイノリティといっても，その実態は多様である。インドや中国のように絶対数では世界有数の人口規模を持つ人々もいる。かつては独自の政治共同体を構成していたが，植民地化と国民国家形成の過程で非ムスリム国家に編入された人々（歴史的マイノリティ）と，移住によって非ムスリム国で生活するようになった人々（移民マイノリティ）に分けることもできる（田村

愛理［2002］）。一国のムスリム・マイノリティとしてくくられる人々も，決して一枚岩ではなく，イスラーム化の時期や程度，言語，政治共同体の歴史などの点で多様な人々で構成されている場合が多い。

エスニック紛争，国民統合問題

　イスラームでは，ムスリムは人種や民族，階級などの違いを超えて団結し，単一のウンマに対する帰属意識を持つべきだとされる。これに対し，国民国家では，領域内の住民は国民意識を持ち，国民国家を唯一の忠誠の対象とすることを求められる。政府は，教育やマスメディアを通じて国家イデオロギーを宣伝強化し，住民の間に均質的な国民文化を形成しようとする。そのため，非ムスリム国のムスリム・マイノリティは，国民文化に同化するか，それとも，同化を拒んでムスリムとしての生き方を優先するか，あるいは，何らかの形で両者の折り合いをつけて生きていくかという選択を迫られる。

　研究の集中しているテーマとして，まず，歴史的マイノリティの分離独立問題があげられる。チェチェン，南部フィリピンや南部タイのムスリムなどが代表的な例である。国民国家への編入過程で政治的，経済的，社会的に周辺化されたムスリム住民は，搾取や不平等，政府による同化政策や統制などに反発し，それに対抗するために自分たちを別個の民族として名乗り，歴史的領土に対する権利を主張して分離主義運動を開始する。イスラームは，民族イデオロギーの形成や動員において重要な役割を果たしている（Yegar［2002］，Che Man［1990］）。だが，差別や搾取の存在が自動的に分離主義を生み出すわけではない。分離独立問題の説明要因として，国家の性格やムスリム・マイノリティ社会内部の動き，地域の国際関係，国境を越えたムスリムのネットワークにも注目する必要がある。

　移民マイノリティの居住国社会への同化・統合問題も，多くの研究でとりあげられてきたテーマである。主に欧米のムスリム移民を対象として，移住・定住過程でのイスラーム実践の変化，居住国の政治や社会への参加の程度，非ムスリム住民との関係，居住国との絆や民族的アイデンティティなどが検討されてきた。信仰を個人の内面の問題とする世俗主義国家で移民ムスリム・マイノリティがイスラームを社会的に実践しようとすると，政府や非ムスリムとの間で対立が生じる。フランスの公立学校におけるムスリム女子学生のスカーフ着用をめぐる問題はその代表的な例である（内藤正典［2004］）。

　ムスリムはイスラームを社会的に実践し，ムスリムのアイデンティティを維持するために，モスク，イスラーム学校，イスラーム法などのイスラーム社会制度を必要とする。民族的マイノリティ，移民マイノリティのいずれの場合にも，これらに関するムスリムの権利や政府の認知，統制をめぐって，政府やムスリム，非ムスリムの様々な個人や集団が多様な動きを展開する（Engineer［1984］，今永清二［1994］，川島緑［1996］，松本ますみ［2003］）。

▓ グローバル化の中のムスリム・マイノリティ

　近年，各種メディアや交通手段の発達により，国境を越えた人や情報の移動がいっそう活発化し，ムスリム・マイノリティの意識や実態も急速に変化しつつある。ヨーロッパでは，移民ムスリムの定住化と世代交代もあいまって，出身国と居住国を結ぶ民族的絆に代わって，ヨーロッパ各地のムスリム・マイノリティを結ぶイスラームのネットワークが重要性を増している（Allevi/Nielsen［2003］）。これらの現象は，一国単位や中心対周辺という枠組みではとらえきれない（Ramadan［2004］，Haddad編［2002］，Marechal他編［2003］）。ヨーロッパ以外でも，ムスリム・マイノリティは確実に流動性，多様性を増しつつあり，「ムスリムの民族」としてではなく，「ムスリムの市民」として社会運動や政治運動の担い手となる動きがみられる（Nakamura他編［2001］）。

▓ 現代イスラーム政治思想とムスリム・マイノリティ

　現代世界におけるムスリム・マイノリティのあり方やイスラーム法上の地位をめぐって，イスラーム法学やイスラーム政治思想も革新が求められている。古典的なイスラーム法解釈では，非ムスリムの統治下にあるムスリムは，ダール・アル=イスラームに移住（ヒジュラ）するか，あるいは，奮闘努力（ジハード）してダール・アル=イスラームを確立すべきだとされる。これを硬直的に現代世界に適用すると，ムスリム・マイノリティはムスリム国に移住するか，イスラーム国家を建設すべきということになる。

　だが，現代ムスリム思想家の多くは，これを非現実的であるとして否定的に評価し，現代世界の状況に適する形でイスラーム法を解釈する立場をとる。1983年にロンドンに設立されたムスリム・マイノリティ問題研究所は，このような立場から，世界各地のムスリム・マイノリティに関する調査研究を行ない，機関誌 *Journal of Muslim Minority Affairs* を発行している。研究所初代所長のサイイド・アビディンは，「ムスリムとしてのアイデンティティを維持しつつ，非ムスリムと積極的に交流し，居住国の政治や社会に参加し，平和的共存を達成することが最善の道である」と主張し，孤立主義，および，国外イスラーム主義者によるムスリム・マイノリティの政治的利用を批判している（Abedin/Abedin［1995］，Abedin［1990］）。この立場は，基本的に中道派のムスリム思想家や研究者に広く共有されている（Kettani［1986］［1990］，Mazrui［1990］）。彼らはイスラーム法を柔軟に解釈し，アビシニアにおける共存モデルや，精神面でのヒジュラ，ダール・アッ=ダアワ，ダール・アル=シャハーダなどの観念を用いてその主張を展開している（Masud［1989］）。共存を保障する枠組みとしては，民主主義，多元主義が想定されており，世俗的民主政治への参加，宗教別比例代表制や地域自治の導入などをめぐり，漸進的イスラーム主義者も含めて活発な議論が行なわれている（Ghannouchi［1998］，Kabir［1998］，Yousif［2000］）。

【文献】

今永清二［1994］「タイ・イスラム社会の「地域自治」に関する一考察」今永清二編『アジアの地域と社会』勁草書房

王柯［1995］『東トルキスタン共和国研究――中国のイスラムと民族問題』東京大学出版会

川島緑［1996］「マイノリティとイスラーム主義――フィリピンにおけるムスリム身分法制定をめぐって」山内昌之編『「イスラム原理主義」とは何か』岩波書店

小松久男［2003］「激動の時代――20世紀のイスラーム世界」小松久男/小杉泰編『現代イスラーム思想と政治運動（イスラーム地域研究叢書2）』東京大学出版会

酒井啓子［2000］「イスラーム復興と「異議申し立て」」吉川元/加藤普章編『マイノリティの国際政治学』有信堂

田村愛理［2002］「ムスリム・マイノリティ」『岩波イスラム辞典』岩波書店

内藤正典［2004］『ヨーロッパとイスラーム――共生は可能か』岩波書店

西井凉子［2001］『死をめぐる実践宗教――南タイにおけるムスリム・仏教徒関係へのパースペクティブ』世界思想社

橋本卓［2006］「南部タイにおけるムスリム分離運動の背景」『同志社法學』

松本ますみ［2003］「中国のイスラーム新文化運動――ムスリム・マイノリティの生き残り戦略」小松久男/小杉泰編『現代イスラーム思想と政治運動（イスラーム地域研究叢書2）』東京大学出版会

Abedin, S. Z. [1990] "A Word about Ourselves," *Journal of Institute of Muslim Minority Affairs*, 11 : 1

Abedin, S. Z./S. M. Abedin [1995] "Muslim Minorities in Non-Muslim Societies," in J. Esposito 編, *The Oxford Encyclopedia of the Modern Islamic World*, Oxford

Abedin, S. Z./Z. Sardar 編 [1995] *Muslim Minorities in the West*, London

Allievi, S./J. Nielsen 編 [2003] *Muslim Networks and Transnational Communities in and across Europe* (Muslim Minorities, 1), Leiden

Bajunid, O. F. [2002] "The Muslim Minority in Contemporary Politics : The Case of Cambodia and Myammar"『広島国際研究』8

Che Man, W. K. [1990] *Muslim Separatism : The Moros of Southern Philippines and the Malays of Southern Thailand*, Singapore

Daun, H./G. Walford [2004] *Educational Strategies among Muslims in the Context of Globalization : Some National Case Studies* (Muslim Minorities, 3), Leiden

Engineer, A. A. [1984] *Indian Muslims : A Study of Minority Problems in India*, New Delhi

Ghannouchi, R. [1998] "Participation in Non-Islamic Government," in C. Kurzman 編, *Liberal Islam : A Sourcebook*, New York

Haddad, Y. 編 [2002] *Muslims in the West : From Sojourners to Citizens*, New York

Kabir, Humayun [1998] "Minorities in a Democracy," in C. Kurzman 編, *Liberal Islam : A Sourcebook*, New York

Kettani, M. A. [1986] *Muslim Minorities in the World Today*, London

Kettani, M. A. [1990] "Muslims in Non-Muslim Societies : Challenges and Opportunities," *Journal of Institute of Muslim Minority Affairs*, 11 : 2

Marechal, B. 他編 [2003] *Muslims in the Enlarged Europe : Religion and Society* (Muslim Minorities, 2), Leiden/Boston

Masud, M. K. [1989] "Being Muslim in a Non-Muslim Polity : Three Alternative Models," *Journal of Institute of Muslim Minority Affairs*, 10 : 1

Mazrui, A. [1990] "The World of Islam: A Political Overview," *Journal of Institute of Muslim Minority Affairs*, 11: 2

Nakamura, M. 他編 [2001] *Islam and Civil Society in Southeast Asia*, Singapore

Ramadan, Tariq [1999] *To Be a European Muslim: A Study of Islamic Sources in the European Context*, Leicester

Taylor, Philip [2007] *Cham Muslims of the Mekong Delta: Place and Mobility in the Cosmopolitan Periphery*, Singapore

Yegar, Moshe [2002] *Between Integration and Secession: The Muslim Communities of the Southern Philippines, Southern Thailand, and Western Burma/Myanmar*, Lanham

Yousif, A. [2000] "Islam, Minorities and Religious Freedom: A Challenge to Modern Theory of Pluralism," *Journal of Muslim Minority Affairs*, 20: 1

5-5 宗教復興　　　　　　大塚和夫

人類学と宗教復興現象

　本節では、イスラームを中心とした近現代の宗教復興現象を分析した研究を紹介する。ただし、宗教活動家の思想やイデオロギーの内容理解よりも、より一般的に歴史・社会・文化的現象としての宗教復興や運動に焦点を絞る。研究分野でいえば、主に社会・文化人類学の成果にふれることになるが、地域研究などの業績にも言及する。

　元来「未開」社会を研究していた人類学がイスラーム世界に目を向けた際に、まず着目したのがウラマーの説く公式的教義よりも、多くが読み書き能力を持たない民衆の生活に息づく民間信仰であった。スーフィー教団やムスリム聖者の活動、人生儀礼などが着目されたのである。それらの現象はしばしば古代宗教の残存、イスラームの皮を被った異教的信仰、シンクレティズム（宗教混交）などと評されていた。そのような静態的な分析枠組の問題点は、大塚和夫［1989］第4章や大塚［2004c］などで指摘されている。

　さらに、スーフィー、聖者などを指導者とした宗教的反抗運動も注目された。これらが西洋列強の帝国主義的侵略に対抗する反植民地運動の様相も帯びたところから、世界各地の住民による宗教的千年王国運動、土着主義運動などと関連づけて理解された。その事例のひとつであり、今日のイスラーム復興の潮流と共通点も持つ19世紀末のスーダン・マフディー（イスラーム救世主）運動とその今日的展開に関しては、大塚和夫［1995］を参照。

　しかし、20世紀に入ると、イスラーム世界各地の反植民地闘争の主体は、宗教者

よりも世俗的なナショナリストが中心になる。そして近代化に必然的に伴う「世俗化」過程によって，宗教であるイスラームは個人の「内面的信仰」に限定されるという仮説が有力になった。だが，そのような「世俗化論」は，1970年代後半頃から顕著になってきた「イスラーム復興」の動きによって再考を余儀なくされた。79年のイラン・イスラーム革命や81年のエジプト・サダト大統領暗殺事件などがその転機であった。前者に関しては，加納弘勝［1980］，大野盛雄［1985］などの報告・研究がある。人類学の分野では，革命前夜の宗教都市コムを調査したFischer［1980］が興味深い資料を提供している。なお，イラン革命の余波は東アフリカ海岸部にまで達し，スンナ派からシーア派への改宗現象も引き起こしている（大塚和夫［2004a］）。また，サダト暗殺についてはKepel［1985］，大塚［1989］［2000a］などを参照。

このようなイスラーム復興は，一般に「原理主義」と呼ばれている戦闘的政治運動で代表されがちである。だが，ムスリムの中には，過激な行動主義には反対しつつ，それでも日常生活の中でみずからのイスラーム的アイデンティティを強調する行動をとる傾向もみられる。そこでここでは，便宜上，政治的活動としての「イスラーム主義」と，社会・文化的現象としての「イスラーム復興」とを分けて論じていく——この区別については大塚和夫［2000b］などを参照。だがその前に「原理主義」という用語の問題点を指摘しておきたい。

「原理主義」という言説の問題

「原理主義」という用語は英語のファンダメンタリズムの訳語である。この言葉は，20世紀初頭にアメリカのキリスト教プロテスタントの一派を指すものとして用いられ始めた。この点は森孝一［1996］に詳しい。そしてこの語は，一般に，ファンダメンタリストを批判する側から，蔑称というニュアンスを帯びながら他称として用いられる傾向があった。

このようにキリスト教圏で微妙な含意を持つ用語が，1980年代頃からイスラームの急進的運動にラベルとして無批判に貼られるようになった。そこに，ラベルを貼られる側というよりも，貼る側の持つ政治的・文化的先入観，一種の「オリエンタリズム」が潜んでいるのではないかという疑問が出される（臼杵陽［1999］，大塚和夫［2000a］第12章）。

さらに，1970年代後半頃から，イスラーム以外の諸宗教においても，ある種の宗教復興，さらに宗教の政治イデオロギー化という傾向がみられるようになってきた。ケペル［1992］はイスラーム，キリスト教，ユダヤ教にみられるその傾向を「神の復讐」と呼んだ。ユダヤ教に関しては臼杵陽［1999］の第2部に詳しい。さらにヒンドゥー教においても「ヒンドゥー・ナショナリズム」の潮流が勢いを増し，ついには政権を握るまでになった。フィールドワークに基づく民族誌としては，中島岳志［2002］がある。また，宗教的ナショナリズムやテロリズムという視点からこれらの現象を検討したものとしてユルゲンスマイヤー［1995］［2003］がある。

このようなグローバルな宗教復興を背景に，それらの現象をさしあたり総括する用語としてファンダメンタリズムを使おうとする立場がある。その大規模な研究プロジェクトの成果は，Marty/Appleby編［1991］を皮切りに，同じ編者によって全5巻で刊行された。手頃な入門書としては，リズン［2006］がある。一方，キリスト教の独自の意味合いを持つ用語を通文化的比較に用いるべきではないという立場もある。この点は井上順孝/大塚和夫編［1994］や臼杵陽［1999］などを参照。日本のイスラーム研究では「原理主義」という用語に批判的傾向が強いが（例えば山内昌之編［1996］)，中村廣治郎［1997］のように積極的活用を主張する立場もある。さらに，もともとキリスト教では「根本主義」と訳されていたこの言葉が，「原理」主義と訳し直されることによって，日本の言説世界に独特の問題群が生じたのではないかという指摘もある（大塚［2000a］第12章）。

政治的運動としてのイスラーム主義

イスラームの「原理主義」，さらにイスラーム主義や政治的イスラームという題名のついた研究書やルポルタージュは，英語や邦語文献では枚挙に暇がない。人類学にかかわったものを中心にあげると，古典的なものとして，広い歴史・社会的脈絡の中でイスラーム改革運動の諸相を論じたゲルナー［1991］がある。彼の発想を批判的に活用した研究として大塚和夫［2000b］がある。またEickelman/Piscatori［1996］は，イスラーム復興現象も含めた近年の全体的動向を「ムスリムの政治活動」として把握しようとしている。なお，18世紀のワッハーブ主義やネオ・スーフィズム，さらにムスリム同胞団などの動向も考慮に入れつつイスラーム主義を論じたものとして，スミス［1998］，Voll［1994］，Schulze［2002］などの歴史学的著作があり，人類学では大塚［2004b］がある。

一方，近年のイスラーム主義の動向に関する日本人研究者の文献では，歴史的立場から山内昌之［1983］，イスラーム政治思想の脈絡に詳しい小杉泰［1994］［1998］［2006］，パレスチナ問題を絡めて議論する臼杵陽［2001］，独自のイスラーム理解のもとで急進主義的行動を位置づけた中田考［2001］［2002］のものなどがある。論文集では，先にふれた山内編［1996］，中東以外の中央アジアや東南アジアの実情にもふれた小杉編［2001］，9.11以降の状況に対応した松原正毅/小杉/臼杵編［2002］，そして小松久男/小杉編［2003］などがある。最近では，末近浩太［2005］，横田貴之［2006］など，若手研究者のモノグラフも刊行されるようになった。さらに，広い文明論的視野から議論を進める板垣雄三［2003］の研究は，この動向の背景を理解する上で重要である。また，イスラーム主義をアラブ世界に蔓延する終末論と関連づけて論じたものとして池内恵［2002］がある。

イスラーム研究専門家以外からも，イスラーム主義運動や復興現象をナショナリズムや「文明の衝突」などと結びつけた議論が出されている。これらには一部西洋批判も含まれている。邦訳書としては，アシュカル［2004］，グレイ［2004］，バック＝

モース［2005］などがある。ナショナリズムやエスニシティとの関連では，スミス［2007］，大澤真幸［2007］など。

人類学の立場から，イスラームの事例を用いながら，宗教概念や世俗化・近代化，そしてリベラリズムを批判的に考察しているアサド（Asad）は，英語における horror 概念の分析に基づいて「自爆攻撃」を論じている［2007］。なお，彼の重要な論文集［2004］［2006］が邦訳され，磯前順一との共編著［2006］も刊行されている。

生活の中のイスラーム復興現象

一般にフィールドでのミクロな出来事に関心を注ぐ人類学では，国内・国際レベルのイスラーム主義よりも，人々の日常生活の中で近年顕著になってきたイスラーム復興現象に着目する傾向が強い。

1990年代後半の北アフリカに見られるイスラーム復興の諸相を紹介した論集として，大塚和夫編［2002］がある。その中には，エジプトでファトワー（法的裁定）を求める民衆の実態（小杉泰）や「ヴェール」着用者の増加（大塚）にふれたもの，モロッコでのイスラーム学校再建の動きに言及したもの（堀内正樹）などが含まれている。学校教育の中におけるイスラームの活用に関しては，エジプトの事例に基づく研究として Starrett［1998］があり，彼はまたカイロの街頭にあふれるようになった宗教的小物の分析もしている（Starrett［1995］）。同じくカイロでは，モスクにおける女性の「敬虔な」実践の調査に基づき，ジェンダーや世俗的リベラリズム論を批判的に検討した Mahmood［2005］の議論もある

上エジプトのモスクでの説教を調査した Gaffney［1994］は，伝統主義的なものから急進主義的なものまで，モスクごとに説教内容が異なることを指摘した。学校教育，説教を始め，印刷物，テレビやインターネットなども含むイスラーム的メディアの変容に連動し，イスラーム的知識の伝達・継承が変容し，それによって新たなムスリム・アイデンティティが生まれてくる可能性を指摘した論文集 Eickelman/Anderson 編［2003］では，アラブやトルコのみならず，バングラデシュ，インドネシアの事例までが言及されている。また，今日のアジア，アフリカさらにイギリスにおけるイスラーム教育（マドラサ教育）を取り上げた論文集 Hefner/Zaman 編［2007］も興味深い。

イスラーム復興の典型例として取り上げられることが多いのが，女性の「ヴェール」姿の増加現象である。ただし「ヴェール」といっても，薄布によって顔を完全に隠すものから頭巾姿，さらにブランドもののスカーフの着用までさまざまなヴァリエーションがあることに注意が必要である。このテーマに関しては，歴史的視点を十分に踏まえたアハメド［2000］の議論があり，現代アラブでは飯塚正人，大塚和夫（ともに山内昌之編［1996］所収）などがある。ヴェール着用も含む女性とイスラーム復興の関連では，トルコでは農村部に関しては中山紀子［1999］，都市部に関しては White［2002］，イランの女性に関しては中西久枝［1996］などがある。またイラ

ンでは，ウラマーとのインタヴューに基づくミール=ホセイニー［2004］のジェンダー研究も興味深い．さらにヴェール着用などをめぐるヨーロッパのムスリム移民が直面している問題に関しては，内藤正典［2004］，石川真作［2004］などがある．

イスラーム復興の潮流は，一般にスーフィー教団や聖者に関して否定的な見解を取る．しかし，スーフィー教団の側でも近代的状況に積極的に対応しようという動きが一部で見られる．その例のひとつとしてエジプトのハーミディー・シャーズィリー教団を扱った研究として Gilsenan［1973］［2000］がある．さらに，そのような逆風に曝されているエジプトにおけるスーフィズムの今日的あり方を調査した Hoffman［1995］も興味深い．

中東以外の地域におけるイスラーム復興を扱った邦語の著作としては，インドネシアの政治・文化状況を論じた見市建［2004］，多和田裕司［2005］，倉沢愛子［2006］パキスタンのイスマーイール派ムスリムの開発に関わるアガー・ハーン財団の重要性を論じた子島進［2002］などがある．

【文献】

アサド，T［2004］『宗教の系譜——キリスト教とイスラムにおける権力の根拠と訓練』中村圭志訳，岩波書店
アサド，T［2006］『世俗の形成——キリスト教，イスラム，近代』中村圭志訳，みすず書房
アシュカル，G［2004］『野蛮の衝突——なぜ21世紀は，戦争とテロリズムの時代になったのか？』湯川順夫訳，作品社
アハメド，L［2000］『イスラームにおける女性とジェンダー——近代論争の歴史的根源』林正雄/岡真理他訳，法政大学出版局
池内恵［2002］『現代アラブの社会思想——終末論とイスラーム主義』講談社現代新書
石川真作［2004］「ヨーロッパのムスリム——ドイツ在住トルコ人の事例から」森明子編『ヨーロッパ人類学——近代再編の現場（フィールド）から』新曜社
磯前順一/T・アサド編［2006］『宗教を語りなおす——近代的カテゴリーの再考』みすず書房
板垣雄三［2003］『イスラム誤認』岩波書店
井上順孝/大塚和夫編［1994］『ファンダメンタリズムとは何か——世俗主義への挑戦』新曜社
臼杵陽［1999］『原理主義（思考のフロンティア）』岩波書店
臼杵陽［2001］『イスラムの近代を読みなおす』毎日新聞社
大澤真幸［2007］『ナショナリズムの由来』講談社
大塚和夫［1989］『異文化としてのイスラーム』同文舘出版（OD版2003）
大塚和夫［1995］『テクストのマフディズム——スーダンの「土着主義運動」とその展開（中東イスラム世界3）』東京大学出版会
大塚和夫［2000a］『イスラーム的——世界化時代の中で』（NHKブックス）日本放送出版協会
大塚和夫［2000b］『近代・イスラームの人類学』東京大学出版会
大塚和夫編［2002］『現代アラブ・ムスリム世界——地中海とサハラのはざまで』世界思想社
大塚和夫［2004a］「イスラームとトランスナショナリティ——スワヒリ地域ラム島の事例を中心に」小泉潤二/栗本英世編『トランスナショナリティ研究——境界の生産性』大阪大学21世紀COEプログラム「インターフェイスの人文学」
大塚和夫［2004b］『イスラーム主義とは何か』岩波新書

大塚和夫［2004c］「イスラーム」関一敏/大塚和夫編『宗教人類学入門』弘文堂
大野盛雄［1985］『イラン日記——疎外と孤独の民衆』（NHKブックス）日本放送出版協会
加納弘勝［1980］『イラン社会を解剖する（オリエント選書4）』東京新聞出版局
ケペル，G［1992］『宗教の復讐』中島ひかる訳，晶文社
倉沢愛子［2006］『インドネシア　イスラームの覚醒』洋泉社
グレイ，J［2004］『アル・カーイダと西洋——打ち砕かれた「西洋的近代化への野望」』金利光訳，阪急コミュニケーションズ
ゲルナー，E［1991］『イスラム社会（文化人類学叢書）』宮治美江子/堀内正樹/田中哲也訳，紀伊國屋書店
小杉泰［1994］『現代中東とイスラーム政治』昭和堂
小杉泰［1998］『イスラーム世界（21世紀の世界政治）』筑摩書房
小杉泰編［2001］『増補　イスラームに何がおきているか』平凡社
小杉泰［2006］『現代イスラーム世界論』名古屋大学出版会
小松久男/小杉泰編［2003］『現代イスラーム思想と政治運動（イスラーム地域研究叢書2）』東京大学出版会
末近浩太［2005］『現代シリアの変容とイスラーム』ナカニシヤ出版
スミス，A・D［2007］『選ばれた民——ナショナル・アイデンティティ，宗教，歴史』一條都子訳，青木書店
スミス，W・C［1998］『現代イスラムの歴史』上・下，中村廣治郎訳，中公文庫
多和田裕司［2005］『マレー・イスラームの人類学』ナカニシヤ出版
内藤正典［2004］『ヨーロッパとイスラーム』岩波新書
中島岳志［2002］『ヒンドゥー・ナショナリズム——印パ緊張の背景』中公新書ラクレ
中田考［2001］『イスラームのロジック』講談社選書メチエ
中田考［2002］『ビンラディンの論理』小学館文庫
中西久枝［1996］『イスラムとヴェール——現代イランに生きる女たち』晃洋書房
中村廣治郎［1997］『イスラームと近代（叢書現代の宗教13）』岩波書店
中山紀子［1999］『イスラームの性と俗——トルコ農村女性の民族誌』アカデミア出版会
子島進［2002］『イスラームと開発——カラーコラムにおけるイスマーイール派の変容』ナカニシヤ出版
バック=モース，S［2005］『テロルを考える——イスラム主義と批判理論』村山敏勝訳，みすず書房
松原正毅/小杉泰/臼杵陽編［2002］『危機に立つ世界を語る——9・11以降の危機と希望』平凡社
見市建［2004］『インドネシア　イスラーム主義のゆくえ』平凡社選書
ミール=ホセイニー，Z［2004］『イスラームとジェンダー——現代イランの宗教論争』山岸智子監訳，明石書店
森孝一［1996］『宗教から読む「アメリカ」』講談社選書メチエ
山内昌之［1983］『現代のイスラム——宗教と権力』朝日選書
山内昌之編［1996］『「イスラム原理主義」とは何か』岩波書店
ユルゲンスマイヤー，M・K［1995］『ナショナリズムの世俗性と宗教性』阿部美哉訳，玉川大学出版部
ユルゲンスマイヤー，M・K［2003］『グローバル時代の宗教とテロリズム』立山良司監修，明石書店
横田貴之［2006］『現代エジプトにおけるイスラームと大衆運動』ナカニシヤ出版
リズン，M［2006］『ファンダメンタリズム』中村圭志訳，岩波書店
Asad, T.［2007］*On Suicide Bombing*, New York

Eickelman D. F./J. Anderson 編 [2003] *New Media in the Muslim World : The Emerging Public Sphere*, 2nd ed., Bloomington
Eickelman, D. F./J. Piscatori [1996] *Muslim Politics*, Princeton
Fischer, M. M. [1980] *Iran : From Religious Dispute to Revolution*, Cambridge (MA)/London
Gaffney, P. D. [1994] *The Prophet's Pulpit : Islamic Preaching in Contemporary Egypt*, Berkeley/Los Angeles
Gilsenan, M. [1973] *Saint and Sufi in Modern Egypt : An Essay in the Sociology of Religion*, Oxford
Gilsenan, M. [2000] *Recognizing Islam : Religion and Society in the Modern Middle East*, London/New York
Hefner, R. W./M. Q. Zaman 編 [2007] *Schooling Islam : The Culture and Politics of Modern Muslim Education*, Princeton/Oxford
Hoffman, V. J. [1995] *Sufism, Mystics, and Saints in Modern Egypt*, Columbia
Kepel, G. [1985] *The Prophet and Pharaoh : Muslim Extremism in Egypt*, J. Rothschild 訳, London
Mahmood, S. [2005] *Politics of Piety : The Islamic Revival and the Feminist Subject*, Princeton/Oxford
Marty, M. E./R. S. Appleby 編 [1991] *Fundamentalisms Observed*, Chicago/London
Schulze, R. [2000] *A Modern History of the Islamic World*, A. Azodi 訳, London/New York
Starrett, G. [1995] "The Political Economy of Religious Commodities in Cairo," *American Anthropologist*, 97 : 1
Starrett, G. [1998] *Putting Islam to Work : Education, Politics, and Religious Transformation in Egypt*, Berkeley/Los Angels/London
Voll, J. O. [1994] *Islam : Continuity and Change in the Modern World*, 2nd ed., Syracuse
White, J. B. [2002] *Islamist Mobilization in Turkey : A Study in Vernacular Politics*, Seattle/London

5-6 中央アジア・ロシアのイスラーム　　宇山智彦

中央アジア・ロシアにおけるイスラーム化とロシア帝国

　この節で扱う対象は，厳密に言えば旧ソ連のムスリム地域（主に中央アジア，コーカサス，ヴォルガ・ウラル）である。この地域では，正統カリフ期のコーカサス南東部征服（7世紀中葉），ウマイヤ朝のクタイバ・イブン・ムスリムの中央アジア遠征（705-715年），ヴォルガ・ブルガル国のイスラーム受容（10世紀初頭。家島彦一訳注 [1969]）などを通じてイスラームが広まった。モンゴル帝国のジョチ・ウルス（金帳汗国）の時代には，草原の遊牧民を含め幅広くイスラーム化が進展した（DeWeese [1994]）。遊牧民やその君主の改宗にはスーフィー教団が大きな役割を果たしたとするのが通説だが（堀川徹 [1995]），近年はやや懐疑的な見方も現れている（矢島洋一

[2000]）。なお，中央アジアにおけるスーフィズムの歴史的展開と現状については，Хисматулин 編［2001］と Абашин/Бобровников 編［2003］（後者はダゲスタンに関しても詳しい）を参照。

　1552 年のカザン征服以降，ロシアは支配下に収めたヴォルガ・ウラル地域のムスリムをロシア正教に改宗させようとした（濱本真実［2003］，山内昌之［1986］第 1 章）。一部は改宗したが抵抗も強く，エカテリーナ 2 世はイスラームへの寛容政策に転じ，1789 年に設置したムスリム宗務協議会（聖職者協議会とも訳す）を通してムスリムを管理することとした（Азаматов［1999］，Dudoignon 他編［1997］の Usmanova 論文）。同協議会管轄下での村レベルの宗教生活の詳細な研究として，Frank［2001］がある。19 世紀には，ムスリムがヴォルガ・ブルガルをイスラーム史上の神聖な存在と見て，自分たちの系譜をそこに遡らせようとするという，歴史意識の上で興味深い現象が見られた（Frank［1998］）。ロシア側は正教布教の試みを続けたが，イスラームの活力は根強く，改宗者が再イスラーム化する「棄教」がしばしば起きた（Werth［2002］）。

　シベリアのタタール人・カザフ人・ブハラ人社会でも，イスラームの力が保たれた（Dudoignon 編［2000］）。コーカサスは 18 世紀末から 19 世紀半ばにかけてロシアに征服されたが，ダゲスタンとチェチェンでは，シャミールの指導するイスラーム国家が 1859 年までロシアへの抵抗を続けた（Gammer［1994］）。中央アジアの征服は 1880 年代までに完了し，その中核地域に置かれたトルキスタン総督府では，初代総督カウフマンの「放置政策」によってイスラームは比較的寛容に扱われた。鉄道の開通によって，マッカ巡礼も一層盛んになった（Brower［2003］）。こうした帝政期のイスラームの問題は，近年ロシア帝国論の見直しが進む中で注目を浴びており，新しい研究（Crews［2006］など）や史料集（Арапов［2001］など）が出ている。帝政期を軸としながらそれ以前・以後の時代も扱う百科事典である Прозоров 編［1998-］（現在第 4 分冊まで刊行）は，事典としては引きにくい構成だが有用。なお，帝政末期のジャディード運動と，ロシア革命後のムスリム共産主義者たちについては，本書の II-3C-9「中央アジア」を参照のこと。

ソ連体制下のイスラーム

　ロシア革命後，ソビエト政権は反宗教宣伝に努めながらも当初は一定の妥協的態度を取り，革命前以来のウラマーが活動を続けた。しかし 1920 年代末から抑圧に転じ，30 年代後半には多くのウラマーが処刑され，モスクが閉鎖された（中央アジアについて Keller［2001］，バシコルトスタンについて Юнусова［1999］。後者は同地のイスラームの通史）。第 2 次大戦中には宥和策がとられ，四つのムスリム宗務局が整備されて，その枠内での宗教活動が許された。その後のイスラーム管理体制とその内外での宗教生活については Ro'i［2000］が詳しく，参照すべき研究である。Бабаханов［1999］は，中央アジアの宗務局で長くムフティーを務めた人物に関する資料と，彼

が出したファトワーを収める。宗務局は，ソ連の中東政策の中でも役割を果たした（山内昌之［1983］）。

ソ連時代の西側の研究は，宗務局の枠外に存在した「非公式のイスラーム」，特にスーフィズムの活力に注目した（Bennigsen/Wimbush［1985］）。しかしこれは逆説的ながら，スーフィズムの「脅威」を強調したソ連当局の見方に影響されたところがあり，一面的である。Poliakov［1992］のように，むしろ日常生活の多様な局面でイスラームが生きていたという見方もある。ただしいずれにせよ地域差・個人差が大きく，全体としてソ連時代にイスラームの影響力が低下したことは否定できない。

中央アジア・ロシアにおけるイスラーム復興と「過激派」

ソ連時代末期には，イスラームの儀礼や思想への関心が徐々に高まり，特に1970年代末に反体制派的な若いウラマーが始めた「革新派」運動は，イスラーム政治運動のはしりとなった（ババジャノフ［2003］）。その後ソ連崩壊をはさんで展開するイスラーム復興の諸相については，まず帯谷知可［2004］と小松久男［2002］を参照されたい。論文集としては，Dudoignon/Komatsu編［2001］の後半部，Иордан他編［2001］（特に第4部）などがある。

イスラームと政治の関係や，いわゆる「過激派」については，前段落に挙げた諸文献のほか，宇山智彦［2000］，Jonson/Esenov編［1999］，Naumkin［2005］，Малашенко［2001］を参照。ラシッド［2002］には誤りも多いが，中央アジアでゲリラ・テロ活動を行ってきたウズベキスタン・イスラーム運動（IMU）や，思想面で各国の政権に「脅威」を与えている解放党についての独自情報が，豊富に盛り込まれている。もちろん，テロや紛争がイスラーム・ファクターだけで説明できるわけではない。Тишков［2001］は，チェチェン社会とイスラームをめぐる言説や紛争そのものの論理を考慮に入れた，チェチェン紛争の総合的な研究である。

ソ連崩壊後フィールドワークが以前より自由にできるようになり，イスラームに関する人類学的調査の成果も出始めている。Privratsky［2001］は，従来「半ムスリム」的な存在と見なされがちだったカザフ人の生活が，イスラームの視点から十分に読み解けるものであることを主張する。ロシアの中では，伝統的なムスリム地域だけでなく，首都モスクワに流入し続けるムスリムの存在にも注意が向けられている（Кобищанов他編［2001］第2部）。今後は，こうした個別の事例を精査しながら，イスラームをめぐる世界大の動きの中に位置づけていく作業が必要だろう。

【文献】

宇山智彦［2000］「中央アジアにおけるイスラーム信仰の多様性と過激派の出現」『ロシア研究』30

帯谷知可［2004］「宗教と政治——イスラーム復興と世俗主義の調和を求めて」岩崎一郎／宇山智彦／小松久男編『現代中央アジア論——変貌する政治・経済の深層』日本評論社

小松久男［2002］「中央ユーラシアの再イスラーム化」板垣雄三編『「対テロ戦争」とイスラーム世界』岩

波書店

パパジャノフ，B［2003］「ソ連解体後の中央アジア——再イスラーム化の波動」小松久男/小杉泰編『現代イスラーム思想と政治運動（イスラーム地域研究叢書 2）』東京大学出版会

濱本真実［2003］「17世紀ロシアにおけるムスリム・エリートのロシア正教改宗について」『西南アジア研究』58

堀川徹［1995］「中央アジアの遊牧民とスーフィー教団」堀川徹編『世界に広がるイスラーム（講座イスラーム世界 3）』栄光教育文化研究所

家島彦一訳注［1969］『イブン・ファドラーンのヴォルガ・ブルガール旅行記』東京外国語大学アジア・アフリカ言語文化研究所

矢島洋一［2000］「モンゴルのイスラーム改宗と Kubrawiyya」『西南アジア研究』53

山内昌之［1983］『現代のイスラーム——宗教と権力』朝日新聞社

山内昌之［1986］『スルタンガリエフの夢——イスラム世界とロシア革命（新しい世界史 2）』東京大学出版会

ラシッド，A［2002］『聖戦——台頭する中央アジアの急進的イスラム武装勢力』坂井定雄/伊藤力司訳，講談社

Bennigsen, A./S. E. Wimbush [1985] *Mystics and Commissars: Sufism in the Soviet Union*, London

Brower, D. [2003] *Turkestan and the Fate of the Russian Empire*, London

Crews, R. [2006] *For Prophet and Tsar: Islam and Empire in Russia and Central Asia*, Cambridge (MA)

DeWeese, D. [1994] *Islamization and Native Religion in the Golden Horde: Baba Tükles and Conversion to Islam in Historical and Epic Tradition*, University Park (PA)

Dudoignon, S. A. 編 [2000] *En Islam sibérien* (Cahiers du Monde russe, 41: 2/3), Paris

Dudoignon, S. A. 他編 [1997] *L'Islam de Russie: Conscience communautaire et autonomie politique chez lez Tatars de la Volga et de l'Oural, depuis le XVIIIe siècle*, Paris

Dudoignon, S. A./Komatsu H. 編 [2001] *Islam in Politics in Russia and Central Asia (Early Eighteenth to Late Twentieth Centuries)*, London

Frank, A. J. [1998] *Islamic Historiography and "Bulghar" Identity among the Tatars and Bashkirs of Russia*, Leiden

Frank, A. J. [2001] *Muslim Religious Institutions in Imperial Russia: The Islamic World of Novouzensk District and the Kazakh Inner Horde, 1780-1910*, Leiden

Gammer, M. [1994] *Muslim Resistance to the Tsar: Shamil and the Conquest of Chechnia and Daghestan*, London

Jonson, L./M. Esenov 編 [1999] *Political Islam and Conflicts in Russia and Central Asia*, Stockholm

Keller, Sh. [2001] *To Moscow, Not Mecca: The Soviet Campaign against Islam in Central Asia, 1917-1941*, Westport (CT)

Naumkin, V. V. [2005] *Radical Islam in Central Asia*, Lanham

Poliakov, S. P. [1992] *Everyday Islam: Religion and Tradition in Rural Central Asia*, Armonk (NY)

Privratsky, B. G. [2001] *Muslim Turkistan: Kazak Religion and Collective Memory*, Richmond

Ro'i, Y. [2000] *Islam in the Soviet Union: From the Second World War to Gorbachev*, London

Werth, P. W. [2002] *At the Margins of Orthodoxy: Mission, Governance, and Confessional Politics in Russia's Volga-Kama Region, 1827-1905*, Ithaca

Абашин С. Н./В. О. Бобровников 編［2003］*Подвижники ислама: Культ святых и суфизм в Средней Азии и на Кавказе*, Москва

Азаматов Д. Д.［1999］*Оренбургское магометанское духовное собрание в конце XVIII-XIX вв*, Уфа

Арапов Д. Ю. 編［2001］*Ислам в Российской империи (законодательные акты, описания, статистика)*, Москва

Бабаханов Ш.［1999］*Муфтий Зияутдинхан ибн Эшон Бабахан: Жизнь и деятельность*, Ташкент

Иордан М. В. 他編［2001］*Ислам в Евразии*, Москва

Кобищанов Ю. М. 他編［2001］*Мусульмане изменяющейся России*, Москва

Малашенко А. В.［2001］*Исламские ориентиры Северного Кавказа*, Москва

Прозоров С. М. 編［1998-］*Ислам на территории бывшей Российской империи: Энциклопедический словарь*, Москва

Тишков В. А.［2001］*Общество в вооруженном конфликте: Этнография чеченской войны*, Москва

Хисматулин А. А. 編［2001］*Суфизм в Центральной Азии (зарубежные исследования)*, Санкт-Петербург

Юнусова А. Б.［1999］*Ислам в Башкортостане*, Уфа

5-7　現代アフリカのイスラーム　　　坂井信三

　サハラ以南アフリカでは植民地化以後にイスラーム化が大きく進展した。推計によると1900年頃に3400万人だったムスリムは，20世紀の終わりには3億人にまで増えたとされる。地理的にはほぼ北緯10度より北でムスリムの勢力が優勢となっている。

アフリカのイスラームと近代化

　独立後のサハラ以南アフリカにおけるイスラーム研究は，Lewis 編の *Islam in Tropical Africa*［1966］によって始まった。彼はその序論で植民地下でのイスラーム化の進行を指摘しつつ，世界全体の世俗化のなかで今後アフリカのイスラームも合理化の過程を歩んでいくだろうと予想した。だが Brenner［1993］がいうとおりその後の40年をふり返ってみると，他のイスラーム諸国においてと同様にアフリカのイスラームも思いがけない方向に展開することになったといえよう。大塚和夫［2004］が指摘しているとおり，近代西欧文明に接触したイスラーム世界において，世俗化をともなう近代化現象は必ずしも宗教の衰退には結びつかず，むしろ外に対する抵抗と内における革新の両方においてイスラームの復興を導いた。サハラ以南アフリカの場合にもそれと並行した様相がみられる。

アフリカにおけるスーフィー教団の展開と反スーフィズム運動

　西アフリカでは植民地下でスーフィー教団のめざましい展開がみられた（坂井信三[2004]）。これは一面では植民地支配に対するムスリム側の適応戦略だったが，同時に抵抗の一形態とみることもできる。たとえばセネガルのムリード教団は，外に対しては植民地政策と協調しながら，内においては宗教の名のもとに外部からの干渉を一切許さない強大な権威構造を作り上げることに成功した。その核心は教祖のカリスマに対する前近代的ともいうべき信仰にあるが，その信仰が農民の労働を世界市場に方向づけ，ごく少数の幹部が数百万ともいわれる信徒たちの労働の成果を享受する教団組織を支えているのである。この教団の約1世紀におよぶ展開については充実した研究があり（Cruise O'Brien [1971]，Copans [1988]），とくに近年都市部にも浸透することになった教団の内的・外的変化と国家レベルの政治・経済との関係について興味深い成果が上げられている（小川了[1998]，Cruise O'Brien [2003]）。

　奇跡信仰をともなうスーフィー教団は，聖典に重きを置く正統的なイスラームよりはアフリカの民衆に広く受け入れられやすかったといえよう（Cruise O'Brien/Coulon編[1988]）。だがスーフィー教団の伸張に対してはやがてムスリム内部から批判が現れてくる。これはワッハーブ派やサラフィー主義のようなイスラーム復興運動（大塚和夫[2004]）の流れをくむもので，中東への巡礼や留学をとおして，あるいはアフリカ諸国の独立以後はイスラーム諸国との政治的・経済的つながりの強化とともにもたらされたものである。

　Kaba [1974]が研究したのは，マリを中心とする仏語圏西アフリカで第2次世界大戦後新興の商人たちが担ったワッハーブ運動である。同様の運動はナイジェリアでも活発で，Kane [2003]は1970年代から80年代にかけて北部ナイジェリアの新興都市住民によって支持された反スーフィズム運動（イザーラ）を取り上げている。現代エチオピアのムスリム・オロモ人社会における聖者崇拝とそれに対する批判を取り上げた Ishihara [1996]は，日本人研究者による数少ない現代アフリカのイスラーム研究として注目に値するものである。

アフリカにおけるイスラーム主義の台頭

　これらの反スーフィズム運動は，サハラ以南アフリカのムスリム社会内部に様々な形で現れてきたイスラーム主義的傾向のひとつであると思われる。その概要を知るには Levtzion/Pouwel編, *The History of Islam in Africa* [2000]の第9章（仏語圏西アフリカ），第10章（北部ナイジェリア），第16章（東アフリカ）が役に立つが，組織的な研究はいまだ緒に就いたばかりである。さしあたりここでは二つの成果を示しておこう。Kane/Triaud編[1998]は，サハラ以南アフリカ全体を対象にイスラーム主義の諸形態を論じた論集で，十分に焦点が絞り込まれていないうらみがあるが，Hodgkin [1998]は，経済，政治，教育，女性などのテーマをめぐって1993年までの主要な文献を紹介しており，今後の研究の展開に有益である。Otayek編[1993]

はこの種の運動の広がりを，とくに北アフリカや中東諸国との経済的・文化的交流との関わりから検討しており，興味深い。

■ アフリカにおけるシャリーア問題

　イスラーム主義的運動がムスリム社会の内部だけでなく非ムスリムをも含む国家のレベルに関わってくると，国家統合に関わる問題を引き起こすことになる。スーダンとナイジェリアのケースがそれにあたるだろう。

　スーダンは歴史的にイスラームの影響の深い北部（大塚和夫［1995］，栗田禎子［1996］）と，植民地時代にキリスト教が布教された南部という宗教的に異質な構成をもって独立した。そこに石油などの南部の資源をめぐる利害の対立がからまり，北部に基盤をもつ政権がイスラーム主義的な傾向をもつムスリムの支持を取り付けるためにシャリーアの施行を宣言したことから，スーダンの内戦は宗教的色彩を帯びることになった（栗本英世［1996］，栗田［2001］）。

　ナイジェリアはフルベ人・ハウサ人によるイスラーム国家の伝統をもつ北部と，伝統宗教に基盤をおくヨルバ人諸王国からなる西部，キリスト教の勢力が強いイボ人主体の東部という，まったく異なった三地域がイギリスの植民地政策によってひとつの国家とされたものである。このような異質な構成は，連邦政府の主導権を握る北部と石油資源をもつ東部との対立から1966年のクーデターを招き，1970年まで続いたビアフラ戦争に発展した（宮本正興/松田素二編［1997］）。権力の配分と経済格差をめぐる確執はその後も長く尾を引いたが，1996年オバサンジョ政権による民主化実現でようやく終息するかに見えた。だが南部勢力を背景に持つ新政権に対する反感から北部諸州がシャリーアの導入を宣言し，これが少数派キリスト教徒の強い反発を招いて暴動と虐殺が起きたのである（戸田真紀子［2002］）。

　戸田論文が指摘するとおり，宗教は必ずしもこれらの紛争の原因ではない。むしろ政治的経済的軋轢が紛争に発展する過程で宗教が紛争当事者によって利用され，人々の不安を駆り立てているあり様が見える。われわれに求められているのは，紛争当事者や報道機関がふりまく安易な本質主義的宗教観に惑わされず，冷静に事実を見極める研究姿勢だろう。

【文献】

大塚和夫［1995］『テクストのマフディズム——スーダンの「土着主義運動」とその展開』東京大学出版会

大塚和夫［2004］『イスラーム主義とは何か』岩波新書

小川了［1998］『可能性としての国家誌——現代アフリカ国家の人と宗教』世界思想社

栗田禎子［1996］「東アフリカの植民地分割と抵抗——スーダン・マフディー運動とアフリカ分割のメカニズム」岡倉登志編『アフリカ史を学ぶ人のために』世界思想社

栗田禎子［2001］『近代スーダンにおける体制変動と民族形成』大月書店

栗本英世［1996］『民族紛争を生きる人々——現代アフリカの国家とマイノリティ』世界思想社

坂井信三［2004］「西アフリカのタリーカと社会変動下の集団編成」赤堀雅幸/東長靖/堀川徹編『イスラームの神秘主義と聖者信仰（イスラーム地域研究叢書7）』東京大学出版会
戸田真紀子［2002］「アフリカの民主化とは？――ナイジェリアのシャリーア紛争の意味するもの」宮本正興/松田素二編『現代アフリカの社会変動』人文書院
宮本正興/松田素二編［1997］『新書アフリカ史』講談社現代新書
Brenner, L. 編 [1993] *Muslim Identity and Social Change in Sub-Saharan Africa*, Bloomington (IN)
Copans, J. [1988] *Les Marabouts de l'arachide*, Paris
Cruise O'Brien, D. B. [1971] *The Mourides of Senegal : The Political and Economic Organization of an Islamic Brotherhood*, Oxford
Cruise O'Brien, D. B. [2003] *Symbolic Confrontations : Muslim Imagining the State in Africa*, London
Cruise O'Brien, D. B./C. Coulon 編 [1988] *Charisma and Brotherhood in African Islam*, Oxford
Hodgkin, E. [1998] "Islamism and Islamic Research in Africa," in Kane, O./J.-L. Triaud 編, *Islam et islamisme au sud du Sahara*, Paris
Ishihara, Minako [1996] "Textual Analysis of a Poetic Verse in a Muslim Oromo Society in Jimma Area, Southwestern Ethiopia," in S. Sato/E. Kurimoto 編, *Essays in Northeast African Studies* (Senri Ethnological Studies, 43), Osaka
Kaba, L. [1974] *The Wahhabiyya : Islamic Reform and Politics in French-speaking Africa*, Evanston (IL)
Kane, O. [2003] *Muslim Modernity in Postcolonial Nigeria*, Leiden
Kane, O./J.-L. Triaud 編 [1998] *Islam et islamisme au sud du Sahara*, Paris
Levtzion, N./R. L. Pouwel 編 [2000] *The History of Islam in Africa*, Athens (OH)
Lewis, I. M. 編 [1966] *Islam in Tropical Africa*, London
Otayek, R. 編 [1993] *Le radicalisme islamique au sud du Sahara*, Paris

5-8 ユダヤ教　　　　上村　静

ユダヤ教は最古の一神教であり、その歴史は聖書の時代から現代まで3000年以上にわたる。また、ディアスポラ（離散）においてもその民族アイデンティティを保持したため、地理的にも世界大の広がりを有する。以下では、主要なトピックに触れつつ通時的に概観を試みる。

古代ユダヤ教

聖書の中心主題はイスラエル民族の歴史である。モーセ五書は、天地創造から出エジプトに到る歴史を律法を織り込みつつ物語る。申命記史書（ヨシュア記～列王記）

には，カナンの地征服からバビロン捕囚に到る歴史が描かれる。エズラ～ネヘミア記には，ペルシア時代の律法に基づく宗教共同体の再建が描かれる。預言書は，分裂王国時代から神殿再建時代に活動した預言者の言葉の集成である。歴史記述と預言者の使信に前提されるのは，神と民の契約関係である（選民思想）。預言者は民の罪を神に対する契約違反として糾弾し裁きを宣告する一方，民が困窮したときには，神による救済を預言する。審判と救済の預言は終末論的様相を帯びることもあった。申命記史書は，バビロン捕囚に到る民族の歴史を，民による契約違反の歴史として描き，王国滅亡を民の罪に対する神の罰として提示する。神殿再建後に最終編纂されたモーセ五書はこの歴史観を人類全体に適用し，イスラエルの律法遵守（契約履行）による堕罪した人類の救済を展望する（救済史観）。王国滅亡という民族の危機を契機として文書化された聖書は，ユダヤ民族に信仰共同体としてのアイデンティティを付与する（フォン・ラート［1990］）。なお，バビロン捕囚の際，エジプトへ逃れて共同体を形成した者，また捕囚後帰還せずにバビロンに留まった者がいた。ディアスポラはこの時代に始まり，その後拡大を続ける（ノート［1983］，山我哲雄［2003］）。

　神殿と律法を二本柱とするユダヤ教は，世襲制の大祭司を中心とする祭司集団によって率いられた（第二神殿時代）。ギリシア時代に入ると，ヘレニズム文化を愛好する者が増え，それは祭司階級も例外ではなかった（前3世紀）。前2世紀初頭に大祭司の継承争いが起こり，それにシリア王が介入してユダヤ教弾圧を始めた。律法遵守が死罪にされるという事態は，復活信仰を生み独自の終末論を発展させた（黙示思想）。以降，後2世紀まで多様な黙示文学が生み出される。他方，この弾圧にマカバイの一族が反乱を起こす。彼らはユダヤの独立を勝ち取り，ハスモン王朝を築いた。しかし，この一族は大祭司の家系ではないのにその職に就いたため，彼らに反発するセクト諸集団が生じた。前1世紀には，ハスモン王朝の王位継承争いが起こり，それにローマが介入してユダヤの独立は終わる。ローマ時代には，大祭司は政権（ヘロデ家ないしローマ総督）によって任命され，事実上ローマの傀儡となる。政治・宗教両面におけるローマ支配は，セクト運動を活発にすると共に，終末待望を切実なものにした。諸セクトは，世界観・終末観・律法解釈において互いに対立・競合した（Stone編［1984］）。キリスト教もこのようなユダヤ教の一セクトとして生まれた（Schürer［1973-87］，佐藤研［2003］）。反ローマ感情と終末待望は，やがて民衆を武力闘争へと駆り立て，二度の対ローマ戦争を引き起こすことになる。最初の敗戦でユダヤ人は神殿を失い（後70年），二度目の敗戦でエルサレムへの立ち入りを禁止された（後135年）。これに伴い，ディアスポラへ逃亡するユダヤ人が増加した。以後ユダヤは，シリア・パレスチナと呼ばれる。なお，ギリシア・ローマ時代にはディアスポラのユダヤ人共同体が大いに拡大した。特にアレクサンドリアのユダヤ人共同体は大きく，ギリシア語訳聖書やその他の文書を生み出した。ユダヤ人哲学者フィロン（前1～後1世紀）を輩出したのもこの都市である（平石善司［1991］）。

　敗戦後のユダヤ人の中心地は，エルサレムからガリラヤに移り，礼拝の中心もシナ

ゴーグに変わる（Levine［2000］，関谷定夫［2006］）。第二神殿時代に活発だったセクト運動は終わり，これまでの指導者であった祭司と並んでラビが台頭してくる（Levine［1989］）。ラビは律法を日常生活に適用するための法規定（ハラハー）を口伝律法として伝承していたが，それは後3世紀初頭に民族指導者であったラビ・ユダ・ハ・ナスィのもと『ミシュナー』として編纂される。以後，徐々にユダヤ教はラビを主導とするようになる（ラビ・ユダヤ教）。『ミシュナー』はパレスチナおよびバビロニアのラビたちによって研究され，その注解書として『パレスチナ・タルムード』（5世紀）と『バビロニア・タルムード』（6世紀頃）が生み出された（Safrai編［1987］）。遅くともイスラームがパレスチナを征服する7世紀までにはラビたちは指導的地位を確立し，『タルムード』がその後のユダヤ人の生活を規定するようになる（Cohen［1987］）。他方，3〜6世紀のパレスチナとバビロニアではヘーハロート文学と呼ばれる神秘主義的作品も生み出された。これはかつての黙示思想やグノーシス主義との接点を持ちつつ独自に発展を遂げたものである。イスラームの征服によって多くのユダヤ人がディアスポラへ移住した。神殿と国土を失ったユダヤ人にとって，律法のみが民族アイデンティティの根幹であった。

中世ユダヤ教

　4世紀のローマ帝国のキリスト教国教化および7世紀のイスラームの征服によって，パレスチナのユダヤ教における中心的地位は衰退し，バビロニアが取って代わる。6〜11世紀のバビロニアのユダヤ人共同体は，タルムードを研究するユダヤ学院の長であるガオンによって率いられ，ゲオニーム時代と呼ばれる。イスラーム圏では，8世紀のペルシアにおいて，イスラームの合理的神学，ムウタズィラ派の影響を受け，理性主義を標榜するカライ派の運動が起こる。これは口伝律法を否定し聖書のみを聖典としたため，ラビ・ユダヤ教に対する公然たる挑戦となったが，急速に地中海世界全体に広まり，12世紀の十字軍によるエルサレム侵攻まで隆盛した。カライ派に対し，バビロニアのガオンであったサアディア・ベン・ヨセフ（9〜10世紀）は，異端宣告をもって対抗するとともに，イスラーム哲学のカラームとアリストテレス哲学の方法を用い，理性と啓示（律法）の一致を論じ，中世ユダヤ哲学の嚆矢となった。この頃聖書のマソラ本文が確定されるが，これもカライ派との対決と関係するだろう。サアディアの合理主義をさらに徹底させたのが，12世紀にカイロで活動したモーゼス・マイモニデス（通称ラムバム）である。彼は，口伝律法を主題別に体系化した法典『ミシュネー・トーラー』（第二の律法）を編むとともに，律法とアリストテレス的理性の一致を示す『迷える者たちの手引き』を著した。後者はそのラテン語訳を通して，トマス・アクィナスなどキリスト教神学者にも影響を及ぼした（グットマン［2000］，Husik［2002］，Sirat［1990］）。なお，10世紀にイスラーム文化の中心がスペインに移ったため，イスラーム文化圏のユダヤ人はスファラディーと呼ばれる（関哲行［2003］）。他方，9世紀頃にパレスチナのユダヤ人は独自にガオンを

立て，独，仏，伊などキリスト教圏のユダヤ人に影響力を行使した。この伝統に連なるユダヤ人をアシュケナジーと呼ぶ（湯浅赴男［1991］，Cohen［1994］）。

　キリスト教圏のユダヤ人は，4世紀以降つねに迫害の対象であり続け，十字軍の遠征によりパレスチナのユダヤ人共同体は壊滅する（大澤武男［1996］，Elukin［2007］）。そうした中，アシュケナジーは聖書とタルムードの学習に集中した。11世紀のフランスでラビ・シュモエル・イツハッキー（通称ラシ）は，聖書とバビロニア・タルムードの簡潔な注解を著し，彼の弟子たちもその仕事を引き継いだ。アシュケナジーの法解釈の特徴は，伝統と慣習の重視にある。12世紀後半にカトリック圏のユダヤ人は，同時代のイスラーム圏の合理主義とは逆に，神秘主義を開花させる。南仏プロヴァンスに生まれたカバラー（伝承）は，古代ユダヤ神秘思想の影響を受けつつも独自に発展したもので，スフィロートと呼ばれる10種の神の属性（知恵，理性，慈悲など）の体系を思索の中心とする（ショーレム［1985］，箱崎総一［1988］）。1492年にキリスト教がスペインを再征服し，ユダヤ人迫害を再燃させると，メシア的期待と相まってカバラーは全ユダヤ世界に波及した。16世紀の神秘家イツハク・ルーリアがガリラヤのツファトに移住して以降，そこがカバラーの中心地となる。17世紀半ばトルコ出身のシャブタイ・ツヴィがメシアを自称し，これにカバラーの学徒だったガザのナタンが呼応すると，世界中のユダヤ共同体にメシア的熱狂を与えた。だがシャブタイは，スルタンに召喚されるとその場でイスラームに改宗してしまい，メシア待望は失望に変わる。その頃オランダでは，スピノザが合理主義に基づいて聖書の歴史批判的探究を展開し，ラビによって破門されていた（Wolfson［1983］）。

近代ユダヤ教

　18世紀の東欧にカバラーの影響を受けた新しい神秘主義運動が起こる（ハウマン［1999］）。バアル・シェム・トーヴ（通称ベシュト）を創始者とするハスィディズム（敬虔主義）である。これは熱狂的大衆運動で，歌や踊りを伴う祈りによる神との交わりを特徴とする。正統派ラビからの禁令にも関わらず，迫害とメシア運動失敗の失望の中にいた東欧ユダヤ人の間に急速に広まり，後のさらなる迫害下における精神的支柱となった。ハスィディズムは今日なお活力ある勢力であり続けている（ブーバー［1997］）。

　同時期の西欧では啓蒙主義が活発であり，ユダヤ人にもこれに同調し，差別から解放されるためには，ユダヤ人自身が古い慣習から解放され，他の西欧人と同じ教養を身につけるべきことを主張するハスカラー（啓蒙主義）が起こる。ここから，より広い世俗社会に受け入れられ同化することを目指す改革派ユダヤ教が生まれる（野村真理［1992］，植村邦彦［1993］）。これに対抗して伝統的なユダヤ教を重んじる者たちは正統派ユダヤ教と呼ばれる。さらに両者の中道として保守派が形成された。ハスカラーは，ヘブライの伝統と西欧の政治・社会思想を身につけた世俗化したユダヤ人の層を生み，後のシオニズムへの道を用意した。

1789年のフランス革命を契機に西欧のユダヤ人は解放へと向かった。米国へのユダヤ人移住が始まった（鈴木輝二［2003］）。しかし，19世紀後半に西欧各国に民族主義が台頭してくると，宗教ではなく人種に対する反セム主義が生まれる（村山雅人［1995］）。19世紀のロシアはよりひどい状況だった（ギテルマン［2002］）。19世紀後半にポグロム（集団虐殺）が起こると，パレスチナへのユダヤ人移住が始まる。他方，フランスで起きたドレフュス事件を契機に，ユダヤ人国家建設が主張され始める。こうして，東欧・西欧両方からシオニズム運動が生まれる。それは古い伝統への固執と同化の両方を拒絶し，理想社会の建設を夢見る民族主義として始まったが，その意味づけには多様な考えがあった（Luz［1994］，Ravitzky［1996］）。これに賛同しないユダヤ人も多かった。ナチによるホロコーストの体験が，イスラエル国家建設を実現させた。だがそれは新たにイスラエル―パレスチナ問題を生みだした（立山良司［1989］［2000］）。これはユダヤ人にとっては，聖書以来の信仰共同体としてのユダヤ性と，ホロコーストに極まる人種としてのユダヤ性を両極とする民族アイデンティティの問題でもある（Heilman［1999］）。

【文献】

〈ユダヤ教概説および通史〉
荒井章三／森田雄三郎［1985］『ユダヤ思想』大阪書籍
石田友雄［1980］『ユダヤ教史』山川出版社
上田和夫［1986］『ユダヤ人』講談社現代新書
ザハル，A・L［2003］『ユダヤ人の歴史』滝川義人訳，明石書店
サルトル，J・P［2000］『ユダヤ人』安藤信也訳，岩波新書
シュラキ，A［1993］『ユダヤ教の歴史』増田治子訳（文庫クセジュ）白水社
ジョンソン，P［2000］『ユダヤ人の歴史』上・下，石田友雄監修，徳間書店
ディモント，M・I［1994］『ユダヤ人の歴史』平野和子他訳，ミルトス
手島勲矢編著［2002］『わかるユダヤ学』日本実業出版社
デ・ラーランジュ，N［2002］『ユダヤ教入門』柄谷凛訳，岩波書店
沼野充義編［1999］『ユダヤ学のすべて』新書館
ベンサソン，H・H［1976-78］『ユダヤ民族史』6分冊，石田友雄他訳，六興出版
ロス，C［2000］『ユダヤ人の歴史』長谷川真他訳，みすず書房
Glatzer, N. N. [1982] *The Judaic Tradition*, New Jersey
Goodman, M. 編 [2002] *The Oxford Handbook of Jewish Studies*, Oxford

〈古代ユダヤ教〉
佐藤研［2003］『聖書時代史　新約編』岩波書店
関谷定夫［2006］『シナゴーグ――ユダヤ人の心のルーツ』リトン
ノート，M［1983］『イスラエル史』樋口進訳，日本基督教団出版局
平石善司［1991］『フィロン研究』創文社
フォン・ラート，G［1990］『旧約聖書神学』全2巻，荒井章三訳，日本基督教団出版局
ムーサフ・アンドリーセ，R・C［1990］『ユダヤ教聖典入門』市川裕訳，教文館
山我哲雄［2003］『聖書時代史　旧約編』岩波書店
Cohen, S. J. D. [1987] *From the Maccabees to the Mishnah*, Philadelphia

Goodenough, E. R. [1988] *Jewish Symbols in the Greco-Roman Period*, J. Neusner 編, New Jersey
Kaufmann, Y. [1972] *The Religion of Israel : From Its Beginnings to the Babylonian Exile*, M. Greenberg 抄訳, New York
Levine, L. I. [1989] *The Rabbinic Class of Roman Palestine*, Jerusalem
Levine, L. I. [2000] *The Ancient Synagogue : The First Thousand Years*, New Haven/London
Rainey, A. F./R. S. Notley [2006] *The Sacred Bridge*, Jerusalem
Safrai, S. 編 [1987] *The Literature of the Sages*, Assen/Philadelphia
Schürer, E. [1973-87] *The History of the Jewish People in the Age of Jesus Christ*, 3 vols., G. Vermes/F. Millar/M. Black 校訂・編, Edinburgh
Stone, M. E. 編 [1984] *Jewish Writings of the Second Temple Period*, Assen/Philadelphia
Strack, H. L./G. Stemberger [1991] *Introduction to the Talmud and Midrash*, Mineapolis

〈中世ユダヤ教〉
大澤武男 [1996]『ユダヤ人ゲットー』講談社現代新書
グットマン, G [2000]『ユダヤ哲学』合田正人訳, みすず書房
ショーレム, G [1985]『ユダヤ神秘主義』山下肇他訳, 法政大学出版局
関哲行 [2003]『スペインのユダヤ人』山川出版社
箱崎総一 [1988]『カバラ――ユダヤ神秘思想の系譜』青土社
湯浅赳男 [1991]『ユダヤ民族経済史』新評社
Cohen, M. R. [1994] *Under Crescent & Cross : The Jews in the Middle Ages*, Princeton
Elukin, J. [2007] *Living Together, Living Apart : Rethinking Jewish-Christian Relations in the Middle Ages*, New Jersey
Husik, I. [2002] *A History of Medieval Jewish Philosophy*, New York
Sirat, C. [1990] *A History of Jewish Philosophy in the Middle Ages*, Cambridge
Wolfson, H. A. [1983] *The Philosophy of Spinoza*, Massachusetts/London

〈近現代ユダヤ教〉
植村邦彦 [1993]『同化と解放――一九世紀「ユダヤ人問題」論争』平凡社
ギテルマン, Z [2002]『ロシア・ソヴィエトのユダヤ人100年の歴史』池田智訳, 明石書店
黒川知文 [1996]『ロシア社会とユダヤ人』ヨルダン社
佐藤唯行 [1995]『英国ユダヤ人――共生をめざした流転の民の苦闘』講談社
鈴木輝二 [2003]『ユダヤ・エリート――アメリカへ渡った東方ユダヤ人』中公新書
立山良司 [1989]『イスラエルとパレスチナ』中公新書
立山良司 [2000]『揺れるユダヤ人国家――ポスト・シオニズム』文春新書
土井敏邦 [1991]『アメリカのユダヤ人』岩波新書
トラヴェルソ, E [1996]『ユダヤ人とドイツ』宇京頼三訳, 法政大学出版局
野村真理 [1992]『西欧とユダヤのはざま――近代ドイツ・ユダヤ人問題』南窓社
ハウマン, H [1999]『東方ユダヤ人の歴史』平田達治他訳, 鳥影社
ブーバー, M [1997]『ハシディズム』平石善司訳, みすず書房
村山雅人 [1995]『反ユダヤ主義――世紀末ウィーンの政治と文化』講談社
度会好一 [2007]『ユダヤ人とイギリス帝国』岩波書店
Heilman, S. C. [1999] *Defenders of the Faith : Inside Ultra-Orthodox Jewry*, Berkeley
Luz, E. [1994] *Parallels Meet : Religion and Nationalism in the Early Zionist Movement (1882-1904)*, Philadelphia/Jerusalem
Ravitzky, A. [1996] *Messianism, Zionism, and Jewish Religious Radicalism*, M. Swirsky/J. Chipinan 訳, Chicago

5-9　東方キリスト教　　　　　　　　　　　　　　　　　若林啓史

■ 東方キリスト教概観

　東方キリスト教とは，カトリック教会およびプロテスタント諸教会に対置されるキリスト教諸宗派の総称である。東方キリスト教の生成と発展の場が東ローマ帝国の領土とその隣接地域であり，信徒の地理的分布が「西方」教会，すなわちカトリック，プロテスタントに比して東方に傾斜していることがその名称の由来である。

　東方キリスト教の本流をなすのは正教会である。東ローマ帝国時代に地位が確立したコンスタンティノープル，アレキサンドリア，アンティオキア，エルサレムの総主教座は，それぞれの歴史を辿りながら現在に続いている。独自の古い淵源を有するキプロスやグルジアの教会も正教会に属している。9世紀に始まった布教活動の結果，バルカン半島やロシアに正教会は拡大した。正教会は東ローマ帝国で開催された7回の公会議の決定を全て承認している。

　ネストリオス派と単性論派は公会議で弾劾され，東ローマ帝国の外側に拠点を移した。これらの教会も東方キリスト教に数えられる。ネストリオス派は，中国に至る大布教活動を展開したが衰運に転じ，北イラクを中心に残存したその末裔はアッシリア教会と呼ばれる。単性論は，コプト，エチオピア，アルメニア，シリアの諸教会に受容されて発展し，それぞれ固有の言語を用いた典礼を形成した。

　東方キリスト教の歴史は，「西方」世界との接触により複雑さを増した。正教会とラテン教会の教義上の対立と両者の分離，さらには十字軍が与えた影響は大きい。西方における宗教改革運動を契機に，カトリック，プロテスタント双方から東方キリスト教の諸教会への働きかけが強化された。特にカトリック教会は，東方キリスト教諸教会の内紛に乗じ，教皇に帰順を誓う一派をユニアート（帰一）教会として独立させた。これら東方典礼カトリック教会は，早くから教皇に服属したレバノンのマロン教会と共に広義の東方キリスト教に含まれる。プロテスタント諸教会も小規模な東方典礼教会を独立させている。現代においては，東西教会の対話と和解への努力が顕著である。

　イスラームの成立とイスラーム帝国の征服は，東方キリスト教の存立環境を質的に変化させ，以後イスラームとの共存が東方キリスト教諸教会の主要課題となった。イスラームの側ではキリスト教徒を啓典の民と位置づけ，統合の基盤を築いた。しかし宗教間の緊張は解消されたわけではなく，イスラーム支配下のキリスト教徒は恒常的な改宗圧力にさらされ，また混乱期には迫害の対象ともなった。特にオスマン朝末期には，列強がキリスト教徒保護を名目に干渉した結果，帝国内のキリスト教徒とイスラーム教徒の間に反目が生じ，両者の抗争につながった。これは現代の東方キリスト教の信徒に対する教訓である。

東方キリスト教文献案内

〈概説書〉 森安達也［1978］［1991］はカトリックに近い視点から東方キリスト教を通観する基本文献であり，ロシア史への流れを重視する高橋保行［1980］，廣岡正久［1993］とあわせ，概括的理解が得られる。Ware［1993］は正教会を中心とした定評ある入門書の新版。Arberry編［1969］は，東方キリスト教を中東の一神教として位置づける。

〈検索用文献〉 東方キリスト教の専門事典ではParry他編［1999］が各分野を偏りなく扱い，内容も充実している。Assfalg他編［1975］は小型であるが情報量は多い。Kazhdan編［1991］は東ローマ帝国に関する総合的かつ詳細な事典である。

文献学的著作としては，Graf［1944-53］，Nasrallah［1979-］はアラビア語史料を調査する上で利用価値が高い。

〈東方キリスト教の生成〉 東方キリスト教の研究には，東ローマ帝国の政治・宗教に関する理解が不可欠である。Hussey［1986］は東ローマ帝国における正教会を通史的に論ずる。Pelikan［1974］は詳細な教義史であり，特に東ローマ帝国滅亡以後の記述は貴重である。Meyendorff［1989］，Frend［1972］は単性論をめぐる論争を中心に解説する。邦語文献では，米田治泰［1977］が東ローマ帝国史に関する高水準の論文集である。

〈東方キリスト教の多様化〉 Atiya［1980］はネストリオス派や単性論派の教会に関する説明が豊富である。正教会のバルカン半島，ロシアへの拡大については，Obolensky［1971］およびMeyendorff［1981］を参照。Geanakoplos［1966］，Papadakis［1994］は，東西両教会の関係に焦点を当てる。Frazee［1983］は，オスマン帝国内の東方キリスト教会へのカトリック側の働きかけを描く。

〈東方キリスト教とイスラーム〉 若林啓史［2003］は，アラビア語によるキリスト教神学の形成を聖像画の問題を軸に論じる。イスラーム統治下の東方キリスト教会については，オスマン帝国時代の研究が進んでいる。Runciman［1968］は基本文献であり，同書前半の東ローマ帝国下の教会に関する要約も有用。Papadopoullos［1990］は原史料の詳細な紹介を含む。Braude他編［1982］は，研究の層の厚さを示す論文集である。Masters［2001］は，アラブ地域に絞った実証研究を展開している。

〈近現代の東方キリスト教〉 政治史の切り口による研究が多い。Hopwood［1969］，Tibawi［1961］は聖地のキリスト教徒と列強の関係を扱う。アラブ各国のキリスト教徒の現状に関し，Betts［1975］は先駆的な業績であり，近年ではCragg［1991］，Pacini編［1998］がそれぞれ特色ある成果を示している。

【文献】

高橋保行［1980］『ギリシャ正教』講談社学術文庫
廣岡正久［1993］『ロシア正教の千年──聖と俗のはざまで』（NHKブックス）日本放送出版協会
森安達也［1978］『キリスト教史III 東方キリスト教（世界宗教史叢書3）』山川出版社

森安達也［1991］『東方キリスト教の世界』山川出版社
米田治泰［1977］『ビザンツ帝国』角川書店
若林啓史［2003］『聖像画論争とイスラーム』知泉書館
Arberry, A. J. 編 [1969] *Religion in the Middle East : Three Religions in Concord and Conflict*, 2 vols., Vol. 1 : *Judaism and Christianity*, London
Assfalg, Julius 他編 [1975] *Kleines Wörterbuch des christlichen Orients*, Wiesbaden
Atiya, Aziz S. [1980] *A History of Eastern Christianity*, 2nd ed., New York
Betts, Robert Brenton [1975] *Christians in the Arab East : A Political Study*, Athens
Braude, Benjamin 他編 [1982] *Christians and Jews in the Ottoman Empire : The Functioning of a Plural Society*, 2 vols., New York/London
Cragg, Kenneth [1991] *The Arab Christian : A History in the Middle East*, London
Frazee, Charles A. [1983] *Catholics & Sultans : The Church and the Ottoman Empire 1453-1923*, Cambridge
Frend, W. H. C. [1972] *The Rise of the Monophysite Movement*, Cambridge
Geanakoplos, Deno John [1966] *Byzantine East and Latin West : Two Worlds of Christendom in Middle Ages and Renaissance*, Oxford
Graf, Georg [1944-53] *Geschichte der christlichen arabischen Literatur*, 5 vols., Vatican
Hopwood, Derek [1969] *The Russian Presence in Syria & Palestine 1843-1914 : Church and Politics in the Near East*, Oxford
Hussey, Joan Mervyn [1986] *The Orthodox Church in the Byzantine Empire*, Oxford
Kazhdan, Alexander P. 編 [1991] *The Oxford Dictionary of Byzantium*, 3 vols., Oxford
Masters, Bruce [2001] *Christians and Jews in the Ottoman Arab World : The Roots of Sectarianism*, Cambridge
Meyendorff, John [1981] *Byzantium and the Rise of Russia : A Study of Byzantino-Russian Relations in the Fourteenth Century*, Cambridge
Meyendorff, John [1989] *Imperial Unity and Christian Divisions : The Church 450-680 A.D.*, New York
Nasrallah, Joseph [1979-] *Histoire du mouvement littéraire dans l'Église Melchite du Ve au XXe siècle*, 4 vols., Louvain/Paris/Damascus
Obolensky, Dimitri [1971] *The Byzantine Commonwealth : Eastern Europe 500-1453*, New York
Pacini, Andrea 編 [1998] *Christian Communities in the Arab Middle East : The Challenge of the Future*, Oxford
Papadakis, Aristeides [1994] *The Christian East and the Rise of the Papacy : The Church 1071-1453 A.D.*, New York
Papadopoullos, Theodore H. [1990] *Studies and Documents relating to the History of the Greek Church and People under Turkish Domination*, 2nd ed., Aldershot
Parry, Ken 他編 [1999] *The Blackwell Dictionary of Eastern Christianity*, Oxford
Pelikan, Jaroslav [1974] *The Christian Tradition*, 5 vols., Vol. 2 : *The Spirit of Eastern Christendom (600-1700)*, Chicago/London
Runciman, Steven [1968] *The Great Church in Captivity : A Study of the Patriarchate of Constantinople from the Eve of the Turkish Conquest to the Greek War of Independence*, Cambridge
Tibawi, A. L. [1961] *British Interests in Palestine 1800-1901 : A Study of Religious and Educational Enterprise*, Oxford

Ware, Timothy (Kallistos) [1993] *The Orthodox Church*, new ed., London

5-10　キリスト教と中東和平　　　　　臼杵　陽

聖地をめぐる争い

　三つの一神教の聖地であるエルサレムあるいはパレスチナのイメージは十字軍以来，欧米のキリスト教徒による聖書を通してかき立てられた聖地への憧憬によって形作られたといっても過言ではない。もちろん，ユダヤ教，キリスト教，そしてイスラームにとっての聖地の位置づけはそれぞれ異なっているものの，19世紀以降欧米のキリスト教徒による聖地巡礼が盛んになるとともに，オスマン領内の宗教・宗派紛争が欧米諸列強の介入によって激化していった。そのような紛争の典型がヨーロッパ諸列強によるオスマン領をめぐる東方問題であり，その一環としてカトリック教会とギリシア正教会との間で起こったエルサレムやベツレヘムの聖地管理権問題がフランスとロシアの対立として顕在化した。聖地をめぐるキリスト教諸宗派間の対立が国際紛争にまで発展してクリミア戦争のような大規模な軍事衝突を引き起こした場合もあった（Masters [2001]）。

欧米のキリスト教徒と中東和平

　米ソ冷戦終焉後の宗教・宗派紛争の激化を念頭に置きつつ現代におけるキリスト教と中東和平を考えるときにも，以上のような東方問題の歴史的射程を視野にいれてアプローチする必要がある。もちろん，欧米のキリスト教徒の聖地問題あるいは中東和平への姿勢は一枚岩ではなく多様であり，とりわけホロコースト直後のイスラエル建国への対応と現在のイスラエル問題への対応の差異は顕著である。たとえば，中東和平の一方の当事者であるイスラエルに対してどのような姿勢をとっているかを考えてみても，反ユダヤ主義的あるいは親ユダヤ主義的な諸潮流が複雑に交錯している（Merkley [2001]）。

　19世紀にヨーロッパで引き起こされたユダヤ人問題へのユダヤ人のナショナリスト的な対応として生まれたシオニズムを考える際には，ナチス・ドイツに象徴される反ユダヤ主義的な暴力的極限形態とともにプロテスタントのあいだの親ユダヤ主義的な傾向を無視することはできない。すなわち，聖地における「イスラエルの民の復興」への英米のピューリタンによる信仰上の強力な支援があったのである。この潮流は17世紀のピューリタン革命以来連綿として続いており，現在に至るまで自らを

「新しいエルサレム」と位置づけるアメリカ合衆国の福音派(エヴァンジェリカル)，とりわけ宗教右派と呼ばれるキリスト教徒の人々が，聖書無謬説と前千年王国論に基づいてイスラエルを盲目的に支援している現実がある。換言すれば，欧米のキリスト教徒シオニスト（Christian Zionist）が政治的ロビーとしてイスラエルを盲目的に支援してきたために，そのような宗教勢力に支えられた米政府が，冷戦終焉後世界の唯一の超大国として中東和平へ関与を考えるときに，公平な仲介者として振る舞うことができず，和平交渉自体がなかなか進展しないという要因も指摘することができるのである（Clark [2007], Cohn-Sherbok [2006], Merkley [1998], Sizer [2005], Weber [2004]）。

中東和平の最重要なイシューとしてエルサレム問題があるが，アメリカによるエルサレム問題への姿勢はアメリカ大使館移転問題とも絡んで次第にイスラエル寄りの姿勢が明確になっている。伝統的にはアメリカはエルサレムを，国連パレスティナ分割決議案（総会決議181号）に基づいて「分離体」corpus separtum とみなし，その国際管理を主張していたが，1967年の第3次中東戦争以来，統一された東西エルサレムをイスラエルの首都として事実上承認し，それが中東和平における永久的地位交渉の難問であるエルサレム主権問題に影を落としている。さらに最近では，アメリカ大使館をテルアビブからエルサレムに移転するという問題が浮上し，イスラエルによる東西統一エルサレムを首都とする主張をアメリカが容認するという事態に近づきつつある。この移転はアメリカ国内の宗教右派の動向をにらんだ措置であろうが，イスラーム世界からの激しい反発が予想される（Slonim [1998]）。

エルサレム問題に関してはその研究蓄積は枚挙にいとまがない。そのうち，エロン [1998]，立山良司 [1993] は中東和平プロセスと聖地としてのエルサレムという問題意識をもってなされたものである。また，エルサレムなどの聖地の過去を写真などを通して振り返る動きもある（遙かなる聖都エルサレム編集委員会編 [2000]）。

また，カトリック教会が反ユダヤ主義の長い暗い過去の歴史をどのように総括するのかという問題も最近の研究関心の重要な対象となっている。ローマ法王庁は1993年12月にイスラエルと歴史的な和解をとげて基本合意に調印，外交関係を樹立して，両者の関係はようやく新たな段階に入ったといえる（Breger編 [2004]）。バチカンによるパレスチナ/イスラエルにおけるカトリックおよび合同教会の信徒への影響力は中東和平プロセスでの主要な要因になっていることは言うまでもない（Rokach [1990]）。

中東のキリスト教徒と中東和平

欧米のキリスト教徒の中東和平への姿勢という要因とともに，中東に居住するキリスト教徒がどのように中東和平を見ているかという問題も無視できない。パレスチナ/イスラエルにおけるキリスト教徒コミュニティは一般に東方教会と呼ばれる諸教会に属しているが，とりわけ影響力の強いのは東方正教会の代表格であるギリシア正教会とカトリック教会，および東方教会のうちでローマ法王の権威を受け入れた帰一

教会としてのメルキット派（ギリシア・カトリック）教会などである。もちろん，キリストの神性を強調する単性論をとなえる小さな諸教会（コプト，エチオピア，アルメニアなど）やプロテスタント諸派（英国教会，ルーテル派など）も存在している。ただし，1989年に勃発した第1次インティファーダ以降，パレスチナのキリスト教徒の海外への移民が激増している。そのような現実を踏まえて，最近の中東アラブ世界におけるキリスト教徒諸コミュニティの歴史と現状に関する新たな包括的な研究も刊行されている（O'Mahony編［2003］，Prior/Taylor［1994］，Pacini［1998］）。また，中東地域のキリスト教徒は中東教会評議会（Middle East Council of Churches：MECC）を結成して，中東における宗教的マイノリティとして宗派を超えたキリスト教徒の団体としてその存在を主張している（中東教会評議会編［1993］）。

さらに最近，パレスチナ/イスラエルのキリスト教徒の生の声を記録した書籍が数多く出版されており，パレスチナのキリスト教徒が中東和平をどのように見ているかを知るために興味深い翻訳も紹介されている（Chacour［2001］，ラヘブ［2004］）。イスラエルというユダヤ人国家の抑圧下に生きるマイノリティの中のマイノリティとしてキリスト教徒たちが自らパレスチナ人としてのアイデンティティを主張するとともに，ホロコーストの問題を抱え込んだ欧米のキリスト教徒とは一線を画したパレスチナのキリスト教徒としての矜持を垣間見ることができる。

【文献】

エロン，アモス［1998］『エルサレム――記憶の戦場』村田靖子訳，法政大学出版局
立山良司［1993］『エルサレム』新潮選書
中東教会協議会編［1993］『中東キリスト教の歴史』村山盛忠/小田原緑訳，日本基督教団出版局
遙かなる聖都エルサレム編集委員会編［2000］『遙かなる聖都エルサレム――ガラス乾板に残された100年前の聖地』ジャン-ミシェル・ド・タラゴン/柏プラーノ監修，柏書房
ラヘブ，ミトリ［2004］『私はアラブ・クリスチャン』山森みか訳，日本基督教団出版局
Breger, Marshal J. 編［2004］*The Vatican-Israel Accords : Political, Legal, and Theological Contexts*, Chicago
Burge, Gary M.［2003］*Whose Land? Whose Promise? : What Christians Are Not Being Told About Israel and the Palestinians*, Cleveland
Chacour, Elias［2001］*We Belong to the Land : The Story of a Palestinian Israeli Who Lives for Peace and Reconciliation*, new ed., Chicago/Notre Dame (IN)
Clark, Victoria［2007］*Allies for Armageddon : The Rise of Christian Zionism*, New Haven
Cohn-Sherbok, Dan［2006］*The Politics of Apocalypse : The History and Influence of Christian Zionism*, Oxford
Masters, Bruce［2001］*Christians and Jews in the Ottoman Arab World : The Roots of Sectarianism* (Cambridge Studies in Islamic Civilization), Cambridge
Merkeley, Paul C.［1998］*The Politics of Christian Zionism 1891-1948*, London
Merkeley, Paul C.［2001］*Christian Attitudes towards the State of Israel* (Mcgill-Queen's Studies in the History of Religion), Montreal
O'Mahony, Anthony 編［2003］*The Christian Communities in Jerusalem*, Cardiff

Pacini, Andrea 編 [1998] *Christian Communities in the Arab Middle East : The Challenge of the Future*, Oxford
Prior, Michael/William Taylor [1994] *Christians in the Holy Land*, London
Rokach, Livia [1990] *The Catholic Church and the Question of Palestine*, London
Sizer, Stephen R. [2005] *Christian Zionism : Road-Map to Armageddon?*, Leicester
Slonim, Shlomo [1998] *Jerusalem in America's Foreign Policy, 1947-1997*, The Hague
Weber, Timothy [2004] *On the Road to Armageddon : How Evangelicals Became Israel's Best Friend*, Ada (MI)

5-11　ヒンドゥー教とイスラーム　　　　　　　　　山根　聡

■「南アジア独自」のイスラーム

　南アジアは世界で最もムスリム人口の多い地域だが，域内ではヒンドゥーの人口がムスリムのそれを圧倒する。そこで南アジアのイスラーム研究は，ヒンドゥー教との関係性といった視点からの成果を蓄積してきた。その背景には，「南アジア研究」が「インド研究」として，パキスタンやバングラデシュをインドの周縁として扱ってきたのと同様に，ムスリムの存在もまた，インド（ヒンドゥー教）世界から外在化されてきたことは否めない。小杉泰 [2002] は，南アジア研究者において南アジアのイスラームを，ヒンドゥー文化の影響を受けた「独特なイスラーム」とする認識が共有されていると指摘する。

　たしかに南アジアのイスラーム研究でヒンドゥー教の存在は無視できない。だが近年，イスラーム史のなかで南アジアのイスラームを捉える動きが出ている。スミス [1974] や加賀谷寛 [1963] のように南アジアのムスリムそのものに焦点を絞る研究は先駆的であった。ヒンドゥー教の概説書は数多くあるが，中村元 [1973], 橋本泰元/宮元久義/山下博司 [2005] を挙げておく。デュモン [2001] はインド社会に浄と不浄のヒエラルキーを指摘し，多大な影響を与えたが，のちに植民地主義的な視点と批判された。

■ 南アジアのイスラーム化とイスラームの「現地化」

　ムスリムによるヒンドゥーの記述は，9, 10世紀以降のアラブ人による地理書に見られ，サティー（寡婦殉死）などの記録が残っている（家島彦一訳注 [1999]）。イスラームがこの地域に広まりだした8世紀以降，中央アジアや西アジアから南アジアに移住したチシュティー派のスーフィーらの活動を中心に，イスラームが民衆レベルで

浸透した。このスーフィーらの活動を中心に，イスラームが民衆レベルで浸透した。8世紀にヒンドゥー教のなかで確立した，ただひたすらに神の名を唱えて救済に至る道を求めるバクティ信仰はスーフィズムと似ていることから，イスラームへの改宗は平和に行なわれたことがあったといわれる（小谷汪之［1993］）。そこではヒンドゥー暦に基づくウルスが歌舞音曲を交えて催され，ヒンドゥー，ムスリム両者が参加した。

奴隷王朝が確立した13世紀以降，イスラームの普及は本格化した。ハルジー朝のアラーウッ・ディーンはヒンドゥーにジズヤを課し，ヒンドゥー勢力の牽制を行なったが，これは財政基盤確保のためで，ヒンドゥーへの圧迫が目的ではなかったといわれる。だがその後トゥグルク朝やローディー朝ではバラモンへのジズヤ課税やヒンドゥー寺院破壊などが実施された。ムガル期を興したバーブルは自著でヒンドゥーに関する記述を残した（間野英二［1995-2001］）。第3代皇帝アクバルはジズヤを廃止し，宗教差別をしなかったが，シャー・ジャハーン帝はヒンドゥー寺院の破壊を命じた。一方アウラングゼーブ帝は禁酒などイスラームの規範に厳格な態度を示したが，ジズヤ復活を行なった。なおシャー・ジャハーン帝の子ダーラー・シコーはスーフィズムに傾倒するとともにヒンドゥー教へ関心を寄せ，『ウパニシャッド』や『バガヴァットギーター』のペルシア語訳を監修した他，スーフィズムとヒンドゥー教を比較，解説した著書を記したことで知られる（Hasrat［1982］）。

ヒンドゥー・ムスリム間のコミュナリズム

ムスリムとヒンドゥーの間で政治的・社会的に大きな溝が生まれるのは19世紀半ば以降，英領期に入ってからである。19世紀初め，イギリス東インド会社がヒンドゥーのサティーなどの慣習を禁止しようとしたことへの反発から，ヒンドゥー教徒の間で伝統的慣習を保守する動きが起こり，これが1850年代のアヨーディヤーのモスクに対する攻撃や1880年代の牝牛保護運動などの形で表面化，ムスリムへの排他的な動きを加速させた（小谷汪之［1993］）。同時期，ブラフマ・サマージと呼ばれる運動がキリスト教的倫理を受容したのに対し，アーリヤ・サマージはキリスト教を否定し，ヒンドゥー復古主義的立場を貫いた。他方全宗教を受け容れる調和を唱えたラーマクリシュナ・ミッションもあった。一方ムスリムの間では，サル・サイイドを中心にアリーガル運動が展開されてムスリム中間層の育成と近代化が推進され，デーオバンド学派は，ムガル朝崩壊後に衰退したイスラーム教育の体系化を図るイスラーム復興を展開させた。

ヒンドゥーとムスリムは，政治的な対立と協調を繰り返していたが，第1次大戦後，トルコのカリフ制擁護を掲げた「ヒラーファト運動」では反英運動で協調した（大石高志［1999］）。同運動では1919年に結成されたジャマーアテ・ウラマーエ・ヒンドが中心的な役割を果たしたが，暴力事件の発生でガーンディーが反英運動の中止を求め，トルコのカリフ制が廃止されたことで運動は停滞し，両者の対立は深刻化し

た。1920年代，ヒンドゥーの間では「ヒンドゥトヴァ（ヒンドゥーたること）」を掲げ，ヒンドゥーによる国家建設を提唱してヒンドゥーの結束を呼びかけるサンガタン（組織化）運動や改宗を勧めるシュッディ（純化）運動が興った。これに対しムスリムの間でもタブリーギー・ジャマーアトのような布教活動が展開された。こうしてヒンドゥーとムスリムのコミュニティ間で衝突事件が発生すると，マウドゥーディーはジハードに関する著作を記してジハードの正当性とイスラーム復興を訴えた（山根聡 [2003]）。他方政治的には，中央議会および州議会選挙でムスリム分離議席を獲得するべく，ムスリム連盟のジンナーは1940年にムスリムによる独立国家樹立を訴え，パキスタン運動を展開した。

　独立運動の結果，1947年にインドとパキスタンは分離独立を果たし，パキスタンはインドをはさんで東西パキスタンとして誕生した。インドが世俗主義を掲げ，パキスタンもムスリムによる民主国家樹立を掲げたものの，その後のカシュミール領有をめぐる両国の対立やバングラデシュの独立を導いた三度の印パ戦争は，二国間の政治的対立でありながら，カシュミールではヒンドゥーからのムスリムの解放を訴えるジハードをパキスタンが支援するといった宗教的対立を醸成した。パキスタンでのジハードの動きは，1979年のイラン革命やアフガニスタンへのソ連軍侵攻など，近隣諸国の動きの影響も少なからずあった。また1980年代半ばから過激な活動をはじめたヒンドゥー至上主義団体RSSなどがアヨーディヤーのモスク，バーブリー・マスジドを襲撃したために，各地でヒンドゥーとムスリムの衝突が深刻化した（中島岳志 [2002]）。このようなヒンドゥー教徒とムスリムのコミュニティ間の対立は南アジア研究において特に「コミュナリズム」という語で論じられるが，このコミュニティ間の政治経済的対立は，宗教間の対立にすり替えられる危険性があるので慎重を要する（佐藤宏 [2000]，Singh [1990]）。また「ムスリム・ナショナリズム」という語はパキスタンで一般的であり，インドでは分離主義的な印象を与えるためあまり用いられなかったが最近の研究成果では用いられるようになった。

　イスラームとヒンドゥー教との関係性に関する論考には，Ahmad [1981]，Oman [2006] があり，ヒンドゥーとムスリム両者による聖者廟参詣の事例は加賀谷寛 [2000]，外川昌彦 [2000] などで報告されている。また現代南アジアにおいてシンクレティズムは各地で見られ（松井健 [2000]），ベンガルでは物語詩でヒンドゥーの神とアッラー，そして聖地とマッカが同列化される（臼田雅之/佐藤宏/谷口晋吉編 [1993]）など，イスラームの「現地化」の事例が多々見られる（村山和之 [2007]）。またイスラーム化の過程で，南アジアのムスリム社会には外来者と改宗者の間でアラブ系の出自を頂点とする，カーストにも似た社会階層が見られ，職業や婚姻にその影響が認められる（小牧幸代 [2000]）。

【文献】

荒松雄 [1977] 『ヒンドゥー教とイスラム教——南アジア史における宗教と社会』岩波書店

臼田雅之/佐藤宏/谷口晋吉編［1993］『もっと知りたいバングラデシュ』弘文堂
永ノ尾信悟［2000］「北ビハール，低カーストの儀礼にみられるヒンドゥー・ムスリムの関係」『東洋文化』80
大石高志［1999］「オスマン朝支援運動とインド民族運動の整合と相反——ムハンマド・アリーを焦点として」『歴史評論』585
大橋正明/村山真弓編［2003］『バングラデシュを知るための60章』明石書店
加賀谷寛［1963］「インド・パキスタンにおけるムスリムの現代思想史（1）」『大阪外国語大学学報』31
加賀谷寛［1982］「南アジアにおける民衆宗教とスーフィズム」『神々の相克』新泉社
加賀谷寛［2000］「ラクナウと周辺に，南アジア・イスラームの多様性の一端を求めて」『アジア文化学科年報』（追手門学院大学文学部アジア文化学科）3
辛島昇他監修［2002］『新訂増補　南アジアを知る事典』平凡社
小杉泰［2002］「イスラーム研究と南アジア」長崎暢子編『地域研究への招待（現代南アジア1）』東京大学出版会
小谷汪之［1993］『ラーム神話と牝牛——ヒンドゥー復古主義とイスラム』平凡社
小谷汪之編［1994］『西欧近代との出会い（叢書カースト制度と被差別民2）』明石書店
小牧幸代［2000］「北インド・ムスリム社会のザート＝ビラーダリー・システム——ムスリム諸集団の序列化と差異化に関する一考察」『人文学報』83
斎藤昭俊［1985］『インドの聖者考』国書刊行会
榊和良［1999］「『甘露の水瓶（Amritakunda）』とスーフィー修道法」『東洋文化研究書紀要』139
佐藤宏［2000］「コミュナリズムへの視点——アヨーディヤー事件とインド政治研究」『アジア経済』41：10/11
佐藤正哲［1982］『ムガル朝インドの国家と社会』春秋社
佐藤正哲/中里成章/水島司［1988］『ムガル帝国から英領インドへ（世界の歴史14）』中央公論社
スミス，ウィルフレッド・キャントウェル［1974］『現代におけるイスラム』中村廣治郎訳，紀伊國屋書店
デュモン，L［2001］『ホモ・ヒエラルキクス——カースト体系とその意味』田中雅一/渡辺公三訳，みすず書房
外川昌彦［2000］「ベンガルのモノモホン・ドット廟——ヒンドゥー教徒とイスラーム教徒がつどう聖者廟」『季刊・民族学』新春号91，千里文化財団
長崎暢子［1994］「政教分離主義と基層文化・ヒンドゥーイズム」蓮實重彦/山内昌之編『いま，なぜ民族か』東京大学出版会
中島岳志［2002］『ヒンドゥー・ナショナリズム』中央公論新社
中村元［1973］『ヒンドゥー教史』（世界宗教叢書）山川出版社
橋本泰元/宮本久義/山下博司［2005］『ヒンドゥー教の事典』東京道出版
藤井毅［2003］『歴史のなかのカースト』岩波書店
保坂俊司［2004］「ヒンドゥー・イスラーム融和思想とその現代的意義」『宗教研究』78：2
松井健［2000］「ズィクリーはムスリムか？——パキスタン・マクラーン地方における宗教問題の重層性」『東洋文化』80
間野英二［1995-2001］『バーブル・ナーマの研究』Ⅰ〜Ⅳ，松香堂書店
三尾稔［1997］「ヒンドゥー・ムスリムアイデンティティーをめぐるミクロポリティクス——インド・ラージャスターン州における聖者廟管理権扮装の事例分析」『人文・社会科学論集』（東洋英和女学院）12
村山和之［2007］「不死なる緑衣を纏う聖者の伝承と現在——ヒドルとヒズルの世界」永澤峻編『死

と来世の神話学』言叢社
家島彦一訳注［1999］イブン・バットゥータ，イブン・ジュザイイ編『大旅行記4』平凡社東洋文庫
山根聡［2003］「南アジア・イスラームの地平——イクバールとマウドゥーディー」小松久男/小杉泰編『現代イスラーム思想と政治運動（イスラーム地域研究叢書2）』東京大学出版会
Ahmad, Rafiuddin [1981] *The Bengal Muslims, 1871-1906 : A Quest for Identity*, Delhi/New York
Char, S. V. Desika [1997] *Hinduism and Islam in India : Caste, Religion, and Society from Antiquity to Early Modern Times*, Princeton
Hamaguchi Tsuneo [1997] "Pakistan Studies in Japan : A Bibliographical Essay," *Asian Research Trends : A Humanities and Social Science Review*, 7
Hasrat, Bikrama Jit [1982] *Dara Shikuh : Life and Works*, Delhi
Oman, John Campbell [2006] *The Brahmans, Theists and Muslims of India——Studies of Goddess——Worship in Bengal, Caste, Brahmanism and Social Reform : With Descriptive Sketches of Curious Festivals, Ceremonies and Faqirs*, Alcester（UK）
Prasad, Bimal [1999] *The Foundation of Muslim Nationalism*, New Delhi
Singh, R. R. P. [1990] *Hindu-Muslim Relations in Contemporary India*, New Delhi
van der Veer, Peter [1994] *Religious Nationalism : Hindus and Muslims in India*, Berkeley

5-12　イスラームと世俗主義　　　　　　澤江史子

イスラーム世界における世俗主義の問題構成

　世俗主義は，それが生まれた西洋世界でさえ，意味と現実の制度化の様態において多様である。たとえば，フランスは政治が非宗教的であるべきだとする非宗教性原理（ライシテ）を徹底する。アメリカは「国家と教会の分離」のもとで国家が諸宗教団体に対する中立性を重視しながら，他方で宗教的シンボルにあふれた政治活動を実践している。英国は国教会制度の中で個人の自由を保障している。世俗主義は，(1)権力の聖性をはぎ取り，国民による権力統制を根拠づけ，(2)諸宗教，諸宗派の平和的共存と個人の信仰や言論の自由を保障する，という二点で一致しながらも，国ごとに異なる宗派政治の様態，政治・経済・社会的要因と歴史的タイミングを背景として多様な思想と制度に帰着した。

　西洋の世俗的な政治思想の影響は，近代のイスラーム世界に二つの世俗化潮流を生み出した。一つは，啓蒙主義的脱イスラーム主義の潮流である。世俗主義は，非宗教的な理性と合理性を獲得した個人からなる社会こそ進歩・近代化が可能であるとの近代化論と不可分に結びついていった（中野実［1998］，アサド［2004］［2006］）。それはイスラームを抑圧的で後進的とする西洋の偏見をも受容した時に，イスラーム世界

では政治権力闘争の一翼を担う教条的勢力として現れた。世俗主義体制下のトルコやチュニジアでは，世俗主義が宗教的自由を抑圧し，かえって政治的安定や宗教的自由が阻害されるという逆説的状況が生まれた（Sayyid［1997］，Esposito/Tamimi 編［2000］）。Keane（Esposito/Tamimi 編［2000］所収）は，自身を啓蒙的とみなす世俗主義が本質的に権威主義と親和的であることを論じている。世俗主義体制とイスラーム復興勢力が対立するトルコや北アフリカの事例については，澤江史子［2005］，Ruedy［1994］を参照のこと。

　二つ目の世俗化潮流は，イスラームの原理の中に西洋的な国民主権の議会制民主主義や人権や自由，多様な価値観を擁護する根拠を見出そうと主張するものである。飯塚正人［1992］，中村廣治郎［1997］，Binder［1988］，Kurzman 編［1998］に取り上げられているこの潮流は，極めて多様な思想的基盤から立論している。しかし，世俗化を「伝統的システムの崩壊」と定義すれば（Berkes［1998］），伝統的な権威や教条性から解き放たれ，現代の時代条件に適したイスラームの革新的解釈と制度化を目指す多くの，そして多様な思想潮流が，実は世俗化していると見ることもできる。西洋世界でも当初は世俗化は非宗教化を意味せず，世俗的，世俗化の意味は時代や文脈により変化してきたことを考えれば（アサド［2006］，カサノヴァ［1997］），イスラーム世界における世俗化や世俗主義に関する硬直的理解を再考する必要がある。

　また，近年，宗教概念が西洋のキリスト教を雛型としていることについて概念の再検討も始まっている（アサド［2004］［2006］，杉本良男（池上良正他編［2003］所収））。大塚和夫［2004］は，アサド［2006］などアラブ出身の知識人の議論を紹介しながら，宗教化と世俗化は，実は二律背反的な現象ではなく，同じ現象の中に見出すことのできるコインの両面のようなものとして理解すべきだと提案する。小杉泰（池上他編［2003］所収）はイスラームとキリスト教の聖俗概念を比較することで，その違いが法体系や政治経済規範の形成にどう影響したかを論じている。

「イスラーム国家」から「世俗化無き市民社会」の模索へ

　現代の政治的イスラーム復興運動は，程度は様々であれ政治体制と法体系を西洋化した現代の国家を批判しており，政治体制論としてはカリフ制再興とシャリーアの全面的導入，西洋近代的制度のイスラームとの整合性が争点となった。イスラーム主義関連概念や主要な思想家の議論の流れを押さえるには，板垣雄三/飯塚正人［1991］，小杉泰［1994］，中村廣治郎［1997］，臼杵陽［1999］，小松久男/小杉編［2003］を，クトゥブについては西野正巳［2002］と Binder［1988］を併せて参照されたい。復興運動は西洋への反発から西洋的概念や制度を否定する傾向が強く，国民主権や議会制民主主義についても，神の絶対性を人間の絶対性に置き換えるものだと批判していた。しかし，彼らもシャリーアを憲法とする立憲主義と，クルアーンのシューラーへの言及を根拠として議会制を容認しており，実際には立憲主義的議会制は現代のイスラーム主義のコンセンサスとなった。このことは，イスラーム革命後のイランの政体

（富田健次［1993］，Zubaida［1993］）に現れているし，1980年代後半以降，イスラーム主義者による民主化要求の高まりと，議会制への参加傾向に見て取れる。

他方で，研究者からは，「イスラーム的政教一致」や「イスラーム国家」が近代に典型的な議論だとの指摘も出はじめた（Salvatore［1997］，Roy［1994］）。Ayubi［1991］は近代以前のイスラーム政治思想について，公正な分配を実現できるような統治者の資質に重きを置いており，現代のイスラーム主義者が標榜するイスラーム国家制度理論は近代以前のイスラーム世界にはなく，むしろ西洋近代国家への対応物として構想されたものだと指摘する。また，イスラーム世界では本来，市民社会が活発であり，公共秩序も国家ではなくイスラーム的基盤に根ざした市民社会のイニシアティブに依拠しているとの指摘も出てきた（小杉泰（山内昌之編［1996］所収），Hoexter/Eisenstadt/Levtzion 編［2002］）。

近年，主流の復興運動家は急速に民主化と市民社会の活性化に焦点を移してきた（Tamimi［2001］，栗田禎子［1995］，小杉泰［2001］）。それはかつての感情的な反西洋的態度を乗り越え，しかし世俗化することなくそれらを達成しようとしている。ここで国家のイスラーム性を担保するのはシャリーアの実施となる。シャリーア実施は世俗主義者との論争を引き起こしてきたが，Ghannouchi［1993］はイスラームの政治目的は宗教的自由や社会的公正の実現にあるとして，それが社会不安や宗教弾圧を招くのであれば，世俗的体制下で民主化と自由化に努めるべきだとまで主張する。こうした復興運動家の議論は，男女を問わず復興勢力の政治・社会的参加要求が高まっている中で直面する諸問題について実践の中から構築されており，現代のイスラーム世界の政治・社会的条件が急速に変化しているだけに，今後の展開が注目される。また，飯塚正人［1993］は，世俗法を施行すると考えられてきたエジプトで政府が既存の法律をイスラーム的に正当だと主張し，シャリーアの実施を求めるイスラーム主義勢力と対立している様を分析している。これはシャリーアとは何か，イスラーム国家とは何かという根本的問題を再提起するものといえる。

20世紀末以降の主要なイスラーム主義者は，マイノリティや個人の自由，社会の多様な価値観の擁護，市民社会の活性化，批判的理性の行使による現状改革への継続的関与という現代的関心を共有している。今後は，Salvatore/Eickelman 編［2004］やEsposito/Burgat 編［2003］のように，公共哲学・政治思想と実践の双方において，そうした現代的問題関心がどのようにイスラームと結び合わされて現状変革への胎動を引き起こしているのかをさらに明らかにする必要があろう。

【文献】

アサド，T［2004］『宗教の系譜――キリスト教とイスラムにおける権力の根拠と訓練』中村圭志訳，岩波書店

アサド，T［2006］『世俗の形成――キリスト教，イスラム，近代』中村圭志訳，みすず書房

飯塚正人［1992］「アブー・アブドッラーズィクの「政教分離」思想」『イスラーム世界』37/38

飯塚正人［1993］「現代エジプトにおける2つの「イスラーム国家」論——危機の焦点「シャリーアの実施」問題をめぐって」伊能武次編『中東諸国における政治経済変動の諸相』アジア経済研究所
池上良正他編［2003］『宗教とはなにか』岩波書店
板垣雄三／飯塚正人［1991］「イスラーム国家論の展開」『国家と革命』岩波書店
臼杵陽［1999］『原理主義（思考のフロンティア）』岩波書店
大塚和夫［2004］「イスラーム世界と世俗化をめぐる一試論」『宗教研究』78：2
カサノヴァ，J［1997］『近代世界の公共宗教』津城寛文訳，玉川大学出版部
栗田禎子［1995］「イスラームと民主主義——スーダンの「イスラーム運動」のケースから」神奈川大学評論編集専門委員会編『イスラーム世界の解読』御茶の水書房
小杉泰［1994］『現代中東とイスラーム政治』昭和堂
小杉泰［2001］「スンナ派中道潮流の理念と戦略——新たなる世界像をめざして」小杉泰編『イスラームに何が起きているか——現代世界とイスラーム復興』平凡社
小松久男／小杉泰編『現代イスラーム思想と政治運動（イスラーム地域研究叢書2）』東京大学出版会
澤江史子［2005］『現代トルコの民主政治とイスラーム』ナカニシヤ出版
富田健次［1993］『アーヤトッラーたちのイラン——イスラーム統治体制の矛盾と展開』第三書館
中町実［1998］『宗教と政治』新評論
中村廣治郎［1997］『イスラームと近代』岩波書店
西野正巳［2002］「サイイド・クトゥブの社会論」『日本中東学会年報』17：1
山内昌之編［1996］『「イスラム原理主義」とは何か』岩波書店
Ayubi, N. [1991] *Political Islam : Religion and Politics in the Arab World*, London/New York
Berkes, N. [1998] *The Development of Secularism in Turkey*, New York
Binder, L. [1988] *Islamic Liberalism : A Critique of Development Ideologies*, Chicago
Esposito, J. L./A. Tamimi 編 [2000] *Islam and Secularism in the Middle East*, New York
Esposito, J. L./F. Burgat 編 [2003] *Modernizing Islam : Religion in the Public Sphere in Europe and the Middle East*, New Jersey
Ghannouchi, R. [1993] "The Participation of Islamists in a Non-Islamic Government," in A. Tamimi 編, *Power-Sharing Islam ?*, London
Hoexter, M./S. N. Eisenstadt/N. Levtzion 編 [2002] *The Public Sphere in Muslim Societies*, Albany
Kurzman, C. 編 [1998] *Liberal Islam : A Sourcebook*, New York/Oxford
Roy, O. [1994] *The Failure of Political Islam*, Carol Volk 訳, London
Ruedy, J. [1994] *Islamism and Secularism in North Africa*, Basingstoke
Salvatore, A. [1997] *Islam and the Political Discourse of Modernity*, Reading
Salvatore, A./D. F. Eickelman 編 [2004] *Public Islam and the Common Good*, Leiden/Boston
Sayyid, B. [1997] *A Fundamental Fear : Ethnocentrism and the Emergence of Islamism*, London/New York
Tamimi, A. [2001] *Rachid Ghannouchi : A Democrat Within Islamism*, Oxford
Zubaida, S. [1993] *Islam the People and the State : Political Ideas and Movements in the Middle East*, London/New York

II　研究キーワード100

▶アダット　東南アジアのイスラーム世界（マレー世界）において，慣習・慣習法を表す言葉。慣習を意味するアラビア語アーダの複数形アーダートが語源。以下，イスラーム世界全体を見渡し，イスラーム法の原則から見た場合と，マレー世界から見た場合の二つに分けて説明する。まず，イスラーム法（シャリーア）の原則からすると，本来イスラーム世界はシャリーアが完全に施行される世界であるべきだが，実際にはほとんどの地域で，各地の慣習法が補完的に併用されてきた。この慣習法はふつう，アーダもしくはウルフと呼ばれる。同様の慣習法は，オスマン帝国などではカーヌーン，北アフリカではアマルとも呼ばれた。アダットは，この慣習法の東南アジアにおける呼称と理解することができる。他方，マレー世界から見た場合は，今も生き続ける過去の規範・伝統を指すが，この語はさらに，社会が正しいと認める行為規範を包括的に呼び，個人レベルから国家レベルに至る価値観・世界観を表す場合と，慣習法を指す場合とに分けて考えることができる。前者においてはアダットはシャリーアと対立する概念ではなく，信仰体系としてのイスラームに従うのはむしろアダットの一部とみなされることになる。このような用法に基づいて，民俗芸能や民族衣装がよきアダットを表象するものとして称揚されることもある。後者は，地域に伝わる慣習を元とした決まりで，本来必ずしもシャリーアに反するものではないが，ミナンカバウの母系相続のように明らかに矛盾するものも存在した。オランダはその植民地支配において，このような状況をシャリーアとアダットの対立図式として描き，分割統治に利用した。　　　　　　　　（T）

▶アッラー　アラビア語で唯一絶対なる神そのものを示す語。神を意味する普通名詞のイラーフに定冠詞アルがついたものと一般に理解されている。英語での the God。アマテラスやゼウスあるいはミトラなどのように個別の神名を表すものではないため，アッラーの神，アッラーという神という用法は誤用。キリスト教の神もアラビア語ではアッラーである。全知全能にして万有の創造者・支配者。僕に対する主。生みもせず生まれもしない自存者，時間と空間に限定されない永遠の遍在する存在であり，その本質と属性が被造物の理性による類推の及ばない超越神。また被造物から隔絶した存在であると同時に，何よりも近しく，人間に語りかけ，呼びかけの対象となる人格神でもある。「慈悲深き者」「生きる者」「自存する者」「全能者」「全知者」など 99 の美名をもつ。楽園で実際にアッラーの姿を見ることができるか（見神の問題），クルアーンにおける擬人的表現をどう理解するか，神の属性をどう理解するかなどといった問題ではさまざまな神学的議論がなされた。　　　　　　　　　　　　　　　　　　（I）

▶アフワール　ハール（状態）の複数形。スーフィズムの修行論において，修行の進歩・深化にともなって変化していく修行者の心のありようを総称して用いた語。「心的状態・心的変容」。これに対応する概念はマカーマート（修行階梯。単数形マカーム）。マカームが修行を通じて自力で到達可能な境位・階梯であるのに対して，ハールは神によって修行者の心に一時的に与えられ消え去る，喜びと悲しみ，収縮と拡張，畏敬と親密のごとき心の状態である。修行者が到達したマカームに対応するハールが与えられる。ハールは変わりゆくもので，一つのハールが消え去ると，続いて類似するあるいは反対のハールがもたらされる。また一時的なハールが恒常的なマカームに転ずると述べられることもある。ハールはワクト（時）と同じ意味で使われる場合もある。ハキーカ（真理）に至り，マアリファ（真知）を得た人は「ハールの所有者・ハールの人」と呼ばれ，ハールに関する探求の結果得られた「ハールの知」はそのままタサウフ（スーフィズム）の知とされた。ハールとマカームの数，順序は著述家によってさまざまで，サッラージュは瞑想，近接，愛，怖れ，希望，熱望，親密，静寂，観照，確信の 10 のハールを挙げているが，クシャイリーは怖れと希望をマカーマートの中に挙げる。アンサーリーはアフワールとして 10 の状態を挙げている。　　　　　　　　　　　　　　　　　　（I）

▶アラウィー/アレヴィー　アリーに関係づけられる諸集団。アラウィーはヌサイリーともよばれ，シリアのラタキア地方を中心にレバノンなどにも存在する。シーア派の一分派とみなされ，教義にはイスマーイール派の影響が大きいとされるが，キリスト教，シリアの土着宗教の影響も見られる。現在のシリアでは多数派ではないものの政治的に大きな力を有している。一方トルコのアレヴィーは，ベクタシー教団と共通する信仰要素を持っており，これをベクタシー教団と同じ流れの中で捉える研究者もいる。しかしベクタシー教団がイニシエーションを要するタリーカである一方，アレヴィーは生まれながらにアレヴィーであ

ることから一種の地域共同体信仰であるとして，両者の区別を強調する論者も存在する。また起源がクズルバシュに求められることもある。スンナ派とは異なる信仰を保持し，また左翼運動などと関わってきたことから抑圧の対象となっていたが，近年公に活動が認められ，広報・教育活動が盛んに行われている。都市部などであらたなアイデンティティ形成の一環として「トルコ性」が強調されることもある。ただし地域による差異もあり，活動中の諸団体が必ずしも一枚岩というわけではない。また現在のモロッコの王朝はアリーの系譜を引くという意味でアラウィー朝であり，王がシャリーフであることが王への尊崇を正当化するものとなっている。 (I)

▶ **アル（定冠詞）** アラビア語には定冠詞「アル (al-)」があり，後続する単語とつなげて表記される。「ル (l)」の発音は続く文字に同化する場合がある。具体的には，同化せずに「アル＝クルアーン」のようにそのまま記される場合と，同化して「アッ＝シャーム（シャーム地方）」のようになる場合がある。日本語では，カタカナ転写した場合の定冠詞の表記法は一定していない。定冠詞と続く語の間を二重ハイフンで区切る場合（アル＝クルアーン），・で区切る場合（アル・クルアーン），区切らずに「アルクルアーン」とつづけて書く場合があり，アラビア語を知らない読者にとってわかりにくい。過激派として有名な「アルカイダ」は「アル＝カーイダ（基地）」であるが，「カイダ」に定冠詞がついているとは，一般の読者には判別できない。さらに，定冠詞の「ア」は前に名詞が来ると音が落ちる特徴がある。たとえば，「王権者（アッラー）のしもべ」を意味する「アブドゥルマリク」という人名は，「アブドゥ」＋「定冠詞アル＝」＋「マリク」であるが，「アブドゥル＝マリク」と表記されても，一般読者にはどこに定冠詞が埋まっているか判別はできないであろう。このような煩雑さを取り除くために，『岩波イスラーム辞典』（2002年）では，日本語表記では基本的に定冠詞を表記しない，という新しい方法を採用した（英語の場合でも，定冠詞は通例カタカナに音写しないことに倣っている）。これによって大幅な簡略化と統一がなされたが，その場合でも，定冠詞によって2つの名詞を繋ぐ用法（「〜の〜」を表現するイダーファと呼ばれる語法）では，「バイト・アル＝マール（財の館，すなわち国庫）」のように定冠詞を表記せざるをえない。 (K)

▶ **イクター制** 軍人に対し，軍事奉仕の代償に，土地などからの徴税権を国家が分与する制度。徴税権自体や，それが課される土地がイクターと呼ばれた。土地の所有権が直接軍人に与えられるわけではない点への理解が肝心。この点でヨーロッパの封建制とは異なる。10世紀のイラクでブワイフ朝により開始された。その後，イラク・イランのセルジューク朝，イルハン朝，シリア・エジプトのアイユーブ朝，マムルーク朝のように行われた。オスマン朝のティマール制も同じ原理の制度といえる。ただし各時代のイクター制は同じものではない。その差異は中央集権体制の強度によって決まり，王権が脆弱な場合にはイクター地の世襲化が発生した。社会的には，イクター制は軍人が農村・農民を管理・支配する体制であった。イクター制がもっとも整備されたマムルーク朝では，有力な軍人がイクター制を通じて生産物を支配し，消費地である都市の経済をも牛耳った。研究史上のイクター制は，1960〜70年代の土地所有をめぐる封建制論，80年代以後は農村・都市社会史の中心的な命題の一つである。 (H)

▶ **イジュティハード** 原義の「努力する」ことから転じて，ウラマーが自分の知識や社会的知見を動員して，クルアーンなどの典拠からあるべき結論を得ることを指す。ウラマーによる解釈行為を「学的な努力」ととらえた用語。特に法学者が，先例のない事案などについて，典拠をもとに専門的な解釈の方法論で法規定を導出することを指す。「法規定発見の営為」とも訳される。ウラマーの解釈という点では，法学以外の啓典解釈学などにも存在するが，信徒の行為規範を拘束する点では，法学者のイジュティハードが最も社会的意義が大きい。イスラーム成立以降の2〜3世紀間に，解釈の積み重ねでイスラーム法が拡張されるとともに，解釈の方法論も整備されて体系化された。かつて欧米の東洋学では，解釈が出尽くしたため10世紀頃にすべてにおいて「イジュティハードの門が閉鎖された」との学説が流布したが，1980年代以降はほぼ否定されている。この古い通説に従って，「スンナ派ではイジュティハードをもはやおこなわず，シーア派ではおこなっている」との解説もなされてきたが，これも誤りである。実際は，両派ともに，18世紀以降にイジュティハードを強調する考え方が強まり，現在に至っている。また，どの水準の解釈をイジュティハードと呼ぶかについて，両派では立場が異なる。 (K)

▶**イスラーム**　イスラームはもともと S-L-M を語根とする派生形動詞アスラマ（aslama：委ねる，命に服す）の動名詞で，ムハンマド時代から唯一神に対する「服従」「帰依」を意味するようになった。その動作を個人がおこなう場合，「教えに服する」ことを意味するので，当人の入信または改宗を指す。信徒を指す「ムスリム」という語は，行為の主体を指す語なので「帰依者」＝「イスラーム教徒」の意味になる。日本語では「イスラーム」と「ムスリム」を理念としての宗教と実在する信徒／社会の意味に使い分けることがあるが，アラビア語では両語の間にそのような意味上の違いがあるわけではない（動作とその行為者の差異は主として品詞の違い）。定冠詞がついてアル＝イスラームとなると，「イスラームの教え」を指し，その場合も広義と狭義に分かれる。狭義の場合は，7世紀に成立した宗教としてのイスラームを指す。その一方でクルアーンの用法では，この語はしばしば神に帰依することを広く指すので，その場合は，狭義のイスラームを含めて，すべての時代の天啓の宗教がイスラームとなる。なお，日本語では定冠詞は表記しないので，原音にできるだけ忠実に「イスラーム」と音引きするか，新聞のように「イスラム」ですませるか，「教」を付して「イスラーム教」とするかが，主要な違いとなる。「イスラーム（al-Islam）」だけでも宗教の意味は含意されているので「教」をつける必要はないこと，また，政治・経済などにもイスラームは関与しており，狭義の宗教とは言えないという観点から，「イスラーム」が用いられることが増えている。日本で出版されている書籍の題名を見ると，21世紀にはいってからは「イスラーム」が優勢となった。　　　　　　　　（K）

▶**イスラーム経済**　イスラームに立脚した経済を研究，提言する学問分野であるが，イスラーム的倫理を強調するため，モラル・エコノミー，規範的な経済論としての側面が強い。また，1950年代以降にイスラーム復興と平行して発展したためもあって，歴史研究よりも，資本主義批判を含めた現代経済論に傾斜している。従来の経済学の側からは，科学としては規範性が強すぎる（「学」ではなく「論」）という批判がある。イスラーム経済の側からは，経済学そのものが倫理性を回復すべき（倫理性は経済学の本来の一部）との反論がなされている。1970年代以降のイスラーム銀行の発展によって，イスラーム経済にも実質的な内容が付与されるようになってきた。イスラーム銀行が「無利子」だという点のみにこだわらず，種々の契約形態を活用した金融商品に着目する「イスラーム金融論」も，最近は展開されている。　　　　　　　　　　　　　　　　　　　　　　　　　　（K）

▶**イスラーム国家**　歴史的に実在した王朝を「イスラーム国家」と呼ぶ場合と，現代政治および現代思想で「イスラーム国家」を論じる場合では，意味が大きく異なる。イスラーム世界では，両者を結びつけて論じられることも多いが，その際は両義的な語法が多い。歴史的には，統治者がムスリムで，イスラーム法が実効性を持っている場合にイスラーム国家とみなされる。現代国家については，イスラーム共和国等の国家の名称，国家元首の称号，憲法の中の「イスラーム＝国教」条項，「イスラーム法＝主要な法源」条項などがしばしば指標とされるが，これらは形式的・便宜的で，現代イスラーム国家論について論議が成熟しているとは言えない。国民の過半数がムスリムであり，イスラーム的正当性に配慮する「ムスリム国民国家」の評価，イスラーム的主権論と国民主権論の関係，あるいは両者が混合している場合の評価など，検討すべき論点は多い。　　（K）

▶**イスラーム史**　二つの慣用的用法がある。第一の用法は，西アジアを中心とする地域のイスラーム教成立以後の歴史をさす用法である。すなわち，イスラーム文明圏の7世紀から近代までの，場合によっては，現在までの歴史をいう。19世紀以来の歴史研究の成果として綴られてきた。第二は，イスラーム教徒が信じる天地創造から終末にいたる人類の歴史をさす用法である。イスラーム世界史ともいう。この意味でのイスラーム史は，ユダヤ教やキリスト教の系譜をひく創造と使徒たちのストーリーをもち，最後の預言者ムハンマド以後の歴史は，9世紀のタバリー，11世紀のイブン・アル＝アスィールらの著作により定着した。イスラーム教徒による宗教的な歴史叙述である。前者は科学的・客観的な様相をもつものの，後者のストーリーに一定の影響をうけており，その意味で近年，その設定や枠組みに疑問を投げかける声もある。　　　　　　　　（H）

▶**イスラーム政治**　日本で「イスラーム政治」の語が用いられるようになったのは1990年代で，イスラーム復興が政治面でのイスラームの復権を生み出したことがその背景にある。英語圏では，その側面を強調するために，「政治的イスラーム

(political Islam)」の語も用いられてきた。一般に，イスラーム的な概念を用いたり，イスラーム的なシンボルを操作する政治を指す。「民主政治」というような語法と同様に，イスラームに固有な政治空間のあり方があって，そのようなアリーナで特徴的な展開をするのが本来のイスラーム政治という考え方と，現代政治における1変種として，イスラーム的な思想に基づく政府や政治組織がイスラーム的なシンボルを動員する事例を「イスラーム政治」と呼ぶ考え方がある。　　　　　　(K)

▶**イスラーム世界**　歴史用語として「イスラーム世界」や「イスラーム史」を用いる場合は，多くは現代から見て構築された概念であり，前近代においてそのような語が流通していたとは限らない。歴史概念の中には後世に名付けられた語がたくさんある（たとえば，「アッバース朝」「マムルーク朝」にしても，当時そのように呼ばれていたわけではない）。近年は，歴史概念としての「イスラーム世界」を，近代的な構築物であるという理由で用いるべきではないという主張もなされている。逆に，「イスラーム世界」に相当する概念が前近代でも普及していたことが実証されるという見方もあり，歴史用語をめぐる論争は決着していない。他方，現代においては，20世紀後半以降に「イスラーム世界」が国際的な実在として重みを持ってきたことは疑いを入れない。これは，国際社会の中で，イスラーム諸国会議機構（OIC）のような国際機構が作られ，具体的な「イスラーム連帯」の政治的・経済的な活動がおこなわれ，イスラーム的な紐帯が国際関係の中で実際的な影響力を持つようになったためである。なお，最近では「イスラーム・非イスラーム」「ムスリム・非ムスリム」の二分法は，二分法自体が持っている問題点はあるものの，語法として価値中立的な表現であるため，広く用いられるようになっている。　　　　　　　　　　　　　(K)

▶**イスラーム帝国**　イスラーム教徒の支配者が統治した諸王権のなかで，帝国とよべる内実をもち，さらにイスラーム的秩序の実現を標榜した国家を，しばしばイスラーム帝国と呼ぶ。ムハンマドやその後の大征服による支配域をさす場合もあるが，研究史上は，アラブ系遊牧貴族の支配したウマイヤ朝をアラブ帝国と呼ぶのに対し，はじめてイスラーム教徒の平等を法的に実現したアッバース朝をさしてイスラーム帝国の語が用いられることが多い。また，アッバース朝に並ぶスケールで，ヨーロッパのキリスト教世界と対峙したオスマン帝国について，後期イスラーム帝国と称する場合もある。いずれにせよ，研究者の評価に基づく呼称であり，自称ではない。　　　　(H)

▶**イスラーム都市**　歴史上のイスラーム文化圏の都市について，それらに地域をこえた共通の特徴があるとする理解から用いられた用語。北アフリカの都市についての研究を源に，1950年代のギブとボーエンの共著やドイツのグリューネバウムらにより提唱された。当初より批判する立場はあったものの，市場や街区の袋小路，家のつくりといった形態や，都市計画や自治組織の欠如といった社会的特徴が指摘され，都市の文明イスラームを具体的にイメージするための手段として広く受け入れられた。しかし，実際には地域により大きな違いがあることや，共通性があるとしても宗教としてのイスラームをその源とするのは無理があることなどから，70年代から批判的に検証され，今日では慎重な使い方をすることが一般的である。ただし，建築史家のハキームのように，都市づくりのガイドラインとしてのイスラーム法に着目し，より肯定的・積極的に「イスラーム都市」を定義する研究もある。　　(H)

▶**イスラーム復興運動**　この語は最初，1984年の日本中東学会・第1回年次大会のパネル・ディスカッションで用いられ，その後は学界で広く流通し，近年はマスメディアでも用いられている。もともとは，1980年代のイスラーム復興の諸現象を欧米で安易に「イスラミック・ファンダメンタリズム」と呼び，それが日本にも「イスラーム原理主義」として輸入されたことを批判して，実態に即した代替案として示された用語であった。この語の有用性は，「原理主義」の語とは異なり，草の根レベルで広がっている一般的なイスラーム回帰の諸運動を指すことができる点にある。特に，巡礼の隆盛やイスラーム銀行の広がりのように，いわゆる原理主義と無縁のイスラーム復興をも包括的にとらえうる点が評価されている。(K)

▶**イスラーム法**　アラビア語の「シャリーア」は，通常は天啓の諸宗教の法を指す。そのイスラーム版が狭義の「シャリーア」である。「イスラーム法」の語を単に，その訳語として用いる場合には両者は交換可能であり，単に読者の便宜を考えてどちらを用いるか決めればよい。しかし，シャリーアは私たちが「法」と呼んでいるものと

は性質が異なっており、したがって「イスラームの法」という概念は、私たちの法認識をイスラームに単純に適用するという過ちを含んでいると考えるならば、イスラーム法≠シャリーアである。その場合には、イスラーム法の語で何を指しているのかは、それぞれの研究者が答えを決めておく必要がある。第三の考え方として、国際化時代を迎えて、シャリーアのような法体系の概念を含めて、私たちの法認識そのものを拡張すべきという考え方がある。そうであれば、イスラーム法≒シャリーアとなるが、その場合も拡張された「法」の概念が何を指すのか規定する必要がある。(K)

▶ **異端** 正統と異端は相関的概念である。異端は正統と同じ啓示・教義・信条に拠りながら、その解釈において正統と異なる立場を主張するものである。イスラームでは正統概念が存在しないとされるため、正統の対概念である異端は本来的には存在しないはずである。しかし異端を含意する語は存在する。ビドアはスンナの対概念で「異端的」逸脱を意味する。不信仰者を意味するカーフィル(不信仰はクフル)はふつう多神教徒・偶像崇拝者などの異教徒を指すが、不信仰宣告(タクフィール)がイスラーム教徒に対してなされた場合、ほぼ異端宣告に等しい。ザンダカは元来マニ教などの二元論あるいは無神論などを指し、イルハードはクルアーンで正しい道からそれるという意味で使用されている。この二つの語は歴史的にその含意するところに変化がみられ、どちらも不信仰・異端を意味する語、とくにスンナの民以外のあらゆる宗教・哲学的信条を指す語として用いられる(人を表す場合はそれぞれズィンディーク、ムルヒド)。ムルタッドは背教者、棄教者である。シーア派の一派を表す語であったラーフィディーは、スンナ派世界ではシーア派さらには異端という意味で使用された。(I)

▶ **ウラマー** イスラーム諸学を学んだ知識人をさす。単数形はアーリム。ウラマーの誕生は、神学や法学などイスラームに関わる学問が成立したウマイヤ朝期にまでさかのぼる。つづくアッバース朝期にかけて、ウラマーの学問的活動により主要な法学派が確立した。アッバース朝以後、ウラマーのなかにはカーディー(法官)などの官職について政権に協力し、イスラーム法の施行・実現にも深く関わる者も現れた。10世紀以後、各地にトルコ系等のマムルークや遊牧集団が支配する王朝が現れると、ウラマーは、在地の人々のイスラーム的価値観を体現し、王権の正統性を保証・チェックする役割を果たした。支配者もまた、ウラマーを経済的・社会的に保護することで、イスラームの擁護者たろうと努め、両者の間に共生関係が生まれた。オスマン朝では、ウラマーの官職制度が著しく発達した。スンナ派ではウラマーであることと官職につくことが区別されたのに対し、シーア派世界ではウラマーの職制位階制度が発達した。このように、ウラマー研究により、各時代の国家とイスラームの関係がみえてくる。また、ウラマーはイスラーム世界に独特の社会層として都市社会史の解明の鍵となっている。(H)

▶ **オスマン人** トルコ語では、オスマンル。オスマン王家に属する人々・オスマン王家につかえる人々という原義から、前近代においてはオスマン帝国の支配層の人々を全般的に指した。その多くはオスマン帝国の職につきそこから俸給をもらう立場にあったが、職をもたない予備群も含まれる。ただし、厳密に定義される階層ではなく、オスマン・トルコ語文語やオスマン帝国の都市文化を共有する者といった文化的な定義を内包する。また、オスマン帝国の要職にある大官の家に出仕するオスマン人は、オスマン人ではなくその家の家人を自称したように、用いられ方は多義的である。さらに、19世紀後半、国民国家概念がヨーロッパから導入されると、オスマン帝国の臣民全てをさしてオスマン人と称する運動がはじまった。そのなかからまず、非イスラーム教徒が離脱し、次に民族的に非トルコ人がオスマン人のなかから離反した結果、オスマン人の中身はトルコ人にほぼ同義のものへと変化していき、やがてオスマン帝国の滅亡へとつながった。(H)

▶ **オスマン・トルコ** オスマン帝国は、「オスマンの国」を自称したが、ヨーロッパ人はその草創期から近代にいたるまで、この国を概ねトルコ人の国と理解した。このため、国家やその国の人々をさす名称としては、ヨーロッパの諸言語ではOttoman Turkey, Ottoman Turksに相当する表現が用いられ、日本語においても長年にわたり、オスマン・トルコ、あるいはオスマン・トルコ帝国の呼称が行われた。しかし、その名称からくる印象に反し、オスマン帝国では、トルコ人が支配民族を構成したわけではなく、むしろ、支配層は多民族構成であったことが理解されるにつれ、オスマン・トルコの呼称をさける傾向が現れ

た。1980年代以後の国内の著作物でオスマン・トルコが用いられることはむしろ少ない。　(H)

▶**オスマン文書**　オスマン帝国のもとで作成された行政文書を総称して，通常，オスマン文書と呼ぶ。言語としては，オスマン・トルコ語が用いられることが多いが，アラビア語やギリシャ語など，臣民の言語で書かれたオスマン文書も存在する。また，オスマン帝国時代に帝国治下で作成された文書類全般をさしてこの名称を用いる場合もある。その定義に従えば，アラビア語・ペルシア語・ギリシャ語などで書かれた私的な，あるいは宗教的な内容をもつ文書類もこのカテゴリーに含まれる。前者に分類される文書の多くは，オスマン帝国の首都であったイスタンブルに残された。トプカプ宮殿文書館とトルコ共和国総理府文書局オスマン文書館が，これらの最大の所蔵館である。地方に残されたものとしてはイスラーム法廷文書がある。近年，総理府オスマン文書館の利便性が高まったこともあり，オスマン朝史研究，同時代のバルカン，アラブ地域研究等のために，文書の利用が進んでいる。　(H)

▶**回教**　かつて日本で広く用いられていたイスラームを指す語。回回（フイフイ）教，とも言う。語源は中国で，イスラームをウイグル人（回紇，回鶻）の宗教と誤解してこの名を付けたものが元代までに流布するようになった。日本ではこの語を古くに輸入したまま，1970年代まで一般に用いていたが，より適切なイスラームの知識が普及する中で，その用法はほぼ廃れた。中国でも，回教の語は1956年に国務院の布告によって公的な使用が禁止され，音を写した「伊斯蘭教」に変わった。また日本では，回教とならぶ，英語のMohammedanismに対応する「マホメット教」も使われていたが，これもイスラームが「ムハンマドの教え」であると含意する誤用であり，次第に使用されなくなった。東京モスクはかつて「東京回教寺院」の看板が掛かっていたが，2000年の新築の際に「東京ジャーミィ」となった。
　(K)

▶**学派（マズハブ）**　「ザハバ」（～という意見を持つ）というアラビア語の動詞から派生して，法学，神学などにおいて共通の師に従う人々を指す語となった。イスラームでは分派・宗派の形成を好まないが，学派はイスラーム内部での正統な見解の相違を反映するものとみなされてきた。シーア派も，正式には「お家の人々（ムハンマドの子孫のイマームたち）の学派」と言う。スンナ派は，かつてはいくつもの学派が学問的な覇を競ったが，法学では4学派が生き残った。それぞれ名祖の名から，ハナフィー学派，マーリク学派，シャーフィイー学派，ハンバル学派。スンナ派の神学派は，2学派，すなわちアシュアリー学派，マートゥリーディー学派である。法学派と神学派の組み合わせ方は固定的ではない。シーア派の場合は，神学と法学がセットになっているため，12イマーム派＝ジャアファル法学派，ザイド学派（神学・法学の両方）となっている。しかし，近現代には，特定の法学派に属さない考え方も生まれ，現代的諸問題に対応した解釈も増えてきたため，学派の存在も流動化している面がある。
　(K)

▶**カダル**　神の予定，定命を意味する言葉。人間の運命は神によってあらかじめ定められているという考えはムスリムの信仰箇条として六信の一つとなった。カダルと共に用いられる場合，カダーは永遠の相における予定，カダルは時間的な位相における神の命令，運命を意味することが多い。初期のイスラーム思想では，罪をめぐる問題と関連して，人間の行為における自由意志とカダルが議論の大きな焦点となった。このなかで人間の自由意志を強調したのがカダル派であり，神の予定を強調したのがジャブル派である。ムウタズィラ学派はカダル派の主張を継承し，ハディースの徒（伝承主義者）と対立した。のちに出たアシュアリー学派は獲得理論によって人間の行為を規定したが，基本的にはハディースの徒の立場に近いといえる。なお力・能力を意味し神の全能性を表す属性クドラはカダルと同じ語根から派生した言葉である。　(I)

▶**割礼／女性割礼**　性器の一部の切除等を行う儀礼をさす。イスラーム教徒は宗教的な背景から実施するが，この慣習そのものはイスラーム以前から存在し，同じ一神教ではユダヤ教にも見られる。男児の割礼は，女児に比べ，より一般的である。とくに決まった年齢はなく，家族の構成や経済状況にあわせて，兄弟一緒に幼児期から12歳頃までの間に行うことが多い。陰茎包皮の先を手術により切除する。その手術にあわせ，親戚縁者を招いての結婚式のような祝宴が催され，子の成長が祝われる。イスラーム教徒の男児にとっては，一種の通過儀礼と位置づけられる。女子の割

礼は近年の議論の的である。歴史的に女子割礼が行われてきた地域は限定的であり，その施術の内容も多様であることから，それをイスラームに由来するものではなく，地方的慣習とみる立場もある。特にソマリアやスーダンで行われる女子割礼に対しては身体への負担・危険が大きいことから，根絶を訴える運動がある一方，運動のあり方に異議を唱える立場もある。　　　　　　　　(H)

▶ **神**　概念的には，宗教的な行動において対象となるもののうち，超自然的，形態的，人格的特徴を備えた存在を指すとされる。具体的実在として与えられた姿において汎神論，神人同形観，多神観，一神観などの観念を生み出す。また神概念の哲学化に伴って絶対者・無限定者としての観念が発生した。神に対しては，畏れへりくだる態度とともに，愛をもって接する態度も見出される。人間は宗教心の向かう対象である神の命令に服し，神の必要を満たす義務をもつ。日本の神はもともと形なき存在であり祀られて依代に降る。「けがれ」を嫌う神と人の間にははっきりとした境界がある。しかし一方で「祟り」とともに語られ，御霊信仰において人が神として祀られることがあるように，人間と神の境界は連続している。こうした神観念は超越的唯一神観にもとづくイスラームの神概念とは大きく性格を異にしている。神を表すペルシア語のホダー，トルコ語のタンル（テングリ）はアッラーを代用する語としても用いられる。　　　　　　　　　　　　　　　　　(I)

▶ **カランダリー**　一般的には，11世紀に出現した，現世的な事柄に関心を示さず，奇異な身なり・振る舞いで特徴づけられる放浪デルヴィーシュの類型・潮流を指す。しかし例えばチャール・ダルブ（髪・眉・髭・鬚(髯)）を剃り落とすこと）がその特徴の一つとされる一方で蓬髪のカランダルも存在するように，アナトリアからアラブ地域，インド・中央アジアにまで広がる潮流の実態は多様である。さらにカランダリーの名を持つ特定の集団・教団も存在する。マラーマティー運動の一種の継続とする見方もあるが，自らの信仰心を表出せず隠すところにマラーマティーの特徴があるのに対して，カランダリーはそこに関心を寄せず，社会の規範や価値をすべて放棄・破壊しようとした点で大きな違いが存在するため，両者ははっきりと区別されるべきという見解も存在する。カランダリーは13世紀に教団の形をとる以前と以後に大きく分けて考えられてきた。また13世紀から15世紀にかけて同様の傾向を有する諸集団がユーラシア各地に出現したが，これらをすべて広義のカランダリーの名の下に捉える見解がある一方で，カランダリーをそれらと区別して，一つの「教団」に限定して捉えるべきであるとする主張も存在する。　　　　　(I)

▶ **カリフ／ハリーファ**　アラビア語の動詞「ハラファ（後を継ぐ，その人の位置を占める）」に由来し，後継者または代理者を意味する。日本語では，イスラーム国家の君主の称号として用いるときは，西欧語から輸入された訛語「カリフ」を用い，スーフィー教団長の代理人の称号などの場合は「ハリーファ」と表示することが多い。カリフの称号は，ムハンマドの没時にイスラーム共同体の指導者となったアブー・バクルが「神の使徒のハリーファ」と名のったことを嚆矢とする。彼を継いで第2代カリフとなったウマルは「神の使徒のハリーファのハリーファ」と称し，煩雑なために別の称号として「信徒たちの指揮官（アミール・アル＝ムーミニーン）」を用いるようになったとされる。アッバース朝カリフの中には「神のハリーファ」との称号への志向性もあったが，広く受け入れられることはなかった。13世紀にアッバース朝が滅びた後，その子孫がマムルーク朝下のカイロでカリフの称号を世襲した。オスマン朝がエジプトを支配した16世紀以降用いられなかったが，19世紀にオスマン朝スルタンがカリフであるとの立場が生まれた。オスマン朝がカリフ位をカイロのカリフから継承したという説は歴史的事実とは思われない。1922年のスルタン制とカリフ制の分離および1924年のカリフ位の廃止の際には，オスマン朝スルタンがカリフであることが広く認められていたため，カリフ位をイスラーム国家の元首の正統な称号とみなす立場はその後も残った。現在でもカリフ制復興を掲げる代表例として，イスラーム解放党がある。現代ではイスラーム国家について，元首の称号にこだわらない考え方も広まっている。　　　　　(K)

▶ **灌漑農業・天水農業**　北アフリカ・西アジア地域は，概して乾燥度が高く，水を必要とする農業の経営にはさまざまな工夫がなされてきた。よく知られるように，大河周辺では古代より高度な灌漑農業が実施されている。ナイル川流域のエジプトやチグリス川・ユーフラテス川の下流域における灌漑手法は特に重要である。大規模で集約的な灌漑農業には組織力と経営力が不可欠なことか

ら、そこから生まれる権力関係が古代文明の発生に結びついた。イスラーム時代にあってもそれは変わらず、灌漑農業の管理、たとえばナイル川の季節的な増水や水路の管理、サワード地方の塩害対策は、支配者の重要な職務となっていた。また、イラン高原などでは、カナートとよばれる人工の地下水路による灌漑が行われた。山麓部の湧き水を暗渠を通じて農耕地に運ぶこの方法は、技術と資金を必要とする代わりに、水路の所有者に豊かな水の使用料収入をもたらした。カナートがワクフ財源に指定される例は多い。一方、環地中海地方では冬場に相当量の雨がふることから、この降雨を利用した天水農業が行われた。アナトリアやシリア地方などである。このような環境とそれに応じた農業の実態をさらに解明していくには、気候や環境、農作物や土木技術に関する理科・工学の立場からの研究が不可欠である。(H)

▶ **帰依** イスラームはふつう「帰依」「絶対服従」と訳される。日本におけるイスラーム用語は、仏教またはキリスト教から借りることも多く、「帰依」は仏教からの借用語である。宗教に自らを帰属させ、その教えに従うことを表現するには「帰依」は便利な語であった。しかし、仏教では「三帰依」として帰依の対象を「仏・法・僧」と明示できるのに対して、イスラームの場合は、ただ唯一神アッラーにのみ帰依するので、預言者ムハンマドやウンマ（イスラーム共同体）に帰依するという考えはない。また、イスラーム法は神の命を体現するものとはいえ、アッラーに帰依するから神の命である「法」に従うのであって、神とは別に法が存在するというようには考えない。(K)

▶ **喜捨** アラビア語では「ザカート」と「サダカ」に大別される。イスラーム法において両者が「喜捨」として一括されるわけではない。日本語では前者を「義務の喜捨」「定めの喜捨」、後者を「任意の喜捨」と訳し分ける。ザカートは五行の一つで、信徒の基本的義務となっており、1年間保有する財産の一定比率を差し出すものとなっている。比率は財産の種類によって異なる。サダカは任意であり、与える財貨の種類や対象などについて、特定の規定はない。ザカートの支給対象は、貧者、困窮者、ザカート管理者、新規の改宗者、奴隷解放、債務者、ジハード戦士、旅行者の8種類に限定されている。古くはイスラーム国家の重要な財源であり、17世紀の西欧で生まれた「救貧税」とは異なる。現代では、国家ではなく宗教団体・慈善団体が徴収・分配していることが多い。現代イスラーム経済論では、経済的公正のための主要な制度として論じられる。(K)

▶ **キャラバン交易** ラクダの背に荷をのせて砂漠や草原を渡り、遠隔の都市と都市を結んで行われた、主に奢侈品、高級商品の取引をさす。アラビア半島はイスラーム以前よりキャラバン交易の活発な地であったが、ウマイヤやアッバース朝のもとで広大な地域が一つの政権のもとに束ねられた結果、ダマスカスやバグダードなどの大消費地を中核とする交易網がさらに広範囲に整備された。大商人は各地に代理人をおき、緻密な情報網を駆使してキャラバン交易を組織した。実際に荷を運ぶのはその代理人や雇われた遊牧民である。共同出資などに関わるイスラーム法の整備も進んだ。大商人は大きな資金と国家の保護をえて、大規模な取引を実現し、都市の富裕層に奢侈的な商品を送り届けた。一見単純なキャラバン交易の背後には、こうした法的、経済的、社会的なシステムが存在しており、その解明が重要である。(H)

▶ **教団** 同一の信条・儀礼を奉ずる人々によって組織された、施設を有する宗教集団を一般に教団というが、イスラームの場合は、ふつう社会的に組織され集団形態をとったタリーカを表す語として使用されている（スーフィー教団）。教団はその広がり方に応じてさまざまな形態を見せる。若干の例外はあるものの、前近代では大半が同じ系譜（スィルスィラ）を有することに基づく緩やかな精神的連帯を保つのみで、各地の修道場の自律性は高かったとされており、上位団体である固有名称で呼ばれる教団が、単位団体としての各地の修道場を統制・組織していたというものではないと考えられる。ヒエラルキーを有する強固な組織としての教団イメージは、近代以降の教団イメージに負うところが大きい。いくつかの教団は、さらに固有の名を冠して呼ばれる多くの支教団を生み出したが、これら支教団ともとの教団の違いは、一般に修行方法の細かな違いに由来することが多い。また教団の長は導師として修行者の上に立つとともに、聖者として一般大衆の尊崇を集めた。暗殺者教団としてその名が流布しているものはタリーカとは関係ない。(I)

▶ **ギルド** ギルドをヨーロッパの中世・近世を特徴づける特権的・独占的な職業集団と定義した

場合，それと同種のものが同時期のイスラーム世界に存在したかどうかについては議論があり，16世紀以前に関しては，概ね，その存在は否定されている。しかしながら，よりゆるやかな組織原理をもった職人や小売業者の集団は各時代に確認され，それらはアスナーフ（またはエスナーフ），ターイファ（またはターイフェ）などと呼ばれた。それらがフトゥーワ（任俠的な相互扶助意識）に基づく結社と結びつき，16，17世紀以後のオスマン朝治下などで同業者組織として顕在化した。オスマン政府が徴税目的で商工業者の集団に深く関与したことも，組織化を促したといわれる。オスマン朝下のギルドは王家の祝祭で山車をひきパレードに繰り出すなど都市を彩る存在でもあった。近年のイスラーム法廷文書の研究の進展により，ギルドの実態についての情報は著しく増している。伝統的技術や都市の社会生活に関する研究において，ギルド（あるいは職人・商人）研究は欠かすことのできないテーマである。　　(H)

▶**偶像崇拝**　神的な力，固有の神格を可視的な彫像・絵画として崇拝し，信仰の対象とすること。価値判断を含んだ言葉で，基本的に非難の意味をもって使用される。広義の呪物信仰（フェティシズム）と考える立場もある。アラビア語で偶像はサナム（複数形アスナーム），ヌスブ（複数形アンサーブ）であるが，偶像崇拝そのものを表す語彙はない。ジャーヒリーヤ時代のアラビア半島ではアッラート，アル＝ウッザー，マナート，フバルなどの偶像神が崇拝されていたが，イスラームにおいて偶像崇拝は固く禁じられる。クルアーンでも偶像神を崇拝することはきびしく非難されている。偶像を描き作ることは，アッラーに等しいものを並置することにつながり，それを信仰の対象とすることは多神崇拝に等しいとみなされるからである。ムハンマドはマッカに入城したときにカアバにあった360の偶像を破壊したと伝えられる。　　(I)

▶**クトゥブ**　原義は軸・極・回転の中心を意味する語。スーフィズムの聖者理論において，聖者のヒエラルキーの最上位に位置する者。この理論では，聖者は余人のあずかり知れないヒエラルキーを構成し，クトゥブを中心に定期的な会合を開いて互いに協力し，世界の秩序を支えていると考えられている。理論を展開した者によってヒエラルキーの構成，人数は異なるが，フジュウィーリーの伝えるところによると，ヒエラルキーを構成するものとして，クトゥブの下に，3人のヌカバーウ（指導者），4人のアウタード（楔），7人のアブラール（敬虔者），40人のアブダール（補佐者），300人のアフヤール（善人）が存在する。その数は不変で，ヒエラルキーに属するある者が死ねば，別の者が補充されると考えられた。歴史上，自らクトゥブと称する人間も現れ，政治権力による弾圧の対象となった例も存在する。　　(I)

▶**クルアーン**　イスラームの聖典の名称。アラビア語の動詞「読む（q-r-ʾ）」の派生語で，「読まれるもの」ないしは「誦まれるもの」を意味する。実際に，クルアーンは信徒が暗唱し，朗誦するか，紙に書いて読むものとなった。いずれの場合でも，読まれている言葉がクルアーンであって，クルアーンを紙に書き記した書物は「ムスハフ」（＝クルアーンを記したもの）と呼ばれる。ユダヤ教，キリスト教，イスラームはセム的一神教の姉妹宗教とされるが，イスラエルの民の「タナハ」（いわゆる旧約聖書）が巻物の集成であり，書物が発明された頃に成立したキリスト教の聖書が書かれた本であり，口承文化の強い地域で成立したイスラームの聖典が「誦まれるもの」であることは，それぞれの聖典の特徴を表している。クルアーンは「明瞭なアラビア語」（詩人たち章195節）で啓示されたゆえに，他の言語に翻訳することが許されず，儀礼に用いる章句も常にアラビア語で唱えられる。しかし，19世紀以降は，「翻訳は解釈の一種（クルアーンそのものではない）」という立場が確立し，さかんに翻訳がなされるようになった（儀礼は相変わらずアラビア語でおこなわれる）。　　(K)

▶**啓典**　啓示に基づく聖典を意味するが，クルアーンの中では単に「キターブ（書）」またはその複数形で表現されている。日本では「経典」（きょうてん／けいてん）の語は広く用いられているが，啓示に基づく聖典を意味する「啓典」の概念は未だ十分普及していない。天（神）から人間に対して教えが下されるという考え方は，セム的一神教に共通のものであり，イスラームだけに特徴的なわけではない。しかし，宗教を区分するに際して，啓典を有するか否かを第一の基準として考える点は，イスラームに固有と見ることができる。そのため，歴史を通じてイスラーム世界では「啓典の民」（アフル・アル＝キターブ）という概念が，神学上のみならず，社会・政治的にも大きな意義を持った。伝統的な法学では，ユダヤ教

徒・キリスト教徒・ゾロアスター教徒が啓典の民と見なされてきたが，南アジアではヒンドゥー教徒・仏教徒をこれに含める見解も生まれた。イスラームにおいては「啓示に基づく聖典」は何よりもクルアーンを指すが，ハディースも教義や法規定を示す規範的な典拠という意味では広義の聖典に含まれ，また，その内容は宗教事項に関する限り，天からの指導下にあると考えられているので，啓典の一種と見ることもできる。　　　　(K)

▶ **原理主義**　英語のファンダメンタリズムの訳語。本来は，北米のプロテスタントの一部が1920年代に，その主張を「ファンダメンタルズ（根本）」と題する冊子シリーズで発表したことに由来する。その内容は，19世紀に盛んであった啓蒙主義的なキリスト教理解に対するアンチテーゼであった。その中には，聖書無謬説，イエス・キリストの処女降誕説などが含まれていたが，その後，学校における進化論教育に反対する闘争などでも知られるようになった。キリスト教の文脈では，ファンダメンタリズムは「根本主義」または「聖書根本主義」と訳されていた。北米でもこの語は，反啓蒙主義という点から，頑迷・偏狭などのイメージが強く，当人たちは福音主義などの語で自分を表現するようになった。イスラーム復興が起きたときに，ファンダメンタリズムの語を適用したのは，それまで使われていた「ムスリム狂信者（Muslim fanatics）」が差別的な用語とされる一方，戦闘的で反近代的な集団として描き出す目的に合致したからである。日本では，それを「原理主義」として訳したが，厳密な定義はなされず批判を受けた。その後，思想的原則に忠実な人々という意味で「環境原理主義」「市場原理主義者」などの用法も広まった。　　(K)

▶ **国家**　アラビア語では「ダウラ」の語が通常用いられており，この語はイスラーム圏の他の諸言語にも輸入されている。ダウラは，「ダーラ（変転する）」に由来し，前近代ではもっぱら「王朝」の意味で用いられた。現代アラビア語では，英語のstateに相当する語にこれを当てはめている。そのため，ダウラには，王朝の含意と現代的な領域主権国家の語義が併存している。実際，中東は今日でも非常に君主制の国が多い地域であり，ダウラ・カタル（カタル国），ダウラ・クワイト（クウェート国）などの呼称の場合，王朝と主権国家が両義的に表象されるものとなっている。「国」と「家」から成る「国家」の語（中国

偶像崇拝〜ザウク　　435

起源）も固有の歴史性と字義を有しているが，ダウラも歴史的な含意が現代の国家認識に大きな影響を与えている点では，西洋近代的な国家概念に還元できない内容を含んでいる。　　(K)

▶ **暦**　イスラーム教徒は，ムハンマドのマディーナへのヒジュラ（移住）の年を元年とするヒジュラ暦を広く用いてきた。ヒジュラ暦は月の運行を基準とし，1カ月は29日または30日。1年は354日または355日となる。ヒジュラ暦では太陽暦との調整は行われない。このため毎年太陽暦との間に10日ないしは12日のずれが生じ，ある月（たとえば，ラマダーン月）は，冬から秋，秋から夏に動いていくことになる。預言者ムハンマドの誕生日を祝う季節も，年々かわる。このような暦はイスラーム以前のアラビア半島の伝統に由来し，その採用はムハンマドの時代にさかのぼるといわれる。しかし，この暦は農作業や農産物からの徴税には不都合なため，公式のヒジュラ暦と並んで，各地でローカルな太陽暦も用いられてきた。19世紀以後近代化とともに西暦の導入もはじまり，現在は，併用する国，あるいは宗教儀式用にのみヒジュラ暦を残す国が多い。　　(H)

▶ **サイイド**　預言者ムハンマドの一族に対する尊称。アフル・アル=バイト（お家の人々）。シャリーフ，ミールなどさまざまな尊称が存在する。サイイドの範疇には，地域的・時代的・社会的差異があるが，ムハンマドの子孫のうち，とくにアリーとファーティマの子孫が入るのが一般的である。南アジアではサイヤドと呼ばれムスリム・カーストの一つを構成した。サイイドは特別な血統を有するものとして，尊崇の対象になり，社会的特権にも恵まれた。またナキーブ制によって管理・統制され，年金支給，免税，不可侵性が確保される。サイイド認定のためのサイイド系譜学も確立した。スーフィー・聖者に限らずサイイドを自称するものが各時代に現れたが，これはその高貴な血統の故である。血統による聖性の伝達という面から聖者とサイイドの関係に目が向けられ，聖者と同じくサイイドの「異人性」「聖遺物性」にも注目されている。またサイイドはMr.を表す場合もある。　　(I)

▶ **ザウク**　味得。原義は味わうこと。スーフィズムで用いられる言葉。神との合一はきわめて個人的な直接体験であり，自らが体験する以外に言葉や思弁でそれを知ることはできない。それゆ

え，味わって初めてわかるという意味で，その体験はザウクという言葉で表される。禅における「冷暖自知」(道原『景徳伝灯録』)に通じる思考である。ただしザウクはある状態を表す語でもある。ザウクと同様の意味を表すものにシュルブ／シルブ（飲むこと）がある。フジュウィーリーは，ザウクとシュルブは同義であるが，シュルブが喜びだけに使用が限定される一方で，ザウクは喜びにも苦しみにも使用されるとする。エクスタシーを表すワジュドと同じ意味で用いられることもあるが，ワジュドの第一段階ともされる。クシャイリーはカシフ（開示。人と神のあいだにあるヴェールを取り去ること）の結果として得られる喜びの最初をザウク，さらに進んでシュルブ，最後の段階をリイ（渇きを癒され満足すること）とする。カーシャーニーは，神を神によって目証することにおいて，上の3段階を記す。 (I)

▶ **サマーウ** 原義は聞くこと。聴聞。歌舞音曲を伴った儀礼を指す。音楽，宗教歌，旋律にのせて唱される詩などを聴くこととともに，ダンス，舞踏，デヴラーン（手を前にいるものの肩にかけてぐるぐるとまわる旋回）もサマーウと総称される。旋回はタワーフ（カアバ周回の行）と同じく反時計回りで行われる。サマーウは神から来て，人々を神のもとへ呼びかけるメッセージと考えられた。またサマーウは信仰者の信仰を増大させるとともに，不信仰者の不信仰をも増大させると考えられ，初心者には推奨されないこともあった。サマーウはほぼすべてのタリーカで実践されていたが，楽団の伴奏とともに行われるメヴレヴィー教団のセマーは旋回舞踏の名で知られる最も有名なものである。音楽を伴うサマーウはシャリーアに反すると非難を浴びたが，これにはハディース（例えばブハーリーの『真正集』に伝えられるもの）に基づいて，シャリーアに反するものではないことが主張された。 (I)

▶ **ジャーヒリーヤ** ジャーヒル（無知な人）に由来して，真の神を知らないイスラーム以前の時代を指す。具体的には，5世紀から7世紀初頭までのアラビア半島を意味し，その時代の悪習もジャーヒリーヤ時代の特徴とされるようになった。しかし，ジャーヒリーヤ時代に流布していても，よい慣習・行為としてイスラームに取り込まれたり，イスラームによって容認されたものは，ジャーヒリーヤには含めない。20世紀にはいって，南アジアのマウドゥーディーがこの語をいつの時代にも当てはまる「反／非イスラーム性」の象徴として用い，サイイド・クトゥブなどによって，アラビア語の用法も非常に広義のものとなった。つまり，ジャーヒリーヤ社会は，いつの時代でも，どこにおいても，たとえ表面的にはムスリム住民が多数派の国でも，存在しうることになる。その文脈では，西洋化によって脱イスラーム化が進んでいるムスリム社会を「現代のジャーヒリーヤ」と断罪することもなされる。 (K)

▶ **シャリーア** 「シャリーア」は原義は「水場に至る道」で，これなくしては生きることがかなわない規範を意味している。「シャルウ」「シルア」はいずれも同義語。シャリーアは，預言者が啓典と共にもたらすものと考えられており，イスラーム以前にも多くのシャリーアがあったとする。そのイスラーム版（イスラームのシャリーア）が，通常「シャリーア」と呼ばれているものである。イスラーム初期には，神学的な内容（内面的な規範，信仰箇条）もシャリーアに含まれていたが，後に主として行為規範の部分を指すようになった。行為規範の中には信仰行為や純粋に私的な行為も含まれるため，ユダヤ教における律法に対応し，日本語でいう「法」よりも「律」に近いとの説もある。シャリーアの具体的な内容は，クルアーンおよびハディース（預言者言行録）の中に原則として示されているもの（一部は細則も示されている）を基礎として，法学者が現実に対応した解釈で細則を導出して作り上げてきた。前近代には，原則の部分と具体的な細目は一体的にシャリーアとみなされる傾向があったが，近現代において，時代を超える普遍的・不変的な法と，時代や地域，環境に影響される細則の違いが問題となり，論争がおこなわれてきた。その結果，シャリーアを普遍的な原則と捉え，法学者による解釈を可変的なフィクフ（法学）とする考え方も広まった。 (K)

▶ **宗教** サンスクリットから仏典が漢訳された際，元来は祖廟を指す語であった「宗」が「教えにおける究極の理・境地」の意味で用いられ，また「教」は「宗」に至らせる言説であったから，宗教は仏教と同義であった。「宗教」の語が近代ヨーロッパ語のreligionの訳語として最初に用いられたのは明治維新の頃であり，以後宗教一般を意味する類概念として定着した。宗教の定義は一様ではないものの，アラビア語ではディーンがこれを指す語として用いられる。またディーンは宗

教以外にも裁き・審判の意味を持ち，教え・信仰と訳される場合もある。一般に宗教は信仰と儀礼の双方から成り立つが，ディーンを精神的側面に限定し，儀礼・制度などの外面的側面にはミッラの語があてられる用法も存在する。さらにはディーンとドゥンヤー（現世）あるいはディーンとダウラ（国家）が対比的に用いられることもあり，その場合はそれぞれ前者が精神的側面，後者が物質的側面に対応することになる。イスラームにおいては両者ともが宗教的領域に含めて考えられるため，宗教の問題は個人の信仰のみに還元されない。　　　　　　　　　　　　　　　　(I)

▶ **十字軍**　イスラーム世界がヨーロッパからの十字軍の侵攻を迎えたのはセルジューク朝の時代である。1096年に始まり，1291年のアッカー陥落にいたる200年間，シリア地域の海岸地方は，ヨーロッパの十字軍勢力と，ザンギー朝・アイユーブ朝・マムルーク朝らの戦いの舞台となった。十字軍時代を理解するには，第一にこの運動を生み出した西ヨーロッパの政治状況・社会状況の解明が不可欠である。第二に，200年間の当該地域の政治史への理解。ここからは，フランク人が建国した諸国もふくめ，諸勢力の離合集散，戦いと和議の連続が描き出される。第三に十字軍による接触を契機として二つの世界に起こった社会変化。ヨーロッパには進んだ芸術・技術が流入した。イスラーム世界の側には，域内のキリスト教徒やユダヤ教徒への不寛容が現れたといわれる。第4には，十字軍が残した影響。いうまでもなく，十字軍はイスラーム世界の側には「宗教の名を語った侵略」という負の意味を残した。近年，十字軍をヨーロッパの側から一方的に評価する傾向は弱まっているが，依然これを正のイメージで用いる政治家の失言が飛び出すように，その浸透は十分ではない。　　　　　　　　　　　(H)

▶ **巡礼**　イスラームにおける巡礼にはハッジとウムラの2種類がある。どちらもマッカのカアバ神殿が巡礼の中心となるが，ハッジは五行の一つとして信者にとっての義務であるのに対して，ウムラは義務とはみなされない。ハッジではカアバ神殿以外での宗教実践（ウクーフ儀礼・サアイ儀礼）も必要不可欠な要素である。ハッジを大巡礼，ウムラを小巡礼と呼び習わすが，一般に巡礼といった場合ハッジを指す。聖者廟への参詣はふつうズィヤーラと称され，マッカへの巡礼とは峻別される。ゆえに聖者墓・聖者廟参詣は，カトリック世界におけるローマ，イェルサレム，サンチアゴ・デ・コンポステーラなどへの巡礼，日本における西国巡礼，四国遍路などと構造的・現象的に共通する点が見出されるとしても，イスラームの文脈においてこれを巡礼と称することはない。また漢語で巡礼といった場合ウムラを指す。　(I)

▶ **神学**　伝統イスラーム学の教義分類におけるイスラーム，イーマーン，イフサーンのうちイーマーン（信仰）を扱う分野が神学にあたる。ただ原語では神学に相当するものの幅は広い。イルム・アル＝カラームの語で示される学問分野を神学にあてることが一般的ではあるが，カラームは厳密に言えば論理的思弁に基づく思弁神学である。神の本質と諸属性を議論するイルム・アッ＝タウヒード（神の唯一性の学）もある場合には広い意味をもって神学そのものとされることがある。ムスリムの信条をまとめたアキーダ（複数形アカーイド）のなかでもとくに重要な項目であるウスール・アッ＝ディーン（宗教の基礎）も同じく神学に相当するとみなされ，ある場合にはカラームと同一視される。そこではアッラーの属性，使徒と預言者，天使，復活と最後の審判，来世と見神，玉座・台座・天の書板・筆，予定などについて言及される。ムスリムの信条は六信へと集約され，シャハーダの内容にその究極を見出すことになる。カラームの分野では理性を重視するムウタズィラ学派に対して，よりハディースの徒の立場に近いアシュアリー学派が勝利した。アシュアリー学派と共にスンナ派2神学派を形成するマートゥリーディー学派は理性をより重視する傾向にある。アシュアリー学派ではガザーリーによる哲学批判もおこなわれたが，彼以後の後期アシュアリー学派は実質的に哲学に近づいていった。　　　　　　　　　　　　　　　(I)

▶ **信仰告白**　アラビア語でシャハーダ。五行の第一。「アッラーのほかに神はなく，ムハンマドはアッラーの使徒である」と証言すること。信仰告白の内容はイスラーム教徒が信じるべき事柄の枢要をなす。前半部の絶対唯一神であるアッラー以外に神を認めないことはイスラームの教義の根本タウヒード（神の唯一性）に関わる文言であり，とくにカリマ・アッ＝タウヒード（タウヒードの言葉）と呼ばれる。これは同時にセム的一神教に共通する部分でもあるが，後半部のムハンマドをアッラーの使徒と認めることは，ユダヤ教・キリスト教からイスラームを独自のものとして峻

別するものとなる。スーフィズム的解釈では，前半部は神への上昇，後半部は神からの再下降，被造物への回帰に相当する。イスラームに入信する際には，公正な男子ムスリム二人の前でシャハーダを唱えることが必要である。　　　　　(I)

▶ **真実在**　アラビア語でハキーカ。ハキーカは哲学ではものの本質を意味し，マーヒーヤあるいはザートとほぼ同義で使用される。スーフィズムでは，哲学における意味からさらに神との合一体験によってのみ開かれる究極の実在と考えられた。すなわちマアリファ（真知・直感知）によって認識される内奥の秘密であり，神の神秘を知悉することでもある。それゆえ修行道で進むべき段階はシャリーア，タリーカ（修行道），ハキーカと提示される（マアリファを加えて四段階とされる場合もある）。またイブン・アラビーによって，一性と多性を統合する中間的存在が「真実在の真実在（ハキーカ・アル＝ハカーイク）」と指定された。これは統合的一性ワーヒディーヤあるいは神の知の中にあるイデアであるアアヤーン・サービタ（永遠の祖型）とも称される。「真」を意味するハックは，定冠詞がついて神そのものを指すが，ハックとハキーカの関係は，前者が具体的，後者が抽象的であり，神と絶対者の神性として区別することができる。　　　　　　　　(I)

▶ **神秘主義**　ギリシア語の myein（目を閉じること）に由来するとされる。英語では mysticism。あらゆる宗教には神秘主義が現象として存在しており，イスラームにおける神秘主義はスーフィズムと称されてきた。宗教・哲学において，神・最高実在・万物の究極原理などの絶対者を自己の内部において直接に体験し，自己との合一を求める立場あるいはその状態をいう。この合一は「神秘的合一（unio mystica）」と称される。これは優れて主体的かつ内面的で，言語的思惟を超えた直接体験であり，この境地には普通の知的営為では到達できない。それは霊魂の浄化，神への集中，照明，観照，脱我などを経た主客の対立を超えたところにある。神秘的経験には二つのタイプ，人格（ペルソナ）の神秘主義と一切の言語的限定を超越する無限（インフィニティ）の神秘主義があり，前者の合一体験は主客の絶対的差異を含み愛が基調とされる。後者ではプロティノスの体系，ウパニシャッドが代表的なもので，スーフィズムでもイブン・アラビー学派によって発展した形態はこれに近づく。　　　　　(I)

▶ **ズィンマ**　保護，庇護を意味するアラビア語。保護の約束／契約によって成立する個別の保護と，「ズィンマの民」（単数形はズィンミー）のように制度的に保護されている場合がある。ズィンマの民は「庇護民」と訳されることが多く，イスラーム国家によって保護を受ける非イスラーム教徒を指す。中東では，ユダヤ教徒，キリスト教徒，ゾロアスター教徒などが該当した。オスマン朝後期では，ズィンマの民の個別の集団をミッレトと言った。19世紀以降のナショナリズムでは，保護された地位を「二級市民」とみなし，同一民族としての平等を求める主張がなされた。その文脈ではズィンマは否定的な響きを持つ。　　　　　　　　　　　　　　　(K)

▶ **スカーフ問題**　宗教的シンボルを公共の場で身につけることを禁じる政教分離関連の法規定をもつフランスやトルコにおいて，イスラーム教徒の女性が身につけるスカーフを禁止対象に含めるか否かをめぐる議論，および，そこから発生した政治的混乱をさす。フランスは，カトリックの政治介入との決別のために世俗主義（ライシテ）原則をとってきたが，近年は，イスラーム教徒女子児童が公立校で着用するスカーフへの対応が社会問題となっている。一方，イスラーム教徒が多数を占めるトルコでも，共和国以後，宗教を国家的に管理する政策がとられ，2008年の憲法改訂まで，公的な場ではスカーフ着用が事実上禁じられてきた。公的な場に，高校や大学が含まれるか，大統領等公人の夫人のスカーフ着用は可か否かが問題となり，「信仰の自由」，「共和国の原則保持」等を問う議論に発展している。　　　　(H)

▶ **スーフィズム**　アラビア語のタサウウフに対応し，イスラーム神秘主義を指す語として用いられてきた。アラビア語のスーフ（羊毛）に由来するとされるスーフィーにイズムがついた形。ただ原語のタサウウフで表象されるものと，スーフィズムの名においてとくに西洋の研究者が考察の対象としてきたものの間には差異がみられると指摘されている。タサウウフという語が内包するものは神秘主義の要素だけに限定されず，またスーフィズム以外にも神秘主義的要素が見出される領域が存在するため，神秘主義的要素を核としているとはいえ，スーフィズムをイスラーム神秘主義と同義とみなすことには異論が存在する。スーフィズムをめぐる問題として，神秘主義思想のみならず，タリーカの問題や聖者信仰との複合関係

に注目すべきという主張も提示されている。またアフラーク（倫理・道徳）を問題にする論者も存在し、スーフィズムの語を分析概念として使用することも提唱されている。　　　　　　　　　(I)

▶ **ズフド**　禁欲、節制を意味する言葉。この語はしばしば「禁欲主義」と訳され、スーフィズムの前段階を表すとされてきた。しかし、アフマド・イブン・ハンバルを始めズフドについて実際に書物を残した人々を見てみれば分かるように、ズフドをスーフィズムに直結させて考えることは正しくない。また、密教に見られるように即身成仏して現世放棄するといった極端な禁欲的姿勢もズフドにはなく、実際にはあくまで現世の中で高い倫理性を保ちつつ生きることを意味した。神に満足し、神にすべてをゆだね、今この瞬間のみを願うことがその目標であり、良心に従って誠実に生きることが求められた。スーフィズムが後に、ズフドを修行の段階の中に組み入れることによって、理論化を担ったことは事実としても、イスラーム的価値としてのズフドはイスラーム教徒全体に共有されていると考えるべきである。　(T)

▶ **スルタン・カリフ**　オスマン朝のスルタンは15世紀以来、amīr al-mu'minīn など、イスラームの盟主、ムスリムのリーダーであることを示す様々な称号を使い、その中には信徒たちのハリーファ（神の代理人、カリフ）という慣用的表現も含んでいた。しかし、オスマン朝が対ヨーロッパの関係で弱体化し新たな権威付けを必要とした18世紀後半になると、こうした慣用的表現とは別に、16世紀以来オスマン朝のスルタンは全ムスリムのカリフである、という立場から、より積極的にカリフの称号が用いられるようになった。こうした言説をもっとも政治に利用したのは汎イスラーム主義を標榜したアブデュルハミト2世であった。オスマン朝の世俗君主（スルタン）としてムスリムとキリスト教徒の両臣民を支配すると同時に、カリフとして全ムスリムの宗教的権威であるとする立場であり、この用法が定着するに伴い、カリフの権限は「宗教的権威」を意味するものとなった。イスラーム圏の諸地域が欧米列強による植民地化の危機に瀕していた19世紀から20世紀の時代、各地のムスリムのなかにはオスマン朝カリフに期待を寄せた者も多かった。インドのヒラーファト運動は有名である。しかし、トルコ革命の進捗により、1922年、まずオスマン家の君主からスルタン位が奪われ、さらに24年、カリフ制が廃されて、オスマン家のメンバーは国外追放となり、カリフをイスラーム世界の精神的主柱とする制度は失われた。　　　　　　　　(H)

▶ **スンナ派とシーア派**　アラビア語ではそれぞれ「スンナとジャマーアの民」「シーアの民」という。さらに、「シーアの民」は通称で、当人たちは「（ムハンマドの）一族の学派」と呼ぶ。「派」という日本語は「宗派」のニュアンスが強いが、原語の「アフル（民）」や「マズハブ（学派）」は宗派・分派を意味しない。特にスンナ派は、分派に分かれることを嫌った多数派がコンセンサスの最大公約数として「スンナ（預言者慣行）」と「ジャマーア（共同体、全体）」を掲げたもので、多数派・主流派を意味している。現在のイスラーム世界の9割はスンナ派に属するので、宗派的なイメージは大きな誤解を呼ぶ。他方、シーア派は「党派（シーア）」という語が含まれているので、分派的なイメージがある。しかし、もともと「アリーの党派」は第4代正統カリフ・アリーの支持者を指すから、正統な権威を含意している。実際、シーア派はムハンマドの血統を引くイマームたちこそが、正統な指導者であるとしてきた。いずれにしても、16世紀以降のイランのように、シーア派（現在のシーア派主流の12イマーム派）が多数派となっている地域もあり、イスラーム世界全体を見た場合の多数・少数の区別だけを強調することはできない。シーア派には他に、ファーティマ朝を建てて10〜12世紀に勢威を誇ったイスマーイール派（その後は勢力が大きく減退）、イエメン北部で現代まで多数派であるザイド派などがある。12イマーム派（Twelvers）が「12人のイマーム」を認めるのに対して、7人目から分岐したイスマーイール派を「7イマーム派（Seveners）」、5人目から分岐したザイド派を「5イマーム派（Fivers）」とする呼称がかつて東洋学にあったが、いずれも誤りで（イマームの数を5人や7人と限定しているわけではない）、最近はほとんど見られなくなった。なお、現代のマスメディアで用いられる「スンナ派」「シーア派」の用語は「出自」を指すに過ぎない場合も少なくない（20世紀においては「スンナ派出身の世俗主義者」や「シーア派出身の共産主義」なども登場した）。　　　　　　　(K)

▶ **聖（と俗）**　儒教においては人間の最高の理想形態が聖であり、仏教では凡俗の迷いを払拭した状態が聖である。一方、聖書におけるヘブライ語

のコーデシュ、ギリシア語のハギオテースの訳語としての聖は、神の隔離性を示し人間との断絶を意味的に包含する。イスラームにおいてこれに対応するアラビア語の語根は QDS である。それゆえ QDS に由来するアル＝クッドゥースという名は本来的には神だけに帰し、神は神であるから聖とされる。また元来は聖の意味を持たないながら WLY の派生語ワリーは人の聖性に関わり聖者を意味する。HRM は元来禁じられたという意味を持つが、そこから意味を派生させて、禁忌と聖という二極の概念を有する。聖と俗は宗教を捉える際の最も重要な二つの対立概念であるが、イスラームにおいては、現世における共同体（ウンマ）は神との関係において聖なる共同体であり、いわゆる宗教的事象のみならず政治的・経済的・社会的な日常の事柄も、すべて聖の範疇に入れられるため、聖と俗の二分法にはなじまないとされる。聖権を担うものが制度上存在せず、聖権と俗権を分ける考えが本来的には存在しないため、ウンマの内部には西洋的な聖（教会）と俗（国家）の対立も原則的に存在しないことになる。　　(I)

▶ **政教一元論**　1979年のイラン・イスラーム革命や、1980年代におけるイスラーム復興の諸現象は、欧米や日本において驚きを持って受け止められた。近代化によって世俗化が進み、合理的な民主政治が広まるとの予測が外れたからである。そして、イスラーム世界には西洋近代とは異なる政治認識があり、それが政治の実体を動かしているとの認識が生まれた。そこから、「反近代」「神権政」といった印象論を超えて、イスラーム的な政治概念を表現する必要が生まれた。政教一元論はその一つで、政治と宗教をあらかじめ区分して考えないような社会・政治認識を指している。それは、ローマ帝国とキリスト教が合体した西欧とは違って、マディーナに成立したイスラーム共同体＝国家は、政治と宗教という形での分化を前提としていなかった点に着目している。もちろん、「政・教」としながら「一元」と言うのは、西洋モデルを前提としているからで、厳密には矛盾した表現である。なお、政教一元論では分化が起こらないわけではなく、天啓の法と人間の共同体（＝国家＝政治）に分化すると考えられる（これは法政二元論とも表現される）。　　(K)

▶ **政教分離**　政教分離は非常に多義的で、用法がむずかしい。日本では、政教分離は「政治と宗教を分離する」という意味に解することが多いが、欧米では、「国家と教会（特定宗教）」の分離を意味する方が多い。国家と教会が分離している場合に、さらに宗教一般を政治から排除するべきかどうかは国によって異なる。フランスが政治と宗教の分離という点で最も厳しく、日本での政教分離の規範的なイメージを提供している。しかし、米国では大統領宣誓に聖書を用いることが許されているし、西欧でも立憲君主制の国では、英国・オランダのように、国家と教会が分離していない場合がある。19世紀以降、イスラーム圏でも政教分離・世俗主義が導入されたが、西洋的な歴史から離れて、陰に陽にイスラームの文脈で適用されていることが多い。政教分離の典型とされるトルコでは、フランスを模範にしているにもかかわらず、政府がモスクを官費で造営し、イマームを雇用することが認められている（これは、日本の基準から見ても政教分離の原則に反する）。つまり、イスラーム圏で言う政教分離は、イスラーム／イスラーム法を国家または政治から排除することで、国家の側がイスラームに関与・介入・管理することを認めることが多い。　　(K)

▶ **聖者・聖者崇敬**　聖者は理論上クルアーンにみえるワリー（複数形アウリヤー）に対応するが、現象面では多種多様な人々が尊崇の対象となり、さまざまな語彙をもって表現される。聖者に付随する要素としては、神からの恩寵としての奇蹟、とりなし、参詣現象などが挙げられる。英語の saint の訳語として使用された聖者の語は、キリスト教における聖人を想起させるため、その使用の是非が論じられたが、諸宗教における聖なる人々とイスラーム聖者のあいだには、宗教的背景・環境に応じた多くの相違点が存在する一方で共通する要素も見出される。聖者に関する多様な現象を理解し、比較考察をおこなう上で、聖者概念は有用である。また聖者崇拝という語における「崇拝」の語は worship に相当し、これはイスラームにおいては神に対してのみ使用される語であるから、日本語における「崇拝」がより広い意味領域を持っているとしても、キリスト教におけるように神への崇拝と区別し、「崇敬」の語をもって語られるべきであるという意見が今日では一般的になっている。また現象全体を表すために聖者信仰の語も用いられる。　　(I)

▶ **聖職者**　イスラームには聖職者はいない、という言い方がスタンダードとなっている。欧米では比較の対象は主としてキリスト教であり、教会

の位階制度，結婚できない神父や修道士，教皇の無謬説，教理を決定する公会議などに着目するならば，イスラームには対応する存在はない。また，仏教と比べても，出家，妻帯しない僧侶，僧侶が組織されている宗派など，イスラームとは比較できない制度は多い。その一方で，宗教指導者のいない宗教はないため，「聖職者はいないが，宗教指導者は存在する」としてウラマーの存在を説明することが多い。聖職者を神と人間を媒介するものと考えるならば，神の絶対性・超越性と人間の平等性を強調するイスラームでは，そのような存在に否定的である。教会に代わって権威を持つものはイスラームではウンマ（イスラーム共同体）であり，そのことはウンマの合意（イジュマー）が不可謬であるという教義にも示されている。合意の主体は，本来はウンマ全体であるが，伝統的にはウラマーの合意が重視されてきた。しかし，現代では非ウラマーの知識人の勃興，大衆社会化や公教育の普及・識字率の向上などを背景に，ウンマの指導者を，狭義の宗教指導者を超えて広く捉える傾向が大きくなっている。世俗的なイスラーム指導者が増加したため，「イスラームに聖職者はいない」状態が強化されたとも言えよう。　　　　　　　　　　　　　　　　　　　　(K)

▶**聖地**　イスラームにおける聖地はマッカ，マディーナ，エルサレムの3都市である。しかしこれらムハンマドに関わる土地以外にも，カイラワーン，マシュハドのように聖地とみなされる土地は数多く存在する。シーア派ではマシュハド以外にも，イラクにあるアタバート（ナジャフ，カルバラー，サーマッラー，カーズィマイン）にイマームの墓廟が存在し，聖地として参詣されてきた。聖者信仰では聖者墓・聖者廟参詣が一般的な現象として見られ，著名な聖者廟が存在するところは聖地として認識される。こうした聖地を訪れることが，巡礼（ハッジ）に行かれない人々にとっての代替行為とされる場合もある。また墓廟の管理者としての宗教的権威が政治的権力へと転じることもあった。墓参詣はイスラーム世界のほぼ全域で見られる現象だが，ビドアとして法学者の一部によって激しく非難されてきた。さらに他宗教と聖地を共有することもあるが，これはイスラームへの聖地の取り込みとして（逆の場合もありえる）貴重な事例を提供する場合がある。　(I)

▶**正統**　イスラームには，キリスト教における教会・公会議のような異端を認定するものが制度的に存在しない，すなわち正統を制度的に担うものは存在しない。ゆえにキリスト教的な意味での公式の正統教義というものは存在しない。イスラームでは，ある人物の学説を奉じる人たちによって，その著作の注釈あるいは綱要や集成が編纂・執筆されるなどして一つの学派が形成され，これら学派の教説が社会的に受容されて「正統」教義と名づけうるものができあがる。スンナ派では4法学派・2神学派・スーフィズムの「正統」教義体制の枠組みが成立し，これに基づいた簡便な教義集が編纂されるようになったが，この枠組みは制度的に保障されたものではない。一方で，政治権力によって信仰・教義における優位性が確認され，互いが権威づけの根拠となる状態が成立した場合，体制側は正統の意識をもち，それに反対する立場は体制側から異端とされる。しかし政権も社会において受け入れられたものを完全に無視することができないという面も同時に存在する。なお正統カリフの正統は，原語では「神に正しく導かれたもの」の意味である。　　　　　　　(I)

▶**正統カリフ**　ムハンマドの没後に続いた4人のカリフ（後継者）を指す。その時代を正統カリフ時代（632-661）と呼ぶ。これは，英語でいうOrthodox Caliphsの訳語に当たるが，原語のフラファーウ・ラーシディーンは「正しく導かれたカリフたち」の意味で，「正統」の意味はない。イスラームには，キリスト教のような正統・異端の概念はないので，Orthodoxという訳語自体がバイアスを内包していることがわかる。「正しく導かれている（＝信仰が篤くよい行いをする）」のは個々人なので，4人と同じ条件を満たす者は誰でも「正しく導かれている」とされ，ウマイヤ朝でも第8代のウマル・イブン・アブドゥルアズィーズは，後世に正統カリフの「第5代」に相当すると讃えられた。　　　　　　　　　　(K)

▶**多神教**　宗教類型論上の概念で無神教，一神教と対比される形態。多数の神々をもち同時並行的にそれらの神々を崇拝する宗教形態をいう。複数の神々の存在を前提にしながら，浄土真宗の阿弥陀仏崇拝など特定の一神と排他的関係を結びこれを崇拝するものは拝一神教と呼ばれ，広義の一神教に入れられる。ユダヤ教（とくにバビロニア捕囚以後），キリスト教，イスラームは他の神々の存在を原理的に否定するため，一神教の中でも唯一神教とされる。アッラーが唯一絶対の神であることを信仰の根本とするイスラームでは，多神

崇拝は，神と同列にほかの神的なものを置くことを意味するシルクとして最も非難されるべき不信仰である。キリスト教は三位一体信仰のゆえに多神崇拝にあたるとして非難されるが，クルアーンでは啓典の民としてそのほかの偶像崇拝者とは区別されている。イスラーム世界の各地でおこなわれる聖者崇敬に基づく聖者墓・聖者廟への参詣も，理論的には聖者を通して神に祈るものだが，神以外のものを崇拝するとして何度も非難されてきた。　　　　　　　　　　　　　　　　　(I)

▶ **タリーカ**　タリーカは本来的には道，すなわちスーフィーの修行道を指す。そこから同じ道に専心し，同じ教義・修行方法を有する者たちの流派・集団をも意味するようになった。その後，修行サークルにおける導師（ムルシド）・弟子（ムリード）関係が恒常的に再生産され，修行者以外の一般信徒（ムヒッブなど）を取り込むようになるとタリーカは教団と称されるべき実体になった。それゆえタリーカはスーフィー教団を表す語としても使用される。タリーカはそれぞれムハンマドにまで遡る奥義継承の系譜（スィルスィラ：道統）を有しており，スィルスィラへの意識はタリーカへの意識と重なる面を持っている。またタリーカの長（シャイフ）の地位は多く血統を通じて継承された。教団の原初形態は11世紀に認められるが，その成立は一般に12世紀から13世紀初頭にかけてとされ，以降イスラーム世界各地を覆った。ムスリムはほぼ全員がなんらかのタリーカに所属するという状況が現出して，民衆へのイスラームの浸透に大きな役割を果たし社会的紐帯として機能した。ただ前近代におけるタリーカの組織としての実態にはいまだに不明な点が多く，タリーカ理解を困難なものにしているのも事実である。　　　　　　　　　　　　　　　　　(I)

▶ **ダール・アル＝イスラーム**　「イスラームの館」ないしは「イスラームの家」。現代的に表現すれば，「イスラーム地域」「イスラーム世界」に相当する。クルアーンやハディースには登場しない語で，後代に法学者たちが編み出した専門用語の1つ。イスラーム王朝が支配しているか，イスラーム法が実践されている領域を指す。これに対応するのは，ダール・アル＝ハルブ（戦争の地），ダール・アッ＝スルフ（和平の地）で，前者は和平が成立していない非イスラーム圏，後者は和平が成立し，安全が保障されている非イスラーム圏を指す。現代では，このような用語法は大きな問題となっている。理由は，友敵二元論の表現が古典的で，国際的な共存の時代にそぐわないこと，いわゆるイスラーム圏でイスラーム法を施行しない政府がたくさんあること，逆に非イスラーム圏に居住するムスリムが急速に増えており，イスラーム・非イスラームの古典的な区分が適用しにくいことなどである。なお，ムスリムは自分たちを一体のウンマ（イスラーム共同体）とみなすが，これは属人的な宗教的アイデンティティであり，領域に関する規定ではない。　　　　(K)

▶ **ドゥアー**　神に向けられる個人的な祈願，懇請であり，祈りを意味する。五行の一つである定型化された義務としての礼拝・祈り（サラート，ペルシア語・トルコ語ではナマーズ，ナマズ）とは区別される。ドゥアーは，他者のためあるいは自らのためになにがしかを神に祈願するという意味での祈りであり，神からの祝福・恩恵を願うだけではなく，ある者に対して災いが起こるようにと願う呪詛もそこには含まれる。聖者廟などでおこなわれる祈りはドゥアーである。ムナージャートも祈りとされるが，これはスーフィズムにおいて神との親密な対話を意味するもので，ドゥアーと同義で使われる場合もある一方で，ドゥアーにムナージャートの側面を認めない場合も存在する。タワッジュフは，スーフィズムにおける師と弟子の精神的語らいであり，聖者墓を前にしておこなわれる精神集中・祈念を指すこともある。ズィクルは神の名を唱える称名。ヒズブやウィルドはふつうタリーカの儀礼で唱えられるクルアーンの章句などを織り込んで定型化した祈禱句である。　　　　　　　　　　　　　　　　　(I)

▶ **土地所有**　イスラーム法は，動産に限らず不動産についても，私的な所有権（ミルク）を認め，売買，相続，抵当，寄進などの権利はその所有者に属するとした。これらの権利は農地（耕作地）にも適応され，農地が個人の私有地となり，さらには寄進されワクフ地となることもあった。しかし，その実践は国家の税制にとっては脅威となるため，国家の側はイスラーム法の解釈に修正を促し，農地を国家の管理下におき税収を確保する理論を採用してきた。その結果が，農地をイスラーム教徒全体の共有物，すなわち国家のものとみなす解釈である。アッバース朝期に整備された古典的土地理論，オスマン朝の土地国有原則などがそれにあたる。それらを根拠に国家は徴税を行い，イクター地などを分与した。議論はラカバや

アインなどの法概念の周辺に組み立てられた。しかし、こうした法理論の展開・発達は社会の現実に先行するものではない。法理論と裏表の関係にある所有の実態の解明も、ファトワーや文書類を利用した近年の研究により、進展をみている。
(H)

▶ **奴隷** アラビア語でアブド。人を「神の僕（アブド）」と呼ぶ場合と同じ語が用いられる。奴隷の語からくる暗く悲惨なイメージとは異なる実情をもつことに注意したい。まず、奴隷となるのは、奴隷の子か、イスラーム世界の外から購入された人、または負債により自由身分を奪われた人である。奴隷は自ら貯めた金や主人の意思により解放された。奴隷の解放は尊い善行となるため、死の前にして、わざわざ奴隷を購入し解放する人々もあった。解放された奴隷は普通の人になる。奴隷であることは人の状態であり、消すことのできない属性ではなかったためである。穢れた存在でもない。奴隷軍人の場合は、解放後も引き続き奴隷（マムルーク）と呼ばれたが、これは彼らが一種の特権階層であったことに由来する。しかし、奴隷が金銭で売買され、男性主人は女奴隷を性的対象とすることが許されていたことは、現在の感覚では受入れにくい。19世紀以後、欧米の糾弾をうけ、徐々に奴隷の使用は禁止されていった。
(H)

▶ **中庭式住宅** 街路からは見えない中庭を住宅の中心にすえ、その周囲に居室を配する形式の住宅。ウルをはじめとする古代メソポタミアの都市遺跡やローマ時代の住宅址でも確認されることから、西アジアや環地中海世界の伝統的な様式と考えられている。石や日干しレンガ等の資材によって作るのが容易で、乾燥した比較的高温な気候に適し、密集度の高いコンパクトな都市空間を構成できるという利点がある。また、街路からの入り口に角度をもたせて戸内をのぞきにくくする工夫がなされ、プライバシー保護にもすぐれている。建築思想にイスラームの影響があるとは考えられないものの、実際の住宅建築のルールはイスラーム法のなかで細かに規定された。その遵守により、密集した都市のなかでイスラーム教徒が住みやすい住宅が実現していたと考えられる。
(H)

▶ **墓** イスラームでは、死者は土葬され、最後の審判の日を待っている状態にあるとされる。このため、死者のために立派な墓をたてる習慣は少なく、墓碑などをまったく立てない地方もある。死者を祭ることは神以外を拝むことにつながるとして忌諱する考え方が根底にあるためでもある。しかし、先祖を祀る伝統をもっていたトルコ系の人々が西アジアに入った11世紀頃から、立派な墓の建設が目立つようになる。有力者がマドラサを建設し、そこに自らの墓廟を併置するなどしたためである。また、同じく11世紀頃に人々の間に聖者崇拝慣習が広がり、その中核には、聖者の墓（聖者廟）が位置することが一般的になった。神へのとりなしを聖者に期待する人々が参詣したためである。しかしいずれの場合も、日本人が考える（先祖を供養するための）墓とは異なる存在である点には注意が必要である。
(H)

▶ **バカー** 持続、存続。スーフィズムにおいて、アッラーとの神秘的合一の後に続く状態、境位。神のうちにおける自己の消融（ファナー）と対になる概念で、陶酔に対する覚醒、集一に対する分離、一性に対する多性に対応する。修行者のたどる道においてはアッラーからの下降であり一視される。それは一性から多性への再下降であり、被造物への回帰にあたり、神との合一体験を己のうちで反省しながら、神の完全性を認識し新たな洞察をもって多性の世界で生きることを意味する。バグダード学派のジュナイドによって重視された。ハッラージュの処刑を受け、後代ではバカーをファナーよりも重視することが一般的になる。ファナーとバカーは神との合一における表裏一体のものであり、ファナーを神の唯一性の認識、バカーを超越的な神の本質、属性、行為を自らのうちに感じることとする説明もある。
(I)

▶ **バスマラ** 「慈愛あまねく慈悲深きアッラーの御名によって」の句を指す。冒頭の「ビスミッラー（アッラーの御名によって）」からの造語。クルアーン冒頭の開扉章の第1節は、この句となっている。他の章でも（第9章を除いて）、冒頭にはこの句が書かれている（ただし、開扉章以外では、節としては数えない）。また、1カ所だけ、本文中にこの句が登場する（蟻章30節）。「慈愛あまねき方（ラフマーン）」と「慈悲深き方（ラヒーム）」の違いについては、前者が世界を創造する普遍的な慈愛、後者が人間を導く特定の慈悲とされる。その解釈に従えば、前者の方が広義であるが、日本語で「慈悲ふかく慈愛あまねき」と訳されることもあるのは、その方が語呂がよいため。「慈悲」「慈愛」はアラビア語の「ラフマ

の訳語であるが，この場合の「慈悲」に仏教語のような「慈」と「悲」の異なる字義を合わせる含意はない。　　　　　　　　　　　　　　　　(K)

▶ **ハドラ（尊称）**　アラビア語で「いること，出席，御前」などを原義とするハドラは人名とともに用いられて尊称を表す。ペルシア語ではハズラト，トルコ語ではハズレト。「様」。相手の立場に応じて，陛下，殿下，閣下，猊下などと訳し分けられる。また預言者一族を意味するサイイド，およびその転訛サイヤド，転訛に由来するスィーディーも尊称として用いられた。モロッコのムーレイはシャリーフに与えられる尊称。テュルク系の軍事指導者を表したベグは，テュルク系諸言語にそれぞれの形をもち尊称となった（トルコ語ではベイ）。チェレビーはオスマン朝期の尊称でタリーカの名祖の子孫，オスマン朝の王子などに対する尊称として使用された。エフェンディはアラビア語・ペルシア語にも入った。モンゴル語で兄を意味するアガはテュルク諸語に借用されて「長」として用いられ（トルコ語ではアア），ペルシア語にも借用された（アーガー）。スルターンはオスマン朝において皇族女性に用いられる尊称にもなった（スルタン）。ハーンは中央アジアにおいて王家女性の敬称となり，「わがハーン」を意味するハヌム／ハニムは婦人を表し，女性に対する敬称としても用いられる。　　　　　　(I)

▶ **バラカ**　神からの恩寵として聖者などに宿る力。神の祝福，恩恵。神の賜物としての力・資質（カリスマ）あるいはマナの如く伝染性をもつ呪力と考えられる場合もある。バラカはあらゆるものに宿るが，一般に人間，それも預言者や聖者に宿る。聖者はバラカによって奇蹟を顕し，神へのとりなしをすることができると考えられた。バラカは直接的な接触によって第三者に及ぼすことができ，聖者の死後もそこにとどまり続けることから，その力に与ることを願う人々によって墓廟が参詣されることになった。バラカは血統を通じても継承される。生きる聖者のバラカに与ることを望む人たちが帰依することで，タリーカは一般信徒を取り込み，教団としての体裁を整えることにもつながった。さらには政治的権威を支えるものとしても言及されることがある。　　　　　(I)

▶ **ヒジャーブ**　イスラーム教徒の女性が頭髪を覆うために着用するヴェールやスカーフの総称。地域により様々な形態，名称があるが，伝統的には女性を他人（とくに男性の）視線から隠し，隔離することを目的とした。このため，その着用は外出時や来客時に限られる。ヒジャーブは，20世紀の初頭以来，イスラーム社会の後進性，女性への差別の象徴として扱われ，近代化と女性解放の達成とともにその着用はすたれるものと理解されてきた。しかし，1970年代以後，意識的・選択的にヒジャーブを着用する女性の数がイスラーム世界の各地で増加の傾向にあり，注目を集めるようになった。イスラーム復興や，イスラーム原理主義の影響とも，（ヒジャーブをすればどこにでも行けるため）女性の社会進出の表れとも，世界的な文化単一化への女性の側からの積極的な異議申し立てとも分析される。ここで注目されることは，新たな流行としてのヒジャーブの色彩や結び方は決して伝統的なものではないという点である。欧米から東南アジアまで，新流行のヒジャーブがみられる。イスラーム・ビジネスの展開がその背後にあり，これもひとつのグローバリゼーションの表れといえよう。　　　　　　　　(H)

▶ **ビドア**　ムハンマドの時代，あるいは教友（サハーバ）および後継世代（タービウーン）の時代に先例が存在しなかった，後代に導入された新奇な信仰と実践。スンナの反意語でムフダス，ハダスと同義。異端を含意するために用いられるが，本来的には異端そのものを指す言葉ではない。新たに導入された事柄が非難の対象とされる場合，ビドアには「逸脱」の訳語が与えられうる。ムブタディウは逸脱者。あらゆる新奇な物事をビドアとして退ける立場も存在したが，ビドアには良きビドア（ビドア・ハサナ）も存在し，社会の要請するところに従って取り入れられたものは，ビドアでも容認されるべきだという議論が展開された。イスラームにおける歴史観では，ムハンマドの時代，教友・後継世代の時代（サラフの時代）が最も理想的な時代とされ，ムハンマドの時代に帰ろうという思想は常に存在しえたが，あらゆる新奇な物事をビドアとして断罪する立場は，歴史的にみれば少数派であったといえる。　　　　　　　　　　　　　　　　(I)

▶ **フィクフ**　原義は「理解」。クルアーンそのものやイスラーム初期の考え方には，法学・神学などは未分化であったが，3世紀ほどの体系化の時期を経て，法学が行為規範を扱い，神学が信仰箇条（内面で信ずべき規範）を扱うようになると，「フィクフ」はイスラーム法の知識を指すように

なった。その知識を持つ者が「ファキーフ（法学者）」で、クルアーンやハディースに立脚して、法規定を典拠から導き出す役割を果たす。やがて、さらに精密化すると、法理論や典拠と解釈の方法論を扱う分野を「ウスール・アル＝フィクフ（フィクフの源泉）」として、導き出された法規定の総和を「フィクフ」と呼ぶようになった。それぞれ、法源学、法学と訳される。現代では、イスラーム諸国の大学において、法源学・法学を教授する学部を「シャリーア学部」と呼ぶことが通例となっている。　　　　　　　　　　　　　　　(K)

▶ **分派**　イスラームの共同体ウンマは、ムハンマドの没後20数年を経て、第一次内乱と称される共同体の指導者をめぐる争いを経験した。その際にアリーの陣営から袂をわかった集団ハワーリジュ派が初めての分派とされる。ムハンマドが自らの死後共同体は73に分裂すると語ったハディースが存在するように分派の存在はイスラームにおいて認められる。神学の一分野として分派学という学問分野も形成された。ただし分派学が扱う分派は、宗派以外にも学派、他宗教を含む。シャフラスターニーの著作ではムウタズィラ学派、ジャブル派などの学派と並んでハワーリジュ派、シーア派、さらにはユダヤ教、キリスト教、マズダ教、ギリシア哲学およびイブン・スィーナーの教説などが取り上げられている。このなかでシャフラスターニーは啓典に基づくものをミラル、それ以外をニハルとするが、他の著者では別の分類も用いられる。　　　　　　　(I)

▶ **法学者の統治**　イラン・イスラーム革命（1979年）によって成立したイスラーム共和国が、法学者を最高指導者とする体制を採ったところから、それが「法学者の統治」として知られるようになった。その理論的な基礎となったホメイニー（1902-1989）の「ウィラーヤ・アル＝ファキーフ」は直訳すれば「法学者の監督」論で、統治や政治も法学者の監督下でおこなわれるべき、とのイスラーム国家論を説いた。そのさきがけは、1920年代にラシード・リダー（1865-1935）が唱えた「法学者のカリフ制」（法学者元首制）論である。これは、オスマン朝の崩壊に際して、あるべきカリフ制を論じたスンナ派のイスラーム国家論であった。ホメイニーと同じシーア派では、ムハンマド・バーキル・サドル（1935-1980）の「法学権威の政治指導」論、スィーラーズィー（1928-2001）の「法学者の評議会」論などがあ

る。いずれも、伝統的な王政がイスラーム国家を維持できなくなったため、現代ではイスラーム法を知悉した専門家が統治についても責任を持つのが望ましい、と論じている。法学者の役割を助言や教導とする伝統的なウラマー観とは異なる現代的な思想と言える。　　　　　　　　　　(K)

▶ **マッカとマディーナ**　アラビア半島の紅海沿岸のヒジャーズ地方に位置するイスラームの二つの聖都。聖地・聖域を表す「ハラム」の双数形を用いて、合わせて「二つの聖地」と並び称されることが多い。ハラムの原義は「禁域」で、マッカの禁域内でも狩猟、草木の引き抜きなどが禁じられているほか、巡礼者には動物の殺生、性交、爪切りなどが禁じられる。地名の由来は、第一の聖都マッカは固有名詞で、古名として「バッカ」もクルアーンに登場する。プトレマイオスの地理書における「マコラバ」と考えられる。今日まで西欧語や日本語では「メッカ」として知られてきた（何かの中心地を「〜のメッカ」と比喩的に言う）。最近はこの訛形に替えて「マッカ」と表記することが広まっている。アラビア語では「ムカッラマ（祝福された、聖化された）」との形容詞が通常付される。これに対して、マディーナは一般名詞の「都市」「町」に定冠詞をつけて、マッカの北方にある第二の聖都を指す。古名はヤスリブという固有名詞であったが、622年にヒジュラ（聖遷）によってムハンマドが移住してから、「預言者の町（マディーナ・アン＝ナビー）」または「神の使徒の町」と呼ばれ、転じて単に「マディーナ」と言えば、この町を指すようになった。アラビア語では通常、続けて「ムナウワラ（光に照らされた）」という形容詞を付すため、他の都市я明確に識別される。日本ではかつては「メジナ」と表記された。なお、歴史的なイスラーム都市があるところでは、伝統的な都市の部分（現在は「旧市街」に相当することが多い）をマディーナと呼ぶことが多い。マッカは、現在に至るまで巡礼の中心地であり続けており、また巡礼者はマディーナの預言者モスクを訪問するのが慣例となっている。イスラーム暦12月には毎年、両聖都を多くの信徒が訪れる。　　(K)

▶ **マドラサ**　イスラーム世界の高等教育機関。イスラーム法学を中心に、イスラーム諸学の教育を行った。10世紀に始まり、11世紀にセルジューク朝がウラマーの保護・育成を意図して建設したのが拡大の端緒とされる。その後、イス

ラーム世界のほぼ全域にひろがった。マドラサには1名ないしは複数のムダッリス（教授）が任命された。マドラサの多くはワクフ施設として建設され，ムダッリスの給与は通例，ワクフから支払われた。学生はマドラサに寄宿し，同じく日給を支給された。前近代のイスラーム世界における教育の場はマドラサとは限らず，モスクや自宅で教授するムダッリスもあったが，マドラサが教育の中心であったことは疑いない。学生はマドラサからマドラサへ，ムダッリスから別のムダッリスのもとへと移ってゆきながら，学問を進めた。こうした遍歴の就学スタイルは，イスラーム世界の知的な水準の標準化に寄与したといわれる。一方16世紀以後のオスマン帝国ではマドラサ教育はより制度化され，修了者を官職者として組織的に登用する制度が整えられた。　　　　　　　　　　（H）

▶マムルーク　騎馬兵として用いるため，金銭による購入，または戦争捕虜としてイスラーム世界にもたらされたトルコ系，チェルケス系の奴隷をいう。9世紀のアッバース朝でこうした奴隷軍人の使用がはじまり，その後のブワイフ朝，セルジューク朝などでも主要な軍事力として利用された。マムルークは教育の課程で解放されたので，実際には解放された元奴隷軍人である。エジプト・シリアのアイユーブ朝では，王族が育てたマムルークが，個人として，また軍団として，権力の動向を左右する存在となり，やがて，彼ら自身が王権を奪ってマムルーク朝をたてた。有力なマムルーク軍人は通常，自らの後継者を奴隷商人等を通じて入手して育成した。マムルークの子は（イスラーム教徒の子であるため），マムルーク（奴隷）とは呼ばれず，彼らは一代限りの存在であった。エジプトにおけるマムルーク育成とかれらの権勢の伝統は連綿と続き，その終焉は19世紀のことであった。　　　　　　　　　　（H）

▶ミッレト　オスマン帝国における非イスラーム教徒（ズィンミー）の宗教・宗派単位の集団をミッレトという。特に，19世紀以後にイスタンブル在住の各宗教共同体首長がオスマン帝国内の信徒全体を統括した状況を念頭において，ミッレト制と呼ぶ場合が多い。その定義によるミッレトは19世紀以前には存在せず，そのことから「ミッレト制は神話」とする主張もある。ただし，首長による中央集権的掌握の度合いは低いものの（呼称としてもミッレトでなくジェマートやターイフェが主），19世紀以前もズィンミーの各共同体が納税と引き換えに自治の権利をもつという現実は存在していた。ミッレトは，また，19世紀以後，ネーション（民族，国民）に対応する語としても用いられている。　　　　　　　　　（H）

▶都　イスラーム世界の諸王朝の都（首都）は，概して，その王権の性格を反映している。中央集権体制の確立したアッバース朝やオスマン朝では，首都は，機能の面でも象徴面でも帝国の中央であることを顕示した。王家の偉大さは壮麗な建造物によって示された。移動性を失わなかったトルコ系・モンゴル系遊牧民支配層によるセルジューク朝やイル・ハーン朝では，王のいる場所こそが「首都」であり，王権と，経済活動や学問の中心としての主要都市は直接的な関係を持たなかった。外来のマムルークが支配権力をにぎったアイユーブ朝やマムルーク朝では有力マムルークが建てたモスクやマドラサが市中に溶け込み，マムルークの在地の都市社会への参加の意図をうかがわせる。神秘主義教団に関係する王権が続いたマグリブでは，首都は聖者の墓廟を中心に発展した。このように，首都の空間観察は，王権の比較研究に格好の素材を提供する。　　　　　（H）

▶ムスハフ　書物の形となったクルアーンを「ムスハフ」と呼ぶ。全体が書かれていない場合で，紙や羊皮紙などにクルアーンの章句が書かれたものも含まれる。日本語では，それらを「クルアーン」と表記することが多いが，「ムスハフ」の語は，クルアーンそのもの（暗唱され，朗誦されるクルアーン）と区別して，書籍の形態となっている場合だけを指す。クルアーン全体が一冊のムスハフとされたのは，第3代カリフ・ウスマーンの命によって正典としてのムスハフが作成された時である（西暦650年頃）。その頃は，まだアラビア語には母音記号がなく，子音を示すアルファベットだけが書かれていた。ムスハフにおいて，読誦されるクルアーンを正確に表現できるようになったのは母音記号などが確立された8世紀末以降である。前近代には，写本としてのクルアーンが流麗な書体や美しい装飾によって作られ，イスラーム美術の重要な分野となっている。活版印刷がイスラーム世界に導入された当初は，世俗的な書物が印刷の対象となった。刊本としてのムスハフは，1923年にエジプトで刊行されたフアード国王版によって確立された。法学的には，ムスハフを触る前にはウドゥー（礼拝のための清め）をするなどの規定がある。　　（K）

▶**ムスリム・ムスリマ** ムスリムは「イスラームする人（帰依する人）」を意味し、イスラームの信徒を指す。ムスリマはその女性形で、女性の信徒を指す。「信仰する人」を意味する「ムウミン」は、クルアーンの中ではムスリムとほぼ同義に使われる。しかし、内面はわからないという意味では、誰かが「信仰者」であるということは理念型であり、現実の文脈で特定の個々人を指す語としては用いられない。ムスリムになるには、五柱（もっとも基本的な五つの信仰行為）の第一である「信仰告白」を、2名以上のムスリムの証人の前でおこなう。信仰告白は「アッラーのほかに神なし」「ムハンマドはアッラーの使徒なり」と公に「証言」する行為で、これをもって社会的にムスリムと認定される。逆に、内面でイスラームの信仰があっても、信仰告白をおこなわなければムスリムとはならない。基本的な信仰行為を怠ったり大罪を犯すムスリムが真のムスリムかどうかは、古来議論となってきたが、信仰告白をおこなう者はすべてムスリムである、という立場が主流のコンセンサスとなっている。現代では、非イスラーム的なムスリム政治家を断罪する急進派の登場で、再びこの点が議論の的となっている。 (K)

▶**ムハンマド** ムハンマドは「数多く称賛される者」の意で、イスラームの開祖の名。イスラーム以前のアラブでは用例が少ない名であるが、イスラーム以降は預言者にちなむムスリム男児の命名として一般化した。他言語では、メフメット、ママドゥなど、訛った形も見られる。日本では、かつてマホメットとされ、イスラームそのものも時に「マホメット教」と呼ばれた。両方とも西欧経由の呼び名で、ムハンマドに関する情報は最初に西欧からもたらされた。優れた東洋学者であるハミルトン・ギブの『イスラーム』（邦訳『イスラム入門』1981年）さえも、1970年代までは『モハンメダニズム（＝マホメット教）』の題であった。日本でも1990年代を境として、マホメットを使用するケースは激減した。アラビア語では、預言者ムハンマドの名が言及された後には「彼に平安あれ」「アッラーが彼に平安と祝福をくださいますように」などの言葉を挿入するのが通例となっている。日本語でも、それが直訳のまま用いられている場合があるが、言葉の用法としてこなれているとは言いがたい。 (K)

▶**モスク** モスクはアラビア語の「マスジド」の訛語。マスジドは「サジュダ（額ずき）をする場所」の意で、礼拝の中で信徒が額を床に付けて祈る行為を、礼拝の象徴としている。したがって、語義を訳すのであれば「礼拝堂・礼拝所」に相当する。イスラーム都市の中心に位置し、金曜礼拝がおこなわれる大モスクは「ジャーミウ」と呼ばれる。建物の一部に礼拝用スペースが設けられている場合は、アラビア語でムサッラー（礼拝所）と呼ばれる。他所より礼拝の価値が高いモスクは、マッカ、マディーナ、エルサレムの三つの聖なるモスクであり、他のモスクは宗教上は等価。また、礼拝自体の価値も、モスクでする場合と家でする場合では、特に違いはない。モスクは教会・寺院とは異なり、日に5回の礼拝を集団でできる場を確保するのが最大の目的となっており、特に聖な場所ではない。モスクのイマーム（導師）は、定時に礼拝を励行するのが基本的な義務で、教区を持つ神父や寺の住職のような役割はない。なお、建築としてのモスクの研究はそれなりに蓄積されているが、モスクの機能や社会的な役割などについては、フィールド調査も少なく、学術的に考察されているとは言いがたい。 (K)

▶**預言者** アラビア語でナビー。預言者は神の言葉を預かって啓示を伝える者であり、未来を予言する予言者とは異なる（ただし「預」は「豫（予）」と通用し、漢訳聖書では預言者は予言者の意であった。それゆえ両者を区別するのは本来的には誤用であるという意見もある）。使徒（ラスール）は預言者のうち神の律法をもたらす者として区別されるが、クルアーンでは両者の間に厳密な区別はなされていない。また預言者たちを信じることは六信の一つだが、そこではラスールの複数形ルスルが使用されている。イスラームでは聖書の預言者たち（イエスも含む）も預言者として認められており、さらに聖書中の人物のうちキリスト教では預言者と認められていないアーダム、ノア（ヌーフ）、ヨブ（アイユーブ）なども預言者とされる。ズルカルナイン、ヒドルのように預言者かどうか異論のある人物も存在する。ムハンマドは預言者の封印であり、ムハンマド以降に預言者は現れない。また神の言葉を預かる預言者と神の知識を直接得ることのできる聖者の優劣に関する議論もおこなわれたが、預言者は同時に聖者であるとして解決が図られた。 (I)

▶**両替・両替商** アラビア語では両替はサラフ、両替商はサッラーフ。活発な貨幣経済・市場経済が展開する一方、通貨については独自の鋳造貨幣

のみならず、イタリアなどの外国通貨も流通したイスラーム世界では、流通通貨の価値を調整し、一つの貨幣から他の貨幣に変える両替商が大きな役割を果たした。また、遠隔地交易とともに発達した手形や小切手類の決済を扱い、イスラーム世界の活発な商業活動を支えた。両替商は富裕な商人の代名詞でもあり、彼らの中には協業による交易に資本参加したり、徴税や国家財政と深く関わる者もあった。イスラーム法による利子禁止の原則と微妙に関わる分野の業務であったため、どの地域でも概してユダヤ教徒やキリスト教徒の商人がその業につくことが多かったといわれる。 (H)

▶ 礼拝　イスラームにおける祈りは、大別して2種類ある。サラー（礼拝）は、いわゆる日に5回の定刻の礼拝である。その形式は決まっており、礼拝中に唱える言葉はすべてアラビア語である（礼拝者の母語にかかわらず）。ドゥアー（祈り。祈禱の訳語もあり）は、任意の祈りで、サラー（礼拝）の後や個々人の必要や好みに応じておこなわれる。唱える言葉も任意である。サラー（礼拝）は、さらに、義務の礼拝、任意の礼拝に大別される。義務の礼拝は日に5回の礼拝で、モスクに行って集団でおこなうことが推奨されている。任意の礼拝は、義務の礼拝の前後やその他の任意の機会におこなう。しかし、任意の礼拝でも、動作や唱える言葉は定形であり、義務の礼拝と形の上ではほとんど違いがない。「任意」なのは、おこなうか否か、またいつおこなうかについての決定が本人の意思による点であり、形式に関する限り、自由度は非常に低い。「祈り」という日本語は、サラーまたはドゥアー、あるいは両者を包含する訳語として用いられている。 (K)

▶ ワクフ　イスラーム法による宗教寄進制度、および寄進された財源をさすアラビア語起源の語。北アフリカではハブスと呼ぶ。ワクフ寄進は、何らかの収益を生む私財の所有者が寄進者となり、その財から得られる収益の使途を特定した上で、私財の処分権・用益権を放棄する行為と定義される。寄進された財は、以後、売却・相続・委譲などによる所有権の移動を停止（アラビア語で「ワクフ」）される。その結果、収益を生む財の法的な所有権の所在は意味を失ったが、実質的にはワクフ財の管理にあたる管財人らが財の運用を差配した。寄進財は、私有財の延長線上にあることから、ワクフに関する研究は、なにより「所有」の問題として展開してきた。一方、ワクフ寄進による善行はモスクやマドラサその他の宗教・社会施設の維持・運営に向けられ、都市機能の充実に貢献した。これらの都市社会史はワクフ研究の第二の側面である。 (H)

▶ ワフダ　一であること。一性。カスラ（多性）に対する概念。ワフダとカスラはワーヒド（一）とカスィール（多）としても議論された。ガザーリーは、神の美名の一つアル=ワーヒドについて、分割も複製もされない一であり、その本質が分節されえないという意味で神は一であり、絶対的に一であるということは神のみに属すると説いた。スーフィズムにおいてはファナー（消融）に対応する。またワフダ・アル=ウジュード（存在一性論）とワフダ・アッ=シュフード（目証一性論）といった形でも一性が議論された。前者は万物の根本原理として絶対無限定の存在（ウジュード）を措定し、その自己顕現によって万有が現れると説いたイブン・アラビーの立場であり、絶対無限定存在の最初の自己顕現によって出現する第一の段階は多性をその内に含む統合的一性ワーヒディーヤとされた。ワフダ・アッ=シュフードは存在論的に一性を理解しようとするイブン・アラビーの説に反対して起こった思想。ワフダと同じ語根からの派生語タウヒードは神の唯一性を意味しイスラームの根本を支える。タウヒードを旗印に改革運動を起こした者たちはムワッヒド（複数形ムワッヒドゥーン）と自称した。 (I)

▶ ワリー　アラビア語のWLYという語根からの派生語。複数形アウリヤー。クルアーンに見られる語彙で、外延において双方向性をもち、神の美名の一つ（アル=ワリー）として神に対して用いられた場合は保護者という意味になるが、人間に用いられた場合「神の友（アウリヤー・アッラー）」となり、これをもって聖者とみなすことが普通である。聖者であるワリーに関する理論はスーフィズムにおいて顕著な発展を見せた。基本的には、WLYの持つ「近接」という意味に基づいて、神に近い人々がワリーとされる。すなわち神との合一の境地に達したとされる理想的スーフィーがワリーと称される。しかしワリー理解には幅があり、ムハンマドの一族、教友、後継世代（ターピウーン）、法学派の祖までをワリーとして記述する聖者列伝も存在し、常に神を想起する敬虔なムスリムを単に指す場合も見られる。君主などもワリーとされる場合がある。 (I)

(K=小杉泰, H=林佳世子, T=東長靖, I=今松泰)

III　イスラーム・知の年表

III　イスラーム・知の年表

570頃	ムハンマド，マッカに生まれる。
595	ムハンマドが富裕な商人ハディージャと結婚。
610	ムハンマドがマッカ郊外のヒラー山の洞窟で大天使の訪問を受け，預言者と自覚。後に聖典クルアーンとなる啓示の始まり。
614	ムハンマド，この頃から公然の布教を開始。
615	クライシュ族による迫害が激化し，信徒の一部がエチオピアに避難。
620頃	相次いで伯父，妻ハディージャが没し，ムハンマドの活動が困難に。
622	ムハンマドと弟子たちがマディーナに移住（ヒジュラ＝聖遷）。イスラーム共同体が成立。この年が後にヒジュラ暦元年と定められる。最初の礼拝所がクバーの地で定められた（後にモスク建設）。最初のモスクをマディーナ中央に建設。
630	ムハンマド，マッカを無血征服。当時の多神教は終焉。アラビア半島を統一。
632	ムハンマド，マッカ大巡礼（ハッジ）を挙行し，その後没。アブー・バクルが初代正統カリフに。「大征服」が始まる。
634	アブー・バクル没。ウマルが第2代正統カリフに（～644），イスラーム国家の制度的な基礎を固めた。
638	この頃，軍営都市（ミスル）としてバスラ，クーファ建設。クーファで最初のモスク建設。
640	ディーワーン（官庁）の創設。
642	エジプトに軍営都市フスタートと大モスク建設。
644	ウマル没。ウスマーンが第3代正統カリフに（～656）。
650頃	ウスマーンの命により，クルアーンの正典化。
652	イラクの法学派の祖イブン・マスウード没（653/4説あり）。
656	ウスマーンが叛徒に殺害され，アリーが第4代正統カリフに（～661）。ムアーウィヤらがカリフ位を承認せず，第1次内乱。ムハンマドの未亡人アーイシャ，ラクダの戦いで敗れ以後は教育に専心。
657	スィッフィーンの戦いで，アリー，ムアーウィヤが対戦するも決着せず。敬虔主義的な禁欲家ウワイス・カラニー，アリー側で戦死。調停に反対する者がアリー陣営を離脱して，最初の分派ハワーリジュ派となる。
659	ムハンマドに仕えイスラームの信仰を讃えた詩人ハッサーン・イブン・サービト没（669, 673説あり）。
660	ムアーウィヤ，エルサレムにてカリフ位を宣言。
661	アリー，ハワーリジュ派の刺客に暗殺される。正統カリフ時代が終焉し，ウマイヤ朝成立（～750）。なお，正統カリフ時代にサルマーン・ファーリシーによってクルアーンのペルシア語訳がなされたと言われるが，現存せず。
670	チュニジアで軍営都市カイラワーンおよび大モスク建設。マグリブにおけるモスクの原型となる（9世紀に再建）。
678/9	最も多くのスンナ派ハディースを伝えた教友アブー・フライラ没。
680	ウマイヤ朝第2代カリフにヤズィード世襲で多くの批判。決起したフサインをウマイヤ軍がカルバラーの地で殺害（後代，シーア派の聖地に）。
685	ハワーリジュ派の分派アズラク派の祖ナーフィウ没。
687	エルサレムで岩のドーム建設（～692）。
687/8	クルアーン解釈学の父イブン・アッバース没。

692	第5代カリフ，アブドゥルマリクによる版図の再統一，第2次内乱収束。公用語のアラビア語化，ディーナール金貨の鋳造（イスラーム貨幣の始まり）。
706	ダマスカスにウマイヤ・モスク建設（〜715）。以後，モスクにミナレットが付属するようになる。
713	クタイバ，フェルガナに到達。ブハラ初のモスクを建てる。
715	ウマイヤ朝第6代カリフ，ワリード没。その在位中に版図が最大となった。マディーナの預言者モスクの改築。同年頃，クーファのハディース学者・法学者ナハイー没。
717	第8代カリフ，ウマル即位（〜720）。ムスリム平等主義に基づく改革を試行。
726	ビザンツ皇帝レオ3世が聖画像を禁止，いわゆる「聖画像破壊運動」（イコノクラスム）が起こった。ダマスカスの宮廷歌手イブン・スライジュ没。
728	最初期の夢判断の著者イブン・スィーリーン没。初期スーフィズムの礎を築いた禁欲主義者ハサン・バスリー没。
732	チュニスの大モスク，ザイトゥーナ・モスク創建。
740頃	ヒルバト・マフジャル宮殿建設（パレスチナ，エリコ近郊）。
742	バルフに大モスク建設。最初のハディース学者とされるズフリー没。
748	ムウタズィラ神学派の創始者ワースィル・イブン・アター没，アムル・イブン・ウバイドと共に理性主義的な神学を説いたとされる。
749	サッファーフがクーファで即位し，アッバース朝成立（〜1258）。
750	ウマイヤ朝滅亡。この頃，南西インドにおいてムスリム商人がイスラームの地歩築く。
8世紀後半	イスラーム世界最初期の伝説的な錬金術師，ジャービル・イブン・ハイヤーン（ラテン世界ではゲベル）が活動。
751	アッバース朝軍，タラス河畔の戦いで唐軍を破る。唐から製紙法が西伝（唐軍捕虜を通じてとの説が広く流布），イスラーム書籍（写本）文化の基礎を作る。
753	サマルカンドで城壁・防御塔を建設。
754	マンスール，バグダードでアッバース朝第2代カリフに即位（〜775）。精力的にアッバース朝の基礎を築く。また，アッバース朝の支配下で，ペルシア湾ルートの航海への関心が高まる。
756	アンダルスに逃れたアブドゥッラフマーン，コルドバで後ウマイヤ朝を興す（〜1031）。この頃，シュウービーヤ運動（ペルシア文化を称揚する運動）の先駆者イブン・ムカッファア処刑，鑑文学の先駆『大アダブ』，最初の本格的アラブ散文文学『カリーラとディムナ』。
762	新しい円形都城「平和の都市」がバグダードの地に建設される（〜766）。
765	シーア派法学の基礎を築いた12イマーム派第6代イマーム，ジャアファル・サーディク没（その功績により，12イマーム派の法学は後にジャアファル学派と呼ばれる）。
767	イラクの法学派を継承したハナフィー法学派の名祖アブー・ハニーファ獄死，『大フィクフ』。生前，他の法学者との間で「開扉章」のペルシア語による朗唱の是非をめぐる論争がなされた。預言者伝のイブン・イスハーク没，『マガーズィーの書』。
777	アルジェリアにイバード派（ハワーリジュ派の一派）のルスタム朝。禁欲家イブラーヒーム・イブン・アドハム没。
786	ハールーン・ラシード，アッバース朝第5代カリフに即位（〜809）。バグダードは芸

術と学問の中心地に。その栄華は後に『千夜一夜物語』の題材ともなった。宮廷歌手・詩人としてマウスィリー親子（それぞれ804, 850没）が活躍した。

786/7 後ウマイヤ朝のアブドゥッラフマーン1世がコルドバに大モスク（後にメスキータとして知られる）を創建。

791頃 文法学者ハリール・イブン・アフマド没，現存する最古のアラビア語辞典『アインの書』編者であり，アラビア文字の母音記号を確立。

792 碑文によればこの年，中国の西安に，清真寺建立（実際はより後代の建立）。

794 ブハラに新たな大モスク建設。

795 ヒジャーズ法学派を継承したマーリク法学派の名祖マーリク・イブン・アナス没，ハディース集『ムワッタア』。

796頃 バスラの文法学者スィーバワイヒ没，現存する最古のアラビア語文法書を著し，その著は「文法のクルアーン」とも讃えられる。

798 ハナフィー法学派の実質的な創始者の一人アブー・ユースフ没，租税に関する『ハラージュの書』。その序文は，イスラーム政治思想の最初期の表明。

800頃 アラブ商船，中国まで航海。また，東アフリカ沿岸のマンダやキルワなどの商業都市が出現。

9世紀 アブー・マアシャル（生没年不詳，ラテン名アルブマサル）が活躍し，洋の東西を問わず中世最大の占星術師とされる。著書に『大序説』『小序説』『誕生年回帰の書』。ユークリッドの主著『原論』，アラビア語に翻訳される（後にアラビア語版からラテン語訳され，中世ラテン世界に広まる）。また，この時期に，天文観測儀アストロラーブが実用化。

801 女性神秘家ラービア・アダウィーヤ没（796/7説あり），素朴な禁欲主義から豊かな文学性を持つスーフィズムへの発展において大きな役割を果たした。

805 ハナフィー法学派の実質的な創始者の一人シャイバーニー没，著書『アスル（源泉）』『大全集』『小全集』『大スィヤル』『小スィヤル』。

806 マーリクの直弟子で，マーリク法学派の発展に寄与したイブン・カースィム没，主著『ムダウワナ』は同法学派の代表的著作。

809 ハールーン・ラシード没。後継をめぐってアミーンとマアムーンの間で内戦（～813）。

813 マアムーン，第7代カリフに（～833）。その治下で，ギリシア語・シリア語文献の翻訳が推進され，アラビア科学が発展。マアムーンに仕えたフワーリズミーは数学・天文学で活躍，その名は「アルゴリズム」の語源に。著書に『フワーリズミー天文表』『ジャブル・ムカーバラ計算の抜粋の書』『大地の姿の書』など。この頃，新体詩派の代表的詩人アブー・ヌワース没。

815/6 初期スーフィズムにおけるバグダード学派の中心人物，マアルーフ・カルヒー没，初めて神の愛を説く。

820 シャーフィイー法学派の名祖，法源学の創始者シャーフィイー没，主著『論考』『母なる書』。

823 歴史学者ワーキディー没，預言者時代の遠征記録『マガーズィーの書』。

827 アグラブ朝によるシチリア遠征開始，地中海でビザンツ海軍と戦う。アラブ・イスラーム文化がシチリアに伝わる。

833 アッバース朝第7代カリフ，マアムーンがミフナ（異端審問）を開始。ムウタズィラ

学派を正統として，これに反対する学者・知識人を弾圧。イブン・ハンバルなどが弾圧を受け，抵抗。イブン・ヒシャーム没，『預言者伝』編集，『ヒムヤル諸王の王冠の書』。

836　トルコ系軍人奴隷の脅威を逃れて，カリフ・ムウタスィム，サーマッラーを建設，バグダードから遷都。

838　ことわざ収集の先駆けアブー・ウバイド没，『ことわざの書』。初期の女性スーフィー聖者ファーティマ・ニーシャーブーリーヤ没。

845　歴史家・伝承学者イブン・サアド没，『伝記集成』。アッバース朝の宮廷詩人アブー・タンマーム没，『武勇詩集』編纂。この頃，後ウマイヤ朝の文化的独自性の確立に貢献した音楽家ズィルヤーブ没。

847　アッバース朝第10代カリフ・ムタワッキル即位（〜861）。在位中に，ミフナ（異端審問）を終了，思想統制に屈しなかったウラマー側の勝利となった。

848　ムタワッキル，螺旋状ミナレットが附属した巨大モスクをサーマッラーに建立（〜852）。イランでこの頃までに，イスラーム以前のペルシア語とはかなり異なる近世ペルシア語が成立。また，モロッコのフェズにカラウィーイーン・モスク創建。

851　旅行奇談集『シナ・インド物語』（第1巻）。

855　ハンバル法学派の名祖イブン・ハンバル没，ハディース集『ムスナド』。マーリク学派の法学者サフヌーン・タヌーヒー没，主著『大集成』。

857　宗教思想家ムハースィビー没，スーフィズムに高度の神学的用語を導入，主著『アッラーの法の遵守と実践』『教導の書』。

860　ザイド派イマーム，イエメンで力を増強（1281まで断続的に支配）。

861　半ば伝説的な初期のスーフィー，錬金術師ズンヌーン・ミスリー没。

862　サーマッラーにドームを持った最初期のイスラーム墓廟（クッバ・スライビーヤ）建造。

866 頃　最初のムスリム哲学者キンディー没，多様な分野で博識を発揮し，その著作のラテン語訳は西欧にも影響を与えた。

868/9 頃　散文アダブ文学の確立者ジャーヒズ没，『けちんぼ物語』『修辞明議の書』，博物学の礎『動物の書』。

870　ブハーリー没，スンナ派ハディース集の最高峰『真正集』編纂。

873　ホラーサーンとマー・ワラー・アン＝ナフルにサーマーン朝創始（〜999）。その治下で，アラビア文字を用いたペルシア詩が成立。

874　ハナフィー学派の法学者ハッサーフ没，『ヒヤルの書』『ワクフの書』『カーディーの手引書』。

874　代表的な陶酔型スーフィー，バスターミー没（877説あり）。

875　ハディース学者ムスリム・イブン・ハッジャージュ没，スンナ派ハディース集の最高峰，2大『真正集』の一つを編纂。

876　初期多柱式モスクの典型イブン・トゥールーン・モスク，カターイウ（現在はカイロ市内）に建造（〜878）。

877　翻訳家フナイン・イブン・イスハーク没（ラテン名ヨハニティウス）。彼を中心とした翻訳事業によってガレノス，ヒッポクラテス，プラトン，アリストテレス，プトレマイオス，ユークリット，ディオスコリデスなどのギリシアの重要著作がアラビア語に翻訳された。本人の著作もラテン語に訳され，西欧に大きな影響を与えた。

883/4	クルアーンがシンド語に翻訳される（現存せず）。
884	ザーヒル法学派の始祖ダーウード・ザーヒリー没。
887	スンナ派ハディース集6書の一つ『スンナ集』を編纂したイブン・マージャ没。
889	ハディース学者アブー・ダーウード没，スンナ派ハディース集6書の一つ『スンナ集』編纂。アラブの散文作家イブン・クタイバ没，著書『書記官のアダブ』『故事の泉』『詩と詩人』。
892	アッバース朝の首都，バグダードへ戻る。スンナ派ハディース集6書の一つ『スンナ集』編纂者アブー・イーサー・ティルミズィー没。
896	初期のスーフィー，トゥスタリー没。詩人イブン・ルーミー没，『詩集』。
897	詩人ブフトゥリー没，イーワーン・キスラーの遺跡を詠んだ詩が有名。
9〜10世紀	博物学者ウターリド・イブン・ムハンマドが活躍，鉱物書『宝石と鉱物の書』など。
10世紀前半	イーサー・イブン・アリー，動物薬種の書『動物の諸器官の医薬適用の有効性』。錬金術師イブン・ウマイル没，『太陽から三日月への手紙』。
10世紀頃	バスラの秘密結社イフワーン・アッ＝サファー（純正同胞会）の百科全書的著作『イフワーン・アッ＝サファー書簡集』。
901	ギリシア学術の導入に貢献したアラビア科学初期の代表的学者サービト・イブン・クッラ没。
905〜10	理論的スーフィズムの先駆者ハキーム・ティルミズィー没，著書『諸原理の稀少語』『霊魂の訓練』『聖者の生き方』。
907	唐が滅亡し，アラブ人の汎アジア貿易一時中断。
908	修辞学の先駆けイブン・ムウタッズ没，『バディーウの書』。
909	シーア派イスマーイール派のファーティマ朝成立，アグラブ朝を滅ぼし，カリフ位を宣言（〜1171）。
910	陶酔型のスーフィズムを批判したスーフィー，ジュナイド没。
912〜22	12イマーム派の神学的な基礎を築いたナウバフティー没，主著『シーア派間の相違』。
914	ブハラにイスマーイール・サーマーニー廟建造（〜943）。イスラーム世界全域に広がる墓廟の最初期の例。
915	バスラのムウタズィラ学派の代表的学者ジュッバーイー没。ハディース学者，啓典解釈学者ナサーイー没，スンナ派ハディース集6書の一つ『スンナ集』を編纂。
918	シャーフィイー法学派を実質的に確立したイブン・スライジュ没。
922	「我は真理なり」と発話した神秘家ハッラージュ，処刑。
923	歴史学とタフスィール学の最初の集成者タバリー没，主著『諸使徒と諸王の歴史』『クルアーン章句解釈に関する全解明』。
925	医者・哲学者・錬金術師アブー・バクル・ラーズィー没（932説あり），『医学集成』。西欧ではラーゼスとして医学の分野で有名。
929	後ウマイヤ朝のアブドゥッラフマーン3世もカリフ位を称し，カリフ鼎立時代となる。プトレマイオス天文学に改良を加えた天文学者バッターニー没，『サービア天文表』。
930	シーア派の異端的分派のカルマト派，アラビア半島東部の拠点からマッカを襲撃し，カアバ聖殿の黒石を持ち帰る（951に返還）。

930年代	キラーア学(クルアーン読誦学)の地歩確立。
931	アンダルスの神秘主義的哲学者イブン・マサッラ没,『解明の書』『文字の書』。
933	バスラのムウタズィラ学派の神学者ジュッバーイー没,同学派は内部分裂。ハナフィー学派法学者タハーウィー没,ハナフィー学説に関する『法学摘要』『法学者の見解の相違』,ハディースに関する『難解な伝承』『伝承の意味』。
933/4	イスマーイール派の思想家アブー・ハーティム・ラーズィー没,『訂正の書』『預言の諸表徴』。新プラトン主義導入に貢献。
935/6	スンナ派正統神学を樹立したアシュアリー没,『イスラームの徒の諸説』『閃光の書』『解明の書』『神学的探究の是認に関する書簡』。
936	イブン・ラーイク,アッバース朝の大アミールに就任。カリフは実質的な統治権を失う。コルドバで,新都マディーナ・ザフラーの宮殿建設開始。
940	ペルシア最初の本格的詩人ルーダキー没,「ペルシア詩人の父」と呼ばれる。主著マスナヴィー詩形の『カリーラとディムナ』。アラビア書道の創始者イブン・ムクラ獄死,6書体(ナスフ体,スルス体,ムハッカク体,ライハーニー体,タウキーウ体,リカーウ体)の完成とマンスーブ書法の確立。
941	12イマーム派の伝承学者クライニー没,同派最初の体系的法学伝承集『カーフィーの書』。
944頃	スンナ派正統神学のマートゥリーディー学派の名祖マートゥリーディー没,ムウタズィラ学派とアシュアリー学派の中道を行く独自の神学を打ち立てた。著書に『タウヒードの書』やクルアーン注釈書。
946	ブワイフ朝がバグダードを占領,大アミールの称号獲得。のちイラクでイクター制を施行。『書記官たちのアダブ』の著者スーリー没。古典期スーフィズムを代表するシブリー没。
950	アリストテレス注釈をおこなった哲学者ファーラービー没,「(アリストテレスに次ぐ)第二の師」と呼ばれた。著作に『オルガノン』の注釈書や『有徳都市の住人が持つべき諸見解の原理』など。
956頃	バグダード生まれの歴史家マスウーディー没,全世界史を指向し,大百科全書『時代の情報』(現存せず),『黄金の牧場と宝石の鉱山』『提言と再考の書』など。
965	クーファ生まれの詩人ムタナッビー没,『詩集』。アラブ詩の最高峰の一つとされる。
968	象牙作品の代表作「ムギーラの小箱」制作される(現在,ルーブル美術館所蔵)。
969	ファーティマ朝,エジプトを征服して,新都カイロを造営。
970	ファーティマ朝,カイロにアズハル・モスク建設(978からイスマーイール派の教学を教え,アイユーブ朝時代からはスンナ派の学院となり,世界最古の大学)。
974	イスマーイール派の教義修正をおこない,ムスタアリー派を樹立したカーディー・ヌウマーン没,主著『イスラームの支柱』。
975頃	最初の本格的ムスリム薬学者アブー・マンスール・ムワッフィク没。
976/7頃	神秘体験について独自説を提示したスーフィー,ニッファリー没,主著『立処』。
981	ハナフィー学派の法学者・啓典解釈学者ジャッサース没,『クルアーンの諸法則』。
985	ブワイフ朝期バグダードのいわゆる「イスラーム・ルネサンス」を代表する哲学者アブー・スライマーン・スィジスターニー没。
986	天文学者アブドゥッラフマーン・スーフィー没,プトレマイオスを批判・発展させ,後にヨーロッパでも重視される。著作に『星座の書』『アストロラーブの使用の書』。

988	ホラーサーン出身のスーフィー，サッラージュ没，『閃光の書』。同年頃，イブン・ハウカル，イスラーム世界のほぼ全域を網羅した地誌『大地の姿』編纂。
990	バグダードを中心に活動した文人イブン・ナディーム没（995/8説あり），アラビア語書物の『目録』編纂。
991	伝承学派の先駆者イブン・バーバワイヒ没，シーア派4大伝承集の一つ『法学者不在のとき』編纂。
994	アラブの法学者・文学者タヌーヒー没，物語集『悲しみのあとの喜び』『座談の糧』。
994/5	初期スーフィズムの理論家カラーバーズィー没，主著『神秘道の原理』。
996	マーリク学派の確立と普及に貢献した法学者カイラワーニー没，『論考』。
997	ガズナ朝のマフムード，北西インドに支配拡大。十数回のインド遠征で，後のインドのイスラーム化に道を開く。
1000頃	アラブ商人，エチオピア高地に通商国家を築き始める。
1002/3	アラビア語辞典のモデルとなった『言葉の王冠とアラビア語の正用法（スィハーフ）』の編者ジャウハアリー没（07/8説あり）。
1005	ファーティマ朝カリフ，ハーキムがカイロにダール・アル＝ヒクマ（知恵の館）創設。スーフィー著『地理学』（サンクト・ペテルブルグに現存，おそらく現存する最古の挿絵入りアラビア語の写本）。同年頃，中世の文芸批評の代表的文献『両スィナーア（技芸）の書』のアブー・ヒラール・アスカリー没。
1006	墓塔形式の墓建築の最初期の例，ゴンバディ・ガーブーズ廟建立（イラン）。
1007/8	アダブの一範疇としてマカーマート文学を創始したハマザーニー没，主著『マカーマート』。
1009/10	泉州に中国現存最古の石造モスク，清浄寺創建。
1010	フィルダウスィーがペルシア語の民族叙事詩『シャー・ナーメ（王の書）』を完成。
1013	アシュアリー学派神学の方法論の完成者バーキッラーニー没，主著に『序説』『クルアーンの奇蹟的性格』。
1016	12イマーム派第7代イマーム，シャリーフ・ラディー没，アリーの言行録・説教集『ナフジュ・アル＝バラーガ』編纂。
1020以降	イスマーイール派の思想家キルマーニー没，主著『知性の安息』。
1021	スーフィーに関する伝承を収集したホラーサーン地方の代表的スーフィー，スラミー没，主著『スーフィー伝記集成』『タフスィールの真理』。
1021以降	ドゥルーズ派の教義を確立したハムザ・イブン・アリー没。
1022	初期12イマーム派の神学者・法学者シャイフ・ムフィード没。マンスーブ書法を洗練・発展させた能書家イブン・バウワーブ没，生涯に64冊のクルアーン写本を作ったとされる。
1023	新プラトン主義の影響を受けた哲学者・文人タウヒーディー没。
1024/5	ムウタズィラ学派後期の大学者アブドゥルジャッバール没，主著『神学大全（ムグニー）』。
1030	ガズナ朝のマフムード，勝利の塔を建設。ブワイフ朝期バグダードの哲学者・歴史家ミスカワイヒ没，格言集成『久遠の哲学』，哲学的倫理学の著作『個人的性格の精錬』，年代記『諸国家の経験』。
1033	イランでカーザルーニー教団を創設したイスハーク・カーザルーニー没。
1037	アシュアリー学派神学者アブドゥルカーヒル・バグダーディー没，分派学の書『諸分

派間の相違」，神学書『宗教の基本』。哲学者・医学者イブン・スィーナー没（ラテン名アヴィセンナ），主著『治癒の書』『医学典範』『指示と警告』。

1038　アラブの文学者アブドゥルマリク・サアーリビー没，詩華集『時代の無比珠』，故事来歴を集めた『知識の愉しみ』，世界史『事跡の精華』。

1039　ハナフィー学派の法学者ダブースィー没，『省察の基礎付け』。

1041 頃　視学・数学・天文学のイブン・ハイサム没，プトレマイオスに代わる視学の基礎を築いた『視学の書』。

1044　シーア派ウラマー，シャリーフ・ムルタダー没，文学作品『真珠と白歯』，イマーム論『治癒の書』，法学書『宗教法学理論への方法』。

1049　ホラーサーン地方の神秘主義者アブー・サイード・イブン・アビー・ハイル没，イブン・スィーナーとの書簡。

1050　西アフリカのタクルールの王，イスラームに改宗。

1050 以後　ギリシア科学・インド文化にも造詣が深かったガズナ朝の博学者ビールーニー没，主著に『年代学』『インド誌』，天文学書『マスウード宝典』『星学入門』。

1058　シャーフィイー学派の法学者，古典イスラーム国家論の祖マーワルディー没，主著『統治の諸規則』『シャーフィイー法学の大網羅』。アラブの文学者マアッリー没，詩『火打石の閃光』『無用な義務の強制』，散文『赦しの書簡』。同年頃，アンダルスのユダヤ教哲学者・詩人イブン・ガビロール没，哲学書『生命の泉』は後の西欧に多大な影響。

1063　中世の文芸批評の代表『ウムダ（支柱）』のイブン・ラシーク没（71 説あり）。

1064　アンダルスの文学者・神学者・法学者イブン・ハズム没，著書『諸宗派の書』など，また『鳩の首飾り』では，女性への崇敬と愛の秘匿などを示し，トゥルバドゥールの抒情詩と宮廷風恋愛の観念に影響を与えた。

1066　ハンバル学派法学者・神学者アブー・ヤアラー・ファッラー没，主著『統治の諸規則』『二つの伝承と二つの見解の書』。

1067　初期 12 イマーム派の法学者・伝承学者トゥースィー没，12 イマーム派 4 大伝承集の二つ『律法規定の修正』『異論伝承に関する考察』編纂。

1069/70　カラハン朝のユースフ・ハーッス・ハージブが，君主のための教訓・道徳の書『幸福になるために必要な知識（クタドゥグ・ビリグ）』を献上，大侍従に任命される。現存する最古のトルコ・イスラーム文学。

1071　説教師ハティーブ・バグダーディー没，主著『バグダードの歴史』。

1072　スーフィズムの確立に努めた法学者・神学者・スーフィー，クシャイリー没，著書にスーフィズム綱要書『クシャイリーの書』。ガズナ出身の神秘主義者フジュウィーリー没（76 説あり），ペルシア語の最古の神秘主義の書『隠されたるものの開示』。ペルシア語詩人・散文家・旅行記作家，イスマーイール派の教宣員・思想家ナースィレ・フスラウ没（78 説，88 説もあり），『旅行記』『詩集』。

1076　古ガーナ王国，ムラービト朝により陥落。ガーナの王，イスラームに改宗。

1077　カーシュガリーが史上最初のトルコ-アラビア語辞典『トルコ語集成』完成（83 説もあり）。

1078　セルジューク朝，ダマスカス攻略。アブドゥルカーヒル・ジュルジャーニー没（81 説あり），『クルアーンの無比性の証明』。

1081　マーリク学派の法学者バージー没，主著『ムワッタア注釈』，『法源学の詳細の大

成』。

1085 スンナ派の神学思想を発展させたシャーフィイー学派法学者・アシュアリー学派神学者イマーム・アル=ハラマイン・ジュワイニー没，主著に『信仰原理の指針』『ニザーミーヤ信条』。

1089 ハナフィー学派の法学者バズダウィー没，主著『ウスール知悉に至る至宝』。反神学の神秘主義者アブドゥッラー・アンサーリー没，代表作『旅人たちの宿駅』『スーフィーの梯階』『神学と神学者への批判』。

1090 ハナフィー学派の権威サラフスィー没（97説などあり），主著『マブスート』『大スィヤル注釈』『法源論』。

1092 セルジューク朝の宰相ニザーム・アル=ムルク，イスマーイール派によって暗殺，主要都市にニザーミーヤ学院を創設し，国家によるウラマー層の保護・統制のシステムを確立した。この頃盛んになったペルシア語による君主鑑として『統治の書』を著す。

1094 イスマイール派の一派，イラン北部のアラムート山を根拠地としてニザール派を組織（〜1256）。ファーティマ朝第8代カリフ，ムスタンスィルの死に際し，イスマーイール派分派ムスタアリー派が成立。

1099 第1回十字軍（96〜）がエルサレムを占領し，エルサレム王国建国。後に砂糖の製法などを西欧に伝えることになる。

1111 スンナ派イスラームの権威アブー・ハーミド・ガザーリー没，著書に『哲学者の意図』『哲学者の自己矛盾』『誤謬よりの救済』『宗教諸学の再興』など。法学・神学と神秘主義を融和した。

1114 マートゥリーディー学派の代表的神学者アブー・ムイーン・ナサフィー没，主著『諸証明の解明』。

1117 シャーフィイー学派の法学者・ハディース学者・啓典解釈学者バガウィー没，主著『スンナ注釈』『スンナの灯火』『啓示の教え』。

1122 マカーマート文学を大成した文学者・文法学者ハリーリー没，『マカーマート』。

1123 ペルシア詩人ウマル・ハイヤーム『ルバーイーヤート（4行詩）』を著す。天文学者・数学者としても功績。

1124 最大のことわざ集成を編んだマイダーニー没。イスマーイール派ニザール派の創始者ハサネ・サッバーフ没。

1126 「神の愛」をイスラーム思想に定着させた神秘思想家アフマド・ガザーリー没，主著『霊的現象』。マーリク学派史上最も権威のある法学者の一人イブン・ルシュド・ジャッド没，主著『序説』『解説』。

1132 パレルモの宮廷礼拝堂建設，ロマネスク様式・ビザンツ様式・イスラーム様式が独特に融合。

1134 ペルシア最初の本格的神秘主義詩人サナーイー没，代表作『真理の園』『来世への下僕の旅』『バルフの業行』『筆の祈り』。

1139 アンダルスの代表的哲学者・詩人・音楽家イブン・バージャ没，主著『知性と人間の結合』『孤独な者の経綸』。

1141 アンダルスの代表的神秘家，イブン・バッラジャーン獄死。

1142 マートゥリーディー学派の代表的神学者ナサフィー没，主著『信条』。

1143 クリュニー修道院長ペトルス・ヴェネラビリスのもとで，クルアーンの最初のラテン

語訳がなされ，キンディーの『書簡』などとともに「トレド集成」として広まり，キリスト教ヨーロッパにおけるイスラームに関する知識の基礎文献となった。

- **1144** 啓典解釈学者・アラビア語文法学者ザマフシャリー没，主著『修辞学の基礎』，言語的啓典解釈の方法を確立した『啓示の真理を開示するもの』。
- **1145** イスファハーンの大モスク建設。フワーリズミーの代数学書がラテン語に翻訳され，西欧代数学の基礎に。ハーリド・イブン・ヤズィードの『錬金術の合成』の翻訳とともに西欧世界に多大な影響。
- **1147** 第2回十字軍（〜48）。
- **1152** イブン・スィーナー哲学を批判した医者・哲学者アブー・バラカート・バグダーディー没，主著『個人的省察によって確立されたもの』。
- **1153** イランのアシュアリー学派神学者・分派学者シャフラスターニー没，主著『諸宗派と諸宗教の書』。
- **1154** イドリースィーの地理書『世界各地を深く知ることを望む者の慰みの書』。
- **1166** カーディリー教団の名祖アブドゥルカーディル・ジーラーニー没，著作に『求道者要諦』『玄秘の鍵』。
- **1166/7** 中央アジアのイスラーム化に寄与したヤサヴィー教団の名祖ヤサヴィー没，15〜16世紀にその詩集『英知集』集成。
- **1168** スフラワルディー教団の名祖の一人アブドゥルカーヒル・スフラワルディー没，主著『修行者たちの作法』。
- **1169** サラーフッディーン（サラディン），エジプトにアイユーブ朝樹立（〜1250），ファーティマ朝滅亡，スンナ派の復興へ。
- **1172** セビリャの大モスク建設（〜76），巨大なミナレットは世界一を目指す（後にカテドラルの「ヒラルダの塔」として知られる）。
- **1174** ザンギー朝第2代君主ヌールッディーン没，アレッポ，ダマスカスなどにヌーリーヤ学院建設。
- **1176** ハディース学者・シャーフィイー学派法学者・歴史家イブン・アサーキル没，主著『ダマスカス史』。
- **1182** リファーイー教団の名祖イラクのリファーイー没，教団は13世紀にはエジプト，シリアに広まる。
- **1184** カイロのシタデル（要塞）完成。
- **1185/6** ムワッヒド朝スルターンに仕えたスペインの哲学者・医者・天文学者イブン・トゥファイル没，哲学的寓意小説『ヤグザーンの子ハイイの物語』。
- **1186** ゴール朝，ガズナ朝を破り，パンジャーブ地方を支配（翌年，ガズナ朝滅亡）。北インドの仏教，衰退へ。
- **1187** サラーフッディーン，ヒッティーンの戦いで十字軍を破り，エルサレムを奪回。翻訳家ジェラルド没，古代ギリシアとイスラーム世界の学問を西欧ラテン世界へ導入することに貢献。セルジューク朝の宮廷詩人アンヴァリー没。
- **1188** ラバトのモスク，セビーリャのモスク同様に世界一を目指して建設。ペルシア詩人ニザーミー『ライラーとマジュヌーン』（前イスラーム時代のアラブ恋愛物語を素材とした長編詩）。十字軍時代のシリアの文人・政治家ウサーマ・イブン・ムンキズ没，『回想録』。
- **1189** 第3回十字軍（〜92）。リチャード1世（獅子心王）即位。

1191	照明学の師と尊称される哲学者・スーフィー,スフラワルディー処刑,主著『照明哲学』。
1193	デリー南郊にインド最古の大モスク,クトゥブ・モスク建設(〜98)。
1197	ハナフィー学派の法学者マルギーナーニー没,著書に『初学者の初歩』『ヒダーヤ』。
1197/8	マグリブ地方の著名なスーフィー聖者アブー・マドヤン没。
1198	アンダルスの哲学者・法学者・医学者イブン・ルシュド没,アリストテレスのほぼ全著作の注釈,『自己矛盾の自己矛盾』『聖法と叡知の関係を定める決定的議論』『ムジュタヒドの端緒』『医学大全』など。ラテン名アヴェロエスで,中世ユダヤ教・キリスト教にも大きな影響を与えた。
12世紀末	イラン,カーシャーンで陶工アブー・ターヒル活動。12世紀末から14世紀前半に一族が世襲陶器工房を営む。
12世紀後半〜13世紀前半	イランでミーナーイー陶器が作られる。
13世紀	イランで建築物の外装・内装の装飾としてモザイク・タイルが発達し,アナトリア,中央アジアにも広まる。
13世紀頃	マレー語表記のためのアラビア文字ジャウィの使用が始まる。
1200頃	中央アジアにナクシュバンディー教団興る。スーフィー聖者ムイーヌッディーン・チシュティー,インド亜大陸最初のスーフィー教団設立。
1201	ハンバル学派の法学者・歴史家・説教師イブン・ジャウズィー没,シーア派・ムウタズィラ学派などを批判した『悪魔の装い』,『純粋の資質』,歴史書『正しき秩序』,『間抜けと愚か者の話』など。
1202	クトゥブ・モスクのミナレット(クトゥブ・ミーナール)が完成(現存)。
1204	第4回十字軍,コンスタンティノープルを略奪。中世ユダヤ教の代表的哲学者・医者・法学者イブン・マイムーン,カイロで没(ラテン名マイモニデス),ユダヤ法典『ミシュネー・トーラー』,哲学書『迷える人びとの導き』など。
1209	イラン,ファールス地方の説教師・スーフィー,ルーズビハーン・バクリー・シーラーズィー没,著書に『シャタハート注解』『愛する者たちのジャスミン』。アシュアリー学派神学者・シャーフィイー学派法学者・啓典解釈学者ファフルッディーン・ラーズィー没,著書に百科全書的クルアーン注釈書『不可視界の鍵』など。
1209頃	物語文学の完成者とされるペルシアの詩人ニザーミー没,代表的5大長編叙事詩『五つの宝』(『神秘の宝庫』『フスラウとシーリーン』『ライラーとマジュヌーン』『7人像』『栄誉の書』『アレクサンドロスの書』)。
1217	アンダルスの旅行家イブン・ジュバイル没,マッカ巡礼旅行記の傑作『旅路での出来事に関する情報覚書』。
1220	クブラヴィー教団の名祖ナジュムッディーン・クブラー没,著書に『10の原則』。
1221	ホラーサーン派神秘主義の詩人ファリードゥッディーン・アッタール没(29/30説も),著書に『神の書』『鳥の言葉』『神秘の書』『災いの書』『聖者列伝』。
1223	ハンバル学派法学者イブン・クダーマ没,代表作『満足させるもの』。
1228/9	中央アナトリアのディヴリイに大モスク建造。
1231	アイユーブ朝期の学者アブドゥッラティーフ・バグダーディー没,哲学・医学など諸学の大小173の著作を遺した。主著『エジプトの地での見聞と目撃事における有益と教訓』はラテン語などに訳された。
1233	シャーフィイー学派法学者・神学者アーミディー没,主著に『思考の新機軸』『法源

学の大成』。歴史家イブン・アスィール没，世界史『完史』，ザンギー朝史『アタベク王朝における輝かしき歴史』など。

- 1234 アッバース朝カリフ，ムスタンスィルによってムスタンスィリーヤ学院が建てられた。単一の法学派のためのマドラサではなく，スンナ派4法学派すべてが教えられた初めての学院。スフラワルディー教団の名祖の一人で，スンナ派スーフィズムの理論の体系化とタリーカ形成に寄与したシハーブッディーン・スフラワルディー没，主著『真知の美質』。
- 1235 スーフィー詩人・聖者イブン・ファーリド没，主著『旅の歌』『葡萄酒の歌』。
- 1237 中央アナトリアのカイセリに，モスク・墓廟・学院など主要な複合建築がセルジューク朝王族の女性によって寄進された。
- 1240 存在一性論，完全人間論を唱した「最大の師」，スーフィー思想家イブン・アラビー没，主著に『マッカ啓示』『叡智の台座』『欲望の解釈者』『魂の助言における聖霊』など。
- 1248 植物学者・薬物学者イブン・バイタール没，主著『薬事集成』。
- 1250頃 スワヒリの都市国家で石造モスク建設。
- 1253 鉱物書『宝石に関する思考の精華』のティーファシー没。
- 1254 アラビア語の『ミウラージュの書』がカスティーリャ語，さらにはラテン語とフランス語に重訳された（ダンテの『神曲』に影響があったとされる）。
- 1256 イランにモンゴルの後継国家イル・ハーン国成立（〜1353）。初代君主フラグ，アラムート山のイスマーイール派（いわゆる「暗殺者教団」＝ニザール派）の本拠地を陥落させる（〜57）。クブラヴィー教団のスーフィー，ナジュムッディーン・ラーズィー没，主著『しもべたちの核心への望楼』。
- 1258 フラグ率いるモンゴル軍，バグダードを破壊，アッバース朝滅亡。シャーズィリー教団の祖シャーズィリー没。
- 1262 シャーフィイー学派の法学者イッズッディーン・イブン・アブドゥッサラーム没，主著『大原則』。
- 1270頃 哲学者・スーフィー，イブン・サブイーン没，主著に『叡智者必修』。ベクタシー教団の名祖，後のイェニチェリ軍団の守護聖者ベクタシュ没。
- 1271 マルコ・ポーロ，アジア探訪（〜95）。
- 1272 コルドバ出身の啓典解釈学者・法学者・ハディース学者クルトゥビー没，主著に啓典解釈書『クルアーンの諸規定の集成』。
- 1273 グラナダでアルハンブラ宮殿完成。ペルシア最大の神秘主義詩人ルーミー没，『精神的マスナヴィー（神秘主義叙事詩集成）』『ルーミー語録』『七説話』。
- 1274 イブン・アラビーの思想を哲学的に体系化した存在一性論学派のスーフィー，クーナウィー没，主著『玄秘の鍵』。シーア派の代表的神学者・哲学者・数学者・天文学者ナスィールッディーン・トゥースィー没，著書に倫理学書『ナースィルの倫理学』『ムフタシャムの倫理学』，論理学書『学習の基礎』，神学書『神学綱要』，『イル・ハーン天文表』編纂。
- 1276 エジプトの代表的聖者，アフマディー教団の開祖アフマド・バダウィー没。
- 1277 シャーフィイー学派法学の大成者・ハディース学者ナワウィー没，主著に『学生の道』『学生の庭園』『義人の庭』『40のハディース選集』。シーア派法学の確立に貢献した12イマーム派の法学者ムハッキク・ヒッリー没，主著に『イスラーム法規』。

1282	人名辞典『貴顕たちの伝記』の著者イブン・ハッリカーン没。
1283	イル・ハーン朝前期の有力政治家ジュヴァイニー没，モンゴル帝国史『世界征服者の歴史』。イスラーム博物学の大成者カズウィーニー没，著書に『被造物の奇事と存在物の珍事』，地理辞典『諸国の遺跡と信者の情報』。
1285	マーリク学派の法学者カラーフィー没，主著に『区別』『ファトワーと判決の区別とカーディーとイマームの行為に関する明察』。
1286 頃	啓典解釈学・法学・神学などに傑出したバイダーウィー没，主著に啓典解釈書『啓示の光と解釈の秘密』。
1288	第 2 のイブン・スィーナーと呼ばれる医者・医書注釈者イブン・ナフィース没，血液循環説を提唱。この頃照明学派の哲学者シャフラズーリー没，著書に『象徴と比喩』『聖なる大樹』，哲学者列伝『魂の散策』。ドゥスーキー教団の祖イブラーヒーム・ドゥスーキー没（97 説あり）。
1289	神秘主義詩人イラーキー没，主著『閃光』。
1292 頃	教訓文学と恋愛抒情詩の巨匠サーディー没，ペルシア語のマスナヴィー詩形作品『果樹園』，ペルシア散文学の最高傑作『薔薇園』。
1294 頃	預言者讃歌の代表的作者ブースィーリー没。後に馬徳新が漢訳（『天方詩経』）。
1295	イル・ハーン国のガーザーン・ハーン，イスラームに改宗。アチェ（スマトラ島）のスルタン，東インド諸島に広がりつつあったイスラームに改宗。
1298	アッバース朝の能書家ヤークート・ムスタアスィミー没，6 書体を洗練させ，ペン（筆）の改良をおこなった。彼の功績により，アッバース朝末期のバグダードは書道の最大の中心地となった。
1300	陶工一族出身のイル・ハーン朝の宮廷歴史家アブー・カースィム・カーシャーニー，鉱物・宝石・香水に関する論文「貴石の花嫁と喜びの宝石」（～01），後の著作に『オルジェイトゥ史』。
14 世紀	ペルシア写本絵画の様式を確立したアフマド・ムーサーの活動（生没年不詳）。
1300 頃	オスマン朝成立（～1922）。
1300 年前後	マムルーク朝の金属工芸職人ムハンマド・イブン・ザイン活躍（ルーヴル美術館所蔵の金銀象嵌真鍮製作品「聖王ルイの洗礼盤」）。
1301	元朝の天文学者ジャマールッディーン没。
1309	シャーズィリー教団第 3 代団長イブン・アターウッラー没，主著『箴言集』。
1310	ハナフィー学派の法学者・神学者・啓典解釈学者ナサフィー没，主著『法源学における灯台の書』『十全の書』『詳細の宝物』『啓示の認知と解釈の真髄』。
1311	イル・ハーン朝の学者クトゥブッディーン・シーラーズィー没（16 説あり），ペルシア語の最初の哲学全書『冠の真珠』。
1311/2	アラビア語辞典『リサーン・アル＝アラブ』の編者イブン・マンズール没。
1312	メヴレヴィー教団の実質的創始者スルタン・ヴェレト没。
1318	イル・ハーン朝の政治家・医師ラシードゥッディーン没，ペルシア語の世界史『集史』や種々の神学著作がラシード著作全集にまとめられる。
1320/1	アゼルバイジャンの神秘主義者シャビスタリー没（39/40 説あり），主著『神秘の花園』，散文『確信の真理』『真理を知る者たちの鏡』，詩『至福の書』。
1321 頃	トルコの民衆詩人ユヌス・エムレ没，ペルシア語の詩作の潮流に対しアナトリア方言のトルコ語で詩作をおこない，後のトルコ文学に影響を与えた。

1324〜	マリ帝国の王マンサ・ムサ，マッカ巡礼をおこない，エジプトやモロッコから著名な学者，芸術家，建築家を招聘し，西アフリカにイスラーム文化を広めるのに貢献．
1325	イブン・バットゥータ，大旅行を開始．12イマーム派教学に大きな影響を残した12イマーム派の学者アッラーマ・ヒッリー没．中世インド最大のペルシア語詩人アミーレ・フスラウ没，『マジュヌーンとライラー』．
1326	ハンバル学派のイスラーム学者イブン・タイミーヤ獄死，著書『論理学者たちへの反論』『スンナの道』『シャリーアに則る政治』『イスラームにおけるヒスバ』など多数あり，現代まで大きな影響．
1329	存在一性論学派のスーフィー，アブドゥッラザーク・カーシャーニー没，著書『叡智の台座注釈』『スーフィー用語事典』．
1333	マムルーク朝前期のエジプトの歴史家・百科事典著者ヌワイリー没，百科事典『文芸諸術における目的の達成』．シャーフィイー学派法学者・政治理論家イブン・ジャマーア没，主著『イスラームの民の統治のための法規定の吟味』．
1335	この頃の『シャー・ナーメ』が現存（ペルシアの装飾写本の好例）．
1347	ペスト（黒死病），バグダード，コンスタンティノープルに到達．
1350	ハンバル学派法学者・カーディリー教団スーフィー，イブン・カイイム・ジャウズィーヤ没，著書に『署名者たちの名士』『修行者の階梯』『来世への糧食』『預言者の医学』『霊魂』など．
1356	カイロでスルターン・ハサン・マドラサの建設が始まる．スンナ派神学を発展させた神学者イージー没，主著『神学教程』．
1365	哲学者・論理学者クトゥブッディーン・ラーズィー没，イランにおけるイブン・スィーナー哲学の伝統形成に大きな役割を果たした．主著『ファフルッディーン・ラーズィーとナスィールッディーン・トゥースィーの注釈に対する裁決』．マーリク学派の法学者ハリール・イブン・イスハーク没（67説，74説あり），主著『提要』．
1367	イエメン出身のシャーフィイー学派の法学者・歴史家・スーフィー，ヤーフィイー没，年代記『心の鑑と覚醒の教訓』．シャーフィイー学派法学者・文法学者イブン・アキール没，主著『解説』．
1368/9	イスラーム世界のほぼ全域を遍歴した大旅行家イブン・バットゥータ没（77説あり），旅行記『都会の新奇さと旅路の異聞に興味をもつ人々への贈り物』．
1370	ティムール朝成立（〜1507）．最古のなぞなぞ集『なぞなぞの書』を著したスブキー没．
1372	ダミーリーの『動物の書』（動物に関する百科事典的著作）．
1373	歴史家・ハディース学者・啓典解釈学者イブン・カスィール没，歴史書『初めと終り』『完成の書』，解釈の根拠をクルアーンとハディースに限定した『クルアーン解釈』．
1385頃	シーア派思想とスーフィズムの融合をはかった思想家ハイダル・アームリー没，主著『諸神秘の綜合と諸光の源泉』．
1388	マーリク学派の法学者シャーティビー没，法源学の著作『調和』．
1389/90	ティムール朝時代の著名な学者タフターザーニー没，主著『ナサフィーの信条注釈』『神学の目的注釈』．
1390頃	ペルシア詩人シャムスッディーン・ハーフィズ没，恋愛抒情詩と神秘主義抒情詩を融合させ，ガザルを完成の極に導いた．

1392	ザルカシー没，クルアーン学の古典『クルアーン学の明証』。
1394	グノーシス的・カバラ的傾向のフルーフィー教団を創始したファドルッラー・アスタラーバーディー没。
1397	ティムール，アフマド・ヤサヴィー廟をカザフ草原に建立。
1397/8	ハルワティー教団の名祖ウマル・ハルワティー没。
15〜16世紀	ワリ・ソンゴ（九聖人），ジャワのイスラーム化に貢献。
1401	ティムール，バグダードを破壊。マーリク学派の法学者イブン・アラファ没，韻文の法学概要『裁判官への贈り物』。
1402	アンカラの戦いで，ティムールがオスマン軍を破る。オスマン朝，空位時代に。
1405	ティムールがサマルカンドで壮麗な宮殿グーリ・アミール，ビービー・ハーヌム・モスク建設。明の鄭和（ムスリム司令官）が率いる船団，インド洋方面への7度にわたる航海（〜33）。
1406	歴史家・思想家・政治家イブン・ハルドゥーン没，『歴史序説』は文明の興亡の法則を解明しようとした初めての試みといわれ，後世に大きな影響を与えた。「社会学の父」とも言われる。
1413	ティムール朝の哲学者・科学者・神秘思想家ジュルジャーニー没，主著『神学教程注釈』，術語集『定義集』。
1415	アラビア語辞典『カームース・ムヒート』の編者フィールーザーバーディー没。
1416	ムスリムとキリスト教徒の融和を説いたオスマン朝時代の法学者・スーフィー，シェイフ・ベドレッティン・スィマーヴィー没（20説もあり）。
1418	マムルーク朝期エジプトの文人・法学者カルカシャンディー没，書記手引書集成『夜盲の黎明』，古典的カリフ論の集成など。
1422	インド亜大陸に神秘主義の本格的導入を果たしたチシュティー教団のスーフィー，ギースーダラーズ没，主著『神秘の語らい』。
1428頃	完全人間論で知られるスーフィー思想家ジーリー没。
1429/30	バイラミー教団の名祖ハジュ・バイラム没。教団はアナトリアで広がった。
1430	キルワ（現タンザニア）のスルタン，大建設計画開始。ティムール朝の歴史家ハーフィズィ・アブルー没，著書『集史続編』『シャーミー著「勝利の書」続編』『歴史書集成』。
1430/1	ニーマトゥッラーヒー教団の名祖ニーマトゥッラー・ヴァリー没。
1436	イエメンの法学者・伝承学者ワズィール・ムハンマド没，主著に『防御と破壊』『懐柔』『真理の優先』。
1439	ローマ法王庁の秘書官ブラッチョリーニがコンティのアジア旅行を記録。
1442	マムルーク朝期の歴史家マクリーズィー没，年代記『道程』，『エジプト地誌』，経済論『ウンマの救済』。
1443	アフガニスタンのヘラートに大図書館造営。
1445	ムラカ王国でムザッファル・シャー即位し，マレー半島のイスラーム化が本格化。
1449	ティムール朝第4代君主ウルグ・ベク没，学芸君主として『ウルグ・ベク天文表』編著，歴史書『チンギス家の4ウルス』。
1450頃	東インド諸島の大半にイスラムが広がる。
1453	オスマン朝メフメト2世，コンスタンティノープル征服。ビザンツ帝国滅亡。同年以降イスタンブルのハギア・ソフィア，モスクに改造。

15世紀後半	イスタンブルにトプカプ宮殿建設。
1458	スペイン出身のキリスト教聖職者・神学者セゴビアのホワン没，クルアーンのラテン語・カスティーリャ語訳。
1464	ヌールバフシー教団の名祖ヌールバフシュ没，著書『導きの書簡』『信仰箇条の書簡』。
1474	ティムール朝ウルグ・ベク下の天文学研究の中心となった天文学者・数学者アリー・クシュチ没。
1484以降	オスマン朝の初期年代記の著者アーシュク・パシャザーデ没。
1485	ヨーガの影響を受けたシャッターリー教団の名祖アブドゥッラー・シャッターリー没。
1490	中央アジアで活動したナクシュバンディー教団のスーフィー，ホージャ・アフラール没，オスマン朝支配下の諸地域，インド，東トルキスタンへナクシュバンディー教団が伝わる端緒を開いた。
1492	グラナダが陥落し，ナスル朝滅亡。レコンキスタ（再征服運動）が終わり，イベリア半島のイスラーム時代が終了。ペルシアの詩人・スーフィー・学者ジャーミー没，マスナヴィー7部作『七つの王座』，『春の園』，神秘主義聖者列伝『親父の息吹』。
1493	オスマン帝国にヘブライ文字の印刷所開かれる。
1498	ヴァスコ・ダ・ガマ，喜望峰を通過し，イブン・マージドの手引きでインドに到達。
16世紀	オスマン朝の「魯蜜銃」，明に伝わる。
16〜17世紀	アラビア語のトンブクトゥ年代記書かれる。
1500頃	インド洋の水先案内人イブン・マージド没，著書に航海百科『航海学の原理と基礎に関する有益な事柄』。
1501	サファヴィー教団を基盤として，イランでイスマーイール1世即位，サファヴィー朝成立（〜1736）。まもなく，サファヴィー朝絵画の頂点をきわめた画家スルターン・ムハンマドが活躍。チャガタイ・トルコ文学の確立者ナヴァーイー没，韻文作品『意味の宝庫』『五部作』『鳥の言葉』，散文作品『高貴なる者たちの集い』『二つの言語の裁定』『心魂より愛される者たち』『ナヴァーイー書簡集』。
1502	イタリア人ルドヴィコ・ディ・ヴァルセマ，アラブ人に扮してアラビア半島来訪。カンティーノによってインド全体の正確な地図が刊行される。
1503	マグリブの法学者マギーリー没（06説あり），19世紀の西スーダーンの一連のジハード運動に理論的根拠を与える。
1505	百科全書的な大学者スユーティー没，クルアーン学の古典『クルアーン学大全』，ハディース集成『大集成』，歴史書『カリフたちの歴史』『講話の美質』，師と共著の『ジャラーラーンの啓典解釈書』。
1507	ヌールバフシー教団のスーフィー，ペルシア語詩人ラーヒージー没，主著『奇蹟を解き明かす鍵』。
1518	ヒンドゥー教とイスラームを統合し，独自の一神教を唱えたインドの宗教家・詩人カビール没，弟子によって『ビージャク』が編まれる。
1519	マガリャンイス（マゼラン），世界周航（〜22）。
1520	スレイマン1世即位（〜66）。「カーヌーニー（立法者）」と呼ばれる。
1526	バーブル，デリーを占領，ムガル朝成立。
1529	オスマン朝の第1次ウィーン包囲。

1530	ムガル朝の創始者バーブル没，トルコ散文の傑作である回想録『バーブル・ナーマ』を残す。
1535/6	ティムール朝，サファヴィー朝で活躍し高名を馳せたミニアチュール画家ビフザード没，「ヨセフを誘惑するズライカー」の図など。
1536	中央アジア，ブハラに最大規模のミーリ・アラブ・マドラサ完成。
1537	ヴェネチアでアラビア語クルアーン印刷（～38）。
1539	イランで「アルダビール絨毯」制作（ヴィクトリア・アンド・アルバート美術館蔵）。
1540頃	シャー・タフマースブのためにニザーミー著『ハムサ』写本が制作される（預言者ムハンマド昇天の旅の挿絵が有名）。
1542/3	中央アジアのナクシュバンディー教団の指導者マフドゥーミ・アーザム没。
1543	バーゼルでプロテスタントの神学者ビーブリアンダーによって1143年のクルアーンのラテン語訳の印刷。
1544	ムガル朝第2代皇帝フマーユーンがイラン亡命。後の帰国によって，イランの画家たちがインドに到来し，ムガル朝絵画の起源となる。
1545	カザン戦争（～52）。後にテュルク語英雄叙事詩『チョラ・バトゥル』が作られる。
1547	クルアーンの最初のイタリア語訳（最初の近代ヨーロッパ語訳）。
1549	オスマン朝ウラマーの基本法学書『海の交点』を著したハナフィー学派法学者イブラヒム・ハレビー没。
16世紀後半	サファヴィー朝の年代記作者・文筆家カーズィー・アフマドの活動。歴史書『歴史の精華』，書家や画家の列伝『文化の花園』。
1554頃	アラブ人の地理学者・旅行家レオ・アフリカヌス没，1520年頃，奴隷としてローマに送られ，教皇レオ10世に厚遇される。見聞記がイタリアで出版（『アフリカ誌』）。世界地図，地中海航海案内書を作成したオスマン朝海軍指揮官ピーリー・レイス処刑。
1556	ムガル朝のアクバル大帝即位（～1605），領土を拡大，宗教寛容策でヒンドゥー・イスラーム間の協調を推進。オスマン朝にヤークート・ムスタアスィミー流書法を再生させた書道家カラーヒサーリー没。オスマン朝の宮廷画家シャー・クル没。オスマン朝期の詩人フズーリー没，代表作『ライラーとマジュヌーン』。
1557	イスタンブルにオスマン建築の最高傑作の一つ，スレイマニィェ・モスク完成。大ドームは内径27メートル，高さ52メートルに達する。
1564	オスマン朝の学者・文人・武道家マトラクチュ・ナスーフ没，数学書や歴史書を著し，画家・能書家・棒術の達人。サファヴィー朝の書家ドゥースト・ムハンマド没。
1565	エジプトのスーフィー，学者シャアラーニー没，著書にスーフィー・ウラマーの列伝，『最も大いなる天秤』『赤硫黄』など。
1567	シャーフィイー学派法学者イブン・ハジャル・ハイタミー没，主著『必要とする者への贈り物』『大ファトワー集』。
1572	ムガル朝期の墓廟建築の傑作フマーユーン廟完成。詩人・画家としても活躍したオスマン朝の海軍士官ニギャーリー没。
1585	サファヴィー朝のシーア派法学者・神学者ムハッキク・アルダビーリー没，主著『法源学解釈の精髄』『シーアの花園』。
1588	オスマン朝独特のモスク様式を完成させた建築家・構造技術者であったスィナン没。

	代表作スレイマニィェ・モスク，セリミィェ・モスクのほか，商業施設や橋などの公共施設も多く建設した。
1592	ザイド派のイマーム，イエメン支配回復（～1962）。
1596	ボスニア出身のウラマー，著述家のアクヒサーリー，政治論『世界の秩序における統治の方法』。
1598	サファヴィー朝，イスファハーンに遷都（16世紀末～17世紀初めに，王の広場建設）。アンソニーとロバート・シャーリーがペルシアを訪れ，シャー・アッバースに謁見。
16世紀末～	イスタンブルでカラギョズ（影絵芝居）流行。
17世紀初頭	ムラカ王国の歴史物語『スジャラ・ムラユ』の現存する最古の版。
17世紀前半	ムガル朝のペルシア人画家アーカー・イザー，ホラーサーン派の絵画様式と西洋画の技法，ムガル絵画を融合。
17世紀以降	サファヴィー朝やオスマン朝で能書家や画家の作品集としての観賞用ムラッカー（書画断片集，アルバム）が流行。
1600	ペルシア文学の影響を脱したオスマン古典詩の完成者バーキー没，主著『詩集』。同年頃，ジャワにおけるスーフィズムの浸透を促進したスーフィー，ハムザ・ファンスーリー没。
1602	歴史書『アクバル・ナーマ』のアブルファズル没。
1611	イラン・イスラーム建築の傑作「王のモスク」，イスファハーンに建設（～30頃）。
1615	サファヴィー朝の代表的書家ミール・イマード暗殺，ナスターリーク体の名手。
1616	クルアーンの最初のドイツ語訳。
1617	イスタンブルに古典様式建築の最後の作品スルタン・アフメト・モスク完成。
1622	シーア法学アフバール学派の完成者ムハンマド・アミーン・アスタラーバーディー，『マディーナの恩恵』。
1624	ムガル期の北インドのスーフィー，スィルヒンディー没，イスラームの革新とスンナの復興を唱えた。
1631	サファヴィー朝期の哲学者，イスファハーン学派を代表するミール・ダーマード没，主著『カバサート』。
1634	サファヴィー朝の書記・年代記作者イスカンダル・ムンシー没，年代記『世界を飾るアッバースの歴史』『続編』。
1635頃	後期サファヴィー朝の代表的画家リザー・アッバースィー没。
1640	12イマーム派の神秘主義哲学の代表者ムッラー・サドラー没，超越的哲学（ヒクマ・ムタアーリヤ）を構想。主著『知性の四つの旅に関する超越的哲学』『存在認識の道』。
1641	クルアーンの最初のオランダ語訳（ドイツ語からの重訳）。
1647	イスファハーンに宮殿チェヘル・ソトゥーン建設。エジプト駐在のフランスの代理公使アンドレ・デュ・リュア，クルアーンの最初の仏訳刊行。翌々年，ロスによって英語に重訳（最初の英訳）。同年頃，サーディク・イスファハーニーの『インド地図』。
1649	シャー・ジャハーンの新首都完成（今日のオールド・デリー）。
1650	シャージャハナーバード金曜モスク，デリーに建立（～56）。
1654	アーグラーに皇帝シャー・ジャハーンの愛后を葬る墓建築タージ・マハル完成。
1655	教皇アレクサンドル7世即位（～67），在位中に，クルアーンの出版・翻訳を禁止。

1656	天蓋墓形式の墓廟の傑作ゴル・グンバッズ，ビジャプール（インド）に建立。
1657	オスマン朝最高の百科全書的知識人・著述家キャーティプ・チェレビー没，オスマン朝における科学思想の西洋化の先駆。文献解題提要『書籍と諸学の名称に関する諸見解の開示』，年代記『要綱』，地理書『世界鏡』。同年頃，中国イスラームの父，王岱興没，『正教真詮』『清真大学』『希真正答』。
1658	ムガル朝アウラングゼーブ即位（～1707），治世中，帝国最大版図に。インド出身のアチェのイスラーム学者ラーニーリー没，マレー・イスラーム世界の知的興隆，特に東南アジアにおけるマレー語文献の普及にも貢献。
1659	ムガル朝皇帝シャー・ジャハーンの子ダーラー・シコー刑死，文人として『ウパニシャッド』『バガヴァッドギーター』のペルシア語訳事業の監修，ヒンドゥー教の諸概念をスーフィズムの立場から比較・解説した主著『マジュマア・アル＝バフライン』。
1660 頃	グジャラート人，今日知られている最初期のインド海図作成。
1663	チャガタイ語で歴史書を著したヒヴァ・ハーン国君主アブル・ガーズィー没，『トゥルクマーン族の系譜』『トルコ族の系譜』。
1664/8	モロッコにアラウィー朝成立（～現在）。
1671	パレスチナの在野の法学者ラムリー没，主著『創造物の益のためのよきファトワーの書』。
1672	オスマン朝，最大版図に。
1683	オスマン朝，第 2 次ウィーン包囲，失敗。
1684	オスマン朝の旅行家エヴリヤ・チェレビー没，帝国の内外の『旅行記』を残す。
1693	アチェ王国のスーフィー，イスラーム学者アブドゥル・ラウフ・シンケル没，インドネシアにシャッターリー教団を伝え，西スマトラ，ジャワ，マレー半島にまで影響を与えた。
1694	ハンブルグで牧師ヒンケルマンがクルアーンのアラビア語テキストを刊行。
1696	シーア法学の伝承集『シーアの手段』の編者フッル・アーミリー没，著書に伝記『希望する者の希望』，『光輝ある真珠』『学識者の記録』など。
1698	オマーン人が東アフリカのモンバサを攻略。イタリア人神父ロドヴィーコ・マッラッチ，クルアーンのアラビア語テキストとラテン語訳を刊行（教皇インノケンティウス 11 世の保護）。
1699	サファヴィー朝後期の有力法学者マジュリスィー没（1700 説あり），シーア派教学の百科全書と呼ばれる大ハディース集『光の大洋』を編纂，イランにおける 12 イマーム派の普及に最も貢献。南スラウェシのスーフィー，ユスフ・マカッサル没，ナクシュバンディー教団などのタリーカをインドネシアに伝えた。
17 世紀末	サファヴィー朝でイスラーム知識人の最高位「ムッラーバーシー」が設けられる。
1700/1 頃	サファヴィー朝後期の画家ムハンマド・ザマーン没，フランドル絵画をモデルに陰影法や遠近法などを習得し，インドのムガル朝絵画の影響も受け，サファヴィー朝後期の独自の様式を完成させた。おそらくこの頃ムガル朝の軍事地図の作製が始まる。
1704	アントワーヌ・ガラン，『千夜一夜物語』をフランス語訳。
1707	アウラングゼーブ没，ムガル朝衰退の予兆も。
1711	中央アジアのスーフィー詩人マシュラブ処刑，『マシュラブ詩集』。この頃，中国イス

	ラーム哲学思想の基礎を築いた回儒の馬注没，主著『清真指南』。
1712	オスマン朝の宮廷詩人ナービー没，著書に教訓詩『ハイルの書』，『カマニチェ遠征誌』，宮廷儀礼解説書『儀典書』。日本最初の図説百科事典『和漢三才図会』，波斯，大食，マッカ，マディーナ，バグダード，アストロラーブ，駱駝などに関する記述がある。
1713	新井白石，『采覧異言』および翌々年の『西洋紀聞』でイスラーム地誌に言及。ペルシアに関する百科全書的見聞録を著したユグノーの宝石商シャルダン没。
1716	オスマン朝の宮廷史家ナイーマー没，『東西情報の要約におけるヒュセインの楽園』。ペルシアや日本を訪れた北ドイツ出身の医者・博物学者・旅行家ケンペル没，著書『異国の魅力』『日本誌』。
1719頃	中央アジアのスーフィー詩人アッラーヤール没，『心弱き者たちの礎』。
1721	インドの神秘主義詩人ビーディル没，『四つの要素』『論点』。
1722	アフガン人が首都イスファハーンを占領し，サファヴィー朝崩壊(〜36)。
1724	イスラーム世界の地理に言及した江戸中期の天文学者・地理学者西川如見没，主著『増補華夷通商考』。
1729	オスマン朝で初めてのアラビア文字によるトルコ語印刷所がイブラヒム・ミュテフェッリカによってイスタンブルに設立。
1730	オスマン朝のチューリップ時代を代表する詩人ネディーム殺害。
1731	西方アンダルス系と東方アナトリア系の神秘思想の総合を試みたダマスカス生まれの文人・神秘思想家ナーブルスィー没，夢判断の書『夢判断における人間への影響』も有名。
1732	オスマン帝国の宮廷画家レヴニー没，代表作『祝典の書』『系譜の書』。伝統的な宮廷画壇に新風をもたらした。
1734	イギリス人弁護士ジョージ・セールのクルアーンの英訳出版(アラビア語からの直訳)。
1744/5	イスラーム改革のワッハーブ運動がアラビア半島で始まる。
1745頃	清代のイスラーム学者(回儒)劉智没，『天方性理』『天方典礼』『天方至聖実録』『五功釈義』『真境昭微』。
1759	清朝，東トルキスタンの征服を完了。
1762	南アジアのイスラーム思想家・啓典解釈学者・ハディース学者・法学者・スーフィー，シャー・ワリーウッラー没，主著『究極の神の明証』。
1769	イエメンの伝承学者・ムジュタヒド，サヌアーニー没，著書に『平安への道』。
1775	ヒジャーズ地方でサンマーニー教団を興したムハンマド・イブン・アブドゥルカリーム没，同教団は，エジプト，スーダン，スマトラなどに広がった。
1776	オスマン朝で最初の洋式学校，海軍技術学校が設立される。
1781	ウルドゥー語詩人・ナクシュバンディー教団のスーフィー，マズハル・ジャーネ・ジャーナーン暗殺。ウルドゥー語大詩人サウダー没。中国のジャフリーヤの創伝者，馬明心殺害。
1784	カルカッタ(現コルカタ)に，東洋学の研究機関ベンガル・アジア協会設立，『アジア研究』(88〜)『アジア協会雑誌』(1832〜)。
1785	ウルドゥー語神秘主義詩人ダルド没。
1788	ロシア帝国でエカチェリーナ2世の命により，帝国内のムスリム聖職者を統括する公

	的組織，ムスリム聖職者協議会創設。
1791	ウスール学派を12イマーム派の主流として確立させた法学者ビフバハーニー没（93説などもあり）。
1793	オスマン朝で洋式の陸軍技術学校。ラフマーニー教団の名祖アブドゥッラフマーン・グシュトゥリー没。
1795	フランスでアラビア語，ペルシア語，トルコ語の教育をおこなう東洋語学校設立（後に国立東洋言語文明研究所）。
1796	イランにカージャール朝成立（～1925）。
1798	ボナパルト（ナポレオン）がエジプト占領。シーア派の大学者バフルルウルーム・タバータバーイー没。
1799	オスマン朝の神秘主義詩人ガーリプ・デデ没，代表作『ヒュスンとアーシュク』。
1802	ウルドゥー語散文家ミール・アンマン，ペルシア語作品『4人の托鉢僧の物語』をウルドゥー語作品『園と春』に翻案。ウルドゥー語初期散文作品の白眉。
1804	インド出身のイラン人アブーターレブ・ハーン『ターレブの旅路』。山村昌永が新井白石の『采覧異言』を増補訂正した『訂正増訳采覧異言』を幕府に献上。
1805	ムハンマド・アリー，エジプト総督となり，ムハンマド・アリー朝（～1953）。
1809	ナポレオンのエジプト遠征に同行した学術団による研究・調査結果として『エジプト誌』刊行（～22）。
1810	18世紀最大のガゼル詩人とされるウルドゥー語詩人のミール・タキー・ミール没，詩集のほかに詩人列伝『詩人たちの美点』，ペルシア語の自叙伝『ミールによる思い出』。
1812	ヴォルガ-ウラル地方におけるイスラーム改革思想の先駆者クルサヴィー没，クルアーンのタタール語訳注を試行。ブルクハルト，古代のアラブ人王国ナバテアの首都ペトラ（現ヨルダン）を発見。
1813	英支配下インドのヒンドゥー知識人ラームモーハン・ローイ『一神教信者への贈物』。
1814	ブルクハルト，マッカ来訪。
1815	ティジャーニー教団の名祖ティジャーニー没。
1816	西欧で発明・改良された石版印刷術がオスマン領イラクに伝わる。シーア派法源学の権威ミールザー・コンミー没，『諸法則』。
1818	サドレア，ヨーロッパ人で最初にアラビア半島縦断。
1821	カイロ郊外にアラブ圏で最初のムスリムの印刷所，ブーラーク印刷所開設。
1822	東洋学研究の発展を目的とするフランス・アジア協会設立，会誌『アジア雑誌』。
1823	イギリスの王立アジア協会設立，会誌『王立アジア協会会誌』。北アフリカでシャーズィリー教団を再活性化させたダルカーウィー教団の名祖ムハンマド・アラビー・ダルカーウィー没。
1824	英国外交官J・モーリアの小説『ハジババの冒険』刊行。
1825	エジプトの歴史家ジャバルティー没，代表作『伝記と歴史における業績の驚くべきこと』。
1826	12イマーム派の分派シャイヒー派の創始者アフサーイー没。
1827	オスマン朝で，洋式の軍医学校（34には陸軍士官学校も）。ナクシュバンディー教団の支教団ハーリディー教団の名祖ハーリド・バグダーディー没。

1829/30	シーア派の法学権威，神智学のナラーキー没，主著『共同体の剣』『幸福の梯子』『詩集』『現代の慣習』。
1831	オスマン朝，カトリック・ミッレトの創設承認。オスマン朝で最初の本格的な新聞，公報『諸事暦』刊行。ムガル朝崩壊期の改革派ウラマー，スーフィー，サイイド・アフマド・バレールヴィー没，著書に『正しき道』。後の南アジアのイスラームにも大きな影響。
1832	北スーダンのマジュズービー教団の改革者ムハンマド・マジュズーブ（小ムハンマド）没。
1834	イエメンの革新的な法学者シャウカーニー没，主著『昇る満月』『導きの書』『怒濤』。フリューゲル版アラビア語クルアーン刊行。以後最も広く西洋の学者に使われる。
1834/5	エジプトの啓蒙思想家タフターウィー，アラブ人による最初のヨーロッパ滞在記『パリ要約のための黄金の精錬』刊行。
1836	レイン著『現代エジプト人の風俗習慣』刊行（後に，39〜41『千夜一夜物語』をアラビア語原典から英語抄訳，63『アラビア語・英語辞典』の刊行開始）。ハナフィー学派法学者イブン・アービディーン没，『迷える者の返答』。
1837	モロッコの改革主義ウラマー，スーフィー，イブン・イドリース没。弟子のムハンマド・サヌースィーが，マッカでサヌースィー教団設立（後にリビアに広まる）。ソコト・カリフ国の建国者ウスマン・ダン・フォディオの息子ムハンマド・ベロ没，ソコトのジハード史を著述。
1838	フランスの東洋学者サスィ没。
1841	イギリスの批評家・歴史家カーライル『英雄崇拝論』刊行。西洋の預言者ムハンマド像に決定的な変化を与える（1911にはアラブ世界でも翻訳され，日本ではカーライル流行を背景に多くのムハンマド伝が刊行）。
1842	コーカンドの文芸復興に貢献した詩人ナーディラ殺害。
1844	東洋学の学会，ドイツ東方協会設立，雑誌『ドイツ東方協会雑誌』。
1846	オスマン朝文書館の原型，文書庫開設。
1848	イスタンブルにオスマン帝国劇場。この頃，モロッコにカッターニー教団創設。
1851	イラン最初の近代的高等教育機関ダール・アル＝フォヌーン創設。
1852	スーダンのハトミー教団の開祖ムハンマド・ウスマーン・ミールガニー没。イランで，バーブ教の女性活動家・詩人コッラトルエイン処刑。
1853	リチャード・バートン，アラブ人に変装しマッカ，マディーナに潜入。
1854	バグダード出身の法学者・啓典解釈学者アールースィー没，主著『意味の真髄』。ムラカ（マラッカ）の語学教師・書記・通訳アブドゥッラー・ムンシー没，主著『アブドゥッラー航海記』『アブドゥッラー物語』。
1858	ムガル朝最後の皇帝バハードゥル・シャー2世，イギリスによって退位，追放。南アジアにおけるイスラーム王朝の終焉。
1860	テオドア・ネルデケ『コーランの歴史』刊行。啓示の過程を時系列的に再構成することを試みた。
1862	福沢諭吉，第2回幕末遣外使節として渡欧途中にエジプトを通過。後に著書『掌中万国一覧』『世界国尽』などでアラビア，タタール，トルコ，イランなどに言及。
1862	カザンで戦闘的なイスラーム神秘主義教団ヴァイソフ神軍誕生（タタール語で「祈願による救済軍団」）。

1864　12イマーム派法源学の精緻化をおこなった法学者モルタザー・アンサーリー没,『商いの書』『法源学の宝石』。

1865　カザフスタンの民族学者・地理学者・歴史学者・旅行家ワリハノフ没。ドストエフスキーとも親交があった。

1866　米国のプロテスタント長老派の伝道団が私立大学,シリア・プロテスタント専修学校を設立(1920年にベイルート・アメリカン大学に改称)。

1867　北インドのデーオバンドに改革派ウラマーのマドラサ,デーオバンド学院設立。

1868　オスマン語の新聞『ヒュッリイェト(自由)』創刊。モーリタニアのイスラーム学者,カーディリー教団長のスィーディーヤ・カビール没。エジプトのお雇いフランス人医師クロット没,著書『エジプト概観』。

1869　「(第3代カリフ)ウスマーンのクルアーン」が,サマルカンドのホージャ・アフラール・モスクからサンクト・ペテルブルグの帝国公共図書館に持ち去られる(現在は返還されてタシュケントに)。インドのペルシア語・ウルドゥー語の大抒情詩人ガーリブ没,ウルドゥー語ガザル詩集『ディーワーネ・ガーリブ』。

1870　エジプトでヘディーヴ王立図書館創設(後に,世界最大規模のアラビア語蔵書を持つエジプト国立図書館ダール・アル＝クトゥブ)。

1871　イスラーム改革思想家アフガーニー,エジプト滞在(〜79),弟子を育成。カイロに教員養成学校ダール・アル＝ウルーム開設。アラブ文芸復興の先駆者ナースィーフ・ヤーズィジー没,近代アラビア語教育に貢献。息子のイブラーヒームは印刷用のアラビア語書体を作成。同じく近代教育の普及と文芸復興に貢献したブスターニー家は旧約聖書のアラビア語訳,アラビア語辞典『大海』,大百科事典『知識の輪』などの出版をおこなった。西洋文学や思想の紹介に貢献したトルコの啓蒙家・作家シナースィー没。岩倉使節団が欧米に派遣され(〜73),帰路イスラーム圏にも立ち寄った。

1873　オスマン朝からケープ植民地に派遣されたハナフィー学派の法学者アブー・バクル・エフェンディ,アフリカーンス語をアラビア文字表記した法学書『ハヤーヌッディーン』刊行。

1874　雲南回民起義の精神的指導者となった回儒哲学の最高峰,馬徳新処刑,代表作『宝命真経直解』『大化総帰』『四典要会』『朝覲途記』。

1875　エジプトの代表的日刊紙『アフラーム(ピラミッド)』創刊。北インドにサイイド・アフマド・ハーンによってアリーガル・カレッジ設立。日本で,アントワーヌ・ガランの『千夜一夜物語』を英訳から重訳。

1870年代後半　クリミア・タタールのイスラーム改革主義者ガスプラル・イスマイル,オスマン朝や中央アジアのムスリム地域におけるイスラーム学校のモデルとなる「新方式」の音声教育によるマドラサを開設。

1876　イスタンブルでペルシア語新聞『アフタル』創刊。英国の作家・旅行家ダウティがアラビア旅行(〜78)。オスマン朝第32代スルタン・アブデュルアズィズ没,歴代君主中初めて西欧諸国を歴訪。在位中に出版条例(65),出版臨時規定(67)により言論統制。日本人による最初のムハンマド伝『馬哈黙傳并付録』(林董訳述)。

1878　アフガーニー,『唯物論者への反駁』で古代ギリシア哲学からダーウィンに至る唯物論の系譜を批判。西欧の政治思想・諸科学の導入に努めた新オスマン人の啓蒙家アリ・スアヴィ処刑。アゼルバイジャン近代文学の祖アフンドザーデ没。ムッラー・サ

1864〜1897　473

	ドラーに連なるイスラーム哲学者サブザヴァーリー没（81説あり），『哲学詩註解』。
1881	イスマーイール派ニザール派のイラン最後のイマーム，マハッラーティー没。
1883	アフガーニーとフランスの文献学者・東洋学者のルナンとの論争。アブドゥルカーディル・ジャザーイリー没，イブン・アラビーのスーフィズム理論を解釈した『諸階梯の書』。
1884	アフガーニーとアブドゥ，パリで雑誌『固き絆』発行。
1885	スーダンのマフディー運動指導者ムハンマド・アフマド没，クルアーンとスンナの刷新者（ムジャッディド）を自認し，法学では独自のイジュティハードを試みた。
1886	セネガルでアマドゥ・バンバが民衆の信望を集め始め，やがてムリーディー教団を設立（現代に至るまで，多くの団員を集めている）。日本における中央アジア地域研究の先駆，西徳二郎著『中亜細亜紀事』刊行。
1887	アラブ文芸復興の代表的著述家シドヤーク没，散文『脚の上の脚』。
1888	ダウティ『アラビア砂漠旅行記』刊行。エジプトの国民裁判所開設などに尽力した法律家カドリー没，ワクフ・身分法関係の法文の収集・整理などもおこなった。新オスマン人の代表的啓蒙家ナームク・ケマル没，『ヒュッリイェト』紙主筆，小説『ジェズミー』，戯曲『祖国あるいはスィリストレ』。
1889	北インドでアフマド・グラーム救世主（マフディー）を名乗り，アフマディーヤ教団発足（スンナ派から生まれた異端的分派）。ジャディード運動の先駆者タタール人のウラマー・歴史家メルジャニー没，最初のタタール人民族史を著した。東海散士『埃及近世史』刊行（85〜97『佳人之奇遇』）。
1890	イランの近代改革思想家マルコム・ハーン，イギリスで新聞『カーヌーン（法）』を発行（〜99），イラン各地やイスタンブルで広く読まれる。汎トルコ主義の生成に貢献したナクシュバンディー教団長スレイマン・エフェンディ没，『チャガタイ語ーオスマン・トルコ語辞典』。
1891	最初のトルコ人トルコ学者アフメト・ヴェフィク・パシャ没，『オスマン語辞典』『トルコ語のことわざ』。ロシア・ムスリムの正教化に尽力した宣教師・東洋学者イリミンスキー没，『バーブル・ナーマ』の校訂。
1892	山田寅次郎，前々年のエルトゥールル号事件の弔慰金を持ってイスタンブルに渡る。日本とトルコの友好親善の礎を築いた。
1893	エジプトの行政官僚・歴史家アリー・ムバーラク没，主著『エジプト・ナイル管理についての覚書』『信仰の旗』『新編地誌』。
1894	国交樹立の可能性を探るためイラン，オスマン朝を訪問した吉田正春が『回疆探検波斯之旅』刊行。
1895	明治期の軍人，福島安正，エジプト，イラン，トルキスタン，インドなどを踏査（〜97）。その記録は『中央アジアよりアラビアへ』。オスマン帝国の政治家・思想家・歴史家・文学者ジェヴデト・パシャ没，正史『ジェヴデト史』，『覚書』。
1896	チュニスに近代教育促進のためのハルドゥーン協会設立。アーカー・ハーン・ケルマーニー没，『3通の書簡』『思考の叡智』。
1897	中東からの訪問者による最初の日本紀行『旅行記』がイランのサッハーフバーシーによって書かれる。ブハラのイスラーム学者・歴史家ダーニシュ没，政治・哲学評論『稀有の出来事』，歴史・政治論『リサーラあるいはマンギト朝簡史』。マッカに定住し，イスラームの政治・宗教思想の普及に貢献した西ジャワ出身のウラマー，ナワ

ウィー・バンテン没。

1898　ラシード・リダー，『マナール（灯台）』を刊行（〜1935）。「東はジャワ島から西はモロッコまで」流通し，イスラーム世界に広範な影響を与える。また，連載の『マナール啓典解釈』は現代における啓典解釈学の模範となった。

1899　エジプトの法律家カースィム・アミーンの『女性の解放』刊行。翌年には『新しい女性』。ともにアラブ・フェミニズムの古典。

19世紀末〜20世紀初頭　馬啓西，中国のイスラーム教派の一つ西道堂創設。

1900　政治学者，家永豊吉『西亜細亜旅行記』刊行。英のインド学者・官僚ハンター没，著書に『ベンガル農村年代記』『ベンガル地誌』『インド帝国地誌』『インド帝国』『インドのムスリム』。

1902　イスラーム復興の思想家・著述家カワーキビー没，『専制の性質』『マッカ会議』。エジプトの女性文学者・詩人アーイシャ・タイムーリーヤ没。新しいタタール文語の形成を目指したタタール人の啓蒙活動家・言語学者ナースィリー没，『タタール語—ロシア語辞典』『ロシア語—タタール語辞典』『タタール語辞典』を編纂。

1903　清朝へのジハードを否認した東トルキスタンの歴史家ムッラー・ムーサー，『平安の歴史』を完成（増補・改訂を経て08に『ハミードの歴史』と改題）。回民起義後の雲南ムスリム社会の復興に貢献した学者，馬聯元没，著書に『天方性理』のアラビア語訳『性理微言』，『天方性理阿文註解』，漢文のキリスト教批判『弁理明正録』。

1904　日露戦争（〜05）。エジプトの政治家ムスタファー・カーミル，日露戦争中にカイロでアラブ世界初の日本論『昇る太陽』を刊行。戦争後，日本の雑誌『世界』にも寄稿。エジプトの新古典派詩人ハーフィズ・イブラーヒームも「日本の乙女」を詠んだ。オスマン語の簡略化を推進した文学者・言語学者シャムセッディン・サーミー没。カザフスタンの知識人・詩人アバイ没，抒情詩「わが瞳よ」「風のない夜の明るい月」。インドネシアの「民族覚醒の母」カルティニ没。

1905　イラン・立憲革命（〜06）。イラン最初の映画館開設。イタリアの東洋学者カエターニの『イスラーム年代記』刊行（〜26。12〜18には『イスラーム編年史』）。

1905/6　カルカッタ（現コルカタ）でホセイン・アリー・タージェル・シーラーズィーがペルシア語叙事詩『ミカド・ナーメ（天皇の書）』を刊行。

1906　ファーリス・フーリー，カイロで叙事詩『戦争の諸事象』刊行。ティフリスでアゼルバイジャン語の週刊啓蒙雑誌『モッラー・ナスレッディン』創刊，平易な口語アゼルバイジャン語の発展に寄与。シンガポールでイスラーム改革主義のマレー語月刊誌『アル=イマーム』発刊。

1907　南満州鉄道株式会社の調査研究機関，満鉄調査部創設（39には大調査部。中国のイスラーム系少数民族や回民の研究もおこなった）。イギリスの文筆家・旅行家・政治家ブラント，『イギリスのエジプト占領秘史』などの「秘史」シリーズ出版（〜12）。

1908　オスマン朝末期の代表的なオスマン語週刊イスラーム総合雑誌『スラト・ミュスタキム』創刊。エジプトにエジプト大学設立（40にフアード1世大学，54にカイロ大学に改称）。ロシア領内のムスリム改革派知識人のタタール語の機関誌『シューラー』創刊（〜18）。初の現代ウルドゥー語短編小説，プレームチャンド著『愛国心』（翌年発禁処分）。

1909　山岡光太郎，日本人で初めてマッカ巡礼（〜10）。帰国後『アラビア縦断記』を出版。アウェイス・モハメド・バラウィ没，ソマリ語のアラビア文字表記を初めて試み，詩

集を発行。日本で亜細亜義会結成。

1910 現代トルコ語，トルコ文学の成立に貢献したトルコの雑誌『ゲンチ・カレムレル』創刊。仏支配下のセネガルでティジャーニー教団を再組織したアブドゥライ・ニアス，カオラックにザーウィヤを開く。息子イブラヒム・ニアスのもとでティジャーニー教団の学問センターに。ロシア，オスマン朝で活動したイラン人啓蒙作家ゼイノルアーベディーン・マラーゲイー没，主著『エブラーヒーム・ベイクの旅行記』。

1911 トルコ・ナショナリズムの生成・発展に寄与した雑誌『トルコ人の母国』創刊。アフガニスタンでイスラーム改革運動の啓蒙新聞『情報の灯』創刊（〜18）。12イマーム派の法源学の権威アーホンド・ホラーサーニー没，『法源学大全』。

1912 中部ジャワでイスラーム改革運動ムハマディヤ設立。インドでウルドゥー語週刊誌『アル＝ヒラール』刊行。トルコの啓蒙小説の確立・普及に貢献した文学者アフメト・ミドハト没。カージャール朝官僚ファラーハーニー没，巡礼記『旅行記』。

1913 トルコの軍人・政治家・戦史家ペルテヴ・パシャの『日露戦争の物心の教訓ならびに日本勝利の原因』（37には『日本人の底力』）。ベンガル文学のタゴール，ノーベル文学賞受賞。ライデンで『イスラーム百科事典』（第1版）刊行（〜36）。

1914 トルキスタンで最初の戯曲『父殺し』初演（ベフブーディー作）。ウルドゥー語作家・歴史家シブリー・ノーマーニー没，著書に『預言者伝』『第2代カリフ・ウマル伝』『ガザーリー伝』『ルーミー伝』，評論『ペルシアの詩』。シリアの改革派ウラマー，カースィミー没，著書『ハディース学の原則』など。出版文化の発展に貢献したアラブ文芸復興期の代表的知識人ジルジー・ザイダーン没，主著『イスラーム文明史』『アラブ文学史』。エジプトの女性作家ザイナブ・ファウワーズ没，『ザイナブの書簡』。新たな詩風を創出したウルドゥー語詩人・作家・批評家ハーリー没，『詩序論』『イスラームの盛衰』『永遠なる命』など。

1915 トルコのコスモポリタン的芸術至上主義の詩人・雑誌編集者テヴフィク・フィクレト没。

1917 ロシアのムスリム聖職者協議会が，ロシア内地・シベリア・ムスリム中央宗務管理局に改称。イギリスの植民地行政官クローマー没，『モダン・エジプト』（08。11には日本でも植民地統治の参考書『最近埃及』として翻訳）。

1918 オスマン軍が降伏し，オスマン帝国が事実上崩壊。第1次世界大戦終結。エジプトのフェミニスト作家マラク・ナースィフ没，『ニサーイーヤート』はエジプト・フェミニズムの古典，女性作家マイ・ズィヤーダとの往復書簡もある。

1919 ダマスカスでアラブ科学アカデミー創立。エジプトにカイロ・アメリカン大学設立。オスマン朝末期の軍人・政治家・天文学者・数学者のムフタル・パシャ没，文字改革の必要性を唱え，新正書法の普及活動をおこなった。

1920 インドネシアのイスラーム改革主義の教育組織スマトラ・タワリブ創設。トルコの民族主義的作家オメル・セイフェッティン没，代表作『エフルーズ・ベイ』。ニューヨークでマフジャル文学（アラブ移民文学）の同人団体ラービタ・カラミーヤ（作家連盟）結成。エジプトで女性雑誌の先駆け『若い娘』を創刊したヒンド・ナウファル没。坂本健一による最初のクルアーン邦訳『コーラン経（上・下）』。

1921 イランに欧州短編小説の技法を導入したジャマールザーデ，『昔々』刊行。欧米におけるイスラーム学の創始者，ハンガリーのユダヤ系イスラーム研究者ゴルトツィーハー没，『ザーヒル学派——教義と歴史』『イスラーム研究』『アラビア言語学論考』

『クルアーン解釈考』など。
- **1922** オスマン朝のスルタン制廃止，オスマン朝滅亡。エジプトで，ジャウハリー・タンターウィー，近代科学に依拠した啓典解釈『クルアーン解釈の本質』刊行（〜35）。バングラデシュの詩人カジ・ノズルル・イスラム，詩「反逆者」を発表，同年処女詩集『炎のヴィーナ』。社会主義と世俗的オスマン主義を主張したレバノン出身の著述家・思想家アントゥーン没。
- **1923** トルコ共和国成立，ムスタファ・ケマル初代大統領。エジプトでフアード1世のもと「フアード版」クルアーン刊行，その後のクルアーン刊本の基準を樹立。シリア大学設立（58にダマスカス大学に改称）。現代ペルシア文学の新体詩の先駆者ニーマー・ユーシージュ，「アフサーネ」を発表。タタール人共産主義者で，代表的なムスリム・コムニスト，スルタンガリエフ，ソ連で失脚。
- **1924** トルコの宗教学校イマーム・ハティプ学校設立。トルコの中道左派系・進歩的日刊紙『ジュムフリイェト（共和国）』創刊。トルコのナショナリズム・イデオローグとして影響力を持った社会学者・民族主義者ギョカルプ没，著書『トルコ主義の諸原理』『トルコ化，イスラーム化，現代化』。東京に，東洋学の専門図書館・研究所として東洋文庫開館。
- **1925** イランでレザー・シャー即位，パフラヴィー朝成立。イランの有力紙『エッテラーアート』創刊。トルコでメヴレヴィー教団などのテッケが閉鎖される。エジプトで，ミスル映画・演劇協会設立。エジプトの思想家アリー・アブドゥッラーズィクが『イスラームと統治の諸規則』で，政教分離論を展開。エジプトの女優・ジャーナリスト，ファーティマ・ユースフ，政治週刊誌『ルーズ・ユースフ』創刊。マレーシアの近代文学が誕生，『ファリダ・ハノム物語』（〜26）。
- **1920年代後半〜** ソビエト政権が反イスラーム政策を実施し，教育やメディアを通じて無神論宣伝を展開（41の独ソ戦まで続いた）。
- **1926** 東ジャワで伝統主義的ウラマーの組織ナフダトゥル・ウラマ結成。シリア生まれのイスラーム思想家・出版人ムヒッブッディーン・ハティーブ，カイロで雑誌『ファトフ（勝利）』を刊行。エジプトの文学者ターハー・フサインが『ジャーヒリーヤの詩について』を刊行，イスラーム以前の詩の多くが偽作との説で大きな論争を起こした。アイニーの『タジク文学精選』。最初のウズベク歴史小説，カーディリー著『過ぎ去りし日々』。北インドのファランギー・マハッル（欧州人の館）のイスラーム学者・神秘家アブドゥルバーリー没。
- **1927** セネガルのムリーディー教団の創設者アマドゥ・バンバ没。
- **1928** アタテュルク，トルコ語をアラビア文字からラテン文字に変え，文字改革をおこなう。エジプトで，大衆的イスラーム運動のムスリム同胞団設立。シカゴでアメリカ・ムーア科学寺院設立（米国におけるイスラームの源流の一つ）。
- **1929** ウズベク・ソビエト文学の創始者ハムザ・ハキムザーデ殺害。
- **1920年代末** インドでタブリーギー・ジャマーアトによるイスラーム改革復興運動始まる。
- **1930** 英国の作家ピクソールによるクルアーンの英訳（最初の西洋人ムスリムによる英訳）。タタール人ウラマー，ジャーナリスト，ムーサー・ビギエフ，国外に亡命，一時東京に寄り，井筒俊彦の個人教授に。ロシアの東洋学者バルトリド没，『モンゴル侵攻期のトルキスタン』『イスラーム文化』。
- **1930年代** イスラーム世界でラジオ放送始まる。

1931 中国でイスラームを侮辱する雑誌記事をめぐって「侮教事件」が起こる(翌年にも)。トルコでトルコ史再構成のためのトルコ歴史学協会設立。トルキスタンの啓蒙思想家・ジャーナリスト,ムナッヴァル・カリ,ソビエト政権下で逮捕,射殺。マフジャル文学の代表的文人・画家ジュブラーン・ハリール・ジュブラーン没,著書に『嵐』など。日本最初のモスク,名古屋に建設(現存せず)。内藤智秀著『日土交渉史』刊行。東洋史学者,桑原隲蔵没,日本初の本格的な東洋通史『中等東洋史』,代表作『蒲寿庚の事蹟』など。

1932 サウディアラビア王国建国宣言。カイロに正則アラビア語の保持・現代化のためのアラビア語アカデミー設立。トルコで言語改革推進のためのトルコ言語協会設立。南アジアのイスラーム思想家マウドゥーディー,月刊誌『クルアーンのタルジュマーン』発刊。エジプトの新古典派の巨匠アフマド・シャウキー没,詩集『シャウキーヤート』,劇詩『クレオパトラの死』『マジュヌーン・ライラー』『アンダルスの王女』,関東大震災を詠んだ「東京」。アラブの文人・スーフィー・裁判官ユースフ・ナブハーニー没,著書『聖者の奇蹟集成』『神の賜からのムハンマド的光』,イブン・アラビーの思想に共鳴しサラフィー主義やワッハーブ運動などに反対。

1933 トルコ共和国最初の総合大学イスタンブル大学創立。モロッコのワッザーニー,フェズで『民族の行動』誌創刊。レバノンの現存する最初の新聞『ナハール』創刊。サンパウロでマフジャル文学(アラブ移民文学)の同人団体ウスバ・アンダルスィーヤ(アンダルス協会)結成。インドネシア慣習法学を確立したオランダ人法学者ファン・フォレンホーフェン没,主著『オランダ領東インドの慣習法』『慣習法の誤解』『インドネシア人とその土地』。日本でイスラム学会設立(38に回教圏攷究所,40に回教圏研究所),月刊『回教圏』(38〜44)。

1934 アルジェリアで,シャーズィリー教団の復興者アラウィー没。日本人ムスリム川村狂堂が新京(現長春)で「満州国」におけるムスリム宣撫工作のために満州イスラム教協会設立(36に満州回教協会と改称。雑誌『回光月刊』『伊斯蘭旬刊』『醒時報』)。拓殖大学1期生で2度のマッカ巡礼を果した田中逸平没,著書『白雲遊記』。

1935 イラン言語アカデミー設立。チュニジアの女性解放運動の先駆的思想家ターヒル・ハッダード没,主著『我々の女性——シャリーアと社会』。カザフスタンの自由主義的知識人ドゥラトフ没,詩集『めざめよ,カザフ!』,カザフ文学初の小説『不幸なジャマル』。現存する日本最古のモスク,神戸モスク完成。

1936 オスマン朝末期・トルコ共和国初期のイスラーム主義者・詩人メフメト・アーキフ没,トルコ共和国国歌「独立行進曲」作詞。12イマーム派のウラマー,モダッレス,イラン国王レザー・シャー・パフラヴィーに抵抗し殺害される。シーア派の政治理論を発展させたナーイーニー没,主著『共同体への訓戒とその改善』。ロシア革命期の指導的ウラマー,ジャーナリスト,歴史家リザエッディン・ファフレッディン没,伝記集『アーサール』。オランダを代表する東洋学者ヒュルフローニェ没,植民地下インドネシアの対イスラーム政策に従事。

1936/7 コムを12イマーム派学問の中心地として復興させた法学者ハーエリー没。

1937 英の東洋学者ジェフリー『コーラン・テキスト変遷に関する資料集』刊行。京都東洋学の代表者,宮崎市定,西アジアの紀行記録『菩薩蛮記』刊行。トルコの文学者アブデュルハク・ハーミト・タルハン没,戯曲『明けの明星』,詩集『墓地』。

1938 東京モスク,日本で3番目のモスクとして代々木大山に建立。大日本回教協会設立。

高橋五郎・有賀阿馬土訳『聖香蘭経』。南アジアの詩人・哲学者イクバール没，詩「インドの歌」『自我の秘密』『滅私の秘義』，講演集『イスラーム宗教思想の再構築』。ジャディード文学の最高峰，ウズベキスタンの革命思想家フィトラト銃殺，『争論』『ウズベク文学精選』など。

1939 第2次世界大戦始まる（〜45）。エジプトにおける現代的タリーカの組織者，ハーミディー・シャーズィリー教団長サラーマ・ラーディー没，主著に『霊的叡智におけるムハンマドの息吹』『愛する者たちの望み』。

1941 イランの有力紙『ケイハーン』創刊。デリーで英語新聞『ドーン』創刊。中国共産党が回族政策を『回回民族問題』（民族問題研究所編纂）で発表。

1944 アラブ・フェミニスト連盟の設立決定，翌年憲章発表。ユーラシアで活躍した汎イスラーム主義者のウラマー，ジャーナリスト，旅行家アブデュルレシト・イブラヒム，東京で没（33から東京モスクのイマーム），著書に『ジャポンヤ』（『イスラーム世界』の中の日本滞在記）など。

1945 第2次世界大戦終了。アラブ連盟設立。インドネシア独立宣言。イランの政治家・歴史家・文人マフディーコリー・ヘダーヤト，日本視察の記録も収めた『マッカ旅行記』。エジプトの法学者，アズハル総長マラーギー没，アズハルに近代科学のカリキュラムを導入。トルコの小説家ウシャクルギル没，代表作『青と黒』『ある死者の手記』。

1946 ベイルートでアラビア語日刊新聞『ハヤート』創刊。イスラーム復興の思想家シャキーブ・アルスラーン没，代表作『なぜムスリムは後進的となり，他の諸民族は進歩したのか』。イランの思想家・歴史家・言語学者キャスラヴィー暗殺，月刊誌『ペイマーン』（33〜42），『イラン立憲制史』など。インドネシア近代詩の先駆者アミル・ハムザ没，『寂唱』『想い草』。

1947 インド，パキスタン分離独立。

1948 イスラエルが独立宣言，第1次中東戦争。大量のパレスチナ難民が生まれる。

1949 インドネシア，オランダから独立。ムスリム同胞団創設者バンナー暗殺。中国のイスラーム学者，王静斎没，雑誌『伊光』，漢訳『古蘭経』。

1950 エジプトでハーリド・ムハンマド・ハーリドが『ここから我々は始める』で，政教分離論を提唱。ムハンマド・ガザーリーが『ここから我々は学ぶ』で反論し，論争となった。インドネシアの作家プラムディヤ・アナンタ・トゥール，『ゲリラの家族』刊行。トルコの作家マフムト・マカル，手記『我々の村』刊行，農村文学の原点に。ライデンで『イスラーム百科事典』第2版の刊行開始（〜2005）。大久保幸次・鏡島寛之『コーラン研究』，大川周明訳『古蘭』。

1950年代〜 イスラーム世界にテレビ導入。イスラーム国で大ムフティー制度が一般化し始める。

1951 近代ペルシア文学の最高峰サーデク・ヘダーヤト自殺，代表作『盲目の梟』『ハイヤームの調べ』『ペルシア民俗誌』，戯曲『サーサーンの娘パルヴィーン』。現代散文の文体を完成。イランの文人・政治家バハール没，『詩集』『政党略史』。エジプトのフェミニスト，教育者ナバウィーヤ・ムーサー没，『女性と労働』。

1952 日本ムスリム協会設立。

1953 中国伊斯蘭教協会発足（雑誌『中国穆斯林』）。ドミニコ会神父でイスラーム学者のエジプト人アナワティ（カナーワーティー），カイロ郊外にカイロ・ドミニコ東洋研究

所設立。

1954 エジプトの学者・歴史家アフマド・アミーン没、イスラーム史3部作、近代アラブ3大自伝の一つ『わが生涯』。タタール人のトルコ民族主義活動家・作家イスハキ没、『ミッリー・ヨル』。日本オリエント学会創立、機関誌『オリエント』（62〜）、欧文誌 *Orient*（60〜）。

1955 バンドン会議（第1回アジア・アフリカ会議）。トルコの作家ヤシャル・ケマル、『やせたメメト』刊行（後に、綿摘み季節労働者の劣悪な生活環境を扱った3部作や民間伝承を生かした『アナトリアの3伝説』など）。中央アジア・北アジア史の羽田亨没、代表作『西域文明史概論』『西域文化史』。

1956 第2次中東戦争勃発。代表的な近代的イスラーム法学者ハッラーフ没、主著『イスラーム法理論』『イスラームの法──法源と理論』。ドイツの東洋学者・文献学者ブロッケルマン没、『アラブ文献史』『イスラーム諸民族と諸国家の歴史』『セム諸語の比較文法大綱』。東京で、中東調査会設立、月刊誌『中東通報』（後に『中東研究』）。

1957 マラヤ連邦、英国から独立（63から国名マレーシア）、以後、マレー語の国語化、マレー語出版物の促進などにより現代マレー文学が発展。トルコの歴史家・伝記作家イナル没、代表作『オスマン朝期最後の大宰相たち』。井筒俊彦訳『コーラン（上・中・下）』の刊行（〜58）。中国イスラーム史研究者の田坂興道没、『中国における回教の伝来とその弘通』。

1958 エジプトとシリアの合邦でアラブ連合成立（〜61）、アラブ民族主義が躍進。イラク共和革命。トルコの新古典派詩人ヤフヤ・ケマル・ベヤトル没、トルコ民族の栄光や郷土喪失感などを表現した詩集『我々自身の空の丸天井』『古詩の風とともに』。日本における信頼できるイスラーム世界入門書の先駆け、蒲生礼一著『イスラーム』。

1959 エジプトの代表的現代作家ユースフ・イドリース、長編小説『禁忌（ハラーム）』刊行。インドネシアの代表的イスラーム系雑誌『パンジ・マシャラカット』創刊。バングラデシュの国民詩人シャムシュル・ラフマン、第一詩集『第二の死の前の第一の歌』刊行。

1960 「アフリカの年」、アフリカ16カ国独立。石油輸出国機構（OPEC）結成。インドネシアのジョクジャカルタに最初の国立イスラーム高等学院設置。マディーナ・イスラーム大学イスラーム法学部がサウディアラビア国王勅令により設立。パレスチナの代表的抵抗詩人マフムード・ダルウィーシュの第一作品集刊行。トルコのイスラーム運動ヌルジュの開祖ヌルスィー没、クルアーン注釈書『リサーレイ・ヌル』。

1961 エジプトでアズハル機構改革、ウラマーの学術組織イスラーム研究アカデミー、エジプトで法制化。マレーシアの作家アブドゥル・サマッド・サイドによる長編小説『娼婦サリナ』。アフリカ系アメリカ人のイスラームに関する先駆的な研究書、C・エリック・リンカン著『アメリカにおけるブラック・ムスリムズ』。仏領マルチニク島出身の精神科医でアルジェリア在住の革命家ファノン没、著書『地に呪われた者』『アフリカ革命のために』は第3世界解放論に大きな影響を与えた。

1962 アルジェリア独立。マッカで、国際的なイスラームNGO「イスラーム世界連盟（ラービタ）」創設。ロンドンにイスラーム団体イスラミック・ミッション設立。イランの大アーヤトッラーで、シーア派全体の単一の法学最高権威だったボルージェルディー没、多くの弟子を輩出し、ロンドンとハンブルクにもモスクを建造。フランスのイスラーム学者マスィニョン没、スーフィズム研究などに貢献。近代アラブ思想・

社会史研究者フーラーニーの主著『リベラル期のアラブ思想』刊行。中東調査会の設立などに貢献した小林元没，代表作『日本と回教圏の文化交流史』。

1963　アフリカ統一機構（OAU）創設。イランで白色革命開始，国王が発動した上からの近代化政策で，脱イスラームを進めるものとなった。マレーシア連邦結成。ウラマーの近代化を推進したエジプトの啓典解釈学者，アズハル総長シャルトゥート没，代表作『偉大なるクルアーンの解釈』。トルコの共産主義詩人ナーズム・ヒクメト・ラン没。日本イスラム協会が再建され，機関誌『イスラム世界』を創刊。

1964　ベイルートで，翻訳ではないイスラーム世界最初の漫画誌が創刊される。エジプトの文学者・批評家アッカード没，初期イスラームの偉人を描いた「アブカリーヤ」シリーズなど。シリア・ムスリム同胞団の創始者スィバーイー没，『イスラームの社会主義』など。西洋と東洋の相克の中でトルコ的要素を模索したトルコの作家ハリデ・エディプ・アドゥヴァル没。

1965　米国出身でパキスタン在住のマルヤム・ジャミーラ（マーガレット・マーカス）が『イスラームとモダニズム』刊行，オリエンタリズム批判。インド中世・近世期イスラーム改革思想・神秘主義の先駆的研究者リズヴィーが『16〜17世紀のインドにおけるムスリム復興運動の研究』刊行。

1966　エジプトの文芸評論家・イスラーム思想家サイード・クトゥブの処刑がイスラーム世界に大きな衝撃を与えた。主著に啓典解釈書『クルアーンの蔭で』など。死後，急進化したクトゥブ主義が広がる。エジプトの歴史家ラーフィイー没，20世紀のエジプト民族運動に関する著作多数。トルコにおけるトルコ学の基礎を築いた歴史家・文学者キョプリュリュ没，主著『オスマン帝国の起源』『トルコ文学史』。マレーシア文学界の指導的作家シャーノン・アフマド，代表作『いばらの道』刊行。

1967　第3次中東戦争，アラブ民族主義が凋落し，イスラーム復興が起こる転換点となる。モロッコの政治思想史家・政治哲学者ラルイー，『現代アラブのイデオロギー』刊行。ペルシア文学の女性新体詩詩人ファルーグ・ファッロフザード没，『囚われ』『壁』『反逆』『新たなる生』など。

1968　東京でイスラミック・センター・ジャパン設立。

1969　ラバトで第1回イスラーム首脳会議，イスラーム諸国会議機構（OIC）の設立を決定。イランの作家・社会思想家ジャラール・アーレ・アフマド没，『西洋かぶれ』『相互の訪問』『校長』『地の呪い』。

1970　エジプトでナセル没，サダト政権が成立し，イスラーム運動の雪解けへ。トルコの民族主義・イスラーム主義的知識人組織「知識人の炉辺」結成。マハティール・モハマド，『マレー・ジレンマ』出版，後に第4代マレーシア首相となったときの新経済政策（NEP）の基本理念を示した。バシュコルト民族運動の指導者・テュルク民族史研究者トガン没，著書に『現代のトルキスタンとその近代史』『テュルク民族史入門』『回想録』など。藤本勝次・伴康哉・池田修訳『コーラン』刊行。

1971　バングラデシュ独立，「イスラーム国家」パキスタンの分裂はイスラーム世界に大きな衝撃を与えた。イランの高位法学者ホメイニー，イラクで『イスラーム統治体制』発表，後のイラン・イスラーム革命の基本理念となる。エジプトの法学者サンフーリー没，イスラーム法の正統性を信じる一方，アラブ諸国の民法典の近代化に貢献。英国を代表するイスラーム研究者ギブ没，『中央アジアにおけるアラブの征服』『イスラームにおける現代の潮流』。

1972　モロッコで，イスラーム指導者ヤースィーンが最初の著作『宣教と国家の間のイスラーム』刊行，後に，同国最大のイスラーム運動「公正と慈善の団体運動」を樹立（87）。インドネシア，マレーシアに共通のローマ字正書法が制定される（ローマ字表記の普及はインドネシアでは20世紀初頭以降，マレーシアでは57の独立以降）。米国のイスラーム学者グリューネバウム没。三田了一訳『日亜対訳・注解聖クラーン』刊行。

1973　第4次中東戦争，第1次石油ショック。イギリスのレスター市にイスラーム研究・出版・教育機関イスラミック・ファウンデーション設立。ユースフ・カラダーウィー，カタル大学にイスラーム法学部設立（80年代以降ムスリム同胞団の中道派を代表する思想家として次第に名声が高まる）。エジプト生まれの左派経済学者サミール・アミーン，『不等価交換と価値法則』を刊行，従属論の理論化を進める。アルジェリアのイスラーム思想家ベン・ナビー没。チュニジアのサラフィー主義の思想家・学者イブン・アーシュール没。モロッコの民族運動指導者・政治家・思想家ファースィー没，著書に『アラブ・北アフリカにおける独立運動』『自己批判』。

1974　イスラーム開発銀行，ジェッダに設立。イスラーム法学ルネサンスに貢献したエジプトのイスラーム学者・法学者アブー・ザフラ没。東京で，中東経済研究所設立（2005に日本エネルギー研究所に統合）。

1975　アラブ世界を代表するエジプト人歌手ウンム・クルスーム没。エジプトのフェミニスト活動家・詩人ドゥッリーヤ・シャフィーク没。

1976　イスラーム歴史芸術文化研究センター（IRCICA），イスタンブルに設立。レバノンのシーア派法学者・思想家ファドルッラー，『イスラームと力の論理』執筆。「弱者の武器」論を確立し，その後のイスラーム闘争に大きな影響。

1977　第1回世界イスラーム教育会議，マッカで開催。現代イランの代表的社会学者・革命思想家アリー・シャリーアティー，ロンドンで客死，その思想はイスラーム革命の起爆薬の一つとなった。エジプトで，イスラーム急進派によってクルアーン学者ザハビー殺害，主著『啓典解釈学と解釈学者たち』。リビアで，カダフィーが「ジャマーヒリーヤ（諸民衆）国」を宣言，『緑の書』で第3世界の解放や直接民主制などを主張。エジプトのフェミニスト作家・女性運動活動家サアダーウィー，評論『アラブ女性の素顔』。

1978　サダト大統領，ノーベル平和賞。イスラーム諸国統計経済社会調査・訓練センター（SESRTCIC），アンカラに設立。イスラーム・テクノロジー大学，ダッカに設立。エドワード・サイードの『オリエンタリズム』刊行，西洋の「支配のための言説」としての東洋学を根底から批判。ロンドンで，アラビア語新聞『シャルク・アウサト』創刊。スーフィズムの復興やウラマーの威信回復に貢献したアズハル総長アブドゥルハリーム・マフムード没。

1979　イラン・イスラーム革命，指導者ホメイニーが凱旋帰国，イスラーム共和制を樹立し，イラン・イスラーム共和国憲法を制定。パキスタンのアブドッサラーム，ノーベル物理学賞。現代シーア派の重要な思想家・学者モタッハリー，過激派により暗殺される。イラン革命のイデオローグの一人，ターレカーニー没。南アジアのイスラーム復興の思想家・指導者マウドゥーディー没，『イスラームにおけるジハード』『イスラームの政治理念』など。パレスチナ人の女性スーフィー聖者ファーティマ・ヤシュルティーヤ没，『真理への旅』『真理の息吹』など。イブン・ハルドゥーンの『歴史序

説』邦訳刊行（～87）。

1980 アルジェリアでベルベル人（アマジグ）の文化的自治を求める「ベルベルの春」事件。イスラーム教育科学文化機構，ラバトに設立。イスラーム建築に対するアガ・ハーン建築賞の第1回授賞。イラクで，バース党政権がシーア派イスラーム復興運動の祖ムハンマド・バーキル・サドルを処刑，代表作『イスラーム経済論』『イスラーム哲学』。イスラーム復興運動に尽力したビント・フダーも処刑，啓蒙書『ムスリム女性の闘い』。

1981 エジプトのサーダート大統領，ジハード団によって暗殺。そのイデオローグ，ファラジュは，ジハードを革命の手段とした『隠蔽された義務』を著した。イスラーム法学アカデミー，ジェッダに設立。イスラーム貿易開発センター，カサブランカに設立。現代シーア派を代表する啓典解釈学者・哲学者モハンマド・ホセイン・タバータバーイー没，主著にクルアーン注釈『ミーザーン（秤）』，マルクス主義批判『哲学理論』など。インドネシアの代表的な改革派ウラマー，ハムカ没，『アズハル啓典解釈』。トルコの書誌学者オゼゲ没，『アラビア文字表記によるトルコ語出版物総目録』。

1982 レバノン戦争，世俗主義の諸党派が衰え，イスラーム運動が勃興する契機となった。イスラーム教育科学文化機構設立。タゴール文学の哲学的解明に取り組んだ思想家アブー・サイード・アイユーブ没，思想誌『探究』を編集したほか，『タゴールと近代性』『道の終りはいずこ』『詩と真実』，ガーリブのベンガル語訳。パキスタン生まれの経済学者チャプラが『イスラーム経済における貨幣と銀行業——イスラームの金融財政政策』を刊行，折からのイスラーム銀行の発展を理論的に支えた（さらに，85『正義に基づく貨幣制度に向けて』，92『イスラームと経済的課題』，96『イスラーム的経済秩序の諸目的』など）。イスラーム・ネオモダニズムを提唱した哲学者ファズルル・ラフマーンが，代表作『イスラームとモダニティ』を刊行。

1983 スーダン，全土にイスラーム刑法適用を宣言。マレーシア国際イスラーム大学設立。アラブ・アフリカの代表的フェミニスト社会学者ファーティマ・メルニースィーが『女たちが語るモロッコ』刊行。日本のイスラーム史・東西交渉史の先駆者，前嶋信次没，著作に『アラビア史』『西アジア史』『イスラム世界』『イスラムの蔭に』など。未完の『アラビアン・ナイト』の原典訳は池田修によって92に完結。

1984 進歩主義文学運動とマルクス主義に傾倒したパキスタンのウルドゥー語詩人ファイズ・アフマド・ファイズ没，詩集『そよ風の手』『獄中記』，レーニン賞・ロータス賞受賞。サウディアラビアでクルアーンの刊本（ファハド国王版）の印刷が始まる。

1985 日本中東学会設立（翌年から『日本中東学会年報』）。

1986 トルコのイスラーム系日刊紙『ザマン』創刊。ニジェール・イスラーム大学，ニアメに設立。

1987 アラブ世界研究所，パリに開設。モロッコのフランス語詩人・小説家ベン・ジェッルーン，『聖夜』でマグリブ作家として初めてゴンクール賞を受賞。エジプトで，散文劇を初めてアラブ文学のジャンルとしたリアリズム小説の巨匠タウフィーク・ハキーム没，『洞窟の人びと』『オリエントからの小鳥』。日本で，ハディース集の邦訳『サヒーフ・ムスリム——預言者正伝集』刊行（～89）。

1988 ウガンダ・イスラーム大学，ムバレに設立。アラビア語日刊紙『ハヤート』，ロンドンで発行。エジプトの作家ナギーブ・マフフーズ，アラブ諸国で初めてノーベル文学賞受賞，3部作『バイナ・アル=カスライン』『カスル・アッ=シャウク』『スッカリー

ヤ』(56〜57) など。アフマド・ザキー・ヤマーニー（元サウディ石油相），ロンドンにイスラーム写本の保存・研究のためのフルカーン遺産財団を設立。デリー生まれのイスラーム経済学の確立者ホルシード・アフマド，第1回イスラーム開発銀行経済学賞受賞。一世を風靡したエジプトのクルアーン読誦学者・朗誦家アブドゥルバースィト・アブドゥッサマド没。日本のアラビスト外交官の草分け，田村秀治没。日本で文部省重点領域研究「イスラームの都市性」始動（〜91）。

1989 インド生まれの英国作家サルマン・ラシュディーの『悪魔の詩』をめぐって，ホメイニー師による死刑宣告，欧米とイランの関係が悪化。マレーシアを代表するイスラーム知識人サイド・ムハマッド・ナキブ・アル・アタス，『イスラームと科学哲学』刊行。シリアのイスラーム思想家・著述家でムスリム同胞団指導者のサイード・ハウワー没，『啓典解釈学の基礎』『ハディース理解の基礎』『神の兵士』など。中央アジア史・東西交渉史の羽田明没，『中央アジア史研究』など。

1990 インドネシアで，全インドネシア・ムスリム知識人協会結成。日本の初期イスラーム史の先駆者，嶋田襄平没，『イスラムの国家と社会』『イスラム教史』『初期イスラーム国家の研究』など。

1991 エジプトの代表的歌手・作曲家ムハンマド・アブドゥルワッハーブ没。マリの歴史家・作家アマドゥ・ハンパテ・バ没。

1993 ハーヴァード大教授サミュエル・ハンチントン「文明の衝突」（『フォーリン・アフェアーズ』）で，脱冷戦期の方向性をめぐる論争を巻き起こす。スペインの作家ゴイティソーロのルポ『サラエヴォ・ノート』刊行（94に『嵐の中のアルジェリア』，96に『パレスチナ日記』）。ブハーリーの真正ハディース集の邦訳『ハディース——イスラーム伝承集成』刊行（〜94）。国際的に活躍したイスラーム学者，井筒俊彦没，著作『意味の構造——コーランにおける宗教道徳概念の分析』『イスラーム文化』『イスラーム思想史』『イスラーム哲学の原像』『コーランを読む』。

1994 PLO議長ヤーセル・アラファート，ノーベル平和賞。日本中東学会初代会長，梅棹忠夫，文化勲章受章。インドネシア近代文学の基礎を築いたタクディル・アリシャバナ没，長編小説『敗北と勝利』。日本の最初期のアラビスト外交官，小高正直没，『アラブと歩いて30年』『アラビアからのシグナル』。

1995 エジプトのイスラーム哲学研究者マドクール没，アラビア語思想テキスト刊行を企画・先導，アラビア語辞典を発行，著書『ムスリム哲学派におけるファーラービーの地位』『アラブ世界におけるアリストテレスのオルガノン』。イギリスの社会人類学者ゲルナー没，『イスラム社会』『ポストモダニズム，理性，宗教』『民族とナショナリズム』など。

1996 エジプトの革新的ウラマー，啓典解釈学者のムハンマド・タンターウィー，アズハル総長に就任。トルコ研究の先達，護雅夫没，『古代トルコ民族史研究I』，知恵話集『ナスレッディン・ホジャ物語』の邦訳。

1997 イランで改革派ウラマーのハータミーが大統領に当選，文明間対話を推進。現代イラクを代表する詩人ジャワーヒリー没。日本で，大型研究プロジェクト「現代イスラーム世界の動態的研究」（略称：イスラーム地域研究，代表・佐藤次高）がスタート（〜2003）。

1998 パキスタンで，核実験（イスラーム国としては初めて。世界で7カ国目。イスラーム諸国では実験を行いうる科学的水準に対して肯定的評価）。サウディアラビアでイン

ターネット解禁。現代エジプトの文筆家・文学者ビント・シャーティウ没,『預言者の妻たち』『クルアーンの修辞的解釈』。イスラーム史研究者,本田實信没,主著『モンゴル時代史研究』。

1999　エジプト出身のアフマド・ズワイル,ノーベル化学賞。サウディアラビアの最高法官イブン・バーズ没,ワッハーブ派の伝統的な法学者として最高位まで上り詰めた。トルコ史家,三橋冨治男没,主著『トルコの歴史』『オスマン=トルコ史論』。

2000　パレスチナで,アクサー・インティファーダ（民衆蜂起）が始まる。東京で,1982に老朽化のため取り壊されたモスクが「東京ジャーミィ」として再建。

2001　国連文明間対話の年。インドネシアで,イスラーム世界最初の女性大統領メガワティが誕生。米国で「同時多発テロ」事件,米国が「反テロ戦争」を宣言。米軍によるアフガニスタン攻撃,北部同盟によるカーブル攻略。ライデンで『クルアーン百科事典』刊行（〜06）。ヒンドゥーの英語作家ナイポール,ノーベル文学賞（1981『イスラム紀行』,1998『イスラム再訪』）。レバノンのシーア派法学者マフディー・シャムスッディーン没。

2002　アフリカ統一機構が発展し,アフリカ連合（AU）が発足。日本で『岩波イスラーム辞典』『新イスラム事典』『イスラーム世界事典』が相次いで刊行。

2003　イランの女性弁護士・人権活動家シーリーン・エバーディー,ノーベル平和賞。日本中東学会の設立者・第2代会長の板垣雄三,文化功労者に選ばれる,著書『歴史の現在と地域学』『石の叫びに耳を澄ます』『イスラーム誤認』など。

2004　ユースフ・カラダーウィーら,中道派潮流の結集をめざしてムスリム・ウラマー世界連盟を結成,スンナ派・シーア派・イバード派のイスラーム知識人が参加。

2005　エジプト出身のムハンマド・バラダイ,ノーベル平和賞。ライデンで『イスラーム百科事典』第2版が刊行終了。国際交流基金の国際交流奨励賞・日本研究賞を,パキスタン人として初めてウルドゥー文学研究者のタバッスム・カシミーリーが受賞。

2006　バングラデシュのグラミン銀行の創始者ムハマド・ユヌス,ノーベル平和賞。トルコのオルハン・パムク,ノーベル文学賞,『わたしの名は「紅」』『雪』など。人間文化研究機構・地域研究推進センターが「イスラーム地域研究」プロジェクトを開始。5拠点（早大,東大,上智大,京大の4大学と東洋文庫）をネットワーク化して,拠点形成を図る。

2007　フランスで,初めてムスリマ女性の大臣が誕生（マグリブ系のラシダ・ダティ司法相）。イラク・チーム,サッカーのアジア杯で初の優勝。ライデンで『イスラーム百科事典』第3版の刊行開始。

（小杉麻李亜）

IV　イスラーム世界と諸国の概要

IV　イスラーム世界と諸国の概要

イスラーム世界について，OIC加盟国，OICオブザーバー国，非OICでムスリム人口が過半を占める国，それ以外でムスリム・マイノリティが社会的に大きな意味を持っている国々を取り上げ，イスラーム事情を中心に概観する。イスラームの歴史的・地理的な広がりは，現存の国民国家の枠組みでは把握できない面もあるが，ここでは地域に分けた上で国別に掲載した（地域別・国名50音順）。地域区分は便宜上，アジア（アフガニスタン以東），中東（イラン〜北アフリカ），アフリカ（サハラ以南。スーダンを含む），ヨーロッパ，南北アメリカに分けた。宗教構成はイスラームを中心に記述，ムスリム人口の比率はほとんどが推計値で資料によって幅があるため，可能な限り信頼性の高い数字を提示した。イスラーム経済について特記し，世界遺産は，イスラームに関係の深いもののみを取り上げた。

国名	独立年，面積・人口，通貨・公用語，宗教構成など	概要・イスラーム事情，OICとの関係，イスラーム組織，イスラーム経済，世界遺産など

1　イスラーム諸国（イスラーム諸国会議機構・正式メンバー）

【アジア】（アフガニスタン以東）		
アフガニスタン 正式国名：アフガニスタン・イスラーム国	独立：1919（首都：カーブル）；国連加盟：1946；OIC：原加盟国（1969）；その他：経済協力機構（ECO），非同盟諸国会議 国土：65.2万平方キロ 人口：2714.5万人（2007年推定） 通貨：新アフガーニー 公用語：パシュトゥー語，ダリー語 宗教構成：イスラーム99％（スンナ派＝ハナフィー法学派80〜84％，シーア派15〜19％。シーア派のほとんどが12イマーム派で，ごく一部がイスマーイール派）	【概観】イスラーム初期の664年，イスラーム軍がカーブル攻略。それ以降この一帯はいずれかのイスラーム王朝の版図に含まれていたが，1747年のドゥッラーニー朝成立によって，現在の国家・領土の原型が形成された。英国・ロシアの緩衝地帯となり，英国の支配力が及んだが，1919年に第3次アフガン戦争で完全独立を勝ち取った。1973年の共和革命で王政が倒され，さらに78年には共産主義政権が樹立され，それを守るために翌年ソ連軍が侵攻。1960年代から成長していたイスラーム復興などを背景に，愛国的な諸勢力が反ソ闘争を戦い，ムジャーヒディーン・ゲリラとして知られた。89年にソ連軍撤退，92年にイスラーム諸党派が権力を掌握。その後政権を握る党派間の内戦となり，保守的なイスラームを掲げるターリバーンが1996年に首都と国土の大半を掌握した。しかし，2001年にはビン・ラーディンの引き渡しを拒んで，米英軍に空爆を受け，同政権は崩壊。カルザイ政権が成立し，2004年に新憲法を制定した（イスラームを国教と規定）。2005年，共和制となって以来，初めての国会直接選挙がおこなわれた。ターリバーンも勢力を回復している。【OIC】原加盟国であるが，ソ連軍支配のため1980〜89年資格停止。【イスラーム組織】1970年代以来，多くのイスラーム運動・組織が活動している。【世界遺産】ジャムのミナレットと考古学遺跡（文化遺産，2002年）。
インドネシア 正式国名：インドネシア共和国	独立：1949（首都：ジャカルタ）；国連加盟：1950；OIC：原加盟国（1969）；その他：石油輸出国機構，ASEAN，APEC 国土：190.4万平方キロ 人口：2億3162万（2007年推定）	【概観】古くから7〜12世紀にもムスリム商人が到来していたが，地元社会のイスラーム化は13世紀以降にスーフィー，商人，宮廷ウラマーなどによって進んだ。15世紀後半からイスラーム勢力が拡大する一方，16世紀には欧州勢力が同地域に進出した。1758年にオランダが東インド会社を通してジャワ島全域を征服。植民地支配期にも，それに対抗してイスラーム化が進行した。オランダによる植民地化とそれに対するレジスタンスとして，アチェ

1 OIC加盟国

	通貨：ルピア 公用語：インドネシア語 宗教構成：イスラーム87〜90%（スンナ派、法学派はシャーフィイー学派），キリスト教5〜9%，ヒンドゥー教2%，仏教1%，その他1%	戦争（1873〜1912年）などがおこった。数多くの島を包摂する旧オランダ領を一体的な領土として1949年に独立を達成した。マレー語を基盤とするインドネシア語を国語として、多様な言語・エスニック集団の統合を進めた。1968年にスカルノ政権からスハルト政権に移行，独裁政治がおこなわれた。独立時には、イスラーム国家をめざす党派は破れ、パンチャシラ（建国5原則）に立脚する世俗国家となった。憲法上、イスラームは国教ではなく、建国5原則の第一に唯一神信仰を掲げる（イスラーム以外の一神教として、カトリック、プロテスタント、ヒンドゥー教、仏教が認められている）。1998年に民主化がおこり、翌年大統領にウラマー出身のワヒドが就任。2001年にはイスラーム諸国で初の女性大統領が誕生した。【イスラーム組織】20世紀前半から改革派のムハンマディヤ、伝統派の復興を担うナフダトゥル・ウラマなどが大きな影響力を持ってきた。1998年の民主化以降，多くのイスラーム政党が活動している——開発統一党（1973年〜。マシュミ党などのイスラーム政党がスハルト期に統合），国民信託党（1998年〜。ムハンマディヤが基盤），民族覚醒党（1998年〜。ナフダトゥル・ウラマが基盤），福祉正義党（1998年設立の正義党が2002年改称）など。【イスラーム経済】1992年に国内初のイスラーム金融機関であるムアーマラート銀行が設立された。1997年のアジア通貨危機と98年のスハルト体制崩壊をきっかけとして、在来型金融機関によるイスラーム金融業務への参入が認められた。また、インドネシア国内には、イスラーム金融方式にもとづいた小規模な信用金庫や信用組合が多く存在している。ムアーマラート銀行のほか，マンディリ・シャリーア銀行（1999年），タカフル保険会社（1995年）などが重要。
ウズベキスタン 正式国名： ウズベキスタン共和国	独立：1991（首都：タシケント）；国連加盟：1992；OIC加盟：1995；その他：独立国家共同体、非同盟諸国会議、上海協力機構、経済協力機構（ECO） 国土：44.7万平方キロ 人口：2737万人（2007年推定） 通貨：スム 公用語：ウズベク語 宗教構成：イスラーム88%（スンナ派＝ハナフィー法学派），ロシア正教9%，その他3%	【概観】7世紀からイスラームが流入し、14世紀に成立したティムール朝、16世紀のシャイバーン朝などによってイスラーム化が大きく進行。古都ブハラ、サマルカンド、ヒヴァなどがイスラーム王朝の都として栄えた。これらがロシアに併合された後、ソ連期の1924年にその1共和国としてウズベク・ソビエト社会主義共和国が誕生。1991年にソ連より独立。1992年憲法では複数政党制が保障されているが、実際はイスラーム復興党などの活動は禁止されている。ソ連時代でもイスラーム色が強かった南東部のフェルガナ地域では、イスラーム復興の勢力が伸張している。【世界遺産】ヒヴァのイチャン・カラ（文化遺産，1990年），ブハラ歴史地区（文化遺産，1993年），シャフリサブス歴史地区（文化遺産，2000年），サマルカンド文化交差路（文化遺産，2001年）。
カザフスタン	独立：1991（首都：1997年にアルマトイよりアスタナに遷都）；国連加盟：	【概観】トルコやモンゴルの影響を受けた遊牧民が、15世紀半ばに東方に移動し、17世紀以降に定住する形で現在のカザフスタンの原型を形成した。1920年のソ連行政再

正式国名：カザフスタン共和国	1992；**OIC** 加盟：1995；その他：独立国家共同体，経済協力機構（ECO），上海協力機構 国土：272.4万平方キロ 人口：1542万人（2007年推定） 通貨：テンゲ 公用語：カザフ語（国語），ロシア語（公用語） 宗教構成：イスラーム47～50％（スンナ派＝ハナフィー法学派），ロシア正教44％	編においては自治共和国に留まったが，35年にソ連の1共和国となる。1991年に独立。1990年に大統領の座に就いたナザルバエフ政権が継続している（2007年に終身大統領に）。中央アジア諸国の中ではロシア人の比率が高い。ファーラーブが領内にあり，独立後はその出身者であるイスラーム哲学者ファーラービーを称揚している。【イスラーム経済】イスラーム金融機関としてアル＝バラカ・イスラーム銀行（1985年），ラーリバー銀行（1995年）。【世界遺産】ホージャ・アフマド・ヤサヴィー廟（文化遺産，2003年）。
クルグズスタン（キルギスタンは誤称） 正式国名：クルグズ共和国	独立：1991（首都：ビシケク）；国連加盟：1992；**OIC** 加盟：1992；その他：独立国家共同体，経済協力機構（ECO），上海協力機構 国土：19.9万平方キロ 人口：531万人（2007年推定） 通貨：ソム 公用語：キルギス語，ロシア語 宗教構成：イスラーム70～75％（スンナ派＝ハナフィー法学派），ロシア正教20％	【概観】6世紀以降急激にトルコ化した遊牧民が，13世紀以降にモンゴルの影響を受けてイスラーム化が進む。18世紀後半からコーカンド・ハーン国の支配下にあったが，1855～76年にロシアに併合された。1936年にソ連の1共和国となる。1991年に独立。アカーエフ大統領が権威主義的な統治をおこない，それに対抗するイスラーム主義の勢力も拡大してきた。1999年にタジキスタンから越境した急進派がクルグズスタン南部で日本人を人質に取る事件がおこった。2005年の「チューリップ革命」でアカーエフ失脚，バキーエフ大統領が選挙で当選した。
タジキスタン 正式国名：タジキスタン共和国	独立：1991（首都：ドゥシャンベ）；国連加盟：1992；**OIC** 加盟：1992；その他：独立国家共同体，経済協力機構（ECO），上海協力機構 国土：14.3万平方キロ 人口：673万人（2007年推定） 通貨：ソモニ 公用語：タジク語 宗教構成：イスラーム85～90％（スンナ派＝ハナフィー法学派80～85％，イスマーイール派5％）	【概観】7世紀にイスラームが伝播，16世紀には住民のトルコ化によって，イスラームが拡大。1929年にソ連の1共和国に。1991年に独立。その直後，旧共産党の勢力とイスラーム復興派などの反体制派の間で内戦が勃発，甚大な被害が生じた。1997年の国民和解協定により再建と統合をめざす。【イスラーム組織】1970年代に誕生した青年組織から発展し，90年に設立されたタジキスタン・イスラーム復興党が，内戦期に反体制派の中核を担った。和解後は，統一野党に参画し，公認政党として活動している。
トルクメニスタン	独立：1991（首都：アシュガバード）；国連加盟：	【概観】7世紀からイスラームが伝播。13世紀モンゴルによる征服後，ティムール朝が成立し，イスラーム化が進

1　OIC加盟国　489

	1992；**OIC加盟**：1992；その他：独立国家共同体，経済協力機構（ECO） **国土**：48.8万平方キロ **人口**：496万人（2007年推定） **通貨**：マナト **公用語**：トルクメン語 **宗教構成**：イスラーム87～89%（スンナ派＝ハナフィー法学派），ロシア正教9～11%	行。1924年にソ連の1共和国となる。1991年に独立した後，ニヤゾフ大統領が権威主義的な統治をおこなった（99年より終身大統領）。2006年12月急死したため，後継大統領としてグルバングルイ・ベイドイムハメドが当選。ソ連時代からイスラーム復興が次第に進んでいる。天然ガスと石油資源が豊富。【**世界遺産**】国立歴史文化公園「古代メルヴ」（文化遺産，1999年），クニヤ・ウルゲンチ（文化遺産，2005年）。
パキスタン 正式国名： パキスタン・イスラーム共和国	**独立**：1947（首都：イスラマバード）；**国連加盟**：1974；**OIC**：原加盟国（1969）；その他：南アジア地域協力連合（SAARC），非同盟諸国会議，経済協力機構（ECO） **国土**：79.6万平方キロ（カシュミール地方を除く） **人口**：1億6390万人（2007年推定） **通貨**：パキスタン・ルピー **国語**：ウルドゥー語 **宗教構成**：イスラーム97%（スンナ派＝ハナフィー法学派77%，シーア派20%），ヒンドゥー教その他3%	【**概観**】南アジアではウマイヤ朝の将軍ムハンマド・イブン・カースィムが711年にインダス川中・下流域を征服して，イスラーム化が始まった。10世紀末のガズナ朝，12世紀のゴール朝の征服によって北インドでのイスラームが確立，13世紀以降のデリー・スルターン朝，ムガル朝の統治下で南アジアのイスラーム化が進んだ。民衆レベルのイスラーム化は，スーフィーの影響が強かったと考えられている。しかし，英国によってムガル帝国が滅び，南インドでもマラーター藩王国が滅びると，英領インドとなった。1947年に，パキスタンがジンナー指導のもと，現インドと分離して独立。さらに，1971年には東パキスタン（現バングラデシュ）が分離・独立して，西パキスタン領だけがパキスタンとなった。ムスリム国民国家として独立したため，その内実やイスラーム法の位置づけをめぐって政治的・思想的な論争が続いてきた。インドの核開発に触発され，イスラーム国として初めて1998年に核実験をおこなった。現在ムスリム人口数では世界第2位であるが，21世紀半ばには世界最大となると予測されている。【**OIC**】第2回イスラーム首脳会議（ラホール，1974年），第1回臨時首脳会議（イスラマバード，1997年）。OIC科学技術協力委員会・議長国。事務局長（1985～88年）。関連機関として，イスラーム商工会議所（ICCI，1977年設立，カラチ）。【**イスラーム組織**】イスラーム党（ジャマーアテ・イスラーミー。1941年設立），同党も参加するイスラーム政党の連合である統一行動評議会など。【**イスラーム経済**】1977年に政権を掌握したズィヤウル・ハックの時代に経済制度のイスラーム化が推進された。1979年に政府系金融機関で無利子の貸出が始まり，81年に国内の商業銀行で，イスラーム的な利益分配方式による金融商品の提供が始まった。1982年に金融機関のイスラーム化に関する法律が制定されたが，実際には，経済制度のイスラーム化は部分的な実施にとどまる。1990年代に2度にわたって，包括的な経済制度のイスラーム化を促す判決がシャリーア法廷で出されたが，2002年にその判決が取り下げられた。2003年以降，イスラーム金融と在来型金融

		による二元的金融制度の推進に路線を変更し，国内外の在来型金融機関によるイスラーム金融部門の開設も認めるようになる。2004年，イスラーム金融のためのガイドラインを起草。イスラーム保険は，2005年に証券取引委員会が規制監督基準を策定し，同年，国内初のイスラーム保険会社としてパキスタン・クウェート・タカフル保険会社が業務を開始した。他に，アル＝バラカ・イスラーム銀行（1991年），メーザーン銀行（2002年），パキスタン・クウェート・タカフル保険会社（2003年，業務開始は2005年）。【世界遺産】タッターの文化財（文化遺産，1981年），ラホールの城塞とシャーリマール庭園（文化遺産，1981年），ロータス城塞（文化遺産，1997年）。
バングラデシュ 正式国名：バングラデシュ人民共和国	独立：1971（首都：ダッカ）；国連加盟：1974；OIC加盟：1974；その他：南アジア地域協力連合（SAARC），非同盟諸国会議 国土：14.3万平方キロ 人口：1億5866万人（2007年推定） 通貨：タカ 公用語：ベンガル語 宗教構成：イスラーム83〜88.3％（ほとんどがスンナ派＝ハナフィー法学派），ヒンドゥー教12〜16％	【概観】13世紀のゴール朝によってイスラームが確立したが，それ以前から商人によるイスラーム伝播があった。社会のイスラーム化には，スーフィー教団が大きな役割を果たした。1947年にパキスタンがインドと分離して独立した際には東パキスタンであったが，独立運動が生じて，71年バングラデシュとなった。人口の圧倒的多数がベンガル人で，民族的統合性は高い。イスラームは憲法で国教とされている。【OIC】パキスタンはOIC原加盟国であるが，バングラデシュは独立後に再加盟。OIC下部機関として，イスラーム・テクノロジー大学（IUT, 1978年設立，ダッカ）。【イスラーム組織】イスラーム政党として，イスラーム党（ジャマーアテ・イスラーミー。1971年〜）など。【イスラーム経済】1983年に国内初のイスラーム金融機関としてバングラデシュ・イスラーム銀行が設立された。イスラーム金融法は制定されていないが，中央銀行の規制基準の一部にイスラーム金融機関に対する特別措置がある。イスラーム金融機関として，バングラデシュ・イスラーム銀行（1983年），オリエンタル銀行（1987年，旧アル＝バラカ・バングラデシュ銀行），アル＝アラファ・イスラーム銀行（1995年），バングラデシュ・イスラーム保険会社（1999年），極東イスラーム生命保険会社（2000年）。【世界遺産】バゲルハットのモスク都市（文化遺産，1985年）。
ブルネイ 正式国名：ブルネイ・ダルサラーム国	独立：1984（首都：バンダルスリブガワン）；国連加盟：1984；OIC加盟：1984；その他：ASEAN, APEC 国土：5765平方キロ 人口：39万人（2007年推定） 通貨：ブルネイ・ドル 公用語：マレー語 宗教構成：イスラーム67％（スンナ派＝シャーフィ	【概観】15世紀はじめ，スルタンが支配するイスラーム王朝を築いた。19世紀には欧州が進出し，1888年に英の保護国，1941〜45年までは日本軍に占領された後，再び英国の保護国に。1988年に完全独立。同年政党が禁止され，1990年にはマレー・イスラーム君主制の理念が強化された。権力は王族が掌握しているが，石油と天然ガスの生産により，経済的な水準は高い。【イスラーム経済】国際金融センターとしての拠点形成をめざす一環として，イスラーム金融にも注目し，イスラーム資本市場の整備や自国の大規模プロジェクトにおけるスクーク（いわゆるイスラーム債）の発行を積極的に行なっている。イスラーム金融機関として，ブルネイ・イスラーム銀行（1993年），タ

イー法学派)、その他は仏教・キリスト教など

イブ・イスラーム保険(1997年)。

| マレーシア | 独立：1957（首都：クアラルンプール）；国連加盟：1957；OIC：原加盟国(1969)；その他：ASEAN, APEC, G15
国土：32.9万平方キロ
人口：2712万人(2007年推定)
通貨：リンギット
公用語：マレー語
宗教構成：イスラーム53〜60%（スンナ派＝シャーフィイー法学派)、仏教19%、キリスト教9%、ヒンドゥー教6% | 【概観】15世紀のムラカ王国のもとでイスラームが拡大。その後、1874年以降のイギリスの支配、第2次世界大戦中の日本支配を経て、1957年にマラヤ連邦として独立を達成。1963年にはシンガポール、ボルネオ島が加わってマレーシア連邦となったが、65年にシンガポールが離脱して、現在の国家が成立。スルタンを国家元首とする連邦制の立憲君主国で、議会民主主義によって首相が大きな権限を有する。独立以来、統一マレー国民組織（UMNO）が現在までの与党・国民戦線の中核を担っている。エスニックには、過半を占めるマレー人と中国系・インド系の間のバランスが重要で、特に経済は中国系の支配力が強いため、マレー人優遇の「ブミプトラ」政策が実施されてきた。イスラームは「連邦の公式の宗教」と位置づけられている。2003年に1981年以来政権を担ったマハティール首相が引退、バダウィーが第5代首相に就任。1970年以降、イスラーム復興が進展しているが、イスラームの国家管理とイスラーム勢力の間に緊張もある。経済面ではイスラーム的発展の旗手であり、「先進国の仲間入りをする最初のイスラーム国」をめざしている。【OIC】原加盟国であり、近年はOIC強化に積極的。第10回イスラーム首脳会議（プトラジャヤ、2003年）。事務局長(1970〜73年)。OICの支援で、マレーシア国際イスラーム大学（1983年設立、クアラルンプール)。関連機関として、世界イスラーム経済フォーラム（WIEF, 2005年創設、クアラルンプール)。【イスラーム組織】1972年に設立されたマレーシア・イスラーム青年隊（ABIM)、90年からクランタン州で独自のイスラーム化政策を実施している汎マレーシア・イスラーム党（PAS）など。【イスラーム経済】1963年にマッカ巡礼資金の運用のために設立されたマラヤ・ムスリム巡礼貯金公社は、イスラーム金融のパイオニア的存在。その後、同公社は1969年に巡礼積立運用基金に発展。1983年にイスラーム金融法が制定され、それにもとづいて国内初の商業的イスラーム金融機関であるマレーシア・イスラーム銀行が設立された。1993年にイスラーム金融スキームが導入され、在来型金融機関によるイスラーム金融業務への参入が認められる。1990年代には、イスラーム金融の国内の制度的枠組みが整備される（イスラーム金融インターバンク市場の開設、証券委員会および中央銀行にシャリーア諮問委員会を設置)。21世紀に入ると、イスラーム金融の世界的拠点となるべく、金融業務や金融商品の国際標準化を強く推進する施策を手がけるようになった（イスラーム金融サービス委員会の設立、国際イスラーム金融センター構想の発表、外国資本のイスラーム金融機関の国内業務ライセンスの交付)。また、スクーク（イスラーム債）の発行が盛んで、世界のスクーク発行残 |

		高の8割を占めている。イスラーム保険については，1984年にイスラーム保険法が制定され，同年，マレーシア・タカーフル会社が設立された。他に，マレーシア・ムアーマラート銀行 (1999年)，ナショナル・タカーフル (1993年，旧MNIタカーフル)，インターナショナル・リ・タカーフル (1997年)，イフラース・タカーフル (2004年)。
モルディブ 正式国名： モルディブ 共和国	独立：1965（首都：マーレ）；国連加盟：1965；OIC加盟：1976；その他：南アジア地域協力連合 (SAARC)，非同盟諸国会議 国土：298平方キロ 人口：30.5万人（2007年推計） 通貨：ルフィア 公用語：ディベヒ語 宗教構成：イスラーム100％（スンナ派＝ハナフィー法学派）	【概観】インド洋の珊瑚礁から成る島々で，アラブ人との交易が盛んになり，12世紀中ごろにイスラーム化が進行した。14世紀の旅行家イブン・バットゥータが滞在し，その記録を旅行記に残している。現在はイスラームが100％。1887年英国の保護国になり，セイロンの植民地行政国に組み込まれる。1965年首長国として独立，68年に大統領制を導入，共和国に移行。地球温暖化による海面上昇の影響を受けやすく，小島嶼国連合 (AOSIS) に参加している。2004年のスマトラ沖地震・津波の被害を受けた。
【中東】（イラン～北アフリカ）		
アゼルバイジャン 正式国名： アゼルバイジャン共和国	独立：1991（首都：バクー）；国連加盟：1992；OIC加盟：1991；その他：独立国家共同体 国土：8.6万平方キロ 人口：846万人（2007年推定） 通貨：マナト 公用語：アゼルバイジャン語 宗教構成：イスラーム87～93.4％（シーア派61％，スンナ派26％），ロシア正教2.5～5％，アルメニア正教2～2.3％	8世紀頃からイスラーム化が進む。セルジューク朝下でイスラーム化が進み，サファヴィー朝下でシーア派化が進んだ。19世紀初頭には，ロシアとペルシアがそれぞれ南北の半分を支配し，競合した。1922年にはザカフカス連邦を形成してソ連に加盟。1991年にソ連からの独立を達成。アルメニア人地区（ナゴルノカルバフ）が同国より独立を目指したため，1994年まで紛争が継続。共和制をとり，複数政党制をしいているが，大統領に実権が集中している。2003年，アリエフ大統領が事実上の世襲を果たした。カスピ海に豊かな石油が存在。石油生産の先進国で，20世紀初めには当時の世界の原油の半分を産出していた。【イスラーム経済】在来型金融機関であったユニバーサル銀行が，2001年にイスラーム金融機関に転換し，カウサル銀行へ名称変更。【世界遺産】城塞都市バクー，シルヴァンシャー宮殿，乙女の塔（文化遺産，2000年）。
アラブ首長国連邦	独立：1971（首都：アブダビ）；国連加盟：1971；OIC加盟：1972；その他：アラブ連盟，石油輸出国機構，アラブ石油輸出国機構，湾岸協力会議	【概観】7世紀にアラビア半島にイスラームが広がって以来，一貫してムスリムのアラブ部族が居住してきた。真珠の採取や貿易を主産業とする小首長たちが，1892年に英国の保護下に入った。1971年には，七つの首長国（アブダビ，ドバイ，シャルジャ，ラアス・アル＝ハイマ，フジャイラ，アジュマーン，ウンム・アル＝カイワイン）の連邦制国家として独立。中でも，石油資源のほとんどを有するアブダビと貿易立国のドバイが大きな力を有し，独立

1 OIC 加盟国　493

	国土：8.3万平方キロ 人口：444万人（2007年推定。外国人を含む） 通貨：ディルハム 公用語：アラビア語 宗教構成：イスラーム96％（スンナ派80％，シーア派16％），キリスト教・ヒンドゥー教ほか4％	以来，アブダビ首長が連邦大統領，ドバイ首長が連邦首相の職を占めている。経済開発が急激に進む反面，さまざまな国からの外国人労働者・移民の流入によって，首長国の国籍保有者は居住者の2割程度となっている。イスラーム法（マーリク学派）が今日でも施行されている。個々の首長国のイスラーム政策には温度差がある。【イスラーム経済】1975年に世界初の商業的イスラーム金融機関としてドバイ・イスラーム銀行が設立された。1985年にイスラーム銀行法を制定。2002年には，シャルジャ・ナショナル銀行が，在来型銀行からイスラーム銀行に転換（シャルジャ・イスラーム銀行）。特にドバイは，イスラーム金融の世界的拠点をめざしており，2004年に設立されたドバイ国際金融センターは，イスラーム金融機関を積極的に受け入れている。英国のHSBCが2004年にイスラーム金融専業部門（HSBC信託）の拠点をドバイに設置した。また，国内企業のスクーク（イスラーム債）発行による資金調達が急増している。他に，アブダビ・イスラーム銀行（1997年），アムラーク・ファイナンス（2000年），エミレーツ・イスラーム銀行（2004年），ヌール・イスラーム銀行（2007年），ドバイ・イスラーム保険・再保険会社（2002年），アブダビ国営タカーフル会社（2003年）。
アルジェリア 正式国名： アルジェリア民主人民共和国	独立：1962（首都：アルジェ）；国連加盟：1962；OIC：原加盟国（1969）；その他：アラブ連盟，アラブ・マグリブ連合，石油輸出国機構，非同盟諸国会議 国土：238.1万平方キロ 人口：3333万人（2007年推定） 通貨：アルジェリア・ディーナール 公用語：アラビア語（国語・公用語），タマズィグート語（ベルベル語，国語） 宗教構成：イスラーム99.5％（スンナ派。法学はマーリク学派），他はキリスト教・ユダヤ教	【概観】7世紀にイスラームの支配下に入り，アラブ人の移住によって，現地のベルベル人との混血も進んだ。最初の独立王朝はハワーリジュ派のルスタム朝（777〜909年）。ムラービト朝，ムワッヒド朝などの支配を経て，16世紀からはオスマン帝国の版図に入り，おおむね現在の領域が確定した。19世紀からフランスによって植民地支配された（1830〜1962年）。当初，スーフィー教団長アブドゥルカーディル・ジャザーイリーに率いられたレジスタンスがおこなわれたが，敗北した。20世紀に入って，アルジェリア・ウラマー協会などによってイスラーム復興が始まる。1954年からの激しい解放闘争で，62年に独立。国民解放戦線（FLN）が1988年まで社会主義の一党独裁を継続。イスラーム復興によって，1991年にイスラーム救国戦線（IFS）が選挙で勝利を収めたが，軍政が敷かれ，1990年代は武装化した急進的イスラーム主義者との間で内戦状態となった。21世紀に入ると，次第に和解が進んだ。1996年の憲法改正で，イスラームを国教とした。【イスラーム組織】復興（ナフダ）運動（1989年〜），平和社会運動（1991年〜。イスラーム社会運動から改称），国民改革運動（1999年〜）など。【イスラーム経済】イスラーム金融機関として，アルジェリア・アル=バラカ銀行（1991年），シェバ・イスラーム銀行（1997年）。【世界遺産】ベニ・ハンマド要塞（文化遺産，1980年），ムザブの谷（文化遺産，1982年），アルジェのカスバ（文化遺産，1992年）。
イエメン	独立：1918（北。首都：サ	【概観】インド洋から地中海への交易の中継地として古く

正式国名：1962年からイエメン・アラブ共和国（北イエメン），1967年からイエメン人民民主共和国（南イエメン），1990年に統一して，イエメン共和国。	ヌア），1967（南．首都：アデン），1990（統合．首都：サヌア）；**国連加盟**：1947（北），1967（南）；**OIC**：原加盟国（1969）；その他：アラブ連盟，非同盟諸国会議 **国土**：52.7万平方キロ **人口**：2223万人（2007年推定） **通貨**：イエメン・リヤル **公用語**：アラビア語 **宗教構成**：イスラーム97％（スンナ派＝シャーフィイー学派55〜60％，ザイド派40〜42％）	から栄えた。7世紀のムハンマド時代にイスラーム化が始まった。穏健なシーア派であるザイド派イマームによる支配や，ラスール朝（1229〜1454年）などで栄えた。1839年にアデン港を中心に南部が英国の支配下に組み込まれた。北部は，1849年からのオスマン帝国の支配を経て，1918年にザイド派の王国として独立。1962年に共和革命で，内戦となった。一方，南部では1967年に英支配下からイエメン人民民主共和国として独立，マルクス主義の政権が成立した。1990年に南北統一。現在は，複数政党制の下で，イスラーム政党であるイエメン改革党が主要な野党となっている。ザビードは13〜15世紀にシャーフィイー法学の中心として栄え，東南アジアにも影響を与えた。【**イスラーム経済**】1996年に設立されたタダームン・イスラーム銀行が国内最大のイスラーム金融機関。アラブ首長国連邦やシリア，エジプトなどへの海外展開も積極的に行なっている。他に，イエメン・イスラーム銀行（1996年），シェバ・イスラーム銀行（1997年）。【**世界遺産**】シバームの旧城壁都市（文化遺産，1982年），首都サナアの旧市街（文化遺産，1986年），古都ザビード（文化遺産，1993年）。
イラク 正式国名：イラク共和国	独立：1932（首都：バグダード）；**国連**：原加盟国（1945）；**OIC加盟**：1976；その他：アラブ連盟，石油輸出国機構，アラブ石油輸出国機構，非同盟諸国会議 **国土**：43.8万平方キロ **人口**：2750万人（2007年推定） **通貨**：イラク・ディーナール **公用語**：アラビア語 **宗教構成**：イスラーム95〜97％（シーア派60％，スンナ派32〜37％），キリスト教ほか3％	【**概観**】古代メソポタミア文明が栄えた地で，7世紀にイスラーム軍がサーサーン朝を倒して，イスラーム支配下に入った。762〜6年にアッバース朝第2代カリフがバグダードに新都「マディーナ・アッ=サラーム（平安の都市）」を建設して以降，大いなる繁栄を続ける。1258年にモンゴル軍がバグダードを破壊，アッバース朝は終焉した。オスマン帝国の支配を経て，英国の委任統治下に入り，1932年に独立して，ハーシム王政が成立。1958年にはカースィム准将率いる革命で共和国に。1968年からバアス党が一党独裁政治を敷き，79年からはサッダーム・フサインが大統領に就任，個人独裁を維持した。1970年代からイスラーム復興が続いていたが，強圧的な弾圧を続けた。2003年に米英を中心とする攻撃によって政権が転覆されると，かつての反体制派が権力の座についた。アラブ人シーア派（およそ6割），アラブ人スンナ派（2割程度），クルド人（ほとんどがスンナ派。2割弱），その他の民族集団に区分される。シーア派の間では，スィスターニー師などの法学権威の影響力が強い。アラブ・スンナ派は，ムスリム・ウラマー協会などを形成し，イスラーム勢力の結集に努めている。クルド人の間では民族主義が強く，イスラーム復興運動は二次的な影響力にとどまっている。【**イスラーム組織**】シーア派系のイスラーム・ダアワ党，イラク・イスラーム最高評議会（旧イラク・イスラーム革命最高評議会），スンナ派系のイスラーム党など。【**イスラーム経済**】イスラーム金融機関として，イラク・イスラーム投資開発銀行（1993年）。
イラン	独立（植民地化されず。首	【**概観**】古代のアケメネス朝（ハカーマニシュ朝）以来，

1 OIC加盟国

正式国名：イラン・イスラーム共和国	都：テヘラン）；国連：原加盟国（1945）；OIC：原加盟国（1969）；その他：石油輸出国機構、非同盟諸国会議、経済協力機構（ECO）、G24 国土：164.8万平方キロ 人口：7120万人（2007年推定） 通貨：イラン・リヤル 公用語：ペルシア語 宗教構成：イスラーム99％（シーア派89〜95％、スンナ派4〜10％）、他はゾロアスター教、ユダヤ教など	強大な王権を持つ帝国が栄えたが、7世紀にイスラーム軍によってサーサーン朝が滅ぼされ、イスラーム化が始まった。アッバース朝期には最初のイラン文化復興の試みとしてシュウービーヤ運動がおこった。9世紀にはターヒル朝、サッファール朝などのイラン系王朝も成立。16世紀に成立したサファヴィー朝によってシーア派が国教となり、12イマーム・シーア派が広がった。近代に入ると、ガージャール朝が次第に英露の圧迫を受けた。1925年にパフラヴィー朝が成立、近代化を推進したが、2代の国王のみに終わった。1979年にシーア派の法学権威ホメイニー師率いるイスラーム革命、「法学者の監督」論に立脚するイスラーム政治体制が確立し、イスラームを国教とする憲法が採択された。1989年からはハーメネイー師が最高指導者。政府は、改革派のハータミー大統領（1997〜2005年）の後、2005年から保守派のアフマディーネジャード大統領。【OIC】第8回イスラーム首脳会議（テヘラン、1997年）。関連機関として、OIC議員連盟（PUIC）がテヘラン首脳会議の決定で設立された（本部・テヘラン）。【イスラーム組織】イスラーム政党として、かつて与党としてイスラーム共和党が支配（1979〜87年）。1990年代からは、建設の幹部党（1996年〜）、イスラーム・イラン連帯党（1998年〜）、イスラーム・イラン参加戦線（1998年〜）、イスラーム労働党（1999年〜）など。【イスラーム経済】1979年の革命後、経済制度全般にわたるイスラーム化が推進された。1981年には、金融資産・金融サービスにつく利子が、最大4％の手数料、または4〜8％の利益率に置き換えられた。そして、1983年に金融機関のイスラーム化に関する法律が制定され、翌年以降、経済制度のイスラーム化が実行され、国内のすべての金融機関が利子をとらないイスラーム金融機関になった。【世界遺産】イスファハンのイマーム広場（文化遺産、1979年）、バムとその文化的景観（文化遺産、2004年）、ソルターニーエ（文化遺産、2005年）、ビソトゥーン（文化遺産、2006年）。
エジプト 正式国名：エジプト・アラブ共和国	独立：1922（首都：カイロ）、国連：原加盟国（1945）；OIC：原加盟国（1969）；その他：アラブ連盟、アフリカ連合、アラブ石油輸出国機構 国土：100.1万平方キロ 人口：7539万人（2006年推定） 通貨：エジプト・ポンド 公用語：アラビア語 宗教構成：イスラーム94％（スンナ派＝シャーフィ	【概観】ナイル川の治水によって古代文明が栄え、キリスト教時代を経て、7世紀以降イスラーム化。ファーティマ朝、アイユーブ朝、マムルーク朝などのイスラーム諸王朝が勃興した。16世紀からオスマン帝国支配下に組み込まれた。19世紀初めに独自の王朝が生まれたが、1882年から英国の支配下に入った。1910年代には大衆運動の時代となり、イスラーム大衆運動のムスリム同胞団などが支持を広めた。1952年の共和国革命のあと、1950〜60年代は急進的なアラブ民族主義が高揚したが、67年戦争の敗北後、イスラーム復興が顕在化した。1981年からのムバーラク政権下では同胞団が伸張しているが、政府による抑圧の対象となっている。憲法はイスラームを国教、イスラーム法を主要な法源としている。アズハル機構は世界最大級

	イー法学派，ハナフィー法学派，マーリク法学派），コプト・キリスト教ほか6％	のウラマー集団を擁し，国際的なイスラーム学の中心となっている。【OIC】事務局長（1974～75年）。イスラエルとの単独和平条約のため，1979～84年メンバー資格停止。【イスラーム組織】ムスリム同胞団が最大。小規模の急進派として，イスラーム集団など。草の根のイスラーム復興の社会団体や数多くのスーフィー教団がある。【イスラーム経済】1963年にナイル・デルタで設立されたミート・ガムル銀行は，イスラーム金融のパイオニア的存在。その後，1972年に特別法制定の下で国庫資金の拠出を決定し，ナースィル社会銀行として発展的解消を遂げ，現在も社会福祉目的の金融機関としての役割を果たしている。1977年に設立されたエジプト・ファイサル・イスラーム銀行は，国内初の商業的イスラーム金融機関であり，同行のための特別法が用意された。また，エジプト現地資本の金融機関として伝統のあるミスル銀行が開設しているイスラーム金融部門も大きなシェアを占めている。他に，国際イスラーム投資開発銀行（1980年）。【世界遺産】イスラーム都市カイロ（文化遺産，1979年）。
オマーン 正式国名： オマーン・スルタン国	植民地化されず（首都：マスカット）；国連加盟：1971；OIC加盟：1970；その他：アラブ連盟，湾岸協力会議 国土：30.9万平方キロ 人口：262万人（2006年推定） 通貨：オマーン・リヤル 公用語：アラビア語 宗教構成：イスラーム99％（イバード派が過半，他はスンナ派，ごく少数のシーア派）	【概観】7世紀の預言者ムハンマド時代にイスラームが伝播して以来，イスラームの地となっている。8世紀初頭にハワーリジュ派の穏健分派イバード派が伝わってから，同派のイマームによる統治が断続的に続いてきた。東西交易の中継地として重要な役割を果たし，アフリカ東海岸にも植民地を形成。16世紀以降，ポルトガルが進入，それを駆逐した現ブー・サイード家が18世紀半ばから東アフリカなどへと支配を広げ，海洋帝国に発展した。1919年から事実上イギリスの支配を受けたが，70年以降，近代的なスルターン国として石油資源による発展を推進している。なお，歴史的なオマーンはより広域で，現在のアラブ首長国連邦をも含む。【イスラーム経済】イスラーム金融専業の金融機関はないが，国内最大シェアを占めるマスカット銀行をはじめ，多くの金融機関がイスラーム金融商品を取り扱っている。【世界遺産】バハラ城塞（文化遺産，1987年），フランキンセンスの国土（文化遺産，2000年），アフラージュ，オマーンの灌漑システム（文化遺産，2006年）。
カタル 正式国名： カタル国	独立：1971（首都：ドーハ）；国連加盟：1971；OIC加盟：1972；その他：アラブ連盟，湾岸協力会議，石油輸出国機構，アラブ石油輸出国機構 国土：1.1万平方キロ 人口：91万人（2007年推定。外国人を含む） 通貨：カタル・リヤル 公用語：アラビア語	【概観】アラビア半島から湾岸に突き出た半島として，7世紀からイスラーム化。16世紀からのポルトガルの進出により，内陸部へ移住を余儀なくされた沿岸住民が，18世紀の英国の侵入に伴い，沿岸部に再移住。1872年オスマン朝下に，1916年に英国の保護下に。1971年にサーニー家が統治する首長国として独立（首長の称号はアミール）。石油・天然ガスが豊富で，その収益による経済発展を推進しているが，急激な発展によって外国人労働者・移民が流入，自国民が人口的に少数になっている。【OIC】第9回イスラーム首脳会議（ドーハ，2000年），第2回臨時首脳会議（ドーハ，2003年）。【イスラーム経済】1982

	宗教構成：イスラーム95％（スンナ派），その他5％	年に国内初のイスラーム金融機関として，カタル・イスラーム銀行が設立された。近年は，自国プロジェクトにおいて債券発行からスクーク発行による資金調達への転換が進んでいる。イスラーム保険については，1994年に設立されたカタル・イスラーム保険会社が国内唯一の存在である。他に，カタル国際イスラーム銀行（1991年）など。
クウェート 正式国名： クウェート国	独立：1961（首都：クウェート）；国連加盟：1963；**OIC**：原加盟国（1969）；その他：アラブ連盟，湾岸協力会議，石油輸出国機構 国土：1.78万平方キロ 人口：251万人（2007年推定。外国人を含む） 通貨：クウェート・ディーナール 公用語：アラビア語 宗教構成：イスラーム99％（スンナ派7割，シーア派3割）	【概観】歴史的なイラクの一部をなし，7世紀からイスラーム化が進んだ。18世紀初頭に半島内陸部から移住した部族連合内の中心勢力，サバーフ家を中心に現在の国家の原型を形成。1871年にオスマン帝国のバスラ州に編入されるが，99年に英国の保護下に入る。経済は石油収入に立脚し，1961年に独立を達成。実体のある総選挙が行われ，議会も機能している点では，湾岸君主国の中ではもっとも整備された立憲君主制とされる。独立時にイラクが領有権を主張。さらに，1990年に再び領有権を主張し，イラクが侵攻・占領し，翌年に米国，サウディアラビア，エジプトなどの多国籍軍による湾岸戦争で領土が解放された。【OIC】第5回イスラーム首脳会議（クウェート，1987年）。なお，イスラーム国際司法裁判所がクウェートに設置される予定になっているが，実現していない。【イスラーム組織】政党は認められていないが，議会選挙の際に実質上政党として機能する社会団体がある。イスラーム立憲運動（ムスリム同胞団系），イスラーム遺産復興協会（サラフィー主義），イスラーム国民連合（シーア派系）など。2005年に初のイスラーム政党としてウンマ党が設立されたが，未認可。【イスラーム経済】1977年に国内初のイスラーム金融機関として設立されたクウェート・ファイナンス・ハウスは，湾岸諸国の中で屈指の規模を誇る。2004年に中央銀行法が改正され，イスラーム金融に関する規定を追加。他に，インターナショナル・インベスター（1992年），インベストメント・ダール（1994年），タカフル保険会社（2000年）。
サウディアラビア 正式国名： サウディ・アラビア王国（「サウード家のアラブの王国」）。	建国：1932（首都：リヤード）；国連：原加盟国（1945）；**OIC**：原加盟国（1969）；その他：アラブ連盟，湾岸協力会議，石油輸出国機構 国土：214.9万平方キロ 人口：2457万人（2005年推定。外国人を含む） 通貨：サウジ・リヤル 公用語：アラビア語 宗教構成：イスラーム100％（ほとんどがスンナ派。東部州などに一部シーア派）	【概観】イスラーム発祥の地であるヒジャーズ地方を有しており，マッカとマディーナの二つの聖地がある。マディーナはムハンマド時代・正統カリフ時代に首都であったが，第4代正統カリフ・アリーがクーファに遷都してから政治性を失い，両聖都とも宗教・学問の中心として発展した。16世紀から，2聖都はオスマン朝の支配下に入った。アラビア半島中央部では，18世紀半ばにナジュド地方のサウード家とイブン・アブドゥルワッハーブが同盟関係を結び，ワッハーブ運動が始まった。1902年からの第3次サウード朝が1920年代にアラビア半島を統一，32年に現王国を宣言。世界最大の石油埋蔵量を有しており，現在世界最大の原油生産国。国自体がイスラーム王朝であるにもかかわらず，1960年代以降，石油の富による経済発展から社会の世俗化が進行し，イスラーム復興運動が生じた。中でも，ウサーマ・ビン・ラーディンに代表される過

激派の存在が，親米路線を取る同国と米国の関係に緊張を与えている。1986年にファハド国王が「2聖都の守護者」の称号を復活した。マディーナにあるクルアーン印刷所は，年間3千万冊の印刷能力を有する。【OIC】第3回イスラーム首脳会議（マッカ，ターイフ，1981年），第3回臨時首脳会議（マッカ，2005年）。OIC事務局は1971年からジェッダに置かれている。専門機関として，イスラーム通信社（IINA，1972年設立，ジェッダ），イスラーム開発銀行（IDB，1974年設立，ジェッダ），イスラーム諸国放送機構（ISBO，1975年設立，ジェッダ）。下部機関として，イスラーム連帯基金（ISF，1974年設立，ジェッダ），イスラーム法学アカデミー（IFA，1981年設立，ジェッダ）。関連機関として，国際イスラーム銀行協会（IAIB，1977年設立，ジェッダ），アラブ・イスラーム学校世界連盟（1977年設立，ジェッダ），イスラーム首都・都市機構（OICC，1980年設立，マッカ），イスラーム船舶主協会（OISA，1981年設立，ジェッダ），イスラーム連帯スポーツ大会連盟（SFISG，1985年設立，リヤド）。
【イスラーム組織】世界最大のイスラーム系NGOとして「イスラーム世界連盟（通称ラービタ）」（1962年設立）。
【イスラーム経済】国内制度のイスラーム化を標榜してきたため，国内のすべての金融機関を建前上イスラーム金融機関とみなし，1970年代以降に台頭したイスラーム金融に対しては，既存制度との兼ね合いから国内での活動の認可に消極的であった。国内初のイスラーム金融機関（ラージヒー金融投資会社，2006年にラージヒー銀行に改称）が業務を開始したのは1987年。21世紀に入ってようやく既存の金融機関におけるイスラーム金融商品の取り扱いが活発化している。近年は，多くのイスラーム投資ファンドの拠点となっている。一方で，国際的には，サウディ資本の企業であるDMI（ダール・アル=マール・アル=イスラーミー）グループとダッラ・アル=バラカ・グループ傘下のアル=バラカ・投資開発会社によるイスラーム金融の世界展開が1980年代から活発に行われている。DMIグループ（1981年設立）は，本部をタックス・ヘイブンのバハマに設置し，実質的な運営統括会社をスイスのジュネーブに置き，15カ国に25の金融機関を保有する。アル=バラカ投資開発会社（1982年設立）は，本部をバハレーンのマナーマに置き，29カ国に43の金融機関を保有する。イスラーム保険は，1985年に設立された国家相互保険評議会が統括してきたが，2003年以降，国外の企業によるイスラーム保険への参入が認められている。他に，ジャズィーラ銀行（2002年より業態転換），ビラール銀行（2004年），イスラーム・アラブ保険会社（1985年），国家相互保険公社（1986年），タカフル・タアーウニー（2002年）。

シリア	独立：1946（首都：ダマス	【概観】現存する世界最古の都市といわれるダマスカスが

1　OIC加盟国　499

正式国名：シリア・アラブ共和国	カス）；国連：原加盟国（1945）；**OIC加盟**：1970；その他：アラブ連盟，非同盟諸国会議，G24 国土：18.5万平方キロ 人口：1931万人（2007年推定） 通貨：シリア・ポンド 公用語：アラビア語 宗教構成：イスラーム90％（スンナ派74％，アラウィー派・ドルーズ派など16％），キリスト教10％	中心。7世紀にイスラーム軍がビザンツ帝国からシリア地方の覇権を奪い，661年ダマスカスを都とするウマイヤ朝が樹立された。それ以来イスラーム化が次第に進行。アッバース朝，マムルーク朝などの支配を経て，1516年にオスマン帝国の支配下に入り，同帝国の崩壊後，1920年短命のシリア王国（ファイサル王）を経て，フランスの委任統治下に入る。歴史的なシリア地方（シャーム）は英仏によって4カ国に分割された（仏支配下のシリア，レバノン，英支配下のパレスチナ，ヨルダン）。シリア共和国は1946年に独立。1963年以来，バアス党の一党独裁政権が継続。反イスラエル，アラブの統一を掲げ，30年間にわたってシリアを支配したハーフィズ・アサド大統領が2000年に死去し，息子のバッシャールが大統領に就任。ムスリム同胞団などを中心として，20世紀中葉からイスラーム復興が進むが，バアス党支配と対立し1980年代には激しい弾圧がおこなわれた。アサド家を初めとする政府・軍部要人には，イスラーム分派のアラウィー派出身者が多い。【**イスラーム組織**】ムスリム同胞団が最大のイスラーム組織であるが，非合法。【**イスラーム経済**】2005年にイスラーム金融機関の設置を認める法律が定められる。カタル国際イスラーム銀行との提携によってシリア国際イスラーム銀行などが開設予定。【**世界遺産**】古都ダマスカス（文化遺産，1979年），古代都市ボスラ（文化遺産，1980年），古都アレッポ（文化遺産，1986年），クラック・デ・シュヴァリエとサラーフッディーン砦（文化遺産，2006年）。
チュニジア 正式国名：チュニジア共和国	独立：1956（首都：チュニス）；国連加盟：1956；**OIC**：原加盟国（1969）；その他：アラブ連盟，アラブ・マグリブ連合，アフリカ連合，非同盟諸国会議 国土：16.3万平方キロ 人口：1028万人（2007年推定） 通貨：チュニジア・ディーナール 公用語：アラビア語 宗教構成：イスラーム98％（スンナ派＝マーリク法学派が多数），キリスト教1％，ユダヤ教1％	【**概観**】古くはイフリーキヤ（アフリカ）と呼ばれた。7世紀後半にイスラーム支配下に入り，アラブ人が流入，次第にイスラーム化・アラブ化が進行。最初の独立王朝はアグラブ朝（800～909年）。後に，オスマン帝国の支配を経て，フサイン朝（1705～1957年）が1881年にフランスの支配下に入った。1956年に独立を達成，独立運動の指導者ブルギバが共和制を樹立し，長期政権を担当，脱イスラーム化政策を推進した。1988年からのベン・アリー政権下で複数政党制に移行したが，イスラーム政党は禁じられている。1979～90年，アラブ連盟の本部がチュニスに置かれた。【**OIC**】事務局長（1979～84年）。【**イスラーム組織**】イスラーム政党としてナフダ党（旧イスラーム潮流運動）があるが，非合法化されている。【**イスラーム経済**】イスラーム金融機関として，チュニジア・サウディ・ファイナンス・ハウス（1983年），BEST再保険（1985年）。【**世界遺産**】チュニス旧市街（文化遺産，1979年），スース旧市街（文化遺産，1988年），カイラワーン（文化遺産，1988年）。
トルコ	独立：1923（首都：アンカラ）；国連：原加盟国（1945）；**OIC**：原加盟国	【**概観**】トルコ系諸民族は中央アジアから西進し，11世紀にセルジューク朝が台頭。1300年頃にはアナトリア西部にオスマン朝が成立した。オスマン朝は，1453年にコンス

正式国名：トルコ共和国	(1969)；その他：NATO, OSCE, CE, OECD, 経済協力機構（ECO） 国土：78.3万平方キロ 人口：7487万人（2007年推定） 通貨：新トルコ・リラ 公用語：トルコ語。南東部ではクルド語も使用されている 宗教構成：イスラーム99～99.8％（大多数はスンナ派＝ハナフィー法学派）	タンチノープル（イスタンブル）を征服、16世紀にはシリア、エジプト、ヒジャーズ地方など中東地域をも支配下に置いて、「2聖都の守護者」となった。建国以降6世紀にわたってイスラーム帝国を維持したが、第1次大戦の敗戦で広大な版図が列強による分割の対象となった。この危機にムスタファ・ケマルらが決起し、1923年にトルコ共和国を宣言。世俗的な近代化・西洋化を推進し、脱イスラーム化が進んだが、20世紀中葉からイスラーム復興が起こった。憲法でライークリキ＝世俗主義を原則としており、政治のイスラーム化に対しては軍が抑制してきた。2002年の選挙でイスラーム政党の公正発展党が勝利を収め、2003年には同党首のエルドアンが首相となり、また2007年の総選挙でも政権を維持し、同党からギュル大統領が誕生。トルコ人の国民国家として、長年クルド人の存在を否定してきたが、近年は民族的マイノリティとして認知されている。宗教的には、トルコ人もクルド人もスンナ派が大多数であるが、少数派として相当数のアレヴィー派が存在する。EU加盟を求めているが、キリスト教徒がほとんどのEUが加盟を認めるか予断を許さない。【OIC】OIC経済貿易協力委員会・議長国。事務局長（2005～）。下部機関として、イスラーム歴史芸術文化研究センター（IRCICA, 1976年設立、イスタンブル）、イスラーム諸国統計経済社会調査・訓練センター（SESRTCIC, 1978年設立、アンカラ）。【イスラーム組織】草の根のイスラーム復興として、ヌルジュ運動やナクシュバンディー教団など。【イスラーム経済】イスラーム金融機関は、通常の銀行法ではなく1983年に定められた特別政令の下に置かれ、特別金融機関として規制・監督を受ける。1980年代には、湾岸諸国資本との提携による金融機関設立が相次ぎ、1990年代にはトルコ資本による設立が続いた。2000年の金融危機によって、イフラース・ファイナンスが破綻し、イスラーム金融全体への信用危機に見舞われたため、2003年にイスラーム金融初の預金保険制度を導入した。イスラーム金融機関として、ファミリー・ファイナンス（1985年、旧ファイサル・ファイナンス）、アル＝バラカ・トルコ・ファイナンス・ハウス（1985年）、クウェート・トルコ・ワクフ・ファイナンス・ハウス（1988年）、アナドール・ファイナンス（1991年）、アスヤ・ファイナンス（1996年）。【世界遺産】イスタンブル歴史地域（文化遺産、1985年）、ディヴリリの大モスクと病院（文化遺産、1985年）、サフランボル市街（文化遺産、1994年）。
バハレーン 正式国名：バハレーン王国	独立：1971（首都：マナーマ）；国連加盟：1971；OIC加盟：1972；その他：アラブ連盟、湾岸協力会議、アラブ石油輸出国機構	【概観】バハレーンは「二つの海」の意で、海中に真水が湧く場所があるためにこの名がある。古代にはディルムン文明が栄え、墳墓群が残されている。預言者ムハンマド時代の629年にイスラームの版図に入り、湾岸の交易ルートの中継地として繁栄した（なお、歴史的には対岸のアラビア半島の東部沿岸と今日のバハレーンが合わせてバハレー

	国土：694平方キロ 人口：71万人（2007年推定。外国人を含む） 通貨：バハレーン・ディーナール 公用語：アラビア語 宗教構成：イスラーム 81.2％（2001年国勢調査）	ンと呼ばれた）。16世紀のポルトガルの侵攻を経て，18世紀末に半島内部から移住したハリーファ家が支配権を確立。1880年から英国の保護下に入る。前近代には天然真珠の採取で知られた。20世紀に入ると，湾岸アラブ諸国ではもっとも早く原油生産を開始した。1971年に独立。ハリーファ家ほかの支配層はスンナ派であるが，先住のシーア派が人口的には多数（7割程度）を占める。2002年に王政を宣言。【イスラーム組織】政党は認められていないが，シーア派系の政治組織が存在する。【イスラーム経済】1979年に国内初のイスラーム金融機関としてバハレーン・イスラーム銀行が設立された。その後，オフショア向け金融機関を中心にイスラーム金融機関の設立が相次ぎ，1970年代以降展開してきた国際金融センターとしてのバハレーンの一翼を担う。また，シティグループ傘下のシティ・イスラーム投資銀行（1996年設立）のように欧米資本のイスラーム金融機関も積極的に受け入れている。2002年には，「イスラーム金融の健全性確保のための情報・規制枠組み」がバハレーン通貨庁（現在のバハレーン中央銀行）によって導入され，国内の制度的枠組みの整備が進んでいる。一方，イスラーム金融の国際的なインフラ整備にも熱心で，多くの国際機関（イスラーム金融機関会計監査機構，イスラーム金融機関一般評議会，国際イスラーム金融市場，国際イスラーム金融格付け機関）がバハレーンに拠点を置いている。また，バハレーン通貨庁は，2001年に世界で初めてグローバル・スクークによって資金調達を行った。1989年に国内初のイスラーム保険会社として，タカーフル・インターナショナルが設立され，同社は2000年以降，新しい保険商品を積極的に導入している。また，2001年に設立されたアラブ・東方保険会社は，東京海上火災保険（現在は，東京海上日動火災保険）とサウディ企業との合弁会社であり，バハレーンを拠点として同国とサウディアラビアに展開している。他に，バハレーン・イスラーム銀行（1979年），シャーミル銀行（1982年，旧バハレーン・ファイサル・イスラーム銀行），ABCイスラーム銀行（1985年），アミーン銀行（1987年），ファースト・イスラーム投資銀行（1997年），ガルフ・ファイナンス・ハウス（1999年），バハレーン・クウェート・ファイナンス・ハウス（2002年），イスラーム連帯保険会社（2004年）。【世界遺産】カルアト・アル＝バハレーン，古代の港とディルムンの首都（文化遺産，2005年）。
パレスチナ 正式名称：国家としては独立未達成。パレスチナ解放機	独立：未達成；国連（オブザーバー）：1974；OIC：原加盟国（1969） 国土（将来的な）：西岸地区5655平方キロ，ガザ地区365平方キロ 人口：383万人（2005年推	【概観】第2代正統カリフ・ウマルが638年にエルサレムを和約によって開城，パレスチナ全体もビザンツ領からイスラームの版図に入った。エルサレムはイスラーム第三の聖都，一神教の古都として重視され，ウマイヤ朝がエルサレムの聖地に「岩のドーム」を建設。同ドームは現在，パレスチナの象徴とされる。十字軍時代にエルサレム王国が成立したが，2世紀後にイスラーム側に奪回された。第1

構（PLO）およびパレスチナ自治政府	定。その他，イスラエル居住が113万人，海外居住のパレスチナ人は513万） 公用語：アラビア語 宗教構成：イスラーム97〜98％（スンナ派），他はキリスト教	次世界大戦後にオスマン朝の解体で，英国の委任統治領となり，パレスチナの領域が確定した。1948年にイスラエル国家が建設されると，パレスチナの8割がイスラエル支配下に入り，多数のパレスチナ難民が発生。ヨルダン川西岸地区はヨルダンに併合，ガザ地区はエジプトの統治下に置かれた。1967年の第3次中東戦争で，西岸地区・ガザ地区もイスラエルに占領された。パレスチナ解放機構（PLO）がアラブ連盟において1973年からパレスチナ人の唯一の正統な代表と認められ，翌年には国連オブザーバーとなった。1993年のオスロ合意で，イスラエルとPLOの相互承認に至ったが，翌年に自治政府が成立して以降，独立への見込みは立っていない。【OIC】OICおよびアラブ連盟では，正式メンバーと認められている。【イスラーム組織】1940年代からムスリム同胞団が活動してきたが，1980年代末にハマース（イスラーム抵抗運動）を組織し，21世紀初頭にはナショナリストの最大組織ファタハ（パレスチナ解放運動）に対抗するほど成長した。【イスラーム経済】イスラーム金融機関として，アラブ・イスラーム銀行（1995年），パレスチナ・イスラーム銀行（1995年），アクサー・イスラーム銀行（1998年）。【世界遺産】エルサレムの旧市街とその城壁群（文化遺産，1981年，ヨルダンによる申請）。
モーリタニア 正式国名：モーリタニア・イスラーム共和国	独立：1960（首都：ヌアクショット）；国連加盟：1961；OIC：原加盟国（1969）；その他：アラブ連盟，アフリカ連合，アラブ・マグリブ連合 国土：102.5万平方キロ 人口：327万人（2007年推定） 通貨：ウギア 公用語：アラビア語 宗教構成：イスラーム100％（スンナ派＝マーリク法学派）	【概観】現代でもアラビア語詩人の国として知られる。西方イスラーム地域（マグリブ）の西端に位置し，サハラ貿易ネットワークの中でアラブ人・ベルベル人商人によってイスラームが11世紀頃までに浸透した。ベルベル系のムラービト朝，マリ王国の支配を経て，16世紀にはアラブ系のハッサーニー族によって遊牧民のアラブ化が進んだ。1903年にフランスが保護領とし，20年フランス領西アフリカの管轄下に入る。その後，1960年に独立を達成。1992年から，直接選挙による大統領制，複数政党制を敷いている。2005年にクーデタが起こったが，翌年には民政に戻った。【イスラーム経済】イスラーム金融機関として，モーリタニア・アル＝バラカ銀行（1985年）。【世界遺産】ワダン，シンゲッティ，ティシット，ワラタの隊商都市（文化遺産，1996年）。
モロッコ	独立：1956（首都：ラバト）；国連加盟：1956；OIC：原加盟国（1969）；その他：アラブ連盟，アラブ・マグリブ連合，非同盟諸国会議 国土：44.6万平方キロ 人口：3049万人（2006年推定） 通貨：モロッコ・ディルハム	【概観】7世紀にアラブ人が流入，8世紀には預言者ムハンマドの子孫が最初の独立王朝であるイドリース朝を確立。次第にイスラーム化・アラブ化が進行した。先住のベルベル人（イマジゲン）はイスラーム化が徹底した一方，言語・民族的には今日でも35〜40％はベルベル語（タマズィグート語）を保っている。マラケシュを建都したムラービト朝，後続するムワッヒド朝などを経て，1666年にはムハンマドの子孫が現王朝のアラウィー朝を樹立，以来18世紀まで独立を保持。1912年にフランスの保護領になり，沿岸部はスペインと分割統治された。独立運動が高まり，1956年に2院制の国会を持つ立憲君主制として独

	公用語：アラビア語 宗教構成：イスラーム 98.7〜99％（スンナ派＝マーリク法学派），その他はキリスト教・ユダヤ教	立を達成。ハサン2世（在位1961〜99年）からムハンマド6世が王位継承。1975年から旧スペイン領の領有権をめぐって西サハラ問題（ポリサリオ解放戦線が独立を主張）が発生。一方，国内では，イスラーム復興を目指す運動が勢力を拡大し，支持を伸ばしている。歴史的に，キリスト教国による「レコンキスタ」でイベリア半島から追放されたユダヤ教徒が多く居住し，宗教共存の範例とされてきた。【OIC】1969年にはサウディアラビアと共にイスラーム首脳会議を主唱し，ラバトにおいて第1回の首脳会議を実現した。そこで結成が決定されたOICにおいても大きな役割を担い，特にエルサレム委員会の議長国となっている。第4回首脳会議（カサブランカ，1984年），第7回首脳会議（カサブランカ，1994年）。専門機関として，イスラーム教育科学文化機構（ISESCO，1980年設立，ラバト）。下部機関として，イスラーム貿易開発センター（ICDT，1981年設立，カサブランカ）。【イスラーム組織】イスラーム政党として，公正と発展党（1998年〜），文明的代替党（2005年〜），復興と美徳党（2005年〜）など。草の根のイスラーム復興団体として「公正と慈善」集団（1987年〜）が最大。【世界遺産】フェス旧市街（文化遺産，1981年），マラケシュ旧市街（文化遺産，1985年），アイト・ベン・ハドゥの集落（文化遺産，1987年），古都メクネス（文化遺産，1996年），テトゥアン旧市街（文化遺産，1997年），エッサウィラの旧市街（文化遺産，2001年）。
ヨルダン 正式国名： ヨルダン・ ハーシム家 王国	独立：1946（首都：アンマン）；国連加盟：1955； OIC：原加盟国（1969）； その他：アラブ連盟，非同盟諸国会議 国土：8.9万平方キロ 人口：553万人（2006年推定） 通貨：ヨルダン・ディーナール 公用語：アラビア語 宗教構成：イスラーム 92％（スンナ派＝シャーフィイー法学派，ハナフィー法学派），キリスト教6％	【概観】ローマ帝国以前から文明の十字路的な位置にあり，イスラーム軍がビザンツ軍を撃破したアジュナーダインの戦い（634年）以降にイスラーム化。イスラーム諸王朝の支配を経て，オスマン帝国崩壊後は，1923年に英国の委任統治のもと，かつてマッカ太守であったハーシム家（預言者ムハンマドの家系）の首長国（のち王政）を樹立。1946年にトランス・ヨルダンの名前で独立。1948年にはヨルダン川西岸を併合したが，67年の第3次中東戦争でイスラエルによって東エルサレムと共に占領された。2院制の議会が存在し，同胞団を母体とするイスラーム戦線党が主要な野党となっている。国民の過半がパレスチナ系で，生粋のヨルダン人は部族的紐帯を重んじる。イスラエルとは1994年に和平条約を締結。フサイン国王（在位1953〜99年）からアブドゥッラー国王が継承。【イスラーム組織】イスラーム運動としてムスリム同胞団，スーフィー教団としてヤシュルティー教団が最大。【イスラーム経済】1978年に国内初のイスラーム金融機関としてヨルダン・イスラーム銀行が設立され，国内3番目の規模の銀行に成長した。小口預金を集めて成功した事例として知られる。他に，国際アラブ・イスラーム銀行（1998年）。【世界遺産】アムラ城（文化遺産，1985年）。
リビア	独立：1951（首都：トリポ	【概観】ローマ，カルタゴ，ビザンツなどの諸勢力の支配

国名	基本情報	概要
大リビア・アラブ社会主義人民ジャマーヒリーヤ国	リ）；国連加盟：1955；OIC：原加盟国（1969）；その他：アラブ連盟，非同盟諸国会議，石油輸出国機構，アラブ・マグリブ連合 国土：175.9万平方キロ 人口：604万人（2007年推定） 通貨：リビア・ディーナール 公用語：アラビア語 宗教構成：イスラーム97％（スンナ派＝マーリク法学派）。ごく一部（トリポリ周辺）に，イバード派あり	を経て，7世紀後半からイスラーム化が進行。現在のリビア全体を領域とする王朝は生まれず，さまざまな王朝の時代を経て，オスマン帝国の版図に入る。1911年からはイタリアが植民地支配を行う。サヌースィー教団が大きな勢力を持ち，20世紀初頭に強力なレジスタンス活動を行なった。1951年の独立ではサヌースィー教団の長を元首とする連合王国となった。1969年に共和革命でカッザーフィー大佐が政権を掌握。1977年に「ジャマーヒーリーヤ（大衆国／諸人民国）」という新しい体制名を定めた。第3世界革命を唱えるカッザーフィー路線は，独自のイスラーム色を持っている。国際的には，欧米との摩擦も大きかったが，2003年以降は核兵器開発放棄宣言によって関係は改善した。【OIC】関連機関として，国際赤新月イスラーム委員会（ICIC，1980年設立，ベンガジ）。【イスラーム組織】公式な路線以外のイスラームは国内では強く規制されている。【世界遺産】アルジェリアとの国境に近いオアシス都市・ガダーミスの旧市街（文化遺産，1986年）。
レバノン 正式国名：レバノン共和国	独立：1943（首都：ベイルート）；国連：原加盟国（1945）；OIC：原加盟国（1969）；その他：アラブ連盟，G24，フランコフォニー国際組織，非同盟諸国会議 国土：1.04万平方キロ 人口：357万人（2005年推定。約40万人のパレスチナ難民は含めず） 通貨：レバノン・ポンド 公用語：アラビア語 宗教構成：イスラーム59.7～70％（シーア派がスンナ派より多い），キリスト教25～39％	【概観】文明の十字路として多様な勢力が勃興した。歴史的なシリア地方の一部であり，7世紀からイスラーム王朝の支配下に入った。険阻なレバノン山脈はマイノリティー宗派の避難地ともなり，現代に至る多宗派の環境が生まれた。16世紀以降はオスマン帝国の版図に入り，1920年にはシリアのフランスの委任統治下に置かれた。1943年に独立。不文の国民協約により，主要な政治職を宗派別に分配する「宗派制度（ターイフィーヤ）」をとったため，宗派が利権集団化する傾向が生まれた（大統領職はマロン派，首相はスンナ派，国会議長はシーア派など。現在公認された宗派は19）。その制度疲労から，1975～90年に内戦となる。1982年にイスラエル軍が侵攻したレバノン戦争を境として，イスラーム復興勢力が強まった。2000年以降はシーア派系のヒズブッラー（神の党）が最大の政治勢力となり，2006年夏にはイスラエルの攻撃に伍して戦った。1976年以来駐留していたシリア軍は，2005年に撤退。20世紀前半まではキリスト教徒が多かったが，現在は最大の宗派はシーア派となっている。【OIC】大統領は不文律でマロン派キリスト教徒であるが，イスラーム首脳会議ではレバノンを代表している。【イスラーム組織】ヒズブッラーのほか，スンナ派のイスラーム集団など。【イスラーム経済】1992年に国内初のイスラーム金融機関としてレバノン・アル＝バラカ銀行が設立される。2004年にイスラーム金融のための特別法を制定し，イスラーム金融機関の受け入れを推進している。他に，アラブ・ファイナンス・ハウス（2004年），アル＝アマーン・タカーフル保険（1988年）。【世界遺産】アンジャル（文化遺産，1984年）。

1 OIC 加盟国　505

【アフリカ】		
ウガンダ	独立：1962（首都：カンパラ）；国連加盟：1962；OIC 加盟：1974；その他：アフリカ連合 国土：24.1 万平方キロ 人口：3026 万人（2007 年推定） 通貨：ウガンダ・シリング 公用語：英語，スワヒリ語 宗教構成：イスラーム 12〜16％（スンナ派＝シャーフィイー法学派，マーリク法学派。少数のシーア派）。他は，カトリック 38％，プロテスタント 33％，在来宗教	【概観】東アフリカ沿岸部からのスワヒリ商人・アラブ商人によって，また北方のエジプト・スーダンから，イスラームが伝播。ブガンダ王国で 19 世紀に一時イスラームが重用されたこともあった。1890 年に英国の保護下に入り，1962 年には王政のまま独立。1967 年には共和国に移行。イディ・アミン政権（1971〜79 年）の時代にはムスリムの勢力が勃興したが，政権崩壊後は逆転した。 【OIC】OIC の支援で，ムバレにウガンダ・イスラーム大学（1988 年設立）。
ガボン	独立：1960（首都：リーブルビル）；国連加盟：1960；OIC 加盟：1974；その他：アフリカ連合，西アフリカ諸国経済共同体 国土：26.6 万平方キロ 人口：145 万人（2007 年推定） 通貨：CFA フラン 公用語：フランス語 宗教構成：イスラーム 12％，キリスト教 55〜75％（カトリックが多い），他は在来宗教	【概観】フランス保護領，仏領赤道アフリカ構成国を経て，1960 年に独立。ムスリム人口はフランス支配下の 19 世紀のセネガル人移民，20 世紀のハウサ商人の定住などによって増加した。ガボン人ムスリムは少なかったが，20 世紀後半に増加し始めた。独立後，初代大統領が死去したため，ボンゴ副大統領が昇格。翌 1968 年にボンゴ大統領はガボン民主党を結成，1990 年代初めまで一党独裁をおこなった。また，1973 年にイスラームに改宗して，アルバート・バーナード・ボンゴから，オマル・ボンゴと改名（2003 年にオンディンバの姓を追加）。1990 年代に民主化をおこないつつも，2005 年大統領選挙で 7 選。キリスト教およびイスラームの祭日は，国民の休日となっている。
カメルーン	独立：1960（首都：ヤウンデ）；国連加盟：1960；OIC 加盟：1975；その他：アフリカ連合 国土：47.5 万平方キロ 人口：1668 万人（2006 年推定） 通貨：CFA フラン 公用語：フランス語，英語 宗教構成：イスラーム 20〜22％。他は，キリスト教，在来宗教	【概観】スーダン系，バンツー系の民族が移動を繰り返し，多様な民族構成を持つ。商業を通じたイスラームとの接触は古くからあるが，イスラーム化の点ではチャド湖沿岸地域ではカネム・ボルヌ帝国の影響が，また 19 世紀初頭にモディボ・アダマが西部でイスラーム国家を建設したことが重要。ドイツ，英仏の支配の後，1960 年に仏領カメルーンが独立し，72 年にかつての英カメルーンとともに，カメルーン連合共和国となった。1984 年，現在の国名に改称。国民の 2 割を占めるムスリムは北部に多く居住する。初代大統領アマドゥ・アヒジョは北部出身ムスリムで，彼の時代（1960〜84 年）にムスリムの勢力が伸長した。【イスラーム組織】スーフィー教団としては，カーディリー教団，ティジャーニー教団が優勢。
ガンビア	独立：1965（首都：バンジュール）；国連加盟：	【概観】12 世紀にイスラーム伝来。13 世紀からマリ帝国の支配下に入り，イスラーム化が進行。18〜19 世紀には，

	1965；**OIC**加盟：1974；その他：アフリカ連合，西アフリカ諸国経済共同体 国土：1.1万平方キロ 人口：169万人（2007年推定） 通貨：ダラシ 公用語：英語 宗教構成：イスラーム90～95%（スンナ派＝マーリク法学派），キリスト教4%，在来宗教1%	特に19世紀後半のソニンケ・マラブー戦争（ガンビア川流域でのムスリム反乱）などを経て，優勢となった。1843年からは英国の直轄植民地に。1965年に独立。1982〜89年，セネガルとセネガンビア連邦。1994年に軍のクーデタが発生したが，97年から民政移管。【イスラーム組織】スーフィー教団として，ティジャーニー教団，カーディリー教団，ムリーディー教団。【イスラーム経済】イスラーム金融機関として，アラブ・ガンビア・イスラーム銀行（1994年）。
ギニア 正式国名：ギニア共和国	独立：1958（首都：コナクリ）；国連加盟：1958；**OIC**：原加盟国（1969）；その他：アフリカ連合，西アフリカ諸国経済共同体 国土：24.5万平方キロ 人口：995万人（2007年推定） 通貨：ギニア・フラン 公用語：フランス語 宗教構成：イスラーム80～92%（スンナ派＝マーリク法学派）。他は，キリスト教，在来宗教	【概観】11世紀にガーナからの商人を通じて，イスラームが到来。19世紀のサモリの戦争によって，西洋列強への抵抗が組織されると同時にイスラーム化が進んだ。1904年にはフランス領西アフリカに編入。1958年に独立を達成。初代大統領セク・トゥーレ（1958〜84年）は，はじめ社会主義路線によって脱イスラーム化を進めたが，後に路線を変更し，1977年には全国イスラーム評議会を設立。サウディアラビアの援助によって首都コナクリに建てられた大モスクは，西アフリカ最大とされる。スーフィー教団はティジャーニー教団が優勢で，1960年代の記録では聖者の75%が同教団に帰属するものであった（第2位はカーディリー教団の13%）。【イスラーム経済】イスラーム金融機関として，ギニア・イスラーム銀行（1983年），ファイサル・イスラーム銀行（1984年），ギニア・イスラーム投資会社（1984年）。
ギニアビサウ 正式国名：ギニアビサウ共和国	独立：1974（首都：ビサウ）；国連加盟：1974；**OIC**加盟：1974；その他：アフリカ連合，西アフリカ諸国経済共同体，ポルトガル語諸国共同体（CPLP） 国土：3.6万平方キロ 人口：147万人（2007年推定） 通貨：CFAフラン 公用語：ポルトガル語 宗教構成：イスラーム38～45%（スンナ派＝マーリク法学派）。他は在来宗教50%，キリスト教5〜8%	【概観】12〜14世紀までマリ帝国の支配下にあった。1879年にはポルトガルが現在の領域を支配。ギニアビサウ・カーボベルデ独立アフリカ党を中心に1962年から熾烈な独立運動が繰り広げられ，74年に独立。イスラームは人口数で第一の宗教となっている。ムスリムはフルベ人，マンディンカ人に多く，北部・北東部に居住する。
コートジボアール（英語ではIvory Coastと呼	独立：1960（首都：アビジャンから1983年にヤムスクロに遷都）；国連加盟：1960；**OIC**加盟：	【概観】古くは交易を通じて，イスラームが伝播した。13〜14世紀に北部がマリ帝国の周辺部にあった。15世紀以降，西欧諸国が沿岸部で奴隷と象牙の交易に従事。18世紀に北部のコンにジュラ人のイスラーム王国が成立。19

1　OIC 加盟国　　507

ばれる） 正式国名： コートジボアール共和国	2001；その他：アフリカ連合，西アフリカ諸国経済共同体，G24 国土：32.2万平方キロ 人口：1801万人（2007年推定） 通貨：CFAフラン 公用語：フランス語 宗教構成：イスラーム35〜40%（スンナ派＝マーリク法学派）。他はキリスト教，在来宗教	世紀後半に，サモリ・トゥレが西からコートジボワール北部に移動してイスラーム国家（第2次サモリ帝国）を樹立したが，英仏に敗れ，コートジボワールはフランスに植民地化された。1904年に仏領西アフリカに編入，58年のフランス共同体内の自治共和国を経て，60年独立。一党支配体制が続いたが，1990年に複数政党制に。その後，1999年のクーデタ，2002年からの内戦などで不安定化した。2007年のワガドゥグ合意などによって，国内安定化への努力が続いている。ムスリム人口は歴史的に国土の北半分に多かったが，現在は全国的に都市部で増加している。イスラーム，キリスト教の祭日は国民の休日となっている。スーフィー教団として，カーディリー教団，次いでティジャーニー教団が有力。
コモロ 正式国名： コモロ連合	独立：1975（首都：モロニ）；国連加盟：1975；OIC加盟：1976；その他：アラブ連盟，アフリカ連合 国土：2235平方キロ 人口：71万人（2007年推定） 通貨：コモロ・フラン 公用語：アラビア語，フランス語，コモロ語 宗教構成：イスラーム98〜99%（スンナ派＝シャーフィイー法学派），他はカトリックなど	【概観】伝説では650年にイスラーム伝来。アラブ・イスラーム商人の交易中継地として栄え，9世紀にはアラブ人のスルタンの支配化に入る。1886年にはフランスの支配下に入り，1975年に独立を達成。1978年には「コモロ・イスラーム連邦共和国」となった。1997年には三つの島のうちの一つが独立を宣言，中心となるグランドコモロ島との共存か，宗主国フランスへの再併合かをめぐって競合。1999年には紛争が再発したため，軍事政権によって新憲法採択，コモロ連合となった。三つの島に大統領府と立法府を設立，連邦大統領が全体の権限を持つ。イスラームは国教。1993年にアラブ連盟に加盟。
シエラレオネ 正式国名： シエラレオネ共和国	独立：1961（首都：フリータウン）；国連加盟：1961；OIC加盟：1972；その他：アフリカ連合，西アフリカ諸国経済共同体 国土：7.1万平方キロ 人口：564万人（2006年推定） 通貨：レオネ 公用語：英語 宗教構成：イスラーム60〜70%，他はキリスト教，在来宗教	【概観】マンディンカ人の商人や移住者によって15世紀にイスラームが伝播したと考えられるが，イスラーム化が進行したのは18世紀から。ムスリムは北部・西部を中心に居住している。1808年，英国が沿岸部を直轄の植民地とした。19世紀に全域の保護領化が確定。第2次大戦後，独立運動が盛んになり，1961年に英国連邦の一員として独立。1971年に共和制に移行したが，不安定な国情が続いた。1991年には反政府軍（革命統一戦線，RUF）が蜂起，内戦が勃発した。ナイジェリアを中心とする西アフリカ諸国平和維持軍の派遣などもあり，最終的には国連シエラレオネミッション（UNAMSIL，1999〜2005年）によって和平を得た。2006年から，国連シエラレオネ統合事務所（UNIOSIL）が活動。イスラームとキリスト教の祭日は，国民の休日となっている。
ジブチ 正式国名： ジブチ共和国	独立：1977（首都：ジブチ）；国連加盟：1977；OIC加盟：1978；その他：アフリカ連合，アラブ連盟 国土：2.3万平方キロ	【概観】アフリカの角に位置する小国で，港湾都市が中心の小国。古くからアラブ商人が中継地として利用する中で，イスラームが徐々に浸透。19世紀後半からは西欧列強の植民地争奪の場となった。1888年には仏が支配権を握り，フランス領ソマリランドに（後に，仏領アファール・イッサ）。1977年に独立を達成。アファール人とソマ

人口：80万人（2006年推定）
通貨：ジブチ・フラン
公用語：アラビア語，フランス語
宗教構成：イスラーム94〜99％（スンナ派＝シャーフィイー法学派），他はキリスト教など

リ人イッサ氏族の間で緊張があり，1980〜90年代の政争につながった。アラブ連盟に，1977年加盟。国内では，スーフィー教団のカーディリー教団が大きな広がりを持っている。米軍が対テロ戦の司令基地を置いているが，サハラ以南アフリカで米国が基地を持っている唯一の国。タジュラの七つのモスクが有名。

スーダン 正式国名：スーダン共和国	独立：1956（首都：ハルツーム）；国連加盟：1956；OIC：原加盟国（1969）；その他：アフリカ連合，アラブ連盟 国土：250.5万平方キロ 人口：3700万人（2006年推定） 通貨：スーダン・ディナール 公用語：アラビア語 宗教構成：イスラーム70％（スンナ派＝マーリク法学派が主），在来宗教25％，キリスト教5％	【概観】アフリカ最大の国土を持つ。「スーダーン（黒人たちの国々）」は歴史的に，サハラ以南の広大なサバンナ地帯を指す語であり，現在のスーダンはその東部に相当する。イスラームは北のエジプト，東のアラビア半島から浸透し，16世紀からは地方的なイスラーム王朝が成立した。1821年に北部地域がオスマン帝国の支配下のエジプト領に入り，79年全土を統合。1883年にマフディー運動によって独立国家が形成され，一時は英国のゴードン将軍を敗死させる勢いを示したが，99年に英・エジプト連合軍に敗退し，両国の共同支配下に置かれた。1956年に独立を達成したが，アラブ・イスラーム地域である北部と非イスラームの南部との緊張関係から内戦が続いた。1989年ウマル・バシール准将の軍事クーデタにより，イスラーム政権が成立。南部和平の一方で，2003年から西部のダルフールでイスラーム系同士の民族問題が発生した。豊かな農業力を有し，石油も産出し，開発の潜在力は高い。【イスラーム経済】1977年に国内初のイスラーム金融機関としてスーダン・ファイサル・イスラーム銀行が設立された。ヌマイリー政権のイスラーム化政策の下で，1980年代前半に経済制度のイスラーム化を推進。1984年の政令によって国内のすべての商業銀行で利子をとることが禁じられたが，ヌマイリーの失脚に伴って不十分なままに終わった。その後，1992年に，新たな特別措置法が制定され，政府部門や海外部門も含めた包括的なイスラーム金融制度が導入された。1979年に世界初のイスラーム保険会社であるスーダン・イスラーム保険会社をDMI（ダール・アル＝マール・アル＝イスラーミー）グループが設立。他に，スーダン・ファイサル・イスラーム銀行（1977年），タダーモン・イスラーム銀行（1981年），スーダン・イスラーム銀行（1982年），シャマール・イスラーム銀行（1983年），スーダン・アル＝バラカ銀行（1984年），アル＝バラカ保険会社（1984年），ワタニーヤ相互保険会社（1989年）。
セネガル 正式国名：セネガル共和国	独立：1960（首都：ダカール）；国連加盟：1960；OIC：原加盟国（1969）；その他：西アフリカ諸国経済共同体	【概観】最北部のタクルールは11世紀にはイスラーム化。14〜15世紀のマリ帝国，15〜16世紀のジョロフ王国の影響を受け，イスラームは商業および宮廷で大きな影響力を持った。19世紀後半に，アフマド・バンバがムリーディー教団を興し，今日まで大きな教勢を誇っている。15

1　OIC 加盟国　509

	国土：19.6万平方キロ 人口：1192万人（2006年推定） 通貨：CFAフラン 公用語：フランス語 宗教構成：イスラーム90～94％（スンナ派＝マーリク法学派），他はキリスト教，在来宗教	世紀にポルトガルが進出して以来，欧州列強の争奪の地になり，1854年フランスが植民地化する。1957年以降，独立運動が高揚，60年に独立を勝ち取った。1982～89年，セネガンビア連邦（主権問題から対立して，離脱）。主要なムスリム民族として，ウォロフ人，フルベ人など。スーフィー教団として，ティジャーニー教団，ムリーディー教団。【OIC】第6回イスラーム首脳会議（ダカール，1991年）。OIC情報文化委員会・議長国。事務局長（1975～79年）。【イスラーム経済】イスラーム金融機関として，セネガル・イスラーム銀行（1983年），ファイサル・イスラーム銀行（1984年）。【世界遺産】ゴレ島（文化遺産，1978年）。
ソマリア 正式国名： ソマリア民主共和国	独立：1960（首都：モガデシオ）；国連加盟：1960；OIC：原加盟国（1969）；その他：アフリカ連合，アラブ連盟，非同盟諸国会議 国土：63.7万平方キロ 人口：848万人（2006年推定） 通貨：ソマリア・シリング 公用語：ソマリ語，アラビア語 宗教構成：イスラーム98～100％（スンナ派＝シャーフィイー法学派）	【概観】沿岸部には古くからイスラームが伝播したが，内陸部のソマリ人のイスラーム化は11～13世紀に進行した。19世紀には，英・仏・伊の欧州列強および隣国エチオピアの侵食を受けた。19世紀末から1920年まで，英領ソマリランドで，サーリヒー教団を設立したモハメド・アブドゥッレ・ハサンの反英闘争が行われた。1960年にイタリア領ソマリランドと英領ソマリランドが合併して独立。1969年にバッレ政権が成立して，科学的社会主義を唱え，イスラーム派の抵抗も起こった。1991年のバッレ政権崩壊から，内戦状態となり，ソマリ人の諸氏族と諸勢力が覇を競うことになった。同年に北西部でソマリランド共和国が分離，1992年には北東部でプントランドが自治政府を樹立。南部では2000年にようやく暫定政府が成立する一方，2006年には首都の一帯でイスラーム法廷連合が勢力伸長，翌年暫定政府はエチオピア軍の支援で首都を制圧した。国民の多くが遊牧民で，ソマリ語は豊かな詩の伝統を持つ。
チャド 正式国名： チャド共和国	独立：1960（首都：ヌジャメナ）；国連加盟：1960；OIC：原加盟国（1969）；その他：アフリカ連合 国土：126.7万平方キロ 人口：998万人（2006年推定） 通貨：CFAフラン 公用語：アラビア語，フランス語 宗教構成：イスラーム50～55％，他はキリスト教，在来宗教	【概観】9世紀からチャド湖周辺で栄えたカネム帝国は11世紀にはイスラーム化，ワダイなどのイスラーム都市王国が興亡を繰り返す。19世紀以降，欧州列強の争奪の対象となり，1900年にフランス領となる。1910年フランス領赤道アフリカの一部に編入。1960年に独立したものの，その後，リビアとフランスも関わる内戦が断続的に発生。1990年にようやく終結した。アラビア語は公用語の1つであるが，アラブ連盟には加盟していない。人口の半数を占めるムスリムは北部の諸民族が中心。スーフィー教団として，ティジャーニー教団。
トーゴ 正式国名： トーゴ共和国	独立：1960（首都：ロメ）；国連加盟：1960；OIC加盟：1997；その他：アフリカ連合，西アフリカ諸国経済共同体	【概観】サハラ交易路を通じて，ベルベル人，トゥアレグ人の商人によってイスラームが伝播。本格的なイスラーム化は18世紀から。15世紀からポルトガルが進入。以降，欧州列強が争奪を繰り返し，19世紀末ドイツが占領してトーゴと名づける。1914年英仏連合が占領，分割統治。

	国土：5.6万平方キロ 人口：630万人（2006年推定） 通貨：CFAフラン 公用語：フランス語 宗教構成：イスラーム15〜20％，他は在来宗教，キリスト教	英領は1957年にゴールドコーストと統合，ガーナとして独立。仏領が1960年に独立を勝ち取り，トーゴとして独立。ムスリムはほとんどがスンナ派（マーリク法学派）。民族的にはコトコリ人のイスラーム化が最も進んでおり，国内ムスリム人口の半数を占める。スーフィー教団として，ティジャーニー教団。
ナイジェリア 正式国名：ナイジェリア連邦共和国	独立：1960（首都：アブジャ）；国連加盟：1960；OIC加盟：1986；その他：石油輸出国機構，アフリカ連合，西アフリカ諸国経済共同体 国土：92.3万平方キロ 人口：1億4000万人（2006年国勢調査） 通貨：ナイラ 公用語：英語 宗教構成：イスラーム50％（スンナ派＝マーリク法学派），キリスト教40％，在来宗教10％	【概観】現在，インドネシア，南アジア3カ国に次ぐ，世界第5位のムスリム人口を擁している。産油国としても世界有数。北部では7世紀以降，イスラーム文化が開花。南部では12〜17世紀にヨルバ人による王国が興亡。17世紀には奴隷貿易が行われた。19世紀には，北部にオスマン・ダン・フォディオが指導するジハード運動が起き，ソコト・カリフ国（1812〜1903年）を樹立した。他方，英国が支配圏を拡大し，1900年に，北部（フルベ人，ハウサ人），西部（ヨルバ人），東部（イボ人）を合体して今日のナイジェリアの原型をつくった。1960年には独立を勝ち取ったが，66〜70年のビアフラ内戦や多くのクーデタを含め，政情の不安定が続いた。軍事独裁政権の後，1999年に複数政党制に基づく選挙を実施，オバサンジョ文民政権成立。同時に発効した新憲法は，北部でのイスラーム法裁判所の設置を認めた。なお，2006年の国勢調査では，宗教・民族に関する質問項目は入れられなかった。【イスラーム経済】1990年代後半から在来型金融機関によるイスラーム金融商品の取り扱いが始まっていたが，2004年に，国内初のイスラーム金融機関としてジャーイズ銀行が中央銀行から認可を受けた。また，2003年にアフリカン・アライアンス保険会社がイスラーム保険商品の取り扱いを開始。
ニジェール 正式国名：ニジェール共和国	独立：1960（首都：ニアメー）；国連加盟：1960；OIC：原加盟国（1969）；その他：アフリカ連合，西アフリカ諸国経済共同体 国土：126.7万平方キロ 人口：1441万人（2006年推定） 通貨：CFAフラン 公用語：フランス語 宗教構成：イスラーム80〜95％（スンナ派がほとんど。一部シーア派）。他は在来宗教，キリスト教	【概観】10世紀前後からサハラ交易を通じて，イスラームが伝播。その後，西部にソンガイ王国が，東部にボルヌ王国が，南部にハウサ諸国が影響力を及ぼした。19世紀以降，欧州列強の争奪の地となり，1898年にはフランスが支配して，今日の領域が生まれた。1922年にはフランス領西アフリカに編入。1960年に独立。1987年まで軍事独裁政権が継続，その後民主化運動が高揚。1993年に複数政党制による選挙を実施。1996年，99年には軍事クーデタが発生したが，同年，民政移管した。民族的構成は非常に複雑。スーフィー教団は，16世紀以来のカーディリー教団にくわえ，19世紀に導入されたティジャーニー教団が今日もっとも盛ん。他に，サヌースィー教団，シャーズィリー教団もある。【OIC】事務局長（1989〜96年）。OICの支援で，ニジェール・イスラーム大学（1986年，ニアメー）。【イスラーム経済】イスラーム金融機関として，ニジェール・イスラーム銀行（1983年），ファイサル・イスラーム銀行（1984年），ニジェール・イスラーム

1　OIC加盟国　511

		投資会社（1984年）。
ブルキナファソ 正式国名：ブルキナファソ	独立：1960（首都：ワガドゥグ）；国連加盟：1960；**OIC加盟**：1975；その他：アフリカ連合，西アフリカ諸国経済共同体 国土：27.4万平方キロ 人口：1358万人（2006年推定） 通貨：CFAフラン 公用語：フランス語 宗教構成：イスラーム50～60％。他は在来宗教，キリスト教	【概観】15世紀半ばからモシ王国が，ソンガイ帝国に対抗し，さらに19世紀になってからもフルベのジハード運動に対抗してイスラーム支配を拒んだが，商人や遊牧民を通じてイスラームはゆるやかに浸透した。19世紀後半に欧州列強が侵入，1904年フランス領西アフリカに編入された。1960年にはオートボルタ共和国の名前で独立を達成，84年に現国名（清廉な国の意）に改名。植民地化以降にイスラーム人口が次第に増加してきた。フルベ人のほとんど，マリンケ人の約半数，モシ人の4分の1ほどがムスリム。スーフィー教団としてカーディリー教団が最も古く，規模も大きい。
ベナン 正式国名：ベナン共和国	独立：1960（首都：ポルトノボ）；国連加盟：1960；**OIC加盟**：1982；その他：アフリカ連合，西アフリカ諸国経済共同体 国土：11.2万平方キロ 人口：869万人（2006年推定） 通貨：CAFフラン 公用語：フランス語 宗教構成：イスラーム24.4％（2002年国勢調査）。他は在来宗教，キリスト教	【概観】北方のサハラ交易路を通じて，イスラームが伝播。現在も，ムスリム人口は北部が中心。15世紀末から欧州人の流入が始まり，その後1851年にフランスが保護国化する。1904年にはフランス領西アフリカに編入する。その後，1958年に自治を獲得，60年に独立を達成した。その後，度重なるクーデタによって政権の不安定化が進行。1972年には無血クーデタでケレク政権が誕生，社会主義政権が成立し，国名をベナンに改名した。スーフィー教団として，ナイジェリアから伝来したティジャーニー教団，カーディリー教団が広がっている。
マリ 正式国名：マリ共和国	独立：1960（首都：バマコ）；国連加盟：1960；OIC：原加盟国（1969）；その他：アフリカ連合，西アフリカ諸国経済共同体 国土：124.1万平方キロ 人口：1391万人（2006年推定） 通貨：CFAフラン 公用語：フランス語 宗教構成：イスラーム80～90％，他は在来宗教，キリスト教	【概観】13～16世紀にマリ帝国が栄え，この間にイスラーム化が進行した。この王国は西アフリカ各地で産出する金によって栄え，1324年に巡礼したマンサ・ムサ王はマッカやカイロで多量の金を消費して金相場を暴落させた。11世紀初頭からのソンガイ帝国は，15世紀のアスキア朝がそれまで反イスラーム的であったソンニ朝を転覆させて，イスラーム化政策をとった。初代のアスキア・ムハンマド王は，マッカ巡礼（1496年）によって「スーダーンのカリフ」と呼ばれた。学問都市トンブクトゥが両帝国の時代に栄え，16～17世紀に書かれたトンブクトゥ年代記が重要な史料として残されている。19世紀にはハージ・ウマルのジハード運動によるトゥクロール帝国がマリの大半を版図に入れた。19世紀末にフランスの勢力が拡大し，1904年にフランス領西アフリカに編入。1959年にセネガルと連合を決定し，翌60年にマリ連邦として独立。同年にセネガルが連邦を離脱したため，マリ共和国として改めて独立を達成した。1968年からムサ・トラオレの独裁政権が92年まで継続したが，その後複数政党制へと移行した。ジェンネの大モスクは，西アフリカ固有の建築様式として名が高い。【世界遺産】ジェンネ旧市街（文化遺産，

		1988年)，トンブクトゥ（文化遺産，1988年)，アスキア墳墓（文化遺産，2004年)。
モザンビーク 正式国名： モザンビーク共和国	独立：1975（首都：マプト）；国連加盟：1975；OIC加盟：1994；その他：アフリカ連合，南部アフリカ開発共同体（SADC)，ポルトガル語諸国共同体（CPLP） 国土：80.1万平方キロ 人口：2014万人（2006年推定） 通貨：メティカル 公用語：ポルトガル語 宗教構成：イスラーム17.8〜20%（スンナ派＝シャーフィイー法学派)。他は在来宗教，キリスト教	【概観】10〜15世紀の間，沿岸部は交易に携わるアラブ人が支配し，14〜15世紀には，キルワ（現タンザニア）のスルタンの支配も及んだ。その後，15世紀のバスコ・ダ・ガマの来航以降，500年近くポルトガルの支配下に置かれた。1960年代からは独立運動が激化，モザンビーク解放戦線（FRELIMO）が10年以上にわたる独立闘争の後，75年に独立を達成。独立後，FRELIMOの一党独裁，親ソ路線をとった。1990年に複数政党制を導入。ムスリムのほとんどがスンナ派で，一部にイスマーイール派。ムスリム人口は2割程度であるが，OICには1994年に加盟し，活発なメンバーとなっている。1998年には，ナンプラにイスラーム大学（ムーサー・ビン・ビクー大学）が設立された。
【ヨーロッパ】		
アルバニア 正式国名： アルバニア共和国	独立：1912（首都：ティラナ）；国連加盟：1955；OIC加盟：1992 国土：2.8万平方キロ 人口：313万人（2005年推定） 通貨：レク 公用語：アルバニア語 宗教構成：イスラーム70%（スンナ派)，アルバニア正教会20%，ローマ・カトリック10%	【概観】ヨーロッパで唯一ムスリムが多数を占める国。1502年以降，約400年にわたりオスマン帝国の支配下にあって，イスラーム化が進行。1912年に勃発した第1次バルカン戦争に際して，独立を果たした。その後，イタリアの委任統治領となったが，1921年に再独立。1928年ゾグが国王として独裁政権をしいたが，39年から再びイタリアの支配下に。その後，共産党を中心に，完全な独立を達成，1946年に共和国に移行。1991年まで労働党の一党独裁政権であったが，ソ連とは一線を画し，独自の路線を歩んだ。共産主義の支配が終焉してから，共和制・複数政党制を敷いている。共産主義時代に世俗化が進行し，イスラームは弱体化したが，近年モスクの再建・新設もおこなわれている。【世界遺産】ギロカストラの博物館都市（文化遺産，2005年)。
【アメリカ】		
ガイアナ 正式国名： ガイアナ協同共和国	独立：1966（首都：ジョージタウン）；国連加盟：1966；OIC加盟：1998；その他：米州機構，カリブ共同体・共同市場 国土：21.4万平方キロ 人口：75万人（2007年推定） 通貨：ガイアナ・ドル	【概観】1621〜1781年の間オランダの東インド会社の支配が継続。その後，英国が勢力を拡大し，1814年に英国領となった。1966年に独立を達成。1970年には共和制に移行。1980年に社会主義路線によって，ガイアナ共同共和国と改名。ムスリムは南アジアからの移民の子孫が大半で，ムスリムの間ではウルドゥー語が広く通用する。西アフリカから奴隷としてムスリムが連れてこられたとも考えられるが，記録が残っている最初のムスリムは，1838年に南アジアから到着した。ガイアナは1996年にOICのオ

2　OICオブザーバー国

	公用語：英語 宗教構成：イスラーム10〜12%（ほとんどがスンナ派），キリスト教50%，ヒンドゥー教35%	ブザーバーとなり，98年に正式に加盟した。
スリナム 正式国名： スリナム共和国	独立：1975（首都：パラマリボ）；国連加盟：1975；OIC加盟：1996；その他：米州機構，カリブ共同体・共同市場 国土：16.3万平方キロ 人口：45万人（2007年推定） 通貨：スリナム・ドル 公用語：オランダ語 宗教構成：イスラーム19.6〜20%，ヒンドゥー27%，プロテスタント25%，カトリック23%	【概観】南北アメリカでは，ムスリム人口の比率がもっとも多い国。国内のイスラーム団体の推計では25%ともされているが，その一方，独立以来5万人ものムスリムがオランダに移住している。スリナムは，1667年に英国がオランダに委譲して以来，オランダの支配下にあり，コーヒー，カカオ，砂糖，バナナなどの輸出で栄えた。1975年に独立を達成。ムスリムは19世紀にインドから来た年季奉公人や20世紀に入ってからのインドネシア農民などの移民の子孫が主体で，現在のムスリム人口のうちの65%がインドネシア系，30%がインド系。断食明けの祭りは，国民の休日となっている。

2　OICオブザーバー国

【アジア】

タイ 正式国名： タイ王国	独立：1238（首都：バンコク）；国連加盟：1946；OIC加盟：1998（オブザーバー） 国土：51.3万平方キロ 人口：6282万人（2007年推定） 通貨：バーツ 公用語：タイ語 宗教構成：イスラーム3〜4.6%	【概観】タイは仏教国であるが，イスラームは人口的に第二の宗教となっており，過去に国会議長や外務大臣となるエリートも輩出している。ムスリム人口のうち4分の3は南部4州に住むマレー系のエスニック・マイノリティ。他は中部の首都圏を中心に居住しているが，出自はペルシア系，インド系，ジャワ系，チャム系（カンボジア），中国系など多様であるが，タイ社会におおむね同化しておりタイ語を話す。南部のムスリムは，マレー半島でもっとも古いイスラーム王朝の一つであるパタニー王国に起源を持つ（18世紀後半にタイの支配下に入った）。彼らはマレーシア北部諸州のムスリムと民族・言語的な共通性を持ち，分離・独立を求める運動が20世紀に続いてきた。また，20世紀初頭以来，サラフィー主義的なイスラーム改革派もタイ・ムスリムの間に広まってきた。近年は，イスラーム色の強い急進派も登場している。【イスラーム経済】1990年代後半から，在来型金融機関（シャム・シティ銀行，クルン・タイ銀行）や政府系金融機関（農業協同銀行，政府貯蓄銀行）によってイスラーム金融商品が取り扱われている。2003年に国内初のイスラーム金融機関であるタイ・イスラーム銀行が設立された。
モロ民族解放戦線	独立していない：南部フィリピンで，自治政府。 OIC加盟：1977（オブザーバー）	【概観】フィリピンは多様なエスニック集団から成るが，南部に住むイスラーム系の諸エスニック集団がイスラームの紐帯によって「モロ民族」であると自己規定し，モロ民族解放戦線が1970年に独立闘争を開始。1977年には，

		OICのオブザーバーの地位を獲得した。1990年に，ムスリム・ミンダナオ自治区が発足した。1984年に分離したモロ・イスラーム解放戦線は独立闘争を継続しており，また，さらに急進的なアブー・サヤフ・グループも活動している。

【アフリカ】

中央アフリカ 正式国名：中央アフリカ共和国	独立：1960（首都：バンギ）；国連加盟：1960；OIC：1997（オブザーバー）；その他：アフリカ連合 国土：62.2万平方キロ 人口：409万人（2006年推定） 通貨：CAFフラン 公用語：サンゴ語（国語・公用語），フランス語（公用語） 宗教構成：イスラーム15〜20%	【概観】イスラームは主に北方から広がった。19世紀後半からフランスの支配下に入り，仏領赤道アフリカから1958年に自治権，60年に独立した。1976年にボカサ大統領が皇帝を名乗り，中央アフリカ帝国と改名。1979年，クーデタで共和制に。イスラームは，人口のおよそ半数を占めるキリスト教に次いで，第二の宗教。ムスリムは北部に多い。

【ヨーロッパ】

ボスニア・ヘルツェゴヴィナ 正式国名：ボスニア・ヘルツェゴビナ	独立：1992（首都：サライェヴォ）；国連加盟：1992；**OIC加盟**：1994（オブザーバー） 国土：5.1万平方キロ 人口：390万人（2006年推定） 通貨：マルカ 公用語：ボスニア語，セルビア語，クロアチア語 宗教構成：イスラーム40％（スンナ派），セルビア正教31％，カトリック15％，その他14％	【概観】オスマン帝国の解体過程で，かつてのユーゴスラビアが作られ，さらに第2次世界大戦後，チトーの指導下で社会主義国としてのユーゴスラビアが成立。1971年に「ムスリム人」という民族名称が認定された。その当時は，全人口の1割程度であった。さらに，社会主義体制の崩壊に伴うユーゴスラビアの解体が生じると，1992年からボスニア紛争が起きた。ムスリムの独立国家志向に対して，反対するセルビア人との間で激しい民族紛争となり，OICは前者を支援しようとしたが，実効をあげなかった。1995年の和平合意でボスニア・ヘルツェゴヴィナが連邦国家として生まれた。そこでは，イスラーム・アイデンティティに立脚するボスニア人とボスニア語が誕生した。ボスニア人の間ではイスラーム復興も生じている。【イスラーム経済】イスラーム金融機関として，ボスニア国際銀行（2000年）。【世界遺産】モスタル旧市街の古橋地区（文化遺産，2005年）。
ロシア 正式国名：ロシア連邦	独立：1991（首都：モスクワ）；国連加盟：1945；**OIC加盟**：2005（オブザーバー）；その他：独立国家共同体，G8 国土：1709.8万平方キロ	【概観】ロシアは，1552年のカザン・ハーン国を征服して以来，ムスリム人口を抱えるようになった。ロシア帝国が併呑した多くのイスラーム小王朝とその版図は，ソ連に引き継がれた。中央アジアのイスラーム諸国は，ソ連解体と共に独立を達成したが，ロシア連邦内にはイスラーム諸地域があり，総人口の1割程度はムスリムと考えられる。

	人口：1億4253万人（2006年） 通貨：ルーブル 公用語：ロシア語 宗教構成：イスラーム10〜15％。国民の大半がロシア正教	チェチェン共和国のように独立闘争を継続している場合と、タタールスタン共和国のように自治で満足している場合がある。特にチェチェン紛争は1994年から始まり、94〜96年、99〜2000年の戦争期の後も、チェチェン独立派によってテロ戦術を含むゲリラ戦が続いている。【イスラーム経済】ソ連崩壊後、1992年にイスラーム銀行が設立されるが、その後破綻。1998年に新たにバドル・フォルテ銀行が設立された。
北キプロス・トルコ共和国	独立：1983（首都：レフコシャ、国際的にはトルコによってのみ承認） 国土：3355平方キロ 人口：22万人（2005年推定） 宗教構成：イスラーム99％	【概観】地中海東部に位置するキプロス島は、古来さまざまな国家の支配下に置かれてきたが、1517年にヴェネツィア共和国からオスマン帝国の手に移り、1878年からはイギリス統治下に置かれた。ムスリム住民はオスマン時代から。1960年にキプロスはイギリスから独立したが、ギリシア系・トルコ系の民族紛争から74年に南北の分断状態となり、83年に北キプロス・トルコ共和国が独立を宣言した。

3　ムスリムが人口の過半であるが、OICに加盟していない国

【アフリカ】

エリトリア	独立：1993（首都アスマラ） 国土：11.76万平方キロ 人口：453万人（2006年推定） 公用語：ティグリニャ語、アラビア語、英語 宗教構成：イスラーム80〜85％（スンナ派）	【概観】イスラームは紅海対岸のアラビア半島から古くから伝わった。1890年のイタリア支配、1942年の英国の保護領を経て、52年にエチオピアと連邦を形成したが、62年にエチオピアが併合したため、その10年後からエリトリア解放戦線の独立闘争が行われ、93年に独立を達成した。第2次世界大戦後、既存の国民国家から分離・独立した数少ない例の一つ。アラビア語を公用語とするが、アラブ連盟に加盟せず、また人口の大半がムスリムであるが、OICに加盟していない。

4　その他、ムスリム・マイノリティの存在が大きな意味を持っている国

【アジア】

インド【概観】1947年のインド・パキスタン分離独立により、多くのムスリムが「イスラーム国」としてのパキスタンに移住した。しかし、ムスリムの中にも分離反対派はおり、インドに居住するムスリムは世俗国家としてのインド内で共存している。インド自体は大多数がヒンドゥー教で、14％程度のイスラームは相対的なマイノリティであるが、インド自体が世界第2位の人口大国なので、絶対数ではインド・ムスリムは国別世界第4位となっている。そのうち9割はスンナ派（ハナフィー法学派）、他はシーア派。第11代大統領（2002〜07年）はムスリム科学者出身のA・P・J・アブドゥル・カラムが務めた。インド国内には、デリー、アグラを初めとして、多くのイスラーム史跡がある。【OIC】オブザーバー加盟申請をおこなったが、サウディアラビアなどの支持にもかかわらず、カシュミール紛争などを理由にパキスタンなどが反対。【イスラーム組織】イスラーム党（ジャマーアテ・イスラーミー）、インド・ウラマー連合、タブリーギー・ジャマーアトなど。【イスラーム経済】銀行法では利子をとらない金融業務が認められていないことから、インドにおけるイスラーム金融の多くは、会社法にもとづいた投資会社の形で行われている。イスラーム金融機関として、アル=アメーン・イスラーム金融投資会社（1985年）、アル=バラカ・ファイナンス・ハウス（1989年）。【世界遺産】アーグラ城塞（文化遺産、1983年）、タージ・マハル（文化遺産、1983年）、ファテープ

ル・シークリーの都（文化遺産，1986年），デリーのフマユーン廟（文化遺産，1993年），デリーのクトゥブ・ミナールとその建造物群（文化遺産，1993年）．

カンボジア【概観】 ムスリムの少数民族として主要なチャム人は，かつてベトナムにあったチャンパ王国のムスリムが15世紀にカンボジアに移民した末裔とされている．カンボジアのムスリムには，他にマレー系，アラブ系，インド系，カンボジア人改宗者の子孫もいる．主としてスンナ派で，カンボジアの仏教社会との関係は良好であった．1975年までのムスリム人口はおよそ70万人だったが，ポル・ポト政権（1975〜79年）によってイスラームも過酷な弾圧と虐殺の対象となり，数知れぬ犠牲と難民化によって80年には15〜19万人まで激減した．カンボジア内戦の終結後は，信教の自由は回復されている．

シンガポール【概観】 いったんは1963年にマレーシア連邦に参加しながら，65年にシンガポール共和国として独立．マレー系は人口的には少数であるが，マレー語は国語の一つ．総人口454万人（2007年推計）の15%程度を占めるムスリムのほとんどがマレー系，一部に中国系の改宗者．イスラーム法も尊重されている．**【イスラーム経済】** アジアの金融センターとしての地位の維持・向上の観点からイスラーム金融に注目し，2005年以降，イスラーム金融業務に対する特別措置がとられる．イスラーム保険においては，HSBCによるタカーフル・ファンドが80%のシェアを獲得している．

スリランカ【概観】 エスニック・マジョリティーのシンハラ人は仏教が大多数を占める．インドからの移民に発するタミル人との民族紛争が1970年代後半から生じているが，タミル人の多くはヒンドゥー教で，ムスリムは紛争には直接関係していない．イスラーム人口は，総人口2010万人（2007年推計）の7.6%程度．**【イスラーム経済】** イスラーム金融機関として，アマーナ投資会社（1997年），アマーナ・タカーフル保険（1999年）．

中国【概観】 イスラームと中国の接触は，751年のタラス河畔の戦いにさかのぼる．中央アジアに歩を進めたイスラーム軍はここで高仙芝の率いる唐軍と会戦し，これを破った（その際に製紙法がイスラーム世界に伝わったとこれまでされてきた）．その後，イスラームの広がりとともに，歴代中国王朝でもムスリム商人が活躍した．特に，明に仕えたムスリムの武将・鄭和（1371〜1434年）は7度の大航海を率いて大功をあげた（西はアラビア半島，アフリカ東部まで達した）．また，中央アジアのトルキスタン（トルコ化した地域）で，10〜15世紀にイスラームが広がった．清朝は18世紀半ばに東トルキスタンを征服した．この地域は，1933年に短命の東トルキスタン共和国を樹立したが，その後新疆ウイグル自治区として中華人民共和国の支配下に置かれた．今日でも，同自治区での独立志向に対して，中央政府は神経をとがらせている．他方，現在の中国ではイスラーム系諸民族は，少数民族のカテゴリーで理解され，中国語を母語とする回族のほか，新疆のウイグル，カザフなどを含めて合計10の民族が認められている．総人口13億2863万人（2007年推定）のうち，1〜2%．文化大革命時代は宗教が抑圧されたが，その後イスラームも復興している．モスクは清真寺，ハラール食を供するムスリム・レストランは清真飯店と呼ばれてきた．今日では，イスラームは一般に「伊斯蘭」と表記される．

フィリピン【概観】 総人口8846万人（2007年推定）の5%程度．南部のミンダナオ島，スールー諸島，首都マニラなどに居住．13世紀頃，南部にイスラームが伝来．15〜16世紀にはイスラーム諸王朝が成立した．スペイン支配期の植民地化とカトリック布教に対する抵抗として，16〜19世紀に断続的にいわゆる「モロ戦争」がおこなわれた．（→「モロ民族解放戦線」の項も参照）**【OIC】** フィリピンはOIC加盟を検討したことがあるが，OIC側でモロ民族解放戦線が反対．**【イスラーム経済】** イスラーム金融機関として，アル＝アマーナ・イスラーム投資銀行（1991年）．

ミャンマー（ビルマ）【概観】 伝統的に仏教国であり，ムスリム人口は国勢調査（1983年）によれば3.9%．古くは，海上交易によってイスラームが伝来．15〜18世紀に西海岸のアラカン地方を支配したムラウウー朝は仏教国であったが，ムスリム傭兵をも擁し，イスラーム君主の称号をも用いた．英領インドの支配期に，インド人移民によって都市部でムスリム人口が増え，仏教社会との摩擦も生じるようになった．また，同時期にアラカン地方ではベンガル人の移民があり，独自のムスリム社会

が成長した。この地域の自立志向は，中央政府との紛争に発展し，バングラデシュ側への難民も生まれた。中央部の歴史的な王都周辺のムスリムたちは，13～14世紀に来訪した商人や宮廷に仕えた人々の子孫が多く，ミャンマー社会に同化している。

【中東】

イスラエル【概観】1948年にイスラエルが建国された時，難民化せずに故郷に残ったアラブ人（パレスチナ人）は，イスラエル国籍を得て，いわゆるアラブ・イスラエル人となった。その大半がムスリム（一部キリスト教）で，イスラエル内のムスリム人口比率は総人口693万人（2005年）のうち12～16％程度。彼らの間でも1970年代以降，イスラーム復興が生じた。イスラーム分派であるドルーズ派は，レバノンやシリアではアラブ人ムスリムの一部と見なされているが，イスラエルではアラブ人と別のエスニック集団として位置づけられている。【OIC】OICはパレスチナを公式メンバーとして認め，パレスチナ問題・エルサレム問題の解決までは，イスラエル国家を認めない立場を取っている。【イスラーム組織】1980年代から「イスラーム運動」が存在するが，イスラエルの選挙参加の是非などをめぐって派が分かれている。【世界遺産】東エルサレム旧市街がヨルダンによって申請，認証されている。（→「パレスチナ」の項も参照）

【アフリカ】

エチオピア【概観】アムハラ人を中心として，エジプトのコプト教会の流れを汲むエチオピア正教会が長らく国教の位置にあった。イスラームとの接触は古く，アクスム王国の時代に，マッカで迫害を受けたムスリムの一部が，予言者ムハンマドの指示で同王国に避難して，保護を受けた。エチオピア東部・南部のイスラーム化は14世紀から進行した。16世紀には，ソマリ人のアフマド・グランがムスリム諸勢力を糾合して，当時のアビシニア帝国を攻撃，窮地に陥れた。今日のエチオピアの領土は皇帝メネリク2世（1889～1913年）の拡張によるもので，これによって周辺のムスリム人口が支配下に入った。現在は，総人口7743万人（2005年推定）のうち，32～45％程度がイスラーム（スンナ派＝シャーフィイー法学派）と推定されている。東部・南部のソマリ人，アファール人，オロモ人は大半がムスリム。ソマリ人の分離運動によって，オガデン戦争（1978～88年）が起きたほか，オロモ民族解放戦線，オロモ・イスラーム解放戦線も活動している。

ガーナ【概観】20世紀後半にキリスト教が大きく増加し，2000年の国勢調査ではほぼ70％がキリスト教で，イスラームは15.6％とされる。ムスリム側からは，これが過小な数字で，実態は30％近いという主張もなされている（他は在来宗教）。【イスラーム組織】スーフィー教団ではティジャーニー教団が優勢。反スーフィー的なワッハーブ派の影響もある。【イスラーム経済】1993年に設立されたメトロポリタン保険会社が，国内で唯一，イスラーム保険商品を取り扱っている。

ケニア【概観】10～11世紀頃，アラブ商人を通じて沿岸部にイスラームが伝来した。内陸部への伝播は，主に植民地期になってから。現在のイスラーム人口は10％程度。ムスリム側に15～20％との主張もある。北東州に住むソマリ人はムスリムがほとんど。また，沿岸部はムスリム人口が多い。彼らはスンナ派のシャーフィイー法学派に属しているが，ナイロビなどに住むスーダン系ムスリムはマーリク法学派，南アジア系ムスリムはハナフィー法学派。

タンザニア（タンザニア連合共和国）【概観】総人口3945万人（2006年推定）のうち，イスラームとキリスト教がそれぞれ30～40％と推定されている。ムスリムのうち，80～90％がスンナ派（シャーフィイー法学派）で，一部がシーア派。ただし，かつてスルタン国であったザンジバルは，イスラームが99％。かつてはオマーンの影響で，支配層はイバード派であった。ザンジバルは1964年に本土のタンガニーカと連合共和国を形成した。現在は自治政府を有し，2001年からその大統領が公式ムフティーを選任するようになった。本土には，タンザニア・ナショナル・ムスリム評議会がある。スーフィー教団が広範に広がっており，カーディリー教団が最大。シャーズィリー教団なども

ある。【世界遺産】キルワ・キシワニとソンゴ・ムナラの遺跡群（文化遺産，1981 年），ザンジバル島のストーン・タウン（文化遺産，2000 年）。

モーリシャス【概観】12 世紀にはアラブ人船乗りが到来。イギリスの支配期には，インド人やマレー人の労働者が移住した。スンナ派（ハナフィー法学派）が大半を占める。総人口 125 万人（2006 年推定）のうちの 16～20％程度（人口の半数がヒンドゥー教，3 割がキリスト教）。現時点でイスラーム金融商品を取り扱う金融機関はないが，政府がイスラーム金融の導入に向けて積極的な検討を行っている。

リベリア【概観】ムスリム人口はおよそ 20％で，西部のマンディンゴ人，ヴァイ人が中心。スンナ派（マーリク法学派）がほとんど。

南アフリカ【概観】イスラーム人口は，総人口 4739 万人（2006 年推定）のうちの 1.5％と比率は小さいが，イスラーム世界に対する発信力も強く，知的に大きな役割を果たしている。多くが，東南アジア（マレー系）や南アジアからの移民の子孫で，スンナ派。最初期のムスリム指導者として，マカッサル（現インドネシア）から到来したユスフ・マカッサル（1699 年没）の墓廟が今日に伝わっている。アパルトヘイト期には，マレー系はカラード，インド系はインド人の範疇とされた。イスラームの平等論から反アパルトヘイト闘争に参加したムスリムもあり，弾圧による犠牲も蒙った。1994 年からのアフリカ民族会議（ANC）主導の時代には，国会議員や閣僚も輩出している。【イスラーム経済】イスラーム金融機関として，アル＝バラカ銀行（1989 年設立）がある。

【ヨーロッパ】

イギリス【概観】ムスリムは，総人口 6036 万人（2006 年推定）の 2.7～3％を占めるとされる。ムスリム移民の歴史は古いが，大きな波となったのは 20 世紀中葉，特に 1950 年代以降の旧英植民地，中でも南アジアからの移民によって，ムスリム人口が大きく増加した。1980 年代からイスラーム復興が生じてモスク数も激増し，移民の第 2・3 世代が英社会への同化と独自アイデンティティの獲得の間で揺れるようになった。従来は，多文化主義的な共存が成功していると思われていたが，2005 年に過激派によるロンドン地下鉄爆破事件がおこり，英社会の中の亀裂が顕在化した。最初期のイギリス人ムスリムとして，1887 年に改宗したリバプールの弁護士がオスマン朝スルタンに「ブリテンのシェイヒュルイスラーム」に任命されている。最初のモスクは 1889 年に建設された。【イスラーム経済】1980 年に銀行間取引においてイスラーム金融の方法が用いられ始めた。1982 年に国内初のイスラーム金融機関としてアル＝バラカ投資開発会社がロンドンにアル＝バラカ銀行を設立するが，中央銀行の規制基準との整合性の問題から 1993 年に撤退。1990 年代からは，イスラーム投資会社や在来型金融機関のイスラーム金融部門によってイスラーム金融が担われ，21 世紀に入って大手金融機関（ロイズ TSB，HSBC）の多くがイスラーム金融商品を取り扱うようになる。金融当局もロンドンをイスラーム金融の世界的拠点とするべく制度的枠組みを整備している。2004 年にアル＝バラカ銀行以来のイスラーム銀行の業態として，イギリス・イスラーム銀行が設立された。イスラーム保険においては，DMI グループの子会社がイスラーム保険商品を取り扱うほか，HSBC がイスラーム保険商品や年金ファンドの提供を積極的に展開している。

オランダ【概観】ムスリムは総人口 1637 万人（2006 年推定）の 5.5～6％。ムスリムの出自は，旧植民地（インドネシアやスリナム）の出身者と，1960 年代以降にトルコやモロッコから労働者として移住した者に大別される。多文化主義に基づいて，比較的寛容な共存が実現しているとされてきたが，21 世紀に入ってからはイスラームをめぐる緊張も生じている。【イスラーム経済】アムステルダムに本店を置くヨーロッパ有数の規模を誇る ABM アムロ銀行が，マレーシア，インドネシア，パキスタンの各国でイスラーム金融商品を取り扱う支店を開設している。

グルジア【概観】現在のムスリム人口は 9.9％とされる。イスラームの到来は早く，第 2 代カリフ・ウマルの時代にトビリシを征服し，その一帯はセルジューク朝期までイスラーム時代が続いた。しか

し，12世紀にはキリスト教国の版図となった。オスマン帝国とサファヴィー朝・カージャール朝が覇を競った時期もあるが，ロシアの支配下を経て，ソ連に加盟。1991年にグルジア共和国として独立。トルコに国境を接しムスリム人口の多いアジャリア自治共和国は，独立後のグルジア内でしばらく自立を追求した。

スイス【概観】ムスリム人口は4％強で，キリスト教以外では最大のマイノリティ。旧ユーゴスラビアからの移民・難民やトルコ人移民が多く，ほとんどがスイスに帰化していない。【イスラーム経済】1981年にタックス・ヘイブンのバハマに設立されたDMI（ダール・アル＝マール・アル＝イスラーミー）グループの実質的な運営統括会社がジュネーブに設立された。1990年には，DMIグループのファイサル・ファイナンスが銀行業務を開始した。

セルビア／モンテネグロ【概観】両国合わせて5％程度のムスリム人口であるが，イスラームはキリスト教に次ぐ宗教。旧ユーゴスラビア連邦が分解した後，2006年まではセルビアとモンテネグロは一体であったが，現在は二つの独立国となっている。コソヴォの戦い（1389年）によって，この一帯はオスマン朝の支配下に入り，4世紀にわたってイスラーム化が進んだ。しかし，19世紀以降の民族主義の高揚によって，オスマン朝支配を脱した。第2次世界大戦後のユーゴスラビア連邦は独自の社会主義と民族・宗教の共存で知られたが，1990年以降は連邦の解体と紛争が続いた。現在のセルビアでも，人口の大多数をアルバニア系ムスリムが占めるコソヴォ自治州でセルビアの支配を脱しようとする独立運動が生まれ，国際的な危機に発展した。コソヴォはその後，国連コソヴォ暫定行政ミッションの管理下に置かれた（2008年に独立宣言）。モンテネグロは2006年に平和裡にセルビアからの分離独立を果たした。同国では，ムスリムは総人口の2割程度とされ，言語・民族的にスラブ系，ボスニア系，アルバニア系に分かれる。

ドイツ【概観】1960年代以降の移民によって，ムスリム人口が4％程度まで増加した。トルコ系の移民が大多数を占めるが，国籍を取得した者も少なくない。ドイツ連邦はもともと政教分離ではないので，国家の世俗主義とイスラームが対立する問題は存在しないが，伝統的な公認宗教ではないゆえの社会的扱いの困難さ，あるいは民族的な同化が容易に進まないという問題が指摘されている。【イスラーム経済】ドイツ3大銀行のうち，ドイツ銀行とコメルツ銀行がイスラーム金融商品を取り扱っている。また，2004年には，ザクセン・アンハルト州が州債をスクーク（イスラーム債）で発行している。

フランス【概観】ムスリム人口は厳密にはわからないものの，総人口6103万人（2006年推計）のうち5〜10％と推計され，カトリックに次ぐ宗教となっている。1960年代以降，アルジェリアやモロッコからの労働者の移民によって，また1970年以降のその家族の移住によって，ムスリム人口が増大した。彼らのイスラーム意識がイスラーム復興によって強まった結果，スカーフで髪を隠す女性も増え，いわゆる「スカーフ問題」も生じた。女子学生のスカーフ着用を「公的空間における宗教的シンボル」ととらえ，フランスのライシテ（世俗主義）の原則に反するものとして禁圧したことに対して，ムスリムたちが服装の自由，信教の自由を掲げて抵抗したため，フランス社会の中で大きな摩擦を生んだ。また，経済的に恵まれない移民の子弟が2005年パリ郊外で暴動を起こしたことは，フランス的な同化主義の限界を露呈させた。フランス人改宗者は4万人程度と推定され，知識人の改宗者の間では，ルネ・ゲノン（1886〜1951年，ムスリムとしてエジプトで没）の神秘主義的なイスラーム思想の影響も大きい。パリの大モスクは1922年に，第1次世界大戦においてフランス側で戦ったムスリムたちへの謝意を表して，建設された。

ブルガリア【概観】ムスリムは，総人口769万人（2006年推計）の12.2％。1393年からオスマン朝の支配下に入り，トルコ人などのムスリムが移住した。現地での改宗者も含めて，19世紀初頭には人口の3分の1がムスリムだったと考えられる。1908年に独立し，逆に多くのムスリムがオスマン領内に移住した。共産主義期にはムスリムは同化政策にさらされた。1989年からの民主化以降，かつて接収されたワクフ（寄進財産）の返還要求もおこっている。

マケドニア【概観】かつてのユーゴスラビア連邦が解体した後，独立国となった（暫定国名はマケ

ドニア旧ユーゴスラビア共和国)。宗教的には、マケドニア正教が総人口203万人(2006年推計)のうちおよそ65%を占めているが、イスラームは、人口の4分の1を占めるアルバニア人を中心に、32〜33.3%と第二の宗教となっている。アルバニア人は最大のエスニック・マイノリティであり、彼らの自立志向ないしは権利要求は政治的な争点となっている。

ルクセンブルク【概観】ムスリム人口はごく小さいが、1978年に湾岸諸国の政府や金融機関の出資によってヨーロッパ初のイスラーム金融機関であるイスラーム金融システム・インターナショナル・ホールディングが設立された。

【アメリカ】

アメリカ合衆国【概観】イスラーム人口は、南アジアや中東からの移民に発するエスニック・グループと、黒人(アフリカン・アメリカン)のイスラーム運動に由来するグループに大別される。さらに、近年は、スーフィズムなどによる入信者も第三のグループとして少数ながら増えている。人口的には、キリスト教が圧倒的多数を占める中、宗教別ではユダヤ教徒が従来第2位とされてきたが、近年はイスラームもそれに比肩すると言われる。ムスリム数は総人口の1.5〜2.2%と思われるが、定説はない。2001年の9月11日事件以降、イスラームをめぐる社会的摩擦が高まり、一時的に西欧に移住する者も増えた。国際的に見ると、アメリカは1950年代以降、かつての植民地宗主国である英仏にかわって中東で覇権を及ぼすようになり、イスラーム世界全体に対してもきわめて影響力が大きい。特に冷戦の終焉以降には、アメリカとの関係がイスラーム世界でも大きな焦点となっている。**【イスラーム経済】**1980年代後半からイスラーム金融機関が設立された。1990年代後半からは、外国資本のイスラーム金融機関や自国の金融機関によって不動産投資やプロジェクト・ファイナンス、企業買収から住宅ローンなどの多様な分野でイスラーム金融商品が用いられるようになった。また、シティコープやJPモルガン・チェース、ゴールドマン・サックスのような巨大金融機関も国内外でイスラーム金融に積極的に参画している。1999年には、ダウ・ジョーンズが世界初のイスラーム金融市場に特化した指数(DJMI)の取り扱いを開始した。イスラーム金融機関として、アル=バラカ・バンコープ(1989年)、ラーリバー・アメリカン・ファイナンス・ハウス(1987年)、USAタカーフル・保険会社(1996年)、アル=マンズィール金融サービス(1998年)。

カナダ【概観】ムスリムは、総人口3255万人(2006年推計)の1.9〜2.5%。1960年代以降に中東や南アジア、アフリカなどからの移民によってムスリム人口が増加した。大多数が都市に居住している。最初のモスクは、1938年にエドモントンに建てられた。多文化主義の下で相対的に共存に成功している。**【イスラーム経済】**最大手のカナダ・ロイヤル銀行だけが、イスラーム金融商品を取り扱っている。

トリニダード・トバゴ【概観】ムスリム人口は5.8%程度。中米・カリブ地域では、ムスリム人口の比率がもっとも高い。主に南アジアからの移民の子孫が多い。**【イスラーム経済】**イスラーム金融機関として、タカーフル・トリニダード・トバゴ友好協会(1999年)。

【オセアニア・太平洋】

オーストラリア【概観】ムスリムは、総人口2052万人(2006年推計)の1.5%程度とされ、レバノンやトルコなどの中東のほか、東南アジアや南アジアからの移民とその子孫が多い。かつての白豪主義の時代にも、ヨーロッパからアルバニア人ムスリムが移住した。現在は、ムスリム人口の約半数がシドニーに居住。**【イスラーム経済】**ムスリム・コミュニティ協同組合(1989年設立)が唯一のイスラーム金融機関。また、オーストラリアで3番目の規模を誇るオーストラリア・ニュージーランド銀行がイスラーム金融商品を取り扱っている。

(小杉泰・長岡慎介・山尾大)

Ⅴ　海外文献調査ガイド

はじめに

　このガイドは、イスラーム世界各地および欧米の約30カ国を取り上げ、人文社会科学系を中心に、海外で文献調査を行う際の手引きとなることを目指すものである。紙幅に限りがあるため、情報量に制約はあるものの、イスラーム世界における現地調査ガイドを1冊でカバーするのは、日本語では初めての試みである。図書館情報を中心に、現地で調査する際に役立つプラクティカルな研究情報を掲載した。(なお、以下の各項目に挙げられているウェブサイトに関しては、運用やセキュリティに問題がある可能性もあるので、注意されたい。)

　ここで取り上げるプラクティカル研究情報について、少し説明しておく。これは、専門的な研究史サーベイや研究動向、あるいは本書も提供している研究案内といった、学問の内容に直接関わる情報ではなく、それ以前の、長年現地で研究している人間にとっては「当たり前」かもしれない(しかし、みんな現地に来た当初は戸惑ったはずの)情報を中心とする。こういった情報として、留学手続きの仕方や調査許可のとり方、図書館・研究所の情報、書店の情報、などが挙げられる。これらについては、すでに一部で取り組みがなされている。東京大学東洋文化研究所のホームページにおける「アジア研究情報ゲートウェイ」(URL：http://asj.ioc.u-tokyo.ac.jp/html/awt.html) がその例である。また、世界の写本館については、Geoffrey Roper (ed.), *World Survey of Islamic Manuscripts*, 4 vols., London, 1992-94 が参考になる。本ガイドは、こういった既存の情報とあわせて使っていただきたい。

　こういったプラクティカル研究情報は、従来、個人的に先生から弟子へ、先輩から後輩へと伝えられる部分が多かった。もちろん、このやり方にもよさはある。本当の「奥義」の部分については、一般公開しない方がよいこともあるからである。ただし、「奥義」の幅を狭める努力をしないと、全体の研究レベルは上がらない。ここでは、フランスやアメリカが、現地に継続的な拠点を持ち、研究者はそこに行けばいつでもリアルタイムのプラクティカル研究情報が得られるのに比べて、日本は遅れをとっていることを指摘しておこう。

　まじめな研究者であっても、研究の初歩においては、どこから入ればいいのか分からないのが普通である。研究を志したばかりの若い人々はもちろんのこと、たとえば、私のようなアラビストがトルコ研究に踏み出した場合がそうであったし、ある国で研究している人が近隣諸国を研究目的で旅行する場合にも同様のことがしばしば起こる。この場合、とくに導入部分の(つまり、当該国を一定年数対象としてきた研究者にとってはもはや自明の)情報こそが必要となる。

　また、留学中には当たり前の情報であっても、記録しておかないと、次に来た時には記憶が風化していることが多い。短期の調査旅行で訪ねただけの場所であればなおさらである。記録してあれば、その後の変更点のみに気をつければ、到着当日から研究機関が利用できる。

　さらに言えば、長年現地での研究を行っている人の場合も、個々に知っている情報にはむらがある。これを集積することがより質の高い研究を生み出すのである。私たちはこれによってより高いレベルでの競争を目指すべきであろう。とくに、近年盛んになりつつある、異なる地域・異なるディシプリンの研究者の協働のためには、このような研究情報の共有がきわめて有効である。

　互恵と切磋琢磨の精神こそが学問を進歩させる。本ガイドがそのための一助となれば幸いである。

(東長　靖)

1 マレーシア

　マレーシアにおいて，外国人が短期滞在で調査を行う場合には，大学図書館の利用・政府機関訪問や付属図書館利用などにおいて，日本の所属先などからの紹介状を持参していれば，基本的に現在は「黙認」されている。しかしながら，厳密には外国人が調査を行う場合には，首相府傘下にある経済計画局（EPU：http://www.epu.jpm.my/）が発行する「調査許可証」と出入国管理局が発行する「プロフェッショナル・パス」や「修学パス（現地の大学に在籍する場合）」の2種類の書類の取得が義務づけられている。調査内容・調査計画の認可に関しては経済計画局に許可権限が与えられており，内容いかんでは拒否，再提出が求められる。特にフィールド調査，国立公文書館の利用などを行う際には，これら2種類の書類が必須である。なお，マレーシアにおける調査許可証・プロフェッショナル・パスの取得に関する手続きについては，篠崎香織「調査許可証とプロフェッショナル・パスの取得方法」（日本マレーシア研究会〔JAMS〕「JAMS News」No. 32〔2005年5月〕pp. 12-13, http://homepage2.nifty.com/jams2006/NLindex02.html）を参照していただきたい。

　以下，主要な図書館および主要資料センターを紹介する。

📖 **国立図書館**　Perpustakaan Negara Malaysia；National Library
　住所：232, Jalan Tun Razak, 50572 Kuala Lumpur
　電話：+60 3 2687 1700
　URL：http://www.pnm.my/
　　専門性という点からはマラヤ大学図書館より見劣りがするものの，国立図書館として，官報，政府機関などの刊行物，さらには一般書籍などを所蔵しているほか，20世紀半ば以降のマイクロフィルムを所蔵している。大きな特徴として，不定期ではあるがテーマ別のビブリオグラフィを刊行しており，あるテーマに関する書籍，学術および雑誌論文が整理されており，初期の収集活動には有用である。

📖 **マラヤ大学中央図書館**　Universiti Malaya；University of Malaya
　住所：Universiti Malaya, 50603 Kuala Lumpur
　URL：www.umlib.um.edu.my
　　マレーシア最大の高等教育機関と位置づけられるマラヤ大学には中央図書館をはじめ，さまざまな付属図書館がある。中央図書館は所蔵数こそ多いものの，開架式の閲覧資料が整理されておらず，資料名を検索できても実物が存在しない，ということも見られる。
　　なお，同大学内には①ザアバ記念図書館（新聞切り抜きや政府刊行物の所蔵に優れている），②法学部図書館，③東アジア研究図書館などがある。特に②法学部図書館には上・下院を含めた国会の議事録・連邦政府官報，また各州の法律や州官報が整理され，開架式で利用ができる。イスラームに関する立法・行政権限が州政府権限であることから，州レベルでのイスラーム関係法規，ファトワの収集には必須の図書館である。

📖 **マレーシア国民大学中央図書館**　Universiti Kebangsaan Malaysia；National University of Malaysia
　住所：43600 Bangi Selangor
　URL：www.ukm.edu.my

クアラルンプール市内から車で30分ほど離れているために不便さがあるが、マレー人の高等教育を目的として設立された大学および併設の中央図書館がある。しかし、中央図書館よりも同大学内のマレー世界文明研究所（Institute of the Malay World and Civilization：ATMA）の図書館ならびにその検索システム（www.atma.ukm.my）がきわめて便利である。マレーシアのみならず、ブルネイやインドネシアを含む「マレー世界」に関わる文献を調べることができる。

📖 **国立行政研究所** National Institute of Public Administration
住所：INTAN Bukit Kiara, Jalan Bukit Kiara, 50480 Kuala Lumpur
URL：http://www.intanbk.intan.my/cda/m_home/

マレーシアの官僚を対象とした訓練所である。併設の図書館には開発計画、その他関連した政府文書が所蔵されている。十分に整理が行き届いているとはいえないが、開発という視点からマレーシアならびにイスラーム社会を捉える上で基礎文献が整っている。また、開館時間が長いために、短期滞在でも十分に使用できる。

📖 **マレーシア・イスラーム理解研究所** Institute of Islamic Understanding Malaysia (IKIM)
住所：2, Langgak Tunku, Off Jalan Duta, 50480 Kuala Lumpur
電話：+60 3 6204 6200
URL：http://www.ikim.gov.my

1993年に前マハティール政権の下で創設された政府系研究所。付属図書館は1.8万冊弱の図書規模であるが、東南アジア諸国のイスラーム世界の動きを捉えるのには便利である。また、同研究所の出版物はフォローしておく必要があろう。

以上のほか、多くの省庁は省庁内に付属の図書館・資料室を備えている。必ずしも整備状態がよいとはいえないものの、財政省では予算関係書、人的資源省などで人的資源に関する資料など、それぞれ所轄分野の資料が備わっており、一定の役割を果たしている。

さらに、主要政党の中には資料室や調査部を擁しているものもあり、年報、パンフレットなど政党レベルのイスラーム政策を調べる上で欠かすことができない。また、マスコミ関係ではニュー・ストレーツ・タイムス社がその資料室を有料で公開している。

なお、クアラルンプールおよびその周辺の資料収集に関して国立公文書館、同地域内の書籍店その他については坪井祐司・鈴木絢女・篠崎香織「クラルンプール市内およびその周辺での資料収集案内」（前掲、日本マレーシア研究会、pp. 6-11）も合わせて参照されたい。本節の一部もその報告に依拠していることをおことわりしておく。　　　　　（鳥居　高）

2 インドネシア

インドネシアで、長期間調査をおこなう場合には、調査ヴィザの申請をおこなわなければならない。調査許可の認可は、2007年12月より研究技術省（Kementrian Negara Riset dan Teknologi）によってなされることになった。研究技術省のウェブ（http://www.ristek.go.id/）

にヴィザ取得手続きが説明されている。詳細は、インドネシア大使館（住所：品川区東五反田5丁目2-9　電話：03 3441 4201）に尋ねた方がよい。調査ヴィザの取得には、最低3カ月は必要であるので、計画は時間的余裕をもって立てなければならない。短期調査であっても、調査機関によっては調査ヴィザの提示を求められることがあるので、注意が必要。インドネシア、特にジャカルタでのイスラーム関連資料の収集場所としては、主に次の場所が挙げられる。

📖 **国立図書館**　Perpustakaan Nasional Republik Indonesia (PNRI)
住所：Jl. Salemba Raya 28A Jakarta 10430
URL：http://www.pnri.go.id/　E-mail：info@pnri.go.id
書籍・新聞・雑誌・古写本などを国内で最も豊富に取り揃えている。

📖 **インドネシア科学院科学情報収集センター**　Lembaga Ilmu Pengetahuan Indonesia/Indonesian Institute of Sciences (LIPI)—Pusat Dokumentasi dan Informasi Ilmiah (PDII)
住所：Jl. Jenderal Gatot Subroto 10, Jakarta 12710
URL：http://www.lipi.go.id/
雑誌および学位論文が豊富。

📖 **国立イスラーム大学シャリフ・ヒダヤトゥラ校（ジャカルタ）**　Universitas Islam Negeri (UIN) Syarif Hidayatullah
住所：Jl. Kertamukti No. 5 Pisangan, Ciputat, Jakarta 15419
URL：http://www.uinjkt.ac.id/
インドネシアには各地に国立イスラーム大学（UINまたはIAIN）があり、特にジャカルタとジョクジャカルタが有名である。ジャカルタの場合、附属図書館以外にも、社会イスラーム研究所（Pusat Penelitian Islam dan Masyarakat：PPIM）などの附属研究所があり、*Studia Islamika* などの様々なイスラーム関連出版物を出している。

📖 **宗教省宗教調査発展局**　Badan Litbang Agama dan Diklat Keagamaan, Departemen Agama Republik Indonesia
住所：Jl. Lapangan Banteng Barat No. 3-4, Jakarta 10710
URL：http://www.depag.go.id/　http://www.depag.web.id/

上記機関の他、戦前のオランダ語史料が国立公文書館（Arsip Nasional）に保管されている。オランダ語史料以外にも、Golden Letterコレクションの現物や他機関所蔵写本のマイクロフィルムが保管されている。史料閲覧には、調査ヴィザが必須。住所：Jl. Ampera Raya No. 7 Jakarta 12560　URL：http://www.anri.go.id
（菅原由美）

3　フィリピン

フィリピンでのイスラーム関連資料の主要な収集場所としては、以下が挙げられる。

526　V　海外文献調査ガイド

📖 **フィリピン国立図書館**　National Library of the Philippines
　住所：T. M. Kalaw St., Manila
　URL：http://www.nlp.gov.ph
　　フィリピニアナ部門にイスラーム関係の図書や資料が所蔵されている。

📖 **フィリピン国立文書館**　National Archives of the Philippines
　住所：T. M. Kalaw St., Manila（国立図書館の隣）
　電話：+63 2 52106830
　　スペイン植民地期の南部イスラーム地域に関する文書を所蔵している。

📖 **フィリピン大学ディリマン校**　University of the Philippines, Diliman
　住所：Diliman, Quezon City
　URL：http://www.upd.edu.ph/　http://www.mainlib.upd.edu.ph/
　　Main Library, Institute of Islamic Studies, Asian Center, Center for Integrative and Development Studies (CIDS) などにイスラーム関係の文献が所蔵されている。

📖 **アテネオ・デ・マニラ大学リサール図書館**　Ateneo de Manila University, Rizal Library
　住所：Katipunan Road, Loyola Heights, Quezon City　郵便：PO Box 154, Manila
　URL：http://www.admu.edu.ph/

📖 **ダンサラン学院ピーター・ガウィン記念研究センター**　Dansalan College, Peter Gowing Memorial Research Center
　住所：Marawi City, Lanao del Sur　郵便：PO Box 5430, Iligan City

　これ以外にも，南部フィリピンの大学やイスラーム学校，イスラーム機関等に現地発行出版物や資料がある。　　　　　　　　　　　　　　　　　　　　　　　　　（川島　緑）

4　中国

　中国に180日まで滞在する研究者は，訪問ヴィザ（Fヴィザ）を申請する。その場合，関連研究機関に研究許可を申請し，許可証あるいは招待状を得てから在日中国大使館にヴィザを申請する。また，15日間以内であれば，観光客同様，ヴィザなしで渡航できる。
　また，中国ムスリム関係の文書は，文化大革命の影響もあって，中国国内にはまとまった場所に残っていないのが現状である。清朝から民国時代までのものであれば，中国宗教歴史文献集成『清真大典』全25冊（黄山書社，2006）に約200種が網羅してある。これは，日本でも東方書店等中国関連書店で入手可能である。また，イギリス，アメリカの図書館に関しては，関連の項目を参照されたい。

📖 **上海図書館近代文献閲覧室**
　住所：上海市淮海中路1555号
　電話：+86 21 64455555
　　中国ムスリム関係の近代漢語文書をおおく所蔵する。

📖 **ロンドン大学東洋アフリカ研究所特別コレクション閲覧室** Special Collections Reading Room, School of Oriental and African Studies, University of London
住所：Thornhaugh Street, Russell Square, London WC1H 0XG
電話：+44 20 7637 2388　Fax：+44 20 7436 3844

　清末から，1950年代まで中国奥地で対ムスリム宣教を行っていた中国内地会（China Inland Mission）のアーカイブが豊富に保存されている。内訳は，議事録，手紙，雑誌，宣伝パンフレット，写真などである。英語の在職証明書か紹介状は必携。

📖 **ハーヴァード大学イエンチン図書館**　Harvard Yenching Library, Harvard University
住所：2 Divinity Avenue, Harvard University, Cambridge, MA 02138
電話：+1 617 495 2756　Fax：+1 617 496 6008

　1920年代末から40年代後半まで対ムスリム宣教を行っていた穆民交際会（Society of Friends of Moslems）の事務局長であったクロード・ピケンズ（Claude Pickens）が寄贈した資料がある。清末から民国時代の漢語のイスラーム文献，ピケンズによるメモとノート，西欧語による研究書，雑誌，ポスター，書道，写真などが豊富に保存されている。閲覧には英語による在職証明書が必要である。

📖 **イエール大学神学校図書館**　Divinity Library Special Collections, Yale University Library
住所：409 Prospect Street, New Haven, Connecticut, U.S.
E-mail：divinity.library@yale.edu.

　YMCA北平（北京の旧称）のセクレタリーであったライマン・フーヴァー（Lyman Hoover）の膨大な資料が集められている。彼は，北京で成達師範学校の改革派ムスリムと1930年代に親交を暖めた人で，手紙，パンフレット，写真，草稿などが多く保存されている。前もってどの文書を閲覧希望なのか，上記のEメールアドレスで問い合わせることが必要。

（松本ますみ）

5　中国・新疆ウイグル自治区（東トルキスタン）

　新疆での長期滞在・調査研究は一般に大学など高等教育機関の留学生として滞在する方法と，社会科学院などの研究機関に訪問学者などの資格で滞在する方法とがある。前者は中国の他の大学と同様に一般的な手続きをへて留学ができるが，後者は知り合いの研究者を通じるなどして個別交渉する必要があり，その環境はまだ十分に確立していない。

　新疆における公式の実地調査は現地研究者と共同研究のスタイルをとり，現地の共同研究者が自治区外事弁公室，また調査対象地を管轄する行政機関等と交渉し許可を取り付けるケースが多い。ただし，新疆では民族問題など中国の他地域とは異なった事情が存在し，そうした「特殊新疆的」問題と些かなりとも関わりのある歴史学（特に近現代）や社会学，人類学といった分野に関しては公式には調査の実施は依然きわめて難しい状況にある。

　文献資料の閲覧について，歴史的な古文献～写本などは同地域では文化大革命（1966-76年）でその多くが失われ，残存する文献資料は極めて少ない。ただし「解放」後に出版された文献については自治区図書館などに一定の蓄積があり，外国人の利用も可能である。また政府

のアーカイブについては 2006 年よりわが国の内陸アジア史学会と自治区档案館の間で契約が締結され，同学会員は学会長の紹介を受けて閲覧することが可能となった。

📖 **新疆維吾爾自治区社会科学院**
住所：中華人民共和国新疆維吾爾自治区烏魯木斉市北京南路 16 号
電話：+86 991 3837933
URL：http://www.xjts.cn/qyjz/xjsky/
　　　政府直属の人文社会系の研究機関。同院付設の図書館は有料で利用が可能。

📖 **新疆維吾爾自治区図書館**
住所：中華人民共和国新疆維吾爾自治区烏魯木斉市北京南路 4 号
電話：+86 991 3698046　FAX：+86 991 3817171
URL：http://www.xjlib.org/
　　　新疆最大の公共図書館。身分証明書の提示で文献の閲覧が可能。

📖 **新疆維吾爾自治区档案館**
住所：中華人民共和国新疆維吾爾自治区烏魯木斉市三道湾路 12 号
電話：+86 991 2640098
URL：http://www.saac.gov.cn/dags/txt/2005-07/04/content_78525.htm
　　　清代から民国期，革命期に至る「歴史档案」10 万巻余を収蔵する。内陸アジア史学会長の紹介により閲覧が可能。

(菅原　純)

6　中央アジア

　　ここでは，筆者が留学中に文献調査を行ったウズベキスタンの諸機関を中心に紹介し，さらに他の中央アジア諸国の代表的な図書館についても紹介したい。

　　旧ソ連の他の国々と同様にウズベキスタンの諸機関で資料調査をおこなう場合は，機関長宛に閲覧者の所属先からの紹介状を提出する必要がある。紹介状には閲覧者の氏名，役職，研究テーマなどを記載し，できればロシア語で書くことが望ましい。科学アカデミーの研究所などの高等学術機関でも，まだ英語はほとんど通用しない。閲覧者は，まず機関長や担当者に紹介状を提出し，閲覧許可を得なければならない。その際，自身の研究テーマやどのような資料を閲覧したいのかについて口頭で説明を求められる場合もある。紹介状などの書類に不備がなければ，よほどのことがない限り閲覧が不許可となることはないので，一般的な利用にかんしては事前に日本から閲覧許可申請をする必要はない（ただし，現地の研究者でも閲覧に特別の許可が必要な資料の利用についてはこの限りではない）。

📖 **ウズベキスタン国立図書館**　（通称ナヴァーイー図書館）　Alisher Navoiy nomidagi O'zbekiston Milliy kutubxonasi；Национальная библиотека Узбекистана им. Алишера Навои
住所：Toshkent sh., Xorazm ko'chasi 51
電話：+998 71 139 47 09, 139 11 38

URL：http://www.natlib.uz/

　蔵書数約 1000 万冊を誇る旧ソ連有数の図書館。その前身は，ロシアによる中央アジア征服直後の 1870 年に開設されたタシュケント公衆図書館にまでさかのぼる。ソ連時代には，ウズベク共和国の中央図書館として同共和国で出版されたあらゆる書籍が納本された。全蔵書数のうちウズベク語書籍は 300 万冊以上。そのほか，1 万 5000 冊以上からなる「希少本フォンド（nodir kitoblar fondi）」があり，そこには帝政期に出版されたロシア語書籍，帝政期から 1920 年代に出版された現地語定期刊行物，約 600 巻からなる「トルキスタン集成」などが所蔵されている。現地語の写本や石版本の多くは後述の東洋学研究所に移管されており，ここにはあまり所蔵されていない。

　一般書の閲覧にかんしては，パスポートを提示し，利用証用の写真 2 枚を提出することで利用登録ができる。希少本フォンドを利用する場合は，別に所属先機関からの紹介状が必要。ナヴァーイー図書館は 2003 年に移転をおこない，現在はウズベキスタン・ホテル南側，ラジオ局並びの本館と地下鉄「独立広場（Mustaqillik maydoni）」駅近くの別館（住所：Sulaymonova ko'chasi 33，電話：133 05 47，132 06 19）とに別れている。蔵書カードと希少本フォンドは本館に，主要な蔵書は別館に置かれているので，本館でカードを引いて蔵書番号を調べ，別館に移動して資料の閲覧をおこなわなければならない。開館時間は，月～金 9：00-20：00，土日 9：00-17：00，月末および祝日休館（希少本フォンドは月～金 9：00-18：00，土日閉室）。複写サービスあり。

科学アカデミー東洋学研究所　O'zR Fanlar Akademiyasi Abu Rayhon Beruniy nomidagi Sharqshunoslik instituti；Институт востоковедения им. Абу Рāхана Беруни АН РУз.
住所：Toshkent sh., Akademik H. Abdullaev ko'chasi 81
電話：+998 71 162 54 61
URL：http://beruni.fan.uz/

　2 万 5 千冊以上の写本（ペルシア語・アラビア語・テュルク語）を所蔵する世界でも有数の東洋学研究センター。この研究所の写本コレクションの母体となっているのは，帝政期におもにロシアの東洋学者たちによって収集されたトルキスタン公衆図書館（ナヴァーイー図書館の前身）の旧蔵書，ブハラ共和国図書館旧蔵書，ソ連時代に接収された個人コレクションなどである。また，数年前には科学アカデミー写本研究所と合併し，旧写本研究所のコレクション（おもに文学関係）も東洋学研究所に移管されている。

　写本を閲覧する場合，観光ヴィザで入国した外国人に対しては利用が認められておらず，科学アカデミーが発行する招待状によりヴィザを取得する必要がある。具体的には，科学アカデミー本部外事部（Президиум Академии Наук РУз., Управление внешних связей，住所：Y. G'ulomov ko'chasi 70，FAX：133 49 01，133 44 45）に対し，調査目的，研究テーマ，調査期間などの情報を伝え，ヴィザ招待状の作成を依頼し，その招待状のコピーとともに在日ウズベキスタン大使館にてヴィザ申請を行う。科学アカデミーとのやり取りや招待状作成には時間がかかるので，時間的余裕をもって手続きを始められたい。

　その他，利用の際には所属先機関からの紹介状が必要であり，外国人の場合は利用登録料（1 年間有効）として 50 ドルを支払わなければならない。所長に閲覧許可のサインをもらった後，さらに写本部長の先生からサインをもらわなければならず，夏期休暇などで写本部長の先生が出勤してこないときには利用登録ができないので注意が必要。建物の 3 階に写本閲覧室があり，開室時間は月～金 10：00-17：00（昼休み 13：00-14：00）。一部の貴重な写本については，閲覧を拒否されることがある。ここの写本コレクションにかんしては，ソ連時

代に全11巻の写本カタログが出版されており、独立後の現在でもその続編というべきカタログの刊行が続いている。複写は、二十葉程度のマイクロフィルム撮影なら許可されるが、基本的に一作品全部を撮影することはできない。

📖 **中央国立公文書館**　O'zbekiston Respublikasi Markaziy davlat arxivi ; Центральньй государственньй архив Республики Узбекистан
　住所：Toshkent sh., Chilonzor ko'chasi 2
　電話：+998 71 367 04 80
　URL：http://www.archive.uz/
　　13世紀から20世紀にかけて作成された文書、約130万7900件が所蔵されている。外国人が資料を閲覧するためには、所属機関からの紹介状のほかにウズベキスタン外務省からの紹介状が必要であり、事前にウズベキスタン外務省に紹介状を書いてもらうよう申請する必要がある。詳しくは、拙文「ウズベキスタンの公文書館事情」『イスラム世界』61号（2003年9月）83-92頁を参照されたい。

　　このほか、ウズベキスタンへの留学については、東洋学研究情報センターのウェブサイト「アジア研究情報ゲートウェイ」http://asj.ioc.u-tokyo.ac.jp/掲載の拙文を参照されたい。
　　なお、その他の中央アジア諸国の代表的図書館としては、以下のようなものがある。

📖 **カザフスタン共和国国立図書館**　Национальная Библиотека Республики Казахстан
　住所：г. Алматы, пр. Абая, 14
　電話：+7 327 267 28 83
　URL: http://www.nlrk.kz/
　　カザフスタンの中央図書館で蔵書数570万冊以上。利用登録にはパスポートと写真2枚が必要。開館時間は、月～土10：00-19：00、日曜、月末および祝日休館。複写サービスあり。

📖 **カザフスタン共和国科学教育省中央学術図書館**　(旧科学アカデミー図書館)　Центральная научная библиотека Министерства науки и образования РК
　住所：г. Алматы, ул. Шевченко, 28
　電話：+7 327 261 00 37
　URL: http://www.library.kz/
　　学術書を中心に蔵書数約550万冊を誇る。利用にあたっては、所属機関からの紹介状が必要。開館時間は、月～土9：00-19：00、土日、祝日および毎月最終木曜日休館。

📖 **クルグズ共和国国立図書館**　Национальная библиотека Кыргызскǒ Республики
　住所：г. Бишкек, ул. Советская, 208
　電話：+996 312 66 20 90
　URL: http://nlkr.gov.kg/
　　クルグズスタンの中央図書館で、蔵書数約600万冊。利用登録には、パスポートと写真が必要。開館時間は、毎日8：00-18：00、祝日および毎月最終金曜日休館。

📖 **タジキスタン共和国国立図書館**　Национальная библиотека Республики Таджикистан им. Абулкасыма Фирдоуси
　住所：г. Душанбе, пр. Рудаки, 36
　電話：+992 37 221 43 02
　URL: http://www.nlrt.tj/

蔵書数300万冊以上。利用登録にはパスポートと写真が必要。開館時間は，月～日8：00-17：00，祝日および毎月最終金曜日休館。

(島田志津夫)

7 バングラデシュ

バングラデシュへの入国にあたっては，東京のバングラデシュ大使館でヴィザを取得する必要がある。90日を越える長期滞在には招待状などが必要となる。ヴィザ申請は，しばしば手続きが改正されるため，あらかじめ大使館に問い合わせることが必要である。

📖 バングラ・アカデミー　Bangla Academy
　住所：Kazi Nazrul Islam Avenue, Dhaka-1000
　電話：+880 2 504122, 500131, 869715
　　入館には推薦状が必要。人文・社会科学系の資料を網羅的に収蔵。写本も所蔵。旧パキスタンからの独立運動では，国民文化のセンターとして機能した。

📖 バングラデシュ国立公文書館　Bangladesh National Archives and Library
　住所：32, Justice Sayed Mahbub Murshed Sarani, Sher-e-Bangla Nagar (Agargaon), Dhaka-1207
　電話：+880 2 326572, 318704
　　入館には推薦状が必要。英領期の史料から現代の公文書まで網羅的に保存。

📖 ダッカ大学付属図書館　Dhaka University Library
　住所：Ramna, Dhaka-1000
　電話：+880 2 966 1920　Fax：+880 2 861 5583
　URL：http://www.univdhaka.edu/library.php
　　入館には推薦状が必要。大規模な総合図書館。保存状態は良くないが，開架で利用できる。古文書局では写本も所蔵。

その他，ベンガル・アジア協会から独立したバングラデシュ・アジア協会（Asiatic Society of Bangladesh），公共図書館では規模が大きく閲覧の便利なパブリック・ライブラリー（Public Library, Dhaka），社会科学系では定評のあるバングラデシュ開発研究所図書館（Bangladesh Institute of Development Studies, Dhaka），農村開発研究者のメッカとなっているBARD図書館（Bangladesh Academy for Rural Development, Comilla），写本を含めて収蔵文献の豊富なラジシャヒ大学付属図書館（Rajshahi University），イスラーム関係の古文書を持つアーリア・マドラサ図書館（Dhaka Alia Madrasa），英領期に設立され古文書を持つ北ベンガル研究博物館（Varendra Research Museum）などがある。概要は，http://sarn.ssrc.org/libraries/bangla.shtml が詳しい。

(外川昌彦)

8 インド

インドに180日以上滞在する研究者は研究ヴィザ（Research Visa）を取得する必要がある。申請には，インドの大学・研究機関からの受入許可書が必須である。受入機関との交渉は本人が直接行う。ヴィザ発給までにかなりの時間がかかることには要注意。またインド到着後は速やかに最寄りの警察で外国人登録を済ませる必要がある。

全般的に同国の図書館は開放的であり，閲覧許可の手続が事前に必要なケースは稀である。それでも事前の連絡が望ましいことはいうまでもない。一方，同国の図書館は複写の提供にはおおむね慎重であり，とくに全冊複写は歓迎されないので，このことを見込んで調査計画を立てるべきである。柔軟な運用が行われる場合もあるが，あまり期待せぬ方がよい。以下にはアラビア語，ペルシア語，テュルク語，ウルドゥー語の写本コレクションを備えた主な図書館を紹介する。掲げた写本点数は上記4言語の写本の総数であり，欧語，インド諸語のものは含まない。

📖 アーンドラ・プラデーシュ州政府東洋写本図書館　Andhra Pradesh Government Oriental Manuscripts Library
郵便：Tarnaka, Hyderabad, Andhra Pradesh
　1万7000点あまりの写本コレクションがあるとされる。そのごく一部についてカタログが出版されているが，残りについてはカードカタログや一覧表の類もなく，未整理である。

📖 アーンドラ・プラデーシュ州文書館　Andhra Pradesh State Archives
住所：Tarnaka, Hyderabad, Andhra Pradesh
電話：+91 40 27017709
　ムガル帝国時代およびニザーム政権時代のペルシア語文書コレクションがある。前者に属する文書およそ20万点についてカタログを刊行中であるが，全体の5分の1程度が済んだに過ぎない。事前に研究許可を取得する必要がある。

📖 サーラール・ジャング博物館図書館　Salar Jung Museum Library
住所：Afzalgunj, Hyderabad, Andhra Pradesh
電話：+91 40 24523211
　8500点あまりの写本を所蔵。アラビア語写本，ペルシア語写本についてそれぞれ詳細なカタログを刊行中である。

📖 フダー・バフシュ東洋公共図書館　Khuda Bakhsh Oriental Public Library
住所：Ashok Rajpath, Patna, Bihar
電話：+91 612 2301507　Fax：+91 612 2300315
URL：http://kblibrary.bih.nic.in/　E-mail：pat_kbopl@dataone.in
　1万7000点あまりの写本を所蔵。大部の写本カタログが出版されており，その内容は上記HPで閲覧できるが，これに把握されていない写本も少しある。

📖 インド国立文書館　National Archives of India
住所：Janpath, New Delhi
電話：+91 11 23073462 (Research Room)　Fax：+91 11 23384127
URL：http://nationalarchives.nic.in/　E-mail：archives@nic.in

写本コレクションとペルシア語の公私文書コレクションがあるが,後者の多くは未整理である。閲覧許可を得るためには,所定の様式（Form 8）に記入し,所属する研究機関の推薦状および在インド公館の信用状と併せて提出する必要がある。様式は上記 HP からダウンロードできる。

📖 マウラーナー・アーザード図書館　Maulana Azad Library
　　住所：Aligarh Muslim University, Aligarh, Uttar Pradesh
　　写本総数は 1 万 4000 点あまりである。一部のコレクションについてはカタログが出版されている。また刊本部にある 19 世紀出版の石版本の蔵書も充実している。

📖 ラームプル・ラザー図書館　Rampur Raza Library
　　住所：Hamid Manzil, Rampur, Uttar Pradesh
　　電話：+91 595 2325045　Fax：+91 595 2340548
　　URL：http://razalibrary.gov.in/　E-mail：raza-library@nic.in
　　1 万点以上の写本を所蔵する。アラビア語写本,ペルシア語写本について,それぞれカタログが出版されている。

📖 アジア協会図書館　The Asiatic Society Library
　　住所：1 Park Street, Calcutta, West Bengal
　　草創期の東洋学を担ったアジア協会の図書館。6500 点あまりの写本があり,ペルシア語・アラビア語の写本の過半がカタログ化されている。

　この他には,オスマニア大学図書館 Osmania University Library（ハイデラーバード）,K. R. カマ東洋研究所図書館 K. R. Cama Oriental Research Institute Library（ムンバイ）,ムンバイ大学図書館 The University of Mumbai Library（同）,アラビア語・ペルシア語研究所図書館 Arabic and Persian Research Institute Library（トーンク）,タミルナードゥ州政府東洋写本図書館 Government Oriental Manuscripts Library（チェンナイ）,アリーガル・ムスリム大学社会科学部歴史学科図書室 Library of the Department of History, Faculty of Social Sciences, Aligarh Muslim University（アリーガル）など,特色ある写本コレクションを備えた機関がある。

　この他詳細な情報についてはまず,真下裕之「インドの図書館案内」『イスラム世界』52 (1999),　O. Khalidi, "A Guide to Arabic, Persian, Turkish, and Urdu Manuscript Libraries in India," *MELA Notes*, 75/76 (2002/03) を参照されたい。　　　　　　　　　　（真下裕之）

9　パキスタン

　パキスタンでの調査は,短期の場合,観光ヴィザで入国する研究者が少なくないが,3 カ月以上の場合は「研究ヴィザ（research）」が必要である。この場合,パキスタンの何れかの研究機関から許可を得た後,在日パキスタン大使館にヴィザを申請する。3 カ月以上の滞在の場合,入国後警察等で滞在許可証を取得する。ほとんどの図書館では,研究者の所属機関が発行する在職証明と研究目的を書いた書類を提出すれば利用が可能。パキスタンの研究機関の推薦

状を得られればさらによい。図書館の多くは英領期に収蔵された写本や書籍類を所蔵する。インフラ不足のため電子化された図書館はほとんどなく，電話連絡より実際の訪問が望ましい。開館時間は概ね9：00-17：00，ラマザーン期間中は8：00-13：00。不自由もあるが，図書館員はいずれも協力的である。

📖 **パキスタン国立図書館** National Library of Pakistan
住所：Near Secretariat, Islamabad, Pakistan
　　新設の図書館で，写本はアラビア語114冊，ペルシア語383冊，ウルドゥー語67冊で，19世紀のものが多い。独立後の政治・思想関係の書籍が充実。カラーチーのリヤーカト記念図書館（元国立図書館）所蔵の書籍が本図書館に移転中。

📖 **パンジャーブ大学付属図書館** University Main Library, University of the Punjab
住所：New Campus, University of the Punjab, Lahore, 54000, Pakistan
電話：+92 42 9231126
　　パキスタン最大の大学図書館。1870年創設。英語約20万冊，アラビア語とペルシア語2万5000冊，ウルドゥー語2万5000冊，サンスクリット語3万冊，写本等で蔵書数30万以上。夏期休暇等で閉館されるが，研究者は利用可能。

📖 **ガヴァメント・カレッジ大学付属図書館** Government College University Library
住所：Katchery Road, Lahore-54000, Pakistan
電話：+92 42 111000010（内線243，245）
URL：www.gcu.edu.pk/library　E-mail：chieflibrarian@gcu.edu/pk
　　1872年創立。パキスタン国内では電子化作業が最も進んだ図書館でウェブサイトでの検索も可能。近年研究者の個人蔵書を次々と購入し，ペルシア語，ウルドゥー語関係の蔵書が飛躍的に充実。蔵書約28万冊。

📖 **パンジャーブ・パブリック図書館** Punjab Public Library
住所：Upper Mall, Lahore, 54000, Pakistan
　　1884年創設。アラビア語7500冊，ペルシア語5500冊，ウルドゥー語7万冊，イスラーム関係6500冊のほか，アラビア語写本282巻，ペルシア語写本864巻，英語10万冊，総蔵書数20万。

📖 **カラーチー・パキスタン国立博物館** National Museum of Pakistan Karachi
住所：National Museum of Pakistan, Karachi, Pakistan
電話：+92 21 9212839　FAX：+92 21 8212840
　　博物館奥にアラビア語4000点，ペルシア語6000点，ウルドゥー語600点の写本を蔵する図書館がある。書写は可能。

📖 **ハムダルド大学付属図書館** Hamdard University Library
住所：Shahra-e Madinat Al-Hikmah, Muhammad Bin Qasim Avenue, Karachi, 74600, Pakistan
電話：+92 21 6440121
URL：http://www.hamdard.edu.pk/　E-mail：sofia.khanzada@hamdard.edu.pk
　　1989年創立。インドにもある同名の大学の創設者，故ハキーム・サイード氏がパキスタン独立時に移住した際持ち込んだ300冊の図書から収集が始まり，現在約43万冊を数える。クルアーン，ハディース等の写本が約3000点所蔵されている。

📖 **ペシャーワル大学中央アジア地域研究センター** Area Study Centre (Central Asia), Pesh-

awar University
住所：Jamrud Road, Peshawar Cantt. Peshawar, Pakistan
電話：+92 921 6701 20
中央アジア・アフガニスタン関連の豊富な資料を所蔵する。

📖 **マスウード・ジャンデール研究図書館** Mas'ud Jhander Research Library
住所：Sardarpur, Jhander, Melsi, Vihari, Punjab. Post code 61240, Pakistan
電話：+92 673 430786, 430787, 430430 FAX：+92 673 430789

1890年から一族が収集している，30万冊以上を所蔵する個人図書館。クルアーンの写本1100冊，イスラーム関連の書籍11万冊やペルシア語の写本などがある。ムルターンから車で2時間の個人農地内にある。2006年末現在，敷地内に広大な図書館を建設中で，研究者用の宿泊施設も増設中。コピー，貸し出し不可。事前に訪問の旨を連絡すること。

この他，英領期の文書館であるパンジャーブ古文書館 Punjab Archives（ラーホール）や，カーイデ・アーザム図書館 Quaid-e Azam Library（ラーホール），1849年にスィクの統治者が創設し，ウルドゥー語書籍約6万冊，写本780巻等を擁するディヤール・スィング・トラスト図書館 Diyal Singh Trust Library（ラーホール），1924年創設でウルドゥー語3万7000冊，英語2万6000冊，アラビア語，ペルシア語7500冊を所蔵するバハーワルプール中央図書館 Central Library Bahawalpur（バハーワルプール），全インド・ムスリム連盟の主要な文書を含む36万冊の蔵書を有するカラーチー大学中央図書館（Main Library, Karachi University）などがある。高等教育委員会（Higher Education Commission）のウェブサイト（www.hec.gov.pk）および国立デジタル図書館（http://digitallibrary.edu.pk/）に関連情報あり。（山根　聡）

10 イラン

イランには研究ヴィザや研究許可の制度はない。長期滞在のためには，現地受け入れ機関を通じて滞在ヴィザを申請するのが通例である。留学の場合は留学先を通じて申請するか，在日イラン大使館を通じて申請するかの二つの方法がある。どちらが近道かはケース・バイ・ケースであるが，在日イラン大使館文化部は一般に協力的であり，いずれの場合でも相談にのってくれる。短期の場合には，正式にはエントリー・ヴィザが発給される。フィールド・ワーク等の場合は関係する官庁の許可が必要な場合があり，在日イラン大使館やイスラーム文化指導省などと相談する必要がある。語学留学の場合によく利用されるのはテヘラン大学付属ロガットナーメ研究所（Mo'assese-e Loghatnāme-e Dehkhodā E-mail：ICPS@ut.ac.ir Fax：+98 21 22717118 URL：http://icps.ut.ac.ir）である。

📖 **マジュレス図書館**　Ketābkhane, Mūze va Markaz-e Asnād-e Majles-e Showrā-ye Eslāmī
住所：Tehrān, Meydān-e Bahārestān
電話：+98 21 33137817 FAX：+98 21 33130911
URL：http://www.majlislib.com/（検索可）

写本コレクションも有名。

📖 **国民図書館**　Ketābkhāne-e Mellī-e Īrān
住所：Tehran, Metrow-e Mīrdāmād, Bozorgrāh-e Shahīd Ḥaqqānī, Bolvār-e Ketābkhāne-e Mellī
電話：+98 21 88644080　FAX：+98 21 88644082
URL：http://www.nlai.ir/（検索可）
2005年3月，新しい建物が完成して移転。イランの納本図書館。写本，石版本，文書コレクションも有り。

📖 **テヘラン大学中央図書館**　Ketābkhāne-e Markazī va Markaz-e Asnād-e Dāneshgāh-e Tehrān
住所：Tehran, Khiyābān-e Enqelāb, Pardīs-e Markazī-e Dāneshgāh-e Tehrān
電話：+98 21 61112362　FAX：+98 21 66495388
URL：http://library.ut.ac.ir/persian/index.htm（検索可）
写本コレクションが有名。

📖 **マレク図書館**　Ketābkhāne va Mūze-e Mellī-e Malek
住所：Tehran, Moqābel-e Vezārat-e Omūr-e Khareje.
電話/FAX：+98 21 66726653
URL：http://www.aqmlm.ir
良写本を有する。

📖 **国民文書館**　Arshīv-e Mellī-e Īrān
住所：Tehran, Bolvār-e Mīr Dāmād, na-rasīde-e Meydān-e Mādar, entehā-ye Khiyābān-e Shahīd Ḥeṣārī
電話：+98 21 22900270
URL：http://www.nlai.ir/
旧国民文書機構。国民図書館と組織統合。近代以降の文書が中心。

📖 **外交文書館**　Markaz-e Asnād va Tārīkh-e Dīplomāsī
住所：Tehran, Khiyābān-e Shahīd Bāhonar, Khiyābān-e Āqāyī
電話：+98 21 22805324　FAX：+98 21 22805322
URL：http://www.ipis.ir/
外交文書がよく整理されている。詳略な目録も刊行中。

📖 **現代史研究所**　Mo'assese-e Moṭāle'āt-e Tārīkh-e Mo'āṣer-e Īrān
住所：Tehran, Elāhiyye, Khiyābān-e Shahīd-e Fayāẓī, nabsh-e Chenārān, shomāre 128
電話：+98 21 22003469　FAX：+98 21 22602096
URL：http://www.iichs.org/
1979年の革命の際に没収された主に近現代史の歴史文書を収蔵。

📖 **マルアシー公共図書館**　Ketābkhāne-e 'Omūmī-e Āyat ollāh Mar'ashī-e Najafī
住所：Qom, Khiyābān-e Āyatollāh Mar'ashī Najafī
電話：+98 251 774197　FAX：+98 251 7743637
URL：http://www.marashilibrary.com/（検索可）
宗教関係を中心に膨大な写本を収蔵。

📖 **レザー廟図書館・文書館**　Sāzmān-e Ketābkhānehā, Mūzehā, Markaz-e Asnād-e Āstān-e Qodds-e Raẓavī

住所：Mashhad, Ḥaram-e Moṭṭahar, Bast-e Sheykh Ṭūsī
電話：+98 511 2211154　FAX：+98 511 2220845
URL：http://www.aqlibrary.ir/
　膨大な写本コレクション，サファヴィー朝期以来の歴史文書を収蔵。

　渡部良子「テヘラン：図書館ガイド」(http://asj.ioc.u-tokyo/html/guide/tehran/tehran_tf.html) も参照。　　　　　　　　　　　　　　　　　　　　　　　　　　　　(近藤信彰)

11　トルコ

　トルコ共和国における研究機関の利用許可を取得するためには，在日本トルコ共和国大使館ウェブサイト内のページ (http://www.turkey.jp/english/Applicationform.htm) より申請フォーム「Archeological Surveys & Excavations, Underwater Researches」をダウンロードし，各研究機関の住所に送付しておく必要がある。いくつかの研究機関では，現地で直接申請フォームを提出し，すぐに利用することも可能だが，事前に申請しておくことを推奨する。また，以下で触れる一部の研究機関では申請方法が異なっていることに注意されたい。

📖 スレイマニエ図書館　Süleymaniye Kütüphanesi
住所：Ayşe Kadın Hamam Sokak, No. 30, 35, Süleymaniye
電話：+90 212 520 6460, 520 5461　FAX：+90 212 520 5462
URL：http://www.suleymaniye.gov.tr/(検索可能)
　6万5千冊以上の写本所蔵数を誇るトルコ最大の写本図書館。アートゥフ・エフェンディAtıf Efendisi，キョプリュリュKöprülü，ヌール・オスマニエ Nuruosmaniye，ハジュ・セリム・アーHacı Selim Ağa の4図書館は本館の管轄下にあり，本館の研究許可があれば別個に申請する必要はない。

📖 バヤズィト国立図書館　Beyazıt Devlet Kütüphanesi
住所：İmaret Sokak No. 18-20, Beyazıt
電話：+90 212 522 3167, 522 3751, 522 2488, 519 3883　FAX：+90 212 526 1133
　トルコ初の国立図書館。ミッレト Millet およびハック・タールク・ウス Hakkı Tarık Us 両図書館の蔵書は，現在ここに移管されている。写本の他，新聞・雑誌などの定期刊行物を多く収めている。

📖 トプカプ宮殿博物館付属図書館・古文書館　Topkapı Sarayı Müzesi Kütüphanesi, Arşivi
住所：Topkapı Sarayı Müzesi, Sultanahmet
電話：+90 212 512 0480（内線 125）　FAX：+90 212 522 4422
　トプカプ宮殿内に位置し，貴重な史料を所蔵している。図書館の方は 2007 年現在閉鎖中で，2009 年に再開予定。なお，本図書館・古文書館やトルコ・イスラーム美術博物館付属図書館など，博物館に付属する研究機関の利用許可は，事前にトルコ共和国文化観光省に申請フォームを提出する必要がある。送付先は，T. C. Kültür ve Turizm Bakanlığı, Kültür

Varlıkları ve Müzeler Genel Müdürlüğü, II. Meclis Binası Yanı, Ulus, Ankara 06543。研究許可の発行までは時間がかかるため（3カ月程度），早めに申請するのをお勧めする。長期間利用する際には滞在許可証 ikamet tezkiresi の提示を求められるが，短期の場合は基本的に必要ない。

📖 **アタテュルク図書館**　Atatürk Kitaplığı
住所：Mete Cad. No. 45, Taksim
電話：+90 212 249 0945, 249 9565, 249 3819　FAX：+90 212 251 7972
　　研究書や古い時代の定期刊行物が充実しており，写本も所蔵している。近現代研究者に有益。

📖 **総理府オスマン文書館**　Başbakanlık Osmanlı Arşivi
住所：Ticarethane Sokak, No. 12, 34410 Sultanahmet
電話：+90 212 513 8870〜72　FAX：+90 212 511 7586
URL：http://www.devletarsivleri.gov.tr/（利用許可を得るための申請書［冒頭で紹介した他研究機関用のものとは異なる］をダウンロードできる。一部の史料が検索可能）
　　オスマン朝期の古文書約1億5000万点を所蔵する，トルコ最大の古文書館。

📖 **イスラム研究センター（İSAM）図書館**　İslam Araştırmaları Merkezi Kütüphanesi
住所：Gümüyolu Caddesi No. 40 Bağlarbaşı 81200, Üsküdar
電話：+90 216 474 0850　FAX：+90 216 474 0874
URL：http://www.isam.org.tr/（検索可）
　　研究書・定期刊行物（主に現代）の所蔵は他を圧倒しており，開架で利用もしやすい。またオスマン朝シャリーア法廷文書のマイクロフィルムも多数所蔵している。大学院生以上なら誰でも利用できる。事前登録や，本節冒頭で示した申請フォームを提出する必要はない。

　この他イスタンブルの研究機関としては，イスタンブル大学稀少書図書館 İstanbul Üniversitesi Kütüphanesi "Nadir Eserler ve Müze Kütüphanesi"，トルコ・イスラーム美術博物館付属図書館 Türk ve İslam Eserleri Müzesi Kütüphanesi，考古学博物館付属図書館 İstanbul Arkeoloji Müzeleri İhtisas Kütüphanesi 等も利用価値が高い。アンカラの研究機関には，トルコ歴史協会図書館 Türk Tarih Kurumu Kütüphanesi，国民図書館 Milli Kütüphane，アンカラ大学図書館 Ankara Üniversitesi Kütüphanesi 等がある。
　より詳細な情報については，E. İhsanoğlu 編，*Türkiye Yazma Eser Kütüphaneleri ve Bu Kütüphanelerde Bulunan Yazmalarla İlgili Yayınlar Bibliyografyası*, İstanbul, 1995，林佳世子「トルコ共和国総理府オスマン文書館所蔵文書」『史資料ハブ：地域文化研究』1（2003/3），128-135，小笠原弘幸「研究機関紹介：トルコ宗教財団イスラーム研究センター（ISAM）」『アジア経済』48：4（2007），102-108 等を参照されたい。また近現代研究者には，宇野陽子「学界動向　トルコの文書館・図書館案内——トルコ共和国建国史研究のために」『イスラム世界』65（2005），37-46 の情報も有益である。　　　　　　　　　　　　　　　　　（小笠原弘幸）

12　ボスニア・ヘルツェゴビナ

　ボスニアの研究機関はほとんどサライェヴォに集中している。以下にあげた研究施設は全て町の中心部から路面電車で15分以内の範囲にある。利用に際しては，所属機関の紹介状とパスポートの提示が要求される。事前にメール等で連絡し，できれば現地でも電話で事前にコンタクトを取っておくとよい。下記の住所の後に，71000 Sarajevo, Bosnia and Herzegovina とつけ加えれば完全な住所になる。観光目的で3カ月以内の滞在であれば，ヴィザは必要ない。

📖 ガーズィ・フスレフベグ図書館　Gazi Husrev-begova biblioteka
　住所：Hamdije Kreševljakovića 58
　電話：+387 33 658 143　FAX：+387 33 205 525
　URL：www.ghbibl.com.ba　E-mail：ghbibl@bih.net.ba
　　同名のモスク，マドラサ所属の図書館。1537年設立。ボスニアがオスマン帝国支配下にあった時代の手稿本1万冊を含む約9万冊以上の本，雑誌，新聞を所蔵。ほぼ全ての蔵書が1992-95年のボスニア紛争の被害を免れた。『年刊』*Anali Gazi Husrev-begove biblioteke* (1972年-)。

📖 東洋研究所　Orijentalni institut
　住所：Zmaja od Bosne 8-b
　電話/FAX：+387 33 225 353
　URL：www.ois.unsa.ba　E-mail：ois@bih.net.ba
　　1950年設立。かつてガーズィ・フスレフベグ図書館についで，ボスニアの東洋研究の中心的施設であったが，先のボスニア紛争で5263冊の手稿本を中心にほとんどの蔵書が焼失してしまった（一部はコピー，マイクロの形で残っている）。機関誌に『東洋言語学評論』*Prilozi za orijentalnu filologiju*（*Revue de philologie orientale*）（1950年-）があり，一部はウェブからダウンロードできる。

📖 国立博物館　Zemaljski muzej
　住所：Zmaja od Bosne 3
　電話：+387 33 668 027　電話/FAX：+387 33 262 710
　URL：www.zemaljskimuzej.ba　E-mail：z.muzej@zemaljskimuzej.ba
　　1888年設立。20万冊の本，雑誌，新聞を所蔵。考古学，民俗学，自然科学の三つのセクションがあり，共通の図書室がある。

📖 ボスニア研究所　Bošnjački institut
　住所：Mula Mustafe Baseskije 21
　電話：+387 33 279 800　FAX：+387 33 279 777
　URL：www.bosnjackiinstitut.org　E-mail：bosinst@bosnjackiinstitut.org
　　ズルフィカルパシチ Adil Zulfikalpašić 氏のワクフによる研究所。ボスニア人の歴史，文化等に関連する文献を多数所有する。コピーの枚数は制限されている。

📖 イスラーム大学　Fakultet islamskih nauka
　住所：Čemerlina 54
　電話：+387 33 232 982　FAX：+387 33 251 044

URL：www.fin.ba (長島大輔)

13　シリア

　シリアに滞在する研究者は観光ヴィザを取得して入国し，大学や研究機関，語学学校から研究員，学生の籍を得て，正式な滞在許可証（iqāma）を取得しなければならない。通常，滞在許可証取得までは時間がかかるので，その間は観光ヴィザを延長する。次にあげる二つのサイトは，情報は古いが，シリア研究案内の基本的なガイドとして有用である。
　http://fp.arizona.edu/mesassoc/Bulletin/damas.htm （Tamari, S./L. Hudson [1996] "Historical Research and Resources in Damascus," *Middle East Studies Association Bulletin*, 30：1 のウェブ公開版）
　http://asj.ioc.u-tokyo.ac.jp/html/guide/ds/d_t1_f.html （谷口淳一/大河原知樹/新井勇治 [1994]「シリア・アラブ共和国の研究施設案内」『西南アジア研究』41 のウェブ公開版）
　以下には重要な情報と大きな変更点のみを記述する。2004 年より週休 2 日制が導入され，ほとんどの公的研究機関は金曜・土曜が休みとなった（国立アサド図書館は金曜のみ休館。土曜は半日開館。フランス研究所は土曜・日曜休館）。ただし，ダマスカス歴史文書館のように，開館時間が延長された機関もある（14：30 閉館）。

📖 **国立アサド図書館**　Maktaba al-Asad al-Waṭanīya
　住所：Shāri' Mālikī (Sāḥa al-Umawīyīn), POB 3639, Dimashq
　電話：+963 11 3320803　FAX：+963 11 3320804
　URL：http://www.alassad-library.gov.sy
　　シリア最大の国立図書館。国内外の刊行物のほかに，シリア各地から収集された写本の閲覧ができる。アレッポにあったアレッポ・イスラーム・ワクフ図書館（Dār al-Maktabāt al-Waqfīya al-Islāmīya bi-Ḥalab）蔵書も，現在はこちらに移転されている。

📖 **国立ザーヒリーヤ図書館**　Dār al-Kutub al-Waṭanīya al-Ẓāhirīya
　住所：Bāb al-Barīd, Shāri' Sab' Ṭawāli', Dimashq
　電話：+963 11 2212318　FAX：+963 11 2212813
　　シリア最初の国立図書館。国立アサド図書館に所蔵のない古い刊行物を所蔵している場合があるので，文献探索には有用である（2007 年 9 月の時点では改修のため閉館中）。

📖 **ダマスカス歴史文書館**　Makaz al-Wathā'iq al-Tārīkhīya bi-Dimashq
　住所：Sūq Sārūjā, Dimashq
　電話：+963 11 2313283　FAX：+963 11 2313279
　　オスマン朝時代以降の古文書や刊行物を所蔵する公文書館。特に同館所蔵のイスラーム法廷台帳は，内外の研究者によって研究に利用されている。

📖 **フランス・アラブ学研究所**　Institut Français d'Études Arabes de Damas (IFEAD), al-Ma'had al-Faransī lil-Dirāsāt al-'Arabīya
　住所：Abū Rummāna, POB 344, Dimashq

電話：+963 11 3338727, 3327682　FAX：+963 11 3327887
URL：http://www.ifporient.org/spip.php?article815
　　フランスの研究機関。付属図書館は研究に有用である。2003年に組織改編が実施され，シリア，レバノン，ヨルダン，パレスチナ，イラクのフランス研究所を統轄するフランス近東研究所 Institut Français du Proche-Orient (IFPO) の下で中世・近代アラブを研究する機関となった。IFPO（URL：http://www.ifporient.org/）も同じ建物内にある。

📖 **フランス考古学研究所**　Institut Français d'Archèologie du Proche-Orient (IFAPO)
郵便：Jisr al-Abyaḍ, POB 3694, Dimashq
電話：+963 11 3338727, 3327682　FAX：+963 11 3325013
URL：http://www.ifporient.org/spip.php?article800

　　以上のほか，ダマスカスでは，ダマスカス大学（http://www.damasuniv.shern.net/），アブンヌール・イスラーム学院（http://www.abunour.net/Japan/index.htm），ドイツ考古学研究所（http://www.dainst.org/abteilung_292_en.html），デンマーク研究所（http://www.ambdamaskus.um.dk/en/menu/TheEmbassy/The+Danish+Institute+in+Damascus/），アラビア語アカデミー（mla@net.sy）などの研究機関や図書館が存在する。また，アレッポでは，アレッポ大学（http://www.alepuniv.shern.net）と国立アレッポ図書館が，主要な研究機関と図書館である。
（大河原知樹）

14　イスラエル

　　イスラエルに長期滞在する研究者は，何れかの研究機関に所属し，学生用ヴィザ（A2）を取得しなければならない。入国後，所属の研究機関に，そこに所属している旨の証明書（大学なら在学証明書）を発行してもらい，内務省のオフィスに申請する。ヴィザが取得できれば，一年ごとの更新手続きは必要だが，研究機関に所属している間はイスラエルに滞在することができる。研究機関に所属していない場合など，学生用ヴィザが取得できない場合は観光客の立場で入国し，3ヵ月に一度出国する必要がある。

📖 **国立図書館**　The Jewish National and University Library
住所：ヘブライ大学ギブアット・ラムキャンパス内（Edmond Safra campus, Givat Ram, Jerusalem 91390）
電話：+972 2 658 5027　FAX：+972 2 658 6315
URL：http://jnul.huji.ac.il/
　　500万冊以上の蔵書を誇るイスラエル最大の図書館。主にパレスチナに関するアラビア語手稿史料約2000点を保有。アラブ世界の新聞も充実している。

📖 **トルーマン研究所付属図書館**　The Mr. and Mrs. Stanley Bogen Library and Documentation Center of the Truman Institute
住所：ヘブライ大学マウント・スコープスキャンパス内（Mount Scopus, Jerusalem 91905）

電話：+972 2 588 2300　FAX：+972 2 582 8076
URL：http://truman.huji.ac.il/library.asp
　パレスチナ問題に関心のある研究者には利用価値が高い。

📖 **国立公文書館**　Israel State Archives
住所：Prime Minister's Office, Qiryat Ben-Gurion Bld. 3, Jerusalem 91919
電話：+972 2 568 0680　FAX：+972 2 568 0670

📖 **ハーリディー図書館**　The Khalidiyya Library (al-Maktaba al-Khalidiyya)
住所：エルサレム旧市街・ムスリム地区内（Bab al-Silsila St.）
　エルサレムの名望家・ハーリディー家所有のコレクション。約1200点のアラビア語手稿史料を含む。詳細とその他の東エルサレムにある図書館・古文書館情報についてはJerusalem Quarterly File (URL：www.jerusalemquarterly.org/) を参照。

📖 **ダイアンセンター付属図書館**　The Moshe Dayan Center for Middle Eastern and African Studies Library
住所：テルアビブ大学内（Ramat Aviv, Tel Aviv 69978）
電話：+972 3 640 9111　FAX：+972 3 641 5802
URL：http://www.dayan.org/framelib.htm
　現代の中東に関する資料が充実している。

　この他、ヘブライ大学、テルアビブ大学、ハイファ大学、ベン・グリオン大学の図書館も利用価値が高い。なお、イスラエル国内の図書館などを利用する場合には、セキュリティー上の問題などから利用許可書等が必要である。
（高岩伸任）

15　イエメン

　観光ヴィザで1カ月滞在できるが、長期滞在には、いずれかの大学または研究機関を通してヴィザを取得しなければならない。また、フィールドワークや遺跡・碑文の調査などには、大学や研究機関を通した研究許可が必要。大学はサナア大学、アデン大学、イーマーン大学（ウラマー養成のためのイスラーム諸学専門校）などがある。サナア大学は旧キャンパスと新キャンパスに別れ、前者の文学部図書館、後者の大学図書館にイエメン関係の資料が多数所蔵されており、外部の者も資料の閲覧が可能。他の研究機関は以下の通り。

📖 **イエメン研究センター**　Yemeni Center for Studies and Researches
郵便：Baghdad Street, Sanaa (PO Box 1128)
電話：+967 1 200485　FAX：+967 1 200470
　イエメンに関わる人文・社会科学一般を扱っている研究機関だが、研究活動そのものよりも、研究プロジェクトなどのコーディネートを行ない、雑誌なども発行している。資料室は小規模だが、イエメンに関わる資料は充実している。外部の者も閲覧可能。

📖 **フランス研究所**　French Institute for Yemeni Studies

郵便：PO Box 2660, Sanaa, Yemen
電話：+967 1 270417, 280604　FAX：+967 1 270725
　フランス政府の在外研究機関。フランス人研究者が数名常駐しているが，所蔵資料は少ない。

📖 **アメリカ研究所**　American Institute for Yemeni Studies
郵便：PO Box 2658, Sanna, Yemen
電話：+967 1 278816　FAX：+967 1 285071
URL：http://aiys.org/
　The Council of American Overseas Research Centersのメンバー。アメリカ人研究者のための研究許可取得や調査活動のサポートを行なっている。所蔵資料は少ない。　　　　（松本　弘）

16　オマーン

　オマーンには研究，調査のためのヴィザが存在しないため，長期滞在する研究者は現地の研究機関あるいは日本大使館経由で滞在ヴィザを取得（通常2年間有効）せねばならない。現在のところスルターン・カーブース大学のみ外国人研究者を受け入れているものの，体系的な制度が整っているとはいいがたい。一般的な手順としては，知人がいるなら大学に直接受け入れを打診し，いないのであれば在オマーン日本大使館に仲介を依頼する。許可が下りたら大学にヴィザのスポンサーになってもらうが，受け入れる研究者数は極めて限定されており，申請してヴィザ発行まで1年以上はかかるとみた方がよい。なお短期滞在の場合は，空港で1カ月有効のヴィザを取得し，その後警察署にて1カ月の延長手続きをする手段もある。

📖 **スルターン・カーブース大学中央図書館**　Sultan Qabus University Main Library
郵便：P.O. Box 37, Al-Khudh 123
電話：+968 24415502　FAX：+968 24413413
URL：http://www.squ.edu.om/lib/index.html
　唯一の国立大学が抱えるオマーン最大の図書館で，入館は自由。オマーン関係の書籍や博士論文，統計などが一室に集められている。

📖 **遺産文化省**　Ministry of Heritage and Culture
郵便：P.O. Box 668, Ruwi 113
電話：+968 24641300（代表）　FAX：+968 24641331
URL：http://www.mhc.gov.om
　4500点の写本（現在カタログ編纂中，ウェブにて公開予定）はじめ，公文書やAV資料，マイクロフィルムが所蔵されている附設の書店で遺産文化省出版の書籍が購入可能である。

　この他，私立のシラーディー図書館 Maktabat al-Shirādī，宗教ワクフ省内図書室等も利用価値はあるが，いずれも現地での紹介者が必要である。　　　　（大川真由子）

17　アラブ首長国連邦（UAE）

　UAE にはヴィザなしで 30 日間滞在することができ，60 日間まで延長することができるが，これを超過して滞在する場合には，いずれかの大学または研究機関を通してヴィザを取得しなければならない。大学は UAE 大学，ザーイド大学（女子大学），ドバイ・アメリカン大学，シャルジャ・アメリカン大学があり，外部の者も図書館での資料の閲覧・コピーが可能。しかし，UAE に関わる資料は UAE 大学図書館が最も多く所蔵しており，他の大学図書館の所蔵は十分ではない。また，欧米有名大学の分校設立も計画されている。他の図書館および研究機関は，以下の通り。

📖 **文化財団付属国立図書館**　Cultural Foundation National Library
　郵便：PO Box 2380, Abu Dhabi, UAE
　電話：+971 2 215300　FAX：+971 2 217472
　URL：http://www.cultural.org.ae/（検索可能）
　　UAE およびペルシャ湾岸諸国に関わる資料を中心に文献 20 万点，雑誌 3500 点を所蔵。写本やアーカイブスのセクションも有する。

📖 **エミレイツ戦略研究センター**　Emirates Center for Strategic Studies and Research (ECSSR)
　郵便：PO Box 4567, Abu Dhabi, UAE
　電話：+971 2 764777　FAX：+971 2 767799
　URL：http://www.ecssr.ac.ae/
　　ペルシャ湾地域の安全保障に関わる研究機関で，出版物も多数出している。ただし，このセンター所有の資料は，上記の文化財団付属国立図書館に所蔵されている。

📖 **湾岸研究センター**　Gulf Research Center
　住所：11th Floor, 187 Oud Metha Tower, 303, Sheikh Rashid Road, Dubai
　郵便：PO Box 80758, Abu Dhabi, UAE
　電話：+971 4 3247770　FAX：+971 4 3247771
　URL：http://www.grc.ae/
　　GCC 諸国，イラン，イラク，イエメンの安全保障や政治情勢に関わる研究機関。

（松本　弘）

18　サウディアラビア，クウェート，バハレーン，カタル

　湾岸諸国の多くは独立して日が浅く，とくに人文科学系の研究機関は貧弱といわざるをえない。独立以前の重要な公文書類の大半はかつての宗主国，英国の大英図書館や公文書館に収められているが，そこから漏れた資料や独立後の情報は体系的に公開されているわけではない。

したがって，現地調査でできる範囲は一部の分野を除いて限定されている。

またこれらの国々では，受け入れ先による招聘があれば別だが，それがないようだと，研究目的で長期滞在するのが基本的に難しい。クウェート・バハレーン・カタルの3国は日本人だと空港で短期の入国ヴィザを取得でき，入国後滞在を延長することも可能であるが，サウディアラビアの場合は原則的に招聘ベースとなる。

📖 **ファイサル国王イスラーム調査研究センター** King Faisal Centre for Research and Islamic Studies
郵便：P.O. Box 51049 Riyadh 11543 Saudi Arabia
電話：+966 1 465 2255 FAX：+966 1 465 9993
URL：http://www.kfcris.com/（検索可能）
　蔵書数約10万，写本も2万点以上所有する。イスラーム研究が主体で，図書館そのものには誰でも入ることができる。

📖 **クウェート調査研究センター** Center for Research & Studies on Kuwait (CRSK)
郵便：P.O. Box 65131 Mansuriya 35652, Kuwait
電話：+965 2574078 FAX：+965 2574081
URL：http://www.crsk.edu.kw/
　小規模な研究機関だが，クウェート関係の図書は充実している。利用は無料だが，予約をしておいたほうが無難。

📖 **バイトゥルクルアーン** Beit Al Qur'an
郵便：Manama, P.O. Box 2000, Bahrain
電話：+973 17290101 FAX：+973 17292709
URL：http://www.beitalquran.com/
　イスラームおよびクルアーン研究に関する書籍が集められているほか，クルアーンの写本収集は世界的にも有名で，一部は併設の図書館および博物館で見ることができる。利用は無料で，誰でも自由に入ることができる。

📖 **歴史文書センター** Historical Documents Centre
郵便：P.O. Box 28882 Manama, Bahrain
電話：+973 17664854 FAX：+973 17651050
　バハレーンおよび湾岸関連の歴史的文書を収集している。英語やアラビア語だけでなく，ポルトガル語やオスマン語の資料も集めている。機関誌の Watheeka は有名。

そのほか各国ともに国立図書館，国立公文書館（あるいは首長府付属文書館）はもっているが，かならずしも充実したコレクションというわけではない。各省庁や公的・私的機関がもつ資料室，図書室が充実している場合もあるが（たとえばクウェート市庁やクウェート国民議会），外国人にとっては利用しやすいものではない。利用の際には事前の連絡が欠かせない。

(保坂修司)

19 エジプト

エジプトでの写本・文書調査に関して，特別なヴィザを取得する必要はないが，各図書館，文書館ごとに利用までの手順が異なり，ラマダーン期間中は各図書館とも開館時間が短縮される可能性があるので注意を要する。また，利用条件や開館日時等はしばしば変更されることも指摘しておく。最初の三つの機関については，日本学術振興会カイロ研究連絡センターのウェブサイト http://jspscairo.com/index.htm でも情報が得られるので参照されたい。

📖 **アラブ連盟写本研究所**　Maʻhad al-Makhṭūṭāt al-ʻArabīya
　住所：21, al-Madīna al-Munawwara st., al-Muhandisīn, al-Qāhira
　電話：+20 2 37616402, 37616403, 37616405　FAX：+20 2 37616401
　　所蔵資料はマイクロフィルムのみである。主にアラブ諸国やトルコ，イランの図書館に所蔵されている写本をマイクロ化して所蔵しているが，欧米各国図書館所蔵写本のマイクロもある。文学・歴史・宗教分野が多数。
　　開館日時は日～木，8：00-15：00（実際は9：00-14：00）。利用のために特別な手続きをする必要はなく，入館の際に，登録簿に必要事項を記入するだけで利用できる。複写は紙焼きとマイクロフィルムの二種類がある。料金は学生，研究者，研究機関による区別の他，アラブ諸国出身か否かでも区別される。

📖 **ダール・アルクトゥブ（エジプト国立図書館）**　Dār al-Kutub al-Miṣrīya
　住所：Corniche al-Nil st., Bulaq, Cairo（Kurnīsh al-Nīl, Būlāq, al-Qāhira）
　電話：+20 2 25753254, 25750886, 25751078, 25752883　FAX：+20 2 25765634
　URL：www.darelkotob.org（ただし現在は公開されていない）
　　写本史料に関しては，アラビア語を始めペルシア語やオスマン語の写本約11万点，その他，パピルス資料や貨幣資料，および刊行書籍，定期刊行物等を所蔵するエジプト最大の図書館である。また同じ建物に国立文書館を併設する。
　　開館日時は土～木（写本室は土・日も閉室），夏季9：00-19：00（冬季は18：00まで。写本室は通年で14：00まで）。利用に関しては，入口にてパスポートを預け，5階で荷物を預けた後，閲覧室に入室する。刊行図書は5階，写本室は4階にある。写本の複写はマイクロフィルムからCD-ROMに画像ファイルを記録する形での複写か，紙焼きとなる。CD-ROMに関して，日本語版Windowsでは機能しない画像ファイルを再生するプログラムが付されている場合があり，複写申請或いは受け取り時にチェックする方が無難。料金は外国人料金で一画像或いは一枚1ドル，カイロ大学やカイロ・アメリカン大学に所属していれば，その在学証明書で10分の1の料金になる。
　　2007年9月現在，ダール・アルクトゥブの写本室は同図書館4階にあるが，Bāb al-Khalq地区（Būr Saʻīd通り沿い）にあるイスラーム芸術博物館 The Museum of Islamic Art に移転の計画があるので，要注意。
　　また同じ建物にある国立文書館（Dār al-Wathāʼiq al-Qawmīya）に関しては，勝沼聡「エジプト・国立文書館紹介」『アジ研ワールド・トレンド』No. 114, 2005, pp. 26-27 に，その概要および利用の手引きが示されているので，そちらを参照のこと。ただ2005年当時の情報のため若干の修正を加えておくと，まず開館日時が日～木9：00-19：00（冬季は18：

00まで），土 9：00-14：30 に変更されている。また試験運用であった，デジタル化された文書の閲覧が停止していること，アラビア語版公式 Web サイトが消失していることも挙げておく。この他，利用許可申請や複写の枚数制限等の情報も改変されている可能性があるので，個別に確認するのが望ましい。

📖 カイロ・フランス東洋考古学研究所　Institut Français D'archéologie Orientale du Caire (IFAO)
住所：37, al-Shaykh ʻAlī Yūsuf st., al-Qāhira
電話：+20 2 27971600　FAX：+20 2 27974635
URL：http://www.ifao.egnet.net

　エジプト学，パピルス文書学の他，ビザンツ期のエジプトやコプトやアラブ・イスラーム関係の刊行書籍を約 7 万点所蔵するほか，定期刊行物約 700 タイトルを保有する。ウェブサイト上に検索ページがある。
　開館日時は日〜木，9：00-13：00，14：00-16：30（8月は夏季休業）。利用は，修士課程修了以上の者で，利用に際して，パスポート及びそのコピー，修士号修了証明書，写真を持参し，利用証を作成する。また複写は 1 タイトル 50 ページまで可能。

📖 アズハル図書館　Maktabat al-Azhar al-Sharīf
住所：Ḥadīqat al-Khālidīn, al-Darrāsa, al-Qāhira
電話：+20 2 25881152
E-mail：Alazhar@idsc.net.eg

　イスラーム関係の書籍を中心に写本 4 万 4000 点など，ダール・アルクトゥブに次ぐ蔵書数を誇る。開室日時は日〜木，9：00-14：00。利用資格に関して明確な規定が存在するのかどうか不明であるが，エジプトの大学や研究機関に所属していることと修士号以上を取得していることを伝えた上で利用が可能となったことを付言しておく。
　また同図書館の写本をウェブサイトで公開するサービスが 2006 年後半まで利用できたが (http://alazharonline.org)，2007 年 9 月現在そのサービスは停止している。

📖 アレキサンドリア図書館　Bibliotheca Alexandrina (Maktabat al-Iskandarīya)
住所：P.O. Box 138 Chatby, Alexandria 21526, Egypt
電話：+20 3 4839999（内線 1192, 1185）　FAX：+20 3 4820460
URL：http://www.bibalex.org　E-mail：infobib@bibalex.org

　開室日時は土〜木 11：00-19：00，金 15：00-19：00。写本センター（Manuscripts Center：http://www.manuscriptcenter.org/center/default.asp）の開室は日，月，水，木の 11：00-16：30（火，金，土，及び休祝日は閉室）。写本センターにはアレキサンドリア公立図書館旧蔵の写本のほか，海外のマイクロフィルムや貴重本を閲覧する専用スペースが設けられている。利用には所属研究機関の身分証明と所属証明が必要。詳細はウェブサイトを参照のこと。

　最後に，エジプトの国立大学図書館と主要な公立図書館の蔵書データベースが構築されつつある（http://www.library.idsc.gov.eg）。完成までには時間がかかりそうだが，事前に大まかな所蔵状況を把握しておくには便利であろう。　　　　　　　　　　　　　　　　（橋爪　烈）

20 チュニジア

チュニジアでの90日以内の滞在の場合，ヴィザは不要。ただし入国時に出国便航空券の提示が必要。長期滞在の場合は，在学か在職の証明書と居住証明書とともに警察所でヴィザと滞在許可書を取得する。多くの研究機関は，院生以上であれば簡単な手続きで利用可能。

📖 **チュニジア国立図書館**　Dār al-Kutub al-Waṭanīya；Bibliothèque Nationale de Tunisie
　住所：20, Souk El Attarine-B. P. 42-1008 Tunis (La Médina)
　電話：+216 71 325 338，329 903　FAX：+216 71 200 925
　URL：http://www.bibliotheque.nat.tn/
　　1885年設立の国立図書館。約4万冊の10世紀以降の手稿本を含むアラビア語と欧語文献と1万5千種（4907種アラビア語）の定期刊行物を所蔵。入館には登録要。

📖 **国立史料館**　Centre de Documentation National de Tunisie (CDN)
　住所：4, Rue Ibn Nadim, Cité Monplaisir, 1002 Tunis
　電話：+216 71 894 266　FAX：+216 71 572 683
　URL：なし

📖 **アラブ文学研究所**　Institut des Belles Lettres Arabes (IBLA)
　住所：12bis, Rue Jamaa El Haoua, 1008 Tunis
　電話：+216 71 560 113　FAX：+216 71 572 683
　URL：http://www.iblatunis.org/
　　人文社会学系書籍を中心に約3万4千冊所蔵。

📖 **現代マグリブ調査研究所**　Institut de Recherche sur le Maghreb Contemporain (IRMC)
　住所：20, Rue Mohamed Ali Tahar, Mutuelleville, 1002 Tunis（仏国調査研究機関）
　電話：+216 71 796 722　FAX：+216 71 797 376
　URL：http://www.irmcmaghreb.org/

📖 **女性調査資料情報センター**　Centre de Recherches, d'Etudes de Documentations et d'Informations sur la Femme (CREDIF)
　住所：Avenue du Roi Abdelaziz al-Sâoud, Rue Farhat Ben Affia, El Manar II, 2092, Tunis
　電話：+216 71 885 322　FAX：+216 71 887 436
　URL：http://www.credif.org.tn/

（鷹木恵子）

21 アルジェリア

3カ月までの短期調査なら観光ヴィザで滞在も可。3カ月以上の滞在の場合，現地到着後に管轄の警察署で滞在許可証の申請を行なう。

チュニジア/アルジェリア/モロッコ　549

- **アルジェリア国立図書館**　Bibliothèque Nationale
  旧館　住所：1, Avenue Frantz Fanon, Alger
  　　　電話：+213 21 63 06 32　FAX：+213 21 61 04 35
  新館　住所：El Hamma, Les Annassers, Alger
  　　　電話：+213 21 67 57 81　FAX：+213 21 67 29 99
  パスポートと在学証明書で利用可能。

- **アルジェリア国立文書館**　Centre des Archives Nationales
  郵便：BP38 Lotissement des Vergers, Birkhadem-Alger
  電話：+213 21 54 16 20　FAX：+213 21 54 16 19
  　文書館長宛に，閲覧許可の申請と研究目的・内容を記した手紙（FAXでよい）を事前に出すとよい。東京のアルジェリア大使館を通すことを要求されることもある。

- **アルジェ/コンスタンチーヌ/オラン県立文書館**　Centre des Archives de la Wilaya d'Alger/Constantine/Oran
  アルジェ県　住所：6, Rue Hocine Asselah, Alger　電話：+213 21 71 14 26
  コンスタンチーヌ県　住所：1, Rue du Docteur Moussa, Constantine
  　　　　　　　　　電話：+213 4 64 15 23　FAX：+213 4 92 22 09
  オラン県　住所：Bd Colonel Abderrazak, Oran
  　　　　　電話：+213 41 40 18 28　FAX：+213 41 40 18 25

- **カトリック司教区研究所**　Centre d'Études Diocésain
  住所：5, Chemin des Glycines, 16006 Alger
  電話：+213 21 23 03 10　FAX：+213 21 23 94 85
  歴史，考古学を中心に約3万冊の蔵書。

- **子ども・女性の人権に関する情報・資料センター**　Centre d'Information et de Documentation sur les Droit de l'Enfant et de la Femme (CIDDEF)
  住所：1, Rue Lettelier, Sacré-cœur, Alger
  電話/FAX：+213 21 74 34 47
  URL：http://www.ciddef-dz.com　E-mail：contact@ciddef-dz.com, ciddefenfant@yahoo.fr
  蔵書約3000冊。　　　　　　　　　　　　　　　　　　　　　　　　　（渡邊祥子）

22　モロッコ

　モロッコで調査・研究しようとする場合，3カ月以内であれば，観光ヴィザですますことも可能である。3カ月以上の長期滞在をしようとする者は，これを繰り返して滞在期間を延ばすことも可能ではあるが，以下の必要書類をととのえて居住地の管轄の警察署（Commissariat）に届け，滞在許可書をうけとることが望ましい。

1. 受け入れ機関（学科レベルで可）の証明書（聴講生のような非公式の身分でも，用途をきちんと説明すれば発行してくれる）
2. 銀行口座の残高証明書（金額は10万円くらいで十分。モロッコ系銀行でも，モロッコに

支店のある外資系銀行でもどちらでもよい）
3. アパートの契約証明書
4. パスポート
5. 写真
6. 手数料（1000 円程度）

モロッコの主な図書館と資料館は以下のとおりだが，インターネット・サイトは表示されていても機能していないことが多いので省略する。基本的にパスポートの提示のみで利用が許可される図書館が大部分であるが，所属大学または研究者の紹介状を求められるときもある。

📖 **ラバト総合図書資料館**　Bibliothèque Générale et Archives de Rabat
住所：5, avenue Ibn Batouta, BP 1003 Rabat
電話：+212 37 77 18 90　FAX：+212 37 77 60 62
E-mail：bgarabat@iam.net.ma

文字通りモロッコで最大の図書館であり，文書史料館。アラビア語写本史料 3 万点，石版文書 1500 点，図書 26 万冊，雑誌タイトル 6000 を所蔵。パスポートのみの提示で利用できるが，写本史料は原則として博士課程後期以上の学生・研究者に限定されている。夏期期間中も開館。文書館と図書館は建物が別になっている。

📖 **ラ・スルス図書館**　Bibliothèque de la Source
住所：24, avenue du Chellah, BP 4412, Rabat
電話：+212 37 72 66 52　FAX：+212 37 20 51 14

かつての大司教区付属の図書館。モロッコおよびアラブ・イスラーム関係の図書を所蔵。フランス語出版の古い歴史資料や文献を所蔵しているので利用価値は高い。フランスの大学機関で授与された，モロッコ研究（歴史・社会学・政治学など）に関する学位論文もそろえてある。図書 2 万 8000 冊，雑誌タイトル 300 を所蔵。パスポートの提示のみで利用できる。

📖 **アラブ研究センター**　Centre d'Études Arabes (CEA)
住所：28, Charia Abi Raqraq, Rabat
電話：+212 37 72 45 25　FAX：+212 37 72 45 23
E-mail：centre.etudes.arabes@iam.net.ma

フランス大使館の文化交流セクションの管轄。文学，社会学，歴史学，イスラーム思想などの分野に関わるアラビア語の図書，雑誌を所蔵。図書 1 万 3000 冊，雑誌 32 タイトルを所蔵。

📖 **ジャック・ベルク人文社会科学研究センター**　Centre Jacques Berque pour les Études en Sciences Humaines et Sociales
住所：35, rue Tariq Ibn Zyad, Rabat
電話：+212 37 76 96 91, 92　FAX：+212 37 76 96 85

フランス大使館の文化交流セクションの管轄。モロッコ，アラブ諸国，イスラーム問題に関する著書，学位論文，報告書など 4000 点（フランス語およびアラビア語のものが大部分）を所蔵。

📖 **ティトゥアン総合図書資料館**　Bibliothèque Générale et Archives de Tétouan
住所：32, avenue Mohamed V, Tétouan
電話：+212 39 96 32 58　FAX：+212 39 96 10 04

E-mail：bgatetou@iam.net.ma

　植民地期の文書史料，とくにモロッコ・スペイン関係に関する史料や写本の所蔵に特徴。文書 4 万 5000 点の他に，アラビア語図書 2 万冊，スペイン語・フランス語図書 3 万冊，ヘブライ語図書 260 冊，雑誌は 3500 タイトルにのぼる。

📖 **アブドゥルアズィーズ国王財団図書館**　Fondation du Roi Abdoul Aziz pour les Études Islamiques et les Sciences Humaines
　住所：boulevard de la Corniche, Ain Diab, Anfa, 20050 Casablanca
　電話：+212 22 39 10 27〜30　FAX：+212 22 39 10 31
　E-mail：secretariat@fondation.org.ma
　サウディアラビアの資金で建設された図書館で，モロッコに限らず，アラブ・イスラーム諸国で刊行されたアラビア語の図書，雑誌を幅広く所蔵しており大変便利。アラビア語，フランス語，英語の図書 40 万冊，雑誌 2000 タイトル，写本史料 310 点を所蔵。

📖 **フェス・カラウィーイーン図書館**　Bibliothèque Quaraouiyine de Fès
　住所：place Seffarine, BP 790, Fes
　電話：+212 56 65 46 88
　カラウィーイーン・モスク（マドラサ）に由来する伝統ある図書館。図書 2 万 2000 点，雑誌 6000，写本・石版文書 421 点などを所蔵。モロッコの大学（または研究者）からの紹介状を持参することが望ましい。

📖 **マラケシュ・ベン・ユースフ図書館**　Bibliothèque Ben Youssef de Marrakech
　住所：avenue 11, Janvier Hay Mohamadi, Daouidiat-Marrakech
　図書 2 万 2000 冊以上，写本 200 点余を所蔵。

📖 **国立情報センター**　Centre National de Documentation
　住所：avenue Haj Ahmed Cherkaoui, Agdal, Rabat
　電話：+212 37 77 49 44　FAX：+212 37 77 31 34
　E-mail：cnd@mpep.gov.ma
　経済計画省の管轄資料館。モロッコに関する経済，外交，情報科学，統計資料などについて，アラビア語およびフランス語で出版（国内外）されたものを主としてマイクロフィッシュの形で所蔵。その数は 10 万点以上。利用は原則として研究者に限られている。

📖 **経済情報センター**　Centre d'Information Économique
　住所：15, avenue Mers Sultan, Casablanca
　電話：+212 22 20 90 90　FAX：+212 22 20 01 30
　E-mail：cfcim@techno.ne.ma
　モロッコ・フランス間の経済，財政，法，商業，産業などに関する資料を所蔵。

（私市正年）

23　東アフリカ

　東アフリカ 3 国で調査活動を行う場合には，ケニアでは教育・科学技術省，タンザニアでは

科学技術委員会，ウガンダでは国立科学技術評議会から，調査許可を取得する必要がある。なお，タンザニアのザンジバルでの調査には，ザンジバル政府の調査許可だけでよい。また，調査課題によっては，関連機関からの調査許可を別途必要とする場合もある。いずれの国においても，調査許可の取得後に，長期滞在許可の取得が可能となる。ただし，タンザニアでは3カ月未満の短期滞在であっても，在留許可（residence permit）の取得が義務づけられている。調査許可と在留許可の取得後には，調査対象地を管轄する地方行政機関に出向き，調査開始の事前報告が必要である。首都圏で文献調査を行う場合には，この手続きを省略しうる。

　文献資料を閲覧しうる図書館等は，あまり多くはない。東アフリカ3国ともに現在複数の国立大学が設立されているが，相対的に図書が充実しているのはケニアのナイロビ大学，タンザニアのダルエスサラーム大学，ウガンダのマケレレ大学の付属図書館であり，いずれも東アフリカに関する稀覯書や博士論文・修士論文を所蔵する特別セクションがある。

　植民地期史料については，国立公文書館（National Archives）で閲覧可能である。その他に，各国の博物館や省庁図書室でも文献資料を閲覧できる。おおらかでのんびりとしたお国柄を反映してか，閲覧を希望する資料の所在を運よく探り当てるだけで，かなりの時間と労力を要すると考えておいたほうがよい。大学で専門家に問い合わせるのが，最も近道であろう。

調査関係機関

📖 ケニア：**教育・科学技術省**　Ministry of Education, Science and Technology
　URL：http://www.education.go.ke/　E-mail：info@education.go.ke

📖 タンザニア：**科学技術委員会**　Commission for Science and Technology（COSTECH）
　URL：http://www.costech.or.tz/　E-mail：info@costech.or.tz

📖 ウガンダ：**国立科学技術評議会**　National Council for Science and Technology（NCST）
　住所：11th Floor, Uganda House, Plot 10, Kampala Road, Kampala, Uganda
　郵便：P.O. Box 6884, Kampala, Uganda
　電話：+256 41 250499
　URL：http://www.uncst.go.ug/　E-mail：uncst@starcom.co.ug

大学

📖 ケニア：**ナイロビ大学**　University of Nairobi
　URL：http://www.uonbi.ac.ke

📖 タンザニア：**ダルエスサラーム大学**　University of Dar es Salaam
　URL：http://www.udsm.ac.tz

📖 ウガンダ：**マケレレ大学**　Makerere University
　URL：http://www.makerere.ac.ug

（池野　旬）

24　西アフリカ

　西アフリカ諸国に長期滞在する研究者は入国ヴィザを取得する必要がある。国によってヴィザの種類，申請書類，金額などが異なるため，各国大使館に問い合わせる必要がある。ここで

西アフリカ/スペイン　553

は，セネガル，マリについて紹介する。

　セネガルの入国ヴィザは3カ月以内の観光目的滞在については取得が免除され，3カ月以上の滞在については東京のセネガル大使館で取得が可能である。入国審査に際して，イエローカード（黄熱病予防接種証明書）の提示が求められることがある。また同国の首都ダカール市内には日本大使館が開設されている。マリの入国ヴィザは東京のマリ大使館で取得が可能である。入国審査に際しては，イエローカード（黄熱病予防接種証明書）の提示が求められる。なお，同国に日本大使館は開設されておらず，在セネガル共和国日本大使館（電話：+221 849 5500，FAX：+221 849 5555）がマリ国内の大使館業務を管轄している。

📖 ブラックアフリカ基礎研究所　Institut Fondamental d'Afrique Noire (IFAN)
　郵便：Campus universitaire, B. P. 206, Dakar, Senegal
　電話：+221 825 00 90, 98 90, 71 24　FAX：+221 24 49 18
　URL：http://www.refer.sn/sngal_ct/rec/ifan/accueil.htm
　人文科学，自然科学の研究では西アフリカにおいて中心的存在。現在ではシェイク・アンタ・ディオップ大学 Université Cheikh Anta Diop の 11 学部の一つに位置づけられている。

📖 アフマド・バーバ文書館　Institut des Hautes Etudes et de Recherches Islamiques—Ahmed Baba（CEDRAB：Centre de Documentation et de Recherches Ahmed Baba から改称）
　郵便：B. P. 14 Tombouctou, Mali
　電話：+223 292 1081
　URL：http://www.sum.uio.no/research/mali/timbuktu/cedrab/ からアプリケーションフォームをダウンロードできる。
　1970 年にユネスコの主導により創設。クウェートの財政支援により 1977 年に稼動。アラブ，アフリカ諸言語の歴史資料を所蔵する。

（小林未央子）

25　スペイン

　ここでは首都マドリードおよびその近辺の研究機関・図書館を紹介するが，スペイン国内にはこのほか，グラナダ，バルセローナ，アリカンテ，セビーリャなど多くの都市にアラブ・イスラーム学の研究教育機関が存在しており，それぞれ特色ある活動をおこなっている。これらの研究教育機関については，María Teresa Penelas 他編，*Estudios árabes e islámicos en España : Directorio de personas e instituciones,* Murcia, 1996 が詳しい。

📖 エスコリアル修道院図書館　Real Biblioteca de El Escorial
　住所：Real Monasterio de San Lorenzo, 28200 El Escorial (Madrid)
　電話：+34 918 903 889　FAX：+34 918 905 421
　16 世紀にフェリーペ 2 世が創建した修道院付属の図書館で，歴代のスペイン王室が収集してきた各国語文献の中には 2000 点近くのアラビア語手写本も含まれている。「王立」図書館ではあるが，閲覧はパスポートなど身分証明書のみで可。

554   V   海外文献調査ガイド

📖 **地中海・近東言語文化研究所**　Instituto de Lenguas y Culturas del Mediterráneo y Oriente Próximo, CSIC
住所：Calle de Albasanz, 26-28, 28037 Madrid
電話：+34 916 022 300　FAX：+34 913 045 710
URL：http://www.filol.csic.es/（検索可）
　　国立の総合研究機関である学術研究高等評議会（Consejo Superior de Investigaciones Científicas：CSIC）傘下の人文社会科学センター（Centro de Ciencias Humanas y Sociales）に属する研究機関。最近改組・移転したばかりだが，その前身も含めればスペインにおいて最も伝統あるアラブ・イスラーム学の研究機関のひとつであるといえる。アラビア語手写本を含む豊富な蔵書は，新設された人文社会科学センター付属のトマス・ナバーロ・トマス図書館（Biblioteca Tomás Navarro Tomás）に収蔵され，研究者一般に公開される予定。

📖 **イスラーム図書館**　Biblioteca Islámica, AECI
住所：Avenida de Reyes Católicos, 4, 28040 Madrid
電話：+34 915 838 164　FAX：+34 915 838 525
URL：http://www.aeci.es/04bibliotecas/index.htm（検索可）
　　外務省の外局，国際協力庁（Agencia Española de Cooperación Internacional：AECI）が運営する図書館で，イスパニア図書館 Biblioteca Hispánica（ラテン・アメリカ関連の文献を収蔵）と同居している。手写本類はないが内外の刊本の蔵書は充実しており，とりわけ主要学術雑誌がバックナンバーも含めて開架式で利用できるのは便利。閲覧はパスポートなど身分証明書のみで可。

📖 **国立図書館**　Biblioteca Nacional de España
住所：Paseo de Recoletos, 20, 28071 Madrid
電話：+34 915 807 800　FAX：+34 915 807 857
URL：http://www.bne.es（検索可）
　　スペインにおける納本図書館であり，国内で刊行された文献を探す際には無視することができない。そのほか，アラビア語手写本も所蔵している。
（佐藤健太郎）

26　イタリア

　イタリアの図書館・文書館は基本的にパスポートの提示のみで閲覧を許可するが，できれば所属機関の紹介状を持参した方がよい。また各館の利用条件や蔵書目録についてはホームページを確認されたい。

まず以下の二つはイタリアの全出版物を所蔵：
📖 **国立ローマ中央図書館**　Biblioteca Nazionale Centrale di Roma
住所：Viale Castro Pretorio, 105 - 00185 Roma
電話：+39 6 49891　FAX：+39 6 4457635
URL：http://www.bncrm.librari.beniculturali.it

イタリア 555

📖 国立フィレンツェ中央図書館　Biblioteca Nazionale Centrale di Firenze
　住所：Piazza dei Cavalleggeri, 1 - 50122 Firenze
　電話：+39 55 249191　FAX：+39 55 2342482
　URL：http://www.bncf.firenze.sbn.it
次の三つは中東イスラーム関連の出版物を重点的に所蔵：
📖 ナッリーノ東洋研究所　Istituto per l'Oriente "C. A. Nallino"
　住所：Via A. Caroncini, 19 - 00197 Roma
　電話：+39 6 8084106　FAX：+39 6 8079395
　URL：http://www.ipocan.it
📖 教皇庁アラブ・イスラーム研究所　Pontificio Istituto di Studi Arabi e d'Islamistica
　住所：Viale di Trastevere, 89 - 00153 Roma
　電話：+39 6 58392613　FAX：+39 6 5882595
　URL：http://www.pisai.it
📖 ナポリ東洋大学図書館　Università degli Studi di Napoli "L'Orientale", Biblioteca del Dipartimento di Studi e ricerche su Africa e Paesi Arabi; Biblioteca "Maurizio Taddei" (Dip. di Studi Asiatici)
　住所：Piazza San Domenico Maggiore, 12 - 80134 Napoli
　URL：http://www.iuo.it/webbiblio/inizio_biblio.htm
次の三つは中東諸言語の手稿本を多数所蔵：
📖 ヴァティカン図書館　Biblioteca Apostolica Vaticana（所属機関の紹介状が必要）
　住所：V-00120 Città del Vaticano
　電話：+39 6 69879402　FAX：+39 6 69884795
　URL：http://www.vaticanlibrary.vatlib.it
　（施設修復のため 2007 年 7 月より 3 年間の予定で休館）
📖 アンブロシアナ図書館　Biblioteca Ambrosiana
　住所：Piazza Pio XI, 2 - 20123 Milano
　電話：+39 2 806921　FAX：+39 2 80692210
　URL：http://www.ambrosiana.it
📖 ボローニャ大学図書館　Biblioteca Universitaria di Bologna
　住所：Via Zamboni, 33-35 - 40126 Bologna
　電話：+39 51 243420　FAX：+39 51 252110
　URL：http://www.bub.unibo.it
各都市の国立古文書館については総合案内 P. d'Angiolini & C. Pavone (eds.), *Guida generale degli Archivi di Stato Italiani*, 4 vols., Roma, 1981-94 および文化省の http://www.archivi.beniculturali.it/UCBAWEB/ricerca を参照。次は東地中海・イスラーム圏関連の文書史料を多数所蔵：
📖 国立ヴェネツィア古文書館　Archivio di Stato di Venezia
　住所：Campo dei Frari, 3002 - 30125 Venezia
　電話：+39 41 5222281　FAX：+39 41 5229220

（堀井　優）

27 フランス

　フランスの場合，イスラーム地域研究にかかわる図書館の多くが首都パリに集中しており，外国人にとってはきわめて便利である。国立図書館を利用する際には旅券や，場合によっては紹介状を提示したうえで面接を受ける必要があるが，他の図書館の利用手続きはいたって簡単である。

📖 **フランス国立図書館新館** Bibliothèque Nationale de France Site François-Mitterrand
　住所：Quai François-Mauriac, 75013 Paris
　電話：+33 1 53 79 59 59
　URL：http://www.bnf.fr/
　　蔵書のうち写本や地図類はリシュリュー通りの旧館 Site Richelieu にある。

📖 **東洋諸語図書館** Bibliothèque interuniversitaire des langues orientales
　住所：4, rue de Lille, 75007 Paris
　電話：+33 1 44 77 87 20　FAX：+33 1 44 77 87 30
　URL：http://www.biulo.univ-paris3.fr/
　　国立東洋諸語文明学院に隣接する，フランス東洋学の拠点的図書館。

📖 **アラブ世界研究所** Institut du Monde Arabe
　住所：1, rue des Fossés-Saint-Bernard, Place Mohammed-V, 75005 Paris
　電話：+33 1 40 51 38 38　FAX：+33 1 43 54 76 45
　URL：http://www.imarabe.org/
　　現代アラブ関係の文献を中心に多数の蔵書をもつ。

📖 **イラン学研究所図書室** Bibliothèque de l'Institut d'Études Iraniennes
　住所：Université de la Sorbonne Nouvelle-Paris III, 13 rue Santeuil, 75005 Paris
　電話：+33 1 45 87 79 70　FAX：+33 1 45 87 41 70
　URL：http://www.ivry.cnrs.fr/iran/Bibliotheque/bibliotheque.htm
　　イラン学の拠点的図書館。

📖 **パリ・クルド研究所** Institut kurde de Paris
　住所：106, rue La Fayette. 75010 Paris
　電話：+33 1 48 24 64 64　FAX：+33 1 48 24 64 66
　URL：http://www.institutkurde.org/
　　クルド人問題に関する情報センター。　　　　　　　　　　　　　　　（山口昭彦）

28 ドイツ，オーストリア

　ドイツ語圏でイスラーム諸語の写本を所蔵しているのは，主にベルリン，ミュンヘン，

ウィーンなどの国立図書館で，ドイツの大学図書館は重点分野を決めて図書収集を担当する。ドイツの東洋学と図書収集の概要については安藤志朗「ドイツにおけるイスラム学」『西南アジア研究』37（1992）を参照。近年は研究機関の再編が著しいが，最新の動向は GIGA Institute of Middle East Studies と Goethe-Institut の共同事業 Islam Research Directory の HP（http://www.islamresearchdirectory.org/en/）で知ることができる。国立図書館はパスポートなどの身分提示があれば基本的に利用可能だが，稀覯本の閲覧には電子メールなどでの事前申し込みが必要。各館ごとの利用条件や蔵書目録については HP で確認を。

📖 ベルリン国立図書館（東洋部門） Staatsbibliothek zu Berlin, Preussischer Kulturbesitz, Orientabteilung
　住所：Potsdamer Str. 33, 10785 Berlin（Tiergarten）
　電話：+49 30 266 2489　FAX：+49 30 264 5955
　URL：http://orient.staatsbibliothek-berlin.de/index_en.html
　　所蔵写本数はドイツ最多。利用初日に有料で閲覧証（1カ月・年間）を作る。

📖 バイエルン国立図書館（東洋部門） Bayerische Staatsbibliothek, Orient- und Asienabteilung
　住所：Ludwigstraße 16, 80539 München
　電話：+49 89 28638 0（代表）　FAX：+49 89 28638 2805（東洋部門）
　URL：http://www.bsb-muenchen.de/
　　写本類は写本部門の管轄。東洋部門では人文・思想系の文献収集を担当。

📖 オーストリア国立図書館（写本部門） Österreichische Nationalbibliothek, Handschriften-, Autographen- und Nachlass-Sammlung
　住所：Josefsplatz 1, A-1015 Wien
　電話：+43 1 534 10 288　FAX：+43 1 534 10 296
　URL：http://www.onb.ac.at/handschriften.htm
　　王宮の一角にある。写本部門はヨーゼフ広場に面した左翼の小さな扉が入口。

📖 オーストリア国立文書館（王宮・国家文書館） Österreichisches Staatsarchiv, Haus, Hof- und Staatsarchiv
　住所：Minoritenplatz 1, A-1010 Wien
　電話：+43 1 53115 2500　FAX：+43 1 53115 2501
　URL：http://www.oesta.gv.at/
　　複数の文書館からなり，主に王宮・国家文書館がオスマン帝国関係などの文書を所蔵。

次に写本の所在確認のための基幹目録を紹介しておく。

Verzeichnis der orientalischen Handschriften in Deutschland (*VOHD*), Stuttgart, 1961-

Aumer, Joseph, *Verzeichnis der orientalischen Handschriften der Königlichen Hof- und Staatsbibliothek in München*, Wiesbaden, 1970 (Nachdr. von 1875)

Ahlwardt, Wilhelm, *Verzeichniss der arabischen Handschriften der Königlichen Bibliothek zu Berlin*, 1-10, Berlin, 1887-1899

Pertsch, Wilhelm, *Verzeichniss der persischen Handschriften der Königlichen Bibliothek zu Berlin*, Berlin, 1888

Pertsch, Wilhelm, *Verzeichniss der türkischen Handschriften der Königlichen Bibliothek zu*

Berlin, Berlin, 1889

Pertsch, Wilhelm, *Die orientalischen Handschriften der Herzoglichen Bibliothek zu Gotha*, 2 Bände, Wien/Gotha, 1971 (Nachdr. von 1859-1893)

Afshar, Iraj, *Catalogue of Persian manuscripts in the Austrian National Library and in the Austrian State Archives in Vienna*, Tehran/Wien, 2003

Flügel, Gustav, *Die arabischen, persischen, türkischen Handschriften der kaiserlichen und königlichen Hofbibliothek zu Wien*, 3 Bände, Hildesheim, 1977 (Nachdr. von 1865-67)

Krafft, Albrecht, *Die arabischen, persischen und türkischen Handschriften der k. k. Orientalischen Akademie zu Wien*, Wien, 1842

Petritsch, Ernst Dieter, *Regesten der osmanischen Dokumente im Österreichischen Staatsarchiv 1 (1480-1574)*, Wien, 1991

Duda, Dorothea, *Islamische Handschriften, I-II (Die Illuminierten Handschriften und Inkunabeln der Österreichischen Nationalbibliothek)*, Wien, 1983-1992

Kapitulationen und Handelsverträge mit der Türkei. Separataugabe des Österreichischen Wirtschaftspolitischen Archivs, Wien, 1909

（後藤裕加子）

29　イギリス

　英国で入手できるイスラーム研究関連資料は，主に英語による研究書・研究ジャーナルと英国政府の公文書および収集資料に集約されよう。ロンドンの図書館および公文書館は，近年組織統合が進み，総体として見れば利用しやすくなっている。また，市の中心部にある Charing Cross Road には，Foyles, Blackwells, Dillons などのイギリスの大手書店チェーンの旗艦店や大型店舗が軒を連ねる。また，周辺には専門書店・古書店も多い。ロンドン以外では，エクセター（Exeter）大学の Arab World Documentation Unit とダーラム（Durham）大学の Middle East Documentation Unit において，主に20世紀以降のアラブを中心とした一次・二次資料を利用できる。なお，英国およびアイルランドの主要24大学の蔵書については，COPAC (http://copac.ac.uk/) で一括検索が可能。

📖 **大英図書館**　The British Library
　　住所：St Pancras, 96 Euston Road, London NW1 2DB
　　電話：+44 870 444 1500（代表）
　　URL：http://www.bl.uk/（検索可）
　　蔵書1300万冊超を誇る世界屈指の図書館。常勤・非常勤の研究者および修士課程以上の学生のみ利用可。入館証の発行（有効期間3年）には，在職証明書や学生証などが必要。

📖 **国立文書館**　The National Archives
　　住所：Kew, Richmond, Surrey, TW9 4DU
　　電話：+44 20 8876 3444（代表）
　　URL：http://www.nationalarchives.gov.uk/（検索可）

2003年4月，政府文書と裁判所記録を扱う国立公文書館（The Public Record Office：PRO）と，非公文書史料（民間史料）の収拾・公開を行う歴史資料委員会（The Historical Manuscripts Commission：HMC）が組織統合され，新たに国立文書館として発足した。利用には，パスポート等の身分証明書が必要。

📖 **外務・英連邦省図書館　FCO Library**
住所：The Ancell Library, Foreign & Commonwealth Office, Room E213, King Charles Street, London SW1A 2AH
電話：+44 20 7008 1500（FCO代表）
URL：http://www.fco.gov.uk/servlet/Front?pagename=OpenMarket/Xcelerate/ShowPage&c=Page&cid=1056724715645（検索可）

　主に外交に関する歴史資料を所蔵（写真資料のみ2005年7月にThe National Archivesに移設された）。利用には，郵送による利用申請書の事前提出が必要。申請書はホームページからダウンロードできる。2008年後半には，ロンドン大学・キングスカレッジ（King's College）図書館内に移設される予定。

📖 **ロンドン大学・東洋アフリカ学院図書館　SOAS (School of Oriental and African Studies) Library, University of London**
住所：Thornhaugh Street, Russell Square, London WC1H 0XG
電話：+44 20 7637 2388　FAX：+44 20 7436 3844
URL：http://www.soas.ac.uk/library/（検索可）

　アジア・アフリカ地域についての英語による最新の研究書およびジャーナルの閲覧に便利。非営利目的に限り，無料で入館証が発行される。　　　　　　　　　　（末近浩太）

30　オランダ

　オランダでは，関係する研究機関が特にライデンに集中している。図書館や文書館の利用は，パスポートなどの身分証明書があれば可能である。それぞれのウェブから文献を検索することも可能である。イスラーム関係資料は，主に次の場所に保管されている。

📖 **ライデン大学附属図書館　Universiteitsbibliotheek (UB), Universiteit Leiden**
住所：Witte Singel 27（WSD-gebouw 1169）2311 BG Leiden
郵便：P.O. Box 9501, 2300 RA Leiden
電話：+31 71 5272814　FAX：+31 71 5272836
URL：http://ub.leidenuniv.nl/

　「東洋コレクション（Oosterse collecties）」に，中東および東南アジアの古写本が保管されている。現代世界イスラーム研究所（International Institute for the Study of Islam in the Modern World：ISIM）が所有するイスラーム関連の書籍もこの図書館に保管されている。

📖 **王立言語地理民族学研究所　Koninklijk Instituut voor Taal-, Land- en Volkenkunde (KITLV)/Royal Netherlands Institute of Southeast Asian and Caribbean Studies**

住所：Reuvensplaats 2, 2311 BE Leiden　郵便：P.O. Box 9515, 2300 RA Leiden
電話：+31 71 5272295　FAX：+31 71 5272638
URL：http://www.kitlv.nl/　E-mail：kitlv@kitlv.nl
　1851年に東南アジア，太平洋およびカリブ海地域の研究のために，ライデンに設立された。特に，元植民地であるインドネシアの言語，歴史，文化の研究に重点が置かれてきた。膨大なインドネシア関連資料（書籍，定期刊行物，その他各種史料）を保管する世界有数の研究所である。ジャカルタ支部住所：Jl. Prapanca Raya 95 A, Kebayoran Baru, Jakarta 12150, Indonesia，電話：+62 21 7399501，E-mail：jkt@kitlv.net

📖 **国立公文書館** Nationaal Archief
住所：Prins Willem Alexanderhof 20, The Hague
電話：+31 70 3315444 (information), 3315400　FAX：+31 70 3315540
URL：http://www.nationaalarchief.nl/　E-mail：info@nationaalarchief.nl
　17世紀以降の膨大なオランダ語史料が保管されている。

📖 **アジア研究所** The International Institute for Asian Studies (IIAS)
住所：Nonnensteeg 1-3, 2311 VJ Leiden　郵便：P.O. Box 9515, 2300 RA Leiden
電話：+31 71 5272227　FAX：+31 71 5274162
URL：http://www.iias.nl/　E-mail：IIAS@let.leidenuniv.nl
　年3回 IIAS Newsletter を発行している。　　　　　　　　　　　　　　（菅原由美）

31　アメリカ合衆国

1. 大学図書館

　米国の大学図書館で，中東諸言語の蔵書を持っているのは以下の17大学にほぼ限られる（北東から南西にかけての大学の所在位置順。URL はセンター/プログラムのものを最初に，大学図書館のものを二番目に掲げる）。アクセス情報の入手，蔵書検索は全てウェブサイトから可能である。これらの大学は，全て連邦政府教育省の外国語・地域研究奨学金指定校（2003-06）だが，蔵書は，ハーヴァード，プリンストンなど財力が充実している大学や，シカゴなど中東研究の伝統がある大学などで，特に充実している。

📖 **ハーヴァード大学** Harvard University, Center for Middle Eastern Studies
　住所：1430 Massachusetts Avenue, Cambridge, MA 02138
　URL：http://www.fas.harvard.edu/~mideast/　http://lib.harvard.edu/

📖 **イェール大学** Yale University, Middle East Studies Council
　住所：PO Box 208206, New Haven, CT 06520-8206
　URL：http://www.yale.edu/ycias/cmes/　http://www.yale.edu/academics/libraries.html

📖 **コロンビア大学** Columbia University, Middle East Institute
　住所：420 West 118th Street, New York, NY 10027
　URL：http://www.sipa.columbia.edu/REGIONAL/mei/　http://www.columbia.edu/cu/lweb/

アメリカ合衆国　561

- 📖 ニューヨーク大学　New York University, Hagop Kevorkian Center
  住所：50 Washington Square South, New York, NY　10012-1073
  URL：http://www.nyu.edu/gsas/program/neareast/　http://library.nyu.edu/
- 📖 プリンストン大学　Princeton University, Program in Near Eastern Studies
  住所：110 Jones Hall, Princeton, NJ　08544-0001
  URL：http://www.princeton.edu/~nes/　http://libweb.princeton.edu/
- 📖 ペンシルヴェニア大学　University of Pennsylvania, Middle East Center
  住所：202 Soth 36th Street, Philadelphia, PA　19104-6227
  URL：http:/mec.sas.upenn.edu　http://www.library.upenn.edu/
- 📖 ジョージタウン大学　Georgetown University, National Resource Center on the Middle East
  住所：37th & O Streets, NW, 241 Intercultural Center, Box 571020, Washington, DC　20057-1020
  URL：http://ccas.georgetown.edu/　http://www.library.georgetown.edu/
- 📖 ミシガン大学　University of Michigan, Center for Middle Eastern and North African Studies
  住所：1080 South University, Suite 4640, Ann Arbor, MI　48109-1106
  URL：http://www.umich.edu/~iinet/cmenas　http://www.lib.umich.edu/
- 📖 オハイオ州立大学　Ohio State University, The Middle Eastern Studies Center
  住所：322D Oxley Hall, 1712 Neil Ave., Columbus, Ohio　43210-1219
  URL：http: www.osu.edu/mesc　http://library.osu.edu/
- 📖 シカゴ大学　University of Chicago, Center for Middle Eastern Studies
  住所：Room 201, 5828 South University Avenue, Chicago, IL　60637
  URL：http://www.cmes.uchicago.edu　http://www.lib.uchicago.edu/e/
- 📖 ユタ大学　University of Utah, Middle East Center
  住所：260 S. Central Campus Rm. #153, Salt Lake City , UT　84112-9157
  URL：http: www.hum.utah.edu/mec/　http://www.utah.edu/libraries_computing/
- 📖 テキサス大学　University of Texas, Center for Middle Eastern Studies
  住所：West Mall Bldg. 6.102, Mail Code 9400, Austin, TX　78712-0527
  URL：http://www.utexas.edu/cola/cmes/　http://www.lib.utexas.edu/
- 📖 アリゾナ大学　University of Arizona, Center for Middle Eastern Studies
  住所：Selim M. Franklin Building 202, P.O. Box 210080, Tucson, AZ　85721-0080
  URL：http: www.cmes.arizona.edu　http://www.library.arizona.edu/
- 📖 ワシントン大学　University of Washington, Middle East Center
  住所：Box 353650, Seattle, WA　98195-3650
  URL：http://jsis.washington.edu/programs/mideast/index.htm　http://www.lib.washington.edu/
- 📖 カリフォルニア大学バークレー校　University of California, Berkeley, Center for Middle Eastern Studies
  住所：340 Stephens Hall, #2314, Berkeley, CA　94720-2314
  URL：http://www.ias.berkeley.edu/cmes/　http://www.lib.berkeley.edu/
- 📖 カリフォルニア大学サンタバーバラ校　University of California, Santa Barbara, Center

for Middle East Studies
住所：Santa Barbara, CA 93106-3130
URL：http: www.cmes.ucsb.edu http://www.library.ucsb.edu/
📖 カリフォルニア大学ロサンジェルス校　University of California, Los Angeles, Center for Near Eastern Studies
住所：Box 951480, Los Angeles, CA 90095-1480
URL：http: www.international.ucla.edu/cnes/ http://www2.library.ucla.edu/

2．公共図書館
中東関係の蔵書が充実している公共図書館には，次の二つがある。
📖 アメリカ議会図書館　The Library of Congress
住所：101 Independence Ave, SE, Washington, DC 20540
URL：http://www.loc.gov/
📖 ニューヨーク公共図書館　The New York Public Library, Humanities & Social Sciences Library
住所：Fifth Avenue and 42nd Street, New York, NY 10018
URL：http://www.nypl.org/research/chss/　　　　　　　　　　　　　（松永泰行）

32　ロシア

基本的には，パスポートと居住登録（ホテルでは自動的に行なわれる）に加え，所属する大学・研究機関の紹介状があればよい。

文献調査を始めるのは，次の二つの図書館から：
📖 ロシア国立図書館　Rossiiskaia Gosudarstvennaia Biblioteka
　住所：119019, Moscow, str. Vozdvizhenka, 3/5
　電話：+7 495 202 57 90　FAX：+7 495 290 60 62, 913 69 33
　URL：http://www.rsl.ru/（基本的には 1990 年代の文献が検索可）
　　通称レーニン図書館。郊外の別館では，定期刊行物と全国の博士論文が閲覧可。
📖 ロシア国民図書館　Rossiiskaia Natsional'naia Biblioteka
　住所：191069, St. Petersburg, str. Sadovaia, 18
　電話：+7 812 310 71 37
　URL：http://www.nlr.ru/（帝政期のロシア語文献も検索可）
19 世紀初頭に始まるロシア東洋学の成果に関心のある人は：
📖 ロシア科学アカデミー・東洋学研究所サンクトペテルブルグ支部　Sankt-Peterburgskii Filial Instituta Vostokovedeniia RAN（現在，「東洋手稿研究所」の名で再編中）
　住所：191186, St. Petersburg, str. Dvortsovaia nab., 18
　電話：+7 812 315 87 28　FAX：+7 812 312 14 65

URL：http://www.orientalstudies.ru/
　　テュルク語とペルシア語の写本については東洋文庫に目録があり，アラビア語の写本については，1986年にカタログが出版されている。
帝政期のヴォルガ・ウラル地域，西シベリアに関する文献を探すなら：
📖 **カザン大学図書館**　　Nauchnaia Biblioteka im. N. I. Lobachevskogo pri KGU
　住所：420008, Kazan, str. Kremlevskaia, 18
　電話：+7 8432 31 51 80
　URL：http://lsl.ksu.ru/
　　ロシア帝国で3番目に古い大学の図書館。テュルク語に加え，アラビア語，ペルシア語の写本も相当数あり。

　　中央・地方の文書館については，http://www.rusarchives.ru/links/russian/index.shtml を参照。地方の文書館に入る場合，関心のある地域の行政区画の変遷を考慮することが必須。
（長縄宣博）

執筆者一覧

赤堀雅幸：部族と遊牧民
医王秀行：初期イスラーム；ウマイヤ朝
池野　旬：東アフリカ；東アフリカ
今松　泰：イスラーム基礎用語比較一覧表（トルコ語）；研究キーワード100
上村　静：ヘブライ語；ユダヤ教
臼杵　陽：パレスチナ問題；キリスト教と中東和平
宇山智彦：中央アジア・ロシアのイスラーム
大川真由子：オマーン
大河原知樹：シリア
大塚和夫：宗教復興
小笠原弘幸：トルコ
岡本正明：東南アジアの諸語；イスラーム基礎用語比較一覧表（マレー語）
粕谷　元：トルコ
加藤　朗：国家の安全保障と軍事問題
川島　緑：ムスリム・マイノリティ問題；フィリピン
河原弥生：ウズベク語
菊地達也：シーア派＋
私市正年：マグリブ；モロッコ
小杉麻李亜：イスラーム・知の年表
小杉　泰：クルアーン；ハディース；イスラーム法と政治；地域間関係；イスラーム・戦争と平和；研究キーワード100；イスラーム世界と諸国の概要
後藤裕加子：ドイツ，オーストリア
小林未央子：西アフリカ
小林寧子：東南アジア
小松久男：中央アジア
近藤信彰：サファヴィー朝＋；イラン
坂井信三：西アフリカ；現代アフリカのイスラーム
榮谷温子：アラビア語
佐藤健太郎：ムラービト朝＋；スペイン
佐原徹哉：バルカン問題
澤江史子：ヨーロッパ，南北アメリカ；人権；イスラームと世俗主義
塩田勝彦：ハウサ語；イスラーム基礎用語比較一覧表（ハウサ語）
島田志津夫：中央アジア
清水和裕：アッバース朝
清水宏祐：セルジューク朝
新免　康：東トルキスタン
末近浩太：イギリス
菅原　純：新ウイグル語；中国・新疆ウイグル自治区（東トルキスタン）
菅原　睦：トルコ語；チャガタイ語
菅原由美：インドネシア；オランダ
杉田英明：文学史
鈴木　董：比較文明論
砂野幸稔：ウォロフ語
宋　暎恩：イスラーム基礎用語比較一覧表（韓国・朝鮮語）
高岩伸任：イスラエル
鷹木恵子：チュニジア
髙松洋一：アルバニア語
武石礼司：エネルギーと経済開発
竹村景子：スワヒリ語；イスラーム基礎用語比較一覧表（スワヒリ語）
店田廣文：都市と社会問題
東長　靖：文献；イスラーム基礎用語比較一覧表；スーフィズムとタリーカ；研究キーワード100；海外文献調査ガイド
外川昌彦：バングラデシュ
徳増克己：アゼルバイジャン語
鳥居　高：イスラーム経済；マレーシア
中江加津彦：アラビア文法学・言語学
長岡慎介：イスラーム世界と諸国の概要
長沢栄治：マシュリク；ナショナリズム論
長島大輔：ボスニア・ヘルツェゴビナ
長縄宣博：ロシア
中西竜也：イスラーム基礎用語比較一覧表

（中国語）
錦田愛子：難民問題
子島　進：イスラーム復興とNGO
橋爪　烈：エジプト
林佳世子：歴史史料；オスマン朝；研究キーワード100
深見奈緒子：建築史
福田安志：湾岸アラビア地域とイエメン
保坂修司：ウェブサイト，電子媒体；イスラーム急進派；サウディアラビア，クウェート，バハレーン，カタル
堀井　優：イタリア
堀内里香：ベルベル語
真下裕之：ムガル帝国＋；インド
桝屋友子：美術史
松永泰行：イラン；シーア派とイスラーム革命；アメリカ合衆国
松本耿郎：神学と哲学
松本光太郎：東アジア
松本　弘：中東の民主化；イエメン；アラブ首長国連邦（UAE）
松本ますみ：中国
萬宮建策：南アジアの諸語
三浦　徹：マムルーク朝＋
三沢伸生：日本
村上　薫：ジェンダー
森本一夫：イスラーム基礎用語比較一覧表（ペルシア語）
両角吉晃：法学
山尾　大：イラク；イスラーム世界と諸国の概要
山口昭彦：クルド語；クルド人問題；フランス
山根　聡：イスラーム基礎用語比較一覧表（ウルドゥー語）；南アジア；ヒンドゥー教とイスラーム；パキスタン
山本啓二：イスラーム科学史
吉枝聡子：ペルシア語
若林啓史：東方キリスト教
渡邊祥子：アルジェリア
渡部良子：イルハーン朝とティムール朝

《編者紹介》

小杉　　泰（こすぎ　やすし）
　　1983年　エジプト国立アズハル大学イスラーム学部卒業
　　現　在　京都大学大学院アジア・アフリカ地域研究研究科教授，法学博士（京都大学）
　　著　書　『現代中東とイスラーム政治』（昭和堂，1994年）
　　　　　　『現代イスラーム世界論』（名古屋大学出版会，2006年）他

林　佳世子（はやし　かよこ）
　　1988年　東京大学大学院人文科学研究科博士課程退学
　　現　在　東京外国語大学外国語学部教授
　　著　書　『オスマン帝国の時代』（山川出版社，1997年）
　　　　　　『記録と表象――史料が語るイスラーム世界』（共編，東京大学出版会，2005年）他

東長　　靖（とうなが　やすし）
　　1989年　東京大学大学院人文科学研究科博士課程退学
　　現　在　京都大学大学院アジア・アフリカ地域研究研究科准教授
　　著　書　『イスラームのとらえ方』（山川出版社，1996年）
　　　　　　『イスラームの神秘主義と聖者信仰』（共編，東京大学出版会，2005年）他

イスラーム世界研究マニュアル

2008年7月10日　初版第1刷発行

定価はカバーに表示しています

編者　小杉　　泰
　　　林　佳世子
　　　東長　　靖

発行者　金井雄一

発行所　財団法人　名古屋大学出版会
〒464-0814　名古屋市千種区不老町1 名古屋大学構内
電話（052）781-5027／FAX（052）781-0697

© Yasushi Kosugi et al. 2008　　　　　Printed in Japan
印刷・製本　㈱クイックス　　　　　ISBN978-4-8158-0594-4
乱丁・落丁はお取替えいたします。

Ⓡ〈日本複写権センター委託出版物〉
本書の全部または一部を無断で複写複製（コピー）することは，著作権法上での例外を除き，禁じられています。本書からの複写を希望される場合は，必ず事前に日本複写権センター（03-3401-2382）の許諾を受けてください。

小杉　泰著
現代イスラーム世界論　　　　　　　　A5・928頁
　　　　　　　　　　　　　　　　　　本体6,000円

家島彦一著
海域から見た歴史　　　　　　　　　　A5・980頁
―インド洋と地中海を結ぶ交流史―　　　本体9,500円

マリア・ロサ・メノカル著　足立孝訳
寛容の文化　　　　　　　　　　　　　A5・336頁
―ムスリム，ユダヤ人，キリスト教徒の中世スペイン―　本体3,800円

宮　紀子著
モンゴル時代の出版文化　　　　　　　A5・754頁
　　　　　　　　　　　　　　　　　　本体9,500円

礪波護／岸本美緒／杉山正明編
中国歴史研究入門　　　　　　　　　　A5・476頁
　　　　　　　　　　　　　　　　　　本体3,800円

佐藤彰一／池上俊一／高山博編
西洋中世史研究入門［増補改訂版］　　四六・414頁
　　　　　　　　　　　　　　　　　　本体3,600円

望田／野村／藤本／川北／若尾／阿河編
西洋近現代史研究入門［第3版］　　　四六・546頁
　　　　　　　　　　　　　　　　　　本体3,200円